越西县志

1991—2005

四川省越西县地方志编纂委员会　编

中国文史出版社

图书在版编目（C I P）数据

越西县志：1991～2005/ 四川省越西县地方志编纂委员会编. — 北京：中国文史出版社, 2011.5
ISBN 978-7-5034-2981-1

Ⅰ. ①越… Ⅱ. ①四… Ⅲ. ①越西县－地方志－1991～2005
Ⅳ. ①K297.14

中国版本图书馆 CIP 数据核字(2011)第 091696 号

责任编辑：李春华
封面设计：天隆文化

出版发行：中国文史出版社
网　　址：www.wenshipress.com
社　　址：北京市西城区太平桥大街 23 号　邮编：100811
电　　话：010-66173572　66168268　66192736（发行部）
传　　真：010-66192703
印　　装：精一印刷（深圳）有限公司
经　　销：全国新华书店
开　　本：889×1194　1/16
印　　张：57
字　　数：1400 千字
印　　数：2000 册
版　　次：2011 年 11 月北京第 1 版
印　　次：2011 年 11 月第 1 次印刷
定　　价：398.00 元

越西县行政区划图

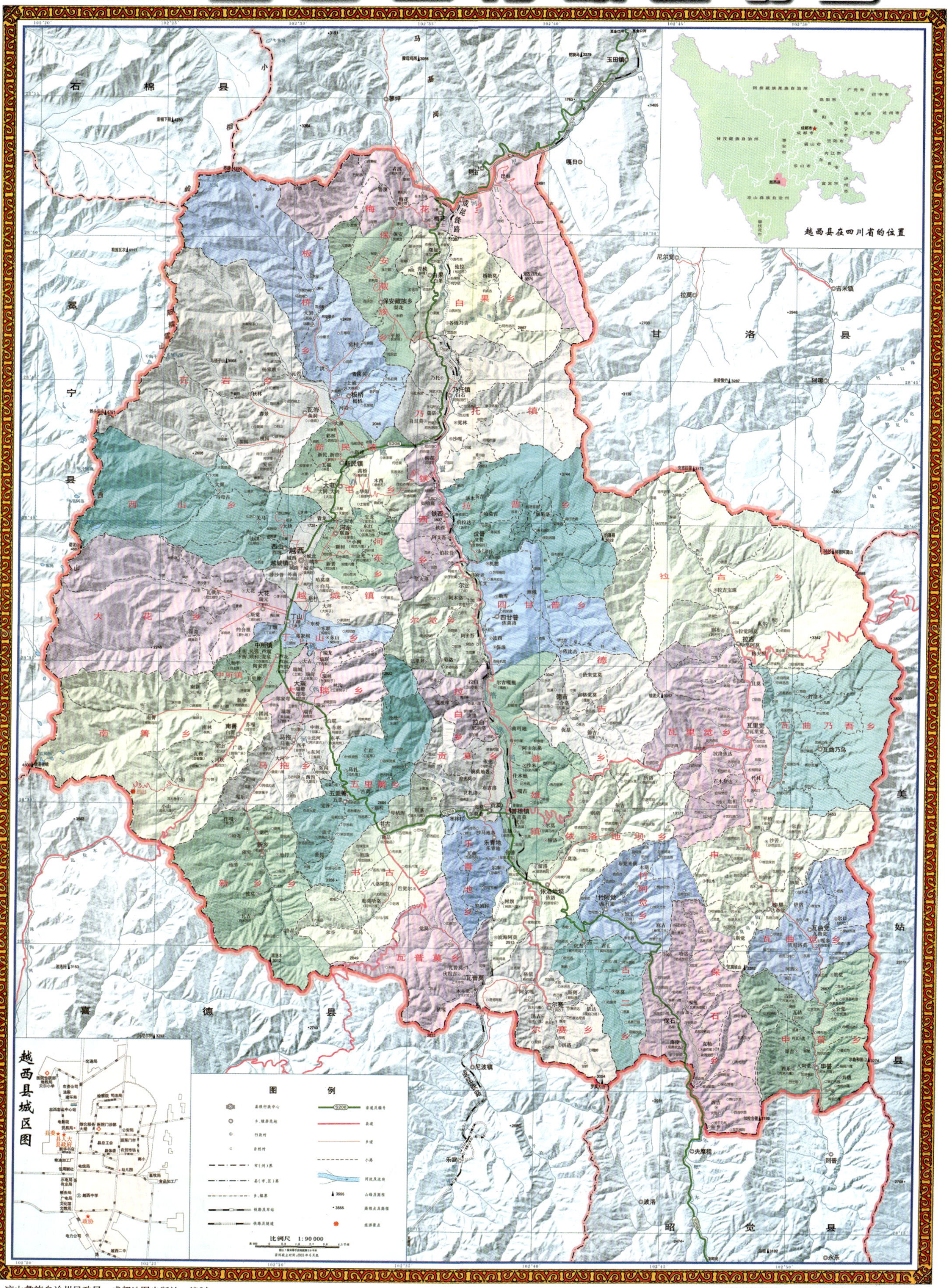

凉山彝族自治州民政局 成都地图出版社 编制

越西县行政区划图
审图号：JIS(2003)049号
二零零三年十一月
工本费：35.00元

越西县城全景

1999年12月16日，四川省省委书记谢世杰（左二）在县委书记邓显祥（左一），县委副书记、县长刘斌（右一）的陪同下视察南箐乡南山村扶贫工作

1999年12月17日，四川省省委书记谢世杰（右一）听取川西水泥厂厂长张秀林（左一）工作汇报

2004年4月13日，四川省省委书记张学忠（左一）、副省长张作哈（左二）在凉山州州委书记吴靖平（右一），县委常委、县人武部政委张天俊（右二）的陪同下到越西县视察

2000年4月20日，成都军区司令员廖锡龙（右三）在县委副书记、县长刘斌（右二），县委常委、县人武部政委王晓清（左二），副县长甲卡莫格（左一），县人武部部长沙光华（左三）的陪同下视察县人武部工作

2002年6月13日，四川省省委副书记、省长张中伟（左一）听取贝尔小学校长毛克期（右一）汇报学校情况

2003年11月25日，四川省军区政委周光荣（右一）在凉山州军分区司令员沙正华（右二）、政委杨奇松（右三）的陪同下视察越西县国防建设

2004年9月17日，凉山州州委书记吴靖平（右一）在县委书记胡坤（左一），县委常委、常务副县长张秀林（左二）陪同下检查瓦里觉乡石门村基层党组织建设

1998年1月5日，凉山州州委副书记、州长马开明（右二），州委副书记张作哈（右一）在县委书记邓显祥（右三）的陪同下检查新乡乡形象扶贫

2002年8月21日，凉山州州委副书记、州长张作哈（右四），州委副书记阿什老轨（左一）检查普雄镇什木地村民政、卫生工作

2003年2月11日，凉山州州委副书记、州长曲木史哈（中）检查五里箐乡移民工作

2005年6月15日，四川省地方志编纂委员会副主任罗亚夫（右一）在凉山州史志办主任李志华（右二）、副主任龚书桥（右三），县委常委、常务副县长张秀林（左一）的陪同下听取县史志办主任马进臣（左三）汇报地方志工作

2005年4月14日，凉山州州委副书记、州长张支铁（右一），副州长杨朝波（右二）到乃托水泥厂调研

1998年12月20日，凉山州州委副书记方光兴（右二）在县委书记邓显祥（右一），县委副书记、县长刘斌（左一），川西水泥厂厂长张秀林（左二）的陪同下到川西水泥厂检查工作

2001年5月4日，县委书记胡坤（左一）到申普乡检查村村通公路建设

1999年11月6日，县委书记邓显祥（左一）在扶贫验收工作会上抽签

2003年4月4日，县委书记胡坤（左一）慰问民兵预备役

1994年3月28日，县委副书记、县长张支铁在全县经济工作会上讲话

县城夜景

步行街

西苑广场

县城一隅

县城新大街南段

居民小区

南城小学

西城中学

四川省重点示范中学
——越西中学

县医院

普雄医院

县医院综合大楼

超市

百货商场

农贸市场

金店

普雄火车站

长途客运中心

普雄汽车站

凌云壁铁路隧道

下普雄铁路、公路桥

县城东门大桥

成昆第一桥
——乃托铁马大桥

滨河大道

中冕公路十八弯

南箐公路

通村公路

彝家新居

小相岭村

彝家新村

小山村

苏呷村

白果村

油菜花

油菜花

河东坝子

白菜

玉米

核桃

免耕小麦

花椒

马铃薯

万寿菊

烤烟叶

青椒

甜樱桃

烟田

苹果

番茄

葡萄

水稻

羊

黄牛

虹鳟鱼

光叶紫花苕

土鸡

索玛铅锌冶炼厂

乃托水泥厂

硅矿冶炼

锌锭

乃托水泥厂厂区一隅

铁西电站机房

变电站

微机综合自动化系统

南海

长海

邓家坝渔洞河

相岭风光

古杉

阳糯雪山

红海暮色

申果雪韵

银色申普

万亩雪林

红军洞

树衔碑

南方丝绸之路——“零关”石刻题记

五里牌

天皇寺

拜仙桥

南方丝绸之路——双石桥

松林山哨所遗址

青龙白虎碉

明代古城墙

舞龙

火把节

庆丰收

歌舞

摔跤

三下乡

西汉铜鋬

清末铜熏炉

西汉单耳罐

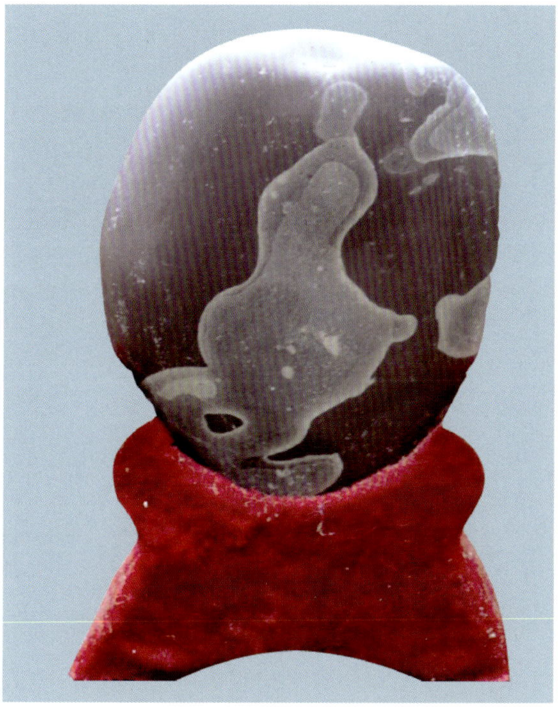

奇石——圣僧

奇石——云山相应

奇石——八戒巡山

奇石——普度众生

水晶石

铜矿

赤铁矿

褐铁矿

煤矿

铅锌矿

硫铁矿

天麻

贝母

虫草

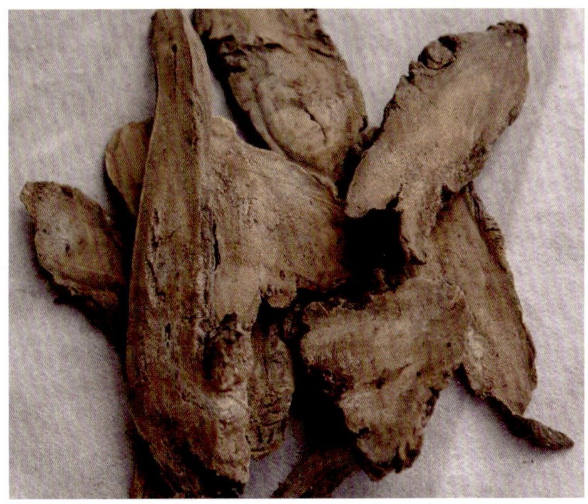

大黄

重楼

三七

国家一级保护植物红豆杉

国家二级保护植物枫木

国家二级保护植物山尖杉

国家二级保护植物连香树

大熊猫

赤狐

小熊猫

豹猫

野鸡

普雄原鲵

越西县志评审会成员合影

前排左起：桑玉贵　马进臣　李伍呷　李志华　张秀林　龚书桥　李正清　刘尧平

后排左起：耿道坤　何梅　毛太　莫色乌呷　李琳　姚建平　彭巧灵　易蓉　潘北毅　刘伟　李勇　蔡爽

中共越西县委书记
越西县人大常委会主任 **龙伟**

序

重史修志，是中华民族的优良传统。《越西县志》（1991—2005）历经五载编纂成书，付梓出版，这是越西县文化建设的又一丰硕成果，是全县人民政治生活中一件可喜可贺的大事。

“治县必知县，县治离不开县志”。古往今来，地方志作为地情的重要载体，具有“补史之缺，修史之错，详史之略，续史之无”的独特作用，故有“治天下者以史为鉴，治郡国者以志为鉴”。胡锦涛总书记指出，浩瀚而宝贵的历史知识既是人类总结昨天的记录，又是人类把握今天、创造明天的向导。地方志是中国先进文化的重要组成部分。续志以“三个代表”重要思想和科学发展观为指导，客观地总结了发展中的历史经验与教训，浓墨重彩地展示了越西的名人、名物、名事、名产和丰富的自然资源、秀美的山川景色、灿烂的文物古迹；全面、准确、真实地记述越西政治、经济、文化、社会等各领域波澜壮阔的历史；记述十五年来，越西各族儿女在县委、县政府的领导下，为追求美好生活，以经济建设为中心，自强拼搏、求实创新、团结勤奋、富民兴县的精神风貌，矢志不渝地创造这段光辉历史的业绩；讴歌党和人民在改革开放中所取得的辉煌成就。

《越西县志》（1991—2005），举众人之力，集千日之功，倾注了全县各级各部门和社会各界及广大修志工作者的大量心血。特别是编纂者本着对越西负责、对人民负责、对历史负责的严谨科学态度，不唯名，不唯利，不辞辛劳、呕心沥血、字斟句酌、精益求精，承旧志之精华，荷当代之诸业，纵贯古今，横陈

中共越西县委副书记
越西县人民政府县长 **贾巴尔士**

百科，寓褒贬于记事之中，明规律于兴衰之内，融思想性、科学性和资料性于一体，具有鲜明的时代特点和浓郁的地方特色，充分展现他们求实、创新、协作、奉献的修志精神，正所谓“众手成志”。在此，谨向为续修《越西县志》付出辛劳的同志们表示衷心感谢。

盛世修志，以史鉴今，洞烛县情，教益后代。新时代、新纪元赋予了《越西县志》（1991—2005）“资政、存史、启迪、教化”之新内涵。对于进一步激发全县人民认识越西、热爱越西、建设越西的热情，坚定改革开放信心，实现越西发展新跨越和全面建设小康社会目标，具有十分重要的意义。各级党政干部要潜心阅读，研究志书及其记载的史实，借鉴历史经验，放眼未来，抢抓机遇，开拓进取，乘势而上，为构建和谐越西而努力奋斗。

抚今追昔，感慨万千。值此新志问世之际，谨代表中共越西县委、越西县人民政府聊寄数语，权以为序，衷心希望全县人民读志、用志、以志为鉴，扬长避短，精诚团结，与时俱进，励志建树，笃行创新，为建设秀美越西作出新贡献，以无愧于前辈，无愧于当代，无愧于来者。并衷心祝愿这部地方文献能以其可读、可信、可用的珍贵资料，服务当代，有益后世。

中共越西县委书记、越西县人大常委会主任 [signature]

中共越西县委副书记、越西县人民政府县长 贾巴尔士

2011年6月18日

凡 例

一、本志以马列主义、毛泽东思想、邓小平理论和“三个代表”重要思想为指导，坚持科学发展观，以辩证唯物主义和历史唯物主义的观点，实事求是，全面、客观、真实、准确、科学地反映越西改革开放以来自然与社会的历史和现状，力求成为思想性、资料性、科学性相统一的地情著述。

二、本志的断限，与1994年版《越西县志》相衔接，上至1991年，下至2005年。为反映事物的完整性，部分章节作适当上溯。

三、本志篇目设置，根据国务院《地方志工作条例》和《四川省地方志工作条例》，按科学分类和社会分工，反映时代特色和地方特色，以篇、章、节、目、子目安排内容。

四、本志由概述、大事记、各分志及附录等部分组成。概述重点勾勒出1991—2005年间全县经济、社会事业发展的巨大变化；大事记简略记述起止年限内的大事、要事；各分志按事类设篇立章，横排竖写，纵横结合，其内容不受现行政管理体系限制；附录包括年限内的部分重要文件，修志文存，前志勘误，获州委、州政府及以上机关表彰的集体、个人。

五、本志坚持生不立传的原则。起止年限内对越西政治、经济、社会事业有重大贡献或影响者，立人物传，立传人物以音序排列；对有突出的先进事迹或在科技、文艺等领域有重大成就的知名人士作人物简介，简介以音序排列；同时收录越西高级技术人员名单。

六、本志体例以编年体和纪事本末体相结合，述、记、志、传、图、表、录、考并用，以志为主，文风力求严谨、朴实、简洁、通俗。

七、本志所有数据，原则上以县统计局公布的为准，如有缺项等特殊情况，则使用业务主管部门的资料。

八、本志计量单位按1984年2月27日国务院公布的《中华人民共和国法定计量单位》执行。同时,因部分计量单位换算涉及面广，困难较大，也继续保留原历史时期的计量单位名称。

九、本志有关数字、简化汉字、标点符号的书写，图表的设计、绘制，按国家有关规定和业务主管部门的要求执行。

十、 本志采用公元纪年，历史时代按传统习惯纪年，中华民国以前以朝代纪年用汉字书写，中华民国纪年用阿拉伯数字书写，括注公元纪年；中华人民共和国以公元纪年，用阿拉伯数字书写。机构、组织、单位名称在每篇目首次出现时均用全称，括注后用简称。

十一、本志称谓、地名、专业名词、特殊用语，按历史原貌记载，适当加注。

越西县地方志编纂委员会

（2006 年 4 月 1 日）

顾　　问：	杨光富	彝族	县委书记、县人大常委会主任、县人武部第一政委
	贾巴尔土	彝族	县委副书记、县政府县长
主　　任：	张秀林	汉族	县委常委、县政府常务副县长
副 主 任：	熊开康	汉族	县委常委、县委办主任、县委统战部部长
	张天俊	汉族	县委常委、县人武部政委
	王光荣	汉族	县人大常委会副主任
	杜庆云	汉族	县政协副主席
	马进臣	回族	县史志办主任
	孙阿漠	彝族	县政府办主任
	石云安	汉族	县政府副县级调研员、县委组织部副部长、县人劳社保局局长
委　　员：	吴志良	汉族	县发改局局长
	代福强	回族	县财政局局长
	罗立新	汉族	县统计局局长
	葛朝云	汉族	县卫生局局长
	阿里木机	彝族	县计生局局长
	马民德	回族	县农业局局长
	马尼古	彝族	县广电文体局局长
	潘木呷	彝族	县农（产）办主任
	龚明才	汉族	县审计局局长
	孙自清	彝族	县民政局局长
	的日伍各	彝族	县国土局局长

越西县地方志编纂委员会

（2008 年 10 月 18 日）

顾　问：	龙　伟	彝族	县委书记、县人大常委会主任、县人武部第一政委
	贾巴尔土	彝族	县委副书记、县政府县长
主　任：	张秀林	汉族	县委常委、县政府常务副县长
副主任：	巫阿琼	彝族	县委常委、县委宣传部部长、县总工会主席
	熊开康	汉族	县委常委、县委办主任、县委统战部部长
	朱国新	汉族	县委常委、县人武部政委
	王光荣	汉族	县人大常委会副主任
	甲卡莫格	彝族	县政协副主席
	马进臣	回族	县史志办主任
委　员：	孙阿漠	彝族	县政府办主任
	代福强	回族	县财政局局长
	吴延莹	汉族	县委组织部副部长、县人劳社保局局长
	吴志良	汉族	县发改局局长
	邹志贵	汉族	县教育局局长
	马民德	回族	县农业局局长
	罗立新	汉族	县统计局局长
	阿苏越尔	彝族	县广电文体局局长
	刘　烨	汉族	县卫生局局长
	严仕忠	汉族	县烟办主任
	曲木里支	彝族	县林业局局长
	罗德霖	汉族	县农（产）办主任

越西县县志审查小组

（2009 年 3 月 10 日）

组　长：	唐　云	汉族	县委副书记
副组长：	谢宇光	彝族	县委常委、县纪委书记
	巫　勇	彝族	县委常委、县委组织部部长
	沙马伟古	彝族	县委常委、县委政法委书记
	马方平	回族	县委常委、县公安局局长
	赖胜利	汉族	县人武部部长
成　员：	罗木古	彝族	县人大常委会副主任
	邱德明	彝族	县人大常委会副主任
	王建安	汉族	县人大常委会副主任
	王大文	彝族	县人大常委会副主任
	吉差阿木	彝族	县政府副县长
	李德强	汉族	县政府副县长
	木色加甲	彝族	县政府副县长
	何吉英	彝族	县政府副县长
	黄西虎	回族	县政府副县长
	木出吉哈	彝族	县政协副主席
	高　扬	汉族	县政协副主席
	杜庆云	汉族	县政协副主席
	陈志新	汉族	县政协副主席

越西县县志编辑室

总　编： 张秀林

副总编： 马进臣（回）

编　辑： 蔡　爽　钱桂琼　李　勇　刘　伟　彭巧灵

耿道坤　桑玉贵（彝）　潘北毅　耿冬艳　陈　伟（彝）

越西县史志办工作人员

主　　任： 马进臣（回）

工作人员： 王茂茜　王　军　蔡　爽　耿道坤　钱桂琼
李　勇　刘　伟　桑玉贵（彝）　彭巧灵　潘北毅
耿冬艳　陈　伟（彝）　杨　扬

凉山州《越西县志》（1991—2005）审查验收小组名单

（2010 年 6 月 30 日）

组　长： 李志华　汉族　凉山州史志办主任

副组长： 龚书桥　汉族　凉山州史志办副主任
李伍呷　彝族　凉山州史志办副主任

成　员： 李正清　汉族　凉山州史志办原党史科科长
刘尧平　汉族　凉山州史志办地方志科科长
莫色乌呷　彝族　凉山州史志办党史科科长
李　琳　汉族　凉山州史志办综合科科长
何　梅　汉族　凉山州史志办年鉴科科长
毛　太　汉族　凉山州史志办党史科副科长
易　蓉　瑶族　凉山州史志办综合科副科长

目　录

第一篇　建置沿革

第二篇　自然地理

第三篇　人　口

第四篇　中国共产党地方组织

第五篇 人民代表大会

第六篇 地方人民政府

第七篇 地方人民政协

第八篇 群团组织

第九篇 国 防

第十篇　政　法

第十一篇　民　政

第十二篇　人事劳动

第十三篇 经济综合

第十四篇　工　业

第十五篇　农　业

第十六篇 扶贫开发

第十七篇 商 贸

第十八篇　交　通

第十九篇 邮政 电信

第二十篇 城乡建设与环境保护

第二十一篇　财政　税务

第二十二篇　金　融

第二十三篇　教　育

第二十四篇　科技　气象

第二十五篇　医药　卫生

第二十六篇　广播电视电影　文化体育　旅游

第二十七篇 社会风俗

第二十八篇　人　物

附　录

概　述

一

越西县位于凉山彝族自治州北部，东经102°20′～102°54′，北纬28°18′～28°53′之间。东邻美姑，南接昭觉、喜德，西界冕宁，北连甘洛、石棉，幅员面积2256.47平方公里（合338.47万亩）。南北长84公里，东西宽53公里，系康滇古陆的构造。境内多山，沟壑纵横，山川南北纵列，岭谷相间，形成越西、普雄、申果庄3个河谷地带，县内地势南高北低。岭谷相对高差1000～2000米。境内气候属西昌巴塘亚热带气候区，垂直气候差异显著，属大陆性季风气候。天气凉爽，雨量充沛，四季不太分明。夏季短暂，春迟秋早，秋多绵雨，气温下降迅速，冬春干旱少雨，日照充足，夏季雨量集中，暴雨频繁。年温差小，日温差大。年平均气温13.3摄氏度，年降水量1113毫米，无霜期247天。县内主要河流有属大渡河水系的越西河、普雄河、漫滩河、宝珠拉达河，属金沙江水系的保石河、则普拉达河。

越西历史悠久。远在四千年前大禹治水年代，越西即是九州之一梁州地域。先秦时期，属"西南夷地"。汉置阑县。北周天和三年（568年）置邛部县至隋唐，宋为邛部川，元为邛部州，明为越嶲卫，清为越嶲厅，民国2年（1913年）改为越嶲县。1960年，经国务院批准撤销普雄县并入越嶲县后改为越西县。1991年，县政府驻地越城镇，有户籍人口19193人。全县辖9个区、44个乡、2个镇、288个村民委员会、908个村民小组。1992年，撤区并乡，调整为31个乡、5个镇。1998年，乡（镇）党政机构改革，重新设立9个区级工作委员会。2005年，全县辖9个区、41个乡（镇）、289个村民委员会、950个村民小组、4个社区居民委员会，69864户269500人，其中：彝族191328人，汉族74415人，藏族3143人，回族505人，其余为苗、布依等民族，有非农业人口22855人。人口密度为119.4人/平方公里。县内交通便捷，208省道穿境而过。

全县山地占90.1%，坝台地占9.9%。按区划量算已利用耕地23.0577万亩，占6.81%；林地68.09万亩，占20.12%；牧草地55.873万亩，占16.51%。森林覆盖率34.60%。草场载畜量25万个羊单位。

越西物产资源丰富。粮食作物主要有玉米、水稻、马铃薯、小麦、荞麦。特产有苹果、花椒、生漆。野生药材有天麻、贝母、虫草、杜仲、麝香等162科903种。珍贵树种有连香树、润楠、香樟、楠木等。珍贵动物有大熊猫、虎、豹、猕猴、獐子、水獭、苏门羚、毛冠鹿、短尾猴、金猫、黑熊、血雉、白腹锦鸡、果下马等。

境内矿产主要有煤、铁、铅、锌、硫铁矿、白云石、大理石、石灰石、水晶石等。煤多为无烟煤，储量约5844万吨，铁储量8909.9万吨。硫铁矿、白云石、大理石储量亦较丰富。水能蕴藏量大，水位落差大，可供开发量为65.0587万千瓦，至2005年开发利用5.46万千瓦。

优越的环境，丰富的特产，充沛的光、热、水、气资源，使越西成为农业发展的适宜区，也为工业发展的后劲区。

二

1991—2005 年,越西县坚持改革开放,推进经济体制改革。加大农业投入,完善家庭联产承包责任制,促进农业、农民增产、增收;夯实工业基础,稳步推进工业转型升级,加大对中小企业扶持力度,提升全县工业对国民经济发展的贡献;繁荣城乡市场,强化中心乡(镇)的辐射作用,提高商贸服务业在全县经济结构中的比重,拉动全县社会经济发展;开源节流,深化财政税收体制改革,加大财政支出监管和税收征收力度,确保全县各项事业健康迅速发展。

国民经济持续发展 “八五”期间,全县国民经济经历治理整顿和宏观调控两个阶段。1991 年,土地承包经营制度逐步完善,全县第一产业增加值 7375 万元,比上年增长 0.7%。企业坚持生产和经营的责、权、利相结合,由承包、租赁到改、转、卖、破和资产重组,进行产权制度改革,逐步建立产权明晰、权责分明、政企分开、管理科学的现代企业制度。1995 年,实现地区生产总值 27937 万元,是 1991 年 14761 万元的 1.89 倍。

“九五”期间,经济体制改革方面,农村坚持以家庭承包为主的双层生产经营责任制,走“公司 + 农户”的产业化路子,调整产业结构,健全服务体系,鼓励产业开发,培育龙头企业,推进社会主义新农村建设;深化企业改革,重点进行产权制度改革,积极推动发展非公有制经济,经济结构不断完善。到 2000 年,实现地区生产总值 53054 万元,是 1995 年的 1.9 倍。“十五”期间,牢牢抓住西部大开发的机遇,整合资源优势,优化经济环境,深化改革、扩大开放、招商引资。经济增长质量和效益明显提高,实现国民经济持续、快速、健康发展,于 2004 年提前实现“十五”国民经济和社会发展计划。2005 年,推动农村经济向专业化、多元化、产业化经营发展,加快农业向商品经济转化进程。农业生产持续发展,有力促进国民经济快速发展,第一产业拉动全县生产总值增长 7.31 个百分点,全县地区生产总值 100130 万元,比 2000 年增长 0.89 倍,以年均 12.41% 的速度递增发展。全年实现农业总产值 39550 万元,完成年计划的 107.14%,比上年增长 15.32%;比 1991 年增长 5.36 倍。

农业和农村经济稳步发展 1991 年,全县以农民增收为中心任务,大力发展高产、优质、高效农业,推进农业产业化经营,提高综合生产能力和经济效益。烤烟、油菜为主的经济作物成为农业发展突破点。试种烤烟 51.1 亩,烟农 39 户,收购烟叶 3062.5 公斤,产值 4030.46 元。开展人工辅助配种,增加种羊配怀率,引进 280 只半细毛种羊,投放瓦里觉等 8 个乡进行改良,筹建绵羊改良育种点 7 个。1993 年,全县推广生猪“双推五改”配套技术。1995 年,实施“草畜双百万工程”。1996 年,在中所、大瑞、马拖和五里箐等乡(镇)35 个村、95 个社 5867 户农户中实施“十、百、千、万”高产示范工程。1999 年,引进优质“肉羊”与南江黄羊杂交改良,提高本地山羊生产性能。2002 年,贯彻农村税费改革政策,取消“三提五统”,参加税费改革承包土地人口 14.82 万人,面积 17.6774 万亩,人均负担减少 4.72 元、亩平负担减少 5.78 元。2003 年,推广烤烟漂浮育苗 1 万亩,占全县总面积 1/3。实施“天草”项目,开展饲草饲料基地建设。2004 年,成立烤烟协会,以支部 + 协会、协会带农户新型管理方式促进烤烟发展。取消农业税、生猪屠宰税、农业特产税征收,执行粮食直补、综合直补、生猪补贴等惠农、富民政策,中央财政每年反哺全县农业 485 万元。

2005 年,全县烤烟移栽 29381.74 亩,分布于 10 个主产乡(镇),收购烟叶 80383 担,烟农实现现金收入 4241 万元。推广以“油研九号”、“绵油 11 号”、“德油 5 号”等油菜良种。油菜播种面积 1.6 万亩,为年计划的 114.29%;油菜籽总产 2870 吨,为年计划的 115.6%,比 1991 年增加 55 吨;实施“3150”工程,把农业与牧业、养地与用地有机地结合起来,大量生产优质豆科牧草;年末,全年粮食总产量 104536 吨,完成年计划的 100.5%,比上年增长 0.98%;比 1991 年增长 20.85%。全县四畜存栏 564507 头,完成年计划的 107.3%,比上年同期增长 12.1%;比 1991 年增长 30.2%。肉类总产量 28664 吨,完成年计划的

102.37%，比上年增长12.44%；比1991年增长1.99倍。

工业经济快速发展　1991年，深入开展"质量、品种、效益年"活动，进行产业结构和产品结构调整，努力提高产品质量和市场占有率。全县工业增加值2876万元。1995年，通过培育支柱产业，招商引资发展新型产业等有效措施，全县工业支柱产业初步形成，新型产业逐渐增加。深化企业改革，转换经营机制，改革用人制度，采取多种形式进行企业产权制度改革，分配合理、产权清晰、资产盘活、解危脱困，以个体、私营为主，企业多种形式并存，为工业发展带来生机。2000年，坚持因地制宜、积极发展、正确引导、巩固提高的乡镇企业方针，在稳定中求发展，在发展中上水平，逐步形成以矿产加工业为基础，工、商、运、建、产、供、销一体化经营的乡镇企业支柱产业。2005年，完成工业增加值13295万元，比1991年增长3.6倍。同年，全县有乡镇企业73个，从业人员1337人，实现总产值7547万元。

商业服务业发展迅猛　1991年，构建统一开放、竞争有序的商品市场体系，组建以县城市场为中心、区域市场为骨干、专业市场为纽带、乡(镇)集贸市场为基础、周边市场为补充的市场网络。全县社会商品零售总额累计完成4825万元，占年计划的97.5%，比上年增长7.94%。国营商业国内购进总值完成3904.41万元，比上年同期增长63.74%。1998年，逐步形成普雄、越西、新民、中所等4个集市贸易商品集散地，建成以畜产品、中药材、水果、矿产品、日用小商品等具有地方民族特色的商品批发市场。2005年，全县社会商品零售总额累计完成39617万元，完成年计划的138.36%，比上年增长51.45%，比1991年增长7.2倍。第三产业实现增加值41544万元，比上年增长16.20%，拉动全县生产总值增长5.7个百分点。

生态建设成绩斐然　1991年，全县经济林木有苹果、花椒、核桃、生漆、板栗、蚕桑、油桐等。越西花椒，素有"贡椒"之称，常年栽种面积3万亩，年产量514吨，产值2056万元；以点带面推动全县义务植树运动进程，确立示范绿化点4个，面积120公顷；建立义务植树基地15个，面积500公顷；启动长江防护林体系建设工程，林木种苗的生产、经营逐渐走向市场化。至1998年，共造林63.2万亩，增加森林面积39.5万亩，减少水土流失面积57平方公里，减少土壤侵蚀量118492吨。同年，全县启动天然林资源保护工程(简称天保工程)，率先在全省全面停止天然林采伐。2002年，启动退耕还林工程，涉及全县40个乡(镇)、201个村、2.9万农户、11.9万人。2003年，四川省东方农业发展有限公司在大花乡、丁山乡种植甜樱桃700亩。2005年，全县水果面积，甜樱桃面积、产量逐年增加，苹果、梨、桃、葡萄、柿、李、杏、樱桃八大水果面积2.85万亩、产量7560吨。探索"保护区+协会"的社区共管模式，成立"山鹰之家"野生动植物保护协会，吸收会员48人；开展"保护区一区一法编制"项目，进行每年4次固定线路野外巡护监测，建立保护区GIS(地理信息)系统。

截至2005年，全县共募集绿化造林资金221845元，义务植树5650万株，天保工程常年管护森林面积63276公顷；公益林建设累计完成16681.93公顷，其中：人工造林3032.86公顷；飞播造林3521.72公顷；封山育林10127.35公顷，投资基本建设1859万元(中央投资1309万元)；累计实施退耕还林13万亩，配套荒山造林10.3万亩，封山育林1万亩，兑现退耕还林粮食9450万斤，粮食补助6120万元，现金补助(医教补助)1140万元。

财税金融平稳运行　1991年，财政工作坚持改革开放、搞活经济原则，贯彻中央"以经济建设为中心"方针，坚持搞好"双增双节"运动。对乡财政实行"划分收支范围、预算单列、分级负责、自主财政、自求平衡"的管理体制，全县一般预算收入445.4万元，上级补助1610.7万元，社会保险基金收入91.6万元，上年结余收入-234.8万元，总收入1912.9万元；预算支出2215.8万元，上解支出10.9万元，总支出1912.9万元；财政赤字313.8万元。1993年，对县级行政机关实行"预算支出基数包干、超支不补、节余留用"的包干体制；对各事业单位实行"全额补助单位分期向差额补助过渡，差额补助单位分期实现自收自支"的财政管理体制。1995年，财政总收入3087.7万元，上级补助3047.2万元，财政赤字1148.9万元。1996年，开征行政事业管理费。1997年，按照"两线运行、统一管理、账务单列、目标考核"的要求，由县级财政直接对各预算单位算账。银行进行体制改革，撤销商业银行中的低效益网点，收缩乡(镇)储蓄机构。1998年,全县财政总收入6403万元,其中:一般预算收入1634万元,省补助收入4406万元,调入其他资金51万元,上年结余312万元。2003年,取消农业特产税附加。2004年,取消"农业税"。2005年,全县财政一般预算收入5011万元,省补助收入25126万元,总收入30819万元;预算支出30214万元,总支出30819万元。全县有金融机构4个,个人储蓄余额4.3476亿元,贷款余额2.4303亿元。

基础设施不断完善 1994年,以工代赈水毁工程改造中乃公路28公里。1995年,省以工代赈办、州两资办投资755万元,改造中冕公路。2001年,投资1235万元,改造乌金路路基工程。至2005年,全县各类公路总里程达到3143公里,公路桥梁64座,41个乡(镇)全部通公路,289个村中有92个村通干线公路,通村率32%,形成以干线公路为依托、县道为骨架、四通八达的交通运输网络。先后实施国家粮食自给、以工代赈、以粮代赈、扶贫改土、国家农业综合开发等项目工程,累计改造中低产田土11.87万亩,总投资3831.38万元。随着城乡建设步伐的加快,物质文明的需求,邮电通信发展步入现代化。邮政营业窗口实现电子化,封发邮件实现机械化,报刊发行实现微机化,电信通讯实现交换程控化,信息传输实现数字化,电信、移动、联通实现联网自动化。2005年,城乡共有固定电话用户13963户,比1991年增长11倍,各类移动电话用户发展到3万户;ADSL宽带拨号上网用户905户,网络覆盖全县。至2005年,境内已建成水电站16座,在建水电站9座,总装机3.6555万千瓦,全年发电11401万千瓦时,比1991年增长2.5倍。1998—2003年,国家投资4884万元,完成35个乡(镇)农网改造,受益用户31350户。国家和地方电网并网运行,构成完善的电力保障体系。

三

1991—2005年,随着经济体制改革的深入和经济建设跨世纪的发展,政治体制改革逐步深入,政府工作职能由单纯行政管理转向经济调节、市场监管、社会管理和公共服务,努力建立"政务公开、管理规范、运转协调、公正透明、廉洁高效"的行政管理体制。加强党政机关自身建设,廉洁从政、依法行政、从严治政、勤政务实,改进工作作风和工作方法,提高工作效率,建立服务型政府。

法制建设进一步加强 认真贯彻实施《民族区域自治法》,深入贯彻党的民族政策,加强民族团结。全面开展法制教育,组织动员15468人次党员干部、参加"三五"、"四五"全民普法教育,参加以宪法为核心、以专业法为重点的普法学习。同时,注重法制教育与法制实践结合,与为民排忧解难、为群众办实事结合,同步推进精神文明建设,着力增强全体公民法律意识,提高领导干部的法律素质和依法办事能力,增强社会的法治效应。从维护人民群众的根本利益出发,政府执法部门建立行政执法责任制,签订责任书,列入政绩考核。为解决执法和司法队伍中存在的特权思想、霸道作风、执法不公不严、受利益驱动办案等突出问题,政法部门采取剖析问题、落实整改责任制、为民办实事、强化为民意识等措施,对全县执法和司法队伍进行集中教育整顿,推动政法业务工作的创新发展。

机构改革稳步推进 1991年7月,对各机关、事业单位新进人员实行"编制卡"、"人员计划卡"、"工资基金"三位一体的管理办法。1992年,对行政、事业单位实行定编制、定人员、定职能、定经费,将乡股级升格为乡科级。1993年,县级党政机构改革,政府机构撤并6个,新建3个,重新设置县委工作机构8个、县政府工作部门35个、设置群团机构3个;将政企合一的物资、医药、矿业、电影、新华书店、商业等实体划转为公司经营。1998年改革后,县级党政工作部门共设28个,精简机构19个,精简比例为40.43%;行政编制在现有基础上精简20%,按行政编制的10%核定机关后勤服务人员事业编制,事业单位建立登记与年检制度,完成县级机关国家公务员过渡。1999年,完成工委、乡(镇)机关国家公务员过渡。公务员制度的实施,标志着从"人治"向"法制"、从"品位"管理向"职位"管理的过渡。2001年,进一步转变政府职能,精简机构和人员编制,优化组织结构和干部队伍结构,干部人事制度以公平、公正、公开原则引入竞争激励机制。改革后,县委设置工作部门7个,县政府设置工作部门22个,设置直属事业局3

个;重新审核、审定县级各部门机改的“三定”(定职能、定机构、定编制)工作。清理、清退乡(镇)临时人员650名。县乡两级共分流人员212人。2005年,新一轮的政府机构改革按照“编随职能走,人随编制走,连人带编划转,不足部分本级调节”的原则,分别对国有资产、发展计划、经济贸易、计划生育、规划建设、环境保护、药品、卫生等部门进行职能调整和体制改革;调整和精减区乡(镇)财政所工作人员,撤销原有29个区乡(镇)财政所,新组建区乡(镇)财政所23个。转变政府职能。明确政府调节经济、监管市场、管理社会、公共服务的职能范围。实行政企分开,把企业的经营权和投资决策权交给企业;通过改革事业单位管理体制,合理划分政事范围,将开发营业性事业单位推向社会,把专业性、技术性、服务性的事务交给社会去办。按照行政体制改革的要求,县、乡(镇)机关定编、定岗、定责,裁减非常设机构和冗员,实行小政府、大服务。

民主监督制度更加完善　坚持人民代表大会制,完善中国共产党领导的多党合作与政治协商制度,新时期爱国统一战线得到巩固和发展,人民依法实行民主选举、民主决策、民主管理和民主监督,民主法制观念深入人心,依法治县进程加快。全面推行政务公开和财务公开制度,让群众参加和决定基层公共事务和公益事业,实行村民自治。企事业单位建立以职工代表大会为基本形式的民主管理制度,保障和维护职工的合法权益。民主监督及全社会的舆论监督作用增强,依法行政、严格执法,公开、公正接受监督的行政司法制度基本建立。认真贯彻执行中共中央先后出台的关于加强党内纪律监督的规定等法规,重点加强对领导干部特别是主要领导干部的监督,加强对人财物管理和使用的监督,完善重大事项和主要干部任免的决定程序。县、乡(镇)均由副书记兼任纪委书记,职能支点逐渐前移。“权力反腐”已逐步转变为“制度反腐”,由事后监督向事前监督推进。在法律监督上,人大加强执法检查和个案监督,县政府145个部门进行工作评议,提高领导干部依法行政的自觉性。在工作监督上,对领导干部建立个人收入申报制度、重大问题报告制度、政务公开制度和任期经济审计制度等,规范从政行为。在群众监督上,广开群众言路,认真处理人民代表和人民群众来信来访,惩治执法犯法、贪赃枉法。

社会和谐,政治局面安定团结　1991—2005年,全县正确处理改革、发展、稳定的关系,做好农村土地承包、机关事业单位改革、企业产权制度改革、减轻农民负担中出现影响社会安定矛盾的疏导工作,加强思想政治教育,认真落实维护稳定第一责任,开展“和谐社会”、“平安越西”创建活动,推动社会治安整体联动防范工程,深入严厉打击犯罪活动,持续开展“严打”、“禁毒”、查处邪教、“扫黄打非”工作。认真开展民事调解,维稳排查与调处工作,及时消除不稳定因素,维护社会稳定,创造全县经济和社会发展良好的治安环境,增强党政机关的活力,密切干群关系,促进生产力的发展和社会进步。

四

全县在经济、政治发展取得巨大成就的同时,不断推进与之相关的科技、教育、卫生、文化、扶贫、环境保护等各项事业健康发展。人民生活水平持续提高,科、教、文、卫、体、扶贫事业硕果累累;精神文明建设成果喜人。

科学技术成果显著　1991年以来,全县实施“科技兴县”战略,广泛吸纳各类专业技术,科技队伍日益扩大,科技经费逐年增加,科技事业蓬勃发展。当年,在农业科技上,围绕良种培育、栽培施肥植保、动物饲养及管理传授知识,实施“双十亿”工程9个,累计完成投资12116万元,新增产值51490万元,销售收入完成49652万元,创利税14389万元。全县农村专业合作组织发展到39个,其中:县级学会、协会、研究会19个,乡(镇)科协5个,乡级专业技术协会15个。1992年,对经济、会计等实行资格考核制度,逐步将金融、保险、卫生、统计、审计、建筑纳入考核范畴。狠抓“星火计划”项目的实施。1997年3月,在全县范围广泛开展“科技、文化、卫生”三下乡活动。2000年,开展“科技活动周”宣传活动。2003年,以突出重点、开发新点、扩大示范、加快辐射为基本思路,狠抓以甜樱桃为主的名优水果科技示范基地建设,建成示范园731亩。2004年,人才强县战略纳入县委、县政府发展思路,将一把手抓第一生产力纳入县综合目标考核。积极组织项目实施“中加可持续农业发展项目”,组建越西县第一支科普志愿者队伍。2005年底,全县新增8个专业技术协会,农村专业合作组织增加到47个。

教育文化事业欣欣向荣 1991年,加强农村文化教育,落实教育优先发展战略地位,增加教育投入,完善分级办学管理体制,办好寄宿制教育,全县各类学校以“在竞争中求生存、在竞争中求发展”、“向管理要质量”为办学理念竞争发展。当年,县财政拨入教育经费523万元,深入教育教学改革,整顿教学秩序,提高教学质量,普及初等教育。投入基建费48.1万元,对顺河中学、板桥小学、大屯小学等10所学校进行改建、扩建,改造危房1707平方米。1994年,随着“普初”工作的推进,全县教育经费投入1352万元,其中县财政拨款1199万元。1996年,基建投入271.96万元,用于13所中小学校舍改造。2001年,启动“十年教育行动计划”。1997年9月,越西中学被四川省教育委员会重新确认为省重点中学,命名为“四川省校风示范学校”。2002年,对在校生1000人以上的中小学校长任用实行公推公选。2003年,实行教育收费公示制度,将享受国家“两免一补”政策的学生名单进行公示,接受广大群众的监督。2005年,实施学校内部管理体制改革,在部分学校逐步推行以校长负责制、教职工聘任制、结构工资制,全面普及九年义务教育,推行素质教育。县财政对教育的投入6344.49万元,基建费累计投入1865万元。在校小学生32920名,学龄儿童入学率达93.4%;中学在校生5323名;高中在校学生1406名,毕业生351名,为高等学校输送人才246名。全县有文化广场、文化馆、书店、电影院各1个。乡镇文化站基本普及,农村群众文化活动日益活跃,全民健身活动深入开展,“老年协会”活跃乡间院坝,深受群众欢迎。文艺创作硕果累累。成立作家协会1个,有文艺创作骨干57人,出版长篇小说、诗歌、作品集3部。建立卫星地面接收站,先后开通电视加密频道,完成“村村通”工程403处。至2005年,农村广播覆盖率达到100%,可以收看有线电视节目28套。

医疗防疫今非昔比 1991年,全县有乡(镇)卫生院46家,开展爱国卫生运动,贯彻预防为主的方针,建立健全三级卫生服务网络。1992年,配合撤区并乡,优化乡(镇)医院布局。2000年,深化卫生防疫与公共卫生工作,地方病、传染病发病率下降,儿童计划免疫“四苗”全程接种率83%,农村初级卫生保健达标。2003年春,全县一手抓经济建设,一手抓抗击“非典型性肺炎”的斗争,夺取经济发展和抗击“非典”斗争的双胜利。2005年,完善乡(镇)卫生院配套设施,新建住院楼17座,床位由1991年的291张减少到241张。充实卫生医疗队伍,投资337万元,添置医疗器械12台,改善人民卫生保健状况,积极推行农村合作医疗制度、公费医疗制度、医疗保险制度,人民健康水平普遍提高。全县乡(镇)以上医疗卫生机构43个,个体行医7家,卫生技术人员比1991年增加225人。

国土、环境保护、计划生育成效明显 1991年,全县在实施可持续发展战略中,坚持基本国策不动摇,正确处理经济发展与人口、资源、环境的关系,建立人口目标管理责任制,不断强化流动人口计划生育管理,坚持“一票否决”制度,落实计划生育奖励扶助政策,保持人口低生育水平;推进土地使用制度改革,实行农村宅基地有偿使用;逐步建立土地有形市场和矿产资源有偿使用制度,坚持开发与保护并重。1993—1995年,历时2年完成《越西土地》撰写及《越西县“四低”“四荒”资源调查报告》、《越西县中低产耕地改造规划报告》等8个专题的调查和编制,为全县国民经济总体规划编制提供科学用地依据。1998年,土地开发利用、基本农田保护、土地清查、土地资产管理、土地监察等工作中,突出耕地保护和开发整理工作,确保耕地总量动态平衡。2000年,健全基本农田保护制度,贯彻“污染防治与生态保护并重”的原则,突出抓好以水、气污染防治为重点的“一控双达标”工作。扩大有偿用地范围,土地使用制度向有偿、有限期、有流动的方向不断深化。2005年,全县的环保工作逐步走上环境管理科学化、制度化、法制化的轨道。至2005年,开发整理土地1579亩。2005年,计划生育率由1991年的89.19%提高到96.15%,人口自然增长率由1991年的12.33‰降低到9.58‰以内。

城乡建设日新月异 1990年,县城越城镇面积37.81平方公里。1991年后,坚持以城市建设为龙头,以小城镇建设和扶贫移民新村建设为重点,加大城乡建设力度,城乡面貌发生巨大变化。城市基础设施进一步完善；完成文化广场改造、新建文化路；完成新大街、环城路等路段的道路建设及下水道改造，城市道路网络初步形成。初步建成中所、普雄、新民、乃托4个规划较为完善的中心城镇。扶贫移民新村建设顺利推进，西山乡马木果、五里箐马扎移民新村等已建成。彝区的村容乡貌得到较大的改观。2005年，旧城区新建步行街1条294米。县城内新建自来水厂1座，日均供水0.9万立方米。城镇道路绿化长度由1991年的1.3公里发展到3公里。小城镇建设和农民新村建设稳步发展。

民政事业取得新成就　1991—1999年，全县社会保障体系逐步完善，财产、人寿、养老、失业、医疗、生育、工伤、救济、优抚安置等社会保障体系日趋完备。"两个确保"进一步巩固，"三条保障线"衔接日趋紧密，"两金"当期拨付率保持100%。以拥军优属、拥政爱民和军民共建为主要内容的双拥创建活动进一步巩固和深化。2000年，全县开展"爱心献功臣行动"，先后投资14.8万元为82户在乡老复员军人和重点优抚对象解决住房困难。搞好优抚安置，发放临时困难补助、定期定量补助。

2005年，灾害救济、灾害应急、劳动力市场、再就业服务体系、城乡居民最低生活保障制度和新型农村合作医疗制度已经建立。全县有3086人纳入农村"低保"，6205人纳入城市"低保"，领取保障金534.9万元，大病救助425人，发放救助金40万元，实现应保尽保。自然灾害发生后，职能部门按应急预案及时掌握灾情，如实上报，组织救灾款物，帮助群众安排好生产生活，抗灾自救。

劳动就业机制不断完善　1991年，县内就地转移896人，县外转移输出218人。1996年，全县城镇企业实行劳动合同制度，共签订2996人；办理劳动合同变更，解除、终止合同关系2493人。1998年，建立企业服务中心和托管中心，举办再就业宣传周、宣传月活动，开展"春风行动"，建立"下岗失业人员一条街"，组织安排下岗人员再就业。2000年，县内就地转移21000人，县外转移输出1200人。2001年，坚持凡进必考、择优录用的就业原则，按照"公开、平等、竞争、择优"的人事考录制度，通过考试考核，吸收部分大中专毕业生就业。2005年，全县剩余劳动力4.8万人，累计转移输出258921人次。实现再就业2528人次，占下岗人数的84.4%。通过社会公开招录用人和职业介绍自主用人，招收事业、企业合同制工人563人，介绍、安置技校毕业生2303人，复员退伍军人安置225人。截至2005年，就业服务管理部门按照先培训后就业的原则，加强就业培训，举办培训班38期，培训人员3181人。

扶贫开发成果喜人　1991—2005年，投入各类扶贫资金20774万元，其中：国家贴息扶贫贷款13943.1万元，财政扶贫资金1336万元，以工代赈资金409万元。先后实施扶贫开发项目6项，建成各类产业化生产企业3个，扶贫基地覆盖26个乡（镇）、130个贫困村、13.725万贫困人口；兴修水利，建设高产稳产农田，实施新村建设，使农业生产基本条件和人居环境得到改善，农村教育和卫生事业快速发展，贫困人口就医及子女入学问题得到解决。1999年，经省、州扶贫主管部门抽检、评审，全县贫困人口越过温饱线，达标率为100%。至2005年，全县43142名贫困人口摆脱贫困，开始向小康迈进。

精神文明建设常抓不懈　1991—2005年，精神文明建设从文明礼貌、思想道德建设入手，逐步上升到理想信念教育，培育有理想、有道德、有文化、有纪律的新型劳动者。以建设和谐社会为目标，开展文明单位建设。以创建文明县城、文明单位、文明村镇"三大创建"活动为载体的社会主义精神文明创建活动广泛开展，创建省级文明单位2个，州级文明单位20个，州级示范窗口16个，州级文明示范小区3个，县级文明单位250个，县级文明示范小区8个，农村"遵纪守法户、科技兴农户、双文明户"评选工作深入开展，有1843户农户挂牌。狠抓思想建设、组织建设和党风廉政建设，深入开展社会主义教育和"三心一保持"（与党同心、与群众贴心、让群众放心、保持共产党员先进性）教育活动，贯彻《公民道德建设实施纲要》，在机关、团体、学校、企事业单位采取多种形式，对广大干部、职工、学生进行正确的人生观、价值观、道德观教育，艰苦创业、振兴越西的社会新风尚逐渐形成。尊老爱幼、尊师爱生的社会风尚及社会公德、职业道德、家庭伦理、见义勇为的品德，越来越多地被广大人民群众所推崇。

城乡居民生活条件逐步改善　1995年，农民人均纯收入由1991年的361元增加到585元。2005年，农民人均纯收入2022元，比1991年增长4.6倍；城镇职工年均工资收入14300元，比1991年净增12053元，增长5.36倍，年平均递增14.13%。农村和城镇居民人均住宅面积分别由1991年的18.4平方米增加到26.9平方米。1991年,全县城乡居民储蓄存款余额4653万元。

2005年,全县城乡居民储蓄存款余额63898万元,比1991年增长12.7倍,年平均递增20.58%。随着收入的增加,居民消费水平不断提高,居民生活总消费由1991年的2365万元增加到2005年的4493万元,增长0.9倍;居民食品支出总额占个人消费支出总额的比例由1991年的76%降至57%。农民和城镇居民普遍新建或改建、装修住房。经过两次住房制度改革,职工住房全部商品化,产权归个人所有。彩电、电冰箱等高档耐用消费品为城镇家庭普遍拥有,家用汽车、摩托车、电动车进入城乡部分居民家庭。

五

1991—2005年,全县主要经济指标增幅较快,取得的辉煌成就,令人振奋。但前进中也出现过失误和挫折,经济结构矛盾突出、经济总量不大,发展速度和质量有待提高,基础设施不够完善,软硬环境有待加强,支柱产业不多不强。就业形势严峻;人多地少,农民增收难度大,政府职能转变和工作方式有待改善。发展所取得的成绩与全县人民的实际需要还存在着很大差距,只有苦干实干、加快发展,才有可能缩小差距,改变落后局面。

展望未来,任重而道远。站在机遇与挑战并存的新起点,县委、县政府将按照科学发展观和全面建设小康社会的要求,带领全县人民开拓进取,牢牢把握改革、发展、稳定的大局,举全县群众之力,兴开拓务实之风,行作风转变之实。营造良好的软硬环境作为利用外资的关键点;将城市、交通等基础设施建设作为改善硬环境的主攻方向;规范和完善各项经济、法律、金融等制度,制定科学的招商引资政策,加大政策倾斜力度,狠抓落实各项优惠政策。把特色生态农业、电冶工业和水电开发作为招商引资的重点。全面融入凉山州"立足资源,拓展两线,开发三江,发展三带经济,统筹区域协调发展"的战略之中,结合县情走具有越西特色的发展之路,拓展两线(成昆铁路经济线、乌金公路经济线),打造两极(乃托工业园区经济增长极、普雄大凉山少数民族第一镇经济增长极),开发三带(山区生态开发带、河峪产业化开发带、五镇一乡城镇化开发带),统筹县域经济协调发展。以水能资源开发为基础,发展高载能的电冶企业;以乃托水泥厂为重点,发展建材产业;以碧鸡山铁矿开发为主导,发展矿冶产业;以马铃薯和荞麦精粉加工为龙头,发展绿色食品产业。着力提高工业经济在全县国民经济中所占比重,按"先构建基础、再引进培育、逐步规范发展"的步骤推进乃托工业集中区成为经济活跃、功能齐全、环境优美、体制先进、管理科学、运转规范的经济增长示范区。做到规划一张图,交通一张网,产业一条龙,政策一盘棋。夯实工业强县基础。用现代工业理念狠抓农业产业化建设,围绕农业增效、农民增收、农村发展,大力推进农业、农村经济结构调整和搞好"三个优化"(优化农产品质量、优化农业产业结构、优化农业区域布局),推进农业产业化进程。突出历史文化、自然风光、民族风情三大特点,挖掘越西独具特色的各类旅游资源。加快旅游资源的整合、包装与推广。把越西建成凉山旅游网络的重要连接点和承接成都与西昌旅游圈的重要过渡区。

坚持以人为本,加大扶贫力度,统筹区域协调发展,加强落后地区经济建设。实施"科技—教育—人才"发展战略,增强自主创新能力,实现科技进步、教育发展、人尽其才的目标。落实"二为"方向和"双百"方针,发展公益文化事业和文化产业,加强文化资源的保护利用,规范培育文化市场,繁荣文艺创作。以建基础、抓扶贫、重保障、维稳定、促发展为主线做好各项工作,促进社会事业的发展。构建越西"风正、气顺、心齐"新局面,努力描绘越西灿烂辉煌的明天。

大事记

1991年

1月23日,县人大常委会组织部分省、州、县人大代表18名,政府相关部门负责人29人,视察全县交通、电力、卫生工作。

1月31日,中所乡火炮厂发生爆炸事故,伤8人、死1人。

2月10日,大瑞、中所、白果、新民以K326和红花大金元为试验品种,试种烤烟54亩。

2月26日,全县实施"质量、品种、效益年"活动。

3月2日,县计划委员会编制《越西县九十年代农村经济发展纲要》。

3月4日,开展民兵工作"四个一"达标竞赛活动。

3月5日19时,5名中学生在新民镇猫儿山吸烟引起森林火灾,火场面积3445亩,其中:林地过火350亩,扑救人员2568人,受伤7人,其中重伤2人。

3月25日,全县启动第二个五年普法教育规划。

4月8日,县委、县政府在铁西乡、拉普乡、尔觉乡、四甘普乡成立社会主义思想教育及社会治安综合治理试点工作队。

4月9日,县委成立社教工作团,分批深入46个乡(镇)农村开展社会主义教育工作,建立村民自治、农村政治思想教育、双层经营、科技综合服务、社会治安综合治理、农村财务管理等6大工作体系。

5月2日,县政府组织105人参加凉山州第二届运动会,参赛项目7个。

5月7日—7月21日,全县6个区26个乡发生洪水灾害,受灾面积31248亩,房屋倒塌131间,死亡5人,粮食减产428万斤。县政府拨救灾款8万元,救灾粮45万斤;州内捐款11万元,大米1万斤。

5月8日,在全县妇女中开展"双学双赛"(学技术、学文化,赛技术、赛贡献)活动。

6月5日,越西县有线电视台建台。

6月8日,县政府授予王志仁"革命烈士"称号。

7月1日,中共越西县委举行建党70周年庆祝大会,表彰先进基层党组织、优秀共产党员和优秀党务工作者。

7月13日,各机关、事业单位新进人员实行"编制卡"、"人员计划卡"、"工资基金"三位一体的管理办法。

7月15日,县委、县政府在各区、乡、县级部、委、办、室、局领导班子中开展以"学习、团结、勤政、廉洁"为主要内容的"四好"活动。

7月26日,全县除粮、油、汽油、柴油、煤油等16个品种执行国家定价外,其余商品价格全部放开。

7月29日,在全县启动企业、事业单位第二次职称制度改革,首次实施岗位设置,施行评聘分离,进行岗位指标管理。

8月25日,县公安局发放新一代居民身份证。

9月2日,铁马二级电站工程被四川省政府列为该年度四川省地方电力基本建设项目。

9月21日,全县各中小学开展"希望工程献爱心"、"手拉手心连心"、"伸出友谊之手"、"献出一片真情"等活动。

10月4日,越西县被凉山州委、州政府确定为州级贫困县。

10月25日,对在职干部职工、离休人员、退休人员实行燃料补贴,停止执行计划生育年终奖。

11月4日,县政府印发《国营企业新一轮承包有关问题的意见》,明确新一轮承包经营责任制中的有关问题。

11月18日,国家首笔扶贫贴息贷款200万元到位,用于烤烟和农业生产物资储备。

12月11日,县政府通过《关于在全县公民中深入开展法制教育第二个五年(1991—1995)规划》。

12月23日,全县全民所有制企业职工大病医疗费用实行社会统筹。

1992年

1月2日,县国土局开展县城规划区地籍调查。

1月4日,县政府组织实施越西县长江中上游防护林体系建设工程。

1月18日,机构改革全县开展撤区并乡建镇,对行政、事业单位实行"四定"(定编制、定人员、定职责、定经费)的管理办法。

1月28日,县委、县政府在商贸企业推行"四放开"(经营、价格、分配、用工),进一步深化流通体制改革。

2月18日,中所水观音饮用水工程竣工。

2月20日,社保局直接发放全县厂矿企业离退休职工的养老金。

3月5日,铁马二级电站工程建设启动。

3月15日,县保护消费者权益协会将查获的价值14.5万元假冒伪劣商品当众销毁。

3月19日,全县实行区乡党政领导经济承包目标管理责任制。

4月7日,县政府抢救大熊猫1只,放归美姑大风顶自然保护区。

4月9日,依吉拉尼乡并入依洛地坝乡。

4月22日,对县属工业企业实施新的工业经济评价考核指标体系。

4月25日,县政府颁发搞好增收节支,克服财政困难十条措施办法。

5月21日,制定相关经济技术协作优惠政策。

5月31日,县扶贫办完成全县46个乡(镇)贫困户摸底建卡工作。

6月3日,对全县国有企业干部、职工实行全员劳动合同制,签订劳动合同。

6月19日,纪念毛泽东主席"民兵工作三落实"指示发表30周年,举行民兵阅兵式。

7月12日,县政府抢救大熊猫1只,放归申果庄万亩林区。

7月24日,县政府颁发《越西县城镇公有住房租金改革暂行办法》。

8月7日,县政府抢救大熊猫1只,放归申果庄林区。

9月13日,县委、县政府召开个体户代表座谈会,提出个体私营经济是全民、集体所有制经济的重要补充,要放手发展。

10月14日，全县撤销9个区委、区公所，建立9个片区工作委员会(片区工作组)。

11月4日，粮食体制改革，放开粮食购销价格，保留定购数量，取消统购统销，改为议价议销。

11月25日，全县9个区、44个乡、2个镇调整为31个乡、5个镇。撤销瓦曲觉乡，划归申果乡。

12月5日，成立越西县物资总公司，撤销原越西县物资综合供应公司，下设越西县金属机电公司、越西县化工建材公司。

12月6日，撤销拉白乡建制，将拉白乡行政区域并入贡莫乡。

12月10日，乃托镇、新民镇、中所镇开征土地使用税金和房产税。

12月13日，县政府颁发《越西县城镇公有住房实施办法》。

12月13日，撤销大屯乡政府，并入新民镇，古二乡并入竹阿觉乡，合觉、申普两乡合建申普乡。

12月18日，商贸企业推行“四放开”、“五为主”、“改、转、租、卖、包”、“自资经营”、“抽本经营”、“买断经营”的改革，探索“国有民营”、“公有私营”新路子。

12月20日，粮油、生猪、蔬菜化肥经营全面放开。

1993年

1月8日，乡(镇)机构改革，中所乡与丁山乡合并建立中所镇。

1月12日，全县开展全国第三产业普查。

2月3日，开展“献爱心助学童”活动，捐款64429元，用于贫困地区失学儿童。

2月8日，越西县市话丢掉67年“摇把子”电话，实现人工转为自动。

2月9日，县政府建立粮食收购保护价格制度，结束粮食统购统销，城镇居民结束计划供应制度。

3月2日，蚕桑生产被列为越西县支柱产业，投入有偿扶贫贷款30万元。

3月5—9日，县政协召开九届一次全体会议。选举政协主席、副主席、秘书长和常务委员，听取和审议常务委员会工作报告、提案工作报告。

3月6—10日，县九届人大一次会议召开。会议听取和审议了“一府两院”等工作报告，并作出相应决议；选举产生县九届人大常委会组成人员，县政府县长、副县长，县法院院长，县检察院检察长。

4月20日，越西县政府与会理县政府签订协议，合股成立会理县鹏诚实业公司。

4月24日，县政府制定《九十年代越西儿童发展规划纲要》。

5月6日，县委召开各界人士座谈会，共商建设越西之计。

5月29日，按照《人民警察警衔条例》，越西县举行首次公安干警授衔仪式，授予104名警察警衔。

6月19日，县民政局完成全县地名补查工作。

6月25日，将全县9个区、46个乡(镇)调整为9个工委(片区工作组)、36个乡(镇)。

6月25日起，县委、县政府组织相关部门历时半年，清理出各种借支、垫支、挪用超生费512456元，收回72934元。

7月10日，凉山州烤烟田间管理现场会在越西县召开。

8月3日，全县机构建制改革，县委工作机构由12个部门精简为8个；政府工作机构由51个精简为35个，县政府设置直属部门7个。县委设置群团机构3个，政企合一的县物资局、县医药局、县矿业局、县电影队、县新华书店、县商业局整体划转为公司。

8月27日，县检察院和县公安局在围歼车匪路霸专项斗争中，抓获结伙作案23次的4个团伙62人。

9月6日，县政府召开首届教育科技大会，表彰先进集体5个，优秀教师25人，先进教育工作者34人。

10月25日,投资680万元,修建城关110千伏变电站,变电站装机容量10000千伏安,与西昌电力公司并网运行。

11月1日,县政府完成越西县城(越城镇)抗震防灾规划编制工作,经审定,为省内抗震防灾“丙类模式”先进水平。

11月2日,成立越西县红十字会。

12月4日,越西县与什邡县达成友好县协议。

1994年

1月1日,根据全国税制改革要求,全县实施新税制。

1月4日起,历时两年,投入资金241.7万元,修建农村支部活动室90个(砖瓦结构70个,砖混结构2个,土木结构18个),建筑面积7474.5平方米(砖瓦结构6021.5平方米,砖混结构1453平方米)。

2月18日,全县实施机关、事业单位工作人员工资制度改革;对机关工作人员(工勤人员除外)实行职级工资制;对事业单位人员,实行体现不同类型、不同行业特点的工资制度。

3月20日,团县委启动“跨世纪青年文明工程”和“跨世纪青年人才工程”。

3月27日,召开科技教育表彰大会,表彰奖励1992—1993年度科技进步奖。《水稻旱育稀植技术推广》、《马铃薯高产栽培丰收计划》、《越西县越城镇抗震防灾规划》等十二项成果获奖。

4月1日,越西县被评为国定贫困县。

4月1日,越西县被列为全国592个《国家“八七”扶贫攻坚计划》重点扶持县之一。

4月8日,越西县被列为国家第三批农村电气化试点县和农网建设改造县。

5月1日,全县开展为期30天的“严打”集中统一行动,依法批准逮捕犯罪分子24人,刑事起诉22人。

6月30日,撤销越西县党史研究室。

7月13日晚,南箐地区普降冰雹、暴雨,南箐村、南林村、南新村、小山村部分洋芋、玉米等严重受损。

7月18日,县政府投资39.4万元,新建长520米、宽12米的县城文化路。

8月4日起,历时23天,县人大常委会对全县贯彻实施《教师法》、《义务教育法》、《四川省义务教育实施条例》、《凉山州义务教育实施办法》的情况进行检查。

8月26日,越西县第一次扶贫开发工作会议召开。

8月29日,九届县政府第十八次常务会议研究,认定阿洛木乃同志为革命烈士。

8月29日,四川省政协副主席杨岭多吉到越西县视察政协工作。

9月24日,经凉山州国家税务局批准,四川省越西县国家税务局正式成立。

10月17日,从山东引进红津轻、红富士改良越西苹果品种。

12月5日,县政府组团到香港开展招商引资活动,设立越西县人民政府驻香港招商代表组;金帝木业有限公司与香港鸿运有限公司签订合作协议。

12月30日,经州委、州政府检查验收,越西县完成“二六”温饱扶贫攻坚目标任务指标。

1995年

1月20日,全县开展计生“三结合”工作。

2月3日,对全县事业单位进行登记工作。

3月5日，县公安局开展为期3个月的“春季严打攻势”，依法批准逮捕87人，起诉31人，报送州检察院审查起诉10人。

3月22日，县政府抢救大熊猫1只，放归申果庄万亩林区。

3月31日，县政府与州邮电局就上数字程控电话达成协商。

4月2日，县农机局从云南省大理州引进烤烟肥团制钵机2台，在大瑞乡瑞香村试验假植30亩。

4月6日，县政府投资10万元，新建西苑广场1950平方米。

4月8日，全县完成160万株桑树种植。

4月18日，县邮电局完成普雄地区程控改制，开通普雄地区程控电话。

4月20日，国税、地税分设，国税保留中普雄、中所、城关、新民、乃托国税所，撤销上普雄、下普雄、书古、申果庄税务所。

5月8日，县政府投资678.6万元，启动占地46.29亩的河东乡光彩饲料厂建设。

5月12日，县九届人大常委会第14次会议通过《越西县人民代表大会常务委员会关于处理信访工作的暂行办法》，并对《越西县人民代表大会常务委员会人事任免暂行办法》、《越西县人民代表大会常务委员会关于加强与县人大代表联系的具体办法》进行修订。

6月4日，县政府颁布《越西县劳动模范表彰奖励暂行条例》。

7月5日，县政府颁发《越西县商业网点建设基金管理办法》、《越西县粮食风险基金管理办法》。

7月5日，县广电局、县公安局、县安监局、县消防大队等执法部门对文化市场进行整顿，取缔8家非法电子游戏室。

7月17日，凉山州政府与越西县政府签订凉山广厦工程责任书。

8月5日，县政府投资10万元，修建大瑞乡街、路、巷，长1440米、宽8米混凝土街路及排水沟。

8月7日，越西县被列为国家“八五”期间第四批马铃薯商品粮生产基地县。

8月18日，县政府启动普雄镇4700平方米的牲畜市场建设。

9月2日，县委、县政府召开纪念抗日战争胜利50周年座谈会，歌颂为抗日战争胜利而浴血奋斗的指战员的丰功伟绩。

9月5日，县农广校开办大专教学班，经省农广校推荐评为“全国百强示范校”。

9月25日，县政府颁布《越西县排污收费暂行办法》。

10月19日，县委、县政府决定恢复被撤销的大屯乡、丁山乡、拉白乡、古二乡4个乡。

10月29日，在四川工业产品博览会上，越西3个企业获得银奖。

11月10日，凉山州乃托锌冶炼厂改建为凉山州乃托化工冶金有限责任公司。

11月15日，全县实施州委、州政府“草畜双百万工程”。

12月4日，县计划与经济委员会编制《越西县国民经济和社会发展“九五”计划纲要及2010年远景目标》。

12月6日，全县成立9个地区工作委员会。

12月10日，县政府发文允许党政、事业单位干部、职工从事生产、经营等创收活动。

12月25日，县邮电局完成3000门数字程控割接。

1996年

1月3日，全县实行食用盐零售许可证。

1月19日，县农业局制定“九五”期间农业综合开发规划。

1月29日,县五交化石油公司撤销,恢复县石油公司和县五金公司。

2月11日,县广电局实施广播电视天线覆盖"千乡工程"。

2月25日,县安监局在全县核发乡(镇)矿山企业"安全合格证"。

3月7日,经国务院、四川省委、省政府、凉山州委、州政府批准越西县列入全国第三批农村初级电气化县建设。

3月16日,普雄镇经四川省人民政府批准列为省第三批小城镇试点建设镇。

4月1日,越西县人民武装部由地方建制收归军队建制,更名中国人民解放军四川省越西县人民武装部。

4月15日,县政府制定《越西县妇女发展实施规划(1996—2000年)》。

5月1日,县委、县政府组织县纪委、县监察局、县公安局、县工商局、县文教局、县广播电视局等35人,对"五一"期间在县城动用公车迎亲歪风进行突击检查,对违纪人员予以公开曝光和纪律处理。

5月21日,县政府出台《越西县残疾人事业"九五"计划》。

7月29日,团州委追认普雄镇瓦吉木村团员沙马木呷为"见义勇为优秀共青团员",号召全州团员青年学习沙马木呷"见义勇为,舍己救人"的精神。

8月29日,县政府建立越西县见义勇为基金。

9月1日,县政府与浮法玻璃原料有限责任公司签订承包经营责任书。

9月2日,县政府委托四川省村镇规划设计院编制普雄镇总体规划。

10月22日,县政府启动新大街供水管网改造一期工程。

10月31日,县农村信用社与县农业银行脱离行政隶属关系。

11月15日,县公安局、县林业公安科侦破"96.6.22"特大猎杀倒卖大熊猫皮案件。

12月1日,全县开展全国第一次农业普查。

12月31日,全县开展全国第一次基本单位普查。

1997年

1月7日,全县换发第一代"中华人民共和国残疾人证"。

1月27日,县政府配备乡(镇)扶贫专干40人,其中:专职30人、兼职10人。

2月13日,三岔河电站开工,预计总投资330万元,电站装机容量2×500千瓦,年发电量500万千瓦时。

2月18日,中冕公路正式通车。

3月1日,县政府与9个片区工委和40个乡(镇)签订工委中心财政所乡(镇)财税目标管理责任书。

3月18日,全县国有企业改革全面展开,19户国有商贸企业启动产权制度改革,区乡8个营业部实施改制。

3月21日,全县推广苹果高接换种技术,推广草帽型树势栽培技术。

4月18日,县缉毒队在普雄火车站,挡获昆明开往西安166次旅客列车下车的15名妇女,查获其体内所藏海洛因480.9克。

4月25日,县政府完成全县乡镇工业污染源调查。

5月6日,开展创建安全文明小区村组活动。

5月10日,全县进行金融秩序整顿。

6月4—8日,上普雄地区遭受暴风雨和冰雹灾害,造成房屋倒塌12间、死亡5人、道路中断、农作物严重受损。

6月18日，县委、县政府召开迎接香港回归和庆祝党的生日千人大会。

6月25日，瓦曲觉乡从申果乡划出，建乡人民政府，辖原有行政区域。

7月8日，县政府举办火把节灯展。

7月14日，四川省邮电管理局、上海贝尔公司、凉山州扶贫开发两资办和社会各界捐资115万元，完成越西县邮电贝尔小学第一期工程建设。

8月21日，县政府将凉山州乃托电锌冶炼厂电锌冶炼及配套系统租赁给索玛锌品厂。

8月23日，县邮电局在越西县城关区开通大哥大通信。

9月16日，四川西昌电力股份有限公司、越西县电力公司签订越西县铁马二级电站合资意向书。

10月14日，县政府实施瓦曲乃乌乡乃乌、竹西村移民搬迁。

11月27日，保安乡山河组发生地裂及地下涌水现象。经调查，系地质活动造成。

12月18日，县饲料加工厂、议购议销公司和粮油综合经营部组建成立县粮油贸易有限责任公司。

1998年

1月5日，全县启动天然林资源保护工程。

2月3日，国家农村电网建设与改造工程在全县启动。

3月5日，国有县级8大公司实施改制。

3月15日，经州医疗机构评审委员会认定县医院达到“二级乙等”医院标准。

4月17日，政府投资30万元，完成中所镇水观音饮用水环境污染治理工程，修筑围墙468米、堡坎460米、排水沟505米。

4月23日，县政府将水观音饮用水源定为保护区。

5月2日，马拖、书古等部分乡（镇）遭受暴雨和冰雹袭击，雷击重伤4人、死亡1人，泥石流冲走3人、死亡2人，房屋倒塌8间，直接经济损失416万元。

5月21日，县委办、县政府办发文要求各乡镇党委、政府、县级各部门认真贯彻省委、省政府办公厅“关于继续冻结非农业建设项目占用耕地有关问题”通知，控制乱占滥用耕地。

6月30日，撤销瓦曲乃乌乡竹西村和乃吾村，新建西山乡马母果村、五里箐乡马扎村，将五里箐乡五里村四、五组并入马扎村。

7月13日，县政府投资6万元，修建临时的垃圾堆放场。租赁5.6亩荒地，围坎740米，通道车路长95米，宽5米。

8月2日，县广播电视文化体育局实施广播电视“村村通”工程。

8月6日，县委组成机构、县政府组成机构和区乡建制进行机构改革。县级党政机构由机改前的47个精简为28个，撤销片区工作组，成立9个地区工作委员会；全县设置5镇、36个乡。

8月18日，越城镇、普雄镇开通移动通信。

9月12日，县委、县政府实施企业退休人员、下岗职工基本生活费“两保工程”和下岗职工再就业工程。

10月13日，电力公司职工集资240万元，实施团结一级电站建筑技改。修建小铁西电站，电站装机容量1800千瓦，年发电量631万千瓦时。

10月19日，县邮政电信分营，成立电信营业部和邮政局。

10月30日，全县“双基”（基本普及初等教育、基本扫除青壮年文盲）工作经省、州督导评估认定达标。

11月5日,凉山州移民扶贫和形象扶贫现场大会在越西召开。

11月28日,凉山州政府、越西县政府批准《普雄镇总体规划》。

12月5日,第十届县政府第五次常务会议,确定"红军洞"、"天皇寺"为县级重点文物保护单位。

12月26日,县政府与成铁普雄工务段签订开发复耕地协议。

1999年

1月8日,越西县森林资源二类调查工作完成,全县森林覆盖率为18.9%。

2月1日,四川省政府公布第二批越西县重点文物保护单位及自然奇观保护点。

2月1日,启动全县退耕还林工程建设。

3月5日,县政府与四川省乐得经济贸易总公司签订开发越西县天然有机营养土(泥炭)项目协议。

3月6日,县政府开展为期三个月的全县农村合作基金会清产核资。

4月8日,全县启动"越西县城市最低生活保障制度"。

4月26日,县政府投资45万元,完成中所镇水观音水库蓄水拦堤及浸水洞清淤工程。修筑长85米、宽3米、高3米围墙。

5月18日,在全县开通"148"法律服务专线电话。

5月19日,凉山州大春田间管理现场会在越西县召开。

5月24日,凉山质量技术监督局越西分局成立,实行省垂直管理。

6月15日,移动通信和电信分离。

7月11日,县委、县政府发布《关于加快发展农业机械化的决定》(越委发[1999]25号)。

7月18日,县政府在保安藏族乡召开保安藏族乡成立15周年庆祝大会。

8月16日,四川省玉米高产攻关现场会在越西县召开。

9月18日,县政府投资53万元,完成普雄镇半边商贸街建设,建成长442米、宽11.5米混凝土街面及人行道绿化、路灯、排水等设施。

9月21日,县政协委员会庆祝人民政协成立五十周年大会召开。

10月15日,瓦普莫乡觉莫村128户670人移民安置到依呷村、觉莫村和合作吉村。

11月8日,县政府完成与甘洛、石棉、冕宁、喜德、昭觉、美姑县行政区域界线勘定。

11月9日,经四川省委、省政府,凉山州委、州政府扶贫越温工作小组确认:越西县按期完成规定任务,达到越温。

11月19日,四甘普乡政府迁址四窝普村。

12月5日,中铁五局电务处承建的国家"九五"重点建设项目——成昆线越西段铁道电气化改造工程完工,全线一次性送电成功,开通运营。

12月14日,县委、县政府召开庆祝澳门回归座谈会。

12月16日,四川省委书记谢世杰到南箐乡南山村视察扶贫工作。

12月25日,县政府完成长防工程造林63.2万亩。

12月30日,越西县长富2号苹果被评为"四川省名优果品"。

2000 年

1 月 20 日，越西县三岔河电站建成投产。

2 月 5 日，乃托镇中心校被列为“民族地区发展十年行动”项目学校。

2 月 21 日，县政府与凉山州索玛锌品厂、越西县电力公司签订共同投资开发响水河协议。

3 月 6 日，全县退耕还林工程实行“以粮代赈”，每年每亩供应粮食 300 斤，供应比例为大米 50%，玉米 50%，供应粮食为国家规定中等质量标准。

4 月 11 日，成都军区司令员廖锡龙率领工作组视察县人民武装部工作。

5 月 4 日，州森林公安局、县公安局、林业公安分局共同侦破“8·31”特大盗伐林木案，挡获盗伐林木 263 立方米。

5 月 8 日，县级以上党政领导班子和领导干部中分四个阶段，开展为期两个月以“讲学习、讲政治、讲正气”为主要内容的党性党风教育。

6 月 9 日，县政府试行城镇职工基本医疗保险制度。

7 月 28 日，县政府投资 419.44 万元，启动县城新大街一期、二期改造工程，建成长 1800 米、宽 7～21 米，浇筑 18927.5 平方米混凝土街路，整治排水 4000 米，安装新街灯 74 盏，敷设 PVC 塑料管（直径 250～300 毫米）供水主管道 1120 米，供气主管道钢管（直径 200 毫米）1300 米。

8 月 25 日，县政府清理公费配置移动电话 126 部，其中：县处级干部 25 部、科级干部 88 部、站所负责人 10 部、工作人员 3 部，收回作价款 77806.5 元。

9 月 15 日，越西县被省卫生厅列为全省 52 个“降低孕产妇死亡率和消除新生儿破伤风项目”（简称降消项目）的贫困县。

9 月 23 日，县政府招商引资，改造西苑广场。

10 月 2 日，建立越西县申果庄大熊猫自然保护区。

10 月 8 日，县政府利用国家科技示范场建设项目，投资 150 万元，在城东村建设连排式大棚 5 个，试种反季节蔬菜。

10 月 14 日，启动县级四大班子职工住房建设。

10 月 31 日，县电力公司将所持铁马二级电站 600 万股转让给四川西昌电力股份有限公司。

11 月 1 日，全县开展第五次全国人口普查。

11 月 15 日，县政府开通气象卫星信息接收站（PCVSAT）。

11 月 19 日，招商引资 150 万元，建成县政府办公大楼，建筑面积 2720 平方米。

12 月 10 日，县国税税收 1024 万元，突破 1000 万元大关。

12 月 16 日，四川省电信公司越西县电信分公司挂牌成立。

2001 年

1 月 15 日，全县合作基金会清产核资、资产确认工作全面结束。

1 月 20 日，全县 494 个单位 7808 人开展“三个代表”教育活动。

1 月 20 日，四川省委、省政府决定，将越西县列为扶贫开发工作重点县。

2 月 21 日，县政府将乃托电锌冶炼厂电锌冶炼及配套系统技改涉及的财产作价 500 万元出售。

2月25日,县政府建立城镇职工基本医疗保险制度,基本医疗保险基金实行统筹金和个人账户相结合。

3月1日,县政府投资10.25万元,种植县城新大街香樟等绿化树。

3月4日,县政府与云南佳能达医药有限公司签订建立中药材种植基地合作协议。

3月5日,县政府与甘洛县政府签订白沙河二级电站建设协议。

3月10日,全县机构改革工作,按"定职能、定机构、定编制"方案进行,县委设置工作机构7个,县政府设置工作机构22个。

3月24日,投资980万元修建白沙河二级电站,装机容量2×1000千瓦,年发电量1100万千瓦时。

4月6日,投资268.8万元修建大瑞35千伏变电站。

4月21日,川西水泥厂改制。

5月4日,县委、县政府出台《关于改革我县大中专毕业生就业体制的决定》,打破"统包统分"的分配制度,建立双向选择,竞争上岗,择优录用毕业生社会就业新机制。

6月14日,投资1224万元修建响水河二级电站,装机容量2×1250千瓦,年发电量1500万千瓦时。

6月20日,国务院将越西县列为国家扶贫工作重点县。

7月1日,越西县金税工程实现全国联网。

7月8日,全县实施《越西县档案系统法制宣传教育第四个五年规划》。

7月30日,县政府与四川东方农业发展有限公司签订建立越西县农业科技示范园区协议。

8月13日,瓦岩乡、白果乡、尔觉乡、梅花乡、拉白乡、德吉乡发生山体滑坡,房屋倒塌33间,死亡4人,失踪1人。

9月6日,县委党务大楼建设启动,投资480万元,建筑面积7321平方米。

9月17日,县民政局完成全县41个乡(镇)96条,长624.1公里的乡界勘定。

10月1日,县计划生育技术指导站向农村实行计划生育的育龄夫妻免费提供避孕、节育技术服务。

10月9日,县委、县纪委、监察局清理41个乡(镇)和9个工委的财务收支。

10月30日,县十届人大常委会第27次会议作出关于批准《越西县旧城"墩化巷、文寿街"改造规定方案》和《越西县城镇房屋拆迁管理实施办法》的决定。

10月31日,县公安局在全县开展农村户口城市化管理工作,41个乡(镇)的农村户口全部移交片区派出所管理。

11月1日,川西水泥厂采石场山体滑坡,掩埋7人、炸药1080公斤、雷管21枚、130小货车1辆,直接经济损失120万元。

11月10日,成立越西县行政服务中心,实行集中办公、统一收费、一站式、并联式服务。

12月13日,越西县申果庄州级大熊猫自然保护区建立。

12月15日,省、州环保部门验收检查"越西县一控双达标工作",基本合格达标。

12月16日,《越西县城总体规划》第二轮修编,经四川省建设厅、省规划设计院评审通过。

12月18日,组建越西药品监督管理局,实行省垂直管理。

12月31日,全县开展全国第二次基本单位普查。

2002年

1月18日,越西县苹果取得四川省无公害农产品证书。

1月29日,全面禁止使用甲胺磷、甲基对硫磷、对硫磷、欠效磷、磷铵等高毒高残留农药。

2月26日，四川省无公害农产品管理机构对越西县海椒、萝卜、白菜、黄瓜产地环境抽样、检测、论证，达到无公害农产品生产标准，被四川省农业厅认定为“四川省第一批优质蔬菜基地”，“四川省无公害农产品”，认证面积4000亩。

3月1日，县财政局、县农业局、县信用联社和县扶贫办人员组成乡村不良债权债务清理核实组，对全县所有乡村不良债权债务进行为期5个月的清理核实。

3月3日，冕宁县与越西交界处（东经102°12′，北纬28°38′）发生4.6级地震，全县6乡42村受灾。

3月9日，越西县被确定为世界银行第四期扶贫项目县。

3月13日，经四川省人民政府批准，建立四川申果庄省级大熊猫自然保护区，保护区管理处下设石门、拉吉、牛觉、五一一四个保护站，幅员面积3.37万公顷。

3月16日，县政府下发《越西县社会主义精神文明建设“十五”规划纲要》。

3月18日，县政府启动旧城改造，新建县城步行商业街。

3月20日，贡莫乡政府搬迁到中普雄中学。

3月25日，县政府投资300万元，在县城东山处新建第二水厂，采用无电耗高差压自流供水工艺，建成取水池30平方米，敷设输水主管直径310毫米，5300米无缝钢管，接入县城西山供水净化池。

4月3日，全县实施农村税费改革，停止征收屠宰税。

5月15日，凉山州西北五县农业结构调整座谈会在越西召开。

5月27日，县政府与日本丰田汽车公司签订丰田泥炭开采项目协议。

6月13日，四川省人民政府省长张中伟一行来越西调研生态建设、扶贫开发、安全生产等工作，并题词“努力把越西建成生态大县”。

6月17日，县政府启动普雄小城镇建设。

6月20日，县政府投资310万元，新建新民35千伏变电站。

6月24日，大屯乡中心校发生重大中毒事故，21名学生中毒，其中1名学生经抢救无效死亡。

7月6日，县委、县政府制定《越西县关于领导干部婚丧嫁娶严禁大操大办的规定》和《越西县关于党员领导干部乔迁新居严禁大操大办的规定》。

7月24日，县政府与泸州市江阳区政府达成建立友好协作县区协议。

10月6日，越西县率先在凉山州实行一人一卡、一个单位一本证书的编制实名制管理制度，初步实现机构编制动态管理。

10月27日，县畜牧局在申果庄区的瓦里觉乡、拉吉乡、上普雄区的竹阿觉乡启动“天然草原恢复与建设”项目。

10月29日，中国西部农业博览会上，越西苹果被评为名优农产品。

11月5日，县政府投资365万元，县武装部筹集资金377.5万元，征地22.5亩，新建县武装部4500平方米办公大楼、营院和训练靶场及附属设施工程。

11月16日，县政府投资18.5万元整修环城路，完成长400米、宽4米混凝土道路及排水沟工程。

11月24日，县农业局实施农业综合开发项目，年投资390万元～410万元，年改造低产田土面积1.3万亩。

12月5日，世行办完成《四川省越西县世界银行与英国政府混合贷款扶贫项目项目建议书》。

12月7日，普雄镇镇区主街混凝土街道建设动工，县政府投资175万元。

12月9日，县政府投资220万元，完成4500平方米的广电大楼建设。

12月30日，新民35千伏变电站投入运行，装接容量2000千伏安。

2003 年

1 月 1 日,越西县自动气象站正式投入业务运行,系统与人工观测平行运行。

1 月 20 日,县政府开通新民—城关—大瑞段公交线路,投入 10 辆营运公交车。

1 月 27 日,县政府开通县长热线电话。

2 月 14 日,县烟办推广漂浮育苗 1 万亩,培育出凉山州集中规模最大的 720 标厢、5400 亩成片集中漂浮育苗。

3 月 11 日,新民镇新市村村民 86 人,乘 8624 次旅客列车前往成都上访。行至甘洛县火车站被挡获,造成 8642 次旅客列车在甘洛火车站滞留 2 小时 40 分钟。

3 月 23 日,四川省东方农业发展有限公司在大花乡、丁山乡种植甜樱桃 700 亩。

3 月 26 日,县政府组织相关执法部门开展单批号药品清查专项整治,全县查处经营单位、医疗机构和个体诊所使用单批号药品 213 家,收缴药品价值 25 万元。

4 月 22 日,县政府与合丰电冶有限责任公司投资 500 万元,开发越西德吉河水利资源。

5 月 15 日,国家农村电网建设与改造在全县完工。

6 月 3 日,县人武部按照“合理布局、优化结构、调整组织、配齐干部”的原则,实施城市民兵改革。

6 月 10 日,实施乡(镇)事业单位人事制度改革,减少中间环节,工委不保留事业人员,现有事业人员到乡(镇)竞聘上岗,其余分流化转。

6 月 26 日,县政府完成县城新大街街区通信、供电管线入地工程。

7 月 5 日,恢复越西县党史研究室,与越西县地方志办公室合并,成立越西县史志办公室。

7 月 21 日,越西县被确定为贫困残疾人口救助活动试点县。

8 月 3 日,浙江鸿源水电有限公司开发普雄河流域瓦支电站。

8 月 6 日,宏阳水电开发有限公司投资 4 亿元,开发尼日河流域漫滩电站。

8 月 14 日,由县政府投资修建的新民镇 2300 平方米农贸市场竣工。

9 月 4 日,由武警总部资助的全省第一所武警春蕾学校在大花乡建成,开设女童班。

9 月 8 日,查处林业系统特大腐败“窝案”,共查出涉案套取“两大工程”资金近 400 万元。

9 月 18 日,越西县响水河二级电站建成投产。

10 月 1 日,《越西报》正式创刊,定为旬刊。

10 月 29 日,县政协发布《越西县 2004 年地质灾害防御预案》。

11 月 12 日,越西县城开通小灵通。

11 月 21 日,县政府投资 100 万元,整修新民镇主街道长 360 米、宽 6 ~ 8 米混凝土街道及排水沟、街灯等设施。

12 月 10 日,全县 8 万亩无公害农产品生产基地首批通过四川省认定,“苹果、荞麦、萝卜、白菜、黄瓜、辣椒”6 大农产品首批通过四川省无公害农产品认证。

12 月 31 日,县联社信用社存款突破亿元大关。

2004 年

1 月 3 日,越西县被确定为全州 9 个烤烟主产县之一。

1月6日,《越西报》更名《越西刊》,每周出专刊1期,单页4张。

2月27日,越西苹果获得农业部农产品质量安全中心颁发的无公害农产品证书。

3月5日,县政府投资130万元,改造县城新大街人行道,敷设彩砖长3200米,面积12750平方米。

3月15日,在县级机关和各工委乡(镇)中开展为期3个月的"三项整治"活动。

3月20日,县政府与移动公司凉山分公司签订移动互联网接入协议。

4月8日,上海传波贸易有限公司在川西水泥厂原大力发电站闲置站内构建5000千伏安电炉。

5月24日,县委出台《关于实行县、乡(镇)部门一把手抓第一生产力目标责任制实施意见》,将"一把手"抓第一生产力纳入领导综合考核目标。

6月2日,乃托片区遭受山体滑坡、泥石流自然灾害,致1人死亡、1人失踪、5人受伤。

6月9日,县委出台《中共越西县委关于在县级机关实行一把手抓人才目标责任制的意见》,明确人才强县的工作机制。

6月25日,中所镇新农贸市场动工,县政府投资42万元,个人投资37.4万元,建成市场混凝土道路长150米、宽6米排水沟,场内营业用房990平方米,大棚500平方米。

7月,县政府投资155万元,完成改扩建县城文化广场工程,铺筑彩砖3500平方米,绿化2217平方米,安置音响、喷泉及整修公厕。

7月1日,越西县党务大楼竣工投入使用。

8月4日,四川省扶贫开发领导小组确定越西为世界残疾人救助活动试点县,筹集无偿援助资金100万美元。

9月14日,县信访局同有关部门开展集中处理信访突出问题及群体性事件工作,排查信访事项28件。

9月25日,县森林公安分局侦破毁坏收购国家一级重点保护野生植物红豆杉特大案件,查获红豆杉干树皮6070斤。

9月26日,全县开展"党员农贷快车"活动。

10月1日,全县卫生事业单位人事制度实施改革,核定编制,推行聘用制度,涉及医疗卫生机构12个。

10月16日,世界银行和英国国际发展官员以及国务院外资中心、省扶贫办、州扶贫办的领导到越西考察和评价四期世行项目和残疾人救助活动项目的准备情况。

10月18日,县纪委、县监察局、县物价局、县教育局会同有关部门在全县开展为期15天检查清理工作,严格执行"一费制"。取消6个收费项目,涉及金额157万元,责令全部退还给学生家长。

11月8日,越西丰南色素有限责任公司被四川省扶贫开发办公室表彰为产业化扶贫先进集体。

11月13日,凉山州委、州政府在越西召开全州扶贫工作大会,推广越西统筹型、捆绑式扶贫开发经验。

11月25日,凉山州最大的普雄畜牧交易市场,普雄滨河路、普雄宾馆、火把广场、民族风情街投入使用,总投资958.8万元。

12月1日,四川巨能建设集团有限公司获得川西水泥厂改制租赁经营权。

12月15日,保新公路通车。

2005年

1月1日,开展全国第一次经济普查。

1月5日,坚持"一票否决"制,对9个工委,40个乡(镇)党委、政府和计生部门,县级帮乡联系部门实行分线考核,分别签订目标责任书。

1月14日,县政府制定实施"3515"优质烤烟可持续发展战略。

1月25日,全县开展以实践"三个代表"重要思想为主要内容的保持共产党员先进性教育活动。

2月20日,县政府聘请四川英杰公司对乃托工业集中区进行规划设计。

3月15日,中央电视台《新闻调查》摄制组一行到越西县采访麻风病康复村以及大营盘小学教师、学生。

3月23日,县政府与国际助残签署《越西县残疾人综合康复项目合作协议书》,标志着"世行/英国国际发展部农村综合发展项目——越西残疾人综合一体化康复项目"在越西县的正式实施。

3月29日,国家首次实行购置农业机械补贴项目,中央财政补贴越西资金30万元,带动农户自筹资金98.73万元,购买各类农机具41台(套),1364千瓦。

4月25日,凉山州人大主任学习会议在越西召开,参会人员参观视察全县烤烟、农业、畜牧科技示范园区和退耕还林及天保工程,乃托工业园区以及普雄镇的建设。

4月30日,全县卫生事业单位制度改革完成。核定编制648人,在职557人,缺编91人。

5月27日,甘洛县、越西县在白沙河举行边际治安联防协作联席会,签订边际治安联防协议书。

5月31日,县政府对县电力有限责任公司国有资产产权整体出让,公开拍卖。

6月15日,成立越西县农村电影放映"2131"工程管理中心,省州干线实行光纤传送。

6月10日,县委、县政府实施"打造平安越西、构建和谐社会"行动。

7月2日,中所镇遭遇风灾和雹灾,全镇12个村、2974户受灾,玉米受灾面积达2012亩。

7月5日,县政府将所持电力有限公司的51%国有股份产权协议转让给四川省电力公司。

8月8日,撤销越城镇居委会、中所镇居委会、普雄镇居委会,设立越城镇西城社区居委会、越城镇东城社区居委会、中所镇新街社区居委会、普雄镇瓦吉木社区居委会。

8月18日,县文明委下发《越西县城镇居民文明公约》、《越西县城镇居民社会公德规范》。

8月24日,国家青州烟科所所长刘好宝、史万华教授一行到河东乡检查烤烟生产。

8月30日,凉山州密集式烤房技术研讨会在越西县召开。

9月1日,越西县政府与比利时国际助残签订越西县残疾人综合一体化康复项目合作协议。

9月3日,全县电信村通工程启动。

10月12日,在成昆线K367+310处增设地下通道。

10月24日,新一轮政府机构改革启动。进一步转变政府职能,理顺机构设置,完善行政管理体制,优化人员结构,提高行政效能。

11月,县政府投资110万元,整治乃托镇街道,建成长400米、宽12米(含人行道)混凝土街道及排水沟、路灯等设施。

11月12日,实施教育系统、广电文化系统人事制度改革。教育系统205所学校,核定编制2574个,现有教职工2146人,竞聘上岗2028人,分流、离岗待退、病养118人。广电文化系统核定编制53个,现有人员35人,竞聘上岗34人。

11月14日,全县对以牧为主的14个乡的天然草场承包到户,承包面积25.9万亩。

12月19日,县林业局完成越西县森林资源二类补充调查工作,森林覆盖率34.6%。

12月28日,全县累计实施退耕还林13万亩,配套荒山造林10.3万亩,封山育林1万亩。

12月30日,全县完成天然林资源保护工程公益林建设16681.93公顷。

第一篇 建置沿革

第一章　建　置

第一节　县　名

越西，自汉武帝设置至今，已有两千多年历史。在不同的历史时期，其名称及概念亦各异。

一、阑县

武帝时，邛都夷反叛。“元鼎六年，汉兵自越巂水伐之，以为越巂郡”。《汉书》说，越巂领县（道）十五，阑县是其一。

阑县置地，蒲孝荣在《四川政区沿革与治地今释》中注为今甘洛县海棠乡；刘琳在《华阳国志》校注中注为今越西县新民乡。阑县名称的由来，历代史志均无记述。《说文解字》说：“阑，门遮也”。阑县所处的位置“南横小相岭，北绕大渡河，作西南之屏障，为全蜀主要区”。《宁远府志》“路出山川之险，天府南来，雄关第一坤维，诚滇蜀之咽喉”。《越巂厅全志》阑县乃邛都（今西昌市）北界，实为门户之蔽，取其义，故以阑为县名。

又“阐县”。《越巂厅全志·沿革志》说，“汉置阑县或阐县，邛都县，属越巂郡”。《汉书·地理志》卷四十八“阐县”下注说：“续志作阐当从之，若本为阑，注不应又音阐”。《华阳国志》校注说：“《续汉志》及今本《华阳国志》俱作‘阐’，当是传写之误”。从传写、注音之误说明，阐县即阑县。

二、越巂郡

《史记·西南夷列传》载：元鼎六年，平南越（古代南方越人的一支，也作南粤）后，汉又诛且兰及邛君，杀筰侯，“冉筰皆振恐，诸臣置吏。乃以邛都为越巂郡，筰都为沈黎郡，冉駹为文山郡，广汉西白马为武都郡”。这就是越巂郡名之始。

对越巂郡名，旧史志曾这样记述：

《后汉书》注：“越巂郡，武帝置，本邛都也。巂水名，因越巂水而置郡，故以名焉”。

《水经注》卷十四：“越巂水即绳若”。绳水为金沙江，若水为雅砻江，俗称打冲河，源出西番，东南流经宁远府西昌县、盐源县、会理县与金沙江合。就是因其位于雅砻江与金沙江两江合流之区域而名之曰“越巂郡”。其意义是“言越巂者以彰威德远也”。既表明地理位置，又表述出汉朝国威远播西南绳若二江的历史事实。

《越巂厅全志》的编纂者提出：“巂水既在今厅治南，则越巂为厅治专名固宜”。从而把明代以后本属越巂郡的专名，固定为今天的越西县治；西山、西水也被列为越西县山川的专名，只不含“越巂水以彰休盛”之意了。

三、邛都县

《后汉书》载：“邛都夷者，武帝所开，以为邛都县。无几而地陷为汙泽，因名为邛池”。《汉书》也说，越巂郡领邛都、遂久、台登、会无、阑等（道）十五道。因此，阑县、邛都县都应为越巂郡下两个不同的县名。《续汉志》说:“阑(阐)县故邛人邑,治邛都城”。刘琳在《华阳国志》校注中说“‘治邛都城’,‘都’又为‘部’之误。……周武帝于此邛部城置县,阑县即治此。县为阑,城为邛部”。因此,《越嶲厅全志》所记“汉置阑县,或阐县,邛都县,属越嶲郡”中的“邛都县”实为误记,应为邛部县。而邛都县治应在今西昌市城区。

古越嶲郡名沿袭到唐,其治地均在今西昌市。明洪武二十五年(1392 年)废建昌府,在建昌地区设置越嶲等五个军民指挥使司,直属四川都司。越嶲县名始于此,并沿用至今。

第二节 演 变

越嶲建置始于西汉。武帝元鼎六年,灭南越,置九郡,以邛都为越嶲,领县(道)十五,阑县居其一。

西汉时,越嶲郡为“初郡”,初郡以其故俗,治毋赋税,官吏、士卒及其他用度均由内地郡、县供给。至东汉中期,吏治不清,激起民族反抗。东汉延光三年(124 年)“旄牛夷叛,攻灵关,杀长吏”,旄牛道绝。东汉晚期,大渡河以南,台登以北的旄牛夷址已不属越嶲郡,多与汉嘉联系,为汉嘉地,而未设治。

蜀汉建兴三年(225 年)诸葛亮南征,越嶲郡得到暂时安定。到西晋、成汉时,越嶲郡领邛都、会无、卑水、定筰、台登五县,所属阑县已不见记述。

东晋永和三年(347 年),益州(成都)分汉嘉复置沈黎郡,领城阳(今汉源富林)、旄牛(今汉源、石棉、泸定、康定、九龙之间民族地区)、阑(一说今甘洛县海棠,一说今越西县新民)三县。自东晋至刘宋(420—479 年),越嶲属沈黎郡稳定 130 多年。

南齐以后的半个多世纪(479—557 年),仅有越嶲僚郡、沈黎僚郡之设,所属各县均无记述,视为“化外”。

北周天和三年(568 年),大将军郑恪率师平定越嶲后,改为严州,下辖五郡,其中包括州治的越嶲郡(今西昌市高枧乡)和邛部郡(汉阑县地)以及邛部郡下新置的邛部县(今越西县新民)。

隋(581—618 年),曾改严州为西宁州、嶲州,后又恢复越嶲郡的称谓,而设在今越西县新民的邛部县仍存。

唐高祖开国初(618 年),改越嶲郡为嶲州,邛部为其所辖县之一。贞观元年(627 年),唐太宗为防御吐蕃、南诏侵扰,在邛部县境(今越西新民青杠关)置戍堡——新安城,为黎州所辖“大渡河两岸三县十一城”中的一县一城,后因“安史之乱”,中央集权削弱,吐蕃、南诏叛扰,时得时陷,兴废不常,其隶属关系乃随战势而变。唐肃宗至德二年(757 年),嶲州及台登以北的邛部县均没于吐蕃。唐德宗贞元十三年(797 年)收复。懿宗咸通三年(862 年),黎州又为南诏占据。是时,邛部县乃勿邓部落联盟辖区之一,属南诏国会川都督府(又称会川府或清宁郡),治今会理县。

两宋时期(960—1279 年),宋太祖赵匡胤于乾德三年(965 年)“玉斧划河”,此后,大渡河以南的邛部地名义为大理地方封建领主政权管辖,实属宋黎州(今汉源清溪城)羁縻之地。邛部王自宋太祖开宝三年(970 年)以后的 246 年间均臣服宋王朝,直到南宋宁宗嘉定九年(1216 年)才“折归云南”大理。宋封大理段氏为“云南节度使大理王”,封邛部首领为“邛部王”,并改邛部县为邛部川。

元世祖至元元年(1264 年),越嶲置邛部川安抚招讨使,隶成都元帅府。至元十年(1273 年),属云南行省罗罗斯宣慰司都元帅府建昌路。至元二十一年(1284 年),改邛部川为邛部州。

明洪武二十七年(1394 年),在今西昌设置行督指挥使司,越嶲等五卫改属之。明永乐元年(1403 年)改邛部州为邛部长官司,置左、中、右、前、后所五,驿四,同属越嶲卫。明嘉靖中(1522—1566 年)置镇西千户所。至此,越嶲卫领长官司一、千户所一。

清顺治十六年(1659 年)改置越嶲卫守备,属建昌监理厅。雍正六年(1728 年),改越嶲卫为越嶲厅,隶宁远府。

民国2年(1913年)改越嶲厅为越嶲县,先归上川南道,后属建昌道。

民国24年(1935年),川政统一,实行"行政督察区"制,越嶲为四川第十八行政督察区所辖八县之一。

民国27年(1938年)9月,将宁、雅两属各县划归西康。同年,析冕宁、西昌、越嶲毗邻地域置宁东设治局(今喜德)。1939年,西康省正式成立,越嶲属西康省第三行政督察区所领八县之一。同年,撤销第三行政督察区,西康省政府设置"宁属屯垦委员会",越嶲属之。1940年,境内设立"普雄特别政治指导区"和"腴田特别政治指导区"。1947年,普雄特别政治指导区分为普北、普南两个政治指导区。

1950年3月31日,越嶲县人民政府成立,隶属西康省西昌专区。1955年,西康省撤销,改隶四川省西昌区。1956年,越嶲县划入凉山彝族自治州至今。

1952年,原越嶲所辖普雄地区,由凉山彝族自治州普雄办事处管辖。1956年,成立普雄县。

1959年,改越嶲县为越西县。

1960年1月7日,国务院决定撤销普雄县,并入越西县。

第二章 区 域

第一节 汉至隋区域

两汉、蜀汉时期 《史记·西南夷列传》只列出西南夷四郡名称,未记郡以下县的建置。据汉晋史籍介绍,汉时岭西(小相岭)为台登,岭东为阑县。《华阳国志》说:"阑县,接零关。"即越西东北接零关道(蜀汉时称新道县,两晋时称护龙县,刘宋时称新兴县,治今甘洛县阿兹觉),西北与汉嘉郡旄牛县(今汉源、石棉、泸定、康定之间的少数民族地区)毗邻,西南界台登县(今喜德县北),东南界卑水县(今昭觉、美姑)。其辖区大致包括今越西、甘洛海棠以南,石棉县东部,昭觉北部,美姑西北部,喜德北部等地。

东晋、刘宋时期 永和三年(347年),益州分汉嘉置沈黎郡,辖城阳、旄牛、阑三县。此时,越嶲北接城阳(今汉源富林),东界马湖(今雷波县东北),余界不变。其辖地东北扩至今甘洛、峨边地域。

北周、隋时期 北周武帝天和三年(568年),平越嶲置严州。隋末又改严州为越嶲郡(郡治今西昌市),辖苏祈、可泉、台登、邛部(今越西县)等县。这时,越嶲北接黎州汉源,东北与平羌郡属平羌县(治今乐山市,界峨边地),峨眉山(今峨眉、峨边)相邻,其余四至无变化。

第二节 唐至民国区域

唐、宋时期 唐文宗太和四年(830年),在今甘洛县海棠北窑厂置清溪关,并领有羁縻州十六。咸通三年(862年),大渡河东嶲州地尽为南诏占据。宋太祖"玉斧划河"后,越嶲地域北接大渡河与黎州(今汉源)隔河相望,东与虚恨(今峨边)部相邻,东南与马湖(今雷波)部接壤,南界两林(今喜德昭觉北部)部。

元、明时期 《蜀中广记》邛部长官司界:“东至马湖沐川司,南至宁番小相岭,西至喇八关外,北至大渡河南岸。”即东临雷波、美姑,南界喜德,西接冕宁,北抵汉源之间的地区。

清、民国时期 嘉庆、道光年间(1796—1850年),先后划岭夷十二地,阿石河(今乌斯河)一带六地入峨边。以后至民国时期,越嶲地区大致是:东北以尼日河与峨边隔河相望;东以麻柳坪、雪峰山、石牛山等处与雷波相接;北以海耳挖、安顺场、挫家村等处与汉源县为界;西北以湾东、稚头厂、热水等处界于泸定,以尖桥、杨柳坪界于康定,梯子岩、新山一带与九龙相连;西南以菩萨岗、阳糯雪山、相岭顶、瓦古水山诸地与冕宁县接壤;南以石牛山、主瓦古水山山脊与昭觉为界。

第三节 中华人民共和国区域

1950年,越西县面积7446.66平方公里。1951年,划大树镇、河南乡468.4平方公里入汉源县;划安顺场、回龙乡2079平方公里入石棉县。1952年,划普雄地区1619.98平方公里建普雄县。1956年、1959年,先后划田坝乡、启明乡、伦定自治区1797.89平方公里及海棠区352.9平方公里入甘洛县。1957年,普雄县划候布列托392平方公里入美姑县。1960年,普雄县余下的1227.98平方公里并入越西县。至此,全县区域为2256.47平方公里。1999年,完成与甘洛、石棉、冕宁、喜德、昭觉、美姑等县行政区域界线勘定,确认全县幅员面积2256.47平方公里。

第三章 区 划

第一节 清代区划

清代,越嶲汉族聚居区分为东、西、南、北4乡。东乡辖12地(今甘洛县田坝、玉田);南乡辖29地(今中所);西乡辖48地(今石棉县大渡河以南安顺区);北乡(包括北一乡、北二乡、北三乡)辖27地(今汉源县大树区、甘洛县海棠区,县内顺河、新民区)。

宣统二年(1910年),汉族聚居区改为东、南、西、北、中5个区。中区辖城内及近郊,其余各区辖地不变。

清前,少数民族地区推行土司制度,设有普雄土千户,滥田坝土百户,属越嶲卫邛部长官司。清雍正六年(1727年),部分土千户、土百户改为土目。将越嶲境内(申果庄、上普雄除外)少数民族地区分为:邛部宣抚司(辖今越西境内书古、中普雄等地10个土目)、煖带密土游击(辖今甘洛县彝区8乡总)、煖带田坝土千户(辖今甘洛县胜利、两河、田坝3乡总)、松林地土都司(辖今石棉县新棉镇,甘洛县廖坪、坪坝两乡,汉源县晒经关等地6个土百户)。

第二节　民国区划

民国初年，沿用清制。民国2年(1913年)改厅为县，北区设县佐署，驻大树堡。民国2年，县改团务局为保卫团，下辖七个区团。

一区团　辖城区及附近白家河坝，西山、后山、下堡子等7个分团。

二区团　辖大河、柏香营、挖布塘、邓家坝、中所坝、白泥湾、蚂蟥沟7个分团。

三区团　辖大屯、王家屯、板桥河、保安、梅子营5个分团。

四区团　辖利济站、廖叶坪、坪坝、海棠、镇西等6个分团。

五区团　辖田坝场内、秀水坪、双河等5个分团。

六区团　辖晒经关、河南站、大树堡、泥美珠4个分团。

七区团　辖田湾、安顺、纳耳坝、洗马姑、擦罗、海耳挖、新场、光明8个分团。

民国25年，实行联保制，县属政区划分为3区，9联保，209保，1070甲。

第一区　辖城厢、中所、王家屯3联保，64保。

第二区　辖海棠、田坝、河南站、大树堡4联保，85保。

第三区　辖洗马姑、安顺2联保，60保。

民国27年(1938年)11月，撤销一、三区，改二区为大树区。联保制未变，联保名称以地名命名。

民国29年(1940年)，在普雄、腴田两个彝族聚居区分别设立"普雄特别政治指导区"、"腴田特别政治指导区"，名义上直属宁属屯垦委员会，实为黑彝奴隶主家支统治。

民国31年(1942年)，实行"新县制"，联保改为乡(镇)，保甲依旧。同时，设特编乡(后改称大同乡)，辖越西河、漫滩河两岸彝族聚居地。民国32年，县辖3镇7乡(两指导区除外)，107保，1051甲。

城厢镇　辖今越城镇、河东乡、城郊乡、丁山乡的部分等地13个保。

中所镇　辖今中所汉族聚居区14个保。

大树镇　辖今汉源县大树乡14个保。

福国乡　辖今新民、顺河两地汉族聚居区9个保。

海棠乡　辖今甘洛县海棠区8个保。

启明乡　辖今甘洛县玉田、田坝汉族地区9个保。

河南乡　辖今汉源县河南乡6个保。

回隆乡　辖今石棉县洗马姑乡6个保。

安顺乡　辖今石棉县安顺乡8个保。

大同乡　辖今中所、城关、新民、顺河等地的彝族聚居区20个保。

民国36年(1947年)，普雄特别政治指导区分为普南、普北两个指导区，仍直属屯垦委员会。普南指导区辖今中普雄、书古两区地；普北指导区辖今下普雄区地。

1950年1月，改福国乡为新民乡。

第三节　中华人民共和国区划

1950年初，仍以旧有乡(镇)开展工作。8月，废除普南、普北、腴田3个指导区。普南、普北合称普雄地区，腴田指导区改为腴田乡，均属越嶲地域，但尚未建政。12月，以序数命区名，建立第一、第二、第三、第四、第五共5个区公所,分别驻中所坝、城厢镇、海棠、大树堡、安顺场。

1951年4月,废除保甲制度,撤销大同乡。6月,第四区划入汉源县,第五区划入石棉县。随后,彝族聚居地先后建立东山、西山、顺河、大河、南箐、打土、瓦岩、腴田、狭大堡9个自治乡;汉族聚居区新建中所、大瑞、丁山、河东、保安、坪坝、双河7乡。全县为3区,20乡(镇)。普雄地区仍未建政。

1952年,土改结束,全县调为4区,1个区级镇。新成立黑马、宜地、斯普、增拉4个自治乡,城厢镇更名城关镇。普雄地区交普雄办事处辖。彝族自治乡仍直属县。

1953年,县属政区继续调整。新成立申则洛、伦定两自治区,在海棠区置新建乡。全县为6区,1区级镇,25乡。

1956年,划第四区及伦定自治区和第三区新建乡入呷洛(今甘洛县)县。撤销申则洛自治区。自治乡改为乡。新成立大花、大屯、联合、梅花、白果、廖坪、则洛7乡。改序数区名为地名区名。保安乡更名梨花乡。调整后全县为5区(城关、中所、新民、保安、海棠),22乡(镇)(城关镇、河东、西山、东山、大河、大瑞、南箐、中所、丁山、大花、大屯、新民、联合、瓦岩、梨花、梅花、白果、顺河、海棠、坪坝、廖坪、则洛)。

1958年11月,撤销区乡建制,建立政社合一的人民公社。除海棠区保留区公所,以乡为单位建公社外,其余政区调为6个(城关、中所、大瑞、新民、保安、顺河)区级人民公社。

1959年3月,海棠区划归呷洛县。

1960年1月7日,国务院批准普雄县并入越西县。全县划为15个(城关、中所、大瑞、新民、保安、顺河、果目、双河、洛木、苏姑、裕乐、保石、胜果、乐古、火足)人民公社。

1961年,调整区社,除城关、新民、大瑞、中所、果目保留公社外,其余公社改为乡。果目、双河、苏姑、合并为中普雄区,保安、顺河两公社合为顺河区,胜果、火足、乐古合为申果区,新乡由中普雄划入中所区。全县为7区5公社30乡。

1962年,公社全部改乡。中所区恢复丁山乡,顺河区恢复梅花乡,中普雄区恢复拉白乡。全县为7区39乡。

1963年,上普雄区新建依吉乡。同时,恢复大屯、司基、果尔、挖曲觉、挖曲乃吾、普乐6乡,城关乡更名为城关镇,并恢复新民、苏姑两个区建制。全县区、乡为9区46乡(镇)。

1972年,全县改乡为政社合一的公社。1981年,地名普查,对全县公社(乡)名称作必要修正。1984年,全县又恢复乡的建制,改城关乡为越城镇,按《越西县地名录》统一区、镇、乡的名称。

1984年7月12日,改保安乡为保安藏族乡。

1986年3月27日,撤销原瓦吉木乡建制,与贡莫乡的贡莫、尔莫普两村合建普雄镇,辖原瓦吉木乡所属行政区域及贡莫、尔莫普两村区域。

1993年,撤区并乡建镇,撤销9个区委、区公所,建立9个区级工作委员会,撤销大屯、城郊、丁山、斯基、曲可地、拉白、古二、依吉拉尼、瓦曲觉、合觉10个乡,新建新民镇、中所镇、乃托镇。

1995年,恢复大屯、丁山、拉白、古二、挖曲觉5个乡。

1998年6月30日,撤销瓦曲乃乌乡竹西村和乃吾村,将村民移民到西山乡、五里箐乡移民点新建马母果村、马扎村。将五里箐乡五里村的四、五组归入马扎村管理。

2005年1月24日,增设大屯乡大营盘村,下设5个村民小组。增设大花乡斯觉村4组,马拖乡安洛村五组;河东乡联新村3组、4组,小周家村4组,东红村3组;瓦岩乡前进村2组;保安藏族乡平原村丰收组、新桥2组、平原2组、沟东2组、梨花2组;书古乡勒品村4组、红旗村6组、巴地村4组、新华村3组;瓦曲觉乡呷来村3组;五里箐乡马扎村4组;乐青地乡地各村4组、5组。撤销瓦普莫乡觉莫村1组、2组,原觉莫村3组、4组、5组改为觉莫村1组、2组、3组。

第四节　普雄县区划

1952年4月30日，政务院批准设立普雄县，以越嶲县南部及昭觉县西北角地区为其行政区域。8月，凉山州工委普雄工作团进入该地区开展工作。普雄办事处设果目，辖滥田坝（苏古）、普雄（中普雄）、依洛（上普雄）、四窝普（下普雄）4个地区，并向滥田坝、普雄河东、河西、依洛分别派驻工作队。申果庄地区尚未进驻工作队。

1953年1月，四窝普地区进驻工作队。普雄办事处在已开展工作的地区建立12个乡。

滥田坝工作队建司基沟、五里青、滥田坝3乡；普雄河西工作队建乐青地、布基洛2乡；河东工作队建曲可地、瓦吉木、竹阿角、依洛4乡；依洛工作队建瓦阿普莫、尔喜、阿布格则3乡。

1954年，四窝普工作队建阿来吾、阿支吾、四呷堡、拉普埂子4乡。河西工作队建拉白乡。办事处辖5队17乡。11月，凉山州工委申候工作团进入申果庄、候布列托地区开展工作。

1955年初，河东工作队所辖依洛、竹阿角两乡划入依洛工作队，剩下部分与河西工作队合建果目区。年底，依洛、洛木、滥田坝区公所相继建立。普雄办事处辖4区17乡。

1956年，民主改革结束，普雄办事处改为普雄县人民委员会。同年，申候工作团将申果庄、候布列托两区交普雄县。并在申果庄区新建申果庄、挖曲来吾、挖里足、火足门、沙苦、海来八呷、挖曲足、竹鲁门、拉吉保主、保石乃呷10乡；在候布列托区新建易所足、书洛、候布列托、八千、连渣洛5乡；在滥田坝区建新乡乡。全县辖6区33乡。

1957年2月，候布列托区划归美姑县。改依洛区为上普雄区，果目区为中普雄区，洛木区为下普雄区，滥田坝区为苏姑区。中普雄区新建阿米德吉乡。全县辖5区，29乡。

1958年8月，申果庄区保石乃呷乡划入上普雄区，沙苦乡并入申果庄乡，竹鲁门乡并入挖曲来吾乡。上普雄区瓦阿普木乡划归苏姑区。11月，中普雄区布基洛、瓦吉木、乐青地3乡合建果目人民公社，其余乡由县直属。全县辖4区，1个区级公社、24乡。

1960年1月，普雄县并入越西县。

第四章　乡镇概况

第一节　城关工委

城关工委位于越西县城，东临车洛梁子与下普雄区交界，南与中所区相连，西抵阳糯雪山与冕宁县托乌区毗邻，北与新民区接壤，幅员面积134.5平方公里，辖越城镇、河东乡、西山乡。

越西河流经境内8公里，95%以上的农田系自流灌溉。地形分为平坝、河谷、二半山。最高海拔铧头尖4791米，最低海拔在龙宝山下越西河边1650米，相对高差3141米。东西偏高，南北偏低。土质肥沃，气候温和。沟坝耕地土壤多为紫色、黄色、灰色的冲积土，谷坡、二半山耕地多为老积黄泥、沙页岩黄泥、矿子泥、黄棕壤。年平均气温13.3摄氏度，无霜期247天，年降水量1113毫米。农作物一年两熟。

1953 年,改城关乡为城关镇,下辖 5 个街道居委会。1956 年,民改时,撤销生则倮自治区,将其所辖东山乡、西山乡及 2 区所辖的河东乡划入城关镇。1958 年,改城关镇为城关人民公社。1961 年,体制调整,城关区与新民区,合建城关区,下辖城关、新民 2 个公社和西山、东山、五溪、上游 4 个乡。1963 年,将城关区新民、五溪、上游 3 乡划入重设的新民区,成立城郊乡。1969 年,成立城关区革委。1981 年,成立城关区公所。1981 年,城关区公所辖越城镇、河东乡、西山乡、城郊乡 3 乡 1 镇。1993 年 1 月,撤区并乡建镇,将城郊乡政府撤并到越城镇政府,城关区公所改组为城关片区工作组,辖越城镇、河东乡、西山乡 2 乡 1 镇。1995 年 11 月始,城关片区工作组改建为城关地区工作委员会,辖越城镇、河东乡、西山乡 1 镇 2 乡。

表 1－1　　1991—2005 年城关工委负责人名录

姓　名	性　别	民　族	职　务	任职时间
马国银	男	彝族	区长、区委副书记	1989. 12—1992. 12
			副区长	1993. 1—1995. 10
			区委书记	1995. 11—1998. 3
王砚耕	男	汉族	区长	1991. 1—1995. 11
			工委书记	1995. 11—1997. 12
金志福	男	汉族	副区长	1991. 1—1995. 12
文光福	男	汉族	工委副书记副主任	1995. 1—1997. 12
吉米马达	男	彝族	工委副书记副主任	1991. 1—1997. 3
阿余牛牛	女	彝族	工委副主任	2001. 12—2002. 2
刘大荣	男	汉族	工委书记	1998. 3—2003. 12
李毅江	男	汉族	工委书记	2003. 1—2005. 12
范月蓉	女	汉族	工委副书记副主任	1998. 12—2005. 12
李成伟	男	汉族	工委副书记副主任兼武装部长	2002. 3—2005. 12
马红银	男	汉族	工委副书记副主任兼武装部长	2002. 3—2005. 12

一、越城镇

地理位置　越城镇属越西县城所在地,南与丁山乡、大花乡接壤,东与河东乡交界,西与西山乡相连,北与大屯乡毗邻,全镇面积 31. 141 平方公里,是古南方丝绸之路必经之地,是全县人流、物流、资金流的聚集地和政治、经济、文化中心。

政区沿革　越城镇从北周天和三年(568 年)的邛部县治地开始,为历代县政府治地。1951 年 6 月,公社管委会改建为城厢镇。办公地点设在文庙巷。1952 年,建城关乡,属新民区所辖。1958 年,公社化时,属城关公社,下辖跃进、红旗、胜利、红光、解放、东风、灯塔 7 个大队。1960 年 12 月,城厢镇体制改革后改称城关镇。1962 年 4 月,城关镇改称城关公社。1969 年,成立城关公社革委会。1980 年 3 月,城关公社改称越城镇。1984 年 1 月,机构改革,恢复越城镇人民政府。所辖的跃进、红旗、胜利、红光、解放、东风、灯塔 7 个村改称为青龙村、城北村、城关村、城南村、城西村、城东村、外南村,辖区总面积 15. 81 平方公里。

1993 年 1 月,乡(镇)机构改革,撤区并乡建镇,越城镇与城郊乡合并建立越城镇。辖青龙村、城北村、城关村、城南村、城西村、城东村、外南村、新村村、白马村、哈莫洛村、大坪村、沙沙普村。2002 年 2 月,新增 1 个社区居民委员会,下设 5 个居民小组。2005 年,全镇辖青龙村、城北村、城关村、城南村、城西村、城东村、外南村、新村村、白马村、哈莫洛村、大坪村、沙沙普村和越城镇社区居委会。

表1－2　　1991—2005年越城镇负责人名录

姓 名	性 别	民 族	职 务	任职时间
李毅江	男	汉族	党委书记	1991.1—1992.12
冯道华	男	汉族	镇长	1991.1—1992.12
张绍成	男	汉族	党委副书记	1991.1—1995.12
马海巫牛莫	女	彝族	副镇长	1991.1—2001.12
杨发顺	男	汉族	副镇长	1991.1—1995.12
郑在刚	男	汉族	党委书记	1993.12—1998.10
沈列哈	男	彝族	镇长	1992.12—1998.10
			党委书记	1998.10—2001.12
阿于扭牛	女	彝族	副镇长	1995.12—2005.12
韩越彬	男	汉族	镇长	1998.12—2001.12
蒋明芳	女	汉族	副书记	1998.10—2005.12
许万富	男	汉族	副镇长	1998.12—2001.12
刘加荣	男	汉族	党委书记	2001.12—2005.12
阿苏越尔	男	彝族	镇长	2001.12—2005.12
张志华	男	汉族	副镇长	2001.12—2005.12

自然环境　越城镇地处坝区，西北偏高，海拔1705米，东南偏低，海拔1660米，相对高差45米，气候凉爽，雨量充沛，年温差小，日温差大，年平均温度13.3摄氏度，年降水量1113毫米，无霜期247天，耕地土质较好，90%系自然灌溉，大小春作物一年两熟。越西河从南向北流经越城镇，水能理论蕴藏量为23.314万千瓦，可开发量5.026万千瓦。

人口计生　1991年，全镇人口19193人，出生143人，超生8人，人口自然增长率11.2‰。1998年，开展"降消"项目，各村以不同形式进行宣传教育，动员孕妇住院分娩。2000年，全国第五次人口普查，全镇人口26571人，农业人口18574人，男9295人，女9279人，居民人口5977人；出生136人，死亡41人。育龄妇女4261人，采取节育措施2987人，计生率为97%，节育率92.6%，多胎率1.98%。人口自然增长率为10‰。2005年，全镇人口27644人，其中：女12439人，少数民族7367人，非农业人口8771人，农村人口18873人。全镇12个村1个居委会实施村（居）民计划生育自治，实现村（居）民在计划生育工作中自我管理，自我约束。镇党委、政府成立计生协会，并制定"三不，两处罚，一取消"制度，即：违反法律法规生育户不能竞选人民代表和政协委员、不能参与村组干部的候选和竞选、不能享受农村低保、每年少于两次妇女"三查"的处50元罚款、计划外生育除国家处罚外，协会外加处200～500元罚款。同年，全镇计生"三查"率达到92%，20户享受奖励扶助政策补助。全年出生163人，自然增长率7.5‰。

基础设施　1993年，修建文化路，全长520米；9月，村民义务投工投劳维修越西河河堤1268米；10月，修建白马到河东乡一棵树村的排灌渠1800米，完成下湿田改造214亩。1995年9月，由12个村村民义务投工投劳清理城关大堰3200米。1996年3月，改造外南街道路路面，铺建水泥路面785米。2002年，维修环城路路面，全长340米。2005年，建成沙沙普村、白马村、大坪村、哈莫洛村的通村公路；修建烟水配套基础设施主干渠1条，长1214米，配套支渠12条，长625米，配套机耕道3条，总长987米，投工投劳11457个。

农业　1991年，推广"宽窄行"栽插技术400亩，水稻良种2250亩，组织3746斤良种小麦、化肥100吨分发给农户。全年完成国家征购任务21.4万斤，上缴农业税18572元，特产税8567元，屠宰税6400

元;粮食总产3046吨。同年,成立越城镇农村合作基金会、农经综合服务站。1993年,种植烤烟320亩,上交烟叶48吨;种植中草药62亩。1999年,开展"科技兴镇、科技富农",推广水稻两段育秧540亩、抛秧320亩、杂交良种8736亩、控氮增磷钾5274亩、宽窄行3760亩;推广地膜小麦栽培技术,旱地化学除草技术;推广营养袋育苗、高厢垄作4260亩,双层施肥、地膜覆盖3780亩。2001年,越城镇被认定为"四川省第一批优质蔬菜基地",认证1600亩。2004年,第二次农村税费改革,免除农业税;粮食总产量5908吨,烟叶产量8.5吨。2005年,粮食总产量5989吨,较上年增加81吨,增长13‰;烤烟总产量53.1吨,烟农创收237万元;农民人均纯收入2164元。

扶贫 1991年3月,组织1.8吨地膜,以财政贴息贷款的方式发放给农户;12月,贷款全额回收上解。1994年,按照国家"八七"扶贫攻坚计划,全镇人均260元以下人口有3214人。1997年,开展第二次贫困人口调查,年人均收入600元以下绝对贫困人口2362人,600~1000元相对贫困人口1764人;新村40户"形象扶贫"户通过验收。1999年,全镇农户达到"五八五一"越温标准,并通过省、州验收,脱贫越温标准率98%,扶贫工作转向"定向捆绑式扶贫";同年,组织磷肥1200吨和部分农药,以政府贴息贷款方式发给全镇所有农户。2005年,越城镇为各村农户办理小额贷款210万元,其中:烤烟农户小额贷款80万元。

畜牧业 1991年,发展生猪养殖,生猪出栏5889头,人均增收56元。1995年,做好春、秋两季畜禽疫病防治,实行"四不漏"(乡不漏村,村不漏社,社不漏户,户不漏畜),注射疫苗85310支。1997年,全镇普及推广"双推五改"和"三元杂交"技术,带动以鸡、鸭、鹅为主的家禽发展,实现良种自繁;推广配合饲料育肥,缩短育肥周期,发展规模养殖200户,户均养殖猪20头以上,年末生猪出栏8760头。2001年,推广外三杂商品仔猪,母本不含本地血缘,与其他外来品种作父本的种猪进行杂交,形成外二杂母本,生产外三杂商品仔猪。全年出栏生猪12100头,生猪存栏3678头,牛出栏264头,羊出栏2684只,家禽出栏19564只。2005年,推广新式育肥技术,代替老式传统养猪方式,加强动物疫病防治、检疫检验、兽医技术人员管理,生猪出栏16360头,生猪存栏2062头,牛出栏320头,羊出栏2836只,家禽出栏28524只,畜牧防疫密度达98%。

林业 1991年,由原来的薪炭林、用材林转变成可持续发展的经济林果为主的种植;规模由小面积的成林抚育至大面积生态林的培育过渡;组织方式由集体经营组织领导到群众自发培育过渡。1994年,加强森林防火、禁止乱砍滥伐宣传,全年无一起森林火灾发生。1998年,实施天然林保护工程,进行封山育林,全镇共封山育林687.2公顷。2000年,实施退耕还林工程,退耕还林1195亩,配套林763亩。2001年,退耕还林5200亩。2005年,全镇退耕还林8900亩,森林覆盖率18.3%,将386.2公顷林地划为重点公益林,561.89公顷林地划为商品林地。

教育 1991年,全镇有越城镇中心校、城郊小学校、青龙小学,校舍为砖木结构和土木结构,在校学生1798人,教师64人,39个教学班。1996年,新建越城镇中心校教学楼、办公楼各1幢。1997年,全镇教师全部通过"五项技能"达标测试。1998年,全镇小学在校学生3464人,入学率93.4%,毕业率100%;实现普及初等教育,"双基"工作评估合格,并通过省、州验收。2000年,全镇实现普及九年义务教育,并通过省、州验收。2004年,小学毕业生1381人,其中:女生648人。2005年,全镇有农民文化技术学校13所,其中:镇办1所,村办12所;小学3所,其中:村完小1所、村小2所,小学在校学生4936人,小学生入学率99.20%,毕业率100%;学生享受"两免一补"数100%,小学在校教师106人。

卫生 1991年,镇辖区内有医院、卫生院34所,其中:县级医院1所,镇卫生院1所,个体诊所30所,保健站1所,计划生育指导站1所;镇卫生院开设内儿科、妇产科、预防保健等科室,医务人员15名,其中:医生7名,护士8名;中心卫生院建筑面积173平方米。1999年,成立"2号病"防治领导小组,建立"2号病"防治制度。2000年,建立重点疾病防治制度,加强对传染性疾病的防治工作,制定《越城镇死亡报告制度》、《群众性聚餐制度》。2005年,镇辖区有县医院1家(国家二级乙等医院),镇卫生院1所,村级卫生所12所，个体诊所17家；镇卫生院有职工23人，其中：医生11人，护士12人。同年10月，“五百”计划免疫接种率95%，覆盖率100%。

个体商业　1991年，全镇有私人旅馆19家、饭店28家、茶馆26家、百货店45家，从业人员863人。1995年，从事个体工商业人员不断增加，经营类别逐步增多。2000年，全镇个体工商户2968户，从业人员46297人。2005年，个体工商户3865户；每天的人流、物流量2万人次以上，主要经营百货、服装、餐饮、五金、家电、农副产品、畜禽、饲料、修理、民族特色产品等，交易额达450万元以上；有规模的宾馆茶楼8家，旅馆28家，饭店、饭馆126家。

表1－3　　1991—2005年越城镇基本情况表

项目 年份	幅员面积（平方公里）	耕地面积（公顷）	村（个）	社区居委会（个）	人口（人）	乡镇企业总产值（万元）	财政收入（万元）	财政支出（万元）	农民人均收入（元）	主要农副产品			
										粮食（吨）	生猪出栏（头）	水果（吨）	烟叶（吨）
1991	15.81	453.2	7	—	19193	1053	5	5	648	3046	5889	410	—
1992	15.81	453.2	7	—	19530	1345	11.25	11.25	653	3160	6710	530	—
1993	31.03	714.8	12	—	19983	1952	8	8	716	3809	6910	780	—
1994	31.03	714.8	12	—	20726	2314	19.2	19.2	918	3887	7420	824	—
1995	31.03	714.8	12	—	21161	2860	8.16	8.16	1108	3926	7730	961	—
1996	31.03	714.8	12	—	22034	3120	13.73	13.73	1169	4030	8120	1120	—
1997	30.72	714.8	13	1	22998	3450	19	19	1204	4320	8760	1370	—
1998	30.26	714.8	13	1	24051	3752	21.65	21.65	1214	5260	9130	1460	4
1999	30.12	714.8	13	1	24913	3978	23.42	23.42	1435	5478	9850	1620	4.5
2000	28.41	714.8	13	1	26571	4120	24	24	1594	5577	11044	1689	5
2001	31.141	703.6	13	1	26831	4360	35	35	1923	5672	12100	1924	5.6
2002	31.141	703.6	14	2	27101	4650	40	40	1997	5782	12980	2658	4.5
2003	31.141	702.1	14	2	27371	4802	45.68	29	2024	5864	14260	3048	6
2004	31.141	701.2	14	2	27480	4952	33	33	2142	5908	15280	5479	8.5
2005	31.141	701.2	14	2	27644	5033	53	53	2164	5989	16360	6120	53.1

二、河东乡

地理位置　河东乡地处越西河中段东面，东与下普雄区铁西乡交界，南与越城镇城郊村相接，西与越城镇接壤，北与大屯乡相交，面积23.331平方公里，距县城3.5公里。

政区沿革　1951年，彝区建立东山自治乡。1958年，公社化时，为城关公社下属的河东大队及新普大队。1961年，恢复乡建制，合并河东、东山2乡为东山乡，乡政府驻新普大队。1963年，更名为河东乡，乡政府迁河东大队，因地处越西河东边命名。1969年，成立河东公社革委。1984年，机构改革，恢复人民政府，辖河东村、联新村、一棵树村、新普村、金光村、小碉村、东红村、宝龙村，其中：3个汉族村，5个彝族村，22个村民小组。2005年，增设河东乡联新村3组、4组，小碉村4组，东红村3组；全乡辖河东村、联新村、一棵树村、新普村、金光村、小碉村、东红村、宝龙村，其中：3个汉族村，5个彝族村，26个村民小组。

表1－4　　1991—2005年河东乡负责人名录

姓　名	性　别	民　族	职　务	任职时间
刘大荣	男	汉族	党委书记	1989.11—1998.11
阿雷伍来	男	彝族	乡　长	1989.11—1992.11

续上表

姓　名	性　别	民　族	职　务	任职时间
王德才	男	汉族	党委副书记	1989. 11—1995. 11
叶玉清	男	汉族	副乡长	1989. 11—1992. 11
李成伟	男	汉族	乡　长	1992. 11—1998. 11
			党委书记	1998. 11—2002. 02
阿余牛牛	女	彝族	副乡长	1992. 12—1995. 12
张志华	男	汉族	副乡长	1992. 11—1998. 11
			乡　长	1998. 12—2001. 11
沙马五支木	女	彝族	党委副书记	1995. 11—2002. 02
刘子谦	男	汉族	党委副书记(挂职)	1995. 11—1998. 11
范月蓉	女	汉族	副乡长	1995. 11—1998. 11
王文祥	男	汉族	党委副书记	1998. 11—2002. 02
孙业荣	男	汉族	副乡长	1998. 11—2001. 11
			乡　长	2001. 11—2005. 12
韩越彬	男	汉族	党委书记	2001. 11—2005. 12
丁志平	男	汉族	党委副书记	2001. 11—2005. 12
杨　宏	男	汉族	副乡长	2001. 11—2005. 12
刘宇平	男	汉族	副乡长	2001. 11—2005. 12

自然环境　境内山脉呈南北走向，东面偏高，南、北、西面偏低，有平坝和山地，越西河流经境内 1. 5 公里，最低海拔在龙宝山下越西河边 1650 米，最高海拔东山 2512 米，相对高差 862 米；年平均气温 13. 3 摄氏度，年降水量为 1113 毫米，无霜期 247 天；土壤以黄棕壤为主，适宜种水稻、玉米、马铃薯、荞麦、烤烟等作物。

人口计生　1991 年，全乡人口 6220 人，男性 3198 人，女性 3022 人；"三查"人数 185 人，采取节育措施 155 人。1995 年，加大对计划外生育超生费的征收力度，全乡人口 6927 人，男 3506 人，女 3421 人，育龄妇女采取节育措施 98 人，发放避孕药具 600 盒。2000 年，把计划生育和扶贫相结合，在政策上给予倾斜和帮助，全乡人口 7310 人，男 3715 人，女 3575 人，育龄妇女 2167 人，育龄妇女采取节育措施 132 人。2005 年，在全乡开展"计划生育新风尚活动进万家"和"计划生育村民自治"，全乡人口 8558 人，育龄妇女采取节育措施 198 人，人口自然增长率小于 10‰。

基础设施　1991 年，组织村民投工投劳 500 人次，修建河东村至宝龙村的村道 2. 5 公里；金光村村民投工投劳 300 人次，对原有的村道进行平整、加宽。1994 年，组织新普村村民自行出资安装水管，解决 2、3 组 154 户村民的人畜饮水。1998 年，小碉村、东红村、一棵树村更换饮水管 4. 8 公里。2000 年，加固越西河河堤，维修村道 1. 3 公里。2005 年，以农业综合开发为契机，加宽、平整河东乡连接越城镇的 3 公里机耕道；投资 10 万元，硬化联新村所有小路和巷道。引进采砂船疏通越西河道。

农业　1991 年，种植优质油菜 650 亩，推广小麦良种 1300 亩，粮食总产量 3220 吨，人均纯收入 325 元。1993 年，推广玉米地膜覆盖栽培，种植地膜玉米 1750 亩，粮食总产量 3325 吨。1997 年，加强农业病虫害防治，粮食种植 4890 亩，粮食总产量 3717 吨。2001 年，全乡麦田发生白粉病，损失率 18% ~20%。2002 年，试种烤烟成功。2003 年，种植烤烟 568 亩，产量 1987 担。2005 年，推广良种水稻 3469 亩，玉米种植 3865 亩，烤烟 1210 亩，产值 400 万元；粮食总产量 4143 吨，人均纯收入 2068 元。

扶贫　1994年，在东红村、金光村扶贫建卡1418户；投放资金13.2万元发展种植业和养殖业。1995年，州扶贫开发两资办有偿贷款270万元，建设河东乡光彩饲料厂。1996年，扶贫种植经济林木27万株。1999年9月，县扶贫办验收金光村、东红村扶贫工作，人均纯收入940元，人均有粮524公斤。2004年，县政府无息贷款10万元，用于大白鹅养殖基地的建设。2005年，河东村、联新村完成农业综合开发。

林业　1991年，全乡森林面积7230亩，覆盖率为13%，主要有桤木、华山松、柳杉等树种。1995年，发展林业经济，组织村民种植杜仲2880亩。1997年，加强森林防火，组织群众植树造林1510万株。1998年，实施天保工程，封山育林6324亩。2000年，宝龙村、东红村实施退耕还林工程，退耕还林500亩。2001年，河东村、联新村、新普村、东红村退耕还林1800亩。2005年，对全乡退耕还林补种3.5万株，共计退耕还林3352亩。

畜牧业　1991年，出栏肥猪4650头，大牲畜670头，鸡7150只，鸭2800只。1995年，光彩养猪场建成，猪存栏5424头。1998年，加强畜禽疾病防治，猪存栏6211头，大牲畜存栏776头。2001年，推广北京鸭养殖，鸭出栏18637只，鹅出栏14368只。2005年，河东村、一棵树村发展养殖大白鹅15847只，并成立大白鹅养殖协会；从山东引进肉牛58头，全乡猪存栏8250头，大牲畜存栏1352头，鸭12756只。

教育　1991年，全乡有初级中学1所、乡中心小学1所，村完小1所，校园面积5890.5平方米，活动场地3334平方米；教学点5个，教师48人，小学在校生438人。1998年，河东乡被列为凉山州首批农村教育综合改革试点乡。2005年，全乡学校占地面积8024平方米，教室36间，教师办公室12间，实验室4间，微机室1间，电脑25台，图书室3间，图书13758册，少先队活动室3间，寄宿制学生食堂2间；在校学生1426人，其中：中学生64人，女生617人，少数民族学生1053人，小学寄宿制学生170人，32个教学班。

卫生　1991年，有乡卫生院1所，医生7名。1995年，乡卫生院购置8万元的医疗器械。2000年，组织全乡育龄妇女到妇幼保健站进行健康体检；召开村级以上的健康教育宣传会，对传染性疾病防治知识进行讲解。2005年，建立8个村卫生站，配备8名村级医生。

乡镇企业　1991年，河东乡有2个砖厂，主要生产黏土砖，年产量450万块，解决农村剩余劳动108人，乡镇企业总产值223.8万元。1993年，河东乡新普民族砖厂建立，年产量300万块。1994年4月，启动万吨饲料厂项目；7月，立项实施。1995年5月，河东乡万吨饲料厂建成并投产，后更名为东乡光彩饲料有限责任公司。2005年，河东村引资建电杆厂，全乡企业产值4135万元。

表1-5　**1991—2005年河东乡基本情况表**

项目 年份	幅员面积（平方公里）	耕地面积（公顷）	村（个）	人口（人）	乡镇企业总产值（万元）	财政收入（万元）	财政支出（万元）	农民人均收入（元）	主要农副产品			
									粮食（吨）	生猪出栏（头）	水果（吨）	烟叶（吨）
1991	23.331	386	8	6220	223.80	6	6	325	3220	4650	138	—
1992	23.331	386	8	6272	279.60	9	9	357	3238	4780	140	1.4
1993	23.331	386	8	6576	236.50	9	9	382	3325	4781	104	1.9
1994	23.331	386	8	6736	258.30	11	11	418	3345	4852	70	1.3
1995	23.331	386	8	6927	300.58	12	12	509	3413	4924	50	—
1996	23.331	386	8	7004	501.00	14	14	617	3717	5508	52	1.8
1997	23.331	386	8	7126	780.00	14	14	715	3717	6169	52	2.1
1998	23.331	386	8	7144	987.23	16	16	850	3646	6910	52	—
1999	23.331	386	8	7201	1302.59	17	17	940	3776	7832	53	5.0

续上表

年份＼项目	幅员面积（平方公里）	耕地面积（公顷）	村（个）	人口（人）	乡镇企业总产值（万元）	财政收入（万元）	财政支出（万元）	农民人均收入（元）	主要农副产品			
									粮食（吨）	生猪出栏（头）	水果（吨）	烟叶（吨）
2000	23.331	362.2	8	7310	1500.00	17	17	1163	3854	7987	54	5.0
2001	23.331	385.5	8	7421	1791.26	17	17	1306	3916	8493	57	14.4
2002	23.331	385.5	8	7678	2300.14	17	17	1450	3802	9172	58	112.0
2003	23.331	385.5	8	7711	3174.22	17	17	1625	3985	9908	60	160.0
2004	23.331	385.5	8	8657	3517.68	17	17	1858	4075	10996	60	192.0
2005	23.331	385.5	8	8558	4135.00	18	18	2068	4143	11478	60	208.0

三、西山乡

地理位置 西山乡位于越西县城西面二半山区，东与越城镇、河东乡接壤，南与越城镇城郊村、中所区大花乡相连，北与瓦岩乡、新民镇、大屯乡毗邻，西至阳糯雪山和冕宁县交界，全乡面积80.14平方公里（包括阳糯雪山46.69平方公里），距离县城2公里。

政区沿革 1951年，建立西山彝族自治乡，成立乡人民政府，属申则倮自治区辖。1956年1月，撤申则倮自治区，划西山彝族自治乡归城关镇管辖，改乡政府为乡人民委员会。1958年12月，人民公社化，西山为城关人民公社管辖大队。1961年4月，建立西山人民公社。1962年12月，改称西山乡。1966年4月，改称西山人民公社，辖西埝、大块、山洪、关马、大庆5个村。1969年，成立西山公社革委。1998年，安置瓦曲来乌乡搬迁移民，建立马母果行政村。2003年5月，在马母果村增加1个行政社。2005年，全乡辖西埝、大块、山洪、关马、大庆、马母果6个村16个村民小组。

表1－6　　1991—2005年西山乡负责人名录

姓　名	性　别	民　族	职　务	任职时间
阿雷伍来	男	彝族	党委书记	1992.11—1995.12
曲木里支	男	彝族	乡　长	1992.11—1995.12
何文祥	男	汉族	副书记	1992.11—1995.12
			乡　长	1995.12—1998.10
吉皮布哈	男	彝族	副乡长	1992.11—1998.12
阿余牛牛	女	彝族	党委书记	1995.12—2001.11
许万富	男	汉族	党委副书记	1995.11—1998.11
杨泽虎	男	彝族	乡　长	1998.10—2001.11
潘红英	女	彝族	副乡长	1998.10—2001.11
周会明	男	汉族	党委书记	2001.11—2005.12
田玉华	男	彝族	乡　长	2001.11—2005.12
毛晓剑	男	彝族	党委副书记	2001.11—2005.12
毛学明	男	汉族	党委副书记	2001.11—2004.10
朱沛刚	男	汉族	副乡长	2001.1—2005.12

自然环境 西山乡西北面有阳糯雪山、及母山、及食山、大槽岗山。最低海拔1700米，最高海拔阳糯雪山4791米，相对高差3091米，平均海拔约2500米，地形以山地为主。年均气温13.3摄氏度，年降水量

1113毫米，全年无霜期247天。四季不太分明，春迟秋早，夏季短暂。年温差较小，月温差较大。夏季降雨集中，空气湿润，秋季降温迅速，阴雨连绵，冬春少雨，日照充足，干燥多风，有煤炭资源。

人口计生　1991年，全乡人口3169人，其中：男1563人，女1606人，非农业人口77人，育龄妇女665人，已婚育龄妇女452人。1995年，宣传"少生优生、加快致富"计生政策，全乡人口3506人，育龄妇女705人，已婚育龄妇女515人，人口自然增长率4.8‰。2000年，全国第五次人口普查，全乡人口4421人，其中：男2243人，女2178人，非农业人口136人，育龄妇女690人，已婚育龄妇女515人。2005年，全乡人口5654人，非农业人口338人，育龄妇女1181人，已婚育龄妇女794人，人口自然增长率4.95‰。

基础设施　1991年，修建乡政府水泥路300米；组织村民投工投劳，解决大块村3个组86户和西埝村92户人畜饮水；修建大庆村6公里的通村公路。1996年，争取项目支持，组织村民投工投劳，解决西埝村102户和山洪村83户照明用电。1998年，解决大块村1组26户和关马村74户人畜饮水；完成西埝村闭路电视通村工程。1999年，组织村民投工投劳，解决全乡160户人畜饮水，解决马母果村51户照明用电。2001年，组织村民投工投劳，完成西埝村117户、大块村168户，山洪村陡坡组35户照明用电。修建关马村至马母果村3公里通村公路。

农业　1991年，有耕地3578亩，粮食产量1350吨。1994年，推广地膜玉米种植1530亩，洋芋高厢垄作2380亩；粮食产量1465吨。1996年，进行农业产业结构调整，种植杜仲35万株、核桃830亩。2002年，试种烤烟200亩。2005年，全乡有耕地4308亩，粮食产量1872吨，烤烟产量15担。

扶贫　1991年，发放扶贫贴息资金1.3万元。1994年，实施"八七"扶贫攻坚计划。1996年，通过摸底调查，全乡建立贫困档案备案卡202户、873人。1998年，投放扶贫水泥70吨，修建关马村、大块村、西埝村等村道。1999年，形象扶贫130户，实现人畜分居，一厨一厕；发放扶贫信贷资金10万元，用于村民购买肥料、种子等农资。2005年，实施大块村扶贫新村建设，改建村道和其他基础设施。

林业　1991年，全乡林业用地13879亩，其中：果林500亩，年产水果24.4吨。1998年，实施天然林保护工程，人工造林650亩。2000年，关马村退耕还林1500亩，配套造林300亩。2003年，山洪村退耕还林400亩，配套800亩；马母果村退耕还林400亩，配套400亩；大庆村退耕还林500亩，配套1000亩。2004年，西埝村退耕还林100亩，大块村17亩；大庆村封山育林5000亩、山洪村2700亩。2005年，全乡退耕还林5854亩，配套面积3900亩，森林覆盖率45%。

畜牧业　1991年，全乡生猪出栏1333头，存栏2657头；牛出栏34头，存栏687头；羊出栏217只，存栏4326只。1995年，发展生猪、肉牛、肉羊养殖。全乡生猪出栏2270头，存栏3243头；牛出栏98头，存栏820头；羊出栏693只，存栏4198只；禽类出栏3413只。2000年，加强畜牧医务人员的管理，做到技术到位、服务到家、药品到畜，全乡全年生猪出栏3470头，存栏2640头；牛出栏88头，存栏763头；羊出栏610只，存栏4809只。2005年，利用全乡现有天然草场，种植1000亩光叶紫花苕，鼓励村民发展绿色畜牧，全乡生猪出栏5464头，存栏4252头；牛出栏287头，存栏1009头；羊出栏1769只，存栏3892只；禽出栏7135只，存栏11434只。

教育　1991年，全乡有1所中心校，4所村小，教师16人，学生287人。1995年，普及九年义务教育，有教师21人，学生392人。1996年，撤销关马小学，并入山洪小学。1998年，建立马母果村小学。2000年，撤销大庆村小。2005年，整合优化教育资源，加强农村扫盲教育，全乡有1所中心校，3所村小，教师31人，学生773人，入学率78%，升学率85%，扫盲率达98%。

卫生　1991年，全乡有1所卫生院，医护人员1名。1996年，脊（髓）灰（质炎）强化免疫863人。2000年，有医护人员2名，病床2张，开展防病知识宣传2次，预防接种麻疹、卡介苗、脊（髓）灰（质炎）、百白破共80人。2005年，投资25万元，重建乡卫生院，占地1.5亩，建筑面积266平方米，6张病床，医护人员5人，治病1382人次。

表 1-7　　1991—2005 年西山乡基本情况表

年份＼项目	幅员面积（平方公里）	耕地面积（公顷）	人口（人）	财政收入（元）	财政支出（元）	农民人均收入（元）	主要农副产品			
							粮食（吨）	生猪出栏（头）	水果（吨）	烟叶（吨）
1991	80.14	238.3	3169	34700	34700	534.0	1350	1333	24.4	—
1992	80.14	238.3	3207	39500	39500	728.6	1342	1378	24.6	—
1993	80.14	238.3	3270	41800	41800	760.0	1316	1455	24.9	—
1994	80.14	238.3	3384	45200	45200	852.9	1465	1840	24.8	—
1995	80.14	238.3	3506	48700	48700	977.0	1497	2270	25.3	—
1996	80.14	238.3	3643	50600	50600	1087.0	1538	2590	25.8	—
1997	80.14	238.3	3712	52400	52400	1192.0	1576	2860	26.1	—
1998	80.14	238.3	3849	53600	53600	1291.6	1509	2810	26.1	—
1999	80.14	251.3	4021	54700	54700	1386.7	1601	3500	27.4	—
2000	80.14	251.3	4421	55300	55300	1489.0	1628	3470	26.7	215
2001	80.14	273	4628	57200	57200	1596.2	1737	4630	27.9	206
2002	80.14	275.2	4809	59100	59100	1708.3	1773	4914	28.4	14
2003	80.14	278.7	5137	62000	62000	1830.0	1814	5128	28.8	16
2004	80.14	283.2	5368	64300	64300	1929.6	1837	5236	29.3	13
2005	80.14	287.2	5654	66400	66400	2034.9	1872	5464	29.1	15

四、城郊乡

城郊乡位于越西县城东南，越西河东、西两岸。东临下普雄区尔觉乡，南界中所区丁山乡，西靠中所区大花乡，北接越城镇、西山乡。幅员面积 22 平方公里，距离县城 3 公里。境内以河谷、平坝、二半山为主。最高海拔在四甘木柳 2871 米，最低海拔在大水沟口 1660 米。气候温和。无霜期 247 天，年降水量 1113 毫米，年平均温度 13.3 摄氏度。全乡耕地面积 7211 亩（习惯耕地面积 3982 亩，其中：田 1287 亩，地 2695 亩）。主产玉米、水稻、洋芋、荞麦。

1950 年前，属特编（后为大同）乡所辖。1950 年后，于民主改革时，建新村高级社。1958 年，属城关公社下辖大队。1963 年，将东山乡的东庆、白马、中所区的小孤山、西山的沙沙普等合并成立城郊乡。因其地处城郊得名。1969 年，成立城郊公社革委。1981 年，选举产生公社管委会。1984 年，机构改革，恢复城郊乡人民政府，辖新村、沙沙普、哈莫洛、白马、大坪 5 个村，30 个组。1993 年 1 月，乡（镇）机构改革，撤区并乡建镇，城郊乡并入越城镇。

表 1-8　　1991—1992 年城郊乡负责人名录

姓　名	性　别	民　族	职　务	任职时间
沈列哈	男	彝族	党委书记	1990.1—1992.11
依达木呷	男	彝族	乡 长	1990.3—1992.11
何文祥	男	汉族	党委副书记	1990.1—1992.11
吉皮布哈	男	彝族	副乡长	1990.3—1992.11
莫色伍热木	女	彝族	副乡长	1990.3—1992.11

第二节　中所工委

中所工委位于越西县城南面，东与书古区、下普雄区接壤，南与喜德县相连，西与冕宁县交界，北与越城镇毗邻，幅员面积392.14平方公里，工委驻中所镇，距县城7公里。

中所工委地处越西河谷地带，有高山、二半山、矮山、沟坝，以沟坝为主。境内西有阳糯雪山，南有小相岭山，东有车洛梁子山，中有大孤山。地势南高北低，最高海拔西南阳糯雪山4476米，最低海拔在丁山乡蚂蟥沟与越城镇城郊村交界处1685米，相对高差2791米，全区山地约占76%；气候属暖温带气候区。年平均气温13.3摄氏度，年降水量1113毫米，无霜期247天。主要河流有越西河、水观音河。越西河发源于新乡乡，经马拖、大瑞、中所、丁山乡流入城关区，境内全长31公里。水观音河发源于中所镇金马山下，经丁山乡丁塘村注入越西河，流长2公里。两河流量大，流速缓，基本满足沿岸农田用水；此外有小哨沟、南箐沟、大花沟、深沟4条时令河，均发源于阳糯雪山，上段可供人畜饮用及农田用水；中、下段渗透性大，河床内无明流，群众称为“干河”。S208线穿境而过，乡与乡之间均通公路。

1950年前，中所工委称中所镇。1951年，设中所区（因区设中所公社得名），将原中所镇所辖“南乡18地”划为中所、大瑞、丁山3个乡。1956年，民主改革时撤生则倮自治区，将其所辖的大花、大河、南箐划归中所区管辖。1958年，人民公社时，全区划为中所、大瑞2个（区级）公社。1961年，体制改革，恢复中所区，除辖原6个乡外，划入中普雄区的新乡乡。1969年，成立中所区革委。1981年，成立中所区公所，中所区公所辖新乡、马拖、大瑞、南箐、中所、丁山、大花7个乡。1992年1月，撤区并乡建镇，中所区公所改组为中所片区工作组，辖新乡乡、马拖乡、大瑞乡、中所镇（丁山乡与中所乡合建）、大花乡五乡一镇。1995年，恢复丁山乡。2005年12月，中所片区工作组改建为中所地区工作委员会，辖中所镇、大瑞乡、马拖乡、新乡乡、南箐乡、大花乡、丁山乡。

表1-9　　1991—2005年中所工委负责人名录

姓　名	性　别	民　族	职　务	任职时间
毛国清	男	彝族	区委书记	1991.1—1992.12
王明清	男	汉族	区长	1991.1—1992.12
			片区工作组组长	1993.1—1995.12
马明清	男	彝族	副区长	1991.1—1992.12
罗德霖	男	汉族	工委书记	1995.12—1998.10
刘加荣	男	汉族	工委副书记	1995.11—1998.10
木苦果加	男	彝族	工委书记	1998.11—2001.12
刘火达布	男	彝族	工委副书记	1998.11—2005.12
何忠选	男	汉族	工委副书记	1998.11—2005.12
尔祖尔古	男	彝族	工委副书记主持工作	2001.12—2003.12
邹志贵	男	汉族	工委书记	2003.12—2005.12
王建贵	男	汉族	工委副书记	2002.11—2005.12
王娃友则	男	彝族	工委副书记	2002.11—2005.12

一、中所镇

地理位置 中所镇位于越西县城以南7公里处,东与大瑞乡接壤,南与南箐乡相连,西与大花乡交界,北与丁山乡毗邻,是乌金公路与中冕公路的交汇点,北向成都、南向西昌的主要通道,是古南方丝绸之路的必经之地。地理位置处于东经102°20′~102°54′,北纬28°18′~28°53′之间,幅员面积10.064平方公里。

政区沿革 中所镇古名中所坝,彝名"杨场"即赶集之意。1950年4月,将中所集镇及五里牌、陶家营两地划为中所镇,建立中所镇政府。1951年,改中所镇为中所乡,建立乡政府。1956年,乡政府改称乡委员会。1958年12月,中所属中所公社管辖大队。辖五里牌、陶家营、和平和中所集市。1961年4月,建立中所公社,隶属中所区。1962年12月,中所公社改称乡。1966年4月,中所乡改称公社。1968年10月,成立中所公社革命委员会。1981年4月,中所公社革命委员会改称管理委员会。1984年,恢复乡人民政府。1991年,中所乡辖和平、上街、顺利、五里牌、陶家营、泸林、泸围、泸埝、泸花、下街、民强、龙泉12个村。1992年11月,撤区并乡建镇,中所乡与丁山乡合并建立中所镇,辖18个行政村。1995年8月,中所镇、丁山乡分设。2002年2月,增设新大街社区居民委员会,下设5个居民小组。2005年,辖五里牌、陶家营、和平、上街、下街、顺利、龙泉、民强、泸埝、泸花、泸林、泸围12个行政村27个村民小组和新大街社区居民委员会,19个驻区级企事业单位。

表1-10　1991—2005年中所镇负责人名录

姓　名	性　别	民　族	职　务	任职时间
潘平章	男	汉族	乡党委书记	1991.1—1992.12
刘国元	男	汉族	乡　长	1991.1—1992.12
郑在华	男	汉族	副乡长	1991.1—1992.12
木苦达尔木	女	彝族	乡党委副书记	1991.1—1993.1
			镇党委副书记	1993.1—1995.8
王明清	男	汉族	镇党委书记	1993.1—1995.8
毛国强	男	彝族	镇长	1993.1—1998.11
兰宇翠	女	汉族	副镇长	1993.1—1995.8
刁大才	男	汉族	副镇长	1993.1—1996.4
苏正中	男	彝族	镇党委副书记	1994.7—1995.7
余康生	男	汉族	镇党委书记	1995.9—1998.11
周绍武	男	汉族	镇党委副书记	1995.9—1998.11
蒋　科	男	汉族	副镇长	1996.11—2001.12
刘加荣	男	汉族	副乡长	1991.1—1992.12
			镇党委书记	1998.11—2001.12
邹志贵	男	汉族	镇长	1998.11—2001.12
			镇党委书记	2002.1—2003.10
徐小飞	男	汉族	副镇长	1998.11—2001.12
姚兴凤	女	汉族	副镇长	1998.11—2005.12
孟桂芳	女	汉族	镇党委副书记	1998.11—2001.12

续上表

姓 名	性 别	民 族	职 务	任职时间
王国华	男	彝族	镇长	2002.1—2003.9
			镇党委书记	2003.11—2005.12
杜 凯	男	彝族	镇长	2003.9—2005.12
黄箭鸣	男	藏族	镇党委副书记	2002.1—2005.12
张智平	男	回族	镇党委副书记	2001.11—2005.12

自然环境 镇境内以坝地为主，地势平坦，土地肥沃，以冲积土为主，最高海拔河上坪2764米，最低海拔丁山桥1700米，平均海拔1670米，相对高差1064米；主要河流水观音河，沿西向北经丁山乡注入越西河；“干河”由南箐乡流入，流长3公里；年平均气温13.3摄氏度，年降水量1113毫米，无霜期272天。

人口计生 1991年，全乡人口8946人，出生131人，超生11人，人口自然增长率10.2‰。2000年，全国第五次人口普查，全镇人口8911人，农业人口8887人，常住人口8715人，出生146人，死亡46人，迁进134人，迁出86人。2005年，实施村民计划生育自治，各村成立计生协会，并制定“三不，两处罚，一取消”制度，龙泉村连续四年无计划外生育记录。全镇人口10990人，出生130人，计生“三查”率92%，人口自然增长率为8.5‰，14户享受奖励扶助政策补助。

基础设施 1991年，全乡有线电视网络入户工程完工，覆盖12个村。1992年，组织村民投工投劳修筑干河坝河堤2643米。2001年，新市场、商业街动工修建。2002年，新建中所镇政务大楼；乌金公路新大街路面改建为水泥路面。2003年，新建泸花村无公害蔬菜生产基地机耕道620米。2005年，修建烟水配套基础设施主干渠1条1445米，配套支渠14条3691米，人工开挖土4004立方米，回土填方1262立方米，浆砌石方3924立方米，浇筑混凝土533立方米，配套机耕道9条，总长2756米，投工投劳12000人次。

农业 1991年，全乡加强农业综合服务，筹集229.5万斤良种小麦，化肥130吨，分发给1000多农户。当年，粮食产量2738吨，纯收入470.5587万元，人均纯收入571元。1993年，成立中所镇中草药生产领导小组，种植三七54亩。1998年，着重抓好省、州在中所实施的高产玉米示范工作，全年粮食产量3133吨，烤烟种植2200亩，烟叶产量107吨，人均纯收入1080元。1999年，推广水稻两段育秧、抛秧、杂交良种、控氮增磷钾、宽窄行、底肥一道清、稻瘟病防治、稻田化学除草、地膜小麦栽培，旱地化学除草等农业作物增产示范；调整农业产业结构发展扶持烤烟生产，推广营养袋育苗、高厢垄作，双层施肥、地膜覆盖、烟草抑芽、科学烘烤。2002年2月，被四川省农业厅认命为“四川省第一批优质蔬菜基地”，经四川省无公害农产品管理机构对产地环境抽样、检测、论证，达到无公害农产品生产标准，认证面积4000亩，送检海椒、萝卜、白菜、黄瓜，被认定为四川省无公害农产品。2003年，开展下湿田改造，新建农田灌溉渠1600米。2005年，初步实现农业产业结构的调整，发展甜樱桃、烤烟、无公害蔬菜种植。

扶贫 1991年，按照“科技兴农，科技兴乡”的精神，组织1.2吨地膜，以财政贴息贷款的方式发放到户。1994年，按国家“八七”扶贫攻坚计划对全乡人口进行贫困调查，全乡人均纯收入260元以下人口为2453人。1997年7月，对和平村80户贫困户开展形象扶贫，实现一路一坝、一厕一厨、人畜分居。2000年，省扶贫办、州扶贫办验收扶贫工作，全镇达到“五八五一”越温标准，脱贫越温率98%。2002年，实施五里牌村扶贫新村建设。2005年，扶贫工作转向“定向捆绑式扶贫”；加大对贫困户的投入，组织磷肥1000吨和农药，以政府贴息贷款方式向全镇农户发放。

畜牧业 1991年，大力发展养殖业，全乡生猪出栏630吨，羊出栏558只。1998年，成立养殖协会，全镇普及推广“双推五改”和“三元杂交”技术，带动以鸡、鸭、鹅为主规模养殖100户，全年生猪出栏754吨，家禽出栏45260只。2005年，全镇农户以无公害蔬菜残叶和萝卜为主要牲畜饲料，科学养殖，年生猪出栏1510吨，畜牧业产值889万元。

林业　1991 年，林业发展以树种由单一的薪炭林、用材林过渡到可持续发展的经济林果种植；规模由小面积的成林抚育到大面积生态林的培育过渡；组织方式由集体经营组织领导到群众自发培育过渡。1998 年，实施天然林禁伐区，镇境内大营盘山、小营盘山、金马山列人禁伐区。2001 年，全镇退耕还林 63. 47 公顷，配套造林 12. 13 公顷。2005 年，全镇林地 418. 92 公顷，森林覆盖率 29. 56％。

教育　1991 年，全镇有 1 所中学，1 所镇中心校，2 所村小，在校教师 107 人，在校学生 1466 人。1996 年，中所中学新建教学楼 1 幢，办公楼 1 幢。1997 年，对全镇教师开展技能达标测试，参试教师全部通过“五项技能”达标测试。新建中所小学教学楼 1 幢。1998 年，中所中学被列入凉山州“53125”工程学校。全镇实现普及初等教育，“双基”工作评估合格，并通过省、州教育督导组验收。2000 年，中所中学占地 35298 平方米，教学综合楼 1 幢，办公楼 1 幢，有教学微机 40 台，学校教职工 76 人，专职教师 70 人，专科以上 64 人，在校学生 633 人，入学率 95. 64％，毕业率 98. 2％。3 所小学，占地 12100 平方米，运动场 7432 平方米，建筑面积 3159 平方米，教学微机 32 台，共有教学班 31 个，1254 个学生，教职工 74 人，取得中师学历 74 人，小学生入学率 95. 4％，辍学率 1. 71％，毕业率 98. 8％。同年，全镇实现普及九年义务教育，并通过省州教育检查组验收。2005 年，实施“两免一补”政策，学生享受“两免一补”人数达 100％，中学生入学率 97. 42％，毕业率 98. 5％，中学在校学生 1104 人，其中：职高班 1 个、62 人。小学生入学率 99. 2％，毕业率 100％，全镇小学在校学生 1236 人。中学在校教师 106 人，小学在岗教师 79 人。

卫生　1991 年，中所镇中心卫生院设内儿科、妇产科、B 超、检验、放射、预防保健等科室，医院在职职工 58 人，其中：医生 28 人，护士 26 人，工勤 4 人。中心卫生院占地 4473 平方米，建筑面积 2516 平方米，业务用房面积 1516 平方米。1997 年，中所卫生院增设五官科和皮肤科。2000 年，建立重点疾病防治制度，加强对传染性疾病的防治工作，制定《中所镇死亡报告制度》、《群众性聚餐制度》。2004 年，改造医院危房，修建医院综合楼房。2005 年，镇辖区内有中心卫生院 1 所，村级卫生站 12 所。医院职工 68 人，其中：医生 38 人，护士 25 人，工勤人员 5 人。购进生化分析仪、血液分析仪、200mAX 光机、疼痛治疗仪等。同年，“五百”计划免疫接种率 95％，覆盖率 100％。

表 1－11　　1991—2005 年中所镇基本情况表

项目 年份	幅员面积（平方公里）	耕地面积（公顷）	村（个）	社区居委会（个）	人口（人）	乡镇企业总产值（万元）	财政收入（万元）	财政支出（万元）	农民人均收入（元）	主要农副产品				
										粮食（吨）	生猪出栏（吨）	水果（吨）	烤烟（吨）	其他（吨）
1991	10. 064	367	12	—	8946	200. 18	2. 91	2. 91	571	2738	630	558	0. 8	3000
1992	23. 234	669	12	—	15037	216. 47	3. 15	3. 15	653	5457	973	541	57	3950
1993	23. 234	689	18	—	15143	331. 60	5. 98	5. 98	574	4707	876	721	177	7800
1994	23. 234	689	18	—	13726	346. 80	6. 21	6. 21	653	5207	1701	701	134	8100
1995	23. 234	689	18	—	13915	351. 20	6. 43	6. 43	732	5760	1724	736	189	8350
1996	10. 064	364	12	—	9360	235. 14	4. 24	4. 24	771	3044	741	463	115	4600
1997	10. 064	363	12	—	9438	239. 46	8. 83	8. 83	880	3102	746	428	149	4750
1998	10. 064	361	12	—	9516	258. 31	14. 97	14. 97	1080	3133	754	324	107	4910
1999	10. 064	362. 4	12	—	9707	267. 11	19. 15	19. 15	1257	3246	799	296	226. 6	5120
2000	10. 064	362. 4	12	—	8911	274. 61	26. 32	26. 32	1498	3397	938	244	153	5290
2001	10. 064	362. 4	12	—	10067	281. 33	35. 04	35. 04	1704	3452	1152	192	150	5340
2002	10. 064	362. 3	12	1	10202	297. 81	38. 82	38. 82	1871	3498	1237	216	307	5670
2003	10. 064	362. 1	12	1	10274	310. 62	38. 32	38. 32	2019	3541	1345	244	413	5840

续上表

项目 年份	幅员面积（平方公里）	耕地面积（公顷）	村（个）	社区居委会（个）	人口（人）	乡镇企业总产值（万元）	财政收入（万元）	财政支出（万元）	农民人均收入（元）	主要农副产品				
										粮食（吨）	生猪出栏（吨）	水果（吨）	烤烟（吨）	其他（吨）
2004	10.064	362	12	1	10558	337.52	45.34	45.34	2210	3589	1416	257	368	6100
2005	10.064	361.8	12	1	10990	357.66	52.87	52.87	2464	3591	1510	264	424	6380

二、马拖乡

地理位置　马拖乡位于越西县城以南13公里，东与书古区接壤，南与新乡相连，西与南箐乡交界，北与大瑞乡为邻，幅员面积39.425平方公里。

政区沿革　马拖乡因越西河流入境内河面变宽得名，彝族名马托依呷（此处台地住有马姓之意）。1951年，建大河自治乡。1953年，属生则倮自治区。1956年，撤销生则倮自治区，划归中所区所辖。1958年，改为大河大队。1961年，恢复大河乡。1962年，体制改革为大河公社。1969年，成立大河公社革委。1981年11月，地名普查中改大河为马拖。1982年，建马拖乡人民政府。2005年，增设安洛村5组，全乡辖马拖、大河、北河、西河、安洛、西平、西沟、东沟、东河、中林、东坪、东林、柏联13个村，44个村民小组。

表1－12　　1991—2005年马拖乡负责人名录

姓　名	性　别	民　族	职　务	任职时间
曲木木铁	男	彝族	党委书记	1989.3—1991.4
李吉哈	男	彝族	乡　长	1991.4—1992.6
阿牛伍合	男	彝族	乡　长	1989.3—1991.4
			党委书记	1991.4—1992.12
郑永福	男	汉族	党委副书记	1989.3—1991.4
吴志福	男	汉族	党委副书记	1989.3—1991.4
邓思伦	男	汉族	副乡长	1989.3—1991.4
			乡　长	1991.5—1992.12
罗开元	男	汉族	党委书记	1992.11—1995.11
王娃约者	男	彝族	乡　长	1993.3—1996.8
海来尼哈	男	彝族	党委副书记	1993.3—1996.8
石全云	男	汉族	副乡长	1993.3—1995.10
			党委书记	1995.11—1997.3
袁宇奎	男	汉族	副乡长	1993.3—1996.8
王建贵	男	汉族	党委书记	1997.4—1999.10
康　平	男	汉族	乡　长	1997.4—1999.10
马晓梅	女	彝族	副乡长	1997.4—2005.12
吉布热哈	男	彝族	副乡长	1997.4—2005.12
朱德林	男	汉族	党委书记	1999.11—2005.12
拉尔布达	男	彝族	乡　长	1999.11—2005.12
郭绍康	男	汉族	党委副书记	1999.11—2005.12

自然环境　马拖乡地处越西河谷地带，三面环山，南高北低，境内有车洛梁子、阿呷各乃吉山、特吉阿

布山等，最高海拔车洛梁子山2936米，最低海拔依洛拉达沟与越西河交界处，为1720米，相对高差1216米。越西河由新乡流入境内，流长8公里，常年平均气温为13摄氏度，无霜期247天，平均降雨量1115毫米，大小春一年两熟。沟坝以冲积土为主，二半山以上地区以黄壤、黄棕壤为主；西河村有硫铁矿资源、东坪村有煤矿资源。

人口计生 1991年，全乡总户数1073户，人口7703人，汉族1025人，彝族6678人，男3966人，女3737人，育龄妇女1975人，已婚育龄妇女821人，出生163人，死亡47人，采取节育措施145人，人口自然增长率控制在12‰。1996年，开展计划生育宣传工作，发放宣传资料870份，张贴计划生育标语346张，培训育龄妇女2081人，已婚育龄妇女1003人，年末共出生158人，其中：男98人，女60人，人口自然增长率控制在14‰。2002年，加大对计划生育工作的管理，全乡总户数2064户，人口9107人，男4986人，女4221人，育龄妇女2306人，已婚育龄妇女1473人，年末共出生179人，其中：男93人、女86人，死亡35人，采取节育措施708人，人口自然增长率控制在11.9‰。2005年，全乡总户数2360户，人口9397人，男4961人，女4436人，育龄妇女2483人，已婚育龄妇女1505人，年末出生198人，其中：男106人、女92人，死亡51人，采取节育措施877人，人口自然增长率控制在11.5‰，人口密度每平方公里276人。

基础设施 1991年，新修北河村河堤458米，平砌550米，修复沟堰350米，灌溉面积430亩，建立西河、安洛村2个小型水能发电站。每个发电站装机容量20千瓦，年发电量2900千瓦时。1995年，投资2.8527万元，新建东坪村白眉沟矿山公路，全长800米。1996年，完成安洛村、大河村、西河村、马拖村2384米下湿田改造，受益面积1880亩；东坪村坡改梯田300亩。2003年，完成农业综合开发2000亩，涉及12个村38个小组，1698户8673人；完成马拖、大河、北河等10个村34个小组8461人的农网改造；投资7.9587万元，维修大瑞至马拖4.5公里的通乡公路。投资2万元，改建西河村人畜便桥1座；建立马拖农村移动通讯基站1座，解决13个村44个小组通讯困难。2004年，投资20万元，修建北河大桥1座，解决北河、东林、中林3个村出行困难。2005年，投资1.5万元，修建安洛人畜便桥1座；投资7.5万元，修建东河村人畜便桥1座；完成柏联村158户795人的农网改造。

农业 1991年，引进杂交玉米良种，推广地膜玉米栽培技术，粮食产量3537吨，人均纯收入388元。1995年，水稻种植推行两段育秧2468亩、开厢技术种植3572亩。1998年，推广良种油研7号2795亩，平均亩产增收170斤。2000年，发展庭院经济，推广种植"美国黑李子"5000株，板栗800株，发展烤烟360亩。2002年，发展烤烟50亩，收入10万元，万寿菊352亩，收入27万元。粮食总产量3676.9吨。2005年，种植万寿菊400亩，产值19万元；粮食总产量3823.3吨，人均纯收入1663元。

扶贫 1992年，全乡扶贫建卡424户，2059人，占全乡农业户的26.53%，建卡户人均占有粮634斤，人均纯收入289.50元。1995年，县扶贫办投放扶贫贷款6.1万元，帮助贫困户发展畜牧业，种植经济林木3万株。1998年，投放各种扶贫物资及资金17万元，帮助贫困户发展生产。2001年，投入扶贫贷款资金14万元，扶贫磷肥2300吨，形象扶贫水泥50吨，窗子140个，亮瓦800张，对3个村729户2838人，开展形象扶贫工程。2005年，马拖、东林、柏联3个村确定为世行贷款对象村，贷款资金300万元。

林业 1991年，动员全乡群众造林305亩。1993年，集体造林880亩，个人造林1500亩。1998年，实施天然林保护工程，飞机造林2300亩，人工造林836亩，种植华山松445亩，群众零星植树120万株。2002年，退耕还林1100亩，配套造林1200亩。2003年，全乡退耕还林工程累计发放林权证966户，2565亩。2005年，发放退耕还林林权证5个村，299户，1180亩，全乡林地面积7336.5亩。

畜牧业 1991年，发展畜牧草坡地1350亩，四畜存栏26759头，生猪出栏4960头。1995年，加大畜牧业投入，发展畜牧草坡地1589亩，四畜存栏34293头，生猪出栏6649头，其中：出售1960头。能繁母猪787头，仔猪3902头，猪肉产量383吨。2000年，引进外地种山羊与本地山羊杂交，改良本地山羊品种。2005年，投入资金12万元，四畜存栏39114头，其中：马359匹、能繁母马173匹、牛411头、黄牛183头，生猪出栏15020头，猪肉产量751.4吨。

教育 1991 年,有中心校 1 所,村小 3 所,在校学生 369 人,教师 16 人。1998 年,有 24 个教学班,在校学生 855 人,女生 376 人,入学率 96.2%,巩固率 95%。有教职工 40 人,其中:公办教师 25 人、代课教师 15 人,学校总建筑面积 1954.3 平方米,开办扫盲班 4 期,扫盲人数 430 人。2002 年,全乡在校学生 1280 人,男生 946 人,女生 334 人,彝族学生 974 人。2005 年,全乡在校学生 1538 人,男学生 811 人,女学生 727 人,入学率 99.2%,巩固率 98%,普及率 99%,共有教师 45 人,其中:男教师 29 人,女教师 16 人。

卫生 1991 年,有乡卫生院 1 所,1 名医务人员,诊断病例 10566 人次。1994 年,发放脊髓灰质糖丸 2275 粒,诊断病例 10628 人次。2000 年,有乡卫生所 1 所,2 名医务人员,村卫生所 3 所,3 名医务人员。2005 年,开展"脊灰"应急扫荡式免疫接种,完成 0~5 岁儿童免疫接种,发放糖丸 3640 粒,接种率 100%,辖区内无 1 例脊髓灰质炎病例发生。

乡镇企业 1994 年,马拖乡西河村硫铁矿厂年产值 124.5 万元。2005 年,全乡主要企业有马拖瓦厂,年产值 15 万元;洋芋粉厂,年产值 10 万元。

表 1-13　　1991—2005 年马拖乡基本情况表

项目 年份	幅员面积(平方公里)	耕地面积(公顷)	村(个)	人口(人)	乡镇企业总产值(万元)	财政收入(万元)	财政支出(万元)	农民人均收入(元)	主要农副产品			
									粮食(吨)	生猪出栏(吨)	水果(吨)	烟叶(吨)
1991	39.425	388	13	7703	46.924	1.47	1.47	388	3537	459	284	—
1992	39.425	388	13	7809	88.7	3.81	3.81	417	3471	413	284	52.80
1993	39.425	388	13	7873	51.37	4.45	4.45	418	2644	371	168	108.7
1994	39.425	388	13	7924	124.5	5.26	5.26	458	3248	376	340.5	—
1995	39.425	388	13	8039	102.19	6.795	6.795	479	3350	383.01	263.85	
1996	39.425	388	13	8172	139	6.81	6.81	504	3521.3	383	263.8	—
1997	39.425	388	13	8291	406.2	6.28	6.28	657	3578.3	394.7	267	—
1998	39.425	388	13	8421	700	7.03	7.03	813	3665.5	406.75	175.51	—
1999	39.425	388	13	8672	869	1.3232	1.3232	825	3718	406.51	169.3	—
2000	39.425	388	13	9070	68.02	9.76	9.76	825	3537.3	444	184.5	22
2001	39.425	388	13	9012	201.56	9.83	9.83	1040	3607.8	507	173.2	—
2002	39.425	388	13	9107	850	10.1	10.1	1156	3676.9	658.9	170.8	1.16
2003	39.425	388	13	9193	850	12.546	12.546	1306	3720	692.1	193.6	—
2004	39.425	388	13	9284	870	12.3	12.3	1466	3784	711.7	216.7	—
2005	39.425	388	13	9397	870	12.604	12.604	1663	3823.3	751.4	265	—

三、大瑞乡

地理位置 大瑞乡位于越西县城以南,距县城 9 公里,东与下普雄地区接壤,南与马拖乡毗邻,西与中所乡、南箐乡相连,北与丁山乡交界,幅员面积 27.137 平方公里。

政区沿革 1951 年,隶属中所镇,称挖布塘。1952 年,建立大瑞乡,隶属中所区,因地处大孤山命名大瑞。1958 年,改为大瑞公社,辖南箐、马拖及大瑞乡所辖地区。1961 年,恢复大瑞乡,属中所区管辖。1969 年,成立大瑞公社革命委员会。1981 年,大瑞公社革命委员会改称管理委员会,辖友谊大队、瑞塘大队、瑞埝大队、瑞云大队、瑞香大队、林沟大队、瑞龙大队、瑞青大队、瑞联大队、瑞城大队、大古大队、瑞林大队、挖布大队,65 个生产小队。1982 年 1 月,更名为大瑞乡政府。2005 年,全乡辖郑家湾村、瑞塘村、瑞埝村、瑞云村、瑞香村、林沟村、瑞龙村、瑞青村、瑞联村、瑞城村、大古村、瑞林村、挖布村,50 个村民小组。

表 1－14　　1991—2005 年大瑞乡负责人名录

姓　名	性　别	民　族	职　务	任职时间
邓明武	男	汉族	党委书记	1991.3—1993.3
李成伟	男	汉族	乡　长	1991.3—1992.6
陈昌荣	男	汉族	党委副书记	1991.3—1995.10
海来尼哈	男	彝族	副乡长	1991.3—2001.3
杨志康	男	汉族	副乡长	1991.3—1993.6
任洪芝	女	汉	党委副书记	1991.3—1993.2
薛顺序	男	汉族	党委书记	1993.3—1998.10
李吉哈	男	彝族	乡　长	1992.7—1998.10
			党委书记	1998.11—2001.5
袁宇蓉	女	彝族	副乡长	1993.5—2001.11
			党委副书记	2001.2—2005.12
苏正清	男	彝族	副乡长	1993.3—1995.4
刘正华	男	汉族	党委副书记	1994.4—1996.6
徐小飞	男	汉族	副乡长	1995.6—1998.10
曲木尔体	男	彝族	党委副书记	1995.11—1998.11
龚晓燕	女	汉族	党委副书记	1996.6—1997.10
余庆品	男	汉族	乡　长	1998.12—2001.11
			党委书记	2002.2—2005.12
郑在华	男	汉族	副乡长	1998.11—2005.12
贾　春	男	彝族	副乡长	1998.12—2001.11
潘　勇	男	彝族	乡　长	2001.11—2005.12
杨泽林	男	汉族	副乡长	2001.12—2005.12

自然环境　大瑞乡地处河谷宽带，越西河流经境内 4 公里，地势南高北低。境内有大梁子山、小梁子山、车洛梁子山、大孤山。最高海拔车洛梁子山 2969 米，最低海拔吉家山河口 1700 米，相对高差 1269 米。年平均气温 13.3 摄氏度，年降雨量 1129 毫米，无霜期 247 天。沟坝土壤以冲积土为主，多沙壤土、半沙半泥紫色土。二半山地区以黄棕壤、黄壤为主。有森林资源、药材和矿产资源。

人口计生　1991 年，全乡人口 11374 人，男 5736 人，女 5864 人，非农业人口 226 人，彝族 3426 人，汉族 7946 人，蒙古族 6 人，藏族 16 人，死亡 72 人，育龄妇女 2815 人，采取节育措施 229 人，出生 198 人，人口自然增长率 12‰。1999 年，坚持“三不变”，抓好“三服务”，全乡人口 12059 人，男 6218 人，女 5841 人，采取节育措施 218 人，计划生育率 91.1%，人口自然增长率 10‰以内。2004 年，全乡人口 13586 人，死亡 51 人，出生 165 人，其中：多孩 11 人，多孩率 6.6%，计划率 93.8%，自然增长率 7.8‰，育龄妇女 2849 人，采取节育措施 312 人。2005 年，乡党委、乡政府与各村签订计生工作目标责任书，建立健全计生台账。全乡人口 13956 人，彝族 3393 人，汉族 9963 人，男 7236 人、女 6720 人，育龄妇女 2879 人，采取节育措施 282 人，出生 185 人，计划率 92.4%，自然增长率 9.46‰。

基础设施　1991 年 3 月，自筹资金 9.4775 万元，修建瑞埝村下湿田排水沟 10 条，3250 米。4 月，投资 4.45 万元，修建瑞香村提灌站，受益 2 个村，128 户，灌溉农田 1400 亩；11 月，投资 23 万元，修建塘城堰、黑包堰；投资 6.9 万元，修建瑞香、大古、瑞青、瑞联、郑家湾、瑞塘、瑞埝、挖布、瑞云、瑞龙、瑞林村防洪堤2865米；修建村级公路13条，里程28千米。1995年，组织群众投工投劳、集资完成塘城堰2000米河沟的修缮；完成瑞香村400亩坡改梯；完成下湿田改造873亩，修建瑞龙村提灌站；新增瑞云村提灌管道50米，新灌面100亩；新修林沟村沟渠600米，河堤1020米。1999年，投资投劳折资3.4万元，整修瑞青大桥；维修瑞香提灌站管道823米。2003年，投资103.3万元，完成瑞城、大古、挖布等4个村0.3万亩水田农业综合开发，受益人口5239人；完成大古、瑞塘、瑞城、挖布和瑞香村3组1583户农网改造。2005年10月，实施瑞香、瑞青、瑞林、林沟等村农业综合开发，修建农田排灌沟渠61条，全长7000米；维修机耕道13条，28000米；改造土地7200亩，解决3510亩旱地的灌溉。

农业　全乡有耕地8988亩，粮食作物主要有水稻、玉米、油菜、烤烟、洋芋、小麦等。1991年，粮食产量6076吨，人均有粮920斤，人均收入1866元。1994年，恢复大瑞农机管理站。1999年，调整农业产业结构，推广地膜玉米、水稻两段育秧、宽窄栽种、杂交玉米、杂交水稻及带状种植、配方施肥等种植科技。种植地膜玉米4425亩，水稻宽窄行种植3200亩，晚秋作物种植3700亩，病虫害防治10148亩，人均收入1180.11元，粮食总产量5561吨，人均有粮118斤，种植油菜2504亩，产量338吨，实现产值81.3万元。2003年，调整产业结构，种植万寿菊300亩，创收25.2万元，粮食产量5874.2吨，人均有粮960斤。2005年，突出抓烤烟、万寿菊、反季节蔬菜种植，建成大棚反季节蔬菜基地90亩；无公害蔬菜基地1000亩；培育挖布村中药材基地，种植半夏48亩，丹参150亩；发展瑞香村玫瑰园基地80亩；科学种植杂交水稻3700亩，地膜杂交玉米4507亩；农民纯收入2258元，粮食产量6074.23吨，人均有粮923斤。

畜牧业　1991年，全乡生猪存栏11200头，出栏猪肥10010头，能繁母猪143头。1995年，规模养殖黄牛、生猪。猪存栏9845头，出栏肥猪9071头，能繁母猪322头，畜牧业产值424万元。1998年，瑞香村成立养猪协会，全乡养殖生猪2600头，年末四畜存栏12758头，畜牧业产值67401万元，占全乡总产值的22.4%。2003年，以发展生猪、黄羊为重点，在瑞香、瑞云、大古等村圈养黄羊672只，四畜出栏13501头，畜牧业产值820.5万元，占全乡总产值的32.4%。2005年，以科学化、规范化、多样化商品猪养殖为基地，发展养猪大户17户；年末四畜出栏16630头，其中：生猪出栏14791头；四畜存栏13447头，其中：生猪存栏11192头。

林业　1991年，有林地12913亩，森林覆盖率17.9%，有经济林木2150亩，年产水果76万斤。1994年，加强林业管护及森林防火，动员群众人工造林450亩。1998年，实施天然林保护工程，人工造林340亩，零星植树8000亩。2000年，实施退耕还林工程，在瑞塘、挖布、瑞香、瑞联、大古等8个村退耕还林1690亩。2003年，退耕还林55亩。2005年，郑家湾村、瑞塘村、挖布村、瑞城村、瑞青村、瑞埝村、瑞香村、瑞联村、大古村退耕还林2135亩。

烤烟　1991年，全乡调整农业产业结构，组织28户示范户种植烤烟120亩，产值23万元。1999年，实施烤烟营养袋假植育苗，种植烤烟608亩，收获烤烟87.1吨，产值59.3万元，利税11.4万元。2003年，科学种植烤烟，推广漂浮育苗40亩，大田移栽1816亩，产量227吨，产值187万元。2005年，成立烤烟协会，全乡种植烤烟2526亩，产量6290担，产值305万元。

扶贫　1991年，发放优抚金6684元，解决特困户返销粮6600斤；慰问五保户、军烈家属、困难户140人次，发放实物300件。1995年，改善2600户贫困户居住环境，解决12个村人畜饮水、13个村通电、通村道路建设。1999年，在郑家湾村、瑞埝村开展形象扶贫，投入水泥、亮瓦、窗户等扶贫物资，实现了一路一坝，人畜分居。2003年，申请世界银行贷款资金，发展优势项目，改造7个村的道路，人畜饮水工程。2005年，全乡开展扶贫新村建设。

教育　1991年，全乡有4所小学（大瑞小学、瑞云小学、瑞青小学、土城小学），1所中学（大瑞中学）。共有教师79人，教学班40个，学生1034人，学生入学率95.45%。1995年，小学教师60人，教学班34个，学生1030人，学生入学率97.76%。中学教师24人，教学班6个，学生268人，学生入学率97.4%。2001年，有小学教师66人，教学班35个，学生1158人，学生入学率97.9%。中学有教师29人，教学班6

个,学生385人,学生入学率98.6%。2005年,有小学教师69人,教学班37个,学生1517人,学生入学率98.5%。有中学教师37人,教学班6个,学生507人,普九率98%。

卫生 1995年,全乡有卫生院1所,医务人员3人;村卫生站13个,村医务人员13名。1999年,在全乡宣传"2号病"防病知识,制定大型聚餐制度。2004年,乡卫生院配制病床4张,增加1名医务人员,门诊治疗5475人次。2005年,对0~4岁的儿童发放糖丸共1374人次,发放率100%。

乡镇企业 1991年,生产硫铁矿10973.45吨,收入9.0994万元,支出10.2144万元,企业亏损1.1150万元。1996年,引进资金135万元办采矿厂。1999年,乡镇企业产值1531.45万元。

表1-15　　1991—2005年大瑞乡基本情况表

项目 年份	幅员面积(平方公里)	耕地面积(公顷)	人口(人)	财政收入(万元)	财政支出(万元)	农民人均收入(元)	主要农副产品			
							粮食(吨)	生猪出栏(头)	水果(吨)	烟叶(担)
1991	27.137	595.2	11374	5.7717	5.7717	1866	6076	10010	198	20
1992	27.137	595.2	11363	7.6392	7.6392	1968	5562	10020	201	1433
1993	27.137	595.2	11155	6.2091	6.2091	706	4652	10030	232	5848
1994	27.137	592.5	11678	12.7612	12.7612	731	5645	8900	265	1196
1995	27.137	592.5	11842	13.2112	13.2112	1738	5637	9071	216	200
1996	27.137	592.5	11916	19.8573	19.8573	1795	5640	9400	535.52	4432
1997	27.137	592.5	12013	24.5665	24.5665	1791.5	5116	8500	170	4202
1998	27.137	592.5	11983	26.5633	26.5633	2025	5603	9688	291	1300
1999	27.137	599.2	12059	30.021	30.021	2352	5561	10950	312.1	1742
2000	27.137	599.2	12179	31.498	31.498	2611.3	5828	11055	365.9	2880
2001	27.137	599.2	11915	32.6409	32.6409	2588	5874.2	10580	211.8	2520
2002	27.137	599.2	12628	36.489	36.489	2379.1	5630.2	10250	359.4	4482
2003	27.137	599.2	12777	41.1557	41.1557	2080	5874.2	12240	374.9	4540
2004	27.137	599.2	13586	45.498	45.498	2143.8	5874.2	12796	120	4500
2005	27.137	599.2	13956	48.659	48.659	2258	6074.23	14791	198	6290

四、新乡乡

地理位置 新乡乡位于越西县城南部,距县城21公里,东与书古乡相邻,南与喜德县接壤,西与南箐乡相连,北与马拖乡交界,幅员面积67.123平方公里,是彝族聚居乡。

政区沿革 新乡即新建之乡,彝族名抑度乃吉(即打猴哑口之意)。1956年,建立新乡公社,隶属书古区,公社管委会驻依沉大柳都乃加。1958年,为书古公社所辖之大队。1963年,全乡全乡辖友谊、作呷等9个村。1969年,恢复新乡乡建制,成立新乡公社革命委员会,划归中所管辖。改友谊村为六洛品村,全乡辖9个行政村,22个村民小组。1981年,新乡公社革命委员会改称新乡管理委员会。1982年,六洛品村改称友谊村。1988年,成立新乡乡政府。1998年,乡政府迁驻觉巴村三大湾。2005年,全乡辖友谊、瓦吉、波木、依觉、塔普、地达、觉巴、哈布、作呷9个行政村,22个村民小组。

表1-16　　1991—2005年新乡乡负责人名录

姓名	性别	民族	职务	任职时间
李吉哈	男	彝族	乡长	1990.1—1991.3

续上表

姓　名	性　别	民　族	职　务	任职时间
曲木尔体	男	彝族	代理书记	1991. 1—1994. 12
刘火达布	男	彝族	乡　长	1991. 1—1994. 12
			党委书记	1996. 1—1998. 10
李定春	男	汉族	党委副书记	1991. 12—1994. 12
海来克基	男	彝族	副乡长	1991. 12—1994. 12
阿牛伍合	男	彝族	党委书记	1994. 12—1995. 12
倪荣华	男	汉族	副乡长	1994. 12—1995. 12
			党委副书记	1995. 1—1998. 10
阿加约坡	男	彝族	乡　长	1995. 1—1998. 10
阿牛扎母木	女	彝族	副乡长	1995. 1—1998. 10
			党委副书记	1998. 12—2005. 3
王娃约者	男	彝族	党委书记	1998. 12—2001. 12
杨泽林	男	汉族	乡　长	1998. 12—2001. 12
郭绍康	男	汉族	副乡长	1998. 12—2001. 12
蒋　科	男	汉族	党委书记	2001. 12—2005. 12
贾　春	男	彝族	乡　长	2001. 12—2005. 12
曲木里哈	男	彝族	副乡长	2001. 12—2005. 12
王尼古	男	彝族	副乡长	2001. 12—2005. 12
陈正康	男	汉族	党委副书记	2001. 12—2002. 3

自然环境　新乡乡以二半山地为主，地势南高北低，境内有小相岭、瓦吉木梁子。最高处瓦吉木梁子山海拔 3350 米，最低处在与马拖乡交界处河口，海拔 1845 米，相对高差 1505 米。越西河发源于乡境友谊村，境内流长 15 公里。境内多山，沟壑纵横，岭谷相间，气候属亚热带气候区，天气凉爽，雨量充沛，四季不太分明，夏季短暂，春迟秋早，秋多绵雨，气温下降迅速，冬春干旱少雨，日照充足，夏季雨量集中，暴雨频繁，年温差大，垂直气温差异显著，年平均气温 10 摄氏度，年降水量 1300 毫米，无霜期 208 天。农作物一年一熟，洪水、冰雹等自然灾害频繁；土壤主要以山地黄壤、黄棕壤为主，有林地、矿产资源。

人口计生　1991 年，全乡户数 506 户 2251 人，育龄妇女 398 人，其中：已婚育龄妇女 334 人，采取节育措施 115 人，服用药物及其它 74 人，出生 45 人。1995 年，宣传计划生育政策，奖励扶助计划生育守法户，全乡人口 2374 人，采取各种节育措施 251 人。2000 年，把计划生育工作与发展农村经济相结合，投入帮扶资金 0. 6 万元，帮助计划生育守法户发展种植养殖业。2005 年，认真落实计生“三结合”政策，完成帮扶任务 19 户。全乡人口 2957 人，育龄妇女 384 人，计划生育率 89%。

基础设施　1991 年，全乡有 1 条毛石路面通乡公路。1998 年，投入资金 60 万元，迁建新乡乡政府、新乡公路小学、新乡卫生院。2003 年，投入资金 8 万元，解决群众安全饮水、用电问题。2005 年，投入资金 21 万元，新修哈布桥、作呷桥、新乡老桥，解决塔普村 60 户 285 人的人畜饮水。

农业　1991 年，全乡耕地面积 2700 亩，粮食产量 930 吨，人均纯收入 305 元。其中：洋芋 1552 亩，产量 399 吨；玉米 388 亩，产量 202 吨；荞子 375 亩，产量 185 吨；燕麦 375 亩，产量 89 吨。1995 年，全乡耕地面积 2690 亩，农民人均纯收入 524 元。1998 年，全乡人均耕地面积 1. 10 亩，粮食产量 1330 吨，人均纯收入 685 元。2000 年，粮食产量 1368 吨，农民人均纯收入 868 元。2005 年，调整产业结构，增加农业投人。粮食产量1458吨,农民人均纯收入1465元,人均有粮1110斤。

林业 1991年,全乡有林地41670亩,森林覆盖率11.9%,经济林木有核桃、花椒。1994年,实施长江防护林体系建设工程,绿化造林850亩。1998年,实施天保工程,全乡植树造林1247亩。2001年,全乡退耕还林1941亩,发放补助资金50.47万元。2002年,栽种桤木树苗36.88万株、桦木9600株。2003年,全乡退耕还林2451亩,其中:地达村91亩,依觉村209亩,波木村200亩,发放补助资金13万元。2005年,全乡森林面积46060亩,共退耕还林4392亩。

畜牧业 1991年,畜禽以敞养为主,全乡四畜存栏8681头,其中:猪2152头,羊5881只,牛583头,马65匹。肉类总产量107.1吨。1998年,推广科技养殖,推行绵羊改良,种草养畜,疫病防治。全乡四畜存栏10211头,四畜出栏3752头,其中:猪出栏1700头,羊出栏1905只,牛出栏147头。2003年,畜牧业生产向专业化转化,全乡有养殖专业户21户,全乡四畜存栏11078头,其中:猪3078头,羊7150只,牛730头,马120匹,肉类总产量263.6吨。2005年,加大对畜牧业的投入,扩大养殖规模。全乡四畜存栏11310头,肉类总产量460.7吨。

扶贫 1991年,全乡总户数506户,贫困户占80%。1998年,全乡有贫困户380户、特困户79户,以扶贫信贷资金为主,多渠道发展生产。2003年,地达村、觉巴村、作呷村被确定为世行项目覆盖村。2005年,帮助贫困群众学习先进的科学技术,改变传统落后生产方式,发挥群众的积极性,坚持以"扶贫先扶志"引导贫困群众树立艰苦创业精神,克服"等、靠、要"的消极思想。全乡有贫困户379户,其中:贫困户273户,1092人,低收入106户,424人,脱贫125户、537人。

教育 1991年,全乡有小学7所(中心小学1所、村小6所),在校学生75人,教师5人,入学率82%。1995年,全乡有学龄儿童117人,在校学生99人,教师5人,教学班10个。1999年,新乡被纳入"百乡教育扶贫工程",新乡中心校迁址觉巴村,命名为新乡公路小学。全乡有学校2所(中心校和依觉点校),占地面积3180平方米,校舍建筑面积807平方米。2000年,学龄儿童273人,在校学生234人,入学率86%,教师8人,其中:大专学历2人,中专学历6人。2002年,在抓好教育工作的同时狠抓扫盲工作和农村实用技术培训。全乡脱盲283人,脱盲率85%,扫盲率95.7%。2005年,全乡有学校5所,学龄儿童335人,在校学生320人,其中:女140人,入学率96%,7~12岁学生巩固率98%;有教学班8个,教师11人,代课教师5人,教师学历达标率100%。举办扫盲培训班8个,培训人员2432人。

卫生 1991年,有乡卫生院1所,医务人员1名。1995年,建立健全突发公共卫生事件应急处理机制,制定重点疾病应急预案,保障突发公共卫生事件发生后能及时报告、处理。1998年,迁建乡卫生院。2000年,有卫生院1所,医务人员1名,病床3张。全面实施健康教育培训工程,建立以健康教育为主的重点疾病防治工作长效机制,宣传"2号病"防治知识,认真贯彻执行《传染病防治法》,《食品卫生法》,初步建立大型聚餐申报制度。2003年,做好"非典"防治工作,建立"非典"疫情报告制度。2005年,开展计划免疫工作,通过大力宣传,婴幼儿计划免疫接种率95%以上。

表1-17　　1991—2005年新乡乡基本情况表

项目 年份	幅员面积(平方公里)	耕地面积(公顷)	村(个)	人口(人)	财政收入(万元)	财政支出(万元)	农民人均收入(元)	主要农副产品		
								粮食产量(吨)	生猪出栏(吨)	核桃(公斤)
1991	67.123	180	9	2251	3.7	3.7	305	930	79.5	300
1992	67.123	180	9	2314	4.8	4.8	340	1073	54	450
1993	67.123	180	9	2299	6.5	6.5	312	1092	55.7	620
1994	67.123	180	9	2348	7.2	7.2	355	1213	60.2	780
1995	67.123	179.33	9	2374	8.3	8.3	524	1269	63.6	840

续上表

年份＼项目	幅员面积（平方公里）	耕地面积（公顷）	村（个）	人口（人）	财政收入（万元）	财政支出（万元）	农民人均收入（元）	主要农副产品		
								粮食产量（吨）	生猪出栏（吨）	核桃（公斤）
1996	67.123	179.33	9	2404	9.5	9.5	573	1308	66.5	910
1997	67.123	179.33	9	2425	11.8	11.8	632	1315	69.5	1050
1998	67.123	179.33	9	2451	14.7	14.7	685	1330	76.5	1180
1999	67.123	179.33	9	2453	15.6	15.6	766	1347	85	1250
2000	67.123	179.33	9	2515	19.8	19.8	868	1368	93	1300
2001	67.123	179.33	9	2578	24.8	24.8	980	1382	129	1600
2002	67.123	179.33	9	2604	26.5	26.5	1008	1402	143	1800
2003	67.123	179.33	9	2636	36.7	36.7	1137	1425	267	2500
2004	67.123	179.33	9	2758	40.9	40.9	1284	1426	282	2850
2005	67.123	179.33	9	2957	41.8	41.8	1465	1458	340.9	3000

五、丁山乡

地理位置　丁山乡东与下普雄区尔觉乡毗邻，南与大瑞乡相连，西与大花乡接壤，北与越城镇交界，距县城4公里，幅员面积13.17平方公里，省道208线穿乡而过。

政区沿革　古名顶山桥，因石桥与金马山成丁字形得名。1951年，成立丁山乡，建立乡人民政府。1956年，乡政府改称乡人民委员会。1958年12月，人民公社化时，丁山属中所公社管辖之大队。1961年4月，恢复丁山乡，建立丁山人民公社，隶属中所区。1962年，丁山人民公社改称丁山乡。1966年，丁山乡改称丁山人民公社。1968年10月，成立丁山公社革命委员会。1981年4月，丁山人民公社革命委员会改称管理委员会。1984年1月，机构改革，恢复乡人民政府。1992年12月，撤区并乡建镇，撤销丁山乡政府，所属行政区域并入中所镇。1995年12月，恢复丁山乡政府，辖6个村，22个村民小组。2005年，全乡辖丁塘村、丁埝村、邓家坝村、东桥村、东联村、东山村，22个村民小组。

表1－18　　1991—2005年丁山乡负责人名录

姓　名	性　别	民　族	职　务	任职时间
王瑞先	男	汉族	党委书记	1991.1—1992.6
罗长才	男	汉族	乡　长	1991.1—1992.6
李吉哈	男	彝族	党委书记	1992.6—1992.12
吴　勇	男	汉族	乡　长	1992.6—1993.1
吉俄伍哈	男	彝族	党委书记	1995.12—1998.12
刘学军	男	汉族	乡　长	1995.12—1998.12
张智平	男	彝族	党委副书记	1995.11—1998.12
			党委书记	1998.12—2001.12
韩红霞	女	藏族	副乡长	1999.1—2001.10
张利华	男	彝族	副乡长	1999.1—2005.12
石绍琴	女	汉族	党委副书记	1998.12—2005.12
马洪银	男	汉族	乡　长	1998.12—2001.12

续上表

姓 名	性 别	民 族	职 务	任职时间
徐小飞	男	汉族	党委书记	2001.12—2005.12
孟桂芳	女	汉族	乡 长	2001.12—2005.12

自然环境 丁山乡地处越西河谷地带,南高北低,地势比较平坦,土质肥沃。境内有东山、小孤山、车洛梁子山。越西河流经境内4公里。水观音河由中所镇流入,经丁埝村、丁塘村注入越西河。两河的流量大,流速缓,能满足沿岸农田用水。最高海拔车洛梁子山2850米,最低海拔在蚂蟥沟桥下方1685米,平均气温13.3摄氏度,年降水量1113毫米,无霜期247天。沟坝以冲积土为主,二半山以黄壤为主。

人口计生 1991年,全乡1324户,5838人,其中:男3218人、女2620人,非农业人口92人,育龄妇女1240人。1995年,全乡人口自然增长率13‰,计划生育率95%,节育率92%,计划外怀孕3%,多孩率4%。1997年,全乡人口自然增长率12‰,计划生育率92%,节育率94%,多孩率5.3%。1999年,全乡人口自然增长率12‰,计划生育率95%,节育率94%。2005年,全乡有1862户7282人,育龄妇女1430人,已婚育龄妇女1080人,人口自然增长率10‰。

基础设施 1996年,解决丁埝村、丁塘村和邓家坝村4组的人畜饮水;解决东山村的照明用电;扩建东桥村、东联村、东山村矿山公路7000米;维修邓家坝村星火大桥;组织群众维修丁山堰150米。1997年,群众投工投劳维修丁山堰1200米。1999年,投入资金19万元,解决邓家坝村288户人畜饮水;投资50万元,村民投劳进行下湿田改造,修建沟渠2587米,灌溉面积1573亩;投资13万元,村民投劳6538人次,改造城关堰丁山段580米。2000年,新修石拱桥1座,解决4860人出行困难;实施农网改造;整修长5000米的村道,解决东桥、东联、东山村5470人的行路难。2003年12月,实施沼气池建设。

农业 全乡有耕地4785亩,主产玉米、水稻、油菜。1991年,粮食总产量1837吨。1996年,推广"开厢填心"栽秧法,粮食产量2285吨。2003年,完成中低产田改造2300亩。2004年,发展万寿菊80亩。2005年,全乡粮食总产量2814吨,水稻种植2175亩,无公害蔬菜、大棚蔬菜种植1800亩,油菜种植567亩。上缴烤烟3580担,烤烟质量中上等比例90%以上,上等烟叶40%,桔色烟叶60%。

林业 1991年,全民义务植树150亩。全乡有林地3338亩。1998年,实施天保工程,封山育林3600亩。2000年,实施退耕还林工程,丁埝村退耕还林500亩。2002年,丁塘村退耕还林150亩。2005年,有林地4007亩,退耕还林650亩。

畜牧 1991年,种草375亩,发展养猪大户18户,全乡猪存栏9768头,出栏肥猪3400头,能繁母猪364头。1998年,发展虹鳟鱼养殖18亩,年产值47万元。2000年,发展黄羊养殖22户、108头,种植牧草625亩。2004年,从简阳购回波尔山羊公羊2只,母羊10只进行山羊品种改良。2005年,依托青山畜牧园区,发展奶牛87头、肉牛428头;在丁埝、丁塘两村发展黄羊圈养243头。

扶贫 1991—1993年,实施"二六"越温计划,全乡483户贫困户1463人达到扶贫越温标准。1994年,实施"八七"扶贫攻坚计划,进行扶贫摸底,共有贫困建卡户530户、1680人。1997年,投入扶贫贷款7万元,发展养殖业。1999年,投入形象扶贫资金9万元,帮助贫困户改变居住环境,实现人畜分居。对东山村106户村民实施形象扶贫,投入扶贫水泥80吨。2000年,投入28.7万元,水泥137吨,窗子70个,对196户农户实施形象扶贫工程,达标196户。2005年,在东山村投入世行项目资金72.6919万元。

教育 1991年,全乡共有2所小学(蚂蟥沟小学、丁山中心校),教师38人,学生683人。1996年,用返还的1.2万元教育附加费,新建蚂蟥沟小学的厕所。1999年,投入0.6万元,改善丁山小学教育设施。2005年,辖区内有学校2所,其中:1所村完小,教师48人,在校生955人,入学率100%,巩固率99%。

卫生 1991年,全乡有乡卫生院1所,医务人员2名,私人诊所1所。1998年,新建乡卫生院。2001年,建立健全婴幼儿接种卡,完成计划免疫1200人次。全年看病就医的人员5126人次,并建立死亡报告制度、聚众聚餐管理制度和传染性疾病报告制度。2005年，有乡卫生院1所，医务人员4名，私人诊所2个，医生2名，村卫生站6个，村级卫生人员6名。对各村组户进行重点疾病及计划免疫知识培训，培训人员1254人，儿童预防接种率98.6%。

乡镇企业　1999年，新建东桥村砖厂，恢复丁埝村砖厂红砖烧制，年产值45万元。

表1－19　**部分年度丁山乡基本情况表**

项目 年份	幅员面积（平方公里）	耕地面积（公顷）	人口（人）	粮食总产量（吨）	财政收入（万元）	财政支出（万元）	农民人均收入（元）	主要农副产品	
								烤烟（吨）	生猪出栏（头）
1991	13.17	322.07	5838	1837	1.8	1.8	241	—	3400
1996	13.17	322.07	5969	2285	6.6	6.6	529	160	4200
1997	13.17	322.07	5939	2340	7.1	7.1	621	290	4628
1998	13.17	322.07	6538	2743	9.8	9.8	729	360	4700
1999	13.17	319	6552	2705	11.2	11.2	849	270	5248
2000	13.17	319	6770	2716	11.7	11.7	959	115	5250
2001	13.17	319	6416	2781	20.7	20.7	1085	387	5167
2002	13.17	319	6436	2788	27.7	27.7	1220	450	5219
2003	13.17	319	6754	2799	33.3	33.3	1341	460	5480
2004	13.17	319	6921	2814	29.1	29.1	1456	580	5560
2005	13.17	319	7282	2814	35.2	35.2	1595	764	5687

六、大花乡

地理位置　大花乡位于越西县城西南，东与丁山乡接壤，西与冕宁县交界，南与中所镇、南箐乡相连，北与西山乡毗邻，面积119.686平方公里（包括阳糯雪山67.95平方公里），距县城4公里。

政区沿革　因境内有大花树得名，彝族名“轮布”（即大花树之意）。1950年，为特编（大同）乡所辖。1951年，建大花自治乡。1953年，划归生则倮自治区。民改时，撤销生则倮区隶属中所区。1958年，人民公社化时，为中所公社（区级）下属大队。1961年，恢复大花乡。1965年，成立大花公社革委。1969年，成立大花公社革委。1981年，选举产生公社管委会。1984年，恢复大花乡，乡政府驻瑞元村。1993年，撤销区公所调整乡（镇）建制，大花乡，政府驻地和行政区域不变。2002年，斯觉村接收安置红卫村移民，增加1个移民社。2005年，全乡辖瑞元、瓦尔、大花、深沟、约合、斯觉6个村，22个村民小组。

表1－20　**1991—2005年大花乡负责人名录**

姓　名	性　别	民　族	职　务	任职时间
巴足伟古	男	彝族	党委书记	1989.12—1994.12
阿说阿依木	女	彝族	乡　长	1989.12—1991.12
潘阿木	男	彝族	党委副书记	1989.12—1991.12
吴志孝	男	汉族	副乡长	1989.12—1991.12
文光富	男	汉族	乡　长	1991.12—1994.12
李定春	男	汉族	党委副书记	1991.12—2000.12
曲比罗英	女	彝族	副乡长	1991.12—1997.12
			乡　长	1997.12—2005.12

续上表

姓　名	性　别	民　族	职　务	任职时间
蒋承安	男	汉族	副乡长	1991. 12—1994. 12
木苦果加	男	彝族	党委书记	1994. 12—1997. 12
何忠选	男	汉族	乡　长	1994. 12—1997. 12
毛晓剑	男	彝族	党委书记	1998. 1—2000. 12
金志祥	男	汉族	副乡长	1997. 12—2000. 12
			党委副书记	2000. 12—2005. 12
马红银	男	彝族	党委副书记	1997. 12—2000. 12
刁大才	男	汉族	党委副书记	1996. 4—1998. 12
郭继平	男	汉族	党委书记	2000. 12—2005. 12
阿加木呷	男	彝族	党委副书记	2000. 12—2005. 12
曲木阿呷	女	彝族	副乡长	2000. 12—2005. 12
倪荣华	男	汉族	副乡长	2000. 12—2005. 12

自然环境　大花乡以二半山为主,有部分沟坝地,地势西高东低。境内有阳糯雪山、河上坪山、碧鸡山、西山。地势西高东低,最高处阳糯雪山海拔4476米,最低海拔五一桥1705米。相对高差2771米,有两条发源于境内阳糯雪山时令河,其中:沿大花峡谷流出名“大花沟”,经萝卜地峡谷流出名“深沟”,两河上段可供人畜饮水及灌溉用水,下段渗透性大,枯水季节河床内无明流,称为“干河”,无饮用灌溉之利,两河在中段汇合后流入越城镇。年平均气温13摄氏度,年降水量1115毫米,无霜期247天,土壤以黄壤、黄棕壤为主,有硫铁矿、煤矿、褐铁矿等矿产资源。

人口计生　1991年,全乡人口4593人,动员育龄妇女开展“三查”3次,人数565人次,采取各种节育措施230人。1995年,全乡人口4940人,育龄妇女690人,已婚育龄妇女595人。2000年,落实计划生育扶持政策,宣传少生优生,计生奖励扶助8户。全乡人口5201人,育龄妇女710人,已婚育龄妇女650人。2005年,全乡人口6273人,彝族5378人,汉族905人,育龄妇女705人,已婚育龄妇女947人。

基础设施　境内有1条通乡公路,2条通村主干道。1991年,组织瑞元村250户农户,投工投劳修建人畜饮水工程5公里、修路4公里。1992年,动员瓦尔村250户农户投工投劳,安装饮水管道5公里,解决2464户农户用水;通过扶贫贷款、集体投资、农户集资的方式解决乡政府至瓦尔村4公里250户、瓦尔村至大花村4公里190户照明用电。1998年5月,深沟村修建石拱桥1座长50米、宽4米,解决深沟村2组50户150人出行难。2003年,改造乡村道路,修建东方公司至瑞元村4社0.5公里水泥路面。2005年,新建乡政府办公楼,购置办公设施。

农业　全乡有耕地9874.5亩,主产玉米、洋芋、荞麦。1991年,粮食产量1953吨。全乡上交国家公粮、定购粮12万斤。1993年,推广地膜玉米种植3200亩,粮食产量1921吨,水果产量25吨。1995年,完成坡改梯150亩,全年粮食总产量2087吨。2002年,发放农民负担监督卡1300份。2003年,东方公司租赁土地382亩,发展甜樱桃。2005年,推进“公司+基地+农户”、“公司+协会+农户”的发展模式,种植烤烟853亩,产烟2564担。传统农业耕地3621亩,粮食总产量2639吨。

扶贫　1991年,对全乡贫困户进行摸底调查,制定脱贫计划。1997年,完成形象扶贫工程60户。1999年,通过省州“八七”扶贫攻坚计划验收,全乡人均纯收入1253元,人均有粮470公斤;“五个一”工程达标户120户。2002年,实施扶贫移民68户。2003年,瑞元村、斯觉村确定为世行项目覆盖重点村。2005年,落实新农村建设,联系扶贫物资,完成瑞元、瓦尔、斯觉村625户农户一路一坝、一厨一厕、人畜分居建设。

林业 1991年,组织村民利用荒山、荒滩,房前屋后,栽植白杨树10万株。1994年,瑞元村组织干部群众在青山嘴山集中种植华山松1000亩。1998年,实施天然林保护工程,植树造林350亩。2001年,在高二半山区实施退耕还林工程,落实退耕还林面积3587亩。2003年,加强森林防火宣传,与各村签订森林防火目标责任书。2005年,完成退耕还林林权证的发放,加强天然林保护,封山育林5630亩,划分地界,制定"村规民约",制止乱砍滥伐毁林开荒。

畜牧业 1991年,大花村、深沟村村民,利用二半山区草坡地发展黄牛、牦牛、羊,全乡四大牲畜存栏8688头,生猪出栏2520头,生猪存栏2350头。1999年,引进南江黄羊、会理黑山羊、美姑巴普山羊与本地羊进行品种改良。2000年,全乡存栏10头以上的养猪户850户,全乡生猪存栏1500头,生猪出栏肉产量205吨。2004年,建立人工授精点进行黄牛品种改良。2005年,进行绵羊改良,推广科学饲养,加强畜牧防疫,实行"公司+基地+农户",形成一条"特色+规模+档次"的路子,构建一乡一品,一村一业。

教育 1991年,有中心小学1所,村小3所,教学班10个,教师27人。1993年,大花小学更名"大花乡中心校"。1996年,建立乡村农民文化技术学校7所,培训烤烟生产技术、沼气修建和使用技术、种养殖业技术、甜樱桃种植技术,培训人数950人,受教育面95%。2003年,大花乡中心校受武警总部资助,中心校更名为"凉山州越西县大花乡武警春蕾希望学校"。2005年,有中心校1所,村小3所,14个教学班,学生809人,其中:女289人,少数民族学生796人,寄宿制学生190人。在职教师员工26人。学校占地面积7212平方米,拥有教学用房4幢,教室15间,办公室3间,生活用房21间,有实验室、实验仪器室、图书阅览室、少队活动室、音乐室、体育器材室各1间。

卫生 1991年,有乡卫生院1所,医务人员4人,其中:专业技术人员2人。预防接种1~4岁儿童发放糖丸290人,发放率95%。1997年,建立农村卫生服务体系、中心妇幼保健、乡计生服务站等乡村医疗卫生服务机构,制定完善各项制度。2002年,改善乡村医疗条件,配备药箱、药柜、病床等,开展二号病、肺结核、非典、艾滋病的预防,制定聚餐管理制度。2005年,强化医务人员培训,深化农村卫生事业体制改革,建立农村卫生服务站6个,配备村医生6名,看病人数1586人次。

表1-21 1991—2005年大花乡基本情况表

年份\项目	幅员面积(平方公里)	耕地面积(公顷)	村(个)	人口(人)	乡镇企业总产值(万元)	财政收入(万元)	财政支出(万元)	农民人均收入(元)	主要农副产品			
									粮食(吨)	生猪出栏(头)	水果(吨)	烟叶(吨)
1991	119.686	658.3	6	4593	90.00	21	21	1115	1953	2520	48	—
1992	119.686	658.3	6	4663	95.00	23	23	1125	1961	2540	26	2.88
1993	119.686	658.3	6	4791	96.60	24	24	1135	1921	2704	25	17.1
1994	119.686	658.3	6	4874	81.75	25	25	1150	1702	2981	26	8.95
1995	119.686	658.3	6	4940	103.75	26	26	1200	2087	3180	26	5.50
1996	119.686	658.3	6	5018	104.00	27	27	1220	2164	3658	30	7.96
1997	119.686	658.3	6	5095	106.00	28	28	1225	2298	4135	32	41.00
1998	119.686	658.3	6	5106	108.00	29	29	1231	2634	4612	46	16.00
1999	119.686	658.3	6	5155	110.50	30	30	1235	2306	4620	44	24.00
2000	119.686	658.3	6	5201	115.00	31	31	1240	2366	5590	42	19
2001	119.686	658.3	6	5527	117.00	32	32	1252	2350	6090	40	50.00
2002	119.686	658.3	6	5733	120.50	34	34	1272	2480	6890	38	150.0

续上表

年份＼项目	幅员面积(平方公里)	耕地面积(公顷)	村(个)	人口(人)	乡镇企业总产值(万元)	财政收入(万元)	财政支出(万元)	农民人均收入(元)	主要农副产品			
									粮食(吨)	生猪出栏(头)	水果(吨)	烟叶(吨)
2003	119.686	658.3	6	5786	135.00	36	36	1408	2482	7790	30	175.00
2004	119.686	658.3	6	5981	140.00	37	37	1420	2587	8790	30	187.20
2005	119.686	658.3	6	6273	145.00	38	38	1435	2639	9690	53	156.80

七、南箐乡

地理位置 南箐乡位于越西县城以南,东与马拖乡、大瑞乡接壤,南与喜德县相连,西与冕宁县交界,北与大花乡、中所镇相邻,距县城14公里。全乡幅员面积100.548平方公里。

政区沿革 南箐又名白泥湾,因境内有南箐沟得名,彝族名“乃址”(即由高地向下降落之意)。1951年,建立南箐乡。1953年,归生则倮自治区管辖。1956年,民主改革时,撤生则倮区属中所区管辖。1958年,公社化时南箐属大瑞公社所辖之大队。1961年,体制调整,恢复南箐乡。1969年,成立南箐公社革委。1981年,选举产生公社管委会。1991年,成立南箐乡人民政府,辖12个行政村,38个村民小组。2005年,全乡辖小山、瓦西、河坎、广洛、南山、白泥、苏呷、团河、新华、南新、南箐、南林12个行政村,38个村民小组。

表1-22 1991—2005年南箐乡负责人名录

姓名	性别	民族	职务	任职时间
来来期牛木	男	彝族	党委书记	1989.3—1992.11
曲木木古	男	彝族	乡长	1989.12—1998.12
沙日沙马子	男	彝族	党委副书记	1989.9—1992.12
袁宇蓉	女	汉族	副乡长	1989.12—1992.10
刘加荣	男	汉族	党委书记	1992.11—1995.11
罗长才	男	汉族	党委副书记	1992.10—1998.10
黄东平	男	汉族	党委副书记	1992.10—1998.10
马继良	男	彝族	副乡长	1992.10—2005.12
海来铁古	男	彝族	副乡长	1992.10—1995.11
李成中	男	汉族	党委副书记(挂职)	1994.5—1995.5
鲁天才	男	汉族	党委副书记(挂职)	1994.5—1995.5
邓思伦	男	汉族	党委书记	1995.11—2002.3
的木呷呷	女	彝族	副乡长	1995.10—1998.11
耿德新	男	汉族	副乡长	1995.10—2001.11
龚天建	男	汉族	党委副书记(挂职)	1997.5—1998.10
郭继平	男	汉族	乡长	1998.12—2001.11
田阿木	男	彝族	党委副书记	1998.10—2001.11
			乡长	2001.11—2005.12
吉则伍呷	男	彝族	副乡长	1998.11—2001.11
杨桂琼	女	汉族	党委副书记	1998.12—2005.12

续上表

姓 名	性 别	民 族	职 务	任职时间
何文学	男	汉族	党委书记	2002. 3—2005. 12
陈琼	女	汉族	副乡长	2001. 11—2005. 12

自然环境 南箐乡三面环山，南高北低，以二半山为主，山地及二半山约占80%。东北面有狮子岩山，西面有俄洛则俄山，西南有小山，属小相岭山系最南端，山势呈南北走向，最低点炒米关海拔1800米，最高峰俄洛则俄海拔4500米，相对高差2700米。境内气温较越西河谷偏低，年平均气温11摄氏度，年总降水量1250毫米，无霜期225天。小相岭古冰川湖泊南海位于境内，有两条时令河，皆发源于阳糯雪山，沿小哨流出的小哨沟，经南箐流出的南箐沟。两河上段可供人畜饮用，中下段渗透性大，河床内无明流，俗称为“干河”。两河至炒米关口汇合流入大瑞乡郑家湾村，为越西河支沟，未建河堤，自然冲积成形，雨季易发生洪涝灾害，河床含有丰富的天然沙石。沟坝以冲积土为主，二半山以黄壤、黄棕壤为主，地质构造复杂，蕴藏矿产资源，南箐村有硫铁矿，瓦西、小山、南林、南新村有天然煤矿，瓦西村有铅锌矿等；野生资源丰富，有中草药、蕨菜（薇菜）、菌类等。

人口计生 1991年，全乡人口6958人，其中：男性3402人、女性3556人，彝族6073人、汉族885人。人均寿命60.3岁，计划生育率75%，节育率78%，人口自然增长率13.6‰。1995年，召开计生专题会议，强调计划生育工作，全乡人口7255人，计划生育率75%，节育率79%，人口自然增长率12.3‰。2000年，全国第五次人口普查，全乡人口8138人，其中：男性3846人、女性4292人，彝族7273人、汉族865人，人均寿命62.5岁，计划生育率80%，节育率83%，人口自然增长率为10.24‰。2005年，总人口8910人，其中：男性4518人、女性4392人，彝族8182人，汉族828人，人均寿命64.8岁，计划生育率82%，“三查”率68%，节育率87%，人口自然增长率9.75‰。

基础设施 1991年，全乡仅有一条中所至白泥村长6公里简易机耕道，各村之间以羊肠小道或马车土路连接，小山、广洛、苏呷、团河等村，雨季出行要趟水过河。1993年，修建新华至南箐村的村道，途经南新村、南林村。1996年，新华村至白泥村路段新建2座桥；年底农民投工投劳修建小哨堰1.7公里，用于农田灌溉。1998年，中冕公路建成贯穿全乡。同年，完成南山村、团河村、苏呷村、白泥村、广洛村、新华村安装闭路电视通村工程。1999年，完成小山村1628户照明用电线路架设。2001年，修建烟水配套工程，新华蓄水池5个，水窖6口，南山村蓄水池2个，水窖12口，次年4月竣工，解决两村灌溉和人畜饮水问题。2003年，维修南海大堰，疏通渠道。受益农田1326亩。2005年，苏呷村建成宽3.5米、长20米的村道桥，方便全村546人出行；实施新华村、团河村烟路、烟水配套工程，建灌溉沟渠3条，机耕道2条。农田水利灌溉有南海堰、小哨堰以及烟水配套工程所建蓄水池8个。全乡12个村通水、通电、通路。

农业 1991年，全乡人均纯收入500元。1993年，制定鼓励种桑养蚕、种烤烟扶助措施。发展桑树45亩、烤烟202亩，烤烟产量667担，产值42万元。1994年7月13日晚，冰雹、暴雨致使南箐村、南林村、南新村、小山村部分洋芋、玉米等作物严重受损。2001年，南山村坡改梯200亩，次年4月完工。2002年，推广玉米杂交良种化、地膜种植3400亩。2003年，推广脱毒洋芋500亩。2005年，全乡烤烟产量248.6吨，产值325万元，农民人均纯收入1794元。

扶贫 1991年，发放贴息贷款0.9万元，用于农户购买农资。1994年，投入扶贫资金78万元，完成南林村、南新村503户村民照明用电。1996年，实施广洛村、苏呷村、新华村、南山村、河坎村形象扶贫工程，实现一路一坝、一厕一厨、人畜分居。1998年，利用扶贫资金修建团和村人畜饮水工程，解决143户村民饮水困难。1999年，“八七”攻坚检查验收，人均纯收入867元，人均有粮502公斤。2002年，苏呷村、南林村、南山村、白泥村利用扶贫资金安装饮水管道，解决3814人生活用水。2005年，实施南山村、新华村扶贫新村建设；利用扶贫资金和烟路、烟水配套工程修建新华村、团河村农田基础设施。

林业 1991年,全乡有宜林地8790亩,森林面积9401亩,分布有桤木、华山松、冷杉、马尾松、杨树、杨槐树等品种。1995年,每村聘请护林防火巡山员,每户轮流挂牌值班,负责火情火险的及时监督报告。1998年,在中冕公路南箐段两旁栽种白杨树、杨槐树等。1999年,小山村试点退耕还林180亩。2000年,退耕还林457亩。2001年,引进新疆核桃380苗、花椒树1000苗等经济林木。至2005年,全乡退耕还林面积2817亩。经济林木有核桃树、花椒树、李子树、梨树、杏树、苹果树、板栗树等。

畜牧 1991年,全乡四大畜牧存栏牛374头、马241匹、猪4213头、羊2755只,家禽存栏鸡3468只、鸭1953只、鹅968只。1995年,推广科学养殖方法,补贴修建圈舍,定期对动物疫情防疫。2002年,发展种植配套光叶紫花苕3527亩、圆根3849亩、萝卜4123亩、白菜3786亩;引进南疆黄羊186头,因气候条件不宜,成效不明显。2005年,出栏猪8910头、存栏仔猪3475头、羊5950只、牛395头,畜牧产值718.5万元。

教育 1991年,有中心小学1所,村小4所,在校学生300名,教师16人。1996年,中心小学硬化水泥操场,修建土木结构教舍1幢。1997年,投入资金45万元,新修南新村小学教舍;维修新华、小山、河坎村小学的教舍,全乡干部职工向贫困学生捐钱2846元。1998年,绵竹市孝德镇小学对口支援南箐乡小学,支援学习用品23箱、教学仪器36件,帮扶贫困学生13名。2001年9月,中心校实行寄宿制,乡政府为学校购置床50张、炊事用具147件、建伙房1间,50名上学远的学生在校寄宿。2005年,全乡有中心小学1所、村小4所,教师30名,在校学生892人,适龄儿童入学率85%;同年,建农民技术培训学校1所,定期不定期对农民进行农业技术、外出务工技术培训,受培训人员1694人次。

卫生 1991年,有中心卫生院1所、医生1名,住院病人45人次,门诊病人53人次。1995年,加大对传染性疾病、饮食卫生、住院分娩、妇女儿童保健知识的宣传,建立重点疾病监控、报告制度。2000年,住院病人154人次,门诊病人528人次。2004年,增加6个村扶贫医疗站,中心卫生院有医生3名,配备必要的医疗设施,全年住院病人198人次,门诊病人526人次。2004年,定期进行计划免疫工作,基础免疫乙肝疫苗325人次,百白破三联412人次,麻疹56人次,卡介苗120人次,发糖丸228人次,麻疹风疹26人次,甲肝42人次,乙型脑炎54人次。

表1-23 1991—2005年南箐乡基本情况表

项目 年份	幅员面积(平方公里)	耕地面积(公顷)	村(个)	人口(人)	乡镇企业总产值(万元)	财政收入(万元)	财政支出(万元)	农民人均收入(元)	主要农副产品			
									粮食(吨)	生猪出栏(吨)	水果(吨)	烟叶(吨)
1991	100.548	409	12	6958	93.14	2.35	2.35	500	3460	446	37.0	—
1992	100.548	409	12	7115	122.42	2.78	2.78	500	3207	393.8	49.0	—
1993	100.548	409	12	7176	61.75	4.87	4.87	361	3285	359.9	43.0	30.40
1994	100.548	409	12	7234	118.60	2.86	2.86	396	3303	386.4	50.0	37.50
1995	100.548	409	12	7255	131.30	2.91	2.91	466	3621	339.8	62.5	—
1996	100.548	415	12	7361	270	6.54	6.54	536	3744	363.5	23	—
1997	100.548	415	12	7354	460	10.2	10.6	550	3191	440.0	1.15	—
1998	100.548	415	12	7424	670	9.64	10.77	730	3994	444.5	1.10	—
1999	100.548	415	12	7582	831.90	9.52	9.52	867	4016	432.1	44.5	8.50
2000	100.548	415	12	8138	974.10	10.82	18.25	993	3986	444.6	27.5	37.70
2001	100.548	411	12	8235	836.00	11.21	23.05	1129	4016	451.4	27.5	56.25
2002	100.548	356	12	8357	1336.00	51.94	51.94	1265	4090	500.5	27.5	150.63
2003	100.548	397	12	8429	1333.2	51.35	51.27	1418	4132	575.8	27.5	255.25

续上表

项目 年份	幅员面积（平方公里）	耕地面积（公顷）	村（个）	人口（人）	乡镇企业总产值（万元）	财政收入（万元）	财政支出（万元）	农民人均收入（元）	主要农副产品			
									粮食（吨）	生猪出栏（吨）	水果（吨）	烟叶（吨）
2004	100.548	397	12	8622	1469.00	39	39	1601	4233	653.8	20.0	259.91
2005	100.548	397	12	8910	1562.6	39.80	39.80	1794	4308	695.1	22.0	248.60

第三节　新民工委

新民工委位于越西县城以北。由东至北分别与下普雄区铁西乡、顺河区乃托镇、保安乡及甘洛县的海棠区接壤，南与城关区相邻，西与石棉县孟获城、冕宁县拖乌区交界，幅员面积239.96平方公里。区工委驻新民镇距县城8公里。

新民工委地处越西河谷，属中山宽谷地貌。地势南高北低，最高海拔为阳糯雪山瓦叶芭蕉峰4547米，最低海拔裤裆沟道班处1650米。年平均气温13.3摄氏度，无霜期247天，年降雨量1113mm。二半山地区，气温较低，大小春一年一熟。沟坝地区，土壤多为紫色、黄色、灰色冲积土，谷坡或二半山地区多为冲积黄壤、沙页岩黄壤、黄棕壤等。大小春一年两熟，主产玉米、水稻、洋芋、黄豆，经济作物主产烤烟、花椒、油菜，为越西县粮食主产区之一。越西河两岸皆冲积坝地，土壤肥沃。越西河由城关流入，经大屯、新民镇在裤裆沟与马敞河汇合后注入漫滩河，境内流长11公里。马敞河发源于阳糯雪山。由喇叭关沟、吊口岩沟、后山沟、瓦岩支沟、大岩支沟汇合而成。

该区域古称济堡，又名王家屯，因王姓人多得名。彝语称塔之普，意为松林。相传以前新民地区为一片茂密松林。三国时诸葛亮部属曾到此筑土城为"息军之所"。唐懿宗咸通三年(862年)在板桥、青岗关建新安城。古代西昌至雅安的驿道，即从新民、板桥、青岗关经过。1942年，改称福国乡。1949年，称新民乡。1951年，在新民建越西县第二区，辖城关至保安，原特编(大同)乡所辖沿阳糯雪山茶园至小龙塘划归瓦岩自治乡管辖，东山一带划归东山自治乡管辖。1953年，正式建立新民区，将城关乡划出建立城关镇。瓦岩、东山两乡划归生则倮区管辖。1956年，撤销生则倮区，将原瓦岩自治乡及东山自治乡所辖地区，分别划为新民镇、大屯乡、瓦岩乡、板桥乡，将保安等地划归保安区。1958年，建新民公社。1961年，与城关合并建城关区。1963年，恢复新民区建制，辖新民、五溪、上游。1991年，全区辖新民、大屯、板桥、瓦岩4个乡。1992年12月，改新民区为新民工委，辖新民镇、板桥乡、瓦岩乡。1995年12月，恢复大屯乡建制。2005年，新民工委辖新民镇、大屯乡、板桥乡、瓦岩乡。

表1-24　1991—2005年新民工委负责人名录

姓　名	性　别	民　族	职　务	任职时间
苏定祥	男	汉族	区委书记	1991.1—1992.3
王志修	男	彝族	区　长	1991.1—1992.3
			工委书记	1992.3—1993.2
高正秋	男	汉族	区委副书记	1991.1—1992.3
潘启忠	男	彝族	副区长	1991.1—1992.3
			工委副书记	2001.3—2005.12
潘伍沙	男	彝族	工委书记	1993.3—1998.12

续上表

姓　名	性　别	民　族	职　务	任职时间
王明清	男	汉族	工委副书记	1993.3—1998.12
罗开元	男	汉族	工委副书记	1995.11—1998.12
			工委书记	1998.12—2001.2
潘木乃	男	彝族	工委副书记	1998.12—2005.12
习大才	男	汉族	工委副书记	1999.3—2001.11
冷者罗加	男	彝族	工委书记	2001.3—2005.12
袁宇奎	男	汉族	工委副书记	2001.3—2005.12

一、新民镇

地理位置　新民镇位于越西县城以北，距县城8公里，南界大屯乡，西邻瓦岩乡，北接板桥乡，东隔猫儿山与乃托镇相邻。幅员面积14.624平方公里。

政区沿革　1951年，建新民乡，属越西第二区。1958年，为新民公社(区级)下辖之大队。1961年，撤区级公社，改为乡级公社。1969年，成立新民公社革委。1981年，选举产生公社管委会。1991年，建新民乡人民政府。1992年底，撤区并乡建镇，新民乡与大屯乡合建新民镇人民政府。1995年12月，恢复大屯乡建制，新民镇单列。2005年，全镇辖新民、新市、新建、大寨、彩林、五福6个村，36个村民小组。

表1-25　1991—2005年新民镇负责人名录

姓　名	性　别	民　族	职　务	任职时间
薛顺序	男	汉族	乡党委书记	1991.3—1992.2
王明光	男	汉族	乡　长	1991.3—1992.2
			乡党委书记	1992.3—1992.11
马里姑	女	彝族	乡党委副书记	1991.3—1992.2
马海打沙	男	彝族	副乡长	1991.3—1992.2
			乡　长	1992.3—1992.11
李成伟	男	汉族	乡党委副书记	1992.6—1992.12
马晓梅	女	彝族	副乡长	1992.3—1992.11
苏定祥	男	汉族	乡党委书记	1992.12—1996.1
刘国元	男	汉族	镇长	1993.1—1996.1
杨国全	男	汉族	副镇长	1992.12—1996.1
			镇党委副书记	1997.1—2000.12
朱德银	男	汉族	副镇长	1993.1—1998.12
王国华	男	彝族	副镇长	1994.2—1996.2
			镇党委副书记	1996.2—1997.1
马尼古	男	彝族	乡党委副书记	1992.12—1996.1
			乡党委书记	1996.2—1998.12
邓明武	男	汉族	镇长	1996.2—1998.12
			镇党委书记	1999.1—2000.12

续上表

姓　名	性　别	民　族	职　务	任职时间
郑成然	男	汉族	副镇长	1996. 2—1998. 12
威色伍加	男	彝族	镇长	1999. 1—2001. 4
蒋琼芳	女	彝族	镇党委副书记	1999. 1—2005. 12
袁宇清	男	汉族	副镇长	1999. 1—2000. 12
田呷呷	男	彝族	党委书记	2001. 5—2003. 4
刁大才	男	汉族	镇长	2001. 11　2003. 4
			党委书记	2003. 5—2005. 12
吴　涛	男	汉族	副镇长	1999. 1—2003. 8
			镇长	2003. 9—2005. 12
沙马伍来	男	彝族	党委副书记	2001. 11—2005. 12
马建琼	女	汉族	副镇长	2001. 11—2005. 12
杨世亮	男	汉族	副镇长	2004. 4—2005. 12

自然环境　新民镇被“三山一水”所围，南、西、北为山，东为越西河。南面有大山长杠子，西面有太阳顶、锅底、狮岭山，太阳顶储藏有煤矿，狮岭山背面刘家磨塘有地下水源，供全镇1341户5371人饮用；北边为猫儿山，对面凌云壁，时常有猕猴出没；东边是越西河与马敞河在裤裆沟的交汇处，流入漫滩河。境内有天然温泉泉眼数处，最高处安家堡子海拔2045米，最低处裤裆沟道班，海拔1650米，相对高差395米。耕地分布于越西河沿岸及北起大寨村，南至大屯乡交界之大春沟之间的台地。越西河自大屯乡流入，与马敞河汇合后注入漫滩河。马敞河坝解放大桥以南，原为乱石河滩，中间夹有零星耕地。1976—1977年，经过两个冬春改田改土，将原来的乱石河滩改成2158亩成片梯地。但土层较薄，不耐干旱。

新民镇气候温和，雨量充沛。年均气温13.3摄氏度，无霜期247天，年降雨量1113毫米，大小春一年两熟。土壤多为冲积土，冲击黄泥，黄棕壤等。全镇有耕地1004公顷，主产水稻、玉米、洋芋、小麦，经济作物有烤烟、油菜。

人口计生　新民镇是以汉、彝、藏、回4个民族为主的杂居镇。1991年，全镇人口7369人，其中：男3826人，女3543人。1995年，贯彻“三为主”、“三结合”方针，采取节育手术115例，计划生育率94.3%，人口自然增长率12‰，节育率80%，多孩率3.8%，计划外怀孕率2.9%，出生率7.4%，全镇人口14358人。2001年，开展计划生育技术服务，组织1997名育龄妇女，其中：已婚育龄妇女1762人，开展“三查”工作，采取有效节育措施117例，使用药剂160人。2005年，强化计生目标责任制，与6个村委会及妇联主任签订目标责任书，形成横向到边，纵向到底，齐抓共管工作机制。全镇人口10436人，其中：汉族7326人，彝族2808人，藏族228人，回族12人。出生98人，采取节育措施147例，计划生育率96.3%。

基础设施　1991年，镇境内有省道208线3.6公里，主要村道：大寨路1.6公里，彩林路1.2公里。1995年，开展农田水利基本建设，维修新河堰2300米，下湿田改造5366米。2000年，实施四川省民族地区基层政权解困工程，省财政厅投入33万元，新建镇政府办公大楼和宿舍区。2002年，争取资金4万元，水泥250吨，村民投工投劳，修建五福村村道1.6公里。2003年，争取资金40万元、水泥2000吨，建成新市场主街道。2005年，实施烟水烟路工程，整治马敞河堰2268米，配套支渠8条3420米，整治新河堰3600米，配套支渠3条981米，配套烟路3条1140米；同年8月，投资240万，修建占地7.9亩的标准化新民烟站，可收购烟叶5万担。

农业　1991年，大春播种462.13公顷，小春播种173.3公顷，大小春粮食总产量3209吨，平均亩产

475斤，人平均有粮920斤，人均纯收入358元。1995年，推广地膜玉米36亩，杂交良种玉米3200亩，两段育秧137.3公顷，实施宽窄行348.1公顷，开厢填心69.3公顷，人均纯收入476元，粮食产量6483吨，人均有粮946斤。2001年，在稳定粮食的基础上，调整产业结构，积极推行"科教兴农"，人均纯收入1400元，粮食总产量4085吨，人均有粮1040斤。2005年，实施农田水利基本建设，增加农业投入，小春播种360公顷，水稻261.3公顷，玉米60.5公顷，洋芋38.6公顷，晚秋荞子300公顷，粮食总产量5038.5吨，人均有粮510公斤，人均纯收入2208元。

畜牧业 1991年，畜禽存栏牛842头，马381匹，猪3350头，羊701只，鸡3500只，鹅100只，鸭150只；出栏肥猪2948头，产量273.1吨。1995年，推广良种饲养，喂养长白猪，出栏肥猪613吨。2001年，无重大疫情发生，出栏肥猪598吨。2005年，推广科学饲养，适时屠宰。四大牲畜存栏12518头，家禽存栏13170只；出栏肥猪10533头，产量876吨。

林业 1991年，开展全民义务植树活动，造林8公顷；全乡有林地312.38公顷，草坡143公顷。1993年，组织群众绿化造林33.3公顷。1998年，实施天然林保护工程，人工造林43.3公顷。2000年，退耕还林66.7公顷，其中：五福村106户409.3亩，新建村62户211.8亩，彩林村143户378.9亩。2003年，发展苗圃450亩，苗木产值75万元。2005年，种植经济林161.9亩。林地面积300.6公顷，完成退耕还林林权证发放310户15公顷。

烤烟 1992年，全镇试种烤烟9公顷，产量406担，产值45万元。1995年，烤烟生产受自然因素影响，全乡仅种值烤烟2.7公顷，产量54担，产值1.4万元。2001年，全镇把烤烟生产作为支柱产业来抓，作为农民增收的最大亮点来落实，全年种植烤烟123.3公顷，产量5508.58担，产值263万元。2005年，采取科学配方施肥和科学管理，种植烤烟637.2公顷，产量23979担，产值1340万元。

教育 1991年，全镇有1所中学，2所小学，45个教学班，教职工138人，在校学生2213人。1996年，新民小学"普初"验收合格。1999年，新民小学"普初"复查验收合格。2003年，实施"十年行动计划"，省财政拨款100万元，在新民中学修建1幢16间教室的教学大楼。2005年，新民中学占地4.61公顷，面积46233平方米，校舍总面积8840平方米，1幢936平方米综合教学楼，32间教室，4间实验室，4间多媒体教室，可容纳1600名学生就读，有14000平方米运动场，教学班17个，学生764人，其中：女生380人，少数民族学生384人，教职工78人，其中：特岗教师18人，女教师21人，少数民族教师10人，校医1人，本科学历教师17人，专科61人，学历达标率100%；全镇小学校园面积33982平方米，校舍总面积7541平方米，有教室42间，可容纳1800人就读，中心校设有电脑室，有电脑31台，图书室有图书14830册，有篮球场1个及50米跑道，有教学班24个，在校学生1473人，其中：女生612人，少数民族生521人，有小学教师80人，其中：中级教师25人，初级教师55人，本科学历1人，专科58人，中专21人，学历达标率100%。

卫生 1991年，全镇有1所卫生院，医护人员58人，病床22张，设内、外、妇产、辅助科室。1993年，开展消除脊髓灰质炎工作，每年12月5日和次年元月5日，免费为4岁以下儿童发放糖丸。1994年10月，采取国家投资与个人集资的方式，修建600平方米钢筋砖木结构的职工宿舍楼。2005年，开展霍乱、艾滋、禽流感、非典等重点疾病的预防和新生儿免疫工作。卫生院开设有内科、外科、妇产科、辅助科室(B超、照片、检验)等，有病房5间，病床20张，有职工41人，其中：医生19人，护士16人，后勤6人；本科1人，专科19人，中专以下21人；主治医师(主管护士)15人，医师(护师)12人，医士(护士)10人，工人4人。

乡镇企业 1991年，有个体工商户56户，从业人员132人，乡镇企业总产值100万元。1995年，按"一乡一业"、"一村一品"的经济发展新格局，大力发展乡镇企业，全镇个体工商企业发展到96个，从业人员214人，效益好的企业76个，乡镇企业总产值391.2万元。2000年，培养发展民营企业，全镇有个体工商户126户，从业人员280人，乡镇企业总产值526.5万元。2005年，全镇主要企业有朝阳食品厂、酒厂、蜂窝煤厂共12家，个体工商户209户，乡镇企业总产值2717.3万元，税收90万元。

表1－26　　**1991—2005年新民镇基本情况表**

项目 年份	幅员面积（平方公里）	耕地面积（公顷）	村（个）	乡镇企业总产值（万元）	财政收入（万元）	财政支出（万元）	农民人均纯收入（元）	人均有粮（斤）	主要农副产品产量				
									粮食（吨）	生猪出栏（吨）	水果（吨）	烟叶	
												产量（担）	产值（万元）
1991	14.624	462	6	100	10.01	10.01	358	920	3209	273.1	10	—	—
1992	43.83	829.3	11	230	10.01	10.01	392	930	6241	577	25.2	406	45
1993	43.83	829.8	11	280	12.71	12.71	420	920	6116	591	183	860	64.1
1994	43.83	438.3	11	432.32	13.5	13.6	442	919	6257	605	211	800	73
1995	43.83	829.8	11	391.2	16.3	16.3	476	946	6483	613	616	54	1.4
1996	14.624	462	6	510	11.7	11.7	520	925	3562	493.2	53.6	365.2	20.6
1997	14.624	462	6	162.9	11.89	11.89	642	976	3501	417	45.8	2906	123
1998	14.624	462	6	800.4	10.2	10.2	963	925	3892.2	463	59.6	900	21
1999	14.624	462	6	455.2	14	14	1090	929	3901	525	55.5	749.7	19
2000	14.624	462	6	526.5	18.4	18.4	1256	970	3978	590	30	1050	139
2001	14.624	395.5	6	597	21.5	21.5	1400	1040	4085	598	31	5508.58	263
2002	14.624	395.5	6	637.4	34	34	1550	1044	4100	643	45	10002	420.75
2003	14.624	395.5	6	392.7	36	36	1725	1127	4533.1	697.72	75.7	17245	685
2004	14.624	404.7	6	417.1	35.8	35.8	1955	1121	4985	711.4	75.7	18581	820
2005	14.624	404.7	6	2717.3	58.96	58.96	2208	1020	5038.5	876	75.7	23797	1340

二、瓦岩乡

地理位置　瓦岩乡位于越西县城西北，东与新民镇相连，南与西山乡接壤，西靠阳糯雪山与冕宁县交界，北与板桥乡相邻，幅员面积126.283平方公里（包括阳糯雪山62.16平方公里），距离县城13公里。

政区沿革　1951年，建瓦岩自治乡。1956年，建瓦岩乡。1958年，为新民公社（区社）下辖之大队。1961年，恢复乡建制，称五溪乡，属城关区。1963年，划归新民区称瓦岩乡。1969年，成立瓦岩公社革委。1981年，选举产生瓦岩公社管委会。1984年1月，机构改革恢复瓦岩乡人民政府。2003年1月，在桃园村增加1个行政社，渔洞村增加2个行政社。2005年1月，前进村增加1个行政社，全乡辖前进村、瓦岩村、渔洞村、秋林村、春景村、桃园村、茶园村、后山村、安乐村，26个村民小组。

表1－27　　**1991—2005年瓦岩乡负责人名录**

姓　名	性　别	民　族	职　务	任职时间
郑在刚	男	汉族	党委书记	1991.1—1992.12
潘车鹤	男	彝族	乡　长	1991.1—1992.12
			党委书记	1992.12—1995.11
张绍成	男	汉族	党委副书记	1991.1—1993.3
吴　勇	男	汉族	乡　长	1993.3—1995.3
曲木尔铁	男	彝族	党委副书记	1993.3—1995.3
潘木乃	男	彝族	党委书记	1995.3—1998.12

续上表

姓　名	性　别	民　族	职　务	任职时间
阿牛五来	男	彝族	乡　长	1995.3—1997.2
吴　涛	男	汉族	副乡长(代理乡长)	1997.3—1998.12
郑在华	男	汉族	党委副书记	1995.3—1998.12
费建伟	男	汉族	副乡长	1998.12—2001.10
冷者罗加	男	彝族	党委书记	1999.3—2002.6
朱德银	男	汉族	乡　长	1999.3—2002.6
			党委书记	2002.7—2005.12
龚天刚	男	汉族	党委副书记	1999.3—2005.12
袁宇清	男	汉族	乡　长	2002.7—2005.12

自然环境　瓦岩乡西北有阳糯雪山、马颈子山，由于发源于雪山上的越西河支流的切割，形成瓦岩沟、喇叭关沟、吊口岩沟、后山沟，因渗漏严重，春秋季下游断流，为季节性河流。夏秋季节，河水下泻，形成山洪或泥石流，马敞河坝近万亩石漫滩由此造成。全乡最高海拔阳糯雪山4500米，最低海拔为马敞河坝的大桥处1700米，相对高差2800米。无霜期238天，年降雨量1200毫米，年平均气温12.5摄氏度，属高二半山区，适宜种植水稻、玉米、土豆、荞麦、烤烟等农作物。全乡农耕地主要分布在4沟1坝。土壤多为冲积土、冲黄泥、黄棕壤等。

人口计生　1991年，全乡总户数810户，4867人，其中：男2497人，女2370人。出生82人，死亡23人，已婚育龄妇女693人中，采取节育措施724人，人口自然增长率12‰以内。1997年，计生工作由乡党委政府一把手负总责，分管领导具体抓。全乡总户数902户，5227人，其中：男2618人，女2609人。出生70人，死亡20人，人口自然增长率11‰。2000年，第五次全国人口普查，全乡总户数1071户，6114人，其中：男3120人，女2994人。出生68人，死亡24人。人口自然增长率11‰。2005年，实行计生人口工作“一票否决制”。年初与各村签订目标责任书，把责任落实到户，采取乡帮村，村帮组，组帮户的办法，控制人口增长。全乡总户数1280户，6593人，其中：男3399人，女3194人，出生94人，死亡46人，已婚育龄妇女1210人，采取节育措施1020人，人口自然增长率10‰。

基础设施　1998年，乡政府筹资0.6万元，各村投工投劳安装7.23公里饮水管道，解决后山、渔洞、瓦岩村人畜饮水。2000年，修建渔洞村到安乐村8.7公里泥石路面。2002年，实施农网改造，全乡9个村用上照明用电。2004年，投资15万元，修通桃园至后山、安乐的村道沙石公路5.2公里；投资11万元，修建春景村钢架桥160米、桃园村钢架桥120米。

农业　1991年，全乡有耕地5696亩，水稻栽种200亩，产量80吨；玉米种植3000亩，产量750吨；荞子2700亩，产量243吨，粮食总产量2150吨，人均有粮891斤。1997年，推广科学种植和配方施肥，水稻由杂交稻换成高产的“162”稻种，粮食总产量2206吨，人均有粮844斤。2002年，瓦岩乡被列为“国家万亩良田开发基地”。2005年，调整产业结构，推广科学种田，粮总产量1120吨，人均有粮700斤。

林业　1991年，种植华山松2.2万亩，零星植树20万株，全乡森林面积2.6万亩，林业产值300万元。1997年，种植华山松2.5万亩，零星植树50万株，林业产值400万元。2000年，实施天然林保护工程，造林5000亩，零星植树30万株，森林面积4.5万亩，森林覆盖率41.2%，林业产值450万元。2005年，有林地1.74585万亩，灌木林2.5677万亩，退耕还林5450亩，森林面积5.11905万亩，森林覆盖率47.3%，林业产值500万元。

畜牧业　1991年，实施绵羊改良工程。出栏肥猪1855头，产量137.2吨，出栏羊300只，产量21吨，羊存栏1950只，畜牧业产值140万元。1997年，调整发展规划，把牲畜放养改为圈养，全年出栏肥猪

2819 头，产值 193.2 吨，出栏肉用羊 400 只，产量 25 吨，羊存栏 1560 只，畜牧业产值 200 万元。2005 年，开展牲畜疾病防治，种植光叶紫花苕、三叶草 820 亩。生猪出栏 4859 头，产量 284 吨，羊出栏 300 只，畜牧业产值 280 万元。

烤烟　1992 年，在渔洞村试种烤烟 150 亩。1998 年，种植烤烟 150 亩，产量 1423 担，产值 99.61 万元。2004 年，种植烤烟 4238.61 亩，产量 10618 担，产值 402.74 万元。2005 年，种植烤烟 3856 亩，产量 9658 担，产值 420.12 万元。

扶贫　1991 年，争取扶贫项目，发展畜牧生产。1997 年，实施“八七”扶贫攻坚计划，成立扶贫开发领导小组，通过摸底排查，各村上报，专人核实的办法，确定贫困党员 132 户，贫困户 635 户，特困户 1114 户，并逐一建卡。2000 年，投入资金 12 万元，发展生猪。帮助贫困建卡户发展种植业，引进核桃、板栗 29378 株，创经济收入 20.2 万元。2001 年，接收安置申果庄移民 38 户、192 人，设置移民组。2003 年，接收安置申果庄移民 19 户、98 人，建渔洞村 8 组。2005 年，实施渔洞村、瓦岩村新村建设。

教育　1991 年，全乡有瓦岩中心校、茶园小学、春景小学、瓦岩村小学、后山村小学 5 所。在校学生 449 人，小学入学率 70%。2000 年，完善各学校基础设施。2005 年，实行寄宿制和两免一补政策，全乡有中心校 1 所，村小 2 所，小学 2 所，教师 18 人。7～12 周岁适龄儿童 872 人，在校学生 828 人，小学入学率 95.1%，升学率 97%。

卫生　1991 年，有乡卫生院 1 所，医务人员 1 名。1997 年，完成麻疹、百白破、卡介苗、脊灰糖丸 4 种疫苗接种 960 人次。2000 年，乡政府组织乡卫生医务员进村、组、户宣传培训卫生知识及各种常见疾病预防知识，参训人员 4357 人次，培训率 97%，全年就诊人数 1751 人次。2003 年，成立防治非典型肺炎工作领导小组，建立“非典”疫情报告制度，实行日报告和零报告制度。2005 年，新建乡卫生院，有医务人员 3 名，村卫生室 9 个，村医生 9 名。

表 1－28　　**1991—2005 年瓦岩乡基本情况表**

年份＼项目	幅员面积（平方公里）	耕地面积（公顷）	村（个）	财政收入（万元）	财政支出（万元）	农民人均纯收入（元）	主要农副产品产量			
							粮食（吨）	生猪出栏（头）	烤烟	
									产量（担）	产值（万元）
1991	126.283	379.73	9	9.2	9.2	285	2150	1855	—	—
1992	126.283	380	9	9.2	9.2	310	2108	1867	326	22.82
1993	126.283	380	9	9.4	9.4	347	2112.6	1888	541	37.87
1994	126.283	380	9	9.4	9.4	342	2114.3	2107	763	53.41
1995	126.283	380	9	9.8	9.8	400	2117.6	2245	854	59.78
1996	126.283	380	9	9.8	9.8	510	2183	2710	1163	81.41
1997	126.283	380	9	9.8	9.8	590	2206	2819	1236	86.52
1998	126.283	380	9	9.8	9.8	680	2223	3175	1423	99.61
1999	126.283	380	9	10.5	10.5	820	2228	3430	1400	98
2000	126.283	380	9	10.5	10.5	978	2012	4317	1520	106.4
2001	126.283	380	9	10.5	10.5	1109	1994	4532	4370	305.9
2002	126.283	380	9	13	13	1251	1643.5	4175	6792	358
2003	126.283	380	9	189.3	189.3	1450	1520	4215	8796	386
2004	126.283	380	9	189.3	189.3	1560	1300	4754	10618	402.74
2005	126.283	380	9	189.3	189.3	1790	1120	4859	9658	420.12

三、大屯乡

地理位置 大屯乡地处越西县城以北,距县城7公里,东与铁西乡相邻,南与越城镇、河东乡、西山乡相接,西与瓦岩乡相连,北与新民镇相邻。幅员面积26.16平方公里。省道208线贯穿境内。

政区沿革 大屯乡是古地名,因人口稠密得名,彝语称"打特",为汉语大屯谐音。1951年,建大屯乡,属越西县第二区。彝族地区归东山自治乡管辖。1956年,原东山自治乡所辖今高桥、华阳等彝族地区划归大屯乡。1958年,为新民公社(区社)下属之大队。1963年,恢复大屯乡,属新民区。1969年,成立大屯公社革委。1981年,选举产生公社管委会。1992年,撤销大屯乡政府,并入新民镇。1995年,恢复大屯乡政府,辖木西村、大同村、大兴村、华阳村、高桥村。2000年,全乡辖5村,20个村民小组。2005年,新建大营盘村,下设5个村民小组。全乡辖木西村、大同村、大兴村、华阳村、高桥村、大营盘村,25个村民小组。

表1-29 1991—2005年大屯乡负责人名录

姓名	性别	民族	职务	任职时间
刘学军	男	汉族	党委书记	1990.1—1992.12
袁宇奎	男	汉族	乡长	1990.2—1992.12
			副乡长	1996.1—1998.11
杨国全	男	汉族	乡长	1996.1—1997.1
潘车鹤	男	彝族	党委书记	1997.1—1998.12
王国华	男	彝族	乡长	1997.1—1998.11
			党委书记	1999.1—2001.11
王连春	男	汉族	党委副书记	1996.1—1998.11
			乡长	1999.1—2001.11
杨代勇	男	汉族	副乡长	1996.1—2001.11
刘国昌	男	汉族	党委副书记	1999.1—2001.11
习大才	男	汉族	党委副书记	1998.12—1999.3
沙马五来	男	彝族	副乡长	1999.1—2001.11
周绍武	男	回族	党委书记	2002.1—2005.12
潘红英	女	彝族	乡长	2002.1—2005.12
安小平	男	彝族	党委副书记	2002.1—2005.12
王建英	女	彝族	副乡长	2002.1—2005.12
曲木英雄	男	彝族	副乡长	2002.1—2005.12

自然环境 大屯乡属中山宽谷带坝地貌,东有木西山,南有天皇岗,西有大顶山,北面为开阔平地与新民镇相连。越西河流经乡内3公里,两岸为冲积坝田,土质肥沃,多为冲积土、冲积黄泥、黄壤、黄棕壤。最高海拔木西山顶2450米,最低海拔越西河谷沿岸1650米,相对高差800米。年均气温13.3摄氏度,年降水量1113毫米,无霜期247天,大小春一年两熟。

人口计生 1991年,全乡总户数1326户,人口6643人,其中:汉族3431人,彝族3212人,已婚育龄妇女1089人,出生97人,超生5人,采取综合节育措施1090人,计划生育率95%,人口自然增长率11.5‰。1998年,成立计划生育专项工作小组,认真清理计划外生育,全乡总户数1692户,人口6748人,其中:汉族4098人,彝族2634人,已婚育龄妇女1162人,出生126人,采取综合节育措施1199人,计划生育率95%以上,人口自然增长率11‰。2000年,第五次全国人口普查,全乡总户数1834户,人口7051人,汉族4044人,彝族2987人,已婚育龄妇女1434人,采取综合节育措施1271人,计划生育率95%以上,出生122人,人口自然增长率11‰。2005年,建立健全计划生育各项规章制度,做好计生"三查"工作。全乡户数2423户,人口8548人,汉族4669人,彝族3861人,出生154人,已婚育龄妇女1590人,采取综合节育措施1517人,计划生育率95%,人口自然增长率10‰,新增计生帮扶户25户。

基础设施　1995年,维修木西村村道全长9公里,投工投劳2500个。1998年,新修乡政府至S208线100米水泥路面;木西村自筹资金6.3万元,贷款5.5万元,解决村民照明用电;修建木西村大同、大兴、华阳、高桥村闭路地面接收站。2000年,改善基础设施15处,新增有效灌溉面积20公顷,其中:人畜饮水2处,总长1740米。2003年,修建同兴堰桥头至团结大桥机耕道,长1060米,宽4米;修建华阳、高桥长1168米机耕道。2005年,改建长2500米,宽1.5米大营盘村村道,其中:2000米村道修筑排水沟、沙石筑面,500米主干道修筑水泥路面;修建华阳村至河东乡分界处村道长3000米,宽1.5米;投入资金50万元在华阳村开展新村建设344户,房屋筑脊、粉刷墙面。

农业　1991年,粮食产量2885吨,其中:大春作物1442吨,小春478吨,秋荞228吨,人均有粮983斤,人均纯收入366元。1995年,为提高单产质量,改善种植环境,改造下湿田728亩。1998年,发展烤烟和万寿菊种植1864亩。推广地膜玉米150亩,地膜育秧240亩,带状种植2438亩,水稻宽窄行1800亩。种植烤烟360亩,烟叶产量1008担,创产值120万元。粮食总产量2774吨,人均有粮885斤;人均纯收入946元。2003年,农业综合开发沟路全长2700米,沟宽40厘米,受益覆盖面积1800亩。2005年,种植烤烟2500亩,创产值875万元,水果产值80万元,粮食总产量3278吨,其中:大春作物2465吨,小春548吨,秋荞269吨,人均有粮912斤,人均纯收入2080元。

扶贫　1992年,扶贫贷款0.477万元用于地膜育秧及地膜玉米种植。1996年,全乡扶贫建卡户26户,124人。1998年,脱贫越温10户52人。发展种植业,发放扶贫贷款1.6万元;扶贫贷款7.5万元,修建大型专业养猪场;发放扶贫贷款12.43万元,改进酒厂白酒包装。形象扶贫"三房改造"投入水泥60吨,亮瓦2000张,窗子70个,形象扶贫达标80户。1999年,为贫困建卡户,养殖业扶贫贷款7万元;磷肥信贷款2.1万元,购买农机贷款1.5万元。2000年,种植业信贷扶贫投放磷肥100吨,资金1.2万元;发展种植业贷款6.353万元,养殖业贷款10万元,麻油加工2万元,煤炭开采20万元,改善照明用电贷款3万元。2005年,全乡扶贫贷款种植烤烟700亩、洋芋500亩、万寿菊400亩。

林业　1991年,开展护林防火宣传,建立管护制度。1996年,开展生态林建设,成片造林300亩,零星种植林苗2万株。1998年,实施天保工程和生态林建设,成片造林750亩,零星种植树苗4万株。2001年,退耕还林1750亩,配套荒山造林572亩,公益造林3500亩。2005年,及时兑现退耕还林补助资金,加强退耕还林管护工作,全乡封山育林1270亩。

畜牧业　1991年,推广科学养殖,生猪出栏3445头,牛出栏12头,羊出栏178只,牛存栏528头,生猪存栏4543头,羊存栏739只。1996年,发展规模养殖。生猪出栏3495头,牛出栏48头,羊出栏251只,家禽出栏986只;牛存栏776头,马存栏470匹,生猪存栏5250头,羊存栏1251只,家禽存栏4672只。2001年,种植光叶紫花苕635亩,新增肉羊圈养户120户,生猪出栏5860头,牛出栏120头,羊出栏398只,牛存栏1052头,马存栏773匹,生猪存栏5860头,羊存栏1782只,肉类产量530.2吨。2005年,投入资金24万元,种草983亩,引进种牛45头、羊186只、猪63头,全乡生猪出栏6980头,牛出栏195头,羊出栏580只,家禽出栏2789只;牛存栏1102头,马存栏828匹,生猪存栏5886头,羊存栏1921只,家禽存栏6182只,牧业产值610万元,畜牧防疫率100%。

教育　1991年,有完小2所,村小1所,7~12周岁学龄儿童684人,入学儿童615人,入学率90%;女童340人,入学308人,女童入学率90%;13~15周岁312人,初中在校生264人,入学率84.6%,青壮年非文盲率92%。1996年,实施"两基"工作,学龄儿童入学率95.8%以上,巩固率96%,初中生入学率

69%,巩固率95%。2001年,学龄儿童969人,入学率95%;女童438人,女童入学率95.2%;13～15周岁433人,初中在校生386人,入学率94.28%;青壮年非文盲率97%,举办科普知识培训班2期258人次。2005年,有乡中心小学、大营盘小学,“两基”人口覆盖率100%,入学率97%,巩固率97%,初中生入学率90%,巩固率96%,完成秋季招生250人,初中135人,青壮年非文盲率97%。

卫生 1991年,有乡卫生院1所,医务人员1名,全年就医1224人次。1995年,发放糖丸480人次,麻疹、百白破、卡介苗接种740人次。2002年6月24日,乡中心校发生中毒事故,导致21名学生中毒,其中:1名经抢救无效死亡。2003年,建立儿童预防接种卡,完成计划免疫接种530人次。2005年,有乡卫生院1所,医务人员2名,新增卫生院病床2张,配备相应医疗设施,有5个村级卫生站,5名村医生,年度就医病人4876人次。

乡镇企业 1991年,乡镇企业总产值184.5万元,采煤厂2个,砖窑厂1个、瓦窑厂28个、酒厂2个、粮食加工厂15个、石灰厂2个。1996年,乡镇企业总产值292.4万元。2001年,乡镇企业总产值527万元,有采煤厂5个,砖窑厂3个、瓦窑厂32个、酒厂4个、粮食加工厂18个、石灰厂4个、青石开采厂5个、砂石厂2个、钢铝门窗加工厂1个。2005年,乡镇企业总产值718万元,其中:采煤厂5个、砖窑厂3个、瓦窑厂20个、酒厂4个、粮食加工厂20个、石灰厂4个、青石开采厂6个、砂石厂4个、钢铝门窗加工厂1个。

表1-30 部分年度大屯乡基本情况表

项目 年份	幅员面积(平方公里)	耕地面积(公顷)	村(个)	人口(人)	乡镇企业总产值(万元)	财政收入(万元)	财政支出(万元)	农民人均收入(元)	主要农副产品			
									粮食(吨)	生猪出栏(头)	水果(吨)	烟叶(吨)
1991	26.16	367.8	5	6643	184.5	16.2114	16.2114	366	2885	3445	21	—
1995	26.16	367.7	5	6769	278.6	16.3746	16.3746	563	2513	3473	35	—
1996	26.16	367.7	5	6794	292.4	16.3968	16.3968	578	2674.3	3495	37	—
1997	26.16	367.7	5	6934	313.8	16.4895	16.4895	613	2832.5	3582	40	25
1998	26.16	367.7	5	6748	344.5	17.7528	17.7528	946	2774	3785	52	50.4
1999	26.16	367.7	5	6886	374	19.9543	19.9543	1032	3077	4510	68	56
2000	26.16	367.7	5	7051	43939	21.3658	21.3658	1109	3171	4560	80	55
2001	26.16	367.7	5	7930	527	23.6044	23.6044	1195	3130	5860	97	86.3
2002	26.16	367.7	5	8025	589	26.62336	26.62336	1403	3149	5971	118	247
2003	26.16	485.3	6	8166	619.8	27.5238	27.5238	1512	3192	6184	212	250
2004	26.16	485.3	6	8342	668.7	47.3158	47.3158	1792	3233	6495	240	312
2005	26.16	485.3	6	8548	718	58.96	58.29	2080	3278	6980	280	375

四、板桥乡

地理位置 板桥乡位于越西县城北部,距县城13公里,东隔猫儿山与乃托镇接壤,东北至正北分别与保安乡、梅花乡及甘洛县蓼坪乡交界,西与石棉县孟获城,冕宁县托乌区相邻,西南接瓦岩乡,南邻新民镇。幅员面积92.744平方公里,其中:境内阳糯雪山面积为45.44平方公里。

政区沿革 板桥乡古称板桥河,因清光绪年间,在大鱼洞流出之水,上用木板架桥得名,后改建石板桥,彝语称“罗露则古”,取桥侧的盘龙山像手臂弯曲之意。1951年,称为板桥河。1953年,建板桥乡。1958年,属新民公社(区社)下辖之大队。1961年,恢复乡建置,改称上游乡,属城关区。1963年,恢复新民区建制,隶属新民区,名联合乡。1969年,成立联合公社革委。1981年,地名普查更名板桥公社。2005年,辖板桥、上涌、青松、河沿、大岩、广河、瑶村7个自然村,24个村民小组。

表 1－31　　1991—2005 年板桥乡负责人名录

姓　名	性　别	民　族	职　务	任职时间
木洛巴金	男	彝族	党委书记	1990. 1—1994. 4
罗开元	男	汉族	乡　长	1990. 3—1992. 11
孙文忠	男	彝族	党委副书记	1990. 1—1992. 12
耿德金	男	汉族	副乡长	1990. 3—1993. 3
王明光	男	汉族	乡　长	1993. 3—1995. 1
吴　涛	男	汉族	副乡长	1993. 3—1995. 12
潘启忠	男	彝族	党委书记	1994. 4—1995. 12
罗卫东	男	彝族	党委书记	1995. 12—1999. 3
郑在华	男	汉族	党委副书记	1992. 12—1995. 1
			乡　长	1995. 1—1995. 12
吴　勇	男	汉族	乡　长	1996. 1—1999. 3
			党委书记	1999. 3—2005. 12
海来克日	男	彝族	副乡长	1996. 1—1999. 3
罗　英	女	彝族	副乡长	1996. 3—1999. 3
曲木里哈	男	彝族	副乡长	1996. 3—1999. 3
田呷呷	男	彝族	副乡长	1993. 3—1995. 12
			党委副书记	1995. 12—1999. 3
			乡　长	1999. 3—2001. 3
朱珍玉	男	汉族	党委副书记	1999. 3—2001. 3
			乡　长	2001. 3—2005. 12
葛福忠	男	汉族	党委副书记	2001. 3—2005. 12
格依尔哈	男	彝族	副乡长	2004. 3—2005. 12

自然环境　板桥乡为东、北、西三面环山的台坝地，南面为马敞河坝。西北面有大坪子山、界牌山、洛开依山，东面有猫儿山，西面有盘龙山、阳糯雪山。最高海拔阳糯雪山瓦叶巴焦峰 4547 米，最低海拔马敞河坝刮金板 1670 米，相对高差 2877 米。属典型的二半山区地貌，地势北高南低，岭谷相间，昼夜温差较大，年平均气温 13. 3 摄氏度，年降水量 1100 毫米，无霜期 240 天，大小春一年二熟。

人口计生　全乡主要居住彝、汉、藏 3 种民族，彝族集中在大岩、广河、瑶村、河沿村，汉族主要集中在板桥、上涌、青松村，藏族分布于青松、瑶村村。1991 年，全乡总户数为 1164 户，人口 5895 人，其中：男 3292 人，女 2603 人，人口密度 68. 1 人/平方公里，出生 96 人，计划生育率 93. 2%。1998 年，采取多种计划生育措施，全年总户数为 1306 户，人口 6103 人，出生 90 人，其中：一孩 38 人，二孩 27 人，三孩 19 人，超生 6 人，计划生育率 93%，多孩率 7%，有已婚育龄妇女 1098 人，采取节育措施 178 例，综合节育率 73%。2000 年，全国第五次人口普查，全乡总户数为 1481 户，人口 7196 人，其中：男 3688 人，女 3460 人，计划内出生 82 人，出生率 18%，多孩率 3. 2%，综合节育率 85%，计划生育率 84%，人口自然增长率 11. 2‰。2001 年，人口计划生育率 95%，人口自然增长率 11. 5‰，人口出生率 17. 8‰以内，综合节育率达 84%。2005 年，总户数 1681 户，人口 7754 人，计划内出生 119 人，多孩出生 5 人，采取各种节育手术 157 例，计划生育率 96%，综合避孕节育 93%。

基础设施　1996 年，投入资金 13 万元，完成板桥村 325 亩下湿田改造工程，修建主渠 2 条，支渠 4 条。1997 年，完成 2 公里广河堰修缮；维修南、北干渠，解决瑶村、广河、上涌、板桥村 1000 亩水田的灌溉；在青松村、大岩村、上涌村修建 3 座桥。2000 年，修通板桥到保安的公路 17 公里，开通板桥南北方向的机动车行驶。2001 年,投入资金 12 万元,在青松村实施坡改梯工程。2002 年,投资 8 万元,解决广河、青松、河沿、板桥村 657 户,3334 人人畜饮水安全问题。2003 年,新修胜利大桥到广河村 4 公里通村公路。2004 年,投入资金对全长 8 公里广河堰实施节水改造,解决 3 个村春耕用水难。2005 年,上涌清泉电站改造扩建。全乡实施农村电网改造工程。

农业 1991 年,试种烤烟 156 亩,烤烟产量 471 担,大小春 8506.5 亩,粮食总产量 2537 吨。1992 年,种植烤烟 460 亩,产量 1389 担。黄豆 130 亩,产量 15 吨;春荞 700 亩,产量 14 吨;晚秋荞 1585 亩,产量 15 吨;其它 136.5 亩,产量 6.5 吨。1995 年,烤烟产量 3514 担,产值 115.26 万元。1996 年,由于自然因素影响,烤烟产量 2102 担,实现产值 68.95 万元。1998 年,种植地膜玉米 1500 亩,烤烟产量 1950 担,产值 63.96 万元;苗圃 65 亩。2000 年,种植烤烟 1400 亩,产量 4508 担,产值 187.9 万元。粮食总产量 2879 吨,人均有粮 804 斤,农民人均纯收入 1049 元。2002 年,种植烤烟 3000 亩,实现总产量 7003 担,产值 325.6 万元,万寿菊种植 200 亩,地膜玉米 650 亩,晚秋种植荞子 350 亩,粮食产量 2908 吨,人均有粮 775.7 斤。2005 年,种植烤烟 3840 亩,交售烟叶 9845 担,产值 487.32 万元,粮食产量 3014 吨,人均纯收入 2001 元,人均有粮 777.405 斤。试种海椒 20 亩,每亩产值 3000 元;30 亩葡萄园,每亩产值 3500 元。

扶贫 1992 年,以项目作为扶贫贷款的条件,贷款 2400 元,用于 3 个村试种烤烟。1997 年,全乡农村建卡贫困户 110 户,实施 81 户建卡贫困户形象扶贫。到 2000 年,以项目建设申请贷款的方法发放扶贫贷款 32 笔,57.52 万元,其中:养猪 31.2 万元,养羊 6.5 万元,电网改造 3 万元,种植 6.2 万元,其他 10.62 万元。2001 年,改变扶贫货款发放方式,发放各种实物折款 17.978 万元。2002 年 7 月,大岩村黄家湾发生山体滑坡,危害当地 38 户村民,乡政府协调投入扶贫资金 40 万元,将 38 户村民迁至大岩村小普子。2005 年,投入扶贫资金 30 万元,迁移大岩五组 25 户 94 人到广河村居住,并保留大岩五组建制。

畜牧业 1991 年,全乡畜牧业延续自繁自养的小农经济模式。1995 年,全乡有能繁母猪 752 头,年产仔猪 10250 头。1997 年,全乡生猪存栏 5578 头,出栏 4529 头,实现产值 181 万元。1998 年,推广科技养猪,优化生猪品种结构。全乡 75% 群众采用配合饲料养猪,缩短养猪周期,提高经济效益,全年猪、牛、马、骡、羊存栏 10200 头,畜牧业产值 250 万元。2000 年,大岩、青松、广河、瑶村、河沿村推广良种山羊、绵羊,全年羊存栏 3500 只,四畜存栏 12567 头,肉类总产量 465 吨。2002 年,畜牧业生产占农业总产值的 22%,引进优良种猪、种羊,改良绵羊存栏 126 只,黄羊圈养 250 户,生猪存栏 6385 头,出栏 6742 头,羊存栏 3960 只,出栏 875 只。大牲畜出栏 2065 头,产值 575 万元。2003 年,开展科学养殖,缩短饲养周期,加强疫病防治,全年出栏生猪 7002 头,羊出栏 947 只,产值 628 万元。2005 年,引进优良种猪、种羊,扶持养殖大户。出栏生猪 8840 头,羊出栏 3540 头,实现牧业总产值 855 万元。

林业 1991 年,开始种植苗圃,主要以花椒苗和白杨树苗为主。境内大岩沟沿小相岭为冷杉、油杉、云杉、铁杉原生区,大岩沟两侧为云南松与栎类混交带,有少量红豆杉,猫儿山、盘龙山为松、栎、桤、桦等混交林带。海拔 1600 ~ 1800 米地带为常绿阔叶林生长带,海拔 1800 ~ 2400 米地带为针叶林原生区。1997 年,青松村种植杜仲 1000 亩,广河村种植华山松 450 亩,瑶村种植核桃 500 亩。2000 年,退耕还林还草工程和天保林工程实施后,人工林、速生丰产林面积逐年增大,全乡退耕还林面积 7586 亩。种植柳杉、白杨、桤木 1500 亩。2001 年,种植苗圃 587 亩。2002 年,种植黑荆、柳杉、桤木 3000 亩。2005 年,境内森林覆盖率 24%,种植苗圃 200 亩,产值 100 万元,种植柳杉、桤木 55 亩。

教育 1991 年,全乡入学学生 518 人,其中:女 231 人,少数民族学生 356 人。教师 23 人,代课教师 10 人。22 个教学班。1995 年,县教育局分配 6 位教师到乡任教,全乡入学学生 604 人,教师 27 人,代课教师 11 人,23 个教学班。1998 年,板桥小学"普六"验收合格,入学学生 317 人,入学率 98.8%。1999 年,将青岗小学迁建青松 4 组,解决青松 3、4 组学生就读难。2000 年,全乡有学校 5 所,在校学生 680 人,教师 29 人,教学班 23 个,学龄儿童入学率 96%,普及率 95%,升学率 98%,青壮年扫盲率 97%。2002 年,恢复瑶村小学,解决瑶村适龄儿童入学远和入学难的问题。2003 年,"普初"验收合格。省、州财政拨款25万为中心校新建3间教室,10间教师宿舍。实施“十年行动计划”期间,省财政拨款50万元修建1幢教学楼。2005年,全乡有教师42人,临时代课教师9人,正式教师中本科4人,专科学历21人,中专及高中学历8人,学历达标率100%;中级教师5人,初级教师26人。乡中心校1所,村完小1所,点校4所。25个教学班,学生1126人,其中:女生493人,少数民族学生975人,少数民族女生401人,普通寄宿制学生120人。

卫生　1991年,全乡有卫生院1所,私人诊所2所,医务人员4人。1998年,全乡先后成立村级卫生站6所。1999年8月下旬,上涌村发生“霍乱”疫情,乡政府成立领导小组,建立传染病防控网络体系。2003年,成立疾病预防控制领导小组,组织乡村干部、卫生院、各村医疗站123人次投入“非典”疫情防控,对重点地段进行消毒防疫,全乡未发现感染“非典”情况。2005年,新建卫生院1所,占地100平方米,病房1间,床位2个,工作室1间及附属设施。

乡镇企业　1995年,推动矿产资源开发和农副产品加工为重点的乡镇企业发展,年产值138万元,年均递增40%,农副产品加工主要以粮食加工和青松猪毛加工厂为龙头。2000年,有企业272个,其中:集体9个,私营263个,农业企业81个,工业102个,总产值155万元,总收入138万元。2005年,新增乡镇企业25户,实现乡(镇)总产值217万元。

表1-32　　1991—2005年板桥乡基本情况表

项目 年份	幅员面积（平方公里）	耕地面积（公顷）	村（个）	人口（人）	财政收入（万元）	财政支出（万元）	乡镇企业总产值（万元）	农民人均收入（元）	主要农副产品				
									粮食（吨）	生猪出栏（吨）	水果（吨）	烟叶 产量（担）	烟叶 产值（万元）
1991	92.744	442.4	7	5895	6.6	6.4	68.5	286	2537	210	13	471	15.45
1992	92.744	442.4	7	6039	7.24	7.12	79	316	2456	238	15.8	1380	45.56
1993	92.744	442.4	7	6084	7.64	7.42	91	252	2533	251	19.7	798	26.17
1994	92.744	442.4	7	6110	8.17	8.1	114	363	2703	277	23.5	2920	95.78
1995	92.744	442.4	7	6135	8.4	8.22	138	406	2647.5	284	28	3514	115.26
1996	92.744	442.4	7	6198	11.39	11.19	143	564	2502	299	28.5	2102	68.95
1997	92.744	442.4	7	6223	11.44	11.25	148	597	2674	313	29.7	1701	55.79
1998	92.744	442.4	7	6103	11.87	11.7	151	779	2936	337	29.9	1950	63.96
1999	92.744	442.4	7	6176	13.55	13.33	154.5	924	2952	368	30.6	2506	82.20
2000	92.744	442.4	7	7196	14.64	14.51	155	1049	2879	384	31.5	4508	187.90
2001	92.744	442.4	7	7291	14.79	14.68	157	1209	2907	393	33	3502	148.10
2002	92.744	442.4	7	7498	14.8	14.58	161	1385	2908	411	30	7003	325.60
2003	92.744	442.4	7	7579	14.96	14.73	170	1469	2905	423	25	11055	537.20
2004	92.744	442.4	7	7678	15.84	15.68	185	1737	2978	433	24.5	12750	631.13
2005	92.744	442.4	7	7754	15.96	15.73	217	2001	3014	439	23	9845	487.32

第四节　顺河工委

顺河工委地处越西县城正北,距离县城25公里,跨漫滩河两岸。东、北与甘洛县接壤,西与新民区板桥乡、新民镇相邻,南与下普雄区铁西乡、拉普乡交界。幅员面积251.25平方公里。属中山窄谷,地形复杂。漫滩河自南向北流经境内。山岭重叠,谷窄坡陡。最高海拔大坪子山3937米,最低海拔尼日河口1410米,相对高差2427米。立体气候,农作物大多一年一熟,河谷低处可一年两熟。土壤多为冲积土、黄壤、黄棕壤。

顺河由彝语衣吾石者,即顺着河边意译而来。1950年,全区有保安、梅花1条驿道与外界相通,是南来北往的交通要道、重要站口。历代皆有重军驻守,故称梅子营、保安营。漫滩河上无一座桥梁,全靠溜索过河。1951年,修建甘(洛)越(西)公路贯穿全区。1956年,撤销打土自治乡建制,将保安、梅花等地划入,建保安区,辖梅花、白果、梨花、顺河乡。1958年,保安区划为保安、顺河两个区级公社,保安公社辖保安、梅花乡的河西部分及白果乡的马嘎依、苏文顶;顺河公社辖乃托、白果乡大部、梅花乡河东部分。1961年,两社合并建顺河区,恢复梅花、白果、保安、顺河4乡。1969年,成立顺河区革委。1971年,成昆铁路通车,境内设3个火车站。1981年,更名顺河区委。1991年,顺河区委由漫滩迁址乃托乡,由县财政投资26万元,新修办公大楼。1992年6月,撤区并乡建镇,成立顺河工委,辖乃托镇、白果乡、梅花乡、保安乡。2005年,顺河工委辖1镇3乡,即乃托镇、白果乡、梅花乡、保安乡。

表1-33　　1991—2005年顺河区委、工委负责人名录

姓　名	性　别	民　族	职　务	任职时间
尔祖年古	男	彝族	区委书记	1990.12—1992.6
			工委书记兼主任	1992.6—1993.2
刘国元	男	汉族	区长	1990.12—1992.6
郑成富	男	汉族	区委副书记	1990.12—1992.6
			工委副书记	1992.6—1993.2
马尼古	男	彝族	副区长	1992.1—1992.6
			工委书记兼主任	1993.2—1998.12
田德清	男	彝族	副区长	1989.12—1992.6
			工委副书记兼副主任	1992.6—1996.2
马海打沙	男	彝族	工委副书记兼副主任	1996.1—2005.12
潘双木呷	男	彝族	工委副书记兼副主任	1995.12—1998.12
杨热古	男	彝族	工委副书记兼副主任	1998.11—2001.11
冯道华	男	汉族	工委书记兼主任	1998.12—2001.1
黄建平	男	藏族	工委副主任	1996.1—2001.1
			工委书记	2001.1—2005.12
马秀英	女	彝族	工委副书记兼副主任	2000.12—2005.12
田荀特	男	彝族	工委副书记兼副主任	2000.12—2005.12

一、乃托镇

地理位置　乃托镇位于越西县城东北,地处漫滩河上段两岸,距县城23公里。东与甘洛县接壤,南界下普雄区拉普乡、铁西乡,西靠保安乡、板桥乡、新民镇,北界白果乡。幅员面积71.347平方公里。

政区沿革　1950年前,称阿布乃托,即阿布家居住的高地,属特编(大同)自治乡管辖。1950年,属打土自治乡管辖。1953年,建立顺河乡。1958年,为顺河公社(区级)下辖之大队。1961年,恢复顺河乡。1969年,成立顺河公社革委。1981年,地名普查更名乃托公社。1984年,成立乃托乡。1992年,撤区并乡建镇,成立乃托镇,辖6个村,17个村民小组。2005年,全镇辖白石村、乃托村、莫洛村、新华村、觉林村

和红光村，17 个村民小组。

表 1－34　　1991—2005 年乃托乡（镇）负责人名录

姓　名	性　别	民　族	职　务	任职时间
蒋木呷	男	彝族	乡党委书记	1989. 3—1992. 12
			镇党委书记	1994. 3—1998. 12
热夫红机	男	彝族	乡　长	1990. 3—1992. 12
			镇党委副书记	1992. 12—1996. 1
			镇长	1996. 1—1998. 12
			镇党委书记	1998. 12—2006. 3
吉克牛牛莫	女	彝族	乡党委副书记	1989. 3—1992. 12
马呷子	男	彝族	副乡长	1989. 3—1992. 12
沙马阿牛莫	女	彝族	副乡长	1989. 3—1992. 12
余中华	男	汉族	镇党委书记	1993. 1—1993. 6
罗本文	男	彝族	镇长	1992. 12—1994. 3
邹向华	男	汉族	副镇长	1993. 1—1993. 6
刘元洪	男	汉族	副镇长	1993. 1—1998. 12
潘武才	男	彝族	镇党委书记	1993. 6—1994. 3
冯道华	男	汉族	镇党委副书记	1993. 2—1994. 3
			镇长	1994. 3—1996. 1
吉米马达	男	彝族	副镇长	1993. 2—1995. 12
张阿呷	男	藏族	镇党委副书记	1995. 12—1998. 12
金尚明	男	汉族	副镇长	1996. 1—1998. 12
周绍武	男	汉族	镇长	1999. 1—2001. 12
田荀铁	男	彝族	镇党委副书记	1998. 12—2001. 12
邓少铣	男	汉族	副镇长	1999. 1—2001. 12
金玉蓉	女	汉族	副镇长	1999. 1—2001. 12
毛国安	男	彝族	副镇长	1999. 1—2001. 12
金尚平	男	汉族	镇长	2001. 12—2005. 12
王统华	男	汉族	镇党委副书记	2001. 12—2005. 12
邹　勇	男	汉族	镇党委副书记	2001. 12—2005. 12
田苏哈	男	彝族	副镇长	2001. 12—2005. 12
蒋木基	男	彝族	副镇长（民选）	2001. 12—2005. 12

自然环境　乃托镇属中山窄谷地带。漫滩河两侧山岭重叠，东岸山高坡陡，农耕地较少；西面坡度较缓，耕地较多，成阶梯状向河谷倾斜。东面有波日握觉山，东南面有碧鸡山，东北面有瓦泥海特山。最高海拔碧鸡山 3992 米，最低海拔与白果乡交界处河口 1490 米，相对高差 2502 米。由于山高谷深，气候垂直变化显著，山体滑坡、泥石流、洪水地质灾害频繁。年均气温 13. 3 摄氏度，降雨量 1113 毫米，无霜期 247 天，年均日照时数为 1647. 6 小时，天气凉爽，雨量充沛，四季不大分明，水资源丰富。矿产资源以石灰石、白云石、铅锌矿、铁矿石为主，分布在乃托村、觉林村、白石村、新华村、红光村。土壤多为冲积土、黄

壤、黄棕壤。

人口与计生 1991年,全乡有1162户,其中:农业户719户。人口6347人,农业人口4045人;出生105人,其中:非农业人口2人,死亡27人。采取节育措施76人。生育率87%,节育率45%。1993年,全镇有1362户,其中:机关499户;全镇人口6510人,其中:非农业人口2362人,全年出生142人,死亡36人,采取节育措施208人,发放药具156人,全年节约生育指标30人,计划生育率81%,出生率1.5%,人口自然增长率9‰。1997年,召开专题计划生育工作会议4次,突击计划生育工作16次,动员育龄妇女采取节育措施40人,节育率82.7%。全年出生76人,计生率91%,多孩率5.9‰,人口自然增长率10.8‰。2002年,全镇有2370户,其中:农业户1772户;人口7258人,其中:农业人口5250人;非农业人口2008人;育龄妇女2446人,已婚育龄妇女2149人,采取其它节育措施462人。2005年,全镇1757户,人口7593人,其中:育龄妇女1833人(非农业634人,农业1199人);已婚育龄妇女1674人,采取各种节育措施174人,有效节育率70.1%,节育率92%;全年下达的生育指标126人,出生87人,其中:机关3人,农村84人;一孩28人,二孩30人,三孩26人,多孩3人,出生率11.63‰,计划生育率96.55%,人口计划生育率控制在7.49‰;死亡31人,死亡率4.2‰;征收社会抚养费16800元。

基础设施 1991年,境内有省道208线、乃(托)普(雄)公路、成昆铁路等交通设施,有顺河中学、顺河卫生院、乃托中心校、邮政所、粮站、供电所、汽车站、派出所、35千伏牵引变电站等单位。1997年,投资12万元,修建两幢办公用房。1998年,修建红光村14公里的村通公路。1999年,加大邮政、电讯、电力建设,全镇村村通邮、通电,有电话1645门。2003年,采取多方集资的办法,争取县上有关部门资助一点、镇上出一点、群众自筹或投工投劳,修建2000多米的饮水管道,解决新华村人畜饮水。2005年,县政府投资110万元,整修乃托镇区街道,建成长400米,宽12米的混凝土路面及排水沟、路灯等配套设施。

农业 1991年,坚持"围绕农业办工业,办好工业促农业"思想,深化农村改革。全乡有耕地3354亩,粮食产量1875.5吨。1993年7月,遭受冰雹和水灾,粮食减产,全年粮食产量1806吨。1997年8月,镇政府划定基本农田保护区,一级1716亩,二级986亩。2002年,完善第二轮土地承包责任制。2005年,有耕地3199.5亩,粮食产量2560吨。

扶贫 1991年,乃托乡被列为二半山贫困乡,全乡处于温饱线以下的建卡户306户,1571人,占全镇总户数的43%,占总人口的26%。1996年,红光村确定为贫困村,全镇有贫困户196户,882人。1999年,投入形象扶贫水泥125吨,扶贫对象以公路沿线莫洛、白石、乃托村250户为主,其中:新华村37户、红光村100户、觉林村70户。2004年,全镇发放小额信贷87万元,用于扶贫建卡户发展畜牧业和种养殖业,于同年12月底基本回收扶贫信贷。2005年,回收扶贫贷款资金85万元。

林业 1991年,发展油桐木本中药材和核桃、花椒种植。制止乱砍滥伐,毁林开荒的行为,全年种植油桐348亩、杜仲13875株、核桃200亩3134株、花椒200亩。1994年,完成3972亩粮改现金的兑付,共计资金95328元,连续5年无森林火灾。1996年,在荒山荒坡种植杜仲17685株、核桃300亩4753株、花椒200亩、飞播造林16664亩,改造莫洛村苹果园100亩。2000年,实施退耕还林政策,完成退耕还林1000亩,涉及农户351户。2001年,完成退耕还林1500亩,涉及农户290户。2002年,完成退耕还林472亩,涉及农户220户。2003年,完成退耕还林1000亩,涉及农户173户。荒山配套面积97亩。2005,完成退耕还林500亩,涉及农户184户。

畜牧业 1991年,全乡举办畜牧科技知识宣传687人次,出栏肥猪2710头,产量217吨,羊700只,产量17.5吨,大牲畜1551头(匹),肉类总产量269吨,实现畜牧业产值68.7万元。1993年,推广畜种改良、科学饲养,加强畜牧防疫。全年猪存栏4482头,增长2.7%;羊存栏6320只,增长2.3%;四大牲畜存栏12427头(匹),实现畜牧业产值78.9万元,肉类总产量309吨。1998年,生猪存栏5478头,肥猪出栏310头,四大牲畜存栏13507头,肉类总产量382吨,畜牧总产值182万元。2003年,实现畜牧业产值190.4万元,占农业总产值的57%,肉类总产量798吨,四大牲畜存栏14130头(匹)。2005年,狠抓畜牧防病治病，大力发展生猪生产。实现畜牧业产值199.8万元，占农业总产值的55%，肉类总产量864吨，较上年增长13%，四大牲畜存栏15230头(匹)。

教育　1991年，采取群众、集体出一点，国家投资一点，集资新建中心校教学大楼。1993年，修建中心校教师宿舍，儿童入学率91%，普及率69%，巩固率95%，合格率98%。1998年，全镇有中心校1所、村小6所，教师26人。2000年，乃托中心校列为“民族地区教育发展十年行动”项目学校，投资60万元，新建教学大楼、操场、旗台、伙食团等设施。2002年，学校开办寄宿制。2005年，全镇有中心校1所、村小6所，19个教学班，34位教师(代课教师2人)，其中：女教师17人；全镇学龄儿童655人，入学623人，入学率95.3%，其中：女生283人，全镇学生巩固率95.4%，毕业率96.8%，普及率94.4%，完成普及初等教育工作，“四率”均达到国家的普初要求。有镇农技校1所，村农技校6所，配备有专职扫盲教师1人，村级扫盲教师15人。1994—2005年，投入扫盲资金12.8万元，扫盲人数4240人，扫盲率97.6%。

卫生　1991年，全乡有中心卫生院1所，村卫生站2个。1995年，镇卫生院有职工18人，全年接诊4350人次，小儿预防接种317人次，发放小儿麻痹糖丸560人次。2000年，成立乃托镇“2号病”(霍乱)防治领导小组，强化行政首长负责制和及时报告制度，严禁村民奔丧，建立健全死亡制度，聚餐申报许可制度，群体性聚餐管理制度，保证疫情报告的及时、准确、畅通。有效控制霍乱等重点疾病在境内的发生。2003年，成立乃托镇非典疫情防控领导小组，实行24小时值班和领导带班制度，霍乱病连续4年实现“零”报告。2005年，全镇有6个村卫生站，中心卫生院有医生34人，设办公室、内科、外科、防保、后勤等科室。开展重点疾病预防宣传，培训352人次。

乡镇企业　1991年，发挥资源优势，开发白云石、石灰石等矿产资源，乡镇企业总产值402万元。1994年，实现工业总产值401万元，第三产业产值30万元。1996年，大力发展第三产业，新建粮食加工厂1个，水泥制砖厂1个，开采石灰石987吨，铁矿石243吨，沙石3541吨，实现产值411万元，第三产业产值34万元。1999年，利用铁马二级电站工程和铁路电气化工程建设，输出农村剩余劳动力1165人次。2005年，成立劳务开发办，向县外输出农村剩余劳动力730人，实现产值180.5万元，占全镇GDP的34.3%，实现工业产值950万元，第三产值71万元。

表1-35　　1991—2005年乃托镇(乡)基本情况表

项目 年份	幅员面积(平方公里)	耕地面积(公顷)	村(个)	人口(人)	财政收入(万元)	财政支出(万元)	乡镇企业总产值(万元)	主要农副产品				
								粮食(吨)	生猪出栏(吨)	水果(吨)	烟叶(吨)	其他(吨)
1991	71.347	223.6	6	6347	10	10	402	1875.5	217	19.8	2.98	87
1992	71.347	220.4	6	6424	11.4	11.4	412	1674	214	20.2	3	92.8
1993	71.347	220.4	6	6510	14	13.3	424	1806	215	21.2	0.5	98
1994	71.347	229.7	6	6593	14	14	431	1884	220	21.8	—	99.6
1995	71.347	229.7	6	6680	14.6	294	438	1910	228	22.3	—	101.3
1996	71.347	229.7	6	6764	14.6	15.3	445	1949	234	23.4	—	103
1997	71.347	228.7	6	6831	14.6	14.6	460	1983	246	24.6	—	112.7
1998	71.347	228.1	6	6896	16	16	476	2048	255.3	25.8	—	123.3
1999	71.347	227.9	6	6971	16	16	490	2080	283	27.5	—	132
2000	71.347	227.8	6	7021	16	16	609.7	2212	325.45	29.1	—	153.3
2001	71.347	227.7	6	7116	17	17	743.5	2369.1	325.2	31.7	—	177.5
2002	71.347	227.7	6	7258	17	17	848.5	2459.3	328.5	33.5	—	195.8
2003	71.347	221.2	6	7380	17	17	969.2	2492	374.8	37.3	—	262.8

续上表

年份 \ 项目	幅员面积(平方公里)	耕地面积(公顷)	村(个)	人口(人)	财政收入(万元)	财政支出(万元)	乡镇企业总产值(万元)	主要农副产品 粮食(吨)	生猪出栏(吨)	水果(吨)	烟叶(吨)	其他(吨)
2004	71.347	213.3	6	7510	18	18	1091	2526.7	420.6	40.7	—	334.8
2005	71.347	213.3	6	7593	18	18	1212	2560	467	44.8	—	397

二、梅花乡

地理位置 梅花乡位于越西县城北部,东、北与甘洛县交界,西与板桥乡相连,南邻白果乡、保安乡。距县城37公里,幅员面积76.96平方公里。

政区沿革 1954年,在梅花村成立梅花乡人民政府。1958年,改为梅花人民公社,属保安公社所辖大队。1961年,恢复梅花乡。1969年,成立梅花公社革委。1972年,梅花人民公社搬迁到打土村。1981年,选举产生公社管委会。1982年,建立梅花乡人民政府,辖5个行政村,17个村民小组。2005年,全乡辖梅花、普顶、团结、打土、巴姑5个行政村,17个村民小组。

表1-36 1991—2005年梅花乡负责人名录

姓名	性别	民族	职务	任职时间
潘双木呷	男	彝族	党委书记	1991.3—1995.11
葛福忠	男	汉族	乡长	1991.3—1995.12
蒋猛嘎	男	彝族	党委副书记	1992.3—1995.12
阿欧拾金	男	彝族	副乡长	1993.3—1999.12
杨热古	男	彝族	党委书记	1995.11—1998.11
田苟特	男	彝族	乡长	1997.12—1999.12
耿富华	男	汉族	党委副书记	1997.1—2005.12
田玉华	男	彝族	党委书记	2000.3—2001.12
黄建鸣	男	藏族	乡长	2000.3—2002.12
潘国清	男	彝族	副乡长	2002.3—2005.12
蒲志全	男	藏族	副乡长	2002.3—2005.12
康平	男	汉族	党委书记	2002.8—2005.12
阿欧拾金	男	彝族	乡长	2003.3—2005.12

自然环境 梅花乡处于漫滩河两岸,山高谷深,东西两面山岭向漫滩河倾斜,河谷窄而深,谷宽50米左右,谷坡大于20度。东面有达布洛魔山,西面有大坪子山、热呼格则山,西北面有阿都波则山。最高海拔大坪子山3837米,最低海拔巴古河岸1170米,相对高差2667米,气候变化大,河谷年均气温为13摄氏度,年降雨量1037毫米,无霜期260天,大小春一年两熟,海拔1700米以上的普顶、梅花、巴姑等村气候冷凉,一年一熟。土壤多为冲积壤、黄壤、黄棕壤。有森林、中草药、铁、铜等资源。

人口计生 1991年,全乡人口3022人,其中:男1615人,女1407人,彝族2440人,藏族157人,汉族425人,育龄妇女597人,采取节育措施563人。1998年,对全乡3178人进行计划生育宣传、动员,采取节育措施685人。2002年,人口3589人,育龄妇女738人,已婚育能妇女573人,采取节育措施355人。2005年,人口3923人,其中:彝族占80%,藏族占5%,汉族占15%。育龄妇女1017人,已婚育能妇女864人,采取节育措施728人。

基础设施　1991年，省道208线、成昆铁路穿过乡境，设有阿寨火车站。投资3万元，自筹资金2.6879万元，村民投工投劳1864人次，安装管道12公里，解决普顶、梅花村325户1270人人畜饮水；修建打土村、梅花村、普顶村9公里通村公路。1992年，扶贫贷款2万元，自筹资金3.245万元，农民群众投工投劳689人次，架线15公里解决梅花村、团结村、普顶村照明用电。投资2万元，自筹资金1.2万元，村民投工投劳583人次，安装水管20公里，解决打土村、团结村382户1365人人畜饮水。1994年，在打土粮站建成梅花乡农贸综合交易市场。1997年，拉尔矿山资助5万元，自筹资金1.2万元，村民投工投劳1268人次，修建白沙河到巴姑村拉尔组17公里通村公路和拉个组至足各组5公里马车路。2003年，建立打土村农村移动通讯基站，解决乡机关、学校、医院、电站、拉尔矿山、打土村、巴姑村通讯。岩保电站资助12万元，自筹资金4.5678万元，村民投工投劳1364人次。修建保安乡、梅花村、团结组18公里和普顶村至青林组5公里通村公路。2005年，县政府拨款1.5万元，拉尔铁矿资助10万元，自筹资金1.2万元，村民投工投劳1453人次，架设线路29公里，解决白沙河、巴姑村拉尔组、足各组和拉尔矿山照明用电。同年，修建梅花村农村移动通讯基站，开通梅花村3个组、普顶村3个组、团结村3个组的电话。

农业　1991年，全乡耕地面积3967.5亩，主要粮食作物有玉米、水稻、洋芋等，所产水稻有贡米之称。1993年，推进六大农业产业建设，种植玉米2000亩、苦荞麦3000亩、马铃薯2865亩、特色花椒20万株。1998年，推进农业化进程，种植优质马铃薯、苦荞麦。二半山区发展优质水果、干果和中药材种植621户。2001年，发展本地特色农业257户，构建优质产品基地1647亩，优质马铃薯和苦荞麦种植5208亩。2003年，完善农村土地承包经营权制度，扶持农产品深加工企业。年末，有农产品加工企业60户、集约化农业大户35户，推进"公司+基地+农户"、"公司+协会+农户"，发展农村经济组织876户，创新型农村专业经济合作组织12个，完善农业标准化生产机制2个、农业投入机制和农村社会化服务机制6个。2005年，粮食产量1600吨，人均粮食1456斤，人均纯收入954元。

乡镇企业　1995年，境内有白沙河一级电站，装机容量570千瓦，属白果乡和梅花乡共有的集体所有制企业；白沙河二级电站，装机容量2000千瓦；三岔河电站，装机容量1200千瓦，属县电力公司企业。2004年，巴姑电站建成投产发电，装机容量1260千瓦。岩保电站，装机容量4000千瓦，属个体民营企业。2005年，乡镇个体企业有梅花、普顶、团结、打土、巴姑等8个粮食加工点，年均加工量25000吨。矿冶有拉尔、甘花赤铁矿厂。

扶贫　1991年，全乡调查摸底，有建卡贫困户406户，贫困人口1319人。1992年，边远贫困地区扶贫开发力度，安置受山体滑坡威胁的车木组农户57户283人。1994年，全乡建卡户386户1298人通过省、州扶贫越温达标，达标率95%。1996年，实施"五大扶贫工程"，加大5个村17个组扶贫力度。坚持"两个确保"，落实"三条保障线"，对农民最低生活保障做到应保尽保，解决农村最低生活保障236户。1999年，全乡建卡贫困户202户736人通过"八七扶贫攻坚"州扶贫验收，全乡人均有粮610公斤，人均纯收入711元。"五个一"工程达标户202户。2003年，投入10万元扶贫资金，完善乡中心卫生院配套设施。2005年，利用扶贫项目，解决5个村17个组人畜安全饮水和照明用电。

林业　1991年，有天然林资源1471.3公顷，天然保护林321.9公顷。1998年，实施天保工程，停止林业采伐，开始植树造林，全年造林500亩。2000年，退耕还林造林2000亩，兑现粮食补贴48万元，零星植树30000株。2002年，退耕还林造林1800亩，公益性造林2000亩。2005年，治理水土流失350公顷、退耕还林造林764.4亩，公益性荒山造林3000亩、经济林木造林6000亩、庭园经济林木造林5000亩，森林覆盖率45%以上，全乡退耕还林4004.6亩，全年发放粮食补贴96.12万元。

畜牧业　1991年，利用天然草场资源2359.2公顷发展畜牧业，强化畜牧兽医人员业务培训，全乡四大牲畜存栏2675头，出栏1485头。1995年，全乡种草300亩，绵羊改良58只。2002年，加大科学养殖知识培训，转变群众牲畜饲养方法，将敞放改为圈养，推进种草养畜，降低冬季牲畜死亡率。全年种草100亩，四大牲畜存栏3584头，其中：猪1432头，牛235头，马140匹，羊177只。2005年，四大牲畜存栏

17635头,出栏数6350头,其中:生猪存栏12537头,生猪出栏8519头;家禽存栏72516只,家禽出栏53671只;肉类产量4362吨。

教育 1991年,全乡有中心校1所,村小5所,教师18人,教学班14个,当年有18名学生毕业。1995年,中心校有教师20名,教学班6个。村小教学班5个,教师12名,全乡有学生107人,有毕业班2个,31名学生毕业升入初中。2000年,中心校占地5500平方米,有12间教室,教师寝室10间,教师办公室1间。村小占地面积412平方米,有8间教室,6间教师寝室。学生入学率85%,辍学率15%。2005年,全乡有5所小学校,其中:中心学校1所、完校1所、村小3所。教职工26名,20个教学班,在校学生521人,小学入学率98%。村法制教育率99%、村科技教育率95%、村安全教育率98%、农村健康教育率100%、农民素质教育率100%。

卫生 1991年,全乡有乡卫生院1所,占地85平方米,职工住房50平方米,病床3张,1名医生,全年接诊1286人次。1995年,全乡有医生3名,病床5张,全年就医4835人次,小儿防疫接种817人次,接种率98%。1998年,深化农村卫生事业体制改革,建立农村卫生服务体系,培训医务人员10次。2000年,构建乡村妇幼保健站、计生服务站等乡级医疗卫生服务体系。到村、组为群众巡诊59次,看病人数1648人次。2005年,实施"药品、食品"放心工程,检查、抽查公共场所、学校卫生。全乡有卫生院1所,5名乡医务人员;村卫生站5个,5名村医务人员。

表1-37　　1991—2005年梅花乡基本情况表

年份 \ 项目	幅员面积(平方公里)	耕地面积(公顷)	村(个)	人口(人)	乡镇企业总产值(万元)	财政收入(万元)	财政支出(万元)	农民人均收入(元)	主要农副产品			
									粮食(吨)	生猪出栏(吨)	水果(吨)	烟叶(吨)
1991	76.96	264.2	5	3022	5.1	6.5	6.5	560	1649	105.8	59.3	5
1992	76.96	264.2	5	3115	5.6	7.1	7.1	567	1632	107.8	62.7	6
1993	76.96	264.2	5	3171	6.8	7.6	7.6	349	1552	99.2	65.2	7
1994	76.96	264.2	5	3201	7.5	8.4	8.4	385	1570	97.3	69.2	9
1995	76.96	264.2	5	3177	8.3	9.1	9.1	650	1550	98.5	70.3	10
1996	76.96	264.2	5	3175	8.8	9.6	9.6	674	1530	107	72.1	11
1997	76.96	264.2	5	3170	9.2	9.9	9.9	683	1546	129	73.5	13
1998	76.96	264.2	5	3178	9.4	10.3	10.3	698	1526	149.8	87.4	16
1999	76.96	264.2	5	3208	9.7	10.6	10.6	711	1592	195	90.3	6
2000	76.96	264.2	5	3194	10.2	11.1	11.1	746	1504	209	90.6	11
2001	76.96	264.2	5	3516	10.6	11.5	11.5	758	1463	205.8	100.8	28.5
2002	76.96	264.2	5	3589	10.9	12.6	12.6	764	1489	216.3	114.3	28.9
2003	76.96	140.5	5	3665	11.2	13.1	13.1	795	1532	228.7	115.4	31.5
2004	76.96	140.5	5	3743	11.6	13.7	13.7	812	1587	235.8	116.9	35.8
2005	76.96	140.5	5	3923	12	14	14	954	1600	242	125	36

三、白果乡

地理位置 白果乡位于越西县城北部,距离县城32公里,北接梅花乡,东与甘洛县交界,西与保安藏族自治乡毗邻,南连乃托镇,幅员面积66.274平方公里。

政区沿革 白果原称马肯各乃(彝族地名)。1951年1月,建立白果乡政府,属顺河区直属乡。1956年,民改后建白果乡。1958年,属顺河公社下属之大队。1961年,恢复白果乡。1969年,成立白果公社革委。1972 年，改称白果公社。1980 年，改称白果乡，辖白果、青桃、曙加、塔拉、过俄乃吉、桥梁莫 6 个村 22 个村民小组。1981 年，选举产生公社管委会，辖 6 个行政村、30 个村民小组。2005 年，辖白果、青桃、曙加、塔拉、过俄乃吉、桥梁莫 6 个行政村、22 个村民小组。

表 1－38　　1991—2005 年白果乡负责人名录

姓　名	性　别	民　族	职　务	任职时间
尔祖克日	男	彝族	乡党委书记	1991. 1—1992. 11
马木乃	男	藏族	乡　长	1991. 1—1996. 11
田阿木	男	彝族	乡党委副书记	1989. 12—1992. 12
蒋木呷	男	彝族	乡党委书记	1992. 12—1994. 2
邱德明	男	彝族	乡党委书记	1994. 2—1995. 4
冯道华	男	汉族	乡党委书记	1996. 11—1999. 1
威色伍加	男	彝族	乡　长	1996. 11—1999. 1
毛国安	男	彝族	乡党委副书记	1996. 11—1999. 1
田泽强	男	汉族	副乡长	1996. 11—1999. 1
			乡党委书记	1999. 1—2001. 12
马学英	女	彝族	乡　长	1999. 1—2001. 12
阿欧拾金	男	彝族	乡党委副书记	1999. 1—2000. 12
田苏哈	男	彝族	副乡长	1999. 1—2001. 12
邹　勇	男	汉族	副乡长	1999. 1—2001. 12
王炳福	男	汉族	乡党委书记	2001. 12—2005. 12
王树金	男	彝族	乡　长	2001. 12—2005. 12
谢强	男	彝族	副乡长	2001. 12—2005. 12
蒋阿木	男	彝族	副乡长	2001. 12—2005. 12

自然环境　白果乡地跨漫滩河两岸。山地占 90% 以上，属中山窄谷地形。山高谷深，河东坡陡，河西坡度较缓。东面有耳尚和古山、觉古乃掩山。地形东西高，由南向北倾斜，形成沟深、谷窄、坡陡的“V”形状。东、西群山起伏、重峦叠嶂、沟谷纵横，地势险峻。耕地坡度多在 30 度以上，最高海拔耳尚和古山 3510 米，最低海拔漫滩河谷与梅花乡交界 1470 米，相对高差 2040 米。沿河气候温暖，年均气温 13 摄氏度，年均降雨量 1037 毫米，无霜期 250 天，日照充足，干燥多风，昼夜温差低，适宜种植水稻、玉米、洋芋、黄豆、荞麦、燕麦。大小春一年两熟，高山气候冷凉，仅一年一熟。境内有赤铁矿、煤、白云石、石灰石等矿产资源。土壤多为冲积土、黄壤、黄棕壤。

人口计生　1991 年，全乡有 749 户、4186 人，其中：藏族 5 户 35 人，汉族 1 户 5 人；男 2099 人，女 2087 人，育龄妇女 615 人，采取节育措施 45 人。1996 年，坚持党政一把手亲自抓，分管领导具体抓，实行计划生育工作“一票否决”制，全乡有 878 户、4394 人，藏族 4 户 21 人，汉族 1 户 7 人，男 2364 人，女 2030 人，育龄妇女 687 人，采取节育措施 42 人。2001 年，开展帮扶倾斜政策，把计划生育“三结合”工作落到实处。全乡有 1069 户、5237 人，男 2758 人，女 2479 人，育龄妇女 713 人，采取节育措施 71 人。2005 年，全乡有 1232 户、5670 人，男 2997 人，女 2673 人；育龄妇女 769 人，采取节育措施 73 人。

基础设施　成昆铁路和省道 208 线纵贯境内。1991 年，安装电视转播站 1 个，电视信号覆盖白果、青桃、曙加、塔拉、过俄乃吉 4 个村 17 个村民小组，全乡有电视机 445 台，占全乡户数的 61%。1995 年 7 月，桥梁莫村、塔拉村群众义务投工投劳修通 6 公里桥梁莫马车道。1996 年 9 月，过俄乃吉村组织村民义务投工修通8公里过俄乃吉村马车道。1999年,投资水泥30吨,安装水管7公里,解决白果村青林组21户152人,1987头人畜饮水。2002年,采取群众筹资、义务投劳投工等方式,投资水泥30吨,筹资1万元,群众投工1057人次,安装水管3125米,解决白果村漫滩组112户792人,3457头人畜饮水。2004年10月,桥梁莫村村民义务投工投劳1万人次,自筹资金5万元,架通13公里照明线路。2005年,修建移动基站,扩大手机信号覆盖面。全乡有手机2435部,占总人口45%;移动、电信座机961门,占总户数71%;彩色电视机1102台,卫星接收机1102台,占全乡总户数98%。同年,投资1500万元,修建过俄乃吉洛尔沟电站,设计装机容量3200千瓦。

农业 1991年,全乡耕地4065亩,人平耕地1.1亩。粮食总产量2479吨。1993年,加强农田水利建设,全面实施"科技兴农"战略,新修白果、加林、草坝组农田引水灌溉渠7800米,推广玉米地膜,洋芋高厢垄作,水稻两段育秧种植。全乡粮食产量2409吨,粮食亩产980斤,其中:玉米1448吨,占60%;洋芋600吨,占16.6%;水稻201吨,占8.8%;其他作物84吨,占3.5%,经济作物产量275吨。人平有粮1024斤。1998年,调整产业结构,立足发展农业。全年粮食总产量2676吨。2000年,开展科学种植,良种栽培。种植水稻宽窄行514亩、地膜玉米2109亩、洋芋高厢垄作施磷增氮2057亩。粮食总产量2766吨。2005年,有耕地4788亩,其中:田514亩、地4274亩,粮食总产量为2957吨。

扶贫 1991年,扶贫摸底调查,全乡建卡贫困户348户;贫困户占全乡总户数39.6%,贫困人口1758人,占全乡总人口40.3%。1994年,争取扶贫资金34万元,发展种养殖业,推广地膜玉米1987亩,两段育秧408亩,洋芋高厢垄作1715亩。经州扶贫办验收,全乡建卡贫困户348户,1758人,全部越过"二六"温饱线,人均有粮419公斤,人均纯收入438元。1997年,实施形象扶贫70户,安装亮瓦560匹,窗子70个,硬化院坝1200平方米。1999年,实施白果村漫滩组新村建设,投入水泥60吨、亮瓦400匹、窗子130个,经县政府验收,建卡贫困户人均有粮413公斤,人均纯收入815元,"五个一"工程达标率85.5%。2000年,投入水泥40吨,修建白果组、加林组、草坝组进村水泥路1725米。2005年,就地移民白果村加林组30户152人、曙加村曙光组13户59人、塔拉村阿尔益组6户28人,安装水管5647米,新修村道1400米。

林业 1991年,发动群众利用荒山荒坡种植华山松97亩。1997年,走一乡一业,一村一品产业,投资10万元,购进白果树苗4万株。1998年,发展经济林木,种植花椒10万株,核桃7万株,形成以青桃村为核心,辐射青林组、乃加组、依林组经济林木区。2000年,退耕还林2000亩,种植树苗80万株,公益造林3000亩。2005年,零星植树5万株,公益造林2000亩,全乡林地1278.8公顷,灌木林地1910.5公顷,未造林地166.7公顷,总面积2256公顷。

畜牧业 1993年,在低谷和平坝区域,实行公猪良种化、母猪本地化、仔猪杂交化,推广种草养畜,饲料饲养,规模养殖,年末四大牲畜存栏14546头,其中:猪5340头,牛1264头,羊7654只,肉类产量283吨。1998年,在塔拉、桥梁莫、过俄乃吉村发展规模养殖,改良绵羊、黄牛。全乡四大牲畜存栏19874头,肉类产量315吨。2005年,推行绵羊改良,种草养畜,疫病防治,种草1500亩。全乡生猪出栏5762头,存栏6864头,改良绵羊8157只,牛存栏1621头,马存栏209匹,能繁母牛618头。畜牧总产值401万元,占农业总产值的47%。

教育 1991年,全乡有白果中心小学校、塔拉小学、漫滩小学、桥梁莫小学、曙加小学,教师7名,学生89名,学龄儿童入学率35%。2002年,白果小学校实施"四川省民族地区十年行动计划",新修教学楼1栋,有教学班6个,点校教学班4个,在校学生125人。2004年,实行"普及九年义务教育制",修建教学楼1栋,配有实验室、美术室、音乐室、图书室、远程教育、微机室。2005年,迁建塔拉村点校,新修教学楼1栋,配套远程教室、图书室、实验室和微机室,教职工3人,6个班,学生173名;桥梁莫村点校新修教室、教职工住房,在校学生37人。有教职工22名,学生647人,学龄儿童入学率98%,升学率100%。

卫生 1991年,有1所乡卫生院,医生1名。1995年,全乡有乡卫生院1所,村卫生站6个,全年接诊3250人次，小儿预防接种101人次。2001年，针对主要传染性疾病，加强宣传，严格疫情报告制度，开展健康教育培训5期165人次参训。建立死亡报告制度，聚众聚餐报告制度和重点疫情报告制度。全年死亡报告15起，聚众聚餐报告21起，无重点疫情报告。2005年，建立0～7岁儿童基本情况名册，免疫接种乙肝、麻疹、百白破混合制剂156人次，发放脊髓灰质炎活疫苗糖丸112人次。全年到乡卫生院就诊病人5684人次。

表1－39　　1991—2005年白果乡基本情况表

项目 年份	幅员面积（平方公里）	耕地面积（公顷）	村（个）	人口（人）	乡镇企业总产值（万元）	财政收入（万元）	财政支出（万元）	农民人均收入（元）	主要农副产品			
									粮食（吨）	生猪出栏（吨）	水果（吨）	烟叶（吨）
1991	66.274	271	6	4186	0.3	6	6	307	2479	128.4	10.9	8.78
1992	66.274	276	6	4233	0.3	8	8	341	2400	128.6	9	8
1993	66.274	269.3	6	4286	0.3	11	11	398	2409	135	8	7
1994	66.274	319.5	6	4315	0.3	12	12	440	2414	136.5	7	6
1995	66.274	319.5	6	4355	0.3	12.5	12.5	500	2545.63	139.7	19.43	5.8
1996	66.274	319.2	6	4394	0.3	13	13	523	2568	149.7	5.3	6
1997	66.274	319.2	6	4424	0.4	13.4	13.4	615	2623	185	4.6	5.9
1998	66.274	319.1	6	4456	0.4	14	14	708	2676	237.36	4.5	6
1999	66.274	319	6	4481	0.4	15	15	815	2736	237.6	4.6	6.1
2000	66.274	318.9	6	5066	0.4	15	15	896	2766	242	5	7
2001	66.274	318	6	5237	0.5	16	16	1026	2835	247.5	5.6	6
2002	66.274	317	6	5291	0.5	17	17	1161	2876	284	5.7	6.3
2003	66.274	316	6	5318	0.5	17.5	17.5	1312	2873	295.2	4.7	6
2004	66.274	319.2	6	5497	0.5	18	18	1463	2928	369.2	5	6.3
2005	66.274	319.2	6	5670	0.5	18	18	1728	2957	432.1	5.7	6.3

四、保安藏族乡

地理位置　保安乡地处越西县城东北，距县城30公里，在漫滩河两岸。东与白果乡接壤，西南与新民区板桥乡相连，北与梅花乡毗邻，幅员面积35.254平方公里。

政区沿革　1950年前，保安是北通雅安、成都的要道，常年有军队驻守，故名保安营。为海棠至越西间“六关五营”之一。1950年，归新民乡管辖。1954年，成立保安乡人民政府驻保安村。1956年，改称梨花乡，乡政府迁至梨花站。1958年，公社化时为保安公社下属之大队。1961年，恢复乡建制，称保安乡。1968年，保安人民公社迁驻梨花村。1969年，成立保安公社革委。1981年，选举产生公社管委会。1984年7月，成立保安藏族乡人民政府，辖保安村、梨花村、平原村，有21个村民小组。1993年，缩减为17个村民小组。2005年1月，增设平原村丰收组、新桥2组、平原2组、沟东2组以及梨花村先锋2组，全乡辖平安、梨花、保安3村22个村民小组。

表1－40　　1991—2005年保安藏族乡负责人名录

姓　名	性　别	民　族	职　务	任职时间
马尼古	男	彝族	党委书记	1991.3—1993.12
张树林	男	藏族	乡　长	1991.3—1993.12

续上表

姓　名	性　别	民　族	职　务	任职时间
潘文安	男	彝族	党委副书记	1991.3—1993.12
田荷特	男	彝族	副乡长	1991.3—1993.12
			党委副书记	1993.1—1995.12
马海打沙	男	彝族	党委书记	1993.12—1995.12
黄建平	男	藏族	乡　长	1993.12—1995.12
姚许素	女	汉族	副乡长	1993.2—1997.12
			党委副书记	1998.12—2001.12
刘国昌	男	汉族	党委书记	1996.3—1998.10
黄建鸣	男	藏族	乡　长	1995.12—1997.10
张阿嘎	男	藏族	乡　长	1998.4—2005.12
潘武才	男	彝族	党委副书记,主持书记工作	1999.8—2001.12
杨国全	男	汉族	党委书记	2002.1—2005.12
周成鑫	男	汉族	党委副书记	2002.3—2005.12
田清林	男	彝族	副乡长	2002.1—2005.12
唐庆勇	男	汉族	党委副书记	2002.3—2005.12
王树清	男	藏族	副乡长	2002.3—2005.12

自然环境　保安乡四面环山,山脉呈南北走向。东西窄,南北长,各种冲积沟发育明显。北有弯脚山,西北面有马颈子山。最高海拔马颈子山2974米,最低海拔连三营沟与白果乡交界处1990米,相对高差984米。平原、梨花村为中山中谷、中山宽谷地形,保安村为中山窄谷地形。乡政府驻地海拔2050米。属亚热带湿润性气候。山地占90%以上,耕地坡度多在30度以上。年均气温约10摄氏度,年均降雨量均1200毫米,无霜期200天,大小春一年一熟。昼夜温差大,低温阴雨灾害频繁,山间坝地排水不良,地下水位较高。土壤多为冲积土、泥炭土、黄壤、黄棕壤。有森林和中草药资源。

人口计生　1991年,全乡人口3379人,其中:男1699人、女1680人;彝族907人、藏族2001人、汉族471人;育龄妇女561人、采取节育措施317人。1995年,针对人口与计生管理、协调、服务工作,成立计生领导小组,坚持党政一把手亲自抓,分管领导具体抓,对全乡3487人进行人口与计生的宣传、动员,采取节育措施495人。2002年,狠抓人口与计生"生产、生活、生育"相结合工作。全乡人口3718人,育龄妇女821人,已婚育龄妇女713人,采取节育措施328人。2005年,落实帮扶倾斜政策,抓规范管理,把计划生育"三结合"工作真正落到实处。全乡4065人,育龄妇女821人,采取节育措施492人。

基础设施　1991年,采取以上级政府支持为主,农民群众自筹资金为辅,完成人畜饮水工程3处、通村(组)公路1条5公里。1996年,安装电视转播站1个,电视信号覆盖11个村民小组,全乡有电视机218台,占全乡总户数的31%;同年,投入10万元,在梨花、平原村实施闭路电视进户工程,安装进户513户。1999年,投入50吨水泥,自筹资金1.3万元、农民群众投工投劳862人,硬化平原组、沟东组巷道。2001年,投入30吨水泥,硬化保安村保安组村道。2002年,扶贫贷款6万元,自筹资金1.35万元,村民投工投劳437人,解决保安村大龙塘、小龙塘两组78户402人的照明用电。2003年,投资180万元,修建板桥到保安乡11公里的通乡公路,于次年通车;投资9万元,维修三叉河至保安村草塘组村道,修建草塘组至保安组村道。2004年,投资10万元,修建梨花组至新普组4座石拱桥。

农业　1991年,全乡耕地5145亩,主产玉米、水稻、洋芋、花椒、向日葵。玉米播种3396亩,洋芋950

亩,水稻300亩,粮食产量1726吨。1995年,推广种植花椒、向日葵。全年种植向日葵50亩、花椒12000株。2000年,推广科技种植,种植地膜玉米2216亩,洋芋高厢垄作2318亩,水稻良种种植182亩,向日葵37亩。粮食产量2419吨。2005年,全乡粮食产量3090吨。人均粮食1459斤,人均纯收入1811元。

扶贫　1991年,全乡建卡贫困户251户,贫困人口1356人。1994年,经州、县检查验收,全乡建卡户249户1347人越温达标,达标率99%,人均纯收入646元,人均有粮421公斤。1996年,投资3.5万元,安置受山体滑坡威胁的草塘组农户5户31人。1997年,实施扶贫摸底调查,建卡贫困户359户,占全乡总户数51%,人口2013人,占全乡人口59%。形象扶贫50户,发放亮瓦400张,窗子50个,水泥硬化院坝50个。1999年,"八七"攻坚验收,全乡有359户建卡贫困户2013人贫困人口达标,"五个一"工程有355户达标,人均纯收入1107元,人均有粮440公斤。2002年,将350吨磷肥分发给全乡贫困户。2003年,投资5万元,支持贫困户发展生猪养殖。

林业　1991年,全乡有天然林782.5公顷。1995年,开展公益性荒山造林400亩。2000年,退耕还林造林2000亩,荒山造林700亩。2002年,开展经济林木造林400亩。2005年,天然林1125.4公顷,森林覆盖率32.6%以上,公益性荒山造林300亩。

畜牧业　1991年,全乡四大牲畜存栏7348头,生猪存栏4220头。1995年,重新规划,发展畜牧业,加大投入,四大牲畜存栏15753头,生猪存栏6138头。2001年,全乡投放60只南疆黄羊、30只新疆绵羊。2005年,强化畜牧兽医人员业务培训,做到技术到位、服务到家、药品到畜。四大牲畜存栏15753头,出栏数7021头,其中:生猪存栏6138头,出栏3020头;家禽存栏2681只,出栏1997只;肉类产量548吨。

教育　1991年,全乡有平原村中心小学、先锋小学、保安小学、凤凰小学、大龙塘小学。教师17名,在校学生416名,学龄儿童入学率95%。1993年,平原村中心小学由平原组南迁到北,新建校舍12间。1995年,撤销凤凰组小学和大龙塘组小学,新建草塘组小学。全乡有教师18名,在校学生476名。1996年,实行农村技能培训,让每户农民学会2~3门农村实用技术,村法制教育率97%、村科技教育率95%、村安全教育率98%、农村健康教育率1000%、农民道德素质教育率100%。2004年,实行"普及九年义务教育制",完善学校硬、软件设施,改进教学方法,提高教育教学质量。2005年,投入5万元维修先锋小学;征用梨花村16亩土地,修建保安乡中心校新校区。全乡有5所小学校,其中:中心学校1所、完校1所、村小3所,教职工28名,21个教学班,在校学生730人,学龄儿童入学率98%,升学率100%。

卫生　1991年,有乡卫生院1所,医务人员2名。1995年,完善农村卫生服务体系,构建乡村疾病预防控制中心、计生服务站等乡级医疗卫生服务机构。2001年,针对肺结核、麻疹、霍乱等重点疾病加强管理,严格疫情报告制度,实施早发现、早诊断、早上报、就地隔离治疗管理制度,开展健康教育培训4期350人次。2005年,全乡有卫生院1所,3名乡医务人员,村卫生站3个,3名村医务人员。实施儿童基础免疫和计划免疫,建立0~7岁儿童基本情况花名册,预防乙肝、麻疹、百白破混合制剂接种179人次,发放脊髓灰质炎活疫苗、糖丸接种152人次。

表1-41　　1991—2005年保安藏族乡基本情况表

项目 年份	幅员面积(平方公里)	耕地面积(公顷)	村(个)	社区居委会(个)	人口(人)	财政收入(万元)	财政支出(万元)	农民人均收入(元)	主要农副产品				
									粮食(吨)	生猪出栏(头)	水果(吨)	花椒(吨)	向日葵(吨)
1991	35.254	343	3	21	3379	6.8	6.8	329	1726	1477	8	18	8
1992	35.254	343	3	21	3450	7.7	7.7	373	1732	1510	8	18	9
1993	35.254	343	3	17	3449	8.6	8.6	415	1779	1549	11	19.5	9.5
1994	35.254	343	3	17	3452	9.1	9.1	434	1812	1602	9	19.7	9.5
1995	35.254	343	3	17	3487	9.5	9.5	660	1890	1695	10	20	10

续上表

年份＼项目	幅员面积(平方公里)	耕地面积(公顷)	村(个)	社区居委会(个)	人口(人)	财政收入(万元)	财政支出(万元)	农民人均收入(元)	主要农副产品				
									粮食(吨)	生猪出栏(头)	水果(吨)	花椒(吨)	向日葵(吨)
1996	35.254	343	3	17	3430	9.8	9.8	728	2050	1710	12	21	10.5
1997	35.254	343	3	17	3517	10.2	10.2	853	2130	1751	15.5	19	10.5
1998	35.254	343	3	17	3415	11.7	11.7	1094	2280	1786	17	21.8	11
1999	35.254	343	3	17	3450	14.2	14.2	1107	2280	2556	17.3	22.3	13
2000	35.254	345.3	3	17	3498	19	19	1249	2419	2610	18	23.9	7
2001	35.254	345.3	3	17	3625	26	26	1356	2542	2698	19	24.7	23.7
2002	35.254	345.3	3	17	3718	30	30	1423	2637	2756	21	25.8	25.3
2003	35.254	345.3	3	17	3842	32	32	1548	2854	2834	21	27.5	23.8
2004	35.254	345	3	17	3956	32	32	1611	3010	2913	23	28	24
2005	35.254	345	3	22	4065	32	32	1811	3090	3020	23	28	25

第五节　上普雄工委

上普雄工委位于越西县城东南，东与申果庄区接壤，南与喜德县尼波区、昭觉县比尔区相连，西、北与书古区、中普雄区毗邻，幅员面积256.28平方公里，工委驻依洛地坝乡依洛村，距离县城44公里。

上普雄地区以农业为主，有耕地43669亩。地势由东面麻姑火普山向西面普雄河谷逐渐倾斜，在普雄河、尔赛河岸有部分中谷沟坝，为粮食主产区。土壤为中山中谷紫色土、冲积土、山地黄棕壤。境内最低海拔依洛地坝1760米，最高海拔麻姑火普山3260米。相对高差1500米。依洛地坝、古二、尔赛乡属二半山区。年均气温10.7摄氏度，年降水量1248毫米，无霜期225天。主产玉米、水稻、洋芋等作物。竹阿觉、保石乡属半高山区，以畜牧业为主。年均气温7.2摄氏度，年降水量1340毫米，无霜期180天。主产洋芋、荞麦、燕麦。因光热不足，灾害频繁，粮食产量低而不稳。土壤多为老冲积壤、黄壤。有林业用地99815亩，其中：有林地57526亩，灌木林42289亩。森林覆盖率15%。成昆铁路在境内设有尔赛、上普雄2个火车站。昭（觉）普（雄）公路穿过依洛地坝、古二、竹阿觉、保石4个乡。

上普雄又名依洛地坝。1953年初，建立瓦吉木、曲苦地、申果庄、候布列托、竹阿角、尔喜、依洛、保石等乡人民政府。1954年8月，成立依洛区工委。1956年，曲苦地、瓦吉木两乡划入新建中普雄。10月，依洛区改称上普雄区，辖依洛、尔喜、竹阿觉、果尔、保石5乡。1959年，公社化时，改依洛区为依洛公社。1961年，恢复区建制，依洛公社更名上普雄区，下辖尔喜、红光、永乐、保石4乡。1963年，永乐、红光两乡划出部分行政区域，增设依吉乡、果尔乡，同时改红光为竹阿觉、永乐为依洛。1969年，成立上普雄区革委。1981年，改尔喜为尔赛、果尔为古二、依洛为依洛地坝、依吉为依吉拉尼。1992年11月，撤销上普雄区设上普雄工委，古二乡并入竹阿觉乡；依吉拉尼乡并入依洛地坝乡人民政府，辖依洛地坝、竹阿觉、尔赛、保石4个乡。1995年12月，恢复古二乡。2005年，上普雄工委辖依洛地坝乡、竹阿觉乡、尔赛乡、保石乡、古二乡。

表 1－42　1991—2005 年上普雄区委、工委负责人名录

姓　名	性　别	民　族	职　务	任职时间
沙马尔者	男	彝族	区委书记	1991. 1—1993. 1
			党委书记	1993. 1—1994. 8
黄　武	男	汉族	区长	1991. 1—1992. 11
吉米马达	男	彝族	副区长	1991. 1—1993. 1
薛顺序	男	汉族	区委副书记	1992. 3—1993. 3
吉羞里哈	男	彝族	工委书记	1994. 8—1997. 2
威色洛沙	男	彝族	工委副书记	1995. 12—2001. 11
冷则洛加	男	彝族	工委书记	1997. 2—1998. 12
木出吉哈	男	彝族	工委书记	1998. 12—2003. 9
郑成云	男	汉族	工委副书记	1998. 12—2005. 12
吉余力苦木	男	彝族	工委副书记	2001. 11—2004. 4
阿加木呷	男	彝族	工委副书记	2001. 11—2005. 12
尔祖尔古	男	彝族	工委书记	2003. 9—2005. 12
金尚明	男	汉族	工委副书记	2003. 9—2005. 12

一、依洛地坝乡

地理位置　依洛地坝乡位于越西县城东南方向，东界竹阿觉乡，南接古二乡、尔赛乡，西接中普雄区的乐青地乡，北邻普雄镇。距离县城 43 公里，幅员面积 66. 787 平方公里。

政区沿革　1953 年初，在依洛村成立依洛乡人民政府。1956 年 10 月，依洛乡政府改称依洛乡人民委员会。1959 年，人民公社时，为依洛人民公社管辖之大队。1961 年 4 月，体制调整时恢复乡级建制，改称永乐乡。1963 年 11 月，改永乐为依洛，并将其部分地区划归新设的依吉、果尔两乡。1969 年，成立依洛公社革委。1981 年，地名普查，依洛更名为依洛地坝。1992 年 11 月，撤销依吉拉尼乡，并入依洛地坝乡。2005 年，全乡辖依洛、沙木洛、牛洛、永胜、依吉、树且、则期、所洛 8 个村，33 个村民小组。

表 1－43　1991—2005 年依洛地坝乡负责人名录

姓　名	性　别	民　族	职　务	任职时间
张智平	男	回族	副乡长	1991. 1—1992. 11
吉瓦依布	男	彝族	党委书记	1991. 1—1992. 11
潘　勇	男	彝族	乡　长	1990. 3—1995. 12
邹向富	男	汉族	副乡长	1991. 1—1991. 12
吉合伍哈	男	彝族	党委书记	1992. 11—1995. 12
马海木乃	男	彝族	党委书记	1995. 12—1997. 2
罗清玉	男	汉族	乡　长	1996. 1—1997. 2
			党委书记	1997. 2—1998. 12
吉余力苦木	男	彝族	副乡长	1990. 3—1997. 2
			乡　长	1997. 2—1998. 12

续上表

姓 名	性 别	民 族	职 务	任职时间
杨阿呷	女	彝族	副乡长	1996.1—2005.12
金尚平	男	汉族	党委书记	1998.12—2001.11
吉叶木沙	男	彝族	乡 长	1999.1—2003.11
王树金	男	彝族	副乡长	1999.1—2001.11
金志慧	女	汉族	党委副书记	1999.3—2005.12
王连春	男	汉族	党委书记	2001.11—2005.12
陈明兰	女	汉族	副乡长	2001.11—2005.12
吉力铁都	男	彝族	乡 长	2005.3—2005.12

自然环境 依洛地坝乡属二半山区，以山地为主。最高海拔马资普山2933米，最低处依洛大桥，海拔2140米。相对高差793米。农耕地多分布在海拔1800~2700米的中谷沟坝。土壤为中山中谷紫色土、冲积土、山地黄棕壤。气候变化大，年均气温10.7摄氏度，年降雨量1248毫米，无霜期225天。

人口计生 1991年，全乡人口3951人，其中：男2195人；已婚育龄妇女1660人，采取有效节育措施43人。2000年，全国第五次人口普查，全乡人口5958人，其中：男3560人，已婚育龄妇女2257人，采取有效节育措施79人。2005年，在全乡8个村进行计生宣传。全乡人口6892人，其中：男3679人，已婚育龄妇女2469人，采取有效节育措施93人。

基础设施 1991年，组织村民安装4公里的管道，解决永胜村执且组、胜利组103户480人人畜饮水问题。1993年，安装饮水管道6公里，解决依洛村236户973人人畜饮水。1997年，安装饮水管道5.5公里，解决牛洛村138户574人人畜饮水。修建沙木洛村吉力组至约呷组4公里便道。1998年，架设依洛村至沙木洛村至永胜村13公里照明用电。

农业 1991年，贯彻以林为主，农牧并举，多种经营，全面发展工作思路，全乡粮食产量1977吨，农民人均收入379元。2001年，宣传科技兴农，种植无公害马铃薯高厢垄作5600亩，其中：依洛村双套双1000亩，推广玉米地膜覆盖3400亩，水稻、旱育稀植、宽窄行移栽1587亩。2005年，有耕地面积8962.95亩。粮食总产量3658吨，人均有粮1232斤。

扶贫 1991年，对贫困户进行摸底调查。2000年，投入资金1.55万元，安置则期村移民8户31人。2002年，依洛村试点种植大黄、杜仲等中药150亩。2005年，投入资金25.8万元，实施则期村86户"三房改造"工程。

林业 1991年，有林地81965亩，森林覆盖率27.3%。2000年，全乡退耕还林1500亩。2001年，退耕还林822.1亩。2005年，全乡天然林资源面积77625亩，退耕还林造林2622.1亩、公益性荒山造林2910.75亩、经济林木造林239亩。

畜牧业 1991年，生猪存栏2534头，出栏1965头。1995年，强化畜牧兽医员的业务培训，发展畜牧业，全乡生猪存栏5321头，出栏2851头。2000年，利用全乡现有天然草场5600亩优势大力宣传科学畜牧和鼓励村民发展绿色畜牧。生猪存栏5674头，出栏4242头。2005年，利用世行贷款发展畜牧业。全乡四大牲畜存栏18950头，出栏8567头，其中：生猪存栏7859头，生猪出栏6540头；家禽存栏18687只，家禽出栏9869只。

教育 1991年，全乡有小学教师16人，教学班9个，学生257人，学生入学率97.76%；中学有教师12人，教学班3个，学生107人，学生入学率91%。2001年，有小学教师32人，教学班12个，学生368人，学生入学率97.9%；中学有教师16人，教学班3个，学生103人，学生入学率98.6%。2005年，全乡有依洛中心小学和依吉小学，小学教师 38 人，教学班 16 个，学生 639 人，学生入学率 98.5%；有中学 1 所，中学教师 28 人，教学班 5 个，学生 248 人。普九率 98%。

卫生　1991 年，有乡卫生院 1 所，医务人员 2 名，4 张病床。1995 年，对“脊髓灰质炎”、“麻疹”“艾滋病”等重点疾病的防治教育进行培训，培训率 100%。1999 年，在全乡宣传“2 号病”防病知识，制定集体用餐制度。2002 年，配备医疗器件，新增 1 名医务人员，健全村级医疗卫生体系，开设村级医疗服务站 5 个，村医务人员 5 名。2005 年，乡卫生院有中层干部 3 名，卫生技术管理人员 2 人，医务人员 9 个，村卫生站 8 个，村医务人员 8 名，为 0～4 岁的儿童发放糖丸 5460 人次，发放率 100%。

表 1－44　　**1991—2005 年依洛地坝乡基本情况表**

项目 年份	幅员面积（平方公里）	耕地面积（公顷）	村（个）	人口（人）	财政收入（万元）	财政支出（万元）	农民人均收入（元）	主要农副产品				
								粮食（吨）	生猪出栏（头）	水果（吨）	烟叶（吨）	其他（吨）
1991	36.41	291.3	5	3951	2.3	2.3	379	1977	1965	15	1.31	5
1992	66.787	597.53	8	5310	2.7	2.7	438	2759	2457	16	4	6
1993	66.787	597.53	8	5541	4.1	4.1	475	2801	2490	18	4.39	5
1994	66.787	597.53	8	5571	4.6	4.6	545	2832	2674	15	1	5
1995	66.787	597.53	8	5631	4.1	4.1	615	2893	2851	17	0.8	4
1996	66.787	597.53	8	5764	4.6	4.6	720	2918	2918	16	1	6
1997	66.787	597.53	8	5801	5.1	5.1	817	3116	3108	18	1	5
1998	66.787	613.3	8	5841	6.3	6.3	920	3295	3380	17	0	6
1999	66.787	613.3	8	5841	12.5	12.5	1020	3286	3617	18	40	5
2000	66.787	597.53	8	5958	28.9	28.9	1154	3335	4242	17	50	5
2001	66.787	597.53	8	6611	41	41	1268	3166	4700	12	0.6	5
2002	66.787	597.53	8	6651	41.5	41.5	1372	3274	5160	14	1	6
2003	66.787	597.53	8	6701	41.9	41.9	1480	3389	5620	10	1	5
2004	66.787	597.53	8	6791	42.2	42.5	1598	3494	6080	9	0.8	7
2005	66.787	597.53	8	6892	42.7	42.7	1778	3658	6540	11	1	5

二、尔赛乡

地理位置　尔赛乡位于越西县城东南，东与古二乡交界，南与喜德县尼波镇相邻，西与瓦普莫乡接壤，北与依洛地坝乡相连，距县城 50 余公里，全乡幅员面积 45.522 平方公里。

政区沿革　尔赛系彝族地名，原名尔喜。彝语龙神之意。1953 年，建尔喜乡。1959 年，人民公社化时，改为尔喜大队。1961 年，恢复尔喜乡。1969 年，成立尔喜公社革委会。1981 年，选举产生公社管委会。同年，在地名普查中，改尔喜为尔赛。1984 年，成立尔赛乡人民政府。2005 年，全乡辖申则洛村、依达村、洪洛村、花古村、阿尔嘎村、格依村，23 个村民小组。

表 1－45　　**1991—2005 年尔赛乡负责人名录**

姓　名	性　别	民　族	职　务	任职时间
马海拉丁	男	彝族	党委书记	1991.1—1992.12
罗金华	男	彝族	乡　长	1991.1—1992.12
曲木作布	男	彝族	副乡长	1991.1—1992.12

续上表

姓名	性别	民族	职务	任职时间
王树金	男	彝族	副乡长	1991.1—1992.11
木出吉哈	男	彝族	党委书记	1992.12—1995.12
冷则木依	男	彝族	乡长	1992.12—1995.12
			党委书记	1995.12—1998.12
张智平	男	汉族	副乡长	1992.12—1995.11
阿根石依	男	彝族	副乡长	1992.12—1998.11
沙马马才	男	彝族	副乡长	1991.1—1995.12
			乡长	1995.12—1998.12
			党委书记	1998.12—2005.12
地地比比	男	彝族	党委副书记	1995.12—2005.12
海来吉古	男	彝族	乡长	1998.12—2004.2
黄阳贵	男	汉族	副乡长	1998.12—2001.12
田洪忠	男	彝族	副乡长	1998.12—2005.12
金志华	男	汉族	副乡长	2001.12—2005.12
刘加应	男	汉族	党委副书记	2005.3—2005.12

自然环境 尔赛乡地处二半山区,以山地为主,是半农半牧乡。土壤为中山中谷紫色土、冲积土、山地黄棕壤。最高海拔罗莫大山3053米,最低海拔格依拉达2100米。相对高差953米。年均气温10.7摄氏度,无霜期190天,降雨量1248毫米。尔赛河沿岸气候温和,日照条件好,可种植水稻。

人口计生 1991年,全乡总户数946户,4151人,乡村劳动力2458人;育龄妇女817人,采取节育措施519人,节育率74%,计生率79.16%,多孩率20.82%。1998年,全乡总户数987户,4263人,劳动力2384人。2000年,全乡有育龄妇女827人,采取节育措施622人,节育率87.35%,计生率95.12%,多孩率4.87%。2005年,总户数1222户,总人口5153人,青壮年2450人,非文盲率90%,计划生育率92%,多孩率2.7%,综合节育率88%,出生率15‰,死亡率6‰,人口自然增长率10‰。

基础设施 1991年,境内有通乡公路1条,村道4条,成昆铁路纵贯乡境西面。全乡不通电、不通电话。1996年,新建申则洛电站,装机容量10千瓦,覆盖申则洛村、依达村、花古村、阿尔嘎村的阿尔嘎组、乡政府和学校。2000年,修复乡道桥梁1座。2003年,实施基层政权解困工程新修住房11间,500平方米。2005年,4个村通汽车,道路状况差,雨季汽车不能通行。申则洛电站,因水流量不足、维护跟不上等因素,已停止发电。全乡处于无电状态,通信仍然没有覆盖乡境内。

农业 1991年,全乡有耕地7950亩,其中:水田1197亩,主要农作物有玉米、马铃薯、苦荞、水稻、大豆、燕麦。粮食播种面积9417亩,地膜玉米栽培120亩。粮食总产量1521吨,人均纯收入562元。2000年,播种面积11840亩,地膜玉米栽培1830亩,产量2443吨。2001年,粮食总产量2498吨,人均纯收入1096元。2005年,发展马铃薯和荞麦优质农作物生产。全乡粮食播种面积14946亩,玉米地膜栽培面积3500亩,总产量2764吨。人均纯收入1653元。

畜牧 1991年,利用天然草场,鼓励和支持农户种植光叶紫花苕,发展畜牧业。畜牧业占全乡经济50%。生猪出栏1319头,肉产量110吨,存栏2951头;羊出栏1294只,存栏4340只。2000年,生猪出栏2405头,存栏3564头,肉产量212.2吨;羊出栏2245只,存栏4536只。2005年,开展动物疫病防治,全乡免疫密度98%,生猪出栏4329头,肉产量382吨,存栏4632头;羊出栏3354只,存栏4835只。

林业　1991 年,全乡有林地 21630 亩,天然牧地 18600 亩,森林覆盖率 19.3%。1998 年,实施天然林保护工程,荒山造林 1500 亩。2000 年,天保工程封山育林 12000 亩。2002 年,开展护林防火知识宣传,制定管护措施,全年无森林火灾。2005 年,有林地 19763 亩、牧地 14963 亩、草地 24413 亩、荒山荒坡 11350 亩,森林覆盖率 20.6%。

扶贫　1992 年,开展“八七”扶贫攻坚,加大项目申请力度,完善各项扶贫监管措施。截至 1999 年,累计投入扶贫资金 118 万元,发展种植业和以养猪养羊为主的畜牧业。2002 年,尔赛乡被确定为世行项目乡,格依村、申则洛村和阿尔嘎村被确定为项目村。2005 年 8 月,世行项目工作正式实施,实施格依村、申则洛村和阿尔嘎村以村道、人畜饮水、节能灶为主的基础设施建设项目和贴息贷款项目。

教育　1991 年,全乡有中心校 1 所,点校 4 所,教师 12 人,在校学生 342 人,入学率 86%。1998 年,在 6 个村开设扫盲班,扫盲人数 875 人,扫盲率 89%。2003 年,实施“教育十年行动计划”,中心校新建教学楼 1 幢,维修教师住房和操坝;实施“两免一补”、“寄宿制”,学生入学率 94%,在校学生 453 人。2005 年,全乡有教师 22 人,其中:正式教师 10 人、短聘教师 5 人、代课教师 7 人,开设 13 个教学班,在校学生 486 人,入学率 95.8%,巩固率 96.2%,辍学率 3.8%。

卫生　1991 年,全乡有 1 所乡卫生所,医务人员 1 名(赤脚医生)。1999 年,“2 号病”发生时,制定值班、汇报、聚餐等制度,宣传有关“2 号病”的知识及防治措施,保障群众的生命安全。2004 年,有 1 名正式医生。2005 年,新建乡卫生院,各村配备村卫生防疫员。

表 1-46　1991—2005 年尔赛乡基本情况统计表

项目 年份	幅员面积(平方公里)	耕地面积(公顷)	村(个)	人口(人)	农民人均收入(元)	主要农副产品			
						粮食(吨)	生猪出栏(头)	水果(吨)	烟叶(吨)
1991	45.522	530	6	4151	562	1521	1263	5	6
1992	45.522	530	6	4148	632	1832	1315	5	6
1993	45.522	530	6	4187	684	1819	1319	5	6
1994	45.522	530	6	4238	735	1921	1372	5	6
1995	45.522	530	6	4289	786	2018	1421	5	6
1996	45.522	530	6	4240	836	2143	1478	5	6
1997	45.522	530	6	4391	899	2268	1538	5	6
1998	45.522	530	6	4263	945	2356	1602	5	6
1999	45.522	530	6	4292	998	2401	2210	5	6
2000	45.522	530	6	4496	1047	2443	2405	5	2
2001	45.522	530	6	4617	1096	2498	2597	7	4
2002	45.522	530	6	4801	1224	2376	2831	7	4
2003	45.522	530	6	4868	1331	2623	3086	7	4
2004	45.522	530	6	4985	1403	2695	3514	7	4
2005	45.522	530	6	5153	1653	2764	4329	7	4

三、保石乡

地理位置　保石乡位于越西县城东南部,东与申果庄区的申普乡、瓦曲觉乡接壤,南与昭觉县相连,西、北与古二乡、竹阿觉乡为邻,距县城 65 公里,幅员面积 74.846 平方公里。

政区沿革　保石乡又名巴司或巴司列甘。巴司:草坪;列甘:垭口。巴司列甘是草坪与山垭口之间这块地方的称呼。保石即巴司的谐音。1953年,成立保石乡人民政府。1958年,改为保石乡人民公社。1959年,改为保石大队。1961年,恢复保石乡。1969年,成立保石公社革委。1980年,保石乡革委从呷托村先锋组迁驻洛度村。1981年,选举出保石公社管委会。1982年,成立保石乡人民政府。2005年,全乡辖洛度、呷托、哈洛、克里、西吉5个行政村,16个村民小组。

表1-47 1991—2005年保石乡负责人名录

姓 名	性 别	民 族	职 务	任职时间
马红银	男	彝族	乡 长	1991.2—1995.2
			党委副书记	1991.2—1995.2
拉尔布达	男	彝族	党委书记	1995.11—2001.10
吉叶木沙	男	彝族	乡 长	1995.3—1999.2
			党委副书记	1995.3—1995.12
杨桂英	女	彝族	党委副书记	1991.3—2005.12
耿德高	男	汉族	副乡长	1996.12—1999.2
			乡 长	1999.2—2001.11
			党委书记	2001.11—2005.12
沙马曲者	男	彝族	副乡长	1996.1—2001.12
石绍林	男	汉族	副乡长	1996.1—2001.12
曲木沙坡	男	彝族	乡 长	2001.12—2005.12
吉牛木机	男	彝族	副乡长	2001.12—2005.12

自然环境 保石乡地处半高山区,峰峦起伏,地形复杂,山地占90%。境内东有麻贺觉山、书火乃品山,东北有尼莫坡山、久石无奇山,东南有吉俄火莫山。最高海拔尼莫坡山3251米,最低处与昭觉县交界之河沟处2360米,相对高差891米,年平均气温7.2摄氏度,年降雨量1340毫米,无霜期160天,土壤多为山地黄壤、山地黄棕壤,农作物一年一熟。

人口计生 1991年,全乡人口3029人,育龄妇女421人,已婚育能妇女324人,采取有效节育措施93人。1995年,采取多种方式和渠道,宣传计生政策。全乡人口3173人,育龄妇女468人,已婚育能妇女378人,采取有效节育措施78人,出生26人,死亡19人,人口自然增长率10‰。2000年,全国第五次人口普查,全乡人口3196人,育龄妇女539人,已婚育能妇女414人,采取有效节育措施90人,计划生育率98%。2005年,落实各项计划生育措施,搞好药具、药品的发放。全乡总人口3630人,采取有效节育措施68人,综合节育措施285人,计划生育率98%,人口自然增长率控制在10‰以内。

基础设施 1991年3月,采取国家扶持资金,群众投工投劳,开展人畜饮水工程建设。安装管道4公里,入户管道500米,解决洛度村子石组42户,218人,725头人畜饮水。1997年,解决乡政府、学校、医院长期无电难题。2003年,利用项目支持,架设4公里照明用电线路解决呷托村呷托组、乃呷组56户314人用电问题。2005年,县上投入资金10万元,修缮呷托村3公里村道,群众投工投劳4000人次,新建便桥1座。

农业 1991年,全乡粮食产量1065吨,人均纯收入485元,粮食作物主要有洋芋、玉米、荞麦等。1995年,推广磷肥、配方施肥等农业新技术,粮食总产量1341吨。2000年,调整农业产业结构,加快发展优质马铃薯、苦荞、中药材等特色农业。试种大黄300亩,全年粮食产量1336吨,农民人均纯收入1198元。2005年,按照乡经济发展思路,推进农业产业化建设,建立4000亩优质马铃薯基地和3000亩优质荞子、燕麦基地。全乡粮食总产量1445吨,人均有粮895斤,人均纯收入1840元。

扶贫　1991年，全乡贫困人口358户，1856人。1997年，改"输血式扶贫"为"造血式扶贫"。有针对性开展种养业培训，使贫困户村民每户有1人以上掌握1～2门适用技术。当年，有建卡贫困户268户，1320人。1999年，以产业扶贫为切入点，带动经济结构调整。根据各村不同情况，因地制宜，制定经济发展规划和脱贫计划。建卡贫困户基本达到"五八五一"脱贫标准，顺利通过省、州扶贫越温验收。2005年，建立和完善统筹型、捆绑式扶贫开发工作机制，加快劳务输出和产业化扶贫，实施"五大扶贫工程"。

林业　1991年，全乡天然林资源面积33554亩，林地3912亩，放牧地11748亩，灌木林地5257.5亩，疏林地4524.5亩。2001年，开始实施退耕还林工程，洛度村退耕还林1800.5亩，呷托村退耕还林419亩。2002年，洛度村退耕还林885亩，呷托村退耕还林400亩。2003年，克里村退耕还林500亩，西吉村退耕还林500亩，哈洛村退耕还林500亩。至2005年，全乡退耕还林面积5217.5亩，零星造林1000亩，森林覆盖率45%以上。

畜牧业　1991年，农户以传统方法饲养牲畜、家禽，全年四大牲畜出栏2569头，存栏5892头。1995年，实施畜牧改良，推广新饲养技术，全年四大牲畜出栏4683头，存栏12586头，其中：生猪出栏1149头，存栏3584头，生猪产量290吨。2000年，推广种草养畜，种植优质牧草光叶紫花苕2000亩，四大牲畜出栏7821头，存栏19852头，畜牧业实现产值285.6万元，占全乡国民生产总值的50%。2005年，四大牲畜出栏9893头，存栏23541头，其中：生猪出栏2025头，生猪存栏6236头，家禽存栏8813只，家禽出栏9090只，肉类产量504.9吨。

教育　1991年，全乡有中心小学校1所，点校2所。教师6人，代课教师6人，在校学生120人，适龄儿童入学率43%。1998年，学校开展"普初"工作，新建教师宿舍1幢。2005年，全乡有3所小学校，其中：中心小学校1所，村小2所，学校职工12名，有10个教学班，学生298人，适龄儿童入学率98%。

卫生　1991年，有乡卫生所1所，医生1名。2002年，新建乡卫生院，配备2名专业医生。2005年，全乡有卫生院1所，2名医务人员，村卫生站5个，配备有5名村医务人员。

表1－48　　**1991—2005年保石乡基本情况表**

项目 / 年份	幅员面积（平方公里）	耕地面积（公顷）	村（个）	人口（人）	农民人均收入（元）	主要农副产品	
						粮食（吨）	生猪出栏（头）
1991	74.846	507.6	5	3029	485	1065	920
1992	74.846	507.6	5	3069	521	962	924
1993	74.846	507.6	5	3096	598	1180	930
1994	74.846	507.6	5	3147	625	1269	1020
1995	74.846	507.6	5	3173	768	1341	1149
1996	74.846	507.6	5	3192	845	1342	1198
1997	74.846	507.6	5	3198	898	1354	1212
1998	74.846	507.7	5	3177	925	1299	1318
1999	74.846	507.7	5	3182	983	1318	1507
2000	74.846	507.7	5	3196	1198	1336	1782
2001	74.846	508.26	5	3236	1256	1397	1796
2002	74.846	508.26	5	3334	1341	1410	1801
2003	74.846	508.26	5	3457	1452	1421	1890
2004	74.846	508.26	5	3526	1508	1432	1905
2005	74.846	508.26	5	3630	1840	1445	2025

四、古二乡

地理位置 古二乡位于越西县城东南方向,东与保石乡、竹阿觉乡接壤,南与尔赛乡相连,西北与依洛地坝乡为邻,距离县城48公里,幅员面积36.395平方公里。

政区沿革 古二又名果尔、果尔依达,彝族地名。因果尔河两岸的沼泽土呈海绵状得名。1956年11月,建立果尔乡人民委员会,乡政府驻俄布格则村。1960年4月,撤销果尔乡人民委员会,划入依洛人民公社管辖。1963年3月,恢复果尔乡,划红光、永乐乡部分土地建果尔乡。1966年4月,果尔乡人民委员会改称果尔人民公社。1968年9月,成立果尔公社革命委员会。1981年4月,果尔公社革命委员会改称管理委员会。同年地名普查,更名为古二人民公社管理委员会。1984年,恢复古二乡人民政府。1992年11月,撤区并乡并入竹阿觉乡。1995年12月,恢复古二乡。2005年,古二乡辖俄布村、吉吾村、洛木村,13个村民小组。

表1-49 **1991—2005年古二乡负责人名录**

姓 名	性 别	民 族	职 务	任职时间
威色木呷	男	彝族	党委书记	1991.1—1992.11
阿色木洛	男	彝族	乡 长	1991.1—1992.11
			乡 长	1995.12—1998.12
木出吉哈	男	彝族	党委书记	1995.12—1998.12
海来吉古	男	彝族	党委副书记	1995.12—1998.12
阿约伟哈	男	彝族	党委副书记	1995.12—1998.12
阿加木呷	男	彝族	党委书记	1998.12—2001.11
马海阿呷	男	彝族	乡 长	1998.12—2001.11
丁志平	男	汉族	党委副书记	1998.12—2001.11
周加明	男	汉族	副乡长	1998.12—2001.11
罗志毅	男	汉族	党委书记	2001.11—2005.12
潘文英	女	彝族	乡 长	2001.11—2004.12
吉力铁都	男	彝族	党委副书记	2001.11—2003.12
张德荣	男	汉族	副乡长	2001.11—2005.12
木洛伍沙	男	彝族	乡 长	2005.3—2005.12
邹永华	男	汉族	副乡长	2005.3—2005.12

自然环境 古二乡是二半山区的半农半牧乡,地貌多为山地,地形复杂,山脉纵横。山地占90%。古二河、罗莫河两岸坡度较缓,为农耕地带。土壤为中山中谷紫色土、冲积土、山地黄棕壤。境内最低海拔洛木村2200米,最高海拔罗莫大山3053米,相对高差853米,气候变化大,年均气温10.7摄氏度,年降雨量1248毫米,无霜期185天,主产苦荞、燕麦、洋芋等。

人口计生 1991年,全乡2648人,其中:男1332人,女1316人,育龄妇女775人,已婚育能妇女536人,采取节育手术30例。1995年,全乡人口2701人,其中:男1411人,女1390人,育龄妇女890人,已婚育能妇女610人,采取节育手术135例。2000年,全乡人口3138人,育龄妇女990人,已婚育能妇女780人,采取节育手术65例。2005年,全乡人口3580人,男1834人,女1746人。育龄妇女1040人,已婚育能妇女821人,采取节育手术70例,兑现计生奖励扶助5人。

基础设施 1991年,铺设3公里饮水管道解决吉吾村95户412人的人畜饮水,新建蓄水池1个。

1998年11月,解决俄布村至吉吾村至洛木村照明用电,架设电线15公里。2003年,解决俄布村150户648人人畜饮水,新建5.5公里人畜饮水管道;维修通乡公路1公里。同年,农网改造解决哈布组、阿米组、保住组142户615人生活用电。2004年,维修乡政府至吉吾村4公里村道,新建1座石拱桥。2005年,扩建林专村村道1公里,新建哈布组村道3公里;解决俄布村(哈布组)52户237人人畜饮水问题,新建长4.5公里人畜饮水管道;同年5月,在俄布村建立农村移动通讯基站。

农业　1991年,有耕地653.5公顷,粮食产量1256吨,人均纯收入352元,主要农作物玉米、苦荞、燕麦、洋芋等。2000年,粮食产量1522吨,人均纯收入883元。2002年,在俄布村推广马铃薯良种规范种植1000亩。2005年,建立古二乡马铃薯产业协会,种植马铃薯4680亩。全乡粮食产量1582吨。试种大黄500亩、附子500亩,人均纯收入1731元。

扶贫　1998年,光明工程投入扶贫资金20万元。2000年,投入扶贫磷肥420吨。2005年,实施112户"三房改造",投入资金36万元;扶持农村最低生活保障47户。

林业　1991年,有天然林资源1078公顷,天然保护林380公顷。2002年,完成退耕还林785亩,公益性造林1600亩。2005年,完成工程造林800亩。

畜牧业　1991年,全乡天然草场1074公顷。推广畜牧圈养、敞放混合养殖,强化兽医员的业务技能培训。全乡四畜存栏3210头,生猪出栏840头。2000年,四畜存栏5420头,生猪出栏1808头。2005年,四大牲畜存栏6970头,出栏4150头,其中:生猪存栏5319头,出栏3210头;家禽存栏5900只,出栏3800只;肉类产量405吨。

教育　1991年,有中心校1所,村小2所,学生150人,教师8人,入学率45%。1996年,有村小2所,中心校1所,教师12名,学生285人,入学率65%。2005年,中心校新建1幢教学综合大楼,完善其他教育基础设施。全乡有2所小学校,其中:中心校1所、村小1所,教师16名,9个班,学生425人,适龄儿童入学率98%。

卫生　1991年,有乡卫生院1所,2名乡医务人员,村卫生站3个,3名村医务人员。1997年,为全乡0~4周岁儿童发放糖丸105人,发放率100%。2000年,全乡宣传"2号病"防病知识,建立大型聚餐申报制度。2003年,全乡配备3名村医,加强重点疾病等防治教育。2005年,全乡实行强化免疫,防疫率96%。

表1-50　**部分年度古二乡基本情况表**

项目 年份	幅员面积(平方公里)	耕地面积(公顷)	村(个)	人口(人)	财政收入(万元)	财政支出(万元)	农民人均收入(元)	主要农副产品				
								粮食(吨)	生猪出栏(头)	水果(吨)	烟叶(吨)	其他(吨)
1991	36.395	653.5	3	2648	0.86	0.86	352	1256	840	5	2	5
1995	36.395	653.5	3	2701	3.8	3.8	478	1367	1285	—	—	5
1996	36.395	653.5	3	2775	4.75	4.75	512	1392	1390	—	—	5
1997	36.395	653.5	3	2846	6.15	6.15	568	1420	1500	—	—	6
1998	36.395	653.5	3	2905	8.91	8.91	672	1455	1100	—	—	3
1999	36.395	653.5	3	2919	9.83	9.83	775	1477	2850	—	—	3.1
2000	36.395	653.5	3	3138	10.5	10.5	883	1522	1808	—	—	—
2001	36.395	653.5	3	3178	16.7	16.7	998	1522	1950	—	—	—
2002	36.395	653.5	3	3218	19.5	19.5	1150	1523	2140	—	—	—
2003	36.395	653.5	3	3257	25.7	25.7	1360	1523	2350	—	—	—
2004	36.395	653.5	3	3500	33	33	1560	1524	2540	—	—	—
2005	36.395	653.5	3	3580	35	35	1731	1582	3210	—	—	—

五、竹阿觉乡

地理位置 竹阿觉乡位于越西县城东南,距离县城51公里。东与申果庄地区申果乡接壤,南与古二乡、保石乡相连,西、北与依洛地坝乡为界,幅员面积33.85平方公里。昭普公路横穿而过。

政区沿革 竹阿角又名热夫竹阿角。因热夫家曾住在这个冒咸味水的坝上得名。1953年,建竹阿角乡。1959年,公社化时改为竹阿觉大队。1961年,恢复乡建制时改名红光乡,辖布什觉、如宝、麻古、可布达洛、布觉来俄5个大队,27个生产队。1963年,改为竹阿角乡,部分行政区域划入新建果尔、依吉两乡。1969年,成立竹阿角公社革委。1981年,选举出公社管委会。同年,地名普查,竹阿角更名为竹阿觉。1992年11月,撤区并乡,古二乡并入竹阿觉。1995年12月,古二乡、竹阿觉乡分设。2005年,全乡辖乃吾村、布什觉村、如宝村、麻姑村,16个村民小组。

表1-51　　1991—2005年竹阿觉乡负责人名录

姓　名	性　别	民　族	职　务	任职时间
马海木洛	男	彝族	党委书记	1991.1—1992.11
海来石布	男	彝族	乡　长	1991.1—1992.11
			党委书记	1992.11—1996.2
拉尔布达	男	彝族	乡　长	1992.11—1995.2
杨热古	男	彝族	乡　长	1995.2—1995.11
余庆品	男	汉族	副乡长	1993.1—1995.12
威色洛沙	男	彝族	党委副书记	1993.1—1995.12
阿色木洛	男	彝族	党委副书记	1993.1—1995.12
阿加木呷	男	彝族	党委书记	1996.10—1998.10
罗金华	男	彝族	副乡长	1993.1—1995.11
			乡　长	1995.11—1998.10
郑成云	男	汉族	党委副书记	1996.2—1998.10
潘依布	女	彝族	副乡长	1996.2—1998.10
尔主尔古	男	彝族	党委书记	1998.10—2001.11
吉余力苦木	男	彝族	乡　长	1998.10—2001.11
潘文英	女	彝族	副乡长	1998.10—2001.11
潘金洪	男	彝族	党委副书记	1998.10—2001.11
			党委书记	2001.11—2005.12
阿如伟哈	男	彝族	副乡长	1998.10—2005.12
周加明	男	汉族	乡　长	2001.11—2005.12
吉拉热古木	女	彝族	党委副书记	2001.11—2005.11
杨世亮	男	汉族	副乡长	2001.11—2004.10
亢　建	男	汉族	副乡长	2004.3—2004.8

自然环境 竹阿觉乡地处麻姑火普山与罗莫大山之间。山高坡陡,河谷深切,群山起伏,道路崎岖,土地分布零星,居住分散。最高海拔麻姑火普山3260米,最低海拔古二半道班下沟口2190米,相对高差1070米,属半高山区。年均气温7.2摄氏度,年降水量1340毫米,无霜期180天,80%的雨量集中在5—

10月,冬春干旱多风,夏秋低温阴雨。农作物易受冰雹、大风危害。土壤为中山中谷紫色土、冲积土、中积土、山地黄壤、山地黄棕壤。

人口计生　1991年,全乡人口2461人,其中:男1324人,女1137人,落实避孕措施125人,其中:采取节育手术57人。育龄妇女680人,已婚育能妇女496人,人口自然增长率9‰。1996年,执行计划生育政策,全乡户数630户,人口2708人,其中:男1386人,女1322人;非农业人口21人;死亡人数24人,人口自然增长率控制在9.2‰以下。2003年,全乡人口2879人,出生56人,计划生育率92.8%,采取节育手术34例,落实避孕措施172人,人口自然增长率11‰。2005年,与各村签订计划生育目标责任制书。全乡人口2946人,出生67人,采取节育手术30例,计划生育率9‰,人口自然增长9‰。

基础设施　1991年,普雄至昭觉公路穿越境内。1993年,动员村民自筹资金6700元,投工投劳3700人次,实施布什觉村坡改梯工程,改土面积50亩。1994年,实施如宝村坡改梯,投工投劳4300人次,改土面积约50亩。1996年,解决如宝村174户870人饮水问题。1997年,以国家扶持,群众投工投劳的方式,解决布什觉村134户750人饮水。2000年,投资4万元,自筹资金2万元,群众投工投劳修通从乡政府到乃吾村村道4公里;同年,投工投劳450人次,修建如宝村石桥。2001年,通过政府扶持,群众自筹资金的方式,解决如宝村174户870人照明用电。2003年,投入资金8万元,解决布什觉村、麻姑村照明用电。

农业　1991年,全乡耕地551公顷,粮食产量1337吨,农作物主要有洋芋、荞子、燕麦等。1996年,推广地膜玉米种植300亩,粮食总产量1537吨。2001年,全乡粮食总产量2002吨,人均有粮738斤;农民人均纯收入701.8元,增长率9.1%。2005年,全乡粮食总产量2118吨,农民人均纯收入838元。

扶贫　1994年,按扶贫越温攻坚计划对全乡贫困户进行摸底调查,贫困户建卡56户。1996年,加大扶贫力度,全乡扶贫户52户,越温43户。2003年,实施形象扶贫工程,投入水泥40吨,窗子1201个,磷肥60吨,水管3000米,达到一路、一厨、一坝、一厕要求,实现人畜分居。2003年,如宝村吉坡组实施"人、草、畜"配套工程,投放资金9.6万元,投入水泥27吨,窗子96个,亮瓦256张,水箱32个,水管2900米。2005年,竹阿觉乡被确定为世行项目乡。

林业　2000年,实施退耕还林政策,全乡退耕还林1500亩。2001年,如宝村、布什觉村退耕还林1800亩。2002年,布什觉村特尔合组完成退耕还林1000亩。2003年,退耕还林600亩,生态公益造林200亩,零星植树12万株。2004年,退耕还林400亩。

畜牧业　1991年,加大对畜牧业投入,全乡四畜存栏3520头,其中:生猪出栏50吨。1996年,各类牲畜存栏21100头,生猪出栏67吨。2000年,全乡继续把畜牧业作为乡政府工作重点来抓,四畜存栏5620头,生猪出栏105吨。2005年,四畜存栏6250头,其中:生猪出栏178吨。

教育　1991年,全乡有中心校1所,村小3所(乃吾村小、如宝村小、麻姑村小),在校学生165人,教职工9人,入学率50%。2001年,撤销乃吾村小,全乡学龄儿童361人,入学率96%,巩固率98%,毕业率93%,普及率91%,青壮年非文盲率98%。2005年,在校学生392人,教职工10人,入学率98%。

卫生　1991年,有卫生院1所,医务人员1名。1997年,为全乡0~4周岁儿童发放糖丸153人,发放率100%。2000年,宣传"2号病"防治知识,建立大型聚餐申报制度。2003年,4个村卫生站配备4名村医。2005年,有乡卫生院1所,医务人员2名;村卫生站4个,村医务人员4名,儿童强化免疫率98%。

表1-52　1991—2005年竹阿觉乡基本情况表

项目 年份	幅员面积(平方公里)	耕地面积(公顷)	村(个)	人口(人)	农民人均收入(元)	主要农副产品				
						粮食(吨)	生猪出栏(吨)	水果(吨)	烟叶(吨)	其他(吨)
1991	33.85	551	4	2461	234	1337	50	2	1	2
1992	70.24	812	7	4953	256	2699	105	3	1	3

续上表

项目 年份	幅员面积（平方公里）	耕地面积（公顷）	村（个）	人口（人）	农民人均收入（元）	主要农副产品				
						粮食（吨）	生猪出栏（吨）	水果（吨）	烟叶（吨）	其他（吨）
1993	70.24	812	7	5003	303	2712	115	2	1	2
1994	68.72	812	7	5056	381	2758	130	3	1	2
1995	70.24	812	7	5123	420	2813	136	2	1	3
1996	33.85	551	4	2708	424	1537	67	2	1	3
1997	33.85	551	4	2719	452	1613	78	2	1	2
1998	33.85	551	4	2743	532	1795	85	3	1	3
1999	33.85	551	4	2747	607	1826	92	3	1	2
2000	36.92	551	4	2759	663	1943	105	2	1	2
2001	36.92	551	4	2764	701.8	2002	120	3	1	2
2002	36.92	551	4	2866	722	2010	135	2	1	3
2003	36.92	551	4	2879	757	2012	147	3	1	2
2004	36.92	551	4	2913	803	2064	163	3	1	3
2005	36.92	551	4	2946	838	2118	178	3	1	3

六、依吉拉尼乡

依吉拉尼乡位于越西县城东南。东与申果庄区的瓦里觉乡为界，南与依洛地坝乡为邻，西与中普雄区普雄镇接壤，北与德吉乡相连。面积31.28平方公里。距离县城52公里。地处半高山区。最高海拔切里莫村2150米，最低海拔麻古火普山3209米。土壤为中山谷紫色土、山地黄壤、山地黄棕壤。年平均气温7.2摄氏度，年降水量1340毫米，无霜期180天。主产洋芋、荞麦、燕麦。全乡有耕地3674亩，林业用地11125亩，其中：林地4875亩，灌木林6250亩。

依吉拉尼又名依吉。依吉：彝语即两河汇合的地方；拉尼：两山夹石。由于两山之间溪谷陡峭狭窄，两条河上游里的石头被水冲到此地多被夹住得名。1954年，成立依吉拉尼乡，驻则期村。1958年初，建立依吉农业生产合作社，隶属依洛乡。1963年，从永乐（依洛）、红光两乡划出部分地区建立依吉乡。1969年，成立依吉公社革委。1981年，选举产生依吉管委会。同年，在地名普查中将“依吉”更名为“依吉拉尼”。1984年，恢复依吉乡人民政府，辖则期、所洛、依吉3个村，18个组。1992年11月，撤销依吉拉尼乡，并入依洛地坝乡。

表1－53　　1991—1992年依吉拉尼乡负责人名录

姓　名	性　别	民　族	职　务	任职时间
威色洛沙	男	彝族	党委书记	1985.8－1992.11
阿加木呷	男	彝族	乡长	1990.3－1992.11
阿欧石吉	男	彝族	副乡长	1990.3－1992.11

第六节　中普雄工委

中普雄工委位于越西县城东南，普雄河中段。东与申果庄地区接壤，南与上普雄区相连，西与书古区交界，北与下普雄区毗邻。幅员面积158.7平方公里。距离县城35公里。

中普雄属中山中谷坝带地貌。以坡地为主，顺倾坡较缓，逆倾坡较陡。最高海拔3957米，最低海拔1788米，相对高差2169米。东西两侧是高山。东有瓦波火山、特洪洛等山，西有布好和普山、克列吉山、车洛梁子山。山脉由西南向东北走向。

普雄河由南向北流经境内14公里，将境内剖为两半。东有普雄镇、德吉乡，西有乐青地、贡莫、拉白乡。普雄河两岸是扇形发育坡度较缓的坝地。境内流入普雄河的有斯基沟、来乌依达沟、拉白依达沟。年平均气温12摄氏度，无霜期225天，年降水量1246毫米。冬干春旱，日照较长，昼夜温差大。夏多暴雨洪涝。耕地土质为紫色土、冲积土、山地黄壤、山地黄棕壤。耕地37280亩，其中：习惯面积26171亩，田5940亩，地20231亩。草坡地117894亩，林业用地69040亩，其中：林地34052亩，灌木林34988亩。森林覆盖率14.3%。

成昆铁路沿普雄河纵贯全境，昭普、普越两条公路干线直通昭觉、越西。县道普雄到申果庄、普雄到乃托贯通拉白、普雄、德吉等乡镇。有11条通乡和通村公路。境内设拉白、普雄2个火车站和普雄汽车站。

中普雄原称普合拉达，彝族地名，因彝族土司普合家在此居住得名。1951年，建政时，因处在普雄河中段命名。1952年，成立凉山州普雄办事处，辖依洛、普雄、四窝普、苏姑4区地域。1953年初，建立果目区公所，辖布基洛、劣青地、拉白、瓦普莫4乡。

1954年11月，依洛区曲苦地、瓦吉木两乡划入果目区管辖。1955年，建立德吉乡，归果目区管辖。1956年，普雄县行政区划调整，果目区改称中普雄区，建立中普雄区公所，属普雄县。划果目区的瓦普莫归苏姑区管辖，辖布基洛、果目、劣青地、丰收、瓦吉木、曲可地、拉白、德吉6乡。

1958年，撤销中普雄区，划布基洛、瓦吉木、乐青地3乡，建立果目人民公社，划德吉、拉白、曲可地3乡为直属乡。1960年，3个直属乡合并，建立双河人民公社。1961年4月，全县体制调整，恢复中普雄区建制，苏姑区并入中普雄区，辖果目公社（乡级）和丰收、瓦吉木、双河、拉白、德吉、苏姑、五里、斯基、瓦普莫9个乡。1963年，五里、瓦普莫、苏姑、斯基4乡划入恢复的苏姑区。1966年，全区6乡改称人民公社。区公所驻地果目村。

1969年，成立中普雄革命委员会。1972年，恢复中普雄区委员会。区委辖果目、乐青地、瓦吉木、曲可地、拉白、德吉6个公社党委。1981年，成立中普雄区公所。1990年，中普雄区委辖贡莫、乐青地、瓦吉木、曲可地、德吉、拉白6个乡（镇）。1992年，撤区并乡，中普雄区委改为中普雄工委。2005年，中普雄工委辖普雄镇、贡莫乡、乐青地乡、拉白乡、德吉乡。

表1-54　**1991—2005年中普雄工委负责人名录**

姓　名	性　别	民　族	职　务	任职时间
邹向志	男	汉族	区长	1991.1—1991.12
			区委书记	1992.1—1992.12
			工委书记	1993.1—1993.2
克七政达	男	彝族	区委书记	1991.1—1992.2
罗本文	男	彝族	区委副书记	1991.11—1992.11
吉差尼哈	男	彝族	工委书记	1993.3—1994.11
张安安	男	彝族	副区长、副主任	1991.1—2000.12
阿尔瓦苦	男	彝族	工委书记	1994.12—2005.12
阿西瓦特	男	彝族	工委副书记	1994.12—2000.12

续上表

姓　名	性　别	民　族	职　务	任职时间
罗清玉	男	汉族	工委副书记	2001. 1—2005. 12
吉多吉古木	男	彝族	工委副书记	2001. 1—2005. 12
吉皮木沙	男	彝族	工委副书记	2001. 1—2005. 12

一、普雄镇

地理位置　普雄镇位于越西县城东南普雄河中段。东与德吉乡、依洛地坝乡接壤,南与乐青地乡相连,西与贡莫乡交界,北与拉白乡相邻。全镇幅员面积47.024平方公里,距县城35公里。

政区沿革　普雄镇原名瓦吉莫,彝族地名。瓦:岩;吉:有;莫:坝子。因处在山岩下一片坝子上得名。1953年,建立瓦吉木乡,成立乡人民政府。1956年,改称瓦吉木乡人民政府委员会。1958年,人民公社化时,改为瓦吉木大队,属果目公社(区级)。1961年,改为瓦吉木乡。1969年,建立瓦吉木公社革委。1981年,选举产生社管会。同年,地名普查,改瓦吉木为瓦吉莫。1984年,机构改革,恢复乡人民政府。1987年,在瓦吉木乡和贡莫乡贡莫村、尔莫普村行政区域上建普雄镇人民政府。1992年,撤销曲可地乡并入普雄镇。2005年,全镇辖呷托、曲可地、尔格、沙米、什木地、嘎古、阳坡、优吾、且托、柳洛、尔莫瓦吉木12个村和瓦吉木居委会。驻有铁路、军供站、凉北营业处、邮电、汽车站、公务段、普雄公安分局等单位。

表1-55　1991—2005年普雄镇负责人名录

姓　名	性　别	民　族	职　务	任职时间
罗德霖	男	汉族	党委书记	1991. 1—1992. 12
吉差阿木	男	彝族	镇长	1991. 1—1992. 12
木出支且	男	彝族	党委副书记	1992. 12—1998. 12
田木呷	男	彝族	副镇长	1991. 1—1992. 12
谢木牛	男	彝族	副镇长	1991. 1—1992. 12
黄武	男	汉族	党委书记	1992. 12—1998. 11
尔祖尔古	男	彝族	镇长	1992. 12—1995. 11
邹向富	男	汉族	副镇长	1994. 3—1996. 12
			党委副书记	1996. 12—2005. 12
罗志毅	男	汉族	副镇长	1995. 12—2001. 11
刘学军	男	汉族	副镇长	1992. 12—1998. 11
阿尔友真	男	彝族	镇长	1995. 12—1998. 11
			党委书记	1998. 12—2000. 11
黄西虎	男	回族	党委副书记	1995. 12—2000. 11
			党委书记	2001. 12—2005. 12
潘勇	男	彝族	镇长	1998. 12—2000. 11
马海木呷	男	彝族	副镇长	1999. 1—2001. 11
吉克扯达	男	彝族	镇长	2001. 12—2005. 12
田泽强	男	汉族	党委副书记	2001. 12—2005. 12
张燕灵	男	彝族	副镇长	2001. 12—2005. 12

自然环境 普雄镇地处普雄河断裂带东面,属中山中谷带坝地貌,东侧为山地,平缓向西延伸至普雄河为坝地,普雄河流经镇境内15公里。最高海拔尔莫乃拖2449米,最低海拔与四甘普交界河口1800米,相对高差649米。年平均气温12摄氏度,无霜期225天,年降雨量1246毫米,日照时间1600小时,气候四季分明,冬暖夏凉,耕地土质多为紫色土、冲积土、山地黄壤、山地黄棕壤,宜于多种农作物生长。

人口计生 1991年,全乡有2391户,9738人,男5402人,女4336人,彝族8064人,汉族1674人;育龄妇女1189人,已婚育能妇女1099人,采取节育措施的妇女175人。2000年,全国第五次人口普查,全镇人口15911人,彝族10599人,汉族5312人,育龄妇女2990人,已婚育能妇女2403人。2005年,全镇有6167户,18055人,彝族12590人,汉族5465人,育龄妇女3870人,已婚育能妇女2980人,发放避孕药具750盒,"三查"人员270人,采取节育措施的妇女有920人。

基础设施 1991年,境内有成昆铁路、昭普公路、中乃公路。1992年,投入资金2.4万元,投工投劳410人次,铺设饮水管道2公里,解决且托村141户715人人畜饮水。架设线路3公里,解决呷托村335户1437人照明用电。2002年,投入资金1.8万元,投工投劳370人次,铺设饮水管道1公里,解决阳坡村100户478人人畜饮水问题。架设线路7公里解决柳洛村138户524人、尔莫村93户465人照明用电。投入58.8万元建成普雄畜牧交易市场、滨河路。2003年,投入资金0.5万元,投工投劳750人次,维修柳洛村道1.5公里。2004年,投入资金2.5万元,投工投劳力385人次,修建饮水管道2公里,解决尔格村140户632人人畜饮水。投入资金150万元,建成火把广场;投入资金200万元,建成民族风情街。投入资金0.7万元,投工投劳1050人次,维修呷托村村道2.5公里。2005年,投入资金5.4万元,修建饮水管道5公里,解决曲可地村230户1132人人畜饮水问题。投入资金3.5万元,投工投劳550人次,维修尔莫村村道1公里。

农业 1991年,农作物主要有水稻、洋芋、玉米、大豆、荞子、燕麦、小麦、油菜等。粮食产量2363吨,水果17.1吨,烟叶3吨;人均纯收入356元。2003年,推广洋芋高厢垄作技术,粮食产量5536吨,水果192.4吨,烟叶4.25吨,人均纯收入1612元。2005年,有耕地9795亩,粮食总产量6218吨,人均纯收入2000元。

扶贫 1995年,扶贫贷款33.24万元。1998年,实施扶贫越温工程,开展形象扶贫,投入劳力2670人次,投放水泥330吨,资金5万元,扶贫577户,占农户总数23.9%。2005年,瓦吉木、曲可地、且托3个村被确定为世行贷款对象村,贷款资金200万元。

林业 1991年,有林地6488亩,森林覆盖率15.9%。2000年,实施退耕还林,呷托村退耕还林410亩,阳坡村退耕还林222亩,曲可地村退耕还林145亩,公益造林400亩。2002年,曲可地村退耕还林190亩,且托村退耕还林260亩,公益造林1000亩。2003年,荒山荒坡治理,公益造林2600亩。2005年,公益造林3500亩。

畜牧业 1991年,生猪出栏3129头,四畜存栏16420头。2003年,购进良种公羊50只,购进良种公猪4头。年末生猪出栏14301头,四畜存栏19630头。2005年,加强畜牧防疫力度,加大畜牧兽医员的业务培训,发展种草养殖,种草1500亩。年末生猪出栏15581头,四畜存栏21496头,注射畜牧疫苗6830支,牲畜防疫密度98%。

教育 1991年,全镇有中心小学1所,村小3所,教师23人,在校学生65人,入学率65%,巩固率84%。2001年,开展扫盲工作,有5929人次参加扫盲教育班,扫盲率98%。2005年,巩固"两基"成果,实施中小学现代远程教育工程,实施"两免一补"政策,全镇有中学1所,教师34人,在校学生676人,入学率94.9%;中心小学2所,村小6所,教师139人,7~12岁适龄儿童2202人,在校2180人,入学率99.1%。

卫生 1991年,全镇有1所卫生院(越西县二医院),52名医务人员,床位35个。1999年,开展以"2号病"为重点的疾病防治工作和宣传教育,并对12个村进行消毒处理。2003年,新建村卫生站6所,配备村医生 6 名。2005 年,有中心卫生院 1 所,村级卫生站 7 所,医务人员 73 名,发放糖丸 3600 粒,发放率 100%;加强强化免疫,强化免疫率 95%。

表 1－56　　1991—2005 年普雄镇基本情况表

项目 年份	幅员面积(平方公里)	耕地面积(公顷)	村(个)	社区居委会(个)	人口(人)	财政收入(万元)	财政支出(万元)	农民人均收入(元)	主要农副产品		
									粮食(吨)	生猪出栏(头)	水果(吨)
1991	21.37	323.2	9	1	9738	35.71	35.71	356	2363	3129	17.1
1992	47.024	710.2	14	1	15600	35.95	35.95	374	5125	7295	175
1993	47.024	710.2	14	1	15593	36.28	36.28	376	4871	7760	179
1994	47.024	710	12	1	14947	36.72	36.72	432	4876	7805	180
1995	47.024	710	12	1	15268	37.3	37.3	478	4890	7895	183
1996	47.024	680.06	14	1	15539	37.7	37.7	512	4908	7925	185
1997	47.024	680.06	14	1	15616	37.8	37.8	783	4974	7904	190
1998	47.024	680.06	12	1	15658	38	38	934	5047	7925	195.5
1999	47.024	680.06	12	1	15677	38.75	38.75	1075	5134	9864	195.5
2000	47.024	657.5	12	1	15911	39.75	39.75	1151	5408	11822	156.8
2001	47.024	656.6	12	1	16295	41.25	41.25	1280	5477	11829	179
2002	47.024	656.5	12	1	16728	44.37	44.37	1437	5528	13041	192
2003	47.024	655.6	12	1	17175	40.58	40.58	1621	5536	14301	192.4
2004	47.024	653.2	12	1	17508	45.85	45.85	1787	5649	15428	192
2005	47.024	653	12	1	18055	49	49	2000	6218	15581	193

二、贡莫乡

地理位置　贡莫乡位于越西县城东南,东临普雄河与普雄镇交界,南和乐青地乡毗邻,西与书古乡、五里箐乡相邻,北和拉白乡接壤。距县城 35 公里,幅员面积 20.948 平方公里。

政区沿革　贡莫又名布基洛,彝族地名,贡莫:传说因贡莫家在此居住,或以前天鹅每年都要飞来得名。1954 年,建立布基洛乡。1958 年,公社化时,改称布基洛大队。1961 年,改布基洛大队为果目公社。1969 年,建立果目公社革委会。1981 年,选举出社管会,同年,地名普查,改果目为贡莫。1992 年,撤区并乡,拉白乡并入贡莫乡,辖汉扎洛村、布基洛、地各村、依史村、差差木村、拉白村、尼洪洛村、嘎祖库村、达洛村 9 个村。1995 年,拉白村、尼洪洛村、嘎祖库村、达洛村划入拉白乡人民政府。全乡辖汉扎洛村、布基洛、地各村、依史村、差差木村。1997 年,普雄镇贡莫村、尔莫普村划入贡莫乡。辖贡莫村、尔莫普村、汉扎洛村、布基洛、差差木村、依史村、地各村。2002 年,贡莫乡政府迁驻原中普雄中学。2005 年,全乡辖贡莫村、尔莫普村、汉扎洛村、布基洛村、差差木村、依史村、地各村 20 个村民小组。

表 1－57　　1991—2005 年贡莫乡负责人名录

姓　名	性　别	民　族	职　务	任职时间
阿尔木沙	男	彝族	党委书记	1989.9—1992.12
巴久日哈	男	彝族	党委副书记	1989.9—1992.12
阿西作木	男	彝族	乡　长	1989.9—1992.12
苏德明	男	彝族	党委副书记	1992.12—1995.11

续上表

姓　名	性　别	民　族	职　务	任职时间
邹向富	男	汉族	副乡长	1992. 3—1994. 3
罗德霖	男	汉族	党委书记	1992. 12—1995. 11
曲木西西	男	彝族	党委副书记	1992. 12—1995. 11
吉皮大尔	男	彝族	乡　长	1992. 12—1995. 11
			党委书记	1995. 12—1998. 12
阿加木呷	男	彝族	副乡长	1992. 12—1995. 11
潘依布	男	彝族	副乡长	1995. 11—1996. 9
阿别张江	男	彝族	乡　长	1995. 12—1998. 12
			党委书记	1998. 12—2005. 12
说过伍哈	男	彝族	副乡长	1995. 12—1998. 12
			乡　长	1998. 12—2001. 12
谢木牛	男	彝族	党委副书记	1998. 12—2001. 12
杨　宏	男	汉族	副乡长	1998. 12—2001. 12
依达伍牛	男	彝族	副乡长	1998. 12—2005. 12
刘小勇	男	汉族	党委副书记	2001. 12—2005. 12
马海木呷	男	彝族	乡　长	2001. 12—2005. 12
甲卡阿基莫	女	彝族	副乡长	2005. 3—2005. 12

自然环境　贡莫乡地处普雄河断裂带西面。属中山中谷带坝地貌。西侧有比克列吉山、车洛莫莫布山。东为河谷坝地。境内最高海拔车洛莫莫布山2971米，最低海拔1850米，相对高差1121米。普雄河流经本乡6.5公里。年平均气温12摄氏度，年降雨量1246毫米，无霜期225天左右。普雄河流经乡内6.5公里。土质为紫色土、冲积土、山地黄壤、山地黄棕壤。

人口计生　1991年，全乡人口3546人，其中：男1851人，女1695人，育龄妇女702人，出生42人，一孩15人，二孩17人，三孩10人，采取节育手术61例。1997年，全乡人口3958人，死亡32人，出生人口43人，多孩率7%，计生率87%，采取节育手术38例。2005年，全乡人口5777人，死亡22人，出生人口42人，其中：一孩19人，出生率45%；二孩14人，出生率33%；三孩9人，出生率21%；计生率97%，采取节育手术54例，人口自然增长率6.3‰。

基础设施　1991年，省道208穿境而过，有乡道1条，简易村道5条。1995年，投资4万元，修通地各村村道。1998年，依史村群众自筹资金投工投劳，整修村道1公里。2001年，争取资金8万元，安装饮水管道4公里，解决乡政府及周边群众饮水。2005年，全乡除依史村4组不通电，其余都通电、通水。

农业　主产洋芋、水稻、玉米等作物。1991年，粮食产量1323吨，人均收入491元。2000年，引进优良品种，推广地膜玉米，实施配方施肥，年投放化肥160吨，玉米、水稻、马铃薯种植面积为4957亩，粮食产量2000吨，人均收入712元。2005年，全乡耕地面积526.8公顷，实行洋芋高厢垄作2300亩，种植地膜玉米1530亩，粮食产量2235吨，人均收入1211元。

扶贫　1991年，开展扶贫调查摸底，扶贫建卡281户，1413人。1998年，投入资金7.7万元，修建汉扎洛村石桥和人畜饮水工程，解决1458人的饮水和出行问题。2001年，在布基洛村扶贫新建养猪场，当年出栏肥猪80头。2005年，在尔莫普村种植核桃7698株。

林业　1991年，人工造林10899亩，植树122786株。1994年，开展全民植树活动，人工造林1980亩。

1997年,荒山造林2200亩。1999年,实施天然林保护工程,利用荒山造林300亩。2002年,实施天然林保护和退耕还林工程,依史村退耕还林770亩,配套造林1540亩,树种有华山松、桤木等。2005年,造林1684亩。

畜牧业 1991年,生猪出栏121吨,存栏1686头,能繁母猪573头;羊出栏478只,存栏4486只,其中:绵羊1136只、山羊3350只;牛出栏26头,牛存栏513头;马存栏85匹。1997年,发展种草养畜,种草2200亩,年末生猪出栏215.8吨,存栏4525头;牛出栏26头,存栏685头;羊出栏856只,存栏5827只;家禽出栏1756只,存栏10023只。畜牧业总产值179.92万元。2005年,发展四大牲畜养殖,转变大牲畜喂养方式,改敞放为圈养。年末生猪出栏318.5吨,存栏4875头;牛出栏68头,存栏1355头;羊出栏1025只,存栏9680只;家禽出栏2310只,存栏9870只。

教育 1991年,有乡中心小学校1所,村小2所,教师12人,在校学生336人。1997年6月,普雄镇中心小学更名贡莫乡中心小学,原贡莫乡中心校更名布基洛村小学。2005年,新建教学楼1幢,在校学生724人,学龄儿童入学率98.4%,巩固率98%。

卫生 1991年,有卫生院1所,医务人员1人。1995年,全乡有乡中心卫生院1所,医生1名,个体医生1名。看病就医3120人次,发放"脊髓灰质炎"糖丸185人次,小儿接种212人次。1997年,加强儿童计划免疫接种,免疫接种率98.6%。1999年,加强重点疾病防治工作,建立重点疾病预防管理制度,规范村民聚众聚餐。全年培训乡干部、学校教师和村组干部231人次。2005年,有卫生院1所,医生2人,病床3张。看病就医4156人次,小儿计划免疫281人次。

表1-58　　1991—2005年贡莫乡基本情况表

项目 年份	幅员面积（平方公里）	耕地面积（公顷）	村（个）	人口（人）	财政收入（万元）	财政支出（万元）	主要农副产品	
							生猪出栏（吨）	粮食总产量（吨）
1991	19.3	236	5	3546	2	2	121	1323
1992	40.625	711.9	9	5621	2	2	175.6	2337
1993	40.625	711.9	9	5832	7	7	187.4	2181
1994	40.625	711.9	9	5728	8	8	206.1	2216
1995	19.3	236	5	3568	9	9	169.5	1435
1996	19.3	236	5	3582	10	10	173.7	1472
1997	20.948	526.8	7	3958	15	15	215.8	1897
1998	20.948	526.8	7	4379	21	21	229.7	1923
1999	20.948	526.8	7	4700	25	25	242.59	1956
2000	20.948	526.8	7	5070	29	29	271.51	2000
2001	20.948	526.8	7	5421	29	29	280.3	2034
2002	20.948	526.8	7	5546	29	29	297.5	2079
2003	20.948	526.8	7	5638	29	29	301.1	2124
2004	20.948	526.8	7	5703	29	29	302.7	2159
2005	20.948	526.8	7	5777	29	29	318.5	2235

三、拉白乡

地理位置 拉白乡位于越西县城东南,距县城41公里,幅员面积19.677平方公里,东临普雄河与普雄镇交界,南与贡莫乡相连,西与五里箐乡接壤,北与下普雄区尔觉乡为邻。

政区沿革　拉白又名拉白尔喜，彝族地名。拉：老虎；白：成功，引申为除掉；尔喜：石旁，因传说一名彝族青年曾在此石旁杀死一只老虎得名。1954 年，建立拉白乡。1959 年，公社化时，改为拉白大队，属双河公社（区级）。1961 年，恢复拉白乡。1966 年，更名为拉白公社。1969 年，成立拉白公社革命委员会。1981 年，选举产生公社管委会。1984 年，恢复拉白乡人民政府。1991 年，撤区并乡，并入贡莫乡人民政府。1995 年，恢复建制，成立拉白乡人民政府，驻尼洪洛村。2005 年，全乡辖尼洪洛村、达洛村、拉白村、嘎祖库村，9 个村民小组。

表 1－59　　1995—2005 年拉白乡负责人名录

姓　名	性　别	民　族	职　务	任职时间
潘　勇	男	彝族	党委书记	1995.12—1998.10
吉克扯达	男	彝族	乡　长	1995.12—1998.10
			党委书记	1998.10—2001.10
苏定明	男	彝族	党委副书记	1995.12—2005.12
黄西虎	男	回族	党委副书记	1996.3—1998.10
杨泽虎	男	彝族	副乡长	1995.12—1998.10
冷则木衣	男	彝族	乡　长	1998.10—2005.12
巫期木果	男	彝族	党委副书记	1997.3—2001.10
潘卫安	男	彝族	副乡长	1995.12—2001.10
木洛五沙	男	彝族	副乡长	1998.10—2005.12
说过伍哈	男	彝族	党委书记	2001.12—2005.12
王旭	女	彝族	副乡长	2001.10—2005.12

自然环境　拉白乡地处普雄河断裂带西面，属中山中谷带坝地貌。西侧是最高海拔车洛梁子山 2780 米，东为河谷坝地，最低海拔 1788 米，相对高差 992 米。普雄河流经乡内 6 公里。发源于境内拉白依达沟由西向东流入普雄河。年平均气温 12 摄氏度，年降雨量 1246 毫米，无霜期 225 天。耕地土质多为紫色土、冲积土、山地黄棕壤。

人口计生　1996 年，全乡人口 2028 人，实际出生 40 人，采取节育措施 182 人，计划生育率 85%，人口自然增长率 10‰。2000 年，全国第五次人口普查。全乡人口 2328 人，育龄妇女 458 人，已婚育能妇女 317 人，出生 33 人，一孩 13 人，二孩 10 人，三孩 8 人，多孩 2 人，采取有效节育措施 40 人，人口自然增长率 10‰。2005 年，人口 2602 人，出生 35 人，育龄妇女 434 人，采取有效节育措施 30 人，人口自然增长率 10‰，计划生育率 87%。

基础设施　成昆线贯穿全乡，在拉白村设拉白车站。1991 年，有 1 条通乡公路与乃托至普雄的公路相连。1998 年，架设 4 公里高压线路和 7 公里低压线，解决尼洪洛村、达洛村、拉白村照明用电。2000 年，实施省村村通广播电视工程，全乡实现村村通广播电视。2004 年，修建拉白大桥，全乡通乡公路贯通。

农业　1995 年，主产水稻、玉米、荞麦、洋芋等。1996 年，全乡有耕地 185.1 公顷，粮食总产量 853 吨，其中：水稻 174 吨，单产 858 斤；玉米 440 吨，单产 730 斤；小麦 47 吨，单产 308 斤；洋芋 136 吨，单产 778 斤；荞麦 56 吨，单产 160 斤；农民人均纯收入 952 元。2003 年，推广两段育秧，洋芋高厢垄作，杂交玉米种植，粮食总产量 1049 吨，农民人均纯收入 1859 元。2005 年，播种面积 4037 亩，粮食总产量 1056 吨；农民人均纯收入 2103 元；实行粮食直补兑现，补助面积 1444.1 亩，每亩兑现金 9.15 元。

林业　1997 年，有林地 1185.5 公顷。2000 年，尼洪洛村退耕还林 147.9 亩，达洛村退耕还林 352.1

亩。2001 年,退耕还林 399.5 亩,其中:拉白村退耕还林 140.4 亩,嘎祖库村退耕还林 259.1 亩。2002 年,退耕还林 80 亩,其中:尼洪洛村 42.8 亩,达洛村 32.6 亩,拉白村 4.6 亩。2003 年,成立林权颁证领导小组,对退耕还林地颁发林权证。至 2005 年,全乡退耕还林 979.5 亩。

畜牧业 1995 年,坚持以林草间作、种草养畜格局发展畜牧业。1996 年,生猪出栏 1334 头,四大牲畜存栏 4628 头,肉类总产量 59.7 吨,饲养家禽 2789 只,种草 1000 亩。2000 年,生猪出栏 1405 头,四大牲畜存栏 5660 头,肉类总产量 129.23 吨,饲养家禽 3472 只,种草 1000 亩。2003 年,生猪出栏 1680 头,四大牲畜存栏 5779 头,肉类总产量 135 吨,饲养家禽 2812 只,种草 1500 亩。2005 年,以科学饲养为主,做好防疫经常化。生猪出栏 1768 头,四大牲畜存栏 5966 头,肉类总产量 381.05 吨,饲养家禽 3702 只,种草 1500 亩。

教育 1995 年,有 1 所乡小学,教师 6 名,在校学生 120 人。1997 年,在校学生 160 人,入学率 96.2%,普及率 90.5%。2000 年,有成教专职教师 1 人,4 所农民文化技术学校,其中:乡农民文化技术学校 1 所,村级农技校 3 所。2003 年,举办扫盲班和巩固班 12 个,扫除青壮年剩余文盲 108 人,进行 12 期农村实用技术培训,培训人员 1280 人次。2005 年,全乡有 1 所乡中心校,2 所点校,学校占地 1132 平方米,教师住房 70.9 平方米,活动场地 150 平方米。有 10 个教学班,教职工 16 人,教师合格率 100%,全乡 7～12 周岁适龄儿童 275 人,已入学 266 人,入学率 98.5%。13～15 周岁适龄少年 136 人,其中:初中就读 111 人,入学率 93.1%;小学就读的 20 人,入学率 95.7%。7～15 周岁残疾人 7 人,入学 3 人。

卫生 1996 年,全乡有乡卫生院 1 所,医生 1 名。发放"脊髓灰质炎"糖丸 213 人次,儿童计划免疫接种 63 人次。1999 年,普雄地区发生 2 号病,全乡建立重点疾病预防紧急预案,建立聚众聚餐管理制度,重点疾病预防报告制度和死亡报告制度。2005 年,全乡有卫生院 1 所,医生 2 名。建立和完善突发公共卫生事件应急处理机制,制定重点疾病应急预案。培训重点疾病防控防治知识,全年参加培训 152 人次,发放宣传资料 300 份。儿童接种疫苗 81 人次,计划免疫接种率 98%。乡卫生院接诊村民 2500 人次。

扶贫 1995 年,有建卡贫困户 68 户 368 人,建卡户人均纯收入 320 元,人均有粮 820 斤。1999 年 10 月,全乡扶贫越温提前一年达标,建卡户人均有粮 869 斤,人均纯收入 537.4 元。2000 年 3 月,成立拉白乡扶贫领导小组,制定 2000 年扶贫工作计划。2001 年 3 月,全乡形象扶贫自查验收合格。2005 年,全乡推广科技扶贫,引进优良水稻种 500 公斤、优良玉米种 700 公斤。

表 1－60　　1995—2005 年拉白乡基本情况表

项目 年份	幅员面积(平方公里)	耕地面积(公顷)	村(个)	人口(人)	财政收入(万元)	财政支出(万元)	人均纯收入(元)	主要农副产品		
								粮食(吨)	生猪出栏(头)	水果(吨)
1995	19.677	185.1	4	2014	2.4	2.4	892	851	1307	19
1996	19.677	185.1	4	2028	2.5	2.5	952	853	1334	20
1997	19.677	185.1	4	2039	3	3	1020	992	1348	28
1998	19.677	185.1	4	2061	5	5	1101	1022	1362	30
1999	19.677	185.1	4	2286	7	7	1206	1048	1390	31
2000	19.677	185.1	4	2328	10	10	1344	1060	1405	31
2001	19.677	185.1	4	2366	11	11	1524	1074	1548	32
2002	19.677	185.1	4	2414	13	13	1709	982	1613	23
2003	19.677	185.1	4	2443	16	16	1859	1049	1680	20
2004	19.677	185.1	4	2534	22	22	2079	1042	1714	33
2005	19.677	185.1	4	2602	29	29	2103	1056	1768	35

四、乐青地乡

地理位置　乐青地乡位于越西县城东南，距县城36公里，幅员面积29.569平方公里。东隔普雄河与普雄镇、依洛地坝乡相连，南与书古区瓦普莫乡交界，西与书古乡相接，北与贡莫乡隔斯基沟相望。

政区沿革　劣青地又名劣青地，彝族地名。乐：彝族姓氏；青地：像笆子一样方形地方。因传说乐乐家住在这块方形平展的地方得名。1954年，建劣青地乡。1956年11月，建立乡人民委员会，乡机关驻光荣村（今青地村4组）。1958年，改称劣青地大队，属果目公社。1961年，恢复劣青地乡。1966年4月，乡人民委员会改称劣青地人民公社。1968年9月，成立公社革命委员会。1969年，改名为“乐青地”。1981年4月，乐青地公社革命委员会更名管理委员会。1984年，改称乡人民政府；辖寒林村、地各村、青地村、瓦曲村、尔普村、渣普村、罗波村19个村民小组。2005年，增设地各村4组、5组。全乡辖寒林、地各、瓦曲、尔普、渣普、罗波7个村、21个村民小组。

表1－61　　1991—2005年乐青地乡负责人名录

姓　名	性　别	民　族	职　务	任职时间
阿尔木基	男	彝族	党委书记、乡长	1991.2—1992.12
蒋兴成	男	汉族	副乡长	1991.2—1992.6
说过伍哈	男	彝族	副乡长	1991.2—1992.12
吉差阿木	男	彝族	党委书记	1992.12—1995.11
阿尔友真	男	彝族	乡　长	1991.2—1995.2
杨热古	男	彝族	副乡长	1992.3—1995.2
阿尔尔体	男	彝族	副乡长	1993.12—1996.1
			党委副书记	1996.1—2001.11
王连春	男	汉族	党委副书记	1993.3—1995.12
阿西瓦特	男	彝族	党委书记	1996.1—1998.12
吉多吉古木	男	彝族	乡　长	1995.2—1998.12
			党委书记	1998.12—2001.11
吉木阿加木	女	彝族	党委副书记	1996.1—1998.12
甲卡伍哈	男	彝族	副乡长	1996.1—1998.12
			乡　长	1998.12—2001.11
蒋发川	男	汉族	党委书记	2001.11—2005.12
			副乡长	1996.1—1998.3
沙马达尔	男	彝族	乡　长	2001.11—2005.12
王光霞	女	汉族	副乡长	1998.12—2001.6
刘华平	男	彝族	党委副书记	2001.11—2005.12
黄玉平	男	汉族	副乡长	2001.11—2005.12
沙马尔基	男	彝族	副乡长	2001.11—2005.12

自然环境　乐青地地乡处普雄河断裂带西面，属中山中谷带坝地貌。最高海拔布好和普山2855米，东为河谷坝地，最低海拔1880米，相对高差975米。普雄河流经本乡7.5公里。年均气温12摄氏度，年降雨量1246毫米，无霜期225天，土壤多为紫色土、山地黄壤、山地黄棕壤。主要地貌为山地。

人口计生　1991年,全乡人口4534人,其中:彝族4376人,汉族158人,男2460人,女2074人,育龄妇女745人,已婚育能妇女688人,采取节育措施45人。1995年,全乡人口5072人,男2524人,女2548人,育龄妇女916人,已婚育能妇女686人,采取节育措施205人。2000年,全国第五次人口普查,全乡有1184户5242人,其中:男2705人,女2537人,育龄妇女1170人,采取节育措施100人,综合节育率95%。2005年,实施计生奖励扶助政策。全乡有1290户5947人,其中:男3034人;女2913人,育龄妇女1678人,已婚育能妇女1003人,采取节育措施98人。

基础设施　1991年,修建瓦曲村、地各村、渣普村、青地村、尔普村沟渠11条,长2357米,改善灌面1080亩;改造中低产田100亩。1993年,解决地各村130户农户620人照明用电。1994年,瓦曲村完成坡改梯500亩。维修青地村通村公路3.5公里,修复青地村机耕道4公里。投入资金18万元,解决渣普村60户、尔普村110户、罗波科村100户农户的照明用电。1996年,青地村完成600亩坡改梯。修建寒林、青地、罗波村村道5.6公里。1998年,凉山州改土工作现场会在乐青地召开。地各、青地村完成1000亩坡改梯。2002年,投入资金10万元,维修乡政府至普雄大桥乡道3公里。2005年6月,解决地各村马庄组69户农户照明用电。

农业　全乡农作物有荞子、燕麦、水稻、玉米、洋芋。1991年,耕地4890亩,粮食产量2315吨,人均纯收入424元。1994年4月,成立越西县乐青地乡果品协会。1995年,粮食产量2324吨,人均纯收入457元。2000年,推广地膜玉米种植,全乡粮食产量2613吨,人均纯收入770元。2003年,乐青地乡荣获全县无公害蔬菜生产先进单位。2005年,实施粮食直补,调整农业产业结构,种植无公害蔬菜2400亩,万寿菊300亩,试种大黄、附子等中药材。全乡粮食产量2781.5吨,人均纯收入1368元。

扶贫　1991年,乐青地乡与县民政局联办扶贫砖厂、斯基沟采石厂。1994年,完成青地村100户一路、一坑、一坝、一厕形象扶贫示范户建设。1996年,青地村和地各村贫困建卡219户,964人;扶贫越温22户,76人;完成地各和渣普村形象扶贫100户。1998年,完成青地、渣普和地各村210户房屋作脊形象扶贫。2000年,投入资金12万元,发放扶贫磷肥450吨,完成形象扶贫100户。2005年,投入扶贫资金17.6万元,实施马庄组人畜饮水和照明用电工程,引水里程8公里,架线2.8公里。

林业　1991年,天然林资源3781.5亩,林地1887亩,灌木林地1894.5亩,主要种植松树和桤木树。1996年,完成人工造林2151亩,零星植树61685株,林业产值179.3万元。2001年,实施退耕还林321亩。2004年,完成人工造林400亩。

畜牧业　1991年,有草坡地65030亩,四大牲畜存栏6581头,其中:牛存栏747头,马存栏42匹,羊存栏2665只,生猪存栏3127头,生猪出栏2944头。1995年,四大牲畜存栏7556头,其中:生猪出栏3450头。2000年,四大牲畜存栏8916头,其中:生猪存栏3790头,出栏4470头。2005年,四大牲畜存栏8430头,其中:生猪存栏4190头,出栏3900头,肉类产量688.5吨。

教育　1991年,有中心校1所,村校3所,学生228人,学校教职工12人,入学率46%。1996年,实施"普初",全乡有中心校1所,村小5所,14个班,在校学生476人,普及率90%,入学率97%,学校教职工19人,学校建设投入资金0.7万元。1998年,投入2.8万元完善中心校、小学基础设施建设,购置100套课桌;招收女子脱盲班2个。2001年,实行寄宿制教育,新建学生宿舍1幢,伙食团1个。2005年,全乡有2所小学校(1所中心校、1所村小),学校教职工16名,11个教学班,在校学生569人,其中:寄宿制学生140人,适龄儿童入学率98%。学校占地2063平方米,宿舍建筑面积332平方米。

卫生　1991年,有乡卫生院1所,医务人员1名。1997年,加强脊髓灰质炎免疫,全乡0~4周岁儿童糖丸发放率100%。2002年,新建乡卫生院,占地300多平方米。2005年,全乡有乡卫生院1所,3名乡医务人员,村卫生站7个,7名村医务人员。全乡实行强化免疫,免疫率100%。

乡镇企业　1991年,乡境企业主要有尔普煤厂、瓦曲煤厂、青地煤厂、青地砖厂、司基沟采石厂,企业产值65万元。1994年,全乡有集体、合营、联办企业34个,年企业产值157万元。2003年,重新引资盘活砖厂，乡镇企业产值主要来源于25户个体运输户。

表1－62　　1991—2005年乐青地乡基本情况表

年份＼项目	幅员面积（平方公里）	耕地面积（公顷）	村（个）	人口（人）	乡镇企业总产值（万元）	财政收入（万元）	财政支出（万元）	农民人均收入（元）	主要农副产品			
									粮食（吨）	生猪出栏（吨）	水果（吨）	烟叶（吨）
1991	29.569	326	7	4534	65	9.8	9.8	424	2315	232.6	159.9	2.6
1992	29.569	326	7	4629	85	10.5	10.5	444	2385	232	180	5
1993	29.569	325	7	4751	105	11.3	11.3	399	2257	229	196	5
1994	29.569	325	7	5031	157	13	13	448	2210	227.1	87.2	9
1995	29.569	325	7	5072	109	14.2	14.2	457	2324	258.7	130.9	8
1996	29.569	325	7	5104	203	15.8	15.8	530	2273.6	277.7	132	5
1997	29.569	325	7	5125	198	16.4	16.4	544	2268	285.2	185	8
1998	29.569	325	7	5161	232	18	18	647	2221	308.1	248	10
1999	29.569	325	7	5181	400	19.8	19.8	792	2567	369	200	0
2000	29.569	325	7	5242	400	22	22	770	2613	380	200	8
2001	29.569	325	7	5325	300	25.5	25.5	900	2700	352.5	200	8
2002	29.569	304	7	5412	300	28.2	28.2	1030	2574	397	126	5
2003	29.569	304	7	5596	400	31	31	1180	2599	541.5	126	5
2004	29.569	304	7	5736	400	33	33	1134	2724	499.6	221	2
2005	29.569	304	7	5947	300	33	33	1368	2781.5	536.2	231	2

五、德吉乡

地理位置　德吉乡位于越西县城东南，距县城52公里，幅员面积55.281平方公里。东与申果庄瓦里觉乡、拉吉乡交界，南与上普雄依洛地坝乡相邻，西与普雄镇相连，北与下普雄区四甘普乡接壤。

政区沿革　德吉又名阿米德吉，系彝族地名。阿米：彝族姓氏；德吉：早起，传说有一姓阿米的人住在此地，因长期早起晚睡勤劳耕作得名。1955年，建德吉乡。1956年，民主改革，乡政府从德吉村德吉组迁至三合洛村瓦黑组。1959年，公社化时，称为德吉大队，属双河公社。1961年，恢复德吉乡。1966年，成立德吉公社。1968年4月，成立公社革命委员会。1981年，选举产生公社管委会。1984年，改称德吉乡人民政府。2005年，全乡辖德吉、亩格、三合、祝吉、依尔5个村，13个村民小组。

表1－63　　1991—2005年德吉乡负责人名录

姓　名	性　别	民　族	职　务	任职时间
苏定明	男	彝族	党委书记	1991.2—1992.12
马文忠	男	彝族	乡　长	1991.2—1992.12
			党委书记	1992.2—1995.12
阿尔尔铁	男	彝族	副乡长	1991.2—1992.12
阿尔木沙	男	彝族	乡　长	1992.2—1998.12
			党委书记	1999.1—2005.12
阿别张江	男	彝族	党委副书记	1992.12—1995.12

续上表

姓　名	性　别	民　族	职　务	任职时间
威色伍加	男	彝族	党委副书记	1994.2—1996.1
说过伍哈	男	彝族	副乡长	1992.12—1995.12
阿牛打铁	男	彝族	党委书记	1995.2—1999.1
谢木牛	男	彝族	党委副书记	1996.1—1999.1
沙马达尔	男	彝族	副乡长	1996.1—1999.1
			乡　长	1999.1—2001.10
黄玉平	男	汉族	副乡长	1999.1—2001.10
巫期木果	男	彝族	乡　长	2001.10—2005.12
桑玉贵	男	彝族	党委副书记	2001.10—2005.12
莫洛木沙	男	彝族	副乡长	2001.10—2005.12

自然环境　德吉乡为半高山区。最高海拔瓦波火山3957米，最低来乌依达海拔2000米，相对高差1957米。有全长13.5公里的来乌依达沟，经普雄镇流入普雄河。年平均气温9.5摄氏度，无霜期180天，年降水量1350毫米。冬季严寒，夏季凉爽，空气湿润。粮食作物主产洋芋、荞子、燕麦，一年一熟。多雨、多雪、冷冻、冰雹、晚霜、洪涝等灾害频发。耕地土质多为山地黄壤，山地黄棕壤。有大熊猫、猴子、牦牛、野猪等野生动物。

人口计生　1991年，全乡人口2078人，男1114人，女963人，男女比例5.4∶4.6，采取节育措施42人。2000年，全国第五次人口普查，全乡人口2120人，男1100人，女1020人，男女比例5.2∶4.8。2005年，发放避孕药具200盒，“三查”妇女35人，采取节育措施63人，全乡473户人口2466人，男1303人，女1163人。

基础设施　1991年，乡境内有一条通乡公路。1993年9月，修建三合村通往苏觉煤矿6公里道路；11月，修建三合村瓦黑组14千瓦的微型电站，解决乡政府及三合村照明用电。1998年，修建卫星地面接收站。1999年10月，修建三合村瓦黑组村道，长0.2公里，宽2米；维修亩格、祝吉村人畜饮水管道3.5公里，解决900人饮水问题。2002年，完成祝吉村到普雄镇尔格村4.5公里通村公路修建，打通祝吉村出村通道。2005年，维修村道2.5公里；解决德吉村356人的人畜饮水。

农业　1991年，培训洋芋高厢垄作技术210人次，种植洋芋2500亩，采用高厢垄作技术种植1300亩洋芋，粮食产量825吨，农民人均纯收入157元。1995年，投放扶贫磷肥10吨，推广荞子增磷施氮种植技术。1998年，投放扶贫磷肥60吨，化肥10吨，用于玉米、洋芋、荞子种植。2001年，调整农业产业结构，种植洋芋1751亩，玉米244亩，推广荞子窝种技术300亩。2004年，实施粮食直补政策，补助面积3145.42亩，发放现金28490.61元。2005年，玉米播种653亩，地膜覆盖率98%。粮食产量938.4吨，农民人均纯收入1141元。

乡镇企业　1991年，德吉煤矿年开采量500吨。1994年，开采原煤1000吨，产值12万元，完成利税1.2万元。2003年，引进合丰电力开发公司，开发德吉河流域，建成一、二、三级电站，装机容量4120千瓦，年均发电1700万千瓦时，年产值300万元以上。

扶贫　1994年，扶贫摸底调查，建卡361户、1547人。1995年，实施扶贫越温攻坚5年计划。1997年，投放扶贫贷款资金14.2万元。1999年，投入窗子、亮瓦等物资开展形象扶贫，对90户形象扶贫示范户投放扶贫贷款资金18.07万元。2005年，实施“三房”改造工程，在德吉村改造106户，在祝吉村改造2户，投入扶贫资金32.4万元。

林业　1991年,开展全民造林活动,人工造林1164亩。2000年,实施天然林保护工程和退耕还林工程,在三合村、祝吉村退耕还林500亩,荒山造林390亩。2002年,全乡退耕还林1620亩,配套造林2675亩。2005年,退耕还林180亩,完成公益造林592.5亩。至2005年,全乡退耕还林2300亩。农民每年从国家退耕还林粮食补助和现金补助上获得的现金收益59.8万元。

畜牧业　1991年,生猪存栏3113头,能繁母猪473头,羊存栏7462只,其中:绵羊5770只,山羊1692只,大牲畜存栏750头,其中:牛734头,马16匹。1994年,购进良种绵羊31只,在依尔、亩格、德吉3村建立绵羊改良基地。1996年,投入扶贫贷款5.9万元用于绵羊改良,改良绵羊650只。2001年,全乡发展种草2500亩,年末出栏肥猪1681头、牛43头、羊523只,大牲畜存栏合计914头,生猪存栏1889头,羊存栏5886只,畜牧业产值84万元。2005年,发展草食牲畜,种草2800亩,生猪存栏2031头,大牲畜存栏1383头,羊存栏6210只。

教育　1991年,有中心校1所,教师4人,在校学生40名。1996年,开展扫盲教育,与各村签订扫盲目标责任书,强化责任追究力度,建立依尔、亩格、德吉3个扫盲小学,聘请3名代课老师,参加扫盲青壮年900名,扫盲率98%,在校小学生100名。1998年,学校"普初"验收达标。2005年,有中心校1所,教师9名,在校学生316名,入学率97%。

卫生　1991年,有乡卫生院1所,医生1名,床位1张。2002年,开展以"2号病"、"肺结核"等传染病为重点的疾病预防教育,培训率95%以上。2003年,各村配备1名村医,加强死亡报告、疫情报告、聚餐报告制度。2005年,预防婴幼儿脊髓灰质炎,发放糖丸242粒。

表1-64　　**1991—2005年德吉乡基本情况表**

项目 年份	幅员面积(平方公里)	耕地面积(公顷)	村(个)	人口(人)	财政收入(万元)	财政支出(万元)	农民人均收入(元)	主要农副产品			
								粮食(吨)	生猪出栏(吨)	水果(吨)	烟叶(吨)
1991	55.281	257.3	5	2078	8	8	157	825	82.4	0.5	3.5
1992	55.281	257.3	5	2097	10	10	160	778	61.5	0.5	3.68
1993	55.281	257.3	5	2064	11	11	169	799	62.5	0.5	3.13
1994	55.281	257.3	5	2014	12	12	207	760	80	0.5	3.12
1995	55.281	257.3	5	2034	13	13	235	610	118.9	0.5	3.23
1996	55.281	257.3	5	2035	14	14	265	720	120.3	0.5	3.11
1997	55.281	247	5	2031	15	15	374	732	124	0.5	4.11
1998	55.281	247	5	2041	16	16	398	745	127.5	0.5	4.98
1999	55.281	247	5	2043	17	17	423	763	129	1	7.8
2000	55.281	247	5	2120	18	18	525	807	130.48	1	8
2001	55.281	247	5	2126	19	19	556	827	141.7	1	8
2002	55.281	247	5	2142	20	20	681	831	144	1	8
2003	55.281	247	5	2223	21	21	791	842	146.7	1.5	8.2
2004	55.281	247	5	2500	22	22	927	879	150.8	1.5	8.33
2005	55.281	247	5	2466	24	24	1141	938.4	152.3	1.5	8.4

六、曲可地乡

曲可地乡位于越西县城东南。东与德吉乡、上普雄区依吉拉尼乡接壤,南与普雄镇相连,西临普雄河与贡莫、拉白乡交界,北与下普雄区的四甘普乡为邻。幅员面积29.29平方公里。距离县城40公里。地处普雄河断裂带东面,属中谷带坝地貌。东侧为山地,有特洛洪山、瓦布竹差山、书觉山、牛洪勒掩山、布且阿莫山,西面沿普雄河是平缓坝地。最高海拔瓦布竹差山3015米,最低海拔与四甘普乡交界的河边1800米,相对高差1215米。普雄河流经境内4.5公里。来乌依达沟经境内流入普雄河。年平均气温12摄氏度,年降水量1246毫米,无霜期225天。耕地土质多为紫色土、冲积土、山地黄壤、山地黄棕壤。全乡耕地面积为7720亩(习惯面积5683亩,其中:田1234亩,地4449亩)。主产玉米、水稻、洋芋、荞麦。

曲可地系彝族地名,原名曲苦地,又称双河。曲:刺;可:半圆形;地:土地。因处在普雄河坎上,形似半圆,周围土埂长着带刺植物得名。1953年,建曲苦地乡。1959年,公社化时,改为曲苦地大队,属双河公社。1961年,恢复乡建制时,改为幸福乡。1963年,改为双河乡。1969年,成立双河公社革委会。1981年,选举出社管会,同年地名普查,改双河为曲可地。1984年,恢复曲可地乡人民政府。辖什木地、尔吉嘎掩、阿卡尔果、沙木、曲可地5个村,34个村民小组。1992年12月,撤销曲可地乡并入普雄镇。

表1-65　　1991—1992年曲可地乡负责人名录

姓　名	性　别	民　族	职　务	任职时间
吉皮达尔	男	彝族	党委书记	1991.1—1992.12
木出支且	男	彝族	乡　长	1991.1—1992.12
阿西瓦铁	男	彝族	党委副书记	1991.1—1992.12
吉木阿加木	女	彝族	副乡长	1991.1—1992.12
阿别张江	男	彝族	副乡长	1989.12—1992.12

第七节　下普雄工委

下普雄工委位于越西县城东面。东与申果庄区和甘洛县斯觉区交界,南与中普雄区、书古区相邻,西与城关区、新民区交界,北与顺河区相连。面积170.88平方公里,距县城31公里。

下普雄属中山中谷带坝地貌,以坡地为主,顺倾坡较缓,逆倾坡较陡。最高海拔碧鸡山3992米,最低海拔裤裆沟出口1500米,相对高差2492米。东西两侧边缘是高山。东有碧鸡山、碧鸡俄觉山、木觉嘎山、斯俄普山、彩虹山,西有车洛梁子山。普雄河由南向北经该区17.4公里流入漫滩河,将该区剖为两半。东有四甘普乡、拉普乡,西有尔觉乡、铁西乡。沿普雄河两岸是扇形发育的坡度平缓的坝地。发源于库莫洛山的彩虹拉达沟经四甘普、拉普乡流入普雄河。年均气温12.5摄氏度,年降水量1100毫米,全年无霜期235天。冬干春旱,日照较长,昼夜温差大。夏多暴雨洪涝,秋多阴雨大风,春夏之交有冰雹,冬春有霜冻等灾害。耕地多为紫色土、冲积土、山地黄壤、山地黄棕壤。

下普雄又名洛木拉达,彝族地名。洛木:姓氏;拉达:沟壑,因洛木家曾住此得名。1953年,进驻工作队。1955年,成立洛木拉达区公所,辖阿来吾、四呷普、拉普格则、阿支吾4乡。1956年,普雄县行政区划调整,洛木拉达区改为下普雄区,辖尔觉乡、铁西乡、拉普乡、四呷普4个乡27个村。同年,四呷普的呷掩划入中普雄区曲苦地乡。1959年,改区公所为洛木人民公社,所辖4乡改为解放、铁西、拉普、四呷普4个大队。1961年4月,全县体制调整,恢复区建制,因地处普雄河下段,更名下普雄区。1962年,阿支吾的跑马坪划入新民区。1966年,全区4个乡改称人民公社。1968年,成立下普雄革命委员会,辖尔觉、拉普、铁西、四呷普4个人民公社。1978年2月,下普雄区革命委员会改称区公所。1981年,成立下普雄区公所。1984年,机构改革,下普雄区公所改称下普雄区委,辖尔觉、铁西、四甘普、拉普4乡26个村。1992年,机构改革,下普雄区委改称下普雄工作组。1993年,改为下普雄工委。2005年,下普雄工委辖尔觉乡、铁西乡、拉普乡、四甘普乡。

表 1－66　　1991—2005 年下普雄区委、工委负责人名录

姓　名	性　别	民　族	职　务	任职时间
余中华	男	汉族	区委书记	1999. 1—1992. 9
吴世祥	男	汉族	区委副书记	1991. 1—1992. 9
潘武才	男	彝族	区委副书记	1991. 1—1992. 9
毛国强	男	彝族	区长	1991. 1—1992. 9
依火布都	男	彝族	副区长	1991. 1—1992. 9
蒙开华	男	汉族	工委书记、主任	1995. 1—1998. 12
葛福忠	男	汉族	工委副书记、副主任	1995. 1—2001. 11
说日伍加	男	彝族	工委副书记、副主任	1993. 1—1998. 12
吉皮木沙	男	彝族	工委副书记、副主任	1993. 1—2001. 11
曲木伍沙	男	彝族	工委书记、主任	1998. 12—2001. 11
潘武才	男	彝族	工委书记、主任	2001. 12—2005. 12
俄来五支	男	彝族	工委副书记、副主任	2001. 12—2005. 12
吉差木且	男	彝族	工委副书记、副主任	2001. 12—2005. 12
王志国	男	彝族	工委副书记、副主任	2001. 12—2005. 12

一、尔觉乡

地理位置　尔觉乡位于越西县城东部，距县城 33 公里，幅员面积 40.493 平方公里。东临普雄河与四甘普乡交界，南与中普雄拉白乡、书古区五里箐乡相邻，西与丁山乡、大瑞乡接壤，北与铁西乡相连。

政区沿革　尔觉曾称阿乃吾，彝族地名，尔觉意为石板，因此地在不厚的土层下是成片的石板而得名。1954 年，建立阿乃吾乡。1956 年 10 月，改称阿来吾乡人民委员会。1959 年，改为罗木公社下属之解放大队。1961 年 4 月，恢复区乡建制，改为尔足乡人民公社。1962 年 12 月，尔足乡人民公社改称尔足乡，迁址乃加村。1966 年 4 月，尔足乡改称人民公社，乡政府先后驻阿来吾、尔觉、沙来等地。1968 年 10 月，成立尔足乡公社革命委员会。1981 年 4 月，尔足乡公社革命委员会改称管理委员会；11 月，更名尔足人民公社管理委员会。同年，地名普查，尔足改为尔觉。1984 年 1 月，机构改革恢复乡政府。1999 年 11 月，乡政府从乃加村乃加组迁驻四窝普村且托组。2005 年，全乡辖四窝普、阿木洛、乃加、阿来吾、彩洛、打里井 6 个村，17 个村民小组。

表 1－67　　1991—2005 年尔觉乡负责人名录

姓　名	性　别	民　族	职　务	任职时间
吉火伍哈	男	彝族	党委书记	1991. 1—1993. 3
毛国安	男	彝族	乡　长	1991. 1—1993. 3
吉皮说来	男	彝族	党委副书记	1991. 1—1994. 12
吉合木乃	男	彝族	副乡长	1991. 1—1993. 3
田玉华	男	彝族	党委书记	1993. 3—1998. 11
吉皮木沙	男	彝族	乡　长	1993. 3—1995. 12
的日吉古	男	彝族	党委副书记	1993. 3—1995. 12
俄来五支	男	彝族	乡　长	1995. 12—2001. 12

续上表

姓　名	性　别	民　族	职　务	任职时间
吉日约呷	女	彝族	党委副书记	1995. 12—1998. 11
王统华	男	汉族	副乡长	1995. 12—1998. 11
金尚明	男	汉族	党委书记	1998. 11—2003. 10
木色热古	男	彝族	党委副书记	1998. 11—2001. 12
王砚伟	男	汉族	副乡长	1998. 11—2001. 12
			党委书记	2003. 10—2005. 12
朱德发	男	汉族	副乡长	1998. 11—2001. 12
谢木牛	男	彝族	乡　长	2001. 12—2005. 12
马海伍来	男	彝族	党委副书记	2001. 12—2005. 12
朱沛琼	女	彝族	副乡长	2001. 12—2005. 12

自然环境　尔觉乡地处普雄河断裂带西面,属中山中谷带坝地貌。西为车洛梁子山,东沿普雄河一带是扇形发育的平缓坝地。属于典型的高二半山区,境内多山,沟壑纵横,岭谷相间,地势北低南高,最高海拔2936.6米,最低海拔在与铁西乡交界处河边1670米,相对高差1266.6米。普雄河流经本乡8公里。冬季严寒漫长,夏季凉爽短促,雨量充沛,春迟秋早,垂直气候差异显著,年平均气温12.5摄氏度,年降水量1100毫米,无霜期235天。耕地多为紫色土、冲积土、山地黄壤、山地黄棕壤。

人口计生　1991年,全乡人口3648人,已婚育能妇女767人,出生77人,死亡23人。1999年,人口3943人,其中:非农业人口167人,新出生80人,死亡41人,采取有效节育措施50例。2000年,全国第五次人口普查,全乡人口1140户,4038人,男性2070人,女性1968人。2005年,人口5129人,育龄妇女1319人,已婚育能妇女771人,出生86人,死亡40人,采取节育措施148例。

基础设施　1991年,成昆铁路和中乃公路纵贯全境,设下普雄火车站。有铁索桥与拉普乡相接,公路桥与四甘普乡相连。同年,群众投工投劳350人次,疏浚、维修四窝普村阿坡莫沟堰1100米,灌溉面积120亩。1993年,投入8万元,群众投工投劳489人次,新建阿来吾村阿来瓦乌沟堰1500米,灌溉面积230亩,受益3个村民小组189户895人。1995年,实施四窝普村人畜饮水工程,投入3.55万元,受益农户41户290人。1996年,乃加村沙洛组人畜饮水工程投入3.7万元,受益农户57户340人;阿来吾村人畜饮水工程投入4.7万元,受益农户112户772人。

1997年,阿木洛村人畜饮水工程投入3.1万元,受益农户62户389人。1999年,新修村道6条13公里,维修拓宽村道15公里。2000年,全乡实施广播电视村村通工程。2003年,农网改造解决乃加村、四窝普村生活用电。2005年,解决彩洛村地木、彩洛组照明用电;实施阿来吾村世界银行通村公路项目,群众投工投劳987人次,修建7公里村道。

农业　1991年,全乡耕地4425亩,主产玉米、洋芋。推广地膜育秧48亩,地膜玉米1000亩。2003年,推广种植万寿菊280亩。2004年,国家实施种粮补助政策。2005年,全乡人均年收入1201元。

扶贫　1991年,开展全乡扶贫摸底工作。1994年,贫困建卡户扶贫越温经州、县检查,验收合格,越温面92.1%。1995年,投放扶贫磷肥40吨、化肥10吨。1996年,实施扶贫与计生"三结合"。引进新疆核桃4万株,杜仲2000株。1998年,贫困建卡221户1056人。扶贫贷款4.05万元用于种植核桃;在彩洛、打里井村发放扶贫贷款6万元用于发展牛羊养殖。1999年,发放扶贫贷款10万元,发展养殖业。2005年,开展阿来吾、乃加、四窝普3个村世行农业贷款项目,投放贷款10万元。

林业　1991年,乡境内主要树种有:云南松、华山松、冷杉、桤木等;经济林木主要有核桃、花椒。

1994 年,开展全民植树造林,种植黄山松、云南松 796 亩。1999 年,实施四窝普、阿木洛两个村"长防"工程,造林 2156 亩。

2000 年,实施天然林保护工程。2003 年,川林五处在乃加、彩洛村工程造林 2237 亩。2004 年,成昆线"绿色通道"工程实施,四窝普、阿来吾村退耕还林 151 亩。2005 年,全乡林业用地 1847.9 公顷,有林地 367.1 公顷,灌木林地 407.4 公顷,宜林地 406.9 公顷,牧地 230.1 公顷,有林地覆盖率 11%。

畜牧业　1991 年,推行畜种改良、疫病流防,四大牲畜存栏 8568 头,其中:生猪存栏 2672 头。1996 年,全乡生猪出栏 159 吨,肉类总产值 231 万元。2001 年,生猪存栏 4380 头,生猪出栏 236 吨,四大牲畜存栏 13786 头。

2005 年,发展种草养畜,在阿来吾、乃加、彩洛、阿木洛村种植 1000 亩光叶紫花苕;配备 2 名畜牧兽医员;四大牲畜存栏 14691 头,生猪存栏 5230 头,肉类总产值 583 万元。

教育　1991 年,有中心校 1 所、村小 6 所,在校学生 182 人,教职工 11 人。1995 年,在校学生 560 人,教师 18 名。1996 年,开展扫盲教育,参加扫盲青壮年 1121 人,脱盲 1087 人,其中:女 548 人。1997 年,小学入学率 97%,巩固率 99%,普及率 93%。同年 12 月,"普初"经凉山州政府验收达标。1999 年 8 月,尔觉乡小学同下普雄区民小合建尔觉乡中心校。2005 年,在校学生 620 人,职工 25 人。

卫生　1991 年,有乡卫生院 1 所,2 名医务人员。1997 年,全乡 0~4 周岁儿童发放糖丸,发放率 100%。1999 年 10 月,"2 号病"疫情得到控制。2000 年,开展重点疾病预防健康教育工作,培训率 96%。2003 年,配备村级医务人员 6 名,强化死亡报告、聚餐报告、疫情监测制度。2005 年,宣传预防婴幼儿脊髓灰质炎,实施"降消"项目。

乡镇企业　1992 年,建青美瓦厂,年产值 3.3 万元。1993 年,建呷铁酒厂,年产 8 吨呷铁酒,年产值 3.2 万元。1998 年,投资 8 万元将呷铁酒厂从阿坡莫迁址下普雄火车站,年产 20 吨酒,产值 8 万元。

表 1-68　　1991—2005 年尔觉乡基本情况表

项目 年份	幅员面积（平方公里）	耕地面积（公顷）	村（个）	人口（人）	乡镇企业总产值（万元）	财政收入（万元）	财政支出（万元）	农民人均收入（元）	主要农副产品			
									粮食（吨）	生猪出栏（吨）	水果（吨）	烟叶（吨）
1991	40.493	295	6	3648	3	4.8	4.8	310	1752	79	32	2.28
1992	40.493	295	6	3728	4	4.82	4.82	318	1689	124	32	7.57
1993	40.493	295	6	3794	7	6.85	6.85	321	1701	90	31	7.52
1994	40.493	295	6	3800	9	6.90	6.90	356	1648	148.5	31	2.75
1995	40.493	295	6	3821	11	7.10	7.10	715	1650	149.9	30	2.45
1996	40.493	295	6	3847	9	7.75	7.75	735	1651	159	30	2.45
1997	40.493	295	6	3859	10	8.13	8.13	783	1660	164.3	30	2.35
1998	40.493	295	6	3901	10	8.33	8.33	946	1678	167.4	28	2.35
1999	40.493	295	6	3943	15	9.10	9.10	938	1886	151.1	27	0.45
2000	40.493	292.5	6	4038	15	8.70	8.70	951	1715	234	27	0.5
2001	40.493	292.5	6	4153	10	9.50	9.50	959	1742	236	26	0.45
2002	40.493	292.5	6	4298	8	9.85	9.85	1001	1758	238.1	32	0.45
2003	40.493	292.5	6	4541	6	10.2	10.2	1104	1779	273	30	2.10
2004	40.493	292.5	6	4892	5	11.1	11.1	1175	1781	307.5	28	2.00
2005	40.493	292.5	6	5129	3	11.2	11.2	1201	1899	338.5	27	2.00

二、拉普乡

地理位置 拉普乡位于越西县城东面下普雄河谷,东与申果庄区拉吉乡、甘洛县尼尔觉乡为邻,南与四甘普乡相连,西临普雄河与铁西乡交界,北与乃托镇接壤,与成昆铁路和中普雄乃托公路隔河相望,幅员面积71.423平方公里,距县城30公里。

政区沿革 拉普又名拉普格则(彝族地名)。拉普:姓氏;格则:山梁,因拉普家曾居住在此山梁上得名。1954年,建拉普格则乡。1959年,成立拉普大队,属罗木公社。1961年,改为拉普乡。1966年,改称拉普公社。1969年,成立拉普公社革委。1981年,选举产生拉普公社管委会。1984年,改称拉普乡。1991年,拉普乡辖5个行政村,22个村民小组。2005年,全乡辖阿柳吾、拉普、哈木、斯吉、如果洛5个村,22个村民小组。

表1-69　　1991—2005年拉普乡负责人名录

<table>
<tr><th>姓　名</th><th>性　别</th><th>民　族</th><th>职　务</th><th>任职时间</th></tr>
<tr><td>说日尼古</td><td>男</td><td>彝族</td><td>党委书记</td><td>1991.01—1992.12</td></tr>
<tr><td rowspan="2">吉合尔机</td><td rowspan="2">男</td><td rowspan="2">彝族</td><td>乡　长</td><td>1991.01—1992.12</td></tr>
<tr><td>党委书记</td><td>1992.12—1998.12</td></tr>
<tr><td>吉差木且</td><td>男</td><td>彝族</td><td>党委副书记</td><td>1991.01—1998.12</td></tr>
<tr><td>娃娃约者</td><td>男</td><td>彝族</td><td>副乡长</td><td>1991.01—1995.12</td></tr>
<tr><td>韩越彬</td><td>男</td><td>汉族</td><td>乡　长</td><td>1992.3—1992.12</td></tr>
<tr><td>尔祖克日</td><td>男</td><td>彝族</td><td>乡　长</td><td>1992.12—1998.12</td></tr>
<tr><td>木色热古</td><td>男</td><td>彝族</td><td>副乡长</td><td>1995.12—1998.12</td></tr>
<tr><td rowspan="3">阿各拉火</td><td rowspan="3">男</td><td rowspan="3">彝族</td><td>副乡长</td><td>1991.01—1998.12</td></tr>
<tr><td>乡　长</td><td>1998.12—2001.12</td></tr>
<tr><td>党委书记</td><td>2001.12—2005.12</td></tr>
<tr><td>毛学明</td><td>男</td><td>汉族</td><td>党委书记</td><td>1998.12—2001.12</td></tr>
<tr><td>边荣祥</td><td>男</td><td>彝族</td><td>党委副书记</td><td>1998.12—2001.12</td></tr>
<tr><td rowspan="2">马马木呷</td><td rowspan="2">男</td><td rowspan="2">彝族</td><td>副乡长</td><td>1998.12—2001.12</td></tr>
<tr><td>乡　长</td><td>2001.12—2005.12</td></tr>
<tr><td>曲木伍牛</td><td>男</td><td>彝族</td><td>副乡长</td><td>1998.12—2001.12</td></tr>
<tr><td>董加林</td><td>男</td><td>汉族</td><td>党委副书记</td><td>2001.12—2005.12</td></tr>
<tr><td>周成昆</td><td>男</td><td>汉族</td><td>副乡长</td><td>2001.12—2005.12</td></tr>
<tr><td>张兴菊</td><td>女</td><td>汉族</td><td>副乡长</td><td>2001.12—2005.12</td></tr>
</table>

自然环境 拉普乡地处普雄河断裂带东面,属中山中谷带坝地貌。东侧为山地,有碧鸡山、碧鸡俄觉山,西面沿普雄河一带是由东向西扇形发育的平缓坝地。地形东高西低,有二半山和高山地带。最高海拔碧鸡山脉3992米,最低海拔与乃托镇交界河口处1630米,相对高差2362米。普雄河经境内6公里注入漫滩河。发源于库莫洛山的彩虹拉达沟经境内流入普雄河。年均气温12.5摄氏度,年降水量1100毫米,全年无霜期235天。耕地多为紫色土、冲积土、山地黄壤、山地黄棕壤。矿产资源有铁和煤。

人口计生 1991年,全乡总户数1076户,4988人,已婚育龄妇女625人,采取节育措施426人,节育率68.16%,计生率74.4%,多孩率25.5%。2000年,全国第五次人口普查,全乡人口1209户,5607人,已婚育能妇女747人，采取节育措施648人，节育率86.74%，计生率95.35%，多孩率4.65%。2005年，加大对已婚育能妇女的“三查”力度，全乡总户数1507户，人口6254人，已婚育能妇女816人，计划生育率90.6%，多孩率3.9%，综合节育率84%，出生率14.3‰，死亡率5.8‰，人口自然增长率10‰。

基础设施　1991年，全乡出入仅靠2座钢索吊桥，不通车、不通电话、不通电、人畜饮水困难。1996年，投资4万元，修建100平方米职工住房1幢。1998年，采取农户集资形式，铺设铁马一级电站到拉普、哈木、斯吉村照明用电线路。2005年，争取以工代赈资金50万元，修建跨度110米的拉普大桥。

农业　1991年，全乡耕地472.5公顷，其中：水田1321亩，主产玉米、马铃薯、水稻、荞麦等农作物。粮食总产量2711吨，人均纯收入386元。1997年，拉普、阿柳吾215亩良田因水毁，无法复耕。2002年，粮食产量2673吨，人均纯收入1174元。2005年，加大科技兴农推广力度，发展地膜育秧863亩、地膜玉米种植3568亩，粮食产量2591吨，人均纯收入1598元。

扶贫　1992年，全乡进行贫困户统计摸底。1996年，建卡贫困户306户，“五八五一”指标达标率92%。1992—1999年，累计投入扶贫资金、物资135万元，用于发展种植业、养殖业和改良本地羊。同时，实施形象扶贫工程，全乡农户基本实现人畜分居、一路一坝一厨一窗。1999年，全乡扶贫越温工作经省、州验收合格。2001年，全乡贫困人口的吃饭、穿衣、喝水问题基本解决，实现越温目标。2005年，推动扶贫工作由“救济式”到“开发式”、“输血”到“造血”模式转变。

林业　1991年，全乡有林地46991亩，主要树种为云南松、华山松、桤木、洋槐。1998年，实施天然林保护工程，人工造林1300亩。2000年，实施退耕还林1500亩，主要种植华山松、洋槐。2005年，有林地46991亩，天然草地63549亩。共退耕还林2600亩，发放退耕还林林权证3500亩972户。

畜牧业　1991年，全乡天然草场63549亩，四畜存栏10892头，出栏肥猪206.4吨、羊850只。1998年，鼓励农户发展养殖业，种植光叶紫花苕1500亩，四畜存栏14298头，出栏肥猪286吨、羊2030只。2005年，加大对“口蹄疫”、“蓝耳病”等疫情疫病的防治。全年四畜存栏15859头，出栏肥猪551.9吨、羊4581只。

教育　1991年，有中心校1所，点校7所，教师16人，在校学生268人，入学率68.3%。1998年，在校学生630人，入学率95.3%，巩固率96.1%，毕业率100%，成人教育普及率91.6%。2003年，实施“两免一补”和“寄宿制”教育，在校学生712人，入学率96.4%。2005年，加大九年义务教育投入，采取“控辍保学”措施，乡内有小学5所，其中：乡中心校1所，村小4所，教学班17个，教师21人，其中：女教师3人，少数民族12人，在校学生772人，入学率97.6%。

卫生　1991年，全乡有卫生院1所，医生1人，床位2个，年接待病患者358人。1995年，加大乡卫生院建设，扩建占地面积80平方米，配备医生2名，床位3个。1999年，制定乡村两级领导值班、奔丧聚餐、赶集、报告等防范制度。2003年，宣传传染病防治措施，预防“霍乱”发生，制定“非典”疫情报告制度，保障群众的生命安全。2005年，“脊髓灰质炎”等疾病预防接种率98%。

表1-70　　1991—2005年拉普乡基本情况表

项目 年份	幅员面积（平方公里）	耕地面积（公顷）	村（个）	人口（人）	乡镇企业总产值（万元）	财政收入（万元）	财政支出（万元）	农民人均收入（元）	主要农副产品		
									粮食（吨）	生猪出栏（吨）	水果（吨）
1991	71.423	472.5	5	4988	2	3	3	386	2711	206.4	—
1992	71.423	469	5	5088	2	3	3	421	2606	211.8	—
1993	71.423	472.5	5	5157	4	4	4	522	2016	252	—
1994	71.423	472.5	5	5192	5	4	4	615	2410	264	—
1995	71.423	472.5	5	5253	5	4	4	667	2433	258	—

续上表

年份＼项目	幅员面积(平方公里)	耕地面积(公顷)	村(个)	人口(人)	乡镇企业总产值(万元)	财政收入(万元)	财政支出(万元)	农民人均收入(元)	主要农副产品		
									粮食(吨)	生猪出栏(吨)	水果(吨)
1996	71.423	471.5	5	5302	6	5	5	706	2510	271	1
1997	71.423	471.4	5	5366	8	5	5	722	2528	278	1
1998	71.423	471.5	5	5381	10	5	5	743	2589	286	1.5
1999	71.423	471.2	5	5414	15	6	6	883	2625	340	2
2000	71.423	471.2	5	5607	20	6	6	916	2627	374	2
2001	71.423	471.2	5	5628	29	14	14	1054	2658	351	2
2002	71.423	471.2	5	5671	48	12	12	1174	2673	381	2
2003	71.423	471.2	5	5774	54	14	14	1309	2579	396	1.5
2004	71.423	471.2	5	5968	59	31	31	1431	2564	442	1
2005	71.423	471.2	5	6254	64	31	31	1598	2591	551.9	1.2

三、四甘普乡

地理位置 四甘普乡位于越西县城东面,东与申果庄区拉吉乡接壤,南与中普雄区德吉乡、曲可地乡相邻,西临普雄河与尔觉乡交界,北与拉普乡相连。距离县城36公里,幅员面积45.977平方公里,成昆铁路与中乃公路横贯乡内。

政区沿革 四甘普原名四呷普,彝族地名。四甘:李子;普:成林,因传说此地曾有一片李子林得名。1954年,成立四呷普乡人民政府,乡政府驻一木洛村。1956年,呷拖划入中普雄区。1959年,人民公社时,为罗木公社下属之大队。1961年,恢复四呷普乡。1966年8月,成立四呷普公社。1969年,成立四呷普公社革委。1981年,地名普查,改四呷普为四甘普。1984年,四甘普公社改称四甘普乡。2005年,全乡辖吉德、瓦支、力库、一木洛、宝珠、保西、一比古、车洪8个行政村22个村民小组。

表1－71　　1991—2005年四甘普乡负责人名录

姓　名	性　别	民　族	职　务	任职时间
说日五加	男	彝族	党委书记	1991.1—1995.11
阿余曲哈	男	彝族	乡　长	1991.1—1992.10
阿各拉伙	男	彝族	副乡长	1991.1—1992.10
娃娃有者	男	彝族	党委副书记	1991.1—1992.10
马海木且	男	彝族	乡　长	1992.11—1995.11
			党委书记	1995.11—1998.11
王统华	男	汉族	党委副书记	1992.11—1995.11
刘国昌	男	汉族	副乡长	1992.11—1995.11
马海作日	男	彝族	乡　长	1995.11—1998.11
毛学明	男	彝族	副乡长	1995.3—1998.11
李顺祥	男	汉族	副乡长	1995.3—2005.12
的日吉古	男	彝族	党委副书记	1998.11—2005.12
吉差木且	男	彝族	党委书记	1998.11—2001.9

续上表

姓　名	性　别	民　族	职　务	任职时间
吉皮木沙	男	彝族	乡　长	1998. 11—2001. 9
袁秀琼	女	汉族	副乡长	1998. 11—2001. 9
费建伟	男	汉族	党委书记	2001. 10—2005. 12
本色热古	男	彝族	乡　长	2001. 10—2005. 12
张跃勇	男	彝族	副乡长	2001. 10—2005. 12

自然环境　四甘普乡地处普雄河断裂带东面。属中山中谷带坝地貌。东侧为山地，有库莫洛山、斯俄普山、彩虹山。西面沿普雄河一带是平缓坡地。最低海拔与拉普乡交界处河边1670米，最高海拔库莫洛山3938米，相对高差2268米。普雄河流经本乡9公里。发源于境内库莫洛山全长17.5公里的彩虹拉达沟经拉普流入普雄河。年均气温12.5摄氏度，无霜期235天，年降雨量1100毫米。耕地为紫色土、冲积土、山地黄壤、山地黄棕壤。

人口计生　1991年，全乡人口4173人，育龄妇女749人，已婚育能妇女610人，采取节育措施175人。1995年，全乡人口4341人，育龄妇女780人，已婚育能妇女655人，采取节育措施35人。2000年，开展第五次人口普查工作，贯彻“1233”的生育政策，全乡人口4486人。育龄妇女840人，已婚育能妇女690人，采取节育措施61人。2005年，全乡人口5173人，育龄妇女831人，已婚育能妇女702人，采取节育措施43人。

基础设施　1991年，修建蓄水池4个，安装水管4.3公里，解决一木洛村143户农户人畜饮水。1993年，修建响水河至吉德村人畜饮水及灌溉沟渠5.7公里，解决吉德、瓦支、力库村农田灌溉和吉德村572人饮水问题。1995年，修建通乡公路6.93公里，沿途4个行政村3876人受益。1998年，修建一木洛村至车洪村至一比古村马车便道14公里。修建力库村人畜饮水沟渠3.6公里。1999年，完成四甘普乡6个村照明工程建设。2004年，修建保西、宝珠村人畜饮水，安装管道1.5公里，解决213户饮水问题。

农业　1991年，主产玉米、洋芋、水稻、大麦、荞子。粮食产量1662吨。1993年，推广优质杂交水稻200亩，地膜玉米种植600亩。1998年，推广洋芋高厢垄作1000亩。2005年，地膜覆盖面积3700亩，晚秋作物种植1200亩，地膜育秧300亩，优质杂交水稻1200亩，洋芋高厢垄作1000亩。粮食产量1773吨。

畜牧业　1991年，全乡建成两个高山村畜牧业基地，出栏羊241只。1995年，羊出栏1148只，生猪存栏1159头，出栏912头。2000年，为农户提供小额信贷，改良品种，科学防疫。牛、马出栏292头。2005年，家禽出栏6700只，羊出栏2542只，生猪出栏341.8吨。

林业　1991年，林业资源覆盖面积1160亩，种树1.2万株。1998年，人工荒山造林1000亩。2002年，吉德村退耕还林200亩，配套600亩。2005年，加强3000亩天然草场管护，增加林木种植面积。

扶贫　1991年，全乡绝对贫困人口1264人，占全乡人口37%，相对贫困人口2387人，占全乡人口71%。1995年，实施“八七”扶贫攻坚计划，扶贫建卡500户。1999年10月，全乡建卡贫困户有489户2989人达标，有285户达到“五个一”工程标准，人均纯收入825元，人均有粮425公斤。2002年，世界银行项目实施，投入资金40万元。2005年，世行在四甘普乡投入98万元，帮助农户发展生产。

教育　1991年，全乡有学龄儿童523人，在校学生312人，入学率58%。1995年，新修吉德、宝西1～3年级点校，聘请代课教师5人，全乡学龄儿童入学率67%。2000年，修建瓦支村小、车洪村小、一比古村小，教师22人，全乡适龄儿童入学率81%。2005年，“双基”工程建设，新建教学楼1幢，全乡有学龄儿童649人，在校学生590人，入学率91%。

卫生　1991年，全乡有1所卫生院，医生1人，村医2人，接诊651人次。1998年，有医生2人，村医6人。全年儿童预防接种120人次，发放糖丸210人次。2001年，发生“2号病”，18人被传染。在县卫生局和疾控中心指导下疫情得到控制。2005 年,加强健康教育知识宣传。全乡参加重点疾病预防培训乡干部、学校领导、村医生、村组干部 165 人次。强化儿童基础免疫,免疫接种率 98%。

乡镇企业 1991 年,乡镇企业总产值在全乡 GDP 的比重不到 1%。1998 年,利用乡境水能资源,招商引资开发电站。2002 年,引进温州商人开发普雄一级电站。2005 年,动工修建响水河电站。

表 1-72 1991—2005 年四甘普乡基本情况表

项目 年份	幅员面积(平方公里)	耕地面积(公顷)	村(个)	人口(人)	乡镇企业总产值(万元)	财政收入(万元)	财政支出(万元)	农民人均收入(元)	主要农副产品			
									粮食(吨)	生猪出栏(吨)	水果(吨)	烟叶(吨)
1991	45.977	351.2	8	4173	3	5	5	470	1662	126.6	81	5
1992	45.977	348.8	8	4256	3	5	5	510	1690	146	80	6
1993	45.977	348.8	8	4329	3	6	6	570	1689	139.5	80	8
1994	45.977	349.3	8	4332	3	7	7	567	1701	204.3	81	—
1995	45.977	349.9	8	4341	4	7	7	610	1706	284.7	80	8
1996	45.977	350.2	8	4358	4	7	7	640	1711	287.5	81	—
1997	45.977	350.5	8	4365	4	9	9	670	1716	290.3	83	—
1998	45.977	350.9	8	4387	5	9	9	745	1721	293.2	83	—
1999	45.977	348	8	4442	5	9	9	825	1791	241	84	—
2000	45.977	346.8	8	4486	6	10	10	915	1731	265.8	85	—
2001	45.977	351.2	8	4497	7	10	10	1030	1736	281.3	85	—
2002	45.977	351.2	8	4523	8	10	10	1150	1742	298.4	87	—
2003	45.977	351.3	8	4614	9	10	10	1280	1749	302.6	89	—
2004	45.977	351.2	8	4912	10	10	10	1420	1757	305.3	89	—
2005	45.977	351.2	8	5173	12	10	10	1570	1773	341.8	90	—

四、铁西乡

地理位置 铁西乡位于越西县城东面,普雄河下游,距离县城 25 公里,幅员面积 27.09 平方公里。成昆铁路与中乃公路横贯乡境。东临普雄河与拉普乡交界,南与尔觉乡相连,西与越城镇、河东乡接壤,北与新民镇、大屯乡、乃托镇相邻。

政区沿革 铁西曾称阿支吾,彝族地名。铁:松树;西:下边,因据说这里曾有一片高大茂密松林得名。1954 年初,在阿支吾村成立阿支吾乡人民政府。1959 年,人民公社时,为罗木公社下属之大队。1961 年,恢复为阿支吾乡。同年 10 月,阿支吾乡政府迁址铁西村,改称铁锡乡。1966 年,改为铁锡人民公社。1973 年 5 月,铁锡公社迁至如阿底村。1981 年,选举产生公社管委会。1984 年,铁锡公社改称铁西乡。2005 年,全乡辖如阿底、牛都、铁西、阿支吾、打支吾、银河、白拉吾 7 个村 16 个村民小组。

表 1-73 1991—2005 年铁西乡负责人名录

姓 名	性 别	民 族	职 务	任职时间
娃娃有者	男	彝族	党委书记	1991.1—1992.10
潘木乃	男	彝族	乡 长	1991.1—1995.12
阿尔木沙	男	彝族	副乡长	1991.1—1992.10
马海作日	男	彝族	党委副书记	1991.1—1992.10

续上表

姓　名	性　别	民　族	职　务	任职时间
韩越彬	男	汉族	党委书记	1992.12—1998.12
吉皮说来	男	彝族	党委副书记	1992.11—2001.11
曲木伍沙	男	彝族	副乡长	1992.11—1995.12
			乡　长	1995.12—1998.12
马海阿呷	女	彝族	副乡长	1995.12—1998.12
王统华	男	汉族	党委书记	1998.12—2001.11
吉合吉木	男	彝族	乡　长	1998.12—2001.11
吉依里哈	男	彝族	副乡长	1998.11—2005.12
董加林	男	汉族	副乡长	1998.11—2001.12
杨热古	男	彝族	党委书记	2002.1—2005.12
金　利	男	汉族	乡　长	2002.1—2004.10
李勇军	男	汉族	党委副书记	2002.1—2005.12
阿加木呷	男	彝族	乡　长	2005.1—2005.12
许洪英	女	汉族	副乡长	2005.1—2005.12

自然环境　铁西乡地处普雄河带西面，属中山中谷带坝地貌。西侧为车洛梁子山，东面沿普雄河是扇形发育的平缓坝地。最低海拔裤裆沟出口1500米，最高海拔2971米，相对高差1471米。普雄河流经本乡9.5公里注入漫滩河。年均气温12.5摄氏度，无霜期235天，年降雨量1100毫米，耕地多为紫色土、冲积土、山地黄壤和红壤，自然条件优越，有丰富的水利资源和煤矿资源。

人口计生　1991年，全乡人口3309人，育龄妇女784人，已婚育能妇女538人，采取有效节育措施180人。1995年，全乡人口3502人，其中：育龄妇女841人，已婚育能妇女588人，采取有效节育措施29人。2000年，配合全国第五次人口普查工作，贯彻“1233”生育政策，全乡人口3786人，育龄妇女859人，已婚育能妇女629人，采取有效节育措施50人。2005年，全乡人口4063人，育龄妇女831人，已婚育能妇女602人，采取有效节育措施50人，出生61人，死亡人数39人，平均年龄73.2岁。

基础设施　1991年，安装水管3.2公里，解决牛都村1、2组76户326人人畜饮水。1992年，阿支吾村和铁西村村民投工投劳投资，解决304户1035人人畜饮水，饮水管道全长16公里。1998年，投资24万元，用于6个村照明工程建设。2002年，建立卫星电视地面接收站，可接收15套节目，覆盖半径3公里。2004年初，争取以工代赈资金10万元，修通如阿底村3.6公里村道。2005年，完成如阿底村和打支村农网改造。

农业　1991年，试种地膜玉米850亩，平均亩产950斤，平均亩增产280斤，粮食总产量1744吨，人均有粮1054斤，首次突破800斤。1996年，全年粮食产量1980吨，人均有粮1116斤，农民人均收入690元。2004年，如阿底村和铁西村种植3500亩优质花椒，成立花椒种植基地。2005年，全乡玉米种植面积1260亩，地膜覆盖1200亩，覆盖率95%以上；高厢垄作种植优质洋芋1748亩，优质杂交水稻600亩，秋荞1200亩，粮食产量2196吨，人均有粮1131斤，农民人均收入1125元。

扶贫　1993年，扶助227户贫困户、低收入户脱贫。1996年，针对贫困户存在“等、靠、要”思想观念，开展解放思想，艰苦创业活动，48名干部与144户贫困户结对帮扶。2001年，投入扶贫资金10万元，实施如阿底村16户85人扶贫移民。2005年，铁西乡定为世行项目乡。

林业　1991年，有林地1150公顷，森林覆盖率31.6%，主要树种云南松、华山松、桤木。1993年，开展全民植树活动,人工造林650亩。1998年,实施"长防"保护工程,人工造林1200亩。2000年,实施退耕还林788.5亩。2002年,退耕还林1200亩,公益性荒山配套造林1760亩。2005年,全乡天然林资源面积1231公顷,天然保护林213公顷,天然草场200公顷,退耕还林造林2788.5亩,公益性荒山配套造林4760亩,经济林木造林1680亩,庭园经济林木1650亩。森林覆盖率43%。

畜牧业 1991年,全乡以预防为主,降低死亡率,提高成活率,培训畜牧兽医员14人次,年底,生猪存栏2208头,出栏110吨。2000年,推广科学畜牧、鼓励村民发展绿色畜牧,种植1500亩的光叶紫花苕,生猪存栏3145头,生猪出栏213吨。2005年,利用世行贷款发展畜牧业,全乡四大牲畜存栏9893头,生猪存栏3850头,生猪出栏270吨,家禽存栏4329只,家禽出栏3854只,肉类产量326.2吨。

教育 1991年,全乡有5所小学校,其中:1所中心校、4所村小,教职工16名,学龄少年儿童714人,在校生535人,入学率74%。2000年,全乡有6所小学校,教职工19名,学龄少年儿童为720人,在校生582人,入学率80%。2005年,全乡有4所小学校,其中:1所中心校、3所村小,职工23名,12个班,学生615人,学龄少年儿童为780人,在校生652人,入学率90%以上。

卫生 1991年,有乡卫生院1所,医务人员3名。1999年,新修乡卫生院综合楼,建立7个村级卫生站,配7名村医务人员。2005年,全乡有4名乡医务人员,7名村医务人员,重点抓防保工作,建卡率98%,五苗接种率97.5%,门诊接种人次340人。

乡镇企业 1991年,乡办煤矿创收5.3万元。2002年,整合资源,封洞关闭乡办煤矿。2004年,引资修建铁西电站。

表1-74 1991—2005年铁西乡基本情况表

项目 年份	幅员面积(平方公里)	耕地面积(公顷)	村(个)	人口(人)	农业总产值(万元)	乡镇企业总产值(万元)	财政收入(万元)	财政支出(万元)	农民人均收入(元)	主要农副产品			
										粮食(吨)	生猪出栏(吨)	水果(吨)	烟叶(吨)
1991	27.09	275	7	3309	177	5	5	5	360	1744	110	70	2
1992	27.09	283	7	3326	203	6	5	5	390	1810	106	71	3
1993	27.09	283	7	3343	239	7	6	6	400	1802	95	72	3
1994	27.09	283	7	3459	271	7	9	9	412	1762	146	75	3
1995	27.09	283	7	3502	317	9	9	9	560	1975	181	75	3
1996	27.09	283	7	3546	359	9	11	11	690	1980	185	77	3
1997	27.09	283	7	3610	401	11	11	11	741	1983	190	78	3
1998	27.09	283	7	3670	442	10	11	11	783	1990	195	79	3
1999	27.09	283	7	3739	489	12	11	11	812	2170	190	79	3
2000	27.09	283	7	3786	535	12	11	11	859	2193	213	80	3
2001	27.09	283	7	3833	553	—	10	10	913	2196	216	85	3
2002	27.09	283	7	3867	576	—	10	10	972	2199	217	89	3
2003	27.09	283	7	3906	592	—	12	12	1035	2200	267	98	3
2004	27.09	283	7	3978	612	—	12	12	1095	2194	270	108	4
2005	27.09	283	7	4063	660	—	12	12	1125	2196	270	127	4

第八节　书古工委

书古工委位于越西县城以南,东邻中普雄、上普雄区,南界喜德县尼波区,西交中所区,北连下普雄区。幅员面积153.82平方公里，距县城23公里。

书古地处二半山区。境内有车洛梁子、瓦吉木梁子，地势南高北低，从南到北逐渐倾斜。斯基沟、依洛拉达沟发源于书古坝。斯基沟向东经书古、贡莫两乡流入普雄河，依洛拉达沟经五里箐、马拖两乡注入越西河。最高海拔车洛梁子3040米，最底海拔五里箐谷地1800米，相对高差1240米。由于地壳下降形成地堑，各种洪积物汇集成书古坝。该坝海拔2200米，地质结构复杂。土壤为沼泽泥炭土、山地黄壤和山地黄棕壤，呈酸性至微酸反应，个别地方呈碱性反应。坝区周围，山麓沟谷纵横交错。书古气温较低，年平均气温9.9摄氏度，无霜期207天，年平均降水超过1243毫米。低温、阴雨、冰雹、大风对农业生产有一定影响，但地势开阔，光照条件好，农业生产有一定潜力。主要以种植玉米、洋芋、燕麦、荞麦和畜牧业为主，有部分水稻、小麦、油菜、烤烟，有泥炭土资源。

1953年初，建立滥田坝区，辖司基、苏姑、五里青3个乡。1956年初，新乡、瓦普莫划入滥田坝区。同年10月，普雄县行政区划调整，滥田坝区改称苏姑区。1959年8月，改苏姑区为苏姑公社（区级），下辖苏姑、司基、五里青、瓦普莫、新乡5个大队。1960年4月，人民公社化，撤销苏姑区，建立苏姑人民公社。1961年4月，体制调整，撤销苏姑人民公社，并入中普雄区。1963年，恢复苏姑区，辖司基、苏姑、五里青、瓦普莫4个乡。1966年4月，全区4个乡改称人民公社。1969年，成立苏姑区革命委员会。1978年2月，苏姑区革命委员会改称区公所。1981年，地名普查改苏姑为书古、司基为斯基、五里青为五里箐。1992年，撤区并乡建镇、书古与斯基乡合建书古乡，辖书古、五里箐、瓦普莫3个乡。2005年，书古工委辖书古乡、瓦普莫乡、五里箐乡。

表1-75　　1991—2005年书古区委、工委负责人名录

姓　名	性　别	民　族	职　务	任职时间
毛国清	男	彝族	区委书记	1991.1—1992.12
木洛苏哈	男	彝族	区长	1991.1—1992.12
尔祖尔古	男	彝族	副区长	1991.1—1992.12
刁大才	男	汉族	区委副书记	1991.2—1992.12
阿尔瓦苦	男	彝族	工委书记	1993.1—1995.12
林玉清	男	汉族	副主任	1993.1—1995.12
曲木里支	男	彝族	工委书记	1995.12—1998.12
余庆品	男	汉族	工委副书记	1995.12—1998.12
依达拉沙	男	彝族	工委副主任	1995.12—1997.3
陈逢原	男	藏族	工委副主任	1995.12—1998.12
李伍沙	男	彝族	工委副主任	1997.3—1998.12
			工委副书记	1998.12—2002.4
阿雷伍来	男	彝族	工委书记主任	1998.12—2002.3
杜启泽	男	汉族	工委副书记	1998.12—2002.4
吉皮木沙	男	彝族	工委副书记	2001.11—2002.4
罗金华	男	彝族	工委书记	2002.3—2005.12
的日曲哈	男	彝族	工委副书记	2002.4—2005.12

一、斯基乡

地理位置　斯基乡位于越西县城东南，距县城24公里，东与贡莫乡、乐青地乡交界，西、北与五里箐

乡为邻,南与瓦普莫乡、书古乡接壤,乡政府驻勒品村。乡域处于海拔 2200 ~ 2800 米之间的书古坝上,属中山地区的半农半牧乡。海拔高差不大,坡度较缓,山势南高北低,滥田"环坝皆山",有斯基沟、依洛拉达沟两个狭窄山谷为出水口,年平均气温 9.9 摄氏度,年日照数 1981 小时,冬季严寒,夏季凉爽。无霜期 207 天,年平均降水超过 1243 毫米。主要种植玉米、洋芋、燕麦、荞麦,以畜牧业为主,特产有大蒜等农产品,肉牛、羊、土鸡等畜禽产品。

政区沿革 斯基又名司基和司基吉乌。斯基:彝语即青棡树;吉乌:山梁,因山梁上曾有一片茂密的青棡树得名。1953 年初,建司基乡。1956 年 10 月,改称司基乡人民委员会。1959 年,人民公社化时称司基大队。1961 年,恢复司基乡建制,称司基人民公社。1962 年 12 月,改称司基乡。1966 年 4 月,改称人民公社,驻地勒品村。1969 年,成立司基公社革命委员会。1981 年 4 月,地名普查,司基更名斯基。同年 11 月,更名为斯基人民公社管理委员会。1984 年 1 月,机构改革,恢复乡人民政府。辖勒品、巴足洛、斯基、木苦库 4 个村。1993 年 3 月,斯基乡并入书古乡。

表 1-76 **1991—1993 年斯基乡负责人名录**

姓　名	性　别	民　族	职　务	任职时间
潘伍沙	男	彝族	党委书记	1991.1—1992.3
曲木里支	男	彝族	乡　长	1991.1—1992.3
			党委书记	1992.3—1992.12
王树云	男	汉族	副乡长	1991.1—1993.3

二、书古乡

地理位置 书古乡位于越西县城南,距县城 23 公里,东邻贡莫乡、乐青地,西连新乡乡,北靠五里箐乡,南接瓦普莫乡,幅员面积 62.474 平方公里。S208 线自西向东穿越勒品、木苦库、斯基 3 个村。

政区沿革 书古原称苏姑来比,又名滥田坝。苏:彝语海或沼泽;古:弯弯曲曲;来比:湖的周围。因此地有一片沼泽地,从里面流出的水缓慢弯曲得名。1953 年初,成立苏姑乡人民政府。1956 年 10 月,改称乡人民委员会。1957 年初,改称滥田坝乡,属普雄县管辖。1959 年,改为苏姑大队。1961 年,恢复乡建制,称苏姑乡。1966 年 4 月,改称人民公社,驻八洛阿莫村。1969 年,成立苏姑公社革命委员会。1981 年 4 月,改称管理委员会。11 月,更名苏姑人民公社管理委员会。同年,地名普查,改苏姑为书古。1984 年 1 月,机构改革,恢复乡人民政府。1993 年,斯基乡与书古乡合建书古乡,辖 9 个村,29 个村民小组,乡政府驻勒品村。2005 年 1 月 24 日,增设勒品村 4 组、红旗村 6 组、巴地村 4 组、新华村 3 组。全乡辖勒品、巴足洛、斯基、木苦库、新华、红旗、光明、胜利、团结 9 村,34 个村民小组。

表 1-77 **1991—2005 年书古乡负责人名录**

姓　名	性　别	民　族	职　务	任职时间
罗卫东	男	彝族	党委书记	1991.2—1995.12
依达拉沙	男	彝族	乡　长	1991.1—1995.12
			党委书记	1997.2—1998.12
李伍良	男	彝族	党委副书记	1993.3—1995.12
王树云	男	彝族	副乡长	1993.3—1995.12
邹志贵	男	汉族	副乡长	1993.3—1995.12
			党委副书记	1996.2—1997.3
吉布伍沙	男	彝族	党委书记	1995.12—1997.2

续上表

姓　名	性　别	民　族	职　务	任职时间
杜启泽	男	汉族	党委副书记	1992. 11—1995. 11
			乡　长	1996. 12—1999. 1
阿牛伍来	男	彝族	党委副书记	1996. 1—2005. 12
阿作木	男	彝族	副乡长	1996. 1—1998. 12
罗金华	男	彝族	党委书记	1998. 12—2002. 3
吉合祖尔	男	彝族	乡　长	1999. 1—2005. 12
郭德安	男	汉族	副乡长	1999. 1—2001. 11
吉于克基	男	彝族	副乡长	1999. 1—2001. 11
拉依达洛	男	彝族	党委副书记	1996. 1—1998. 12
			党委书记	2002. 3—2005. 12
阿里约哈	男	彝族	副乡长	2001. 11—2005. 12
阿都热布	男	彝族	副乡长	2001. 11—2005. 12

自然环境　书古乡处于2200～3040米之间的滥田坝上，属中山地区半农半牧乡。四面环山，地势南高北低。坝周坡度平缓，气候凉爽，宜于放牧。坝上地势开阔，土地肥沃，光照条件好，宜于农耕。年平均气温9. 9摄氏度，年日照数1981小时，无霜期207天，年平均降水超过1243毫米，粮食作物一年一熟。有丰富的泥炭土资源。

人口计生　1991年，全乡人口2258人，非农业人口13人，出生50人，育龄妇女379人，已婚育能妇女299人，采取各种节育措施人数270人。1995年，宣传优生优育，发放宣传资料860份。人口4836人，非农业人口80人，出生88人，育龄妇女1045人，已婚育能妇女995人，采取各种节育措施人数580人。2000年，人口自然增长率控制在9. 1‰，全乡人口5289人，非农业人口178人，出生104人，育龄妇女994人，已婚育能妇女660人，采取节育措施640人。2005年，组织全乡育龄妇女进行“三查”，“三查”率90%。全面清理计生台账，补登、补录漏统人口，人口6135人，非农业人口92人，出生104人，育龄妇女1055人，已婚育能妇女660人，采取各种节育措施人数911人。

基础设施　1991年，越西至喜德公路穿过境内。组织村民自筹资金维修村道12公里。1994年，投资5万元，修建人畜饮水管道，解决斯基村62户人畜饮水。1996年，组织群众投工投劳，修建简易桥3座，沟渠3246米。1997年，实施广播电视“千乡”工程，建立卫星接收机站，电视信号覆盖乡境60%区域。1998年，实施广播、电视“村村通”工程，覆盖全乡。2001年，实施基层政权建设，投资24万元，修建乡政府办公用房123. 85平方米。2002年，中国移动、中国联通在书古建立基站，开通移动电话。2003年，投资6万元，解决木苦库村人畜饮水困难。

农业　1991年，播种1643亩优质洋芋，产量500吨。播种良种玉米1374亩，产量343吨。1995年，调整农业产业结构，试种烤烟11亩。推广地膜覆盖玉米528亩。粮食总产量2525吨，农民人均纯收入405元。1998年，粮食产量2560吨，农民人均纯收入645元。2003年，粮食产量2680吨，农民人均纯收入1271元。2005年，引种100亩中药材附子。同年，县马铃薯“高厢垄作”现场会在勒品村召开，科学种植马铃薯引入书古，农民人均增收185元。

扶贫　1991年，开展扶贫建卡工作，贫困建卡516户2497人。1993年，投入扶贫资金1. 52万元，改善村民居住条件。1996年，勒品村开展形象扶贫示范50户，带动勒品村近百户村民完成形象扶贫。1998年，全乡80%农户完成形象扶贫。2003年，书古乡被确定为世行项目乡，勒品村、巴足洛村、红旗村、新华村、木苦库村、斯基村6个村为世行项目村。2005年，根据省、州、县制定的贫困标准进行调查，全乡1310

户5123人中贫困建卡户1277户4774人,绝对贫困户1048户3952人,低收入贫困户229户822人。

林业 1991年,有林地2985公顷,森林覆盖率42.2%。1996年,成片种植核桃100公顷,零星核桃种植3.5万株,有华山松196公顷,花椒苗26万株。1998年,零星种树10566株,补种核桃3000株、华山松2500株,花椒26000株。2000年,实施退耕还林政策,全乡退耕还林66.7公顷。2005年,通过5年退耕还林和配套造林,全乡林地3451公顷,其中:针叶林地2003.4公顷,阔叶林地793.4公顷,灌木林地410公顷,宜林地235.6公顷。公益林生态区2500公顷,全乡用材林858.7公顷,薪炭林79.1公顷,森林覆盖率48.9%。

畜牧业 1991年,发展种草养畜,种草8534亩,出栏肥猪1965头,产猪肉94吨,出栏肉牛30头,出栏羊780只;四大牲畜存栏707头,羊存栏3800只,家禽存栏3263只,生猪存栏3193头,能繁殖母猪存栏550头。2001年,调整产业结构,发展畜牧业。出栏生猪5683头,产肉461吨,禽类出栏17.2吨。2004年,引进山东西门塔尔种公牛4头。2005年,草场面积13700亩。红旗村、木苦库村推广肉牛人工授精示范,发展肉牛养殖户40户,每户养殖母牛5头。出栏肥猪8302头,出栏肉牛325头,出栏羊7679只,出栏家禽9491只,禽蛋产量13.4吨,生猪存栏7615头,羊存栏11785只,家禽存栏8471只。

教育 1991年,全乡有中学1所,中心小学1所,小学2所;书古中学,有教师15人,其中:女教师2人;在校学生55人,其中:女17人;学生入学率42.5%,巩固率82%,毕业率89.5%,普及率68%,文盲率4.2%。1993年3月,斯基乡中心校更名书古乡中心小学校,原书古乡中心校更名为书古小学校。全乡有教师31人,其中:女教师11人;在校学生289人,其中:女213人,学生入学率88.5%。1998年,通过"普初"验收,全乡有教师34人,其中:女教师12人;在校学生462人,其中:女213人;学生入学率94.8%,巩固率95.2%,毕业率98%,普及率95.1%,文盲率1.9%。2001年,书古中学并入普雄民族学校;木苦库、下斯基村小合并到书古乡中心校。2005年,全乡有教师39人,其中:女教师14人;在校学生624人,其中:女268人;学生入学率95%,巩固率96%,毕业率100%,普及率94.9%,文盲率1.2%。

卫生 1991年,有书古卫生院1所,医务人员9人,年诊治病人3678人。1993年,成立书古中心卫生院。1996年,中心卫生院有医务人员9人,年诊治病人3964人,全年儿童接种疫苗145人次。1999年6月,发生霍乱病,组织医务人员下乡消毒326次。发放"脊髓灰质炎"糖丸7453粒。2004年,医务人员16人,组织健康培训教育2轮127人,下乡免疫接种10轮849人,强化免疫2轮435人。修建书古中心卫生院门诊住院楼平房1幢300平方米,有病床27张,年诊治病人4581人。

2005年,以预防为主,防治结合。开展健康教育和宣传,严格《聚餐管理制度》、《聚餐申报制度》、《死亡报告制度》,有效预防肠道传染病的发生。在全乡9个行政村建立村卫生站,配村医9名。

表1-78　　1991—2005年书古乡基本情况表

项目 年份	幅员面积(平方公里)	耕地面积(公顷)	村(个)	人口(人)	财政收入(万元)	财政支出(万元)	农民人均收入(元)	主要农副产品				
								粮食(吨)	生猪出栏(吨)	水果(吨)	烟叶(吨)	其他
1991	38.204	270	5	2258	2.5	2.5	229	1248	94	7	0.6	1.7
	24.27	264	4	2331	4.5	4.5	304	1184	120	6	0.75	0.5
1992	38.204	279	5	2248	6.1	6.1	305	1253	95	8	0.6	1.9
	24.27	264	4	2293	8.2	8.2	314	1186	115	7	0.75	0.6
1993	62.474	543	9	4752	10.1	10.1	329	2465	251	15	1.35	2.5
1994	62.474	543	9	4786	12	12.0	354	2540	287	14	1.4	2.7
1995	62.474	543	9	4836	14.2	14.2	405	2525	303	15	13.5	2.9
1996	62.474	543	9	4936	16.5	16.5	458	2550	312	16	1.5	3.1

续上表

年份＼项目	幅员面积（平方公里）	耕地面积（公顷）	村（个）	人口（人）	财政收入（万元）	财政支出（万元）	农民人均收入（元）	主要农副产品				
								粮食（吨）	生猪出栏（吨）	水果（吨）	烟叶（吨）	其他
1997	62.474	543	9	5116	18.5	18.5	512	2555	335	17	1.6	3.7
1998	62.474	543	9	5192	20.0	20	645	2560	367	18.6	1.6	4.8
1999	62.474	543	9	5196	22.1	22.1	772	2562	407	19	1.8	5.1
2000	62.474	543	9	5289	24.5	24.5	893	2570	436	23	2	5.5
2001	62.474	543	9	5412	26.8	26.8	1007	2605	461	24	2.1	5.6
2002	62.474	543	9	5446	29.0	29	1136	2645	468	26	2.1	5.8
2003	62.474	543	9	5490	31.25	31.25	1271	2680	487	25	2.2	6.0
2004	62.474	543	9	6085	34.0	34.0	1431	2696	528.3	29	2.3	6.2
2005	62.474	543	9	6135	36.3	36.3	1626	2729	664.1	26	2.3	6.5

三、五里箐乡

地理位置　五里箐乡位于越西县城南面的越普（越西至普雄）公路线。东与中普雄区拉白乡、贡莫乡交界，南与书古乡接壤，西与中所地区马拖乡、新乡乡、大瑞乡相连，北与下普雄地区尔觉乡为邻，幅员面积53.382平方公里，距县城20公里。

政区沿革　五里箐彝名依洛拉达，依：水，洛：黑色，拉达：山沟；因古时山上落叶林木茂密，腐质物多，沟里流出的水成黑色得名，另外，此地处于越西县城到普雄的驿道途中，距柏香营五华里故又称五里或五里箐。1953年，建五里青乡。1959年，人民公社时，改为五里青大队。1961年，恢复五里青乡。1969年，成立五里青公社革命委员会。1981年，成立公社管理委员会。同年，地名普查，改五里青为五里箐。2002年，设马扎村，接收瓦曲来乌乡移民。2005年1月，增设马扎村4组。全乡辖，普提、达子、足吾、五里、仁洪、斯拉、古木、改古、马扎9村，27个村民小组。

表1－79　1991—2005年五里箐乡负责人名录

姓　名	性　别	民　族	职　务	任职时间
木苦果加	男	彝族	党委书记	1991.1—1993.11
阿都热布	男	彝族	乡　长	1991.1—1991.12
龚天刚	男	汉族	党委副书记	1991.1—1995.1
吉余木果	男	彝族	副乡长	1991.1—1993.11
			乡　长	1993.11—1998.11
田阿木	男	彝族	乡　长	1992.12—1994.7
			党委书记	1994.8—1996.10
甲卡汉呷莫	男	彝族	副乡长	1993.11—2001.11
			党委副书记	1995.12—1998.11
阿根石衣	男	彝族	党委副书记	1993.11—1995.12
王树云	男	彝族	党委书记	1997.2—1998.11
莫洛布古	男	彝族	副乡长	1995.12—2005.12
颜　军	男	汉族	党委书记	1998.11—2005.12

续上表

姓 名	性 别	民 族	职 务	任职时间
拉依打洛	男	彝族	乡 长	1998.11—2001.11
苏正中	男	彝	党委副书记	1999.1—2000.8
杨泽虎	男	彝族	乡 长	2001.12—2005.12
勿里体哈	男	彝族	党委副书记	2001.12—2005.12
刘加应	男	汉族	副乡长	2001.12—2005.12
汪万凤	女	汉族	副乡长	2005.1—2005.12

自然环境 五里箐乡地处二半山区,地质结构较为复杂,有缓坡地、河谷地等。境内最高海拔车洛梁子2971米,最低海拔依洛拉达河谷1800米,相对高差1171米,年均气温11摄氏度,年降水量1248毫米,无霜期207天。主产玉米、洋芋、水稻。

人口计生 1991年,全乡人口4276人,其中:男2091人,女2185人,已婚育能妇女599人。1995年,宣传少生优生、加快致富计生政策,全乡人口4358人,男2123人,女2235人,已婚育能妇女874人。1998年,全乡总人口4487人,男2291人,女2196人,已婚育能妇女1034人,采取节育措施654人。2000年,全国第五次人口普查,全乡总人口5610人,男2874人,女2736人,已婚育能妇女1019人,采取节育措施560人。2003年,全乡人口5624人,男3036人,女2561人,已婚育能妇女1253人。2005年,严格执行计生标准,加强社会抚养费征收。全乡人口5879人,男3108人,女2771人,育龄妇女1177人,已婚育能妇女972人,采取节育措施530人。

基础设施 1991年,全乡有1条通乡公路,村村通电。投入资金7万元,改造五里村人畜饮水源头。1998年,组织村民投工投劳1万人次,修筑长200米,宽2米河堤,改善足吾、古木、五里村农田灌溉。1999年,斯拉村修建村道2公里。2001年,投资3.01万元,修建五里村蓄水池4个。2005年,补助工程款5万元,其余部分自筹解决,修建马扎村人畜饮水工程,主管道长7.5公里,蓄水池10口,水桩115个。

农业 1991年,实施五里、足吾村坡改梯,改造面积500亩。是年,全乡耕地376公顷,粮食产量2608吨,人均纯收入365元。1995年,推广玉米杂交良种、地膜种植等,粮食产量2570吨,人均纯收入472元。1998年,全乡粮食产量2649吨,人均纯收入764元。2000年,结合地区优势和资源优势,加快农业产业结构调整力度。年末全乡粮食产量2698吨,人均纯收入1057元。2003年,全乡耕地393.3公顷,粮食产量2608吨,人均纯收入1456元。2005年,聘请农业咨询员宣讲农科知识,到田间地头为村民解决农业生产疑问,地膜覆盖率99%,粮食产量2588吨。

扶贫 1991年,全乡建卡贫困户312户1385人。1994年,投放扶贫款17.47万元,引进苹果6311株、杜仲50万株、黄柏8万株。经县检查验收,有建卡贫困户311户1380人越温达标。人均纯收入412元,人均有粮412公斤。1997年,在马扎村1组安置瓦曲乃吾乡竹西村扶贫移民45户204人。1998年,完成50户形象扶贫,全乡有125户脱贫。1999年,“八七”扶贫攻坚检查验收,全乡有265户1123人达标,有255户达到“五个一”工程,人均纯收入957元,人均有粮423公斤。2004年,新建五里村人畜饮水管道5公里。

林业 1991年,人工造林836亩,其中:经济林200亩,特种用途林636亩。1992年,坚持封山育林,荒山造林,鼓励农户利用经济林木致富,人工造林222亩,林产品83.9吨,其中:核桃76吨,花椒7.9吨。1997年,实施多种林业生产计划,广泛开展护林防火教育。人工造林3247亩,飞播造林15625亩。2000年,在马扎、五里、古木、斯拉村实施退耕还林1000亩。2001年,足吾、达子村退耕还林2270亩。2003年,在普提、足吾、马扎、仁洪村退耕还林915亩。2005年,改古、仁洪村退耕还林231亩。

畜牧业 1991年,四畜存栏4631头,生猪出栏2861头。1994年,生猪存栏5137头,出栏3154头;家禽存栏8386只，家禽出栏4552只；肉类产量394.2吨。1997年，建立绵改基地，仔猪生产基地。从昭觉县引进改良绵羊182只采取公司加农户生产模式，投放在普提、达子、仁洪、改古4个村。1999年，引进南江黄羊带动养殖业发展，选择养殖条件成熟的农户，每户投放南江黄羊11只，形成小规模成片发展。2005年，生猪存栏6122头，出栏3160头；家禽存栏22386只，家禽出栏10552只；肉类产量471.3吨。

教育　1991年，有中心校1所，村小5所，学生237人，学校职工24人，入学率46%。1996年，有中心校1所，村小4所，学生251人，职工24名，入学率48%。1998年，全乡建农民文化技术学校3所。2002年，有中心校1所，村小5所，学生657人，其中：女学生231人，入学率89%，教职工30名。2005年，全乡有4所小学校，其中：1所中心校、3所村小，学校职工21名，中心校12个班，点校6个班，学生856人，入学率92%。

卫生　1991年，有乡卫生院1所，乡医务人员4名；村卫生站9个，村医务人员9名。1997年，为0～4周岁儿童发放"脊髓灰质炎"糖丸359人次，发放率99%，小儿预防接种220人次。2000年，在全乡宣传"2号病"防治知识，培训村组干部2次165人次；制定大型聚餐申报制度。2004年，全乡宣传普及非典防范知识，严密监控外出务工回家人员情况，做到一日一报，全乡未发生"非典"病例。2005年，全乡有1所乡卫生院，医务人员3名，住院病房2间；建立8个村卫生院，配备8名村级卫生医务人员，到卫生院就诊5124人次。

表1－80　　1991—2005年五里箐乡基本情况表

项目 / 年份	幅员面积（平方公里）	耕地面积（公顷）	村（个）	人口（人）	财政收入（万元）	财政支出（万元）	农民人均收入（元）	主要农副产品		
								粮食（吨）	生猪出栏（头）	水果（吨）
1991	53.382	376	8	4276	11.05	11.05	365	2608	2861	51
1992	53.382	376	8	4278	11.27	11.27	378	2619	3067	72
1993	53.382	376	8	4299	11.86	11.86	391	2588	3160	74
1994	53.382	376	8	4325	12.4	12.6	412	2564	3154	84
1995	53.382	376	9	4358	12.85	12.85	472	2570	3147	102
1996	53.382	376	9	4369	13.95	13.95	530	2584	3148	113
1997	53.382	376	9	4416	14.53	14.53	662	2618	3204	118
1998	53.382	376	9	4487	15	15	764	2649	3293	121
1999	53.382	376	9	4677	16.3	16.3	957	2683	3312	128
2000	53.382	393.3	9	5610	17.9	17.9	1057	2698	3357	134
2001	53.382	393.3	9	5242	21.5	21.5	1203	2843	3393	137
2002	53.382	393.3	9	5427	24.4	24.4	1319	2925	3501	140
2003	53.382	393.3	9	5624	27.5	27.5	1456	2608	2861	51
2004	53.382	393.3	9	5755	35.28	35.28	1584	2619	3067	72
2005	53.382	393.3	9	5879	35.28	35.28	1779	2588	3160	74

四、瓦普莫乡

地理位置　瓦普莫乡位于越西县城东南，东与上普雄区依洛地坝乡、尔赛乡隔河相望，南与喜德县尼波镇相邻，西与书古乡交界，北与中普雄区乐青地乡接壤，距县城35公里，幅员面积38.871平方公里。

政区沿革　瓦普莫又名瓦阿普莫或瓦普木。1953年，建瓦普木乡，属中普雄区。1956年，划入苏姑区。1959年，改为瓦普木大队。1961年，恢复瓦普木乡。1969年，成立瓦普木公社革委。1981年，选举出管委会。同年地名普查,改瓦普木为瓦普莫。辖觉莫村、瓦普莫村、合作吉村、木牛觉村、依呷村,15 个村民小组。2000 年,撤销觉莫村 1 组、2 组。2005 年,全乡辖觉莫村、瓦普莫村、合作吉村、木牛觉村、依呷村,13 个村民小组。

表 1 - 81　　1991—2005 年瓦普莫乡负责人名录

姓　名	性　别	民　族	职　务	任职时间
黑吉违机	男	彝族	党委书记	1991. 1—1992. 11
格坡阿西	男	彝族	乡　长	1991. 1—1992. 11
吉布伍沙	男	彝族	党委副书记	1991. 1—1992. 11
阿里约哈	男	彝族	党委副书记	1991. 1—1992. 11
阿西瓦体	男	彝族	党委书记	1992. 12—1993. 11
吉多吉古木	男	彝族	乡　长	1992. 12—1993. 11
颜　军	男	汉族	党委副书记	1992. 12—1997. 11
吉合朱尔	男	彝族	副乡长	1992. 12—1993. 11
吉俄祖尔	男	彝族	乡　长	1993. 12—1998. 10
木洛布古	男	彝族	党委副书记	1993. 12—1995. 12
王树云	男	彝族	党委书记	1995. 12—1997. 2
邹志贵	男	汉族	党委书记	1997. 3—1998. 10
的日曲哈	男	彝族	党委书记	1998. 11—2001. 11
王志贵	男	彝族	乡　长	1998. 11—2001. 12
阿里给哈	男	彝族	党委副书记	1998. 11—2001. 12
郭德安	男	汉族	党委书记	2002. 1—2005. 12
吉于克基	男	彝族	乡　长	2002. 1—2005. 12
杨代勇	男	汉族	党委副书记	2002. 1—2005. 12
贾长生	男	彝族	党委副书记	2002. 1—2005. 12

自然环境　瓦普莫乡地处瓦吉木山梁下,地势西高东低。境内地貌有山地、沟坝,以高二半山为主,最高海拔瓦吉木梁子 3940 米,最低海拔与乐青地交界河口处 1950 米,相对高差 1090 米。是以牧为主、农牧结合的半高山乡。年平均温度 7.2 摄氏度,年降水量 1340 毫米,无霜期 180 天。作物易受霜冻危害。有依呷河、觉莫河两条季节性河流,雨季易发生洪涝灾害。土壤多为坡积物,以红棕紫泥为主,适宜种植玉米、马铃薯、荞麦。

人口计生　1991 年,全乡人口 2084 人,育龄妇女 360 人,已婚育能妇女 265 人,采取节育措施 231 人。1995 年,全乡总人口 2166 人,育龄妇女 650 人,已婚育能妇女 527 人,采取节育措施 233 人。1998 年,全乡人口 2249 人,育龄妇女 387 人,采取节育措施 247 人。2000 年,全国第五次人口普查,全乡人口 2535 人,育龄妇女 477 人,已婚育能妇女 397 人,采取节育措施 377 人。2003 年,全乡人口 2645 人,育龄妇女 457 人,采取节育措施 278 人。2005 年,全乡人口 2713 人,育龄妇女 604 人,已婚育能妇女 523 人,采取节育措施 445 人。

基础设施　1991 年,全乡不通电、不通路、不通水。1995 年,新建乡政府办公楼。1998 年,修建合作吉村至尔赛火车站便道,长 3 公里;新修便桥 1 座。2000 年 3 月,觉莫村移民在依呷村落户,修通依呷村 2 组的村道。2004 年,解决瓦普莫村 125 户 670 人的人畜饮水,安装水管 5 公里。2005 年,全乡实现通电、通水、通路。

农业　1991 年，粮食作物主要有玉米、荞麦、洋芋、圆根。粮食产量 1160 吨，人均纯收入 450 元。1995 年，全乡粮食产量 1231 吨，农民人均纯收入 633 元。1998 年，全乡粮食产量 1357 吨，农民人均纯收入 895 元。2000 年，推广玉米杂交良种化，地膜种植 2000 亩，产量 630 吨。2002 年，木牛足村试种花椒。2005 年，全乡粮食产量 1511 吨，农民人均纯收入 1506 元。

扶贫　1994 年，全乡 120 户贫困建卡户有 119 户越温达标。人均纯收入 573 元，有粮 400 公斤。1996 年，全乡有 60 户脱贫致富。1997 年，全乡 120 户贫困建卡户全部脱贫。1998 年，投入扶贫水泥 40 吨，解决 512 户农户人畜分居，实现一路一坝一厨一厕。1999 年，有 111 户达到"五个一"工程，人均纯收入 973 元，人均有粮 403 公斤。2000 年，新村建设投入扶贫水泥 50 吨，扶贫资金 2 万元；扶贫磷肥 300 吨，发展科学种植，当年粮食总产量 1380 吨。

林业　1991 年，组织各村组宣传保护原始森林政策、法规，确定 2 名护林员。1995 年，全乡零星种树 16834 株，种植花椒 8537 株。2000 年，国家实施天然林保护工程，组织村民植树造林，全年种树 18490 株。2002 年，退耕还林 500 亩，公益造林 1000 亩。2005 年，制定天然林保护措施，实施封山育林、荒山造林，制止乱砍滥伐、毁林开荒；全乡林地 2766 亩，主要树种云南松、桦木等。

畜牧业　1991 年，生猪存栏 2234 头，出栏 1062 头。1998 年，生猪改良，发展仔猪 5430 头，生猪存栏 2987 头，生猪出栏 1900 头。2000 年，鼓励村民发展绿色畜牧。生猪存栏 3274 头，生猪出栏 2262 头。2005 年，全乡四大牲畜存栏 11950 头，出栏 7567 头，其中：生猪存栏 3816 头，生猪出栏 2500 头。

教育　1991 年，有中心小学 1 所，村小 2 所，在校学生 106 名，教师 9 个。1993 年，中心小学修建土木结构教舍 1 幢。1998 年，有中心小学 1 所，村小 2 所，在校学生 275 名，教师 9 个。2001 年 11 月，中心校开办寄宿制，配建食堂，购置床 30 张、炊事用具。2005 年，全乡有教师 11 名，在校学生 320 人，适龄儿童入学率 85%。

卫生　1991 年，有 1 所乡卫生站，医务人员 1 名。1995 年，开展治病防病工作，宣传传染性疾病知识，乡卫生院有医务人员 2 名，住院病房 1 间。1999 年，全乡有 1 所乡卫生院，医务人员 1 名，住院病房 2 间，建立 6 个村卫生站，配备 6 名村级卫生医务人员。加强重点疾病预防的培训，全年培训 2 次，培训人员 162 人次，同时建立各项报告制度。2003 年，全年儿童预防接种 160 人次，发放"脊髓灰质炎"糖丸 292 人次。2005 年，强化医务人员业务知识，深化农村卫生事业体制改革，建立农村卫生服务体系，构建乡村疾病防控站、计生服务站等乡级医疗服务机构。全乡有 1 所乡卫生院，医务人员 2 名，住院病房 2 间，建立 5 个村卫生院，配备 5 名村级卫生医务人员。

表 1－82　　1991—2005 年瓦普莫乡基本情况表

项目／年份	幅员面积（平方公里）	耕地面积（公顷）	村（个）	组（个）	人口（人）	财政收入（万元）	财政支出（万元）	农民人均收入（元）	主要农副产品	
									粮食（吨）	生猪出栏（头）
1991	38.871	179.26	5	15	2084	0.9	0.9	450	1160	1062
1992	38.871	179.26	5	15	2015	1.6	1.6	460	1180	1113
1993	38.871	179.26	5	15	2135	1.8	1.8	493	1216	1199
1994	38.871	179.26	5	15	2150	2.1	2.1	573	1219	1231
1995	38.871	179.26	5	15	2166	2.6	2.6	633	1231	1818
1996	38.871	179.26	5	15	2174	3.4	3.4	720	1237	1820
1997	38.871	179.26	5	15	2175	3.7	3.7	800	1311	1878
1998	38.871	179.26	5	15	2249	4.2	4.2	895	1357	1900

续上表

年份＼项目	幅员面积(平方公里)	耕地面积(公顷)	村(个)	组(个)	人口(人)	财政收入(万元)	财政支出(万元)	农民人均收入(元)	主要农副产品	
									粮食(吨)	生猪出栏(头)
1999	38.871	179.26	5	15	2259	4.6	4.6	973	1357	1955
2000	38.871	179.26	5	13	2535	4.9	4.9	1035	1380	2262
2001	38.871	179.26	5	13	2618	5.3	5.3	1123	1407	2280
2002	38.871	179.26	5	13	2632	5.7	5.7	1257	1423	2295
2003	38.871	179.26	5	13	2645	7.6	7.6	1349	1411	2340
2004	38.871	179.26	5	13	2698	9.3	9.3	1405	1503	2460
2005	38.871	179.26	5	13	2713	11.8	11.8	1506	1511	2500

第九节　申果庄工委

申果庄位于越西县城东南，东与美姑县候布乃托区、牛牛坝区相邻，南与昭觉县比尔区接壤，西与下普雄区、中普雄区、上普雄区相连，北临甘洛县吉米区、斯觉区。幅员面积488.3平方公里。距县城75公里。

申果庄地区地处大凉山腹心地带，山高林密，交通不便。地形东西高，南北低。沙苦山梁横贯中部，将申果庄地区分为两个山间谷地。主要山峰有年渣果火山、瓦波火山、碧鸡山、库莫洛山、麻姑火普山。发源于沙苦尔吉的则普拉达河经申果、瓦曲觉、申普乡流入昭觉河。发源于马之祖的宝珠拉达河经拉吉乡向北注入尼日河。最高海拔年渣果火山主峰3998米，最低海拔则普拉达河出境处2400米，相对高差1598米。有原始森林、灌木竹丛和荒山草地。树种为冷杉，现存林木积蓄98万立方米。珍贵动物有大、小熊猫。矿产有煤、锰、铅、铝，但分布零星。野生药材有天麻、虫草、贝母。河谷窄小，农耕地零星分布于河沿、坡地。耕地多为暗棕壤和山地黄壤。年平均气温7.2摄氏度，无霜期约160天，年降水量1349毫米。农作物一年一熟。主产洋芋、荞麦、燕麦等耐寒作物。气候低温、冷湿、多冰雹、多洪水。

申果庄彝语即干枯的森林。相传若干年前此地曾有大片森林干枯死亡得名。1954年底，凉山州工委申候工作团翻越麻姑火普山进驻申果庄。1956年，候布乃托划入美姑县。民主改革时，建申果庄区，辖胜果、挖曲足、和足、普乐、挖里觉、挖曲来吾、拉吉、沙苦8乡。1958年，沙苦乡并入胜果乡，竹鲁门并入挖曲来吾乡，保石乃呷划入上普雄区。1959年，公社化，全区设拉吉、胜果、和足3个公社。1960年4月，人民公社化，全区设拉吉、胜果、和足3个人民公社。1961年，撤销公社，恢复区建制，建立胜果、挖曲足、和足、普乐、挖里足、挖曲来吾、拉吉7个乡。1966年4月后，全区7个乡先后改称人民公社。1968年8月，成立申果庄区革命委员会，辖胜果、挖曲足、和足、普乐、挖里足、挖曲来吾、拉吉7个公社革命委员会。1981年，申果庄区革命委员会改称区公所。1984年，机构改革，申果庄区公所改称区委。1992年，申果庄区委改称申果庄工作组。驻达布足村。2002年，瓦曲乃吾乡由拉吉乡代管。2005年，申果庄工委辖拉吉、瓦里觉、申果、瓦曲觉、申普5个乡，33个村，92个村民小组。

表1-83　1991—2005年申果庄区委、工委负责名录

姓　名	性　别	民　族	职　务	任职时间
洛古红军	男	彝族	区长	1991.3—1992.3
莫色加加	男	彝族	工委书记	1992.3—1993.3

续上表

姓　名	性　别	民　族	职　务	任职时间
潘伍沙	男	彝族	工委副书记	1992. 3—1993. 5
潘　虎	男	彝族	工委副书记	1992. 9—1995. 9
阿入伍良	男	彝族	工委副书记	1992. 9—1995. 9
潘木呷	男	彝族	工委书记兼主任	1995. 7—1998. 12
毛晓剑	男	彝族	工委副主任	1995. 9—1998. 9
金尚平	男	汉族	工委副书记	1997. 2—1998. 11
王炳福	男	汉族	工委副书记	1998. 9—2001. 9
阿里木机	男	彝族	工委书记兼主任	1998. 12—2001. 11
杨玉平	男	汉族	工委副书记	2001. 9—2005. 12
吉牛红军	男	彝族	工委副书记	2001. 11—2002. 2
刘合什布	男	彝族	工委书记兼主任	2001. 11—2005. 12
杨清宏	男	汉族	工委副书记	2003. 9—2005. 12
吉余力苦木	男	彝族	工委副书记	2004. 11—2005. 12

一、瓦曲乃乌乡

地理位置　瓦曲乃乌乡位于越西县城东部，东与美姑县交界，南靠申果乡，西邻瓦里觉乡，北接拉吉乡。距越西县城78公里，幅员面积71.132平方公里。

政区沿革　瓦曲乃乌系彝族地名。因该地上有白色岩石，下有乃乌河流过得名。1956年，民主改革时建政，设挖曲来吾乡。1959年，公社化时，划归拉吉公社。1961年，撤销公社，恢复挖曲来吾乡。1969年，成立挖曲来吾人民公社革委。1981年，选举出社管会。同年，地名普查，改挖曲来吾为瓦曲乃乌。1984年，机构改革，恢复瓦曲乃吾乡人民政府。1991年，瓦曲乃乌乡辖乃乌、竹西、竹洛、瓦坡4个村、12个村民小组。1996年，瓦坡村并入乃乌村。1997年，乃乌、竹西村集体移民到五里箐乡、西山乡。2001年，瓦曲乃乌乡政府工作人员调离。2002年末，竹洛村由拉吉乡人民政府代管。

表1－84　　1991—2002年瓦曲乃乌乡负责人名录

姓　名	性　别	民　族	职　务	任职时间
俄木支铁	男	彝族	党委书记	1991. 1—1992. 11
罗志毅	男	汉族	副乡长	1990. 1—1992. 11
拉洛打洛	男	彝族	乡　长	1991. 1—1992. 11
			党委书记	1993. 2—1995. 11
海来瓦铁	男	彝族	党委副书记	1992. 12—1993. 2
			乡　长	1993. 2—1995. 11
麻卡差达	男	彝族	党委书记	1995. 11—1999. 1
周文福	男	藏族	党委副书记	1995. 10—1996. 7
吉牛红军	男	彝族	乡　长	1995. 11—1999. 1
			党委书记	1999. 1—2001. 11
勿里铁哈	男	彝族	党委副书记	1999. 1—2001. 11

自然环境　瓦曲乃吾乡山脉南北走向。地势南高北低。宝珠拉达河支流乃乌河流经境内，河两岸山

势陡峭。东有年渣果火山,最高海拔年渣火山主峰3998米,最低海拔宝珠拉达河谷2600米,相对高差1398米。无霜期约100天,年降雨量1400毫米,年最高气温29摄氏度,最低气温-15摄氏度,年平均气温6.4摄氏度。寒冷多风。农作物一年一熟。气候恶劣,春季有霜雾、夏季时节短、冬季时节长。森林资源、天然草场资源丰富。是四川省申果庄大熊猫自然保护区范围和人工“万亩林”乡。

人口计生 1991年,全乡人口1376人,育龄妇女260人,其中:已婚育能妇女240人,出生23人,死亡18人,多孩率21.73%,采取综合避孕节育措施38人,人口自然增长率3.64‰。1995年,加强人口过快增长计划生育执行力度。全年人口1358人,出生35人,死亡4人,人口自然增长率22.04‰,多孩率2.86%。1999年,由于移民,全乡人口从1997年的1146人减少到421人。2002年12月,竹洛村343人划归拉吉乡代管。

基础设施 1991年,全乡不通公路、不通电、不通自来水。1992年,撤销农村信用社,业务移交拉吉乡农村信用社。1997年,乃乌村移民。2002年,乡政府办公住房交由拉吉乡人民政府代管。

农业 1991年,有耕地186.5公顷。以马铃薯、荞麦、燕麦、元根、萝卜农作物种植为主。全年粮食产量195吨,人均有粮324斤,人均纯收入167元。1995年,粮食产量201吨,人均有粮510斤,人均纯收入246元。2001年,粮食产量74吨,人均纯收入730元。

扶贫 1991年,主要发展畜牧业生产。1993年,扶贫建卡贫困户232户,1078人。1995年,鉴于自然条件因素,扶贫工作主要是移民。

林业 1991年,林业产值7.81万元,占全年总产值12.87%。1993年,林业产值12.12万元,占全年总产值16.77%。1997年,集中移民留下耕地、荒山由凉北森工局营林处造林。1998年,“天保工程”实施,全乡林业产值16.25万元。

畜牧业 1991年,把畜牧业作为主要支柱产业来发展。四大牲畜出栏1093头,其中:猪510头、牛35头、羊548只;四大牲畜存栏8763头,其中:猪1935头、牛618头、羊6156只、马54匹,全乡牧业产值18.21万元。

1995年,加强牲畜养殖技术宣传,种植光叶紫花苕3000亩,牧业产值45.7万元。1998年,移民搬迁,牲畜数量减少。四大牲畜存栏4290头,其中:猪450头、牛1307头、羊2500只、马33匹。牧业产值35.11万元。

2001年,牧业产值21.6万元,全年四大牲畜出栏595头,其中:生猪出栏257头、牛20头、羊318只。四大牲畜存栏2224头,其中:猪441头、牛134头、羊1634只、马15匹。

教育 1991年,全乡3所村级小学,入学学生24人,入学率13%。1997年,撤销两所小学。全乡有竹洛村1所小学。2002年,竹洛村小学交拉吉乡代管。

卫生 1991年,全乡有1所乡级卫生院。1992年,撤销瓦曲乃乌乡卫生院。

表1-85 1991—2002年瓦曲乃乌乡基本情况表

项目 年份	幅员面积(平方公里)	耕地面积(公顷)	村(个)	人口(人)	财政收入(万元)	财政支出(万元)	农民人均收入(元)	主要农副产品	
								粮食总产量(吨)	生猪出栏(吨)
1991	71.132	186.5	4	1376	2.26	2.26	167	195	20.4
1992	71.132	186.5	4	1353	3.05	3.05	161	190	22.5
1993	71.132	186.5	4	1339	3.76	3.76	192	165	22.9
1994	71.132	186.5	4	1350	4.46	4.46	228	281	39.51
1995	71.132	186.5	4	1358	4.82	4.82	246	201	28.5

续上表

年份＼项目	幅员面积（平方公里）	耕地面积（公顷）	村（个）	人口（人）	财政收入（万元）	财政支出（万元）	农民人均收入（元）	主要农副产品	
								粮食总产量（吨）	生猪出栏（吨）
1996	71.132	186.5	3	1146	5.1	5.1	271	201.3	19
1997	71.132	186.5	3	1146	5.3	5.3	369	216	41.01
1998	71.132	186.5	1	655	5.8	5.8	473	157.1	27.5
1999	71.132	186.5	1	421	4.94	4.94	560	184	14
2000	71.132	186.5	1	305	5.2	5.2	630	184	25.3
2001	71.132	69.8	1	335	6.88	6.88	730	74	25.3
2002	71.132	69.8	1	343	0.68	0.68	780	88	25.3

二、合觉乡

地理位置　合觉乡位于越西县城东南，东与美姑县交界，南临申普乡，西接上普雄区保石乡，北与瓦曲觉乡相连，分布于则普拉达河两岸，幅员面积33.599平方公里，距县城83公里。

政区沿革　合觉原名“和足”，又称“和足莫”。彝语意为高山上的平坝。1956年，民主改革建政，设和足乡。1959年，公社化时成立和足公社（区级），辖合足、普乐两乡区域。1961年4月，撤销公社，恢复和足、普乐两乡。1969年，成立和足人民公社革委。1981年4月，选举出社管会。同年，地名普查，改“和足”为“合觉”。1984年1月，机构改革，建立合觉乡人民政府，辖里觉、合觉、古作、瓦依4个村，13个村民小组，乡政府驻合觉村。1992年，机构改革撤区并乡，合觉乡政府并入申普乡。

表1-86　　1991—1992年合觉乡负责人名录

姓　名	性　别	民　族	职　务	任职时间
马海俄达	男	彝族	党委书记	1991.1—1992.12
何忠选	男	汉族	乡　长	1991.1—1992.12

基本概况　全乡地处高寒边远山区，山脉南北走向，东有年渣果火山，西有麻姑火普山、书火乃品山。最高海拔尼莫坡山3251米，最低海拔则普拉达河谷2480米，相对高差771米。年均气温7.2摄氏度，年降水量1349毫米，无霜期160天。农作物一年一熟。粮食主产洋芋、荞子、燕麦，农作物产量低，交通落后，信息不畅，气候环境恶劣，基础设施薄弱。1991年，全乡有耕地309.933公顷，农户459户，人口2156人，其中：男1062人，女1094人。有中心校1所，村小学1所，卫生院1所。年末粮食总产量641吨，四畜存栏7651头，生猪出栏1050头。1992年，全乡有农户455户，人口2145人。学龄儿童130人，在校学生57人，入学率44%。

表1-87　　1991—1992年合觉乡基本情况表

年份＼项目	幅员面积（平方公里）	耕地面积（公顷）	村（个）	人口（人）	农民人均纯收入（元）	主要农副产品	
						生猪出栏（吨）	土烟（吨）
1991	33.599	309.933	4	2156	98	45	2.9
1992	33.599	309.933	4	2145	105	46.3	2

注：合觉乡1992年撤销，并入申普乡。

三、申果乡

地理位置 申果乡位于越西县城东南，东与美姑县交界，南接瓦曲觉乡，西与上普雄地区竹阿觉乡为邻，北靠瓦里觉乡和瓦曲乃乌乡。幅员面积63.143平方公里。距县城75公里。

政区沿革 1956年，民主改革建政，设胜果乡。1958年，沙苦乡并入胜果乡。1959年，公社化时，建胜果公社，辖胜果乡、挖曲足乡。1960年，人民公社化，胜果、挖曲足乡合建胜果人民公社。1961年，撤销公社，恢复胜果、挖曲足人民公社。1962年12月，胜果人民公社改称乡。1966年，胜果乡改称人民公社。1968年，成立胜果公社革命委员会。1981年，更名为胜果人民公社管理委员会。同年，地名普查改胜果为申果。1984年1月，机构改革，恢复乡人民政府，驻达布足村。1993年，撤区并乡建镇，瓦曲觉乡并入申果乡。1997年6月，划出瓦曲觉乡。2005年，全乡辖申果、达布、沙苦、平桥、尔吉、丰收、合木7个村，16个村民小组。

表1-88　1991—2005年申果乡负责人名录

姓　名	性　别	民　族	职　务	任职时间
阿海哈布	男	彝族	党委书记	1991.3—1993.3
田阿木	男	彝族	乡　长	1991.3—1995.12
阿入伍良	男	彝族	党委书记	1993.3—1993.5
潘伍沙	男	彝族	党委书记	1993.5—1995.10
王建国	男	汉族	党委书记	1995.11—1997.6
金尚平	男	汉族	党委副书记	1995.11—1997.2
冷来达洛	男	彝族	党委副书记	1995.11—1997.2
薛星旗	男	彝族	党委副书记	1995.11—1997.5
莫色夫哈	男	彝族	党委副书记(乡长)	1996.1—1997.6
周文福	男	藏族	党委书记	1996.8—2001.10
朱珍玉	男	汉族	乡　长	1998.4—1998.11
刘铁哈	男	彝族	乡　长	1998.12—2001.10
木苦约古	男	彝族	党委副书记	1999.1—2001.12
			乡　长	2001.11—2005.12
杨清宏	男	汉族	副乡长	1999.1—2001.12
吉牛红军	男	彝族	党委书记	2001.11—2005.12
杨　莉	女	汉族	副乡长	2001.12—2005.12

自然环境 申果乡属高寒边远山区，则普拉达河发源于境内沙苦尔吉，向南流经全境。最高海拔麻姑火普山主峰3260米，最低处瓦吉乃拖与瓦曲觉乡交界河口，海拔2400米，相对海拔860米，年平均气温7.2摄氏度，无霜期160天左右，年降水量1349毫米。农作物一年一熟。

人口与计生 1991年，全乡人口2788人，育龄妇女508人，出生48人，采取节育措施59例。1993年，在乡、村成立计划生育协会，开展“婚育新风进万家”活动，全乡人口5171人，育龄妇女1100人，出生97人，其中：多孩7名，采取节育措施89例，计生率78.12%。2000年，全国第五次人口普查，全乡人口2465人，育龄妇女689人，出生人口25人，其中：多孩4人，一孩出生率36%，二孩出生率28%，三孩出生率20%，多孩率16%，采取节育措施47例，计生率78.12%。2003年，实行计划生育村民自治，年末全乡人口2512人，育龄妇女620人，出生43人，采取节育措施55例，计生率97%。2005年，全乡人口2721

人，其中：男1519人，女1202人，育龄妇女648人，采取节育措施34例。人口密度每平方公里40.6人，人口自然增长率5.4‰。

基础设施　1991年，修建申果大桥。建成达布村28千瓦的小型电站。1994年，投资7万元，群众投工投劳铺筑申果村村道水泥路面。装机容量55千瓦的觉莫电站于6月15日动工，12月25日试机成功，解决乡境12个机关和邻乡4个村农户照明用电。2002年，投资4万元，维修办公用房417.16平方米。2003年，修建1座人行便桥，修复申果村水毁公路1公里；修建村支部活动室及文化活动场所；实施达布村人畜饮水工程，解决机关和村民用水困难。2004年，修复申果乡至瓦曲觉乡水毁申果大桥。2005年，新建沙苦和丰收村两座便桥，群众投劳修整公路5公里。

农业　1991年，主要农作物有荞子、燕麦、马铃薯等。全乡耕地面积362.5公顷，粮食产量975吨，人均纯收入324元。1996年，进行洋芋高厢垄作，耕地面积为715公顷，粮食产量1582吨，人均纯收入512元。2000年，引进优质脱毒薯，种植面积2300亩，粮食产量1071吨，人均纯收入663元。2005年，推广科学种植和管理，粮食产量1166吨，人均纯收入1296元。

扶贫　1991年，全乡建卡贫困户285户1120人。1994年10月，经州、县人民政府检查验收，全乡273户建卡贫困户，1075人越过温饱线。人均纯收入358元，人均有粮401公斤。1995年，实施首批移民和就地集中移民。1997年，实施形象扶贫156户。1999年，“八七”扶贫攻坚检查验收，有建卡贫困户370户，贫困人口1317人验收达标，有150户达“五个一”工程。人均纯收入509元，人均有粮412公斤。2001年，沙苦村就地移民5户。2003年，实施达布、平桥、沙苦村“三房改造”，平桥村移民20户87人。2004年，实施“三房改造”124户。2005年，推进“三房改造”涉及申果村24户，达布村22户，平桥村22户。

林业　1991年，乡境内有万亩原始森林，野生动物25目75科268种，其中：大熊猫、牛羚、四川山鹧鸪、绿尾虹雉、小熊猫、黑熊、白腹锦鸡等30多种属国家一、二级珍稀动物；保存有野生高等植物资源35科1254种，其中：红豆杉、连香树、楠木、樟木等14种为国家一、二级保护植物。是年，植树7660株。1993年，人工造林3810亩。1994年，零星植树4400株，人工造林848亩。1998年，人工造林500亩。2002年4月，实施退耕还林，全乡退耕还林11755亩，树种有华山松、桤木、黑荆3种，天然杂木林有桦木、柳杉等；同年，经省政府批准，申果庄建立省级大熊猫自然保护区。至2005年，完成退耕还林19423亩，天保造林20719亩。

畜牧业　1991年，生猪出栏70吨，存栏2017头；牛出栏67头，存栏648头；羊出栏979只，存栏7624只；家禽出栏6500只，存栏7300只。1994年，设配种站引进种公羊59只实施绵羊改良。年末生猪出栏208吨，存栏5730头；牛出栏143头，存栏1400头；羊出栏2600只，存栏15730只；家禽出栏6300只，存栏13750只。2000年，种草养畜，全乡种草1500亩。2005年，生猪出栏360吨，存栏3995头；牛出栏360头，存栏1114头；羊出栏5400只，存栏11634只；家禽出栏6904只，存栏8038只。

教育　1991年，全乡有中心校1所，点校2所，中学1所，有教职工27人，其中：代课教师5人；学龄儿童362人，在校学生105人，入学率29%。1994年，成立教育委员会，增建村小4所，教职工32人，代课教师9人，学龄儿童387人，在校学生117名，入学率30.2%。2000年，有教职工33人，学龄儿童331人，在校学生132人，入学率39.9%。2005年，实施“两免一补”，全乡有中心校1所，点校2所；教师26名，代课教师3名；学龄儿童320人，在校学生312人，中心校寄宿制学生121人，重点寄宿制48人；入学率98.2%，巩固率98%。

卫生　1991年，乡医院修建工作用房200平方米，职工住房200平方米。医院建筑面积1175平方米，其中：办公用房475平方米，职工住房700平方米，医护人员8名。1995年，乡卫生院有职工11名，就医病人1250人次，计划免疫162人次，发放糖丸177人次。

2000年，加强重点疾病预防的宣传和培训工作，发放宣传资料21份，培训153人次。2005年，全乡有乡卫生院1所,村级卫生站5所,医护人员19名,村医生5名。全年接诊村民2200人次,接种疫苗600人,发放糖丸670人次。

表1-89　　1991—2005年申果乡基本情况表

年份＼项目	幅员面积(平方公里)	耕地面积(公顷)	村(个)	人口(人)	财政收入(万元)	财政支出(万元)	主要农副产品		
							生猪出栏(吨)	粮食总产量(吨)	烟叶(吨)
1991	63.143	362.5	7	2788	11	11	70	975	3.9
1992	63.143	715	13	5152	11	11	119	1039	6.4
1993	109.411	715	13	5171	11	11	146.5	1704	4.6
1994	109.411	715	13	5220	11	11	208	1935	2
1995	109.411	715	13	5285	14.17	14.17	232	1789.5	—
1996	109.411	715	13	5302	14.17	14.17	185	1582	2
1997	63.143	362.5	7	2282	14.17	14.17	137	1000	1
1998	63.143	362.5	7	2338	14.17	14.17	150	1070	1
1999	63.143	362.5	7	2422	21.9	21.9	180	1070	1
2000	63.143	362.5	7	2465	21.9	21.9	183	1071	2
2001	63.143	362.5	7	2445	21.9	21.9	183	1115	1
2002	63.143	362.5	7	2487	31.1	31.1	220	1121	1
2003	63.143	362.5	7	2512	31.1	31.1	256	1124	1
2004	63.143	362.5	7	2535	31.1	31.1	295	1049	1
2005	63.143	362.5	7	2721	31.1	31.1	360	1166	1

四、瓦曲觉乡

地理位置　瓦曲觉乡位于越西县城东南,东与美姑县接壤,南邻申普乡,西靠上普雄地区保石乡,北依申果乡。全乡幅员面积46.268平方公里,距县城84公里。

政区沿革　瓦曲觉原名"挖曲足",彝族地名。因该地有一大片白色的岩壁得名。1956年,设挖曲足乡。1959年,公社化时,划入胜果公社。1961年,撤销公社,恢复挖曲足乡。1969年,成立挖曲觉公社革命委员会。

1981年,选举出社管会。地名普查改挖曲足为瓦曲觉。1984年1月,机构改革,恢复乡人民政府,驻瓦曲觉村。1992年,申果庄撤区并乡建镇,瓦曲觉乡并入申果乡。

1997年6月25日,恢复瓦曲觉乡。2005年,增设呷多村3组。全乡辖、洛莫、瓦曲觉、呷多、尔口、俄洛、河西6村、17个村民小组。

表1-90　　1991—2005年瓦曲觉乡负责人名录

姓　名	性　别	民　族	职　务	任职时间
阿入伍良	男	彝族	党委书记	1991.3—1992.11
的日拉合	男	彝族	乡　长	1991.3—1992.11
莫色夫哈	男	彝族	党委书记	1997.6—2005.12
吉木克的	男	彝族	乡　长	1998.4—2005.12
曲木拉古	男	彝族	副乡长	1998.4—2005.12
古天荣	女	汉族	党委副书记	2000.10—2003.6
艾尚雄	男	汉族	副乡长	2000.10—2005.12

自然环境　瓦曲觉乡地处则普拉达河两岸，山脉南北走向，西有麻姑火普山，最高海拔尼莫坡山3252米，最低海拔与申普乡交界处河沟2500米，相对高差752米，年平均气温7.2摄氏度，无霜期约180天，年降水量1349毫米。农作物一年一熟。

人口计生　1991年，全乡根据"三为主、三结合"方针，开展计划生育，年末人口2531人，其中：男1234人，女1297人；育龄妇女467人，出生32人，一孩15人，二孩13人，三孩4人，采取节育措施21例。1997年，全乡人口2540人，死亡20人，出生43人，其中：多孩3户，一孩9户，二孩17户，三孩14户，计生率87%，节育手术38例。2005年，全乡人口2814人，死亡10人，出生42人，其中：一孩19人，二孩14人，三孩9人，采取节育措施54例，计生率97%，人口自然增长率6.3‰。

基础设施　1991年，有通乡公路1条。2000年，投资20万元，新建职工宿舍。2001年，争取资金8万元，安装饮水管道4公里，解决乡政府及周边群众饮水困难。2002年，组织村民投工投劳，自筹资金6万元，修建7公里通村公路，解决尔口村及瓦曲觉村点日组157户796人交通、运输困难。

农业　1991年，全乡主要农作物有荞子、燕麦、马铃薯。有耕地352公顷，粮食产量770吨，人均纯收入391元。1997年，投放磷肥160吨，种植马铃薯5622亩，粮食总产量967.6吨，人均纯收入441元。2000年，全乡开展科技种植、标准操作、科学施肥。洋芋高厢垄作种植5700亩，荞子增磷减氮科学施肥2100亩，种植圆根1000亩。全年粮食产量881吨。2005年，推行高厢垄作，有耕地400公顷，粮食产量984.5吨，人均纯收入1157元。

扶贫　1991年，全乡进行贫困摸底，扶贫建卡281户，1413人。1994年，经县政府检查验收，全乡"二六"越温达标279户，1402人，人均纯收入256元，人均有粮325斤。1997年，投放扶贫磷肥60吨、化肥15吨、资金27.3万元，帮助贫困户发展生产。1999年10月，全县"八七攻坚"检查验收，全乡建卡贫困户312户1421人，有309户1402人越温达标。全乡人均有粮413.5斤，人均纯收入476元。达到"五个一"条件有221户，占检查建卡贫困户的74%。2005年，实施"移民"和"三房改造"，完成移民68户341人，"三房改造"246户1235人。

林业　1991年，人工造林10899亩，植树12.2万株。1997年，荒山造林2200亩。2002年4月，实施天然林保护和退耕还林。到2005年，全乡退耕还林4887亩，配套造林9774亩，树种有华山松、桤木，全乡农民年收益退耕还林补助资金127.062万元。

畜牧业　1991年，生猪出栏494头，存栏2684头，其中：能繁母猪573头；羊出栏663只，存栏6274只，其中：绵羊1283只、山羊4991只；牛出栏48头，牛存栏587头；马存栏90匹。1997年，推广种草养畜，各村种草2200亩，年末生猪出栏1023头，存栏4525头；牛出栏26头，存栏685头；羊出栏856只，存栏5827只；家禽出栏1756只，存栏10023只。2000年，种植牧草2300亩，改良羊8660只，年末生猪出栏2228头，存栏3542头；牛出栏198头，存栏1103头。2005年，转变大牲畜喂养方式，改敞放为圈养。年末生猪出栏2876头，存栏4000头；牛出栏68头，存栏1355头；羊出栏1025只，存栏9680只；家禽出栏2310只，存栏9870只。

教育　1991年，全乡有小学1所，教师1人，在校学生36人。1997年，全乡有1所中心校和尔口、河西、呷多、洛木4所小学，4名正式教师和4名代课老师，学生126人。2000年，全乡有10个教学班，其中：中心校6个，小学4个，毕业班1个，学生185人。2005年，把动员学生入学工作责任分解到村，组织各村、组干部深入到村民家中，耐心做学龄儿童家长工作，全乡有中心校1所，小学4所，教师6人，学龄儿童335人，学龄儿童入学率98.4%，巩固率98%。

卫生　1991年，有卫生院1所，医务人员1名。1997年，中心卫生院有医生1人，病床1张，全年到卫生院就医村民1912人次，小儿防疫接种110人次。2000年，建立死亡报告制度、重点疫情报告制度和群众聚餐管理制度。全年重点疾病预防培训123人次，发放宣传资料350份。2005年，有乡卫生院1所，医务人员2名，病床3张，村卫生站4所，村医生4名。儿童预防接种125人次，发放糖丸380人次。

表 1-91　　部分年度瓦曲觉乡基本情况表

项目 年份	幅员面积（平方公里）	耕地面积（公顷）	村（个）	人口（人）	财政收入（万元）	财政支出（万元）	主要农副产品		
							生猪出栏（吨）	粮食总产量（吨）	烟叶（吨）
1991	46.268	352	6	2531	2	2	54	770	2.5
1997	46.268	371	6	2540	7	7	189.6	967.6	1.2
1998	46.268	371	6	2398	8	8	206.1	939.3	1.2
1999	46.268	371	6	2565	9	9	123.7	848	6
2000	46.268	371	6	2590	10	10	155.96	881	8
2001	46.268	371	6	2595	15	15	240.3	951.2	1.1
2002	46.268	371	6	2607	21	21	259.5	949.3	1.2
2003	46.268	371	6	2651	25	25	280.3	965.1	1.3
2004	46.268	371	6	2731	29	29	302.7	972.5	1.5
2005	46.268	400	6	2814	29	29	318.5	984.5	1.2

五、瓦里觉乡

地理位置　瓦里觉乡位于越西县城东部，申果庄北部、东邻瓦曲来乌乡，南接申果乡，西靠中普雄地区德吉乡，北连拉吉乡，距离县城62公里。幅员面积73.28平方公里。

政区沿革　瓦里觉原称“挖里觉”，彝族地名。因本处山岩裸露呈紫红色得名。1956年，民主改革建政，设挖里足乡。1959年，公社化时，划归拉吉公社。1961年，撤销公社，恢复挖里足乡。1969年，成立挖里足人民公社革委。1981年，选出社管会，地名普查，改挖里足为瓦里觉。1984年1月，恢复乡人民政府。2005年，全乡辖竹林村、叶祖村、且门村、瓦里觉村、依达村、石门村，17个村民小组。

表 1-92　　1991—2005年瓦里觉乡负责人名录

姓　名	性　别	民　族	职　务	任职时间
冷则罗加	男	彝族	党委书记	1989.12—1997.3
马海点洛	男	彝族	乡　长	1989.12—1992.12
何忠选	男	汉族	乡　长	1992.12—1995.12
马海作木	男	彝族	党委副书记	1989.12—1992.12
吉木克的	男	彝族	副乡长	1989.12—1995.12
朱珍玉	男	汉族	副乡长	1995.12—1998.12
木出吉拉	男	彝族	党委书记	1997.3—2001.8
郭继平	男	汉族	乡　长	1995.12—1998.12
罗小福	男	彝族	党委副书记	1998.12—2005.12
王伍来	男	彝族	副乡长	1998.12—2001.11
沙马果果	男	彝族	党委书记	2001.11—2005.12
朱德林	男	汉族	乡　长	1998.12—2001.11
陈贵勇	男	汉族	副乡长	2001.11—2005.12
吉则伍呷	男	彝族	乡　长	2001.11—2005.12

自然环境　瓦里觉乡地势西南高东北低。宝珠拉达河从南向北流入拉吉公社。叶祖河、依达河、瓦里觉河纵贯其间。最高海拔瓦波火山主峰3975米，最低海拔红桥谷地2600米，相对高差1375米。年平

均气温 7.2 摄氏度，年降雨量 1349 毫米，无霜期 160 天，农作物一年一熟。主产洋芋、荞子、燕麦。

人口计生　1991 年，全乡户数 633 户，人口 2950 人，其中：男 1492 人，女 1458 人。有育龄妇女 582 人，采取节育措施 468 人，人口自然增长率 12‰。1997 年，全乡户数 618 户，人口 2882 人，其中：男 1572 人，女 1310 人。育龄妇女 618 人，采取节育措施 503 人。人口自然增长率 12‰。2000 年，把计生工作作为第一要务来抓，召开村、组干部会议 6 次。全乡总户数 624 户，人口 2991 人，其中：男 1533 人，女 1458 人。育龄妇女 634 人，采取节育措施 583 人。人口自然增长率 11‰。2005 年，实行计划生育"一票否决制"，各村签订工作目标责任书，把责任落实到户。全乡总户数 638 户，人口 3362 人，其中：男 1843 人，女 1519 人。育龄妇女 704 人，采取节育措施 642 人，人口自然增长率 11‰。

基础设施　1991 年，拉普公路贯穿乡内，简易公路连接各村。2000 年 4 月，新建且门村钢架桥 1 座，长 15 米；6 月，新建依达村水泥桥 1 座，长 12 米。县以工代赈安排资金 50 万元，修建团结大桥。2004 年，架设拉吉乡到石门村 4 公里 10 千伏输变线路 1 条。2005 年，有小型卫星接收机 130 套，微型小水电 20 台。

农业　1991 年，主要生产洋芋、燕麦、荞子等。洋芋播种面积 2802 亩，产量 714 吨；荞子 1746 亩，产量 192 吨；燕麦 1586 亩，产量 95 吨；粮食产量 1001 吨，人均有粮 678 斤，农民人均纯收入 170 元。1997 年，受洪涝等自然灾害影响，粮食产量 820 吨，人均有粮 568 斤，人均纯收入 445 元。2000 年，推广洋芋高厢垄作，粮食产量 983 吨，其中：洋芋 616 吨，荞子 250 吨，燕麦 117 吨，人均有粮 670 斤，人均纯收入 667 元。2005 年，推广洋芋新品种——合作 88。粮食产量 813 吨，人均有粮 428 斤。农民人均纯收入 1396 元。

林业　1991 年，春季造林，种植华山松 150 亩，零星植树 2000 株。全乡森林面积 400 亩，林业产值 8 万元。1997 年，组织全乡干部职工、村民义务植树，种植华山松 200 亩，零星植树 4186 株。森林面积 722 亩，林业产值 10 万元。2000 年，实施天然林保护工程，造林 100 亩，零星植树 6357 株，森林面积 822 亩，林业产值 12 万元。2005 年，森林面积 6175 亩，其中：退耕还林面积 5353 亩；集体所有农用地 83818 亩，森林覆盖率 26%。

畜牧业　1991 年，实施绵羊改良。出栏肥猪 1042 头，产量 52 吨；出栏肉用牛 89 头，产量 9.8 吨；出栏肉羊 1321 只，产量 19.8 吨；羊存栏 4554 只，绵羊 2891 只；畜牧业产值 45 万元。1997 年，调整发展规划，引导农户由放养改为圈养，引进优良绵羊 50 只。年末改良绵羊 71%，绵改增收 20 万元。畜牧业产值 141 万元。2000 年，推行科学饲养，出栏肥猪 1945 头，产量 136.2 吨；出栏肉用羊 2068 头，产量 51.8 吨；羊存栏 13521 只，其中：绵羊 11802 只，占存栏羊 87.2%，畜牧业产值 173 万元。2005 年，实施牲畜圈养，以光叶紫花苕、三叶草为主要饲料代替传统的喂养方式。生猪出栏 4090 头，产量 286.3 吨；羊出栏 4434 只，产量 110.9 吨；羊存栏 14016 只，其中：绵羊 12894 只，占存栏羊 92%；畜牧业产值 269 万元。

扶贫　1991 年，争取扶贫项目资金种草 700 亩、附子 100 亩，收入 5 万元，人均纯收入 170 元。1997 年，实施国家"八七"扶贫攻坚计划，成立扶贫开发领导小组，全乡 618 户贫困户重新建卡，建卡户数占总户数的 82%。1999 年，经州、县检查验收，全乡建卡贫困户有 615 户 2891 人达到"五八五一"指标，人均纯收入 554 元，人均有粮 441 公斤。"五个一"工程有 355 户达标。2004 年 8 月 20 日，凉山州扶贫现场大会在石门村召开，推广捆绑式开发扶贫经验。2005 年，瓦里觉村一组 101 户实施"三房改造"。

教育　1991 年，全乡 7～12 周岁的适龄儿童有 387 人，实际在校 131 人，小学入学率 33.1%；开办扫盲班，脱盲人数 218 人，脱盲率 31.4%。1997 年，在校生人数 278 人，入学率 73%，升学率 95%；脱盲人数 741 人，脱盲率 74.5%。2004 年，改扩建石门村小学教室 2 间 120 平方米，教师宿舍 2 间 40 平方米；实施"教育十年行动计划"，新建且门村小，全乡 7～12 周岁适龄儿童 398 人，在校学生 348 人，入学率 87.4%，升学率 97%；脱盲人数 842 人，脱盲率为 87.5%。2005 年，实施寄宿制。全乡有中心校 1 所，小学 2 所，教师 18 人。7～12 周岁适龄儿童 411 人，在校学生 398 人，小学入学率 96.84%，升学率 100%；脱盲人数

1527 人,脱盲率为 97.3%。15 周岁人口初等教育完成率 80.5%,17 周岁人口初等教育完成率 35%。

卫生 1991 年,开展卫生知识宣传,宣传面 80%,全年就诊人数 787 人次。1997 年,组织卫生人员下乡巡诊,就诊人数 617 人次。2000 年,开展儿童计划免疫接种,全年有 103 人次;培训人员 142 人次。2005 年,全乡有卫生院 1 所,村卫生室 1 个,医务人员 2 名,配备有农村卫生员 2 名,全年就诊人数 978 人次,接种疫苗 411 人次。

表 1-93　　1991—2005 年瓦里觉乡基本情况表

项目 年份	幅员面积（平方公里）	耕地面积（公顷）	村（个）	人口（人）	财政收入（万元）	财政支出（万元）	农民人均收入（元）	主要农副产品		
								粮食（吨）	生猪出栏（吨）	其他（吨）
1991	73.28	409.3	6	2950	1.3	1.3	170	1001	52	19.8
1992	73.28	409.3	6	2964	1.3	1.3	221	612	53.6	27.3
1993	73.28	409.3	6	2921	1.5	1.5	276	647	57.6	35.1
1994	73.28	409.3	6	2886	1.5	1.5	328	698	61.5	40.12
1995	73.28	409.3	6	2943	5.6	5.6	381	724	65	42.3
1996	73.28	409.3	6	2898	5.6	5.6	419	778	81	43.1
1997	73.28	409.3	6	2882	5.6	5.6	445	820	117	44.5
1998	73.28	409.3	6	2996	5.6	5.6	498	879	121.1	46.2
1999	73.28	409.3	6	2873	5.6	5.6	554	1002	123.5	50.1
2000	73.28	400	6	2991	16	16	667	983	136.2	56.3
2001	73.28	409.3	6	2944	17	17	720	961	154.1	64.5
2002	73.28	409.3	6	2976	19	19	841	974	187.2	72.9
2003	73.28	409.3	6	2968	21	21	1001	934	212.7	89.1
2004	73.28	409.3	6	3317	24	24	1195	920	247.2	95.4
2005	73.28	409.3	6	3362	27	27	1396	813	286.3	110.9

六、拉吉乡

地理位置 拉吉乡位于越西县东部,东与美姑县连接,南与瓦里觉乡、瓦曲乃乌乡接壤,西与下普雄地区四甘普乡、拉普乡为邻,北以甘洛县拉莫乡、阿嘎乡为界。幅员面积 225.84 平方公里(包括瓦曲乃乌乡代管面积 71.132 平方公里)。距县城 73 公里。

政区沿革 拉吉又名拉吉保珠,彝族地名。因相传曾有一株高大的拉吉树生长此地得名。1956 年,民主改革建设,建拉吉乡。1959 年,公社化时,建立拉吉公社(区级)。辖现拉吉、瓦里觉、瓦曲乃乌 3 乡。1961 年,撤销公社,恢复拉吉乡、瓦里觉、瓦曲乃乌 3 乡。1969 年,成立拉吉公社革委。1981 年,选举产生公社管理委员会。1982 年,改为拉吉乡人民政府。1991 年,辖布林、红卫、红旗、团结、则布、拉吉 6 个行政村,17 个村民小组。2002 年 11 月,瓦曲乃乌乡竹洛村划由拉吉乡人民政府代管,辖 7 个行政村,20 个村民小组。2005 年,全乡辖竹洛村、布林村、红卫村、红旗村、团结村、则布村、拉吉村。

表 1-94　　1991—2005 年拉吉乡负责人名录

姓　名	性　别	民　族	职　务	任职时间
麻卡差达	男	彝族	党委书记	1991.1—1992.12
王建贵	男	汉族	乡　长	1991.1—1992.12
			党委书记	1992.12—1995.11
阿牛伍来	男	彝族	副乡长	1991.1—1992.12
木出吉拉	男	彝族	乡　长	1992.12—1995.11
			党委书记	1995.11—1997.2
的日曲哈	男	彝族	党委副书记	1993.3—1995.11
			乡　长	1995.11—1999.1
潘明华	男	彝族	副乡长	1993.3—1999.1
			乡　长	1999.1—2001.11
			党委书记	2001.11—2005.12
曲木铁坡	男	彝族	副乡长	1995.11—1996.10
杨正琼	女	汉族	副乡长	1995.11—2001.11
曲木沙坡	男	彝族	党委书记	1997.2—2001.11
周堂贵	男	汉族	党委副书记	1999.1—2001.11
			乡　长	2001.11—2005.12
李小洪	男	汉族	党委副书记	2001.11—2005.12
沙马立达	男	彝族	副乡长	2001.11—2005.12
冯润芝	女	汉族	副乡长	2001.11—2003.11

自然环境　拉吉乡是马斯足来半原始森林和人工“万亩林”，有国家一、二级保护珍稀动植物，是四川省申果庄大熊猫自然保护区腹心地带。山脉南北走向，地势南高北低。东北有格普阿莫山、尼阿渣山，北有望子山、克吉拉普山，西有库莫洛山。山峦起伏，河谷深切。宝珠拉达河由瓦里觉乡入境，经拉吉乡流入甘洛县尼日河。最高海拔是库洛莫洛山主峰 3975 米，最低海拔宝珠拉达河谷 2550 米，相对高差 1425 米。拉吉乡是有名的“风箱口”，气候多变，年平均气温 7 摄氏度，无霜期约 120 天，年降雨量 1350 毫米，年最高气温 29 摄氏度，最低气温 -15 摄氏度，属四川西南高山峡谷气候，春夏秋冬四季时节变化迥异。农作物一年一熟，主产洋芋、荞子、燕麦。具有丰富水能、风能、森林、草场资源。

人口计生　1991 年，全乡人口 2858 人，育能妇女 585 人，其中：已婚育能妇女 460 人，出生 61 人，死亡 16 人，多孩率 13.1%；采取节育措施 64 人，避孕率 79.1%，人口自然增长率 15.93‰。1995 年，组织已婚育龄妇女参加计生“三查”。全乡人口 2906 人，育龄妇女 580 人，其中：已婚育能妇女 451 人，出生 75 人，死亡 28 人，采取节育措施 55 人，人口自然增长率 16.25‰。1998 年，开展计生“三结合”。年终人口 2936 人，出生 65 人、死亡 30 人；采取节育措施 81 人，人口自然增长率 11.4‰，多孩率 4.6%，节育率 84.8%。2005 年，全乡人口 3531 人，出生 52 人，死亡 27 人，人口自然增长率 7.83‰，多孩率 3.84%，育龄妇女 505 人，其中：已婚育能妇女 498 人；采取综合避孕措施 461 人。

基础设施　1991 年，普雄至洪溪的普洪干线公路穿越辖区。布林、红卫、团结、拉吉村 8 个村民小组通原林区公路,红旗、则布村6个村民小组不通公路。1997年底,凉北森工局移交1座装机容量75千瓦电站给拉吉乡,解决乡政府、中心校和团结、红卫村民照明用电。1998年,团结、则布村开展形象扶贫,修建拉吉乡“扶贫吊桥”。

2002年,乡街道口水泥板桥建成;11月,乡政府电站进行农网改造,红卫、团结村群众受益。2003年11月,完成拉吉乡政府电站150千瓦扩建工程。

农业 1991年,粮食产量940吨,人均有粮642斤。1995年,粮食产量930.8吨,人均有粮640斤。1998年,推广高厢垄作,粮食产量1046吨,人均有粮713斤。2001年,粮食产量1071吨,年人均有粮624斤。2005年,开展农业产业结构调整,粮食产量1400吨,人均有粮744斤,人均收入1249元。

扶贫 1991年,投资10万元资金,确定10户红卫村农户为示范户,实施形象扶贫。1993年,实施“八七”扶贫攻坚,扶贫建卡527户,2576人,投资4.5万元,进行种草养畜。1997年,发放12.7万元扶贫种草款;同年,对则布村37户扶贫建卡户进行验收,达标率91.89%。2000年,红旗村发生地质下沉,受灾严重的30户农户122人自愿集中移民到瓦岩乡桃园村居住。2002年9月,投资24万元,实施乡政府基层政权建设。2003年,投资6万元,解决红卫村人畜饮水。

2004年,团结村实施就地移民150户;实施红卫村141户547人“三房改造”工程。2005年,布林村和受山体滑坡影响的则布村实施“三房改造”扶贫工程,全乡443户农户完成就地移民和“三房改造”,受益群众1686人,50.2%群众人居环境得到改善。

林业 1991年,全乡林地20474.2公顷,林业产值56.19万元,占总产值的37.25%。1994年,全乡林业产值31.14万元。1998年,实施“天保工程”,停止采伐,林业产值11.2万元,占总产值的4.07%。2003年,在团结、红卫、红旗、布林村实施退耕还林4998亩。2004年,补增66亩,全乡退耕还林面积5064亩,其中:每年发放退耕还林户260元/亩的退耕还林款及补助共131.664万元。2005年,全乡林业产值10.34万元,占总产值的2.58%。

畜牧业 1991年,全乡有8.4万亩牧业用地,牧业产值37.22万元,占当年农业总产值24.68%;四大牲畜出栏2258头,其中:猪1305头、牛96头、羊1157只;存栏12981头,其中:猪2789头、牛1688头、羊8456只、马48匹。1995年,实施种草养畜工程,全乡牧业产值127.687万元。1998年,加强畜牧兽医员的管理,全乡牧业产值147.26万元,占当年农业总产值的53.45%。四大牲畜出栏5460头,四大牲畜存栏15326头。2001年,发动群众种植优质牧草,增加天然草场单位面积载畜能力,全乡牧业产值173.1万元。2003年,实施团结、红旗、红卫村退耕还林还草,解决牲畜储草过冬,降低冬季牲畜死亡率。改“敞放”为“敞放+圈养”逐渐转向“圈养”的牲畜饲养方式。2005年,全乡牧业产值187.33万元,占当年农业总产值的46.63%,全年四大牲畜出栏7431头,其中:猪3572头、牛578头、羊3281只;存栏19161头,其中:猪3997头、牛2234头、羊12594只、马336匹。

教育 1991年,全乡有1所乡中心校,5所村级小学,在校学生82人,学龄儿童入学率低于25%。1995年,全乡在校学生110人,学龄儿童入学率30%。2001年,乡中心小学迁建原凉北森工局团结村粮站,在校学生120人。2002年,实施寄宿制教育,撤销5所村级小学,保留代管竹洛村小学;共有学生138人,学龄儿童入学率40.5%。2005年,落实乡、村、组三级干部“控辍保学”责任制,但小学生入学人数从低年级到高年级仍呈现金字塔现象,全乡在校学生215人,入学率58%。

卫生 1991年,设乡卫生院1所,医生1名。1995年,乡中心卫生院在职医生1人,全年接诊1803人次,儿童接种预防102人次。发放小儿麻痹症防疫糖丸165人次。1998年,乡卫生院有医务人员2名,儿童免疫率97.6%。宣传传染病知识,制定死亡报告制度、重点疫情报告制度和群众聚餐管理制度。2000年,加强防保工作,全年儿童接种疫苗185人次,发放糖丸285人次。

2005年,全乡加强重点疾病及传染病宣传和培训工作,培训人员153人次。中心卫生院有医生2名,病床2张;建立村卫生站6个,有村医生6名。

表 1－95　　1991—2005 年拉吉乡基本情况表

项目 年份	幅员面积（平方公里）	耕地面积（公顷）	村（个）	人口（人）	财政收入（万元）	财政支出（万元）	农民人均收入（元）	主要农副产品	
								粮食（吨）	生猪出栏（吨）
1991	154.708	374.67	6	2858	3.34	3.34	199	940	65.3
1992	154.708	374.67	6	2876	4.5	4.5	288	456	87.5
1993	154.708	374.67	6	2897	5.8	5.8	240	909.9	107.5
1994	154.708	374.67	6	2977	6.6	6.6	287	938.11	107.45
1995	154.708	374.67	6	2906	8.9	8.9	341	930.8	121.25
1996	154.708	374.67	6	3046	11.23	11.23	373	978.57	143.85
1997	154.708	374.67	6	3020	13.8	13.8	453	1044.2	125
1998	154.708	374.67	6	2936	14.9	14.9	589.9	1046	114.4
1999	154.708	374.67	6	2699	16.8	16.8	670	1046	119.28
2000	154.708	374.67	6	2982	17.4	17.4	749	1058	130.46
2001	154.708	374.67	6	3437	19.3	19.3	827	1071	168.79
2002	154.708	374.67	6	3315	21.2	21.2	905	1198	175.4
2003	225.84	414.47	7	3433	23.4	23.4	951	1311	182.9
2004	225.84	444.47	7	3469	25.6	25.6	1100	1415	189.1
2005	225.84	444.47	7	3531	27.2	27.2	1249	1400	196.3

七、申普乡

地理位置　申普乡位于越西县城东南，东与美姑县交界，南与昭觉县觉甘乡接壤。西靠上普雄区保石乡，北与瓦里觉乡相连。幅员面积 56.919 平方公里，距县城 90 公里。

政区沿革　申普原名普乐建制。彝语即森林。因此地若干年前有一大片茂密森林得名。1956 年初，民主改革建政，设普乐乡，成立乡人民政府；同年 10 月，改称乡人民委员会。1959 年，公社化时并入和足公社。1961 年，撤销公社，恢复普乐建制。1969 年，成立普乐人民公社革委。1972 年，普乐乡革命委员会改称公社革命委员会。1981 年，普乐人民公社革命委员会改称管理委员会；同年，地名普查更名申普。1984 年 1 月，机构改革，改称申普乡人民政府，驻入阿觉村。1993 年，撤区并乡，合觉、申普两乡合建申普乡，乡政府驻入阿觉村。辖里觉、合觉、古作、瓦依、入阿觉、共和、西洛、果吉 8 个村，25 个村民小组。2005 年，全乡辖里觉村、合觉村、古作村、瓦依村、入阿觉村、共和村、西洛村、果吉村，25 个村民小组。

表 1－96　　1991—2005 年申普乡负责人名录

姓　名	性　别	民　族	职　务	任职时间
木出吉拉	男	彝族	党委书记	1991.2—1992.10
阿荣伟哈	男	彝族	乡　长	1991.1—1995.11
俄木支铁	男	彝族	党委书记	1992.10—1995.11
阿海哈布	男	彝族	党委书记	1995.11—1998.12
沙马果共	男	彝族	乡　长	1996.1—1998.12
			党委书记	1998.12—2001.11

续上表

姓 名	性 别	民 族	职 务	任职时间
吉牛马麻	男	彝族	乡 长	1999. 1—2001. 11
			党委书记	2001. 11—2005. 12
王伍来	男	彝族	乡 长	2001. 11—2005. 12
的日拉合	男	彝族	党委副书记	1991. 1—1992. 10
木出子且	男	彝族	副乡长	1989. 12—1992. 12
曲木沙坡	男	彝族	党委副书记	1992. 10—1995. 11
沙马曲者	男	彝族	副乡长	1993. 3—1996. 1
沙马果共	男	彝族	副乡长	1993. 3—1996. 1
吉火吉木	男	彝族	党委副书记	1995. 11—1998. 12
高明远	男	彝族	副乡长	1996. 1—1998. 12
金志惠	女	汉族	副乡长	1996. 1—1998. 12
刘晓勇	男	汉族	党委副书记	1998. 12—2001. 11
木出伍合	男	彝族	副乡长	1999. 1—2001. 12
			副乡长	2001. 12—2005. 12
唐 庆	男	汉族	副乡长	2001. 12—2005. 12

自然环境 申普乡属高寒边远山区，山脉南北走向，地势北高南低。地跨则普拉达河，西有麻贺觉山，东有尔曲和普山，最高海拔尔曲和普山 3274 米，最低海拔则普拉达河出境处 2400 米，相对高差 874 米，年平均气温 7. 2 摄氏度，无霜期约 160 天，年降水量 1349 毫米，农作物一年一熟。主产洋芋、荞子、燕麦。受地理环境、气候影响，适宜种植洋芋、荞麦、燕麦等耐寒作物。

人口计生 1991 年，全乡人口 445 户，1829 人，其中：男 906 人，女 923 人。1995 年，严格生育制度，严控计划外生育，全年新出生 60 人，计生率 98%。1999 年，稳定低生育水平，倡导少生快富。全乡有 798 户，3700 人，出生 68 人，其中：计划内出生 66 人，人口自然增长率 7. 6‰。

2002 年，建立计生台账，开展育能妇女健康咨询服务 418 次，专题研究人口和计划生育工作 3 次。2005 年，全乡总户数 1036 户，人口 4601 人，出生 65 人，计生率 100‰，育能妇女采取节育措施 45 例，综合避孕率 95%，人口自然增长率 8‰；计生“三结合”完成新增户 10 户，联系户 10 户，帮带户 10 户。

基础设施 1994 年，投资 0. 8 万元，群众投入义务工 200 个，安装管道完成合觉村 2 组人畜饮水工程 2. 5 公里。同年，投资 1. 6 万元，修建西洛村人畜便桥。

1996 年，争取资金 23 万元，修建申普电站。解决入阿觉村、果吉村 223 户照明用电。11 月，完成果吉村吊桥修建。1999 年，争取到扶贫水泥 60 吨，群众投工投劳 643 个，建成申普农贸市场，修建入阿觉村村道 800 米。

2001 年，投入资金 5 万元，完成里觉、合觉、入阿觉村 8. 6 公里人畜饮水管道工程。2004 年，里觉村群众投工 1200 个，完成 3 公里村道建设。2005 年 4 月，投资 2 万元，修建乡电站拦河坝工程。

农业 1991 年，全乡有耕地 267 公顷，粮食产量 1244 吨，人均有粮 589 斤，人均纯收入 95. 7 元。1992 年 12 月，合觉并入，耕地面积 576. 933 公顷。1993 年，全面推广聚土示范高厢垄作，发展聚土示范地 1500 亩，推广脱毒马铃薯 2300 亩。

1995 年，推广地膜玉米种植，河坝地区试种 300 亩。1999 年，粮食产量 1864 吨，人均有粮 1007 斤，人平纯收入 715 元。2002 年，在里觉、合觉村建立中药材基地，种植北柴胡 300 亩、大黄 800 亩。2005

年，改造中低产田600亩，全乡耕地577.1公顷，粮食产量2050吨，人平有粮1400斤，人均纯收入1207元。

扶贫 1991年，扶贫摸底调查，全乡有贫困建卡户420户1752人，占全部总人口的97%。1994年10月，“二六越温”检查验收，建卡贫困户全部越温达标，人均有粮411公斤，人均纯收入222元。1995年，开展国家“八七”扶贫攻坚计划，铺设瓦依村、入阿觉村、合觉村3个村人畜饮水管道11.2公里。1997年，实施形象扶贫工程，发放水泥75吨，亮瓦1200张，窗子260套；改造农民住房200间。

2002年，实施“三房改造”，惠及286户1586人，全乡瓦房普及率99%。2003年9月，里觉、合觉村61户219人就地移民扶贫工程启动。2004年，实施共和村18户90人就地移民扶贫。

林业 1992年，乡政府与各村签订林业管护目标责任书，严禁滥砍乱伐毁林开荒。1994年，完成荒山成片造林2300亩。1995年，全乡8个村分别召开群众大会，宣传植树造林的必要性和紧迫性，宣传面95%以上，完成成片造林任务8000亩。

1999年，实施天保工程，造林3000亩，并通过相关部门验收。2002年，完成退耕还林4000亩。2005年，全乡共有林地1238.3公顷，灌木林地210.5公顷，森林覆盖率21.1%，全乡境内无毁林开荒乱砍滥伐现象。

畜牧业 1991年，全乡四大牲畜存栏6457头，其中：牛596头，马79匹，猪1972头，羊3810只，生猪出栏733头，猪肉产量32.4吨。1992年，推广绵羊品种改良，引进良种公羊68只，改良1085只。1996年，推广粮草间作种草养畜，种植光叶紫花苕3000亩，全乡四畜存栏16957头，其中：牛1190头，马88匹，猪4216头，羊10248只，改良羊存栏1938只，猪肉产量108.5吨。

1998年，争取13万养殖专项扶贫资金，发展养殖业。2005年，全乡四畜存栏20159头，其中：牛3055头，猪4948头，羊12156只，改良羊存栏4815只；种草3200亩；四畜出栏4150头，猪肉产量339.2吨，实现总产值305万元。

教育 1991年，全乡有1所中心小学校，1所村小，教师8名，其中：公办教师5名；学龄儿童113人，在校学生58人，入学率43%。1994年，投资0.8万元，建成瓦依村小，有民办教师2名，教学班2个。1996年，投资1万元，义务工120个，修建西洛村村小。2002年，学龄儿童278人，在校学生158人，其中：女童35人，入学率57%。2005年，修建中心校教学楼、学生宿舍、食堂，全乡有中心校1所，点校6所，教师13人，学龄儿童317人，在校学生254人，其中：女童89人，入学率80%，巩固率为97%。

卫生 1991年，全乡有1所乡卫生院，医务人员1名，床位4张。1994年，开展“2号病”防治知识宣传，培训人数3458人次，全乡无1例传染病发生。1998年，建立健全疫情报告制度，加强群众聚餐管理，严防“2号病”的传播，“脊髓灰质炎”、“麻疹”等重点疾病强化预防接种1865人。

2003年，投资3万元，对乡中心卫生院进行改造，新增床位2张，修建西洛村、合觉村合作医疗室。2005年，全乡有1所乡卫生院，2名医务人员，床位6张。年门诊就诊人数4518人次，计划免疫接种疫苗112人次，发放“脊髓灰质炎”糖丸132人次。

表1-97 **1991—2005年申普乡基本情况表**

项目 年份	幅员面积（平方公里）	耕地面积（公顷）	村（个）	人口（人）	农民人均纯收入（元）	主要农副产品	
						生猪出栏（吨）	土烟（吨）
1991	23.32	267	4	1829	95.7	32.4	4.6
1992	56.919	576.933	8	4020	100	89.7	3.6
1993	56.919	576.933	8	4056	122	91.3	1
1994	56.919	576.933	8	4106	222	95.1	1

续上表

项目 年份	幅员面积 (平方公里)	耕地面积 (公顷)	村 (个)	人口 (人)	农民人 均纯收入 (元)	主要农副产品	
						生猪出 栏(吨)	土烟 (吨)
1995	56.919	576.933	8	3892	324	101.4	1.5
1996	56.919	576.933	8	3970	433	108.5	1.5
1997	56.919	576.933	8	3816	560	116.69	2.3
1998	56.919	576.933	8	3957	632	128.6	1.5
1999	56.919	576.933	8	3700	715	143	7.2
2000	56.919	577.1	8	4041	798	173	1
2001	56.919	577.1	8	4319	886	180.9	4
2002	56.919	577.1	8	4097	977	205.6	2
2003	56.919	577.1	8	4114	1081	233.2	3.2
2004	56.919	577.1	8	4484	1176	270.7	2.5
2005	56.919	577.1	8	4601	1207	339.2	1.8

第二篇
自然地理

第一章　地质地貌

第一节　地　质

地质构造　越西所处大地构造为康滇古陆的一部分，属奥陶系。下古生代以来，由于几度强烈不等的升降运动，形成基底和盖层全面褶皱和现在的地质构造。

其地质构造近似南北走向，且背斜、向斜与断裂相互平行比较有规则，出现褶皱、断裂、断层、背斜、向斜。

碧鸡村向斜、碧鸡山背斜、拉吉向斜、罗莫大山背斜、书古向斜，形成斯基沟、马骡沟、裤裆沟、申果4个断层。

县内断层均发育在背斜、向斜轴部上，而且断层倾斜角甚大，越西河谷为70～80度，普雄河谷为75～85度，其断层为南北向，申果断层则为北东向。

断裂和褶皱较有规律，向斜、背斜与断裂相互平行，但发育程度和形态不均衡，南北向断裂的有越西河谷、普雄河谷、漫滩河谷，使县内地势形成迭瓦式状的地貌，申果则为横向断裂。

普雄河谷以东褶皱紧密，呈梳状，弯曲严重，越西河谷断裂以西褶皱宽阔，而且普雄河西坡、越西河谷东坡构造坡较缓，两个断裂之间的地带，褶皱产于过渡性质，其关系密切，发育程度是相辅相成的。

地层分布　地层出露比较齐全，除太古界外均有出现。新生界、中生界、古生界、元古界地层均有分布。分布特点是：西北多元古界、古生界，东南多中生界，越西河谷、普雄河谷为新生界，以三叠系白果湾群为主。

元古界主要分布于西部阳糯雪山区，为海相沉积夹酸性岩浆岩系。

古生界主要分布在漫滩河谷、越西河谷以海相沉积为主的夹基性岩浆岩系。

中生界主要分布越西河谷、普雄河谷西坡和申果、书古等地，为湖相沉积。

新生界主要分布在越西河、普雄河沿岸，为陆相沉积。

岩性分布　西部阳糯雪山区以震旦系石灰岩、流纹岩为主；越西河谷以三叠系白果湾群砂页岩、奥陶系石灰岩、紫红色砂岩、页岩为主；普雄河谷、书古地区以白垩系小坝组、侏罗系各地层的紫色泥岩、粉砂岩、砂岩、页岩及二叠系石灰岩、玄武岩为主；漫滩河谷以三叠系白果湾群砂页岩、二叠系、泥盆系、寒武系的玄武岩、石灰岩为主；申果地区以侏罗系紫色砂岩、粉砂岩、泥岩及三叠系白果湾群的砂页岩为主。

第二节　地　貌

一、地貌轮廓

越西县地处四川省西南部，凉山彝族自治州的北部，位于康藏高原东缘横断山脉的东北麓，属大凉山山系，东经102°20′～102°54′，北纬28°18′～28°53′。县城地处东经102°31′、北纬28°39′，海拔1661.6米。境内南北长66公里，东西宽56公里，面积2256.47平方公里（折合3384705亩）。东邻美姑县，西接冕宁县,南与喜德县、昭觉县相连,北与甘洛县、石棉县毗邻。

全县境内山地占90%以上,以山、谷相间的中山宽谷地貌为主要特征。整个地形南高北低,由南向北倾斜。主要山脉有:东部耳尚和古山——碧鸡山——库莫洛山——麻姑火普山;格普阿莫山——年渣果火山;中部猫儿山——东山;西部阳糯雪山——西山。4 条山脉南北纵贯,与县内主要河流宝珠拉达河、则普拉达河、普雄河、越西河相间分布,形成拉吉——申果、普雄、越西 3 个宽窄不等的河谷地带,即东部高山峡谷地区,中部二半山河谷地区和西部宽谷平地坝地区。

山谷地势起伏,形成海拔差较大,一般为 1000 ~ 2000 米。阳糯雪山主峰铧头尖海拔 4791 米,为境内最高峰,北部梅花乡巴姑河边海拔 1170 米,为境内最低处。境内越西河谷海拔 1600 ~ 1700 米,普雄河谷海拔 1500 ~ 2000 米,宝珠拉达及则普拉达海拔 2400 ~ 2600 米。

二、地貌区型

全县地貌分为 6 个地貌区和 8 个地貌类型。

(一)地貌区

中山宽谷区　主要是越西河谷海拔 1600 ~ 1700 米地带。河谷宽阔,阶地发育明显,可见二三级阶地,地势平缓,土层深厚,光热条件好。该区土地 732946 亩,占全县土地面积 21.65%,是县内主要粮、油产区。

中山中谷区　主要是普雄河谷海拔 1600 ~ 1900 米地带。河谷地形宽窄不等,谷宽处阶地发育,洪积扇覆盖在二级阶地,耕地集中。该区土地 652079 亩,占全县土地面积 19.26%。

中山窄谷区　主要是漫滩河谷海拔 1170 ~ 2760 米地带。河流切割明显,形成沟深、谷窄、坡陡,相对高差大的"V"形谷。河谷比降大,河水湍急,水能资源丰富。坡地多在 20 度以上,水土流失严重,耕地土薄,砾石多。该区热量充足,土地面积 376883 亩,占全县土地面积 11.13%。

中山湖盆区　主要是书古、保安海拔 2200 ~ 2800 米地带。地势平坦,排水不畅。盆缘山梁沟谷纵横交错。土地 275617 亩,占全县土地面积 8.14%,有丰富的泥炭土资源。

高中山深谷区　主要是宝珠拉达、则普拉达、宝石河谷海拔 2400 ~ 3900 米地带。该区沟谷纵横交错,侵蚀切割剧烈,谷坡较陡,土地 959192 亩,占全县土地面积 28.33%。

高山峡谷区　主要是阳糯雪山海拔 2600 ~ 4791 米地带。该区群山起伏,重峦叠嶂,沟谷纵横,地势险峻,土地 387988 亩,占全县土地面积 11.46%。

(二)地貌类型

平坝　主要分布于越西河、普雄河两岸及书古、保安湖盆,上普雄和申果庄区有小面积分布。面积 271765 亩,其中:耕地 137284 亩,地势开阔平坦,土层深厚,光照条件好,年平均气温 9.9 ~ 13.3 摄氏度,水源充足,是县内粮油主产区。但地处沿河两岸,常受洪水、泥石流危害。

台地　零星分布于越西河、普雄河、漫滩河两岸,多为洪积扇。面积 76530 亩,其中:耕地 43526 亩。地势平坦,光照条件好,多为旱地,主产玉米、马铃薯。

低丘陵　面积 5062 亩,其中:耕地 1098 亩。坡度平缓,宜发展经济林木。

低中山　主要分布于越西河、普雄河、漫滩河两侧。面积 1106838 亩,其中:耕地 113025 亩,是境内农业生产主要区域。

中山　主要分布于阳糯雪山、碧鸡山、麻姑山、瓦吉木梁子、尔曲合普山、年渣果火山等中上部。面积 1568384 亩,其中:耕地 61095 亩。该类型因海拔较高,年平均气温低于 9 摄氏度,年降雨量在 1350 毫米以上,日照少,云雾多,空气潮湿,分布着大量草场和森林。农作物以马铃薯、燕麦为主,产量低且不稳。

山原　主要分布于阳糯雪山、碧鸡山、车洛梁子、年渣果火四大梁子。面积 186881 亩,其中:天然草场 21293 亩。

高山原　主要分布于年渣果火山、碧鸡山、阳糯雪山上部。面积114393亩,多天然草场和森林地。

高原　主要分布于西部阳糯雪山海拔4000米以上地带。面积54852亩。多裸岩,气候寒冷,每年除7月外均有积雪。

第三节　山　脉

山脉呈近南北走向,主要山脉有4条,自西向东依次排序为:阳糯雪山、猫儿山——车洛梁子、碧鸡山、年渣果火山。

一、阳糯雪山

阳糯雪山又名嶲山、阿露山,属小相岭山系。山脉呈南北走向,北起海拔4310米瓦叶巴焦,南达海拔4500米俄洛者俄,绵延120公里。境内辖山脉东部,主峰铧头尖海拔4791米。

由于地质作用强烈,形成角峰刃脊,层峦叠峰,冲沟纵横,高山峡谷地貌。山体海拔4000米以上为裸岩崩石地带,阴山终年积雪;海拔3700~4000米地带有大面积亚高山灌丛草甸;海拔2500~3700米地带有冷杉为主的亚高山暗针叶林和冷杉、铁杉、桦、桤为主的针落阔混交林;海拔2500米以下缓坡地带耕地6.5万亩。

阳糯雪山与越西河谷相对高差3000米,直线距离近,雪山气候严寒,6月飞雪,岩石裸露,形成显著的雨屏效应,成为地区性冰雹发源地,对水稻区气候影响很大。

阳糯雪山海拔3000米一带,分布着长海、红海、南海等数十个大小不等古冰川湖泊。

阳糯雪山是越西河主要积水面。小哨沟、南箐沟、大花沟、深沟、马敞河等支流,均发源于此。

二、猫儿山——车洛梁子

猫儿山——车洛梁子系阳糯雪山支脉。北起越西、甘洛、石棉3县界牌,南达布好和普,延伸70余公里,猫儿山主峰海拔2737米。山脉起伏呈马鞍形,走向近西南向。车洛梁子位于越西河谷东面,习称东山,是越西河和普雄河分水岭。

由于地质作用强烈,形成两大沟峡断裂谷(裤裆沟、斯基沟),西坡在地质结构上属上盘(逆倾坡),而东坡属下盘(顺倾坡)。西坡除山麓台地在农业生产上利用率较高外,其余由于坡度较陡利用率较低。森林植被为桦树、青㭎、漆树、云南松。树木已砍伐殆尽,逐渐演变为灌丛草地或草丛草地。

三、碧鸡山

碧鸡山为小相岭——鲁南山系支脉,位于县境中部,普雄河、漫滩河以东。包括北段耳尚和古山和南段库莫洛山、瓦波火山、麻姑火普山,总长80公里,碧鸡山主峰海拔3992米。山脉南北走向,山体北段属越西县,东属甘洛县。

碧鸡山北段属漫滩河中山窄谷区,山势陡峻,上部分布着裸岩砾石。南段普雄河中山谷区,坡度较缓。碧鸡山上部有大面积以禾本科草为主的亚高山草甸可供放牧,山腰有常绿针叶林、常绿落阔混交林和亚高山暗针叶林分布。北部有原始森林。

碧鸡山水源丰富,敏子洛木、沙木洛等8条溪沟发源于此,向西汇入普雄河和漫滩河。

四、年渣果火山

年渣果火山属大凉山支脉,盘亘于甘洛、越西、美姑3县之间。该山脉西坡属申果庄区,山势由北向南延伸,北起尼阿渣,南至美姑县、昭觉县。县境内的称尔曲和普梁子,全长50公里。年渣果火山主峰海拔3881.8米。

年渣果火山脉上部陡峭,山脊大面积是裸岩,下渐趋缓平,有大面积亚高山草甸和次生草甸,为县内主要牧区。森林有冷杉为主的暗针叶林,50年代后期以来州、县森工企业采伐,现蓄积量极少。

宝珠拉达、则普拉达河发源年渣果火山,以沙苦梁子为分水岭,南北分流,分别流入昭觉和甘洛境内。

第二章　土壤与植被

第一节　土壤分布　类型

土壤分布　境内地形、气候、母质、植被极为复杂,同时由于地壳运动,断层发育,因而土壤类型繁多,且呈复区分布、犬牙交错,垂直分布规律明显。

土壤带群分布以海拔自下而上依次为:海拔2000米以下黄壤带、海拔2000~2400米黄棕壤带、海拔2400~2800米暗棕壤带、海拔2800~3700米山地灰化土带和山地草甸土带、海拔3800米以上的亚高山草甸土带。以平面地区分布可分为越西河中山宽谷洪冲积、砂页岩黄红泥区;普雄河中山中谷紫色土、洪冲积土、黄棕壤土区;漫滩河中山窄谷黄壤、湖积土区;书古中山湖积土、紫色土区;申果高山深谷紫色土、暗棕壤区;阳糯雪山灰化土、草甸土区。

土壤类型　有10个土类、24个土属、51个土种。

(一)水稻土类

全县水稻土66188亩,占耕地面积17.47%。主要分布于越西河、普雄河谷一二级阶地及谷坡下部,有洪冲积稻田土壤、黄壤性水稻土和紫色性水稻土。

水稻土类包括淹育型、潴育型、潜育型3个种类。

淹育型　主要分布于越西河、普雄河一级阶地上,面积52360亩。含有机质1.5~2.5%,速效磷4.5~5.5PPm,速效钾80~150PPm,pH值6~6.5。耕层地水分养分渗透快,是境内较肥沃的水稻土。

潴育型　主要分布于越西、普雄、漫滩河二级阶地及东西山坡积土壤,面积12263亩。有机质1~2%,速效磷5~10PPm,速效钾100~122PPm,pH值5~6.5,耕层质地偏粘重,保水肥能力强,是县内中等肥力的水稻土。

潜育型　主要分布于越西、普雄河一级阶地地势低凹处及地堑盆地保安乡等地,面积1565亩。该土壤含有机质3~4%,速效磷2~5PPm,速效钾80~120PPm,pH值5~5.7,耕层质地重壤,地下水位高,长期处于淹水状态,有毒原质较多。

(二)新积土类

主要分布于普雄、漫滩、则普拉达河一级阶地及两侧洪积扇,面积58208亩。含有机质1.5~2%,速效磷5~12PPm,速效钾70~100PPm,pH值6.5~7.2。粘沙适中,是县内肥力中上的旱地土壤。

(三)黄壤土类

主要分布于海拔2000米以下西山坡下部及二级阶地和越西、漫滩河谷后山坡下部,面积216887亩。含有机质1~1.55%,速效磷5~9PPm,速效钾100~150PPm,pH值5~5.6。耕地质地中至重壤,具有粘、酸、瘦特点。

（四）黄红壤土类

主要分布于越西河谷、普雄河谷海拔2000米以下东山（阳坡）坡下部，面积11358亩。含有机质1～1.3%，速效磷5～10PPm，速效钾100～150PPm，pH值5～5.4。耕层质地中壤，其肥力低于黄壤，具有酸瘦特点。

（五）紫色土类

酸性紫色土　主要分布于中普雄、书古、申果庄、上普雄区等地，面积1108157亩。含有机质2～4%，速效磷7～15PPm，速效钾100～200PPm，pH值5～6。表层质地中壤，肥力高于新积土。

中性紫色土　主要分布于乃托、白果、大屯、古二、依洛地坝等乡（镇），面积11950亩。含有机质2～3%，速效磷5～10PPm，速效钾90～140PPm，pH值6.5～7。表层质地中壤，肥力较高，但水分、养分流失大。

（六）黄棕壤土类

黄棕壤　主要分布于海拔2000～2400米山体中部，面积26039亩。含有机质2.5～3.5%，速效磷10～15PPm，速效钾150～250PPm，pH值5.5～5.7。表层质地轻壤至中壤，肥力高于黄土壤。

腐殖质黄棕壤　主要分布于普雄地区、申果庄区、顺河区，面积424006亩。含有机质5～10%，速效磷10～15PPm，速效钾200～300PPm，pH值4.5～5。表层质地中壤，肥力高于黄棕壤。

（七）暗棕壤土类

暗棕壤　主要分布于海拔2400～2800米的山体中上部，以申果地区分布较为集中，面积27558亩。含有机质4～5%，速效磷15～20PPm，速效钾200～300PPm，pH值5～5.3。表层质地至中轻壤，肥力高于黄棕壤。

白浆化暗棕壤　主要分布于申果庄区和阳糯雪山，面积384302亩。含有机质5～9%，速效磷2～5PPm，速效钾100～150PPm，pH值5～5.3。表层质地轻壤，肥力低于一般暗棕壤。

（八）棕色针叶林土类

主要分布于海拔2800～3700米，以申果庄地区、阳糯雪山分布较集中。面积362751亩，分为灰化棕色针叶林土和棕色针叶林土两个亚类。含有机质5～6%，pH值4～4.5，速效钾、磷含量很低。表层质地轻壤。

（九）山地草甸土类

分山地草甸土、亚高山草甸土和灌丛草甸土3个亚类。主要分布于海拔2800米以上，以申果庄、阳糯雪山分布面积较大。面积423801亩。含有机质5～6%，速效磷2～4PPm，速效钾100～150PPm，pH值5～5.5。表层质地轻壤至中壤。

（十）泥炭土类

主要分布于书古坝和保安坝，面积6657亩。含有机质15～18%，速效磷10～12PPm，速效钾200～220PPm，pH值4～4.5。具有质地轻，肥力高，地下水位高，还原物质多特点。

第二节　植　被

越西植被水平分布属川西南山地偏干性常绿阔叶林亚带，川西南河谷山原植被区，大凉山山原植被小区。分为县北部裤裆沟以北漫滩河及西山河谷大渡河上游高山峡谷植被小区和县东南部大凉山山原植被小区。

境内树种65科230种，珍稀树木有银杏、莲香树、香樟、润楠等；草地植物79科297种；药用植物162

科903种,其中:常用中药和稀有名贵药材150余种。

一、阔叶林带

亚热带常绿阔叶林带 分布于海拔2000米以下越西河、普雄河谷中下部,个别深沟伸至海拔2400米。

乔木层主要有山毛榉科、樟科、山茶科、金缕梅科、木兰科、冬青科、槭树科、四照花科、五加科、安息香科、桦木科、胡桃科、桑科。植株高矮不一,有2~3个层次。

灌木层除竹类外,主要有忍冬科、小乐科、蔷薇科、马桑科、漆树科、鼠李科、葡萄科、猕猴桃科、胡秃子科、清风藤科、杜鹃科等。分布不均,群聚现象突出,盖度为30%。林下阴暗,植物稀疏,多为喜阴植物。

草本层有蕨类、毛茛科、景天科、乔木科、虎耳草科、天南星科、百合科等。盖度10~30%,林窗高达60%以上。层外植物发达,藤本攀援植物可达乔木层,并附生石斛、水龙骨、槲寄生等寄生植物。

亚热带山地常绿、落叶阔叶混交林带 分布在海拔2000~2600米。

乔木层的常绿树种有樟科、山毛榉科、山茶科、木兰科、海桐科、山矾科、虎耳草科、木樨科、五加科。落叶树种桦木科、槭树科、漆树科、山毛榉科、连香科、胡桃科等。郁闭度0.5~0.8。

灌木层主要为竹类,盖度30~70%。

草本层有兰科、乔木科、百合科、天南星科、凤仙花科及蕨类,盖度20%以下。

亚热带落叶阔叶林带 主要分布于1400~3500米地带,呈斑块状或条状。有常绿阔叶林、常绿针叶林、常绿落叶阔叶混交林、亚高山针叶林等。

乔木层主要有栎属、水青树属、桤属、桦木属、杨属等落叶乔木,麻栎、栓皮、栎、桤木、桦木、山杨分布较广,常形成纯林。有云南松、云南油杉等常绿针叶树和山毛榉常绿树等渗入,郁闭度0.2~0.8。

灌木层因上层树种不同而异。主要有映山红、南烛、杜鹃科、蔷薇属、忍冬属等,盖度10~30%。

亚热带山地硬叶常绿阔叶林带 主要分布于海拔2500~3300米土壤干燥、瘠薄、向阳的地区。主要为高山栎林,多为灌丛,个别环境为乔木,偶有冷杉、松、桦、杨等属伴生,郁闭度0.3~0.5。灌木层有忍冬科、蔷薇科、箭竹、杜鹃科等。草本层有园穗蓼、珠茅蓼、虎耳草、蕨类等。

二、针叶林带

主要为亚热带常绿针叶林带,分布于海拔1200~4000米,由不同种属构成不同相应优势群落,形成纯林或混交林。

海拔1200~2400米,主要树种云南松、云南油杉、华山松等,常成纯林或与栎、桤、漆、桦等混生,郁闭度0.6~0.9。林下灌木稀少,草本层主要是乔木科、沙草科和蕨类等。盖度30%。

海拔2700~3000米为油麦吊杉纯林或云南铁杉、油麦吊杉混生林,郁闭度0.7~0.9。林下灌木主要为箭竹、杜鹃、蔷薇。盖度30~50%。草本层主要为松下蓼、珠子七、高山露穆草、山酢浆草、双舌蟹甲草等,植株稀疏,常成草丛散生于林窗透光处,多不构成盖度,而郁闭度小处,草木盖度可达30~50%。

海拔3000~3700米为阴暗针叶林,由峨眉冷杉形成大面积纯林。

三、灌丛

山地灌丛 主要分布海拔2500米以下地带。灌木主要植物有蔷薇科、映山红、槲栎、金樱子、四川腊瓣花、铁扫帚等,盖度30~50%。草本植物茫箕、淡竹叶、川续断等,盖度20~40%。层外植物四川清风藤、鸡矢藤、山木通等。

亚高山灌丛 亚高山灌丛多为亚高山针叶林下形成不稳定灌丛。灌木主要有杜鹃科、箭竹、高山栎类,盖度10~60%。草本层为早熟禾、三角叶蟹草、野草莓和蕨类等。

高山灌丛　主要分布海拔3800米以上地带，常与高山草甸镶嵌分布。灌木主要是香柏、杜鹃，次为豆科、忍冬科、虎耳草科等。草本层有双叉细柄草、草莓、羊茅、高山唐松草、川贝母等，盖度20～40%。

四、草丛、草甸

山地草丛　主要分布于海拔2000米以下较干旱地区，为中生性禾木草丛和蕨类草丛。禾本科主要是白茅、黄香草、细柄草等，蕨类有蕨、芒箕等。

亚高山草甸　主要分布于海拔2500～3800米。因建群植物不同，亚高山草甸可分为亚高山禾草草甸、亚高山莎草草甸、亚高山杂草草甸3个群系组。植物种属禾本科、莎草科、菊科、豆科、蔷薇科，以疏丛禾草根茎莎草层为主。盖度60%。草层分化明显，疏丛禾草植株高大，居上层，杂类草数多，居中层，密丛莎草处于下层。

高山草甸　主要分布在海拔3800米以上森林上限与裸岩地带，面积极小。植物主要是高山莎草、禾本科针茅属、菊科、蓼科、淡黄香青、高山唐松草等。盖度80%。

此外高山流石滩（海拔3800米以上的裸岩下部的崩石滩），分布着菊科、唇形科、石竹科等草本植物，高度仅为5%，零星覆盖流石滩上。

五、竹林

竹种有单轴型金竹、斑竹和合轴型慈竹、箭竹及笼竹等。慈竹、金竹、斑竹于海拔1800米以下零星分布；笼竹仅见于拉尔沟海拔2200～2400米较湿润地区，呈小片分布；箭竹分布在海拔2000～3800米，呈林下灌丛植被，森林迹地上常形成纯林大面积分布。

第三章　气　候

第一节　气候特征

越西县位于川西南中山宽谷地带，属于康定——雅江暖温带与西昌——巴塘亚热带区过渡带，以北亚热带气候为主。四季不太分明，春迟秋早，夏季短暂，年温差较小，日温差较大。

夏季降雨集中，空气湿润，干雨气候分明；秋季降温迅速，多绵雨；冬春少雨，日照充足，干燥多风。部分地区春秋季相连。1991—2005年，年平均气温13.1摄氏度，雨量充沛，年均总降水量1129.3毫米。

表2－1　**四季划分**

项目＼季节	春	夏	秋	冬
起止日期	11/3～30/6	1/7～25/7	26/7～10/11	11/11～10/3
天数	112	25	108	120
最长	223（春秋相连）	76	223（春秋相连）	155
最短	77	0	49	105

注：即按年平均温度＜10摄氏度为冬，＞22摄氏度为夏，10～22摄氏度为春、秋。

第二节 温度 湿度

一、气温

平均气温 境内气温呈垂直变化,地势每升高100米,气温下降0.55~0.75摄氏度。1991—2005年,境内平坝河谷地区平均气温13.1摄氏度,北部漫滩河谷15.5摄氏度,二半山地区上普雄和书古为10.7摄氏度和9.9摄氏度,半高山地区瓦里觉7.2摄氏度。

境内月平均气温最高为7月,多年平均21.1摄氏度,最高年达22.5摄氏度;最低1月,多年平均4.0摄氏度,最低1.9摄氏度。

表2-2 部分地区月均和年平均气温 单位:摄氏度

地区＼月份	1	2	3	4	5	6	7	8	9	10	11	12	年
城关	4.0	5.8	9.9	13.8	16.9	19.2	21.1	20.6	17.2	13.6	9.5	5.4	13.1
上普雄	1.2	3.2	8.3	12.1	14.6	16.2	19.1	18.0	15.1	11.0	6.7	2.9	10.7
梅花	4.4	6.4	11.2	15.4	17.6	19.6	22.1	21.3	18.5	14.0	9.8	6.1	13.9
下普雄	2.9	5.0	10.1	14.1	16.5	18.2	21.0	20.0	17.0	12.6	8.3	4.6	12.5
书古	0.5	2.2	7.6	11.7	13.6	15.5	18.2	17.4	14.3	10.1	5.6	1.7	9.9
瓦里觉	-2.7	-1.7	4.6	8.5	10.8	12.8	15.6	14.8	12.0	7.7	3.4	0.1	7.2
申果	0.1	1.7	5.6	10.3	12.3	14.6	15.9	15.5	13.4	7.4	5.5	2.5	8.7

极端气温 县城地区年极端最高温度34.8摄氏度,出现于1991年5月,多数年为33.0摄氏度左右,极端最高温度全年4—8月均可能出现,以5、7月出现居多。

极端最低气温-8.5摄氏度,出现在1993年1月16日,一般年份在-5.0摄氏度左右,多数年出现在1月份,极端最低温度随高度增加降低,以瓦里觉为例:极端最低温度可降至-22.0摄氏度,一般为-15.0摄氏度左右。

有效积温 海拔1400~1750米地带≥10摄氏度的年有效积温为3600~4500摄氏度;海拔1750~2200米地带≥10摄氏度有效积温为2600~3600摄氏度;海拔3800米地带≥10摄氏度有效积温小于1300摄氏度;海拔4000米以上阳糯雪山除7月外均有积雪。县城地区多年≥10摄氏度有效积温3779摄氏度,最高4189摄氏度,最低3410摄氏度,80%年份可达3894摄氏度。平均稳定通过20摄氏度的初日为7月14日,终日为8月13日,最早为6月22日,最晚为9月9日,在6—7月仍有低于20摄氏度时段。

二、地温

平均地温 县城0厘米平均地温年平均值为15.9摄氏度,较年平均气温高1.9摄氏度。逐月变化与气候一致,年平均地温最高年为16.9摄氏度,出现在1993年,年平均地温最低年为15.2摄氏度,出现在1998—1999年。

极端地温 地面极端温度季节变化与气温基本一致,县城极端地面最高温度为67.0摄氏度,出现在

1984 年 5 月 10 日，极端地面最低温度为 -7.0 摄氏度，出现在 1996 年 1 月 16 日。月平均地温最高为 27 摄氏度，出现在 1994 年 8 月，与气温相差 5.1 摄氏度；月平均地温最低为 4.1 摄氏度，出现在 1991 年 1 月，与气温相差 2.4 摄氏度。

表 2-3　　部分地区日平均温度稳定通过各级界温统计　　单位：摄氏度

地名	界温	0				5				10				15			
	项目	初日	终日	初终间日数	积温	初日	终日	初终间日数	积温	初日	终日	初终间日数	积温	初日	终日	初终间日数	积温
城关	平均日期	—	—	—	4878	25/2	8/12	287	4520	29/3	3/11	219	3894	15/5	24/9	133	2634
	最早(多)	—	—	—	5267	10/2	13/11	323	4921	4/3	16/10	244	4253	8/4	4/9	174	3459
	最晚(少)	—	—	—	4516	10/3	4/1	255	4031	18/4	23/11	190	3500	6	13/10	106	2163
	80%保障率	—	—	—	4727	3/3	26/11	317	4342	7/4	25/10	202	3728	31/5	17/9	148	2400
梅花	平均日期	—	—	—	5041	19/2	22/12	306	4782	26/3	9/11	228	4048	6/5	27/9	144	2910
	最早(多)	—	—	—	5315	9/2	28/11	325	5111	4/3	22/10	246	4284	8/4	25/9	175	3556
	最晚(少)	—	—	—	4700	28/2	31/12	279	4047	11/4	29/11	210	3870	2/6	7/10	115	2334
	80%保障率	—	—	—	4848	25/2	8/12	303	4738	5/4	26/10	224	3956	22/5	24/9	128	2638
书古	平均日期	—	—	—	3637	17/3	19/11	247	3341	24/4	2/10	161	2582	25/6	29/8	65	1165
	最早(多)	—	—	—	3805	24/2	7/11	288	3616	7/4	19/9	183	2883	16/6	8/8	86	1545
	最晚(少)	—	—	—	3349	9/4	9/12	207	3076	20/5	9/10	135	2129	3/7	19/9	45	796
	80%保障率	—	—	—	3559	4/4	12/11	228	3120	26/4	30/9	150	2424	25/6	21/8	51	918
瓦里觉	平均日期	2/3	7/12	280	2839	6/4	26/10	203	2472	27/5	13/9	109	1612	20/7	10/8	21	351
	最早(多)	20/2	16/11	305	3121	9/3	16/10	227	2764	28/4	4/9	129	2136	23/6	19/7	33	539
	最晚(少)	21/3	28/12	341	2569	21/4	11/11	167	2307	11/6	29/9	97	1348	15/8	11/9	9	155
	80%保障率	2/3	26/11	263	2775	14/4	17/10	219	2349	1/6	6/9	103	1464	2/8	27/7	17	280
上普雄	平均日期	—	—	—	3917	13/3	24/11	256	3603	20/4	13/10	176	2839	17/6	3/8	74	1360
	最早(多)	—	—	—	4101	20/2	7/11	294	3873	7/4	30/9	208	49	27/5	3/8	108	1957
	最晚(少)	—	—	—	3591	5/4	19/12	223	3280	9/5	1/11	144	2345	26/6	22/9	38	719
	80%保障率	—	—	—	3826	22/3	13/11	235	3382	22/4	5/10	154	2752	23/6	23/8	59	1048

三、水温

越西河年平均水温为 12 摄氏度，极端最高水温为 25 摄氏度，最低仅 4.8 摄氏度，年较差 10.3 摄氏度，全年不封冻。冬半年（10 月——次年 3 月）气温低于水温，而夏半年（4—9 月）气温高于水温。从 3 月中旬水温开始回升到 10 摄氏度以上，直至 11 月中旬才下降。

四、湿度

空气相对湿度随海拔高度增高而增大。城关地区全年各月平均相对湿度 >60%，其中：7—10 月均在 80% 以上，个别年份相对湿度出现 <50% 的持续时间较短。

表 2－4　　县城地区逐月平均及最小相对湿度　　单位:%、℃

月份		1	2	3	4	5	6	7	8	9	10	11	12	年
平均相对湿度		68	65	64	69	74	79	81	82	83	80	76	73	74
最小相对湿度		9	7	5	7	1	17	30	22	22	23	18	13	1
0厘米	平均值	6.4	8.9	13.5	17.7	20.1	21.7	24.2	24.1	20.0	15.8	11.5	7.3	15.9
	与气温差值	2.1	3.1	3.6	3.9	3.2	2.5	3.1	3.5	2.8	2.2	2.0	1.9	3.2
	极端最高温度	39.5	48.1	57.9	60.1	67.0	63.0	64.2	62.2	56.4	52.0	42.5	35.1	67.0
	出现日期	1973 年 31 日	2002 年 23 日	2004 年 16 日	1998 年 27 日	1984 年 10 日	1996 年 17 日	1992 年 25 日	1994 年 9 日	1990 年 1 日	2005 年 1 日	2000 年 9 日	1980 年 4 日	1984 年 10/5
	极端最低温度	－7.0	－7.0	－6.1	－2.1	1.2	7.0	10.4	10.2	7.2	0.3	－3.8	－6.8	－7.0
	出现日期	1979 年 16 日	1980 年 12 日	1976 年 1 日	1996 年 3 日	1979 年 4 日	1976 年 4 日	1997 年 10 日	1997 年 21 日	1995 年 24 日	1986 年 29 日	1971 年 15 日	1974 年 25 日	1979、1980 年 16/1、12/2
5cm 平均值		5.8	9.1	13.4	16.9	19.4	20.3	23.2	22.2	19.9	14.1	11.2	7.2	15.2
10cm 平均值		6.2	9.1	13.0	16.2	18.8	19.7	22.5	21.5	19.4	13.9	11.1	7.3	14.9
15cm 平均值		6.5	9.3	13.1	16.5	19.3	20.1	23.0	22.3	20.4	15.1	12.2	8.3	15.5
20cm 平均值		6.6	8.9	12.5	15.5	18.2	19.2	22.1	21.7	19.9	15.0	12.2	8.4	15.0
40cm 平均值		7.8	8.3	11.0	13.7	17.5	18.8	21.5	21.9	20.3	17.0	14.0	10.2	15.2
80cm 平均值		9.6	9.3	11.1	13.3	16.5	18.1	20.6	21.6	20.5	18.1	15.5	12.1	15.6
160cm 平均值		11.9	10.8	11.3	12.8	14.9	16.6	18.5	19.9	19.8	18.6	16.7	14.2	15.5
320cm 平均值		15.5	14.3	13.6	13.6	14.1	15.0	16.0	17.1	17.9	18.1	17.7	16.8	15.8

第三节　降　水

降雨量在垂直分布上，随海拔增高而增多，水平分布自北向南逐渐增多。年际变化高山大于平坝河谷地区。县城地区降水量平均 1129.3 毫米，最多 1486 毫米。

降雨高值区集中于县南部新乡、南箐一带，年平均雨量 1418 毫米以上，月降雨量 200 毫米以上。

申果庄地区年降雨量 1308.7 毫米、普雄地区 1246.1 毫米、漫滩河谷 1037 毫米。降雨量主要集中在 5—10 月，占全年降水量 89%。

雨季多年平均始于 5 月 9 日。最早 4 月 4 日，最晚 6 月 26 日，≥80% 保障率日期 5 月 23 日；雨季终止期，最早 9 月 13 日，最晚 11 月 14 日，平均日 10 月 14 日；雨期天数最长 193 天，最短 98 天，平均 159 天。

表 2－5　　部分地区逐月及年均降水量　　单位:毫米

地区＼月份	1	2	3	4	5	6	7	8	9	10	11	12	年
城关	6.4	9.9	25.4	61.8	129.0	212.0	210.9	202.3	166.6	74.8	23.5	6.7	1129.3
顺河	2.7	6.4	14.5	70.8	126.6	180.3	186.4	173.7	185.5	68.0	16.9	7.5	1037.3
普雄	7.7	13.3	24.1	70.3	137.8	256.6	192.6	193.2	204.4	110.7	27.7	7.8	1246.1
南箐	7.6	10.0	19.3	66.4	163.0	301.9	210.9	234.2	237.7	125.9	31.6	9.9	1418.8
新乡	6.2	8.1	24.1	78.1	159.2	284.0	255.2	243.2	268.0	103.1	27.5	10.1	1466.8
申果	12.6	28.2	58.1	69.9	105.5	236.5	275.9	250.9	140.2	95.8	23.8	11.3	1308.7

第四节　日　照

县境内海拔较高,空气透明度好,阳光辐射强度大,日照充足。日照时数垂直分布上,冬季高山多于河谷平坝,夏季则反之。

县城地区全年日照时数平均1628小时,最多1828小时,最少1271小时。全年除9、10月外,各月平均日照时数都≥100小时。

表2-6　县城地区各月平均最多(少)日照时数　单位:小时

项目＼月份	1	2	3	4	5	6	7	8	9	10	11	12	年
平均日照时数	148.1	141.1	185.7	178.5	143.8	102.0	143.7	164.0	94.2	84.6	109.3	132.5	1627.5
最多	193.3	200.6	250.3	245.7	214.1	172.6	193.5	256.7	166.7	145.2	192.9	203.0	1828.0
最少	95.5	54.7	112.9	80.3	83.3	33.0	68.1	53.2	34.2	23.7	45.3	57.8	1271.3

第五节　蒸　发

蒸发量指一定口径蒸发器在一定时间间隔内因蒸发而失去的水层深度,在一定程度上反映水分的支出情况。县城地区年平均蒸发量1303.2毫米,最多1501.7毫米,最少1121.1毫米。

表2-7　县城地区各月平均最多(少)蒸发量　单位:毫米

项目＼月份	1	2	3	4	5	6	7	8	9	10	11	12	年
平均蒸发量	73.7	97.9	155.6	151.6	141.3	117.4	135.6	136.6	91.4	75.7	65.9	60.5	1303.2
最多	94.9	166.5	209.0	209.7	187.8	154.5	162.3	172.7	131.7	106.4	95.8	88.9	1501.7
最少	49.6	62.3	101.6	99.8	88.5	74.2	99.3	95.6	60.6	51.4	42.2	40.2	1121.1

第六节　霜　期

境内县城地区无霜期平均248天,初霜平均11月26日,终霜(晚霜)3月20日;二半山上普雄地区平均无霜期210天,初霜平均11月8日,终霜4月12日;高山地区瓦里觉平均无霜期160天,初霜平均10月23日,终霜5月16日。霜冻是由于地面和作物表面温度降至0摄氏度以下使作物遭受冻害的现象。晚霜对小麦、高山洋芋、荞麦和果树花期危害较大,是影响高山地区农业产量的重要灾害之一。

表2-8　部分地区初终霜期　单位:天

项目＼地名	城关	书古	上普雄	瓦里觉
平均	26/11	8/11	8/11	23/10
最早	28/10	22/10	24/10	21/9

续上表

项目＼地名	城关	书古	上普雄	瓦里觉
最晚	13/12	21/11	17/11	16/11
80%保证率	12/11	30/10	1/11	4/10
平均	20/3	14/4	12/4	16/5
最早	3/3	6/4	4/4	16/4
最晚	13/4	28/4	24/4	29/6
80%保证率	1/4	21/4	15/4	2/6
平均	248	208	210	160
最长	276	225	225	214
最短	214	193	193	121

第七节　风

境内大风在全年各月均有出现，平均每年出现6天，最多24天，最少1天，一月中最多可出现10天。瞬间最大风速28米/秒以上。

季节分布为春季多偏南大风，集中于2—4月，其大风日数占全年总数75%，始于天气转晴后14时左右，18时后减弱停止，有时可连续数日，特点是温度高、气压低、湿度小，具有明显日变化。

偏南大风可加重春旱危害，对小麦抽穗扬花和护林防火工作不利；夏季雷雨大风，出现在16时至傍晚，特点是出现次数少，风向不定，持续时间短，范围较小，常伴有暴雨或冰雹。

冬季为寒潮大风，主要是冷空气入侵偏北大风。

第四章　自然资源

第一节　土地资源

全县幅员面积2256.47平方公里，折338.4705万亩。非林用地1317250.5亩，占全县员面积38.9%。林业用地2065959亩，占全县幅员面积61.1%。耕地378910亩，占土地总面积的11.2%。其中；水田66188亩，平坝地113673亩，坡地265237亩，中低田土2144991亩，占耕地总面积的56.74%，宜农非耕地306205亩。

表2-9　　国土资源利用现状

项目 数量 类型		面积(万亩)	百分比(%)
全县合计		338.47	100
已利用	耕地	38.60	11.41
	林地	140.53	41.52
	牧草地	105.96	31.31
	园地	4.26	1.26
	水域	2.67	0.78
	工矿城镇	7.72	2.28
	交通	1.64	0.48
未利用		37.09	10.96

第二节　水系　河流

境内河流发源于崇山峻岭，具有水量丰富、河床坡度大、落差集中等特点。全县流域面积500平方千米以上的河流有3条。流域面积100平方千米以上河流7条，流域面积15平方千米以上河流36条。其它主要小溪河流26条。全县多年平均天然径流量22.44亿立方米，另有客水3.286亿立方米，径流总量25.726亿立方米。主要河流有属大渡河水系的越西河、普雄河、漫滩河、宝珠拉达河，属金沙江水系的则普拉达河、保石河。2005年，《凉山彝族自治州水能调查报告》确定全县水能资源理论蕴藏量70.66万千瓦。已建成电站22座，装机3.6555万千瓦，年发电量21648万千瓦时；在建电站7座，装机5.586万千瓦，设计年发电量26429.6万千瓦时；待开发电站6座，装机30.509万千瓦。

一、越西河与支流

越西河　属大渡河二级支流，境内第三条大河，发源于县境西南新乡乡境内小相岭洛洛坪山麓。干流由南向北流经新乡、马拖、大瑞、中所、丁山、越城、河东、大屯、新民、铁西等14个乡(镇)，于裤裆沟出口与普雄河汇合注入漫滩河。河长50公里，天然落差1275米，平均坡度25.5‰，流域面积808.1平方公里，河口多年平均流量30.26立方米/秒。按地势全河分为3段：上段从发源地至马拖乡安乐村，流长14.4公里，平均坡度78.4‰，河床窄陡，水流湍急，水头集中；中段从马拖乡至新民镇裤裆沟入口处，流长30.6公里，河床宽60～80米，平均坡度5.88‰，两岸土壤肥沃，是县内主要粮油产区；下段从裤裆沟入口至出口，流长5公里，属峡谷地区，平均坡度20‰，最枯流量3立方米/秒，是越西河水资源最佳开发段。越西河主要支流是五里箐河、南箐河、大花河、马敞河等。

南箐河　发源于南箐乡南箐村阳糯雪山，主流由西向东流经南箐乡南箐、南新、南林村后，再由西南方向向东北方向流经南箐乡团和村注入越西河。流域面积118.8平方公里。河出口多年平均流量4.41立方米/秒，河道长度20.8公里，天然落差2455米，河床平均比降118.03‰。

大花河　发源于大花乡大花村阳糯雪山，主流由西向东流经大花乡大花、瓦尔、瑞元村后，再由西南方向向东北方向流经越城镇新村、外南村后注入越西河。流域面积111.3平方公里。河出口多年平均流量4.372立方米/秒，河道长度18公里，天然落差1530米，河床平均比降85‰。

马敞河　发源于西山乡大庆村阳糯雪山，主流由西向东流经西山乡大庆村，瓦岩乡茶园、桃园、渔洞村经新民镇大寨、新市、新建村后注入越西河。流域面积 299.9 平方公里,河出口多年平均流量 13.61 立方米/秒,河道长度 20.5 公里,天然落差 2235 米,河床平均比降 109.02‰。

马敞河一级支流 7 条:后山河、大箐河、桃园河、春景河、瓦岩河、大岩河、板桥河;二级支流 1 条:大岩河支流长海沟。

五里箐河 发源于五里箐乡普提村,由南向北流经五里箐乡普提、达克、五里村及马拖乡东沟、东河村后注入越西河。流域面积 53.8 平方公里,河出口多年平均流量 1.59 立方米/秒,河道长度 11 公里,天然落差 522 米,河床平均比降 47.5‰。

柏香云沟 发源于马拖乡柏联村,由东向西流经马拖乡柏联村、大瑞乡瑞香村后注入越西河。流域面积 7.6 平方公里。河出口多年平均流量 0.205 立方米/秒,河道长度 5.4 公里,天然落差 650 米,河床平均比降 120.37‰。

夹夹石沟 发源于大瑞乡瑞龙村,由东向西流入越西河。流域面积 5.2 平方公里,河出口多年平均流量 0.124 立方米/秒,河道长度 5 公里,天然落差 1150 米,河床平均比降 221‰。

蚂蟥沟 发源于丁山乡东联村蛙波火山,由东向西流经丁山乡东联、东桥村后注入越西河。蚂蟥沟流域面积 7.8 平方公里,河出口多年平均流量 0.185 立方米/秒,河道长度 6 公里,天然落差 1100 米,河床平均比降 183‰。

大水沟 发源于河东乡新普村,由东向西流经河东乡新普等村后注入越西河。流域面积 12.4 平方公里,是越城镇城居民生活用水水源。河出口多年平均流量 0.3 立方米/秒,河道长度 5.4 公里,天然落差 580 米,河床平均比降 107.41‰。

吊桥沟 发源于西山乡西堰村,由西向东流经西山乡西堰、越城镇城北等村后注入越西河。流域面积 5.1 平方公里。河出口多年平均流量 0.14 立方米/秒,河道长度 4.5 公里,天然落差 180 米,河床平均比降 40‰。

一棵树沟 发源于河东乡一棵树村,由东向西流经一棵树等村后注入越西河。流域面积 4.7 平方公里,河出口多年平均流量 0.12 立方米/秒,河道长度 5.1 公里,天然落差 630 米,河床平均比降 123.53‰。

虎石沟 发源于河东乡宝龙村,由东向西流经大屯乡华阳村土官垣注入越西河。流域面积 2.7 平方公里,河出口多年平均流量 0.06 立方米/秒,河道长度 3.2 公里,天然落差 300 米,河床平均比降 93.75‰。

二、普雄河与支流

普雄河 普雄河是越西境内第二条大河,属大渡河一级支流,是境内彝族主要聚居区和农业、牧业主要生产区。

普雄河发源于喜德县尼波区,由南向北流经瓦普莫、尔赛、依洛地坝、乐青地、贡莫、普雄、拉白、四甘普、尔觉、德吉、拉普、铁西 12 个乡(镇),于裤裆沟出口与越西河汇合注入漫滩河。河长 63.6 公里,流域面积 646.1 平方公里,天然落差 443 米,平均坡度 9.71‰,河口多年平均流量 21.623 立方米/秒。依其地势分为 3 段:上段从发源地至乐青地乡尔普古,河床窄河岸陡,比降大;中段从尔普古至铁西乡,地势平坦,沿岸主要产水稻、玉米、马铃薯,是仅次于越西河流域第二产区;下段从铁西乡至裤裆沟出口处,为窄谷地带,河道坡度为 70.37‰。

普雄河有一级支流 15 条,二级支流 6 条。其中:流域面积大于 100 平方公里一级支流 1 条:尔赛河;流域面积大于 15 平方公里的一级支流 8 条:木牛觉河、瓦普莫河、依洛河、斯基河、拉白河、德吉河、莫木依达河、响水河,二级支流 3 条:尔赛河支流洛木沟、洪洛沟、德吉河支流三合洛沟;流域面积小于 15 平方公里的一级支流 6 条:瓦吉木河、贡目河、尔觉河、白拉吾河、俄洛河、多地哈莫河,二级支流 3 条:德吉河支流促基沟、响水河支流碧鸡沟、如洛沟。

尔赛河 发源于竹阿觉乡达洛村。主流由北向南流经竹阿觉、古二、尔赛乡,再由东向西流入普雄河。流域面积 111.3 平方公里，河出口多年平均流量 2.98 立方米/秒，河道长度 20.2 公里，天然落差 800 米，河床平均比降 40‰。

木牛觉河　发源于喜德县拉克洛乡，由西向东流经瓦普莫乡木牛觉村汇入普雄河。流域面积 28 平方公里（县境内 17.4 平方公里），河出口多年平均流量 0.75 立方米/秒，河道长度 5.5 公里，天然落差 175 米，河床平均比降 31.82‰。

瓦普莫河　发源于瓦普莫乡觉莫村，由西向东汇入普雄河。流域面积 25 平方公里，河出口多年平均流量 0.67 立方米/秒，河道长度 9.7 公里，天然落差 540 米，河床平均比降 55.67‰。

依洛河　发源于依洛地坝乡依吉村，由东向西流入普雄河。流域面积 48.7 平方公里，河出口多年平均流量 1.34 立方米/秒，河道长度 14.5 公里，天然落差 998 米，河床平均比降 68.8‰。

斯基河　发源于书古乡依乌村，先由南向北，再由西向东流经书古、乐青地乡流入普雄河。流域面积 66.4 平方公里，河出口多年平均流量 1.96 立方米/秒，河道长度 20 公里，天然落差 525 米，河床平均比降 26.3‰。

瓦吉木河　发源于普雄镇瓦吉木村，先由北向南，再由东向西流入普雄河。流域面积 11.1 平方公里。河出口多年平均流量 0.35 立方米/秒，河道长度 7.7 公里，天然落差 650 米，河床平均比降 84.42‰。

洪鲁（贡目）河　发源于贡莫乡汉扎洛村，由西向东汇入普雄河。流域面积 8 平方公里，河出口多年平均流量 0.23 立方米/秒，河道长度 5.7 公里，天然落差 600 米，河床平均比降 105.26‰。

拉白河　发源于五里箐乡改古村，由西向东流经拉白乡拉白村汇入普雄河。流域面积 23 平方公里，河出口多年平均流量 0.56 立方米/秒，河道长度 6.5 公里，天然落差 740 米，河床平均比降 114‰。

德吉河　发源于德吉乡亩格觉村蛙波火山，主流由东向西流经德吉乡三合洛村汇入普雄河。流域面积 56.6 平方公里，河出口多年平均流量 1.59 立方米/秒，河道长度 12.5 公里，天然落差 1445 米，河床平均比降 116‰。

阿莫洛（尔觉）河　发源于尔觉乡阿来吾村，由西向东汇入普雄河。流域面积 8.4 平方公里，河出口多年平均流量 0.186 立方米/秒，河道长度 5.2 公里，天然落差 850 米，河床平均比降 163.46‰。

依火洛（白拉吾）河　发源于铁西乡依火洛村，由西南方向向东北方向流入普雄河。流域面积 8.3 平方公里，河出口多年平均流量 0.184 立方米/秒，河道长度 5 公里，天然落差 810 米，河床平均比降 162‰。

响水河　发源于四甘普乡依比古村，主流由南向北流经四甘普、拉普乡，再由东向西注入普雄河。流域面积 69.7 平方公里，河出口多年平均流量 1.88 立方米/秒，河道长度 19.5 公里，天然落差 1633 米，河床平均比降 84‰。

莫木依达河　发源于尔觉乡达里井村，由西向东流经彩洛、阿来吾村后汇入普雄河。主要河段为尔觉、拉白两乡界河。流域面积 24.8 平方公里，河出口多年平均流量 0.566 立方米/秒，河道长度 8.7 公里，天然落差 900 米，河床平均比降 103.45‰。

俄洛河　发源于拉普乡阿柳吾村，由东向西注入普雄河。流域面积 10.6 平方公里，河出口多年平均流量 0.235 立方米/秒，河道长度 7 公里，天然落差 1200 米，河床平均比降 171.43‰。

多哈地莫河　发源于河东乡境内，先由南向北，再由西向东流经大屯、铁西乡后注入普雄河。流域面积 10.6 平方公里，河出口多年平均流量 0.235 立方米/秒，河道长度 9.8 公里，天然落差 800 米，河床平均比降 114.2‰。

三、漫滩河与支流

漫滩河　属大渡河一级支流。漫滩河是境内第一大河，属尼日河河段内山高坡陡、河谷深切。流域覆盖乃拖、白果、梅花、保安四个乡（镇）。地处水能资源与工业聚集开发园区。主流由南向北流经乃托、白果、梅花 3 个乡（镇）后流入甘洛县境内。流域面积 2064 平方公里（其中：喜德、甘洛客水面积 302.045

平方公里,河段流域面积307.9平方公里,县境内其它面积1454.055平方公里)。河出口多年平均流量65.5立方米/秒,河道长度28.7公里,天然落差381米,河床平均比降13.2‰。

漫滩河一级支流9条。其中:流域面积大于100平方公里的1条:白沙河;流域面积大于15平方公里的6条:敏子洛木河、洛尔沟、阿布洛儿沟、梨花沟、三岔河、巴姑河;流域面积小于15平方公里的2条:竹儿沟、觉姑河。二级支流2条:保安沟、梅子营沟。

白沙河 发源于甘洛县大槽沟,与境内大干沟汇流后,注入越西、甘洛两县界河。主流由西北向东南流经梅花、甘洛蓼坪乡后汇入漫滩河。流域面积127.81平方公里(其中:甘洛海棠区客水面积99平方公里,河段流域面积28.81平方公里),河出口多年平均流量5.57立方米/秒,河道长度23公里,天然落差1150米,河床平均比降50‰。

敏子洛木河 发源于乃托镇足林村碧鸡山,由东向西汇入漫滩河。流域面积31.6平方公里,河出口多年平均流量0.79立方米/秒,河道长度7公里,天然落差1550米,河床平均比降221‰。

洛儿沟 发源于白果乡过俄乃吉村境内碧鸡山,由东向西汇入漫滩河。流域面积16平方公里,河出口多年平均流量0.355立方米/秒,河道长度4公里,天然落差700米,河床平均比降175‰。

梨花沟 发源于保安藏族乡平原村,由南向北流经该乡梨花村,再由西向东流经白果乡曙加村后汇入漫滩河。流域面积20平方公里,河出口多年平均流量0.53立方米/秒,河道长度9.5公里,天然落差810米,河床平均比降85.26‰。

三岔河 发源于保安藏族乡保安村,由西向东流经保安、梅花乡,汇入漫滩河。流域面积24平方公里,河出口多年平均流量0.53立方米/秒,河道长度7.3公里,天然落差1270米,河床平均比降174‰。

巴姑河 发源于梅花乡巴姑村耳尚和古山,由东南方向向西北方向流经梅花乡巴姑村后汇入漫滩河。流域面积27.3平方公里,河出口多年平均流量0.65立方米/秒,河道长度12.5公里,天然落差1660米,河床平均比降132.8‰。

竹儿沟 发源于乃托镇白石村碧鸡山,由西向东汇入漫滩河。竹儿沟流域面积9.7平方公里,河出口多年平均流量0.23立方米/秒,河道长度4.5公里,天然落差855米,河床平均比降188.89‰。

阿布洛儿(塔拉)沟 发源于白果乡桥梁莫村,由东向西汇入漫滩河。流域面积21.7平方公里,河出口多年平均流量0.482立方米/秒,河道长度7.2公里,天然落差1060米,河床平均比降147.2‰。

觉姑河 发源于梅花乡巴姑村,由东南方向向西北汇入漫滩河。流域面积9.2平方公里,河出口多年平均流量0.205立方米/秒,河道长度6.5公里,天然落差1300米,河床平均比降200‰。

四、宝珠拉达河与支流

宝珠拉达河 发源于瓦里觉乡,是境内东南部高山河流,主流由南向北流经瓦里觉、拉吉乡后注入甘洛县境内甘洛河。流域覆盖瓦里觉、瓦曲乃乌、拉吉乡。流域面积310.5平方公里,河出口多年平均流量10.4立方米/秒,河道长度28.7公里,天然落差790米,河床平均比降27.53‰,流域一般宽12.5米。宝珠拉达河有一级支流7条。其中:流域面积大于15平方公里的一级支流5条:马斯足来沟、波洛沟、瓦尔沟、波洛依达沟、瓦曲乃吾河;流域面积小于15平方公里的一级支流2条:书洛沟、立觉沟。二级支流2条:瓦曲乃吾河支流竹洛洛木沟、瓦曲乃吾沟。

马斯足来沟 发源于拉吉乡则布村库莫山,从南向北流经拉吉乡宝珠村马斯足来注入宝珠拉达河。流域面积31.7平方公里,河出口多年平均流量1.03立方米/秒,河道长度12.8公里,天然落差790米,河床平均比降61.78‰。

书洛沟 发源于拉吉乡则布村,由西向东注入宝珠拉达河。流域面积10.2平方公里,河出口多年平均流量0.6立方米/秒(含客水),河道长度5公里,天然落差520米,河床平均比降104‰。

波洛沟 发源于拉吉乡宝珠村,由东向西注入宝珠拉达河。流域面积17平方公里,河出口多年平均流量0.62立方米/秒，河道长度6.3公里，天然落差540米，河床平均比降123.81‰。

瓦尔沟　发源于拉吉乡瓦尔村由东向西注入宝珠拉达河。流域面积33.6平方公里，河出口多年平均流量1.22立方米/秒，河道长度9.5公里，天然落差520米，河床平均比降54.74‰。

立觉(挖布)沟　发源于瓦里觉乡且莫村挖布洛蛙波火山，由西向东注入宝珠拉达河。流域面积10.3平方公里，河出口多年平均流量0.28立方米/秒，河道长度6公里，天然落差1350米，河床平均比降58.33‰。

波洛依达河　发源于瓦里觉乡波洛依达村背约呷蛙波火山，由西向东向西注入宝珠拉达河。流域面积20.1平方公里，河出口多年平均流量0.67立方米/秒，河道长度7.7公里，天然落差520米，河床平均比降61.18‰。

瓦曲乃吾河　发源于拉吉乡，由南向北流经竹洛、哈洛阿莫、热夫屋村注入宝珠拉达河。流域面积71平方公里，河出口多年平均流量2.43立方米/秒，河道长度14.2公里，天然落差380米，河床平均比降26.8‰。

五、则普拉达河与支流

则普拉达河　发源于申果乡尔吉村，是境内东南部高山河流，主流由北向南流经申果、瓦曲觉、申普乡进入昭觉县后注入金沙江。流域面积172.1平方公里，河出口多年平均流量4.7立方米/秒，河道长度28.3公里，天然落差695米，河床平均比降24.6‰，流域一般宽10米，最宽处13公里。则普拉达河主要支流有一级支流3条。其中：流域面积大于15平方公里的一级支流2条：里觉沟、下依吉沟，流域面积小于15平方公里的一级支流1条：河西沟。

河西沟　发源于瓦曲觉乡河西村，由北向南注入则普拉达河。流域面积11.8平方公里，河出口多年平均流量0.31立方米/秒，河道长度6.3公里，天然落差790米，河床平均比降44.44‰。

里觉沟　发源于瓦曲觉乡尔口村，由北向南流经尔口、里觉村注入则普拉达河。流域面积20平方公里。河出口多年平均流量0.54立方米/秒(含客水)，河道长度9公里，天然落差500米，河床平均比降55.56‰。

六、保石河与支流

保石河　发源于保石乡哈洛村是境内东南部高山河流，主流由北向南流经保石乡哈洛、嘎托、克勒、西吉等村后流入昭觉县境内注入昭觉河。流域面积72平方公里，河出口多年平均流量1.9立方米/秒，河道长度13.3公里，天然落差355米，河床平均比降26.7‰。

洛渡沟　发源于保石乡洛渡村阿尼苏鲁，从北向南注入保石河。流域面积25.1平方公里，河出口多年平均流量0.58立方米/秒，河道长度9.5公里，天然落差170米，河床平均比降17.89‰。

里火觉莫沟　发源于保石乡克勒村师毛布库，从东北方向，西南方向注入保石河。流域面积12.4平方公里，河出口多年平均流量0.33立方米/秒，河道长度6.8公里，天然落差320米，河床平均比降17.89‰。

第三节　水资源

一、境内水量

越西县属雅江温暖带区大陆性气候，降水量丰富，全县多年平均降水量1113毫米。由于境内地形、海拔、山川等特征,降水量呈现时空分布不均:在垂直分布上,随高度增加而增加,西部阳糯雪山一带降水量高达2400毫米以上,为境内降水高值区,地处迎风坡的瓦吉木梁子、新乡一带多年平均降水量1423毫米是次高值区,半高山地区申果庄一带为1308.1毫米,二半山普雄一带为1246.1毫米,境内沟坝地区为1129.3毫米,到北部漫滩河谷年降水量仅1037毫米,为降水低值区。

年内分配极不均匀,有明显的干雨季之分:冬半年11—4月,由于受高空南支偏南气流控制,空气下层增温,水汽减少,形成持续连晴少雨天气,降水量仅占全年11%,夏半年5—10月,西南季风开始北上,降水增多,降水量占全年89%。

境内水量分布 县地表径流分布,与大气降水分布趋于一致。径流除受降水、蒸发影响外,还受下垫面再分配影响,西部阳糯雪山由于降水多,蒸发小,坡面多,利于径流形成,径流深1800毫米,为境内径流高值区。新乡一带地处迎风坡,降水较多,径流在1000毫米以上,为境内次高值区。

半高山申果庄一带径流深900毫米左右。越西河沿岸的沟坝河谷以及普雄河一带,农业生产较为发达,耕地集中,地势较为平坦,降水量减少,蒸发量大径流深800~900毫米。

巴姑河谷径流深在700毫米以下,是境内径流低值区。径流的年月分配由于年内降水分配不均,汛、枯季流量呈明显差异:夏季降水集中、强度大,汛期径流非常丰富;枯季降水少、蒸发量大,径流小。

表2-10 **主要监测站多年平均天然径流量月分配表** 单位:亿立方米

河名	站名	全年	多年平均											
			1	2	3	4	5	6	7	8	9	10	11	12
尼日河	顺河	16	0.38	0.30	0.27	0.31	0.78	2.22	2.75	2.56	1.88	1.98	0.94	0.54
越西河	李家桥	4.1	0.05	0.04	0.045	0.041	0.132	0.552	0.778	0.816	0.791	0.585	0.202	0.087

表2-11 **不同保证率降水量、径流统计表** 单位:亿立方米

项目 名称	降水量				径流					
	不同保证率降水量				多年平均		不同保证率			
	20%	50%	75%	95%	径流深	径流量	20%	50%	75%	95%
越西河	12.78	11.83	11.00	9.94	1059	8.56	10.00	8.44	7.340	5.900
普雄河					947	6.444	7.495	6.419	5.482	4.452
漫滩河					825	2.086	2.337	2.066	1.878	1.607
拉吉河					1078	3.291	3.818	3.258	2.831	2.304
则普拉达河					861.7	2.059	2.450	2.017	1.709	1.317
全县	34.37	31.41	28.86	25.94	995	22.44	26.10	22.20	19.24	15.58

过境客水 全县有过境客水3.2855亿立方米,其中普雄河上游喜德县尼波地区客水来量1.5288亿立方米;与甘洛县接壤白沙河客水量1.7567亿立方米。全县多年平均水资源总量25.7255亿立方米。

二、高山湖泊

境内高山湖泊主要有南海海群、红海海群。分布于阳糯雪山海拔3000米以上地带。从南至北分布着数十个大小不等的高山冰川湖泊,面积1875亩,占全县总面积0.06%。

南海海群 在南箐乡境内的阳糯雪山海拔3300~4200米,1~2公里范围有大小10个海子相连。小的约1亩,大的约150亩。可利用的6个,水面387亩,集雨面积1.5平方公里。最低1个海子海口流量0.03立方米/秒(5月份),一般流量0.2~0.3立方米/秒,水流到2600米处中沟后渗入干河底。

红海海群 西山乡境内的阳糯雪山,分布着红海和长海。红海海拔3950米,水面156亩,深处20米

以上,5 月份流量 0.07 立方米/秒。长海海拔 3020 米,水面 147 亩,湖水来源于红海,最深处 16.2 米,流量 0.09 立方米/秒。湖水流入板桥沟在茶园与马沙沟汇合后渗入干河底。

沙呷海　位于乃托镇沙呷村,为碧鸡山下天然水潭,水面 45.3 亩,最深处 28 米。

三、地下水

承压水区及构造含水带　全县山间盆地大多数为断陷堆积盆地,水文地质条件较为复杂,依据含水介质、地下水埋藏条件及水动力特征,全县地下水划分:松散堆积层孔隙水和碳酸盐岩溶水。

松散堆积层孔隙水　主要分布于越西、普雄、书古、保安等山间盆地,蕴含量 0.86 立方公里。河谷平原松散堆积层为多层含水构造,富含潜水和承压水,埋藏浅层,开采方便。该类地下水主要由降水和地表径流补给,地下水与地表水互补畅通。

2000 年,《越西县水资源综合规划调查报告》采用岸边布井法、平均布井法得到地下水开采资源 0.05 亿立方米/年。

碳酸盐岩溶水　境内典型碳酸盐岩溶水出露点有水观音、板桥大渔洞、新民大寨、东山大水沟等,另外小相岭东坡有大小不等出露点十余处,其覆盖层厚 35~167 米,单孔涌水量 100~500 立方米/天,最大单孔涌水量达 216 立方米/秒。

温泉　分布于境内新民裤裆沟越西河两岸、普雄德吉河、巴姑河处有较小温泉 3 处,流量较小。

水观音　位于中所镇金马山下,因鱼随水流出又称鱼洞河(站)。水从沿山数十处溶洞中涌出,洞水四季清澈。水量丰富,枯水流量 2.5 立方米/秒,流域 2 公里,流入越西河。

大鱼洞　发源于板桥乡四面盘龙山下,沿山脚 20 米左右均有水从洞中涌出,水量最大有两处。因鱼随水出,故名大鱼洞。洞水四季清澈,水质好。

小鱼洞　在瓦岩乡渔洞村,较大鱼洞水量小,称小鱼洞。属季节性溶洞水,每年 12 月至次年 3 月断流,4—11 月有水流出。

表 2-12　**主要河流水能资源统计表**　单位:万千瓦

项目 河流	已开发量	可开发量	理论蕴藏量
漫滩河	2.383	13.707	25.5485
普雄河	0.6735	11.186	13.9358
越西河	0.5785	13.9528	23.6734
宝珠拉达河	0.015	5.315	6.5
则普拉达河	0.0055	0.1685	0.8162
保石河	0	0.05	0.1861
合计	3.6555	44.3793	70.66

第四节　生物资源

药用植物　据《越西县药用植物》载,县内常用药用植物有:牛马血藤、腊月菊、光菇子、三颗针、越西木香、岩白菜、浜黄芪、钩藤、川姜朴、辛夷、刺参、桑寄生、鸡枞、银耳、木耳、虫草、天麻、茯苓、灵芝、马勃、伸筋草、卷柏、一支箭、骨碎朴、银杏、鱼腥草、桑、中华艾麻、槲寄生、淮通、细辛、川牛藤、育陆、乌头、山木通、山芍药、白木通、短角淫羊藿、土大功劳、滇五味、木兰、官桂、断肠草、杜仲、木瓜、枇杷、花椒、远志、扁豆、紫花地丁、狼毒、五加、独活、当归、川芎、川羌活、槟榔皮、南烛、过路黄、女贞、秦艽、龙胆、菟丝子、夏枯草、紫苏、枸杞、玄参、车前草、接骨木、续断、党参、桔梗、艾蒿、白术、旋复花、蒲公英、苍耳、蒲黄、泽泻、苡仁、白芽根、香附、菖蒲、天南星、半夏、灯星草、百部、天冬、川贝母、三七、百合、麦冬、藜芦、射干、扁竹根、生姜、白芨等。

花卉 境内原始花卉品种有：桂花、牡丹、芍药、海棠、蔷薇、葵花、丽春(虞美人)、萱(金针花)、玉簪、山茶、玫瑰、芭蕉、茶花、菊、杜鹃、芙蓉、木香、木槿、山仙、紫荆、梅花、杏花、桃花、金线连、金银花、黄花、凤仙花、月季、苦枝梅、腊梅、树绣球、七姊妹、十姊妹、夜来香、老来红、梅栀子、鸡冠花、罂粟花、狗牙花、通草花、胭脂花、西番花、粉海棠、红蓼花、垂丝海棠、棋盘花等。

1991—2005年，引进栽培的有：黄桷花、海桐、辛夷、木兰、夹竹桃、金钟海棠、仙人掌、仙人球、仙人脂、仙人鞭、蟹爪兰、令箭荷花、兰草等。

草场植物 据《越西县草场资源调查报告》载，县内有草场植物79科、206属、297种。引进人工栽培的牧草有：白三叶、红三叶、多年生黑麦草、紫花苜蓿、草木樨、聚合草、松香草等。

野生动物 鱼类有细甲鱼(裂腹鱼)、鲫鱼、草鱼、青穗鱼、蒙古红鲌、四川红鲌、鲤鱼、鲢鱼、尼罗罗非鱼、草胡子鲶、爬岩鳅(石爬子)、黑泥鳅(花鳅)、泥鳅、鳝鱼、山溪鲵(羌活鱼)等。河中节肢动物有虾等。

软体动物有蚌、螺、蜗牛等。

两栖动物有青蛙、蟾蜍等。

爬行动物有乌梢蛇、菜花蛇、银环蛇、蟒蛇等。

昆虫有蚕、蜈蚣、蚁、蜂、蚊、蝇、蜘蛛、蜻蜓、蝶、促织、艾虎、螟虫、粘虫、稻苞虫、食根金花虫、蚜虫、地老虎(土蚕)、负泥虫、玉米螟、金龟子、蝗虫(蚱蜢子)、稻飞虱、卷叶蛾类、蚧壳虫类、天虫类等。

真菌、苔藓及蕨类植物 境内低等植物(真菌)13种19科，苔藓植物5科6种，蕨类植物15科40种。

低等植物有鸡枞、银耳、木耳、虫草、雷九、茯苓、桦芝菌、灵芝、马勃、地星、麦角菌、树头发、松萝、节松萝、肺衣、石花、雪茶、太白针、山岭石蕊等。

苔藓植物有戎芦藓、大金发藓、小口金发藓、地线、矮丛大叶藓、平株藓等。

蕨类植物有伸筋草、玉柏石松、铺地蜈蚣、地刷子、卷柏、地柏枝、翠云草、木贼、节节草、一支箭、紫箕、凤尾草、凤尾蕨蜈蚣草、野鸡尾、猪鬃草、白背钱线蕨、团羽钱线蕨、乌韭、地柏叶、小贯众、刺齿贯众、蕨箕、阴地蕨、树韭菜、骨碎补、抱树连、伏石蕨、瓦苇、两色瓦苇、水龙骨、石苇、有柄石苇、金鸡脚、扇蕨、大果假密网蕨、浮萍等。

第五节 矿产资源

县内矿产资源丰富，约38种，主要矿种有煤、铁、铅、锌、铜、磷、黏土、滑石、水晶、石英、硫铁矿、花岗石、大理石、白云石、高岭土等。据地质部门普查，勘探及化验资料，各种矿产分布及储量如下：

煤 已探明储量3338.83万吨，无烟煤储量3161.83万吨，乐青地褐煤储量177万吨。小型矿床4处(西山、小山、瓦黑、乐青地)，矿点4处(保安、裤裆沟、东山、西山南井田)，矿化点2处(瓦克西、瓦曲乃乌)。境内煤产于三叠统白果湾中、下部，煤层数不一，可采煤多为1～2层。主煤为1层，呈薄层透镜状，部分为串珠或鸡窝状。单层煤厚0.16～0.8米，平均厚0.2～0.47米。无烟煤发热量5000～6000千卡居多，最低南箐小山煤3791千卡，最高保安煤7387千卡，乐青地褐煤发热量6000千卡。

铁 已查明县内铁矿有12处，产于中泥盆统碧鸡山式赤铁矿9处，其中：中型矿床5处，小型矿床3处，矿点1处，分布于碧鸡山东西两翼，储量8959.8万吨，产于中奥陶统华珲式赤矿3处，分布于漫滩、东山、吉家山,储量983万吨。全县铁矿储量9842.8万吨,主体矿在碧鸡山向斜西翼,矿层为1~3层,以单层矿的厚度,品位较稳定,厚度0.55~3.1米,一般1.11米;含铁量15%~54.61%,一般36.7%。

铅锌 主要有乃托镇竹儿沟矿点和南箐乡南新村矿化点,竹儿沟矿点铅锌量2151吨,其中:铅868吨,锌1283吨,有3个矿体。该矿产于灯影组,呈束状、鸡窝状、串珠状。矿体含量:铅0.18~49.99%,锌16.4~23.03%,银2.4~650克/吨,个别高达1600克/吨。

硫铁矿 该矿分布于裤裆沟、狮子山、河上坪、深沟、高河坎。小型矿床2处,矿点2处,矿化点1处。已探明储量362.5万吨。除高河坎矿化点产于震旦统灯影组外,其余与煤伴生于上叠统白果湾组。矿体含量最低21.54%,最高48.5%。

石灰石 主要分布在裤裆沟至白果乡瓦姑一带,普雄镇呷托等地有零星分布。因分布广尚未获总储量。裤裆沟至瓦姑段,储量2510.97万吨,产于下二叠统栖霞组底部。呈南北向单斜构造,厚度20米~50米,矿层稳定,矿石以生物碎屑泥晶。粉晶灰岩为主,局部夹白云石透明体。

1985年,攀西地质大队详查乃托村矿区,同年提交报告,该矿区矿层为下二叠统栖霞组,出露标高1930~2338米,走向长1600米,露头宽100~550米,矿层以乃托沟分割为南北两矿体。

南矿体(主矿体)长600米,厚度58.80~80.75米,平均67.20米。有非矿夹层,产出不稳定,统计表明其线占有率为4.9%。全矿平均品位 CaO 51.92%,MgO 0.83%,$K_2O + Na_2O$ 0.02%,Al_2O_3 0.90%,Fe_2O_3 0.49%,SiO_2 2.79%,烧失量42.05%。北矿体长3000米(斜长600米),厚度14.63米。

矿区内存在石灰石碎块堆积层,砾径0.3~0.5米,大者1~数米,含矿率>50%,亦为可利用的矿石,厚度>8米,为粘土质胶结,粘土可作为水泥用粘土。

通过详查,求得石灰石矿(C+D级)储量5129.35万吨,其中C级2510.97万吨(不包括堆积石灰石矿D级储量30.59万吨)。粘土矿C+D储量214.10万吨,为一综合配套的水泥原料矿山。

花岗石 分布于瓦岩乡瓦岩沟,属小型矿床,储量313.128万立方米。产于下震旦统苏雄组火山岩系中上部的流纹质火山熔岩中,层次稳定,矿层厚。

矿石类型为红色斑流岩、墨绿色英安岩、肉色斑流岩、紫红色斑流岩、紫酱色流纹岩5种。矿石化学成分、物理力学性质、磨光面光泽度及放射性均达到国内花岗石加工要求,且块大易加工,以满天星、枣红、映山红、小红花为装饰佳品,大红花、大小白花次之。此外,大花乡等亦产此类花岗石。

磷 主要分布于乃托镇一带,碧鸡山西坡。已探明储量1222万吨。中型矿1个,小型矿1个,矿点1个,矿呈南北展布,产于下寒武节竹寺组下段或底部,含磷层厚14.5米,上部是磷层条带白云质磷块岩,中部是磷粉质白云岩,底部是含磷白云岩。矿石以胶磷矿为主,次为生物碎屑,三氧化二磷含量上层矿是11.21~15.94%,下层矿17.6%。

大理石 主要分布于瓦岩至茶园一带。产于上震旦统观音岩组顶部,矿层厚30米以上。矿石为白色白云石灰岩及紫红色泥质白云岩等块状构造。

此外尚有条带状以及特殊花纹的大理石。较标准的大理石成材率差,硬度低,但有一定层位,储量大,矿石延伸达数公里。

水晶 产地除瓦岩乡大岩外,阳糯雪山瓦岩乡水晶坪、保安乡、大花乡、南箐乡等地亦有分布,呈鸡窝状,不规则束状产出。多为熔炼水晶,极少有工艺水晶和压电水晶,晶体直径为1~3厘米,长为3~6厘米,个别较大。

白云石 探明产地有竹儿沟、猫儿山,属小型矿床,储量916万吨,矿石中白云石含量大于98%,猫儿山白云石达特级熔剂的要求。

黏土 分布于马扎洛矿点、猫儿山、曾家山、乐青地4个矿化点。马扎洛矿点呈南北向,矿层较厚,耐火度强。

猫儿山矿化点位于碧鸡山斜西翼南,南北向延长900米,矿层厚0.2~2.5米,层位稳定,矿优者可作高岭石矿。

曾家山矿化点的黏土矿构成煤层底板，随煤层的增厚而增厚，但层数不稳定，矿层厚 0.54 ~ 21.5 米，断续长约 1000 米；乐青地矿化点矿层 6 层，矿层厚 0.5 ~ 2 米。

高岭土 乃托石灰石矿区南端，有 1 处矿点，产于上三叠流白果湾组煤系，下部靠近煤层，出露面积仅 1 平方米。质量可达高级陶瓷原料的要求。

滑石 分布于乃托镇和普雄镇呷托村。乃托矿床 D 级储量 85.63 万吨。

铜 分布于碧鸡山、敏子洛莫、洛嘎、车火、车洛林子、裤裆沟等地。

石英 分布吉家山、大古山、大花等地。

泥炭土 主要分布保安乡、书古乡等地。

第五章　自然灾害

第一节　旱　灾

春旱 指出现在 3 月下旬—4 月，以连续 15 ~ 24 天总雨量 < 10 毫米为偏旱，≥25 天总雨量 < 10 毫米为大旱，出现春旱的频率为 63%，大旱频率为 22%，即 5 年一遇。春旱时间持续最长达 38 天。春旱较严重年份有：1991 年、1996 年、2001 年、2002 年、2003 年、2005 年。

夏、伏旱 夏旱出现在 5—6 月，伏旱出现在 7—8 月，以连续 10—19 天总雨量 < 10 毫米为偏旱，≥20 天总雨量 < 10 毫米为大旱。出现频率为 37%，一般为 3 年一遇，但年际变化极不稳定。

1991—2005 年，夏伏旱较严重年份有 1992 年、1995 年、1996 年、2001 年。尤以 1992 年最严重，当年 7 月中旬末至 8 月中旬初，持续高温干旱。

第二节　洪涝　泥石流

洪涝 日雨量≥50 毫米平均为一年一遇，每年平均日数为 1.1 天，最多 1 年出现 3 天。连续性的中大雨年平均 2 年一遇，多年平均为 0.6 天，1 年最多出现 1 次。6—9 月出现最多，占 71%。以 1990 年、1997 年、2001 年、2003 年、2005 年等为洪水较大年份。尤以 1990 年 6 月 29 日为最大，县城日雨量达 160.1 毫米，为最大值，其洪水强度周期为百年一遇，冲毁路基 145 公里，使越西到普雄、西昌公路交通中断，全县 9 个地区，46 个乡（镇），214 个村 827 个组，18219 户 78227 人受灾。农作物受灾面积 74759 亩，无收面积 14863 亩，其中：水稻 2396 亩，玉米 3157 亩，洋芋 2850 亩，荞子 5068 亩，其他 1392 亩，共计损失粮食产量 600 万公斤。

1995 年 6 月 17 日，发生洪灾，全县 4 个乡（镇），12 个村 47 个组，800 户 3700 人受灾，农作物受灾面积 3500 亩。冲坏渠堰 2 处 1300 米，冲毁公路路基 120 米、桥梁 1 座；房屋损坏 9 间，大牲畜死亡 66 头。

1997 年 6 月 4 日、6 日、7 日，全县连降暴雨，造成全县 16 个乡（镇）103 个村 52682 人受灾，受灾面积 38400 亩。冲毁渠道 200 米，毁坏路基 3.7 公里，桥涵 5 座；死亡 3 人，牲畜 201 头。

2003 年 6 月 26 日、7 月 2 日，普降暴雨，全县 20 个乡（镇）32600 人受灾，农作物受灾面积 21760 亩。倒塌房屋 29 间；死亡牲畜 16 头；公路中断 26 次，毁坏路基 5520 米，损坏输电线路 3100 米，毁坏提防 6 处 2710 米，渠堰 8 处 3100 米。

泥石流　境内地质结构为褶皱断裂发育，河流发育在断层破裂带上，岩石破碎，倾角大于 45 度，加之植被覆盖率差，洪灾频繁，易导致泥石流发生。

县内泥石流危害较严重有：1991 年 6 月 21 日、1997 年 7 月 23 日、1999 年 6 月 27 日、2000 年 6 月 18 日、2002 年 7 月 30 日、2003 年 5 月。1991 年 6 月 21 日 18 时 45 分，白果乡因泥石流山体滑坡中断行车 15 天。滑体后壁错落 52 米，横移 61 米。

2000 年 6 月 18 日，中果庄地区拉吉乡红旗村发生山体塌陷，损毁房屋 78 间，粮食（洋芋、荞麦）损失约 20 万公斤，损毁财物合计 14 万元。

第三节　霜冻低温

霜冻　境内霜冻主要是晚霜，对越西、普雄河谷小春、果树花期，高山马铃薯幼苗期，荞子花期危害较大。

春播低温　春播期连续≥4 天日平均气温 <10 摄氏度为指标。县城地区低温出现频率 41%，其安全育秧保证率仅 59%。

4 月初低温出现频率为 22%，安全育秧保证率为 78%，自 4 月 6 日后安全育秧保证率可达 85%。春播低温较严重年份：1995 年 4 月上旬、1998 年 3 月下旬、2003 年 3 月下旬。

秋季低温　水稻扬花期连续≥3 天日平均气温低于 20 摄氏度，且无日照为指标。县城地区多年平均出现频率 41%，其中：8 月上旬 11%、中旬 4%、下旬 26%，持续低温最长 12 天。80% 保证安全期为 8 月 17 日。秋季低温对水稻抽穗扬花不利，较严重的年份有：1997 年、1998 年、1999 年、2002 年、2003 年、2005 年。

连阴雨　连续≥5 天日照小于两小时，白天有雨为标准，有初夏连阴雨和"三秋"连阴雨。初夏连阴雨主要集中在 5 月下旬至 6 月上旬，6 月中旬出现频率高达 63%，平均每年可出现两段，最多年可达 4 段，持续最长 16 天，造成小麦霉烂、油菜生芽、水稻返青迟、病虫害严重等危害。"三秋"连阴雨一般始于 9 月上旬，1991—2005 年间，每年 9—10 月有连阴雨时段出现，其中：9 月出现频率为 81%。持续时间最长达 21 天，造成水稻成熟推迟，玉米、水稻霉烂生芽，影响小春播种。

冷冻　县城极端最低温度 -8.5 摄氏度，瓦里觉则为 -20 摄氏度左右。县境海拔偏高冷冻常在冬季发生，部分年度造成牲畜死亡，交通中断。

第四节　冰雹　地震　雷电

冰雹　县境冰雹出现次数最多主要集中在海拔 2200 米以上高山地区。成灾冰雹几年一遇。县境内冰雹发生季节长，3—10 月均可降雹，以 4—8 月最集中，其中：4—5 月最多；一天中下午 2 时至夜间 11 时都可能出现，下午 4 时至夜间 11 时为最多，达 90% 以上，其中：下午 5 时至夜间 9 时是严重冰雹出现较为集中的时段。小范围雹灾年年均有，大范围雹灾几十年一遇。

县境内冰雹大体有 6 条路线：由西方阳糯雪山入境，经城关——下普雄——拉吉方向；自西方入境向东南折向经大花——南箐——书古车洛——拉白，一路由南箐、书古经乐青地——上普雄——保石；由瓦吉木梁子经书古五里箐——瓦普莫;由西北方入境主要影响顺河保安一带;由东北方入境影响拉吉、瓦里觉一带;由南方入境影响申普、合觉、瓦里觉一带。

县内冰雹高频重灾区有申果庄区申普、拉吉、瓦里觉等乡,上普雄区竹阿觉、保石,中普雄区德吉、东山车洛梁子、阳糯雪山沿山地带。低频重灾区有越城镇、河东乡、尔觉乡、拉普乡、四甘普乡、贡莫乡、瓦吉莫乡、乐青地乡、普雄镇、新民乡、板桥乡、大屯乡等。

冰雹危害较大年份:1992 年、1994 年、1995 年、1997 年、2001 年、2005 年。1992 年 5 月 27 日 18 时 20 分,申果庄等地降雹,雹粒最大直径 5.5 厘米,重 172 克,打死家畜 26 头。1997 年 6 月 4 日,中所等 10 个乡(镇)降雹,平地积雹 7 厘米深,直接经济损失 1805.6 万元。

地震 越西地处甘肃武都——四川马边、康定——甘孜、安宁河 3 个地震带的交汇处。境内有两条蜿蜒活动断层穿过,东边受马边地震带影响,西有安宁河地震带相胁,是强烈地震波及带,中强地震发生区。

雷电 县境内雷暴天气多年平均开始于 3 月 3 日,终止于 11 月 12 日,初终间日数 255 天。1991—2005 年,多年平均年雷暴日数为 76 天,最多为 99 天,最少为 55 天。雷电灾害是全县主要气象灾害之一,每年都有因雷电灾害致人死亡和财产损失的事件发生。

2003 年 8 月 2 日,瓦岩乡安乐村遭雷击,造成 2 人死亡,8 人受伤,79 头牲畜死亡。2005 年 7 月 2 日,西山乡山洪村受雷电袭击,受灾 5 户,3 人重伤、2 人轻伤。

第三篇

人 口

第一章 人口状况

第一节 人口分布

1991 年，以户籍管理为基础，以乡、镇为统计单位，进行一年一度人口统计。年度统计人口时间为每年 12 月 31 日。当年，全县人口密度每平方公里 94 人，其中：农业人口 194193 人，占全县总人口 91.31%；非农业人口 18484 人，占总人口 8.69%。2000 年，开展第五次人口普查统计，全县人口密度为每平方公里 105 人，其中：农业人口 218539 人，非农业人口 19261 人；居住在越城镇人口 26571 人，占登记人口 11.2%，比第四次人口普查上升 1.4 个百分点；越城镇人口密度为每平方公里 1007 人；居住在乡村人口 169872 人，占登记人口 71.4%。2004 年前，人口统计由人工汇总。2005 年，实行人口统计年报由计算机汇总。

表 3－1　　1991、2000、2005 年人口分布统计表　　单位：人

地区＼项目＼年度	面积（公顷）	1991 年					2000 年					2005 年				
		户数	总人口	男	女	非农业人口	户数	总人口	男	女	非农业人口	户数	总人口	男	女	非农业人口
总计	225647	46033	212677	108445	104232	18484	57881	237800	122772	115028	19261	69864	269500	140923	128577	22855
越城镇	3114.1	4372	19193	9896	9297	7610	7624	26571	13678	12893	7209	9427	31388	16062	15326	11515
西山乡	8014	606	3169	1563	1606	77	976	4421	2243	2178	37	1456	5654	2863	2791	338
河东乡	2333.1	1260	6220	3198	3022	133	1702	7310	3735	3575	136	2251	8558	4386	4172	156
城郊乡		888	4319	2167	2152	87										
中所镇（乡）	1006.4	2029	9047	4541	4506	807	2438	8887	4626	4261	815	3167	10990	5692	5298	1219
大瑞乡	2713.7	2574	11502	5638	5864	226	3002	11475	5872	5603	227	3757	13956	7009	6947	300
丁山乡	1317	1341	5930	2994	2936	92	1568	5873	3009	2864	101	1914	7282	3717	3565	122
大花乡	11968.6	1050	4646	2316	2330	53	1163	5479	2853	2626	46	1446	6273	3297	2976	73
南箐乡	10054.8	1420	7018	3614	3404	60	1628	7752	3946	3806	43	1799	8910	4518	4392	100
马拖乡	3942.5	1579	7724	3826	3898	98	1956	8926	4552	4374	188	2360	10039	5137	4902	147
新乡乡	6712.3	507	2269	1141	1128	18	522	2383	1218	1165	32	638	2957	1628	1329	47
新民镇	1462.4	1578	7369	3826	3543	607	2170	9247	4779	4468	561	2504	9410	4935	4475	752
大屯乡	2616	1326	6643	3431	3212	79	1834	7809	4026	3783	173	2423	8548	4381	4167	91
板桥乡	9274.4	1177	5952	3011	2941	67	1550	7148	3688	3460	157	2191	7161	3657	3504	123
瓦岩乡	12628.3	1036	4867	2497	2370	44	1198	6114	3120	2994	379	1632	6593	3399	3194	70
乃托乡	7134.7	1206	6347	3486	2861	2302	2006	7312	3850	3462	1489	2586	7017	3865	3152	2152
白果乡	6627.4	749	4186	2099	2087	68	1196	5066	2682	2384	488	1232	5670	2997	2673	21

续上表

年度／项目／地区	面积（公顷）	1991 年					2000 年					2005 年				
		户数	总人口	男	女	非农业人口	户数	总人口	男	女	非农业人口	户数	总人口	男	女	非农业人口
梅花乡	7696	708	3059	1585	1474	47	729	3261	1741	1520	130	1034	3923	2067	1856	33
保安藏族乡	3525.4	712	3417	1699	1718	38	899	3923	2037	1886	62	872	4361	2196	2165	15
尔觉乡	4049.3	912	4074	2077	1997	426	1140	4687	2370	2317	426	1141	5020	2616	2404	207
四甘普乡	4597.7	936	4191	2171	2020	18	990	4284	2199	2085	278	1065	5173	2633	2540	33
铁西乡	2709	734	3334	1723	1611	25	941	4149	2136	2013	349	1073	4563	2245	2318	75
拉普乡	7142.3	1076	5008	2561	2447	20	1209	5607	2899	2708	234	1507	6254	3324	2930	37
普雄镇	4702.4	2391	9738	5402	4336	4482	4636	15911	8321	7590	2603	6167	18055	9970	8085	3988
贡莫乡	2094.8	832	3568	1779	1789	52	1282	5403	2806	2597	280	1286	5777	3045	2732	73
乐青地乡	2956.9	967	4563	2307	2256	29	1160	5213	2691	2522	385	1199	5947	3034	2913	68
拉白乡	1967.7	461	1979	965	1014	14	449	2135	1137	998	121	559	2602	1369	1233	140
德吉乡	5528.1	469	2077	1114	963	10	487	2120	1100	1020	81	473	2466	1303	1163	39
曲可地乡		1131	5731	2915	2816	50										
依洛地坝乡	6678.7	879	4273	2195	2078	340	1664	6574	3412	3162	216	1945	7735	4076	3659	334
古二乡	3639.5	587	2648	1332	1316	18	764	3244	1674	1570	154	946	3580	1834	1746	16
尔赛乡	4552.2	918	4157	1934	2223	13	1061	4646	2405	2241	75	1222	5153	2695	2458	11
竹阿觉乡	3385	564	2461	1268	1193	26	693	2759	1432	1327	38	775	3242	1682	1560	23
保石乡	7484.6	597	3048	1546	1502	19	699	3196	1633	1563	36	831	3630	1814	1816	8
依吉拉尼乡		306	1327	645	682	5										
书古乡	6247.4	543	2271	1170	1101	13	1274	5389	2792	2597	263	1426	6135	4220	1915	183
五里箐乡	5338.2	996	4276	2091	2185	25	1177	5161	2664	2497	475	1267	5879	3108	2771	39
瓦普莫乡	3887.1	458	2100	1090	1010	16	587	2592	1341	1251	284	615	2713	1527	1186	46
斯基乡		582	2471	1282	1189	140										
申果乡	6314.3	560	2788	1392	1396	111	570	2594	1335	1259	107	627	2721	1519	1202	125
瓦曲觉乡	4626.8	562	2548	1241	1307	17	595	2734	1379	1355	120	603	2841	1446	1395	13
申普乡	5691.9	445	1829	906	923	17	849	4067	2065	2002	45	1036	4601	2305	2296	41
瓦里觉乡	7328	636	2950	1492	1458	17	671	2991	1533	1458	109	686	3192	1594	1598	36
拉吉乡	15470.8	616	2858	1502	1356	33	711	2982	1559	1423	213	726	3531	1758	1773	46
瓦曲乃乌乡	7113.2	296	1376	705	671	19	111	405	234	171	96					
合觉乡		461	2156	1112	1044	16										

第二节　人口变动

1991 年，全县出生 3961 人，死亡 1384 人，迁出 919 人，迁入 754 人。1998 年，出生 4094 人，较上年增加 44 人；死亡 1471 人，比上年增加 30 人；迁出 4770 人，比上年迁出增加 1131 人；迁入 5299 人，比上年迁人增加1278人。2005年,出生3441人,死亡1158人,迁出7493人,迁入9277人。

表3-2 1991—2005年人口变动情况统计表

项目 年度	户数(户)	总人口(人)	总人口中			出生人数(人)	出生率(‰)	死亡人数(人)	死亡率(‰)	自然增长人数(人)	自然增长率(‰)	迁出人数(人)	迁入人数(人)
			男(人)	女(人)	非农业人口(人)								
1991	46033	212677	108445	104232	18484	3961	18.75	1384	6.55	2577	12.12	919	754
1992	47301	215088	109811	105277	18662	3972	18.57	1273	5.95	2699	12.62	3132	2844
1993	48297	217607	111443	106161	18616	3765	17.40	1065	4.92	2700	12.48	2679	2498
1994	48646	220371	113024	107347	20352	4016	18.34	1311	5.99	2705	12.35	3467	3526
1995	49421	222759	114476	108283	20804	4095	18.48	1446	6.53	2649	11.96	2714	2453
1996	49945	225384	116386	108998	21144	4080	18.21	1462	6.52	2618	11.68	2069	2040
1997	51973	228429	118054	110375	21207	4050	17.85	1441	6.35	2609	11.50	3639	4021
1998	56433	231432	119389	112043	21685	4094	17.81	1471	6.40	2623	11.41	4770	5299
1999	56553	234499	121861	112638	22222	3789	16.26	1386	5.95	2403	10.31	2629	3375
2000	57881	237800	122772	115028	19261	3819	16.57	1363	5.91	2456	10.66	3877	8371
2001	61660	245780	127088	118692	21941	3837	15.74	1347	5.53	2490	10.22	1516	3023
2002	62169	249221	128944	120277	22307	3788	15.31	1133	4.58	2655	10.73	1588	2184
2003	64398	253014	129817	123197	23231	3886	15.47	1357	5.40	2529	10.07	2140	3100
2004	66730	265445	137722	127723	23866	3724	14.37	1352	5.22	2372	9.15	5794	15617
2005	69864	269500	140923	128577	22855	3441	12.86	1158	4.33	2283	8.54	7493	9277

第二章 人口构成

第一节 自然结构

性别结构 1991年末,全县总人口212677人,其中:男108445人,占总人口50.99%;女104232人,占总人口49.01%;男女性别比例104.04:100(女=100)。

2000年,全县总人口241691人,其中:男124925人,占总人口51.69%;女116766人,占总人口48.31%;男女性别比例为106.82:100(女=100)。

2005年,全县总人口269500人,其中:男140923人,占总人口的52.29%;女128577人,占总人口的47.71%;男女性别比例109.6:100(女=100)。

表 3－3 　　1991—2005 年人口性别统计表　　单位:人、%

项目＼年度		1991	1992	1993	1994	1995	1996	1997	1998	1999	2000	2001	2002	2003	2004	2005
总人口		212677	215088	217607	220371	222759	225384	228429	231432	234499	237800	245780	249221	253014	265445	269500
其中	男	108445	109811	111443	113024	114476	116386	118054	119389	121861	122772	127088	128944	129817	137722	140923
	女	104232	105277	106161	107347	108283	108998	110375	112043	112638	115028	118692	120277	123197	127723	128577
占总人口比例	男	50.99	51.05	51.21	51.29	51.39	51.64	51.68	51.59	51.97	51.62	51.71	51.74	51.31	51.88	52.29
	女	49.01	48.95	48.79	48.71	48.61	48.36	48.32	48.41	48.03	48.37	48.29	48.26	48.69	48.12	47.71

年龄结构　1991 年,0～4 岁 27385 人,占 12.87%;5～14 岁 52388 人,占 24.63%;15～24 岁 50277 人,占 23.64%;25～44 岁 46846 人,占 22.03%;45～69 岁 31475 人,占 14.8%;70 岁以上 4306 人,占 2.02%。2000 年,0～14 岁 84622 人,占 35.59%;15～24 岁 44722 人,占 18.81%;25～44 岁 66018 人,占 27.76%;45～59 岁 27189 人,占 11.43%;60～89 岁 15185 人,占 6.39%;90 岁以上 64 人,占 0.02%。2005 年,18 岁以上 91825 人,占 34.07%;18～35 岁 87717 人,占 32.55%;35～60 岁 66614 人,占 24.72%;60 岁以上的人口 23344 人,占 8.66%;人均寿命 69.73 岁,其中:男性平均寿命为 68.36 岁,女性平均寿命为 72.59 岁。

表 3－4 　　1999、2000、2005 年人口年龄统计表　　单位:人、%

年龄＼项目	1991 年					2000 年					2005 年				
	人口数			占人口总数的百分比		人口数			占人口总数的百分比		人口数			占人口总数的百分比	
	合计	男	女	男	女	合计	男	女	男	女	合计	男	女	男	女
0～4	27385	14410	12975	53	47	29279	15643	13636	53	47	29779	15893	13886	53	47
5～9	26428	13581	12847	51	49	29131	15744	13387	54	46	29631	14928	14703	50	50
10～14	25960	13400	12559	52	48	26212	14030	12182	54	46	26712	14152	12560	53	47
15～19	26565	13660	12905	51	49	22430	11875	10555	53	47	22930	11904	11026	52	48
20～24	23712	11983	11729	51	49	22292	11477	10815	51	49	22792	11727	11065	51	49
25～29	13591	6899	6693	51	49	23170	11885	11285	51	49	23670	12135	11535	51	49
30～34	10955	5585	5369	51	49	20571	10373	10198	50	50	20571	10373	10198	50	50
35～39	11051	5572	5479	50	50	12955	6611	6344	51	49	13255	6761	6494	51	49
40～44	11249	5697	5552	51	49	9322	4666	4656	50	50	9622	4816	4806	50	50
45～49	9979	5168	4812	52	48	9919	4883	5036	49	51	10219	5033	5186	49	51
50～54	8318	4290	4028	52	48	9462	4659	4803	49	51	9762	4809	4953	49	51
55～59	5673	2827	2845	50	50	7808	3868	3940	50	50	8108	4018	4090	50	50
60～64	4472	2178	2294	49	51	6186	2958	3228	48	52	6486	3108	3378	48	52
65～69	3033	1399	1634	46	54	3921	1846	2075	47	53	4221	1996	2225	47	53
70～74	2164	937	1227	43	57	2654	1220	1434	46	54	2654	1220	1434	46	54
75～79	1324	521	803	39	61	1456	645	811	44	56	1476	655	821	44	56
80～84	593	223	370	38	62	712	281	431	39	61	732	291	441	39	61
85～89	190	56	134	29	71	256	86	170	34	66	276	96	180	34	66

续上表

年龄＼项目	1991年					2000年					2005年				
	人口数			占人口总数的百分比		人口数			占人口总数的百分比		人口数			占人口总数的百分比	
	合计	男	女	男	女	合计	男	女	男	女	合计	男	女	男	女
90～94	24	8	16	33	67	50	17	33	34	66	70	27	43	34	66
95～99	10	4	6	40	60	13	5	8	38	62	33	15	18	38	62
100岁以上	1		1	0	100	1	1		0	100	21	10	11	0	100
总计	212677	108398	104279	51	49	237800	122772	115028	52	48	269500	140923	128577	52	48

第二节　社会结构

民族结构　全县总人口中彝族人口最多,汉族次之。比较县内各民族人口增长情况,汉族人口增长速度较慢,少数民族人口增长速度较快。1991年,县境内有汉族、彝族、藏族、回族、苗族、蒙古族、白族、纳西族、壮族、傣族、土家族、满族、侗族、朝鲜族、布依族、维吾尔族、哈萨克族、羌族、独龙族等19种民族。其中:汉族占人口总数的31.82%,彝族占人口总数的66.92%,藏族占人口总数的1.03%,回族占人口总数的0.17%,其它民族占0.06%。2000年,全国第五次人口普查,县内汉族占29.74%,彝族占69.02%,藏族占1.01%,回族占0.18%,其它民族占0.05%。2005年,全县19种民族中,汉族占总人口的27.61%,彝族占总人口的70.99%,藏族占总人口的1.17%,回族占总人口的0.19%,其它民族占0.04%。1991—2005年,汉族人口比例由31.82%下降到27.61%,彝族人口比例由66.92%上升到70.99%。

表3－5　　**1991—2005年各民族人口统计表**　　单位:人

年份＼项目	合计	汉族	彝族	藏族	回族	苗族	蒙古族	其它民族
1991	212677	67683	142334	2200	371	14	10	65
1992	215088	68364	144117	2164	370	15	8	50
1993	217607	69273	145682	2195	374	15	9	59
1994	220371	69814	147888	2208	370	18	8	65
1995	222759	70055	149971	2255	386	18	9	65
1996	225384	72209	150437	2275	375	10	9	69
1997	228429	72415	153239	2294	389	10	12	70
1998	231432	71052	157605	2303	391	8	13	60
1999	234499	71129	160615	2291	387	9	13	55
2000	237800	61915	172505	2720	441	20	43	156
2001	245780	72828	169892	2521	447	12	16	64
2002	249211	73699	172403	2577	443	12	16	71
2003	253014	74866	175037	2577	441	11	15	67
2004	265455	75522	186415	2914	471	14	3	106
2005	269500	74415	191328	3143	505	15	3	91

文化结构 1991 年,全县小学文化 38534 人,初中文化 20757 人,高中文化 7062 人,大专及其以上文化 589 人,文盲、半文盲 115432 人。2000 年,第五次人口普查统计,全县 6 岁及 6 岁以上 202127 人,其中:研究生 6 人、大学本科 230 人、大学专科 1537 人、中专 3797 人、高中 5071 人、初中 23590 人、小学 94707 人、扫盲 14443 人、未上过学 58746 人;全县 15 岁及 15 岁以上人口 175915 人,其中:文盲 52857 人,占同龄人口的 30.04%,文盲中男性 19394 人,占同龄男性的 21.62%,女性 33463 人,占同龄女性的 38.82%。2005 年,全县总人口 269500 人,其中:小学文化 122331 人,初中文化 26734 人,高中文化 6746 人,大专及其以上文化 2209 人,文盲、半文盲 60377 人。

职业结构 1991 年,全县城镇人口(非农业人口)18484 人,农业人口 194193 人。农业人口中具有农业生产劳动力的 105652 人,从事农、林、牧、水利业的 104391 人,工业 3707 人,建筑业 314 人,交通运输、邮电、通信业 2222 人,商业 1690 人,房地产管理、公用事业、居民服务和咨询业 252 人,卫生、体育和社会福利事业 643 人,教育、文化和广播电视事业 1868 人,科研和综合技术服务业 16 人,金融保险业 245 人,党政机关和社会团体 2231 人。

2000 年,第五次人口普查统计,全县农业人口 218539 人,农业人口中具有农业生产劳动力的 131658 人,从事农、林、牧、水利业的 117554 人,工业 4802 人,建筑业 1294 人,交通运输、邮电、通信业 2484 人,批发零售贸易及餐饮业 1889 人,房地产管理、公用事业、居民服务和咨询业 281 人,卫生、体育和社会福利事业 845 人,教育、文化和广播电视事业 2088 人,科研和综合技术服务业 38 人,金融保险业 345 人,党政机关和社会团体 2565 人。

2005 年,全县农业人口 246645 人,农业人口中具有农业生产劳动力的 143401 人,从事农、林、牧、水行业的 123429 人,工业 6115 人,建筑业 3248 人,交通运输、邮电、通信业 2785 人,批发零售贸易及餐饮业 2864 人,房地产管理、公用事业、居民服务和咨询业 320 人,卫生、体育和社会福利事业 1215 人,教育、文化和广播电视事业 2368 人,科研和综合技术服务业 52 人,金融保险业 421 人,党政机关和社会团体 2937 人。

姓氏结构 县内各民族以彝族、汉族、藏族、回族居多。全县有彝族姓氏 300 多个,汉族姓氏 200 多个,藏族姓氏 24 个,回族姓氏 20 多个。

全县彝族主要姓氏有:阿侯、阿尔、苏呷、果基、沙马、曲毕、马海、木洛、曲木、的日、海乃、吉曲、麻卡、模色、俄木、吉兹、木出、洛巴、瓦西、模格、俄尔、阿西、巴觉、阿苏、吉克、阿玉、阿部、吉布、依火、吉尼、木色、阿苦、阿说、依雷、能则、能格、吉米、阿毕、吉子、布尔、克其、吉俄、阿洛、莫色、吉呷、阿加、威色、吉皮、吉怕、拉依、尔祖、巴摸、说日、勿雷、吉差、阿觉、吉火、洛古、吉坡、吉古、俄作、加潘、热夫、牛伙、来乌、惹府、木日、曲觉、坚来、马子、马阿加、兰洪、俄其、地的、彭火、俄石、孙子、吉瓦、巴莫、比尔、依洛、某谋、阿都、格坡、阿里、波石、尔古、八且、洛伍、扪登、吉玉、吉木、格依、木苦、沙日、布丁、阿格、拉马、坚古、阿的、阿牛、阿扑、阿比、拉尔等姓。

全县汉族主要姓氏有:丁、刁、习、于、万、凡、马、方、文、亢、王、韦、尤、车、牛、丰、毛、仁、仇、尹、邓、孔、允、冯、宁、付、古、甘、艾、左、龙、石、卢、田、冉、史、叶、母、白、代、包、冰、安、江、汤、刘、齐、闫、祁、许、匡、邢、成、尧、巩、孙、阮、吕、乔、朱、向、任、伍、伊、毕、牟、纪、汪、沈、宋、辛、闵、况、羌、肖、苏、李、杜、严、迟、陆、陈、邵、张、吴、何、邱、邹、谷、余、佘、庞、郑、单、杨、林、范、苟、欧、尚、易、金、孟、罗、周、姚、岳、洪、彦、施、祝、姜、娄、赵、郝、南、柯、柳、胡、钟、侯、段、俞、饶、费、贺、骆、胥、涂、高、郭、席、唐、党、凌、耿、秦、袁、聂、莫、萧、夏、顾、贾、晏、钱、倪、徐、殷、卿、陶、桑、淳、梁、章、康、阎、常、黄、曹、梅、龚、崔、温、游、童、曾、谢、彭、辜、蒋、董、韩、喻、傅、舒、程、鲁、窦、雍、雷、蒲、蓝、赖、路、简、詹、解、漆、廖、谭、蔡、熊、潘、樊、黎、薛、穆、蹇、戴、鞠、魏、瞿、欧阳。其中:以姓王、李、陈、蒋、张、郭、耿、吴、周、刘、冯、邓的人较多。

全县藏族主要姓氏有:鹏俄、靳玛、玉刹、陈莫、莫合、呷扎、扎拉瓦、扎斯、挖布、亮尔、蒲、古泽、罗布、藏玛、坝尔、阿朵、多夸、仲别、扪格、拉波、尔坡、阿古、阿波、兑巴。

全县回族主要姓氏有:马、苏、张、撒、铁、常、郑、倪、麻、丁、蒲、杨、王、刘、米、江、保、彭等。

县内建于清代的汉族宗祠多以姓来命名，越城镇建有李家祠、蒋家祠、周家祠、张家祠、刘家祠；中所建有陈家祠、邓家祠、龚家祠；新民建有王家祠；梅子营建有蔡家祠等。以姓氏命名的有邓家坝、陶家营、耿家湾、宾家湾、吴家圃子、王家屯、唐家院场等。

第三节　婚姻家庭

家庭类型　1991 年，全县有家庭 46033 户，其中：一代户 4412 户、二代户 33771 户、三代户 5641 户、四代户 115 户、其它组合户 2094 户。2000 年，全县有家庭 57746 户，其中：一代户 9076 户、二代户 40948 户、三代户 7569 户、四代户 153 户。2005 年，全县有家庭 69864 户。

婚姻状况　1991 年，全县 15 岁以上人口为 132904 人，男性 67007 人，女性 65898 人，其中：未婚 34281 人，男 19432 人、女 14849 人；有配偶 88492 人，男 44422 人、女 44070 人；丧偶 9333 人，男 2655 人、女 6678 人；离婚 766 人，男 426 人、女 340 人。

2000 年，全国第五次人口普查，按长表统计要求抽查县内 15 岁以上人口 15370 人，男性 7738 人，女性 7632 人，其中：未婚 3555 人，男 2071 人、女 1484 人；再婚 359 人，男 211 人、女 148 人；离婚 146 人，男 96 人、女 50 人；丧偶 962 人，男 273 人、女 689 人。2005 年末，全县 15 岁以上人口约 167788 人，有配偶 111718 人、丧偶 11782 人、离婚 1067 人、未婚 43221 人。

第三章　人口普查

第一节　第四次人口普查

根据《国务院关于进行第四次人口普查的通知》（国发〔1989〕37 号），县委、县政府于 1990 年 1 月成立越西县第四次人口普查领导小组及办公室，由 1 名副县长任组长，县政府办公室主任、公安局局长、统计局局长任副组长，19 个相关部门负责人任成员，办公室主任由政府办主任兼任，并从县级机关选调聘请 22 人组成业务、宣传、秘书、后勤 4 个组，业务组下设：普查、编码、手工汇总、质量控制 4 个小组，负责普查工作的实施。各区、乡、镇、村和机关、企事业单位，成立 56 个领导小组、103 个办公室和 293 个普查小组，由各地区、单位党政主要负责人担任组长和办公室主任，并从机关、企事业单位、农村选调 2467 名普查指导员和普查员，负责普查登记汇总工作。参加该次人口普查工作的人员 3938 人，占全县总人口的 1.8%。第四次人口普查登记的标准时间是 1990 年 7 月 1 日零时，首次与联合国逢零年份进行人口普查建议相衔接，设置姓名、性别、民族、年龄、婚姻、家庭、生育、行业职业、人口城乡分布、文化程度、死亡人口、人口迁徙、人口流动共 21 个普查项目，其中：人口迁徙和人口流动是在第三次人口普查基础上新增加的。第四次人口普查结果资料：全县总人口 213925 人，其中：男性 109034 人，女性 104891 人，总户数 45604 户。

1991 年 1 月，经州人口普查办按 10% 随机抽样检查的越西县 14 个普查区、102 个小区的 21850 人编码，经微机编辑无人头差错，总差率千分之一，符合国家允许的误差。又经录入前 2% 抽样检查合格后，同意正式录入普查数据。1992 年 4 月,按国务院规定,完成《越西县 1990 年人口普查资料(电子计算机汇总)》的编印工作。

第二节　第五次人口普查

2000 年,成立由常务副县长担任组长的第五次全国人口普查领导小组,组成成员单位有县委宣传部、县统计局、县财政局、县计委、县广电局、县民政局、县农业局、县教育局、县卫生局、县工商局,领导小组下设办公室,由县统计局副局长担任主任,县统计局普查中心主任担任副主任,办公室有工作人员 11 人,以县统计局为主,抽调部分外单位人员。

第五次人口普查登记的标准时间是 2000 年 11 月 1 日零时。普查项目由人口基本情况、迁徙流动状况、文化身体素质、经济活动状况、婚姻生育状况、人口生活质量等内容构成;常表普查项目有 49 项,增加"暂住人口调查表"。与 1990 年第四次人口普查相比,增加人口的居住条件和环境、人口的经济活动和劳动技能、人口的生活质量、人口的文化素质等项目。

第五次全国人口普查结果是:全县总人口 237800 人,其中:男性 122772 人、女性 115028 人,农业人口 218539 人;总户数 57881 户,其中:家庭户 57746 户,集体户 135 户;女男性别比 100: 106. 73;家庭户平均每户人数 4. 1 人。

表 3 – 6　　2000 年第五次人口普查人口分布统计表

地　区	总面积(公顷)	户数(户)			人数(人)			非农人口(人)	农业人口(人)
		合计	家庭户	集体户	合计	男	女		
总计	225656	57881	57746	135	237800	122772	115028	19261	218539
越城镇	3114. 1	7624	7564	60	26571	13678	12893	7209	19362
中所镇	1006. 4	2438	2438		8887	4626	4261	815	8072
新民镇	1462. 4	2170	2169	1	9247	4779	4468	561	8686
乃托镇	7134. 7	2006	1980	26	7312	3850	3462	1489	5823
普雄镇	4702. 4	4636	4636		15911	8321	7590	2603	13308
新乡乡	6712. 3	522	522		2383	1218	1165	32	2351
马拖乡	3942. 5	1956	1956		8926	4552	4374	188	8738
大瑞乡	2713. 7	3002	3002		11475	5872	5603	227	11248
南箐乡	10054. 8	1628	1628		7752	3946	3806	43	7709
丁山乡	1317	1568	1567	1	5873	3009	2864	101	5772
大花乡	11968. 6	1163	1162	1	5479	2853	2626	46	5433
河东乡	2333. 1	1702	1702		7310	3735	3575	136	7174
西山乡	8014	976	976		4421	2243	2178	37	4384
板桥乡	9274. 4	1550	1549	1	7148	3688	3460	157	6991
瓦岩乡	12628. 3	1198	1195	3	6114	3120	2994	379	5735
大屯乡	2616	1834	1834		7809	4026	3783	173	7636
保安藏族乡	3525. 4	899	898	1	3923	2037	1886	62	3861
白果乡	6627. 4	1196	1190	6	5066	2682	2384	488	4578
梅花乡	7696	729	724	5	3261	1741	1520	130	3131
拉普乡	7142. 3	1209	1209		5607	2899	2708	234	5373

续上表

地　区	总面积（公顷）	户数（户）			人数（人）			非农人口（人）	农业人口（人）
		合计	家庭户	集体户	合计	男	女		
铁西乡	2709	941	938	3	4149	2136	2013	349	3800
尔觉乡	4049.3	1140	1140		4687	2370	2317	426	4261
四甘普乡	4597.7	990	990		4284	2199	2085	278	4006
贡莫乡	2094.8	1282	1282		5403	2806	2597	280	5123
拉白乡	1967.7	449	449		2135	1137	998	121	2014
乐青地乡	2956.9	1160	1160		5213	2691	2522	385	4828
德吉乡	5528.1	487	487		2120	1100	1020	81	2039
依洛地坝乡	6678.7	1664	1664		6574	3412	3162	216	6358
尔赛乡	4552.2	1061	1058	3	4646	2405	2241	75	4571
古二乡	3639.5	764	762	2	3244	1674	1570	154	3090
竹阿觉乡	3385	693	693		2759	1432	1327	38	2721
保石乡	7484.6	699	699		3196	1633	1563	36	3160
五里箐乡	5347.2	1177	1177		5161	2664	2497	475	4686
书古乡	6247.4	1274	1274		5389	2792	2597	263	5126
瓦普莫乡	3887.1	587	587		2592	1341	1251	284	2308
申果乡	6314.3	570	564	6	2594	1335	1259	107	2487
瓦曲觉乡	4626.8	595	595		2734	1379	1355	120	2614
申普乡	5691.9	849	846	3	4067	2065	2002	45	4022
瓦曲乃乌乡	7113.2	111	102	9	405	234	171	96	309
瓦里觉乡	7328	671	671		2991	1533	1458	109	2882
拉吉乡	15470.8	711	707	4	2982	1559	1423	213	2769

第四章　计划生育

第一节　计生机构

1991 年，越西县计划生育委员会内设办公室、宣传教育股、计划财务股、政策法规股，各区设计划生育办公室、乡设计划生育委员会。计划生育专干原则上分别按一类乡（镇）3 人、二类乡（镇）2 人、三类乡（镇）1 人、片区工委 1 人配备，村上有 1 名专（兼）职计划生育员。

1998 年，越西县计划生育委员会改为越西县计划生育局，内设办公室、政策法规股、计划统计、财务股。全县有计划生育人员 87 人。2001 年，在计划生育局单设计划生育药具服务站。

2005 年，县计划生育局更名为县人口和计划生育局，内设办公室（宣教法规股挂靠办公室）、统计财务股，全县有计生工作人员 71 人。

表 3－7　　1991—2005 年人口和计划生育局负责人名录

姓　名	性　别	民　族	职　务	任职时间
蒋志清	男	彝族	主　任	1989. 5—1995. 11
黄约布	男	彝族	副主任	1992. 3—1995. 11
沙微	女	彝族	副主任	1992. 3—1995. 11
吉差阿木	男	彝族	副主任	1995. 12—1996. 5
			主　任	1996. 5—1998. 3
			局　长	1998. 3—2003. 2
蒋兴刚	男	汉族	副主任	1995. 4—1998. 3
			副局长	1998. 12—2001. 9
依打拉沙	男	彝族	副局长	1998. 11—2003. 5
邓思伦	男	汉族	副局长	2003. 5—2005. 12
莫色伍呷莫	女	彝族	副局长	1998. 7—2005. 12
阿里木机	男	彝族	局　长	2003. 5—2005. 12

第二节　计生政策与措施

计划生育政策　1991 年，全县执行“一二二三”的生育政策，根据《凉山彝族自治州计划生育办法》规定：提倡和鼓励晚婚晚育，男女双方按照法定婚龄各推迟 3 周岁以上结婚的为晚婚；汉族女方 24 周岁以上，少数民族女方 22 周岁以上生育为晚育。汉族非农村人口，一对夫妻只生育 1 个子女；少数民族非农村和散居在低山、河谷地带的少数民族村民，一对夫妻允许有计划地生育 2 个子女；汉族村民，提倡一对夫妻只生育 1 个子女，确有实际困难的，经批准可以照顾生育第 2 个子女；少数民族村民，允许一对夫妻有计划地生育 2 个子女，居住在边远、高寒地区、确有实际困难的，可以照顾生育第 3 个子女；干部、职工在州人民政府确定照顾的边远、高寒地区连续工作 8 年以上的，经批准可以照顾再生育 1 个子女；台湾、港澳同胞和归国华侨回本州定居的，可以生育 2 个子女，是少数民族的可以生育 3 个子女；夫妻有一方是少数民族的，执行少数民族的生育规定。每个孩子之间，少数民族应有 3 周岁以上间隔时间，汉族应有 4 周岁以上间隔时间。符合规定，要求生育的，由夫妻双方申请，县计划生育委员会审查纳入生育计划。

1992 年 3 月 16 日，根据凉府发〔1992〕7 号《凉山州人民政府关于实施〈凉山彝族自治州计划生育办法〉实行生育政策区域照顾的决定》，确定照顾生育 3 个孩子的乡（镇）区域范围。

1996 年，对计划生育户制定优惠政策，对独生子女入托入学减免学杂费，减免公益性、事业性各种集资款。升入高中、中专、大专独生子女，可由乡（镇）及父母所在单位给予一定的奖励，优先就业、参军。对独生子女患癌症、精神病、瘫痪的医疗费用给予补助。对独生子女及父母实行两全保险和定期免费健康检查，奖励晚婚晚育。对计划生育户优先提供致富信息、农资、贷款、划拨宅基地、安排到乡村企业务工，优先承包土地、荒山及荒地。开展送温暖做好事活动，鼓励男到独女家落户，适当减免农村提留和统筹费，对计划生育户避孕措施失败者手术费和药费由职能部门给予全部报销，免征土地税、优先收购农副产品、优先培训农业技术，免收培训费。1998 年 7 月 3 日，凉府函〔1998〕64 号《关于对越西调整部分少数民族聚居村生育政策的请示的批复》，同意大瑞乡和丁山乡丁塘村调整为照顾少数民族村民有计划地生育 3 个孩子的区域。2003 年 8 月，县政府下发〔2003〕43 号文《关于实行独生子女父母奖励金的通知》，确保独生子女父母奖励政策的落实。

计划生育措施 1994年,全县计划生育工作制定一票否决量化标准,凡当年出现计划外生育的村,取消一切评奖、评优、评先、达标资格,凡连续两年出现计划外生育被定为后进村,村支书、村主任和村计生专干一律免职;凡年终计生率不足90%或乱收计划外生育费的乡(镇),取消一切评奖、评先、评优、达标、升级资格。1999年,实行计划生育政务、村务公开,做到政策法规公开、办事程序公开、办案结果公开,接受群众的监督。

2000年,规范执法文书,建立健全执法档案,做到生育政策公开、人口计划公开、计划外生育费公开,接受群众的监督。认真开展查环、查孕、查病工作,落实工作人员职责,全面推行包工作任务、包工作经费、挂奖惩工作措施,加强计划生育工作村民自治管理,保证避孕节育经费。2002年,实施国务院颁布的《中华人民共和国人口与计划生育法》,贯彻落实《四川省人口与计划生育条例》。

2005年,坚持依法行政,严格执行计划生育工作"七个不准"和"十禁止"规定,以人为本,正确执法,文明执法,全年没有发生因违反程序而出现的行政复议和行政诉讼案件。同年,制定《越西县2005年度人口和计划生育工作目标任务及考核办法》,加强对全县人口和计生工作目标管理。

第三节 计生"三结合"

1991年,将计划生育户划分为贫困户、温饱户、富裕户、小康户分户建卡,集中力量帮扶有发展潜力的独生子女专业户。1994年,调查摸底全县各乡(镇)帮扶的计划生育户的收入情况、产业结构和特长,以"计划生育与扶贫相结合"为基本模式,实行计划生育与人口(控制)、经济(脱贫致富)、精神文明(建设文明幸福家庭)三结合,开展生育、生产、生活三服务(由计生部门提供生育服务,由经济部门提供生产服务,由社会事业管理部门提供生活服务)。

1996年,贯彻落实越委发[1996]32号文件《关于在全县农村开展计划生育"三结合"的通知》和越计生领发[1996]2号文件《关于计划生育三结合定点联系帮扶到户的通知》,采取扶贫资金、物资与计划生育挂钩,对未实行计划生育的,必须按当地规定落实有效节育措施后再予以扶持;对列为扶贫对象后又计划外生育的,暂停享受扶贫优惠待遇。扶贫项目与计划生育挂钩,对计划生育工作质量高的乡、镇、村优先安排扶贫项目;对人均收入在当地平均水平以下的计划生育贫困户,特别是处于温饱线以下的计划生育户优先予以扶持。建立计划生育贫困户卡片,协调有关部门向计划生育贫困户落实优先、优惠、优待政策。全县有47个县级单位、9个区工委、40个乡(镇)共计96个单位106人进行建卡登记,分解到村、组、户,定点帮扶169户。投入项目资金5.3万元,其它资金0.5万元,用于种植业、养殖业。

1998年,将"三结合"工作纳入目标考核,各乡(镇)订立帮扶计划,签订帮扶协议,建立帮扶卡和帮扶台账,完善帮扶措施,制定优惠政策,实行"多项启动、多部门投入",逐步形成零星、分散、救济式帮扶向集中、成片、开发式帮扶和输血帮扶向造血式帮扶的转变,做到扶贫开发与计划生育同安排、同落实、同检查、同考核。新增州下达帮扶数50户,实际帮扶123户,比计划增加73户;联系户212户,实际联系246户,比计划增加34户;帮带户700户,实际帮带900户,比计划增加200户。投入计生户用于种植业、养殖业的专项资金450万元,形象扶贫计生户6211户。

2000年,把计划生育与发展农村经济、帮助计划生育户勤劳致富奔小康、建设文明幸福家庭相结合,形成"党政总揽,部门帮扶,乡(镇)、村、组配合,群众参与"的工作格局。全县完成"三结合"帮扶任务1360户,超州下达任务850户,80%被帮扶户达到家庭增收20%以上的帮扶目标,建立成片帮扶点249个,投入帮扶资金近百万元,用于种植业、养殖业。投入10万元专项资金,在南箐乡南新村、普雄镇瓦吉木村、白果乡塔拉村建立集中帮扶示范村,每个村15户,共45户,年均户平帮扶金额2000~3000元,主要用于种植业和养殖业。

2003年,县政府统一下达帮扶户和建设帮扶基地任务。涉农部门、帮扶部门、计生部门,分别完成制定政策、提供服务、任务落实及目标考核等工作,实现"三结合"工作同扶贫移民、治穷治愚、新村建设、退耕还林、人畜引水工程、婚育新风进万家等工作的结合,全年每个乡(镇)新增帮扶户2户,联系户3户,帮带户8户,共完成533户。在越城镇新村村、普雄镇瓦吉木村、瓦岩乡渔洞村、南箐乡河坎村新建4个规范的"三结合"帮扶基地,巩固5个帮扶基地,落实帮扶资金34.5万元。2005年,各级党委、政府把计划生育"三结合"工作纳入年终目标考核内容,层层签订责任书,做到真帮实扶。新建帮扶基地4个,巩固已有帮扶基地40个,帮扶870户,其中:新增户130户、联系户220户、帮带户520户。

表3-8　　2005年度计划生育"三结合"帮扶任务分解表

项目 乡镇名	帮扶任务(户)				巩固基地(个)	项目 乡镇名	帮扶任务(户)				巩固基地(个)	项目 乡镇名	帮扶任务(户)				巩固基地(个)
	合计	新增	联系	帮带			合计	新增	联系	帮带			合计	新增	联系	帮带	
越城镇	28	4	9	15	1	乃托镇	25	3	8	14	1	竹阿觉乡	22	4	5	13	1
河东乡	21	3	5	13	1	白果乡	21	3	5	13	1	尔赛乡	21	3	5	13	1
西山乡	21	3	5	13	1	梅花乡	21	3	5	13	1	依洛地坝乡	22	4	5	13	1
中所镇	28	4	9	15	1	保安乡	20	2	5	13	1	古二乡	20	3	5	13	1
大花乡	21	3	5	13	1	四甘普乡	22	4	5	13	1	瓦普莫乡	19	2	5	12	1
丁山乡	21	3	5	13	1	铁西乡	22	4	5	13	1	书古乡	22	4	5	13	1
南箐乡	23	4	5	14	1	拉普乡	21	3	5	13	1	五里箐乡	21	4	5	12	1
大瑞乡	26	4	8	14	1	尔觉乡	22	4	5	13	1	拉吉乡	20	3	5	12	1
马拖乡	22	4	5	13	1	普雄镇	27	4	8	15	1	瓦里觉乡	20	3	5	12	1
新乡乡	19	2	5	12	1	贡莫乡	22	4	5	13	1	申普乡	19	2	5	12	1
新民镇	26	4	8	14	1	乐青地乡	22	4	5	13	1	瓦曲觉乡	19	2	5	12	1
大屯乡	21	3	5	13	1	拉白乡	20	3	5	12	1	申果乡	19	2	5	12	1
板桥乡	21	3	5	13	1	德吉乡	20	2	5	13	1	合　计	870	130	220	520	40
瓦岩乡	22	4	5	13	1	保石乡	21	3	5	13	1						

第四节　计生管理

生育指标管理　1991年,按照国家、省、州有关计划生育指标管理规定,夫妻政策范围内生育子女,计划生育管理部门给予发放生育证,生育指标安排在每年下达出生人口计划内。

1993年,本着优先安排大龄组生育,优先保证一胎生育,剩余指标再发放给间隔时间满应生二胎及三胎的原则,建立乡、村张榜公示准生证制度,确实做到榜上有名的按计划生育,榜上无名的落实避孕措施。若计划外怀孕,按规定从怀孕之月起收男、女双方的计划外怀孕费;非婚怀孕的和未到法定年龄结婚的不得生育,如有违反按相关规定进行处理;当年安排生育指标未生育的,退回《准生证》,在下年计划时优先安排,重新发给《准生证》,否则,按计划外处理。

1997年5月,计划生育《准生证》更名为《生育证》。对《生育证》发放原则、申请、审核、发证等作出规定,并对西山乡错发《准生证》进行通报批评。2003年,免费向当事人发放省统一印制的《生育服务证》、《生育证》、《独生子女父母光荣证》,所需经费在计划生育事业费中支付。

社会抚养费管理　1991年,计划外生育费包括计划外怀孕费、间隔费。1995年5月,实行"乡收县管、财政监督"管理体制,征收的计划外生育费只能用于计划生育事业,严禁借支、挪用、挥霍浪费。对在计划外生育费的征收和管理工作中做出成绩单位和个人给予表彰奖励。

1997年,严格执行生育间隔规定,杜绝计划外生育,非婚生育,早婚生育。每个孩子之间,少数民族小于3周岁,汉族小于4周岁的视为计划外生育;男、女双方未办《结婚证》的必须到民政部门补办,并从怀孕之月起每月收取夫妻双方计划外怀孕费各30元,收9个月,共计540元。

2005年,全县继续收计划生育社会抚养费。

第五节 指导服务

指导站建设 1993年,修建越西县计生指导站办公房629平方米,职工住房742平方米。1994年,指导站下设办公室、业务科、宣传科、避孕药服务部、术后鉴定科。2005年,有站长1名,副站长2名,职工24人,配备1台电脑,5台B超诊断仪,2台红外线治疗仪,1张万能手术床。

表3-9 1991—2005年计划生育服务指导站负责人名录

姓名	性别	民族	职务	任职时间
莫色伍呷	女	彝族	站长	1991.4—2005.12
曲莫木果	男	彝族	副站长	1996.9—2005.12

学习与培训 1991年,编印优生、优育、节育避孕常识小册子,发放给区乡计生专干、村组药具发放员。召开优生、优育、避孕节育、避孕药具基本常识培训会,参训人员2163人次。1995年,在县城十字路口开展预防艾滋病宣传活动,发放宣传资料7526份,性病资料6943份,解答群众提问4628条。2000年,办墙报专栏325次,举办婚育学校9所,建悄悄话室52间,向育龄人群讲解生殖生理知识和放置宫内节育器、人工流产、取出宫内节育器、药物流产的基本知识,以实物配上挂图展示避孕套、避孕药膜、不同种类的口服避孕药、节育环,向育龄群众提供知情选择。2005年,将计生"三查"工作与服务相结合,对育龄人群的培训方式,由单一的讲述变为面对面交流,培训18639人次。

技术服务 1991年,施行计划生育手术3411例,其中:放置宫内节育器手术占节育手术总数的84.01%。1993年,抽出2/3的业务人员先后到全县9个片区41个乡(镇)进行巡回技术服务,共做手术1319例,开展"三查"服务,咨询5621人次,妇检1163人次。1995年,施行计划生育手术2541例,术后复查3215人次。2000年,采取节育措施462例,"三查"3576人次。同年,将业务人员组成3个服务组,深入各乡(镇)开展"三查",共查环4940人次,查孕、查病3154人次,查出怀孕妇女57人,查出肾结石、胆结石患者21人,施行计划生育手术130例。2005年,引进含有活性物质的宫内节育器,增加避孕效果,降低副作用。组织技术骨干开展"三查"工作,共做各种手术1914例,其中:安环手术1743例;放置宫内节育器手术3194例,取出宫内节育器手术574例,女扎1例;"三查"48695人次。

表3-10 1991—2005年计划生育服务指导站施行计划生育手术例数 单位:例

项目＼年份	1991	1992	1993	1994	1995	1996	1997	1998	1999	2000	2001	2002	2003	2004	2005	合计
放置节育器	2243	2205	2118	1349	1532	1918	2192	3526	1953	2052	2147	2890	3474	3642	3194	36435
人工流产	1054	849	860	971	754	536	831	887	814	986	1025	928	783	725	1125	13128
取出节育器	114	155	127	162	135	106	377	274	319	324	453	417	547	426	574	4510
中孕引产	—	—	—	107	112	210	12	131	105	98	82	85	76	52	64	1134

续上表

项目＼年份	1991	1992	1993	1994	1995	1996	1997	1998	1999	2000	2001	2002	2003	2004	2005	合计
女　扎	—	—	—	19	8	5	2	4	1	2	1	3	1	2	1	49
合　计	3411	3209	3105	2608	2541	2775	3414	4822	3192	3462	3708	4323	4881	4847	4958	55256

避孕药具发放　1994 年，指导站设置避孕药具服务部，配备服务部长，制定药具计划。1995 年，村妇联主任兼任避孕药具发放员，发放避孕药具。2000 年，避孕药具发放交由县人口与计划生育局负责。2001 年，全县 40 个乡（镇）和 9 个工委全部建立避孕药具基础台账。

第五章　人口管理

第一节　流动人口管理

暂住人口管理　1991 年，清理暂住人口 658 人，发暂住证 515 人。1997 年，执行《四川省暂住人口治安管理条例》，暂住人员拟在乡镇暂住 7 日以上的，应在到达乡镇暂住地 7 日内，持居民身份证或其他有效证件向暂住地公安派出所申报办理暂住登记；拟在暂住地居住 1 月以上年满 16 周岁人员，在申报暂住登记同时，申领暂住证。1998 年，暂住人口统计时间改为 6 月 30 日，全县登记暂住人口 2013 人，发暂住证 1864 人，登记租赁房屋 294 户。暂住人口中查处治安案件 6 起，治安处罚 3 人。2000 年，开展暂住人口综合管理信息系统建设，将流出人口列入统计，一并录入计算机。登记暂住人口 1301 人，发暂住证 836 人，登记租赁房屋 383 户。在暂住人口中破刑事案件 1 起，查处治安案件 27 起，治安处罚 10 人，其他处理 6 人。至 2001 年 6 月 30 日，登记出租房屋 345 户、412 间，发许可证 345 份，签责任书 345 份，查处违法犯罪人员 10 人。2003 年，国务院决定取消租赁房屋登记核准，变许可为备案，治安部门建立租赁房屋备案登记档案。

2005 年，全县登记暂住人口 998 人，其中：男性 828 人、女性 170 人。发暂住证 978 人，查处治安案件 5 起，治安处罚 2 人。

流动人口婚育管理　1991 年，县内流至广东、浙江、上海等地务工经商者 1458 人，入县内务工经商 874 人。2000 年，全县使用国家计划生育委员会印制“流动人口计划生育婚育证明”。县计划生育委员会印发《关于进一步做好流动人口计划生育管理工作的通知》，为外出务工人员办理流动人口婚育证 143 人，对流入人员验证 78 人，督促落实节育措施 15 人。2003 年，对全县流入、流出的已婚育龄妇女进行定期不定期的计划生育突击检查，共计查验流动人口 1864 人次。

2004 年，开通全国流动人口信息平台，收集县内外出已婚育龄妇女信息 63 条，交换流动人口计划生育信息 33 条，实现全县流动人口在全国流动人口信息平台上的信息交换。2005 年，建立分级管理网络，收集流动人口数据，发放、查验“流动人口婚育证明”，全县在网上交换流动人口个案信息 126 条，回复县外流动人口管理部门信函 54 件，查验流动人口婚育证明 358 人次，限期补办流动人口婚育证明 49 人，处理违法违规生育 5 人次，为流动人口免费发放避孕药具 2160 盒，发放流动人口计划生育宣传资料

7860份。

第二节 人口目标管理

1991年，以人口出生数、计划生育率、计划外怀孕率、节育例数、多孩率5项指标考核计划生育工作。全县计划生育率要求达到87%，节育措施例数为2500例（分解到各区、乡（镇）），节育率要求达到82%，计划外怀孕率要控制在8%以下。计划出生4600人，实际出生3961人，出生率18.75‰，其中：计划内出生3533人，计划生育率89.19%，计划外出生428人，育龄妇女中计划外怀孕率6.04%。出生孩次构成：一孩出生152人，一孩率38.55%；二孩出生1247人，二孩率31.48%；三孩出生797人，三孩率20.11%；多孩出生390人，多孩率9.86%。全年完成综合节育27402人，节育率82.89%。死亡1384人，死亡率6.42‰；人口自然增长2677人，自然增长率12.33‰。

1993年，采取"摸底、审核、返还"的方法，把计划分解到人头，落到实处。经过反复摸底、调查、审核，全年下达人口出生计划4120人，其中：农业人口出生计划3770人，分解孩次：一孩1915人，二孩1188人，三孩667人；非农业人口出生计划350人，分解孩次为：一孩285人，二孩65人。计划生育工作以出生数、计划生育率、计划外怀孕率、节育率四项指标进行考核，全县出生数控制在4120人以内，节育率85%以上，计划外怀孕率3%以下，计划生育率100%。10月13日前，落实县委、县政府全县计生工作紧急会议精神，使超怀户100%采取补救措施，使该落实节育措施的80%都落实节育措施。全年计划出生4120人，实际出生3788人，占出生计划91.94%，出生率17.51‰，比上年下降1.08个千分点。在出生的3788人中，计划内出生3478人，计划生育率91.71%，计划外出生314人，计划外怀孕控制率3.7%。出生孩次构成为：一孩出生1527人，一孩率40.31%；二孩出生1282人，二孩率33.84%；三孩出生670人，三孩率为17.69%；多孩出生309人，多孩率8.16%。全年完成综合节育29371人，节育率83.67%。全年死亡1089人，死亡率5.03‰，人口自然增长2699人，自然增长率12.48‰。

1995年，全县计划出生4400人，实际出生4120人，占全年计划的96.64%，出生率18.58‰。出生的4120人中，计划内出生3777人，计划生育率94.67%，计划外出生343人，计划外怀孕率3.36%。出生孩次构成：一孩出生1764人，一孩率40.31%；二孩出生1343人，二孩率32.60%；三孩出生771人，三孩率18.71%；多孩出生332人，多孩率8.06%。全年死亡1416人，死亡率6.39‰。人口自然增长2704人，自然增长率12.19‰。共落实节育措施1749例，增长12.26%；落实补救措施941例，减少4.95%，节育率79.7%。

1999年，实行"双向双轨"目标管理体制，层层签订目标管理责任书，以计划生育率、安扎节育措施落实例数、计生基础台账健全、计划外多孩控制率、计生"三结合"五项指标为目标进行考核。每个乡（镇）抽查一个村，一个村代表一个乡（镇），一个乡（镇）代表一个地区工作委员会，经抽查，凡有瞒、漏报的，取消评奖资格并按有关规定处理，考核结果由县人口与计划生育领导小组根据抽查情况研究提出后，报县委、县政府审核。各乡（镇）党委书记、乡（镇）长、各地区工委书记、主任，每月交纳10元责任金，全年120元一次性交县计生局，待年终考核后与奖惩挂钩。对放松领导，造成人口失控者，将追究党政责任，直接责任人不准提拔调动，限期改进工作；责任心不强，造成重大过失，影响极坏者，将给予降职，解聘直至辞退处理。

2003年，对各工委、各乡（镇）党委、政府和计生部门、县级帮乡联系部门实行分线考核，签订目标责任书。全县出生3886人，其中：计划内出生3677人，计划生育率94.86%；多孩出生117人，多孩率5.14%。落实有效节育措施3772例，综合避孕节育率89.12%，有效节育率70.02%。出生率15.96‰，人口自然增长2529人，自然增长率11.32‰。

2005 年,先后对 9 个工委、40 个乡(镇)党委、政府和计生部门、县帮乡联系部门实行分线考核,分别签订目标责任书,40 个乡(镇)分别对所辖村签订目标责任书。计划生育工作一切从“早”开始,早计划、早安排、早落实,按照“五先五后”的原则落实生育指标到村、组、户,实行张榜公布,接受群众监督。全年出生 3644 人,出生率 14.16‰;死亡 1178 人,死亡率 4.58‰。人口自然增长 2466 人,自然增长率 9.58‰。在出生的 3644 人中,计划内出生 3500 人,计划生育率 96.05%;计划外出生 144 人,多孩率 2.83%;男孩出生 1943 人,女孩出生 1701 人,出生婴儿性别比 114.23。落实有效节育措施 3349 例,综合避孕节育率 87.86%,有效节育率 70.58%。

表 3-11 1991—2005 年计划生育情况统计表

项目 年度	出生		死亡		自然增长		计划生育					综合节育	
	出生人数(人)	出生率(‰)	死亡人数(人)	死亡率(‰)	自增人数(人)	自增率(‰)	计生率(%)	一孩率(%)	二孩率(%)	三孩率(%)	多孩率(%)	节育人数(人)	节育率(%)
1991	3961	18.75	1384	6.42	2577	12.33	89.19	38.55	31.48	20.11	9.86	27402	82.89
1992	3977	18.59	1273	5.95	2704	12.64	90.22	41.64	32.21	18.23	7.92	27257	80.63
1993	3788	17.51	1089	5.03	2699	12.48	91.71	40.31	33.84	17.69	8.16	29371	83.67
1994	4029	18.52	1222	5.62	2807	12.9	90.54	41.85	31.04	17.55	9.21	30587	77.97
1995	4120	18.58	1416	6.39	2704	12.19	91.67	40.63	32.6	18.71	8.06	31953	79.7
1996	4080	18.31	1462	6.57	2618	11.75	94.58	43.04	31.37	20.17	5.42	36178	87.43
1997	4050	17.99	1441	6.4	2609	11.59	94.54	41.19	33.28	20.69	4.84	35640	86.79
1998	4094	18.04	1471	6.48	2623	11.56	97.58	50.78	32.98	13.82	2.42	34626	92.74
1999	3789	16.54	1386	6.05	2403	10.49	93.48	42.15	32.3	19.93	5.62	34428	87.9
2000	3819	16.57	1363	5.91	2456	10.66	91.67	39.49	32.89	19.9	7.7	35435	88.89
2001	3837	16.47	1347	5.78	2490	10.68	93.07	40.87	30.39	22.07	6.67	36251	87.6
2002	3788	15.74	1133	4.71	2655	11.03	94.56	40.13	31.78	24.97	3.12	37656	88.7
2003	3886	15.96	1357	5.57	2529	11.32	94.86	38.93	31.32	24.61	5.14	37940	89.12
2004	3724	15.11	1352	5.49	2372	9.62	95.48	37.61	33.53	24.61	4.24	39672	91.48
2005	3644	14.16	1178	4.58	2466	9.58	96.05	38.36	33.78	25.03	2.83	41505	87.86

第四篇

中国共产党地方组织

第一章　中国共产党越西县委员会

第一节　组织沿革

1991—2005年，中共越西县委历经4届。第七届任期3年，从1993年2月后第八、九、十届，每届任期5年。县委委员和候补委员由党员代表大会全体代表以无记名投票方式选举产生；县委常务委员（简称县委常委）由县委委员在第一次全委会上以无记名投票方式选举产生；书记、副书记由县委常委以无记名投票方式选举产生。县委书记、副书记、常委选举结果报中共凉山州委批准。党员代表大会闭会期间，县委委员出缺时，由候补委员按照得票多少依次递补；县委书记、副书记、常委因工作变动，其职务任免由中共凉山州委决定。每届县委委员21～25人，候补委员4～10人，常委8～12人，其中：书记1人、副书记3～5人。

表4-1　　1991—2005年中国共产党越西县委员会领导名录

姓　名	性　别	民　族	职　务	任职时间
李约波	男	彝族	县委书记	1989.12—1992.12
沈桂方	男	汉族	县委副书记	1991.1—1993.7
彭　勇	男	彝族	县委副书记	1990.3—1994.2
张智明	男	彝族	县委副书记	1990.7—1992.5
张忠富	男	汉族	县委副书记	1991.8—1993.1
邓廷楷	男	汉族	县委书记	1992.12—1996.5
张支铁	男	彝族	县委副书记	1993.3—1995.12
蒋若枫	男	彝族	县委副书记	1993.8—1999.9
唐纪泽	男	汉族	县委副书记	1995.2—1997.4
张永生	男	汉族	县委副书记	1995.3—1996.1
薛启华	男	藏族	县委副书记	1992.3—1996.5
			县委书记	1996.5—1997.12
邓显祥	男	汉族	县委书记	1997.12—2000.5
刘　斌	男	彝族	县委副书记	1996.1—2000.5
			县委副书记（主持工作）	2000.5—2000.11
沈　英	女	彝族	县委副书记	1998.2—2001.7
李光富	男	汉族	县委副书记	1996.4—1997.5
张连忠	男	汉族	县委副书记	1996.7—1999.10
李宏伟	男	汉族	县委副书记	1999.12—2002.10
刘明书	男	汉族	县委副书记	1999.11—2002.12

续上表

姓名	性别	民族	职务	任职时间
罗本文	男	彝族	县委副书记	2000.7—2002.12
胡坤	男	汉族	县委副书记	1998.3—2000.11
			县委副书记(主持工作)	2000.11—2001.3
			县委书记	2001.3—2005.11
杨光富	男	彝族	县委副书记	2000.12—2005.11
			县委书记	2005.11—2005.12
陈继元	男	汉族	县委副书记	2001.10—2003.1
张熙	男	汉族	县委副书记	2001.10—2002.10
张国清	男	彝族	县委副书记	2002.12—2005.12
赵杰	男	汉族	县委副书记	2003.1—2005.12
甲卡莫格	男	彝族	县委副书记	2003.2—2005.12
龚道德	男	汉族	县委常委	1991.1—1992.2
丁学诗	男	汉族	县委常委	1991.1—1993.2
杨立安	男	彝族	县委常委	1989.4—1993.1
胡绍定	男	汉族	县委常委	1990.4—1995.7
蒋若枫	男	彝族	县委常委	1990.7—1993.8
陈远强	男	汉族	县委常委	1993.4—1997.1
吉差吉哈	男	彝族	县委常委	1993.4—2003.1
沈英	女	彝族	县委常委	1993.8—1998.2
刘华	男	彝族	县委常委	1994.8—1998.5
胡坤	男	汉族	县委常委	1995.12—1998.3
毛正富	男	汉族	县委常委	1996.3—2002.12
李宏伟	男	汉族	县委常委	1996.4—1999.12
罗本文	男	彝族	县委常委	1998.2—2000.7
廖雄宁	男	汉族	县委常委	1998.2—2003.1
王晓清	男	汉族	县委常委	1999.4—2004.4
勒尔红极	男	彝族	县委常委	1998.8—1999.9
王蛟	男	汉族	县委常委	2001.7—2003.2
张秀林	男	汉族	县委常委	2001.7—2005.12
巫勇	男	彝族	县委常委	2002.11—2005.12
谢宇光	男	彝族	县委常委	2002.12—2005.12
巫阿琼	女	彝族	县委常委	2003.2—2005.12
熊开康	男	汉族	县委常委	2003.1—2005.12
吴仲海	男	汉族	县委常委	2003.1—2005.12
李刚	男	汉族	县委常委	2004.8—2005.12
张天俊	男	汉族	县委常委	2004.4—2005.12

第二节　县委工作机构

1991 年,县委设县委办公室、县纪律检查委员会、组织部、宣传部、统战部、政法委、社会治安综合治理委员会(与政法委合署办公)、保密局、机要科、信访科、直属机关工作委员会、党校、党史工作委员会办公室、调查(政策)研究室、老干部管理局等工作机构。1993 年,撤销保密局、机要科,职能并入县委办公室、县政府办公室;撤销县委政研室、政府体改办,成立体制改革办公室。县纪委与监察局合署办公。精神文明办划人政府办公室。县委工作机构由县纪委、县委办公室、县委组织部、县委宣传部、县委统战部、直属机关党委组成。县委党校,直属县委管理。

1994 年,撤销县党史办。1997 年,县纪委与监察局,实行一个机构两块牌子的体制:保密局职能并入县委办公室,机要科由县委办公室管理;老干局、审干办职能并入县委组织部,保留老干局牌子;撤销精神文明办公室,建立越西县精神文明建设委员会,并入县委宣传部;民族宗教事务和台办职能并入县委统部;县委政法委员会与社会治安综合治理委员会办公室一个机构,两块牌子。通过改革,县委工作机构设县纪委、县委办公室、县委组织部、县委宣传部、县委统一战线工作部、县委政法委员会组成。1998 年,撤销中共越西县委直属党委,成立中共越西县委党建领导小组办公室,挂靠组织部。

2001 年,党建办、老干局挂靠组织部,越西县农村工作领导小组、两烟工作领导小组办公室并入县委办公室。县委工作部门设:县纪律检查委员会(与县监察局合署办公)、县委办公室、县委组织部、县委宣传部、县委统一战线工作部、县委政法委员会,成立县委机构编制办公室。

2003 年,经州编制委员会批准,组建中共越西县委烤烟生产领导小组办公室、农业产业化经营办公室、农村工作领导小组办公室,恢复党史研究室并入越西县地方志办公室,组建越西县史志办,属县委、县政府双重领导。

2005 年,县委工作机构有:县委办公室、纪律检查委员会、组织部、宣传部、统战部、政法委员会、政策研究室、机构编制办公室、县委党建领导小组办公室、信访办、烟草办、对台办、保密局、老干局、机要科、维稳办、精神文明办、外宣办、党校。

第三节　主要会议

党代会　中共越西县第八次代表大会,于 1993 年 4 月 4 日—7 日在县委培训中心召开。出席代表 241 名,列席代表 33 名。其中:工人、农民、各类专业技术人员 83 名,占 33.3%;干部 150 名,占 60.2%;妇女代表 42 名,占 16.9%;45 岁以下 165 名,占 66.3%。大会听取审议并通过县委书记代表七届县委所作的《切实解放思想,大胆改革开放,夺取越西社会主义现代化建设的更大胜利》工作报告和纪委书记代表县纪律检查委员会所作的《关于中共越西县纪律检查委员会工作报告》。与会代表对七届县委工作做出积极评价,讨论通过《关于中共越西县第七届委员会工作报告的决议》。选举产生中共越西县第八届委员会和中共越西县纪律检查委员会,选出县委委员 23 名、候补委员 4 名,纪委委员 14 名。

中共越西县第九次代表大会,于 1998 年 2 月 18 日—20 日在县委培训中心召开。出席代表 241 名,列席代表 52 名,其中:各级领导干部代表占 65%,各条战线先进模范人物代表占 33.7%,解放军、武警部队代表占 1.3%,妇女代表占 15.4%,少数民族代表占 63.3%,50 岁以下代表占 95%。大会听取审议并通过县委书记代表八届县委所作的《高举邓小平理论伟大旗帜,把越西社会主义现代化建设全面推向二十一世纪》工作报告和纪委书记代表县纪律检查委员会所作的工作报告。大会回顾中共越西县第八次党代会以来卓有成效工作,动员全党认真贯彻党的十三届四中、五中、六中全会精神,继续坚持“一个中心”、“两个基本点”,为全面开创全县物质文明和精神文明建设的新局面而努力奋斗。大会选举产生中共越西县第九届委员会和中共越西县纪律检查委员会,选出县委委员 21 名、候补委员 4 名,纪委委员 15 名。

中共越西县第十次代表大会,于 2003 年 1 月 15 日—18 日在县委培训中心召开。出席代表 251 名,列席代表 54 名,其中:各级领导干部代表占 64%,各类专业技术人员、先进模范人物代表占 34%,军队代表占 2%,妇女代表占 20%,少数民族代表占 60%,年龄 50 岁以下代表占 50% 以上。大会听取审议并通过县委书记代表九届县委所作的《全面贯彻落实十六大精神,奋力推进越西发展新跨越》的工作报告和纪委书记代表越西县纪律检查委员会所作的工作报告。选举产生中共越西县第十届委员会和中共越西县纪律检查委员会,选出县委委员 25 名、候补委员 4 名,纪委委员 15 名。

县委全委会 1992 年 9 月 28 日,中共越西县委七届三次全体(扩大)会议在县广播局放映室召开,县委书记作《更加解放思想,大胆改革开放,加快越西经济发展的建设步伐》的讲话。会议简要传达州委三届五次全委扩大会议、中央民族工作会议、州扶贫工作会议精神;总结、安排和部署农业生产、经济发展工作。同年 11 月 24 日—26 日,七届越西县委第四次全委(扩大)会议在县广播局放映室召开,县委书记作《全面贯彻党的十四大精神,加快改革开放和经济建设步伐,努力推进越西经济上台阶》的讲话。会议传达贯彻十四大会议及州委三届六次全委扩大会议精神;安排部署乡(镇)换届选举和撤区并乡工作。

1993 年 10 月 23 日,中共越西县第八届委员会第一次全体会议在县委召开。大会应到委员 23 名,实到 23 名。会议选举产生县委常委 8 人、县委书记 1 人、县委副书记 3 人。通过县纪律检查委员会全体会议选举产生纪委常委 4 人、纪委书记 1 人、副书记 2 人。同年 4 月 4 日—7 日,八届一次全委(扩大)会议在县委举行。会议讨论通过《中国共产党越西县第八次代表大会关于七届县委工作报告的决议》、《中国共产党越西县第八次代表大会关于县纪律检查委员会工作报告决议》。县委书记、副书记、县长分别在会上讲话。针对工作中存在的问题作出安排。

1997 年,中共越西县委八届四次全体(扩大)会议在县委召开,大会总结 1997 年工作,安排部署 1998 年工作;讨论通过《越西县社会主义精神文明建设“九五”规划纲要(草案)》、《关于加大扶贫攻坚力度,尽快解决全县农村贫困人口温饱问题的决定》。

1998 年 3 月 15 日,中共越西县第九届委员会第一次全体会议在县委培训中心召开。应到委员 21 名,实到 21 名。会议选举产生县委常委 10 人、县委书记 1 人、县委副书记 4 人。通过县纪律检查委员会全体会议选举产生常委 7 人、纪委书记 1 人、副书记 2 人。

1999 年 3 月 5 日,中共越西县委九届二次全体(扩大)会议在县委举行。会议讨论通过《1999 年县委工作要点》、《县委、县政府 1999 年承诺办好十件大事》,县委、县政府主要领导述职报告。参加会议的有九届县委常委、委员、候补委员,县纪委常委、委员,县人大、县政府、县政协全体领导成员,县级机关各单位、省、州、县属各企事业单位党组织主要负责人,各工委书记,各乡(镇)党委书记。

2000 年 2 月 17 日—18 日,中共越西县委九届三次全体(扩大)会议在县委培训中心举行。会议总结 1999 年县委工作,讨论通过《2000 年县委工作要点》、县委、县政府《关于 2000 年社会主义精神文明建设的决定》、《关于 2000 年十件实事的意见》;听取和评议县委、县政府主要领导述职报告。九届县委委员、候补委员,县纪委委员以及县人大、县政府、县政协、县人武部的全体党员、领导及调研员,各工委书记,各乡镇党委书记,县级机关各部委办局、省州属驻县及县属各企事业单位党员主要负责人参加会议。

2003 年 1 月 8 日,中共越西县第十届委员会第一次全体会议召开。应到委员 27 名,实到 27 名。会议选举产生县委常委 12 人、县委书记 1 人、县委副书记 4 人。通过县纪律检查委员会全体会议选举产生的常委 7 人、纪委书记 1 人、副书记 3 人。新当选的十届县委书记作重要讲话,对新一届县委领导集体提出八点要求和希望:高举旗帜,牢记使命;艰苦奋斗,勤奋工作;坚持宗旨,执政为民;改进作风,求真务实;

加强学习，与时俱进；坚持大局，增进团结；民主集中，科学决策；廉洁自律，克己奉公。

县委常委会　县委全委会闭会期间，由县委常委会行使县委职权。县委常委会讨论制订贯彻执行党的路线、方针和政策的安排意见和具体措施；讨论和决策全县政治、经济、文化以及社会发展等重大问题；讨论决定管理权限内干部的任免、提升、奖惩，向县人大及常委会、县政府、县政协推荐的干部人选。常委会议由书记或书记委托的副书记主持。县人大常委会主任、县政协主席列席会议。根据会议议题，有时召开县委常委扩大会议。除特殊情况需要临时召开常委会议外，一般每月召开1～2次会议。1991—2005年，共召开县委常委会382次，其中：1991年26次，1992年23次，1993年22次，1994年26次，1995年26次，1996年25次，1997年24次，1998年23次，1999年26次，2000年27次，2001年26次，2002年26次，2003年27次，2004年29次，2005年29次。

第四节　重大决策

政治决策　1991年，组织全县干部群众开展"歌颂党、歌颂社会主义，坚持党的领导，坚持社会主义方向"纪念建党七十周年活动。

1992年，根据四川省委《关于调整区乡（镇）的通知》，县委决定撤销9个区委会，组建5个工作委员会，4个工作组，同年，制定《关于加强越西县青年干部培养教育工作的意见》（越委发［1992］17号），按照"群众推荐，组织考察，党委审批，分类培养"方针，开展青年干部培养工作。

1994年，贯彻党的方针、政策，做好党组织工作和宣传教育工作。把集体领导与个人分工、县委会议、联系群众、督促检查等作为党的制度改革予以规范。制定《关于建立各级领导班子思想作风建设定期分析制度的意见》、《关于上级党组织派出党员领导干部参加下级单位党员领导干部民主生活会的意见》、《关于坚持同领导干部谈心谈话制度的意见》、《关于实行领导干部个人重大事情报告制度的制度》、《关于领导干部回复上级党组织摘转群众反映本人重大问题的规定》。将政协工作纳入党政领导议事日程。制定《中共越西县委关于进一步加强人民政协工作的实施意见》。

1995年12月，成立越西县党政干部考核领导小组。1996年8月，开展为期5天政治思想培训，学习《国家公务员暂行条例》以及中央、省、州相关文件。制定《中共越西县委关于加强和改进企业党的工作的意见》。

1998年，制定《越西县党政机构改革方案》，对县委、县人大、县政府、县政协、县法院、县检察院、乡（镇）以及事业单位机构进行改革。制定《越西县委常委会进一步加强自身建设的决定》。

2001年，县委、县政府两个班子成员中带头开展"10＋1"活动，制定全县农村开展"三个代表"重要思想学习教育活动实施意见，分动员准备、培训骨干、集中学习、对照检查、整改提高开展思想学习教育。

2002年，在县级机关开展作风教育整顿活动，就加强和改进党的作风建设，提出切实改进思想作风，切实改进学风，切实改进工作作风，切实改进领导作风，切实改进生活作风，深化干部人事制度改革，领导干部带头改进作风建设，加大监督、查处力度8条规定。决定连续3年在全县党员队伍建设中实施"党员先锋工程"。

2005年，强化党的建设，组织学习《中共中央关于加强党的执政能力建设的决定》。制定出台《领导干部"九不准"廉政规定》和《五条廉政承诺》。

经济决策　1991年，制定《越西县国民经济和社会发展"八五"计划和十年规划》，按照"划分企业类型、区别对待、分类指导"原则，制定出台《1992年开始的新一轮承包的总体方案》。按照州委"一县一策，各具特色"发展要求，县委拟定"依靠科教，调整结构，构建市场，立足农业，大举水电，狠抓三厂一司（水泥厂、锌冶炼厂、木综厂、电力公司），依托三镇（越城、普雄、乃托），开发三区（贫困区、温饱区、脱贫区），带动全县”经济发展战略规划。

1995年,成立越西县“三厂一司”协调办公室。1996年,全县完善并形成“以农为主、农工并举、强农兴工”发展思路,拟定“一四五”发展战略:强化一个基础大农业,狠抓以生猪、牛羊为重点的畜牧业,以苹果为重点的水果产业,以花椒、核桃和杜仲为重点的经济林产业,以烤烟为重点的经济作物四大支柱;大力发展以矿产资源开发和农副产品加工为重点的乡(镇)企业,以水泥为主的建材业,以磷肥为主的化工冶金,以水电开发为主的能源,以流通为主的第三产业等五大产业。

1998年,围绕“两个转变”,推进全县企业产权制度改革步伐解决。全县企业产权虚拟,权权责不明,存量不活问题。制定《关于推进企业产权制度改革若干问题的意见》。指导落实“七三三”项目,通过实施1~3年见效的“七”个项目和3~5年见效“三”个项目,实现税收年均增长“三”百万元。

2001年,成立由县委书记任组长的越西县企业改革领导小组。坚持“以农为主,农工并举,强农兴工”路子,按照“发展抓突破,农业抓特色,工业抓产业,全局抓项目,城乡一盘棋”构建以一粮,二畜(猪、羊),三水(水电、水利、水果),四业(冶炼化工业、农产品加工业、烤烟种植业、流通服务业)为特色县域经济格局。2002年,实施“3150”工程,调整农业产业结构,加快农业产业化建设,增加农民收入;积极推进绵羊改良的基础上,大力发展黄羊,建设黄羊生产基地县。

2005年,将“三带一园区”发展战略,调整为开发三带,打造两极,拓展两线的“三带两极两线”统筹县域经济协调发展战略:开发“三带”,即山区生态开发带、河谷产业化开发带、五镇一乡城镇化开发带;打造“两极”,即乃托工业园区经济增长极、普雄大凉山少数民族第一镇经济增长极;拓展“两线”,即拓展成昆铁路经济线、乌金公路经济线。实施农业产业“5+1”工程:在坚持做好烟、畜、药、果、菜“五篇文章”,扶持壮大丰南、东方、灵峰、浩宇、朝阳等龙头企业,培育五大支柱产业的基础上,开发以“三民”为龙头企业、以薯业和优质荞麦为主的优质粮食产业。

扶贫决策 1991年,确立“打基础、求发展、上台阶、越温脱贫”的经济发展战略目标。1994年,县委下发《关于开展帮乡扶贫工作的决定》(越委发〔1994〕23号),确定县级36个部门定点帮扶36个乡(镇),派2名以上人员长期驻点。

1997年,加大扶贫攻坚力度,把农业作为直接解决贫困户温饱问题的重点产业,因地制宜抓好牧、果、林、烟支柱产业建设。解决全县农村贫困人口温饱问题,制定《关于加大扶贫攻坚力度、尽快解决全县农村贫困人口温饱问题的决定》。

2002年,制定规划、目标任务、政策措施,全面推进新阶段的扶贫开发工作。依托成都佳能达公司,建立中药材生产基地,以朝阳食品公司为龙头,推进绿色食品基地建设;以丰南色素公司为主,建设万寿菊生产加工基地。2004年,按照州委、州政府的指示精神,将“三房”改造纳入扶贫工作重要日程,制定《越西县“三房”改造实施方案》。

其他决策 1991年,根据州委[1991]19号文件精神,成立越西县精神文明建设活动领导小组,负责全县精神文明建设活动中重大问题统筹、协调、督促、检查和指导。坚持“人才资源是第一资源”的理念,实施人才强县战略,加强党政人才、专业技术人才、高技能人才、企业经营管理人才和农村实用人才队伍建设,制定《关于选拔和管理有突出贡献的知识分子拔尖人才的意见》。

1996年,出台《关于集中开展“严打”斗争,维护全县社会治安和社会稳定工作的贯彻实施意见》。制定出台《越西县法制宣传教育的第三个五年规划》。1997年2月,组织开展“春季严打整治”行动和禁毒专项斗争。4月,开展禁毒人民战争,制定《关于在全县开展禁毒专项斗争的实施方案》、《关于加强禁毒工作领导责任制的规定》,实行“三禁并举,禁戒结合,堵源截流,标本兼治”工作方针。1998年,县委、县政府印发《越西县妇女发展实施规划》。

2000年,弘扬“科学与文明”,成立以县委副书记为组长科技、文化、卫生“三下乡”活动领导小组,把科技、文化、卫生下乡工作落到实处。开展精神文明建设活动,组织“三户一村”创评工作,全年评出“双文明户"200 户,"五好家庭户"500 户,"遵纪守法户"500 户,表彰"五好文明家庭"50 户。

2001 年,学习落实十五大"依法治国,建设社会主义民主法治国家"治国方针。强化全县社会主义法制建设。制定《越西县法制宣传教育第四个五年规划》。2004 年,开展"一三五"人才工作,落实"党管人才",确定县四大班子领导,县级机关各部门主要负责人每位联系 1～2 名优秀人才,每季度联系不少于 1 次。2005 年 3 月,开展"平安越西"创建活动。

为民办实事　1998 年,确定完成中冕公路越西段 18 公里油路铺设和 0～10 公里路旁绿化;全面整治越西至普雄公路山体滑坡和水毁工程、完成乃托至普雄公路四甘普大桥、双河大桥的修建,解决高寒山区——申果庄地区乡村公路整修、改善该区客货运输难的现状;推出县城市容市貌"光彩工程",综合治理县城环境脏、乱、差等问题,塑造越西新形象;全力支持成昆铁路电气化建设,做好境内土地征用等工作;实施水观音水源保护工程,净化水质,解决群众的饮水问题;扩大县闭路电视加密卫星电视的覆盖面,逐步将可收视面辐射至农村;县第一人民医院创二级乙等医院达标;加强邮电通信设施建设,程控电话扩容到 5000 门,启动邮政大楼建设工程;全面实施国家义务教育工程,完成 380 万元的基建投资,为"双基"验收打下基础;加快普雄省级小城镇试点建设步伐,完成道路改造,扩建一期工程,启动普雄自来水厂工程建设;铁马二级电站年内主体工程竣工,新修梅花三叉河电站,抓好团结电站增容,增大农村用电覆盖面。

2001 年,确定加快公路建设,完成越(西)普(雄)公路三级标美路改建工程、启动越(西)乃(托)公路 10.5 三级标美路路基改造工程,抓好通乡通村公路建设;加强电力建设,抓好响水河、白沙河电站建设,搞好农网改造,改善县城卫生,解决县城新大街脏、乱、差的问题,着手加快老城区改造及道路、排供水、污水处理、垃圾处理、城市绿化等建设;抓好小康村建设,建成 1 个小康试点村,抓好扶贫新村建设,综合治理贫困,改善贫困户生产、生活条件,巩固和扩大形象扶贫成果,在全县高山、二半山、沟坝 3 个不同区域,建设不同标准、不同类型、内容丰富、层次更高扶贫新村 10 个;推进国土资源综合开发,实施瓦岩乡 1 万亩国土资源综合开发项目,完成城关大堰二期 8.6 公里整治改造工程;进一步解决边远山区缺医少药问题,抓好全县 100 个村卫生站建设,实施贫困县医院建设项目,恢复乡卫生所;调整办学结构和教育体制,创办越西县职业技术教育中心,积极推进普及义务教育,完成 1～2 个乡(镇)普及九年义务教育,4～5 个乡(镇)普及六年义务教育;加快城镇建设步伐,搞好 5 镇 1 乡小城镇建设规划,新建、扩建中所、新民农贸市场,基本解决交通堵塞现状,尽快实施普雄镇商贸半边街商贸房开发建设,新建普雄镇自来水厂;实施乡(镇)政权基本建设工程,完成中所、普雄等 9 个乡(镇)政府建设工程;完成体育场馆规划设计,力争立项并启动体育场馆的建设十件大事。

2002 年,为民办实事纳入当年县委、县政府班子成员开展"10+1"活动管理,即:在认真抓好水电在建项目工程建设的基础上,力争完成铁西电站前期论证和立项工作;启动驻西昌干休所住宅改建扩建工程;加强国防建设,完成县人武部整体搬迁工作,确保基础建设全面达标;加快县城旧城改造步伐,启动敦化路改造工程;缓解县城及附近乡(镇)饮用水矛盾,完成县城第二水厂建设工程;加速教育事业发展,越西中学争创省级示范学校达标验收;努力改善文化、事业软硬件环境,在年内启动县广电文体大楼建设工程;加快公路建设步伐,完成中所至乃托水泥路面铺设工程;启动成昆铁路西段两侧 25°以上坡耕地绿化工程;已列项目——旱山村集雨节水灌溉工程早日上马,及早竣工,发挥效益。

2003 年,确定十件实事,即:扩建县文化广场;启动县民族体育场建设;基本建成普雄镇畜牧市场、火把广场;完成新民至中所公路沿线绿化;启动无电乡电源建设工程,加大铁西电站招商引资力度;启动城市电网改造;改造越西驻西昌第一干休所,启动越西驻西昌第二干休所建设;推进敦化路商业一条街建设;力争县城老城区主要街道改造项目实施;创办《越西报》。

2004 年,确定新建县疾控中心,改造县第一人民医院传染科、县第二人民医院综合大楼;实施城网改造工程,综合治理县城新大街主干道"空中垃圾",对人行道实施硬化;加大县城污染源的综合治理力度,实施蜂窝煤加工厂搬迁工作;启动县幼儿园新园区教学楼建设;启动广播电视光纤传输改造工程,完成数字化电视改造的前期工作;启动保(安)新(民)公路建设,争取中(普雄)乃(托)公路立项改造;完成以申果庄为重点"三房"改造756户,移民扶贫350户;组织实施世界银行和英国政府混合扶贫贷款残疾人救助项目;举办普雄首届民族艺术节;试点建立农村村级"两委"负责人老有所养制度,完成南箐乡、河东乡供水站建设十件实事。

第五节　综合服务

县委办机构设置　1991年,县委办内设:机要科、政策研究室、保密局、文秘股、行政管理股。1999年7月,成立610办公室。2001年,全县党政机构改革,办公室内挂机要科、保密局、610办公室、政研室、网管中心。2002年4月,610办公室更名维稳办。2003年,成立县党政网络管理中心。

2005年,县委办公室内挂靠机要科、保密局、维稳办、政研室(调研室);设文秘股、行管股、网管中心。

表4-2　　1991—2005县委办公室负责人名录

姓　名	性　别	民　族	职　务	任职时间
阿加铁姑	男	彝族	主　任	1991.2—1993.3
汪永明	男	汉族	副主任	1986.3—1993.6
杨　康	男	汉族	副主任	1993.6—1996.1
李宏伟	男	汉族	主　任	1993.5—1998.3
马雄成	男	彝族	副主任	1996.4—2000.5
黄　红	男	彝族	副主任	1996.7—1998.10
廖雄宁	男	汉族	主　任	1998.3—2003.1
刘子谦	男	汉族	副主任	1998.12—2005.12
马依古	男	彝族	副主任	1999.12—2005.12
罗小平	男	汉族	副主任	1999.12—2005.12
熊开康	男	汉族	主　任	2003.2—2005.12
刘建康	男	汉族	副主任	2003.5—2005.12
刘大荣	男	汉族	副主任	2004.12—2005.12

文秘与政研　1991年,接转电话(通知)326个、收发文件(传真)125份、群众来信来访42件次,起草下发越委办文件31份、越委办函文件1份、县委会议纪要28期,完成县委、县委办会议11次,完成重要讲话、工作报告、论文调研及汇报、交流、发言材料48篇。1996年,完成重要讲话、工作报告、论文调研及汇报、交流、发言材料82篇。接转电话(通知)512个、收发文件(传真)152份、群众来信来访92件次,核发越委发文件63份,越委函文件34份,越委办文件59份,越委办函文件1份,县委会议纪要46期,完成县委、县委办会议12次。2001年,接转电话(通知)533个、收发文件(传真)725份、群众来信来访144件次,核发越委发文件67份,越委函文件28份,越委办文件75份,越委办函文件8份,完成县委、县委办会议10次,完成重要讲话、工作报告、论文调研及汇报、交流、发言材料87篇。《试论在申果庄地区建立高

等级大熊猫自然保护区的必要性》、《认真组织实施州委、州政府的战略决策，努力把普雄镇打造为大凉山少数民族第一镇》等政策调研论文被省、州报刊采用。

2004年，县委及县委办公室发文163件，总计26万字，并按照档案管理规定将县级文件和上级来文整理归档。出台《关于进一步加强信息工作的意见》等文件，在全县22个乡（镇）和37个县级机关配备164名专兼职信息员。通过《越西信息专报》向州委办报送信息356期376条，其中：州委办采用103条，省委办公厅采用5条；撰写《越西信息》8期、《思考与建议》3期，共向全县提供各类有价值的信息153条。全年收发传真电报846份，共3509页。接待来访318起。先后派出5名工作人员到州委办公室秘书二科和四川省党政网管理中心学习信息写作和党政网管理技术。

2005年，完成各类领导讲话稿、经验交流发言、工作汇报材料、调研论文等综合性文稿34篇，其中：《定好位、谋好局、起好步——在融入新战略中实现越西发展新跨越》一文作为优秀调研论文在州委统筹区域协调发展战略研讨会上作典型经验交流发言，另被州级以上刊物采用7篇。建立县级领导干部带头开展重点课题调查研究制度，编发越委发文件68份，越委函文件40份，越委办文件107份，越委办函文件18份，县委会议纪要3期，《思考与建议》3期，《越西信息》10期。共收发传真电报715份，3203页。接待处理群众来信来访166件次，完成县委会议7次。

保密　1991年，县委保密委员会定期分析研究保密法制工作，先后开展国家秘密载体管理、领导干部办公环境、重点涉密部门安全等方面保密管理的专项检查，加大保密执法力度。1993年6月，保密委员会撤销职能划归县委办公室。

1999年，指导经济部门和企事业单位加强对经济的技术秘密管理与研究，探索适应各自实际情况的保密防范途径和办法，参加涉外涉密活动和重点建设项目专项保密工作。认真做好每年度全国统一考试的保密检查工作，参与试卷的传输、交接、保管和考试等环节的监管。2001年4月，恢复县委保密委员会及其办公室，保密委员会办公室归口县委办公室管理。

2004年，将保密工作基础知识讲座纳入中青年干部培训班课程，开展保密知识讲座2次。加强信息交流，上报《保密简报》2期。对各部门领导执行领导干部保密工作责任制情况进行检查。重点检查政务内网（党政网）和上网信息的保密。

2005年，选派保密技术人员1人参加省保密局举办的信息安全保密技术暨网络检查工具培训班的培训。对党政网的网管员76人、中青班学员40名和妇女干部36名进行保密知识宣传教育。全县党政机关共有涉密计算机网1个（党政网），服务器1台；对70个连接党政网单位的108台涉密计算机进行检查并贴上涉密标签；对接入互联网的10家单位进行上网信息搜索，对农经网进行搜索，未发现涉密情况。

网络管理　2003年，派3名网管员到省网管中心参加县级管理员Lotus Domino/Notes培训。5月，购置4台终端，初步完善网管中心临时硬件设备建设，实现省、州到县无纸公文传输。7月，派出网管员到州网管中心参加公文网上交换工作培训。为配合电子公文全面单轨运行，以县委办、政府办名义向县内各部委办局发文（越委办[2003]72号），确立党政网建设的目标、日程和范围，确定第一批加入党政网单位51个，完成县委党务大楼内部党政网络布线工作，并投入使用。全年收文54份，向州委报送信息90期。

2005年2月，制定《四川党政网越西县管理中心管理规定》，针对安全保密责任，由县国家保密局和县网管中心与接入党政网的单位签订责任书，按照“谁主管，谁负责”的原则确定各单位的分管领导和责任人。6月，实现县级第一批单位68家82台计算机接入四川党政网，并对乡（镇）提供可扩展接口；对该单位操作员进行基础培训，涉及党政网基础知识、电子公文制作与交换、电子邮件系统、简单故障诊断、保密规定、干部在线学习等内容。加强责任制，要求各单位分管领导与操作人员之间再次签订责任书，做到责任层层落实。独立采编，与县委办、广电局、刊社等联系采编各种新闻信息542篇。

第二章　组织建设

第一节　组织机构

1991 年，县委组织部内设办公室。1996 年，设立组织科、干部科。1998 年，党建办挂靠组织部。2001 年，组织部内设：办公室、干部干审股、组织股、电教股；挂靠机构：党建办、老干局。2003 年，电教股更名党员电化教育中心。设立越西县人才开发暨知识分子工作领导小组办公室。2004 年，增设组织部干部监督股。2005 年，越西县人才开发暨知识分子工作领导小组办公室更名越西县人才工作领导小组办公室。

表 4－3　　1991—2005 年组织部、党建办负责人名录

姓　名	性　别	民　族	职　务	任职时间
胡绍定	男	汉族	部长	1991.1—1995.7
潘玉清	男	彝族	副部长	1983.10—1993.6
克七政达	男	彝族	副部长	1993.6—1998.4
张　凌	女	汉族	副部长	1993.6—2001.9
			党建办主任(兼)	1998.7—2001.9
刘　华	男	彝族	部长	1995.7—1998.3
杨　康	男	汉族	副部长	1996.1—2002.12
李宏伟	男	汉族	部长	1998.3—1999.12
苏正清	男	彝族	副部长	1998.8—2002.8
王　蛟	男	汉族	部长	2001.7—2003.1
罗开元	男	汉族	副部长	2001.1—2005.12
沈列哈	男	彝族	副部长	2002.4—2005.12
巫　勇	男	彝族	部长	2003.1—2005.12
刘合达里	男	彝族	副部长	2003.6—2005.12
			党建办主任(兼)	2003.6—2005.12
吴延莹	女	汉族	副部长	2003.7—2005.12
石云安	男	汉族	副部长	2003.7—2005.12
孟先平	男	汉族	党建办副主任	1998.7—2002.4
			党建办主任	2002.4—2003.7
李福华	男	汉族	党建办副主任(兼)	1998.7—2005.12
叶建琼	女	汉族	党建办副主任	2002.8—2005.12

第二节　干部建设

干部选拔　1991 年，在干部调配工作中，采用笔试和面试、答辩与考察相结合的办法选调干部。1993 年，提拔少数民族干部 40 名，妇女干部 11 名。全县行政机关科局级及相当职务的干部 502 名，少数民族干部 149 名，占 41.6%；妇女干部 44 名，占 3.9%。1994 年，办理政府系列 139 名副科级以上领导干部任免职务手续。1995 年，从机关选派 28 名中青年干部到基层锻炼，从各部门抽调 7 名干部到外县挂职锻炼。1997 年，办理副科级以上领导干部 152 人任免职手续。1998 年，对全县乡（镇）领导班子及班子成员进行实绩考核，调整不齐不力、民主作风差、工作拖沓无起色班子 13 个，涉及成员 24 人，其中：降职使用 2 人，占 8.3%；免职 5 人，占 20.8%。办理 71 名领导干部任免手续，公开选拔副科级领导干部 11 人。1999 年，首次在全县通过组织推荐、群众推荐和个人自荐、考试与考核相结合的方式，公开选拔 3 名干部到副科级领导岗位，其中：教育局副局长 1 名、县政府外事办副主任 1 名、县医院副院长 1 名。2001 年，按照"十用十不用"用人要求，从德、能、勤、绩、廉五个方面着手，坚持把"讲政治、懂全局、能干事、干得成事"干部选进领导班子。2002 年，全县选派 5 批 74 名优秀年轻干部到援州帮县泸州市江阳区挂职锻炼。开展争当"爱民书记"、"爱民乡（镇）长"、"爱民干部"的活动。2003 年，县四大班子、县纪检、监察等机关 34 名干部进行跨系统交流，科局级领导干部互补式、需求性交流 51 名。提拔妇女干部 14 名、非党干部 12 名、少数民族干部 29 名。全县 66 个科局级领导班子和 215 名科局级领导干部进行换届调整。县级科局级领导干部大学及以上文化的占 24.8%，大专文化占 52.2%，平均年龄由调整前 45.76 岁降为 39.56 岁，下降 6.2 岁。公开选拔科技副乡（镇）长 12 名。2005 年，在全县机关、工委和乡（镇）开展干部作风纪律集中教育整顿活动，重点进行干部作风整治、优化干部队伍，设立意见箱 72 个，其中：乡（镇）28 个、县级机关 44 个，公布"干部作风整治"专线电话 115 个，多种形式收集意见 215 条、建议 297 条。

表 4－4　　**1991—2005 年乡科级领导班子结构情况表**　　单位：名

年度	乡科级		乡镇			
	乡科级领导职务	乡科级非领导职务及相当	党委正职	党委副职	政府正职	政府副职
1991	260	73	45	32	46	53
1992	375	130	42	33	42	50
1993	358	144	36	40	36	40
1994	429	184	35	53	36	63
1995	419	95	36	36	34	60
1996	451	182	39	53	36	47
1997	436	201	40	52	39	46
1998	363	207	40	50	39	51
1999	391	242	40	48	40	67
2000	413	251	40	48	40	65
2001	389	237	40	43	40	63
2002	421	223	40	49	40	66
2003	455	216	40	49	39	66
2004	432	241	40	44	37	66
2005	430	258	40	41	39	71

干部改革　1993年,在全县党群系统及人大、政协等机关实行《党的机关工作人员条例》或参照实行《国家公务员暂行条例》。各级党政群机关实行公务员(干部)年度考评制度,以"德、能、勤、绩"为主要内容,定期对干部进行考核。1995年,在党政机关干部中公开招考选拔工作人员,选拔县委办秘书3名和政府办秘书1名。1996年,在干部任职中实行公务回避、地域回避、亲属回避制度。2003年,出台《越西县党群机关公开考调空缺职位实施意见》,对党群系统8个部门12个空缺职位进行统一公开考调,12名优秀干部通过考调进入县级机关。2004年,县委下发《公开选拔党政领导干部工作暂行规定》,扩大党员和群众对干部选拔任用的知情权、参与权、选择权和监督权。同年,经过笔试、面试、竞职演讲、民意测评等选拔程序,在人大、计生、法制办、招办等7个部门中公开选拔7名副科级领导干部。2005年,逐步建立健全民主推荐与民主测评、考察预告、部务会集体讨论、书记会集体酝酿、常委会票决通过、任前公示、任前谈话、离任审计、竞争上岗、公开选拔、干部交流、回避、差额考察等一系列制度。

干部录用　1991年,全县干部4079人,行政机关干部1404人,事业单位干部2396人,企业干部279人;少数民族干部1364人;初中及以下干部829人,占20%。1992年,采取"公开招考、平等竞争、择优录取"的办法,在行政、事业单位在职工人"五大生"中吸收录用干部7人。通过考试、考核方式,对1988年底以前使用区、乡(镇)行政编制,仍继续留任或聘用的区、乡(镇)党政群干部10人转录为固定干部。同年,接收国家统一分配大中专毕业生、军队转业干部和计划内自费走读、电大、函大普通专科班毕业生到全民所有制单位工作,引导大中专毕业生到企业、基层、艰苦地区、工农业生产第一线工作,全县新增干部98名。1997年,对实施公务员制度的各级政府机关、参照实行国家公务员制度的党群、人大、政协、法检两院的各类工作人员进行过渡培训考试。2003年,乡(镇)机关聘转录干部53人。至2005年,全县分4批录用34名"选拔生"进入乡(镇)党政机关工作。

干部监督　1991年,工作重点转到对干部选拔任用工作和干部现实表现(政治立场、思想作风、道德品质、廉洁状况)进行审查和监督。1994年,由县委组织部牵头,纪委、监察、政法等部门组成干审工作联系会,对干部进行监督管理,避免和减少查用脱节、用人失察现象。2000年,把监督贯穿于干部日常管理全过程,对领导班子和成员进行重大决策、选人用人、思想作风和廉洁从政监督,离任审计、诫勉谈话、重大问题回复等成为经常性的监督机制。对干部的推荐、考察、酝酿、决定等环节做出明确要求,实施干部考察预告制,干部任前公示。2003年,开展"三项清理"工作,自查全县3年来贯彻执行《干部任用条例》情况。2005年9月,开通"12380"干部监督举报电话,主要受理违反《干部任用条例》等法规选人用人问题,以及对领导干部政治、思想、作风、廉洁自律等方面问题的举报。

后备干部　1992年,建立乡(镇)村后备干部队伍选拔、培养、考察制度,从回乡知青、复退军人、民办教师、企业负责人和优秀青年中选拔人才。1993年,全县脱产后备干部248人,其中:县级30人,科局级(部门)100人,乡(镇)100人,大中专选调生18人。县委党校举办青干班,重点培训部门和乡(镇)后备干部。1995年,培训各级后备干部1587人次。1996年,全县实行后备干部分级分类管理制度。制定培养青年干部六年规划,实施后备干部队伍"1222"工程(即:培养1000名村后备干部,200名乡(镇)科级后备干部,200名县直各部门后备干部,确定20名重点培养对象)。对后备干部实行经常性教育,将年度考察同定期考察相结合进行管理。1997年,把妇女后备干部选拔工作纳入后备干部建设的总体规划,县乡两级妇女后备干部数量基本达到后备干部总数的20%以上。2003年,采取民主推荐、组织考核(考察)、集体研究决定的方式选派12名工委、乡(镇)科级后备干部到县级机关上挂锻炼学习;科局级班子换届,74名年轻后备干部提拔到乡科级班子。2005年,全县有151人被列为后备干部人选,其中:县级后备干部18人,科级后备干部133人;妇女干部47人,占总数的35.3%;少数民族干部46人,占总数的35%;大学文化程度27人,占20.3%;大专文化程度105人,占79.7%;非党干部16人,占12.04%;平均年龄31.01岁。

表 4－5　　1991—2005 年干部结构情况统计表　　单位：人

年度	总数	机关	事业	企业	女	少数民族	文化结构					年龄结构						
							本科及以上	大学专科	中专	高中	初中及以下	30 岁以下	31～35	36～40	41～42	43～47	48～52	53 岁及以上
1991	4079	1404	2396	279	1073	1364	115	381	2414	340	829	1562	712	585	397	364	315	144
1992	4036	1408	2363	265	1028	1165	118	393	2378	261	600	1422	653	604	425	298	234	114
1993	4010	1459	2310	241	1183	1378	145	493	2440	285	647	1657	564	701	402	327	238	119
1994	4018	1452	2335	231	1148	1403	140	580	2494	256	548	1409	735	812	462	302	183	115
1995	4419	1444	2534	441	1345	1505	152	298	2677	269	552	1673	726	820	503	368	200	119
1996	4455	1500	2531	424	1341	1543	152	931	2595	243	534	1645	827	707	593	387	191	105
1997	4505	1534	2605	366	1340	1535	160	1000	2660	216	469	1737	914	649	690	276	138	101
1998	4291	1450	2522	319	1301	1487	160	1068	2573	167	323	1570	892	738	584	432	144	75
1999	4356	1463	2588	305	1303	1489	225	1189	2567	375		1583	892	738	577	352	140	123
2000	4349	1468	2580	301	1305	1489	318	1365	2295	371		1588	891	793	577	347	129	110
2001	4351	1475	2591	281	1314	1490	394	1627	2017	314		1592	892	741	572	344	128	101
2002	4377	1458	2710	154	1340	1517	422	1927	1743	285		1693	895	735	568	356	121	99
2003	4472	1243	3085	144	1431	1525	493	2047	1692	241		1821	890	731	560	354	113	90
2004	4481	1251	3098	132	1445	1537	534	2195	1561	197		1835	901	722	565	358	114	88
2005	4440	1239	3080	121	1457	1536	575	2466	1247	153		1824	911	726	559	369	117	81

第三节 党员队伍

入党积极分子培养 1991年,县级机关、工委(区委)、乡(镇)、国企、非公企业积极分子由县直工委组织培训。1998年,县直工委撤销后,公职及非公企业积极分子由县委组织部、县委党建办组织培训;农村、社区积极分子由各工委(区委)组织培训,授课教师由组织部及相关部门派出,经费由组织部补贴;培训时间不少于5~7天;培训结束经考试合格后,公职人员及非公企业积极分子由县委党建办颁发合格证书,农村积极分子由各工委(区委)颁发合格证书。

发展党员 1991年,发展党员工作重点是各条战线工作生产骨干及农村致富带头人、后备村组干部,注重在妇女和少数民族中发展党员;把握培养、发展和转正3个阶段,实行县委党员审批领导小组终审制。1994年,在申果庄片区、中普雄片区、城关片区开展工委自行审批所辖农村党员试点工作。2000年,在吸收预备党员及预备党员转正两个阶段推行发展党员公示制,征求收集群众意见建议,防止发展党员工作中不正之风。截至2005年,发展党员4246名,其中:妇女688名,少数民族2574名。全县党员8051名,取消预备党员资格33人,延长预备期52人,开除党籍146人,自行脱党21人。

党员教育 党员经常性教育 1991年,全县举办党员轮训班,2178名党员完成"三基"教育。1992年,重点学习邓小平南巡讲话、"三个有利于"和社会主义市场经济理论。1999年,组织2180名党员干部学习《中国共产党农村基层组织工作条例》。制定全县党员培训计划,采取集中与分散的方式对1996年1月—1999年4月入党的同志,进行党的现行路线、方针和政策及理想信念、农村实用技术、业务技能培训。2002年,开展以"双向培养"、"农村党员信息技术培训"、党员"双向扶贫"、"党员先锋工程"为主要内容的教育活动。2005年,全县公职党员、入党积极分子自费订阅党刊2300册。

党员集中性教育 1991年,分两批在全县开展社会主义思想教育工作,每批开展时间3个月。第一批参加教育的涉及20个乡(镇),200多名县、区、乡干部驻乡进村蹲点。第二批参加教育的涉及17个乡(镇)和9个区委机关。对党员进行"带头勤劳致富,带领群众致富,带领群众加强精神文明建设"为主要内容的"三带"教育;在教育活动中对300名党员骨干进行培训。1995年,开展以学习中国特色社会主义理论、学习党章为主要内容的"双学"活动,全县参与"双学"活动的党员、入党积极分子7260人次,参学率98%,其中:农村党员参加"双学"活动培训的3364名,占农村党员总数的90.5%。2000年,在县级四大班子成员及县纪委、组织部、宣传部、法院、检察院、公安局、越西中学领导班子成员中开展以讲学习、讲政治、讲正气为主要内容的"三讲"党性党风教育。

2001年起,在全县农村开展"三个代表"重要思想学习教育活动。2005年,分两批在机关、企业、社区开展以实践"三个代表"重要思想为主要内容保持共产党员先进性教育活动。

党员电化教育 1991年,举办党员电教片展播活动,全县2100名党员参加。1999年,新建乡(镇)电教站3个。2003年,在中所镇、普雄镇,建立党员信息和技术电教培训基地,配备电视机和VCD,开展"电教科技致富工程"示范点工作。2005年,投资10万元,在11个乡(镇)基层电教站配备29英寸电视机及VCD。全县乡(镇)级基层电教站配备站点22个,建立电教片播放、电教设备管理等制度。

党员管理 1991年,全县各基层党组织建立健全"三会一课"、组织生活、民主评议党员、民主生活会等制度。集中对党员进行以自评、互评、考核、总评为主的民主评议,并按优秀、合格、基本合格、不合格4个档次给予表彰、整改及处理。民主评议党员实行年度评议。1999年,开展流动党员管理工作,督促150名流动党员接受当地党组织教育和履行党员权利、义务,每年向原籍党支部汇报一次思想工作情况;建立党员信息库;完善各项党员管理制度。2000年,制度化、规范化民主评议表彰党员工作,评议以支部为单位,等次分别为优秀、合格、不合格3个档次,优秀党员名额按支部党员数15%评定,评定出优秀党员给予表彰。2005年,强化外出经商打工党员管理,按照党员外出时间长短履行党员组织关系接转手续。

表 4－6

1991—2005 年中共党员情况统计表

单位：人

年份＼项目	总计				年龄					文化程度					待业分布				入党时间			
	合计	其中																				
		女	少数民族	预备党员	35以下	36～45	46～54	55～59	60以上	本科及以上	大专以上	中专	高中	初中及以下	在岗职工	农牧渔民	离、退休人员	其他	1937.7及以前	1937.8—1949.9	1949.10—1976.10	1976.11
1991	5591	819	3349	199	1032	1573	1892	641	453		190	710	209	4482	1810	3376	380	25	1	35	3972	1593
1992	5695	896	3622	272	1114	1576	1856	689	460		202	751	213	4529	1880	3409	379	27	1	17	3776	1901
1993	5857	859	3668	314	1099	1455	1888	791	624		245	811	228	4573	1878	3491	434	54	1	17	3725	1921
1994	5998	894	3754	285	1143	1502	1853	836	664		291	889	210	4608	1952	3535	474	37	1	37	3697	2263
1995	6386	953	3951	373	1345	1554	1909	861	717		332	974	253	4827	2105	3695	559	27	1	22	3722	2641
1996	6602	970	4124	348	1500	1657	1797	866	782		400	999	264	4939	2180	3847	539	36	1	22	3574	3005
1997	6904	1001	4320	390	1733	1615	1798	938	820		465	1095	312	5032	2318	4082	443	61	1	20	3537	3346
1998	7043	1044	4416	370	1757	1661	1801	963	861	5	571	1037	345	5085	2402	4161	427	53	1	20	3346	2118
1999	7305	1090	4587	388	1873	1688	1941	961	842	5	625	1095	372	5208	2524	4307	421	53		19	3299	3987
2000	7327	1137	4410	362	1883	1694	1944	972	834	5	703	1115	387	5117	2289	4516	423	99		18	3280	4029
2001	7448	1209	4618	317	1947	1714	1966	978	843	307	428	1167	396	5150	2342	4568	424	114		16	3279	4153
2002	7564	1082	4458	202	1976	1793	1449	927	1419	185	922	1112	286	5059	2404	4406	637	117		16	2954	4594
2003	7604	1071	4611	215	1899	1796	1543	873	1493	266	982	1071	295	4990	2524	4396	623	61		11	2705	4888
2004	7900	1182	4716	320	2122	1839	1528	873	1538	319	1160	1113	279	5029	2683	4561	583	73		36	2500	5364
2005	8051	1242	4943	257	2054	1946	1510	867	1674	385	1267	1023	270	5106	2589	4667	585	210		11	2368	5672

第四节 基层党组织

农村党建 1991年,开展以党支部为核心的村级组织建设,组建越西县村级组织建设协调领导小组、党建领导小组,区乡(镇)、村建立相应的组织建设工作领导小组。制定《县委常委建立基层组织建设联系点工作意见》(9个常委联系16个基层单位)和《以党支部为核心的村组织配套建设工作意见》,从县级机关抽调148人,组成20个工作队,驻乡进村蹲点指导工作。开展党员"三带"、"三户"和"创先争优"活动。全县4238名农村党员联系9568户贫困户,帮扶脱贫3578户,脱贫成效明显的3069户。当年,按州委《关于加强农村基层组织建设的意见》,全县村级"三职"干部(村支书、村委会主任、村文书或会计)误工补助提高为30元/人·月。

1992年后,采取州财政划拨一点、县上自筹一点、扶贫帮乡单位帮扶一点,村、乡(镇)协助解决的方式推进农村支部活动室阵地建设。

1994年,县委下发《中共越西县委关于加强全县农村基层组织建设的决定》(越委发〔1994〕38号),决定用3年时间对处于软弱涣散和瘫痪状态的基层党组织进行整顿和建设。成立由县委书记任组长的党建和农建领导小组,实行"百分制"考评,对2个后进乡(镇)、25个软弱涣散后进村支部进行重点帮扶,25个乡(镇)基本达"六个好"目标,占乡(镇)数的61%,21个村有明显成效。截至1997年,全县在整顿、建设软弱涣散、瘫痪状态的基层党组织活动中解决实际问题103件,整顿软弱涣散和后进村62个,调整村支部书记91人,村委会主任111人,团支书104人,民兵连(排)长101人,妇联主任91人,村级集体经济发展项目465个。同年,县委调整充实越西县农村基层组织建设领导小组,成员由13名增至19名。

1999年,制定贯彻落实《中国共产党农村基层组织工作条例》(以下简称《条例》)6条实施意见(越组发〔1999〕16号),编制《越西县支部工作手册》1000册,发放到各村支部,全县参与《条例》学习6786人次,参学率90%以上。组织《条例》知识竞赛试卷935份。结合乡(镇)换届工作,在新民镇、河东乡7个村试行公推公选村干部,27人参加竞选,其中:群众和组织推荐21人。制定《关于发展壮大村级集体经济的实施意见》,开展"创建农村基层组织建设先进县"活动。

2001年,继续推进以创建农村基层组织建设先进县、"六个好"乡(镇)党委、"五个好"农村党支部为主要内容的"三级联创"活动,全县乡(镇)党委达"六个好"标准的25个,占总数的60.98%,村支部达"五个好"标准的138个,占总数的47.92%。全面推行乡(镇)政务、村务公开工作。2003年,把村党组织、乡(镇)党委建设的目标要求统一规范为新"五个好"(一是领导班子好,二是党员干部队伍好,三是工作机制好,四是小康建设业绩好,五是农民群众反映好)。全县达到"五个好"标准的乡(镇)党委26个,占63.4%;村党支部145个,占50.3%;"三村建设"示范村100个,占34.7%。全面开展以"双向培养"、"农村党员信息技术培训"、党员"双向扶贫"、培养党员致富典型为主要内容的"党员先锋工程",推进党内帮扶工作。

2004年,县委开展"双五十工程"建设,选派50名县、乡干部入驻50个村指导工作。落实帮困措施120条,新修、改扩建村道4条。协调解决598户3216人的安全用水问题。实施农村党建"3616示范工程",建立州级示范乡(镇)3个、示范村6个,县级示范村34个,各类示范户240户。9月,县委成立"党员农贷快车"领导小组,在19个乡(镇)89个村,选择500名信用好、发展思路清晰、发展项目可行而又无发展资金的党员户,分别给予500~2000元贷款,发展家庭经济。贷款金额159万元,帮扶农户2440户,其中:党员609户,确定致富项目20个,发放贴息资金14322元。

2005年,采取"支部主导型"、"支部引导型"、"支部服务型"等多种模式,建立协会57个。同年,开展以"科技兴村、民主管村、依法治村"为主要内容的"三村建设"工程,组织19名县级领导干部、66名县级机关主要负责人和100名乡(镇)干部,开展"帮扶1户特困户,联系5户示范户,带动一村一片发展"的"帮、联、带"活动,联系特困户185户,带动176个村,351个组发展,落实帮扶措施158条,帮扶项目128个,帮扶资金32.94万元,办好事实事331件,解决疑难问题252个。全县达到"五个好"乡(镇)党委26个,占全县乡(镇)的63.4%;"五个好"村党支部145个,占全县村党支部的50.3%。开展以慰问老党员、贫困党员的"党内关怀"活动,县级领导走访慰问贫困群众310人次,其中:农村贫困党员82人次,慰问金及物资15万元。截至2005年,共投资241.7万元(砖瓦结构204.8万元,砖混结构12.5万元,土木结构24.4万元),修建村级活动室90个(砖瓦结构70个,砖混结构2个,土木结构18个),建筑面积7474.5平方米(砖瓦结构6021.5平方米、砖混190平方米、土木1263平方米),其中:建筑面积达60~240平方米的村活动室79个。

机关党建　1991年,县级机关有总支委员会(简称"总支")11个、支部157个(含乡(镇)机关支部)。1992年,建立越西县公安局党委,委员由局长、政委、副局长、普雄分局局长、政工科长、纪委书记组成,原县公安局党组自行消失。1998年9月,对县级机关党组织进行机构改革,并对6个总支,104个党支部进行改选、换届工作。撤销管理机关党务工作的直属党委,原直属党委的部分职能由挂靠组织部的"中共越西县委党建工作领导小组办公室"(简称"党建办")负责。2001年,县直机关部门开展以"三心一保持"为主题的党内实践活动。2003年,对39个县级机关党组织进行换届改选。围绕县级机关机构改革,突出转变职能,推行政务公开、阳光作业,推广首问责任制、办事承诺制、承办事项责任追究制等机关工作制度。确立示范岗位40个,示范支部4个。2004年,县级机关有党委3个、总支6个、支部92个,其中:单列支部21个、党组8个。根据《中共越西县委组织部关于在全县机关开展"爱民书记向爱民党员干部深化"活动的通知》(越组发〔2004〕30号),采取查、听、看、访的方式对县级机关党建工作进行检查。通报表扬机关党建工作开展得好的单位。2005年,出台《中共越西县委关于进一步加强和改进机关党的建设的意见》,规范机关党组织,重新设置的党组织有:党委3个,总支6个,支部101个(其中:单列支部20个),党组13个。

社区党建　2003年,以越城镇居委会为试点,以打造服务型社区党组织为出发点,从组织生活、党费交纳等入手,指导居委会党建工作。2004年,建立2个社区支部委员会,基本实现有组织、有人员、有经费、有阵地、有制度的目标。2005年8月底,县政府完成社区建制调整,新建西城社区,将原越城镇、中所镇、普雄镇3个居委会改建为社区居委会;同时,改建支部委员会,以创建"五好"示范社区为重点,加强社区党建工作。

国有企业党建　1991年,全县国有企业46家中有37家建有党组织。1992年,在糖酒公司实行国有企业党建工作"四开放"试点。1997年,县国有企业川西水泥厂党委狠抓党建工作,促进企业"两个转变"。对全厂8个党支部、所属党员、入党积极分子、中层干部进行调查分析、培训,发展党员9名,评选先进党支部3个,先进党务工作者5人,优秀共产党员15人。2003年,国有大中型企业实行"双向进入、交叉任职"。电力公司、县自来水公司中,公司制企业数1户,董事和监事10人,党委成员9人,党委成员进入董事会、监事会的5人;非公司制企业1家,该企业党委书记、经理(厂长)由1人担任。川西水泥厂党建工作由党委书记主管,党政办具体抓,下设6个基层党支部,配备党支部书记,设置专门的支部活动室,提供支部办公设备。同年,成立中共越西县电力公司党委。设书记、副书记各1人,下设发电分公司支部、供电分公司支部、公司机关支部。2005年,全县有国企17家,党委2个,建立党支部15家。

非公企业党建　2001年,从非公有制经济组织产权属性和企业特点,明确非公有制经济组织党组织工作的地位和作用,建立党的工作机制,探索党组织工作的活动方式。2003年,注册的非公企业32家,员工上50人的7家。在改制后的索玛锌品厂、石油有限责任公司、酒类盐业有限责任公司、兴越医药有限责任公司建立4个单列党支部,对于条件不成熟、不够建党组织而有党员的,采取就近挂靠党组织,建立联合支部的方式解决党员归宿问题。对职工人数较多没有党组织和党员的,派出党建联络员建立"1+

13”的工作机制,负责党建工作和建党工作。2004 年,全面抓非公有制企业党建工作,建立 6 个县级领导联系点,选派 17 名党建联络员,指导规范非公党建工作。2005 年,制发越组发〔2005〕18 号,对非公有制企业党建工作实行制度化、规范化管理。通过摸底,有党员的非公有制企业 12 家,职工 2388 名,其中:建立党组织的有 3 家,党员 115 名,党员数 3 人或 3 人以上的 8 个,党员数不足 3 人的 4 个。对已建立党组织的企业,构建“1+13”工作机制,形成组织部门牵头,宣传、统战、工商等部门和单位参与的齐抓共管的工作格局。协调县财政局划拨资金 2 万元,保障工作经费和对主要党务人员给予补助;推荐 3 名优秀分子加入党组织,2 名优秀党员进入企业管理层工作。

表 4-7　　2005 年基层党组织分布情况表

项目 类别	总数	乡镇、农村	企业		机关事业	社区	其他
			国有企业	非公有制企业			
党委	44	40	2		2		
总支	6				6		
支部	492	288	15	4	166	3	16
总计	542	328	17	4	174	3	16

第五节　党　校

党校机构　1991 年,中共越西县委党校下设办公室、财务科、后勤管理科,校长 1 名(由县委书记或副书记兼任),常务副校长 1 名,副校长 2 名,教职工 9 名。2005 年,党校下设办公室、教务科、财务室,校长 1 名,常务副校长 1 名,副校长 2 名,教职工 11 名,其中:中级职称 2 名,教师 3 名。

表 4-8　　1991—2005 年党校负责人名录

姓　名	性　别	民　族	职　务	任职时间
沈桂芳	男	汉族	校长	1991.1—1993.6
耿道超	男	汉族	常务副校长	1991.1—1998.8
徐登祥	男	汉族	副校长	1991.1—1995.5
彭　勇	男	彝族	校长	1993.6—1994.2
薛启华	男	藏族	校长	1994.2—1996.5
张连忠	男	汉族	校长	1996.7—2000.11
李宏伟	男	汉族	校长	2001.3—2002.10
孙苏皖	女	汉族	常务副校长	1998.8—2005.12
袁　智	男	汉族	副校长	2002.8—2005.12
童万华	男	汉族	副校长	1998.8—2005.12
赵　杰	男	汉族	校长	2003.1—2005.12

学校管理　1991 年,建立校长办公会议制度、廉政制度、职工岗位责任制度。制定激励机制,鼓励教师加强学习,参加函授、自考和各种进修班,要求教师多读书、读好书,学习马列主义经典著作,打好理论功底,多调查研究,参加社会实践。全校占地面积 7100 平方米,有简易办公楼、学员食堂。

1995 年,组织观摩课,由教研室主任检查审批教师教案,召开学员座谈会,征求学员对教师授课的意见，帮助教师改进教学方法。建立处理群众来信来访、财务日清月结、图书资料管理制度。

1998年，实行学员对教师授课满意度无记名打分，记入教师档案，按专业技术职称每半年对教师考核1次，根据考核结果，决定新聘、续聘、高聘、低聘或解聘；同时，建立学员档案。2000年，制定教师业务考绩制度，安全保卫制度，函授工作班主任工作职责、函授教师工作规范。2005年，制定监考职责、学员守则，职工奖惩、考勤、后勤工作制度。新建综合教学楼1幢，占地210平方米，有办公室8间，大教室1间，小教室4间，会议室、图书室和微机室各1间，微机室开通党政网、中共四川省委党校C级接受站。对财务实行民主监督，定期公开账目，增加透明度，强调学校工作一切为教学服务。

干部培训　1991年，贯彻《中共中央关于加强党校工作的通知》、《中共中央关于新形势下加强党校工作的意见》，分期分批组织全县党政群机关和区、乡（镇）、村、企事业单位领导干部，以党的基本理论、基本路线、社会主义初级阶段理论和建设有中国特色社会主义理论、市场经济理论为培训内容，举办村干部培训班3期，184人参训；区、乡（镇）副科级以上领导干部培训班2期，120人参加；机关干部及中青年培训班2期，135人受训；事业单位及规模企业负责人培训班1期，78人受训。

1995年，按照“一个阵地、多种功能”要求，由县委组织、宣传和政府经济综合等部门相互配合，采取专任教师、客座教师分工协作和县委领导亲临讲课，把政治理论与工作业务有机结合，开展干部轮训，每期培训学习30天。在培训、轮训中，把马列主义、毛泽东思想理论教育同加强干部的党性锻炼紧密结合，把党性教育作为必修课，贯穿于学员在党校学习期间全部活动中，抓好入学教育，做好“三个转变”（即从领导身份转变为学员身份，从工作转变到学习，从家庭生活转变成集体生活），组织学员定期过组织生活，开展批评和自我批评，强化学员的学习自觉性、主动性。

2002年，开展多渠道、多层次、多形式办学，举办中青年干部培训1期，培训53人。2004年，构建“加强理论基础，开阔世界眼光，培养战略思维，增强党性修养”教学格局。深化教学改革，改进考试考核方法，切实抓好学员自学、教师授课、教导研讨三个环节，改进教学方法，提高教学质量，着力提高领导干部政治素质。培训科局级领导7期，353人。

2005年，引导学员围绕事关全县改革、发展、稳定的全局性、战略性、前瞻性重大理论和现实问题进行深入研究。坚持“三联系”，即联系党的历史，特别是党的十一届三中全会以来有中国特色社会主义道路，联系改革开放和社会主义理论化建设问题，联系干部思想实际，向学员宣讲马克思主义基本理论、基本原理，注重引导学员运用马克思主义的立场、观点、方法去观察、分析、解决现实问题；培训区、乡（镇）副科级领导干部3期，164人；举办机关干部及中青年培训班2期，105人；公务员培训2期，126人参训。同年，建成开通“中央党校C级站”远程教育网络，实现教学资源共享。

理论研讨　1991年，贯彻执行党的基本方针、政策，组织教师结合党的基层组织建设，开展推进政治经济体制改革和党校教学工作改革理论研讨。1995年，学习、宣传邓小平建设有中国特色社会主义理论。围绕县域经济体制改革，撰写理论研讨文章3篇。1999年，国家实施扶贫与西部大开发，县委党校深入到23个贫困乡（镇）调研，撰写理论研讨文章3篇。

2002年，撰写相关理论研讨文章4篇，在省、州、县交流，其中：2篇在县以上的刊物发表或转载。2004年，围绕县委中心工作和热点、难点问题开展社会调研，撰写理论研讨文章2篇。

2005年，到县级相关部门调研，撰写理论研讨文章13篇，分别在县以上的刊物发表或转载，其中：4篇获省、州、县奖励。

函授教育　1989年起，越西党校与省委党校函授分院、州委党校函授分院联合函授办学，在县委党校设立站、班，开办行政管理、经济管理2个专业的函授中专3个班、大专1个班。1991年，坚持“从严治校、质量第一、社会效益第一”的办学理念。开设中专政治专业，毕业72人；大专政治专业、经济专业，毕业145人。1995年，开设大专政治专业，毕业53人。

1999年，在函授教育中，教学计划的安排和实施严谨有序，学籍管理严进严出，招收大专经济管理班学生 234 人,本科政治班学生 118 人。

2000 年,招收大专及本科层次学生,开设行政管理专业,毕业 126 人。2001 年,开设大专行政管理专业,招收 126 人。2002 年,招收大专法律专业 145 人,本科 68 人。2005 年,严格考试纪律,保证函授教育的整体质量,招收大专及本科层次学生 79 人;开设法律专业,毕业 76 人。

第六节 老干部管理

老干部管理机构 1991 年,成立老干部工作领导小组,下设办公室,管理越西县驻西昌干休所。2003 年,成立老干部局,编制 5 人,局长 1 人,副局长 2 人。2004 年,县委办公大楼竣工,分配 3 间办公室和 1 间会议室给老干局。2005 年,老干局下设办公室,管理越西县驻西昌一干休所、西昌二干休所、越西县老干部大院,编制 8 人。

表 4-9 1991—2005 年老干局负责人名录

姓 名	性 别	民 族	职 务	任职时间
潘加梓	男	彝族	副局长	1991.1—1996.6
			局 长	1996.7—2003.5
木洛拉古	男	彝族	副局长	2000.3—2005.12
石发贵	男	汉族	副局长	2000.3—2003.5
沈列哈	男	彝族	局 长	2003.5—2005.12
耿旭金	男	汉族	副局长	2003.5—2005.12

政治待遇 1991 年,召开老干部工作会议,检查各级贯彻执行有关老干部工作政策落实情况。1995 年,重阳节会上,主要领导通报全县国民经济发展、改革和对外开放、社会稳定、民主法制建设、精神文明建设以及廉政建设情况和今后的工作思路。春节前夕,县委、县政府有关领导亲自出席老干部慰问茶话会。

2000 年,组织老干部学习党的路线、方针和政策,传达有关重要会议、文件精神。邀请部分老同志出席党代会、人代会、政协会,听取老同志对县委、县政府工作的建议、意见和要求。邀请老干部参加反腐倡廉情况通报,听取老干部对反腐倡廉工作建议和意见。老干局每年为离休干部订阅《凉山日报》、《晚霞杂志》等报刊,组织离退休干部参观工农业生产和重点工程建设。

2005 年,对符合条件 10 位离休干部待遇由副县级提高为正县级待遇。组织离退休全体党员收看中国共产党第十六届代表大会实况录像。加强支部与党员、党员与党员之间的凝聚力。

生活待遇 1991 年,老干部在调资、福利待遇方面与在职同级人员相同。1992 年,组织 37 名老干部参加州委老干部局组织的导引养生功比赛,获得三等奖。每年组织老干部检查身体一次,做到早发现、早治疗。对大病、特殊病,会同老干部家属护送到上级医院治疗。

1996 年,调整离休干部特需费标准,由原来每人每年 150 元调整为 300 元。将全县机关、事业单位离休干部的工资集中到老干局发放,企业离休干部纳入社保,县财政首先保证老干部的工资,按时足额兑现。全县离休干部的医药费纳入财政支付,由老干局负责收集审核实报实销,做到不拖欠,不跨年,对严重病人,需转到上级医院治疗而家庭又无法垫支医疗费,经老干局申请县财政给予先垫支后决算。1997 年,调整离休干部护理费标准:1937 年 7 月 6 日前参加革命的地厅级干部由每月 61 元调整为 122 元;抗日战争时期参加革命工作年满 65 岁的地厅级干部由每月 50 元调整为 100 元;解放战争时期参加工作年满65岁的由每月40元调整为80元。

2002年，调整离休干部特需费标准，由原来每人每年300元调整为每人每年500元。同时，提高离休干部遗孀生活困难补助标准。对1949年10月1日到所在地参加解放时期革命工作并经省、州审查符合条件的3名退休人员，在生活上、医疗上给予特殊照顾。自2004年10月1日起，离退休干部去世执行新的抚恤标准，由原来10个月基本离退费提高到20个月。2005年，组织32名老干部参观冕宁红军纪念馆、红星广场、西昌冬旅建设项目，游览灵山寺。

个别安置　全县离休干部来自山东、山西、陕西、湖南、湖北、安徽等地，离休后，老干局根据不同情况派专人到老干部要求安置地区与当地政府协商安置事宜，县外州内安置19户；州外省内安置13户；省外安置4户。每年按照协议给对方老干部管理部门划拨管理费、活动费。老干局每年派人看望易地安置的老干部，每年春节，前往成都、重庆、彭山、西昌等地进行慰问，安置在省外由州委老干局统一走访慰问。

老有所为　1991年，坚持自愿、量力而行原则，把发挥老干部余热工作列入议事日程，2名离休干部开办诊所为群众看病治病。1995年，积极创造条件，鼓励、引导有技术专长、懂经济的8名老干部投身于经济发展、社会服务、农村建设中去。1999年，在国家西部大开发的背景下，撰写12篇文章，歌颂党的改革开放政策和越西的发展变化。2003年，10名老干部退休后，放弃县城优越生活条件，回到农村，组织村民投工投劳，拿出12500元资金，修建村道、街道。2005年，组织全县离休干部18人次，对农田水利建设进行专题调研，并发表调研文章4篇。

排忧解难　1991年，针对个别老干部反映待遇问题，特别是医药费和福利费，按照政策规定该解决及时解决，不能解决及时向上级有关部门汇报，并向来访者说明情况。1996年，一次性解决1996年前拖欠医药费。2005年，接待来访6人，解决离休干部子女就业5人。

干休所工作　1986年，在越城镇西山路征地9.397亩，建立越西县离休干部大院，由老干部个人全额集资修房，安置26户。同年，在西昌市龙眼井街征地4.35亩，建立越西县驻西昌干休所，由老干部个人全额集资修房，共安置26户；派1名工作人员，负责干休所的管理、服务工作。2002年，政府投入，个人集资，在西昌一干休所新建住房7258平方米，安置52户。同年，在西昌市南坛征地18.75亩，成立越西县驻西昌第二干休所，由个人全额集资修房，共安置155户，建筑面积21000平方米。2003年，增加2名工作人员，负责干休所工作。

2005年，越西驻西昌一、二干休所有工作人员4名。协调解决老干部家庭纠纷12人次，帮助维修电器6次，接送老干部到外地就医15人次。同年，县财政投入5万元，在西昌一干所修建活动室和工作人员办公室，解决了工作人员无办公室、老干部无活动室的问题。离退休干部每天到活动室开展健身娱乐活动。

第三章　宣传工作

第一节　理论教育

宣传机构　1991年，宣传部内设：办公室、理论宣传股、新闻股、文明办，1993年，县文明办并入政府办公室，宣传部内设：新闻股、办公室、理论宣传股。1998年后，宣传部长由县委常委担任。2005年，宣传部内设：办公室、理论宣传股、新闻股、文明办。

表 4－10　　1991—2005 年宣传部负责人名录

姓　名	性　别	民　族	职　务	任职时间
曲木克古	男	彝族	部长	1990. 12—1993. 3
李宏伟	男	汉族	副部长	1990. 7—1993. 4
毛正富	男	汉族	部长	1993. 6—2002. 12
王龙川	男	汉族	副部长	1993. 6—1998. 8
				2003. 5—2005. 12
朱木乃	男	彝族	副部长	1993. 6—1996. 7
罗　瑾	女	汉族	副部长	1998. 8—2001. 7
耿福全	男	汉族	副部长	1998. 8—2005. 12
谢宇光	男	彝族	部长	2002. 12—2005. 12
马尼古	男	彝族	副部长	2003. 5—2005. 12
廖凉萍	女	汉族	副部长	2003. 5—2005. 12

学习制度　1991 年，县委成立中心学习组。学习组成员为县委、人大、政府、政协领导，县法院院长、检察院检察长和有关部门主要负责人。县委书记为学习组组长，分管宣传工作副书记任副组长。1996 年，中心学习组做到“五有五保证”，即有学习制度、安排、汇报、笔记和考勤、理论教员；保证学习资料、时间、内容、经费和效果。在职干部做到“四有三保证”，即有学习资料、读书笔记、心得体会和调研文章、中心发言或理论辅导；保证学习经费、时间和资料。1997 年，全县 9 个工委，41 个乡（镇）党委成立中心学习组。2003 年，规范学习制度，强化主要负责人统揽理论学习工作格局，坚持学习目标制度。做到年初有学习计划、半年有学习小结、年底有总结，上报下发。学习采取以自学为主，结合集中听课、分期培训、座谈讨论、考试考核等形式进行。

理论学习　1991 年，组织干部学习《社会主义若干问题学习纲要》和《马克思主义哲学基本观点和方法》，发行教材 2567 册、辅导资料 2879 册，培训辅导员 665 人次。1993 年，进行《党史党建理论学习纲要》和《党史党建通俗读本》的学习和考试，派出理论教员到各乡（镇）进行专题辅导。

1996 年，组织学习《邓小平文选》1～3 卷、《什么是社会主义市场经济》。举办理论骨干培训班，理论教员到工厂、农村、机关、学校上辅导课。1999 年 12 月，各乡（镇）中心学习组开展为期 3 个月集中学习活动，学习江泽民“三个代表”的论述、党的“十五”大报告和党章。

2003 年，县委中心学习组专题学习“三个代表”重要思想、依法行政、《公民道德建设实施纲要》、《党政领导干部选拔任用工作条例》及农业产业化开发相关知识。是年，学习《中共中央关于完善社会主义市场经济体制若干问题的决定》。2005 年，围绕“亲民、爱民、为民”活动组织理论学习，撰写理论文章 34 篇。在州、县党报、党刊上发表。当年，集中学习十六届五中全会《公报》、《中共中央关于制定国民经济和社会发展第十一个五年规划的建议》及温家宝《关于制定国民经济和社会发展第十一个五年规划建议的说明》。全县各级党委深入开展干部作风整治和“保持共产党员先进性教育”活动。

理论研究　1991 年，按照理论联系实际学风对全县发展面临机遇挑战，困难问题，改革开放的相关理论，进行分析研究和理性思考。1997 年，围绕进一步解放思想、加强党的执政能力建设，加快国有企业改革，开展理论研讨活动。2000 年，以实施西部大开发、推进农业产业化进程、加快扶贫攻坚力度等重大课题展开研究探讨。2002 年，创办内部刊物《理论论坛》，刊载中心学习组成员在学习、实践活动中的理论成果和对全县“三个文明”建设中的建议、看法、思考和对策。2003 年 9 月，组织理论工作者撰写理论调研文章，参加凉山州《纪念毛泽东诞辰 110 周年》理论研讨会。2005 年，以建设社会主义新农村、党的先进性建设、贯彻落实科学发展观和优势资源开发等州、县重大课题展开研究探讨。并以现场办公形式开展调研活动4次，每人写出学习笔记10000字，调研文章2篇，其中有25篇在《理论论坛》上刊载交流，有48篇在《凉山社会科学》上作为专集刊载。

第二节　舆论导向

新闻宣传　1991年，会同有关部门采取广播、电视、办专栏、发放宣传资料等多种形式，在全县各族群众中宣传党的基本路线和方针政策。同年，设立报刊征订领导小组，确保党报党刊征订工作的完成。1994—1998年，围绕"八七"扶贫攻坚战开展系列宣传报道，多侧面、多层次宣传报道扶贫攻坚工作的重点、难点、经验和先进典型以及所取得成效。2002年，贯彻《公民道德建设实施纲要》，把每年3月作为公民道德宣传月，在城乡、机关、企事业单位发放《公民道德建设纲要》VCD光碟679碟、宣传挂图1080幅；结合"四五"普法，与相关职能部门进行46场法律法规的宣传教育活动。2005年，围绕学习实践"三个代表"重要思想、保持共产党员先进性教育、"双基"教育攻坚战、农业产业化建设、招商引资、专项扶贫工作等方面的情况进行宣传报道。

爱国主义教育　1991年，在电影院大礼堂举行"爱国主义教育报告会"，有学校师生、机关干部及离退休干部16375人参加。1994年，在全县中小学校开展"读100部爱国主义教育图书"活动，发放图书4570册。6月，组织爱国主义教育知识竞赛，共有235人参加。1999年，举办文艺演出3次，欢庆新中国成立50周年，喜迎澳门回归。2000年，贯彻落实《爱国主义教育实施纲要》。2005年，组织1257名中小学学生到南箐乡红军洞悼念红军烈士，宣讲红军英雄事迹，弘扬红军精神，有180名小学生在红军纪念碑前加入中国少年先锋队，210名中学生加入中国共产主义青年团。

经济建设　1991年，采用橱窗、专栏、板报等方式进行县情、县域经济和科技兴县宣传。同年，在全县党员干部中开展"农业基础地位、发展农业的方针政策、提高农民的综合素质"为主的宣传教育。

1993年，集中力量宣传中共中央农村工作会议精神，组织135人分批到基层调查研究，举办社会主义市场经济专题广播讲座8期。1998年，进行国有企业改革、经济结构调整、金融体制改革、深化农村改革成果和经验、加强再就业工程的宣传。2002年，重点进行农业结构调整、发展优质高效农业、生态环境建设、农村社会发展和稳定工作的宣传。2005年，重点宣传基础设施建设、企业改革、发展民营经济、深化农村改革的成果和经验、实施名牌战略和再就业工程。

形势宣传　1991年，开展形势教育，印发《越西县形势教育宣传提纲》和学习辅导参考材料4570份；印发国际形势、东欧局势等形势宣讲材料1346份；培训宣讲骨干54名。县委理论教员到各乡（镇）、企事业单位、机关、学校进行形势教育宣讲100场次。1992年，派出理论教员500人次到乡（镇）、单位巡回宣讲中共十三届八中全会精神。1995年，宣传改革开放17年来的成就，宣传"九五"计划及2010年远景目标。1997年，组织宣讲队伍深入县公安局、地税局、审计局、财政局等12个单位，宣讲"十五大"精神。2002年，组织宣讲团，编写宣讲提纲，分赴各工委、乡（镇）、县级各单位宣讲中共十六大报告135场次。2005年，对十六届三中、四中、五中全会精神及全县跨越式发展思路进行宣讲。

农村思想教育　1991年，组织社教宣讲团和工作队，深入村、社向广大农民进行党的基本路线、农村政策、民主法制和精神文明等宣传教育，受教育群众2.5万人次，受教育面80%。群众宣传工作实现广播里有声，电视上有影，报刊中有文。

1998年，开展《中共中央关于农村、农业和农民工作若干重大问题的决定》的宣传教育，采取以电影宣传方式，在乡村、厂矿、集镇放映37场革命历史、禁毒、农业科教片、政策法规解答等题材的电影，对群众进行爱国主义、科技知识的宣传教育。2000年，结合农村生产实际，宣传《农业法》、《土地法》、《森林法》、《婚姻法》、《凉山州计划生育实施办法》、《禁毒条例》等法律法规，在全县开展马克思主义、辩证唯物主义、历史唯物主义基本原理和无神论的宣传教育。2005 年，分 3 批在乡(镇)农村开展实践“三个代表”重要思想为主要内容的保持共产党员先进性教育宣传活动。

纪念抗日战争胜利 50 周年　1995 年，纪念抗日战争和世界反法西斯战争胜利 50 周年，举办专题文艺汇演、形势报告会、书画比赛、征文活动和“祖国在我心中”知识竞赛。

“三下乡”宣传活动　1996 年，组织文化、农业、广电、科技、共青团、妇联等单位开展为期 3 天“送图书、送技术、送文化”文化下乡活动。发放各类书刊、农村适用读本、法律读本 1379 册，科技宣传资料 6674 份，提供农村致富信息 91 条。2000 年，春节期间组织 14 个相关部门，在各片区中心乡(镇)的逢场日开展“三下乡”活动。2005 年，协调 14 个单位联合开展“三下乡”活动，组成 56 人“三下乡”活动队伍，于 3 月 4 日—10 日分别在各中心乡(镇)发放科技宣传资料 27900 份，计划生育药具 29700 盒(板)，公民道德教育宣传知识手册 6800 份，各类书刊、农村适用读本 4050 册，法律读本 370 册，为农民义诊 470 人次，接受咨询群众 31100 人次，提供致富信息 106 条。

迎接香港、澳门回归祖国　1997 年，全县开展“迎回归、盼统一、爱祖国、爱家乡”系列宣传活动，举办大型文艺晚会以及知识竞赛、演讲比赛、大型图片展览活动。组织干部职工 1915 人开展“九七香港回归祖国知识大赛”，开展“庆七一、迎回归卡拉 OK 大赛”。1998 年，举办街头文艺游行、“奔向新世纪”长卷现场书画大赛等活动纪念香港回归 1 周年。1999 年，全县开展庆祝澳门回归祖国宣传活动，举办大型广场文艺演出和“迎回归”知识竞赛，参加单位 98 个，人员 2812 人次。

庆祝新中国成立 50 周年　1999 年，举办“庆国庆、颂祖国”大型广场文艺演出、“光辉五十年”知识竞赛和焰火晚会。集中举办新中国成立 50 周年成果展，观众 3475 人次，组织大型街头文艺宣传活动 6 次。

公民道德　1999 年，贯彻《公民道德建设实施纲要》，开展城乡群众性精神文明创建活动，推进“诚信越西”建设。2002 年，全县掀起宣传贯彻《公民道德建设实施纲要》热潮。各乡(镇)建立道德建设宣传队和道德建设协会；组织中小学生、机关干部上街宣传纲要；城区举办宣传纲要的街头文艺演出；部分机关单位召开“公民道德建设研讨会”。

第三节　精神文明

机构设置　1991 年，设精神文明建设领导小组，由县委分管副书记任组长，县政府分管副县长、宣传部长任副组长，有关部门的主要领导为成员。1993 年 8 月，县文明办并入政府办公室，属政府办内设机构，由政府办 1 名副主任兼任主任。1997 年 6 月，精神文明建设领导小组更名越西县精神文明建设委员会。同年 7 月，县精神文明建设委员会并入宣传部下设办公室，由宣传部 1 名副部长兼任主任。

创建文明单位　1991 年，确立“团结、拼搏、务实、奋进”文明单位创建精神，开展“岗位学雷锋，行业树新风”活动，深化职业道德、社会公德教育。以“五提供、五反对”为重点推进移风易俗。开展创建文明单位活动，全年创建州级文明单位 7 个，县级文明单位 33 个。1997 年，创建县级文明单位 49 个，州级文明单位 8 个，省级文明单位 1 个。

1999 年，开展邮电、交通、金融、税务、电力、铁路、公安、工商、农业、卫生、教育、广电文体行业文明示范窗口建设，其中：县妇幼保健站、越西邮政营业室、越西北城小学、普雄邮政营业室、养路段越西分段、古二道班等 7 个单位授予文明单位，同时授予县级文明服务示范窗口；县国税局被授予县级文明服务行业。

2002 年，普雄镇被授予州级文明乡(镇)称号。县文明委印发《越西县文明单位创建与管理办法》、《越西县创建文明县城实施意见》、《越西县城镇居民文明公约》、《越西县城镇居民社会公德文明规范》，全县精神文明建设形成以创建文明单位、文明社区为重点，争创文明县城、文明乡(镇)为突破，以城带乡,以乡促进城乡共建的格局。2005 年,全县创建省级文明单位 2 个;州级文明单位 11 个,州级文明标兵单位 10 个,州级文明示范窗口 11 个;县级文明单位 67 个,文明乡(镇)1 个,文明村 2 个,文明服务示范窗口 14 个,文明标兵单位 4 个,文明行业 4 个。

农村"三户"　1993 年,开展评选农村五好家庭户、遵纪守法户、双文明户"三户"活动。评出五好家庭户 5010 户,遵纪守法户 17891 户,双文明户 1893 户。2000 年,全县农村评出五好家庭户 4788 户,遵纪守法户 11624 户,双文明户 265 户。2005 年,评出五好家庭户 11330 户,遵纪守法户 33270 户,双文明户 3352 户。评出"三户"数,分别占全县农村总户数的 85%。

军民"共建"　1991 年,开展军民、警民共建文明活动,密切部队和地方、军民、警民的鱼水关系,构建双拥模范县。1995 年,全县各类文明单位开展与农村行政村结对的城乡精神文明共建活动,以城带乡,发挥城镇文明在人才、资金、信息、科技、管理等方面优势,引导农民进行产业结构调整,提供科技致富信息,丰富农村文化生活,提高科学文化素质,促进农村精神文明建设,形成城乡携手,共建文明氛围。

2001 年,开展城镇"讲文明、树新风,共建文明社区"活动。2002 年,加强双拥共建工作。2003 年,坚持"党政领导,社会支持,群众参与"创建格局和"条块结合,以块为主"原则推动全县"共建"活动开展。2005 年,通过创建活动,美化、绿化、净化社区居住环境;拓展社区服务,丰富群众文体活动,密切人际关系,切实维护社会治安秩序。

其他活动　1994 年,越城镇参加全州"三优一学"创建文明城镇活动。同年,县政府发起"托起明天的太阳"主题献爱心助学童活动。

1996 年 3 月,落实县委、县政府制订《越西县社会主义精神文明建设"九五"规划纲要》。同年 10 月,举行纪念"中国工农红军长征胜利 60 周年"系列活动,邀请老红军、老八路作报告、讲革命故事,开展中国革命知识竞赛,书画展,歌咏比赛等活动。

1998 年,南箐乡红军战士牺牲的山洞被命名为"红军洞",作为县级文物保护单位和永久性爱国主义教育基地。1999 年,在农村进行"三户一村"创评;在机关、企事业单位中开展以"三职一树"为主要内容,以创建文明服务示范窗口为重点活动。2001 年,庆祝建党 80 周年,开展学校德育工作论文比赛,收到论文 98 篇,评出一等奖 5 名,二等奖 10 名,三等奖 15 名。

2005 年,各学校深入学习贯彻《爱国主义实施纲要》和《中小学生德育规程》,组织学生观看优秀影片《钢铁是怎样炼成的》,并组织专题讨论。

第四节　新闻通讯

通讯员培训　1991 年 1 月,邀请州委宣传部新闻科及《凉山日报》专业人员对全县 90 名通讯员进行为期 2 天的业务培训。同年 8 月,举行新闻、宣传和彝语通讯学术研讨会,邀请中央编译局、省民研所、西南民院等单位 11 位学者到越西县参加学术研讨并对新闻通讯员进行业务辅导,129 人参加。

1998 年,组织县级机关、工委、乡镇分管领导、文书、乡镇广播站负责人及通讯员 124 人,开展为期 2 天的业务培训,增强新闻工作者和通讯员的洞察力和敏锐性,及时报道全县"两个文明"建设成果和涌现的新人新事。

2003 年,举办为期 2 天通讯员培训会,组织全县 54 名通讯员进行十六大、《公民道德实施纲要》、党的宣传方针、民族宗教政策、法律法规、市场经济理论、写作知识等业务培训。2005 年,以会代训,组织新闻工作者到农村、厂矿体验生活,写好新闻。全县有新闻骨干通讯员 19 人,一般通讯员 68 人。

新闻报道　1991 年,全县新闻宣传工作坚持"正确的舆论导向和正面宣传为主"的方针,内容以经济建设为中心,坚持四项基本原则和改革开放,宣传党、政、军的重要活动和各条战线重要新闻,经济建设方面的新闻宣传占85%。1995年,将全面推进改革和发展经济、推动社会进步的一系列措施以及有关的会议精神作为宣传工作的基本任务。通讯员向省、州以上报刊、广播电台、电视台投稿1745件,被采用628件,其中:《凉山日报》汉文版用稿351件,彝文版用稿237件,省级报刊、电台用稿40件;向县广播电视台投稿5473件,被采用4865件。

1997年,通讯员年均向州级以上报刊、广播电台、电视台投稿1468件,被采用576件,其中:省级以上报刊、电台采用38件,《凉山日报》汉文版采用328件,彝文版用稿210件;向县广播电视台投稿3513件,被采用3384件。

1998年,对县委、县政府拟订的十件大事进展情况进行跟踪报道。对农田水利基本建设、"双基"、扶贫开发、高二半山产业结构调整、烤烟生产、社会治安综合治理以及文化、科技、企业改革等方面的内容进行具体报道。在《凉山日报》刊登专版文章,集中宣传报道越西县改革开放以来各方面所取得的成果。通讯员向州以上报刊、电台、电视台投稿1765件,被采用635件,其中:《凉山日报》汉文版用稿398件,彝文版用稿232件,省级用稿45件。向县广播电视台投稿4853件,被采用3851件。

2001年后,新闻报道紧扣县委、县政府的中心和重点工作进行宣传报道。通讯员年均向州以上报刊、电台、电视台投稿1297件,被采用748件,其中:省级报刊、电台用稿51件,《凉山日报》彝、汉文版用稿672件,州电视台用稿25件;《越西报》用稿2253件,县电视台用稿286件。2004年,新闻宣传工作对"三项整治"、"作风整顿"等进行具体报道。

2005年,新闻宣传工作多角度、多侧面的报道全县各行业、各部门、各单位"保持共产党员先进性教育"活动中出现的典型和有益经验,在相关媒体上开辟"新时期怎样做一名优秀的共产党员"、"我为党旗添光辉"的教育活动专题,全方位宣传越西在"十五"期间经济、社会、文化、文明创建活动方面取得的成就。通讯员全年向州级以上报刊、电台、电视台投稿1824件,被采用516件,其中:省级报刊、电台用稿34件,州级报刊彝、汉文版用稿578件,州电视台用稿59件;向县广播电视台投稿3511件,被采用3307件。通讯员撰写的《引种大有学问》于4月5日在《人民日报》头版采用。同年,《凉山日报》对越西"十五"、"两基"攻坚、社会治安综合治理方面所取得的成就进行系列报道,凉山电视台《五彩凉山》栏目展播专题节目《越西中所水镇建设》、《普雄镇小城镇建设》。

第四章　纪检监察

第一节　纪检监察机构

1988年3月,成立越西县监察局。1993年5月,中共越西县纪委、越西县监察局合署办公,实行一个领导班子,两块牌子,一套工作机构,履行党的纪律和行政监督两项职能,内设:办公室、纪检监察室、案件审理室、控告申诉室、执法监察室、党风廉政建设室。

2003年5月,增设国家重点投资项目督察室,在县教育局、民政局、林业局、广播电视文化体育局、扶贫开发两资办、烤烟生产领导小组办公室、公安局普雄分局设置纪检组。2004年12月,在县法院设置纪检组。

表4－11 1991—2005年纪律检查委员会、监察局负责人名录

姓名	性别	民族	职务	任职时间
蒋若枫	男	彝族	纪委书记	1990.9—1993.8
吉利拉日	男	彝族	纪委副书记	1991.1—1998.2
童世刚	男	汉族	纪委副书记	1991.1—1993.6
刘合阿木	男	彝族	监察局副局长	1988.8—1993.5
张秀华	女	汉族	纪委常委	1993.5—1998.2
刘合达里	男	彝族	纪委常委	1993.5—1998.2
沈　英	女	彝族	纪委书记	1993.8—1998.2
金克成	男	汉族	监察局副局长	1990.6—1993.3
			纪委副书记	1993.5—1998.2
			监察局局长	1993.6—1998.7
杨正亮	男	汉族	监察局副局长	1994.4—1998.2
			纪委副书记	1998.2—2003.1
			纪委常委	1993.5—1998.2
罗本文	男	彝族	纪委书记	1998.2—2002.12
蒋木机	男	彝族	监察局副局长	1991.12—1993.3
			纪委副书记	1998.2—2005.12
			监察局局长	1998.8—2005.12
			纪委常委	1993.5—1998.12
袁安虹	男	汉族	监察局副局长	1998.7—2000.11
曲木木古	男	彝族	监察局副局长	1999.12—2005.12
马雄成	男	彝族	纪委副书记	2000.2—2002.11
王　勇	男	汉族	监察局副局长	2002.4—2005.12
木洛拉古	男	彝族	纪委常委	1998.2—2003.1
吉木木果	男	彝族	纪委常委	1998.2—2005.12
马洪武	男	彝族	纪委常委	1998.2—2003.1
丁龙芬	女	汉族	纪委常委	1998.2—2005.12
张国清	男	彝族	纪委书记	2002.12—2005.12
孟先平	男	汉族	纪委副书记	2003.1—2005.12
马佩鑫	男	回族	纪委副书记	2003.1—2005.12
侯西才	男	彝族	纪委常委	2003.1—2005.12

第二节 纪委全委会

越西县第八届纪律检查委员会第一次全会 1993年5月，中共越西县第八届纪律检查委员会第一次全会选举产生纪委书记1人，纪委副书记2人，常委7人。

越西县第八届纪律检查委员会第七次全体会议 1996年12月，召开越西县纪律检查委员会第七次

全体会议。会议传达贯彻中共十四届六中全会和中纪委七次全会精神,讨论、研究如何充分发挥纪检监察机关的职能,切实保证六中全会决议提出的各项任务贯彻落实。

越西县第九届纪律检查委员会第一次全会 1998年2月,中共越西县第九届纪律检查委员会第一次全会选举产生纪委书记1人,纪委副书记2人,常委7人。

越西县第十届纪律检查委员会第一次全会 2003年1月,中共越西县第十届纪律检查委员会第一次全会选举产生纪委书记1人,纪委副书记3人,常委7人。

第三节 党风廉政

廉政教育 1991年,创办《案审动态》,发行省纪委汇编《共产党员违犯党纪处理规定选编》3150本。1992年,开展党纪基础知识教育。通过广播、有线电视重点宣传党的八大纪律,组织全县3000名党员集体收看《规矩与方圆》等5部党纪教育录像片,其中:253名党员参加省纪委组织的党纪知识竞赛,党员受教育面85%。

1995年,开展“三个一”教育,编发纪检监察信息13期,向广播电视、报刊投稿12篇,运用广播、有线电视、报刊等平台宣传典型材料19次;组织征订《领导干部廉洁读本》、《民主集中制讲座》230册,汇编《反腐败学习资料》300册,举办讲座21场次,其中:民主集中制教育5场,“三个一”教育16场,受教育2395人次。2000年,先后召开党政机关及企业领导干部警示教育会议,深入基层和机关单位开展廉政教育16次,参训人员1048人。组织征订《邓小平论反腐倡廉》160册、《党纪政纪条规选编》180册、《红色警戒线》150册。

2003年,组织全县副科级以上干部参加的大型警示会议4次,参加人员268人。在全县各级党员领导干部中开展廉洁从政知识测试活动,有847人参加测试;开展基层干部中党纪政纪教育,增强党员干部的纪律意识。2004年,宣传学习《中国共产党党内监督条例》、《中国共产党纪律处分条例》、《中国共产党党员权利保障条例》,开展党内法规知识竞赛活动,有1645名干部参加。坚持以警示教育为重点,先后组织768名乡(镇)副职以上领导干部收看《慕绥新、马向东腐败案》、《覆辙之鉴》、《甘洛矿业秩序整顿》等警示教育片,受教育面95%。

2005年,会同组织部、宣传部等相关部门每季度召开联席会议,专题研究廉政宣传教育工作的落实,形成党风廉政建设宣传教育的整体合力。在《越西刊》开办《廉政纵横》专栏,开展反腐倡廉专题教育辅导,结合保先教育活动开展廉政文化“五进”活动,发放《警示教育典型案例选编》1500册,宣传资料2845份,派宣讲组深入到全县各个片区宣讲15场次36个课时。

廉政建设 1991年,县政府成立廉政建设领导小组,下设办公室。县政府同各单位签订本年度廉政工作责任书,将廉政工作纳入目标管理考核内容。1992年,全县45个单位成立“纠正行业不正之风领导小组。”1994年,面向县级以上党政领导干部41人(含享受副县级)开展专题民主生活会,完善“勤政、廉洁、务实”的规章制度,规范其公务行为。1996年,开展机关工作作风和纪律整顿,督促各单位强化财务管理制度,制止滥用公款吃喝玩乐。充实和完善领导干部廉政档案,建立股所以上领导干部廉政档案995件。实行新提拔领导干部廉政谈话制度,对13名新提拔为正副科级领导干部进行廉政谈话。

1998年,将党风廉政建设和反腐败工作分解细化为7大项27个小项和3大项10个小项的内容,落实相应的牵头部门和协办单位;对16个单位47名离岗离任后的领导干部进行离任审计,重点对任期内单位财务收支的真实性、预算外资金管理和使用情况进行账面审计,总审计金额9632万元,核实支出金额8576万元,审计出集体借款247万元,对个人借款和集体借款责令相关人员或单位限期归还;健全县级领导干部收入申报、礼品登记、重大事项报告制度。

2000年,督促全县119个签订《2000年党风廉政建设责任书》的单位成立考核领导小组,明确第一责任人,形成全县各级各部门党政一把手负总责,一级抓一级,一级对一级负责的党风廉政建设责任制工作格局。贯彻执行《廉政准则》和制止奢侈浪费行为的有关规定,撤销计划修建办公楼5个,宾馆1个,精减较大规模会议15个,节省会费15万元,取缔庆典活动2个,节约开支10万元;配合城建部门对58个单位1234户进行住房清理,发现个人买两套1户,买一集一16户,参加集资退原购房11户,对多处占房、违规建房、购房进行处理;制定下发严禁乔迁新居大操大办的相关规定,严格督促检查;指导召开专题民主生活会,117个单位召开专题民主生活会,占应自查自纠单位的98.32%,529名领导干部开展自查自纠并相互提出意见和建议。

2001年,召开全县党风廉政建设和反腐败工作会议,专题研究制定《越西县2001年执行党风廉政建设责任制实施的意见》,对考核领导小组进行调整充实,将党风廉政建设工作纳入年终目标考核,把责任考核标准分为责任内容、责任考核、责任追究、民主测评4大项24个子项,量化实行百分制考核。清理登记县(处)级领导干部配偶、子女从业情况,参加登记的领导干部29名,配偶子女71人;经清查,县(处)级领导干部的配偶、子女无一人违规从事经商办企业。查处县科技局个别领导违规购买手机,顶风违纪的案件,规范全县通讯工具的管理和使用。落实国有企业党风廉政责任制,面向川西水泥厂、电力公司等5个厂矿企业推行"双廉责任制"。

2005年,严格执行党风廉政建设责任"一岗双责制",在具体工作中着力抓责任分解、责任落实、责任考核、责任追究、廉政档案。在建立全县副科级以上领导干部684人廉政档案的基础上,完善各工委、教育、卫生、公安等系统基层科股室长、基层站所长廉政档案760件。

第四节 行政监察

1993年,配合工商行政管理部门对全县67个单位150个收费项目开展清理行政事业收费的专项监察,重点检查27个单位的收费标准,基本查清全县行政事业性收费存在的问题,并提出整改建议。查处各类违纪案件13起,涉及违纪金额7.48万元,清退1.61万元,收缴2.49万元,对自立的收费项目和中央、省、州已明文取消的收费项目,均予以取消。联合政法、计生部门对历年来借支、垫支、挪用计划生育款问题进行清理清收,全县申报款项53.59万元,收回92.79万元,移交检察院、法院追收23.02万元。会同有关部门加强文化市场的治理整顿,开展"扫黄"活动,依法取缔黄色放映点2个,收缴黄色磁带4盘、彩电2台、录放机1台及其它器具。

1997年,对16个在建工程开展执法监察,限令停工工程1个,重新维补工程6个,基本杜绝违法违规现象,确保工程质量。协助有关部门对4个地区中心财政所进行财务清理,就存在的问题提出整改意见。在元旦、春节等节假日期间,对公款吃喝玩乐的现象进行明查暗访,重点检查26个餐馆、14个娱乐场所。治理中小学校乱收费,对中小学校义务教育阶段标准和"一证一册一据"的执行情况开展监督检查,将学校无依据乱收费4.96万元,补课费1500元,清退给学生家长。对各类考试开展监督巡视,严肃考场纪律,取消1名作弊者考试资格。

1999年,督促交通、交警、工商、税务等执法部门必须持证上岗,严格收费项目和收费标准,确保公路畅通;参与清理整顿农村合作基金会,全县收回借款1457万元,兑付2512户农户小额股金142万元,化解农村金融风险,维护农村稳定;督促相关执法部门查处种子违法事件21起,查获非法销售种子351斤、假种子53斤,查处违法粮食收购人员55人,没收违法收购粮93吨,查处违法运输5起,没收运销粮80吨,收缴罚没款19.6万元。2001年,规范党员领导干部从政行为,严格执行领导干部不准接受下属单位和个人的现金、有价证券的规定,先后2次派暗访组14人深入3个企业5个单位了解情况,责令个别部门停止变相提供赞助款、物的行为,批评教育受助单位。纠正医药购销中的不正之风,清理销毁总价值4万元的假冒伪劣和过期药品,降低药价总金额80万元,对查出的问题及时予以纠正,责令其限期整改。落实“收支两条线”规定,加强预算外资金管理工作,对89个单位银行账户进行清理,取消账户75个。对考试录用、机构改革人员竞争上岗、成人高考、自考、中考、小学毕业考试开展监督巡视,端正考风,严肃考纪,保证县乡两级机构改革和考录工作顺利进行。开展社会保障资金管理使用情况执法监察,对乡(镇)扶贫资金、以工代赈资金、救济救灾物资等使用情况开展监督检查。

2003年,开展重点项目跟踪监督,实行事前预防、现场监督和重点检查相结合,为国家节约项目资金400万元,确保项目工程、项目资金安全有效运行。督促全县40个乡(镇)、288个村实行政务、村务公开,政务公开率100%,村务公开率98%。纠风专项治理工作继续保持从严刹风整纪态势,查处教育违规收费案件7起,规范医疗服务市场,全面推行医疗价格公示制、费用清单制和服务承诺制。

2005年,开展行政效能监察,全年受理投诉9件,对不作为或不规范行政行为,视情节给予批评教育28人次,诫勉谈话13人,立案查处7件7人,提出监察建议11条,被采纳11条,协助建章立制9项。公开政府采购行为,参与监督县采购中心采购资金372.26万元,采购资金节约率17.5%,节约资金55万元,纠正1个部门违规采购办公用品8万元,制止2个部门拟自行采购。加强对公务用车管理,实行公车统一贴标识213辆。严格土地管理,深入开展专项整治,规范完善相关手续,清理检查已竣工非农业项目工程11个,征收补交各类款项436.29万元,避免国有资产流失。督促落实“两免一补”政策,对查出该免未免收费56195元全部予以清退。查处涉及农民负担的案件8件,处理4人;通过减免农业税减轻农民负担总金额1073.3万元,通过各种专项治理减轻农民负担134.5万元。

第五节 案件查处

1991年,受理群众信访举报52件次,立案查处15件,结案15件,结案率100%。处分党员、干部15人,其中:乡(科)级领导干部1人。

1996年,受理群众信访举报82件次,利用案件线索39件,立案22件,结案26件(包括1995年遗留案件4件),其中:属党纪范围21件,政纪范围5件;属贪污索贿4件、挪用公款3件、腐化堕落2件、故意毁坏公私财物1件、参加非法组织活动2件、工作失职1件、违反计划生育政策13件。共涉及乡(科)级领导干部7人,一般干部24人,农村党员16人。给予党纪处分25人,其中:开除党籍13人、留党察看5人、党内严重警告1人、党内警告2人、党内批评教育4人;给予行政处分6人,其中:开除公职1人、行政撤职2人、行政警告2人、建议有关部门解聘1人。收缴违纪金额52.59万元上缴财政,挽回经济损失24万元。

1997年,受理群众信访举报70件次,其中:反映乡(科)级领导干部22件次,反映一般干部和其他人员48件次;涉及纪检对象52人,涉及监察对象59人。利用案件线索28件,立案24件,结案率100%,其中:违反计划生育政策16件16人,违反政治纪律1件1人,腐化堕落2件2人,经济类4件4人,其他1件1人。收缴违纪款3.9万元,挽回经济损失12万元。

1999年,受理群众信访举报109件次,初步核实违纪线索32件,立案27件,结案27件,结案率100%。涉及乡(科)级领导干部4人,一般干部14人,农村党员10人。给予党纪处分17人,其中:开除党籍11人、党内严重警告1人、党内警告5人;给予政纪处分11人,其中:开除公职2人、行政降级1人、行政记大过2人、行政记过2人、行政警告4人。

2001年,受理群众信访举报63件次,初查初核28件,立案22件,结案22件,结案率100%。解决5起群众反映特别强烈的信访案件。处分党员、干部28人,其中:给予党内警告8人、开除党籍18人、行政警告1人、行政记大过1人。涉及乡(科)级领导干部7人、一般干部2人、其他19人。通过查办案件,收缴违纪款2.83万元。

2003年,受理群众信访举报111件次,解决集体来访14次120人,按规定时限督办查结州纪委排查案件7件,成功查处越西县林业系统特大腐败"窝案"。

2005年,受理群众信访举报113件次,立案26件,结案29件(含2004年遗留案件3件),销案1件。给予党纪处分25人,政纪处分1人,党纪政纪双处分3人。涉及乡(科)级领导干部6人、一般干部5人、其他人员18人。通过办案,挽回经济损失413万元。

第五章　统　战

第一节　统战机构

1991年,县统战部内设办公室和台办,部长1人,副部长1人,台办主任1人。1992年,恢复天皇寺,成立天皇寺管理委员会。1998年,县统战部增设宗教股,部长1人,副部长3人,其中1名副部长兼台办主任。2005年,县统战部内设办公室、台办和宗教股,部长1人,副部长2人,其中1名副部长兼台办主任。

表4-12　　1991—2005年统战部负责人名录

姓　名	性　别	民　族	职　务	任职时间
沈正才	男	彝	部　长	1987.5—1993.3
潘玉清	男	彝	部　长	1993.6—1998.1
蹇如新	男	汉	副部长	1991.3—1997.12
田光发	男	汉	台办主任	1991.3—1997.12
马国银	男	彝	部　长	1998.1—2003.1
刘阿木	男	彝	副部长	1998.1—2002.10
高正秋	男	彝	副部长	1998.1—2005.12
陈志新	男	汉	部　长	2003.1—2005.12
李成忠	男	汉	副部长	2003.1—2005.12

第二节　民族宗教事务

1991年,州政府拨款1万元,县政府拨款1.4万元,回民投工投劳,捐款集资1.8万元,修复清真寺大殿和配套设施及大门。并派2名回族青年到西昌学习阿訇。

1992年,县人民政府印发《关于恢复天皇寺的决定》(越府发〔1992〕15号),恢复天皇寺。同时,成立越西县天皇岗风景区开发建设规划指导小组,统一负责天皇岗风景区远景规划的制定和近期建设实施,指导天皇寺恢复重建。领导小组下设天皇寺管委会,由10名信教群众组成。

1993年,取得毕业证书的2名回族青年回到越西,担任越西县清真寺阿訇。

1996年11月4日,天皇寺登记注册,教别为佛教,地址为大屯乡大兴村天兴5组;同日,清真寺登记注册,教别为伊斯兰教,地址为越城镇城南村三倒拐街2号。同年,天皇寺移交统战部管理,由统战部1名副部长和1名专职干部分管,在天皇寺管委会,选聘3名临时工作人员,1名负责全寺管理,1名负责安全保卫,1名担任出纳,会计由统战部专职干部兼任。建立《入寺须知》等4个规章制度。

1997年,通过省佛教协会,从内江圣水寺聘请1名宗教教职人员,主持天皇寺佛事活动和全面工作。修建257平方米大雄宝殿和8间居士房。完成大雄宝殿28尊佛像初坯塑造。邀请中国佛教协会常务理事、四川省政协常委、四川省佛教协会副会长、内江市佛教协会会长、内江圣水寺方丈法师主持天皇寺大雄宝殿诸佛开光法会。

2000年4月20日,县委统战部、县公安局、中所工委、中所镇、中所派出所联合向县委递交《关于强制拆除水观音小庙的紧急请示》。11月2日—17日,配合公安局、国土局、林业局、城乡建设环境保护局、中所派出所、中所工委、中所镇等单位,对中所水观音非法乱建小庙依法强制拆除。同年,建成日供水3立方米,日均供给420人,最高可满足2万人饮用的天皇寺饮水工程;修建完成260平方米,造价23万元天王殿。制定《越西县宗教活动场所的管理办法(暂行)》和《越西县接纳僧人的管理办法(暂行)》,认真开展一年一度的年检工作。

2001年,县政协、县委统战部等7个单位向县委递交《关于尽快开发天皇寺,建造越西唯一风景区》的紧急报告,撰写《抓住西部大开发机遇,兴建天皇寺风景区》的建议。

2002年,根据信教群众请求,统战部组织力量清查天皇寺财务账目,清查出主持短款48043.46元。依法移送公安机关立案查处,后由其家属及部分居士筹资4万元罚款后取保候审。2003年,国家投资15万元,天皇寺投资10万元,铺筑847米进寺水泥路面和寺内各景点的通道路面。调整充实寺庙管委会领导班子,管委会主任由统战部宗教股长兼任。2005年,会同县公安局强制拆除乱建小庙3处,强制关闭越城镇非法聚众念佛堂1所。确立合法宗教场所2处:佛教——天皇寺,信教群众30125人,有汉族、彝族、藏族等;伊斯兰教——清真寺,信教群众300人,主要是回族。

第三节　举荐党外人士

1991年,为县委、政府及组织人事部门任用非党干部推荐人选6名,建立青年非党知识分子后备干部卡片8件。召开协商通报会议17次,向县委、县政府提出意见和建议19条,被采纳13条。推荐9人参加县财务、物价、税收检查。举荐3名民主党派成员和无党派人士担任特约监察员、审计员和教育督导员。为州政协换届选举推荐人选15名,其中:中共党员3名,非党知识分子4名,民族上层4名,台侨属、工商联、起义投诚4名;15人中,新任10名,继任5名。1992年,选拔推荐2名党外干部为第八届县政协委员。

1993年,全县有初级以上技术职称非党知识分子1880人,其中:高级职称11人,中级职称198人,初级职称1671人;在非党人士中,省人大代表1人,州人大代表2人,县人大代表3人,州政协委员4人,县政协委员32人,县政协副主席2人,实职科局级10人,特约审计员2人,县级中学校长1人,有突出贡献38人(其中:国家级1人,省部级1人,州级17人,县级19人,县拔尖人才3人)。是年,拟定越西县第九届政协组建方案,该届委员130名,其中:党外人士78名,占委员总数60%。选举常委20名,其中:非党人士10名,占常委总数50%。常委中选举副主席6名,其中:非党人士4名,占副主席总数67%。

1995年,向县委提名推荐凉山州第八届党外人大代表候选人9名,党外政协委员12名。在县级机关文教、卫生、农业等战线非党知识分子较集中的21个单位和11个乡(镇),任命32名兼职统战委员。推荐党外人士3名担任特邀监察员。推荐不同层次党外后备干部20名,按"一职二备"规格建立新的党外后备干部档案。1997年,为县政协第十一届换届拟定方案,印制党外政协委员推荐表,最后由县第九届政协常委会通过。1999年,提名推荐1名党外科局级干部到省社会主义学院学习培训。2000年,向县委提名推荐13名越西县"政协凉山州第九届委员会委员",其中:党员2人,党外人士11人。

2003年,提名推荐4名副县级领导和2名科局级党外干部到省社会主义学校和州委党校学习培训。提名推荐党外后备干部、州政协常委4人,州人大代表2人,州政协委员8人,县政协委员44人,县政协常委8人,县政协副主席2人。在第十一届人大代表和政协委员的酝酿过程中,积极向党委推荐人选,使人大代表和政协委员党外比例达到法律规定以及省、州要求。全县第十一届人大代表173人,其中:党外代表11人,占总数6%;新一届政协委员129人,其中:党外委员77人,占总数59.7%;政协常委21名,其中:党外人士14名,占总数的67%;政协副主席5名,其中:党外人士3名,占总数的60%。现有党外副科级以上各级领导干部26人。

2004年,推荐2名党外领导干部参加省、州委党校学习培训。全县建立非党知识分子人才库,其中:担任副县级以上领导职务5人,担任正副科局级领导职务52人,担任场、所、站领导25人,担任政协委员42人,选举为政协常委6人,县工商联执委3人,选举为县工商联常委的1人。2005年,按照"一职二备"要求,完整、规范建立1215名党外知识分子后备干部个人资料信息库。考核推荐党外女干部1人任县人民政府县长助理。

表4-13　县人大第八届至十一届人民代表安排情况表

届别	代表总人数	党外代表情况		常委委员	党外委员数		副主任人数	党外人士副主任	
		人数	占总数%		人数	占总数%		人数	占总数%
八	146	34	23	15	2	13	4	1	25
九	153	22	14	12	1	8	4	—	—
十	168	17	10	15	—	—	4	—	—
十一	173	11	6	17	1	6	7	1	14

表4-14　县政协第八届至十一届委员安排情况表

届别	委员总数	其中党外委员		政协党委人数	其中党外委员		副主任人数	其中党外副主席	
		人数	占总数%		人数	占总数%		人数	占总数%
八	130	77	59	20	11	55	4	3	75
九	130	78	60	20	10	50	6	4	67
十	131	89	68	17	10	59	5	3	60
十一	129	77	60	21	14	67	5	3	60

第四节　台侨事务

1991年,以促进统一祖国,振兴中华事业为宗旨,加强台、港、澳同胞、海外侨胞联系。全县台属94户501人,其中:机关53户,257人;农村41户,244人;已通信通汇53户,去台人员53人。当年,接待台胞返越西探视访友2人。

1994 年,为拥护祖国统一,以爱国爱乡台湾同胞、港澳同胞、国外侨胞为对象,搞好台侨工作。全县有台属 101 户 539 人,其中:机关 53 户,257 人;农村 48 户,282 人。去台人员 52 人,其中:中上层人物 7 人。推荐凉山州首批台湾联谊会会员 40 名,推选产生 9 名代表出席凉山州首批台湾台属联谊会代表大会。登记、发放台属证 89 户,162 人。

1996 年,在台属中开展"写一封信、牵一条线、促进一个项目、办一件实事"的"四个一"活动。1997 年,开展各界人士座谈会,先后在春节、香港回归、中秋节期间,为党外知识分子、台属、非公有制经济代表人士、宗教界人士、民族爱国人士、起义人员、黄埔同学会等各界人士代表召开座谈会。台属代表、个体工商户代表分别向县邮电贝尔小学捐款 1200 元。

2000 年,按照巩固、扩大爱国统一战线第二个范围的联盟,开展对台湾同胞、港澳同胞和国外侨胞以及一切热爱中华民族人士的工作,放宽视野、广交朋友、宣传政策、争取人心,为祖国统一,振兴中华服务,加强与港、澳、台地区同胞和世界各地侨胞及其社团联系,整合台联、侨联等海外联谊会的优势,形成工作整体合力,开展多层次、多领域、多形式的联谊活动,拓展海外统战工作渠道。全县有台属 82 户、380 人,去台人员 31 人。2003 年,在乡(镇)、科局级干部培训班上,为 468 人次讲授涉台知识和对台工作方针、政策。

2005 年,建立海外统战工作新模式,加强与港、澳、台海外经济组织和实体联系,介绍越西改革开放政策和投资环境,协助政府有关部门引进资金、技术项目,积极做好外引内联服务。在党校举办中专班、妇干班上,县委统战部副部长、县台办主任讲授统战理论。把全县 3 户贫困台属,列入台商捐资助学项目,其中:丁山小学 2 人、中所小学 1 人,每学年受助学费 500 元,直至小学毕业。会同州台办、县教育局协助台商希望之冀协会完成大营盘小学综合教学大楼的修建工程。是年,接待各方面的来信来访 35 件,会同有关部门按政策落实解决级别待遇、补偿退休金、起义投诚人员的生活、历史遗留问题。

第六章　编制工作

第一节　编制管理

工作机构　1991 年,机构编制工作由机构编制委员会办公室负责。1993 年,党政机构改革后,撤销机构编制委员会办公室,日常机构编制管理职能由县人事局承担。

1998 年,恢复机构编制办公室,挂靠县人事局合署办公。2001 年,机构编制办公室从县人事劳动与社会保障局中分离,成立中共越西县委机构编制办公室,内设综合股、机构编制管理股,同年,设立越西县事业单位管理局,归口机构编制办公室。

表 4-15　1991—2005 年机构编制办公室负责人名录

姓　名	性　别	民　族	职　务	任职时间
文光明	男	汉族	主　任	1988.9—1993.2
齐永前	男	汉族	主　任	1993.2—1996.12

续上表

姓　名	性　别	民　族	职　务	任职时间
葛朝云	男	汉族	主　任	1996. 12—1998. 8
陈志福	男	藏族	主　任	1998. 8—2003. 5
刘合达里	男	彝族	副主任	1998. 8—2003. 5
王文祥	男	汉族	副主任	2002. 2—2003. 5
罗文平	男	汉族	副主任	2002. 3—2005. 1
毛小华	男	彝族	主　任	2003. 5　2005. 12

编制管理　2002 年,在全州率先推行机构编制证(卡)制度,初步实现实名编制管理。2003 年,在全县乡(镇)设置机构编制管理员岗位。2004 年,根据《四川省机构设置和编制管理办法》规范机构设置,实行机构编制审批制度。上级人民政府不得干预下级人民政府行政机构设置和编制管理工作,不得要求下级人民政府设立与其业务对口的行政机构,行政机构超编配备人员,财政部门不予核拨超编人员经费,人事劳动和社会保障部门不得办理录用、调配社会保障手续。

2005 年,根据凉编办[2005]61 号文件,建立健全机构编制管理和财政预算管理相配套协调的约束机制和机构编制管理长效监督机制。严格缺编进人报批制度,加强机构编制的前置监督。建立减员备案制度,杜绝单位吃财政空缺。建立定期审核制度,及时发现和纠正存在问题,根据凉委[2005]87 号文件规定行政部门不得核定使用事业编制。

事业单位登记　1995 年,省政府颁布《四川省事业单位登记管理办法》、《四川省事业单位登记管理办法实施细则》和州委发出《关于在全州开展事业单位登记工作的实施意见》,在全县首次开展事业单位法人和非法人登记工作,要求 9 月 21 日全面铺开,10 月 20 日完成第一阶段布置、受理工作,10 月 30 日完成第二阶段审核、认定工作,12 月 31 日完成第三阶段颁证、公告工作。至 1996 年全县事业单位初始登记工作基本结束。

1997—1998 年,根据川编办《关于使用〈事业单位法人证书〉和〈事业单位证书〉的通知》精神,对登记的事业单位逐步颁发《事业单位法人证书》和《事业单位证书》。

2002 年,根据国务院《事业单位登记管理条例》开展事业单位登记年检工作。2003 年,登记年检事业单位法人 129 人,其中:全额拨款单位 117 个,差额单位 9 个,自收自支单位 3 个。2005 年,登记年检 177 个。年检合格率 100%。

第二节　县级行政机构改革

1991 年 7 月,县级机关、事业单位新进人员实行"编制卡"、"人员计划卡"、"工资基金"三位一体管理办法。全县党政群机关核定县级行政编制 483 名,在职人数 611 人;政法系统编制 235 名,公安分局自定编制 44 名,在职人员 262 人。1992 年,核定县级行政编制 483 名,县级在职人员 580 人;政法系统编制 235 名,公安分局自定编制 44 名,在职人员 260 人。

1993 年,完成县委、县政府组成机构和区、乡建制机构改革,撤销归并 26 个机构。县委工作机构由机改前的 12 个部门精简为 8 个部门,政府工作机构由机改前 51 个部门精简为 35 个部门,县委设置群团机构 3 个;政企合一的县物资局、县医药局、县矿业局、县电影队、县新华书店、县商业局整体划转为公司。

1995 年 9 月,根据省委、省政府《关于四川省党政机构改革的实施意见》及凉山州委、州政府制定的《凉山彝族自治州机构改革方案》,制定《越西县机构改革方案》,并于 1996 年 2 月 15 日经州委、州政府批准后实施。至 1998 年 6 月,全县党政机构改革基本结束。改革后,县级党政工作部门设 28 个,其中:县委 5 个、县政府 23 个,精简机构 19 个,精简 40.43%;行政编制在现有基础上精简 20%,重新核定行政编制 410 名,政法编制 257 名,按行政编制 10% 核定机关后勤服务人员事业编制。

2001 年,根据州委、州政府《关于凉山彝族自治州党政机构改革的实施意见》和《关于州级党政群机关机构改革人员分流的实施意见》,按照"精简、统一、效能"原则改革县乡党政机关。改革后,县委设置工作部门 7 个,县政府设置工作部门 22 个,直属事业局 3 个;县级各部门完成"三定"工作。县级党政群 40 个,公检法司 4 个,核定部门领导职数 406 名,其中:县级党政群 124 名。编制精简后,按行政编制 15% 核定机关工勤人员编制 58 名。分流人员 225 人,其中:提前退休 146 人,离岗待退 13 人,整体划转 58 人,辞职辞退 8 人。县级党政群机关行政编制由 360 名精简为 292 名,精简 19%,在职人数由 387 人减为 292 人;政法编制由 307 名减为 276 名,精简 10%,在职人数由 277 人减为 276 人;此次机改,县级 380 人(其中:党委 119 人,政府 261 人)参加竞争上岗,并规定今后党政机关只核定行政编制,不再使用事业编制,机关后勤服务人员从机关行政编制中分离,列入机关后勤人员事业编制。

2005 年,对县国有资产局、县发展计划局、县经济贸易局、县计划生育局、县规划建设局、县环境保护局、县药品局、县卫生局等部门进行体制改革。在县财政局挂"越西县国有资产监督管理局"(以下简称国资局)牌子;组建越西县发展和改革局,撤销县发展计划局,撤销经济体制改革办公室,将其职能划转越西县发展和改革局,撤销县经济贸易局,组建越西县经济局(挂"商务局"和"招商局"牌子),招商引资工作职能从县政务中心划转县经济局;县计划生育局更名越西县人口和计划生育局;撤销越西县建设环境保护局,组建越西县城市规划建设局;组建越西县环境保护局,列为县政府直属部门;将食品、保健品、化妆品安全管理的综合监督、组织协调和查处重大事故职能划入县药品监督管理局,食品安全监督工作由县政府领导;同年按照凉府发〔2005〕33 号文件精神,将县国土资源局由政府工作部门调整为县政府管理部门。

表 4-16　　1991—2005 年县级行政机构编制实有人员情况表

项目＼年度		1991	1992	1993	1994	1995	1996	1997	1998	1999	2000	2001	2002	2003	2004	2005
机构数		48	48	46	45	48	48	28	28	28	28	29	29	29	29	29
编制数		483	483	462	462	410	410	410	410	366	360	292	317	317	317	317
实有人数		611	580	594	554	584	589	557	549	473	348	355	302	314	315	329
政法系统	编制数	235	235	235	247	257	257	299	257	314	314	276	298	280	236	237
	实有人数	262	260	258	263	269	279	277	277	283	286	276	243	250	261	277

第三节　乡(镇)行政机构改革

1991 年 7 月,实行三位一体管理办法,乡(镇)核定行政编制 760 名,在职 619 人。核定事业编制 1644 名,在职事业人员 1602 人。

1992 年,根据省委、省政府《关于调整区乡(镇)建制的通知》《关于理顺乡镇统筹、协调职能的意见》撤区并乡建镇。将原城关、中所、新民、顺河、下普雄、中普雄、上普雄、书古、申果庄 9 区 44 个乡、2 个镇,撤并调整为 31 个乡、5 个镇;撤销合觉乡、瓦曲觉乡、古二乡、依吉拉尼乡、拉白乡、曲可地乡、斯基乡、中所乡、丁山乡、城郊乡、新民乡、大屯乡、乃托乡,新建乃托镇、新民镇、中所镇;扩并越城镇(将原城郊乡所属行政区域划归越城镇管辖）、普雄镇（将原曲可地乡所属行政区域划归普雄镇管辖）；将原合觉乡、瓦曲觉乡、古二乡，依吉拉尼乡、拉白乡、斯基乡所属行政区域分别划归申普乡、申果乡、竹阿觉乡、依洛地坝乡、贡莫乡和书古乡管辖。同年，36个乡（镇）核定行政编制760个，在职人员665名，空缺行政编制95名。并对行政、事业单位实行“四定”（定编制、定人员、定职能、定经费），将乡股级升为乡科级。

1993年，完成区、乡（镇）建制机构改革，建制由机改前9个区、46个乡（镇）调整为9个工委（片区工作组）、36个乡（镇）。1995年，重新设立城关、中所、新民、上普雄、中普雄、下普雄、顺河、申果庄、书古9个地区党委和地区工作委员会。同年，增设大屯乡、丁山乡、拉白乡、古二乡4个委员会。1998年，撤销片区工作组，设立9个地区工作委员会、41个乡（镇）。其中：二类乡1个（大瑞乡），三类乡35个，二类镇1个（越城镇），三类镇4个。二类乡（镇）设置3～4个综合办公室；三类乡（镇）原则上不设内设机构；设立9个地区工作组，作为县委、县政府的派出机构，代表县委、县政府对所辖乡（镇）进行管理。并重新核定全县乡（镇）行政编制743名。

2001年，编制乡（镇）“三定”（定职能、定机构、定编制）方案，全县41个乡（镇），核定领导职数282名。编制精简后，按行政编制15%核定机关工勤人员编制100名。工委、乡（镇）行政编制由710名精简为596名，精简16%。乡（镇）、工委339人参加竞争上岗（其中：工委54人，乡（镇）285人），并清理、清退乡（镇）临时工作人员650名。

2005年，乡（镇）财政管理体制改革撤销原有29个区乡（镇）财政所，重新组建区乡（镇）财政所23个，并调整和完善区乡（镇）财政所工作人员。新组建的区乡（镇）财政所实行县财政局和地方政府双重领导，以县财政局领导为主的管理体制，属县财政局的派出机构，其机构、干部、编制和经费由财政局垂直管理。

表4－17　　1991—2005年乡（镇）行政机构编制实有人员情况表

项目＼年度	1991	1992	1993	1994	1995	1996	1997	1998	1999	2000	2001	2002	2003	2004	2005
机构	55	36	36	36	45	45	46	50	50	50	50	50	50	50	50
行政编制数	760	760	760	760	760	760	743	743	743	743	596	596	596	596	596
实有人数	619	665	640	635	721	791	778	783	753	711	686	625	639	632	596

第四节　事业单位机构改革

1991年，全县各类事业人员编制核定工作全面完成，核定县级事业编制1568名，在职事业人员1325人；区乡（镇）核定事业编制1644名，在职事业人员1602人。1992年，对事业单位实行“定编制、定人员、定职责、定经费”“四定”管理方式。县级事业单位核定事业编制1495名，在职事业人员1332人；区乡（镇）核定事业编制1863名，在职事业人员1681人。

1998年，调整结构，压缩规模，该撤并的予以撤并；鼓励全额拨款事业单位向差额补贴、差额补贴向自收自支、自收自支向企业化管理过渡，事业单位靠财政支付经费人数减少5～10%，促使事业单位成为面向社会提供服务的独立法人，保障事业单位合法权益。实行政事分开，逐步推进事业单位社会化，建立事业单位登记与年检制度，减少党政机关对事业单位直接管理。

2001年，设立越城镇、中所镇、新民镇、乃托镇、普雄镇、大瑞乡事业编制的农业服务中心和农村文化服务中心；在其余乡设事业编制的农村服务站，事业编制按20%进行精简，重新核定。2002年，在全县9个地区工委设立9个综合服务站，机构精简50%；核定事业编制45名，编制精简10%。在乡（镇）设立农村文化服务站14个，核定事业编制56个；农、牧、林、水服务站41个，核定事业编制451个，机构精简

60%,编制精简 15%。

2003 年,根据州委、州政府的机改精简原则,会同县人事劳动部门研究制定《越西县乡镇事业机构改革的实施方案》以及乡(镇)事业单位机构改革一系列具体的实施办法。全县 9 个地区工委、41 个乡(镇)机构改革后,各工委不再设事业机构,原有事业人员就近分流在本地区乡(镇)和所属乡(镇)事业人员统一参加竞聘上岗,签订聘用合同,其中:除"五镇一乡"设立"农业服务中心"及"文化服务中心"外,其余 36 个乡均设立"农村综合服务中心";"中心"设主任、副主任各 1 名;"农业服务中心"、"文化服务中心"和"农村综合服务中心"均为财政全额拨款事业单位;全县乡(镇)事业单位精简 15%,人员由原核定事业编制数 499 名减少到 425 名。

2004 年,按"七定"(定机构名称、定机构性质、定职责范围、定隶属关系、定人员编制、定主要负责人相应的级别待遇、定经费渠道)方案中批复的机构名称为各乡(镇)服务中心制作统一规范的牌匾和公章,完成部分中心的牌匾挂牌和公章发放工作,规范各中心单位名称,对各乡(镇)机构改革后的现有人员对照"七定"要求一一核查,防止混岗、混编、混员现象的出现,并配合人事部门抓好各乡(镇)人员分流工作,落实人员分流目标。结合全县实际,优化全县卫生资源配置,将县防疫站与县皮防站合并,成立越西县疾病预防控制中心。优化全县卫生资源配置将原卫生进修校并入县第一人民医院,同时配合人事劳动部门对县第一人民医院进行人事制度改革,实行定岗定员。

2005 年,开展广电文化系统人员编制及人员结构的核定工作,重组农村电影放映队。完成全县中小学(含职业中学)教职工编制的核定工作,核定教职工编制数 2574 名(州上实际下达 1837 名)。

第七章 史志工作

第一节 党史工作

党史机构 1983 年 10 月,成立县委党史资料征集小组,下设办公室,配主任 1 名,副主任 1 名。1984 年 3 月,将县委党史资料征集小组更名为县委党史工作委员会,下设办公室。

1989 年 10 月,县委党史工作委员会办公室改为县委党史研究室。1992 年 4 月,成立越西县委党史资料征集领导小组及党史资料征集办公室,配备专兼职人员 15 名。

1994 年 7 月,撤销越西县委党史研究室。2003 年 7 月,恢复越西县委党史研究室,并入越西县地方志办公室,成立越西县史志办。

表 4-18　　1991—1994 年党史研究室负责人名录

姓　名	性　别	民　族	职　务	任职时间
王世开	男	汉族	主　任	1987. 9—1994. 12

表 4-19　　2003—2005 年史志办负责人名录

姓　名	性　别	民　族	职　务	任职时间
马进臣	男	回族	主　任	2003. 10—2005. 12

党史征编　1986年10月，征集新中国建立后从基本完成社会主义改造——开始全面建设社会主义——社会主义现代化建设新时期3个阶段的县地方党史资料。1989年后，征集新中国成立前越西地下党活动、越西"三·二七"救贫义勇军起义、红军长征路经越西资料。到1994年，历时6年，完成1932—1990年党史资料收集，查阅档案7845卷，走访知情人士350人次，外调人员34人次，收集文字、口碑资料3163份，257万字。年底打印成征求意见讨论稿。1995年，编纂出版《中国共产党四川省越西县组织史资料》(1932—1990年)。记载1932—1990年中共越西县党组织和1950—1990年党、政、军、统、群团系统组织机构沿革及领导人名录，是全县第一部组织史资料专集。

2005年，史志办先后派出75人次，重新查访参加过长征老同志和有关知情人员586人次，召开各种座谈会、研究会、纪念会23次，应邀参加者374人次，发调查函87件，收集整理红军长征过越西资料72万字、照片364张，经过反复筛选、鉴别、考证，去粗取精，去伪存真，编纂成28万字、196张照片的书稿，经编委、总编、副总编、顾问交叉审，县评审领导小组终审，剔除枝蔓，复核史实，调整合并，参定详略，梳理词句，统一文风，十易其稿。于同年10月，编纂出版《红军长征过越西》，弥补了全国尚无一本全面系统记录红军长征过越西详实活动情况的书籍。

宣传教育　1991年，加强党史宣传，充分发挥党史"存史、资政、育人"作用。结合重大党史事件、重要历史人物和纪念活动，开展地方党史、革命史和爱国主义、革命传统的宣传教育。宣传老一辈地下党员、红军战士和爱国志士丰功伟绩和崇高精神，对青少年进行世界观、人生观、价值观教育。

1993年，根据"史为今用，以史育人"方针，县委党史工作委员会和有关部门密切配合，开展党史宣传教育活动。组织老红军、老干部深入机关、农村、学校等单位，宣讲革命烈士、英雄模范人物事迹。整理、编印党史资料3580份，征订各种党史刊物780份，分发到各级党组织、县级机关及中小学校。同时，在"毛泽东诞辰100周年"纪念活动中，组织撰写理论研讨文章75篇，歌颂毛泽东为中国革命创下的丰功伟绩。

1995年，为纪念抗日战争胜利和世界反法西斯战争胜利50周年，协同有关单位召开座谈会和学术研讨会9次，为报刊、电台、广播站撰写党史文章164篇，回忆录95篇，烈士事迹132篇。1997年，开展"庆祝香港回归"、"越西县史志成果展"、"建党76周年知识竞赛"等活动，参加人员1358人次。

2002年，开展"学习党的十六大会议精神，弘扬党的优良传统和作风"的主题活动，组织"歌咏比赛"及"党在我心中，我为祖国做贡献"活动。2004年，开展"邓小平诞辰100周年"纪念活动，组织撰写理论研讨文章54篇，被省州刊用8篇，歌颂领袖人物的伟大历史贡献。2005年，利用"纪念红军长征过越西70周年"之际，深入机关、学校开展党史宣传活动23次，组织全县各级党组织、各机关企事业单位和学校党团员、干部、群众及师生到红军洞红军纪念碑、烈士陵园举行祭扫活动38次，为中共西昌地下组织活动资料汇编《黎明前的斗争》撰写"廖质生同志创建越西地下党的经过"。州党史办编纂《红军长征过凉山》中的越西部分。

第二节　地方志编纂

机构设置　1983年，成立越西县地方志编纂委员会，设名誉主任1名，主任1名，常务副主任1名，副主任4名，成员17名，顾问7名，下设地方志办公室，设主任1名，副主任2名，工作人员13名。

1991年，在地方志办公室设置《越西县志》总编室，设总编1名，副总编8名，编辑6名。1996年，撤销越西县地方编纂委员会、地方志办公室，人员分解到县政府办、县委组织部。

2003年3月，恢复越西县地方志办公室。设主任1名，副主任2名，工作人员3名。2005年3月，越西县委党史研究室并入越西县地方志办公室，成立越西县史志办。县史志办设主任1名，副主任2名，工作人员2名。内设:综合科、党史科、地方志科。

表4-20　　1991—1995年地方志办公室负责人名录

姓　名	性　别	民　族	职　务	任职时间
胡　坤	男	汉族	主　任	1983.3—1995.12

志书编纂　1983年1月,坚持"党委领导、政府主持、部门配合、专人修志"工作体制,县志编纂委员会启动《越西县志》(1911—1990)编修工作。购置必需的办公用品,聘请、选调修志人员。做到"一纳入,五到位"(把修志纳入国民经济和社会发展规划,做到领导到位、机构到位、经费到位、队伍到位、条件到位)新编志书工作目标,制定下发《〈越西县志〉编纂方案》、《〈越西县志〉凡例》、《〈越西县志〉纲目》。6月25日,县政府同各部门签订编纂《越西县志》(1911—1990)分志稿目标责任书。县级各承编单位成立编修部门志领导小组。7月27日,召开为期7天568人参加的县志工作暨业务培训会,请省上修志专家讲课,组织编修人员外出实地考察学习,并到省、州内外走访、收集、整理分志史实。

1985年县地方志办公室(简称县志办)多次组织指导各部门编写部门志,搜集资料,负责编纂县志中图片、序、概述、大事记、沿革、自然地理、社会风土、人物、考、附录、文存、后记等。1989年,全部分志稿成型。县志编委到各修志部门,采取召开座谈会、专题会等形式,讨论解决分志编纂中存在的问题和难题。县志评审领导小组按照审稿程序分别对部门志进行审阅,督促承编单位反复修改,直至符合志稿要求后,报县地方志办公室。1990年,县志总编室,再次调整纲目,对志稿分纂,补充修改完善后,由专人核实全志数据、锤炼文字,采取互审、轮审、抽审等形式处理好全志数据核实、纠正、平衡、换算,权衡详略分寸,处理重复,查漏补缺,弥补资料。1992年,分纂结束,进行志书总纂,县志办组织总纂人员学习《志稿修改与总纂》,再次研究修改凡例,总纂方案,行文规范等。各编辑对定稿分志再修改后,由总编一支笔总纂,通改,主要是统一体例,统一篇目,理顺逻辑关系,调整详实,裁削重复,统一文风,用新观点、新资料、新方法,力求思想性、科学性和资料性的统一,完成总纂送审稿,分别报送县志编纂委员会、县志审查领导小组、凉山州政府县志评审领导小组评议,县志总编室再次通审通改。1993年,《越西县志》(1911—1990)经凉山州政府评审验收合格,县地方志办按照凉山州政府县志评审领导小组提出的修订意见,再次进行修订,完备地图、照片、序等内容。1994年,《越西县志》(1911—1990)总纂定稿,县政府报请凉山州政府审批,四川辞书出版社出版发行。同年,《越西县志》(1911—1990)被评为省二等奖。1995年12月,县政府组织举行发行、赠阅仪式。同年,编撰出版《越西县大事记》(1911—1990)。

编纂《越西县志》(1911—1990),从部门志、分志编纂到县志总纂定稿,有135个单位提供1214万字资料,先后有8376人次参加修志工作。《越西县志》(1911—1990)采用记、志、图、表、传相结合的综合性体裁,以事分类,横分竖写,按篇、章、节、目编排。全志除卷首尾外,共分28篇、102章、218节,近100万字,历经11个春秋,三审篇目,四易其稿,出版付梓。《越西县志》(1911—1990)全面、系统、翔实地记述自辛亥革命以来,越西县境内社会发展的历史进程与现状,突出地方民族特色与时代特色。

第三节　地情资料编纂

1991年,落实地情资料收集管理和利用,深入挖掘和整理全县的历史资料和地情资源,本着确保重点、再涉及一般编纂原则,为《中国县情大全》编纂越西县情部分的内容。

1993年,县地方志办公室通过社会调查、实地考察,核实相关数据,地名。同时搜集重大规划、计划,工作总结、报告和调研文章,为《中国风光物产大典》、《凉山州投资指南图》、《四川省情》编纂越西县情的内容。

1994年，坚持依法编纂地情资料，精益求精，科学制定编纂方案，着力体现时代特色，全面准确地反映全县"八五"计划的光辉成就，反映全县群众生活巨大变化以及民主法制、和谐社会、精神文明建设成果。扩展地情资料收集范围，保障地情内容全面性、权威性，编撰出版《越西县投资指南》。

1995年，做好摸底工作，地情资料编纂放在对本地经济建设有用的资料上，侧重于县情宣传，风光、资源介绍、地情资料的收集编纂，出版《越西县招商引资投资指南画册》。

1996年，改变修志期间资料集中征集为常年征集，实现法制化、规范化和长期化，改变随机性、临时性和凭关系征集资料状况。整理全县自然地理、历史建置、资源环境、风景旅游、科教卫生、体育运动、经济产业、社会保障、人民生活等方面的信息。为《中国乡镇》、《四川省年鉴》编纂越西部分的内容。

1999年，推动地情资料整理、收藏、编纂，组织力量按照地情资料编纂所需资料和内容总体接轨的指导思想，科学合理地设置地情资料栏目框架结构，广泛搜集资料、撰写高质量的地情资料稿件，为《四川省地图集》提供反映全县概貌的各类资料图表；为《凉山年鉴》提供反映全县经济与社会发展情况的稿件。

2003年，挖掘潜力，按照制度化、日常化要求，广泛收集各种各类文字、图片资料，与有关部门通力协作，开展地方史实社会调查、资料考证，认真搞好资料纠谬补遗工作，依法订正统计数字，及时组织编写资料长编、汇编。为《四川省乡镇年鉴》编撰全县各乡镇基本概况。

2005年，开展地情资料收集、储藏、整理研究工作。为《四川省农村年鉴》提供全县农村发展情况。并且每年为全国、省、州、县有关书籍编写介绍全县的历史沿革、资源优势、风土人情等基本情况，客观完整地再现全县社会历史发展轨迹，树立断代里程碑，足以成为人们认识越西、把握县情的资料宝库，宣传越西、光前裕后的乡土教材。将为建设越西、决策方案，提供系统和准确的信息与依据，为开发越西、振兴桑梓，提供历史和现实的借鉴与规诫。

第四节　史志资源利用

1991年，史志工作坚持长期性与连续性相结合，为领导科学决策服务，为社会各界提供史料服务、为中心工作服务，为基层修志服务。充分发挥史志信息，通过读史用志掌握地情资料，探索区域发展和自然规律，总结经验和教训。

1993年，加快修志成果转化。按照修用并举原则，结合志书编纂，认真总结经济社会发展的经验教训，探索发展规律，为党委、政府提供决策参考和智力服务。以打造服务型史志事业为目标。开展接待来访活动，向机关单位人员、史志爱好者、回乡探亲人员以及县外来函，来信，港、澳、台胞寻亲问祖人员，提供县情咨询服务。

1995年，《越西县志》(1911—1990)出版后，将志书发放到各级领导干部手中。利用史志工作成果，发挥县志特有史实资源、信息优势，服务社会发展和经济建设，为县委编制"九五"经济社会发展规划、精神文明建设规划、农业综合开发、扶贫开发、矿产资源开发等提供相应资料。1997年，拓展志书、地情资料的对外交流范围，全面展示越西的历史、现状和发展前景。读志用志工作列入年度计划，加大各类志书等地情资料的收藏工作，丰富资料馆藏。发挥方志部门和人才资源优势，积极参与或承担社会各界委托服务，编撰上报各类专题资料、地情文献；适时举办或积极参与地方重大事项及重要活动，扩大方志工作社会影响。1999年，围绕经济社会发展大局开展重大课题研究，以大课题、大项目带动读志用志水平的提高。发挥史志办搜集、整理地情资料的职能作用。为本地招商引资、旅游开发、发展经济、推进社会进步和发展提供服务，为党委和政府决策提供历史借鉴。配合政府部门工作，为城市规划、道路交通建设提供历史资料和相关数据。

2002年，利用多种形式和途径，为来县投资企业提供资源、信息、政策等方面的服务。为领导决策、经济建设、对外宣传、友好往来、人文资源开发、地情教育等服务工作,切实做好史志工作与现实结合的文章向省、州领导来县调研提供县情资料。开展史志宣传活动,接待来访来函与查阅利用史志资料,使史志利用逐步实现由传统的、阶段性的、单一的修志业务向与现实紧密联系的、长期性的、全方位的复合型社会信息服务事业转变。

2004 年,开展"依法修志编鉴,传承历史文脉"系列宣传活动。拓宽服务领域,利用编史修志的成果和相关地情资料,服务党的中心工作。制订"加强史志信息化建设,充分开发利用史志资源,修用并举,科学发展,开创地方史志工作新局面"工作思路。以旅游开发、招商引资为载体,拓展读史(志)用志工作面,促进史志资源的有效利用,开发县境特色资源。

2005 年,县史志办围绕全县中心工作和县委、县政府的中心任务开展工作,积极发挥史志办占有资料优势,为领导提供全县农业历史与现状和各乡镇地理状况、农业资源、资金、技术、人才、人文等资料;接待群众来访、来电、来函咨询服务工作;为县党史研究室和县档案馆提供文献、档案资料;做好党史遗迹遗址保护和利用工作。

第八章　档　案

第一节　档案机构

1993 年,档案局划归县政府办公室管理。1998 年,档案局与档案馆,实行一个机构、两块牌子、一套班子、两种职能。属县政府直属事业单位。2001 年 11 月,档案局内设:办公室、档案业务监督指导股。2003 年 6 月,成立越西县现行文件查阅利用中心。

2005 年,档案局与档案馆及现行文件查阅利用中心合署办公,实行一个机构、三块牌子、一套人马、三种职能,内设办公室、档案业务监督指导股。

表 4-21　　1991—2005 年档案局(馆)负责人名录

姓　名	性　别	民　族	职　务	任职时间
邹佑国	男	汉族	局　长	1990.5—1998.7
葛福兰	女	汉族	副局长	1990.5—2005.12
郑在刚	男	汉族	局　长	1998.12—2005.12
阿里达尔	男	彝族	副局长	1998.12—2005.12

第二节　设施与馆藏

基础设施　1991 年,县档案馆有 1 间办公室和 4 间库房,建筑面积 366 平方米。2000 年,档案馆搬迁至县政府办公区,县政府划拨专款 20 万元,将办公楼顶上加盖隔热层,办公室内铺设地板砖,对其部分结构及门窗进行技术改造。更新和购置一些现代化办公设备和档案专用设备。库房建筑面积 800 平方米，可容纳5万卷档案。馆内设有办公室、阅档室、档案整理室、微机室、库房等。

2005年，有微机2台，光盘刻录机2台，激光打印机1台，扫描仪1台，吸尘器1台，照相机1部，铁皮档案柜20套100节，木质档案柜120套，资料柜35套，配备消防设施及指针式温湿度计。

馆藏档案　1991年，档案馆接收县委办等县级机关文书档案194卷，收集资料178册。1999年，接收部分工委、乡(镇)及县级机关文书、户籍、科技档案419卷、实物档案7件，收集资料数148册。

2005年，接收撤销单位体改办等部门档案428卷，收集资料133册。至2005年，共接收各门类纸质档案7310卷(盒、件、册)。馆藏档案105个全宗，23364卷(盒、件、册)，照片档案360张，磁盘2张，光盘3张，档案上架排列长度309.9米。馆藏档案构成：文书档案21012卷，财会档案182卷(册)，科技档案273盒，其它专门档案1837卷，实物档案60件，照片档案360张；现行档案18404卷(件、盒、册)，民国历史档案4960卷。资料种类共11大类6810册。编辑《越西县民国档案概况》、《越西县地下党调查资料汇集》、《红军长征过越西资料汇集》、《越西县农民起义资料汇集》、《越西县彝族历史资料及社会调查资料汇集》，电子版《档案馆指南》等。

表4-22　　1991—2005年接收档案收集资料统计表

项目＼年份		1991	1992	1993	1994	1995	1996	1997	1998	1999	2000	2001	2002	2003	2004	2005	合计
接收档案	纸质档案(卷·件)	194	1500	539	172	430	878	503	506	426	439	438	418	416	441	428	7310
	电子档案(磁盘·光盘·张)	—	—	—	—	—	—	—	—	—	—	—	—	1	2	2	5
收集资料数(册)		178	141	141	128	123	95	95	95	148	95	121	133	133	133	133	1892

第三节　档案管理

档案鉴定　1992年，根据《机关档案业务建设规范》及《四川省文书立卷与案卷构成的一般要求》的规定，鉴定整理馆藏越西县政府办档案1028卷，组织指导下普雄区文秘人员鉴定整理该辖区文书档案384卷，销毁失去保存价值档案122卷。1998年，鉴定销毁馆藏失去保存价值资料206册。截至2005年，鉴定和整理档案5243卷，销毁失去保存价值的档案581卷、资料206册。购置《中国法律事务支持系统》1套，存储新中国成立以来的10万多个法律文献，接收现行文件2000份。

规范化管理　1991年，开展依法治档工作，建立健全行政执法制度。按照国家有关档案工作政策、规定、标准，分别对全县机关、企事业单位、乡(镇)、村文书、科技、会计、照片、审计、人口普查、地名等档案进行立卷归档工作，年立卷归档率95%。1996年，对全县各乡(镇)、机关各部门档案管理进行业务指导。督促各乡(镇)、各部门按照《档案法》规定设置档案室，配备专、兼职档案人员；建立档案人员岗位责任制、文件材料整理、归档、保密、管理、保护、利用、鉴定、统计等各项制度。2003年，购置《四川省电子文档管理系统》、《四川省社区档案管理系统》、档案馆版《易用文件档案管理系统》、《全国重点档案抢救管理系统》等专业软件，建立内部局域网，与县党政网实现联网办公。2005年，县、乡(镇)将档案工作列入领导议事日程，纳入目标管理和年度考核。全县机关、企事业单位和乡(镇)、社区建档率100%，289村个行政村中165个村建档；档案管理达标累计省三级标准9个、省二级标准6个、省一级标准2个。同时选送6名专兼职档案人员到省、州档案部门培训，县档案局以不同形式开展档案培训3期，培训各级各类档案人员70人次。

保护与抢救 1991 年,修订档案库房管理、保密、保卫、消防等安全制度,结合档案馆实际,封闭库房窗户,适当通风调节温湿度,使用避光窗帘,适量投药等,解决库房防光、防尘、防虫和温湿度控制问题。同时,对破损、褪变较严重、价值较高的档案,采用修裱、抄写、复印等方式进行抢救和修复。

1994—2000 年,争取财政拨款档案抢救经费 1.2 万元,手工抄写复制建国后褪变档案 201 卷 15433 页,修正民国档案案卷目录 1919 条,补填重点档案卷内目录 669 卷,填写反映本县历史的文件资料卡片 1969 张。

2003—2005 年,完善档案保护保管措施,保管条件达到"九防"要求。对破损、褪变档案资料进行抢救,施放杀虫药 1400 袋,裱糊档案 50 张,复制抢救档案 4568 份,抢救重点档案 2315 卷;著录民国档案文件级目录 1205 条。

开放与利用 1991 年,按照《档案法》规定,档案自形成之日起满 30 年向社会开放县档案馆,对民国时期的档案和 1949—1975 年的档案逐卷、逐件审查鉴定,将档案分为开放和控制使用两类。

1997 年,制定开放档案工作细则和措施,报经县政府批准,将开放档案向社会开放,扩大档案资料利用范围。

2005 年,将应开放档案全部向社会开放,共开放 105 个全宗 9659 卷档案,编制开放和控制使用目录 12983 条。截至 2005 年,共接待查阅人员 1826 人次,查阅档案 3971 卷次,查阅资料 5084 册次,复印摘抄 2830 页。收集整理档案利用效果典型事例 32 条,借阅资料典型事例 4 条。

表 4-23 1991—2005 年利用档案资料统计表

项目 \ 年份		1991	1992	1993	1994	1995	1996	1997	1998	1999	2000	2001	2002	2003	2004	2005	合计
利用档案	人次	191	59	90	67	51	65	278	35	34	61	37	83	85	203	76	1415
	提供卷数	947	223	180	265	110	235	385	136	126	168	75	185	151	591	194	3971
利用资料	人次	53	36	30	66	17	3	98	17	15	29	6	13	9	13	6	411
	提供册数	164	145	89	828	17	3	3576	25	24	62	26	18	41	19	47	5084
复制档案资料(页数)		444	122	115	33	18	36	325	67	39	53	51	154	334	540	499	2830

档案保管 1991 年,档案馆现存的档案以全宗为单位,采取"全宗群"的管理方式进行保管。各全宗档案则按进馆时序及立档单位所处地位与级别分全宗群进行排列存放。全宗分 4 大类:现行县级机关、团体档案类;现行县级机关、团体所属单位档案类或为二级机构;专业档案类;旧政权档案类。

1996 年,全宗内档案分类法继续采用"年度——问题"和"年度——机构"方式,档案的排列基本采取"年代——期限"排列。馆藏全宗建立全宗卷,编制有案卷目录、专题目录、开放目录等检索工具,完善档案的检索体系。2002 年,县档案馆投入 50000 元,购置电脑,培训相关人员,实现部分馆藏档案电脑检索。

2005 年,馆内有各种检索工具 300 册,其中:新中国成立后档案目录 152 册、开放及控制使用档案目录 34 册、民国档案目录 45 册、各种专题目录 38 册、人物索引 9 册、资料目录 22 册等。有人物卡片 21062 张、组织卡片 683 张、无籍人员汇编 4 册、查找落实人员登记表 2421 条。重点全宗各种门类和载体档案重要文件开始建立目录数据库,录制机读案卷级目录 1651 条、文件级目录 17623 条。

第九章　来信来访

第一节　信访机构

1990 年,越西县人民政府信访办公室更名越西县信访局。1993 年,设为县政府直属局。1998 年 7 月,越西县信访局更名越西县人民政府办公室信访科。2003 年 3 月,越西县人民政府办公室信访科更名中共越西县委、越西县人民政府人民来信来访办公室,领导设置 1 正 2 副,行政编制 4 人。2004 年 12 月,中共越西县委、越西县人民政府人民来信来访办公室更名中共越西县委信访办公室、越西县人民政府信访局,实行"两块牌子,一套班子",隶属党委。2005 年,县信访办(局)设办公室、接待室、督办室、财务室,工作人员 12 人。

表 4-24　　1991—2005 年信访办(信访局)负责人名录

姓　名	性　别	民　族	职　务	任职时间
潘尔哈	男	彝族	局　长	1992.2—1995.9
许绍荣	男	汉族	副局长	1989.11—1994.4
刘国元	男	汉族	局　长	1995.9—1998.6
张太友	男	汉族	副局长	1994.4—1998.6
罗发明	男	彝族	科长	1998.7—2003.2
木苦达尔莫	女	彝族	副局长	1995.9—1998.6
			副科长	1998.7—2003.2
刘大荣	男	汉族	局长(主任)	2003.3—2005.12
潘车鹤	男	彝族	副局长(副主任)	2003.5—2005.12
王　远	男	汉族	副局长(副主任)	2003.3—2005.12
李腊梅	女	汉族	副局长(副主任)	2003.3—2005.12

第二节　信访接待与督办

信访接待　1991 年,群众来信来访统一由信访办公室接待和处理,制定信访工作制度。收到信访事项后,对信访事项来源、信访人基本情况、信访事项基本内容及处理方式等有关情况进行记录,对是否属于受理范围进行初步审查,若不属受理范围信访事项,需告知信访人向相应机关提出,予以受理的信访事项认真填写《越西县群众来信来访登记表》,将信访事项呈送主管、分管领导批阅,实行转送、交办、报请等方式处理。

1992 年,设立县长热线电话办公室,与县信访办公室合署办公。当年起,每月 10 日定为县长接待日,由县长、副县长在县长接待室轮流值班,接待来访群众,听取群众对县政府工作意见、批评和建议,解决群众反映热点、难点问题,处理群众反映属于县政府职权范围内有关问题。当年,接待群众来访573人次、批阅信件402件。

1999年,在县长接待日之外,县信访办公室(县长热线电话办公室)负责群众平时来电、来访,做好来访人员接待和来访来电登记工作,将群众反映问题和诉求进行梳理分类,报告县长、分管副县长,按县长、副县长批示交有关部门办理,并及时督查督办、反馈办理情况。信访办公室(县长热线电话办公室)每月向各部门和社会通报一次办理情况,对未按规定时间和法律、政策规定办理而造成严重后果的,由县政府追究有关部门人员的责任。

2003年,建立健全县、乡(镇)、村三级信访网络,信访问题排查调处机制。对排查出的问题,尤其是可能引发群众集体访、越级访和重复访问题,提前介入,把矛盾和问题解决在萌芽状态。至2005年,县政府县长、副县长等县级领导直接受理人民群众来信326件,接待来访843人次,办结来信来访914件(人次),办结率81.8%。其中:上三级交办案件98件,办结率100%。

信访督办 1991年,根据"谁主管、谁负责、属地管理、协调处理"原则,对无正当理由未按规定办理期限办结信访事项的,未按规定反馈信访事项办理结果的,未按规定程序办理信访事项的,办理信访事项推诿、敷衍、拖延的,不执行信访处理意见的,采用电话督办、送达督办通知等形式进行督办。

1997年,针对信访事项处理过程中存在的问题及时向有关行政机关提出改进建议和责任追究建议。

2000年,为有效地制止"大闹大解决、小闹小解决、不闹不解决"现象,邀请人大代表、政协委员、信访主体利益相关人参加为诉求、答复双方的理由、依据形成听证结论。

2005年,完善信访听证会制度。就县城旧城改造中拆迁户因补偿标准集体上访问题举行全县首次听证会。同年,对信访主体理解政策法规不透、认识不够导致信访要求过高等情况,采取有关单位和信访主体面对面协调,解决处理;对立项督办的信访事项进行调查了解,掌握实际情况后,督促相关部门进行处理。收到办结报告后,对交办件所反映的事实情况、处理秩序、处理意见等内容进行审核,对事实清楚、依据充分、处理恰当、程序规范、结论正确的信访事项予以结案。结案后,将领导批示、查办原件、调查情况、处理结果、落实情况和来往文件等材料,整理归档。完善联席会议制度,研究信访问题,提出应对处置方案,分析信访形势,预测信访动态,制定解决措施。

第三节　信访制度

1991年,建立领导负责制度,明确在信访工作中,各级党政一把手负总责,党委分管党务工作、政府分管常务工作、乡(镇)部门分管政治思想工作领导为第一责任人,专兼职信访人员为直接责任人,负责处理解决本地区、本单位的信访问题。

1999年,对重大疑难问题实行领导包案、一问到底、一抓到底、一办到底。建立"分级管理,归口负责"制度,注意从源头上解决信访问题,做到抓早、抓小、抓苗头,做到初信初访"一步到位"。

2001年,建立领导责任追究制度。实行"双重考核、双重奖励",即一方面在综合目标考核中进行奖惩,另一方面对信访工作考核进行奖惩。落实信访工作目标责任制,把信访工作纳入各工委、乡(镇)、县级单位综合目标考核,签订《越西县党政信访工作目标管理责任书》。当年37个乡(镇)签订信访工作目标管理责任书,实行考核。

2003年,建立首问责任制,要求单位、部门、乡(镇)信访领导干部、工作人员认真热情接待信访群众。信访事项属本单位、部门、乡(镇)管理处理范畴,认真负责,积极主动地办理;信访事项不属单位受理范围,及时与信访人讲清道理,将信访事项转办到相关单位,并办理完善交接手续。建立信访工作联系会议制度,制定《越西县县级机关信访工作联系会议议事规则》、《越西县妥善处置集体上访、异常上访,维护正常工作秩序的工作预案》。

2004年,建立信访责任追究制度,制定《越西县信访工作责任追究暂行办法》,明确责任追究、调查的主要内容和办法。当年落实县级包案领导15名,责任领导21名,责任单位18个。建立《越西县集中处理信访突出问题及群体性事件联席会议制度》,分设涉法涉诉、落实政策、涉农、企业改制、移民5个工作组。同年,县联席会议办公室完成中央联席会议办公室交办案件4件、省交办案件7件、州交办案件21件、自联办案件28件。是年,建立信访听证会制度,制定《越西县到州赴省进京越级上访处置工作的应急预案》、《越西县群体性上访事件应急预案》。

2005年,按照县委办《关于进一步加强信访工作的实施意见》(越委办〔2004〕40号)文件精神,对信访工作各项制度进行规范,细化信访工作目标责任制度、领导责任制度、接待日制度、首问责任制度、分级管理归口负责制度、听证会制度、督查督办制度、联席会议制度、信息反馈上报制度、违规违法信访处理制度、信访问责追究制度11项制度。健全信息报送制度,每月15日前各责任单位将《突出信访问题排查情况月报》、《地方信访数据统计表》报送给县信访办,对排查出的重点信访问题,落实包案领导,制定解决方案。9个工委、41个乡(镇)、29个县级单位签订责任书,交纳责任金,实行考核。到2005年,县级领导接待群众来访8483人次、批阅信件1902件。

第四节 信访案件查办

1991年,信访主要是涉及精简压缩人员要求落实政策、知青工龄、房产纠纷、土地家庭联产承包、家支婚姻等方面的信访事项。对信访人反映的情况、提出的建议、意见,交由有关行政机关认真研究论证,对有利于行政机关改进工作、促进国民经济和社会发展的建议、意见积极采纳。

1994年,对投诉请求类信访事项,交由有权处理的行政机关经过信访调查,提出办理意见,书面答复信访人。信访调查中要查明信访事项所涉及的基本事项,依据职权收集资料,提取证据,提出办理意见,要以信访调查认定的事实为基础,根据有关法律、法规、规章及其他有关政策规定作出办理决定。对应解决而又能解决的,及时、快速地解决,并抓好落实。

1996年,对限于目前政策和条件暂不能解决的信访问题,要积极创造条件,争取尽快解决,积极给信访人做好政策宣传和解释工作,解决信访人的思想问题,取得信访人理解。

1998年,信访事项主要涉及企业离退休人员养老金、林权纠纷、村务公开、扶贫贷款、社会治安等方面,对坚持过高要求或无理要求的,做好耐心细致的思想教育工作,劝其息访息诉;对无理取闹、寻衅滋事、干扰社会和机关工作秩序,依法予以严肃处理。

2003年,将办理意见书面答复信访人,填写《信访问题处理意见》,减少信访事项处理随意性。信访人对办理意见不服,可申请复查、复核。从群众来信来访中,筛选出有重要参考价值的信息,编写《信访简报》、《信息情况反映》、《重要信访信息摘要》,报送领导,为科学决策服务。8月,县信访办开展群众重复上访问题专项治理工作,对全县2001年以来的群众重复集体上访和没有息诉的个体上访问题进行排查摸底,并分类登记造册,排查信访事项18件,其中:重复集体上访7件,个体上访11件。

2004年9月,县信访办开展集中处理信访突出问题及群体性事件工作,排查信访事项28件,其中:涉法涉诉11件,落实政策8件,涉农6件,企业改制1件,移民2件。

2005年,主要是涉及企业改制、退耕还林、旧城改造、扶贫移民、社会保障、城镇居民最低生活保障、农村基础设施建设等方面的信访事项。

表 4－25　　1991—2005 年信访情况统计表

项目 / 年份	来信（件）	来访（件）	信访总量（件）	转办案件		上级交办案（件）	上级转办案（件）
				件数	占总量(%)		
1991	180	49	229			7	46
1992	99	51	150			4	49
1993	57	19	76	33	43. 4	3	23
1994	113	16	129	47	36. 4	6	8
1995	79	10	89	44	49. 4	5	18
1996	79	19	98	43	43. 9	2	43
1997	87	12	99	45	45. 5	5	26
1998	64	11	75	33	44	2	17
1999	82	30	112	49	43. 7	1	25
2000	73	5	78	47	60. 2	1	23
2001	112	1	113	47	41. 6	7	36
2002	141	2	141	58	41. 2	3	41
2003	135	3	135	71	52. 6	4	54
2004	126	22	148	74	50	38	63
2005	166	38	204	60	29. 4	10	125
合计	1593	288	1876	651		98	597

第五篇

人民代表大会

第一章　县人民代表大会

第一节　县人大代表选举

1991年，全县人民通过选举产生代表组成县级人民代表大会，行使当家作主权利。至2005年，根据《中华人民共和国宪法》、《中华人民共和国地方各级人民代表大会和地方各级人民政府组织法》、《中华人民共和国全国人民代表大会和地方各级人民代表大会选举法》规定，进行越西县第九届、十届、十一届人民代表大会换届选举。县人民代表大会代表选举严格按照法定程序进行，经过宣传发动、选民登记、提名推荐、酝酿协商候选人、投票选举等程序，选举各届人大代表。

县第九届人大代表　1992年，第八届县人大常委会依法主持和领导县人大代表换届选举工作。成立县选举委员会，负责选举事宜。换届选举工作中，发扬民主，选民依法提名代表候选人1500名，为代表应选名额1.2倍，协商确定正式候选人1300名。全县登记选民120950人，占总人口55.5%；参选选民114632人，参选率94.8%。选出县第九届人大代表152名。

县第十届人大代表　1997年，按《选举法》规定，成立越西县选举委员会，依法进行第十届县人大代表的换届选举工作。全县80个选区128779名选民，96.96%参加投票，选出县第十届人大代表168名。

县第十一届人大代表　2002年，县选举委员会具体负责第十一届县人大代表的换届选举工作事宜。全县登记选民136961人，有123654人参加投票选举，依法选出越西县第十一届人民代表大会代表173名。经县人大代表资格审查委员会审查，确认这173名代表资格有效。

表5－1　　**第八届至十一届县人大代表选举情况表**　　单位：人

届别	选举日	选区数	选民数	参选数	参选率（%）	代表总数	其中				民族			党派		代表方面				
							妇女	占比（%）	非党人士	占比（%）	汉族	彝族	其他民族	中共党员	非党人士	干部	工人	农民	知识分子	军人
8	1990.1.10	83	112452	103733	92.24	146	22	15.07	34	23.3	54	88	4	112	34	86	11	40	8	1
9	1993.1.10	77	120950	114632	94.8	152	16	10.5	27	17.8	55	90	7	125	27	97	5	46	3	1
10	1998.1.8	80	128779	124864	96.96	168	16	9.52	17	10.12	59	104	5	151	17	115	2	41	7	3
11	2003.1.20	84	136961	123654	90.28	173	11	6.4	11	6.4	64	102	7	162	11	142		22	7	2

第二节　县人民代表大会

1991—2005年，县人民代表大会历经4届，共举行会议17次。每次大会固定议程有：听取和审议《县人民政府工作报告》、上年度《县国民经济与社会发展计划执行情况和当年计划（草案）的报告》、《县本级财政预算执行情况和当年预算（草案）的报告》、《县人大常委会工作报告》、《县人民法院工作报告》、《县人民检察院工作报告》，批准上年度《县国民经济与社会发展计划执行情况和当年计划（草案）的报告》、

《上年度县财政预算执行情况和当年预算(草案)的报告》;通过每个报告,作出相应决议。除上述固定议程外,各次会议情况如下:

县八届人民代表大会 任期3年,共举行3次会议。1990年3月召开第一次会议,应到代表146名,实到135名。1991年3月召开第二次会议,参会代表125名,列席人员72名。会议选举出凉山州第六届人民代表大会代表25名。会议被确定为议案的提案5件。

1992年3月召开第三次会议,参会代表120名,列席人员86名。会议补选凉山州第六届人民代表大会代表1名。

县九届人民代表大会 任期由往届3年改为5年,共举行5次会议。1993年3月,召开第一次会议,参会代表152名,列席人员57名。会议选举县九届人大常委会副主任4名、委员8名;选举县人民政府县长1名、县人民政府副县长3名、县人民法院院长1名、县人民检察院检察长1名,并报凉山州人民检察院提请州人大常委会批准。

1994年3月,召开第二次会议,参会代表135名,列席人员66名。会议选举县人大常委会主任1名。

1995年3月,召开第三次会议,参会代表125名,列席人员59名。会议选举县人大常委会主任1名。

1996年2月,召开第四次会议,参会代表124名,列席人员66名。会议审查通过并批准越西县"九五"计划,作出《关于批准越西县"九五"计划的决议》;选举县人民政府县长1名,凉山州第七届人民代表大会代表23名。

1997年3月,召开第五次会议,参会代表122名,列席人员92名。会议选举县人大常委会主任和副主任各1名。

县十届人民代表大会 任期5年,共举行6次会议。1998年2月,召开第一次会议,参会代表164名,列席人员59名。会议换届选举县十届人大常委会主任1名、副主任4名、委员10名;选举县人民政府县长1名、县人民政府副县长5名、县人民法院院长1名、县人民检察院检察长1名,并报州人民检察院提请州人大常委会批准。1999年3月,召开第二次会议,参会代表153名,列席人员69名。会议作出《关于依法治县的决议》。

2000年2月,召开第三次会议,参会代表149名,列席人员65名。2001年1月,召开第四次会议,参会代表144名,列席人员68名。会议作出《关于批准越西县"十五"计划纲要的决议》,选举凉山州第八届人民代表大会代表23名,增选县十届人大常委会委员1名。

同年3月,召开第五次会议,参会代表152名,列席人员71名。会议选举县人民政府县长1名。2002年3月召开第六次会议,参会代表149名,列席人员90名。

县十一届人民代表大会 任期5年,2003年,召开第一次会议,参会代表168名,列席人员77名。大会成立计划预算审查委员会,选举县十一届人大常委会主任1名、副主任7名、委员9名;选举县人民政府县长1名、县人民政府副县长6名、县人民法院院长1名、县人民检察院检察长1名,并报州人民检察院提请州人大常委会批准。

2004年,召开第二次会议,参会代表160名,列席人员87名。会议确定为议案的提案有1件。2005年,召开第三次会议,参会代表160名,列席人员23名。

表5-2 **1991—2005年出席省人民代表大会代表名录**

届别	姓名	性别	籍贯	出生年月	文化程度	职务	政治面貌	工作单位
第八届	张淑琼	女	重庆	1943.6	大学	县农业局科技干部	非党人士	县农业局
第九届	古宪富	男	铜梁	1945.11	大学	越西中学副校长	非党人士	越西中学
第十届	徐秀荫	女	越西	1963.10	大专	县农广校副校长	非党人士	县农业局

表5-3　**1991—2005年越西县出席州人民代表大会代表名录**

届别	姓名	性别	民族	籍贯	出生年月	文化程度	职　务	政治面貌	工作单位
第六届	毛精训	男	彝族	越西	1936.11	初中	县人大常委会主任	中共党员	县人大常委会
	王明清	男	汉族	越西	1944.3	初中	中所区区长	中共党员	中所区公所
	左文珍	女	汉族	越西	1950	高小	中所镇陶家营村村民	非党人士	中所陶家营村
	吉布木呷	男	彝族	越西	1946	初小	普雄镇呷古村支书	中共党员	普雄镇呷古村
	吉木铁打	男	彝族	甘洛	1941	初中	县农委主任	中共党员	县农委
	吉差吉哈	男	彝族	越西	1949.8	初中	县人武部部长	中共党员	县人武部
	沈桂方	男	汉族	盐边	1934.5	中专	县委副书记	中共党员	县　委
	沈列哈	男	彝族	越西	1962.7	中专	城郊乡党委书记	中共党员	城郊乡党委
	张树林	男	藏族	甘洛	1957.11	初中	保安乡乡长	非党人士	保安乡政府
	吴纯明	男	汉族	越西	1937.7	大专	越西中学政治处主任	中共党员	越西中学
	李德祥	男	彝族	越西	1954.10	中专	县白云石厂支书	中共党员	白云石厂
	沙文忠	男	彝族	喜德	1952.4	中专	县公安局副局长	中共党员	县公安局
	陈正康	男	汉族	甘洛	1934.11	初中	县人大常委会副主任	中共党员	县人大常委会
	罗素君	女	汉族	泸州	1946.2	中专	县长助理	非党人士	县政府
	林丽诗	女	汉族	福建	1945.6	大学	县政协副主席	非党人士	县政协
	阿候博石	男	彝族	越西	1914	小学	县政协副主席	非党人士	县政协
	阿加阿呷	男	彝族	越西	1963.5	大专	共青团县委书记	中共党员	共青团县委
	吉木拉足	男	彝族	越西	1947.3	小学	书古乡红旗村支书	中共党员	书古乡红旗村
	曹敬芳	女	汉族	自贡	1940.10	大学	县医院妇产科主任	非党人士	县医院
	龚正英	女	汉族	彭水	1948.3	初中	县电力公司职工	非党人士	县电力公司
	彭勇	男	彝族	甘洛	1946.5	中专	县　长	中共党员	县政府
	刘洪加加莫	女	彝族	越西	1954.12	小学	新民区河沿村妇联主任	非党人士	新民区河沿村
	木色加甲	男	彝族	越西	1964.12	中专	申果庄区区委书记	中共党员	申果庄区区委
第七届	王光荣	男	汉族	越西	1955.8	大专	县人大办主任	中共党员	县人大办公室
	毛国强	男	彝族	越西	1955.7	初中	中所镇镇长	中共党员	中所镇政府
	邓廷楷	男	汉族	江安	1940.	中专	县委书记、人大常委会主任	中共党员	县　委
	甲卡莫格	男	彝族	越西	1958.10	大学	县教育局局长	中共党员	县教育局
	吉差吉哈	男	彝族	越西	1947.3	初中	县人武部部长	中共党员	县人武部
	刘合阿呷	女	彝族	越西	1948.6	初中	县总工会副主席	中共党员	县总工会
	刘　斌	男	彝族	甘洛	1964.11	大学	县　长	中共党员	县政府
	杜忠阳	男	彝族	雷波	1941.12	中师	县人大常委会副主任	中共党员	县人大常委会

续上表

届别	姓名	性别	民族	籍贯	出生年月	文化程度	职　务	政治面貌	工作单位
第七届	李定芬	女	汉族	越西	1957.9	大专	县农业局科技干部	中共党员	县农业局
	沈列哈	男	彝族	越西	1962.7	中专	越城镇镇长	中共党员	越城镇
	张国华	男	汉族	河北	1960.5	大学	县交通局局长	中共党员	县交通局
	阿尔瓦苦	男	彝族	越西	1951	初中	中普雄工委书记	中共党员	中普雄工委
	阿海哈布	男	彝族	越西	1947.1	初中	申普乡党委书记	中共党员	申普乡党委
	林丽诗	女	汉族	福建	1945.6	大学	县政协副主席	非党人士	县政协
	果基木衣	男	彝族	越西	1925	文盲	乐青地乡农民	非党人士	乐青地乡
	的日伍各	男	彝族	越西	1953.11	中专	县卫生局局长	中共党员	县卫生局
	钟惠英	女	汉族	雅安	1950.4	中师	县北城小学校长	非党人士	县北城小学
	骆　颖	女	彝族	甘洛	1962.10	大学	县检察院检察员	中共党员	县检察院
	薛启华	男	藏族	喜德	1948.3	大专	县委副书记	中共党员	县　委
第八届	王光荣	男	汉族	越西	1955.8	大专	县人大常委会副主任	中共党员	县人大常委会
	木苦果加	男	彝族	越西	1961.5	大专	中所工委书记	中共党员	中所工委
	毛建国	男	彝族	越西	1964.3	大专	县二医院院长	非党人士	县二医院
	代福强	男	回族	仁寿	1963.4	大学	县财政局局长	中共党员	县财政局
	杜忠阳	男	彝族	雷波	1941.12	中师	县人大常委会主任	中共党员	县人大常委会
	克七政达	男	彝族	越西	1949.7	中专	县人大常委会副主任	中共党员	县人大常委会
	李宏伟	男	汉族	崇州	1962.12	大学	县委副书记	中共党员	县　委
	李定芬	女	汉族	越西	1957.9	大专	县农业局科技干部	中共党员	县农业局
	杨光富	男	彝族	雷波	1959.2	大学	县　长	中共党员	县政府
	吴仲海	男	汉族	越西	1963.4	大学	县计划经济局局长	中共党员	县计划经济局
	何吉英	女	彝族	喜德	1968.10	大学	县法院刑事审判庭庭长	非党人士	县法院
	沙文忠	男	彝族	喜德	1952.4	中专	县公安局局长	中共党员	县公安局
	张秀林	男	汉族	仁寿	1964.10	大学	川西水泥厂厂长	中共党员	川西水泥厂
	张国华	男	汉族	河北	1960.5	大学	县交通局局长	中共党员	县交通局
	阿木布沙	男	彝族	越西	1966.8	大学	县扶贫办主任	中共党员	县扶贫办
	阿尔瓦苦	男	彝族	越西	1951	初中	中普雄工委书记、主任	中共党员	中普雄工委
	陈志新	男	汉族	越西	1953.10	大专	县水利局局长、工程师	中共党员	县水利局
	陈志福	男	藏族	越西	1957.4	中专	县人劳社保局副局长、县编办主任	中共党员	县编办
	的日伍各	男	彝族	越西	1953.11	中专	县卫生局局长	中共党员	县卫生局
	胡　坤	男	汉族	甘洛	1957.9	大专	县委书记	中共党员	县　委

第三节　代表工作

议案、建议督办　1991 年,督促办理人大代表提出的议案、建议、批评和意见。县人大常委会对人大代表提出的议案、建议、批评和意见认真研究归类后，及时交“一府两院”有关部门办理，组织人员对办理工作进行监督检查。1993年后，县人大常委会每年召开一次会议，听取和审议县人民政府关于办理县人大代表议案、建议、批评和意见的情况报告，促进县政府及各承办部门正确对待代表议案、建议、批评和意见，创新办理制度，不断规范、改进并加强办理工作，切实做到“高度重视、坚持原则、落实任务、认真办理、规范回复”。1998年，逐年加大对代表议案、建议、批评和意见的督办力度。至2005年，县人大代表提出议案、建议、批评和意见949件（其中：议案6件）。全部议案、建议、批评和意见于当年按规定时限办理完毕，办理结果逐一答复代表。

信访、视察 1991年，对其中涉及问题特别重要的来信来访，及时转交有关部门办理。组织人大代表开展视察活动，积极谏言献策。

1998年，县人大常委会组织部分省、州、县人大代表深入实地，先后视察全县退耕还林工程、烤烟生产、农村电网改造工程、教育十年行动计划实施情况、中小学学校建设、电站建设、厂矿企业建设、申果庄省级大熊猫自然保护区管理工作、通县油路建设、普雄小城镇建设、乃托工业园区开发建设和农业综合开发项目建设情况。

2000年，在了解、掌握移民扶贫开发工作的实际情况下，针对问题和不足提出建议和意见。2004年，邀请部分人大代表和人民群众代表列席人大常委会会议，向政府提出积极性建议。到2005年，县人大常委会及其机关各科室接待办理人民群众来信1268件，来访4067人次；接待办理人大代表来信215件，来访756人次。组织人大代表对网吧、OK厅管理和社会治安状况进行明察暗访6次。

法制宣传 1991年，县人大常委会通过报刊、闭路电视、印发资料等多种渠道，宣传《宪法》、《地方组织法》、《选举法》、《代表法》等相关法律法规。1996年，宣传人大工作信息及有关法律法规，调动各方面的积极性，改进和加强对人民代表大会会议和人大常委会会议的宣传报道。是年，共举办培训7期，发放宣传资料658份。1999年，强化与宣传部门和新闻单位的联系，对人民代表大会决议、决策进行5篇专题报道。在越西刊发表12篇人大工作论文，21篇新闻报道。提高宣传报道和人大工作信息的质量。2000年，采取多渠道的方式深入学习宪法、法律，推进各个方面的依法治理工作，督促“一府两院”有关部门开展法制宣传活动，共举办培训会10次，参会人员367人。

2003年，推动政府依法行政、推进公正司法及促进基层民主政治建设。优化政务环境，做好服务工作，建设服务型政府；督促公、检、法、司各部门深化体制改革，加强干警队伍职业化建设，县人大常委会督促政府部门落实政务公开制度。2005年，贯彻实施《行政许可法》及部门工作相关法律法规，全面推进依法行政，坚持严格执法，文明执法，秉公办案，落实执法责任制和错案责任追究制，充分发挥职能作用，强化法律服务，推进公正司法，体现公平正义，维护社会稳定，促进全县基层民主政治建设。全年发放宣传资料1350份。

第二章 县人民代表大会常务委员会

第一节 县人大常委会机构

常委会组成 根据《地方组织法》规定，县级以上地方各级人民代表大会设立常务委员会，作为本级人民代表大会的常设机构,对本届人民代表大会负责并报告工作。越西县第八届人大常委会组成人员14人,设主任1人,副主任4人。第九届人大常委会组成人员13人,设主任1人,副主任4人;由于1993年换届未选出主任,于1994年、1995年、1997年分别补选主任1名。第十届人大常委会组成人员15人,设主任1人,副主任4人。第十一届人大常委会组成人员17人,设主任1人,副主任7人。

表5-4　　第八届至第十一届人大常委会主任、副主任名录

届别	姓名	性别	民族	出生年月	籍贯	职　务	政治面貌	文化程度	任职时间
第八届	毛精训	男	彝族	1936.11	越西	主　任	中共党员	初中	1990.3
	陈正康	男	汉族	1934.11	甘洛	副主任	中共党员	初中	1990.3
	吉尼呷呷	男	彝族	1939	喜德	副主任	中共党员	初中	1990.3
	罗占清	男	彝族	1942.1	冕宁	副主任	中共党员	初中	1990.3
	陆　坚	男	汉族	1943.9	自贡	副主任	非党人士	大学	1990.3
第九届	丁学诗	男	汉族	1937.1	合江	副主任	中共党员	中专	1993.3
	罗占清	男	彝族	1942.1	越西	副主任	中共党员	初中	1993.3
	杜忠阳	男	彝族	1941.12	雷波	副主任	中共党员	中师	1993.3
	吉尼呷呷	男	彝族	1939	喜德	副主任	中共党员	初中	1993.3
						主　任	中共党员	初中	1994.3
	邓廷楷	男	汉族	1940	江安	主　任	中共党员	中专	1995.3
	杜忠阳	男	彝族	1941.12	雷波	主　任	中共党员	中师	1997.3
	袁运鹏	男	汉族	1944.3	越西	副主任	中共党员	初中	1997.3
第十届	杜忠阳	男	彝族	1941.12	雷波	主　任	中共党员	中师	1998.2
	袁运鹏	男	汉族	1944.3	越西	副主任	中共党员	初中	1998.2
	克七政达	男	彝族	1949.7	越西	副主任	中共党员	中专	1998.2
	王光荣	男	汉族	1955.8	越西	副主任	中共党员	大专	1998.2
	罗木古	男	彝族	1950.3	越西	副主任	中共党员	初中	1998.2
第十一届	胡　坤	男	汉族	1957.9	甘洛	主　任	中共党员	大专	2003.2
	毛正富	男	汉族	1950.9	越西	副主任	中共党员	大专	2003.2
	克七政达	男	彝族	1949.7	越西	副主任	中共党员	中专	2003.2
	王光荣	男	汉族	1955.8	越西	副主任	中共党员	大专	2003.2
	罗木古	男	彝族	1950.3	越西	副主任	中共党员	初中	2003.2
	邱德明	男	彝族	1953.12	石棉	副主任	中共党员	大专	2003.2
	王建安	男	汉族	1958.9	越西	副主任	非党人士	大专	2003.2
	王大文	男	彝族	1955.7	越西	副主任	中共党员	大专	2003.2

办事机构　1991年,县人大常委会设办事机构5个:办公室、法制科、财经科、教科文卫科、代表联络科。1997年,县级机构调整,将法制科、财经科、教科文卫科合并设立调查研究室。1998年,将代表联络科调整为选举任免联络工作室。

2001年,机构改革,县人大常委会内设办事机构精简为办公室和代表联络科。2002年,根据凉委发[2002]60号文件精神,县人大常委会机关增设研究室。2003年,代表联络科更名人事代表科,研究室调整为综合科。

表 5－5　　1991—2005 年人大常委会各办事机构负责人名录

姓　名	性　别	民　族	职　务	任职时间
熊林盛	男	汉族	办公室主任	1987.5—1993.6
吉约果果	男	彝族	财经科科长	1990.9—1993.6
陈启仁	男	汉族	代表联络科科长	1990.9—1993.6
陈孝俊	男	汉族	教科文卫科科长	1990.9—1993.6
唐永刚	男	汉族	法制科科长	1992.1—1998.8
伍清文	男	汉族	财经科副科长	1992.1—1998.8
李开联	男	汉族	财经科副科长	1992.1—1995.9
			代表联络科副科长	1995.9—1998.8
王光荣	男	汉族	办公室副主任	1988.8—1993.6
			办公室主任	1993.6—1998.2
黄约布	男	藏族	教科文卫科副科长	1995.5—1998.8
罗明才	男	汉族	办公室副主任	1995.9—2003.5
洛古伍呷	男	彝族	选举任免联络工作室副主任	1998.8—1999.12
高正秋	男	彝族	办公室主任	1998.6—2001.9
吴延莹	女	汉族	办公室副主任	1998.8—2003.5
蒙开华	男	汉族	选举任免联络工作室主任	1998.8—2003.5
			人事代表科科长	2003.5—2005.12
吉合伍哈	男	彝族	选举任免联络工作室副主任	1998.12—2003.5
			人事代表科副科长	2003.5—2005.12
郑成富	男	汉族	调研室主任、综合科科长	1998.12—2003.5
陈逢原	男	藏族	调研室副主任	1998.12—2003.5
			综合科科长	2003.5—2005.12
胡明英	女	彝族	选举任免联络工作室副主任	1999.12—2003.5
			人事代表科副科长	2003.5—2005.12
蒋兴刚	男	汉族	办公室主任	2001.9—2005.12
金尚伟	男	汉族	办公室副主任	2003.5—2005.12
曾　伟	男	汉族	办公室副主任	2004.4—2005.12
罗在兰	女	彝族	综合科副科长	2005.4—2005.12
邓思杰	男	汉族	综合科副科长	2005.4—2005.12

第二节　县人大常委会

县人大常委会　每年年初听取和审议县人民政府关于财政预决算情况的报告，审查批准当年县本级财政预算（若县人民代表大会已经审查批准当年县本级财政预算，县人大常委会则不再审查）；半年听取、审议并通过县人民政府关于国民经济与社会发展计划和县本级财政预算执行情况的报告，听取、审议并批准县人民政府关于调整年初财政预算的议案；年底听取、讨论并通过县人大常委会下一年的工作要点和县人民代表大会上所需要的县人大常委会工作报告及其他有关材料。

2003 年起，县人大常委会年初听取、审议并批准县人民政府关于上一年县本级财政预算执行及其他资金使用情况的审计报告，依法讨论决定全县改革发展稳定的重大事项，并作出相应的决议、决定，其内容涉及政治、经济、文化、教育、科技、卫生、扶贫、城市建设、计划生育、社会保障、社会治安等各个方面。至2005年,县人大常委会围绕全县"125"、"8530"等经济发展思路,以推进"三个转变"和依法治县进程,打造平安越西,构建和谐社会,努力实现跨越式发展和全面建设小康社会的奋斗目标,对事关全局、影响长远的重大事项依法进行讨论并作出决议、决定共56项。

县八届人大常委会 任期3年,共举行17次会议。会议听取和审议县人民政府、县人民法院、县人民检察院(以下简称"一府两院")关于教育、卫生、交通、国土、农业、畜牧、科技、劳动、统计、社会治安、民政、行政监察、民事审判、经济检察等31项专项工作报告和情况汇报,并以人大常委会组成人员举手表决的方式通过这些专项工作报告和情况汇报;讨论决定全县经济和社会发展的重大事项,作出相应的决议、决定7个;督促办理县人大代表提出的议案、建议、批评和意见346件;接待办理人民群众和人大代表来信156件,来访807人次;任免国家机关工作人员102人次。第9次会议,听取、审议并批准县人民政府关于"二五"普法教育规划的报告;任命县人民政府副县长1名。

县九届人大常委会 任期由往届的3年改为5年,共举行31次会议。会议听取和审议"一府两院"关于人事、审计、畜牧、农业、林业、科技、广播电视事业发展、环境保护、社会治安、民政、体育、劳动、工商行政管理、行政监察、行政审判、经济检察等61项工作报告和情况汇报,并以人大常委会组成人员举手表决的方式通过这些工作报告和情况汇报;组织部分省、州、县人大代表于1996年评议县公安局的工作,1997年评议县人民检察院的工作;依法讨论决定全县经济和社会发展的重大事项,作出相应决议、决定16个;督促办理县人大代表提出的议案、建议、批评和意见216件;接待办理人民群众和人大代表来信456件,来访958人次;任免国家机关工作人员158人次,其中:任职124人次,免职34人次。第14次会议,任命县人民政府副县长1名。第15次会议,任命县人民政府副县长2名。第19次会议,任命县人民政府副县长1名。第21次会议,任命县人民政府副县长(下派挂职锻炼)1名;会议听取、审议并批准县人民政府关于"三五"普法教育规划的报告。第23次会议,任命县人民政府副县长(下派挂职锻炼)1名。第28次会议,任命县人民检察院副检察长、代理检察长各1名。

县十届人大常委会 任期5年,共举行39次会议。会议听取和审议"一府两院"关于农业、林业、水利电力、乡镇企业、税务、金融、烤烟生产、重点项目工程建设、环境保护、国土管理、教育、科技、计划生育、卫生、扶贫、民政、统计、审计、司法、社会治安、行政审判、诉讼监督等60多项工作报告和情况汇报,并以人大常委会组成人员举手表决的方式通过这些工作报告和情况汇报;组织部分省、州、县人大代表对县人民法院的工作进行评议,对县人民政府及其组成部门和"两院"的负责人20名分批次进行个人工作述职评议;依法讨论决定全县经济和社会发展的重大事项,作出相应的决议、决定18个;督促办理县人大代表提出的议案、建议、批评和意见224件;接待办理人民群众和人大代表来信576件,来访2162人次;任免国家机关工作人员135人次,其中:任职91人次、免职44人次。第10次会议,任命县人民政府副县长1名。第22次会议,任命县人民政府副县长1名。第23次会议,任命县人民政府副县长1名。第28次会议,任命县人民政府副县长(挂职锻炼)1名。第33次会议,任命县人民政府副县长1名。第36次会议,任命县人民政府副县长1名。第37次会议,任命县人民政府副县长1名,县人民法院副院长、代理院长各1名,县人民检察院副检察长、代理检察长各1名。第24次会议,听取、审议并批准县人民政府《关于在全县公民中实施"四五"普法教育规划的报告》。第27次会议,听取、审议并批准县人民政府关于《越西县旧城"敦化巷、文寿街"改造规划方案》和《越西县城镇房屋拆迁管理实施办法》的报告。

县十一届人大常委会 任期4年,共举行27次会议。会议听取、审议"一府两院"关于审计、民政、农业、科技、广电文体、卫生、扶贫、人事劳动与社会保障、安监、案件执行、反贪等41项工作报告和情况汇报,并以人大常委会组成人员无记名投票表决(即票决制)的方式通过这些工作报告和情况汇报;对县人民政府及其组成部门和"两院"的负责人11名分批次进行个人工作述职评议。

2005年起,将过去的每年分批次对"一府两院"干部进行述职评议改为每年一次性集中评议;依法讨论决定全县改革发展稳定的重大事项,作出相应的决议、决定15个;督促办理县人大代表提出的议案、建议、批评和意见165件;接待办理人民群众和人大代表来信375件,来访1296人次;任免国家机关工作人员145人次,其中:任职106人次,免职39人次。第11次会议,任命县人民政府副县长(挂职锻炼)1名。第12次会议任命县人民政府副县长1名。第18次会议,听取、审议并批准《四川省申果庄省级大熊猫自然保护区管理办法(草案)》。

第三节　县人大工作

一、决定权

县人大常委会主任会议。县人大常委会主任会议一般每年都要召开会议15次以上。主任会议讨论研究的主要议题是:决定人大常委会每次会议的召开时间和会期,拟定人大常委会会议的议程和决议、决定草案,确定会议的日程和列席人员名单;决定提请人大常委会会议审议的议案、人事任免案和对"一府两院"的质询案;研究提出人大常委会年度工作要点、工作报告和重要的专题报告,决定提请人大常委会审议的事项;安排人大常委会审议前的调研工作和汇总调研情况;向本级人大常委会提议组织关于特定问题的调查委员会;确定组织县人大代表对重大问题的视察调查工作;研究县人大代表、人民群众来信来访中重大问题的处理;听取和讨论"一府两院"的专项工作汇报,检查"一府两院"对县人民代表大会及其常务委员会决议、决定的执行情况;研究提出召开县人民代表大会会议时间,建议名单草案、议程草案、日程草案和有关大会准备事项以及县人民代表大会换届选举方案,决定提请人大常委会会议审议事项;决定人大常委会机关自身建设和工作任务,领导、部署、检查机关各科室的工作;决定向上级人大常委会的请示、报告和上级人大常委会交办的重要事项等。

1991年,主任会议讨论研究《县人民政府关于"二五"普法教育规划的报告》,提请县人大常委会审议并作出关于批准这个规划的决议。1996年,主任会议讨论研究《越西县"九五"计划(草案)》,决定提请县人大常委会审议,提请县人民代表大会审查并作出《关于批准〈越西县"九五"计划〉的决议》。1999年,经主任会议讨论研究决定提请县人大常委会审议并作出《关于依法治县的决定》,提请县人民代表大会审查并作出《关于依法治县的决议》。2001年,主任会议讨论研究《越西县旧城"墩化巷、文寿街"改造规划方案》和《越西县城镇房屋拆迁管理实施办法》,决定提请县人大常委会审议并作出关于批准报告的决定。2005年,主任会议讨论研究《四川省申果庄省级大熊猫自然保护区管理办法(草案)》,决定提请县人大常委会审议并作出关于批准该办法的决定。

二、任免权力

人事任免　1991—2005年,县人大常委会任免国家机关工作人员487人次,其中:任职370人次、免职117人次。经县人大常委会主任会议提请,任免县人大常委会各科、室负责人38人次,接受人大常委会主任辞职1名、委员辞职4名;经县人民政府县长提请,决定任免届中调整的副县长27人次,任免政府系列各委、办、局主要负责人168人次;经县人民法院院长提请,任免副院长、审判委员会委员、法庭庭长和副庭长197人次;经县人民检察院检察长提请,任免副检察长、检察委员会委员、检察员52人次。对拟任的干部,审议前听取各方面的反映,严格审查应具备的资格条件;在任免干部表决形式上,坚持无记名投票;任后及时召开颁发任命书大会。县人大常委会对被提请任免的个别干部,经审议认为不适合任职的不予任命,截至2005年,5人经人大常委会组成人员无记名投票表决没过半数而未任命;对任命后不称职或犯有严重错误、违法乱纪的,按照《地方组织法》相关规定给予处理。

述职评议　第八届县人大常委会坚持对"一府两院"干部进行任命前的述职评议。评议采取本人述职、领导考核、群众评议、全面综合分析和纵向横向比较的方法进行,从对领导干部的革命化、知识化、专业化、年轻化和领导班子的合理结构两个方面进行。同时,人大常委会制定“评议条例”和“评议制度”。

第九届县人大常委会除坚持在任命干部前由本人作年度书面述职报告外,还有重点的对部分干部进行民主评议。

1997 年,人大常委会组织常委会成员,省、州、县人大代表 97 名,对常委会任命的县建委主任、财政局长、卫生局长、水电局长、司法局长及其所领导的本部门工作进行民主评议。组织 5 个评议调查组,走访县、乡(镇)人大代表 236 人次和干部职工 1000 人次,召开座谈会 24 次,收集批评、意见和建议 800 条,听取被评议干部的述职报告,又将评议中意见转交其单位整改。最后由县人大常委会组成人员和本单位职工分别对任命干部进行无记名投票,测评出被任命干部均为优秀、称职。2000 年,县人大常委会组织常委会委员,部分省、州、县人大代表 113 名,对任命的县民政局长、统计局长、经贸委主任、劳动局长、科委主任、体改委主任、人事局长、国土局长、农业局长、林业局长及其本部门的工作进行民主评议。评议内容包括认真履行职责、依法行政、廉洁奉公、忠诚敬业、带领本单位职工搞好工作、推动两个文明建设的情况。被任命的干部测评结果为优秀、称职。2002 年,县人大常委会对任命干部进行民主评议。在第十一届县人大常委会第二次会议上,除部分省、州、县人大代表外,还邀请县委、县政府、县政协、县纪委和组织部、人事局等单位的领导参加评议。2004 年,组织县人大常委会成员和部分县人大代表对常委会任命干部开展述职评议;对州直管部门工商行政管理局开展工作评议。在评议会上,审计部门将被评议单位的审计结果当场宣布,再述职评议;征求纪检、监察、干部主管部门和人大代表意见,形成综合整改意见,反馈评议对象和所在单位,制定整改措施,限期整改。在县人大常委会第三次全体会议上,对被评干部和单位落实整改情况进行民主测评。2005 年,对常委会任命的干部进行述职评议。评议工作从 6 月中旬开始,到 11 月底结束。按评议准备、评议调查、评议会议、整改落实 4 个阶段进行。为加强领导,成立以县委书记、县人大常委会主任为组长的县人大常委会评议工作领导小组,下设评议办公室负责具体工作。对常委会任命的县人民政府组成部门及“两院”(县法院、县检察院)6 名负责人进行年度测评,按照满意、基本满意、不满意、弃权 4 项进行电子表决,结果满意率为 89.4%。

监督职权 1990 年,县人大常委会先后检查《中华人民共和国土地管理法》、《中华人民共和国全民所有制工业企业法》、《中华人民共和国药品管理法》、《中华人民共和国税收征收管理法》、《中华人民共和国统计法》、《审计工作暂行规定》、《四川老年人合法权益保障条例》等 23 个法律的贯彻实施情况。督促“一府两院”贯彻实施最高人民法院、最高人民检察院和司法部发出的反贪污、受贿的“通告”。在通告限期内,全县有 2 人到检察、监察机关投案自首,坦白交代贪污、受贿金额 9 万元,均依法得到从宽处理。1992 年,县人大常委会狠抓执法监督,纠正在执法中存在的问题。对县检察院反贪工作不力,加强监督;对法院该判不判、该重判而轻判的问题,或责成及时处理,或派人参与调查,或与有关部门配合,调查处理。1993 年,县人大常委会认真执行《越西县财政预算、决算办法》,坚持对国民经济和社会发展计划进行监督和财政预算执行“一年三审议”制度。1999 年,县人大常委会议和主任会议,听取和审议“一府两院”工作汇报 3 次;常委会组成人员深入基层调查研究 137 人次,写出各类调查报告 64 份,为监督“一府两院”的工作提供依据,保证监督质量,增强监督实效。同时,始终把执行《关于在全县开展“三五”法制宣传教育的决议》的监督工作作为重点,在听取和审议县政府《关于实施“三五”普法规划和依法治县的决议的情况汇报》后,作出审议意见,并强化部门执法责任制。对全县 41 个乡(镇)、289 个村(居)委会、100 所建制学校、4 个企业开展依法治村活动,在全县表彰推广大瑞乡依法治村,中所镇法制教育学校的活动,越西中学、中所中学、中所小学依法治校的经验。2003 年,县人大常委会围绕经济建设这个中心,把依法保障和促进本县经济跨越式发展作为监督工作的着力点,加大监督力度,注重监督实效,改进监督方式,规范监督程序,拓宽监督渠道,实行监督与支持并举,收到明显成效。第十一届县人大常委会第三次会议,专门听取和审议全县贯彻实施《中华人民共和国税收征收管理法》的情况报告,提出要加强实施“税收征收管理法”的领导,加大宣传、督查力度等意见。县人民政府根据人大常委会的意见,在加大领导和宣传力度的同时,更注重对税收的直接征管工作,促进地方财政收支平衡。在常委会第五次会议上,听取县人民政府《关于经营城市工作进展情况的报告》后，提出审议意见。县政府及其工作部门认真落实审议意见，调整充实城市管理联合执法大队，建立土地收购储备制度，全面启动国有土地招标、拍卖、挂牌出让工作，积极探索城市无形资产的经营工作。将出租车的营运权和人力三轮的经营权推向市场化管理。2005 年，县人大常委会成员到越城镇、中所镇、新民镇、大瑞乡等乡（镇）检查贯彻落实《中华人民共和国食品卫生法》的情况。首次以决议的形式作出《关于贯彻实施〈中华人民共和国食品卫生法〉进行跟踪督查的决议》。

指导县、乡（镇）换届选举　县人大常委会依照《宪法》、《地方组织法》、《选举法》和《代表法》的规定，组织县级机关各选区开展县级人大代表的换届选举工作，指导各工委、各乡（镇）搞好县乡（镇）两级人大代表的换届选举工作。

第三章　乡镇人民代表大会

第一节　乡（镇）人大

乡（镇）人民代表大会机构　1991 年，乡（镇）人民代表大会（简称乡（镇）人大）每届任期 3 年。1993 年前，全县县乡任期同步，换届同步。1994 年，全县各乡（镇）人民代表大会的届数统一。

1995—2001 年，由于机构改革，撤区并乡建镇，乡（镇）人民代表大会换届，届数不统一，部分乡（镇）为第三届人民代表大会，或第十一届人民代表大会，部分乡（镇）则是第十二届人民代表大会。

2004 年 3 月，修改后的《宪法》将乡（镇）人大的任期由 3 年改为 5 年。至 2005 年，乡（镇）人大历经 4 次换届。每个乡（镇）设置乡（镇）人民代表大会，乡（镇）人民代表大会设主席 1 人（一般由同级党委书记兼任）、部分乡（镇）配备副主席 1 人。

乡（镇）人大代表选举　1992 年 10 月—1993 年 1 月，第九届乡（镇）人民代表换届选举，登记选民 120950 人，有 114632 人参加投票选举，选出乡（镇）人大代表 1259 名。

1995 年 9 月—1995 年 12 月，第十届乡（镇）人大代表换届选举，登记选民 115332 人，有 107129 人参加投票选举，选出乡（镇）人大代表 1765 名。

1998 年 10 月—1999 年 1 月，第十一届乡（镇）人大代表换届选举，登记选民 118333 人，有 111159 人参加投票选举，选出乡（镇）人大代表 1750 名。

2001 年 9 月—2001 年 12 月，第十二届乡（镇）人大代表换届选举，登记选民 180584 人，有 180056 人参加投票选举，共选出乡（镇）人大代表 1702 名。

表 5－6　　**第九届至十二届乡（镇）人大代表选举情况统计表**　　单位：人

届别	选举时间	选民总数	参选选民	应选代表	当选代表
九届	1993. 1. 10	120950	114632	1279	1259
十届	1995. 12. 25	115332	107129	1804	1765
十一届	1999. 1. 9	118333	111159	1795	1750
十二届	2001. 12. 20	180584	180056	1774	1702

第二节　乡(镇)人大工作

1990 年,县成立乡(镇)人大换届选举指导小组,区成立乡(镇)人大换届选举领导小组,各乡(镇)成立选举委员会,负责选举工作。每次乡(镇)人大第一次会议选举产生主席团常务主席,主持届内各次人民代表大会。会议固定议程有:听取和审查乡(镇)政府工作报告、财政预算执行情况和预算(草案)报告、人大主席团工作报告、农民负担预算方案及其执行情况的报告,并分别作出相应的决议;听取和审查乡(镇)人民政府执行乡(镇)人大会议通过的决议、决定和代表议案、建议办理情况的报告。此外,在乡(镇)有人大主席、乡(镇)长、副乡(镇)长人事调整或任期满换届时,乡(镇)人大会议增加选举议程。

1991 年,按照《地方组织法》规定,全县各乡(镇)人民代表大会一般一年举行一次会议,集中在每年2—3 月份陆续召开。同时,根据各个时期乡(镇)经济和社会发展要求,将涉及辖区全局的重大事项列入会议议程,进行审议或审查,作出相应决议或决定。1993 年,各乡(镇)人民代表大会换届共选举乡(镇)长 36 人、副乡(镇)长 58 人。1995 年后,全县各乡(镇)每届人民代表大会第一次会议都选举乡(镇)人民代表大会主席、副主席,选举乡(镇)人民政府乡(镇)长、副乡(镇)长,其中:绝大多数乡(镇)人民代表大会选举圆满成功,只有极少数的乡(镇)选举未成功。除乡(镇)人民代表大会第一次会议外,因机构改革或人事变动及其他特殊情况,有的乡(镇)在召开人民代表大会第二次或第三次会议时也进行选举或补选,成功选举乡(镇)人大主席团或乡(镇)人民政府领导班子缺额成员。

1996 年,各乡(镇)人民代表大会换届共选举乡(镇)人大主席 30 人、副主席 10 人,乡(镇)长 38 人、副乡(镇)长 50 人。1999 年,各乡(镇)人民代表大会换届共选举乡(镇)主席 38 人、副主席 11 人,乡(镇)长 40 人、副乡(镇)长 68 人。2001 年,各乡(镇)人民代表大会换届共选举乡(镇)人大主席 39 人、副主席 11 人,乡(镇)长 38 人、副乡(镇)长 68 人。

至 2005 年,全县各乡(镇)人民代表大会选举乡(镇)人民代表大会主席累计 107 人、副主席 32 人,乡(镇)人民政府乡(镇)长 152 人,副乡(镇)长 244 人;每个乡(镇)的人民代表大会累计作出决议 45 项。

第三节　乡(镇)人大主席团

1991 年后,执行四川省七届人大常委会第十三次会议通过《四川省乡(镇)人民代表大会主席团工作条例》(简称《乡(镇)人大主席团工作条例》)规定:乡(镇)人大主席团设常务主席,受主席团委托负责处理主席团的日常工作,完成乡(镇)人大常委会委托的工作。

1995 年,按照四川省人大常委会对《乡(镇)人大主席团工作条例》进行的修改,称主席团常务主席为乡(镇)人大主席,把听取审议本级政府工作汇报、本级财政预算执行情况汇报列为主席团工作职责范围。乡(镇)人大主席多由同级党委书记或副书记兼任。

1996 年,乡(镇)人大主席多设为专职。乡(镇)人大主席团在乡(镇)人民代表大会举行会议期间主持本次会议。在代表大会闭会期间负责检查宪法、法律、法规以及本级人民代表大会、县级人民代表大会及常务委员会的决议、决定在本行政区域内的贯彻执行情况;听取本级人民政府的工作报告,并提出意见和建议;调查研究本行政区域内的重大问题;审查本级人民政府对本级人民代表大会通过的财政预算的部分变更,并向下一次代表大会报告;处理乡(镇)人民代表大会的日常工作。乡(镇)人大主席团在业务工作上受县人大常委会指导。

第六篇

地方人民政府

第一章　县人民政府

第一节　县政府换届

1991年，县政府设县长、副县长。县长、副县长由县人民代表大会选举产生，县政府由县长、副县长、调研员、助理调研员、县长助理、各局局长、主任等人员组成。

1993年3月，第九届县人民代表大会第一次会议选举产生第九届人民政府，由县长1人、副县长3人组成。1998年2月，第十届县人民代表大会第一次会议选举县长1人、副县长5人组成第十届县人民政府。

2003年2月，第十一届县人民代表大会选举县长1人、副县长6人组成第十一届县人民政府。至2005年，县人民政府历经4届，第八届县人民政府任期3年，第九届起每届县人民政府任期5年。

表6-1　　1991—2005年县政府领导人名录

姓　名	性　别	民　族	职　务	任职时间
彭　勇	男	彝族	县长	1990.3—1993.3
丁学诗	男	汉族	副县长	1983.8—1993.3
杜忠阳	男	彝族	副县长	1990.3—1993.3
阿扎支铁（张支铁）	男	彝族	副县长	1990.3—1993.3
			县长	1993.3—1995.12
陈远强	男	汉族	副县长	1990.12—1993.3
			常务副县长	1993.3—1997.1
张成良	男	汉族	副县长	1991.9—1994.3
罗素君	女	汉族	县长助理	1992.3—1994.3
邹向志	男	汉族	副县长	1993.3—2003.2
曲木克古	男	彝族	副县长	1993.3—1997.12
许子松	男	汉族	副县长	1993.3—1994.3
雷世龙	男	汉族	县长助理	1993.5—1995.5
			副县长	1995.6—2000.1
李　胜	男	彝族	县长助理	1993.7—1995.6
			副县长	1995.7—2002.4
邓　激	男	汉族	副县长	1993.8—1997.12
胡　坤	男	汉族	县长助理	1993.9—1996.4
			副县长	1996.4—1997.1
			常务副县长	1997.1—2000.11

续上表

姓 名	性 别	民 族	职 务	任职时间
迟 谦	男	汉族	副县长	1995.7—1998.8
刘 斌	男	彝族	县长	1996.1—2000.11
袁海良	男	汉族	副县长	1996.10—1998.10
靳冀昆	男	汉族	副县长	1996.6—1999.12
甲卡莫格	男	彝族	副县长	1998.2—2003.1
江秉俊	男	汉族	县长助理	1998.6—1999.6
			副县长	1999.6—2003.1
赵 杰	男	汉族	县长助理	1999.6—2000.9
			副县长	2000.9—2003.1
马 强	男	彝族	县长助理	2000.9—2003.2
			副县长	2003.2—2005.03
杨光富	男	彝族	副县长(主持工作)	2000.12—2001.2
			县长	2001.2—2005.11
刘明书	男	汉族	常务副县长	2001.2—2002.12
孔健康	男	汉族	副县长(挂职)	2001.11—2004.5
巫阿琼	女	彝族	副县长	2002.10—2003.2
张秀林	男	汉族	常务副县长	2003.1—2005.12
苏正中	男	彝族	副县长	2003.2—2005.12
王 蛟	男	汉族	副县长	2003.2—2005.12
吉差阿木	男	彝族	副县长	2003.2—2005.12
阿木布沙	男	彝族	副县长	2003.2—2004.10
范月梅	女	汉族	县长助理	2003.1—2005.12
李 刚	男	汉族	副县长(挂职)	2004.8—2005.12
吉拖哈史	男	彝族	副县长	2004.10—2005.12

第二节 县政府会议制度

政府常务会 县政府常务会议实行例会制度,一般每月召开2~3次,如有需要,可不定期召开,由县长或县长委托常务副县长主持会议。县政府常务会议由县长、副县长组成,县人武部主要负责人参加会议。县政府正副调研员、县政府办公室主任、副主任、与议题相关的单位主要负责人列席会议。根据需要邀请县人大常委会、县政协有关领导及有关部门、新闻单位的主要负责同志列席会议。县政府常务会议的主要任务是:研究制订完成上级下达的重要任务的措施,讨论决定上报州政府和县委的重要请示、报告;研究分析全县经济社会形势;讨论决定县政府的工作安排、地方规章办法和其他重大问题;讨论和审议提交县人大及其常委会审议的地方性规章办法草案等议案、工作报告和必须经县人大及其常委会通过的人事任免事项；讨论决定由县政府公布的决定、命令和规范性文件；听取有关部门、乡（镇）政府的专题汇报，研究有关政策措施，讨论决定有关重要事项；依照法律、法规和有关规定，讨论决定县政府各部门领导干部的职务任免，各部门、各乡（镇）领导干部的奖惩以及以县政府名义召开全县性重要会议，以县政府名义对个人、集体的表彰、奖励等；通报和讨论县政府其他事项及县长认为需经常务会议讨论决定的事项。县政府常务会议的议题由县政府县长、副县长、县长助理、县政府办公室主任书面提出；或由县政府各部门、各乡（镇）人民政府上报，经办文程序处理，由县政府办公室主任审核同意后提出；或根据县政府县长办公会研究后提出。县政府常务会议由县政府办公室发出会议通知，会后发出《常务会议纪要》。1993 年 6 月，县政府常务会议，重点研究越西县首届招商引资会议筹备。

1998 年 4 月 24 日，县政府常务会议修订《越西县政府工作规则》，就县政府请示报告制度、集体领导和个人分工制度、文件审批制度作规定；会议议定水观音改造、小集镇建设等事宜。

2003 年 4 月 1 日，十一届县政府召开第一次常务会议，会议修订《越西县人民政府工作规则》，就政府职权、职责、会议制度、文件审批、调查研究、协商对话、新闻发布等方面做出 35 条规定。至 2005 年，县政府召开常务会议 84 次，发出《常务会议纪要》84 期。

县长办公会　1992 年，县政府发出《关于实行县长办公会议制度的通知》，制定县长办公会议制度，确定县长办公会议议题范围、会议组成人员、会议组织准备、会议议题处理原则。县长办公会议根据工作需要不定期召开，由县长、常务副县长或委托其他副县长主持。参加人员为县长、副县长、县长助理、县政府办公室主任、有关副主任以及与议题有关的县政府部门的负责人。会议议题由县政府县长、副县长、县政府办公室主任确定，会务工作由县政府办公室或有关政府综合职能部门负责，主要任务是：分析研究一个时期全县的经济形势；研究处理一个时期县政府日常工作中的重要事项；听取县政府有关部门的专题汇报，研究有关重大政策措施；研究需要县政府县长、副县长协调的有关重大问题；研究县长、副县长认为确需要提请县长办公会议讨论的其他事项。县长办公会议的议题收集，落实会场，分发通知、文件，材料准备由县政府办公室负责。会后发出《县长办公会议纪要》，决定的事项由县政府办公室按政务督办工作有关规定办理。

政府全体会　1991 年后，县政府全体会议实行例会制度，原则上每年至少召开 2 次，由县长或县长委托常务副县长主持。县政府全体会议由县长、副县长和县政府组成部门的各办主任、各局局长组成。县人民武装部主要负责同志参加会议。县政府正副调研员、县政府办公室正副主任、县政府各直属机构、综合办事机构和县级有关单位（含垂直管理部门和双重领导单位）负责同志列席县政府全体会议。根据会议需要，乡（镇）长可列席全体会议。邀请县人大常委会、县政协、县法院、县检察院、各民族党派、工商联、各人民团体负责人和无党派人士代表列席县政府全体会议。主要任务是：传达贯彻党中央、国务院、省委、省政府、州委、州政府和县委的重要指示、决定和重要会议精神；讨论和决定县政府工作中的重大事项；总结、部署县政府的重要工作；通报全县经济社会形势；讨论提交县人民代表大会审议的《政府工作报告》；讨论通过按照法律规定由县政府全体会议决定的其他重要事项。至 2005 年，县政府召开政府全体会议 30 次。

其他会议　县政府工作会议。根据政府工作需要，召开县政府工作会议，研究部署全县性的重要业务工作。会议召开的时间、议题和参加人员，由县政府县长或由县长办公会议提出并讨论决定。会务工作由县政府办公室和县政府有关部门负责。

县长、副县长现场办公会。对全县重要工作或涉及县政府几个职能部门有关的议题，需要县政府县长、副县长协调解决的重大问题，由县政府县长召集分管的副县长和有关政府职能部门，或由副县长召集有关政府职能部门，现场研究问题，提出解决办法，做出决议或决定。会务工作由县政府办公室和县政府有关职能部门负责。会后形成有关《会议纪要》。

第三节　县政府机构变革

直属机构　1991 年,越西县政府驻越城镇,辖 9 区 2 镇 44 个乡,下设 55 个工作机构:县政府办公室、计划建设委员会、农村经济委员会、财贸办公室、经济委员会、科学技术委员会、计划生育委员会、公安局、民政局、人事局、劳动局、司法局、审计局、监察局、物价办公室、统计局、农业局、林业局、水利电力局、畜牧局、乡镇企业局、国土管理局、财政局、税务局、粮食局、工商行政管理局、商业局、城建局、工业交通局、轻工业局、文教局、卫生局、广播电视局、档案局、邮电局、农业机械局、医药管理局、物资局、气象局、烟草专卖管理局、农业银行越西县支行、建设银行越西县支行、信访办公室、民族语言文字工作委员会、地名办、地方志办公室、经济协作办公室、地震局、精神文明办公室、安全办公室、两资办公室、爱国卫生运动委员会、标准计量所、机构编制委员会办公室、老龄问题委员会。同年,县地震办公室更名县地震局,划归县政府办公室直接领导,恢复县医药管理局,将农机局及其下属各单位划归农委管理,将越西县医务劳动鉴定委员会更名越西县劳动鉴定委员会。

1998 年,县政府机构改革,撤销县人事局、县劳动局,组建县人事劳动局;撤销县计划经济委员会、工业局、经济协作办公室、矿产资源管理办公室,组建县计划与经济局;撤销商业局、财贸委,组建县贸易局;国有资产管理局并入县财政局,为二级局;撤销县农机管理局,组建县农机事业管理局;撤销医药管理局,其医药行政管理职能交县卫生局;撤销经济体制改革委员会,在县政府办公室挂经济体制改革办公室牌子;撤销县信访局,县政府办公室设县信访科;撤销县农村经济工作委员会,成立县农村经济工作领导小组办公室,与烟办合署办公,一个机构两块牌子。

县科学技术委员会改称县科学技术局;县城乡环境保护建设委员会改称县建设环境保护局;县计划生育委员会改称县计划生育局;县国土局改称县国土资源局;文教局改称县教育局,挂语言文字工作委员会牌子,其文化管理职能交县广播电视文化体育局;县档案局与县档案馆合并,实行一个机构,两块牌子;县建设环境保护局“地名管理办公室”职能移交县民政局;县扶贫办挂县民委牌子,与扶贫办实行一个机构两块牌子,为县政府的直属机构;县物价检查所、县技术监督所从县工商局分离,划归县计划与经济局管理。

2001 年,县农村经济工作领导小组办公室,县“两烟”工作领导小组办公室,并入县委办公室;撤销县贸易局和县乡镇企业局,组建越西县经济贸易局;设立越西县民族宗教事务管理办公室、越西县外事侨务办公室、越西县无线电管理委员会办公室、越西县人民防空领导小组办公室,越西县法制科划归越西县人民政府办公室;计划与经济局更名越西县发展计划局;物价局并入发展计划局,挂物价局牌子,设立招商局,挂靠发展计划局,增加由国家出资的工业(含内贸)、水利、交通、能源、信息等行业和产业项目的初步设计审查和开工报告审批等 3 项职能,减少招商引资等 7 项职能;安全生产办公室并入经济贸易局;人事劳动局更名人事劳动与社会保障局;撤销建设环境保护局与国土资源管理局,组建越西县建设环境国土资源局,撤销原矿产资源管理办公室,行政职能划归建设环境国土资源局;撤销原国有资产管理局,其行政职能并入县财政局,设立政府采购中心划归县财政局;成立市政综合执法大队,划归政府办公室;水利电力局更名水利局。

同年 9 月,县人民政府有 22 个工作部门:县政府办公室、县发展计划局、县人事劳动与社会保障局、县监察局(不占政府机构个数)、县财政局、县民政局、县经济贸易局、县建设环境国土资源局、县审计局、县卫生局、县教育局、县计划生育局、县农业局、县畜牧局、县水利局、县林业局、县交通局、县公安局、县司法局、县统计局、县粮食局、县广播电影电视文化体育局、县科学技术局。

2002 年,成立越西县政府政务服务中心。成立越西县政府专职消防队,隶属县公安消防大队。2003 年,组建越西县安全生产监督局。

2005年，组建县城市规划建设局、县发展计划和改革局、县经济局；成立越西食品药品监督管理局；撤销县发展计划局、经济体制改革办公室、县经贸局；县计划生育局改称县人口与计划生育局，县广播电视局改称县广播电视文化体育局。同年底，越西县人民政府辖9个地区工作委员会，5个镇，36个乡，政府工作部门22个：县政府办、县发展和改革局、县人事劳动与社会保障局、县财政局、县民政局、县公安局、县司法局、县人口与计划生育局、县卫生局、县审计局、县统计局、县国土局、县农业局、县林业局、县畜牧局、县水利局、县教育局、县广播电视文化体育局、县交通局、县城市规划建设局、县监察局（不占政府机构个数）、县经济局、县科技局。

事业机构　1998年，实施县机构改革方案，撤销广播电视电影局，组建县广播电视文化体育局，为县政府直属事业机构，撤销体育运动委员会，设立县体育运动协会，隶属县广播电视文化体育局。

2001年，县档案局、县农机事业管理局、县老龄委转为事业单位；设立房地产管理局，地名办划入县城市规划建设局。同年11月，县粮食局退出县政府工作部门，改为县政府直属事业单位；残疾人联合会从县民政局单列，为事业单位。

2005年，县政府直属事业机构5个：县粮食局、县农机局、县史志办、县档案局、县防震减灾局。

派出机构　1991年，县政府设9个派出机构：城关区公所、中所区公所、书古区公所、中普雄区公所、申果庄区公所、新民区公所、下普雄区公所、顺河区公所、上普雄区公所。区公所设区长1人，由县人民政府直接任命。1993年，撤销9个区公所，建立9个地区工作委员会，工作委员会设主任1人、副主任2人，由县委、县政府任命。

第四节　县政府办公室

政府办机构　1991年，县政府办公室内设：秘书股、行管股、人民防空科、经济体制改革办公室。1998年，增设信访科。2001年，改秘书股为综合秘书股。2003年，设立外事侨务办公室、民族宗教事务委员会、法制办公室，撤销信访科，相关职能划归县信访办。

2005年，县政府办公室内设：综合秘书股、行管股，挂靠管理外事侨务办公室、民族事务委员会、法制办公室。在编人员23名，其中：主任1名，副主任4名，2名分别兼外事侨务办、民族宗教事务委员会主任。法制办副主任2名，其他行政工作人员6名，工勤人员6名，合同制工人3名。

表6－2　1991—2005年政府办公室负责人名录

姓　名	性　别	民　族	职　务	任职时间
胡　坤	男	汉族	主　任	1990.9—1996.4
陈志富	男	藏族	副主任	1991.2—1993.7
阿木布沙	男	彝族	副主任	1993.6—1998.9
毛正富	男	汉族	副主任	1990.10—1993.5
石云安	男	汉族	副主任	1993.6—1996.4
			主任	1996.4—2002.3
罗发明	男	彝族	副主任	1998.8—2003.5
林继正	男	汉族	副主任	1998.8—2001.1
徐先林	男	汉族	外侨办副主任	1999.12—2003.5
邓天虎	男	汉族	副主任	2002.6—2003.5

续上表

姓名	性别	民族	职务	任职时间
孙阿漠	男	彝族	体改委主任	1993.8—1998.7
			副主任兼体改委主任	1998.7—2003.5
			主任	2002.5—2005.12
张亚杰	男	汉族	副主任兼外侨办主任	2003.5—2005.12
程继贫	男	汉族	副主任	2003.5—2005.12
阿说伍里	男	彝族	副主任兼民宗委主任	2003.5—2005.12
吉美	女	彝族	副主任	2003.5—2005.12
邓思炳	男	汉族	法制办副主任	2003.5—2005.12
张荣红	男	汉族	法制办副主任	2005.1—2005.12

文秘工作 1991年,负责县政府全体会议、常务会议、县长办公会议准备及县政府工作会议协调、记录工作,协助县政府领导负责会议决定事项实施。组织起草县政府领导重要讲话稿,审核或组织起草以县政府、县政府办公室名义发布或上报的公文;组织研究县政府各部门、各乡镇人民政府请示县政府的问题,提出审核意见,报县政府领导审批。

1994年,推动和交流工作经验,编印"政务信息"。1997年,对县政府的重要决定,以会议纪要的形式通报各工作部门贯彻执行。2002年,统一公文体制和格式,禁止公文倒流,严格行文规则,优化办文手段,促进办文制度化、规范化、科学化,不断提高整体办文水平,为县政府领导提供优质高效的文秘服务。

至2005年,县政府下发文件1164份,平行行文1025份,上报文件229份,办公室制定各类文件1565份,印发"会议纪要"254期。

政务信息 1991年,改进和提高信息质量,开展信息调研,为各级领导了解情况、科学决策和指导工作提供参考。1994年,主要领导和分管领导跟踪指导、督促、检查信息工作。召开县、乡(镇)、各部门办公室人员会议3次,举办政务信息业务培训班4期,参训人员264人次。

1998年,在信息上报中,坚持实事求是,喜忧兼报,报真报实,特别是对突发事件信息,不瞒报、不漏报、不迟报。2001年,加强信息目标管理和信息网络建设,多层次、多渠道、多触角地搜集信息。截至2005年,采编"政务信息"210期。

调查研究 1991年,贯彻落实党的路线、方针和政策,围绕县政府中心工作,抓住改革、发展、稳定的热点、难点、重点,拟出调研课题,建立健全调研信息网络。1995年,形成以办公室为龙头,以乡(镇)和部门办公室为主体的调研工作体系,深入调查研究,提高质量,为领导决策提供依据。

第二章 政务

第一节 政府日常事务

日常工作 1991年,县政府制定工作规则,明确主要工作任务,县长、副县长工作职责及考核办法,制定县政府全体会议、常务会议、县长办公会等会议制度。同年9月，制定从政廉洁的规定。1993年6月，制定文件审批制度、调研制度、办公室工作制度、部门工作制度。

1994年1月，明确职权职责，实行县长负责制，重大问题和重大决策召开县政府常务会议讨论决定，县政府发布的决议、命令、规章和提出的议案、任免人员由县长签署，县长代表县政府报告工作。1995年，制定会议制度、文件审批制度、调查研究、协商对话制度。

1998年3月，县政府印发重大突发事件、事故报告、处理制度。2005年5月，《政府工作规则》要求坚持以人为本，科学执政、民主执政、依法执政，形成行为规范、运转协调、公正透明、廉洁高效的行政管理体制，建设法制政府。

机关管理　1991年5月，明确县政府办公室主任、副主任职责，建立会议、请假、学习制度。9月，制定机关安全保密工作制度。1994年8月，制定秘书科、法制科、信息联络科、行政保卫科工作职责，建立学习、信访接待、财务管理、门卫值班、清洁卫生制度。

2003年6月，县政府办公室下发《关于进一步规范工作程序的通知》。同年10月，组织起草、修订《越西县人民政府工作规则》、《越西县人民政府办公室主任、副主任职责》、《越西县人民政府办公室各股局室职责，代管部门工作职责》和《越西县人民政府机关值班制度》。

2004年2月，制定岗位责任制、来信来访督办、政府会议点名、请销假、重大事故报告制度。2005年，县政府办公室起草、修订《越西县人民政府机关工作人员请休假制度》、《越西县人民政府机关重大突发事件信息报送应急处理制度》、《越西县人民政府突发公共事件、安全生产“一岗双责”制度》、《越西县人民政府办公室公文运转办法及公文处理流程图》、《越西县人民政府办公室印章使用管理制度》、《越西县人民政府机关信访接待制度》6项制度，经县政府审定后下发实施。

公文管理　1991年5月，县政府办公室发出《关于改革文件制订办法的通知》，对县政府文件内容、行文程序、文件签发制度，精简文件、控制发文作规定。1993年，县政府发出《关于建立规范性文件备案审查制度的通知》。

1995年，县政府批转《关于转发省政府办公厅关于印发〈四川省国家行政机关公文处理实施细则的通知〉的通知》。1999年，县政府制发《机关管理条例》，建立《公文处理制度》，对公文签收、登记，文件传阅、保密，公文交办、承办签发，文件打印、校对、盖章、归档，公文拟办、催办、办复等作明确规定。

2002年，精简文件，严格控制发文，提高文件质量，对有关报送文件、收发文件程序提出具体要求：县政府原则上只受理各委、办、局和各乡（镇）政府的请示、报告；归口单位需请求解决的问题，一般先由归口委、办研究解决；各部门向县政府的请示报告，一律送县政府办公室登记呈批；文件发出前，文稿须经负责人签署，加盖公章。

2005年，坚持公文“四个统一”，即统一收文、统一办文、统一把关、统一发文的公文处理制度，公文处理进一步规范化。

第二节　县长负责制

1991年，县政府实行分工负责、相互协作的县长负责制。县长主持县政府的全面工作，接受县人民代表大会及其常委会的监督，接受人民群众的监督。常务副县长负责政府的日常事务及县长委托的其他工作，副县长分别管理工业、农业、商贸、财政、交通、安全、城乡建设、社会治安及文教、卫生、科技、民政、计划生育等方面的工作，并对县长负责。

1993年，县长负责向副县长、县长助理交办工作，必要时可以授权副县长、县长助理代表县政府处理分管范围以外的重要工作。负责对各乡镇人民政府的工作指导、检查、建议。对于突发性重大事件,县长在向省、州政府和县委报告的同时,可随机确定处置的应急措施。

1996年,县长签发县政府发布的命令、决定和规范性文件,以及涉及全局性工作的重要文件,签发以县政府名义上报省政府、州政府的重要文件,签发向县人民代表大会及其常务委员会提出的议案。受县长的委托,常务副县长可签发县政府发布的决定、命令、规章性文件和涉及全局性工作的重要文件,以及以县政府名义上报省、州政府的重要工作。副县长、县长助理可根据工作需要签发以县政府名义制发分管范围内的一般性文件。分管副县长对工作中有关全局的重大问题以及突发性重大事件,来不及召开会议又必须及时处理的,和相关副县长相互协商、共同研究、处理后向县长报告。

1998年,县政府向省、州政府和县委报告的重要事项,由县长确定并报告,必要时可委托副县长、县长助理报告,由县长签署;各系统的业务政策由分管副县长审签;凡集体讨论决定以及在职权范围内决定的事项,县长要带头坚决执行,认真办理。对一些重大问题在讨论中存在分歧意见而又必须决策时,县长行使最后决定权。

2002年,县长召集和主持县政府全体会议、县政府常务会议、县政府党组会议和县长办公会议。县长确定和主持召开乡(镇)长、县政府部门负责人会议,布置政府工作。视县政府各部门重要工作的进展情况,可直接找有关部门负责人了解工作情况,并不定期地召集分管副县长、县长助理和有关部门负责人研究工作。副县长、县长助理可以召集分管部门及其他有关部门的负责人开会,及时研究和解决工作中的问题。对于各部门和乡镇政府请示的问题,凡已有原则规定的,分管副县长、县长助理应及时负责处理;涉及其他副县长、县长助理分管的工作,要同有关副县长、县长助理商量决定。

2005年,县长代表县政府向县人民代表大会报告工作;县长、副县长代表县政府列席县人大常委会会议并报告工作。县长、副县长代表政府召开全县性会议,主持或出席县政府开展的重大活动。部门召开的会议,若需县政府领导参加,由分管副县长或县长出席。每届县长、副县长分工情况,由政府办发文告知县政府各部门、乡(镇)。届内县长、副县长若有人事变动,其工作由新任县长、副县长接替,或作适当的分工调整,同时由政府办发文告知县政府各部门、各乡(镇)。

第三节　政务管理

目标管理　1991年,县政府通过县政府全体会议和县长、乡(镇)长会议对全县政务进行综合管理。同年7月,县政府制订《任期目标管理责任制》,对各部门实行定职责、定任务、定目标、定奖惩;规定完成当年各项任务,将目标任务完成情况与部门经济责任和干部晋职、晋级挂钩。

1996年,县政府对乡(镇)主要领导进行任期目标考核,内容包括粮食产量、农民人均纯收入、致富工程、支柱项目、增收骨干项目、肉牛或山羊、乡镇企业、小康建设、人畜饮水、移民工程、路政建设。

2001年,县政府召开2次全体会议,县长、副县长、县长助理和政府组成部门委(办)、局、主任、局长参加,调研员、县政府办公室副主任、县级有关部门负责人列席会议。传达上级党委、政府重要指示、决议、决定;部署今后工作和重大活动等;讨论通过《政府工作报告》、《越西县国民经济和社会发展计划草案》及《越西县财政预决算草案》,通报国内外重大事件和全县政治经济形势等。县长、副县长根据各自分工和需要,开专题会听取汇报、研究处理有关业务。县政府对各地各部门政务工作进行督查。

2005年,《越西县人民政府工作规则》规定,政府按照科学执政、民主执政、依法执政要求对全县政务进行综合管理,县政府每半年召开1次全体会议,传达上级党委、政府重要指示、决定和会议,讨论决定县政府工作中的重大事项和部署县政府重要工作;县政府及各部门履行经济调节、市场监管、社会管理和公共服务职能，县政府实行科学民主决策，对各部门、各乡（镇）重大决策执行情况及时跟踪和反馈，县政府办公室督促检查，确保政令畅通。

政务信息　1991年，按照县委、县政府的统一安排，围绕全县中心工作，着重对群众关注的热点、难点问题以及办理人大代表、政协委员的议案、批评、建议、意见和提案情况等进行督查督办。全年，各部门报送信息530条，编辑《政务信息》60期，采编信息371条。

1999年10月，建立局域网，初步实现办公自动化。2003年，编发政务信息31期，内容涉及县委、县政府的重大决策、工作措施、成绩、经济及社会中的难点、热点问题。同时加强局域网的建设和管理，做好公文网上交换工作。2004年，通过收集、挖掘、筛选，编发《政务信息》110期，上报凉山州政府办公室660条，被采用170条。2005年，围绕县委、县政府中心工作，编发《政务信息》136期，上报凉山州政府832条，被采用203条。

无线电管理　1991年，县无线电管理委员会负责辖区内除军工系统外无线电管理工作。1994年，县政府办公室1名副主任协助副县长协调处理无线电管理方面的政务工作。1998年，县无线电委员会对全县无线电管理、频道占用情况进行检查。2005年，县无线电委员会进一步明确其性质和工作职责。

外事、侨务工作　1991年10月，组建越西县人民政府外事办公室，县政府办公室主任兼任外事办主任，与侨办合署办公，实行两块牌子，一套班子，3名专兼职工作人员。

1997年，机构改革，外事、侨务办公室并入县政府办公室，为政府内设机构，保留牌子，由1名办公室副主任兼任主任。2002年，县公安局、外事办为申请出国、出境13人办理相关手续，其中：赴港、澳、台10人。

2005年，县外事侨务办公室有主任1名（由县政府办公室1名副主任兼任），在县政府办公室调剂2名工作人员，处理外事侨务工作。是年，申请出境探亲、旅游20人，因公出境学习考察4人。

法制宣传　1991年，组织开展行政诉讼法宣传周活动，全县举办专题广播讲座12次，办宣传专栏18期。出动宣传车80辆，设街头宣传站12个，法律咨询700人次。直接受教育群众6500人次。9月，举办2期行政复议应诉培训班，各区区长、乡（镇）长和法制工作人员、县级各部门分管法制工作领导238人参加学习《行政诉讼法》和国务院《行政复议条例》。

1996年，举办《中华人民共和国行政处罚法》培训班，县级各部门领导、法制机构负责人以及乡（镇）领导参加培训。1999年，举办《中华人民共和国行政复议法》培训班，培训领导干部和执法人员800人次。翻印《中华人民共和国行政复议法》条文等资料1200份。2002年，县政府印发《越西县行政责任制考核办法》，将各行政执法部门的行政执法情况纳入目标考核范畴。

2004年，宣传贯彻《中华人民共和国行政许可法》，在全县举办2期行政许可法培训班，参训人员700人次。在城区开展行政许可法街头宣传和咨询活动，散发宣传资料500份，接待咨询人员300人次，悬挂宣传标语、横幅30幅。制定《越西县行政机关工作人员过错责任追究暂行办法》和《越西县行政许可听证程序规定》。2005年，贯彻实施《全面推进依法行政实施纲要》，调整充实县级工作领导机构，建立以县长为组长的依法行政工作领导小组，拟订《越西县全面推进依法行政五年规划》和《越西县2005年全面推进依法行政工作要点》，县政府领导利用3个周五集中学习《全面推进依法行政实施纲要》，组织全县22个行政执法部门的500名执法人员参加《全面推进依法行政实施纲要》知识统一考试。

政务督查　1991年，围绕全县中心工作，着重对群众关注的热点、难点问题以及办理人大代表、政协委员的议案、批评、建议、意见和提案情况等进行督查督办。

1993年，办理越西县第九届人大一次会议代表建议、批评、意见71件，政协越西县委员会九届一次会议委员提案17件，按职能划分，分别交由20个县政府部门办理，代表、委员满意率97%。

1997年6月，办公室强化督查职能，主要负责县政府重要政务、领导交办事项、上级机关和领导对越西工作的批示等进行督查落实。1999 年 10 月,政务督察科更名为政务督察室。

2001 年,县政府制定《政务督察工作规则》,做到随收随办、急事急办、特事特办,按时限要求办结并及时反馈办理结果。对乡(镇)和部门的办理报告认真审核,严格把关。2005 年 5 月,印发《越西县政务督察工作考核办法》。全年完成上级交办督查督办事项 50 件次。

政务调研 1991 年,对影响全县改革、发展、稳定和经济社会发展中的重要课题进行调查研究,提出对策建议,组织协调全县政府系统的调查研究工作。1996 年,通过电子邮件将形成的调研报告,向《凉山州政务信息》、《秘书工作》、《现代文秘》、《经济社会发展》等刊物投稿,宣传越西的典型经验和做法。

1998 年 3 月 4 日,县政府副县长带领县政府办、县工商局、县畜牧局等相关部门到普雄镇就生猪定点宰杀有关问题进行现场办公。完善生猪定点宰杀基础设施建设,解决排污和卫生等问题,相关部门密切配合,防止偷税漏税、私宰私售等现象发生。

2004 年,由 1 名副县长牵头,交通、公安交警、安监等部门密切配合,对境内重点、危险路段进行排查,在事故易发多发地段设置警示标志。2005 年,召开专门会议,议定保安至新民乡道建设、乃托支线的建设、拉白乡公路建设、中普雄至乃托公路的前期勘查设计工作、中冕公路路面的维护修补。

文件审查 1991—2003 年,审查规范性文件草案 34 件,其中:建议县政府直接发文 34 件,建议修改行文 34 件。

2004—2005 年,按照省政府发布的《四川省行政规范性文件制定和备案规定》要求,完善县政府规范性文件的立项、起草、审定、公布、修订、废止、解释和备案等程序和制度,加强法制审查关。对制定的规范性文件按规定程序向州政府法制办和县人大常委会备案。两年中,审查论证规范性文件草案 12 件,全部由县政府直接发文,确保法制统一和政令一致。

执法监督 1991 年,从工商、国土、计生等部门抽调人员成立检查组,对容易引起行政诉讼发生的乱罚款、乱收费、乱摊派等行为进行检查,对 77 项规费进行审核。1996 年,组织民事调解 21 次,承办行政复议案 2 件。1999 年,全县实施《中华人民共和国行政复议法》。2004 年,对行政执法实施"三查"(抽查、自查、普查),在所有执法行政部门自查的基础上,对 15 个部门抽查 4 次,对 36 个部门普查 2 次。受理和办理行政复议案件 8 件,审结 2 件;行政执法监督案件 2 件,审结 1 件,其他 1 件。受理公民投诉、控告 8 起,处理 3 起,办理行政应诉案件 2 件,对不当行政执法进行及时发现和纠正 23 起。

2005 年,对全县 23 个具有行政审批(许可)权的县级部门的审批(许可)项目进行清理,决定保留 187 项审批(许可)项目,按州清理结果办理和存续行政收费项目 102 项。全年核准、审批、许可 3285 件,行政处罚 1558 件,采取行政强制措施 480 件,警告 1594 件,罚款 203.2 万元,没收违法所得和非法财务 48 件 2404 万元,责令停产停业 245 件,暂扣或吊销行政许可证照 7 件,行政拘留 76 件,办理行政复议案件 3 件。决定维持原具体行政行为的 3 件。

证件管理 1991—2003 年,按照四川省行政执法证件管理办法的规定,对执法证件进行验审,办理或换发四川省行政执法证件、协助执法证件 1325 个。

2005 年,县政府法制机构有工作人员 3 名,政府部门(含垂管部门)法制机构工作人员 48 名,全县执法人员总数 846 人,在编执法人员 683 人,协助执法人员 163 人,接受法律知识培训 846 人,申领全省统一执法证 241 人,申领其他执法证 213 人。同时组织 43 名行政执法人员参加全州行政执法资格考试,对全县行政执法机关人员执法证件进行审验,合格率 100%。

第四节 政务服务中心

政务服务机构 2001 年 11 月,成立县政府政务服务中心,政务服务中心和招商引资局,实行两块牌子，一套班子。按县政府要求：凡有公开受理审批项目的县政府部门，均应进入县政府政务服务中心，设立受理窗口，有条件的应现场即时办理。审批项目较小的部门，经县政府批准，可暂不进入县政府政务服务中心设立受理窗口，由县政府政务服务中心设立综合窗口受理，并及时交有关部门办理。

2003 年，县政府政务服务中心有行政编制 6 名，机关工勤编制 1 名，事业编制 4 名，实有人员 10 名。2005 年，政务服务中心内设机构有督查室、办公室、招商股。

表 6－3　　2001—2005 年政务服务中心（招商引资局）负责人名录

姓　名	性　别	民　族	职　务	任职时间
李国全	男	汉族	主任（局长）	2001. 11—2005. 12
木苦克的	男	彝族	副主任（副局长）	2001. 11—2005. 12
毛小林	男	彝族	副主任（副局长）	2001. 11—2005. 12

政务服务　2002 年，对全县 27 个部门 143 项行政审批事项进行清理，首批将县公安局、县国土资源局、县建设环境保护局、县发展计划局等 18 个政务服务公开单位的行政审批、证照办理、收费项目等 178 项，一并纳入政务服务中心，实行集中对外办公，各自设立 1 个窗口，配备 23 名窗口工作人员，按照“便民、高效、廉洁、规范”的服务宗旨，以“一站式办公、一条龙服务、并联式审批、阳光下作业、规范化管理”的模式运行。办事大厅设置查询台，将进入政务服务中心的审批事项，实行服务内容、办事程序、申报材料、承诺时限、收费标准“五公开”，并通过新闻媒体和政府公告向社会公布。政务服务中心建立挂牌服务制、项目办理代理制、投诉举报制，每个窗口和服务项目都设置有服务意见反馈卡、意见收集箱，以便及时掌握群众对行政审批服务的意见，全方位接受群众的监督，杜绝过去“暗箱操作”、“吃拿卡要”现象。各入驻部门对需要多个部门审批的项目实行同步办理，使过去要 2～3 个月才能办完的手续缩短为承诺的 10 日左右办结。所收费用设立财政专户，实行银行代收。全年接待群众咨询 1263 件次，受理行政审批、行政许可及政务服务事项 7815 件，办结 7815 件，办结率 100%，收费 72. 35 万元，无一例投诉。

2003 年，规范中心各窗口部门的审批工作，提出“以人为本，以章治中心”的管理理念，建立健全规章制度工作，及时制定《越西县人民政府服务中心办事制度》、《项目办件规则》、《窗口工作人员考核办法》、《窗口工作人员守则》、《计算机与网络使用管理规定》等规章制度和管理办法。接待群众咨询 2541 件次，受理行政审批、行政许可及政务服务事项 7500 件，办结 7500 件，办结率 100%，收费 113 万元。

2004 年，根据《行政许可法》的相关规定，按照《中共越西县委、越西县人民政府关于进一步加强县政务中心工作的通知》（越委发〔2004〕61 号）要求，对进入政务中心的 23 个窗口单位所有审批事项进行逐一审批，并将各个部门审批事项共计 187 项在报刊上进行公示，完善各项规章制度，强化管理，规范行政行为，简化办事程序，公开办事项目，公开收费依据，承诺办结时限，实行集中管理，集中办公，统一收费，指定银行代收，设立财政专户，对各窗口单位违规收费等不良行为进行督查。全年接待群众咨询 1327 件次，受理行政审批、行政许可及政务服务事项 11916 件，办结 11504 件，转报 412 件，收费 55. 82 万元，无一例投诉。

2005 年，完善中心的《政务信息公开办法》、《审批项目管理办法》、《行政许可办件规则》，制定《窗口工作人员考核实施细则》；使中心的行政许可事项从信息公开、受理、办理、收费、发证等以及中心窗口工作人员的管理都做到有章可循，阳光作业。接待群众咨询 1526 件次，受理行政审批、行政许可及政务服务事项 13758 件，办结 13758 件，收费 214 万元。同年 8 月 16 日，根据省、州新一轮政府机构改革相关文件要求，将政府采购中心机构职能职责从财政局划转政务服务中心。全年采购 11 次，采购资金 103 万元；节约资金 12. 5 万元。

第三章　施　政

第一节　发展思路

1991 年,认真搞好“八五”计划和十年规划的编制,确立“打基础、求发展、上台阶、奔小康”的经济发展战略目标。发展路子为:坚持大力加强农业,突出发展工业,继续搞活流通,严格控制人口,振兴科技教育,富民强县。整体思路是:以农促本,以农促工,强农兴工,治穷致富。农业上为:稳定一个基础(粮食)、狠抓三根支柱(乡镇企业、畜牧业、林果业);工业上为:以电力开发为先导,矿产加工开发为基础,打出电、煤、硫(铁矿)、石(白云石、石灰石、大理石、花岗岩)系列拳头产品。

1993 年,本着继承、发展、提高的原则,认清县情,找准优势,判明方向,制定“824”战略目标(到 1997 年全县农业人平有粮保持 800 斤,县本级财政包干体制口径达到 2000 万元,工农业总产值达到 4000 万元),确定“围绕工业办农业、办好农业促工业”的经济发展思路。

1994 年,针对越西在地理区位上属攀西北部边缘县,在主导产业上是农业大县,在经济实力上是国定贫困县,在改革排名上是全省农村综合改革试点县的特点,县域经济发展战略调整为“依靠科教,调整结构,构建市场,立足农业,兴办水电,狠抓三厂(水泥厂、锌冶炼厂、木综厂),依托三镇(越城镇、普雄镇、乃托镇),开发三区(贫困区、温饱区、脱贫区),带动全县”。农业上实行“114”工程,即稳定一个基础(粮食),强化一个农村社会化服务体系,狠抓烟、桑、果、药四个重点。畜牧业上实行“221”工程,即以狠抓绵羊改良和发展瘦肉型商品猪为两个重点,加强商品草基地和草场建设,推广饲料两个配套,建立健全一个畜病防疫体系。乡镇企业上实行“241”工程,即强化以种养业为依托的农产品加工和以采选为重点的矿产品开发两大支柱产业建设,大力发展以市场为导向的四大产品(农产品、畜产品、林药产品、矿产品),狠抓工商运建和服务业一体化经营。

1995 年,提出“181010”工程,即强化一个基础(农业),狠抓八根支柱(电力、交通、建材、冶炼、畜牧、林果、乡镇企业、流通),开发十大系列产品(水泥、电锌、全价饲料、木质地板、饮料酒、生铁、硫精砂、白云石、煤炭、粮油食品加工品),发展十大商品基地(粮、肉、果、烟、蚕、药、油、椒、豆、菌),在紧中求活、求发展,全面完成“八五”计划。

1997 年,在“一四五”发展战略的框架下,提出“555”新增发展工程。即狠抓五个重点项目(烤烟、水泥、磷肥、白酒、个体工商业户)。

1998 年,将“一四五”发展战略调整为“一二五”发展战略,即继续强化农业这个基础,调整和优化农业和工业结构,培育以生猪和牛、羊为重点的畜牧业,以水泥为重点的建材和以矿产资源开发为重点的乡镇企业,以水电开发为重点的能源、以电锌、磷肥为重点的硫化工,以苹果、花椒、核桃、杜仲为重点的林果业。实施“733”项目,即 1 ~3 年见效的 7 个项目,3 ~5 年见效的 3 个项目,实现税收增长 300 万元。

2000 年,发展战略调整为“三带一走廊”,即山区生物开发带,河谷产业化开发带,五镇一乡城镇开发带,乃托工业走廊。

2003 年,发展思路调整为“1648”,即稳定一个基础(农业),做好六篇文章(基础设施建设、生态建设、结构调整、城镇化建设、科技兴县、改革开放),实现四个突破(农业产业化、电力及电冶产业、公路建设、所有制结构），培育壮大八大支柱（水泥、水电、电冶、肉类食品、烤烟、林果、白酒、中药材），构建以非公有制为主体的县域特色经济。

第二节　重要决定

1991年1月，县政府印发政府领导成员廉洁自律10条规定。5月，印发《关于进一步搞好清理检查“小金库”工作的通知》，把清理检查“小金库”作为治理整顿、严肃纪律、反腐倡廉的重大措施。1993年，修订《县政府工作规则》，制定《关于进一步加强收费管理，坚决制止乱收费的通知》。同年12月，县政府颁发开展反腐败斗争实施意见。

1999年3月，关闭非法、布局不合理、证照不齐、安全条件差私营煤窑。8月14日，制订切实抓好退耕还林意见，提出预算原则，要求严格执行减轻农民负担的减税政策。12月，划定境内铁路、公路沿线河流、水库区域、矿洞、灾害易发区为崩塌滑坡危险区、泥石流易发区，禁止乱采滥挖。

2001年，通过机改，工委、乡（镇）编制内外精简102人，出台《越西县人民政府关于推行政务公开的试行意见》，确定政务公开的内容、形式和步骤，全县各乡（镇）、县级部门均进行政务公开，288个行政村进行村务公开。同年10月5日，县政府发出《关于切实抓好城乡居民低保扩面工作的通知》，落实对贫困居民的各项优惠政策。

2003年4月，对土地市场秩序进行治理整顿和规范，制止违法违规供地、用地和转让土地使用权、土地收益流失和被挤占挪用现象。7月1日，县政府印发《关于坚决纠正农业税加码的紧急通知》，禁止乡（镇）有令不行、有禁不止，在农业税征收中层层加码；清退加码部分，并派出督查组检查督促。

2004年，经十届县政府第九次常务会议研究，县政府向干部群众做出6项廉政承诺。同年2月14日，县政府颁布《山火戒严令》，严禁在森林、林地上坟烧纸、铲灰积肥、野炊用火，实行护林防火行政领导责任制，对失职造成损失的追究领导责任。3月1日，县政府印发《关于切实做好2004年安全生产工作的通知》，要求落实安全生产领导责任，建立长效机制，防安全事故，建示范乡（镇）。2005年6月1日，县政府制定《2005年突发性地质灾害应急预案》，对9个重点地质灾害监测点明确灾害规模；7月3日，制定《公车使用规范》，要求公车统一加贴公车标识（除公、检、法、司等规定特殊标志的车辆）；制定《越西县统计改革实施意见》，规范统计渠道。

第三节　政事要略

改革开放　1991年，全县国营工商企业推行经营承包责任制和厂长（经理）负责制。贯彻《全民所有制工业企业法》和三个《条例》，理顺企业党、政、工三者关系，开展企业内部配套改革。在稳定家庭联产承包责任制的基础上，逐步完善统分结合的双层经营体制。内外贸、计划、投资、财政、物资、价格、房地产、金融等领域也相应进行配套改革的有益尝试和探索。

1992年，落实完善第一轮承包经营责任制。人事、劳动、分配三项制度改革取得成效；以法人持股和企业内部职工入股为主要形式的股份合作制改革由点到面推开，城镇集体和乡镇企业逐步推行股份合作制；流通企业全面推行“四放开”经营，国有民营、公有私营改革起步；农村改革深化，一批农民进入非农产业；政府机关在简政放权、转变职能、强化服务、分流人员上进行有益的探索，部分涉农、涉经部门开始向服务型、经营型经济实体过渡；职工养老保险、待业保险的社会保障范围扩大；医疗制度和住房制度改革全面展开；计划、财税、金融等配套改革有新的进展。

1998年,以建立社会主义市场经济体制和保持国民经济持续、快速、健康发展为主要目标,推进经济体制和经济增长方式转变。稳定、完善家庭承包、统分结合的双层经营体制,巩固土地承包关系。坚持“三改一加强”方针,加快结构调整步伐。采取股份制改造,租赁、承包、拍卖、破产等改制形式,深化国有企业改革,改制面达83%。全县国有企业养老保险、失业保险、城镇集体企业养老保险以及机关事业单位社会养老保险有较大进展;实施城镇居民最低生活保障线、最低工资保障线制度。

2001年,坚持市场化取向改革,重点突破整体推进,企业产权制度改革完成9户,累计完成34户,占应改革户数的82.05%。完成生态公益林区划界定,集体林经营体制改革有序推进,木材流通体制改革全面铺开。住房和户籍管理制度改革逐步实施。建立“三条保障线”制度,基本做到城镇居民应保尽保。实现国有企业下岗职工基本生活保障与失业保险并轨,城镇职工基本医疗保险全面启动。

2005年,县属国有资本从一般竞争性领域退出,免征农业税和除烟叶以外的所有农业特产税。广电台网分离改革顺利完成。社会保险、社会救济、社会福利、优抚安置、社会互助相结合的社会保障体系更加完善,社会弱势群体得到有效救助,城镇低保、两免一补、农村贫困家庭医疗救助政策较好落实。

基础设施 1991年,全县多渠道筹资155万元,完成中冕公路16.7公里,县级公路养护里程70公里,好路率62.6%,完成率63%,整形路6公里,完成6公里,综合值66.1%,完成68%,区乡公路养护里程187.2公里。

1993年,通信市话改制第一期1000门工程割接开通。1998年,开通C3和GSM移动交换通讯,程控电话拓展覆盖中普雄、中所、新民、乃托等乡(镇),建立电信、联通移动网络,开通国信、星光、署都等寻呼。

2000年,完成铁马二级、三岔河电站建设,新增装机容量14495千瓦。按山区三级标美路标准完成中冕公路和申果庄、新乡乡等乡(镇)通乡公路建设改造。

2001年,投资95.28万元、水泥150吨用于乡(镇)公路建设和改造。新建上普雄、下普雄、新民、大孤山等移动通讯基站,移动通讯覆盖除申果庄片区以外的所有乡(镇);无线寻呼覆盖90%以上的行政村。开展《县域城镇体系规划》编制和《城镇总体规划》编修工作,提高城区科学规划水平。

2003年,启动县城电网改造工程,装机2万千瓦的铁西电站及德吉一、二级电站、索玛电站进入实施阶段,乃托工业走廊集中以索玛锌品厂、碳化硅厂、合丰电冶、丰田公司等为主的私营企业和外资企业。

2004年,围绕“五镇一乡”城镇开发带,构建“小城镇、大战略”,以县城改造为中心,以打造普雄镇为突破口,联动推进新民、中所、乃托、大瑞城镇建设。县城中心商业街一期工程投入使用,新大街硬化、管网入地、文化广场、电力大厦、县委办公楼相继竣工,按照“三纵四横”的总体规划和“一场三市五块”具体设计的普雄镇建设进展顺利,城镇化建设稳步推进。

2005年,累计建成和加固防洪堤1470米。农村道路硬化项目部分开工建设,中乃公路建设进入启动阶段。有移动电话用户12385户,固定电话用户13963户,分别比2000年增加7368户和6163户,发展小灵通用户1600户。打造中所水镇列入议事日程。

社会事业 1991年,群众性多层次的文化、体育活动日益活跃。发表各类作品25篇,其中:有12位作者的作品在全国或省、州获奖,小区街道文化、企业文化、校园文化蓬勃发展。

1997年,三级医疗保健网络逐步健全,卫生急救网络初步形成。投入资金456万元,加强农村卫生院和防疫站、妇幼所三项建设。1998年,审计、民政、老龄、侨务、台事、信访、档案、县志、机关事务管理等工作取得新的成绩。有45篇文学作品在县内外多家报刊发表。

2003年,组织文化、科技、卫生“三下乡”,开展全民健身运动,传统优势竞技体育项目分别在省、州举重赛事中获得金牌。开展爱国卫生运动,有效防范“非典”等各类传染病发生。重视并做好民族、宗教、人事、民兵、档案、统计、地方志、老龄、残疾人和关心下一代等工作,推进社会各项事业协调发展。

2005年,开展群众性文化活动和全民健身运动,建立疾病预防控制体系、医疗救治体系和突发公共卫生事件预警应急救援机制。改善广电传输设施，县乡广电联网和无线数字覆盖工程顺利推进，广播、电视人口覆盖率分别达到78.4%和88.1%，分别比2000年提高9.3个和9.8个百分点。

“三项”基本国策　1990年，遵照国务院关于认真做好第四次全国人口普查的通知精神，政府和有关部门通过准备、普查登记、手工汇总和编码等阶段，全面查清全县人口现状。经上级检查验收，各阶段普查质量指标均达到规定的标准要求。

1993年，坚持“三为主”方针，搞好节育避孕术后综合服务，开展超生费征收情况清理，严肃计划生育政策，人口自然增长率降到13‰。1995年，关停污染严重、治理无望的挖古铅冶炼厂和书古铅冶炼厂。

2000年，川西水泥厂投资20万元，职工集资20万元，采用集资入股分红方式，在水泥磨安装电收尘系统，治理水泥磨废气。2001年，坚持可持续发展战略，实施生态建设，抓好环境综合整治，开展地质灾害调查与区划，严格控制污染物排放，全面实现“一控双达标”总体目标，组织编制《土地利用总体规划》，严格土地用途管制，实现耕地总量动态平衡。2004年，合丰电冶有限公司投资38万元安装水幕除尘系统，对矿热炉烟气进行污染治理。

2005年，实施生态建设，发展循环经济，中所镇泸林村被列入省级生态示范村。严格土地用途管制，耕地总量保持动态平衡。严格落实计生“一法四规”，稳定低生育水平，连续几年完成州委、州政府下达的责任目标。

自身建设　1991年，在全县52个单位展开“两公开、一监督”的廉政制度建设。开展反腐败斗争，纠正行业不正之风，认真查处机关工作人员以权谋私、索贿受贿、贪污腐化和各种违纪行为。共处理群众来信来访335件，受理各类违法违纪问题55件，立案调查34件，结案33件，对违纪47个直接责任人分别给予政纪、党纪处分或司法处理，挽回经济损失32万元。

1993年，执行领导干部廉洁自律各项规定，累计查处违法违纪人员38人。加强纠风和民主评议行风工作，推行“三项制度”改革和政（事）务公开，落实“四项制度”，抓好领导干部任期经济责任审计。1998年，加强政府自身建设，深化机关效能建设，转变政府机关工作人员的思想作风和工作作风。组织实施政府机构改革，实现县乡机构改革的预定目标。

2000—2005年，开展“三讲”、“三个代表”重要思想和保持共产党员先进性教育活动，强化为人民服务，对人民负责的宗旨意识。坚持广开言路、开明治政，提高政府依法决策和科学决策能力。转变政府职能，推进政务公开和行政审批制度改革。

第四节　民族事务

民族事务工作　1991年，召开首届彝语新闻宣传研讨会，省民委、少数民族古籍办公室、中央翻译局、西南民族学院及州内彝语专家、教授授课，全县各区、乡（镇）通讯员和县级机关部门相关人员136人参加研讨会。

1992年，不断完善县民族语言文字工作机构和职责，配备彝语文专业人员，开展日常工作。根据《凉山彝族自治州彝语言文字条例》，拟定实施细则，规定全县所有机关、社会团体、学校和企事业单位的公章、吊牌及重要标语和身份证均使用彝、汉两种文字。在法院、检察院等执法机关，为保障彝族当事人的合法权益，在调查和审理案件时配备彝文翻译。

1995年，开展“两个离不开”宣传教育工作，侧重于提高认识，掌握政策宣传党的民族政策，进行民族政策再教育。举办彝文新闻和彝文师资培训班及彝文扫盲班17期，扫除文盲2146人，使全县彝族人口中的非文盲率达70%。

1999年，组织翻译和编印一批彝文科普知识和实用技术课本，深入彝乡山寨，举办农村实用技术培训班13期,参训人员2230人次。2001年,在学校开展彝、汉双语教学,低年级开设彝语课程,使用统一教材,配备专职彝文教师。2004年,在全县初中毕业考试中进行彝语文笔试,考试成绩按一定比例折合后计入升学总分。

民族"两金"使用 1999年后,分期分批对瓦曲觉乡、拉白乡、古二乡、新民镇、普雄镇、西山乡等24个乡(镇)的办公楼进行改造、扩建。2001年,加大全县基础教育投入,切实改善民族教育落后面貌。投资140万元,用于改善全县中小学校及部分村小校舍建设;解决全县少数民族寄宿制学生生活补助113万元;落实扫盲经费1万元。

2003年,投资561万元,完成乡(镇)办公楼的建设,建筑面积11712.81平方米。2005年,投资1915.4万元,对4751户少数民族贫困户住宅进行改、扩建,建筑面积20504平方米,改善厨房、院坝、畜圈、厕所及户与户之间的道路。

第七篇

地方人民政协

第一章　政协机构

第一节　政协越西县委员会

第八届委员会(1990.3—1993.3)　任期3年,委员130名,其中:中共党员53人,占总数的40.8%;非党知识分子干部40人,占党外人士的52%;起义人员、工商界、宗教、黄埔同学会、集体企业、个体户17人,占党外人士的22%;民族上层20人,占党外人士的26%;知识分子72人,占委员总数55.4%;少数民族64人,占委员总数的49.2%;台、侨属8人,占委员总数的6.2%;妇女委员14人,占委员总数的10.7%;区乡委员9人,占总数的6.9%;新进委员63人,占委员总数的48.6%。平均年龄48.7岁。文化程度:大专32人,中专、高中42人,初中22人,其他34人。

常务委员会由20人组成,占委员总数的15.3%,其中:中共党员9人,占常委总数的45%;妇女2人,占10%。1992年,增补1名常委。

第九届委员会(1993.3—1998.2)　任期5年,委员132人。九届一次会议,提名委员130名,其中:中共党员52人,占总数的40%;党外人士78人,占总数的60%;非党知识分子干部32人,占党外人士的41%;起义人员、工商界、宗教、黄埔同学会、集体企业、个体户、农民等35人,占党外人士的44.9%;民族人士11人,占党外人士的14.1%。知识分子65人,占委员总数的50%;少数民族59人,占委员总数的45.4%;台侨属7人,占委员总数的5.4%;妇女委员19人,占委员总数的14.6%;新进委员64人,占委员总数的49.2%。平均年龄42.6岁。文化程度:大专28人,中专、高中50人,初中27人。1994年,九届五次常委会议增补委员2名。

常务委员会由20人组成,占委员总数的15.3%,其中:中共党员10人,占常委总数的50%。

第十届委员会(1998.2—2003.2)　任期5年,委员130名,其中:中共党员52人,占总数的39%;具有中专学历以上的88人,占总数71.8%;少数民族51人,占总数的40%;妇女18人,占总数的14%;新进委员90人,占总数的70.3%。平均年龄44岁。委员界别有中共、经济、社科、政法、新闻、教育、医卫、妇联、共青团、军队、科技、民族上层、文艺、工商联、黄埔同学会、起义人员、台属、宗教等19个。

常务委员会由17人组成,其中:中共党员11人,占64.71%;少数民族11人,占64.71%;妇女2人,占11.76%。

第十一届委员会(2003.2—2006.12)　任期4年,委员137人,经济界人士31名。第十一届县政协安排委员130人,实际提名129人。其中:中共党员52人,占40.3%;大专以上学历81人,占62%;少数民族49人,占38%;妇女30人,占23%;新进委员84人,占65%。平均年龄43.3岁。委员界别17个,包括中共、经济、社科、政法、教育、医卫、新闻、妇联、工会、共青团、军队、科技、民族上层、文艺、台属、宗教、工商联。2003年12月,县政协十一届四次常委会议增补8名委员。

常务委员会由21人组成,中共党员11人,占52%;少数民族9人,占42.86%;妇女3人,占14.29%。

表 7－1　　第八届至十一届县政协主席、副主席、秘书长、常委

届别	任期	主席	副主席	秘书长	常委(包括主席、副主席、秘书长)
八	1990.3—1993.3	李光富	马童玉(彝,届中调离)、沈正才(彝)、林丽诗(女,届中调离)、果基木金(彝)、阿侯博石(彝)、马海来格(彝,1992.3 补选)		辛世喜、潘玉清(彝)、吉差吉哈(彝)、黄约布(藏)、黄红(彝)、苏呷五各(女、彝)、谭承国、章仲杰、颜家权、洛伍刚廷(彝)、任承湘、阿里达尔(彝)、勿雷耿加(彝)、熊世祥
九	1993.3—1998.2	王德智(彝)	马海来格(彝)、潘玉清(彝)、罗素君(女,1994.3 补选)、阿侯博石(彝)、果基木金(彝)、罗洪亮(届中调离)	文光明	谭承国、任承湘、洛伍刚廷(彝)、勿雷耿加(彝)、崔德铭、黄世布(藏)、张凌(女)、姜崇仁、吴纯荣、王达成(彝)、黄约布(藏)、阿里达尔(彝)、冯德珍(女)
十	1998.2—2003.2	王德智(彝)	马国银(彝)、邓祖伟(届中调离)、李洪(彝,2000.2 补选、届中调离)、果基木金(彝)、古宪福(2000.2 补选)	杨寿康	黄世布(藏)、黄红(彝)、蒋立先、张凌(女)、洛伍刚廷(彝)、刘合阿达(彝)、阿加达尔木(彝)、阿侯伍来(彝)、阿海赤哈(彝)、周昌志、撒正荣(回)、朱国尧
十一	2003.2—2005.12	邹向志	吉差吉哈(彝)、木出吉哈(彝)、古宪福、高扬、杜庆云(女)	黄晓琴	刘远明、刘烨、刘子谦、阿侯伍来(彝)、罗小波(彝)、沈列哈(彝)、阿尔友真(彝)、沙日木前(彝)、周作礼、冯道祥、李友军、文光福、何吉英(女、彝)、洛伍刚廷(彝)

第二节　例会履职

全体会议　每年全体会议采取大会与小组会、联组会、专题协商会、专题座谈会、政情交流会等形式进行,主要议程是:选举政协越西县委员会的主席、副主席、秘书长和常务委员,决定常务委员会组成人员的变更;协商讨论越西县的大政方针以及政治、经济、文化和社会生活中的重大问题,提出建议和意见;听取和审议常务委员会工作报告、提案工作情况报告和其他报告,协商讨论县政协重大工作方针、任务并作出决议。

1991 年 3 月 30 日至 4 月 3 日,在县政协举行八届二次会议。120 名政协委员出席会议,列席会议的各族各界知名人士 21 名。会议的中心任务是:围绕经济建设,团结奋斗,克服困难,励精图治,促进越西经济继续前进。

1992 年 3 月 30 日至 4 月 2 日,在县政协会议大厅召开八届三次会议。115 名政协委员出席会议,邀请省、州政协委员 16 名,历届县政协离退休老领导 5 名,特邀各族各界知名人士 34 名。会议的中心任务是:认真总结第八届二次会议工作,明确今后一年的工作任务和既定目标,进一步为全县的改革、发展、稳定作出新的贡献。

1993 年 3 月 5 日至 3 月 9 日,在县政协会议室举行九届一次会议,130 名政协委员出席会议,县四大班子的领导同志以及县级机关有关部门的负责同志应邀参加会议。会议的中心任务是:认真总结八届政协任期 3 年的工作和经验,明确 1993 年的工作任务和奋斗目标,围绕经济建设这个中心,推动越西改革开放和社会主义现代化建设。

1994 年 3 月 9 日至 3 月 13 日,在县政协召开九届二次会议。121 名政协委员出席会议,30 名各界代表人士列席会议。会议的中心任务是:以邓小平南巡讲话和中共十四大精神为指南,认真总结九届二次会议作的工作和经验,确立今后一年工作的基本思路。

1995 年 3 月 2 日至 3 月 5 日,在县政协礼堂召开九届三次会议。会议的中心任务是:以邓小平同志建设有中国特色的社会主义理论为指导,更好地履行政治协商、民主监督的职能,提高参政议政的实效,

共商改革、发展稳定大计。

1996年2月6日至2月9日，在县政协会议室举行九届四次会议，117名委员参加会议。会议的中心任务是：认真总结、部署政协工作，围绕中心，履行职能，努力构建团结、奋进的新越西。

1997年3月10日至3月14日，在县政协会议室召开九届五次会议。120名委员参加会议。会议的中心任务是：认真总结县政协1996年以来的工作和经验，明确今后的工作任务和奋斗目标，以新的姿态继续开创政协工作新局面。

1998年2月22日至2月25日，在县政协礼堂举行十届一次会议，120名委员参加会议。会议的中心任务是：认真总结九届政协任期五年的工作和经验，明确1998年工作任务及既定目标，履行政协委员职责，起好模范表率作用，为越西的改革开放和现代化建设作出新的贡献。

1999年3月8日至3月11日，在县政协会议室召开十届二次会议。应到委员125名，实到113名。会议的中心任务是：深入贯彻落实党的十五大精神，积极弘扬抗洪精神，以高昂的斗志为实现跨世纪宏伟目标奋力拼搏。

2000年2月24日至2月27日，在县政协会议室召开十届三次会议，113名委员参加会议。会议的中心任务是：发挥政协自身的特点和优势，突出团结民主的主题，围绕中心、服务大局，抓住西部大开发的历史机遇，认真履行职能，作好调查研究，积极建言献策。

2001年1月6日至1月8日，在县政协会议室召开十届四次会议，122名委员参加会议。会议的中心任务是：围绕县委、县政府的中心工作，以邓小平理论和党的基本路线为指导，切实推动越西经济持续快速健康发展，推动越西社会主义精神文明建设和民主法制建设。

2002年3月2日至3月4日，在县政协会议室召开十届五次会议，118名委员参加会议。会议中心任务是：进一步解放思想、实事求是、转变作风、沉着应对，抵御和克服前进道路上的各种风险和困难，为越西的政治稳定、经济发展、民族团结和社会进步作出新的贡献。

2003年2月9日至2月12日，在县委培训中心举行十一届一次会议，应到委员129名，实到委员126名。会议的中心任务是：弘扬爱国主义精神，坚持走中国特色社会主义道路，充分发挥政协人才荟萃的优势，切实履行政治协商、民主监督、参政议政的职能。

2004年3月4日至3月6日，在县委培训中心召开十一届二次会议，大会应出席委员134名，实到117名。会议的中心任务是：认真总结2003年工作，明确2004年的工作任务和奋斗目标，加快“三个转变”，促进越西发展新跨越和全面建设小康社会作出新的贡献。

2005年1月28日至1月30日，在县委培训中心召开十一届三次会议。大会实到委员118名。会议的中心任务是：坚持以邓小平理论和“三个代表”重要思想为指导，紧紧围绕促进越西跨越式发展这一中心任务，关注民生、参与国事、履职尽责，开拓创新、扎实工作，再谱越西政协工作的新篇章。

常务委员会议　常务委员会主持县政协全体会议闭会期间的会务，一般每季度举行一次，必要时可临时举行。自八届一次至十一届十二次，共召开85次常委会议。会议主要内容是：组织实施政协章程规定的任务和执行县政协全体会议决议；决定县政协工作机构的设置和变动，并任命其领导成员；审议通过提交党政的重要建议案；开展协商监督、参政议政活动。

1995年10月31日，召开九届十二次常委会议，审议通过《对尔赛、竹阿觉、书古等乡超计划生育的调查报告》。

1998年7月5日，召开十届十二次常委会议，学习《中共四川省委、凉山州委关于进一步加强人民政协工作的决定》；听取县公安局工作情况汇报；审议通过第十届县政协主席会议议事规则、常务委员会工作规则、专门委员会工作通则。

2003年7月14日，召开十一届二次常委会议，进行政协工作知识专题辅导；就民营企业发展现状专题讨论发言；协商讨论政协委员近期调研课题（农业产业化龙头企业调研、吊桥路改建建议、退耕还林工作视察等)。截至2005年,提出建议、意见36条,建议案2件。

主席会议 一般每月召开一次。1990—1993年,围绕经济建设,就制定越西县国民经济、社会发展十年规划和"八五"计划的思路,依靠科技进步振兴越西经济,进一步开创越西县农业和农村工作新局面等重大问题进行协商和讨论。

1994年,围绕"两厂"建立现代企业制度召开3次主席会议,就企业改革深度和力度进行研讨,形成可行性意见上报县政府。1998年2月,召开九届一百二十次主席会议,协商讨论政府工作报告(征求意见稿)和"九五"计划及十年规划(草案)。

1999年,充分发挥常委会议的协商功能,落实全委会议决议,制定《主席会议议事规则》、《常务委员会工作规则》、《委组办公室通则》和《政协办公室岗位规则》,规范政协领导层及其工作机构的工作行为。2000年,改过去"主席会议定调,常委会表决"的方式为主席会议提出数种方案,由政协机关或各专门委员会组织付诸实施。

2003年,拟定关于林业、教育、交通等调研课题。2005年,讨论通过《政协工作手册》,重新确定委员分组名单,成立社会主义建设时期及改革开放以来文史资料编纂领导小组。安排部署"保先"教育、文史资料的编纂、乃托工业园区的调研、工商工作的民主评议。启动"水镇"中所打造、驻会委员住房改造。

第三节 委室设置

1990年5月,各专门委员会设委组办公室。1993年3月,委组办公室更名专门委员会办公室。1998年,政协机关行政编制15名,机关工勤人员事业编制5名,领导职数9名。

2001年,县政协机关内设:县政协办公室、县政协专门委员会办公室。行政编制8名,其中:领导职数4名,秘书长1名,办公室主任兼出纳员1名,办公室副主任1名,专委办主任1名。2003年,增设越西县政协经济与法制委员会办公室。

表7-2 **1991—2005年政协秘书长、副秘书长**

姓 名	性 别	民 族	职 务	任职时间
马童玉	男	彝族	秘书长	1990.3—1991.6
幸世喜	男	汉族	副秘书长	1987.6—1994.8
王大成	男	彝族	副秘书长	1990.8—1998.6
文光明	男	汉族	秘书长	1993.3—1998.2
杨寿康	男	汉族	秘书长	1998.8—2003.2
黄晓琴	女	汉族	秘书长	2003.2—2005.12

表7-3 **1994—2005年政协机关负责人名录**

姓 名	性 别	民 族	职 务	任职时间
郑永林	男	汉族	专门委员会办公室副主任	1994.4—2002.3
黄晓琴	女	汉族	办公室副主任	1995.2—1998.7
			办公室主任	1998.7—2003.2
王树云	男	彝族	专门委员会办公室主任	1999.12—2003.5
沙日木前	男	彝族	办公室主任	2003.5—2005.12

续上表

姓　名	性　别	民　族	职　务	任职时间
周文福	男	藏族	专门委员会办公室副主任	2002.3—2003.5
			专门委员会办公室主任	2003.5—2005.12
潘车鹤	男	彝族	办公室副主任	1998.12—2003.5
曲木伍沙	男	彝族	办公室副主任	2002.3—2003.5
袁　杰	女	回族	办公室副主任	2003.5—2005.12

第二章　政协职能

第一节　专委会工作

1990年5月，经县政协八届一次常委会议决定，每季度举行一次专委会活动。6月，召开专门委员会会议，传达《越西县政协八届常务委员会关于专门委员会委员小组设置的决定》。1993年6月，召开政协各专门委员会会议。要求各专委会要充分发挥委员的作用，将调查的项目与委员的业务结合起来，采取分散与集中相结合的原则，精选题目，求精不求多、抓大不抓小，搞好调查研究。

2000年，重新调整各专委会的组成人员，明确专委会办公室的责任，并由主席、副主席分别牵头负责1个专委会，全年召开6次专委会议，每次会议对1个专题进行研究，提出有价值的建议供有关部门参考。

2001年，专委会办公室制定详细的工作计划，采取定期与不定期相结合、个人活动与集体活动相结合、定点联系与重点联系相结合的方法，使各专委会的活动做到经常化、制度化。

2004年，县政协印发《专门委员会办公室工作计划》，明确指出专委办负责组织协调各专门委员会的工作、学习活动。主要工作任务有：积极组织政协委员认真学习贯彻党的十六大、十六届三中全会精神，紧扣县委、县政府的中心工作，团结和联系政协委员和各族各界人士，积极反映社情民意，重点调研和视察退耕还林、移民扶贫、教育扶贫、社会治安、烤烟生产、非公有制经济等经济社会发展的热点、难点问题，并负责抓好提案工作，协助文史委员会搞好越西县第十集文史资料的收集、整理和出版工作。

2005年1月，根据县政协十一届三次会议议程安排，县政协六个专门委员会在各讨论地点举行专题议政会议。各组委员结合自己在工作实践中的思考，就政府工作、县域经济的发展、"三农"问题、教育卫生事业、社会治安等课题踊跃发言，积极建言献策。会后，认真梳理委员意见、建议，形成《议政纪要》专刊呈党政领导参考。4月11日，结合越西无民主党派的实际，突破界别限制，对各专门委员会委员进行调整，各专委会据此组织委员开展各种活动，增强履职的针对性和实效性。

第二节　提案　评议

提案工作　每年，县政协提案委员会对委员提案进行分类和初审立案，然后提交主席会议通过并确定重点提案,再由县政协专委办会同县委办、政府办将提案交承办部门进行办理,办理时间在 3 个月内,最迟不超过 6 个月向提案人作出书面答复。对涉及面大、影响面宽的提案,由政协主席、副主席进行督办。政协就提案办理情况向提案人征求意见,委员对办理不满意的,政协将提案返回办理单位,重新办理。

1990—1992 年,第八届县政协在全委会议上共收到委员提案 165 件,经提案委员会审查,立案 161 件,其中:经济方面 64 件,教育、科技、文化、卫生等方面 30 件,统战、民族、宗教等方面 12 件,政法、劳动、组织、人事等方面 32 件,精神文明建设方面 4 件,其他方面 19 件。

1993—1997 年,第九届县政协在全委会议上共收到委员提案 186 件,经提案委员会审查立案 159 件,其中:经济建设方面 65 件,教育、科技、文化、卫生方面 40 件,统战、政协、民族、宗教方面 8 件,政法、劳动、人事方面 26 件,其他方面 20 件。县政协委员提出的关于"严打盗窃通讯杆线犯罪,保障通讯线路畅通"的提案,县政府多次召集政法部门和邮电通讯部门研究对策,开展"抓现行、追逃犯、保畅通"的综合治理专项斗争,同时组织邮电、司法部门开展爱护通讯线路的宣传教育,保障通讯线路畅通。

1998—2002 年,第十届县政协在全委会议上共收到提案 168 件,经提案委员会审查立案 161 件,其中:经济方面 48 件,教育、科技、文化、卫生方面 42 件,社会治安、禁毒、劳动、人事方面 32 件,民族宗教、统战方面 2 件,交通、环保、旅游方面 31 件,其他方面 6 件。县政协委员提出的"关于疏通城关大堰"的提案,县委、县政府非常重视,责成有关部门整修沟堰,改善越城镇 1810 亩旱田的灌溉。

2003—2005 年,第十一届县政协在全委会议上共收到提案 180 件,经提案委员会审查立案 166 件。其内容涵盖城市建设、经济管理、社会保障、卫生、文化、劳动、人事、教育、环保和科技等方面。提案中,所提问题已经解决和基本解决的 66 件,占提案总数的 39. 8%;正在解决或列入规划逐步解决的 76 件,占提案总数的 45. 8%;因客观条件限制或其它原因暂时不能解决的 24 件,占提案总数的 14. 4%。

民主评议 坚持"客观、公正"和"协调、促进、提高"的原则,与县委、县政府的中心工作相结合,对被评部门的工作作出评议意见。2003 年 12 月,县委同意批转实施《政协越西县委员会关于开展民主评议工作的实施意见(试行)》(越委办〔2004〕6 号)。

2004 年 5 月、9 月,分别组成专门的调查小组,对全县教育、公安工作进行调研。11 月,召开民主评议大会,专题对教育工作、公安工作进行民主评议。县"四大班子"主要领导和被评议部门局、科、股、室负责人参加会议,认真听取政协委员的发言。县政协作出关于教育工作、公安工作的《民主评议意见暨建议》,得到县委的高度评价,要求被评议部门认真落实整改。

2005 年 8 月,采取发放调查问卷、实地视察、走访服务对象、召开座谈会等形式,对县工商部门各方面的工作情况深入调查了解。同年 10 月,召开工商工作民主评议大会,作出《政协越西县委员会关于工商工作的民主评议意见暨建议》。

第三节 视察与调研

1991 年,围绕地方的大政方针以及群众关心的热点、难点问题,开展视察、调研活动,专题写出《对越西今年农业生产的几点建议和意见》,供县委、县政府决策参考。

1993 年,组织委员对"菜篮子工程"、森林资源、水利情况以及到竹阿觉乡、书古乡就绵羊改良项目进行调研和视察,针对出现的问题提出解决方案。

1996 年,组织委员围绕农村改革和存在的问题、农村村级卫生保健、集体林区改革试验、商品质量、工业生产和文化、教育问题等开展视察调研,形成报告 5 篇。1997 年,组织"三胞"委员对本县的外资企业进行视察,为本县合理利用外资提供第一手资料。

1998 年，就新形势下如何促进种植业和农村经济结构的合理调整，培育和发展贫困山区农村经济新增长点、增加乡财村财和农民收入等问题，深入 5 个乡（镇）9 个行政村和 30 户农户进行专题调研，提出意见和建议 6 条。

2000 年，先后 2 次组织委员就调整全县种植业结构进行调研，3 次组织委员调查全县山地开发生产情况，形成“突出优势，狠抓生产，占领市场，提高效益”的调查报告，引起县委、县政府的高度重视。2002 年，为更好地发挥科技工作者的作用，县政协组织委员和有关部门对全县科技队伍现状做调查，召开 7 次座谈会，并形成调研报告，为县委、县政府制定科技政策提供依据，在科技界引起较大反响。

2003 年，对水电开发工程建设、州百乡教育扶贫工程、普雄镇小城镇建设进展情况进行视察，对存在的困难问题，积极向县委、县政府汇报。

2005 年，组织科技界、教育界、经济界的部分委员及有关部门分别开展科技成果推广、中小学布局调整、水镇中所打造 3 个重点课题的调研，所提意见、建议引起县委的高度重视，分别批转相关部门研究落实。还组织部分州、县政协委员就全县垦荒情况、乃托工业园区的发展情况、申果庄对“人、林、牧”三配套建设情况进行视察、研讨，提出的建议和意见大多被吸纳到县政府及相关部门制定的政策措施中。

第三章　政协工作

第一节　社情民意

社情反映　1998 年，县委、政府认真听取政协委员和各界人士的呼声和要求，如禁止偷伐林木、禁止开麻将馆、制止教育乱收费、天皇寺规划等问题，责令有关部门付诸实施。2000 年，对越西水电资源的多元化开发，解决扶贫搬迁户的具体困难，抓好“三农”工作，增加农民收入，畜牧业的发展前景和隐患，烤烟生产中存在的问题，反映意见和建议 32 条，县委、县政府在实际工作中予以采纳。

2004 年，针对县境内煤价急剧上涨，关闭小煤窑对城乡居民生产、生活造成严重影响，社会反响强烈，群众意见大的问题，县政协及时组织 23 名省、州、县政协委员到基层、到群众家中进行调研，根据实际情况形成建议案上报省政府，反映百姓疾苦和呼声。同时，在调研过程中，向群众做好政策宣传、争取理解、稳定人心的工作，缓和当时的紧张局势，为日后县上争取到省上增加布点的特殊政策支持起到助推作用。2005 年，反映闭路电视收视质量差的问题，督促主管部门给予解决。

接待群众　1991 年，县政协成立信访工作接待领导小组，接待上访群众 13 人。1995 年，接待下岗职工 5 人，反映民事纠纷群众 4 人，收到来信 8 封。2001 年，县政协印发《政协越西县委员会关于开展政协委员会接待日的通知》，规定每月 10 日为政协委员会接待日。

2002 年，先后收到梅花乡、大瑞乡、普雄镇、新民镇、越城镇村民反映的边界纠纷、村干部侵占集体财产、误诊误药、家庭纠纷、乡（镇）干部欠账不还等信件 12 件，接待群众来信来访 35 人次，县政协主席率领政协机关信访小组，深入调查了解，促进问题的解决。

2003 年，建立委员接待日制度，坚持每月 5 日、15 日、25 日由主席和 2 位副主席分别接待委员，并不定期深入委员所在单位了解情况，征询工作意见，广泛收集信息，推动人民群众关注的热点、难点问题的解决。截至 2005 年，共接待来信来访 126 件次，均给予满意答复和妥善处理。

第二节　文史　文昌工作

文史资料　1990—1993年,先后出版发行《越西文史资料选辑》六至七辑,选登史稿108篇,59万字。被西南片区文史资料协会正式吸收为川西南片区文史资料协作会成员。其中:12篇史稿,约15万字,被编入国家《中华文史资料精选》文库。

1994年,共收集、组稿64篇,18.5万字,出版发行第八辑《越西文史资料选辑》。其后,为《中华文库》、《四川文史集萃》、《四川民族史》、《凉山彝族文史专辑》、《南方古道话今昔》、《凉山历史文化古城》组稿68篇,21万字。

1998年,史料征集由综合性向专业性发展,征集重点转移到全县解放、剿匪反霸和建立巩固新政权上来,文史资料委员会收集整理20篇全县民改时期的史料。

1999年,完成第九辑《越西文史资料选辑》(《民改专辑》)近30篇文章15万字的修改、整理工作,并于次年出版发行。

2005年,出版发行18万字的《文昌圣迹》;完成对中所民间故事、民风民俗等文化收集工作。

"文昌故里"水镇中所　2001年,向县委、县政府呈交《关于发展文昌文化,搞活全县旅游业,增加县财政收入的建议报告》,组织有关人员赴绵阳梓潼县考察文昌文化的开发利用。

2002年,递交《关于中所金马山文昌祠(宫)文昌文化古迹开发的可行性论证报告》,被县委、县政府采纳,并作出《恢复金马山文昌文化圣迹,进行一体化开发》的决定,由县政协牵头,相关部门协助。同年,召开文史资料座谈会,对文昌文化的挖掘与开发进行讨论拟编印发行《文昌故里水镇中所》。

2003年,成立由县政协主席任组长的文昌文化圣迹恢复建设协调领导小组,开展以文昌帝君出生地金马山为主的文昌文化旅游资源的调查规划。2004年,组织县文昌文化圣迹恢复建设领导小组成员前往梓潼县考察学习。

2005年,成立以县长为组长、县政协主席为常务副组长,有关部门负责人为成员的"水镇中所"规划开发领导小组,下设办公室在县政协,负责统筹协调工作。

第三节　联谊帮乡

内外联谊　1991年,由政协主席带队赴云南大理、楚雄、昆明等地,就经济建设、民族工作和政协工作等进行学习考察。当年,在越西县召开"三县"主席、秘书长会议,通过《关于越西、甘洛、喜德三县政协工作联系会协议书》。

1994年,先后与攀枝花、西昌、甘洛、冕宁、石棉、彭山、眉山、犍为、峨边等市县政协进行友好往来。在联谊交往中,通过对越西县情介绍,有2家企业来越西县进行考察。1998年,长江、嫩江、松花江流域发生特大洪灾,县政协通过向江西九江写慰问信、捐款,并无偿为九江政协编辑《全国县名溯源》供稿。

1999年,召开庆祝澳门回归座谈会,县委、县人大、县政府、县人武部、县检察院的领导,部、委、办、局的负责同志,县政协第十届委员会常委和部分委员,以及爱国民主人士代表和部分离退休老同志代表等125人参加会议。2001年,县政协组织人员赴绵阳梓潼县对文昌文化源流、现状、发扬、利用进行考察。

2004年,以县政协主席为团长的19名州、县政协委员学习考察团赴香港、澳门、广州、深圳、珠海、海南等地进行学习考察。考察团参观深圳市政协的机关建设,听取市政协领导关于深圳发展民营经济及政协"三化"建设工作经验的情况介绍。

2005年，应甘洛县政协邀请，县政协部分委员和机关工作人员16人到甘洛进行联谊。同年6月，提案委员会部分委员一行11人在县政协副主席的带领下，赴昭觉、布拖、普格等地学习考察提案工作。

帮乡联系 1991年，先后派出8人到联系点下普雄区、铁西乡驻乡蹲点，对搞好开发性农业生产、“三亩地”建设、人口普查、防洪救灾等工作进行了解、指导和帮助。并参与税收检查、物价检查、财务检查、计划生育检查等中心工作。1995年，政协领导以及办公室分别对大花乡、尔赛乡、新民镇、中所镇实行扶贫帮乡和联系点责任制，配合乡（镇）党委对农村“五大组织”进行整改，顺利完成选举工作，资助贫困学生。

1996年，积极参与普初教育验收工作，按时完成联系点中普雄地区、上普雄地区、丁山乡农村“五税”任务，为尔赛乡协调争取到价值3万元的小水电机器设备，帮助丁山乡解决2个村2043人、2187头牲畜的饮水问题，修复丁山堰5.2公里，筹措4300元的建材修建星火大桥。1998年，完成丁山乡105户贫困建卡户达标任务。

2001年，深入联系点调查研究，为丁山乡的黄羊生产、薇菜加工出谋划策；为瓦岩乡春景村烤烟生产排忧解难，解决急需水泥10吨，烟计员1名。

2005年，县政协主席、副主席分别领衔督导联系点烤烟生产，协助县委、县政府抓好全县烤烟质量年工作。

第四节 机关建设

制度建设 1991年，县政协委员加强机关干部培训学习，先后有4人参加党校的函授学习。1993年，成立和完善“六委两办”；按照县委、政府的统一部署，开展以讲政治、讲正气、讲团结、讲纪律为主的机关整顿，制定《关于政治协商、民主监督、参政议政的实施细则》、《政协常务委员会工作规则》、《主席会议议事规则》、《机关工作人员岗位目标责任制》、《加强外来人员管理的有关规定》等各项规章制度。1998年，制定县政协爱国卫生公约，印发《越西县政协办公室关于政协机关实行岗位目标责任制的意见》。

2001年，制定各类例会的议事规则、机关公文处理、岗位职责、日常事务管理等9个规章制度。2002年，完善各项规章制度，先后制定《政协领导和政协委员访谈制度》、《政协委员接待日制度》、《政协越西县委员会提案工作条例》、《政务财务公开制度》、“五个一”活动和《常委联系制度》、《委员行为规范》和《评优树先制度》。

2005年，结合“三项整治”和“保先”学习教育的开展，归纳整理、补充完善历年来形成的包括委员会和机关的各种制度，编订《政协工作手册》。抓好机关干部培训工作，选派干部参加州委、县委党校培训，安排赴泸州挂职学习，开展委员轮训活动。同年，县政协办公楼和职工住房投入使用，驻会委员住房改造工程顺利实施，购置新的交通工具和办公电脑。

学习工作 1991年，组织政协委员认真学习中共十三届六中、七中、八中全会的重要文件和中央领导同志的讲话，约请县委书记向委员们作题为《当前国际形势和我们的任务报告》。1995年，组织委员和机关职工深入学习《邓小平文选》、《政协全国委员会关于政治协商、民主监督、参政议政的规定》，提高对人民政协、地位、作用的认识。1998年，改进学习方式，注重理论和实践相结合，开展“三讲”、“三个代表”重要思想学习教育活动。

2003年，以创建学习型政协机关为目标，政协党组带头认真学习十六大、十六届三中全会精神，机关干部职工坚持开展周二、周五的集体学习。

2004年，在庆祝人民政协成立55周年座谈会上，县委书记、县人大常委会主任、县政府常务副县长到会,学习胡锦涛同志在庆祝大会上的重要讲话。2005 年,采取中心组带头学,机关工作人员集中学习与自学相结合的方式,就“党风廉政建设”、“理想信念”、“增强统战意识”进行专题学习。

宣传工作 1991 年,结合重大节日召开座谈会,走访和接待民族、工商界、宗教人士,听取他们的意见和要求,宣传党的民族政策、工商政策、宗教政策。

1993 年,成立《四川政协报》信息通联站。1995 年,通过编制社情民意,先后对超计划生育、粮食生产情况、社会治安工作、联乡帮村扶贫工作、农建工作、退耕还林、水观音水源污染、非公有制经济发展、畜牧业生产等方面存在的问题,进行宣传教育。1996 年,受北京红旗出版社的委托,为庆祝建国 50 周年组稿 7 篇共 4 万字的宣传稿件。

2005 年,参加四川省政协系统新闻宣传工作春季研讨会,成立“四川政协报社越西县通联站”,由县政协主席担任站长,部分委员和有关部门人员为成员,开展县政协新闻宣传工作。

第八篇

群团组织

第一章　工　会

第一节　工会组织

县总工会　1991 年，县总工会内设办公室、财务科，有主席 1 名、副主席 3 名、工作人员 5 名。1995 年，川西水泥厂和乃托磷肥厂工会组织及会员转县总工会。1996 年，制定 13 项机关工作制度和职工岗位责任书，并进行量化考核。2001 年，县级机构改革，县总工会内设综合室 1 个，核编领导职数 3 人，职工 6 人。2002 年，为配合旧城改造工程，县总工会附属实施交由县旧城改造领导小组，旧城改造开发商民生公司补偿总工会 20.3 万元。待工会新建办公楼时由政府补偿。2004 年 7 月，县总工会搬迁到党务大楼办公。2005 年，县总工会有在职员工 7 人。

表 8－1　　1991—2005 年总工会负责人名录

姓　名	性　别	民　族	职　务	任职时间
陈忠祥	男	汉族	主席	1991.1—1993.5
彭木牛	男	彝族	副主席	1991.1—1995.8
冯德珍	女	汉族	副主席	1990.9—1998.9
耿福权	男	汉族	主席	1993.6—1995.6
刘合阿呷	女	彝族	副主席	1993.6—1998.6
罗木古	男	彝族	主席	1995.12—1998.2
蒙开福	男	汉族	副主席	1995.10—1998.9
毛晓华	男	彝族	主席	1998.7—2003.1
古华桃	女	汉族	副主席	1999.1—2003.5
余康森	男	汉族	副主席	1999.1—2003.5
巫阿琼	女	彝族	主席	2003.2—2005.12
石发贵	男	汉族	常务副主席	2003.6—2005.12
吉木吉哈	男	彝族	副主席	2003.6—2005.12
曲木政府莫	女	彝族	副主席	2004.2—2005.12

基层工会　1991—1994 年，县属基层工会和职工人数变化不大，工会会员数增减不多，无新的基层工会组建。1997 年，26 个县属国有企业停产、破产、倒闭，其工会组织处于瘫痪。6 个国有企业工会组织正常开展活动。2002 年，全县有基层工会 51 个，其中：行政事业工会 46 个，企业工会 5 个；会员 3694 人，其中：企业会员 816 人。2003 年 8 月，经过整改、重建，部分处于瘫痪状态的基层工会组织逐步恢复，年底县属工会 64 个。

2004 年 4 月，丰南色素有限责任公司建立全县第一个非公企业工会组织。2005 年，按照“组织起来，切实维权”和“哪里有职工，哪里就要建立工会组织”的建会原则，成立以县委副书记任组长，组织部长、总工会主席任副组长,相关单位负责人为成员的建会领导小组,在全县40个乡(镇)建立工会组织。同年,全县有县属基层工会130个,其中:行业工会工作委员会1个,行政事业单位工会115个;国有控股企业工会4个,非公企业工会组织1个。有会员5834人,行政、事业单位会员占86%;女会员2069人;少数民族会员占38%;大专以上学历的占54.8%,初中及以下的仅占9.2%。有专兼职工会工作者632人,有省州垂管部门驻县工会组织19个。

工人俱乐部 1991年,县总工会工人俱乐部,建筑面积210平方米,内设多功能活动室1个,图书室1个,藏书3000册,另有500平方米水泥活动场所及与体委共用的篮球场1个。1996年,县总工会在工人俱乐部开展舞会、茶座、录像、乒乓、台球、棋牌、图书阅览、歌咏等活动。2002年,旧城改造建筑面积584.34平方米的办公楼、工人俱乐部以及69.87平方米的配套设施、1628平方米的水泥晒坝被征用。2004年1月,县政府与总工会的联系会上决定,在条件成熟时按照俱乐部、广电文体、大型体育场三合一方式新建工人俱乐部。

第二节 工会工作

参政议政 1991年,强调工会参政议政要有利于反映群众意愿;有利于协调国家、集体和职工个人三者利益关系;有利于对国家机关公职人员监督。1993年,县总工会参加劳动仲裁、安全、环保、卫生、劳动保护、保险、女职工保护、社会治安综合治理、法律宣传、物价等涉及职工利益维权工作。1996年,全县企业工会主席中有5人进入本单位领导班子管理序列。

1999年,根据《关于加强党对工会工作的领导的通知》,加强工会参政议政、协商对话、民主管理、民主监督的作用。2004年,构建工会参政议政平台,拓展共商渠道,使参政议政制度化。建立县政府与县总工会不定期召开联系会议制度。2005年,全县各级工会组织提出参政议政建议和意见37条,均被有关部门采纳。

职工民主管理 1991年,各基层工会组织,依照宪法和法律的规定,行使民主权利,各企事业单位建立健全职工代表大会制度,本单位重大决策必须经职工代表大会讨论通过。1993年,推行民主评议企事业负责人,对民主评议范围、方式和评议结果都有具体规定。1996年,推行企业招待费向职代会报告制度。1997年,在6个县属国有及国有控股企业中建立民主评议中层以上领导干部制度。2000年,在国有及国有控股企业中实行厂务公开制度。2003年,在非公企业中开展厂务公开试点工作。拓宽民主参与和管理的空间,增强民营企业职工"归属感","双盈"效果初步显现。2005年,全县厂务、政务公开,各级工会组织及广大职工提出民主管理方面的意见、建议1142条,有749条被采用。

职工劳动权益 1991年,贯彻全国总工会"维护职工合法权益和民主权益,既是职工群众对工会的要求,也是赋予工会的任务",加强全县工会职工权益保护工作。1994年,各企业的工会主席进入本单位管理委员会,参与决策涉及职工权益问题,维护职工合法权益。

1995年,按照"从源头参与,在参与中维护"的要求,为维护工会代表和职工的合法权益提供法律保障。指导全县各级工会组织在就业、工资、社会保障、职工福利、劳动保护、安全生产、安置等方面维护职工合法权益。1997年,企业改革,职工经济关系、利益关系、劳动关系发生变化,维权难度加大。各级工会组织、结合本单位实际,配合职能部门,妥善安置职工。2001年,贯彻修订后的《中华人民共和国工会法》,把维护职工合法权益作为工会基本职责。2003年,县总工会把进城务工人员合法权益维护列入工会维权任务之中,把国有企业中下岗人员的再就业安置作为维权工作重要内容。2004年,为14名下岗人员解决就业问题。同年11月,川西水泥厂改制,县总工会把稳定职工队伍、妥善安置好职工群众、维护企业的正常经营秩序,切实维护职工的合法权益作为工作重点,顺利完成川西水泥厂的工会改制工作。

2005 年,县工会在维护职工合法权益方面参与处理相关案件 146 件,其中:保险福利 59 件、劳动工资 7 件、安全生产卫生方面 43 件、工伤事故赔偿 8 件、辞退 5 件、女职工保护 12 件、其他 10 件。

职工教育 1991 年,组织职工参加党的方针政策、法律法规、理想宗旨教育和文化业务知识、技能技术培训 8 次。各级工会组织结合中心工作,加强对职工的思想教育,提高政治素质。同年 10 月,在全县开展学习活动,提高职工文化知识和技能水平,以各种方式组织技能比赛 21 次,展示学习成果。1996 年,在职工中开展立足岗位,自学成才活动。1998 年,各基层工会组织职工观看《东方红》、《激战前夜》等革命历史故事片 18 场,观看人数 16846 人次。2002 年,到厂矿企业宣传《中华人民共和国工会法》、《中华人民共和国劳动法》17 次,受教育人数 12350 人次,翻印下发《中华人民共和国工会法》、《中华人民共和国劳动法》210 册。同年,举办"电力杯《中华人民共和国工会法》知识竞赛",参赛基层工会 35 个,385 人,有 5 个基层工会获组织奖,80 名职工分获一、二、三等奖。2004 年,各基层工会结合生产、生活实际,把培养和造就"四有"职工队伍,提高整体素质作为常规工作,把岗位自学作为职工获取知识、提高技能、增长才干的有效途径,并作为考核的内容。

2005 年,在全县基层工会中,开展"创建学习型组织,争做知识型、技能型职工"活动。县总工会举行计算机汉字录入技术比赛,10 名选手获得"技术能手"称号。

职工之家 1991 年 2 月,县基层工会组织开展建设职工之家活动。1996 年,县属企业改制,企业工会建设职工之家活动中断。2004 年,县总工会结合实际制发《越西县职工之家验收标准》,全县 2 个基层工会获越西县"先进职工之家"称号。

2005 年,经州总工会验收,县总工会被评为州级先进职工之家。至此,全县基层工会中有州级先进职工之家 2 家,县级先进职工之家 7 家。

女职工工作 1991 年 4 月,成立越西县总工会女职工委员会,由县总工会副主席兼任女工委员会主任。在女职工人数 25 人以上的教育、卫生等企事业基层工会设立女职工委员会。当年,全县基层女职工委员会 8 个,设女工委员的基层工会 96 个,有专兼职女职工工作者 124 人。1997 年,组织女职工八小时以外开展手工艺品展、趣味运动会、歌咏比赛等活动。

2000 年,设立女职工信访接待,对女职工婚姻、家庭问题给予帮助,女职工维护自己合法权益的申述给予支持。2002 年,各级工会组织结合女职工思想实际,采取多种学习培训形式,提高女职工政治素质和业务技能。把提高女职工政治地位、维护女职工合法权益,作为工作重要内容。

2005 年,"三八节"前夕,县女职工委员会组织"为'十一五'建功立业"座谈会,全县部分女劳模、女局长、女书记、女主任、女站长、女校长到会参加。同年 12 月,全县基层女职工委员会 4 个,设女职工委员的基层工会 126 个,专兼职女职工工作者 151 人。有 24 个基层工会 617 名女职工参加互助保险。

文体活动 1991 年,举办首届工会篮球赛,各基层工会组队参赛。1994 年 5 月,举办彝族达体舞比赛,全县 12 个基层工会代表队 589 名职工参赛。1997 年,举办迎接香港回归和党的"十五"大胜利召开、庆"七一"大型文艺晚会。

2004 年,"五一"劳动节,在越城镇文化广场举办职工拔河比赛,16 个基层工会代表队 368 名职工参赛。同年 5 月底,县教育工会举办首届越西县教育系统"园丁杯"篮球赛,27 个学校工会代表队参赛。2005 年,举办"保持共产党员先进性'金叶杯',庆'五一'职工歌咏比赛"。13 支基层工会代表队参赛。

劳动保护 1991 年,贯彻落实工会劳动保护监督检查"三个条例",配合劳动、安监、卫生、环保等部门到 38 个厂矿企业进行劳动卫生、劳动保护、安全生产检查。1995 年,结合安全生产周、安全生产月活动,在全县开展群众性"查隐患、反违章、添措施、保安全"活动 18 次。

2000 年,对 67 家企事业单位进行安全事故大检查,发现 8 家企事业单位存在安全事故隐患,要求其及时整改。2005 年 1 月,按州总工会规定,设劳动保护监督员 2 名,开展劳动保护方面的宣传 29 次,受教育群众 95% 以上,检查劳动保护工作 117 次,其中:劳动卫生方面 27 次,安全生产 61 次,职业病防治 6

次,煤炭生产安全11次,其他12次。

送温暖献爱心 1991年,县总工会开展送温暖活动在春节期间慰问6个企业38户困难职工。组织全县职工为长江中下游地区遭受洪涝灾害群众捐款65438元,粮票3658斤。1995年,县女工委号召基层工会为失学特困职工子女捐款4263元。

1997年,建立困难职工档案县总工会捐款140元,资助乃托磷肥厂因家庭贫困而辍学的2名特困职工子女。1998年,建立困难职工个人档案。

2003年,设立见义勇为基金,各级工会组织向贫困党员、困难群体捐资10761.70元,捐赠衣物747件(套),县总工会筹资1800元,救助失学特困职工子女9名。2005年,县总工会开展"送安全、送关爱、送法律"慰问活动,筹资65000元,慰问特困企业7个、125名职工;对患白血病县幼儿园女教师给予医疗救助;对下岗失业且家庭生活特别困难的2名企业职工进行生活救助,发放救济金3200元。

劳模管理 1991年,劳模管理工作主要由县总工会承担。总工会听取基层的意见,并及时、准确、完整地上报劳模候选人的材料,使推荐评选出的各级劳模具有先进性和榜样性。1994年,贯彻落实有关劳模的文件,落实好劳动模范享受特殊贡献待遇的政策。1996年,县总工会通过走访查证,解决5名劳模因档案不全,单位不予承认历史遗留问题,让其能享受到优惠待遇。

1998年,总工会拨出专款补助特困劳模,并为其争取上级补助。对患重病、绝症开支巨大劳模给予补助。发出慰问金2.5万元,其中:组织慰问困难和住院劳模3人,发放慰问金1.2万元。组织各级劳模进行疗、休养和体检。

2000年,开展第一届凉山州州级劳模评选工作,全县分配名额3名,实际评选出1名。2004年,成立评模领导小组,进行凉山州第二届劳模评选,具体工作由总工会负责,通过民主推荐、考察、公示、县评模小组审批等程序,报经州评模领导小组批准后,评出8位凉山州第二届劳动模范,并在"五一"国际劳动节受州委、州政府表彰,其中:农业战线2名、科技工作者2名、一线工人2名、优秀厂长1名、机关工作者1名。2005年,组织劳动模范开展文化、娱乐活动9次、468人次参加。

第三节　工会代表大会

第五次工代会 1995年10月18日—22日,县总工会召开第五次代表大会,出席会议代表80人,特邀代表和列席人员20人,会议听取和审议《全心全意依靠工人阶级,为深化改革开放,促进越西经济发展作出贡献》的工作报告,通过《第四届财务工作报告》和《第四届工会经费审查委员会工作报告》。选举产生县总工会五届委员会委员13人,常委5人,县总工会主席1名,副主席2名。

第六次工代会 2004年9月27日—29日,县总工会召开第六次代表大会,出席代表80人,特邀代表15名,列席人员5名,县四大班子领导出席开幕式。会议总结9年来全县的工会工作,研究分析新形势下工会工作面临机遇和挑战,提出今后5年工作目标任务。号召各基层工会和全体会员,深入贯彻《中华人民共和国工会法》、《中华人民共和国劳动法》等法律法规,履行维权职责,发挥工人阶级在建设小康社会中的主力军作用,为"十一五"目标建功立业。会议听取和审议五届工会委员会所作的工作报告,通过《第五届财务工作报告》和《第五届工会经费审查委员会工作报告》。选举产生县总工会六届委员会委员13人,常委7人,总工会主席1人,常务副主席1人,副主席2人。产生第六届经费审查委员会,委员5名,主任1名。

第二章　共青团

第一节　共青团机构

1991 年，团县委设书记 1 名，副书记 1 名，工作人员 4 名，9 个区均有 1 名领导分管共青团工作，各乡（镇）设团委书记 1 名，各村设团支部书记 1 名，各中学设团委 1 个、书记 1 名，县级单位、企事业分别建总支支部 1 个，各村和街道居委会设团支部 1 个。1992 年，撤区并乡，乡（镇）设团委书记 1 人，县级机关、企事业单位设团委总支 9 个。2000 年，全县有 35 岁以下青年 75987 人，28 岁以下青年 64815 人，少先队队员 18654 人，团员 6206 人，其中：女团员 2015 人，团员青年比达 8.1%。2005 年，团县委有书记 1 名，副书记 1 名，工作人员 1 名，县属团委（总支、工委）61 个，团支部 358 个，团员 6836 人，少先队队员 20160 人。

表 8－2　　1991—2005 年团县委负责人名录

姓　名	性　别	民　族	职　务	任职时间
阿加阿呷	男	彝族	团委书记	1991.1—1997.1
罗　瑾	女	汉族	团委副书记	1992.7—1998.1
苏正清	男	彝族	团委书记	1997.1—1998.7
廖凉萍	女	汉族	团委副书记	1997.1—1998.7
			团委副书记（主持工作）	1998.8—2001.12
李正川	男	汉族	团委副书记	1998.8—2002.2
徐先林	男	汉族	团委书记	2001.12—2005.12
毛阿依	女	彝族	团委副书记	2002.2—2005.12

第二节　共青团代表大会

1995 年 10 月 17 日，共青团越西县第十四次代表大会召开，正式代表 110 名，列席代表 9 名。通过十三届共青团县委工作报告。与会代表认为十三届共青团县委“八五”期间坚持党建带团建，推动团建创新，团的自身建设实现新发展。大会选举产生共青团第十四届委员会，选出委员 17 名，常委 7 名，书记 1 名，副书记 1 名。大会号召全县团组织以“九五”计划为目标带领全县团员青年建功立业，号召广大团员青年到基层去，到“八七”扶贫工作一线去，努力在报效祖国、奉献社会中创造新的业绩。强化团员青年思想政治工作，改进青少年思想道德建设的方式方法，切实增强青年思想政治工作。做全县精神文明建设先锋。

2002 年 1 月 9 日，共青团越西县第十五次代表大会召开，正式代表 112 名，列席代表 7 名。大会通过十四届共青团县委工作报告，肯定十四届共青团县委牢记使命，抓住机遇，奋发进取，加强团员队伍建设，创新团员管理手段,做好团员发展和"推优入党"的工作实绩。大会开展新时期团建工作讨论。形成加大新经济组织、新社会组织建团力度,扩大对团员青年有效覆盖,切实发挥好组织、引导、服务青年和维护青少年合法权益作用的团建工作新格局共识。大会选举产生共青团第十六届委员会,选出委员 15 名,常委 7 名,书记 1 名,副书记 1 名。要求全县团组织积极倡导时代新风,突出育人主题。坚持"有效联系青年、有效服务青年、有效凝聚青年"工作理念,加强团干部队伍建设。改进团干部作风,提高团干部工作能力。引导团员青年立足岗位建功立业,在西部大开发建设中大展身手。倡导志愿服务理念,开展志愿服务,拓展志愿服务项目,丰富志愿服务内容,规范对志愿服务管理。

第三节　共青团组织

1991 年,开展"学团章、戴团徽、唱团歌、用团证"团员意识教育活动,建立健全"三会两制一课"、"四簿一册"。对 83 名乡、村团支部团干部和 1048 名团员进行培训,对 258 名入团积极分子进行团前教育。

1995 年,坚持以党建带团建,以达标创优为目标,推进团支部标准化建设。对全县 280 个村 327 个团支部组织建设进行全面摸底调查,找出支部松散、瘫痪状态原因,针对存在问题,从思想上、组织上、作风上进行不同程度整顿。分别采取以会代训、专业培训、外出参观考察等方式举办培训班 5 期,培训团干部 100 名,使团干部自身素质明显提高,工作能力不断增强,发展新团员 927 名。选送 12 名乡(镇)团委书记和 1 名团县委干事参加省、州组织的团干部培训班学习。

1997 年,按照"22133"工作思路,本着"服务大局,突出重点,狠抓落实,开拓进取"工作原则,推动和深化实施"跨世纪青年文明工程"、"跨世纪青年人才工程"和"服务万村行动"。同年,落实团州委提出的"四二"团建工程,突出"两支队伍"建设,加强全县团组织思想建设、组织建设、作风建设、制度建设和纪律建设,做好宣传和统战工作,推选 12 名团代表参加共青团凉山州第七次代表大会。

2003 年,团县委机关实行首问责任制,树立廉洁、勤政、务实、高效机关作风,制定工作目标,量化管理综合考评办法,对各基层团组织考评实行激励机制,先后培训 30 名团干部;1 名团干部到外地挂职,1 名团干部参加省委组织的理论调研班,2 名团干部被提拔重用,全县 1896 名青年入团,有 286 名团员加入中国共产党。2005 年,围绕"高举团旗跟党走,增强党性强素质,爱岗敬业争先锋",创建学习型机关和机关文明建设活动。全年,培训团干部 58 人次,表彰 20 个先进团组织、43 名优秀团干部、37 名优秀团员,团县委推荐凉山州第二届"十佳杰出青年卫士"2 名,组织部门选送州委党校学习 1 名,参加县委党校中青班学习 2 名,派到机关挂职锻炼 2 名,下派到基层任职 5 名,得到团省委表彰 2 名,受到团州委表彰 3 名。

表 8-3　1991—2005 年团县委组织建设情况表

项目 年份	基层组织(个)			共青团员(名)			
	团委数	总支数	支部数	实有团员总数	实有青年总数	团员占青年(%)	发展新团员数
1991	62	2	392	3210	39876	8	589
1992	62	2	392	3415	42106	8.1	672
1993	62	2	392	3100	45697	6.8	743
1994	62	2	392	3468	47853	7.2	891
1995	62	2	392	4105	58627	7.0	927
1996	62	2	392	4250	64231	6.6	949

续上表

年份＼项目	基层组织(个)			共青团员(名)			
	团委数	总支数	支部数	实有团员总数	实有青年总数	团员占青年(%)	发展新团员数
1997	56	2	373	5160	65427	7.9	648
1998	56	2	373	5450	71255	7.6	653
1999	56	2	373	6154	73588	8.4	605
2000	56	2	373	6206	75987	8.1	872
2001	56	2	373	6368	78673	8.1	973
2002	54	2	358	6472	78789	8.2	969
2003	54	2	358	6247	89344	6.9	1896
2004	54	2	358	6587	90147	7.3	1243
2005	54	2	358	6836	93521	7.3	1527

第四节　共青团活动

青少年思想道德教育　1991 年，开展“学雷锋、树新风”宣传月活动，34 个团组织、8543 名团员青年参加。开展家禽喂养、常见病防治、储蓄知识、交通安全、法律知识、工商管理、税法知识等咨询和宣传，咨询人数 424 人次，印发资料 253 份，挂横幅 24 幅，张贴标语 834 条，办墙报、板报 6 期，义诊 282 人次，设青年服务点 2 个，清除垃圾 0.5 吨，慰问五保户、军烈户 35 户，做好事 5280 件。在电影院举办纪念“五四”运动，“青年卡拉 OK”（民族歌曲）大赛。

1995 年，开展“成人节”活动，在县委培训中心举行“18 岁成人宣誓仪式”，78 名年满 18 周岁青年学生面对国旗庄严宣誓，之后，在小孤山植下“成人树”78 株。1997 年，香港回归前夕，团县委以及各基层团委累计召开座谈会 265 次，演讲会 83 次，请老干部到学校作报告 8 场，受教育青少年 12540 人。组织团员参加马拖乡东坪村“香港回归青年林”植树活动，种植桦山松 615 株。

2000 年，贯彻团州委下发《关于认真学习“三个代表”，深入开展“走、进、访”活动的通知》。开展以“知青年情、暖青年心、解青年忧、帮青年富、立青年志”为目标的县、乡（镇）团委书记、团支部书记驻村入户调研活动，教育广大团员青年始终站在时代前列，做新世纪接班人。

2003 年，开展“学习十六大，团十五大，投身新跨越”、“实现宏伟蓝图，做好全面准备”、“青春、创新、文明”等主题活动。弘扬爱国主义和民族精神，青少年爱国主义教育覆盖面 90%。举办“十六大、团十五大”知识竞赛，有 4200 名团员青年参加竞赛。

创建“青年文明号”　1995 年，以金融、税务、邮电窗口行业为先导，带动各企事业单位参与争创“青年文明号”活动，实行挂牌上岗。举办各类管理、技术培训班 18 期、技术比武 21 次，攻关项目 35 个，取得县以上科技成果 8 项。创州级“青年文明号”2 个，县级“青年文明号”6 个。

1999 年，城乡开展“青年文明号”扶助万家活动，倡导 8 小时内岗位优质服务，8 小时外为群众办好事，对青年文明号负责人进行培训。团州委对“青年文明号”单位进行检查验收、清理整顿，重新认定 9 个州级“青年文明号”单位，取消 2 个不合格单位。2002 年，在 12 家“青年文明号”单位开展“向党的生日献礼”活动，组织商贸战线“青年文明号”参与“百城万店无假货青年文明号”活动，开展年度“青年文明号”质量监督检查，统一悬挂“青年文明号信用公约”标牌，建立健全“青年文明号”的申报、考核、评估办法。全县州级“青年文明号”14 个，县级“青年文明号”23 个。

2005年,开展创"高度的职业文明、高超的职业技能、一流的工作业绩"活动,举办"优秀青年民营企业家"、"青年文明号"评选,开展规范化优质服务,引导青年职工在生产经营中奋勇当先,创新创效,促进青年职工岗位成才。同年,强化对"青年文明号"动态管理和一票否决,开展"青年文明号信用示范建设"、"青年文明号真情暖万家"、"青年文明号一助一"、"承诺服务制"等活动。全县有州级"青年文明号"16个,县级"青年文明号"26个。

青年志愿者服务 1994年,启动"学英模、树新风"青年志愿者服务活动,全县1000名少先队员、青年、团员组成志愿者服务队伍,在街道、厂矿、机关、学校、家庭散发宣传资料560份,义诊义检280人次,法律咨询750人次,做好事167件。

1998年,开展"亮化、绿化、美化"创建文明卫生县城活动,组织7支青年志愿服务队380名志愿者,疏掏县城打虎沟、吊桥沟948米。推行青年志愿者注册制度,全县各类青年志愿者服务队40个,注册青年志愿者2713人。2000年,开展青年志愿者"三下乡"活动,组织青年志愿者到乡镇开展科普知识宣传咨询活动,发放宣传资料3400份,少儿读物230本。

2003年,成立团县委"抗非"协调领导小组,召开4次专题会议,组织全县3400名团员青年志愿者依托标语和发放非典宣传资料宣传《传染病防治法》及非典有关知识和预防方法,发放宣传资料61450份。把开展"爱国卫生活动"同抗击非典有机结合,组织团员青年志愿者对公共场所进行防疫消毒,清扫卫生死角5786处,卫生大扫除5124次,清运垃圾1120吨,疏掏阴沟4.56千米。

2005年,组织青年志愿者走进下岗职工和农村困难群众家中,开展访贫问苦、帮扶弱势群体活动,帮助劳弱户插秧,看望慰问5名贫困少年儿童,赠送价值380元学习用品和科普书籍,为灾民捐款850元。以"中国青年志愿者行动实施10周年"为契机,动员教育、科技、医疗、法律、文化等方面的团员青年,坚持"走出去和引进来"方针,为凉山州"一办两创"工作新注册志愿者46名,同时与西南交大峨眉校区联系,每年暑期引进优秀大学生志愿者开展服务"三农"实践活动。全年志愿者开展活动57次,发放宣传资料14920份,接待咨询人员4153人次。

岗位能手活动 1995年,岗位能手活动逐渐由过去发现人才工作方式向培养人才、激励人才工作方式转变。在公交战线、财贸战线、企事业中开展拜师学技活动,全县师徒结对84对。1997年,开展"万名青年争当能手,增效改进机关工作作风,提高办事效率"活动,举办培训班4期,培训154人,建立安全岗14个,评出安全监督能手6名,建立优质服务岗7个,技术比武能手3名,财会业务能手2名,养路能手4名,州级青年岗位能手5名,县级岗位能手18名。

1999年,在工矿企业,开展"争当青年岗位能手"、"百万青工创新创效"活动,完成创新创效项目7项,评比表彰2名杰出青年岗位能手。

2000年,开展岗位练兵,技术比武和下岗、待岗青工技术培训。举办青年"建功杯"竞赛和"青年安全生产示范岗"创建活动,建立各类青年突击队13支,评出6个州级青年安全生产示范岗。表彰青年技术创新带头人1名,培训150名下岗青工,有108名下岗青工接受转岗技能培训,并通过鉴定获得初、中级等级证书,帮助45名下岗青工实现再就业。2005年,在企业中开展"传、帮、带","先进更先进、后进赶先进"活动;培养岗位能手65名,评选技术标兵7名。

服务万村 1995年,深化"服务万村行动",确定23个村团支部为"服务万村脱贫致富奔小康行动"示范联系点。为农村青年联系项目27个,提供化肥20吨,争取贷款30万元。1996年,创建科技示范基地28个13亩,向联系村赠送价值3万元的物资和资金,提供化肥1吨。组织"服务万村行动"大检查,为团员青年提供有效信息34条,送科技书籍1000册和价值2000元的活动器材,协调扶贫办低息贷款2万元,帮扶20户青年贫困户发展养殖业和种植业。

1998年,围绕"科教兴越"战略,推进"服务万村行动",以形象扶贫、移民开发为主,增强扶贫实效;落实形象扶贫7253户。1999年,组织县级机关、企事业单位团员青年开展对口扶贫,实施种植业项目4个,恢复、整治水利工程23处，新建新型水池17口，新增灌溉面积970亩，转移劳动力99户，解决2428人的温饱问题，有效地改善贫困地区的基础条件，实现全县整体越温。

2001年，运用培训、现场指导、推广实用技术，举办各类培训班7期，受训人员325人。组织团员青年改造中低中产田400亩，整治水利工程49处，解决2800人饮水困难，完成乡村道路建设8千米。2005年，围绕农民增收，调整产业结构，发展农村经济。成立雪梨协会、烤烟协会，探索农业社会化服务机制。举办科技培训、实用技术培训以及形势教育24期，培训人员5000人次。

青年星火带头人　1991年，在农村开展培养青年星火带头人活动。1993年，为示范片提供信息351条，资金2万元，化肥1.5吨，农药0.5吨，良种0.2吨。2000年，培养州级星火带头人2人，县级星火带头人8人。2003年，新培养县级星火带头人45人，州级星火带头人8人。到2005年，举办农技培训班265期，培养青年星火带头人185476人次，建立科技示范片280个。

双争、双创　1999年，开展"双争双创"活动，成立越西县企业青年职工创新创效活动领导小组，落实电力公司等5个青年职工创新创效活动试点企业。2001年，在农村"双争、双创"竞赛活动中，各级团组织围绕党政农村工作，积极领办推广项目。

2003年，深化"双争、双创"活动，在青工战线上，围绕企业改革改制，开展创新创效活动，各级团组织加强青工业务技术和劳动技能培训64期，185人参加，创新创效项目143个。建立大瑞乡"青年中心"，为广大团员青年学知识、习技能、获信息、受培训、交朋友、强素质、谋发展提供综合性服务平台。

2005年，开展"争当青年致富能手"和"创新创效"活动，建肉牛、奶牛示范区6个，协助安置下岗职工25名，向县外劳务转移65人，引资项目14个，创新创效项目168个。

希望工程　1991年，开展救助失学儿童，实施希望工程活动。1999年，开展"青年文明号爱心献穷娃"活动，捐赠价值5622元的棉被、文具、作业本等生活、学习用品给申果庄小学。同年，开展"爱心储蓄"、"1+1"助学行动，发放救助款5000元，救助失学儿童100名。

2005年，开展"弘扬雷锋精神，参加志愿服务，百名青年志愿者重走长征路"活动，加强和改进青少年思想教育，发放宣传资料8000份。募捐1000元资助乐青地乡中心小学10名女童入学，赠送拉白乡、大花乡小学12000元学习用品，购买2000元慰问品慰问重走长征路特困人员。

少先队工作　1991年，开展"学赖宁、做好孩子"活动，各校组织少先队召开学赖宁动员大会176次，办板报4311期次，开专题会371次，做好事73361次，拾金不昧531件，为孤寡老人做好事403件，慰问军烈属393件，给解放军写慰问信1114封，植树、种花11316株，团县委收到各校活动稿件254件。开展"理想、学习、实践、成才"活动，举办"暑期小学生"、"城乡小伙伴"夏令营，有少先队员1564名参加。

1995年，实施雏鹰争彰行动，加强少先队整体建设，开展创"十佳少先队员"和"十佳少先队辅导员"、"手拉手情系小伙伴"、"读书交友"、"服务万村建书屋"等活动，全县有80对学校结成互助联谊校，206对大、中队辅导员结对交友，3561对少年儿童结成"手拉手"友好对子。写"手拉手"交友信465封，寄书报556册，捐献文具2500件，为结对的村校建立"手拉手"书屋和书架8个。

2000年，加强对少先队员法制宣传，利用"6·26世界禁毒日"组织学校少先队员在城区开展禁毒宣传，散发禁毒资料4000份，受教育5860人。为庆祝中国少先队建队50周年，组织1000名少先队员开展检阅及文艺汇演。组织少先队员在中冕公路两旁集中开展以"大力植树造林、改善生态环境"为主题的义务植树活动，种植桦山松8亩，4500株。

2005年，在全县学校开展"民族精神代代传"、"少先队新世纪我能行"、"星星火炬代代传"活动。全县有少年先锋队队员20160名，县属少先队组织15个。

第三章　妇　联

第一节　妇联组织

越西县妇女儿童工作委员会(简称妇儿工委)　1991 年,妇女儿童工作协调委员会负责全县妇女儿童管理工作。

1995 年 4 月,妇女儿童工作协调委员会更名县人民政府妇女儿童工作委员会,由分管副县长任主任,政府办 1 名副主任和县妇联主席任副主任,有关部门负责人为成员,办公室设在县妇联,负责日常工作,县妇联主席任办公室主任,有工作人员 1 名。

越西县妇女联合会(简称县妇联)　1991 年,县妇联下设办公室,妇儿工委办;设主席 1 名,副主席 2 名。2003 年 6 月,县级机构改革,县妇联下设办公室,妇儿工委办;设主席 1 名,副主席 1 名。

表 8－4　**1991—2005 年妇联负责人名录**

姓　名	性　别	民　族	职　务	任职时间
阿说阿依莫	女	彝族	妇联主席	1991. 1—2003. 3
李忠琼	女	汉族	妇联副主席	1991. 1—2005. 12
曲木政府莫	女	彝族	妇联副主席	2000. 4—2004. 3
阿余牛牛	女	彝族	妇联主席	2003. 4—2005. 12

基层妇女组织　1991 年,全县有区妇联 9 个,乡妇联 46 个,机关、企事业单位妇代小组(妇委会)26 个,街道妇代小组 1 个,村妇代会 288 个,社(组)妇代小组 908 个,基层妇女工作者 1347 人。

1993 年 8 月,工委妇联撤销。1996 年,工委妇联恢复,全县有工委妇联 9 个,乡(镇)妇联 40 个,机关、企事业单位妇委会(妇代小组)21 个,街道妇代小组 1 个,村妇代会 288 个,社(组)妇女小组 908 个。2005 年,基层妇联组织 1269 个,其中:工委妇联 9 个,乡(镇)妇联 40 个,机关、事业单位妇联 20 个,街道居委会妇代小组 1 个,村妇代会 288 个,社(组)妇代小组 908 个,企业妇委会 3 个,有基层妇女工作者 1384 人。

发展纲要　1996 年,县政府制发《越西县妇女发展实施规划(1996—2000 年)》(简称规划)。2000 年,规划中确定目标基本实现:8736 名女性文盲、半文盲脱盲;孕产妇系统管理率由 1. 7% 提高到 1. 8%,住院分娩新法接生率 75. 7%。全县有女干部 1300 人,女党员 1000 人,女专业技术人员 710 人,女性在各级人大代表、政协委员中所占比例逐届增加。

2001 年,从妇女与教育、经济、健康、法律保障和妇女参与决策 6 个方面着手,落实《2000—2010 年越西妇女发展纲要》(简称纲要)。

2005 年,全县妇女生存保护与发展环境得到改善,孕产妇系统管理从 1. 8% 提高到 2. 1%,住院分娩新法接生率 80%。有女干部 1751 人,女党员 1242 人,女专业技术人员 1220 人。

第二节　妇女代表大会

县第十次妇女代表大会　1995年12月23日—25日，县妇联召开第十次妇女代表大会，出席大会正式代表110名，列席和特邀代表各5名，会议总结1990—1995年全县妇女工作，提出今后5年工作目标，审议通过妇联工作报告，选举县妇联十届执委12名。十届一次全委会选举常委4名，选举妇联主席1名、副主席1名。至2003年7月，十届执委会共召开执委会9次。

县第十一次妇女代表大会　2003年9月17日—19日，县妇联召开第十一次代表大会，出席大会正式代表110名，特邀代表4名，列席代表6名。会议总结1995—2003年开展的“双学双赛”、“巾帼建功”活动和维权工作，提出今后5年妇联工作的任务，审议通过妇联工作报告，选举由15人组成县妇联十一届执委会。十一届一次全委会选举常委5名，选举妇联主席1名，副主席2名。

第三节　妇联活动

一、女干部培养

1992年，县妇联印发《越西县妇联1992—1996年岗位培训规划》，对全县妇联干部在4年内普遍进行为期一个月的轮训。1995年，制定《1995—1999年越西县培养选拔女干部的规划》，对全县女干部培养选拔作出目标规划以及具体操作措施。全县50%乡(镇)党政班子配备1名女干部，县级党政班子中各有1名女干部。县级部委、办、局有1名女领导干部。

1999年，县妇联、县委组织部联合制发《关于进一步做好培养选拔妇女干部工作的通知》，明确党政班子中有1名女干部，60%县级部委局配备1名以上女干部。80%以上乡(镇)党政班子中配有1名以上女干部。

2005年，对全县各级妇联组织建设和妇女干部培养选拔工作开展调研，在各地区、部门妇联人员编制、工作经费等情况进行摸底的基础上，向县委提交题为《越西县基层妇联组织建设及女干部配备的现状和建议》的调研报告。

二、维权工作

宣传教育　1991年，结合“二五”普法开展，利用“三八”妇女节、“六一”儿童节、“六二六”禁毒日、集镇逢场日，在越城、中所、新民、乃托、书古、普雄等乡(镇)宣传《中华人民共和国婚姻法》、《中华人民共和国税法》、《中华人民共和国妇女权益保障法》等法律法规。通过宣传教育，当年有265人解除包办婚姻。1996年，宣传《未成年人保护法》、《义务教育法》、《母婴保健法》、《婚姻法》、《禁毒条例》、《打击拐卖妇女儿童犯罪通告》、《儿童发展纲要》和《妇女发展实施规划》，重点宣传《妇女权益保障法》。

2000年3月，开展为期1周“148”(“要司法”的谐音)妇女维权周宣传活动，组织律师、公证员、司法干警及妇女维权工作者，到基层进行法制教育，提供咨询服务，受教育妇女54738人次。

2005年，在全县妇女中开展“三德”(社会公德、职业道德、家庭美德)教育，组织妇女踊跃参加县文明办、文体局举办“信合杯”公民思想道德知识竞赛。

法律援助　1991年，与司法部门协作，成立法律援助妇女服务站，对有要求并需要法律援助的妇女进行法律咨询和必要的法律援助。2003年，从妇联干部中选聘特邀陪审员参与县法院(法庭)审理涉及损害妇女儿童合法权益的案件。当年,4 名妇联干部被聘为特邀陪审员,参与案件审理 9 件。

2004 年 6 月,成立县法律援助妇女工作站,乡(镇)设法律援助妇女工作点。2005 年底,全县设法律援助妇女工作站 1 个,工作点 50 个,有 112 人参与法律援助工作。

三、双学双赛

1991 年,全县 53647 名妇女参与学赛活动,涉及种植业、养殖业、服务业、编织业和商品流通业。其中:种植业,年收入逾万元的苹果种植大户 19 户,超千元 3874 户;养殖业,养猪 50 头以上,羊 100 只以上,鸡 300 只以上 247 户,年收入均在 5000 元以上;高二半山地区的彝族妇女利用农闲时间编织擦尔瓦,收入 76427 元。

1994 年,全县 42 名妇女被评为凉山州"双学双赛"先进个人,2746 名被评为县、乡"三八"红旗手,21364 户被评为县遵纪守法户,3964 户被评为县双文明户。1995 年,启动巾帼扫盲活动,举办不同形式培训班 40~60 期,组织农村文盲妇女参加扫盲学习,参加扫盲妇女 2033 人次,98% 的妇女脱盲,并参加实用技术培训,均掌握 2 门以上实用技术。

2002 年,"双学双赛"围绕"妇字号"烤烟、特色优质水果、万寿菊、中药材、无公害蔬菜种植、畜禽养殖进行,以实用技术、科技骨干、绿色证书等培训为主要形式,接受实用技术培训妇女在 4500 人以上,县农广校为农村培训妇女农技员 290 人。

2005 年,全县参赛妇女 41000 人,98% 掌握 2 门以上实用技术,有女科技致富带头人 27 人,女农民技术员 116 人,有农村妇女科技培训学校 1 所,专业技术协会 1 个。

四、巾帼建功

1992 年,在全县城镇妇女中启动"做有理想、有道德、有文化、有纪律,自尊、自信、自立、自强女性,为'八五'计划建功立业"活动(简称巾帼建功活动)。1994 年,县幼儿园教师开展自制玩具、教具比赛,激发教职工的积极性和创造性;农业战线女职工开展送农业技术进农家活动,传授农技知识,推广农业科研成果和新技术。1998 年,倡导在职女职工学文化、学技术、学科学、学管理,掌握适应岗位需要的知识技能,激励岗位成才、岗位建功;支持和鼓励下岗女职工发扬自尊、自信、自立、自强"四自"精神创业、再就业。2001 年,开办就业培训班,培训下岗女职工 146 名。

2005 年,中所镇建立全州第一个"巾帼志愿者服务队"。全县有妇女就业指导中心 1 个,巾帼社区服务点 1 个,女营销大户 5 户,女经纪人 5 人,女龙头企业带头人 2 人,有省级巾帼文明示范岗 1 个,州、县级巾帼文明示范岗各 3 个。

五、妇女健康保护

1991 年,组织妇女参加全国"恩威杯"保健知识竞赛,县、乡、村妇联结合知识竞赛活动,开展妇女常见病普查和儿童健康检查。1993 年,县妇联配合相关部门在"三八"妇女节、"六一"儿童节深入基层开展妇女健康保护知识宣传,对 1100 名农村妇女进行妇科常见病、多发病查治。

1996 年,培训基层妇联干部 78 人。以参训人员作为宣传骨干,在全县妇女中开展生殖保健知识宣传教育,受教育面 90% 以上。2000 年 3 月,县妇联参与"母亲安全"项目,培训基层计生和妇产科、儿科人员、乡村妇女干部 526 人,接受教育的孕产妇 1347 人。同年 9 月,越西县被省卫生厅列为全省 52 个"降低孕产妇死亡率和消除新生儿破伤风项目"(简称降消项目)的贫困县。

2004 年 6 月,举办为期 9 天,1524 人参加女性保健知识讲座,邀请妇产科专家讲授妇女常见病、多发病以及性病、艾滋病预防、治疗和保健知识。2005 年 12 月 1 日,结合第 18 个世界艾滋病、性病防治日,开展防治艾滋病宣传教育、咨询活动,受教育妇女群众 4100 人次。

六、五好家庭评选

1991 年，全县各机关、企事业单位、乡（镇）、村共评选出“五好文明家庭”2133 户，其中：县级 74 户。开展“模范丈夫”、“模范妻子”评选。

1997 年，全县评选出“五好文明家庭”163 户，其中：县级 5 户。有 4 户被推荐为州级“五好文明家庭”，并于 1998 年 3 月受到州政府表彰。

2003 年，将“爱国守法，明礼诚信，团结友善，勤俭自强，敬业奉献”融入“五好文明家庭”创建评选活动。

2005 年，全县评选出“五好文明家庭”216 户，其中：县级 19 户。有 4 户被评为州第三届“五好文明家庭”，2 户被评为州级“学习型”家庭。

七、少年儿童工作

儿童发展纲要　1994 年，围绕儿童教育、卫生保健、生活环境及权益保护，贯彻执行《九十年代越西儿童规划纲要》（简称《儿纲》）。1999 年，全县小学适龄儿童入学率 95%，比 1990 年提高 38.1 个百分点，15 周岁以上人口文盲率由 1993 年的 5% 下降到 3%。

2001 年，围绕儿童与教育、儿童与健康、儿童与环境、儿童与法律等方面，落实《2001—2010 年越西儿童发展规划纲要》（简称《儿纲》）。

2002 年，按照“儿童优先”的原则，建立以学校教育为重点，家庭教育为基础，社会教育为补充的教育体系，宣传男女平等基本国策，保障女童受教育权利，开展“爱婴行动”。

2005 年，全县小学适龄儿童入学率 95%，农村学前教育 29%，新生儿破伤风发病率小于 0.5‰，婴幼儿死亡率大幅度降低，《儿纲》中提出的各项中期目标基本实现。

关爱儿童少年　1992 年，将县幼儿园、南城小学、越西中学、越西二中设为家庭教育辅导站，办家庭教育学习班 5 期，参学家长 726 人，广播讲座 11 次，接待家长 4718 人。1996 年，采取多种形式宣传《未成年人保护法》、《儿童权利公约》、《义务教育法》等法律法规。

1998 年，进行《儿纲》中 12 个项目中期咨询服务，宣传预防新生儿破伤风、食用碘盐、口服补液疗法等知识，义务发放碘丸、《预防维 A 缺乏》宣传资料，为少年儿童进行身高、体重等健康指标的常规检查。

2004 年，贯彻中央《关于改进未成年人思想道德建设若干意见》精神，确定北城小学为县“小公民道德建设基地”，县幼儿园为“家长学校”。

八、春蕾计划

1998 年 2 月，县妇儿工委在全县发出“爱心献春蕾，捐助失学女童”倡议，收到社会各界捐款 1855.50 元，资助申果庄、中普雄、下普雄、上普雄、书古等贫困地区少数民族失学女童 64 名。2000 年，普初工作完成，全县无失学、辍学女童。

2002 年 6 月，由武警总部投资 20 万元，县政府配套资金 60 万元在原大花小学基础上新建全省第一所由武警总部支助修建的武警春蕾希望学校。学校占地 7201 平方米，有 1112 平方米新教学楼 1 幢，功能完善、设施齐备。

2003 年 9 月，武警春蕾希望学校建成招生，学生由 8 个班 190 人增至 12 个班 484 人。当年将新入学的一年级女生 56 名集中编班，开办“女童班”，品学兼优的女生还享受武警总部发给的每年 600 元的“春蕾女童”奖学金，有 6 名女学生享受奖学金。

2005 年秋，学校招生规模不断扩大，有 1～6 年级共 16 个教学班，学生 760 人。因教室及师资不足，不再设“女童班”。

第四章　工商联

第一节　工商联组织

工商机构　1987 年，恢复工商业联合会（简称工商联），成立第五届执行委员会，设主任委员 1 名，副主任委员 2 名。1994 年，县工商联在万寿宫，建成办公室和活动场所。1996 年，建立越西县工商联业务活动中心，为非公有制经济人士提供洽谈业务、交流信息、开拓市场平台。

2005 年，成立普雄工商联分会和中所工商联分会，全县有工商联分会 2 个，同业（行业）商会 2 个，会员 316 人（户）。注册民营经济生产单位 3470 户，其中：个体工商户 3410 户，私营企业 60 户；从业人员 8153 人，其中：个体工商户从业人员 4129 人，私营企业从业人员 4024 人；注册资金 30925 万元，其中：个体工商户注册资金 15862 万元，私营企业注册资金 15063 万元；民营经济增加值 54979 万元，占全县 GDP 总量 49.7%；上缴税收 902.0887 万元。在全县工商联及非公有制经济人士和商会组织中，担任省、市、县级人大代表 12 人次，政协委员 18 人次，全州工商联代表 6 人次。全县工商联机关工作人员 4 人，不驻会工商联主席 5 人；工商联党支部有党员 12 人。

表 8－5　　1991—2005 年工商业联合会负责人名录

姓　名	性　别	民　族	职　务	任职时间
任承湘	男	汉族	主任委员	1991.1—1993.1
许党全	男	汉族	副主任委员	1991.1—1993.5
易荣华	男	汉族	主任委员	1993.6—1998.12
陈　环	女	汉族	副主任委员	1993.6—1998.12
			副会长兼秘书长	1998.12—2005.12
文光福	男	汉族	会长	1998.12—2005.12

宣传培训　1991 年，落实《关于加强和改进对非公有制经济代表人士思想政治工作的若干意见》，开展讲座 5 次，培训 233 人次。1996 年，举办非公有制经济人士培训班 8 期，培训人员 426 人次，并组织会员前往福建省石狮市工商联考察。

2001 年，开展学习“三个代表”活动，到 5 个地区、12 个乡（镇）调研，完成《清障除碍，畅流千里》调研文章。2005 年，组织工商联会员和非公有制经济人士学习党对发展非公有制经济的方针、政策、法律、法规和县委、县政府《关于优化经济发展软环境的意见》，引导帮助全体会员和非公有制经济人士诚信经营、依法纳税、加快发展、回报社会。同年 10 月，组织会员赴华东 7 市考察学习。

第二节　工商联代表大会

越西县工商业联合会第六届代表大会　1993 年 6 月 21 日，县工商业联合会第六届代表大会召开，参会代表132名,大会通过越西县工商业联合会第五届委员会工作报告,选举产生执委22名,常委10名,副主委3名,主委2名。1994年3月,增补3名执委。

越西县工商业联合会第七届代表大会　1999年1月7日,县工商业联合会第七届代表大会召开,正式参会代表62名,特邀代表8名,大会通过越西县工商业联合会第六届委员会工作报告,选举产生执委22名,常委7名,副会长4名,会长1名,名誉主委1名。2000年4月27日,增补4名执委。2001年2月增补常委7名,执委2名。

越西县工商业联合会第八届代表大会　2004年9月24日,县工商业联合会第八届代表大会召开,正式参会代表75名,列席代表12名,大会通过越西县工商业联合会第七届委员会工作报告,选举产生执委35名,常委10名,副会长6名,会长1名,秘书长1名。2005年6月,增补2名执委。

第三节　工商联工作

调研和参政议政　1991年,县工商联组织或参与全县性的调研,了解全县经济运行态势,掌握民营经济发展状况及特点。1993年,召开第九届人民代表大会,县工商联机关干部和会员对县城规划、城市交通、非公有制经济发展热点、焦点问题提出合理化建议并向大会提交提案18篇,建议13条,其中:9篇提案被政府采纳。

1998年,进行审批制度改革、清理过时文件、规范行政检查和收费、制定民营经济发展规划、建立民营经济统计系统、改善行政服务、市场配置资源、提高城市建设质量、培育龙头企业等项工作,向第十届人民代表大会提交提案16篇,建议10条。2000年,县委、县人民政府采纳县工商联提出6条振兴县域经济建议和意见。2002年,组织个体工商大户、私营企业主参加纪委开展的对全县各机关单位的总体评测。2004年,县工商联围绕改善民营经济发展软环境、加快民族聚居区民营经济的发展、全县经济工作中的几个问题、民营经济当前情况进行调查研究,并向县委报送调查报告和工作建议。

2005年,受邀对政法队伍和其它党政部门进行作风评议,会同有关单位开展企业负担情况调查,参与修改《政府工作报告》。县工商联会员中各级人大代表、政协委员18人,在组织上为参政议政提供保证。

引导服务　1992年,组织常委、执委、机关干部深入各级民营经济生产单位、私营企业和乡(镇)工商组织进行专题调查研究,确定第一批非公有制经济代表人士133名,占全县私营企业、个体工商户总数的5%;撰写"发挥工商联作用,促进非公有制经济的发展"、"重视非公有制经济的发展"等调研文章,为县委、县政府决策提供依据。

1995年,成立越西县工商贸易货栈,与福建省石狮市工商联、工商经济服务公司联网成为网员单位,为推销越西产品、提供外出务工信息搭建平台。1997年,到云南等地为县水泥厂、县塑编厂拓展市场,为两厂联系销售商家10户。

1998年,为青龙砖厂引进立窑式生产技术。2003年,将收集到的信息,择优编辑、印发1350份,召开信息联络会23次,提供政策信息264条,市场信息312条,产品供求信息423条。

2004年,成立越西县工商联会员维权服务中心,聘请律师兼职维权服务中心工作,免费为会员提供法律咨询,代理诉讼。2005年,支持企业"树形象、亮牌子"。推荐优秀企业和人士参加"四川省优质产品企业"、"凉山州拔尖人才"、省州"优秀民营企业"、"优秀企业家"、"四川省光彩事业奖章"、"四川优秀社会主义建设者"、"企业文化建设先进单位"、"就业和再就业先进单位"等奖项的评选。组织企业参加全国和省级的各类展销会、民营企业贸易洽谈会、商品展示会,以扩大企业影响,促进商品销售。截至当年底,服务中心为会员协调处理矛盾纠纷事件127起,境外经济纠纷1起,追回欠款46万元。

第五章　残　联

第一节　残联机构

1990 年 11 月 24 日,成立越西县残疾人联合会(简称县残联),由县民政局代管,设理事长 1 名,理事 2 名。1991 年,成立残疾人工作协调委员会,由分管副县长任组长,14 家单位为成员,协调解决残疾人工作遇到的困难。乡(镇)残疾人工作由乡(镇)民政助理员负责。1998 年,县残联挂靠县民政局。2001 年,县残联单列为事业单位,核定事业编制 6 人,其中:理事 1 名,副理事 2 名。2005 年,全县有残疾人工作协调委员会成员单位 27 家。县残联设理事长 1 名,副理事长 2 名,理事 2 名。

表 8 - 6　　1991—2005 年残联负责人名录

姓　名	性　别	民　族	职　务	任职时间
杨绍荣	男	汉族	理事长	1990. 11—1994. 8
孟先平	男	汉族	理事长	1994. 9—1998. 7
阿加阿呷	男	彝族	理事长	1998. 8—2005. 12
潘国富	男	彝族	副理事长	1998. 8—2005. 12
耿建华	男	汉族	副理事长	2003. 5—2005. 12

第二节　残疾人代表大会

越西县第一次残疾人代表大会　1990 年 12 月 26 日,召开越西县第一届残疾人代表大会,与会代表 65 人,其中:残疾人 33 人。本次代表大会总结过去一段时期“三康”工作,确定县残疾人联合会工作目标。大会推选名誉主席 1 名,副主席 1 名,选举产生越西县残疾人联合会主席团成员 21 人,分管副县长当选主席,副主席由各工委、县级相关单位领导担任。大会选举通过县残联第一届理事会,理事长 1 名,由理事长推荐理事 2 名。

越西县第二次残疾人代表大会　1994 年 4 月 27 日,召开越西县第二次残疾人代表大会,与会代表 84 人,其中:残疾人 44 人,残疾人工作者 40 人。大会选举名誉主席 1 名,副主席 1 名,推选出主席团成员 22 人,其中:残疾人 12 人,残疾人工作者 10 人。本次会议对第一届县残联主席团的工作进行总结,确定第二届县残联主席团的工作目标。大会根据主席团主席推荐并选举出理事会理事长 1 名,副理事长 1 名,理事 2 名。

越西县第三次残疾人代表大会　2004 年 5 月 25 日,召开越西县第三次残疾人代表大会,与会代表 75 名,其中:片区代表 35 名,县级部门代表 19 名,特邀代表 21 名。代表中残疾人及亲属代表 28 名,占正式代表的 52%;少数民族代表 35 名,占正式代表的 65%;妇女代表 10 名,占代表数的 19%。本届残疾人代表大会设名誉主席 1 名,副主席 1 名;主席团设委员 21 名,中专以上文化程度 16 名,中专文化程度 4

名，初中文化1名。本次会议总结第二届县残联主席团的工作，并确定县残联第三届主席团的工作目标。大会还根据主席团主席推荐，选举出理事会理事长1名，副理事长2名，理事3名。通过县残联理事长提议，大会通过并成立越西县肢体残疾人协会和视力残疾人协会。选举产生肢体残疾人协会主席和视力残疾人协会主席。

第三节　残联工作

办理残疾证　1991年，全县残疾人普查，有残疾人3293人，占全县人口的1.5%。其中：视力残疾人504人，听力残疾人619人，智力残疾人464人，肢体残疾人1472人，精神残疾人234人。1995年，开展残疾人证评定工作，为1403名残疾人颁发残疾证。

1996年，开展残疾人等级鉴定工作，办理《凉山州残疾人证》2210本。1997年，依据《中华人民共和国残疾人评定标准》，重新鉴定残疾人残疾等级，全县自愿办理《中华人民共和国残疾人证》2680本。2004年，为争取世行残疾人综合康复项目，免费对24个乡（镇）集中办理《残疾人证》4658人，办证比例85%。2005年，全县残疾人11913人，办理《残疾人证》8562人，办证比例71.80%。

捐资助残　1991年，按照《县民政局等12个单位关于在全县开展"捐赠一元钱，扶残做奉献"活动的报告》，号召全社会捐资助残，接受社会各界捐款1.5851万元，用于残疾人救助、康复、教育等方面，受益残疾人241人。

1995年4月，开展向残疾人献爱心捐赠2元钱活动，接受社会各界爱心捐款2.4万元，用于小儿麻痹症矫正术、聋儿语训、白内障手术、残疾儿童教育补助、特困残疾人救助等方面，受益残疾人274人。2001年，开展10元钱爱心捐资助残活动，接受社会各界爱心捐款3.6万元，用于残疾人教育、康复、就业培训等工作。

残疾人扶贫救济　1991年，本着"优先满足有能力自主发展的残疾人"原则，统筹扶贫款项支持残疾人扶贫解困。2000年，扶持55户可扶持残疾人贫困户，其中：18户从事养殖业，25户从事种植业，12户从事种、养业。已有15户残疾人基本解决温饱，36户初步实现脱贫，有4户返贫。2001年5月，争取省财政残疾人专项扶贫资金4.5万元，扶持越城镇等8个乡（镇）49户贫困残疾户，每户扶持金额800～1000元。

2002年，争取省财政残疾人专项扶贫资金3万元，扶持残疾人20户，100名城镇贫困残疾人纳入城镇低保范畴。民政部门下拨搬迁安置费6万元，饮水工程5万元，照明动力用电3.5万元，救济款5500元，粮2300斤，衣物1547件用于解决麻风病人生产生活困难。

2005年，帮扶10户特困残疾人家庭，帮助解决残疾人实际困难8件。有84位残疾人得到扶贫贷款，还款率70%，发展率达60%。农村贫困残疾人享受农村低保比例占全部享受人口40%。同年9月，县政府与国际助残签署《越西县残疾人综合康复项目合作协议书》，由英国国际发展部为项目无偿提供56.2万英镑赠款，在18个项目覆盖乡（镇）开展残社区康复、残疾预防、融入社会、残疾人个人档案与信息管理、康复中心、危房改造、互助金等助残工作。建立大营盘村康复院，由大屯乡政府管理，有管理人员2名。康复院有175户826人，有麻风病人76人。对麻风病人五保户每人每月发给供养金56元。

优惠政策　1992年，试行残疾人"七优七免"优惠政策。1993年，出台《越西县人民政府批转县民政局等14个单位关于对残疾人实行七优七免优惠待遇的通知》。凡县境内持有《残疾人证》残疾人均可享受优惠政策。2003年，执行《省物价局、财政厅关于减免残疾人专业车管理收费的函》对残疾人专用机动车管理费实行减免优惠。截至2005年，各职能部门对受益残疾人减免的相关费用、税务等达357万元。

宣传教育　1991年5月19日，开展第一个"全国助残日"宣传活动，面向社会宣传新颁布实施的《中华人民共和国残疾人保障法》。张贴标语200条,发放传单500份,接待咨询158人次。2001年,全县适龄残疾儿童随班就读140人,入学比例70%。初中、高中就读残疾人120人。2002年,推荐3名残疾人运动员参加省残疾人运动会选拔。推荐2名残疾人书法作品5幅参加州残联开展的残疾人书法、绘画大赛,1幅作品获优秀奖。2003年,争取“扶残助学春雨行动”项目,对12名在校特困残疾学生进行人均每学年0.1万元资助,计3.6万元。

2005年,为残疾人义诊300人次,慰问残疾特困户56户,播放专题节目7次,接受社会各界捐赠衣物3次383件。32人参加特殊学校的学习,其中:盲童教育8人、聋儿语训23人、智力儿童1人;参加过高考的残疾人有12人次,考取大中专5人,分别被大中专院校录取。

康复工作 1991年,利用社会捐款资助28名残疾人做手术,23人做白内障复明手术。推荐1名9岁聋儿到乐山聋哑学校就读。1993年,资助200元,推荐1名聋儿到成都聋儿语训学校学习。1997年,资助6000元,为42人做白内障手术。1999年,中残联“健康快车”到凉山州施行免费白内障手术,组织完成24例白内障手术。1名脑瘫儿童到省康复医疗机构进行康复,翌年,转为家庭康复。

2000年,全县在州级以上定点医院做白内障手术白内障患者200人次。同年,“长江新里程”假肢安装计划覆盖越西县,对截肢残疾人安装假肢费用实行减免。

2002年,调查全县白内障患者,报名登记白内障患者146人。经县医院鉴定,78人属白内障。州残联白内障手术免费医疗队到越西县施行白内障手术23例,免费配发2个助听器给2名在校聋儿学生。

2005年,与乐山聋儿语训学校联系,对30名聋儿家长进行2次短期培训,让聋儿在家里也能继续接受培训。帮扶丁山乡1户3名聋儿到乐山聋儿语训学校学习,每年资助1000元,连续资助3年。到2005年,省残联、省人民医院和州残联、州医院免费医疗队到越西县共完成白内障复明手术1438例;儿麻残疾人到省州残联定点医院成功施行手术98人,其中:30人免除手术费用,20人获得县残联资助每人300~500元;“长江新里程”安装假肢42人,其中:安装小腿假肢37例,大腿假肢5例。

残疾人辅助用具 1991年,建立残疾人用品用具供应点,承担州残联用品用具供应站与残疾人之间的转介服务工作。1999年,争取到台湾慈善机构曹氏基金会捐赠的手摇轮椅车10辆,发放到越城镇、新民镇、普雄镇、大瑞乡、大屯乡等地区的10名残疾人手中。

2004年,中残联发放给县级残疾人康复中心康复器材1套。2005年,发放州残联下发腋杖100副、大功率助听器10个、盒式助听器20个、盲杖20根、麻风病人防护用品543件(鞋、眼镜、手套等)、智力开发器具20个、肢体残疾人生活用具20个、轮椅10辆、手杖40根等残疾人辅助用具。

劳动培训与就业 1991年,先后选送4名视力残疾人参加省、州残联举办的盲人按摩培训班。1999年,组织全县残疾人实用技术培训1454人次,帮助442名残疾人就业。2002年,选派36名残疾人,参加第4期养殖业、手工业培训,推荐残疾人参加省州残联举办的各种职业培训班。推荐85名残疾人参加省州残联举办的美容美发、手工业、养殖业、维修业等残疾人培训班。

2005年,全县从事手工业、小商品生产、商业等工商行业的残疾人546人。全县税务、工商对残疾人的减免额度达217万元。分配残疾大中专毕业生2名在行政、事业单位工作,在国有商业、企业单位安置残疾人职工16名。

就业保障金 2002年,在全县开展按比例安置残疾人就业工作,同时开展依法征收残疾人就业保障金工作,当年收到21000元。2005年,累计征收到残疾人就业保障金53000元。

第九篇 国防

第一章 军事管理

第一节 军事机构

县人民武装部 1991年，县人武部内设：军事科、政工科、后勤科和办公室。1996年3月，根据中共中央、国务院、中央军委《关于县（市、区）人民武装部收归军队建制的通知》，县人民武装部收归军队建制，称中国人民解放军四川省越西县人民武装部，恢复正团级单位，隶属凉山军分区，接受上级军事机关和同级地方党委、人民政府双重领导。2000年，人民武装部设军事科、政工科、后勤科，撤销办公室。参谋、干事、助理员的职务等级分别为副营职10%，正连职60%，副连职30%。编制人员干部11～13名，设部长、政委、副部长各1名，参谋2～4名，干事1名，助理员2名。部长、政委为正团级，副部长为副团级，科长为正营级。

表9－1 1991—2005年县武装部负责人名录

姓 名	性 别	民 族	职 务	任职时间
李约波	男	彝族	兼第一书记	1990.4—1992.7
吉差吉哈	男	彝族	部 长	1986.2—1998.8
龚道德	男	汉族	政 委	1986.5—1992.7
勒尔红极	男	彝族	政 委	1992.7—1999.5
王志龙	男	藏族	副部长	1991.5—1996.4
花景孝	男	汉族	副部长	1996.4—1997.12
薛启华	男	藏族	兼第一书记	1996.5—1997.12
邓显祥	男	汉族	兼第一书记	1997.12—2000.5
沙光华	男	彝族	部 长	1998.9—2005.4
王晓清	男	汉族	政 委	1999.9—2004.4
张天俊	男	汉族	副部长、政委	2001.4—2005.12
李范清	男	汉族	副部长	1999.5—2001.4
胡 坤	男	汉族	兼第一书记	2001.4—2005.11
杨光福	男	彝族	兼第一书记	2005.11—2005.12
王志杰	男	汉族	部 长	2005.4—2005.12
刘建军	男	汉族	副部长	2005.9—2005.12
杨建刚	男	汉族	政 委	2005.9—2005.12
武恩平	男	汉族	副部长	2002.4—2003.4
牛选民	男	汉族	副部长	2003.4—2004.4
文永刚	男	彝族	副部长	2004.4—2005.12

乡、镇人民武装部 1991年,根据县委组织部要求,乡(镇)专武干部的配备原则是:2万人以下的乡(镇)武装部配部长1人,2~4万人的乡(镇)武装部配部长1人,专武干事1人。1993年,撤区并乡建镇,撤销10个乡人武部。1996年,增加5个乡人武部,保留40个乡(镇)人武部和9个地区工作委员会人武部。

第二节 军事训练

1991年,依照《训练大纲》规定,每年以30个训练日完成机关训练,以军事训练、战术基础、军事体育、机关业务基础和民兵预备役工作等内容为重点训练,年平均参训率86%,训练成绩总平达到良好以上。同时,积极开展军事理论研究工作,重点进行新形势下民兵预备役工作的对策研究和高科技条件下的战争动员工作研究,做好"两个转变"工作。

1997年,开展岗位练兵,提高参谋"六会"(会写、会画、会练、会读、会记、会算)水平,经考核合格。同年,贯彻省军区"三长三法"(即师、团、营长、战、训、管法)集训,制定和落实"训练管理规定"、"考核评比办法"、"奖惩措施"等规章制度,年度训练成绩总评优良。贯彻军委主席江泽民"两个武装"指示,加强训练,完成训练时间240小时,总评成绩优秀。1998年,以"军事过硬"、"打赢高科技条件下局部战争"为目标,着眼高科技条件下局部战争及民族地区特点,紧贴战时部队和民兵应急分队应付突发事件任务的实际,开展军事学习研究,选送2名参谋参加省军区参谋业务集训。

2001年,严格按照新《军事训练大纲》和《高寒山地训练纲目》组织施训,提高官兵在高寒山地条件下"耐持久、耐寒冷、耐缺氧"能力,开展科技练兵,着重科技练官,把学习科技知识贯穿于训练全过程。采取计算机模拟教学、模拟训练方法,突出参谋新"六会"(会使用微机写、画、练、读、算、记)和新"三打三防"(打隐形飞机、巡航导弹、武装直升机,防精确打击、电子干扰、敌方侦探)训练。每年基础训练20~30个训练日。2003年,认真贯彻成都军区"铜仁会议"精神,突出信息化知识学习和信息战理论研究,开展军事演习训练,以防备军事连锁反应作战任务为牵引,突出军地联合军事行动中组织指挥、协同动作、作战样式、基本战法及保障方法的研究,参演148人,动用车辆45台次,武器54支。设置炸点65个,实爆作业35次,使用空包弹和部分实弹4360发,完成想定、导调、作业、保障等文书43份,标绘演习要图6份,制作多媒体课件4份。2005年,采取分散训练办法,学习计算机基础理论和操作,完成共同科目业务基础训练。干部学会指挥自动化系统的使用,掌握最新军事理论、学会多媒体软件制作,职工完成武器分解组合、军械修理、弹药勤务等科目训练以及手枪、半自动步枪、七九式微型冲锋枪实弹射击,训练成绩均达良好以上。

第三节 信息化建设

政治工作 1991年,开展以"四有"(有理想、有道德、有文化、有纪律)、"三讲"(讲文明、讲礼貌、讲卫生)、"两不怕"(不怕艰难困苦,不怕流血牺牲)为主要内容"双先"(先进单位,先进个人)活动。坚持"三会一课"制度,对党员进行党风、党性教育,巩固整党成果。学习党史,坚定"爱党、信党、跟党走"的信念。1997年,为纪念红军长征过越西60周年,请老红军作报告4场(次),教育干部职工发扬革命传统,弘扬红军精神。同年,开展"三讲"(讲学习、讲政治、讲正气)教育和建设中国特色社会主义理论及爱国主义教育。组织干部、职工参加省军区政治部组织的"97香港回归知识竞赛",获组织奖。

2001年,组织学习"三个代表"重要思想和党的第三代领导核心关于防止和克服形式主义、官僚主义、转变领导作风、改进工作方法的论述。

2004年,组织全体干部职工进行“崇尚科学”知识问答学习。开展百日安全活动,抓“六个管好”(人员、车辆、枪弹、营院、经费物资、涉密载体),并进行集中检查、专项整治、营院清洁、清除隐患,确保安全稳定。2005年,组织党员、干部、职工学习《党章》,联系实际找差距,边学边改见行动,做到“五个在一线”(学习在一线、工作在一线、调研在一线、服务在一线、廉政在一线);3月,开展“保持共产党员先进性教育”活动。坚持“高举旗帜,听从指挥”这个根本,抓机关干部队伍建设和军事建设。在党员中开展与身边先进典型“三看三比”(比思想,看奉献意识牢不牢;比作风,看吃苦精神强不强;比贡献,看敬业表现好不好)活动,提高党员干部践行“三个代表”自觉性。

信息网建设 1996年,组织干部学习掌握微机理论及操作技术。1997年,建设凉山州军分区与县人武部联通传真网,更换安装程控交换机,实现电话交换程控自动化。1999年5月,选派人员参加军分区科技练兵比赛,进行笔试、微机操作、野外作业等8个课目竞赛。2000年,完成高科技知识学习3年规划学习任务,全体军官理论水平、思维层次、科技素质有较大的提高,购买配置2台计算机。2003年,按照凉山军分区要求,县人武部购置微机,实行微机化管理,将民兵干部、预征对象、基干民兵花名册及民兵组织实力统计表、兵役预备役登记统计表、退伍军人服预备役统计表、地方军事专业技术人员统计表和各种方(教)案以及重要的民兵预备役工作资料输入电脑,存入软盘。2004年,对民兵装备、民兵通信装备、民兵通信分队、专业技术训练中心、哨所、值勤点、应急分队、民兵专业技术分队、机关业务部门使用通信装备进行普查。

2005年,县委、县政府拨专款28万元,完成36个乡(镇)人武部和2个民兵网络信息化建设,提高民兵快速动员和遂行任务能力。

第二章 兵 役

第一节 兵役机构

新兵审查委员会 1991年,县人民政府成立新兵审查委员会,区、乡(镇)建立相应组织。征集期间,由村、组推荐,区、乡(镇)两级审查后报县新兵审查委员会审定。

征兵领导小组 1991年起,征兵期间,成立征兵领导小组,组长由县政府副县长担任,副组长由县人武部部长担任,县武装部、县政府办、县公安局、县卫生局、县民政局、县财政局、县宣传部、县交通局等有关部门负责人为成员。1994年,县征兵领导小组随人员变化及时进行增补和调整,但工作任务和主要职责未变。1995年,为加强对征兵工作的领导,确保征集兵员的质量尤其是政治质量,每年征兵由县长担任组长,人武部部长、县政府1名副县长任副组长。成员单位扩大到教育、纪律检查部门。构成其成员随缺随补,具有连续性的征兵领导机构。

2005年,县征兵领导小组继续负责全县征兵领导工作,完善其职责和任务:认真贯彻国家兵役工作法律法规和上级征兵命令及指示,审定本级征兵工作实施意见;组织抽调有关部门人员成立征兵办公室,协调各方面力量做好征兵工作;审定落实征兵经费和有关物资保障;深入搞好调查研究,及时解决征兵工作中的重大问题;组织审定兵员;对违反征兵政策和纪律的问题做出处理等。

征兵办公室 1991—2005年,县征兵领导小组下设县征兵办公室,负责协调和处理征兵日常事务,具体组织实施征兵工作,办公地点设在县人武部军事科。征兵办公室主任由县人武部长担任,副主任由军事科科长或兵役业务部门负责人担任,工作人员主要从县人武部、县公安局、县卫生局、县民政局、县宣传部、县纪检等部门抽人组成,设行管文秘、宣传政审、体格检查、后勤保障4个组。县征兵办公室属指导性管理机构,不直接办理征集兵员的具体业务,其主要职责和任务是:负责承办县征兵工作会议和日常事务,拟制兵员征集方案;指导搞好征兵政策和有关规定的宣传教育,掌握适龄公民应征情况;严格执行征集范围对象、条件标准及方法程序;检查指导乡(镇)搞好宣传动员、体格检查、政治审查、请领发放服装、办理档案、集中交接、安全起运等工作;及时互通上下情况,认真负责地调查处理征兵中的有关问题;妥善处理部队退兵,搞好征兵工作总结等。

第二节 兵役管理

兵役登记 1990年后,每年12月31日以前年满18岁的男性公民,在当年9月30日前,按照县兵役机关安排和通知,前往兵役登记站进行兵役登记。本人因特殊原因不能前往登记的,可以书面委托其亲属或所在单位代为登记。每年结合民兵整组和预备役登记核对工作,由各机关、团体、企事业单位和乡(镇)人民政府及街道办事处负责组织本单位适龄男性公民兵役登记工作,填写《兵役登记表》,依法确定应服兵役、缓服兵役和免服兵役人员。经登记和初审合格者,称应征公民。基层单位对应征公民进行体格目测、病史调查和政治、文化、户籍等初步审查,按上年度征兵任务数1:5比例选定政治思想好、身体好、文化程度高的应征公民为当年的预备征集对象,并通知本人,征兵时重点从预征对象中征集。

兵员征集 1990年起,增加1次春季征兵,征兵分春季、冬季。在兵员征集工作中,遵照国务院、中央军委征兵命令和上级兵役机关赋予征集任务,按统一政策规定、范围对象、条件标准及完成时限进行,一般集中在1个月左右完成。县、区、乡(镇)3级征兵领导机构,严格把守体检、政审、定兵3关。实行区乡(镇)目测,县上统一体检、政审,全年征集兵员104人。

1996年,征兵工作同民兵整组、民兵军训结合起来。在整组宣传中,让适龄青年做好应征准备,6、7月份经报名、体格检查、政治审查合格后,由县人武部军事科统一组织起来,结合军事训练进行正规的严格训练,到征兵时再进行体检和政审。层层建立责任制,强化群众监督,确保廉洁征兵。

2001年,贯彻执行《关于进一步做好平时征兵准备工作的意见》,提高工作效率,保证兵员质量。县征兵办下发〔2001〕开征字第01号文件,对征兵准备工作做统一安排。将突击式、运动式征兵改为一季征兵、三季准备,注重质量和平时准备工作。在政治审查时,实行逐级审查,层层把关,坚持村(居委会)、学校、派出所、乡(镇)、县征兵办五级政审和横向联审制,必要时采取跨地区、跨省联审。落实"谁政审、谁签字、谁负责"政审责任制。实行报名前过滤,预征预审;报名时过滤,初送初审;送检前过滤,综合会审;张榜过滤,群众监督的全过滤办法,保证新兵政治审查真实可靠。全年征集兵员60人。

2003年,严格执行国防部颁布《应征公民体格检查标准》的有关规定,男性青年身高由1.60米、体重47公斤分别提高到1.62米和50公斤以上(坦克乘员不超过1.75米,潜水员身高1.68~1.85米);女性青年身高由1.55米、体重43公斤分别提高到1.60米、体重45公斤以上;过于肥胖或瘦弱者不合格。陆勤人员右眼裸眼视力4.9,左眼4.8,高中毕业以上文化程度男女青年裸眼右眼视力可放宽到4.8,左眼放宽到4.6。潜艇兵、空降兵、坦克乘员每眼裸视力5.0,高中以上毕业生可放宽至4.9。有严重生理缺陷或严重残疾,不适合兵役的,免服兵役。

2005年,重视兵员质量,规范化设置体检站,抽调4名政治素质高,责任心强的人员,落实责任、严格把关、统一标准、掌握做法,确保新兵身体合格;坚持"五审、六过滤、七不征"的交叉过滤联审方法,落实谁政审、谁签字、谁负责的责任体制;严格执行有关规定由下而上、上下结合;把好初审关、复审关、再审关、联审关，确保新兵政治可靠；定兵采取先由县征办拟定入伍的兵员情况综合提交体检，政审级酝酿，熟悉情况，再由征接双方负责人逐一复议协商，最后由县征兵领导小组统一定兵，择优选择新兵。

表 9－2　　1991—2005 年兵员征集情况表　　单位：人

年份		1991	1992	1993	1994	1995	1996	1997	1998	1999	2000	2001	2002	2003	2004	2005
征兵数		61	50	60	60	45	50	57	52	62	62	60	61	57	57	60
征集兵员任务	男	61	50	60	60	45	50	55	50	60	62	60	61	55	54	59
	女							2	2	2				2	3	1

第三节　预备役制

预备役士兵登记　1991 年，继续实行预备登记，把民兵与预备役结合起来，重点做好年度退伍军人预备役登记工作，做好统计核对、纠错补漏、完善卡片资料工作。1995 年，全县预备役登记统计结合新时期兵员动员需要，加强后备兵员储备建设。1998 年，新《兵役法》颁布实施后，调整预备役登记条件。18～35 岁退伍军人、35 岁以下地方与军事专业对口技术人员登记为一类预备役；除服一类预备役人员，编入民兵组织人员以及其他 35 岁以下经过登记男性公民为二类预备役。民兵预备役人员参加年度 30～40 天训练。1999 年，根据《预备役军官法》，成立预备役军官管理委员会，县委副书记兼任主任，下设办公室，县人武部副部长兼任办公室主任；按新修订《兵役法》规定开展兵役、预备役登记，确定服预备役士兵总数 35057 人，坚持民兵制度与预备役制度相结合的原则，突出以军事素质为主要标准划分预备役士兵的类别及预备役分类。

2003 年，全县按照军事斗争准备需要和兵员动员工作要求，核实服预备役退伍军人。对当年接收登记的退伍军人按新的编码、卡片、统计报表进行登记统计和上报，针对第一、第二类预备役人员构成变动较大情况，组织全县所有专武干部进行集中培训；提高预备役人员军事素质和科技含量，突出以军事素质为主要标准划分预备役士兵类别，使预备役士兵的分类。

2005 年，把"十五"期间从部队专业复退军人作为兵员动员首批对象重点进行登记储备，防止错登、漏登。登记掌握战时部队急需、短缺技术人员，切实掌握地方与军事专业对口技术人员的数量、质量和分布情况。

预备役军官登记　1991 年，逐步开展转业军官预备役登记统计工作，明确规定登记范围、时间，即：1988 年 9 月 1 日以后，被授予中国人民解放军军官军衔的转业军官，排职 35 岁以下，营职 45 岁以下，团职 50 岁以下，师职 55 岁以下，初级专业技术职务 45 岁以下，中级专业技术职务 55 岁以下，高级专业技术职务 60 岁以下人员；每年 12 月 31 日为统计标准时间。

1994 年，成都军区政治部下发《关于转业干部转服预备役的通知》中规定：凡政治上表现良好、身体健康、符合年龄条件的，均进行转服预备役登记。登记 3 人，其中：中尉 1 人、少尉 2 人。

1995 年，按《兵役法》第 34 条规定：全县服现役期满的退伍军官和未服满现役已退伍的军官，以及在非军事部门服务并授予预备役军官军衔的人员，都编入预备役。

1996 年，贯彻《关于评定授予预备役军官军衔工作的指示》，县人武部对全县编入预备役部队和预编到现役部队担任预备役军官职务的人员；经过兵役机关登记，未编入预备役部队和未预编到现役部队的退出现役转服预备役的人员，进行摸底调查，按照军衔鉴定、平定军衔、上报审批的程序进行预备役军官军衔评定。

预备役管理　1991—2005 年，民兵整组工作中，将建立民兵组织单位的预备役人员编入民兵组织，重点将服预备役退伍军人和地方专业技术人员全部编入民兵组织，用民兵组织把主要预备役人员储备管理起来。在民兵组织中,预备役人员服预备役类别和管理要求不变,使民兵与预备役从制度、内容、工作和发展建设上有机结合,互相补充、配套管理、同步发展。

表 9-3　　1991—2005 年预备役人员表　　单位:人

项目＼年度		1991	1992	1993	1994	1995	1996	1997	1998	1999	2000	2001	2002	2003	2004	2005
合计		8502	9015	29196	29234	30221	31923	32635	27583	35057	35138	36307	35754	35416	35920	35000
一类预备役	小计	6315	6770	7256	7218	7379	5478	6501	24766	1583	1583	766	1387	1567	1158	1109
	技术兵	105	134	634	216	358	129	134	682	382	382	312	912	938	967	909
	普通兵	6210	6636	6622	7002	7021	5349	6327	24084	1201	1201	454	475	629	191	200
二类预备役	小计	2187	2245	21940	22016	22842	26445	26134	2817	33474	33555	35541	34367	33849	34762	33891
	技术兵	98	158	205	32	204	143	156	312	125	165	2930	2961	2831	3242	3800
	普通兵	2089	2087	21734	21974	22638	26302	25978	2505	33349	33390	32611	31406	31018	31520	30091

第三章　国防动员

第一节　国防动员机构

县武装委员会　1991 年,调整县人民武装委员会成员,人民武装委员会由县委、县政府、县人民武装部、县公安局、县宣传部、县工会、团县委、县妇联等部门领导组成,定期或不定期开会研究贯彻中共中央、国务院、中央军委关于人民武装建设的方针政策。1998 年,结合全县实际研究基层人民武装设置、武装干部配备、民兵整组训练、预备役建设和国防教育的具体措施,制发文件指导机关、厂矿、企事业单位、学校人民武装建设。2005 年,县人民武装委员会贯彻落实中共中央、国务院、中央军委关于人民群众武装工作方针政策,研究决定全县民兵工作的重大问题,协调各方面力量做好民兵建设和兵员动员等工作。

表 9-4　　1991—2005 年县武装委员会负责人名录

届别	任职时间	委员数	第一主任委员	主任委员	副主任委员
7	1990—1992	15		彭　勇	吉差吉哈、丁学诗、龚道德、杨立安
8	1993—1996	17		阿扎支铁	陈远强、吉差吉哈、王志龙
9	1997—1998	25	薛启华	刘　斌	张连忠、吉差吉哈、勒尔红级、胡坤、李宏伟、李胜
10	1999—2000	24	邓显祥		胡坤、李宏伟、沙光华、王晓清、邹向志
11	2001—2002	22	胡　坤	杨光富	李宏伟、刘明书、沙光华、王晓清、邹向志
12	2003	26			赵杰、张秀林、沙光华、王晓清、苏正中
13	2004	25			赵杰、张秀林、沙光华、张天俊、苏正中
14	2005	25			赵杰、张秀林、王志杰、张天俊、苏正中

国防动员委员会　1996年8月,越西县成立国防动员委员会。1997年1月23日,县武委会暨县国防动员委员会组成,实行一套班子,两块牌子,由县委、县政府、县人武部主要领导和有关部门负责人组成。县国防动员委员会秘书工作由县政府办公室和县人武部负责。县武委会暨国防动员委员会正副主任及成员工作变动由接任人员继任。1999年、2001年,相继对国防动员委员会进行调整。县国防动员委员会下设人民武装动员、国民经济动员、人民防空动员、交通战备动员4个办公室,负责平时国防动员建设和战时动员工作业务。

第二节　国防教育

国防教育机构　1991年,成立国防教育指导委员会,由县委常务副书记任主任,县政府1名副县长、县人武部政委任副主任,县级有关部门负责人为成员;下设国防教育办公室,办公室设在县人武部,配备1名专职工作人员,开展全民国防教育。

国防教育对象　1991年,利用《凉山国防教育》刊、《凉山日报》发表国防教育稿件18篇,举办各类国防教育报告会、演讲会35场次,发放宣传资料13580份,张贴标语横幅27条(幅),出板报12期,动用宣传车10台(次),受教育群众83%。

1994年,在全县开展宣传月活动,推动基层民兵工作"三落实"和加大国防教育力度。对国防动员建设重大活动、重要成果、重要理论文章和典型人物事迹,在县广播、闭路电视及时播发宣传。

1997年,组织全县民兵开展"热爱祖国、献身国防"为主刊授教育和以革命人生观为主的政治教育活动;是年,为纪念中国人民解放军建军70周年,全县民兵、预备役人员参加中共四川省委宣传部、省军区政治部在全省举办"国防后备力量建设知识竞赛",经四川省"国防后备力量建设知识竞赛评委会"评选,全县有8人获奖,其中:2人获二等奖,6名预备役人员获胜利奖,县人武部获组织奖。

2000年,结合全县少数民族地区特点和国防后备力量建设实际,面向全民,突出以各级领导、现役官兵、民兵预备役人员、中学学生为主要对象,进行以爱国主义教育为中心,以国防理论、国家安全、国防义务、国防法制、国防科技、国防动员建设等为重点内容教育。

2003年,在《越西报》、越西电视台分别开设"国防视点"栏目,认真落实《四川省国防教育实施办法》,纪念学习雷锋40周年,开展学雷锋、学英模活动。9月,"国防教育月",在中小学和乡(镇)建立国防教育基地。

2005年,县国防教育委员会以《国防教育法》为主要内容,在城区主要街道设宣传点,张贴宣传标语、图片,向群众讲解国防教育的意义、目的。在"清明节"组织县城的中小学生到南箐乡"红军洞"进行现场传统教育;"五四"青年节,县广播电视台转播革命历史教育片《高山下的花环》和《上甘岭》。

第三节　国防动员潜力建设

潜力调查　1991年3月,对顺河、中普雄、下普雄、上普雄等地铁路沿线进行国防动员潜力调查。建立兵员动员各类预案,并经过演练,制订《城镇战时人口疏散预案及疏散基地建设规划》,在相关单位和企业组建战时救护队、通信抢修队、道路桥梁抢修队、防化学分队、电路抢修班等人防专业队伍,抽调骨干进行专业知识和技能培训。

1993年7月,对新民、中所、城关等地区进行国防动员潜力调查,调查辖区内人口素质,服预备役人员数量、质量等情况,要求掌握应急动员量、一般动员量、最大动员量和动员能力;辖区内工业、农业、财政金融、科技、教育、卫生、战略物资储备、军民两用技术开发利用以及通信、警报、疏散和专业队伍,辖区铁路、公路和通信信息化水平,要求掌握战时支前能力和转换能力,通过调查统计,逐步形成国防动员潜力信息管理系统,为服务和保障打赢高科技条件下的局部战争奠定坚实基础。县财政在严重赤字的情况下,每年拨2~3万元国防教育专项经费。每4年进行一次全面的调查统计和核对工作。每次调查统计按照组织准备、实施调查、统计汇总3个阶段进行。

2003年,县国防动员委员会制定《越西县国防动员建设2005年前计划和2010年前发展规划》。2005年,组建应急公路(桥梁、隧道)保障大队、应急汽车运输大队、应急汽车维修站,调整重组通信专业队、运输专业队、抢险抢修专业队。

交通战备 1991年1月,根据川府发〔1990〕4号文件规定,组建越西县战备汽车中队1个,下设客车、货车2个分队,由汽车运输公司58队负责;县公路工程应急抢修队1个,由县交通局负责;县通信线路队1个,由县邮电局负责。

1993年,着重抓党委议军会制度,召开2次议军会,分析研究解决部队、武警和后备力量建设中遇到的重大问题。1995年,建立党政领导到人武部、县中队办公制度,坚持把“八一”和召开武委会作为党政领导的军事活动日,组织观看国防教育影视片,学习国防知识,到部队基层了解官兵生活,参观军事演习,检阅民兵军事表演,进行军事基础训练和实弹射击等。

1998年,把国防教育纲要纳入工作日程,实行目标管理。加强部门之间的协调联系,对参与交通战备的各部门,各单位要明确职责,互通信息,密切关系,定期召开联席会议,结合开展活动。

2005年,按照“健全组织、加强领导、全民参与、突出重点、长期坚持、务求实效”方针,调整充实国防教育领导机构和工作机构,把国防教育纳入党委政府议事范围和工作职责,全县有战备汽车队、应急队、交通、通信线路抢修队。

第四章 人民防空

第一节 防空机构

人民防空领导小组(委员会) 1991年7月,恢复越西县人民防空办公室,挂靠县政府办公室,挂越西县人民政府防空办公室牌子,政府办公室主任兼任人防办主任,受县政府和县人武部双重领导。负责全县人民防空管理工作,根据国防需要,动员和组织群众采取防护措施,防范、减轻空袭危害。

2005年,人民防空办公室挂靠政府办。由政府办1名副主任兼任人防办主任,确定政府办1名秘书为工作人员,负责贯彻和监督执行国家关于人民防空的方针政策和法规,制订《人民防空建设规划》和有关规定;组织实施人民防空工程、通信、警报的建设与管理;组织制定《城市防空袭预案》、《人口疏散计划》,《战时人民防空医疗救护》、《物资和水电供应》以及其他各项保障方案;组织、训练防空专业队伍、训练人民防空干部和技术人员;组织人民群众进行防空袭斗争,消除空袭后果和配合城市防卫、要地防空作战,协同有关部门恢复生产和生活秩序。

表 9－5 1991—2005 年防空办公室负责人名录

姓 名	性 别	民 族	职 务	任职时间
胡 坤	男	汉族	主 任	1991. 7—1997. 3
石云安	男	汉族	主 任	1997. 3—2001. 8
张亚杰	男	汉族	主 任	2003. 6—2005. 12

第二节 防空工作

通信 1991 年，县人民防空办公室成立后，配备专用电话、电报线路，负责与政府各职能机关沟通联络。1997 年，修复 2 路电力电缆 100 米和通信电缆 1000 米。2005 年，结合全县人民防空战备需要完善相关通讯设施配备检修制度，更换部分损坏设备。

警报 1991 年，县人民防空警报建设。贯彻“长期准备、重点建设，平战结合”方针，坚持战时能防空、平时能防灾、为地方经济建设服务基本原则。1996 年，在党委、政府统一领导下，由人民防空部门组织实施抢险救灾预警报警工作。发生地震、洪灾、化学危险品爆炸、泄漏等重大灾情时，可以利用人民防空警报设施发布灾情警报。其警报信号视灾情规定，不得与防空警报信号混淆。覆盖率仅 40% ~50%。1998 年，警报发放方式有：统一控制、自己控制、无线遥控 3 种。2000 年，警报音响覆盖面积占 62%。2005 年，警报器覆盖面占城区 80%。

人员疏散演习 1991 年，组织人员疏散演习 2 次，参加演习 47586 人次。1995 年，在县城开展疏散演习 1 次，疏散人口 25790 人，用时 15 分钟，58% 的居民疏散到山上，37% 居民进入坑道隐蔽。

专业队伍 1991 年，全县人防专业队伍种类单一（主要是消防、抢救），人员较少，业务素质低。1995 年，整顿、扩大人防专业队伍，使之初具规模。2005 年，全县人防队伍已有消防、救护、抢修、治安、通信、运输、防化、对空射击等，总计 4657 人。

人防预案与保障 1991 年，拟制《防空袭预案》和《人口疏散隐蔽计划》。1998 年始，根据凉山州人民政府《城市防空袭预案和各种保障计划》，拟制下发《越西县城市防空袭预案和各种保障计划》。

工程建设 1991 年前，县人武部动员机关团体及民众依山崖挖掘防空洞壕；利用房前屋后空地架造简易防空室。1995 年，组织各团体、学校和企事业单位按职工总人数的 1% ~3% 比例抽人组成人防施工专业队，实行“以块（区、街道）为主，条（系统单位）块结合”。2005 年，根据“全面规划、突出重点、平战结合、质量第一”建设方针，抓好全县人防工程建设，讲求军事效益、经济效益、社会效益。

防空教育 1991 年，利用集会、培训、讲座、广播、电影、幻灯、报刊、标语等多种形式着重对防空工作的重要性、长期性进行宣传教育，提高干部群众警惕，加强对空监视和明敌我机识别等一般反空降、反空袭常识及《人民防空条例》学习。1996 年，举办防空常识培训班 5 期，385 人参加培训，召开干部群众防空教育集会 4 次，受教育干部群众 9484 人次，出防空战备专刊 10 期，有线广播 24 篇防空文章，放映战备电影 12 场次，观众达 46385 人次，印发有关防空战备宣传材料 14830 份。

2001 年，举办“三防”骨干训练班 3 期 176 人，放映电影 7 场，观众 15790 人次，出“三防”宣传栏 12 期，发放“三防”常识教材 750 册，“三防”挂图巡回展览 75 套次。

2005 年，县人防办在全县各行政、企事业单位讲授“三防”知识，开展“三防”操训练，“三防”动作演练，“三防”游戏，“三防”知识竞赛，步枪实弹射击等活动；同时，围绕学校“三防”教育如何实现制度化、规范化及教学管理、教学方法、教学要求、教学保障等问题进行学术探讨，交流经验。全县开展“三防”教育的学校 100%，受教育的学生 100%，其中：2500 人参加考试，及格率 89. 8%。

第五章 民 兵

第一节 民兵组织

1991 年,根据省军区统一部署,开展全县民兵工作达标上台阶活动,加强民兵基层组织建设。贯彻“控制数量、提高质量、抓好重点、打好基础”民兵工作方针,加强基干民兵建设。全县公民依法参加民兵组织 9153 人,其中:普通民兵 7874 人,基干民兵 1279 人。1992 年,全县深入开展民兵“四个一”达标活动,完善“软”、“硬”件设施,经凉山州军分区验收,县人武部 4 项总评得分 90 分以上。1994 年,进行民兵组织整顿,加强民兵建设。根据州军分区指示,调整民兵应急分队编制。调整后应急分队(连)由 100 人组成。当年,全县民兵总数 15248 人,其中:基干民兵 5678 人,普通民兵 9570 人。

1995 年,同步开展村级民兵连队“四个一”和基层人武部达标活动,着力民兵训练基地,活动场武器装备建设。重点抓基干民兵组织、应急分队、政治工作建设和兵役、预备役、退伍军人登记核对工作。1996 年,根据全国部分少数民族地区民兵预备役工作会议精神,按照“努力建设一支精干、可靠、管用的国防后备力量”的总要求,对全县民兵预备役进行调整改革。建立民兵应急连 1 个,3 个排 100 人,其中:越城镇 1 个排 50 人,河东乡 1 个排 30 人,丁山乡 1 个排 20 人,连部设越城镇,连长由县人武部军事科长担任,指导员由县人武部政工科长担任,排长由各乡专职武装部长担任。

1998 年,调整民兵专业分队编组,组建民兵通信班、工兵班、邮电通信班、车辆维修班、医疗救护班、工程机械班等,各类技术兵占基干民兵 18.2%。2002 年,按照“五统一”(统一组织编制、统一组建范围、统一编组方法、统一组织训练、统一武器装备)和“精干、可靠、管用”要求,调整民兵应急分队。配备对讲机、传呼机、硅瓦电台、盾牌、警棍、指挥车。

2005 年,开展民兵整组,组建民兵应急连;根据平时和战时可能担负的任务,在省道沿线调整组建民兵护路分队、道路桥梁抢修分队、医疗救护分队、汽车维修分队。

第二节 民兵军事训练

训练形式 1991 年,全县民兵调整训练时间为:普通兵年集训时间为 1 个月,技术兵年集训时间为 1 个半月。专职武装干部由军分区集训,基干民兵由乡、厂矿集中训练。要求训练 1 个兵,合格 1 个兵,储备 1 个兵。1992 年,贯彻“全军军事工作会议纪要”精神,强调民兵依法治训“三到位”(组织领导、政治工作、后勤保障到位),按纲施训四落实(人员、时间、内容、效果落实),严格标准,量化管理,努力实现“军事过硬”要求,超额完成基干民兵训练任务。

1994 年,全国少数民族地区民兵预备役工作会议后,民兵军事训练以民兵应急分队、民兵干部和新任职专职武装干部为重点,在强化民兵基础应用训练和高科技知识学习的同时,突出民兵防暴制乱战术。

1995—1997 年,按照《民兵军事训练大纲》施训,民兵训练以落实兵员组训规划为目标,以训练基地为依托,以规范化训练为重点,训练范围是:专武干部、民兵干部、专业技术兵,突出民兵干部(教员)、应急分队和专业技术兵的训练,完成各年度基干民兵训练任务。

科技练兵　1998 年,民兵训练贯彻中央军委“质量建军、科技强军”方针,开展科技兴训,落实规范化训练制度。训练科目分共同科目(政治、队列、射击、投弹、科技知识)和应用科目(专业技术、防暴、执勤、战术),训练时间 15 天。全县训练民兵 226 人,同时以省军区司令部《民兵应急分队训练教材汇编》为依据,加强民兵应急分队遂行任务能力训练,进行射击、投弹、擒敌拳、盾牌警棍术、刺杀操 5 个项目训练。1999 年,落实中央军委“科技强军、科技兴训”战略部署,在全县叫响“科技大练兵,一切为打赢”口号,以总参谋部颁布的《民兵军事训练大纲》为依据,深化训练改革,强化训练质量,学习“新三打三防”知识。当年新训民兵 226 人。

2005 年,继续贯彻民兵军事训练大纲,突出科技兴训的主题,结合县内实际,调整训练内容,改革训练方法,全年训练民兵 375 人。

技术兵训练　1991 年,对专业技术兵进行复训。1995 年,在民兵训练中逐步增加技术兵训练比重。2003 年,全县民兵专业技术兵分队与人数逐步增加,专业技术兵每年训练 30 天,逐步成为民兵训练的重点。2005 年,主要进行对口专业技术兵训练、演练。

表 9－6　　1992—2005 年民兵训练人数

训练年度	1992	1993	1994	1995	1996	1997	1998	1999	2000	2001	2002	2003	2004	2005
参训人数	200	226	226	226	226	226	226	226	226	226	226	226	226	375

干部训练　1991 年起,采取由州军分区和县人武部分级集中训练方法进行。训练内容为射击、刺杀、投弹、爆破、土工作业等基本技术,班以上战术和教学法,要求达到会理论讲解、会动作示范、会训练管理、会做思想工作,政治和后勤干部既能上课堂(讲政治课),下厨房(生活保障),又能上操场(组织民兵训练)。同年,军分区组织人武干部函授作业 15 人,经考核,成绩优秀率达 93.5%。1993 年,训练专武部长和民兵连、排长 162 人。1994 年起,坚持每年在全县开展“四会”教练员考核评比活动,对培养干部,提高训练质量起到重要作用。1998 年,训练专武干部、民兵干部 85 人,总评成绩良好。2005 年,组织专武干部、民兵干部 125 人进行政治、军事、高科技知识培训,经考核评比全部合格。

第三节　民兵武器装备

武器管理　1991 年,县人武部成立越西县武器装备管理领导小组,开展民兵武器封存工作。1994 年,扩建加固武器装备仓库,修建仓库正面围墙。具备“三铁”(铁门、铁窗、铁枪柜)、“四有”(有消防设施、报警设施、避雷设备、应急方案)、“三防”(防火、防盗、防潮)保管和保障条件。1996 年,安装脉冲电网,落实看守值班、擦拭保养、使用审批制度。

2000 年,更换脉冲电网,增添消防器材,安装警报器,制订联防预案和防盗、防抢、防洪、防火措施,做到“六面坚固”。管理人员达到“四会”(对仓库物资会识别、会检查、会管理、会收发)要求。8 月,成立越西县军事武器保护委员会,由县委常委、常务副县长任主任,县人武部副部长任副主任,办公室设在武装部军事科。

2002 年 9 月,总参谋部、总政治部、总后勤部、总装备部联合印发《全县军用爆炸物品公路军事运输安全管理规定》,人武部按规定精神加强安全工作领导和管理。同年,新修民兵武器仓库。2004 年 5 月,调整武器管理领导小组,重新修订职责。2005 年,民兵武器仓库更换红外线监控报警系统。

维修保养　2000 年 8 月,武器装备领导小组制定《业务部职责》,规定军事科负责装备、武器维修。2002 年,根据解放军总参谋部、总政治部、总后勤部、总装备部《关于清理整顿废旧和危险爆炸物品的指示》,会同县公安局对民兵武器仓库进行清理,破损未达报废标准的武器,移送军区修理工厂维修。2004年,县人武部调整武器管理领导小组,强调军事科民兵装备维修职责。2005年,根据《民兵武器装备管理条例》,依法完善和规范民兵武器装备管理值班、交接班、登记、检查、擦拭保养等制度,做到无丢失、无损坏、无锈蚀、无霉烂变质。

经费 1990年,按人平0.25元统筹,区、乡60%、厂矿企业100%,交县人武部作训练经费,区、乡其余部分用于人武部开展活动。2001年起,农村费改税,所需民兵教育训练经费,由县人武部在年初按上级军事机关下达实际训练任务编制预算计划,报县政府审批后列入财政预算,由财政一次性划拨。是年5月,成都军区后勤部制定《〈自筹工程建设资金管理规定〉实施细则》,县人武部严格财经纪律,坚持"双主官"审批制度和票据审验制度。10月,按照省军区《关于对银行账户、资金管理和财务干部素质进行清理统计的通知》和《关于加强财务制度管理的紧急通知》,成立以部长任组长、各科长为成员的工作小组,对财务制度管理。

2002年3月,成都军区下达《关于财经纪律检查有关问题的通知》,县人武部成立财经纪律检查工作领导小组。4—5月,对县人武部2000—2002年的账本、凭证、报表、账户等财务资料、预算经费、预算外经费和代管经费进行自查。2003年,执行1万元以上开支必须由"双主官"签字的决定。同年,依靠地方党委、政府支持,多方筹集资金377.5万元,重新规划县人武部营院和训练靶场面积22.5亩,修建办公大楼、干部住宿楼、民兵训练基地楼、民兵武器装备仓库、车库。

2005年,贯彻省军区《关于加强基层后勤科学管理的决定》,实行资金上级管理集中支付,严把审批、签字、检查、入账关,不搞账外账,不设"小金库"。

第六章 驻 军

第一节 武警中队

武警越西县中队,隶属凉山州支队、越西县公安局双重领导。主要任务:看守所看守、警戒、押解、巡逻、抢险、救灾、执勤、处置因人民内部矛盾引发的各类群体性事件。

县中队基础设施 1999年,武警总部实施"暖心工程"、"解困工程"中,上级拨款80万元,在旧址新建7级设防营房1幢,占地面积3500平方米,建筑面积1800平方米,更换新式营具和现代化办公设施。

军事训练 1991年,进行射击、擒敌、投弹、刺杀、勤务、条令、队列、战术等8个科目基础训练。除共同科目外,侧重器械、捕歼战术、执勤业务、擒敌技术、攀登、翻越障碍等专业训练。1995年,采取纪律、作风、制度、安全4项教育,规范4个秩序(战备秩序、训练秩序、工作秩序、生活秩序)。当年,超计划30%以上完成训练日。5年中选拔出投弹能手、执勤能手、神枪手、擒敌技术能手和其他技术能手18名。22名干部、战士获"四会"教练员称号。

1992年,参加凉山州支队军事大比武,夺得全能第四名,军体单项第一名,被州支队评为达标中队。1995年,开展科技大练兵,学习新装备、新技术,"以质量为核心,以干部为重点",进行条令、射击、刺杀、守卫、警卫、看守、巡逻、搜捕、押解等步兵科目和内卫勤务训练。2002年,按照成都军区和四川省军区制定训练大纲,坚持以干部为重点、以质量为核心,注重训练管理和基础训练。训练内容突出防暴和战地自救,组织警官和骨干进行教学法集训和尖子集训。

2005年,进行军事理论、队列、器械、擒敌战术、勤务、防暴、5公里等9个科目考核,提高处置突发事件的能力,训练中突出快、准、狠和多能,多次组织应急预案实战演练。

政治工作　1991年,加强共产主义理想教育,树立正确人生观、世界观、价值观。1992年,结合改革开放,学习中共中央《关于经济体制改革的决定》及《宪法》、《刑法》、《兵役法》、《惩治军人违反职责条例》、《刑事诉讼法》、《治安管理处罚条例》、《婚姻法》。开展坚持四项基本原则,反对资产阶级自由化及理想道德、艰苦奋斗、遵纪守法教育。1994年,进行武警部队性质、任务、光荣传统教育,听取两山(老山、者阴山)战斗英雄事迹报告,组织"得与失"大讨论。

1997年,坚持部队、社会、家庭"三位一体"的教育方法,向战士家乡政府、家庭、亲友写信,帮助战士处理实际问题。2000年,开展"热爱越西、建设越西、我为越西做贡献"活动,围绕保证部队在政治上永远合格目标,开展"保证党对武警部队的绝对领导",党的路线、方针、政策和形势任务教育。2005年,全面落实中央军委主席江泽民提出的"政治合格、军事过硬、作风优良、纪律严明、保障有力"要求,学习"三个代表",帮助战士深刻理解建设有中国特色的社会主义的意义和武警部队建设总目标。

后勤管理　1991年,武警越西县中队执行中国人民解放军总后勤部统一装备和供应标准。1993年,建立"分级包干,超支不补、节余留用"的经费管理责任制。1995年,武器落实"三铁、两器"(铁门、铁窗、铁柜,警报器、灭火器)和"双人、双锁"制度,县武警中队达到无丢失、无损坏、无锈蚀、无霉烂变质的"四无标准"。2005年,贯彻武警总部《基层后勤建设实施细则》,对后勤人员进行职业道德和廉洁教育,培训后勤人员,开展"好当家、红管家、小行家"的活动。

内卫执勤　1991年,健全执勤制度,修订执勤方案,参加公安机关打击刑事犯罪活动,执行逮捕、追捕、公判、处决勤务,制止暴狱、闹监、行凶、自杀、逃跑事件,开展"文明哨兵"活动。配合公安机关查堵假冒、违禁品、扒窃等活动。1992年,被凉山州支队评为达标中队。

1998年,贯彻《内卫勤务条例》,检查全部哨位(所)哨兵执勤情况,针对存在的问题进行整顿,继续开展"创文明哨所"、"做文明哨兵"活动,执行城市治安巡逻,完成追捕、逮捕、押解任务。

2005年。加强部队自身建设,积极参加军民共建文明活动。在抢险救灾中,率先勇为,帮助灾民恢复生产,重建家园。

第二节　武警消防中队

越西县公安消防大队属中国人民武装警察部队序列,隶属武警凉山州消防支队,受武警凉山州消防支队和县公安局双重领导。

消防基础　1997年9月,开通"119"火警电话。2001年,争取"消防解困工程"经费30万元,县政府配套资金13万元,征用土地2000平方米,修建大队营房。2002年1月,县人民政府拨款26.8万元,购置"东风牌"消防汽车1辆。同年10月,县政府配套资金17万元,消防部队筹资30万元,征用土地3亩,修建消防大队营房。

2003年5月,营房竣工投入使用。2004年4月,消防业务经费纳入财政一级预算,预算经费2万元;5月,县人民政府专职消防队正式组建,首批配备专职消防队员4名。县委、县人民政府拨出15万元专款,安装28具市政消火栓。2005年,县政府先后投入32万元,购买消防液压扩张器、无齿锯、机动链锯、空气呼吸器、有毒气体检测仪、手抬消防机动泵、消防泡沫灭火剂、二节拉梯、防蜂服、防爆灯、呼救器、消防火钩、开花水枪、多功能水枪等防护装备和灭火器具。

消防监督　1991年,根据省公安厅《关于切实加强消防安全重点单位消防监督管理工作的通知》精神,开展消防大检查,查出隐患27起,限期整改25起,吊销营业执照2起。1995年,按照“预防为主、防消结合”的工作方针,宣传《中华人民共和国消防法》、《四川省消防条例》等法律、法规,消除火灾隐患,控制一般火灾,杜绝特大火灾事故和群死群伤恶性火灾事故的发生。对存在违法行为及逾期不整改火灾隐患的单位和个人依法实施行政处罚,共办理消防行政处罚案件63件,其中:包括责令停产停业7件、罚款6件,7.4万元。同年,开展学校师生消防安全培训,增强消防意识,提高消防素质。2003年,强化农村消防建设。配合相关部门履行各项职责,将消防的规划、水源、通道、通信、装备建设、宣传教育、经费投入等责任层层分解。逐步将乡(镇)消防基础设施建设纳入公共基础设施建设之中,与新农村建设同步实施,扩宽和新修消防通道8条,新修水池6口,拆除、维修和改造耐火等级低的房屋86间;规范线路设置,防止因输电线老化、私拉乱接、短路等情况引发火灾,督促更换电线1万米,开展3次安全用电培训。2005年,开展消防安全专项整治78次,检查单位(公众场所)2650家,查出并整改火灾隐患1650起;审核建筑工程245起,验收245项;查处消防案件86起;举办消防培训20期,培训人员16500人次。

灭火救援 1997—2005年,专职消防队建队后接、处警153次,扑救普雄“1·26”重大火灾、“2·24”合丰电冶有限责任公司原料堆场火灾、“8·29”城关综合市场等的火灾事故。扑救森林火灾40次、扑救居民火灾45次,挽回经济损失98.6万元。参加大型消防保卫活动10次。

表9-7 1991—2005年火灾情况统计表

年度	次数	死(人)	伤(人)	直接损失(元)	性质		
					一般	重大	特大
1991	3	—	2	6800	3	—	—
1992	5	2	—	13321	5	—	—
1993	1	—	—	560	1	—	—
1994	6	1	—	275775	5	1	—
1995	4	—	—	8560	4	—	—
1996	7	1	3	466600	7	—	—
1997	5	1	—	13160	5	—	—
1998	3	—	1	31687	3	—	—
1999	5	2	3	42115	5	—	—
2000	9	1	—	578566	9	—	—
2001	4	—	2	27806	4	—	—
2002	4	—	3	93842	4	—	—
2003	6	1	—	105377	6	—	—
2004	9	—	—	538364	9	—	—
2005	12	3	—	276785	12	—	—

第十篇

政法

第一章　政法委员会

第一节　政法机构

1990 年 8 月，撤销县委政法领导小组，恢复政法委。1991 年，县委综合治理社会治安领导小组更名为社会治安综合治理委员会，下设办公室（简称综治办），与政法委合署办公。1997 年 7 月，增设执法督查督办室。2003 年 3 月，增设政工科县铁路护路办。2005 年，政法委内设：综治办、政工科、督办室、办公室，在职人员 10 人。

表 10 - 1　　1991—2005 年政法委负责人名录

姓　名	性　别	民　族	职　务	任职时间
罗占清	男	彝族	书记	1984.1—1998.8
何志扬	男	汉族	副书记	1987.8—1993.12
胡文湘	男	汉族	副书记	1991.3—1993.12
张支铁	男	彝族	副书记	1991.8—1993.7
曲木克古	男	彝族	副书记	1993.7—1997.12
莫洛阿卡	男	彝族	副书记	1996.4—2001.12
靳冀昆	男	汉族	副书记	1998.7—1999.12
沈　英	女	彝族	书记	1998.8—2001.7
罗德霖	男	汉族	副书记	1998.8—2003.5
吉差吉哈	男	彝族	副书记	1998.8—2001.7
			书记	2001.7—2003.1
赵　杰	男	汉族	副书记	2001.4—2003.6
吴仲海	男	汉族	书记	2003.1—2005.12
赵　涛	男	汉族	副书记	2003.7—2005.12
潘伍沙	男	彝族	副书记	2003.7—2005.12
木苦果加	男	彝族	副书记	2003.7—2005.12
苏正中	男	彝族	副书记	2005.2—2005.12
曹焕新	男	汉族	综治办副主任	1991.9—2005.12
何金寿	男	汉族	综治办副主任	2002.1—2005.12
魏德怀	男	汉族	办公室主任	2004.12—2005.12
邓明强	男	汉族	执法督查办公室主任	2004.12—2005.12
李　创	男	汉族	政工科科长	2004.12—2005.12

第二节　政法队伍

1992年,开展政策、纪律、形势教育和为警清廉与反“和平演变”教育,成立清理调出不适合做政法工作人员领导小组,针对政法队伍中存在思想不纯、作风不正现象,开展清调工作,清理出不适合从事政法工作人员8名。1993年,对照“三不准”、“十不准”规定进行自查自纠,清理整顿,取消9种收费项目,调低8种收费标准,制定《公开办案制度》、《举报制度》、《监察制度》等加强党风廉政建设及岗位责任制制度。1994年,开展两个月纪律作风整顿,狠抓政法干警职业道德教育和反腐倡廉教育。在领导干部中开展争创“学习好、团结好、勤政好、廉洁好”领导班子活动,联合组织、人事部门对法、检、公、司领导班子进行考核和调整。政法各部门领导分期分批参加州、县党校学习,对政法干警采取以会代训方法进行培训,全年培训216人次。

1995年,在干警中开展“比奉献、做公仆”活动,结合部门业务,组织干警学习《人民警察法》、《检察官法》、《法官法》等法律。加强政法队伍思想、组织、纪律作风建设,开展向英模学习,争做优秀政法干警活动。调整充实中层以上领导14人。1997年,在政法干警中开展以“为人民服务,树政法干警新风”和“严格执法、热情服务”为主题的警民共建社会主义精神文明活动,学习贯彻中央印发党员领导干部《廉政准则》、《党纪处分条例》和《领导干部报告个人重大事项规定》,培训57名法院、检察院、公安局、司法局中层以上领导干部。1999年,根据州政法委《关于全州政法系统认真落实党风建设责任制和考核的意见》,实行严格考核,落实责任追究。开展“讲政治、讲正气、讲学习”教育,找准问题,自我剖析,落实整改。2002年,开展教育整顿、学教争创、争当爱民干警警示教育活动。贯彻“五条禁令”,连续开展3次纪律作风整顿,开展党员先锋工程。2004年,开展“三项整治”等活动,严格教育,严肃纪律,建设一支“政治坚定,业务精通,作风优良,执法公正”的队伍。

2005年,开展“规范执法行为,促进执法公正”专项整改活动,成立县领导小组、办公室和督查督导小组,拟定19个对照查摆问题题目,政法各部门写出剖析材料304份,制定整改措施275条,清理完善规章制度165项,制定便民利民措施30条,取消11项不合理收费项目。建设“学习型服务型”政法机关,选准、配齐、配强政法委和政法中层干部48人,按程序提请县人大常委会任免25人,解决73名政法干警的职级待遇。开展“三项整治”工作,下发征求意见表共434份,收集建议和意见80条。

第三节　政法工作

社会治安综合治理　1991年,调整县、机关、乡(镇)各级领导机构,全县成立各级综治委、综治领导小组85个,成员307人,配专职人员85人,制定《社会治安综合治理五年规划》、《越西县社会治安综合治理领导责任制实施办法》,社会治安综合治理工作考核实行“一票否决制”,制定重点治理方案,对重点单位进行重点治理。

1992年,结合“二五”普法开展社会治安综合治理宣传月活动,发放书籍12840本,播放录像带12盘、86场次,书写标语1345幅,办板报12期,橱窗24期,开展法律咨询46场次,县广播电视台播放社会治安综合治理专稿216篇。1993年,召开全县政法工作会议,安排部署“严打”战役,下发政法工作纪要,动员各方力量参与,开展严厉打击经济、刑事领域各类违法犯罪、打黄查非扫非、扫除“六害”等专项斗争。

1996年,结合“三五”普法和综合治理宣传月、“6·26”国际禁毒日,开展“珍爱生命,拒绝毒品”万人签名活动。组织 32 个机关单位、乡(镇)上街设立咨询点,在全县范围开展防毒、拒毒、禁毒宣传,坚持“打防并举、标本兼治”方针,狠抓禁毒工作不放松,组织机关干部、中小学生到戒毒所参观。政法委书记发表电视讲话,县广播电视台用两周时间播放《为这片净土》等禁毒录像片。

1997 年,开展创建安全文明村组活动,建成 5 个文明村,完善村内警示标语、值日牌、巡逻登记等,在部分乡(镇)、厂矿、机关单位试点,推进企地共建工作。县电视台播放禁毒宣传片《横扫毒流》《警惕吸毒与艾滋病》32 次。1999 年,开展打击盗窃、车匪路霸、抢劫等专项斗争。对县内车站进、出口实施监控和盘查,强化信息情报,做到制动于前。

2001 年,成立“创建凉山州社会治安综合治理模范县”领导小组和 9 个工委、41 个乡(镇)综治委(办),明确专抓社会治安综合治理工作党政领导 100 人,将“整体联动防范工程”建设纳入各乡(镇)、县级各部门目标考核,实行奖惩挂钩。按照“以站保线,以线保畅通”工作目标,在铁路沿线 14 个乡(镇)、57 个村、217 个村民小组中,以 10 户为基数形成 1014 个联保小组。2004 年,对全县机关、乡(镇)综治委(办)实行规范化建设,明确县综治办、工委、乡(镇)专抓社会治安综合治理工作党政副职 51 人和综治专干(综治员)53 人。

2005 年,越西县被州委、州政府列为创建平安凉山四个试点县之一,县委、县政府成立平安创建活动领导小组,召开全县平安创建工作会议和 9 个片区工委,越城镇、中所镇、新民镇、乃托镇、普雄镇、南箐乡、尔觉乡、国税局、教育局、电力公司 10 个平安创建试点单位工作会,全县 356 名各级领导干部参加“创建平安越西,打造和谐社会”启动仪式。发放宣传资料 5780 份,新闻报道 43 次,召开村社干部会、群众会、职工会 521 次,印制发放《倡议书》2500 份、《创建平安越西工作手册》1320 册。同年,组织政法各部门主要领导、9 个工委书记及普雄镇等 13 个禁毒重点乡(镇)党委书记 64 人,赴冕宁县、昭觉县考察学习平安创建和禁毒工作经验。全年建立县、乡(镇)、机关单位综治委(办)110 个,成员 580 个,配专职人员 168 人,基层调委会、治保会 289 个 1450 人,社区居委会 4 个 27 人,初步建立健全综治基层组织建设。全县建成省级平安镇 1 个,州级社会治安综合治理平安单位 20 个、平安乡(镇)13 个,县级社会治安综合治理平安单位 41 个、平安乡(镇)17 个。

执法督查督办 1991 年,开展执法监督,督办执法不严、执法不公、监督不力和司法腐败等问题,确保“立党为公,执法为民”。1996 年,通过对各项执法活动检查,对专项执法工作检查、整治,对重大案件的督查督办及对重大疑难案件的协调等进行执法监督,加强党对政法工作的领导。2000 年,规范律师和法律服务行业,开展取保候审、保外就医专项执法检查,开展对基层派出所、基层法庭执法检查,督办“2000. 8. 31”特大盗伐林木案、县内挂名八大上访案。2001 年,制定《关于党委政法委员会机关工作人员不得滥用职权的规定(暂行)》,对政法各部门机关的办案工作,坚持监督与支持并重,支持其依法行使执法、司法权力,督查督办上级机关交办、领导批示查办、群众反映强烈案件,政法干警执法不公、违法违纪甚至司法腐败案件。同时,对政法机关有疑难分歧的重大案件进行协调,防止执法、司法过程中推诿扯皮、失职渎职或其它违法行为发生,以保证案件公正、及时处理。2002 年,开展减刑、假释专项执法检查,对干警八小时以外进行监督检查。接待群众来信 13 件,来访 21 人次,督办“2002. 5. 19”3 名公安干警枪击新民镇广播电视设施案。

2003 年,接待群众来信 11 件,来访 7 件,督办“2003. 3. 11”新民镇群体性上访案、督办瓦普莫乡移民搬迁等案件。2005 年,规范集中处理涉法上访问题,制定案件情况通报、验收标准、部分案件定时上报等制度,不断健全涉法涉诉信访工作机制,加大对政法干部的规范执法、提拔使用、任免职务、执法案件质量、违法违纪等方面的督查力度,加大对州委政法委、县委、县政府交办的个案监督、督查工作力度。

第二章 公 安

第一节 公安组织

公安机构 1991年,县公安局内设:办公室、一科、二科、政工科、治安科、户政科、法制科、消防科、刑警队、交通警察队、收容审查所、行政拘留所、林业公安科、普雄分局、凉北分局。下辖城关、新民、中所、乃托、下普雄、普雄、上普雄、书古、申果庄9个派出所。

1993年6月,成立中共越西县公安局纪律检查委员会、缉毒缉私队;7月,交通警察队更名交通警察大队,户政科并入治安科。1994年6月,成立越西县公安局巡警队。

1997年3月,县公安局消防科更名越西县公安消防大队;4月,成立强制戒毒所;5月,撤销收容审查所;12月,成立公路巡逻民警大队,同交警大队实行两块牌子、一套班子合署办公。林业公安科更名越西县公安局林业公安分局。1998年5月,成立普雄分局纪律检查组、越西县公安局地税税案侦查队;7月,撤销预审科,县公安局刑警队更名刑警大队。1999年5月,撤销县公安局一、二科,成立县公安局国内安全保卫大队;6月,成立警务督查大队。2000年7月,地税税案侦查队更名越西县公安局经济案件侦查队。

2001年6月,缉毒缉私队更名为县公安局禁毒大队。2005年5月,经济案件侦查队并入刑警大队;戒毒所迁普雄分局。是年,县公安局设局长、政委各1人,副局长3人,在编民警168人。内设:办公室、纪委、政工科、法制科、治安科、国内安全保卫大队、禁毒大队、刑警大队、交通警察大队、督察大队、消防大队、看守所、行政拘留所、戒毒所、普雄分局、林业公安分局、凉北分局,下辖城关、新民、中所、乃托、下普雄、普雄、上普雄、书古、申果庄9个派出所。

表10-2 1991—2005年公安局负责人名录

姓 名	性 别	民 族	职 务	任职时间
杨立安	男	彝族	局 长	1989.4—1993.1
刁茂金	男	汉族	副局长	1984.1—1993.6
卢忠华	男	彝族	副政委	1987.4—1992.1
耿道林	男	汉族	副局长	1990.5—1998.7
苦建华	男	彝族	局 长	1993.1—1995.5
朱光银	男	汉族	副局长	1993.6—1995.4
吉米阿比	男	彝族	副局长	1993.6—1998.11
			副政委	1999.10—2003.4
沙文忠	男	彝族	副局长	1986.7—1992.5
			政委	1992.5—1995.5
			局 长	1995.5—2005.12

续上表

姓 名	性 别	民 族	职 务	任职时间
王志龙	男	藏族	副政委	1996. 4—1998. 6
李打博	男	彝族	副局长	1998. 7—2001. 7
陈 刚	男	汉族	副局长	1998. 7—2005. 12
撒正荣	男	回族	政委	1998. 9—2005. 12
叶建华	男	汉族	副局长	1998. 7—2005. 12
李郭哈	男	彝族	副局长	2003. 5—2005. 12

大练兵 2004 年 6 月，遵照公安部《关于在全国公安机关和全体民警中开展为期三年大练兵活动》精神，本着“干什么、练什么、缺什么、补什么”、“学为用练为战、战训合一”和“贴近实战、务求实效”的原则，围绕政治、业务和体能三大素质，对全县民警进行政治理论、法律法规和警务技能培训。9 月 16 日—18 日，全州公安机关大练兵“五长”（公安局长、刑警队长、治安科长、交警队长、派出所长）比武竞赛，县公安局夺得冠军。州公安局决定 12 月 1 日—3 日，由县公安局代表队代表凉山州公安机关参加全省公安机关大练兵“五长”比武竞赛，取得团体总成绩全省第 4 名，警用手枪 3 人战术组合射击第 1 名、警用手枪应用射击单项团体第 3 名、公共科目基础知识单项团体第 5 名、计算机应用技能单项团体第 6 名、俯卧撑单项团体第 8 名战绩。县公安局在全省“五长”比武竞赛中获得“组织奖”，并荣获四川省公安厅全省大练兵“五长”比武竞赛集体三等功。

第二节 户政管理

一、管理制度

常住人口管理 1991 年，按音序编排常住人口底卡。1992 年，解决 76 人未落常住户口的入户问题。1996 年 7 月 1 日，启用新的《常住人口登记表》和《居民户口簿》。1997 年，启动换发新户口簿工作。到 1999 年 11 月，完成全县 41 个乡（镇）289 个村，55213 户，229039 人户口簿换发。2001 年，完成农村户口城市化管理工作，41 个乡（镇）农村户口全部移交派出所管理。2002 年，户籍管理实行人口基本信息计算机管理，录入人口信息 249221 人，逐步实现计算机前台办公，进入全国百城信息网。2004 年，规范常住人口登记表填写、编排管理和居民户口簿填写；统一公民更改姓名及其他户口登记项目变更更正工作；规定户口专用章刻制和使用。

户口迁移 根据迁移流向和迁入地情况，对不同种类的迁移实行不同程度调节控制。派出所受理申请人户口迁移，对县内不需要准迁证迁移，直接办理入户手续；对县外需要申领准迁证的受理后上报治安科审批，农转非、外县迁入均需上报治安科，经核实符合规定后，由治安科签发《准予迁入证明》，派出所凭《准予迁入证明》办理入户手续。

二、户籍改革

1994—2004 年，按照小城镇建设试点镇户籍管理制度改革政策，为 7135 名农村居民办理迁入普雄镇转为城镇居民户口的手续。2003—2005 年，根据凉山州政府《关于全面推进我州城镇户籍管理制度改革意见的通知》（凉府发〔2002〕8 号），推进全县城镇户籍管理制度改革，对办理小城镇常住户口人员，不再按“农转非”审批程序办理、不再实行计划指标管理。共办理 1321 人迁入城镇户口迁移手续。

三、居民身份证管理

第一代居民身份证管理 1991 年,建立“申、领、换、管”工作制度和“核、量、填、收、编、制、登”工作程序。证件编号按全国统一编写,号码由 15 位数字组成。1993 年 3 月 15 日起,根据公安部《关于制发新临时身份证有关事项的通知》(公治发〔1993〕195 号)发放尚待领取居民身份证或证件丢失、损坏待补领人员临时身份证,有效期限定为‘3 个月’。1999 年,遵照国务院在全国实行公民身份证号码制度的决定,县公安局着手开展全县居民身份证 18 位号码编制工作。2001 年,完成越西籍现役军人公民身份号码编制工作。2004 年,按照《中华人民共和国居民身份证法》,居民身份证有效期分 10 年、20 年、长期,未满 16 周岁的公民,自愿申请领取居民身份证的,发给有效期 5 年居民身份证。

表 10 - 3　　1991—2005 年第一代居民身份证签发情况统计表　　单位:个

年　度	1991	1992	1993	1994	1995	1996	1997	1998	1999	2000	2001	2002	2003	2004	2005
居民身份证	8300	1644	2937	1444	1348	1426	1840	1925	1072	1409	2295	2205	2225	4115	1150
临时身份证	53	10	136	256	429	375	453	458	1000	1000	2000	1420	1502	1957	2368

换发第二代居民身份证前期工作 2004 年 7 月,按照《越西县人民政府换发第二代居民身份证领导小组关于换发第二代居民身份证的实施意见》(越换证〔2004〕02 号),以乡(镇)为单位成立换发第二代居民身份证前期户口清理整顿工作领导小组,抽调 488 名工作人员核对登记人户一致 252537 人,清理人户分离 321 人、未落户人员 156 人,解决各类差错 466 条。年底,建成 1 个县级人口信息管理系统,建成 7 个派出所人口信息管理 POIS2000 系统,录入人口 240374 人。2005 年,为大屯乡大营盘村 178 户,878 人办理户口簿。开展全县年满 16 周岁以上人口的相片采集,采集率 62.1%。

四、出入境管理

1991 年,接待 2 名台湾同胞来县洽谈建大理石厂事务,邀请 2 名外国人到凉北木材综合厂做技术指导。1993 年,对违反规定进入县内的 6 名外籍人员,令其限期离开县境。1996 年 3 月 3 日—9 日,日本“南方丝绸之路”徒步考察团一行 5 人经过越西。2003 年,执行《中华人民共和国普通护照受理、审批、签发管理工作规范》,推进执行面见申请人和对申请人进行询问制度落实。全年有外国人入境 21 人、港澳台入境 9 人,县内公民出境到国外 9 人、到港澳台 16 人。

2005 年 7 月 1 日起,简化公民再次申办出境手续,常住居民办理护照延期、护照换发、再次申办《往来港澳通行证》、《往来台湾通行证》签注时,在公民受理审批计算机管理系统中,对其常住人口信息进行确认。全年有外国人入境 52 人,县内公民出境到国外 2 人、到港澳台 16 人。

第三节　刑事侦查

一、打击刑事犯罪

1991 年,开展打击拐卖妇女、儿童、毒品犯罪和“反盗窃”等系列整治战役。1995 年,全县发生各类刑事案件 310 起,其中:杀人、伤害、强奸、抢劫、盗窃、抢夺、诈骗、毒品犯罪和拐卖人口案件 85.8%。

2001 年,坚持“破大案、追逃犯、端窝子、打团伙”工作思路,开展以“打黑除恶”、“禁毒斗争”、“治爆缉枪”、“整顿和规范市场经济秩序”、“追逃”为重点,代号为“狂飙 - A、B、C、D、E”等集中统一行动。破获省厅、州局挂牌督办大案——新民“断指帮”恶势力团伙,抓获涉恶人员 12 人。开展为期 90 天的“追逃”专项斗争，抓获杀人潜逃、劳改越狱等各类在逃人员74人。

2005年，开展命案侦破专项斗争和网上追逃工作，破获年内发生影响大、危害严重的一批现行命案。抓获7名命案逃犯和32名上网逃犯。5月，以抢劫、抢夺、入室盗窃、盗抢机动车等多发性侵财案件为重点，破获“两抢一盗”案件26起，摧毁犯罪团伙3个，抓获犯罪嫌疑人36名。

表10－4　1991—2005年刑事案件立、破情况统计表

年　度	1991	1992	1993	1994	1995	1996	1997	1998	1999	2000	2001	2002	2003	2004	2005
立案（件）	513	410	401	301	310	264	255	185	177	290	256	503	124	117	105
破案（件）	364	341	359	242	254	213	207	155	155	190	205	447	99	89	88
破案率（%）	71	83.1	89.5	80.3	81.9	80.7	81.1	83.8	87.6	65.5	80	88.9	79.8	76.1	83.9

二、严打斗争

严打整治　1996年4月，实施夏季严打集中统一行动，以铁路、公路、通信线路、城区为重点部位，严厉打击杀人、伤害、抢劫、贩毒、车匪路霸、拐卖妇女儿童、铁路货盗、诈骗、强奸等严重刑事犯罪。破获包括隐积案在内的各类刑事案件538起，抓获各类违法犯罪人员825人，逮捕180人，劳教27人、治安处罚532人，其他处理86人，追缴赃款赃物总价值37.66万元，摧毁各类犯罪团伙14个130人，抓获各类在逃犯56名。1998年，按照（越委发〔1998〕14号）、（越委办发〔1998〕20号）文件精神和上级公安机关安排部署，开展以禁毒为龙头的“春季”、“秋季”严打斗争和禁毒集中统一行动。

2001年3月—2003年3月，开展为期两年社会治安“严打”整治斗争，坚持“以打开路，以打促防，以打促稳，积极探索”、以“四线”（铁路、公路、通信线路、高压输电线路）两区（城关、普雄）为重点，严厉打击杀人、爆炸、抢劫、强奸等严重暴力性犯罪。开展15次专项行动，破获各类刑事案件205起，抓获违法犯罪嫌疑人671名，逮捕204人、劳教46人、治安处罚235人、其他处理186人，缴获赃款赃物折款107万元。把侦破挂牌督办案件和疑难大要案件作为重中之重，破获州公安局、州委政法委挂牌督办的“4·2”抢劫案和“4·19”非法买卖爆炸物品案。

铁路治安专项整治　1991年，铁路治安实行承包责任制，县政府向西铁分局签订护路承包合同。1993年，开展“两线”（铁路、公路）、三地区（城关、普雄、顺河）“抓防范、打现行、追逃犯、保平安”专项治理，破获车匪路霸案件87起，抓获违法犯罪人员138名，摧毁犯罪团伙6个63人，缴获赃款赃物折款11万元。

2001年，路地联动，实行乡、村、组、站、段、点、线捆绑式责任制，开展安全文明铁路线路和平安铁道线创建活动。对县境内铁路和平安铁道线分段由村民承包，逐步建立相互监督、相互制约、责任连带、自我教育、自我约束铁路安全体系。

专项斗争　1993年，开展2次打击破坏通讯线路犯罪活动专项斗争，破获破坏通讯线路案件13起，逮捕案犯18人，治安处罚8名，收缴铜线537千克以及铜板等物，价值2.5万元。相继开展严打斗争第一、二、三仗，重点侦破杀人等大要案件；同时，开展政治攻势，动员34名违法犯罪人员投案自首。在严打第三仗中破获各类刑事案件257起，摧毁犯罪团伙9个，抓获犯罪成员124名，击毙拒捕案犯4名，击伤3名。缴获炸药60千克、雷管200发、鸦片17.6克、海洛因214克、电视机14台、自行车45辆、收录机5部、手表32只、面包铁4.9万千克，总价值16.5万元。

1994年7月，开展“破大案、抓打击、整治安、保平安”整治农村社会治安斗争，破获各类刑事案件153起，抓获各类违法犯罪人员174名，追缴赃款赃物总价值58.4万元。9月，开展侦察破案和追捕逃犯“两大会战”斗争，破获重点侦查案件28起，抓获各类在逃人员179名，追缴赃款赃物价值5.6万元，追缴假币1200元，秘鲁币45万元。

2000年4月,开展"打击人贩子、解救被拐卖妇女儿童"专项斗争,县委、政府拨出4万元专款用于"打拐"工作,参战民警前往河北、江浙、甘肃、内蒙,破获拐卖妇女儿童案件37起,摧毁6个拐卖妇女儿童团伙,抓获团伙成员23人,抓获人贩子112名,解救被拐卖妇女35名、儿童7名。

2001年,解救被拐卖妇女32人、儿童7人。2005年,开展命案侦破专项斗争和网上追逃工作,相继破获年内发生的"3·09"故意杀人案、"4·19"故意伤害致人死亡案。结合网上追逃,抓获7名命案逃犯和32名上网逃犯。5月,破获"两抢一盗"(抢劫、抢夺、入室盗窃、盗抢机动车)案件26起,摧毁犯罪团伙3个,抓获犯罪嫌疑人36名。

三、禁毒斗争

净土计划 1991年,县内零星贩毒活动猖獗,非法种植罂粟屡禁不止。1998年,查处非法种植罂粟1起,罂粟2500株。1999年,根据凉山州委、州政府《关于全州禁毒工作"净土计划"的实施方案》,县公安局针对县内毒情不同情况,分普雄、顺河、城关片区,加强分类指导。2000年,深入推进"净土计划"创建活动,在禁毒斗争中加强"五大工作体系"建设。

2001年,推进"无毒社区"创建工作,坚持"属地管辖、划片净化"指导原则,在41个乡(镇)层层建立创建"无毒社区"活动领导小组,把创建活动成效与乡(镇)负责人年终政绩考核结合起来,实行一票否决。

社会禁毒 1993年,开展禁毒宣传60次,播放禁毒宣传片240次,张贴标语2000余幅,悬挂宣传画1500幅,印发宣传资料3万份,组织参观禁毒教育基地80次,召开群众宣传动员大会30次,受教育面92%,制作禁毒宣传栏50个,举办宣传1000余期,出动宣传车260台次,组织法制副校长到中小学校开展禁毒知识讲座3000余课时,受教育面99%。与全县各机关、单位、乡(镇)签订禁毒工作目标责任书100份。

1995年,按照县禁毒战役指挥部具体安排部署,"三禁并举、堵源截流,从严打击、严格执法、标本兼治"。1999年5月,"越西县禁毒爱国主义教育基地"在县公安局正式开馆,县委、县人大、县政府、县政协等领导及县城各中小学生、机关干部5367人参加,并举行"远离毒品、珍爱生命"的签名仪式。6月,"基地"被团州委、州禁毒委、州司法局定为"共青团禁毒宣传点"、"凉山州青少年禁毒法制宣传教育基地"。2003年,各级妇联成立禁毒领导小组,采取张贴标语、图片展览、发放资料、播放宣传片、入户宣传教育等形式,宣传毒品危害及防毒知识和禁毒法规,妇女受教育面98%。

2005年,制定下发《越西县开展禁毒人民战争实施方案》和《越西县禁毒委员会关于全面开展普查登记录入吸毒人员工作的通知》,集中2个月时间深入各乡(镇)进行吸毒人员大普查,经普查有吸毒人员875人,录入吸毒人员信息457人。

毒品案件侦破 1995年,全年共破获各类毒品案件81起,其中:贩毒30起,吸毒12起,非法种植罂粟26起,非法持有毒品2起,引诱教唆他人吸食毒品1起,出售火锅中渗入罂粟壳1起,违反麻醉药品精神药品管理9起;抓获毒品违法犯罪人员91人,其中:报捕8案11人,治安处罚73人,判刑4人,其他处理3人;收戒吸毒人员126人,其中:转收审9人,教育放回113人,转外地公安机关4人;缴获海洛因434.4克,罂粟壳320克。

1996年,破获毒品案件115起,缴获毒品海洛因20克和47个零包、罂粟壳100克,铲除罂粟382株。1997年4月17日,根据线索,抽调缉毒、刑侦等民警组成专案组,秘密监控由昆明发出在普雄火车站下车旅客。18日上午,昆明至西安的旅客列车停靠普雄站,挡下15名妇女带到公安机关进行询问盘查,在其体内搜出毒品海洛因480.9克。4月19日上午9时10分,挡获166次旅客列车下车的5名(3男2女)彝族,从其体内搜出毒品海洛因266克。2起特大涉毒案件涉案人员20人,最小年龄12岁,经审讯,嫌疑人对贩毒事实供认不讳。

1998年,全年破获毒品案件373起,其中:贩毒60起(内特大5起,重大16起)、吸毒312起,抓获涉毒人员379人,其中:逮捕43人,劳动教养42人,强制戒毒248人,其它处理46人,缴获毒品海洛因585.65克,铲除罂粟2315株。摧毁地下毒品交易场所2处,吸贩毒窝点4个。“6·26”国际禁毒日在文化广场公开烧毁海洛因88.15克和零包84个,鸦片17.06克。2001年,侦破毒品案件363起,逮捕31人,劳教35人,治安处罚297人,缴获毒品海洛因9.15克。

2003年,对普雄镇尔格村等重点涉毒地区组织开展8次集中整治专项行动,破获毒品违法犯罪案件351起,抓获涉毒违法犯罪嫌疑人员355人,逮捕28人,劳教57人,强制戒毒270人,缴获毒品海洛因172.7克。

表10-5　　1993—2005年毒品犯罪案件情况统计表

项目 年份	立案(件)	破案(件)	抓涉毒人员(人)	处理人员(人)				缴获毒品			
				逮捕	劳教	治安处罚	其他	海洛因(克)	鸦片(克)	罂粟	
										株	壳(克)
1993	24	24	24	1	2	22	2	12.5	17.06	1630	2000
1994	7	7	9	1	3	6	2	7.3	12	552	—
1995	81	81	91	11	4	73	3	434.4	7	4391	320
1996	114	114	114	2	6	88	18	20	9	205	100
1997	261	261	261	21	26	214	—	820	4	654	419
1998	373	373	379	43	42	248	46	585.65	14	2315	2460
1999	337	337	337	28	27	282	1	290	7	—	—
2000	328	328	329	21	25	283	—	187.3	3	450	183
2001	363	363	363	31	35	297	2	9.15	2	537	—
2002	540	540	540	62	36	442	—	10.69	8	—	—
2003	351	351	355	28	57	270	1	172.7	—	—	—
2004	489	489	495	23	59	413	—	183.95	—	—	—
2005	357	357	360	18	121	221	—	703.1	—	—	—

第四节　治安管理

一、特种行业管理

1991年,成立清理整治废旧金属回收办公室。清理整顿全县68户旅店、14个收购店(站)、2个刻字印刷业。取缔2户无照收购点,收缴废钢铁2.1吨、铜板0.5吨、面包铁和铁路器材10吨。

1993年,清理土产公司、物资公司等11户收购点和物资公司委托的8户代购点,取缔铁路沿线5户收购点、8户代购点。查处违章收购点2户、非法收购和销售14起、32人,盗窃2起、3人,罚款3人,没收非法收购运输的“面包铁”、水管、铁路设施及废旧金属共计84.46吨。

2002年,根据凉山州人民政府《关于在全州建立印章业治安管理信息系统报告的通知》(凉府办发

〔2002〕32号),建成县印章治安管理信息系统,由凉山国盾公司统一经营印章刻字业。

2004年,查处3起违法收购铁路器材、建筑工地专用设备案件,取缔在铁路沿线设点收购废旧金属1户。清理整顿越城镇、普雄镇、乃托镇、新民镇、中所镇(以下简称"五个集镇")旅店、废旧收购、网吧、卡拉OK厅等,检查旅店114户,废旧金属收购7户,网吧7户,出租房屋14户,查处无证经营旅店12户,未按规定登记旅店住宿6户,开黑店组织卖淫嫖娼1户,治安处罚9人。7月12日,四川省人民政府将旧货业治安管理登记改为告知性备案。

2005年,开展清理整治铁路沿线废旧金属收购站点专项行动,清查铁路沿线56个村,清理废旧金属收购(冶炼)站点,打击危害铁路运输安全的拆卸、偷盗、收购铁路器材违法犯罪行为,掐断不法分子销赃渠道,实现铁路沿线2.5公里范围无废旧金属摊(站)点和"小红炉"。年底,全县有旧货收购点20户,旅店业138户。

二、枪支弹药管理

配备审批 1991年,全县所有持枪单位,必须经县以上人民政府批准。持枪人员必须经本单位负责人同意报县以上主管部门批准。持枪人员和持枪单位向公安机关申领持枪证,治安科经审核,发给持枪证。是年,全县公务用枪配备单位有:县公安局、县检察院、县法院和县委、县政府、金融、厂矿等单位的保卫科(股)。

1996年10月1日后,配备公务用枪,由公安部统一审批,省公安厅制发公务用枪证件。

2002年8月28日,根据公安部修订《公务用枪配备办法》,全县可以配备公务用枪的持枪人有:人民警察、检察官、农业银行专用押钞车和金库的守护、押运岗位人员。

管理 1991年,登记在册小口径猎枪、火药枪、气枪等民用枪支319支。1994年,清理整顿各种枪支,收回超范围配发13支,登记民用枪支607支。

1996年,开展《中华人民共和国枪支管理法》(以下简称《枪法》)宣传工作,印发宣传资料350份,张贴《枪法》380份。收回行政企事业单位原配公务用枪12支。同时,清理各乡(镇)的民用枪支,收缴民用枪支89支。2001年3月2日,销毁收缴的猎枪、火药枪、气枪、改制步枪、小口径步枪、自制手枪等民用枪支285支。4月20日,开展为期半年的"治爆缉枪"专项行动,张贴宣传《公安部关于清理收缴枪支的通告》,收缴民用枪支49支、军用子弹64发;查破涉枪案件2起,刑事拘留2人。

2002—2005年,制定《越西县公安局民警公务用枪管理办法》、《越西县公安局枪支携带、保管、使用制度》,民警签订《越西县公安局民警公务用枪管理责任书》。销毁收缴火药枪、气枪、小口径步枪、改制猎枪等民用枪支155支。

三、爆炸物品管理

1991年,发生爆炸事故1起,死2人、伤7人。全年收缴炸药15千克、雷管105发、导火索30米。1993年,检查15个民用爆破器材库房和2个烟花爆竹库房、36个使用民用爆破器材单位安全。收缴炸药80千克、导火索200米、手榴弹2枚。取缔处理非法生产烟花爆竹点10个,收缴销毁黑火药16千克、烟花爆竹2100封。

1998年1月,成立民用爆破器材管理办公室缉查分队。清理整治烟花爆竹市场,没收销毁违反生产、运输、购买、储存、使用烟花爆竹2万封。2001年,开展"治爆缉枪"专项行动,集中收缴流散民间的爆炸物品,收缴导火索20米、手榴弹3枚、雷管1574发。12月24日,销毁收缴军用手榴弹16枚、手雷4枚、纸雷管800发、电雷管1574发、导火索250米。

2003年5月,根据越西县政府办《关于对爆破员培训的通知》(越府办〔2003〕11号),对45名新"四员"(爆破员、保管员、安全员、押运员)进行培训。7月29日,销毁收缴雷管418发、炸药200.6千克、导火索52米、手榴弹3枚、氯化钾9千克、银粉10千克、烟花爆竹引线17.5千克、烟花爆竹底火280发。8月，对“四员”及企业主近70人进行13位雷管编码报表、回执卡填报等专门培训，规范管理。

2005年，全县涉及爆炸物品单位18家，有“四员”286名。全年进行25次安全检查，追究刑事责任5人、治安处罚3人，收缴炸药207千克、雷管151发、导火索250米。

四、公共秩序管理

查禁赌博　1991年，根据《四川省禁止赌博条例》，制定《越西县公安局关于组织开展查禁取缔赌博活动的实施方案》、《越西县组织开展集中打击赌博违法犯罪活动专项行动实施方案》，发布《越西县公安局关于进一步禁止赌博的通告》。利用新闻媒体全方位、多角度地开展禁赌宣传活动，在电视台播放禁赌通告10次，发放禁赌宣传单5000份，张贴禁赌公告500份。

1995年起，开展以查禁赌博为龙头的专项整治行动，以“五个集镇”为重点区域，查处以“扎金花”、“开纵对”、“叠十四”、“打麻将”等违法犯罪活动，重点打击城镇、街面、机关单位等公共场所突出参赌、聚赌、为赌博提供场所扰乱社会治安秩序违法犯罪行为，特别是涉黑、涉恶的“放水公司”。截至2005年，查处赌博案件298起，查处涉赌人员1256人。

表10－6　　1991—2005年查处赌博案件统计表

年　度		1991	1992	1993	1994	1995	1996	1997	1998	1999	2000	2001	2002	2003	2004	2005
查处(起)		21	50	28	26	52	13	15	12	10	9	24	14	7	11	6
查处违法人员(人)	合　计	44	103	124	92	217	67	43	103	47	91	108	119	46	58	33
	警　告	20	40	17	6	33	11	3	8	3	4	13	2	4	3	2
	罚　款	13	30	28	77	129	47	36	87	31	52	76	106	36	53	25
	拘　留	4	1	13	6	30	6	2	6	5	27	12	8	4	1	2
	其他处理	7	32	66	3	25	3	2	2	8	8	7	3	2	1	4

查禁卖淫嫖娼　1991年9月4日，《全国人大常委会关于严禁卖淫嫖娼的决定》公布施行。开展集中打击卖淫、嫖娼统一行动，清查车站、旅店等公共场所453个(次)，盘查可疑人员1500多人次，抓获处理卖淫妇女22人、嫖客2人，端掉卖淫窝子3个。

1996年，开展扫除“六害”(卖淫嫖娼、聚众赌博、私种吸食贩运毒品、拐卖妇女儿童、利用封建迷信骗财害人、制贩传播淫秽物品)专项行动，查处94案、333人。2004年，开展打击“黄赌”违法犯罪活动专项行动，查处取缔卖淫嫖娼窝点1个、治安处罚9人。至2005年，查处卖淫嫖娼案件135起，处理315人。

表10－7　　1991—2005年查处卖淫嫖娼案件统计表

年　度		1991	1992	1993	1994	1995	1996	1997	1998	1999	2000	2001	2002	2003	2004	2005
查处(起)		18	5	2	1	6	2	1	2	12	9	27	19	17	11	3
查处违法人员(人)	合　计	46	13	6	8	13	4	7	6	32	23	51	61	51	25	17
	警　告	1	2	1	2	1	1	3	2	4	1	2	2	3	4	5
	罚　款	30	9	2	1	9	2	2	1	16	14	25	42	34	14	3
	拘　留	6	1	1	2	1	1	2	1	12	8	24	17	14	4	8
	其他处理	9	1	2	3	2	1	1	2	2	3	2	4	5	3	1

其他专项整治　2001年4月，开展“狂飙—B”统一行动，清理旅店、出租房屋、公共娱乐场所(录像、茶馆)等493个。9月，开展“整治治安环境促进经济发展”专项行动，清查整治厂矿、重点建设项目单位、

学校周边治安环境、出租房屋、公共娱乐场所等573个,破刑事案件5起,查处治安案件8起,抓获各类违法犯罪嫌疑人员28名。

2005年12月23日,公布《越西县公安局关于整顿城区社会治安秩序的通告》,组织力量重点整治城区酗酒滋事、打架斗殴、无故殴打他人、损坏公共设施等违法行为。

表10-8　　1991—2005年治安案件统计表

年度		1991	1992	1993	1994	1995	1996	1997	1998	1999	2000	2001	2002	2003	2004	2005
受理(起)		561	469	433	297	418	314	439	644	610	650	893	615	584	697	504
查处(起)		492	391	383	274	407	313	242	599	581	618	862	604	575	680	481
查处率(%)		87.7	83.4	88.5	92.3	91.4	99.7	55.1	93	95.2	95.1	96.5	98.2	98.5	97.6	95.4
查处违法人员(人)	合计	490	551	670	485	795	514	216	859	733	763	1159	528	708	738	484
	警告	144	125	121	13	147	16	41	105	29	52	191	81	60	40	36
	罚款	147	143	176	382	379	423	145	312	207	200	254	358	203	147	75
	拘留	85	33	108	90	91	75	30	62	99	134	246	89	91	69	71
	其他	114	250	265	11	178	12	17	380	398	377	468	13	354	482	302

五、"110"报警服务

"110"建设　1994年6月,按照全国、全省公安系统城市"110"报警服务台建设工作会议精神,成立"110"巡警队,干警5人、协警队员10人,同城关派出所合署办公。对社会公开承诺:有警必接、有难必帮、有险必救、有求必应、严格执法、热情服务。

1997年9月,开通"110"报警电话。2001年5月,巡警体制改革,巡警队单独办公,实行24小时值班受理制度,接到报警后响应时间城内不超过5分钟,背街小巷、居民楼院不超过10分钟。

2004年,深化为人民服务宗旨坚持维护治安与服务群众并重的方针,建设融报警、接警、出警、处警于一体的全方位快速反应体系,推动"110"、"119"、"120"三台合一。2001—2005年,调解各类纠纷1716件,为民服务234起,收到群众锦旗32面、感谢信9封。

接处警　1994年,巡警队协助办理各类案件15起、抓获现行违法人员52名、制止打架斗殴事件128起、纠正交通违章319起、调解民事纠纷172起、及时制止控制突发事件7起、为群众排忧解难112起。2001年5月起,执行全天候值班、备勤制度。在重点部位、城区街道、城郊结合部、治安复杂地段、案件多发部位进行治安巡逻,防范、打击违法犯罪,预防和减少案件的发生,调解纠纷,抢险救灾,处置突发事件,维护社会治安秩序。2005年,接处警816起,抓获违法犯罪嫌疑人员124人。

表10-9　　2001—2005年接处警情况统计表

年度	接处警(次)	抓获违法犯罪嫌疑人(人)	刑事案件(件)			治安案件(件)			调解纠纷(件)	逮捕(人)	劳教(人)	治安处罚(人)
			立案	破案	查处率(%)	立案	破案	查处率(%)				
2001	833	182	7	7	100	144	144	100	345	8	7	154
2002	752	234	11	11	100	135	135	100	322	4	14	144
2003	776	179	13	13	100	107	107	100	312	9	11	122
2004	810	162	7	7	100	98	98	100	395	8	9	117
2005	816	124	7	7	100	75	75	100	342	10	12	97

第五节　预审监管

一、预审办案

1991 年，预审工作严格区分罪与非罪界限，突出抓办案进度、罪名定性，加强审理，提高办案速度和质量。1993 年，预审工作重证据、重调查研究，不轻信口供，做到以事实为根据，以法律为准绳，不枉不纵，不错不漏。1996 年，预审实行定案、定人、定时间、定要求、保办案质量责任制。截至 1998 年，受理刑事案件 637 件 1360 人，逮捕案件 634 件 1356 人，移送起诉均在法定时限内审结。通过预审挖出犯罪线索 136 条，查破各类刑事案件 149 起，追诉案犯 37 人，缴获赃款 206528 元。

二、监管工作

看守所建设　1983 年，拆除旧监舍新建集宿舍、洗沐处、抽水便槽、放风场于一室（分内外 2 间）；看守所、收审所为一体（简称“两所”）的新监所。

1991 年，县看守所有看守监舍、收审仓舍、值班室、预审管教室、监所检察室、医务室、财物保管室、档案室、厨房、武警哨楼和武警看守班寝室的新监所，总建筑面积 1579.68 平方米。2000 年，监所安装外围安全电网 150 米。是年，省公安厅将县看守所定为三级看守所。2005 年，新建武警哨楼 2 间，安装探照灯、报警器，配置计算机、打印机等办公设备。

制度建设　1991 年以来，遵照“严密看管与思想教育相结合”的工作方针，以《监所管理规定》等有关法律法规为主要内容教育和管理犯罪嫌疑人，掌握其思想动态，有针对性地做好思想工作，生活管理体现人道主义，文明管理、人性化服务。1999 年，实行军事化管理，规范在押人员日常管理。2005 年，继续对在押人员在刑拘、逮捕、起诉、一审、重审、上诉、二审、决定批准劳教、投劳等 9 个环节实施谈话记录制度。

第六节　交通秩序管理

车辆管理　1994 年，检查各类机动车、非机动车 12547 台次。1998 年，全年检车 15362 台次，年检率 85%，驾驶员年审率 95% 以上。根据（川公发〔94〕05 号）文件通知，县公安局对非机动车和自行车的管理进行调整，自行车管理业务移交交警管理，全县非机动车和自行车 20182 辆，其中：人力三轮车 182 辆。1998 年，按（凉公发〔98〕106 号）文件通知，非机动车交由治安科负责，换发启用新分合式牌照。2005 年，落实客运车辆管理责任制，将客运驾驶员承包到每位民警，每月进行 1 次安全教育、交流和谈心活动，教育谈心 326 人次，签订安全责任书 239 份，安全技能培训 637 人次。

交通秩序整顿　1994 年，加强动态管理，强化路面监控，保证两个“三分之二时间、警力”在路上控制路面，纠正违章 5374 人次，逮捕 5 人，治安拘留 10 人，治安罚款 2 人，扣证 4 人。全县交通事故四项指数（事故次数、死亡人数、伤人数、经济损失）分别下降 66.7%、10%、87.9%、85.6%。

1998 年，纠正违章各类车辆 5500 台次，教育处罚违章人员 976 人次，扣车整修 300 台次，清理报废车 5 台，处理交通纠纷案件 120 件，追究刑事责任 8 案 7 人，治安处罚 8 人。2005 年，购进证眼雷达测速仪，强化路面监控，整治“双超”。

表 10 - 10　　1991—2005 年交通事故四项指数统计表

年　度	1991	1992	1993	1994	1995	1996	1997	1998	1999	2000	2001	2002	2003	2004	2005
事故(次)	71	51	63	64	65	88	163	215	350	114	150	277	253	345	350
死亡(人)	5	13	6	9	2	3	7	7	12	5	6	6	7	7	10
受伤(人)	19	23	4	4	8	5	12	8	10	18	17	18	18	13	18
直接经济损失(元)	25900	21100	5500	9500	12300	3600	25700	3000	72000	34400	38380	49000	65180	47700	245100

交通安全宣传　1991 年,县公安交通管理部门向城镇、公路沿线群众、学校师生宣传《道路交通事故处理办法》。1998 年,在城乡各条交通线上进行交通秩序整顿。

2005 年,以"春运"、"五一"、"火把节"、"彝族年"期间道路交通安全工作为重点,加强"五整顿、三加强"、"五进工程"和"双超"(超速、超载)专项整治工作,结合创建平安大道、安全文明村、安全文明学校活动,开展交通安全法律、法规宣传,受教育人数 5 万人次,印发各种宣传资料 7 万份,悬挂大型宣传横幅 50 幅,张贴宣传标语 350 幅,利用电视等新闻媒体发表电视讲座 2 次,播放警示教育片 30 次。

第三章　检　察

第一节　检察管理

检察机构　1991 年,县检察院内设:办公室、政工科、批捕科、公诉科、经济检察科、法纪科和控告申诉科。1996 年 7 月,撤销经济检察科。1997 年 6 月,成立越西县人民检察院反贪污贿赂工作局;11 月,撤销越西县人民检察院税务检察室。

2000 年 12 月,批捕科、法纪科更名侦查监督科、渎职侵权检察科。2001 年,内设:办公室、政工科、侦查监督科、公诉科、反贪污贿赂局、渎职侵权检察科和控告申诉科。2002 年 8 月,政工科更名为政治处。2003 年 4 月,增设林业检察科。2005 年,内设办公室、政治处、侦查监督科、公诉科、反贪污贿赂局、渎职侵权检察科、民事行政检察科、检察技术科、控告申诉科和法警队;院领导职数 3 名,检察委员会委员 7 人;政法专项编制 33 人,工勤人员 2 人。

表 10 - 11　　1991—2005 年检察院负责人名录

姓　名	性　别	民　族	职　务	任职时间
黄　红	男	彝族	代理检察长	1990. 5—1993. 02
胡家清	男	汉族	副检察长	1984. 6—1995. 12
王海清	男	彝族	副检察长	1987. 5—1998. 08
夏再正	男	汉族	检察长	1993. 3—1996. 11
骆　颖	女	彝族	副检察长	1996. 10—2001. 10
朱光银	男	汉族	检察长	1998. 3—2002. 12

续上表

姓 名	性 别	民 族	职 务	任职时间
张华碁	男	汉族	副检察长	1998.8—2005.12
黄 武	男	汉族	副检察长	1999.3—2005.12
邱德明	男	彝族	副检察长	2002.2—2003.02
沙马伟古	男	彝族	检察长	2003.3—2005.12
罗秀英	女	彝族	副检察长	2003.5—2005.12
王 英	女	汉族	纪检组长	2003.5—2005.12

检察技术 1998年,制定技术工作规划和业务规章制度,受理和承办各类案件的现场勘验、检验鉴定和文证审查。

2001年,围绕检察机关中心工作,运用科学手段,为查处案件提供技术支持。配合监所检查,对保外就医、监外执行罪犯进行专项检查,调档21件21人,收监复查7件7人,提供文证审查意见。全年受理技术检察28件,其中:法医检验7件,法医文证审查16件,现场勘验13件,物证照相9件,为检查业务部门提供技术协助14件。

2003年,成立局域网络建设领导小组,各业务部门配备1名兼职信息员,负责科室工作站。制定局域网络建设方案,投资10万元进行信息化建设。2005年,按照省检察院要求,自行侦查的重、特大案件,同步录音录像,固定证据,提高证据的证明力,证明取证过程合法。配备13台终端设备,实行网络化、自动化办公,所有的文件传阅、修改、法律文书制作,均在网上交换、签阅。

人民监督员制度 1991年以来,县检察院按照倾听人民意见、接受人民监督规定,加强外部监督,切实防止和纠正检察机关查办职务犯罪工作中执法不公问题。

2003年10月,按照上级检察机关部署,开展人民监督员制度试点工作。聘请3名人民监督员,设立人民监督员办公室。2004年,按照最高人民检察院要求,县检察员人民监督员对“五种情形”(应当立案而不立案或者不应当立案而立案;超期羁押;违法搜查、扣押、冻结;应当给予刑事赔偿而不依法予以确认或者不执行刑事赔偿决定;检察人员在办案中徇私舞弊、贪赃枉法、刑讯逼供、暴力取证等)进行监督,提出监督意见。

到2005年底,共有2件2人职务犯罪“三类案件”(即被逮捕的犯罪嫌疑人不服逮捕决定的,拟撤销案件的,拟不起诉的)进入人民监督员监督程序,2件2人均属不起诉,案件最终处理意见同意率100%。

第二节 侦查监督

1991年,采取宽严相济策略,对初犯、从犯、过失犯、未成年犯罪从宽;对惯犯、累犯、主犯、故意犯罪从严;对犯罪情节轻微,有悔改表现、认罪态度好的从宽;对犯罪情节恶劣、无悔改表现的从严。1992年,狠抓恶性案件和重特大铁路货盗案件,抽调领导5人、干警63人次,先后参加5次集中反盗等专项斗争。

1994年,实施《赔偿法》,按照提高办案质量,不出现冤假错案的要求,由承办人审查资料,集体讨论,把握案件事实关、证据关;重大、疑难、有分歧意见的案件,由检委会研究决定,把握定性处理关。全年对侦查机关提请批捕的171人中,依法批准逮捕139人,不批捕22人,退回补充侦查33人,对构成犯罪未提请批捕的4人依法作出追捕决定。

1997年4月,开展“严打”斗争和专项治理,加大对漏罪漏犯的打击力度,审查批捕案件坚持从快、突出重点,对影响大的恶性案件、团伙案件、贪污贿赂案件以及抢劫、盗窃等7类案件优先从快审结。

2001—2002 年,按照省、州统一部署,参加"狂飙 - B"、"狂飙 - C"、"狂飙 - D"、"狂飙 - E"等严打整治斗争和整顿规范市场经济秩序行动,充分发挥检察、侦查监督职能,提前介入重特大案件 9 次,出赴现场 10 次。

2005 年,发挥检察建议在社会治安综合治理工作中的作用,帮助有关单位建章立制。对 2003—2004 年受理审查批准逮捕的案件进行跟踪调查。经查,除批捕在逃、因怀孕、哺乳取保候审外,其余经县检察院批准逮捕的犯罪嫌疑人均被作有罪判决。

表 10 - 12 1991—2005 年侦查监督工作统计表 单位:人

项目＼年份	1991	1992	1993	1994	1995	1996	1997	1998	1999	2000	2001	2002	2003	2004	2005	合计
批准(决定)逮捕	133	156	188	139	169	135	157	141	201	228	200	235	165	112	133	2492
不批准逮捕	6	23	8	22	17	8	45	3	—	—	8	21	3	2	8	174
撤回	—	—	—	—	—	—	—	1	—	—	5	9	—	3	—	18
退回建议补查	3	8	10	33	10	21	—	26	27	—	12	9	3	6	8	176
追捕	—	6	19	4	—	9	10	1	—	2	—	2	4	—	2	59
立案监督	—	—	—	—	—	—	—	4	4	6	3	—	3	—	1	21

第三节 公诉检察

1991 年,严格依法办案,深挖漏罪漏犯。全年向法院起诉 95 件,免予起诉 3 件,报送州检察院审查 2 件,追诉 1 件。

1995 年,制定《办案责任制》,实行目标管理,强化监督,注重案件审查中有罪不究、以罚代刑等问题。与公安机关、法院配合,对破坏生产经营、盗窃、抢劫、故意伤害等破坏农村稳定的犯罪活动依法从重从快打击。

2001 年,推行主诉检察官办案责任制,谁主诉、谁把关、谁负责的原则,对重大、疑难案件和自侦案件,由主诉检察官办理,审结一案时,必须交叉审查。在公诉中,坚持"打防并举,惩治与教育相结合"。2002 年,改革审查批捕工作方式,推行《审查逮捕案件意见书》,制定《关于加强侦捕、侦诉协调配合有关问题的意见》。

2003 年,适时介入侦查,出赴现场 2 次,参加重特大案件讨论 5 次。强化对公安、反贪、侦查部门侦查工作及法院审判工作监督力度。向公安机关提出退回补充侦查案件 9 件 9 人,依法追诉 3 件 3 人,对侦查中违反程序法行为,依法提出纠正意见。

2004 年,引导刑事案件侦查取证 8 件;建议适用简易审案 21 件,尝试适用简化审案 12 件;建立公诉案件挂牌竞办工作机制,《凉山日报》和新华网以《越西检察院改革出奇招,公诉案件挂牌竞办》报道公诉引导侦查,证据铁链铸成"零口供"下的铁案,被州检察院全文专刊转发。

2005 年,依法成功公诉王某某贪污、挪用公款案,许某某挪用公款案、余某贪污案和肖某贪污、挪用公款等案件。公诉工作被新华网、《人民权力报》、《四川法制报》、《凉山日报》等媒体报道。

表 10－13 1991—2005 年公诉工作统计表 单位:人

项目＼年份	1991	1992	1993	1994	1995	1996	1997	1998	1999	2000	2001	2002	2003	2004	2005	合计
起诉	95	109	88	121	121	84	103	115	152	186	205	230	170	114	122	2015
免予起诉	3	6	10	8	11	15	—	—	—	—	—	—	—	—	4	57
不起诉	—	1	—	—	—	—	3	3	2	1	5	2	2	—	—	19
报送州院审查	2	3	13	6	10	14	13	8	14	14	16	8	8	6	12	147
追诉	1	1	2	—		—	1	3	1	1	2	—	3	4	—	19

第四节 职务犯罪检察

反贪污贿赂 1991 年,贯彻“打击和保护、服务与促进”的指导方针,与纪委、监察、工商、税务、审计等部门建立联席会议制度和互相移送案件制度,互通信息、交流经验。

1992 年,建立大案、要案、疑难案件请示报批制度、免诉案件备查报批制度以及执法检查和案件复查制度,重点挖“窝案”、“串案”和大案。

1996 年,县检察院与工商局,联手打击假冒伪劣产品,查封非法生产劣质磷肥窝点 1 处,依法没收生产设备、劣质磷肥 40 吨、硫酸 3 吨、编织袋 2000 根。全年受理各类经济案件线索 12 件 24 人,立案侦查 7 件 10 人,其中:贪污案件 3 件 4 人,受贿 2 件 3 人,挪用公款 2 件 3 人。

1998 年,依法批准逮捕携款潜逃一年半的贪污犯罪嫌疑人。重点查办扶贫开发、产业结构调整、农业项目实施中职务犯罪案件。

2004 年,着重办理国有企业工作人员、行政执法人员职务犯罪案件以及群众反映强烈的热点、焦点、难点问题,选择 30 个重点行业开展预防工作,各级党委、政府部门相继建立预防职务犯罪领导机构 54 个,建立健全职务犯罪预防网。

2005 年,成立预防职务犯罪领导小组,检察长任组长,反贪局长任副组长,在国税、地税、国土、工商、交通、林业、财政、医疗卫生等部门展开预防工作,召开联席会议 9 次,提出预防对策 21 条,发出《检察建议》61 份;在县委培训中心,对县级机关、乡(镇)财会人员进行法制培训 2 次。

渎职侵权检察 1991 年,集中查处玩忽职守、非法拘禁、徇私舞弊、刑讯逼供和重大责任事故 5 类案件。

1993 年,坚持由发案必办,变为发案快办,快办必准的原则,会同有关单位召开会议,分析发生的事故配合有关职能部门,深入厂矿企事业单位安全检查 22 次。

1997 年,把法纪案件范围的“渎职”侵权案件放在主要位置来抓,结合办案抓“立案标准”,印发宣传资料到各单位、厂矿、区乡,通过区乡电话,召开有派出所、法庭、企业干部参加的电话会议,利用有线广播播放“立案标准”的录音讲话。

2001 年,坚持“严格执法、狠抓办案、文明办案”的方针,加大查办渎职、侵权大案要案力度。2004 年,县检察院贯彻最高人民检察院“5·11”电视电话会议精神,重点查办司法腐败案件。

2005 年,坚持有线索必查,有案必办,在办理渎职侵权案的同时,积极配合反贪部门查处反贪污贿赂案件。全年受理法纪案件线索 2 件 2 人,立案侦查 2 件 2 人。

表 10－14　　1991—2005 年职务犯罪检察工作统计表

项目＼年份		1991	1992	1993	1994	1995	1996	1997	1998	1999	2000	2001	2002	2003	2004	2005	合计
受理案件线索	件	25	24	29	27	22	23	19	23	20	25	12	21	19	11	9	309
	人	52	45	43	48	31	38	26	29	25	17	17	25	25	11	9	441
初查	件	14	21	19	24	16	22	15	18	20	8	9	10	18	11	9	234
	人	28	41	33	45	24	37	20	24	25	9	10	11	23	11	9	350
决定立案	件	4	3	2	6	4	8	4	3	2	3	3	2	8	6	3	61
	人	6	5	4	10	4	21	4	7	2	3	2	2	8	6	3	87
挽回经济损失（万元）		9.46	21	8.8	12	8.0	56.8	45.4	42.5	14.26	30	—	13	150	21.1	10	442.32

第五节　监所检察

1991 年，召开公安、预审、看守所、武警中队、收审所等 12 人参加的联席会议，相互配合，保证“严打”疑犯关得下、管得住、管得好。针对看守所羁押人数较多情况，加强检察监督，防止混关混押和在押人员逃跑、自杀和疾病流行等事故发生。

1992 年，驻所检察人员负责检查看守所有无安全隐患；检查管教干警对人犯的管理活动有无违法行为；检查收审、羁押、提审、接见、执行、释放人犯是否符合法律规定及法律手段；检查人犯所写报告、申诉、控告、信件是否确实，确定受理答复；检查可能判重刑未决犯表现、动态和拘留所服刑已决犯，是否脱管；检查人犯生活、卫生是否按规定吃、住和治病。全年驻所检查纠正违法 3 次，提出建议 27 次，发现隐患 5 起，收缴违禁物品 3 件，受理人犯申诉、控告 31 件。

1995 年，规范律师会见在押人员制度，保护人犯合法权利，依法拒绝 1 人会见申请。全年受理人犯及其家属控告、申诉信件 7 件，自办 3 件；办理“假、减、保”和保释案件 3 件 3 人；考察监外执行犯 3 人。

1997 年，按照“一审阅、二检查、三询问、四记载”的工作要求，发出检察建议 3 次，依法纠正办案超拘留 2 件、超逮捕羁押期限 1 件、保外就医不规范 1 件、交付执行不及时 2 件。

1999 年，对 1997—1999 年 3 月保外就医、假释、暂于监外执行的罪犯进行彻底清理、登记、造册，核准保外就医 29 人、假释 4 人、暂于监外执行 4 人，就存在问题发出检察建议 2 次，纠正违法通知书 1 份。

2001 年，在“打黑除恶”斗争中，维护监管场所安全与稳定，把监管场所“侵权、渎职”犯罪作为重点来抓。对监外执行犯有重点、有步骤考察，发现外出务工 1 人，存在违法行为 1 人。春节前，到越城镇和普雄镇监管场(所)进行节前安全防范检查，对关押 191 名犯人落实监管责任，确保监所无安全事故发生。2003 年，对辖区内 7 名保外就医、3 名假释、27 名缓刑罪犯和 7 名暂予监外执行罪犯执行情况进行检查，发现 2 名罪犯脱管，及时给相关部门发出检察建议。3 月，督促监所建立健全预防“非典”预案，对进监人员检测体温，设立临时过渡观察室，加强“非典”时期和“二号病”防治时期监管场所饮食、环境卫生管理，确定专人定期对监管场所实行消毒清理，使监所没有疫情发生。

2004 年，发放《犯罪嫌疑人诉讼权利义务告知书》，张贴《刑事诉讼羁押期限一览表》，增强羁押期限公开性、透明度；建立所长、驻所检察室主任接待日制度，现场答复和解决问题 24 次。提前主动监督在押犯羁押时限监督工作纳入监所检查的重要内容，采取勤登记、建立“一志、一账、四簿、六表”的措施，把握诉讼时限关，掌握羁押期限和变更情况，对羁押期满案件早催办。

2005年，开展“规范执法行为、促进执法公正”专项整治活动，按照监所检察工作目标管理要求，促进监管机关严格执法、文明管理，维护被羁押人员的合法权益；改善工作环境，优化接待条件，设检察官接待室，安装举报投诉电话。监管场所设立“监所检察检务公开栏”、“检察信箱”，为被羁押人员及其亲属举报、申诉、控告提供方便。

同年，制定《假释、减刑、暂予监外执行审查备案制度》、《看守所关押犯罪嫌疑人、被告人羁押期限台账制度》、《检察官接待制度》、《检察室工作制度》、《检察人员纪律》等制度。符合“假、减、保”条件罪犯，个人申报、罪犯民主评议、分监区初审、全监区合议审核公布、呈报法院裁定。每天对看守所进、管、出人员、时间详细登记，并载入当日检察日志。是年，驻所检察室被四川省人民检察院授予“三级驻所检察室”。全年受理罪犯及其亲属控告、申诉材料5份，开展安全大检查3次，回访检查监外执行犯7人次，发出羁押期满案件催办通知9件。

第六节 控告申诉检察

1991年，建立健全信访登记、签名、转办、催办、回函制度；控申业务实行请示报告、复查决议、领导批阅、专人办理、时限要求、结论报告制度；工作简历目标管理和文明接待制度。利用“两不一免”（不批捕、不起诉、免诉）案件复查进行宣传回访。全年受理控申案件102件，接待群众来信来访14人次。

1994年，推行检察官下访、公开挂牌办案、对告急案件及时查处制度。全年接待来访群众21人次，院领导参加接待11人次。

1997年，按照《人民检察院举报工作若干规定》，受理公民、机关、团体、企事业单位对国家机关及其工作人员的违法犯罪行为检举、控告，并依法查处。接待来访47人，来信54件，初查经济案件线索3件，挽回经济损失24670元。

2000年，接待来访群众坚持“五个一工程”（问一声好、让一个座、倒一杯茶、解一个难、办一件实事），接待来访56次72人，其中：正副检察长接待来访25次31人。

2003年，按照“落实、创新、争先”思路，以人民群众“满意、赞成、高兴”为目标，提高信访、控申工作质量，继续推行以耐心坚持文明接待，亲切有礼；细心倾听、记录、分析反映问题；诚心解惑释疑，积极疏导，使来访者放心为目标的“首问责任制”。全年初查案件线索6件，查证属实案件4件。

2005年，成立以“处理涉法上访问题专项行动小组”检察长为组长，规范工作程序，完善举报线索及时分流处理，对不属本院管辖案件及时移送相关部门，属本院管辖按侦查工作与案件线索受理、管理、审查相分离原则，做好立案前审查工作，推行首办责任制，定专人、定方案、定时间、定责任逐一落实。全年移送案件18件，其中：转公安10起、转法院1起、转反贪2起、转侦查监督2起、转渎职侵权1起、转公诉1起，转反贪局立案1起。

第七节 民事行政检察

1997年，开展民事行政检察工作，将民事行政检察工作职责、办案原则、申诉人权利、义务及案件受理、抗诉条件等公开上墙。是年，经过依法审查后，对4件民事案件依法提起抗诉。

1998年，设立法律咨询站，发放民事行政检察宣传提纲，走访区、乡（镇）、单位和相关企事业单位等形式宣传民事行政检察工作。全年受理各类申诉5件，立案审查4件，提请抗诉1件。

1999年，实行主诉检察官办案责任制。全年受理各类不服民事行政判决、裁定申诉9件，立案审查6

件，提请抗诉4件。

2000年，按照“敢抗、会抗、抗准、公开、公平、合法”办案原则，抓办案质量、效率、效果三个环节；拓宽民事行政诉讼法律监督渠道，邀请法律服务所和律师事务所支持、参加代理诉讼。全年立案审查3件，提请抗诉2件，说服申诉人息诉1件。2002年，学习民事行政检察工作法律知识、基本方法，运用民事行政抗诉和检察建议两种监督手段，找准抗诉基点，保证抗诉质量。全年受理民事行政申诉4件，立案审查2件，并提请抗诉2件，说服申诉人息诉1件。

2003年，按照“两率提高，结构改变，业务规范，整体推进”工作思路，审查案件做到否定有事实，维持有依据。是年，受理各类民事行政申诉案10件，其中：不服中级法院判决的2件，不服行政裁定1件，不服县法院判决裁定7件。经审查，立案2件，提请抗诉1件，向法院口头建议2件，直接答复3件，审查后不予立案3件。

2004年，遵循“公开、公正、合法”原则，强化民事行政检察工作法律监督，在坚持以办理提请抗诉案件为重心前提下，开展《检察建议》，实行同级监督。全年受理不服人民法院行政判决1件，不服法院再审民事判决4件，不服刑事判决中附带民事部分判决案3件，其它民事申诉3件。经查，决定立案2件，提请凉山州人民检察院抗诉1件，向人民法院提出再审检察建议1件，支持起诉1件。

2005年，建立《申诉人权利义务告知制度》、《民事行政检察接待工作制度》、《民事行政检察案件考核制度》；规范息诉工作。全年受理各类民事行政申诉案件7件，其中：不服人民法院民事判决1件，不服行政判决1件，支持起诉1件，提起刑事附带民事诉讼1件，对人民法院民事行政判决提出再审检察建议1件，其它民事申诉3件。

第四章　审　判

第一节　审判机构

审判机构设置　1991年，县法院增设政工科、纪检、监察，成立执行庭，实行审判和执行分离；设普雄、新民、中所、城关4个巡回法庭，申果庄、下普雄等5个法庭保留建制。1992年，成立青少年犯罪合议庭。1993年，成立税务、工商、稽征、国土、路政、地矿、计生等7个行政执行室和经济纠纷调解中心。1995年，成立越西县法院司法警察大队。

1997年11月，按照“精简、统一、效能”原则，重新确定县法院职能设置、内设机构和人员编制，县法院内设办公室、刑事审判庭、民事审判庭、行政审判庭、告申庭、执行庭、法警大队、政工科、纪检、监察室；有中央政法专项编制68名，院长1名、副院长3名。1999年8月，在告申庭成立信访接待室。

2001年12月，撤销告申庭，设立案庭、审监庭书记官室，法警大队与执行庭分开办公；保留普雄、中所两个法庭，撤销新民、顺河法庭，保留建制，成立巡回法庭；撤销城关法庭，成立民二庭；撤销、经济审判庭。2003年7月，成立执行局，与执行庭实行两块牌子，一套班子，合署办公。

2004年4月，撤销民一庭、民二庭，成立民事审判庭，恢复新民法庭。2005年，县法院重新核定政法专项编制61名，机关后勤服务人员编制5名。

表 10－15　　**1991—2005 年越西县人民法院负责人名录**

姓　名	性　别	民　族	职　务	任职时间
胡文湘	男	汉族	院　长	1984. 5—1991. 5
胡成荣	男	彝族	副院长	1984. 6—1999. 11
程立生	男	汉族	副院长	1986. 7—1994. 8
王培兰	女	汉族	副院长	1991. 3—1996. 2
夏再正	男	汉族	代院长	1991. 6—1993. 2
阿加铁姑	男	彝族	院　长	1993. 3—2002. 12
郭绍武	男	汉族	副院长	1996. 4 — 2005. 12
靳丽萍	女	汉族	副院长	1996. 4—2005. 12
张忠义	男	彝族	纪检监察室主任	1996. 1—2001. 12
石云安	男	汉族	副院长	2002. 3—2003. 2
赵贵良	男	汉族	代院长、院长	2002. 12—2005. 12
何吉英	女	彝族	副院长	2003. 4—2005. 12
曾瑞云	男	汉族	纪检监察室主任	2002. 7—2004. 7
肖锦能	男	汉族	纪检组长	2004. 12—2005. 12

法院法警　1991 年，有法警 3 人，执行重特大任务时，由凉山州中级法院统一调动使用。1992 年 9 月，设立法警队，有法警 11 人，负责保卫审判机关、审判法庭，押解刑事被告人、执庭、法庭安检、执行死刑等任务。1995 年，法警队改称司法警察大队。

1999 年，在州司法警察支队统一安排下，参与执行死刑案件 1 件。2002—2005 年，提押被告人 598 人次，值庭 873 次，执行死刑命令 4 次，参与执行案件 522 次，执行标的总额 230 万元。

第二节　刑事审判

1991 年，按照“依法从重从快，一网打尽”的方针开展“严打”斗争和专项斗争，严厉打击危害社会治安和严重破坏市场经济秩序等犯罪活动，依法从重从快打击卖淫嫖娼、拐卖妇女儿童、种植贩卖毒品、抢劫、重大盗窃、强奸、破坏通讯设备等重大刑事犯罪分子，受理各类刑事案件 51 件 120 人（其中：自诉案件 11 件 11 人），配合公安机关、检察机关召开逮捕宣判大会 5 次。

1996 年，采取“定人、定时、定案”，严格依法办事，注重案件质量，刑事审判坚持“惩办与宽大相结合”政策，严把质量关，要求每案做到“事实清楚、证据充分、程序合法、量刑适当”。扩大办案效果，不同时期选择典型案件，召开公判大会，通过电台、电视、报刊等媒体宣传报道，以案讲法，震慑犯罪，教育群众。1999 年，受理各类刑事案件 99 件 169 人（自诉案件 2 件 3 人），其中：盗窃 38 件 79 人，故意伤害 9 件 15 人，贩卖毒品 31 件 44 人，强奸 2 件 2 人，抢劫 6 件 8 人，销赃 3 件 3 人，诈骗 5 件 12 人，过失致人死亡 1 件 1 人，寻衅滋事 1 件 1 人，非法持有枪支弹药 1 件 1 人。审结 99 件 169 人，结案率 100%。作出有罪判决的 166 人，裁定驳回起诉（自诉案件）2 件 3 人，当庭宣判 49 件，占公诉案件 48.50%，其中：判处 3 年以上有期徒刑 61 人，3 年以下有期徒刑 98 人，拘役 7 人。在中所、城关等地召开公开审判大会 4 次。

2003 年，贯彻落实《人民法院五年改革纲要》，加强司法管理工作，建立“公正与效率”长效机制。深化审判方式改革，落实公开审判制度，推进公开举证、质证、认证。加强庭审公开性和透明度，强化合议庭和独任审判员职责，理顺独任审判、合议庭和审判委员会关系。在执行非诉讼案件中引入听证程序，以公开促公正，强化审判管理和内部监督制约机制，推行审判运行机制改革，实行审判流程管理，运用计算机实行统一立案，流程跟踪，保证审判活动有序进行。

2005 年，重点惩治黑社会性质组织犯罪、严重暴力犯罪、多发性侵财犯罪，开展打击黑恶势力、“两抢一盗”、“黄赌毒”犯罪等专项审判，快审快结抢劫、抢夺和盗窃案件 28 件，罪犯 49 名，判处运输、贩卖毒品案件 19 件，判处罪犯 23 名。全年受理刑事公诉案件 79 件 121 人，结案 79 件，受理刑事自诉案件 7 件 7 人，审结 6 件，因被告下落不明中止 1 件，判处罪犯 123 人。上诉 10 件，其中：待审 1 件，维持 5 件，改判 4 件。完善未成年人犯罪的审判机构和审理程序，针对青少年犯罪实行“教育、感化、挽救”方针，寓教于审，全年受理未成年人犯罪案件 3 件 3 人。

表 10－16　　1991—2005 年刑事审判案件统计表

项目＼年份	1991	1992	1993	1994	1995	1996	1997	1998	1999	2000	2001	2002	2003	2004	2005
受理公诉案件（件）	51	55	45	57	55	42	54	54	97	93	116	160	123	75	79
审结案件（件）	51	55	45	57	51	42	54	54	97	93	116	160	123	75	79
受理自诉案件（件）	11	12	1	4	4	8	9	9	2	0	12	0	7	2	7
审结案件（件）	11	12	1	4	4	8	9	9	2	0	12	0	7	2	6

第三节　民事审判

1991 年，组织人员学习《中华人民共和国民事诉讼法》，开展研讨活动，根据民事审判工作特殊性，依法对本年受理的民事案件加快审结。

1996 年，重点审理婚姻家庭、损害赔偿和债务纠纷“三大类”案件。坚持婚姻自由，反对草率离婚；坚持男女平等，保护妇女、儿童和老年人合法权益；坚持依法调解和依法判决相结合，维护家庭稳定。全年受理各类民事案件 320 件，审结 320 件，其中：调解结案 203 件，判决结案 67 件，裁定结案 50 件。

2000 年，开展以“公正与效率”为主题。坚持贯彻当事人意志自治原则，加大协调处理力度；注重易发群体性事件案件协调，妥善处理涉案范围广，社会影响大，易发生群体性事件的案件，及时疏导。

2003 年，根据来信来访中反映的问题和矛盾多数集中在民商事各类案件中的特点，要求各法庭转变观念，创新机制，加大民商事案件调解工作力度，坚决纠正过去少数法庭和法官不同程度存在重判决轻调解，重形式轻便民观念。同相关部门和乡（镇）、村组干部协调处理多起极易引发集体上访和暴力冲突的民事案件。全年受理各种民商事案件 551 件，审结 499 件，其中：购销、借贷、买卖、建设工程承包、加工承揽、财产租赁、货物运输合同纠纷案件 225 件；农村承包合同、劳动争议、劳动合同等纠纷案件 37 件；房地产案件 19 件；婚姻、抚养、扶养、赡养、继承、人身损害赔偿、财产赔偿等案件 244 件（含旧存案件 46 件）。

2005 年，依法审理金融、农村承包、工程建设、劳务、婚姻、家庭和侵权纠纷等案件，加大案件调解力度。提升正确适用法律和辩法析理、调解疏导能力，发扬不辞千辛万苦、想尽千方百计、说尽千言万语的“三千精神”，开展民商事诉讼调解工作。在审理房屋、土地、林木等相邻关系及打架斗殴引起侵权纠纷中，强化制裁民事违法行为，切实维护合法民事权益不受侵犯。全年受理各类民事案件 345 件（含旧存），审结 331 件，清理旧案 41 件，案件诉讼标金额 373 万元，审结后被告上诉 15 件。

表 10－17　　1991—2005 年民事审判案件统计表

项目＼年份	1991	1992	1993	1994	1995	1996	1997	1998	1999	2000	2001	2002	2003	2004	2005
受理案件（件）	128	183	194	203	240	320	475	520	445	414	353	361	551	457	345
审结案件（件）	128	182	194	203	240	320	475	516	442	413	349	361	499	433	331

第四节　经济审判

1991 年，贯彻国家对工业企业“多兼并，少破产”政策，把严格执法与“抓大放小，扶优解困”政策相结合，协助破产企业和主管部门、社会保障机构做好职工思想疏导、就业、生活安置工作。依法保护债权人和债务人合法权益。

1996 年，坚持对企图利用改制破产规避债务、抽逃资金等不法行为依法及时予以制裁，加大对金融纠纷案件审判力度，消除金融安全事故和纠纷。及时审理与发展市场经济相关的购销、建筑工程承包、加工承揽纠纷和工程项目拖欠民工工资案件，规范和引导经济活动健康有序发展，强化对房地产、劳动报酬、劳动争议、民间借贷纠纷、人身损害赔偿等案件审理，及时化解矛盾，维护社会稳定。

2001 年，依法保障国有企业改革和发展，维护非国有企业合法权益，在审理案件中，克服就案办案思想，及时处理与改革、发展、稳定密切相关案件，针对县城经济运行情况，向企业提供司法建议，帮助企业防范金融风险。

2005 年，贯彻诚实信用原则，保障各类民事法律关系有序流转，为市场经济健康发展提供司法保障；在审理涉及企业破产、职工工资、劳动争议等案件中，妥善处理企业在改制、破产过程中出现下岗、离退休职工工资、养老保险、医疗保险等问题，支持企业建立符合市场规律的现代企业制度，维护企业职工的合法权益，避免国有资产流失；在审理涉军案件中，认真贯彻《关于认真处理涉军纠纷案件，切实维护国防利益和军人军属合法权益的意见》，健全涉军案件工作机制，促进军政军民团结，牢固树立亲民、爱民、便民的现代司法观念。

表 10－18　　1991—2001 年经济审判案件统计表

项目＼年份	1991	1992	1993	1994	1995	1996	1997	1998	1999	2000	2001
受理案件（件）	15	338	32	26	14	20	20	57	70	108	22
诉讼标的额（万元）	2. 389756	12. 45406	89. 9	38. 39	34. 1	38. 2	334. 71	379. 4	143. 7	270	51
审结案件（件）	15	338	32	26	14	20	20	55	70	108	22

第五节　行政审判

1990 年，县法院被选为凉山州《行政诉讼法》试点法院。为搞好试点工作，县法院采取向报刊、广播电视台投稿等方式，提高人民群众对行政诉讼制度的认识，并对行政案件进行公开审理和公开宣判，消除其顾虑，改变“民不告官”、“民不与官斗”等旧传统思想影响。

1993 年，受理各类行政案件 6 件，其中：维持行政机关具体行政行为 1 件，撤销具体行政行为并限期重新作出具体行政行为 1 件，原告申请撤诉 2 件，不符合起诉条件、不属于人民法院受理行政案件范围而依法裁定不予受理 2 件。

1995 年，加大监督指导力度，对违法行政行为予以撤销，切实保护行政相对人合法权益，对行政机关依法作出具体行政行为坚决予以支持，确保行政机关依法行使社会管理职能。

1998 年，确立抓好"涉法上访、公开审判、案件质量评查、清理超审限、民事调解"五项工作重点，协调公共权力与公民权利关系。

2002 年，坚持维持与监督并举，支持与制约并重原则，依法保护公民合法权益，维护行政机关依法行政，认真贯彻执行《行政诉讼证据规定》、《最高法院关于行政诉讼证据若干问题的规定》，狠抓案件质量，不断深化行政审判方式改革，强化庭审功能，增强审判透明度，提高裁判公信力。

2005 年，继续强化行政审判工作，不断深化行政审判方式改革，促进农村改革深化，妥善审理农民负担、农村土地征用、农村税费改革等涉及"三农"行政案件。

表 10－19　　1991—2005 年行政审判案件统计表

项目＼年份	1991	1992	1993	1994	1995	1996	1997	1998	1999	2000	2001	2002	2003	2004	2005
受理行政案件(件)	5	2	6	5	3	4	6	9	2	1	0	3	5	2	1
审结案件(件)	5	2	6	5	3	4	6	9	2	1	0	3	5	2	1

第六节　审判改革

刑事审判改革　1991 年，落实公开审判制度，扩大庭审公开性和透明度。1993 年，深化干部人事制度改革，引入激励竞争机制。推进审判方式、审判组织和人事制度改革。

1996 年，实行刑事审判改革，贯彻公开审判原则，把审判活动置于社会监督之下。依法强化庭审功能，强化合议庭和独任审判员职责，加强对人民群众的司法保护。

2000 年，结合实际，积极进行司法体制创新，逐步建立和实行案件流程管理，杜绝超审限案件发生；做到一审案件除法律规定可以不公开审理外，一律公开审理；推行书记员单独序列管理试点，推行审判长、独任审判员选任试点工作。

2004 年，运用计算机统一立案，流程跟踪，保证审判活动有序进行；加强审限管理，建立案件催办和通报制度，规范当事人依法行使申诉权和申请再审权；在纠正错误裁判的前提下，维护生效裁判的权威性和稳定性，积极推进普通刑事案件简化审和民事诉讼程序简易程序。

2005 年，认真执行法槌法袍相关规定，规范法官庭审行为方式，加大裁判文书改革力度，增强裁判文书的说理性，实行裁判文书公开查阅制，推行裁判文书引用法律条文全文的改革。加强司法管理工作，逐步建立确保"公正与效率"的长效机制，探索刑事审判普通程序简化审理方式，深化审判方式改革。截至 2005 年，贯彻落实《人民法院五年改革纲要》，审理 272 件公诉案件中，普通程序简化审理案件 146 件，占结案 53%；适用简易程序审理案件 55 件，占结案 19%。

民事审判改革　1991 年，县法院改革民事审判方式，推行当事人举证责任制，将主要精力用于审查核实证据。1994 年，严格审限制度，促进庭审规范化。促使诉讼双方有话庭上说，有证庭上举，有理庭上辩，是非庭上分。当年，依法应当公开开庭审理案件公开审判率 100%。

1999年，民事审判方式改革中注重调动双方当事人、代理人、律师参与诉讼积极性。完善合议庭成员共同坐庭，共同问案制度。

2002年，根据《最高人民法院关于民事证据的若干规定》，结合实际，重新修订《民事案件庭审规程》，规范证据规则使用。民事诉讼中扩大适用简易程序审理案件范围，设立民事案件速裁组和小额标的纠纷裁判庭。

2005年，继续推进审判监督改革，实行新的再审立案标准，将无限再审变为有限再审，既维护当事人的申诉权，又维护司法权威。

经济审判改革　1991年，开展法制宣传，提供法律咨询，依法立案、审案，及时就地审理，15天审结经济纠纷案件14件。1993年，增强服务观念，服务上门。深入企业、机关、乡（镇）了解情况，提供法律咨询服务，讲解诉讼时效、管辖等规定，改"告状难"、等案上门为主动收案。

1996年，简化诉讼程序。强化当事人举证和庭前证据展示，交换制度。改进庭审模式，规范庭审行为。调解与判决有机结合，避免案件久拖不结。

1998年，以公开为原则，以庭审为中心，执行公开审判制度，改进庭审模式。组织现场观摩，让审判人员观看新审判方式操作录像带，以增强其庭审归纳、认证、说服能力，提高案件调解率，提高当庭宣判率，实行以审限跟踪管理为核心审判流程管理。同时，训练书记员庭审记录技巧，提高记录规范化程度。

2003年，深化调解与公开开庭审判结合，在分清是非前提下能调解则调，不能调的查清事实，开庭审理及时判决。强化合议庭和独任审判员职责。推行法官通过司法考试任命制度，独任审判员负责制和合议庭负责制。

2005年，弱化院长、庭长对案件审批权，强化其行政管理和业务调研指导职能。强化案件承办人的责任和权力，还权于合议庭和独任审判员，以调动其工作积极性，有效地防止假、错案。

行政审判改革　1991—2005年，改革后行政审判步骤，对原告和诉状所称事实，被告所举证据，由主审法官和书记员核对后，拟出庭审前应当解决的问题（即焦点），将证据分为若干组；通知原告和被告及其双方代理人到会；书记员核对当事人、代理人身份后，宣布会议开始，由主审法官或其委托法官主持庭前会议；由原告提出被告具体行政行为认定事实不清，证据不足，或程序不合法的理由；由被告向原告展示认定事实的证据，原告确认有、无异议相应分为两类，并由原告申述理由。书记员录入各类证据名称，证明内容，原告意见等；主审法官或法官根据证据展示情况，分别告知原被告对具体行政行为认定的事实及处罚、处理结果进行陈述、辩论：原告对被告举证完全确认，并表示对被告具体行政行为认定的事实无异议，仅对处罚或处理结果有异议的，告知双方待正式开庭时，可不再质证，仅需直接陈述证据证明的事实即可进入辩论；原告对被告所举证部分确认、质证和认证，再与无争议的证据合并作为陈述和辩论的依据，原告完全否认被告所举证据，如原告提出因被告的证据是在作出具体行政行为后收集，或者收集证据时未按行政法、行政处罚条例的规定收集，被告认可，但双方对实体并无异议的，告知原、被告在开庭时，可仅就此争议进行陈述、辩论；原告对证据、事实无争议，但对处罚或处理结果有异议，如系可以改变行政行为，告知被告在判决前，可以申请改变具体行政行为，告知原告如对被告新的具体行政行为无异议，应申请撤诉，双方的行为是否准许，由法院裁定；主审法官理出争议焦点，提出要求，进行裁定并宣布休庭。

第七节　审判执行

1991年，根据上级法院精神实行"审执分立"。10月，成立执行庭，专门负责除非诉讼行政决定以外各类法律文书执行。全年受理执行案件25件，其中：经济、民事、刑事附带民事16件，非诉讼执行案件及委托执行案件9件。

1993 年，凡调解案件原则上由各庭自己负责执行，执行有困难的交由执行庭执行，判决书全部由执行庭执行。1994 年，把依法执行与有利于稳定和经济发展结合，把严肃执法和文明执法结合，较好地执行影响大、涉及社会稳定的案件，维护法律尊严。

1997 年，召开全县执行工作会议，坚持严肃执法，努力解决执行难问题，集中清理执行积案，维护法律权威。在执行工作中，讲究执法艺术，注重执法效果，耐心做好法律宣传和说服教育工作，督促被执行人自觉履行义务，对有能力履行而拒不执行的，依法强制执行，对一次执结将造成被执行人生产、生活困难的分期执行；对只有财产没有资金的被执行人，采取和解执行方式，以物抵债；对只能履行部分法律义务的部分执行后中止执行；对立即执行可能激化矛盾的缓期执行。

1999 年，全国"执行工作年"。县法院组织全体干警认真学习，深刻领会中央、省委、州委文件精神，增强做好执行工作信心，要求刑事案件审理中涉及财产的，刑事审判庭自行负责执行；人民法庭办理的案件由人民法庭负责执行，其中：复杂、疑难或被执行人不在本院辖区内的案件可移交执行庭执行，其它审判庭办理各类案件均由执行庭执行。

2002 年，省高院制发《关于进一步加强和改进人民法院执行工作的意见》，县法院制定被执行人财产申报、被执行人债务公告、被执行人财产举报及拍卖、变卖、执行听证等一系列制度，对强制执行会影响社会稳定的敏感案件的处理慎之又慎。

2005 年，规范执行拍卖、评估工作，提高执行透明度，实行阳光执行，创新执行工作思路。制定《关于贯彻川高发（2005）238 号及中院执行工作会议精神的实施意见》。全年受理各类执行案件 161 件，执行完毕 132 件，执行总金额 204 万元。

表 10－20　　1991—2005 年执行案件统计表

项目＼年份	1991	1992	1993	1994	1995	1996	1997	1998	1999	2000	2001	2002	2003	2004	2005
执行案件（件）	25	258	182	122	149	186	148	273	216	383	205	121	229	323	161
执结案件（件）	15	224	162	109	134	163	148	246	216	227	165	106	196	275	132
执结率（%）	60	87	89	89	89.9	87.6	100	90.1	100	59.2	80.5	87.6	85.6	85	82
申请执行标的金额（万元）	25.47	92.516455	105.5	122.61	96	147.8	115	123.8	595.9	435	89.5	331	542	577.86	250
执结标的金额（万元）	12.7	74.03	57.6	84.63	81.46	120.56	94	74.5	552.7	229	79.5	262.7	199.8	324.49	204

第五章　司法行政

第一节　司法机构

1991 年，县司法局内设：办公室、法制宣传教育科、基层管理工作科、公证处、律师事务所。2002 年，县司法局内设：办公室、政工科、纪检监察科、法制宣传教育科、基层管理工作科、公证律师管理科、法律援助中心，下设越西县公证处、四川凉山仗剑律师事务所，有政法专项编制22名，事业编制6名。2004年，全县建立9个片区司法所，为县司法局派出机构。2005年，全县9个工委40个乡（镇）建立49个司法所，司法局内设：办公室、政工科、纪检监察科、法制宣传教育科、基层管理工作科、公证律师管理科、法律援助中心，下设越西县公证处、四川凉山仗剑律师事务所。

表10-21　　1991—2005年司法局负责人名录

姓　名	性　别	民　族	职　务	任职时间
莫洛阿卡	男	彝族	局　长	1991.1—1996.5
金志清	男	汉族	副局长	1991.1—1996.5
卢忠华	男	彝族	副局长	1993.2—1996.5
			局　长	1996.5—2003.4
吉差伍来	男	彝族	副局长	1998.8—2003.4
张雅娟	女	彝族	副局长	1998.8—2005.12
李成忠	男	汉族	副局长	1998.8—2003.4
吉差伍来	男	彝族	局　长	2003.4—2005.12
黄少峰	男	汉族	副局长	2003.10—2005.12
何文祥	男	汉族	副局长	2004.11—2005.12

第二节　普法教育

“二五”普法　1991年，全县开展“二五”普法，以《游行示威法》、《行政诉讼法》宣传学习为重点，举办首届“两法”骨干培训班。

同年10月，开展《行政诉讼法》培训7场次，参训县处、科级领导67人，乡（镇）领导干部、机关干部1136人次。结合“打假”、“社教”组织工作组到乡（镇）上法制课46堂，为607名乡（镇）、农村基层干部讲解《宪法》、《婚姻法》、《民事诉讼法》、《妇女儿童权益保护法》等法律法规。订购《“二五”普法法律知识读本》4500本，发放到党政部门、事业单位，培训厂企领导干部5期249人次。开展农村“三户”（遵纪守法户、精神文明户、五好家庭户）活动，倡导社会主义法制建设，召开村民大会讲授禁毒、《土地法》、《林业法》、《民间纠纷调解办法》等法律法规；召开全县农村“二五”普法培训大会4次。成立法制建设领导小组，普及建设社会主义市场经济法律法规。在18个乡（镇）宣传、培训《农业法》、《矿产资源法》、《减轻农民负担》、《义务教育法》等法律法规。发放“二五”普法宣传书籍4000册、资料1500份；抽调5人参加铁路整治，宣传《铁路法》、《公共安全法》，发放宣传资料4000份，书写宣传标语20幅，协助公安部门抓获犯罪嫌疑人6名。

1993年，以禁毒、严打为主要内容，创办法制专栏6期。组织《社会治安综合治理知识竞赛》，制作试卷1500份。

1994年，拟出40多套、涉及68个部门试卷5574份，组织全县机关、企事业单位职工5470人参加“二五”普法考试，考试合格率100%，优异成绩占80%。1995年，开展禁毒禁赌宣传，巡回各乡（镇）宣传58场次；订购《邓小平论民主法制建设》4263册发放到各乡（镇）、村组，“三八”妇女节，开展维护妇女权益法制周活动，印发《中华人民共和国妇女权益保障法》宣传资料2000份，开展义务咨询活动3次。

“三五”普法 1996年,启动“三五”普法工作,成立“三五”普法法制建设领导小组。1998年,征订《“三五”普法台(日)历》6000本,编印《“三五”普法农民读本》,翻印有关法律、法规宣传资料,组织由12名干警组成3个工作组,深入农村、厂矿企业及学校发放宣传资料;组织公务员培训《宪法》、《国家赔偿法》、《行政诉讼法》、《行政处罚法》、《公务员条例》、《行政复议条例》等法律、法规,组织“四川省百万公民依法治省法律知识竞赛”,制作试卷1700份;配合《四川法制报》、《人民权力报》、《四川民族经济报》、《四川农村日报》、《凉山日报》报道全县禁毒宣传教育工作。

1999年,制订全县《依法行政的决定》,成立依法治县领导小组,开展县城各小区争创文明小区法制宣传教育活动;举办普法培训班24期,参训6347人,组织全县8419名党政、事业、企业干部职工参加“三五”普法考试,颁发学法《合格证》。

2000年,全县配备法制副校长20名,法制辅导员43名,定期为学生上法制课,加强学校法制宣传教育工作;组织川西水泥厂政工、生产、化验、供销、保卫等科、室干部职工1254人次,开展《合同法》、《劳动法》法律讲座。3月8日,开展“三八”妇女维权周活动。6月1日,发放《给孕妇的一封信》、《未成年人保护法》等宣传资料2000份。

“四五”普法 2002年,成立“四五”普法法制建设领导小组,把“四五”普法和依法治理纳入工委、乡(镇)和县级各部门目标管理。抽调全县各部门法律骨干成立“四五”普法讲师团,县委中心学习组、人大常委会会议、政府工作会议,开讲法制课5堂,参会人员265人次。

2003年,组织相关部门在县城和乡(镇)、社区开展法律咨询活动,宣传《传染病防治法》、《突发公共卫生事件应急条例》、《食品卫生法》等法律法规及相关司法解释。

2004年,“四五”普法讲师团在全县领导干部大会上举办《行政许可法》和新修正《宪法》讲座,187人参加培训;全县247所中小学配备法制副校长、法制辅导员,每学期为全校师生上两节法制课;召开全县中小学生法制教育工作座谈会,开展创建青少年维权岗位活动。12月,抽调司法机关和各行政执法单位业务骨干50名,组成“12·4”法制宣传队伍,在县城十字路口开展法制宣传,接受咨询1760人次,发送宣传资料1.6万份、法律法规汇编3569册。开展《民族区域自治法》颁布20周年纪念活动,组织人大、政协64人参训《民族区域自治法》。

2005年,举办普法培训班74期,开展法律咨询224次,4865人参加普法考试。书写宣传标语286幅,编印宣传资料8000份。

第三节 人民调解

1991年,参与《坚决严厉打击严重刑事犯罪,维护社会稳定》宣传,发放宣传资料4套10000份;印发《民间纠纷处理办法》,规范基层人民调解组织工作。

1992年,整顿全县调解委员会,开展人民调解组织大培训、大清理,召开民间纠纷调解人员培训会9次,组织528名乡(镇)领导、司法助理员和调解员学习《人民调解委员会组织条例》。全年受理调解纠纷1960件,调解成功率98.4%。

1993年,对36个乡(镇)司法助理员进行职责、职能、任务、制度的培训考核,全年防止民间纠纷转化为刑事案件26件13人,防止民间纠纷引起自杀7件7人,有效制止3件287人重大矛盾冲突。

1995年,开展民间纠纷专项治理,制定《农村春耕大忙季节民间纠纷排查调处的决定》,下派8名司法行政干警到越城镇、中所镇等4个重点乡(镇)蹲点开展矛盾纠纷排查调处,指导村调解委员会工作24次,参与调解46次,排查重大纠纷130件,消除矛盾隐患465个。协助国土部门调查处理贡莫乡依史村、地各村和普雄镇沙米村因争地界引起近千人重大矛盾冲突，经州司法局推荐被《四川法制报》头版头条宣传报道。

1996年，建立9个工委中心调解委员会，指导乡（镇）、村、组调解工作，协调各乡（镇）、片区之间矛盾纠纷调处。加快厂矿企业调解委员会建设，建立健全省、州属及县属企业单位调解委员会7个，调整充实调解员13人。

1998年，对农村生产、生活中容易发生纠纷类型进行分析总结，调解农村因土地、水源、林地等引发的纠纷563件，防止民转刑70件130人。

1999年，帮助农民运用法律手段做好土地承包合同续订、公正和纠纷调解工作，配齐全县9个区、41个乡（镇）司法助理员，以会代训村组干部289次1754人。组织8名离退休干部成立业余调解小组，利用休息时间调解民间纠纷21件。

2000年，制定抓基层、打基础、求发展，加强两所规范化建设，对全县基层法律服务工作者进行3天业务培训，开展争创"人民满意司法所"、"文明法律服务所"、"人民满意司法行政干警"活动。全年受理各类矛盾纠纷2195件。

2004年，全县村组调解委员，街道、企业调解组织进行全面检查、培训指导，召开村民调解委员会培训会5次，培训基层调解员5647人次；举办企业调解培训班2期，培训企业领导干部和调解员48人次。在60个县级机关、事业单位中建立5～7人组成的调解工作小组，全年调解邻里赔偿等纠纷案266件。

2005年，开展矛盾纠纷排查调解处理工作，对旧城改造、移民搬迁、退耕还林、村务公开等突出的矛盾纠纷进行专题分析研究，开展调解处理工作7次，及时化解重大纠纷冲突3件200人。全年受理各类矛盾纠纷1100件，调解成功1074件，成功率98%，其中：婚姻家庭类393件，调解成功387件；邻里纠纷类231件，调解成功230件；生产经营117件，调解成功115件；土地纠纷89件，成功85件；赔偿87件，成功79件；劳动纠纷173件，成功168件；村务管理10件，成功10件；防止民转刑5件7人；防止民间纠纷引起自杀3件3人；因民间纠纷引起自杀2件1人，民转刑3件4人。

第四节　安置帮教

1991年，继续做好刑释解教人员基本信息、档案以及相关法律文书登记备案工作。1995年，建立健全"三帮一"一体化帮教体系，制定登记、走访、说教、回访、督导、建档等制度和工作措施，配备1名工作人员专门对刑释解教人员进行登记、走访、帮教。组织工作组对1992—1994年刑释解教人员进行摸底调查，对不同犯罪行为，不同监管时间、方式、地点及不同乡（镇）、社区进行分类建档，分类管理，分类帮教。

1999年，开展刑释解教人员登记造册、档案管理，督导各单位、乡（镇）对辖区内刑释解教人员进行帮教；帮助刑释解教人员实现再就业。经过排查，503名刑释解教人员中416人在农村或企事业单位就业，58人外出务工，6人重新违法犯罪，17人下落不明，6人死亡。在"三帮一"活动中，加强家庭、单位帮教措施的落实，开展亲情感化、教育。

2000年，建立健全安置帮教组织机构，专人负责"刑释解教"衔接工作，减少托管失控现象，把"刑释解教"人员帮教工作作为基层所安全创建活动考核内容，安置帮教110名刑释解教人员，并走访6名重点对象，以思想教育为主，帮助他们树立正确的社会观、认识观、价值观，以正常心态回到社会，自谋职业，自食其力。

2004年，到看守所开展警示教育、新闻媒体采访、可视电话亲情帮教等活动，工会、共青团、妇联等部门与在押人员采取结对帮教等形式，帮助在押服刑人员实现转化。为20名刑释解教人员再就业提供帮助,免费办理经营合同公证3件,提出减免税收申请证明6份,低额信贷申请证明2份。及时总结安置帮教工作的经验。

2005年,成立乡(镇)、机关刑释解教人员安置帮教工作领导小组105个,建立社会帮教志愿者协会2个成员7人。对163名刑释解教人员进行登记、走访、回访,并对2003—2005年240名刑释解教人员就业情况进行清查,其中:164人回到农村务农,63人外出打工,7人处于无业状态,3人去向不名,3人重新违法犯罪被收押。加强刑释解教青少年排查、摸底、帮教工作,深入少管所、劳教所开展送温暖、献爱心活动,帮助刑释解教青少年7人复学、安置15人就业。

第五节 律师事务

1991年,县律师事务所担任8家国有企事业单位常年法律顾问,办理各类律师业务848件,参加横向经济联合谈判3起。乃托水泥厂法律顾问定期为厂领导提供法律咨询议案,办理经销法律事务5件,为乃托水泥厂避免和挽回经济损失64万元。

1992年,律师事务所聘请1名特邀律师。全年办理各类业务993件,其中:为城关信用社异地办案追讨债务72万元。

1993年,参与县劳动局主办就业人员培训工作,培训人员250人次,举办政法系统法律知识竞赛2次,办理各类案件702件。1994年,配合"严打"斗争开展刑事辩护18件,免费为犯罪嫌疑人代理诉讼6件。1995年,成立律师事务所分所,形成内部良性竞争机制。全年办理各类案件1247件,其中:诉讼代理245件。

1997年,开展《律师法》、《律师职业道德和执业纪律规范》培训,明确岗位目标和岗位责任,严令禁止办假案、错案,乱收费等行为。全年代理各类诉讼案件76件。根据司法行政改革精神,律师事务所与司法局脱钩,实行自收自支、自负盈亏。1999年,越西县律师事务所更名为四川凉山仗剑律师事务所。制订新的收案、收费标准和办案程序。当年,提供法律援助1次,追回欠款5万元。2002年,狠抓律师管理工作,针对律师行业中存在乱收费、乱收案等现象,清理整顿、规范服务秩序。实行收案与收费分离、分类办理,杜绝私自收案,不准"办三案"、"搞三乱"、"搞三同"。为县委、县政府及各部门提供法律咨询,提出关于旧城改造、退耕还林等方面法律建议书3份。

2003年,推进依法行政,依法解决农村因退耕还林土地承包引起的2件涉法纠纷案。解决工作中推、拖、懒等办案现象,律师事务所实行承包制由兼职律师担任法人实行聘用制管理,聘用4名律师和1名律师助理。

2004年,"四川凉山仗剑律师事务所"更名为"四川仗剑律师事务所"。开展先进性教育活动,向社会各界征求意见,建立值班便民窗口,健全便民利民措施,设立规范执业公示栏,推行首问责任制,重点解决办案质量问题。

2005年,开展诚信建设活动,对办案拖、推、假等现象进行整顿。参与信访维稳工作,制订信访值班制度,每月5日、15日、25日为信访接待日,由3名律师轮流到信访局参与法律咨询服务,为上访人员免费提供法律帮助。

第六节 法律服务

法律公证 1991年,选送3人参加全省公证专业知识培训,开展公证员在岗资格考试。制订"公证员守则”,杜绝公证工作中私自收费和拒办公证等现象。

1993年,经济合同公证实行优惠服务,公证员深入厂矿、金融、商业系统开展优惠服务宣传活动,发放宣传资料1256份,接待信访210人次,优惠服务27件次,办理委托公证1件。涉外公证2件,现场公证11件。

1994年,为停薪留职、产权转让、企业承包、果园承包等办理公证579件,通过办理公证,规范生产承包中产生的不合法合同,解决林业、农业等经营承包方面矛盾纠纷13件。

1997年,派2名公证员和1名公证助理参加《四川省公证条例》培训,取得合格证书。5月,办理磷肥厂租赁公证,铁马二级电站与西昌电力有限公司签订合同公证。

1998年,参与国企改革,为下岗职工免费办理公证64件。县政府规定土地转让、银行贷款、林地承包等10个方面必须公证,按照规定县公证处全年办理各类公证194件。

2002年,围绕整顿经济秩序拓展公证业务,在金融、物资、商贸、邮电、交通、建设、企业改制等方面开展公证业务。

2004年,建立“党员先锋示范窗口”,对2001—2003年办理的215件公证案件进行系统清查,对存疑公证执行督导。同年,办理凉山州首例水能资源公证案,为越西县水能资源开发权公开竞价拍卖活动进行现场公证。

2005年,根据劳务开发和农民工特点,办理农民工学历、婚姻状况、技术职业证书、用工协议、欠薪协议、伤残补偿协议、出国务工人员等公证59件,减免符合法律援助条件农民工收费。

法律援助　1991年,法律援助工作由律师承担,办理刑事诉讼减免费代理,对困难群众的诉讼请求减免收费。

2001年,建立法律援助中心,制订法律援助受理程序,中心工作由律师负责。全年对5件刑事诉讼案件进行诉讼代理,减免费代理12件民事诉讼案件。

2002年,按照国务院《法律援助条例》和《四川省法律援助条例》规定,成立以司法为主的法律援助体系。

2004年,确定律师和基层法律服务工作者的法律援助办案义务量,每个律师、法律服务工作者年办理法律援助案件不少于2件,全县法律援助案件办理量不少于12件。法律援助中心配备2名专职工作人员,受理法律援助案件65件。成立法律援助妇联工作站,构建覆盖全县的妇女法律援助组织网。法律援助中心和县妇联联合开展妇女权益保障法律咨询活动3次,义务接待咨询15人次,受理妇女维权案件2件。

2005年,成立残疾人法律援助站。法律援助中心组织宣传学习《法律援助条例》,面向全县贫困特殊群体发放“法律援助惠民金卡”2000张,贫困特殊群体法律援助工作105件。全年法律援助机构办理法律援助案件75件,其中:县法律援助中心法律援助30人次,妇女法律援助站、残联法律援助中心、工会法律援助点共法律援助10人次,律师事务所法律援助20人次,基层法律服务所法律援助15人次。

基层法律服务　1991年,全县9个片区成立法律服务所,开展基层法律服务业务,办理各种法律事务:代书68件,非诉讼代理74件,解答法律咨询1573件,办理见证863件,调处民事纠纷97件,调解成功95件,防止“民转刑”案件36件。

1997年,向农村改革、土地承包、农民减轻负担、外出务工人员提供法律服务,办理诉讼代理79件,非诉讼代理48件,接受法律咨询761件。

1999年,制定《关于加强基层法律服务工作管理的意见》,理顺管理体制,明确各基层法律服务所以县司法局管理为主,规范基层法律服务工作中存在“走形式、调解程序混乱、乱收费”等问题。全年办理诉讼代理83件,非诉讼代理56件,接受法律咨询461件。

2003年,开通县法律服务专线电话,解答法律询问,普及和宣传有关法律及政策知识;接受社会各界企事业单位及公民法律服务要求,部署落实提供服务具体单位和措施,与有关部门沟通信息或接洽,协作突发性、易激化的民间纠纷和群体性事件调处和疏导;全年办理诉讼代理76件,非诉讼代理62件,接受法律咨询861件。

2005年,在法律服务队伍中开展为期半年"规范执法行为,促进执法公正"专项整改活动,加强对法律服务行业的管理,清理取缔非法设立法律服务点12个,撤销基层法律服务人员以个人行为违规设置办公场所9个,查处私自收费案5件2人。法律援助工作以经济困难群众弱势群体为主要对象,完善工、青、妇、残法律援助站,开展无偿为100户困难群众提供常年法律顾问和为弱势群体提供100件法律援助案件的"双百工程"。全年办理诉讼代理103件,非诉讼代理58件,接受法律咨询561件。

第十一篇 民政

第一章　民政管理

第一节　民政工作

民政机构　1991年，县民政局内设：办公室、民政综合股、财务统计股。

1998年10月，民政局挂越西县残联理事会牌子，实行一个机构两块牌子。内设：办公室、优抚安置股、救灾救济股、民政综合股、财务统计股。行政机关编制7人，事业编制12人。

2001年，民政局增设老龄委办公室，设事业编制4人，工作人员4人。12月，残疾人联合会单列。

2002年5月，成立越西县城市居民最低生活保障局，编制4人。

2003年7月，地名办划转民政局，10月，增设双拥办机构。

2005年，民政局设立越西县城市生活无着的流浪乞讨人员救助管理站。内设：办公室、民政综合股、财务统计股、老龄委办公室、地名办和双拥办。行政编制14人，事业工作人员15人，其中：设局长1名，副局长3名。

表11－1　　1991—2005年民政局负责人名录

姓　名	性　别	民　族	职　务	任职时间
洛古红军	男	彝族	局　长	1990.5—1998.8
熊开敏	女	汉族	副局长	1987.6—2005.12
曲木伍来	男	彝族	副局长	1989.7—2001.7
孙自清	男	彝族	局　长	1998.8—2005.12
阿雷伍来	男	彝族	副局长	2002.4—2005.12
曲木伍沙	男	彝族	副局长	2003.5—2005.12
杨福尧	男	汉族	纪检组长	2003.5—2005.12

老龄工作　1991年，利用广播电视、专栏、图片展和组织报告会等形式，宣传《四川省老年人权益保护条例》，推广老龄工作典型经验，介绍老有所为和敬老先进事迹。

1992年始，相继成立县老年人协会、老年体育协会、老年书画协会，并在全县建立分会。1993年，撤销老龄委办公室，其职能划转人事局。

1997年，组织人员宣传讲解《中华人民共和国老年人权益保障法》落实老年人权益保护工作为829名老年人办理老年优待证。

2003年，县老龄委依据凉山州委文件规定，机构性质由事业转为行政，核定行政编制3人。全县有60岁以上老年人21681人，65周岁以上16000多人，百岁老年人12人。2005年3月，建立越西县老年活动中心，由分管老龄工作党委副书记担任主任，委员由相关单位组成，做到有牌子、有班子、有办公地点、有经费、有专兼职工作人员。年底，全县成立老年协会35个。

第二节 乡(镇)基层政权

1991年,全县有9个区,2个镇44个乡,288个行政村。1992年,乡(镇)机构改革,撤区并乡建镇。全县有5镇31个乡,288个村,926个村民小组。同年12月,第二届村委会换届,村民委员会主任、副主任和委员由村民按差额办法直接选举产生;全县参选选民90858人,选举产生村委会主任288人,副主任497人,委员778人,村民小组长908人。选出的村委会干部中,年龄在35岁以下450人,35~55岁1113人;文化程度高中以上148人,初中以上590人;妇女195人;党员358人。

1994年,建立9个地区工作委员会,恢复10个乡建制,全县有5个镇,41个乡。1995年12月—1996年3月,第三届村主任候选人采取等额或差额选举,10个村实行公推公选,并为新当选村(居)委会成员办理当选证。中所镇陶家营村、普雄镇什木地村被评为五好村。

1997年,加强村委会班子制度建设。全县整顿软弱涣散和后进村62个,调整村支部书记91人,村委会主任111人,团支书104人,民兵连(排)长101人,妇联主任91人,村级集体经济发展项目465个,解决村组织"有钱办事"的问题。当年,河东乡新普村、普雄镇什木地村被评为村民自治示范村。

1998年,第四届村民委员会换届选举,参选选民92427人,选举产生村委会主任288人,副主任578人,委员864人,村民小组长926人,村民代表6544名。选出的村委会干部中,年龄在35岁以下568人,35~55岁1162人;文化程度高中以上235人,初中以上788人;妇女210人,党员412人。同年,撤销瓦曲乃乌乡竹西村、乃吾村,新建西山乡马母果村,五里箐马扎村。

1999年,全县投资1.5万元,建公开栏,推行村务公开制度,成立村务公开监督小组,清理追回违章、违纪奖金2.4万元。当年,有达标示范村3个,示范镇1个。

2002年,开展村民委员会自治示范建设,全县实行村务公开、财务公开规范管理,规范率99%,公开面98%。2004年,第六届村民委员会换届选举,参选选民174935人,选出村委会主任288人,委员1277人,村民小组长939个,一次性选举成功286个村,成功率99.4%。选出的村委会干部中,年龄在35岁以下480人,35~55岁的492人;文化程度高中以上160人,初中以上595人;妇女156人,党员369人。

2005年,新设大营盘村,归大屯乡管辖。新设村民小组20个,撤销瓦普莫乡2个小组。全县有289个村,950个村民小组。有办公地点的村40个,有多功能支部活动室的村40个,并为11个乡(镇)6个村投资近10万元配备电教设备,为40个村的支部活动室投资8万多元规范室内办公设施。县、乡(镇)党委、政府加强村民委员会班子的思想、组织建设,实行村务公开。

第三节 居民委员会

1991年,全县有居民委员会2个。按照《中华人民共和国城市居民委员会组织法》规定,居民委员会每届任期3年,居委会主任、副主任、委员由居民大会民主选举产生,换届选举与村委会同时进行,可以连选连任。

1993年,居委会开展广场文化活动,定期把会务、财务公布上墙,让权力运行于公开透明的群众监督之下,并订立社区自治章程、社区居委会工作职责、工作制度,使居委会工作逐步规范化、科学化。

1996年,县政府命名西城居委会为"模范居委会"。1998年,居委会选举工作,通过宣传发动、登记推荐、动员选民积极参与和支持选举工作,做到"四个坚持"(坚持加强指导、坚持宣传教育、坚持依法办事、坚持督促检查)。第四届居委会换届选举,参选居民4821人,选出主任2人,委员14人。

2000 年,对全县居委会干部进行民主评议。2002 年,新建中所镇新大街居委会。2003 年,组建城关社区居委会,包括 97 个单位 6212 户 18636 人。

2004 年,第六届居民委员会换届选举,参加选民 16750 人,选出居委会主任 3 人,委员 15 人。社区居委会工作人员,把为居民服务作为社区最基本职责,帮群众办实事、做好事,把问题和矛盾化解在基层。2005 年,撤销城关居委会建立越城镇西城社区居委会、东城社区居委会;撤销中所镇新大街居委会,建立中所镇新大街社区居委会;撤销普雄镇瓦吉木居委会,建立普雄镇瓦吉木社区居委会。截至年底,全县有社区居委会 4 个。

第二章　优抚安置

第一节　拥军优属

1991 年,成立越西县拥军优属委员会,召开拥军优属代表座谈会,组织慰问团走访在乡退伍红军战士、复员军人、烈士家属、驻县武警。各乡(镇)成立双拥领导小组,将“八一”、春节定为双拥活动月。

1992 年,按照省、州部署,组织全县民兵开展“同呼吸、共命运、心连心”双拥共建活动。各区乡镇组织团员和民兵为义务兵家属做好事,全年给军属耕地播种 16789 亩,建房 114 间,为服役义务兵解除后顾之忧。1993 年,制定《越西县军人抚恤优待实施细则》、《越西县拥军优属若干规定》,建立全县优抚对象档案。1994 年,制定下发《越西县农村优抚对象抚恤补助标准自然增长机制》、《越西县城镇退役士兵复员转业士官自谋职业实施办法》。

1997 年,在中国人民解放军建军 70 周年之际,开展发扬人民解放军光荣传统,加强军政军民团结的纪念活动。

1998 年,实行分片联系责任制,做到“包扶持项目落实,包扶持技术、信息、资金到位,包扶持对象致富奔小康”。当年,有 15 户优抚对象致富达到小康水平,占计划扶持 80 人 19%。1999 年,建军节期间,县民政局会同州民政局组织慰问团慰问成都军区驻越西县训练部队,送去价值 4 万元慰问品。

2001 年,投资 400 万元,迁建人武部;投资 26 万元,新建民兵军事训练综合靶场。2002 年,完成 136 户 560 人的移民搬迁工作,为移民户提供义务车辆运输上千辆次。2004 年,县委、县政府及有关部门,深入到驻县部队慰问,发放慰问品肥猪 12 头,酒 25 箱,为部队演出 3 场。2005 年,为退役军人、优抚对象发放春节过节费:在乡退伍红军,人均 500 元;军休干部 2 人,人均 200 元;失散红军 1 人,200 元;抗美援朝志愿军战士 52 人,人均 100 元;烈士家属 66 人,人均 100 元。

第二节　群众优待

1991 年,开展群众性优待工作。当年,优待军属 219 户 19088 元,户平 87 元。其中:优待农村义务兵家属 177 户 14888 元,户平 84 元;优待城镇义务兵家属 42 户 4200 元,户平 100 元。1992 年,按要求农村义务兵家属优待金金额提高至县人平收入 70%。城镇义务兵家属优待金由家属所在单位发放,不低于

120 元。当年,优待农村义务兵家属 212 户 44944 元,户平 212 元;优待城镇义务兵家属 36 户 7920 元,户平 220 元。1993 年 8 月,规定群众优待金由村统一提取,交乡(镇)专户储存,统一管理,统一发放。当年优待农村义务兵家属 43 户 5160 元,户平 120 元;城镇义务兵家属 43 户 9890 元,户平 230 元。

2000 年,群众优待金实行全社会统筹,建立拥军优属保证金,农村每人每年交 0.5 元,机关企事业单位、个体户、外地施工队等每人每年交 5 元,并于每年 10 月份前交县民政局统一管理使用。当年,全县 114 名农村义务兵家属优待金人平 500 元,38 名城镇义务兵家属优待金人平 300 元,由民政局统一发放。2002 年,税费制度改革,将群众优待金由群众筹集改为由财政转移支付到各乡(镇)。2005 年,全县优待军属户数 179 户,发放优待金 8.47 万元。

表 11-2　1991—2005 年义务兵家属优待金发放标准表

项目 年份	城镇退伍义务兵			农村退伍义务兵		
	户数	发放金额(万元)	户均标准(元)	户数	发放金额(万元)	户均标准(元)
1991	42	0.42	100	177	1.4868	84
1992	36	0.792	220	212	4.4944	212
1993	43	0.989	230	43	0.516	120
1994	36	0.72	200	144	1.728	120
1995	36	0.72	200	144	1.728	120
1996	36	0.72	200	144	1.728	120
1997	36	0.72	200	161	1.728	120
1998	36	0.72	200	144	1.728	120
1999	36	0.72	200	144	1.728	120
2000	38	1.14	300	114	5.7	500
2001	24	0.72	300	130	6.5	500
2002	24	0.72	300	102	5.1	500
2003	24	0.72	300	96	4.8	500
2004	24	0.72	300	95	4.75	500
2005	24	0.72	300	155	7.75	500

第三节　国家补助

临时困难补助　1991 年,优抚对象发生意外事故、受灾、疾病等临时困难,由国家给予临时困难补助。当年,为 96 户困难优抚对象发放临时困难补助 10 万元。1993 年,提高"三属"(烈士家属、病故军人家属、因公牺牲军人家属)定补标准,每人每月增加 10 元。调整后家居农村每月不得低于 45~50 元,城镇 55~60 元,病故军人家属不低于 40~45 元。1999 年,为 82 户农村优抚对象提供 100 吨水泥维修房屋,对未享受医疗待遇的革命伤残军人、因伤口复发医疗费、"三属"因病无法支付医疗费的 25 人,给予

1.3万元补助。

2000年，全县开展“爱心献功臣”行动，投资14.8万元，解决8户在乡复员军人和重点优抚对象住房困难。2005年，投资22.8万元，新建和维修91户在乡复员军人和重点优抚对象住房。

定期定量补助 1991年，县内享受定期定量补助对象是：“三属”、在乡复员军人、带病回乡退伍军人、在乡退伍红军、在乡失散红军。当年，全县356户优抚定补对象发放优抚定补金5.8万元。1994年5月，提高部分优抚对象补助标准，其中：“三属”每人每月增加5元，在乡退伍红军生活补助每月增加60元，红军失散人员增加30元。

1995年，全县定期定量补助优抚对象418人，发放补助金额16.1万元，其中：烈士家属145人，因公牺牲军人家属1人，每人每月50元，在乡退伍红军1人，每月补助220元；在乡复员军人256人，每人每月15元；带病回乡退伍军人15人，每人每月13元。1999年7月，调整在乡复员军人定期定量补助标准，每人每月提高20元。

2000年，对全县1958年前参军的368名复员军人实行定补，人均每月70元。对带病回乡生产生活有困难29人给予定期补助，人均每月46元。2001年，对在乡复员军人非农业人口除每人每月享受70元定补外，按城市低保对象一类标准进行补差，将其纳入城市低保。2002年，制定《农村优抚对象抚恤标准自然增长机制方案》，规定农村优抚对象抚恤标准按当地农村人均纯收入增长额的一定比例递增，在乡退伍红军、二、三等伤残人员、烈士家属、因公牺牲军人家属增长比例30%，病故军人家属、在乡复员军人增长比例为25%，带病回乡退伍军人增长比例20%。当年，提高在乡复员军人补偿标准每人每月90元。2003年，实行优抚对象补助标准自然增长机制，年增长经费约5万元。2005年，优抚定补定抚经费由县财政局每季度末划拨。当年，发放优抚定补金99.4万元。

表11－3 1994—2005年优抚定补金发放情况表

项目 年份	人数（人）	金额（万元）	其中									
			“三属”		失散红军		复员军人		带病回乡		在乡退伍红军	
			人数（人）	金额（万元）	人数（人）	金额（万元）	人数（人）	金额（万元）	人数（人）	金额（万元）	人数（人）	金额（万元）
1994	490	16.1	145	9.6	1	0.1	328	5.9	15	0.2	1	0.3
1995	418	16.1	145	9.6	1	0.1	256	5.9	15	0.2	1	0.3
1996	488	17.9	145	11.3	1	0.1	326	5.9	15	0.2	1	0.4
1997	483	17.9	140	11.3	1	0.1	326	5.9	15	0.2	1	0.4
1998	484	22.9	141	12.4	1	0.1	326	9.8	15	0.2	1	0.4
1999	483	23.4	142	12.4	1	0.1	324	9.7	15	0.6	1	0.6
2000	482	41	141	20.3	1	0.1	324	19.4	15	0.6	1	0.6
2001	495	56.5	141	28.1	1	0.1	322	27	30	0.6	1	0.7
2002	496	28	142	28.1	—	—	322	27	31	0.6	1	0.7
2003	495	70.1	138	32.3	—	—	322	34.8	34	1.6	1	1.4
2004	500	75.8	143	37.8	—	—	322	34.8	34	1.6	1	1.6
2005	500	99.4	143	43.8	—	—	322	52.2	34	1.6	1	1.8

第四节　国家抚恤

1991 年,全县革命伤残人员 84 人,其中:在职 48 人、在乡 36 人;因战 40 人、因公 40 人、因病 4 人;二等甲 12 人、二等乙 19 人、三等甲 31 人、三等乙 22 人。分别按在职、在乡、伤残等级按年发放抚恤金。1993 年 8 月,县政府颁布《越西县军人抚恤优待实施细则》,规定在县境内居住烈士家属、因公牺牲军人家属、革命伤残军人,依照条例享受抚恤优待。1996 年,提高特等伤残军人抚恤金标准,每人每年提高 150 元。1998 年 1 月 1 日,再次提高伤残军人抚恤标准,特等伤残军人每人每年提高 300 元,二、三等提高 120 元。1999 年,根据凉山州人民政府下发《关于贯彻执行中华人民共和国兵役法》通知,越西县于 2000 年、2001 年、2002 年三次提高伤残人员抚恤金标准(见表 11－4)。

2002 年,建立农村优抚对象抚恤标准,按当地人均纯收入的增长额一定比例每年递增。二、三等伤残人员增长 30%。2004 年,农村人均收入增长额为 128 元。二、三等伤残人员每人增加抚恤金 45 元。11 月 16 日,民政部颁发《军人新旧残疾等级套改办法》,根据劳动功能和生活功能程度,确定残疾等级从重到轻分为 1—10 级,不再划分在职在乡。对新评因战、因公致残,残疾等级为 1—10 级、因病致残 1—6 级享受抚恤;因病致残 7—10 级不再评定。2005 年,全县享受优抚伤残人员 102 人,其中:享受伤残保健金 57 人,享受伤残抚恤金 45 人,享受定期抚恤金 73 人,为 67 名伤残军人、民兵、机关工作人员换发伤残证。各乡(镇)人民政府,民政部门在"八一"、春节等节日期间,组织人员上门慰问,送上慰问物资和慰问金,座谈了解他们生产、生活情况,帮助他们解决亟须解决的问题。

表 11－4　　1998—2003 年伤残军人抚恤金发放情况表　　单位:元

年度	类别＼经费	二级甲等			二级乙等			三级甲等		三级乙等	
		因战	因公	因病	因战	因公	因病	因战	因公	因战	因公
1998	在乡	10850	—	2880	8640	2000	—	5984	—	7106	—
	在职	1520	—	540	2240	—	—	5500	600	1360	800
1999	在乡	14840	—	3840	10560	2400	—	7200	—	8580	—
	在职	1820	—	830	2880	—	—	7280	600	1640	975
2000	在乡	17360	—	4560	13440	3200	—	8400	—	10230	—
	在职	2060	—	950	3360	—	—	8000	900	2120	1275
2001	在乡	19580	—	5660	3280	4300	—	9600	—	12150	3560
	在职	2170	—	1160	4120	—	—	9280	1180	3150	1260
2002	在乡	22490	—	6120	4560	5600	—	11290	—	13580	3250
	在职	2680	—	—	4980	—	—	11650	1960	3260	1200
2003	在乡	27160	—	7360	20800	7560	—	12480	3080	15290	4170
	在职	3240	—	—	5440	2640	—	12750	2450	3440	1230

第五节　安　置

1991 年,退伍军人安置属指令性计划。遵照"按系统分配任务,包干安置"等办法,城镇退伍义务兵和转业志愿兵，由组织、人事、劳动、民政等部门进行安置。城镇入伍义务兵在入伍时填写安置卡，待其退伍时由民政部门提出安置方案，报经县政府同意后下达指令性安置计划，直接安置到机关企事业用工单位，由用工单位安排工作岗位，并规定凡指令性安置对象，3 年内不得安排下岗。农村退伍义务兵安置遵循“从哪里来，回哪里去”原则，部分住房、生产、生活有较大困难者由政府酌情解决。当年，接收退伍军人 59 人（含二、三等伤残军人）其中：城镇 16 人，农村 43 人。1994 年，城镇退伍兵，推行双向选择，集体企业、股份制企业纳入安置复退军人范畴。当年，接收退伍军人 52 人，其中：城镇 13 人安置到企业工作。1996 年，接收转业志愿兵、退伍义务兵 67 人，其中：农村义务兵 43 人、城镇义务兵 24 人（含转业志愿兵 5 人）。城镇义务兵按规定安置工作，接收安置率 100%。

1999 年，根据州政府《关于贯彻执行中华人民共和国兵役法》文件规定，鼓励城镇退伍兵和转业志愿兵自谋职业。当年，完成 50 名退伍义务兵安置任务，其中：城镇 21 名。

2001 年，按规定安置 1 名军队退休干部。2004 年，制发《越西县城镇退役士兵和复员转业士官自谋职业实施办法》，从当年起入伍城镇退役士兵和复员转业士官不再安置工作，给予一次性经济补偿。因公因战致残，一次性按等级增发经济补偿（特等 5000 元、一等 4000 元、二等 2000 元、三等 1000 元）。服役期间获大军区荣誉称号，在补偿金基础上增发 20%、立一等功增发 15%、二等功 10%、三等功 5%。农村籍入伍士兵（士官）在服役期间荣立二等功以上，因公致残三等以上退役军人，按城镇退伍兵标准执行一次性补偿。2005 年，接收转业志愿兵、退伍义务兵 51 人，其中：农村义务兵 34 人、城镇义务兵 17 人。城镇义务兵按规定安置工作，接收安置率 100%。

表 11－5　　1991—2005 年退伍军人接收安置情况表　　单位：人

项目 \ 年份		1991	1992	1993	1994	1995	1996	1997	1998	1999	2000	2001	2002	2003	2004	2005
城镇退伍义务兵	人数	16	20	12	13	14	19	20	17	17	30	14	16	31	17	17
	安置人数	16	20	12	13	17	24	23	19	21	30	14	18	32	17	17
转业志愿兵	人数	—	—	—	—	3	5	3	2	4	—	—	2	1	—	—
	安置人数	—	—	—	—	3	5	3	2	4	—	—	2	1	—	—
农村退伍义务兵	人数	43	43	39	39	32	43	44	46	29	41	42	47	58	20	34
	安置人数	43	43	39	39	32	43	44	46	29	41	42	47	58	20	34

第三章　社会福利

第一节　赈灾救济

自然灾害救灾　1991 年，全县 6 个区 26 个乡 108 个村遭受洪水灾害，灾情发生后，下拨救灾款 8 万元，救灾粮 45 万斤，返销粮 155 万斤。1997 年 6 月 4 日，中所、普雄等 12 个乡（镇）遭受特大风暴、冰雹、泥石流等自然灾害。6 月 6 日—7 日，越城、拉普等 11 个乡（镇）发生风暴、山洪、泥石流等自然灾害。全县 38449 户 153799 人受灾，受灾面积 6398 公顷，绝收面积 3257 公顷，房屋倒塌 256 间，圈舍 100 间，粮食减产 14893.6 吨，死亡牲畜 780 头(只)，死亡 9 人，经济损失 4325.7 万元。7 月 6 日，下发救灾物资荞种 16200 斤，芸豆种 200 斤，磷肥 126 吨，铁丝 800 公斤，麻袋 2300 条。下拨救灾款 40.6 万元，救灾衣物 23270 件；另拨 16800 元，油毡 21 卷，用于倒塌房屋补助及五里箐乡 2 人丧葬补助。同年 11 月 27 日，保安乡山河组发生地裂，裂缝 1～3 公分，沟底塌陷高差 50 公分，3 处黑色污水渗出，渗出量 100 立方米/小时。526 亩耕地受损，24 户 146 人受灾。灾情发生后，县委、县政府组织县级相关单位及乡(镇)干部及时救灾，开展生产自救。

2001 年，越城、中所、普雄等 25 个乡(镇)遭受雪灾、干旱、洪涝、山体滑坡等自然灾害，18629 户 73078 人受灾。紧急转移人口 121 人，死亡 5 人，失踪 1 人，受灾面积 1012 公顷，绝收面积 520 公顷，粮食减产 2050 吨。房屋倒塌 216 间，死亡大牲畜 15 头，经济损失 872 万元。灾情发生后，分批下拨救灾款 65.7 万元，解决因灾造成的住房、生产、生活困难。2002 年，梅花乡打土村发生山体滑坡，州民政局专拨 5 万元，用于灾民搬迁安置补助，帮助灾民选址、规划、修建住房。2004 年，越城、保石、乃托、五里箐等 26 个乡(镇)受干旱、暴雨、冰雹等自然灾害。102 个村 358 个小组，12544 户 57045 人受灾，特重灾户 1404 户 6035 人，受灾面积 34012 亩，重灾面积 26823 亩，粮食减产 51.47 吨。损毁房屋 45 间，死亡牲畜 129 头(只)，经济损失 499 万元。组织救灾干部群众 17760 人次，驻军 38 人(次)抗灾抢险，下发救灾款 25.5 万元，募捐资金 0.7 万元，衣物 2000 件，解决 3400 户 15000 人缺粮问题，因灾受损房屋 5 间，重建 80 间，下拨春荒救济粮 19 万斤。

捐赠资助救灾 1991 年 5 月，申果庄区、上普雄区、顺河区、南箐乡、板桥乡等 6 个区 26 个乡 108 个村遭受洪水灾害，接受州内捐赠款 11 万元，大米 1 万斤。8 月，接收县级 147 个单位 5210 人救灾捐赠款 65426.76 元，粮票 3731 斤。11 月，接受港、澳、台同胞捐赠背心 685 件，白糖 686 袋，床单 237 床。2000 年，县民政局成立社会捐赠接受工作站，对所接收款物分期造册登记，向社会公布，严格接收管理和发放救灾款物。2004 年，越城镇等 26 个乡(镇)发生自然灾害，县民政局协调各方力量募捐资金 0.7 万元，衣物 2000 件。

表 11－6　　1991—2003 年自然灾害情况统计表

项目 年份	发生灾害地区	灾害类型	受灾面积(公顷)	绝收面积(公顷)	粮食减产(吨)	经济损失(万元)	损毁房屋(间)	死亡人口(人)	死亡大牲畜(头只)	受灾户数(户)	受灾人口(人)
1991	南箐、保安26个乡	病虫害、洪水	2083.2	677.4	7630		131	5	25	464	40639
1992	全县46个乡(镇)	水灾	9973.33	2500			184	1	299	6286	29367
1993	全县15个乡(镇)	水灾	1374	453.27		186.2	30			6849	30178
1994	28个乡(镇),102个村	洪灾	2267.47	93.6		499	45		129	12544	57046
1995		水灾、雹灾	4400	115	2345	360	74		83	17426	47230
1996	全县41个乡(镇)	低温、泥石流	2019	494.3	3340	511.1	47	2	16	11196	39187
1997	中普雄等12个乡(镇)	风暴、冰雹、泥石流	6398	3257	14893.6	4325.7	256	9	780	38449	153799
1998	全县41个乡(镇)	滑坡、洪水	3279	606	255	39	891	7	101	9489	47184
1999	中普雄、上普雄等	低温、干旱	3213			715	132	3	1193		104214
2000	书古、大瑞、瓦岩等30个乡(镇)	大雪、洪涝	3450	1337		835	121		1101		87132

续上表

年份＼项目	发生灾害地区	灾害类型	受灾面积（公顷）	绝收面积（公顷）	粮食减产（吨）	经济损失（万元）	损毁房屋（间）	死亡人口（人）	死亡大牲畜（头只）	受灾户数（户）	受灾人口（人）
2001	瓦岩、越城、普雄等25个乡（镇）	大雪、冰雹、山体滑坡	1012	520	2050	872	216	5	15	18629	73078
2002	申果庄、普雄等16个乡（镇）	洪水、山体滑坡	1250	353		340	243				40978
2003	越城、大瑞等20个乡（镇）	干旱、洪涝、山体滑坡	1395.3	325.3		1364	484	4		17692	70768

第二节 社会救助

临时社会救助 1991年，民政部门收容遣送外流人员125人，其中：外流人员5人，无手续外出务工58人，人贩子13人，受拐骗妇女24人，儿童外流13人，扒窃、偷盗9人，精神病患者3人。1992年，县民政局确定1名专职收容遣送管理人员，负责从外地遣送回原籍人员和本地流浪乞讨人员的收容、教育和遣送工作，对长期外流作案人员和拐卖人口人员移送公安机关依法处理。1995年，收容遣送465名流浪乞讨人员。

1999年，临时救助138人，解决救助资金1.4万元。2003年8月，按国务院发布《城市生活无着落的流浪乞讨人员救助管理办法》，民政部门负责城市生活无着落流浪乞讨人员救助工作。

2004年4月，收容遣送站更名越西县救助站，定编4人。至2005年，共接待社会救助人员14500人次，解决救助金46736元。同时，成立"越西县城市生活无着落的流浪乞讨人员救助站"，负责救助工作。全年，救助326名流浪乞讨人员。

农村医疗救助 2005年，出台《越西县农村医疗救助制度试行办法》，采取个人负担为主，政府资助、社会捐赠和个人负担相结合，对农村五保户、贫困户家庭成员、在乡优抚对象、农村贫困残疾人员和特种传染病人员因医疗费用难以承担，影响家庭基本生活的给予救助。当年，农村大病救助425人，发放救助金40万元。

精简老职工救助 1991年，享受月工资40%精简老职工64人，定期补助79人，在职参军享受原工资标准40%的50人，享受定期定量补助90人。1994年10月，提高60年代初精简老职工生活救助标准，对享受原工资标准40%的精简职工每人每月提高8元，定期定量救助增加6元。2000年，提高60年代精简老职工救助标准，对享受本人工资40%的城镇老职工符合低保条件的纳入低保，农村户籍在原有基础上提高30%。2005年，职工救助金调整为每人每月60元。

表11－7 1991—2005年民政事业费支出情况表 单位：万元

项目＼年份		1991	1992	1993	1994	1995	1996	1997	1998	1999	2000	2001	2002	2003	2004	2005
民政事业费总支出		163.1	170.1	187.1	200.1	211.1	225.1	246.1	262.1	275.1	285.1	293.6	309.6	351.6	401.6	415
其中	抚恤事业费	25	27	30	33	36	42	47	54	56	58	60	64	68	75	78
	社会救济事业费	37	39	43	47	50	54	57	60	65	68	70	78	110	120	125.4

续上表

项目 \ 年份		1991	1992	1993	1994	1995	1996	1997	1998	1999	2000	2001	2002	2003	2004	2005
其中	自然灾害救济款	35	36	40	45	48	50	56	58	60	62	63	65	68	73	75
	退休费	14.1	14.1	14.1	14.1	14.1	14.1	14.1	14.1	14.1	14.1	15.6	15.6	15.6	15.6	15.6
	其他民政事业费	52	54	60	61	63	65	72	76	80	83	85	87	90	118	121

第三节　五保　低保

一、五保供养

1991 年，对农村丧失劳动能力，无生活来源，无依无靠老年人，残疾人、未成年孤儿实行吃、穿、住、医、葬“五保供养”，全县符合五保供养条件 306 户 316 人，其中：老人 292 人，残疾人 4 人，孤儿 20 人。同年 10 月，曲可地乡敬老院投入使用，共接收安置五保户 6 人。1994 年，开展农村五保户第二次普查，查明全县有五保户 338 户 471 人，其中：老人 388 人、残疾人 58 人、孤儿 25 人；敬老院 1 个，供养 5 人。五保户供养实行集中供养和分散供养，集中供养的每人每年口粮 200 公斤，服装费 50 元，医疗费 20 元；分散供养由乡（镇）统筹供养 60 人，村组提留供养 262 人，亲属带养 144 人，供给标准口粮 200 公斤，现金 150 元。1998 年，有农村五保户 428 户 529 人，人均补助粮食 275 公斤，现金 170 元，2 个乡（镇）实行集体统筹供给。2004 年 11 月，农村五保户全部纳入财政预算实行应保尽保，对全县符合五保条件 556 户 582 人，发放《四川省农村五保供养证》，每人每月 56 元。2005 年 1 月，全额发放五保户供养金。

二、居民最低生活保障

城镇居民最低生活保障　1998 年，全县开展建立城市低保制度前期工作，对城市居民最低生活保障对象分为三类施保：第一类，无生活来源，无劳动能力，无法定赡养，抚养、扶养人的居民；第二类，领取失业救济金期间或失业救济期满，仍未能重新就业，家庭人员生活困难的居民；第三类，在职人员和下岗人员，在领取工资或最低工资、基本生活费后以及离退休人员领取退休金后，其家庭成员生活困难的居民。1999 年 3 月，根据州政府印发的《凉山州城市居民最低生活保障制度实施暂行办法》规定，建立越西县城市最低生活保障制度。一类人员（“三无”人员）保障标准为每人每月 80 元。全年，共有保障人员 23 人，发放保障金 2.2 万元。

2002 年，对扩面的低保对象进行调查了解和审核，将全县 3169 人纳入低保，其中：在职人员 245 人，下岗职工 1199 人，失业人员 292 人，“三无”人员 36 人。发放低保金 248 万元，人均补差 67 元，“三无”对象调为 104 元。对“三无”人员中有重病、重残人员及家庭经济困难无法完成子女义务教育的特殊困难低保对象，低保标准上浮 30～50 元。2003 年，贯彻执行《城市居民最低生活保障条例》，制定《越西县城市居民最低生活保障办法》，进行规范化管理，加大资金投入力度，做到应保尽保。全县 5438 名城市困难居民纳入保障范围，录入计算机管理，实行金融机构代发，全年兑现低保金 451.9 万元，人平补差 72.5 元。2004 年，城市居民最低生活保障坚持属地管理，对保障对象张榜公布，对低保人员实行动态管理，采取一年两次调查核实，掌握低保对象家庭经济收入情况。同年 7 月，公告取缔对已达到最低生活标准的 41 户

78 人。对200 名“三无”对象在原享受140 元基础上提高50 元。同时将因国家建设征地,农转非中26 名符合低保条件的纳入低保。2005 年,贯彻执行《越西县农村特困户救助工作实施意见》和《越西县农村低保试点意见》。

表 11－8　　1999—2005 年城市居民最低生活保障统计表

年度	居民总人口(人)	资金总额(万元)	已保人员(人)	三无人员(人)	月人均(元)
1999	—	2.2	23	23	80.00
2000	—	49	609	23	67.00
2001	—	117.3	1459	23	67.00
2002	22858	248	3169	36	67.00
2003	22858	451.90	5438	36	72.50
2004	23381	497.80	6204	37	72.50
2005	23886	534.90	6205	20	71.20

农村最低生活保障　2005 年,制定《越西县农村最低生活保障暂行办法》,建立农村低保制度。根据“低标准、小范围、重在建制”要求,全县41 个乡(镇)开展农村贫困户的摸底和调查,将50831 人特困、贫困人员进行登记造册,录入微机管理。将因病、因灾、因残造成困难的3086 人纳入低保范围,并在铁西等4 个乡开展试点工作,纳入低保610 人,从11 月起,发放低保金每人每月15 元。

第四章　社会事务

第一节　区划　地名

行政区域勘界　1995 年,国务院决定在全国开展勘界工作,3 月,与甘洛县、冕宁县制定联合勘界实施方案,联系召开石棉、冕宁、昭觉、喜德、美姑、甘洛、越西7 县勘界工作联席会议,签订涉及7 个县间6 个三交点的勘办。

1996 年,根据省政府《关于认真做好全省全面界线勘定的通知》,计划用5 年时间完成县界勘定任务。1999 年11 月,勘定与甘洛县、石棉县、冕宁县、喜德县、昭觉县、美姑县行政区域界线,达成联合勘定行政区域界线协议书,并报经四川省政府批准。

2000 年,经(凉府勘[2000]7 号、10 号、12 号、21 号、391 号)文件批复,完成与冕宁、昭觉、美姑、甘洛、喜德的勘界工作。2001 年,根据凉山州与雅安市制定的联合勘界工作实施方案,完成与石棉县勘界任务。经(凉府勘[2001]393 号)文件批复确定。

2005 年,县民政局与石棉县、甘洛县、昭觉县相关部门成立联检工作组。对界线标志物进行检查,经过联检:各县都严格遵守协议的各项规定,边界地区稳定,边界界线明显,权属清楚。

乡(镇)界线勘定　1996 年,按四川省政府《关于乡镇勘界工作由各县(市、区)人民政府组织实施》

(川府发[1996]149号)文件的要求,开展乡、镇行政区域界线的勘定工作。勘定习惯线,解决争议线。2000年,贯彻州政府《关于做好乡镇行政区域界线勘界工作通知》(凉府勘[2001]1号)文件,全面开展乡镇界线勘定工作。2001年9月,完成县内41个乡(镇)96条,长624.1公里的乡界勘定工作,并以协议的形式产生法律效力。

地名管理 1991年,县域地名沿袭1982年地名普查更正名称。严格按《越西县地名录》规范名称公文地名使用。1995年,配合全县乡镇调整,恢复乡镇名5处。2002年,结合乌金公路改造,在公路两侧设立18个地名标牌。2004年,制定《越西县地名标志设置实施方案》,开展全县41个乡(镇)地名标志清理编号工作。同年12月,完成越城镇、乃托镇、新民镇、普雄镇、中所镇、大瑞乡街路巷及新建16条街、22条路、30条巷的命名,完成县城所在地门楼牌及街路牌的安装工作。完成《地名信息库》建设,录入单位139条、居民点503条、群众自治组织293条、行政区41条、建筑物5条、道路12条;河流5条、山脉3条等共计1015条信息。

2005年,新命名村名1处,新设调整村辖小组26处。

附:越西县新命名街、路、巷名称:

街:越城镇中心商业街;普雄镇民族风情街、瓦吉木街、柳树街;中所镇新大街、商业街、老街、东街;新民镇新街、老街、顺城街、中心街;大瑞乡光明街、明星街;乃托镇乃托街、阿寨街。

路:越城镇西苑路、砖厂路、大堰东路、大堰西路、西埝路;普雄镇哈尼路、大桥路、滨河路、新华路、清泉路、青年路、申普路、迎宾路、双河路;新民镇市场路、五福路、大寨路、彩林路、新建路;大瑞乡德政路;乃托镇铁马路;中所镇泸围路。

巷:越城镇汪家巷、顺堰巷、广场巷、岳家瓦厂巷、大顺巷、冯家巷;环城巷、小南门巷、秦家巷、唐家巷、泸埝巷、陈家巷、龙泉巷;新民镇王家巷、陈子巷、胡家巷、余家巷、彭家巷、大众巷、团结巷、新巷、蒋家巷、水沟巷、大院场巷、城门巷、政府巷;大瑞乡政府巷、余家巷;乃托镇阿寨巷、尔波伙果巷。

第二节 社团登记

1991年,成立越西县社会团体清理整顿领导小组。同年4月,清理整顿全县社会团体,坚持政社分离原则,规范社团活动,准予登记社会团体46个,其中:协会27个,基金会9个,学会9个,研究会1个。1992年,县人民政府成立越西县清理整顿社团工作小组,下设办公室。清理整顿全县社会团体,核准登记12个、注销34个。

1993年,依法年检社会团体,实行统一代码标识制度。1995年,加强社会团体教育管理,发挥人才荟萃、知识密集优势,服务经济建设,维护社会稳定。是年,全县有社团148个。

1998年10月,贯彻国务院颁布《社会团体登记条例》、《民办非企业单位登记管理暂行条例》,对申请成立的社团,进行审查,符合"两个条例"规定的,办理登记、注册手续、颁发登记证。清理气功类社团,注销香功协会及其机构。同年,批准成立农业局离退休职工协会。

2002年,开展年检工作,对4个社团超出章程开展活动,给予警告,责令其停止活动限期整改;对未经批准,擅自开展活动1个社团予以取缔;给予依法开展活动的3个社团通报表扬。2003年,会同县工商局、县劳动局、县教育局、县物价局、县新闻媒体机构等部门清理整顿民间组织,对未经批准擅自开展活动的,依法处理,及时曝光。是年,全县有社团127个,成立、变更登记23个;民办非企业单位19个。

2004年,规范民间组织行为,开展对社会团体分支机构和代表机构清理复查工作,核准登记民间组织27个1498人,其中:专业组织11个、行业性组织15个、联合性1个、民办非企业民间组织8个。2005年,根据《社会团体管理条例》,对县级27个社会团体进行复查、清理、整顿和年检,年检率96%,其中:协会24个、基金会1个、学会1个、研究会1个。

第三节　婚丧管理

结婚登记　1987年后，改结、离婚证由县人民政府加盖公章为启用婚姻登记专用章（钢印）。县民政局在加强婚姻登记管理和指导中，纠正登记以晚婚年龄代替法定婚龄的错误做法，纠正登记中不依法办事、走后门、以权代法等不正之风，做到不徇私情，严格依法办理结（离）婚和复婚登记，杜绝了违法登记和“搭车”收费现象。1991年，配合计生部门创办县、乡（镇）人口婚育学校，提倡移风易俗、婚事新办，清理违法婚姻。1995年，着重抓《中华人民共和国婚姻法》和《婚姻登记管理条例》的宣传，全面清查结婚登记中搭车收费和违法婚姻，纠正婚姻登记中存在问题。各乡（镇）婚姻登记工作全部移交民政办负责，固定婚姻登记人员，办理婚姻登记时间由各乡（镇）确定后向社会公布。配备婚姻登记管理档案专柜，完善婚姻档案管理，全年申请登记结婚人数333对，准予结婚登记327对；初婚人数627人，占结婚登记总数96%。1999—2000年，开展婚姻登记执法大检查，在各乡（镇）自查基础上，对各乡（镇）进行抽查，根据抽查中发现具有代表性的问题，举办1期婚姻登记管理强化培训班，促进全县婚姻登记管理行政执法水平提高。

2004年，根据《州民政局关于婚姻登记机关的通知》。建立健全婚姻登记档案，核定全县婚姻登记机构41个，各乡（镇）民政助理员负责本乡（镇）婚姻登记工作，越城镇不再办理婚姻登记，婚姻登记工作由县民政局办理。为适应工作需要，对婚姻登记员进行培训，加强业务学习，提高业务水平。2005年，为搞好婚姻登记，坚持登记业务培训和考试制度，经考试合格的登记员才能发给婚姻登记员证书和证章，并实行专人登记。对《婚姻法》、《婚姻登记办法》、《凉山州婚姻变通规定》和凉委发〔1987〕53号文件，既坚持常年性的宣传教育，又结合农村普法教育和婚姻改革加大宣传教育力度，使之家喻户晓。全县申请结婚登记人数313对，准予结婚登记261对，初婚人数514人，占结婚登记总数98%；再婚人数8人，占结婚登记总数1.55%。

离婚登记　1991年，全县受理申请离婚登记32对，准予办理离婚登记32对。1995年，受理申请离婚登记33对，准予办理离婚登记31对。2000年，受理申请离婚登记53对，准予办理离婚登记49对。2005年，准予办理离婚登记75对。

复婚登记　1991年，办理恢复婚姻登记2对。1995年，办理复婚登记5对。1999年，办理复婚登记2对。2005年，办理复婚登记2对。

表11－9　　1991—2005年婚姻登记情况表　　单位：对

项目 \ 年份		1991	1992	1993	1994	1995	1996	1997	1998	1999	2000	2001	2002	2003	2004	2005
结婚	准予登记结婚	341	262	351	285	327	356	562	452	389	464	326	275	365	360	261
	恢复结婚	2	5	3	4	5	0	4	1	2	0	8	4	8	4	2
	申请结婚未予登记	5	2	8	11	6	2	25	12	5	2	15	8	28	2	52
离婚	申请离婚	32	35	41	48	33	46	37	45	47	53	41	35	54	35	85
	准予离婚	32	30	37	39	31	36	18	39	41	49	41	35	45	35	75
	调解后不离	0	5	4	9	2	6	0	6	6	4	0	0	9	0	9
	转法院处理	0	0	0	0	0	0	0	0	0	0	0	0	0	0	1

殡葬改革 1991 年,县人民政府批转县人事局等部门《关于国家机关事业单位职工死亡后有关问题处理意见》,对私建坟墓、侵占土地者视情节予以经济处罚。1993 年,征地 3.46 亩,投资 46 万元,修建县殡仪馆,建筑面积 603 平方米,设管理人员 2 名,为县内丧葬提供服务。当年,接待丧家 11 次,收入 7500 元。1995 年,针对殡葬工作严重滑坡情况,将殡葬改革纳入议事日程,加大殡葬改革宣传力度。

2002 年,县政府批准征用耕地 2260.1 平方米进行配套设施扩建,并将小孤山 13.7 亩公益性公墓改建成经营性公墓,归殡仪馆统一管理,一体化服务。同年 5 月,组织开展殡葬改革宣传月活动。至 2005 年,接待丧家 176 次,收入 9.5 万元。当年,按殡葬管理条件,依法搬迁县城公路两侧 5 座坟墓。

公墓修建 1991 年,全县有革命烈士 184 名。同年,越西县委、县政府正式命名越西烈士陵园为越西县爱国主义教育基地。1994 年,清明节组织全县各中小学师生员工到烈士陵园开展悼念烈士活动,进行爱国主义教育。1999 年,县政府决定将原革命烈士公墓同烈士陵园分开,重新规划 2300 平方米烈士墓区。

2000 年 11 月,将普雄烈士陵园 199 座烈士墓,同原小孤山 107 座烈士墓迁入小孤山新规划的烈士墓区重新建墓。2001 年 3 月,经计经局批准投资 40 万元,配套新建革命烈士纪念塔、陵园大门、陈列室等。至 2005 年,有革命烈士 306 人(其中:本籍烈士 100 人,外籍烈士 206 人)葬入县烈士陵园。当年,烈士陵园接待扫墓群众 1.1 万人次。

第十二篇

人事劳动

第一章 人事管理

第一节 人事机构

1991 年,人事局、劳动局分开设立。同年,社会保险管理处更名为越西县社会保险事业管理局。1993 年,实施机构职能调整,撤销老龄委办公室、机构编制委员会办公室,其职能划归人事局。1995 年,成立老龄工作委员会办公室、公务员培训中心、机关事业单位社会养老保险测算工作小组。1998 年,人事局、劳动局合并为人事劳动局,成立机构编制委员会办公室。成立行政事业统筹中心,挂靠社会保险事业局。2000 年,成立越西县城镇职工基本医疗保险服务中心。2001 年,人事劳动局更名人事劳动与社会保障局,机构编制委员会办公室划归县委,安全生产委员会办公室划转计划经济局。同年,成立行政事业统筹中心、考试与人才交流中心。2005 年,人事劳动与社会保障局下设:社会保险管理局、就业服务管理局、城镇职工基本医疗保险服务中心、公务员培训中心、人才交流中心(考试中心)和行政事业统筹服务中心。内设:办公室、人事股、工资股、退管股、劳动监察大队、社保股、仲裁股和职称股。

表 12-1 1991—2005 年人事劳动与社会保障局负责人名录

姓　名	性　别	民　族	职　务	任职时间
曲木克布	男	彝族	劳动局局长	1987. 4—1993. 3
任锡尧	男	汉族	劳动局副局长	1987. 4—1998. 3
付淑祥	女	汉族	劳动局副局长	1987. 4—1993. 3
徐承昕	男	汉族	劳动局副局长	1987. 4—1993. 3
陈志福	男	藏族	劳动局局长	1993. 4—1998. 3
			人事劳动局副局长	1998. 3—2001. 12
			人事劳动与社会保障局副局长	2001. 12—2002. 12
王宗莲	女	汉族	人事局局长	1990. 4—1992. 2
毛志华	男	彝族	人事局副局长	1990. 4—1993. 2
			劳动局副局长	1993. 2—1998. 8
喻正全	男	汉族	人事局副局长	1990. 4—1992. 2
克七政达	男	彝族	人事局局长	1992. 2—1998. 3
葛朝云	男	汉族	人事局副局长	1992. 10—1998. 8
齐永前	男	汉族	人事局副局长	1992. 10—1998. 2
杨　康	男	汉族	人事劳动局局长	1998. 8—2001. 12
			人事劳动与社会保障局局长	2001. 12—2002. 12
蒋培高	男	彝族	人事劳动局副局长	1998. 8—2001. 12
			人事劳动与社会保障局副局长	2001. 12—2005. 12

续上表

姓 名	性 别	民 族	职 务	任职时间
石云安	男	汉族	人事劳动与社会保障局局长	2003.5—2005.12
蒋加友	男	汉族	人事劳动与社会保障局副局长	2003.5—2005.12
吉余姆沙	男	彝族	人事劳动与社会保障局副局长	2003.5—2005.12
刘 烨	男	汉族	人事劳动与社会保障局副局长	2003.5—2005.12

第二节 国家公务员

1993年10月1日,《国家公务员暂行条例》正式生效。全县党政群机关单位中实行干部职工日志制度。1994年,组织党政机关干部学习《国家公务员暂行条例》。1995年,根据《国家公务员暂行条例》,建立干部考核、任免、奖惩制度。坚持客观公正原则,实行领导与群众相结合、平时与定期相结合、岗位责任制和目标责任制相结合、试点与推广相结合,逐步把考核结果作为职务任免、奖惩辞退依据。对行政机关1087名干部德、能、勤、绩进行年度考核,其中:优秀167名,称职917名,不称职3名。同年,组织752名干部参加凉山州举办的国家公务员知识竞赛。

1996年,执行县委、县政府制发《关于机关事业单位实行职位轮换的试行意见》,按照"三定"方案转变职能,精简人员。根据州人事局《凉山州国家公务员非领导职务设置办法》,政府行政机关设置主任科员、副主任科员的,不得超过本部门科级领导的50%,其中:每个部门的主任科员最多可设1人。对部门内设机构挂两块及其以上牌子的,其领导职数只能设1名正职,如职数允许可增设1名副职分管某一方面工作。人员过渡中,配备非领导职务人员实行竞争上岗,配置部门内中层领导职务人员时,实施岗位交流。

1997年,根据《国家公务员暂行条例》和县政府《关于越西县实施国家公务员制度的意见》,结合机构改革,首次在县政府机关推行国家公务员制度。成立以县长为组长的"推公"领导小组,对机关工作人员1030人分批进行公务员过渡考试,在卫生局、林业局、建委进行"推公入轨"试点工作,政府机关工作人员开展竞争上岗。县政府机关36个单位完成首批"推公入轨"工作,过渡国家公务员386人,其中:领导职务88人,非领导职务298人。1999年,完成工委、乡(镇)机关国家公务员过渡621人,其中:行政422人,党群199人。

2002年,举办公务员培训班3期,参训人员238人;组织公务员后备人才考试,参考者253人。2005年,坚持公务员"凡进必考"原则,对不符合《国家公务员暂行条例》规定进入公务员队伍的人员全部清退。面向社会公开招考录用43名公务员。

第三节 干部管理

考核、奖惩、辞职、辞退 1998年,国家出台《国家公务员考核暂行办法》和《事业单位考核暂行办法》。公务员按优秀、称职、基本称职、不称职4个等次,事业单位按优秀、合格、基本合格、不合格4个等次进行年度考核。年度考核实行平时考核和年终考核相结合原则。考核内容包括德、能、勤、绩、廉五方面。考核优秀比例为15%。1999年,结合年度考核,按照辞职辞退暂行办法,年度考核评为基本称职、基本合格的,不得享受年终一次性奖金,不得晋升职务;评为不称职、不合格的,给予降职。连续两年考核评为不称职、不合格，或者连续旷工15天，一年内累计旷工30天以上的，给予辞退。2000—2005年，国家机关年度考核评为优秀的1380人，不称职或不确定等次的13人；事业单位评为优秀的1875人，不合格或不确定等次的4人。按照《公务员辞职暂行办法》，累计辞退4人，办理辞职17人。按照《公务员暂行条例》，对工作人员的纪律处分为警告、记过、降级、撤职、开除5类；累计处分73人，办理重新恢复工作19人。

调资、晋升　1991年，办理1056人增资手续，办理978名集体所有制职业单位职工调资手续，提高27个单位110名退休干部工资待遇。1993年，全县机关、事业和参照单位4793名职工普调一级工资，月增资4.3万元；1342名离退休人员普调一级工资，3次增加离退休费；86名领导干部和405名专业技术人员晋升职务增资。1997年，为1128名机关、事业单位人员晋升职务及工作变动调整工资；为农业生产第一线农经、农技干部78人调整工资；为全县行政机关、事业单位在职人员、离退休人员、民办教师6677人调整工资，办理事业单位、民办教师3%提前晋升工资手续，为法院、检察院143名职工调整岗位津贴标准。1999年，根据四川省《关于实施1999年调整机关、事业单位工作人员工资标准的通知》精神，全县5122名机关、事业单位工作人员调整工资标准，月增资77.2万元，人均增资126.20元；1608人增加离退休费，人均月增资115.60元；462名专业技术人员晋升职务增加工资。

2001年1月，提高机关工作人员的基础工资和级别工资标准，事业单位提高职务、等级工资标准；10月，第二次调资8155人，月增资64.40万元，其中：离退休人员月增资15.95万元。同时，完成机关、事业单位1065人正常晋升工资档次，月增资2.56万元。办理机关、事业单位人员晋升职务增资661人次，核定调动人员工资48人次。2003年，办理机关事业单位人员正常调资及退休70人次，34名大中专毕业生转正定级，15人次遗属生活困难补助，6人次连续工龄计算，188名工人考工晋升技术等级，294名专业技术人员晋升职务增资等手续。2004—2005年，办理正常晋升工资档次5845人次，月增资21.6万元；级别工资203人次，月增资8743元；离退休职工增加离退休费2204人次，月增加离退休费4.72万元。

培训　1991年，加大在职人员培训力度，培训在职职工185人次。1992年，组织各种“资格”专业知识、外语考试6次，参考人员831名。与有关院校联系委托培训急需专业人才131名。1993—1997年，举办外语达标培训班4期，培训266人；组织乡镇企业专业技术人员不具备规定学历培训班2期，179人参加培训；组织1362人参加四川省专业技术人员外语达标考试；组织会计资格考核、卫生人员不具备规定学历的考核，823人参加考核；组织1557人参加各种专业职务“资格”考试；为137名不包分配大中专生和职高毕业生举办就业培训班。1998年，全县参加全县国家公务员过渡培训和考试制度的单位78个，过渡人员1298人。其中：县政府部门22个386名；县直属事业单位2个36名；行业直管部门4个76名；乡(镇)41个621人；工委9个179人。1999年，成立公务员培训中心，编制4个，管理人员2人，开展机关、事业单位初任培训3期86人、任职培训2期68人、专业知识培训5期268人、更新知识培训4期243人。2001年，组织4136名公务员和事业人员参加WTO知识与规则的培训、考试。2002年，组织50岁以下公务员和事业人员4130人参加计算机基础知识培训达标活动。同年，组织907名公务员参加依法行政知识培训和考试。2003年，组织906名公务员参加行政许可法培训和考试。2005年，组织807名公务员参加公共政策管理知识培训和考试，人事劳动局举办5期517人参加的初任培训考试，选送248名公务员参加省、州举办的专门业务知识培训。

第四节　就业安置

大中专生就业　1991—1995年，大中专毕业生仍执行计划指标，统招统分。1996年，改革全县大中专毕业生分配制度，对统招定向和签订农、医、师委培协议的大中专毕业生，实行统一分配；对其他委培生，则推向人才市场，实行供需见面、双向选择、自主就业。到2000年，共接收分配大中专毕业生1086人，其中：本科生23人，专科生262人，中专生801人；到行政机关工作343人，到事业单位的674人，到企业的69人。2001年，逐步建立不包分配，双向选择，竞争上岗，择优录用毕业生社会就业新机制。除极少部分统招定向生、全日制普通本科毕业生、申果庄籍大中专毕业生和协议委培生外，所有并轨生由县人才交流中心推荐就业。2005年，通过考录、选拔大中专毕业生到基层工作(选拔生)34人，到民警司法部门的26人，到事业单位的319人，考聘短期临聘教师147人。到人才交流中心报到而尚未就业大中专毕业生989人。

表12-2　1999—2005年大中专毕业生就业情况表　单位：人

毕业年度	类别及学历											
	师范类				综合类				卫生类			
	本科	大专	中专	合计	本科	大专	中专	合计	本科	大专	中专	合计
1999	—		1	1	—	—	13	13	—	—	4	4
2000	—	1	1	2	—	—	15	15	—	—	11	11
2001	—	1		1	—	1	18	19	—	—	16	16
2002	—	11	98	109	—	15	104	119	—	—	27	27
2003	—	14	90	104	1	14	85	100	—	4	47	51
2004	2	31	73	106	5	15	25	45	—	10	59	69
2005	16	21	33	70	21	34	13	68	—	5	34	39
合计	18	79	296	393	27	79	273	379	—	19	198	217

军转干安置　1991年，国家实行军队转业干部指令性安置，县人事、劳动、社保局成立军队转业干部安置办公室，负责接收安置军队转业干部。到2000年，共接收安置军队转业干部10名，主要安置在政法系统。2001年，改革军转干部安置制度，实施指令性安置与自主择业相结合办法，接收3名自主择业军转干部。2005年，将在职和退休的企业军转干部8人纳入军转办管理，给予生活和医疗补贴，其中：在职1人，退休7人。同年，复员退伍军人安置实行固定工制度，接收安置225人。

第五节　人才资源

人才管理　1991年，全县人才工作由县委组织部，人事局、科技局等部门共同管理，全县人才工作坚持以人为本，开展“双争双创”活动，推进“双五”人才工程，首次实施岗位设置，进行岗位指标管理。审批全县21个单位的岗位设置方案，设高级指标39个、中级指标552个、初级指标1693个。实施评聘分离，启动续聘工作，续聘高级20人，中级328人，初级1502人。1998年，专业技术人员实行继续教育学分制，并逐年开展继续教育培训考试。2000年，全面推行聘用制度，事业单位实行专业技术职务评聘分开、竞争上岗，职称评审不再下达指标，只控制聘任岗位数。根据“效率优先，兼顾公平”原则，实行按岗定酬、按任务定酬、按业绩定酬的分配办法，将职工工资收入与岗位职责、工作业绩、实际贡献以及成果转化中产生的社会效益直接挂钩。逐步建立重实绩、重贡献，向优秀人才和关键岗位倾斜的分配激励机制。2003年，县委成立人才办统筹管理人才工作，协调组织、人事、发改委、财政、经贸、教育、卫生等12个部门共管人才工作。实施乡(镇)事业单位人事制度改革，减少中间环节，9个工委不保留事业人员，现有事业人员分流到乡(镇)竞聘上岗。2004年，实施卫生事业单位人事制度改革，推行聘用制度严格控制行政后勤人员。核定岗位648人，现有人员565人，其中：医务专业技术人员528人，后勤人员37人。经过改革,52个卫生单位医务专业技术人员竞聘上岗528人,后勤管理人员竞聘上岗37人。2005年,实施教育系统人事制度改革,撤销片区教办,保留2名工作人员负责联络工作,其余人员充实到教学第一线。全县有学校179所,核定岗位2574个;有教职工2146人,竞聘上岗签订合同2028人,分流、离岗待退、病养118人。实施广电文体系统人事制度改革,作好执法、社会公共服务和经营服务3类事业制度的分类改革,设定编制53个,现有人员35人,竞聘上岗签订合同34人,分流离岗待退1人。截至2005年,全县有各类人才12235人,其中:党政人才1239人,专业技术人才713人,经营管理人才713人,技能型人才329人,农村实用人才7238人。全县医卫科教系统819人参加全国统一考试,合格高级1人、中级124人、初级51人。

人才流动　1991年,人才流动仍实行干部调配制度,根据照顾夫妻分居、家庭困难和工作需要等因素调整干部。内地援州干部及子女仍实行下山(内调)办法。凡工作满8年以上,符合内调条件的可以内调。至2001年,调出县外263人,调进县内37人,县内调动(调整)415人。2002年,开拓多渠道干部来源,开发人才资源,实施人才资源向人才资本的转变,实行考调考聘制度,做到公开、公平、公正,面向基层。到2005年,办理内调人员37人;考调、考聘130人,其中:行政38人,事业43人,工勤人员4人,协警员45人。引进各类人才32人。同时,政策性办理考试录用招干67人,其中:行政34人,事业29人,企业4人;“聘转固”136人,其中:行政100人,事业36人;工转干55人,其中:行政43人,事业12人;民办教师转公办教师16人。由于工作失误,违规进入机关87人。

人才引进　1991年,县委出台《关于选拔和管理有突出贡献的知识分子拔尖人才的意见》,明确县级拔尖人才的推荐条件、选拔程序和日常管理,每年从农转非指标中划出一定比例指标用于专业技术人才家属农转非。1997年,评选1名凉山州有突出贡献科技工作者。2000年,通过组织人才招聘团外出招聘、公开招考等多种方式,引进教育、卫生等专业技术人才42人。2003年,制定《越西县鼓励专业技术人才爱岗创业十条规定》,落实各项人才激励措施。2004年,将人才工作列入县乡党政一把手年度目标管理,形成人才工作“刚性”制约。实施领导干部联系优秀人才制度,建立由县委组织部牵头的人才工作联席会议制度和重点目标分工负责制。编制《越西县“十一五”人才发展规划纲要》(以下简称“纲要”),县委成立越西县“十一五”人才规划编制课题研究领导小组。2005年,出台《越西县专业技术人员爱岗敬业十条规定》及实施细则。开展“州拔尖人才”、“州学科技术带头人”、“省优专家及州级拔尖人才后备人选”、“双争双创示范岗”等评选活动,累计报送84人次参选,评出州级双争双创示范岗19人、县医院等2个州级示范单位,县双争双创示范岗36人、6个县级示范单位。截至当年,县人才主管部门向州级推荐学术和技术带头人25名,确定2名学术、技术带头人,推荐后备人才40名,确定23名后备人才。落实专家子女就业考录享受优惠加分5人。组织专家外出学习考察27人次。安置专家子女就业1人。

第二章　劳动与社会保障

第一节　劳动管理

劳动制度改革　1993年,建立职业介绍制度,企业用工由企业自主管理,机关、事业用工计划由人事编制部门管理。1994年,根据国务院发布的《中华人民共和国劳动法》,对促进就业、劳动合同和集体合同、工作时间和休息休假、工资、劳动安全卫生、女职工和未成年工特殊保护、职业培训、社会保障和福利、劳动争议、监督检查、法律责任等问题做出明确规定。

1997 年,企业实施集体合同管理,全员签订集体合同。逐步实施国有企业产权制度改革,除与人民生活密切相关的盐业、自来水、电力等企业必须由国家控制外,其余均逐步转为私营企业,对原国有企业实施下岗再就业工程。2005 年,规范县内劳动力市场,招用工人、签订劳动合同、办理职工保险、处理争议等项工作有序进行。

劳动争议仲裁 县劳动争议仲裁委员会,负责仲裁委员会日常工作,对全县企业与职工之间因开除、除名、辞退、职工辞职、自动离职以及因工资、保险、福利、培训、劳动保护、履行劳动合同等发生的争议,按《国营企业劳动争议处理暂行规定》进行调解和仲裁。同年,成立越西县劳动监察大队。

1995 年,监督检查劳动法律法规执行情况,处罚违反劳动法律法规的用人单位,签订劳动合同 178 份。2000 年,定期开展劳动用工年检工作,受理拖欠农民工工资纠纷 13 件。2003 年,办理企业单位用工年检 34 本。监督用人单位签订劳动合同 387 份,检查企业执行劳动法律法规 21 次,受理拖欠农民工工资纠纷 35 件。到 2005 年,共接受来信来访 210 件,受理争议案件 95 件,调解、仲裁 70 件。

第二节 劳动就业

1990 年,社会劳动力管理处更名为越西县就业服务管理局,编制 5 个,工作人员 4 名。1993 年,实行职业介绍,企业自主用人。1997 年,全县城镇企业基本实行劳动合同制度,签订 2996 人。办理劳动合同变更,解除、终止合同关系 2493 人。

1998 年,贯彻执行"鼓励兼并,规范破产、下岗分流,减员增效,实施再就业工程"。建立企业服务中心和托管中心,举办再就业宣传周、宣传月活动,组织街道宣传 12 次,发放宣传资料 27600 份,挂横幅 26 幅,张贴标语 216 张,政策咨询 21000 次。1999 年,积极宣传下岗职工再就业优惠政策,引导下岗职工转变择业观念,提高再就业能力,实现再就业。开展"春风行动",建立"下岗失业人员一条街",组织安排下岗人员再就业。

2000 年,根据《劳动市场管理规定》,确立国有(控股)企业、民营企业的两种用人方式:社会公开招录用人和职业介绍自主用人。2001 年,城镇失业人数 675 人。2002 年,就业服务管理局定期组织有关部门对再就业扶持政策的落实情况进行监督检查。

到 2005 年,共检查 6 次。发放办理《再就业明白卡》1250 本,办理《再就业优惠证》1787 本。通过政府协调统筹、自谋职业、自主创业、个体经营、合伙经营等多种渠道,招收事业、企业合同制工人 563 人,介绍、安置技校毕业生等 2303 人。实现再就业 2528 人次,占下岗人数的 84.4%,城镇失业人数 1189 人,失业率未突破 4.3%。

第三节 劳务开发

劳务输出 1991 年,劳动力市场的开发和管理,主要通过劳动服务公司进行。全县有 3 所职业介绍中介机构,向县外输出劳动力 245 人,县内转移劳动力 331 人,劳务收入 91 万元。1999 年,全县劳动力 12.5 万人,县外输出 1313 人,县内转移 108 人,劳务收入 753 万元。

2000 年,通过外输人员返乡后亲带亲,邻带邻方式组织农民工外出 974 人。次年,县内就地转移 1258 人,县外转移输出 6741 人。2002 年,全县转移输出 1.24 万人,其中:县外输出 8312 人,县内转移

4088 人。劳务收入 4773 万元。2004 年，全县有农村劳动力 8.95 万人。其中：剩余劳动力 3.86 万人，占农村劳动力总数的 43.12%，全年累计转移剩余劳动力 2.85 万人，其中：就地务工、经商 1.34 万人，增 3.5%，占 47.02%。获劳务收入 8195 万元。2005 年，全县实现劳动力转移输出 35730 人，实现劳务收入 9820 万元。其中：县内转移 15240 人，实现劳务收入 3620 万元；县外输出 20490 人，实现县外劳务收入 6200 万元。

表 12-3　　1991—2005 年劳务开发情况表

年　份	输出总人数（人）	总收入（万元）	县外输出人数（人）	县外劳务收入（万元）	县内转移人数（人）	县内劳务收入（万元）
1991	576	91	245	40	331	51
1992	673	123	368	71	305	52
1993	871	208	423	105	448	103
1994	965	228	506	122	459	106
1995	988	251	524	139	464	112
1996	1040	358	679	243	361	115
1997	1135	420	782	297	353	123
1998	1232	512	851	367	381	145
1999	1421	753	1313	695	108	58
2000	3425	1560	2465	1165	960	395
2001	7999	2788	6741	2350	1258	438
2002	12400	4773	8312	3200	4088	1573
2003	18480	7148	9823	3800	8657	3348
2004	28480	8195	13800	4800	14680	3395
2005	35730	9820	20490	6200	15240	3620

劳务培训　1991 年，举办就业前培训、技术工种上岗前培训、职业资格证书培训、下岗再就业培训、劳动输出前培训等多种形式的培训工作，培训的技术工种有普工、驾驶、电工、钳工、焊工、电脑、厨师等专业。1999 年，成立越西县劳务开发领导小组，领导小组下设办公室在农办。各乡（镇）也相继成立劳务开发领导小组，做到主要领导亲自抓，分管领导具体抓，并确定 1 名工作人员负责劳务开发日常工作。坚持培训与输出并重原则，以“市场引导培训，培训促进就业”，不断完善培训内容，加强引导性培训，整合各种教育力量，形成劳务培训合力。搞好订单培训、定性培训、定向培训，不断拓展外输渠道，形成劳务培训——转移——输出——就业产业链。打造越西劳务品牌，把劳务开发工作做优、做强、做大。

2001 年，全县农村出州外出务工人员相对集中在成都、广州、东莞、深圳、汕头、上海、浙江、河南、河北，男性主要从事建筑业或重体力劳动，女性多以电子装配、服装、鞋业加工、玩具生产和服务行业以及一些低技能性制造加工业为主。到州内各县外出务工人员以从事商业、特色农产品加工营销、餐饮服务行业和建筑业为主。2002 年，印发《农民工读本》300 本。到普雄镇、中所镇、新民镇、乃托镇培训农民工 1200 人次。

2004 年，印发《外出务工人员手册》1000 份，培训农民工 2000 人次。下发劳务输出简报 9 期，发布用工信息 12 条。

2005 年，阳光工程培训农民工 800 人，培训专业有建筑、酒店服务等。同时与农广校、农产办、农业局等单位培训农民工 5000 名，再就业培训 212 人次。下发劳务输出简报 12 期，发布用工信息 18 条。组织 100 人到好孩子集团务工。为外出人员维权服务 2 次，为农民工挽回经济损失 2.5 万元。

第三章　工资福利

第一节　工　资

干部工资　1991年,全县机关事业单位工作人员执行以职务工资为主的结构工资制。1993年,机关干部实行职级工资制,工资由基础工资、职务工资、级别工资、工龄工资组成;机关技术工人实行岗位技术等级工资制;机关普通工人实行岗位工资制,工资由岗位工资和活工资组成。事业单位专业技术人员实行专业技术职务等级工资制,由专业技术职务工资和津贴组成;管理人员实行职员职务等级工资制,工资由职员职务工资和岗位目标管理津贴组成;技术工人实行技术等级工资制,工资由技术等级工资和岗位津贴组成;普通工人实行等级工资制,工资由等级工资和津贴组成。根据事业单位特点和经费来源的不同,对全额拨款、差额拨款、自收自支三种不同类型的事业单位,实行分类管理:全额拨款单位工资构成中,固定工资70%,活工资30%;差额拨款单位工资构成中,固定工资60%,活工资40%;自收自支单位工资构成中,可以固定的部分50%,浮动的部分50%。

建立正常的增资制度。工作人员正常晋升要在严格考核的基础上进行。考核优秀、称职、合格的,机关人员在本职务工资标准内晋升一个工资档次,事业人员可晋升一个工资档次。考核不称职、不合格的,不得晋升。机关人员连续5年考核称职或连续3年考核优秀的,在本职务对应的级别内晋升一个级别。对少数事业人员考核优秀并做出突出贡献的,可提前晋升或越级晋升。

改革奖金制度。在严格考核的基础上,对优秀和称职、合格的人员,年终发给一次性奖金。加大工资中活的部分,引入竞争激励机制,克服平均主义。全县机关和事业单位参加增资人数4403人,人平每月增加工资9元。

同年10月1日起,将国家机关、事业单位实行浮动(固定)工资改为民族地区补贴。按以下条件和标准执行:大专及以上学历的毕业生和聘任为助理工工程师级以上专业技术职务的人员,在县工作(包括在其他民族地区工作时间,下同)8年以下的,每人每月10元;满8年不满16年的,从满8年次月起,每人每月25元;满16年的,从满16年的次月起,每人每月45元。中专毕业生(含相同学历毕业生)和聘任为技术员的人员,以及在县以下区、乡(不含县)和海拔在3000米以上地区或条件特别艰苦县工作的人员,在县工作10年以下的,每人每月10元;满10年不满18年的,从满10年的次月起,每人每月25元;满18年的,从满18年的次月起,每人每月45元。其他人员,在县工作12年以下的,每人每月10元;满12年不满20年的,从满12年的次月起,每人每月25元;满20年的,从满20年的次月起,每人每月45元。调离(含内调和商调)凉山州的工作人员,从本人工资关系转出之月起停止执行民族地区工作补贴,改按调入地区有关规定执行。在州内离退休和按国发〔1978〕104号文件规定退职的人员,其执行的民族地区工作补贴继续发给。给边远地区机关事业单位职工高定1—2档工资。

1994年,完成工资制度改革。全县机关事业单位参加工改人员4278人,月增加工资36万元。企业参照事业套改33人,月增资0.5万元。按国发〔1993〕79号、国办发〔1993〕85号文件套改增资36万元。其中:县级机关月增加工资10万元,人平月增加工资72元;事业单位增加工资26万元,人平月增加工资85元,县级事业单位月增加工资10万元,人平月增加工资75元。执行川人工〔1994〕11号三州国家机关、事业单位工作人员现行浮动(固定)工资改为民族地区工作补贴,月增加补贴13.3万元,其中:县级机关月增加补贴4.6万元,人平月增加补贴33元;事业月增加补贴8.7万元,人平月增加补贴30元。机关事业单位平均增资水平,全额拨款的事业单位为26元,低于机关3元,差额拨款30元,自收自支事业单位30元。

1996年起,调整全县离休干部特需费标准,由原来每人每年150元调整为300元,调整后的离休干部特需费仍包含在离休干部公用经费内。

1997年,调整工资一次,人均月增资25元;机关人员连续3年优秀晋升级别工资累计172人,事业单位工作人员两年评为优秀而享受3%提前越级晋升工资累计604人。2001年,根据国务院实行边远地区津贴的通知,不同地区地域、海拔高度、气候及当地物价等因素确定艰苦边远地区津贴。按二类地区标准,全县行政机关、事业单位干部、职工5203人执行边补,人平月增资88元;根据各地经济发展水平和生活费用支出等因素确定地区附加津贴。

2005年1月,全县清理机关事业单位财政供养人员"吃空饷"14人,月工资额(下同)达1.57万元。其中:辞职、辞退2人0.23万元;已调出本地或本单位2人0.26万元;停薪留职或长期挂名不上班8人0.87万元;其他2人0.21万元。同年,按照州人事劳动部门规定,从1月份起调高边远地区艰苦津贴,不分级别每人月增资25元。到2005年,职务工资正常晋升5次,人均月增资240元;级别工资调整2次,人均月增资17元;调整工资标准5次。

企业工资　1991年,深化企业工资制度改革。1993年,贯彻《劳动部关于加强企业工资总额宏观调控的实施意见》。企业工资实行计划管理、弹性工资总额、工效挂钩等办法,对企业核定工资总额,对职工只审核档案工资。1995年,以后实施最低工资保障制度。最低工资率按比重法或恩格尔系数计算,由政府每年公布。当年,出台《工资支付暂行办法》,劳动部门只监察用人单位工资支付情况,工资发放完全由企业自主决定。1999年,对企业实行市场工资价位制度和以岗位工资为主的基本工资制度。2000—2005年,企业实施工资(含奖金、津贴、补贴)集体协商制度,劳动部门公布企业工资指导线并对企业申报的工资总体方案进行审批。当年,审批14个企业工资方案。

第二节　福　利

干部福利　1991年,干部职工实行每日8小时,每星期工作48小时即6天工作制。县级单位按照基本工资、地区工资补贴、艰苦地区津贴、民族地区工作补贴为基数的3.5%、乡(镇)的按4%提取福利费。职工死亡遗属困难补助的基本条件仍按(川人工〔1985〕42号)文件规定执行,其中有:"虽年满16岁,已在普通中学毕业的城镇遗属,在尚未就业前仍可视其实际情况酌情给予补助"调整为"虽年满16岁,已在普通中学毕业的城镇遗属,在尚未完成学业的一年内,可视其实际情况酌情给予补助";新增"死者系非独生子女的,在计发其父母的遗属生活困难补助费时,应视死者兄弟姐妹的实际情况,按照分担的原则办理","死者配偶有固定收入的,也要按比例分担"。1993年5月1日起,调整县级机关,事业单位职工洗理费、书报费标准,县级机关、事业单位正式职工和离退休职工洗理费、书报费按每人每月合计最高不得超过28元的标准执行(其中洗理费可由原4元提高12元,书报费可由原4元提高16元)。实行全额管理的行政(事业)单位在包干结余中解决,差额管理和自收自支以及企业化管理的事业单位在收入中开支,财政一律不追加支出预算。国家机关工作人员死亡后,一切善后工作的开支标准为:州级干部3000元,县级干部2500元,工作人员2000元,实行包干使用,超支不补的管理办法(超支部分由亲属、子女支付);根据州委、州政府关于"以后每年对在州内工作年满30年的颁发一次荣誉证,形成制度"的批示,对在越西县工作30年及30年以上职工继续颁发《荣誉证书》;1994年,职工工作时间实行每日8小时,平均每周44小时,即5天半工作制。1994年2月24日,凉山州人事局以凉人发〔1994〕5号文,对全县退休职工符合易地安置条件的,由州统一组织与省联系,增加易地安置的时效性和可能性,避免由县市或部门自行联系周折大、成功率低的问题。

1995年,实行每日工作8小时,每周工作40小时,即5天工作制,实行双休日制度。1997年7月起,调整国家机关、事业单位工作人员死亡后遗属生活困难补助标准,城市标准90元,农村标准70元,物价补贴15元,1937年7月6日前参加工作的老同志逝世后遗属每人每月按140元计发。1998年6月9日,国家机关工作人员死亡后,善后工作的开支标准调整为正州级10000元,副州级9000元,县处级8000元(含正、副高职称),工作人员7000元;2001年1月,国家机关、事业单位工作人员死亡后遗属生活困难补助标准调整为城市标准200元,农村标准150元;离休老同志逝世后遗属分别按解放战争时期210元、抗战时期220元、红军时期300标准发放;至2005年,机关、事业职工探亲假、工龄假、休假、产假、婚丧假标准,仍按1991年标准执行。随着工资标准的提高,遗属困难补助城镇居民每月200元,农村居民每月140元的标准。机关、事业职工死亡一次性抚恤金的基数按工改后基本工资加民族地区津贴、边补的10个月计发,因公死亡按20个月计发,因公牺牲按40个月计发。丧葬费按科级以下7000元,县处级8000元,副厅级9000元,正厅级10000元标准包干使用。

企业福利 1991年,各企业仍按职工工资总额的2%提取福利费。由于县属企业效益差,执行困难。每个职工每月享受书报洗礼费8元,每月发给粮贴、副食补贴、肉贴17元,冬季享受取暖费56元。回族职工每月发给生活补贴3元。参加单位住房制度改革,可以享受住房制度优惠政策。离退休职工同样享受单位的福利待遇。

第三节 退 休

干部退休 1991年,机关事业执行国务院《关于安置老弱病残干部的暂行办法》和国务院《关于工人退休、退职的暂行办法的通知》,干部工龄10年以上,男满60岁,女满55岁,必须退休;男满55岁,女满45岁,经医务劳动鉴定丧失工作能力的,可以办理病退。国家公务员按照《国家公务员暂行条例》,连续工龄满30年的,可以退休。全面核查机关、事业、企业离退休人员840人的政治待遇、经济待遇。在经济待遇核查中,核减多享受最多的有39.2元,纠正少发最多的有40.5元。在核查过程中,开展“老有所养、老有所医、老有所学、老有所乐”的“四老”宣传落实活动。根据川人退发〔1991〕04号文件,对内地支援民族地区工作的老同志、离退休人员和子女在内地工作的离退休人员,给予政策,作好归属工作,办理易地安置,落实晚年生活。

1993年,根据国务院《关于实行分税制财政管理体制的决定》(国发〔1993〕85号文件)规定,退休金享受比例为:工龄10年不满20年,机关60%,事业70%;工龄20年不满30年,机关75%,事业80%;工龄30年不满35年,机关82%,事业85%;工龄35年以上,机关88%,事业90%。与此同时,根据凉府发〔1991〕53号文件规定,在凉山工作工龄满20年不满25年,享受5%;工龄满25年不满30年,享受10%;工龄30年以上,享受15%。按川人老发〔1987〕9号文件规定,有独生子女,享受5%。按凉委发〔1984〕49号文件规定,是科技人员的,享受10%。但几项相加,不得超过100%。1994年,机关事业工资改革,离休开始按同职级的在职人员标准增加离休费,退休人员也相应增加退休生活费,人均每月增加生活费102元。后来,经过工改、调标、高定、增加边补、正常增加调整离退休生活费11次,人均每月增加离退休生活费740元。1995年,县级机关事业单位离退休职工1119人,占在职与离退休职工总数的21%,占在职职工人数的26%,共办理易地安置156人。到2005年,共有离退休人员1700人,人均退休费每月1200元,年工资总额2480.7万元。

企业退休 1991年,企业职工退休年龄仍按国务院《关于安置老弱病残干部的暂行办法》和国务院

《关于工人退休、退职的暂行办法》(国发〔1978〕104 号文件)和四川省《全民所有制企业固定职工病假待遇暂行规定》和四川省《全民所有制企业固定职工死亡待遇暂行规定》(川府发〔1980〕107 号文件)实行。退休费按比例折算和增加,由保险金发放机构办理。到 2005 年,共审批 720 名企业职工退休。

第四节　社会保障与保险

一、社会保障制度改革

1991 年,贯彻落实中央"要建立包括国家强制性基本养老保险、企业补充养老保险和个人储蓄性养老保险养老保险体系"的文件精神,深化社会保障制度改革,建立多渠道费用筹集机制。1996 年,确立社会统筹与个人账户相结合的基本养老保险制度(即统账结合制度)。1998 年,实施国有企业下岗职工基本生活保障制度、失业保险制度、城市居民最低生活保障制度"三条保障线"制度改革,城市居民最低生活保障由民政部门实施,劳动部门实施国有企业下岗职工基本生活保障、失业保险和企业养老保险,即"两保工程"。将城镇私营企业、个体劳动者纳入统一的养老保险制度之中,实施养老保险费用省级统筹,统一制度、统一费率和待遇标准、统一管理、统一调剂使用基金。2000 年,落实国务院《关于印发完善城镇社会保障体系试点方案的通知》,全县补充养老保险名称规范为企业年金。全县建立"企业职工养老保险基金","失业保险基金""城镇职工基本医疗保险基金""工伤保险基金"等制度。根据失业保险征工作,促进落实下岗职工基本生活费保障政策,从征收的失业保险金中,调剂 2/3 用于补助下岗职工基本生活保障金。2005 年,全县养老、医疗保险覆盖国有、城镇、集体合资、民营、租赁等企业和城镇个体工商户,全县 99% 退休人员享受到基本养老保险。

二、社会保险

养老保险　1991 年,按照"以支定收,略有结余,留有部分积累"的统筹原则实行国家、企业、个人三方共同负担养老金保险基金的办法。1996 年,州人事局、州劳动局发出《关于机关、事业单位合同制工人和自收自支事业单位工作人员社会养老保险工作交接问题的通知》(凉人发〔1996〕30 号),就移交范围、移交内容、移交方法、步骤作出规定,机关、事业单位合同制工人、自收自支事业单位工作人员的社会养老保险工作,由劳动部门移交给各级人事部门管理。1998 年,实施"两保"工程和社会化发放改革,保证离退休人员按时、足额领取退休金,失业人员按时领取失业金,养老基金实行单位和个人定额每月收取制度。有 68 个单位 184 人参保,累计收取养老保险基金 92 万元。2000 年,企业职工基本养老保险支出 433.9 万元。2003 年,开展防范冒领养老金和养老金领取资格认证工作。全县 1250 名离退休人员进行养老金领取资格认证,查出 36 人冒领养老金,追回养老金 48 万元。2005 年,全县参保企业 17 户,在职参保人员 1800 人,每月征收养老保险基金 25 万元。离退休人员 1271 人,每月发放养老金 74 万元。实施"两保"以来,养老基金收支严重不平衡,县人事劳动部门争取省、州的转移支付补助金 1225 万元,保证离退休人员工资发放。

失业保险　1991 年,对破产企业的职工、濒临破产企业、法定整顿期间被精减的职工、企业终止或解除劳动合同、辞退的职工发放失业保险金。全县企业职工失业保险由单位缴纳,征收比例为年工资总额的 1%。1994 年,贯彻实施《四川省企业职工失业保险规定》。失业保险覆盖面扩大到城镇集体企业、股份制企业、私营企业、外商投资企业。失业保险基金按各单位上年度职工工资总额的 1% 计征。1996 年,开展全县失业人员登记工作,办理《失业证》。1998 年,失业保险基金的征缴比例提高到 3%,其中:单位缴纳 2%、个人缴纳 1%,新增的 2% 划入县财政"国有企业下岗职工基本生活保障专户",用于国有企业下岗职工基本生活费的发放。1999 年,执行《越西县人民政府关于在全县行政、事业单位中开展失业保险基金统筹的决定》(越府发[1999]52 号),对没有规费收入的党、政、群机关和各乡镇、工委由财政预算列拨;有规费收入的行政机关的工勤人员及社会团体的专职人员和事业单位的职工,由单位承担缴纳 70%,财政补拨 30%;差额拨款的事业单位,由单位承担缴纳 80%,财政补贴 20%;中央、省、州驻县事业单位按标准缴纳失业保险基金。2005 年,根据《凉山州人民政府关于转发四川省人民政府关于贯彻实施〈四川省失业保险条例〉有关问题的通知的通知》(凉府发[2005]4 号)调整失业保险。征收比例职工按 1% 缴纳;失业救济金标准按照州最低工资标准调整发放。单位 2% 由财政预算,行政、事业单位缴纳失业保险的单位部分未纳入年度财政预算。全县参加失业保险单位 106 个,参保职工 4330 人,征收失业保险基金 83 万元,发放失业救济金 0.35 万元。截至 2005 年全县累计征收失业保险基金 702 万元,筹集下岗职工生活费 355 万元;上解调剂金 34 万元;发放失业救济金、医疗补助金 2 万元;滚存积累失业保险基金 311 万元。争取各级财政转移补助资金 433.8 万元;发放下岗职工基本生活费 23116 人次,发放金额 301.2 万元;代下岗职工缴纳养老保险金 135.4 万元、失业保险金 74 万元;就业再就业累计培训支出 10.46 万;结余下岗职工基本生活保障金和再就业资金 267.74 万元。

医疗保险 2000 年 7 月,按照 1998 年国务院《关于建立城镇职工基本医疗保险制度的决定》,建立医疗保险制度,成立城镇职工基本医疗保险改革领导小组办公室。2001 年 12 月,成立越西县城镇职工基本医疗保险服务中心,为副科级事业单位,核定事业编制 6 个,现有人员 6 人。负责除离休干部、老红军、二等乙级以上革命伤残军人、铁路部门以外的全县城镇职工的基本医疗保险,实行低水平、广覆盖、逐步推进政策。县财政分三年逐步消化 300 万元公费医疗欠报医疗费。2003 年,在全县范围正式启动医保智能化管理,审批确定定点医院 4 家,定点药店 5 家,要求统一使用机制发票,既规范对定点医疗机构的管理,又方便参保职工看病就医问题。2004 年,公费医疗办公室并入城镇职工医疗保险服务中心。基本医疗保险基金实行统筹基金和个人账户相结合办法,医疗保险费用由用人单位共同负担。用人单位按上年度在职职工工资总额的 5.5% 缴纳,在职职工按上年度本人工资总额的 2% 缴纳。当年,实施高额医疗互助政策,个人每月定额交纳 3 元,财政补助 3 元。逐步建立生育保险。截至 2005 年,全县参保单位、参保人数达 95%。

表 12-4　　2000—2005 年医疗保险情况统计表

项目 年份	参保单位(个)	参保人员		征收情况(万元)		报销情况(万元)	
		在职(人)	退休(人)	2%	5.5%	门诊支付	住院
2000	83	5469	941	39	45	14	25
2001	89	5895	1031	99	171	89	165
2002	102	6156	1095	110	140	112	176
2003	118	6759	1137	122	100	51	135
2004	132	7010	1208	182	271	201	174
2005	158	6063	2029	420	345	318	219

工伤保险 1991 年,继续实行劳动能力鉴定委员会及办公室制度,负责工伤认定,工伤保险基金的统筹和支付。1996 年,国务院发布《工伤保险暂行条例》,对工伤认定、劳动能力鉴定、工伤保险基金缴纳、工伤保险待遇支付等进行依法管理。2004 年,企业工伤保险参保单位 36 户,参保人员 865 人,每月征收工伤保险基金 2156 元。至 2005 年,国有企业改制结束,全县参保单位 8 户,参保人员 562 人,每月征收保险基金 2500 元,累计受理工伤认定 45 件,办结率 90%;转报劳动能力鉴定 27 件,办结率 100%。

第十三篇
经济综合

第一章　经济管理

第一节　经济综述

经济总貌　1991 年,全县地区生产总值 14761 万元(按当年价计,下同),人均生产总值 699 元(按当年价计,下同)。1995 年,地区生产总值 27937 万元,人均生产总值 1261 元。2001 年,全县地区生产总值 57912 万元,人均 2378 元,同比增长 9.2%。2005 年,地区生产总值 106110 万元,同比增长 23.49%,人均生产总值 3886 元。

表 13-1　　1991—2005 年地区生产总值统计

项目 年份	按当年价格计算					按 1990 年、2000 年不变价格计算			
	地区生产总值（万元）	第一产业（万元）	第二产业（万元）	第三产业（万元）	人均地区生产总值（元）	地区生产总值（万元）	第一产业（万元）	第二产业（万元）	第三产业（万元）
1991	14761	7375	3336	4050	699	16649	9423	3327	3899
1992	17430	7930	4849	4651	815	17289	8261	4834	4194
1993	20925	9752	5348	5825	967	18786	9737	4284	4765
1994	25059	12375	5707	6977	1144	19127	9864	4652	4611
1995	27937	15219	4255	8463	1261	19982	10047	5138	4797
1996	33917	18533	5109	10275	1513	21560	10885	5310	5365
1997	38523	19524	6555	12444	1698	22811	11113	5521	6177
1998	43547	20061	8806	14680	1894	25634	11608	6698	7328
1999	48380	21914	9913	16553	2076	27628	11875	7495	8258
2000	53054	21952	12052	19050	2212	53054	21952	12052	19050
2001	57912	22620	13835	21457	2378	57570	22907	13722	20941
2002	65553	23698	16154	25701	2600	65009	24142	15819	25048
2003	74601	25711	18414	30476	2850	72615	25309	18034	29272
2004	89178	32067	21359	35752	3461	80963	26909	20564	33490
2005	106110	39530	19036	47544	3886	63130	39550	19036	4544

经济结构　1991 年,全县有 45 个国有企业和 17 个县属集体企业,第一轮承包租赁期满,上缴利税、职工收入相应增长。部分企业顺延承包,没有承包、租赁的企业实行生产、经营目标责任制。国营、集体服务行业逐步转机建制,转变经营方式,将企业全面推向市场,调整营销策略,发展特色经营。

1993 年,厂长(经理)目标责任制全部转入新一轮承包租赁期。转换企业经营机制,制定深化企业劳动、工资、保险制度改革的实施意见,实行全员劳动合同制若干问题试行办法。试点企业率先实行全员劳动合同制,随后普遍推行。企业实行竞争上岗、择优聘用、优化组合,企业自定工资标准、分配形式,奖勤罚懒，奖优罚劣。

1996 年，县内全民集体所有制经济占主导地位。根据改革的实际情况，对所有制结构进行调整，个别优势企业实行联合、兼并弱势企业，资产重组；关闭、解体或破产，已经负债累累、经营艰难、生存无望企业。国有企业经营管理体制变革，对县内 45 户国有工业企业、民营企业生存状况开展审计调查，因改制等原因，对企业审计基本处于时查时停。1998 年，采取纵横联合，相继组建县水泥厂等股份合资合作县属企业 8 户。实行企业产权制度改革，印发《全县所属企业产权制度改革实施意见》。是年，联合兼并企业 6 户，组建股份有限责任公司 2 户。国营商贸企业转让商业网点 87 户。

2000 年，制定加快民营经济发展若干优惠政策，扶持个体私营经济发展。将资产整体或部分划给内部职工，组建股份合作或股份有限责任公司。对 3 户长期负债生产无望企业面向市场，公开拍卖。2002 年，先后对企业产权制度改革、出售企业竞卖拟定具体操作程序及办法，继续推行中小企业产权拍卖改革，实行"三个百分之百"（百分之百改制，百分之百触动企业产权，百分之百转变职工身份）目标，与主管部门签订责任书，加速国有资本从竞争领域退出。2005 年，全县内资企业 107 户，注册资金 13300 万元。县内 43 户企业相继完成公司制改造，国有股份全部退出，实现经营集团控股、经营者大股、中层中股、职工小股。工业总产值中，国有、集体、民营分别占 25.9%、0.08%、74.02%。商业零售总额中，国营、集体、个体、股份合作分别占 8.6%、3.4%、65.4%、22.6%。

第二节　经济管理

农业经济　1991 年，对水稻、玉米、小麦、主要粮食作物和油菜、花生、黄红麻、蚕桑、烟叶实行指令性计划，农业部门根据各区、乡（镇）的耕地面积下达任务，乡（镇）、村、组层层分解落实到种植户，督促种植，保证种植计划的完成。对农副产品实行计划收购，确定保护价，用"三挂钩"（化肥、柴油、定金）办法鼓励农民按计划完成任务。全年农业、林业、畜牧业、渔业和农林牧渔服务业产值比 59.8∶4.3∶35.4∶0。农村社会总产值 14778 万元，其中：农业总产值 10775 万元，农村工业总产值 2912 万元，农村建筑业总产值 567 万元，运输业总产值 420 万元，商业、饮食业总产值 104 万元。农村经济纯收入 6312 万元，其中：国家税收 188 万元，集体提留 63 万元。1994 年，制定《越西县九十年代农村经济发展纲要》。农业、林业、畜牧业、渔业和农林牧渔服务业产值比调整为 44.9∶8.4∶46.2∶0.5∶0。

1996 年，县人民政府对农业生产实行指导性计划。充分发挥县、乡（镇）农业服务体系职能，引导农民按市场需求种植，允许农民与专业户自愿转包土地，自行调整种植计划，使种植与市场需求更加趋于合理，产品更加适销对路。以"九五"规划经济发展战略为指导，紧扣"一四五"发展战略，即：强化一个基础大农业；狠抓以生猪和牛羊为重点的畜牧业，以苹果为重点的水果，以花椒、核桃和杜仲为重点的经济林。

2001 年，全面实施"1648"经济发展战略，即：稳定一个基础（农业），做好六篇文章（基础设施建设、生态建设、结构调整、城镇化建设、科教兴县、改革开放），实现四大突破（农业产业化、电力及电冶产业、公路建设、所有制结构），培育壮大八大支柱（水电、水泥、电冶、肉类食品、烤烟、林果、白酒、中药材），构建以非公有制经济为主体的县域特色经济。

2003 年，全面推行合同管理，合理调整产业结构，保证粮食基本面积种植，培养种植养殖能手，推动集约经营、开发性种植和发展养殖业、加工业，把农村种植养殖业融入市场机制，最大限度发挥效益，农副产品按市场需求和价值规律自主调节。农业税按承包土地面积计算到农户，填发纳税通知书，以实物计量征收现金。提留、统筹、代收费实行村收乡（镇）管理，村组收入支出上墙公布，推行村务公开，接受群众监督。

2005 年，以农民增收为核心，做实"五篇文章"，培育支柱产业，夯实绿色产业基础，发展龙头企业和农村专业合作组织。加强农业工程项目,农村公益事业建设,新品种引进,无公害标准化种植、作物病虫害防治、畜禽疫病防治、土地流转合同、塘、库、堰、荒山、救灾物资等多种形式管理,促进农村经济的发展。农业、林业、畜牧业、渔业和农林牧渔服务业产值比40:6.5:51.4:0.7:1.4。

工业经济 1991年,全县工业市场疲软,产品积压,流动资金不足,“三角债”拖累,难以适应经济发展和市场变化,产业结构调整艰难。1994年,川西水泥厂、乃托锌冶炼厂交越西管理,实现利润19万元。县白云石粉厂和四川玻璃厂联营,筹集资金12万元进行技术改革,开发新产品,全年生产优质白云石粉10万吨,扭亏增盈,实现利润3.7万元。县农机厂塑编袋车间租赁给温州个体企业经营,年租金17万元。

2001年,累计完成企业产权制度改革33户,占应改企业的80%。重点企业电力公司改制为股份有限责任公司,乃托化冶公司和川西水泥厂实行租赁经营。其余国营和集体企业实行破产重组或变卖给个人经营。全县私营工业产值占工业总产值的71.4%。

2005年,落实项目申报,引进资金、技术,治理软环境,促进全县化工、食品、农副产品加工、矿产、建筑、建材、电力、天然气等工业发展。全县规模以上工业增加值17268万元,年均增长速度20.7%,比1991年增长4.98倍。实现销售收入41245万元,利润3405万元。逐步建立水电、水泥、电冶、化工、农副产品加工、酿造、建材、建筑等为骨干的工业体系。在工业总产值中,轻工业占21.2%,重工业占78.8%。

表13-2 **1991—2005年工农业总产值统计**

项目 / 年份	按当年价格计算				
	工业总产值		农业总产值		工农业总产值(万元)
	总额(万元)	按人口平均(元)	总额(万元)	按农业人口平均(元)	
1991	8747	411.28	10775	554.86	19522
1992	10800	502.12	11806	601.04	22606
1993	14020	644.28	14428	725.51	28448
1994	15829	718.29	18793	939.56	34622
1995	11233	504.27	23567	1166.94	34800
1996	12860	570.58	29158	1427.63	42018
1997	16269	712.21	31091	1500.37	47360
1998	25594	1105.90	32294	1539.66	57888
1999	20912	891.77	34770	1637.95	55682
2000	42020	1738.58	31841	1443.09	73861
2001	47815	1945.44	36352	1624.02	84167
2002	58823	2360.27	38592	1700.73	97415
2003	69523	2747.79	41834	1820.59	111357
2005	71668	2659.29	59378	2407.43	131046

商贸服务业 1991年,种子、农药、农膜、化肥、柴油、钢材、水泥、烧碱、运输汽车、民爆产品、粮、棉、油、肉、食糖等商品实行计划调拨,计划管理,计划分配,平价供应,千方百计保证工业、农业生产和人民生活需要。

1997年,对水、电、气和民爆产品实行计划管理,其余商品以市场为导向,以需求为根本,以质量谋发展,由生产、经营业主自寻产品原料和货源,自定价格,自掘流通渠道,实施大市场流通,保持市场需求平衡。县经济主管部门只对生产经营秩序和产(商)品质量实施监管。

2003年,全面治理流通环境,开发拓展县城和乡(镇)农贸市场、工业品市场、副食品市场,引进超市等商贸企业,实施集约经营、产销见面,带动全县商贸流通,使人民生活、生产用品、工农业生产资料沿着正常渠道流入本县,县境内生猪、粮食等农副产品、五金产品、矿业产品、化工产品畅销省内外。全县社会消费品零售总额19157万元,占年计划的103.72%,同比增长14.12%。2005年,全县国营商业企业、集体商业企业绝大部分破产倒闭重组,个体有证商业发展壮大,成为第三产业的主体。

产业结构 1991—2005年,产业比重按照“加强第一产业,提高第二产业,发展第三产业”的结构调整思路,全县一、二、三产业比重:1991年,为58.02∶19.86∶22.12;1995年调整为61.6∶14.4∶24;2000年,调整为40.4∶29.7∶29.9;2005年,调整为34.88∶28.20∶36.92。第一产业在总量稳定增长的前提下,其占国内生产总值比重逐渐下降,第二产业比重逐渐上升,第三产业比重大幅度上升,并于2005年超过第一产业。

第三节 固定资产投资

投资执行情况 1991年,全社会固定资产投资完成额适度倾斜于农业、能源、交通和文教卫生。全县全社会固定资产投资1581万元。安排全民固定资产投资开工项目9个,固定资产基建投资523万元,在安排的投资规模中,生产性投资390万元,占74.6%,非生产性投资133万元,占25.4%。

1993年,参与技术改造项目筛选、可行性论证、项目评估等前期工作,及时上报,争取立项,争取技改投资贷款。重新立项中所酒厂等企业技术改造项目,核准企业投资贷款。开发虫草酒、猕猴桃酒、参露酒、鱼腥草酒等新产品,为企业调整产品结构,增强竞争力,提高市场占有率创造条件。全县安排基本建设投资项目16个,总投资4324万元,其中:铁马二级电站投资3500万元。完成投资1846万元,比上年增长120.83%。

1995年,实行“双紧双控”投资政策。全年全社会固定资产投资完成1415万元,比上年增加518万元,增长57.75%,其中:生产性投资完成1081.6万元,占76.44%,非生产性投资465万元,占23.562%。铁马二级电站全年到位资金399.94万元,占全年计划37%,占全县投资完成额25.9%。中冕公路(中所至南箐段10公里)第一期改造工程投入使用。

2001年,全县全社会固定资产投资额完成12308万元,占年计划128.33%,比上年增长33.8%。重点推进白沙河二级电站、新乡二级电站建设,动工修建响水河电站、越西至普雄、乃托公路改造。全面启动瓦岩乡国土整治项目,新民、中所镇小城镇建设、农网改造第二期工程,完成县城第二水厂建设前期工作。启动县委办公大楼建设项目、贫困县医院建设项目、国家教育扶贫工程“贡莫中心校教学楼”建设项目、教育扶贫十年行动计划建设项目。工业硅生产项目进入设备安装阶段,丰南色素公司建成并投入生产。

2004年,编制包括大瑞供水站、普雄畜牧市场等项目31个,参与全县烤烟规划、土地利用规划编制。争取上级无偿投资3309万元,比上年增加897万元,增长37.19%。完成对县内民营投资在内的建设项目立项审批26个,立项批复23个基础设施建设。全年全社会固定资产投资完成26159万元,比上年减少695万元。投资1亿多元装机2万千瓦的铁西电站工程完成混凝土浇铸总量的70%,完成引水隧道掘进1574米。加快投资3000万元的旧城改造速度,商品楼竣工3栋,建筑面积6000平方米。投资254万元的普雄道路建设年底竣工,投资300万元普雄粮转站搬迁动工新建。普雄二医院门诊楼、疾控中心、普雄汽车站搬迁、党校教学综合楼等项目破土动工。

2005年,全年审批基本建设项目32个,投资项目10个。争取上级无偿投资以工代赈资金3627万元、国债资金、天保和退耕还林项目资金3555万元、烟水配套资金408万元和农业综合开发资金共8094

万元。全社会固定资产投资完成39617万元,完成计划目标的107.53%,比上年增长51.45%,比1991年增长25倍。完成铁西电站大坝土建工程、厂房基础挖方工程、尾水混凝土浇筑工程,引水渠道掘进完成3400米。上海传波公司投资1000万元,开发年产4000吨硅铬合金项目开工。投资390万元动工新建越西县教育局办公住宿综合楼。普雄一、二级电站,瓦岩一、二级电站,大岩一、二、三级电站,开工建设普雄汽车站、火把广场。

截至2005年,全社会固定资产投资累计完成152963万元,其中:生产性投资107732万元,非生产性投资45231万元。已申报包括交通建设、普雄强制戒毒中心、以工代赈异地移民等项目,上报计划资金6130万元。

表13-3　　1991—2005年全社会固定资产投资情况表　　单位:万元

	年份 项目	1991	1992	1993	1994	1995	1996	1997	1998	1999	2000	2001	2002	2003	2004	2005
全社会固定资产投资	合　计	1581	1136	1846	897	1415	1290	1087	5534	5597	9199	12308	18251	26854	26159	39617
	以工代赈投入	7	49.78	174.47	196.46	437	532	261	1031	600	391	952	420.6	453	834.8	1296
	招商引资投入	208.9								543	1130	1000	6030	10330	12500	12050
	生产性投入	964	681	983	674	916	530	565	3356	3773	6092	7141	12737	18798	19351	32151
	非生产性投入	617	455	863	223	631	760	522	2178	1824	3107	5167	5514	8056	7848	7466

项目、招投标管理　1991年,加强对固定资产投资总量和资金来源的宏观调控,防止挪用流动资金搞投资和搞无本投资,降低银行投资信贷风险,控制投资过快增长,保证重点建设。

1994年,县计经委制定《越西县建设项目审批、建设程序》、《关于切实加强以工代赈工作的通知》。规定国家投资项目实行项目工程公示制、业主制、合同管理制、招投标制、审计制、工程项目监理制、资金专户报账制“七制”管理,严格实行项目资金“六专”制度,即专项管理、专户存储、专人专管、专款专用、严禁挪用。行业主管部门负责报账原始资料的真实、完整。单位负责人对本单位报账制执行情况的真实性负责。

1996年,在全县建设项目中实行四项基本制度,强化五项管理。同时,协同城建、建行、国土、公安、劳动等部门对建筑工程计划、投资、规划、消防、安全、工程造价、工程质量等方面进行监督和管理,结合实际拟定《越西县建设项目审批、建设程序》等文件,建立适合全县固定资产和技术改造投资计划审批和管理办法,严肃政府对建设项目的宏观管理,加强项目库建设和管理工作,为对外招商引资、洽谈合作项目以及向上争取资金提供依据。是年,出台《越西县项目管理办法》,建立完善项目库。加强项目库建设和管理工作,为对外招商引资、洽谈合作项目以及向上争取资金提供依据。年底,收集到各种项目58个,其中:37个项目具备可行性研究报告。

2002年4月,县发展计划局负责统筹管理、指导协调全县招投标工作。会同有关行政主管部门制定《越西县招投标管理暂行办法》,并照此认真开展招投标管理工作。

2004年,规范政府投资行为,保护投资者合法权益,营造有利于各类投资主体公平、公正,有序竞争的市场环境,促进生产要素的合理流动和有效配置,优化投资结构,提高投资效益。总投资额3000万元人民币以下的政府投资工程建设项目,严格按照《四川省政府投资工程建设项目比选办法》规定比选。

2005年,按照“财经管理年”、“项目推进年”要求,县发展计划局制定《关于规范国家投资项目监督管理的通知》,明确重点建设项目为100万元以上国家投资及1000万元以上社会投资项目、国债资金项目、世界银行贷款项目,严格执行效益评价制、责任追究制、目标管理制等“十制”管理。明确领导责任制，实行“双保金”和“双合同”管理制，逐步推行农民工工资预留账户制度，严格保持计划刚性制，依法纳税，对项目实施质量严格把关，并全过程进行监督管理，接受省州发展计划部门的督查和稽查。至2005年，核准9个基本建设项目招标方案，审批招投标工程建设项目34个，投资6440万元。

第四节　以工代赈

1991年，州以工代赈办投入粮食14.3万斤，折合现金7万元，用于申果乡达布觉村200亩中低产田土改造。1992年，州以工代赈办投入粮食90.7万斤，折合现金49.78万元，用于农业改田改土、烟田水利设施建设等。1993年，州以工代赈办安排下达以工代赈项目投入粮食393.97万斤，工业券21.3万元，共计折合现金174.47万元，比上年增加129.69万元，增长294%，用于农业中低产田土改造、小型水利设施建设、小水电工程、人畜饮水工程、中普雄至乃托公路恢复建设。1994年，州以工代赈办安排全县项目资金196.46万元，用于农业中低产田土改造、小水利、小水电、人畜饮水、公路建设、邮电通讯等工程建设。

1998年，省、州安排全县农、林、水、交通以工代赈项目资金246万元。县以工代赈办会同相关单位争取脱毒马铃薯繁育基地建设3.5万亩，发展基础母猪3.25万头，秸秆氨化养牛1.26万头，新种花椒1万亩，新疆核桃1万亩，低产苹果高换20万棵等第二批农业“双增”项目，争取州补助“双增”项目资金500万元。“土城小学校舍改扩建项目”列入国家教委扶贫工程，争取项目资金25万元。农业投入50万元，改造中低产田土900亩。水利投入20万元，修建越城镇土地堰6.5公里。人畜饮水工程投入55万元，解决2100人饮水困难。小水电投入11万元，维修申果庄觉莫电站。林业投入15万元，用于人工造林和天保工程建设。交通建设投入95万元，用于中冕公路改造。畜牧业投入10万元，用于发展小尾寒羊。形象扶贫投入250万元，用于公路沿线三房改造。

2001年，争取以工代赈项目资金469万元，实施瓦吉木异地移民扶贫试点工程、乌金公路、通乡公路改扩建等工程。改建马拖乡乡政府至中林村通村公路5公里。投资10万元，在大瑞乡郑家湾村建人畜饮水工程，新建蓄水池40立方米，引水渠2条长14.1公里。投资20万元，新建新民供水站蓄水池200立方米，引水渠2条长10.7公里。投资30万元，在南箐乡、白果乡、梅花乡、新民镇中低产田土改造坡改梯2000亩。教育扶贫项目投资50万元，建12所乡村小学，修围墙2200米，操场6840平方米，打井建池9口，解决7650人饮水。瓦普莫异地移民项目投资136万元。搬迁136户，589人，建筑新房6800平方米，中低产田土改造680亩。

2002年，争取到以工代赈项目资金420.3万元。实施河东乡新普村、大屯乡高桥村、板桥乡广河村、书古乡勒品村重点贫困村通村公路建设，建设大屯乡优质水果基地。完成瓦里觉乡、大屯乡、书古乡、乐青地乡坡改梯基本农田改造和人畜饮水工程建设。实施马拖乡、河东乡、板桥乡、越城镇人畜饮水工程建设。维修拉吉电站，达布觉电站，瓦里觉电站，依尔电站4座、4台、33千瓦。新建重点贫困村通村公路95公里，投资50.3万元。基本农田坡改梯改造1000亩，投资20万元。在大瑞乡、马拖乡投资8万元，建成400亩优质水稻基地。建成大屯优质水果基地750亩，投资15万元。板桥乡广河村投资3万元，建成优质大红袍花椒基地150亩。实施人畜饮水工程建设，投资10万元，新建蓄水池540.1立方米，修建引水渠29条34.48公里，投资50万元。在梅花乡打土村山地灾害移民点、瓦普莫乡角莫村投资150万元，实施异地移民扶贫项目建设，移民150户，760人。建设引水渠5公里，安装饮水管道8公里，蓄水池2个86立方米，架设输电线路7公里，新建通村公路4公里。

2004年，争取以工代赈交通项目投资240万元，改建通村公路41.1公里，新改建桥梁8座37延米。移民新村建设投资150万元，新建通村公路11公里，配套建水渠3公里、管道5公里、水池6个、输电线22.7公里。中低产田土改造投资84.8万元，改造1500亩。投资28.5万元，修建竹阿觉乡如宝村洛尔堰，新建4.1公里渠道浆砌石防渗。投资26.5万元，在依洛地坝乡沙木洛村新建蓄水池80立方米，新建引水渠6.7公里。投资98万元国债资金，实施中普雄至乃托县级公路、中冕路至南林村、五里箐乡足伍村、申果庄公路交通建设项目，改建公路228公里，新建公路6公里，新建桥1座40延米。投资32万元，在大花乡甜樱桃基地示范区实施小型农田水利工程配套设施项目。投资50万元，实施大瑞乡瑞香村供水站、申果乡达布觉村区工委供水站人畜饮水工程建设，建蓄水池550立方米，建引水渠（管）25公里。投资20万元，建设大花乡青山村优质甜樱桃基地1000亩。

2005年，争取以工代赈项目资金1296万元，其中：国债资金190万元，预算内以工代赈资金406万元，国债易地扶贫搬迁资金700万元。按照州以工代赈办要求，组织农业、农机、水利、交通、畜牧、扶贫、林业等部门通力合作完成《越西县2006—2010年以工代赈规划》，规划在“十一五”期间预上报项目建设资金7674万元。投入国债资金190万元，新建、改建板桥乡大岩村等4个村通村公路21公里、桥梁2座115延米。在中所镇、瓦里觉乡、乐青地乡建设青花椒基地200亩，坡改梯200亩，优质苹果基地100亩。新建大瑞乡供水站蓄水池30立方米，引水渠（管）15公里，解决250人，960头牲畜饮水困难。建成竹阿觉乡如宝村、普雄镇呷托村围栏草场1600亩，人工种草1000亩，发展草食牲畜1300头。同年，投资重点贫困村建设项目资金406万元。新、改建普雄镇、德吉乡、贡莫乡、乐青地乡8个村村道43公里，整修灌溉渠19.9公里，新建微水电站2台15千瓦，新建提灌站10台170千瓦，解决2000人，2580头牲畜饮水困难，改土1000亩。投入项目资金700万元，在板桥乡、五里箐乡、新乡乡、白果乡、乃托镇、铁西乡、贡莫乡、新民镇等9个安置点实施易地扶贫搬迁，搬迁280户1342人。

截至2005年，全县以工代赈资金累计投入6653.11万元，项目包括：中低产田改造、基本农田建设、优良品种科技示范，新建和扩建县、乡、村公路、入组、入户道路建设，以及公路桥梁建设、人畜饮水、小水电、水土保护、草场建设、改良牲畜；农村通讯、造林护林、形象扶贫、教育卫生扶贫、异地搬迁扶贫。

表13－4　1991—2005年以工代赈资金计划表及投向领域　　单位：万元

项目 年份	合计	交通	小水利	人饮	小水电	农业	林业	畜牧业	通讯	形扶	水保	农机	教育	异地移民
1991	7					7								
1992	49.78		13.4	7.75		28.63								
1993	174.47	81.91	17.65	10.38	18.38	46.15								
1994	195.92	28.46	9.49	38.97	9.49	36.34	15	23.17	35					
1995	437	211	18	44	18	58	28	60						
1996	532	382		45	10	25	15	40	15					
1997	261	30	10	50	11	55	30	50		15	10			
1998	531	95	20	55	11	50	15	10		250			25	
1999	600	196	35	50	24	152	58	85						
2000	391	103	20	30	20	75	28	20		95				
2001	469	203		30		50							50	136
2002	420.6	150.6		50	10	50						10		150
2003	453	243		20		45		10				35		100
2004	834.8	488	60.5	76.5		100		84.8				25		
2005	1296	340	40	90		70		36				20		700

第五节　人民生活

农村居民生活　1991 年,加大对农业的扶持力度,鼓励农民发展多种经济,充分调动广大农民生产经营积极性。家庭经营收入成为农民收入的主体,务工工资收入已经成为农民增收的重要来源。当年,全县农民人均纯收入 361 元。

1996 年,全县建成农技、农经站 30 个,农村合作基金会 8 个,县乡合作基金会资金 1700 万元,融资额 2000 万元。全县农村贫困人口从 1991 年 83694 人减少到 31231 人,贫困户人均纯收入由 1991 年 200 元提高到 437 元。当年,人均纯收入 641 元。2000 年,农民人均纯收入 1115 元,比 1995 年增加 530 元。

2001 年,实行粮农直接补贴,取消增收农业税的政策,经测算两项惠农措施每亩减少生产成本 38 元,农民每人增加收入 68 元。2003 年,建卡贫困户年均纯收入 766.1 元,人均有粮 443.6 公斤。累计完成形象扶贫达标 22453 户,移民 520 户,建设形象扶贫新村 5 个,全县贫困人口由 1995 年的 38618 人减少到 23611 人。农民人均纯收入 1547 元,比 1998 年净增 631 元。

2005 年,农民人均纯收入 2022 元,比 1991 年净增加 1661 元,增长 4.6 倍,比 2000 年净增 907 元,年均递增 12.6%,比 2004 年增长 12.2%;家用汽车、摩托车、电动车进入农民家庭。截至年底,贫困户人均纯收入 1400 元,比 2000 年 1115 元增加 281 元,累计完成移民搬迁扶贫 889 户,“三房”改造 1958 户。

城镇居民生活　1991 年,全县工业基础薄弱,企业自身无法解决生产经营中的流动资金和技改资金,当年财政收入未完成计划,城镇居民全年人均可支配收入 724 元。

1993 年,全县应参加房改单位 93 户,实际参加 57 户,占 61.03%,出售住房 124 幢 6.1 万平方米,售房金额 187.96 万元。安置就业 154 人。1996 年,全县建成广播站 31 个,地面卫星接受站 23 个,县城有线电视用户数 3377 户,广播、电视人口覆盖率分别达 48% 和 87%。全面实施《全民健身计划纲要》,全县 509930 人次参加健身活动。同年,新建城乡居民住房 8.3 万平方米。城镇居民全年人均可支配收入 1990 元。1998 年,实行“米袋子”县长负责制,确保副食品供应。

2005 年,全县固定电话用户 13963 户,发展小灵通用户 1600 户,移动电话用户 12300 户。全县广播电视人口覆盖率 88.1%。城镇职工工资总额 10500 万元,年均增长 9.5%;城镇职工年均工资收入 14300 元,比 1991 年净增 12053 元,增长 5.36 倍,年平均递增 14.13%。城镇居民人均可支配收入 6579.79 元,比 2004 年增长 11.4%。“两金”按时足额发放,有 6201 名低保对象实现应保尽保。落实各项促进就业和再就业的政策措施,累计实现 4084 名下岗失业人员再就业。

表 13－5　　1991—2005 年综合经济指标情况表

经济指标／年份	社会总产出（万元）	地区生产总值（万元）	地方财政一般预算收入（万元）	社会商品零售总额（万元）	农民人均纯收入（元）	全社会固定资产投资（万元）
1991	22828	14761	538	4897	361	1581
1992	25580	17430	524	4386	373	1136
1993	34579	20925	1062	5509	311	1846
1994	45866	25059	807	6647	442	897
1995	48512	27937	953	7230	585	1415
1996	59242	33917	1171	8376	641	1290
1997	68282	38523	1352	10051	785	1087

续上表

年份＼经济指标	社会总产出（万元）	地区生产总值（万元）	地方财政一般预算收入（万元）	社会商品零售总额（万元）	农民人均纯收入（元）	全社会固定资产投资（万元）
1998	81057	43547	1634	10885	916	5534
1999	84121	48380	1932	11039	1019	5597
2000	103519	53054	2003	12066	1115	9199
2001	120270	57912	2252	14802	1245	12308
2002	137977	65553	2734	16787	1395	18251
2003	157685	74601	3121	19157	1547	26854
2004	176320	89178	4028	33700	1803	26159
2005	177258	100130	5011	38163	2022	39617

城乡居民可支配收入　1991年，全县各类存款余额4379万元，比1990年增加256万元，职工人平工资货币年收入增加458元。城乡居民储蓄存款余额4653万元，人平212.6元。

1998年，社会商品零售总额10885万元，比上年增长8.3%，商品零售物价上涨指数99.83%，同比降低3.6个百分点，全县各项存款余额12356万元，比年初增长16.2%。2005年，全县城乡居民储蓄存款余额64180万元，人平2383元；比1991年增长12.7倍，年平均递增20.58%；比2000年增长151%。各项贷款余额24625万元，比2000年增长61%。其中：城镇储蓄余额13042万元，农村储蓄余额30434万元。

第二章　计划管理

第一节　发展改革机构

1991年，越西县计划委员会下设县矿产资源管理办公室。1993年，撤销计划委员会、经济委员会，组建计划与经济协调委员会。1998年，撤销计划与经济协调委员会、工业局、经济协作办公室、矿产资源管理办公室，组建计划与经济局。县物价检查所、县技术监督所从县工商局分离，归口县计划与经济局管理。1999年，技术监督所从计划与经济局分离，组建技术监督局。2002年，撤销计划与经济局，组建发展计划局。2005年，撤销县发展计划局、县经济体制改革办公室，组建越西县发展和改革局。内设：办公室、计划项目股、以工代赈办公室、物价局。

表13－6　　1991—2005年发展改革局负责人名录

姓　名	性　别	民　族	职　务	任职时间
颜贤荣	男	汉族	计划委员会主任	1991.3—1993.6
			计划与经济协调委员会主任	1993.6—1997.7
李伟铭	男	彝族	计划委员会副主任兼矿管办主任	1991.3—1993.6

续上表

姓 名	性 别	民 族	职 务	任职时间
薄天泉	男	汉族	计划委员会副主任	1991. 3—1993. 6
毛国清	男	彝族	计划委员会协调委员会副主任兼矿管办主任	1993. 6—1996. 3
陈志新	男	汉族	计划委员会协调委员会副主任	1993. 6—1995. 7
莫色加甲	男	彝族	计划委员会协调委员会副主任	1993. 12—1995. 5
刘光超	男	汉族	计划委员会协调委员会副主任	1995. 9—1998. 7
吴仲海	男	汉族	计划委员会协调委员会副主任	1995. 9—1998. 7
			计划与经济局局长	1998. 7—2002. 3
			发展计划局局长	2002. 3—2002. 12
李国全	男	汉族	计划与经济局副局长	1998. 7—2002. 4
王忠兴	男	回族	计划与经济局副局长	1998. 7—1999. 6
田阿木	男	彝族	计划与经济局副局长	1998. 7—2002. 4
阿里木机	男	彝族	发展计划局副局长	2002. 5—2003. 3
吴志良	男	汉族	发展计划局副局长	2003. 4—2005. 8
			发展改革局局长	2005. 9—2005. 12
张全芬	女	汉族	发展计划局副局长	2002. 5—2005. 8
			物价局副局长	2005. 9—2005. 12
周旭东	男	汉族	发展计划局副局长兼物价局局长	2002. 5—2005. 8
			发展改革局副局长兼物价局局长	2005. 9—2005. 12
毛国强	男	彝族	发展计划局副局长兼以工代赈办主任	2003. 4—2005. 8
			发展改革局副局长兼以工代赈办主任	2005. 9—2005. 12
罗立新	男	汉族	发展计划局副局长	2003. 4—2005. 8
			发展改革局副局长	2005. 9—2005. 12

第二节 管理体制

1991 年,调整主要商品收购调拨计划的管理范围,在省计划管理的 46 种主要商品中,指令性计划管理品种从 29 种减少为 24 种,指导性计划从 17 种调整为 13 种。除粮油购销、专项产品、土地使用、人口控制、大中专毕业分配实行指令性计划外,其余逐步改为指导性计划。农业生产上对粮食总产量均实行指导性计划。工业生产,国家只对县属国营工业企业直接下达工业总产值、主要产品产值和利润等指标。

1993 年,制定“适应社会主义市场经济要求,加强和改善宏观调控,加快计划体制改革”的意见。要求转变计划职能,充分认识计划和市场都是调节经济的手段。制定《越西县第三产业发展规划》。

1994 年,突出计划工作的宏观性、战略性、政策性,综合协调宏观经济政策和经济杠杆的运用,计划工作重点放在中长期计划。

1997 年,培育市场,改革计划方法。按照“宏观管住、微观放开”的要求,搞好宏观调控,搞活微观经济服务,引导和协调市场运行。1998 年,强化杠杆协调,调整计划指标。从偏重于计划直接管理,转变到直接管理与间接管理相结合,逐步扩大经济手段、法律手段和信息手段的综合运用,把各类经济杠杆作为宏观调控的主要手段,进行经济协调,以实现规划、计划的目标。逐步取消计划的商品有钢材、生铁、有色金属、烧碱、汽油、柴油、煤油、化肥、农药、地膜、农业机械、大米、小麦、菜油、猪牛羊肉、禽蛋、食糖、烟、酒、布等,全部进入市场调节的轨道。1999 年,取消指令性计划,县国民经济与社会发展实行指导性计划管理。同时,转变计划职能,发挥计划部门在宏观调控中的推动作用。按照社会主义市场经济的要求,努力把计经委建成调控中心、研究中心、信息中心、投资中心,建设成为县委、县政府经济社会发展的参谋部,建立起适应社会主义市场经济发展的计划工作体系。

2002 年,计划部门管理工作重点从单纯的计划编制下达,转向调查研究,提出全县国民经济和社会发展战略、方向、目标、布局和重大的经济产业政策,以制定切合实际的中长期规划,衔接、平衡各主要行业的行业规划,贯彻可持续发展战略。2005 年,计划管理体制由集中管理型逐步向宏观调控型、协调服务型转变。

第三节　计划编制

中长期规划　《越西县经济、科技和社会发展第八个五年计划》,对各项指标做出具体安排:1995 年,工农业总产值(80 年不变价格),年均递增 6.27%,达到 11200 万元;粮食总产量达到 92500 吨,五年净增 7000 吨,年均递增 1.59%;国民生产总值(80 年不变价),达到 28800 万元,年均递增 18.16%;国民收入(90 年不变价),年均递增 18.7%,达到 26640 万元;财政收入达到 730 万元,年均递增 7.56%;社会商品零售总额,达到 7700 万元,年均递增 13.86%;全民固定资产投资完成额比“七五”增长 307%,累计达到 5477 万元左右;农民人均纯收入达到 435 元,年均递增 3.8%;独立核算工业企业资金利税率,五年提高 5 个百分点,全民固定资产投资净产值收益率提高 2.6 个百分点;全县人口自然增长率控制在 22‰内,总人口控制在 23.6158 万人;森林覆盖率达到 17%,提高 0.05 个百分点。

《越西县国民经济和社会发展第九个五年计划纲要及 2010 年远景目标》,围绕提高经济效益,推进科技进步,扩大改革开放,搞好横向联合,强化经营管理,保证本世纪末农业生产总值比 1980 年翻两番,加大扶贫工作力度,实施生态移民。推进全县文教卫生的跨越发展。发展目标:到 2000 年,国内生产总值(90 价)增长 113.7%,达到 37900 万元,年均增长 16.4%;农业总产值达到 35000 万元,年均增长 17.7%,比 1980 年 6853 万元翻两番多;全县工业总产值达到 30000 万元,工业经济效益综合指数在 1995 年基础上提高 10 个百分点,年均增长 25.5%;全县社会消费品零售总额达到 14500 万元,年均增长 14.6%;财政收入实现 4000 万元,平均增长 25.5%;全县国民生产总值人均占有 1528 元,比 1995 年翻 0.96 番;农民人均纯收入增长 70.9%,达到 1000 元,年均增长 11.3%。

《越西县国民经济和社会发展第十个五年计划纲要》,加快农业现代化进程,优化农业内部结构,强化龙头企业和农产品市场建设,扩大农业对外开放;着力营造工业经济新优势,加快第二产业升级,培植战略优势产业,创立越西名牌体系;提高服务业档次水平,促进城乡繁荣昌盛。发展目标:国内生产总值年均增长速度最低保持 9% 以上,力争高于全州速度 1 ~ 2 个百分点,到 2005 年,达到 79000 万元,年均增长 9.1%;人均国内生产总值力争达到 2000 年全州平均水平,达到 3171 元;地方财政收入年均增长 5% 以上,达到 4100 万元,年均增长 8%;农业总产值达到 46000 万元,年均增长 4.7%;工业总产值达到 44500 万元,平均增长 12.7%;粮食总产量年均增长 1%,达到 10400 吨,人均有粮 420 公斤;全县人口自然增长率控制在 10‰,总人口控制在 24.91 万人以内;学龄儿童入学率达到 97%;森林覆盖率达到 33%;农民人均纯收入年均增长 10.6%,达到 1850 元;到 2010 年全县国内生产总值在 2000 年基础上翻一番,人均国内生产总值力争接近当年全州平均水平。

表 13－7　“十一五”规划经济社会发展指标体系表

指标体系		2005 年	2010 年	平均年增长率(＋%)	备　注
地区生产总值(亿元)		11	23.1	16	翻一番以上
人均 GDP(元)		4183	8366	14.87	翻一番
财政收入	总收入(万元)	8078	13010	10	
	其中:一般预算收入(万元)	5011	8070	10	
社会消费品零售总额(万元)		38250	70286	12.94	
全社会固定资产投资额(亿元)		4	6	8.45	
城镇化率(%)		20.02	24.3	3.95	
预算内财政人均教育经费(元)		150	252.75	11	
科技经费支出占 GDP 比重(%)		0.1	0.2	14.87	
人才总量(人)		12060	13161	1.7	
每万人口治安案件查处数(件)		22.15	20.02	－2	
社会总人口数(万人)		26.3	27.6	1	
城镇居民人均可支配收入(元)		6800	10000	8	
农村居民人均纯收入(元)		2022	2772	6.5	年增 150 元
累计新增就业岗位(个)			3500		年增 700 个
每万人口卫生技术人员(人)		18.67	23.5	4.7	
城镇生活污水集中处理率(%)			90		
城镇生活垃圾无害化处理(%)			90		
治理水土流失面积(km^2)		13.76	45.47	27	
森林覆盖率(%)		32.5	38.04	3.2	
第一产业增加值(亿元)		3.86	5.94	9	
第二产业增加值(亿元)		3.12	8.95	23.46	
第三产业增加值(亿元)		4.08	8.21	15	
民营经济增加值(亿元)		5.50	14	20.5	
民营经济增加值占 GDP 比重(%)		49.7	60.6	4.05	
工业总产值(万元)		52351	169313	26.46	
其中:规模以上工业总产值(万元)		43290	147585	27.8	
规模以下工业总产值(万元)		9061	21728	19.12	
农业总产值(万元)		59378	90000	8.67	
其中:牧业总产值(万元)		29000	48600	10.88	占农业总产值 54%
烤烟(万担)		8	15	13.4	
粮食(吨)		104536	115416	2	
肉类总产量(吨)		28664	45124	9.5	
发展优质水果、干果(万亩)			6		
发展荞麦(万亩)			5		
发展马铃薯(万亩)			5		

续上表

指标体系	2005 年	2010 年	平均年增长率(+%)	备　注
发展万寿菊(万亩)		3		
发展中药材(万亩)		3		
发展无公害蔬菜(万亩)		5		
发电量(万千瓦时)	15000	116500	50.68	
供电量(万千瓦时)	19700	116000	42.56	
电力装机(万千瓦)	3	25	52.81	
铁矿石(万吨)		30		
电锌(吨)	8600	10000	3.06	
水泥(万吨)	13	120	56	
硅铬合金(吨)	5000	5000	0	
低威铬(吨)	5000	5000	0	
磷肥(万吨)	2400	2864	3.06	

年度计划　1991 年,年度计划重点是加强和改善宏观调控;严格控制总需求,以经济效益为中心,以结构调整为重点,强化农业基础,增强工业意识,加快科技进步,培植发展后劲,增强经济实力,深化企业改革,扩大和完善企业承包经营责任制,推行厂长(经理)负责制;继续控制投资规模,调整投资结构,压缩非生产性建设;加强建设用地计划管理;全县主要经济计划指标为:工农业总产值(90 年不变价)19316 万元,比上年增长 6.4%;粮食总产量 90000 吨,比上年增长 5.3%;财政收入 580 万元,比上年增长 11.8%,争取实现 600 万元;全社会商品零售总额 4746 万元,比上年增长 6.3%,市场商品零售物价指数控制在 6% 以内;人口自然增长率控制在 13.63‰以内,年末总人口控制在 21.86 万人以内。

1995 年,加大科技兴农力度,加快发展高产优质高效农业,多渠道增加农业投入,确保粮农收入,促进农村经济全面增长。立足本县工业基础,继续改造现有骨干企业,对已见成效的大项目,筹资金,保重点,使支柱产业初具规模。

2000 年,重点增加农业投入,强化农业基础设施建设,培植和重点扶持农业产业化龙头企业,提高农村产业化水平;以企业改革和结构调整为重点,加快工业经济发展步伐;广开融资渠道,切实抓好重点项目建设,加快实施科教兴城战略,尊重、培养、引进和使用人才;放手发展个体和私营经济。

2005 年,调整农业结构,促进农村经济全面发展;加快企业技改创新,增强工业发展后劲;加大招商引资力度,培植新的经济增长点;以市场建设和旅游为重点,发展第三产业;扩大投资规模,保持对经济增长的拉动力;发展科技、教育和各项社会事业,促进经济与社会协调发展。宏观调控主要目标:全县生产总值计划为 102000 万元,比上年增长 14.43%,为"十五"计划目标的 129.11%;农业总产值达到 56000 万元,比上年增长 7.63%;工业总产值达到 45000 万元,比上年增长 35.80%;全社会固定资产投资达到 37200 万元,增长 37%;粮食总产量达到 104017 吨,为"十五"计划目标的 100.02%。全社会消费品零售总额达到 27501 万元,比上年增长 12.91%;财政收入达到 7170 万元,同口径增长 10%,为"十五"计划目标的 174.88%;农民人均纯收入达到 1983 元,比上年增加 180 元,增长 10%,为"十五"计划目标的 107.19%;人口自然增长率控制在 10‰以内;适龄儿童入学率达到 94% 以上;广播覆盖率达到 68%;电视覆盖率达到 91.1%。

表 13－8　　2003 年国民经济和社会发展计划

指标名称		2001 年实际	2002 年		2003 年计划	
			实际	同比＋%	计划	同比＋%
地区生产总值（现价）	总计（万元）	56067	63097	12.54	70670	12.0
	第一产业（万元）	22620	23965	5.95	25110	4.8
	第二产业（万元）	15505	18933	22.11	22840	20.6
	第三产业（万元）	17942	20199	12.58	22720	12.5
财政收入（万元）	总计	3239	4067	25.56	4700	15.56
	一般预算收入	2228	2587	16.11	3000	15.96
农民人均纯收入（元）		1245	1395	12.05	1545	10.8
社会消费品零售总额（万元）		14802	16787	13.41	18470	10.0
全社会固定资产投资（万元）		13070	18908	41.67	22500	19.0
农业总产值（万元）		36350	38585	6.15	40800	5.7
工业总产值（万元）		28427	34239	20.45	42310	23.6
乡镇企业总产值（万元）	总计	34004	39290	15.55	43220	10.0
	乡（镇）工业产值	16790	20410	21.56	23000	12.7
粮食总产量（吨）		100515	101423	0.90	101500	0
万寿菊播种面积（亩）		2000	6300	300	15000	138.0
烤烟播种	面积（亩）	10358	16763	61.84	30000	79.0
	烤烟产量（担）	21288	41908	96.86	70000	67.0
商品零售物价指数（%）		100.28	100.59	103		
造林面积（万亩）		7.5	10.8	44.0	10	－7.4
考核企业产值（万元）	川西水泥厂	3660.6	4063	10.99	4060	0
	索玛锌品厂	4911.1	5915.1	20.44	9000	52.2
	电力公司	1262.4	1306.5	3.49	1500	14.8
	自来水公司	88	109.2	24.37	120	9.9
	铁马二级电站	1000.1	1235.2	23.51	1400	13.3
	碳化硅厂	715	1200	67.83	1200	0
	工业硅厂		700		1050	50.0
	丰南色素公司		1000		1100	10.0
	灵峰肉类公司				1000	
	朝阳食品厂	516			510	

续上表

指标名称		2001年实际	2002年		2003年计划	
			实际	同比+%	计划	同比+%
主要产品产量	生猪存栏(万头)	21.4	22.13	3.41	22.4	1.7
	羊存栏(万只)	25.6	24.69	-3.55	25.0	1.3
	生猪出栏(万头)	20.42	22.03	7.88	22.88	4.2
	羊出栏(万只)		8		9.1	13.8
	肉类总产量(吨)	19247	20845	8.30	22400	7.4
	其中:猪肉(吨)	14962	17130	14.49	18195	6.2
	水泥(万吨)	15.3	16.4	7.19	16	-2.4
	电锌(吨)	5515.8	6339	14.92	8000	26.2
	磷肥(折纯)(吨)	2417	2552	5.59	3600	41.1
	硫酸(吨)		6000		10000	66.7
	氧化锌(吨)	900	779	-13.44	900	15.5
	发电量(万千瓦时)	12422	13286	6.96	14000	5.4
	碳化硅(吨)	1560	2000	28.21	2000	0
	工业硅(吨)		730		1400	91.8
	万寿菊干花粉颗粒(吨)		1000		1000	0
	分割肉(吨)		370		1000	170.3
	白酒(吨)	7500	7600	1.33	7600	0
人口自然增长	增长率(‰)	10.51	10.97		11.0	
	年末总人口(万人)	24.58	24.85		25.12	
适龄儿童入学率(%)		84.5	92.0		92.0	

第四节　计划实施

1991年,实施“八五”计划,加快基础设施建设,改善投资环境。培育市场,发展第三产业。坚持治理整顿和深化改革方针,解决经济中出现矛盾问题,强化对工业生产组织领导,调整产业结构,鼓励产品销售。理顺经济关系,增强企业活力。重视教育事业,重视人才,促进科技进步。开展经济技术协作。全县农业总产值10775万元,工业总产值4550万元,农业产值完成计划的96.2%,比上年净增0.7%。工业总产值完成年计划的100.22%,比上年增长6%。其中:乡以上工业产值累计完成3400万元,占年计划的90.03%,比上年增长35.38%。村级以下工业完成1150万元,为年计划的72.1%,比上年略有减少。全年粮食总产量6240吨,为年计划的95.3%,比上年增加1000吨。油菜播种面积6437亩,为年计划的107.3%,油菜籽总产675吨,为年计划的115.6%,比上年增加55吨。畜牧业生产四畜存栏433561头,为年计划的100.8%,比上年增3401头,增长0.8%。肉类总产量为9600吨,比上年增加50吨,完成年度计划。全县社会商品零售总额累计完成4824.7万元,占年计划的97.5%,比上年增长7.83%。国营商业国内购进总值完成3904.41万元,比上年增长63.74%。

1995年,完成“八五”计划:全县农业总产值23567万元,完成年计划的96.2%,比上年增长0.7%;粮食总产量86500吨,为年计划的95.3%,比上年增长10%;工业总产值11233万元,为年计划的92%,比上年增长11%;全社会商品零售总额完成7230万元,为年计划的82.5%,比上年增长7.83%;财政收入445万元,为年计划的77%,比上年减少14%。

2001年始,实施"十五"计划,增加经济作物,发展订单农业、特色农业和绿色农业。改造建材冶金等传统产业。发展经济园区,扶持民营经济的发展。推行行政审批制度改革,建立健全社会信用体系,优化投资环境。加强招商引资工作,加大固定资产投资规模。

2005年,粮食总产量10.45万吨。比上年增长1%,完成"十五"计划目标100.52%;工业总产值完成52351万元,占年计划的116%,比上年增长57.98%;农业总产值完成59378万元,占年计划的106%,比上年增长15.32%;比1991年增长11.5倍。其中:州考核企业完成产值43290万元,完成年计划的112.38%,比上年增长71.64%;规模以下工业企业产值9061万元,完成年计划的100.68%,比上年增长14.46%。全社会消费品零售总额完成39617万元,占年计划的138.36%,比上年增长12.91%;农民人均纯收入比上年净增219元,增长12.15%;全县人口自然增长率控制在9.58‰以内,比年计划少0.42个千分点,计划生育率96.05%,比计划增加6.5个百分点,年末总人口控制在26.81万人以内;全年实现农业总产值59378万元,完成年计划的107.14%,比上年增长15.32%;比1991年增长3.5倍。全年粮食总产量104536吨,完成年计划的100.5%,比1991年增长20.85%。畜牧业生产四畜存栏564507头,为年计划107.3%,比上年增长12.1%;比1991年增长30.2%。肉类总产量28664吨,完成年计划的102.37%,比上年增长12.44%;比1991年增长1.99倍。

表13-9　　部分年度国民经济主要指标完成情况

项目 年份	社会商品零售总额		财政收入		农民人均纯收入	
	完成数(万元)	年均增长(%)	完成数(万元)	年均增长(%)	完成数(元)	年均增长(%)
1991	4824.7		445		361	
1993	5509	6.86	907.6	42.81	311	
1995	7230	14.56	953	2.47	585	37.15
2000	12066	10.79	2791	11.41	1115	13.81
2005	39617	26.84	7857	23.00	2022	12.60

第三章　物　价

第一节　物价管理

机构沿革　1993年6月,撤销县物价办公室,成立越西县物价检查所,归口县工商局管理。1998年9月,县物价检查所从县工商局分离,组建越西县物价局,挂越西县物价局牌子,归口县计划与经济局管理,挂县物价办公室牌子,内设:价格监督检查所、价格认证中心,核定副科级领导职数1名,股级领导职数3名。局长由计划与经济局副局长兼任。2002年4月,县物价局并入县发展计划局,局长由县发展计划局副局长兼任。2005年9月,县物价局并入县发展改革局,局长由县发展改革局副局长兼任。

管理体制　1991 年,根据国家加快经济体制改革的决定,价格制定由以管为主转变为以放为主,对涉及国计民生的重要商品、居民消费品价格和服务项目,分别实行国家定价、提价申报和备案制度。将已形成竞争性的商品价格、经营性收费全面放开,由企业和经营者根据市场情况自主定价。对服务行业实行国家定价和由主管部门按规定的毛利率制定价格。对成品油、化肥实行计划内外价格"并轨"。

1993 年,国家对工业品价格管理减少到 11 种,市场零售价格除食盐、部分药品、黄金饰品外全部放开,由企业自主定价。调整价格管理权限,整顿粮食、成品油、化肥流通体制,理顺流通环节价格。对垄断性和其他特殊行业的价格或收费标准试行国家定价。

1996 年,对工业品包括中央管一类产品和省管一、二、三类产品除少数生产资料实行"双轨制"价格外,其他品种的批发和零售价格由商业主管部门和经营单位根据上级或产地通知,按规定费率、办法制定和调整。1999 年,实行国家定价、国家指导价、市场调节价三种管理方式。中央和省、州管理的一、二类农副产品以及县级管理的三类农副产品在取消统一派购改为合同定购办法后,其价格改为浮动价或议购议销价,其中属于国家合同定购的品种价格不允许上下浮动。受国家指导价格限制的品种和规定价格为中准价的,允许在一定的幅度内上下浮动;属放开的农副产品价格实行随行就市,自由购销。

2001 年,国家计委公布价格听证目录,对公用事业价格、公益性服务价格、自然垄断经营的商品价格,在调定价前先进行调研测算,召开有消费者、经营者和有关方面代表参加的价格听证会,报上级价格主管部门或同级政府批准后公布施行。

2005 年,适当调高自来水价格、居民生活用电、固定电话月租费,降低部分药品价格,降低家用电器、工业生产用电、电话网话收费,取消移动电话入网费、固定电话初装费。加强对成品油、招投标药价管理。

价格认证评估　1991 年,县物价局先后派出 5 人参加省物价局、省人事厅、州物价局举办的价格评估、涉案物品价格评估培训班,全部取得价格评估资格证,其中:4 人取得涉案物品鉴定资格证。1999 年,为公安局进行涉案赃物评估鉴定,估价赃物 46 件,涉案金额 107.3 万元。截至 2005 年,县物价局共受理评估案件 237 件,评估金额 364 万元。按照《价格法》、《政府价格决策听证暂行办法》规定,对涉及群众切身利益的公用事业、公益服务事业、垄断企业的价格和收费在定价前对其成本进行审核、认证。分别对电价和水价调整进行成本审核和调价前评估、认证并出具书面材料。

第二节　价格管理

消费品价格管理　1991 年 6 月,放开百货、五金交电等 9 类 78 种商品价格,粮食、食用油、棉花、汽油、柴油、煤油等 16 个品种执行国家定价,取消电冰箱、洗衣机、自行车、黑白电视机的提价申报和差率控制。由于国家调整交通运价,人背马驮运费增加 3.6 元,食盐基层运费增加,县物价部门对运费补贴进行测算,后向州物价局汇报。州盐业分公司重新核定越西运费补贴,由每吨 90 元增加到 104 元,州划拨 3 万元,定额补贴到各区营业部。

1992 年,放开进口手表、花布、毛线、火柴以及卷烟三级批发等 100 种商品价格。啤酒、色织布、毛巾、铁锅、电饭锅、涤盖棉及其制品、卫生衫裤、毛巾被、打字纸等商品价格实行市场调节。

1993 年,近 90% 的零售商品实现价格放开,由市场调节;生产资料中有 85% 的价格下放给企业自主定价。县百货公司内部实行定价小组、物价人员、柜台组长三级定价,分组管理。除机制纸、学习用具属国家定价,其它价格实行浮动价。是年,生活费用价格指数 113.5%,零售物价总指数 108.9%,服务价格指数 164.8%。

1999 年,停止对部分商品的提价申报、调价备案和价格监审制度。全年社会商品零售物价总指数 96.15%,比上年下降 3.95 个百分点,控制在州下达的管理目标之内。2002 年,全社会商品零售物价总指数 100.59%，比上年上升 0.64 个百分点。2005 年，县物价局将与群众生活关系密切的基本生活必需品和部分日用工业消费品等 600 个品种列入监控范围，实行多方位价格监测。

公用事业价格管理 1991 年，取消煤矿煤炭最高限价，煤炭价格全部放开，由市场自由调节。农村和城镇居民生活使用 12 厘米蜂窝煤实行国家指导价 0.1 元/个。

1993 年，县政府发出关于调整水电价格的通知，对全县自来水价格进行调整，生活用水由 0.2 元/吨调整为 0.35 元/吨，工业用水由 0.25 元/吨调整为 0.4 元/吨，商业用水由 0.3 元/吨调整为 0.5 元/吨。

1998 年，调整自来水价格，其中：生活用水由现行的 0.6 元/吨调整为 0.9 元/吨，生产用水由现行的 0.65 元/吨调整为 0.95 元/吨，商业用水由现行的 0.75 元/吨调整为 1.15 元/吨。2002 年，12 厘米蜂窝煤从 0.17 元/个调整为 0.26 元/个。

2005 年，继续征收污水处理费，征收范围为全县工业企业和餐饮经营个体工商户。

农产品及餐饮价格管理 1991 年，调整全县计划口粮、菜籽油价格和流配木材价格。木材州内用材出厂价由 105 元/立方米调整为 175 元/立方米，州外由 135 元/立方米调整为 224 元/立方米。标准大米 0.99 元/公斤，菜籽油 8 元/公斤，标准面粉 1.64 元/公斤。大豆、胡豆、豌豆、糯米从当年 4 月 1 日起退出定购，随行就市由市场调节。

1996 年，定购粮食销售价格玉米 1.44 元/公斤，稻谷 1.5 元/公斤。餐饮业实行价格等级管理，划分为特一级店、特二级店、一级店、二级店、普通店 5 个级别。规定各等级最高综合进销差率：特一级店 60%，特二级店 50%，一级店 40%，二级店 35%，普通店 25%。

1998 年开始，实行餐饮业价格等级年审制度。是年，改革粮食流通体制，按保护价敞开收购农民余粮。下达粮食收购保护价格，粮食购销企业实行顺价销售，具体价格由企业自行确定。

2000 年，粮食定购价格和保护价格执行统一标准。调整猪肉、牛肉、羊肉价格，规定最高限价。2005 年，餐饮业取消价格等级管理制度，实行明码标价管理制度，全县餐饮业统一使用《越西餐饮业商品标价签》、《越西餐饮业饭菜价目表》。

电价管理 1993 年，农村照明用电由 0.16 元/千瓦时调整为 0.18 元/千瓦时，城镇居民和机关单位生活照明用电由 0.2 元/千瓦时调整为 0.22 元/千瓦时，农业排灌用电由 0.04 元/千瓦时调整为 0.06 元/千瓦时，工业生产用电由 0.1 元/千瓦时调整为 0.225 元/千瓦时，经营性、服务业、歌舞厅等商业经营用电由 0.22 元/千瓦时调整为 0.3 元/千瓦时。

2002 年，根据国务院“两改一同价”工作精神，制定全县“同网同价”方案，认真落实“三公开”、“四到户”和“五统一”，杜绝“三乱”现象。农村综合电价由 0.54 元/千瓦时，下降到改造后的 0.35 元/千瓦时，年均减轻农民负担 86 万元。城乡居民和农村生活用电同价标准为 0.4 元/千瓦时；农村排灌用电 0.1 元/千瓦时；商业用电基价 0.8 元/千瓦时，丰水期基价下浮 10%，枯水期基价上浮 20%；普通动力用电 0.42 元/千瓦时；大宗工业用电 0.48 元/千瓦时；临时用电 0.68 元/千瓦时；冷链用电 0.15 元/千瓦时。

药品价格管理 1992 年，生物制品价格实行统一领导、分级管理，采取国家定价、国家指导价和市场调节价 3 种形式。1997 年，药品管理实行政府定价和实行差率管理。列入国家发改委定价品种和省物价局管理品种实行政府定价，并实行 GMP 和非 GMP 两种价格体系，其余品种实行差率管理。

1999 年，规范药品销售中折扣、批发企业作价、零售药店作价等行为。对列入政府定价的药品制定和公布最高零售价格。2001 年，加强招标药品价格管理，对 204 种招标药品制定临时销售价格，让利于消费者。

2002 年始，自制药剂价格实行报批备案、年审制度。2005 年，针对医疗机构使用药品按省级物价部门公布最高临时零售价格实行集中招标采购；试行行网上采购，其采购价格和最高零售价格由省级物价部门公布，并以网上公布价为基础实行差率管理和国家定价相结合的模式。

第三节　收费管理

行政事业收费管理　1991年，治理乱收费、乱罚款和乱摊派，对全县所有收费、基金、罚款及集资项目与标准进行清理整顿。对行政事业性收费及重要商品实行“两证、两卡、一票、一审”及提价申报、备案、价格听证等制度，对经营性收费进行规范。

1992年，实行收费许可证年检审制度，全县各收费单位必须亮证收费，使用财政专用收据，清理制止“三乱”，坚决取缔不合法收费。1994年，按照财政部、国家计委取消收费项目143项，中央办公厅、国务院办公厅减轻农民负担项目80项，省政府取消收费项目45项，州政府取消收费项目9项，以上共取消收费项目277项。

1998年，对教育、医疗、工商、社团组织、乡镇企业、农村建房和机动车收费进行专项治理。实行企业交费登记卡制度、城市居民缴费明白制度及收费公示制度。是年，取消19项涉及房地产的不合理收费。

2000年，执行《收费许可证管理办法》，规范收费许可证管理。向社会公布1997年后国家、省、州、县先后取消的834项收费和基金、集资项目，让群众监督。

2002年，清理登记全县范围涉农收费项目标准，涉及18个部门，67个单位，112个涉农收费项目。下发全县各部门、各乡（镇）、村民委员会进行张榜公示。2005年，实行收费公示制度，对群众关心的价格热点、难点问题，利用电视、广播、墙报进行宣传，推行价格诚信建设，逐步建立自律体制。

经营性收费管理　1991年，闭路电视收视费核定为每户5元/月。1995年，推行收费公示制度，拟订越西县客运站收费项目，调整县医院住院部床位费。

1998年，严格执行学校“一费制”标准，降低中小学及托儿所收费标准，减负金额达73万元。同年，闭路电视安装费由180元调整为360元，闭路电视收视费由每户5元/月调整为10元/月。核定宾馆住宿、娱乐场所点歌收费价格。

1999年，取消移动电话拨叫市郊、农村加收0.1元的规定，基本月租费由50元/月调整为25元/月，本地通话费0.4元/分钟调整为0.2元/分钟。

2002年，县物价局下发《关于停止收取微机购置费的通知》，全县各中小学自2002年秋季开学起，按国家有关政策规定，停止从学生中收取微机设备购置费。结合整顿和规范市场经济秩序，取消部分不合理收费项目。2005年，全县9年义务教育阶段学校实行“一费制”收费，小学一类每人300元/期、二类每人250元/期、三类每人90元/期。初中一类每人450元/期、二类每人410元/期、三类每人155元/期。闭路电视收视费由10元/月调整为15元/月。

第四节　物价监督

价格调控　1991年，深化价格改革，转变职能，改过去定价、调价控制物价总水平为市场自由调节。1994年，开展农业生产资料价格大检查工作，监测农业生产资料价格走势。对重要商品实行监审制度，建立价格预警系统。监测各等级大米、面粉、面条、青油、猪肉、白糖、酱油、豆瓣、彩电、冰箱、洗衣粉、蜂窝煤、旅馆收费等；建立报价备案制、申报制、定期审价制度，全年物价涨幅9～11%。零售物价指数控制在5.1%以内，与上年持平，比年计划控制数减少0.9个百分点。

1998年，加强物价管理工作，调控物价总水平。会同工商、技术监督部门，加强对流通领域的综合治理，严厉打击假冒伪劣产品，惩治欺行霸市、哄抬物价和暴力欺诈行为。全县零售物价指数涨幅控制在

3%的预定目标之内。

2000年,贯彻执行《价格法》、《四川省价格管理条例》及"国家计委1号令"等法律法规,对中小学校、医院、药店等重点部门的收费进行严格调控。完善市场监测制度,加强对粮、油、肉、菜等居民生活必需品和重要农资价格的监测,稳定粮食及主要副食品价格。

2004年,疏导价格矛盾,全县居民消费价格总水平调控目标控制在2%左右。2005年,落实中央"三农"政策及有关稳定物价政策,做好价格申报、备案、审核、听证、审批工作。

价格检查 1991年,根据国务院颁布的《中华人民共和国价格管理条例》,依法清理收费项目,贯彻农产品收购价格政策,监督检查农用生产资料价格。

1994年4月,全县67家收费单位,150个收费点进行自查,自查面100%。重点抽查27个收费单位,查出各类价格违纪行为13起,违纪金额74843.5元,清退16100元,收缴10392元,取缔不合理收费20项。

1999年,《中华人民共和国价格法》施行,组织税收、财政、物价等部门大检查,对节日市场、农资、电力、自来水、成品油、猪肉、农产品等价格及城建、通讯、客运、工商等行政事业单位收费进行经常性检查;对医疗、药品价格、中小学收费进行专项整治。是年,开通"12358"价格举报电话。对电力公司电价执行、电力收费、县内医院、药店医疗收费进行检查和规范。全年查处违法案件26件,没收违法所得15万元。清退超标准收费11.95万元,涉及农户3186户。对中小学收费进行专项检查,查出违法金额8.6万元上缴财政。

2004年,全年查处价格违法案件21件,涉案金额28.97万元,全部清退。实行申报备案制。调整小水电上网电价。清理涉农收费、涉企收费、农民进城务工收费,重点加强对中小学收费的检查监督,防止减负反弹。2005年,实行调价备案和提价申报制度。对全县49所中、小学和部分单位进行检查,查处违纪乱收费金额26.32万元,已全部清退。受理价格举报案件20件。

截至2005年,县物价局共组织价格监督检查2978次,查案483件,查处违纪金额426万元,没收67万元,罚款18万元。

第四章 审计

第一节 审计机构

机构设置 1991年,越西县审计局内设:办公室、综合审计股、行政事业股。编制12人,其中:行政编制11人,工勤人员1人。1998年10月,编制调整为11人,其中:行政编制10人,机关后勤事业编制1人。设局长1名,副局长2名,股级干部4名。内设:办公室、财政金融审计股、经贸审计股、经济责任审计股。

2001年12月,增设股级事业单位"越西县审计综合服务中心",核定事业编制5人,主要配合审计机关从事审计查证、咨询等业务。2002年,内设办公室、财政金融审计股、经贸审计股、经济责任审计股、越西县审计综合服务中心。

表 13－10　1991—2005 年审计局负责人名录

姓　名	性　别	民　族	职　务	任职时间
阿加达尔木	男	彝族	局　长	1989.8—1993.5
冯国平	男	汉族	副局长	1986—2002.1
潘吉布	男	彝族	局　长	1993.6—1998.7
刘宇国	男	汉族	副局长	1993.5—2003.5
毛志华	男	彝族	局　长	1998.8—2005.12
龚明才	男	汉族	副局长	1998.8—2005.12
舒天福	男	汉族	副局长	2003.6—2005.12

第二节　审计监督

一、国家审计监督

实施的审计监督　1991—2005 年，省、州审计机关、地方党政领导下达和交办县审计局各项审计及审计调查项目 173 个，完成 344 个，超额完成 171 个，超计划完成率 198.8%。

表 13－11　1991—2005 年省、州下达审计项目及实际完成审计项目对比表　单位：个

项目＼年份	1991	1992	1993	1994	1995	1996	1997	1998	1999	2000	2001	2002	2003	2004	2005	合计
省、州下达数	21	10	9	12	7	9	9	8	10	10	8	10	9	20	21	173
县审计局完成数	30	41	20	22	21	18	12	26	14	22	18	22	22	17	39	344

财税预算执行情况审计　1991—1994 年，未开展财税部门预算执行情况审计，对县级财税部门的监督主要以年度财政决算报表审签为主。1995 年，开始实施县级财政预算执行情况审计。按照“摸清家底、揭露问题、规范管理、促进改革、制约权力、提高效益”总体思路，重点审计县财政局、地税局及部分预算部门、预算单位执行《中华人民共和国预算法》、《税收征管法》等政策的情况，是否存在少征漏征各项预算收入、违规分配使用预算资金、违反“收支两条线”规定坐收坐支，有无挤占挪用、铺张浪费、延压解缴税款、违规退库以及决策失误造成的损失浪费等问题。围绕建立公共财政框架要求，从促进强化管理，改进和完善制度，提高预算执行水平和效果以及资金使用效益角度提出具有针对性的对策和建议。

1995—1996 年，分两次对县级财政 1995 年预算执行情况及其他财政资金收支情况审计，查出违纪违规金额 33 万元。其中：隐瞒截留预算收入 4 万元，预算内转预算外 7 万元，虚列支出 4 万元，财政预算外收支违纪 5 万元，其他 13 万元。审计处理调账增加财政收入 30 万元，指明纠正 3 万元。1997 年，对县级财政 1996 年预算执行和其他财政资金收支情况审计，查出违纪违规金额 31 万元，其中：虚列支出 3 万元，其他财政预算外收支违纪 27 万元，其他 1 万元。审计作出处理减少财政支出 3 万元，增加财政收入 27 万元，指明纠正 1 万元。

1998—2002 年，分别对上年的财政预算执行情况和其他财政财务收支进行审计，查出违纪违规金额 89 万元，审计作出处理应上缴 60 万元，应归还原渠道资金 17 万元，应减少财政拨款 8 万元，调账 2 万元，指明纠正 2 万元。并对违纪违规行为罚款 2 万元。

2003 年,对县级 2002 年财政预算执行情况及其他财政资金收支情况审计,查出县财政局长期挂账 2 万元未作清理拨付,查出地税局当年应缴未缴税收 40.3 万元,审计作出处理责令上缴和调增收入 42.3 万元。2004 年,对 2003 年财政预算执行情况及其他财政财务收支情况审计,查出县财政总预算长期挂账 8.8 万元,财政局机关未缴国有资产收益 2 万元,财政综合股未缴其他收入 1 万元,县地税局未及时解缴当年税收 40 万元,审计作出处理责令上缴收入 51.8 万元。

2005 年,对 2004 年县级财政预算执行情况及其他财政财务收支情况审计,查出县财政总预算违规借用扶贫专项资金 698 万元,违规借用住房公积金 330 万元;查出县财政综合股违规借用非税收入 14 万元和未及时缴库 116 万元,审计作出处理责令归垫挤占借用资金和及时清理收回,并就违规借用行为罚款 20.5 万元。

乡(镇)财政决算情况审计 1991—1995 年,对新民、中所、中普雄工委、普雄镇和大花乡财政财务收支进行审计,查出违纪违规金额 6 万元,审计作出处理追还被侵占挪用资金 2 万元,罚款 0.13 万元。

1996 年,根据《中华人民共和国审计法》,开展乡(镇)财政决算情况审计。审计越城镇、新民镇、大瑞乡 1995 年财政决算情况,查出违纪违规金额 23 万元,审计作出处理要求被审计单位自行纠正 23 万元。1997—2002 年,对河东乡、乃托镇、西山乡、普雄镇、丁山乡、铁西乡、新民镇财政决算情况进行审计,查出违纪违规金额 5 万元,审计作出处理要求被审计单位自行纠正 4 万元,上缴 1 万元。

2003 年,对瓦岩乡 2002 年财政决算情况进行审计,查出欠缴税费 0.6 万元,欠缴计生超生费 0.15 万元,欠收各项税款 0.26 万元,审计作出处理要求被审计单位对管理不规范资金自行纠正,结合本乡实际完善制订符合税收征收及计生费征收的具体措施,加大征管力度,做到应收尽收。

行政事业单位审计 1991—1992 年,对工交局、农业局、广播局、林业局、畜牧局、水电局、计生委、人武部、文教局、粮食局、司法局、公安局等 30 个单位实行定期审计,共查出违纪违规金额 18 万元,审计作出处理收缴 1 万元,指明纠正 17 万元。1993—1994 年,对公安局、六〇八、法院、广播局、民政局、林业局、计生委等 9 个行政事业单位进行审计,查出违纪违规金额 43 万元,审计作出处理收缴 2 万元,追还被侵占挪用资金 21 万元,指明纠正 20 万元。

1995—1996 年,对防疫站、文化馆、广播局、水电局、邮电局、团县委希望工程、林业局、计生委、交通局、文教局、国土局、国资局、就业管理局、劳动保险局 14 个单位进行审计,延伸审计文教局下属 101 个学校,查出违纪违规金额 483 万元。审计作出处理收缴 36 万元,追还被侵占挪用资金 200 万元,指明纠正 247 万元。

1997—2002 年,对团县委、大瑞乡广播站、保险局、公安系统、环境建设保护局、县检察院、法院、水电局、国土局、广电文体局、农经站、县计生委、县烟办、县一医院等 20 个行政事业单位进行审计,查出违纪违规金额 289 万元。审计作出处理收缴 20 万元,指明纠正 269 万元。2003 年,对县公安局、县交警大队 2002 年财政财务收支情况进行审计,查出县公安局未及时缴纳罚没收入 11 万元,虚增经费支出 6 万元,车辆购入未计固定资产 30 万元以及县交警大队固定资产 44 万元未及时入账等违纪违规问题,审计作出处理责令被审计单位补缴应当上缴财政的收入,自行调整相关账务。

2004 年 4 月,审计县检察院 2003 年度财政财务收支情况,查出县检察院未及时缴纳 4.5 万元应当上缴的赃款及罚没收入款,审计作出处理责令被审计单位补缴应当上缴财政的收入,并建议县检察院严格执行《中华人民共和国预算法》、《行政单位财务规则》以及“收支两条线”的规定,加强财务管理,及时足额缴纳赃款及罚没收入款。2005 年 10 月,对县检察院 2004 年财政财务收支情况进行审计,经审计县检察院除新购固定资产未及时入账外,2004 年审计查出的问题已得到整改;同年 11 月,县审计局在对县烟办 2002—2004 年财政财务收支情况的审计中查补各项税款 92 万元交地税部门执行。

企业审计 1991—2002 年,对全县金融、工交、商业、粮食、物资及外贸公司进行 73 个(次)财务收支审计,查出违纪违规金额 354 万元,审计作出处理处罚要求被审计单位上缴 144 万元,自行纠正 986 万元。

2003年，审计川西水泥厂2001—2002年资产、负债、损益情况，查出虚增企业利润71万元。审计作出处理要求被审计单位自行补交税金和调整相关账务；同年对大青林业有限责任公司2001—2002年的财务收支进行审计，查出违规收取管理费52万元，审计作出处理责令追还52万元；对县电力有限责任公司2002年资产、负债、损益情况进行审计，查出管理不规范资金12万元，审计作出处理要求被审计单位自行纠正12万元。

2004年，审计县电力有限责任公司2003年资产、负债、损益情况，查出管理不规范资金33万元，少缴税金1.4万元，审计作出处理要求被审计单位自行纠正33万元，上缴税金1.4万元；同年对川西水泥厂2003年资产、负债、损益情况进行审计，查出企业当年欠缴各项税费70万元，累计欠缴789万元；欠交失业保险金、养老保险金23万元，累计欠交264万元，审计作出处理责成川西水泥厂严格按照相关规定和《社会保险费征缴暂行条例》如数及时清理补缴。

2005年，为摸清全县粮食系统2004年底资产、负债、损益的真实状况，分清保护价（含定购价）粮食购销、库存、周转、储备转换以及自主经营粮食购销而发生政策性亏损、占用情况，为各级政府分清责任，分类处理，科学、正确地决策挂账、停息、贴息或还本付息，对全县8家独立核算粮食收储企业、2家商业经营企业1998年6月—2004年12月粮食财务亏损、占用情况进行审计。经审计全县粮食企业资产总额2280万元，负债2043万元，所有者权益2371万元，累计亏损1687万元。审计作出处理要求被审计单位调账处理620万元，补交税金121万元，并就审计发现中普雄粮站由于管理不善及人为因素短少粮食款35万元移送检察机关，经检察机关查处后追究当事人刑事责任。同年，县审计局对川西水泥厂、县自来水公司2004—2005年7月底资产、负债、损益情况进行审计，查出川西水泥厂欠缴各项税金及附加981万元，当年利润不实、处置固定资产未及时消账、失业保险金和养老保险金长期拖欠未缴纳等问题；查出县自来水公司违规发放工资15万元并列入成本费用，违规将应缴医疗保险费3.5万元列入管理费用、制造费用，以及业务招待费超支、固定资产未及时核算等问题。审计作出处理要求被审计单位自行纠正，补交税款和调整相关账务。并处自来水公司1.5万元罚款。

经济责任审计　2002年，接受州审计局授权和县委组织部委托开展县级以下党政领导干部、国有企业及国有控股企业领导人员任期经济责任审计。本着“积极稳妥、量力而行、提高质量、防范风险”的审计要求，重点审计领导干部在任部门的财政财务收支情况，审计资产、负债、损益情况及领导干部个人廉洁自律情况，重点关注领导干部履行经济责任行为对所在地区、单位可持续发展的影响，以及不能有效履行经济责任而造成业绩平庸，过度负债、管理不善等问题，注意发现和揭露扰乱市场经济秩序和贪污、侵吞国有资产、挤占挪用专项资金、损失浪费等问题，给党委组织部门选人用人提供依据。同年，对县一医院、民委、城关工委、中所工委、下普雄工委、书古工委、新民镇、普雄镇、大瑞乡、南箐乡、申果庄工委、申果乡12个部门主要负责领导进行任期经济责任审计，查出违纪违规金额97万元，管理不规范金额36万元。审计作出处理责令被审计单位上交财政56万元，归还原渠道资金21万元，调账处理20万元，自行纠正36万元。

2003—2004年，接受授权开展县法院院长、县检察院检察长任期经济责任审计。同时，对县委编办主任、县妇联主任、县总工会主席、县教育局、县广电文体局、县农机局、县粮食局、县水利局、县司法局的局长开展任期经济责任审计，共查出违纪违规金额559.7万元，其中：未缴财政专户和非税收入175.4万元，未缴税金5万元，隐瞒截留38.3万元，挤占挪用专项资金170万元，管理不规范171万元。审计作出处理责令被审计单位上交财政180.4万元，归还原渠道资金170万元，调账和自行纠正209.3万元，就违纪违规罚款16万元。

2005年，对县委党校常务副校长、县扶贫办主任、县计生局局长、县计划发展局局长、乃托镇党委书记进行任期经济责任审计，查出被审计单位挤占挪用专项资金166万元，未缴财政专户18万元，固定资产未入账9.8万元，管理不规范118万元，未缴税金0.6万元。审计作出处理责令被审计单位应上缴财政 18.6 万元,归还原渠道资金 166 万元,调账和自行纠正 127.8 万元,就违纪违规罚款 9.8 万元。

基建审计 1991—1994 年,未开展基本建设投资审计。1995 年,实施国家投资建设项目竣工决算审计,县审计局着重检查建设项目的立项是否合规,资金投入是否真实,资金使用是否规范,项目实施是否达到预期的经济和社会效益;检查项目法人责任制、招标投标制、合同制和工程监理制的落实情况。重点审计和揭露项目建设过程中存在的置换项目、违规转包分包、挤占挪用、多计少计工程价款和因决策不当、管理不严造成的损失浪费等违纪违规行为;从严查处违规征地、拖欠工程价款及民工工资、截留克扣农民征地拆迁补偿款等问题,并通过分析评价项目的建设效果和投资效益,提出促进规范资金管理,提高资金使用效益的建议。1995—2002 年,对觉莫电站、110 千伏变电站、中冕公路、县城建局职工住宿、县信用联社综合大楼、县贝尔小学教师住宿、县计经局职工住宿、土城小学基建、南城小学职工住宿、电力公司职工住宿、西运司越西分公司职工住宿、县地税局职工住宿、县电信局职工住宿、县电力公司 35 千伏送电线工程、农网建设与改造工程、县财政局职工住宿、县环境保护局新大街基建、县政府办公室工程等 20 个国家投资建项目进行的竣工决算审计,查出违纪违规金额 106.57 万元,其中:超计划投资 72.8 万元,未计未缴税金 30.4 万元,多计工程价款 3.37 万元,审计查补税款交地税执行 30.4 万元,核减工程造价 3.37 万元,责令被审计单位自行纠正 72.8 万元。

2003 年,竣工决算审计县广电文化大楼、县政协职工宿舍楼、综合办公楼、第二期农网建设与改造项目及第二水厂基建项目,查出违纪违规金额 423 万元。审计作出处理核减工程造价 62 万元,查补税款交地税局执行 38 万元,责令被审计单位自行纠正超计划投资 323 万元。2004 年,对县人武部营房建设项目、县政府办公楼装修工程、县电力有限责任公司宝石、宝珠电站水利基础设施、城网建设与改造项目工程竣工决算进行审计,查出违纪违规金额 183.9 万元。审计作出处理核减工程造价 22.7 万元,查补税款交地税局执行 50.5 万元,责令被审计单位自行纠正超计划投资 110.7 万元。

2005 年,竣工决算审计县财政综合楼、县检察院办公及住宅楼、2003—2004 年农村人畜饮水工程、西昌干休所基建工程、申果庄移民工程及“新村三房”建设、县城新大街人行道硬化及文化广场扩建工程、县委党委大楼、新民镇街道整修工程、普雄镇道路修建工程、县委、县政府职工住宅小区附属工程等国家投资建设项目,查出违纪违规金额 343 万元。审计作出处理责令被审计单位归还用于基建项目的专项资金 36 万元,核增工程造价 6 万元,核减工程造价 34 万元,查补税款交地税部门执行 89 万元,自行纠正超计划投资 178 万元。

截至 2005 年,对全县 41 项国家投资建设项目进行竣工决算审计,查出违纪违规金额 1056.47 万元,审计作出处理责令被审计单位归还用于基建项目的专项资金 36 万元,核增工程造价 6 万元,核减工程造价 122.07 万元,查补税款交地税执行 207.9 万元,作出处理处罚核减工程造价 122.07 万元,自行纠正超计划投资 684.5 万元。

表 13－12 1991—2005 年基建开工前资金来源情况审计情况表

项目＼年份	1991	1992	1993	1994	1995	1996	1997	1998	1999	2000	2001	2002	2003	2004	2005	合计
审计项目数（个）	15	16	11	12	4	9	5	7	29	19	19	6	16	10	13	191
审计总金额（万元）	3515	578	343	516	388	381	330	656	2599	2880	1965	621	1237	704	2119	18832
具备开工条件数（个）	15	16	11	12	4	9	5	7	29	19	19	6	16	10	13	191

农业资金和专项资金审计 1991—2001 年,对县财政局、县农业局、县农机局实施的粮食发展资金、

南箐乡计生款、扶贫贴息贷款、交通养路费和保险费、教育寄宿制和人民助学金、养老保险金、育林基金、水利资金、民政救灾资金、团委希望工程、赈灾福利彩票、人畜饮水、污染治理费、扶贫办"形象扶贫"等农业资金和专项资金进行审计,查出被审计单位违纪违规金额317万元,其中:挤占挪用专项资金107万元,其他210万元。审计作出处理责令被审计单位如数归垫被挤占挪用的107万元,自行纠正210万元。2003—2005年,开展民政、城镇居民最低生活保障、城镇职工基本医疗保险、失业保险、就业资金、下岗职工基本生活保障资金、优质肉羊生产项目、农业综合开发项目等专项资金的审计,经审计共查出违纪违规资金96万元,管理不规范资金87万元。审计作出处理处罚要求被审计单位应归还原渠道资金89万元,应自行纠正94万元。

2005年,审计县教育局2001—2004年教育发展十年行动专项经费,发现存在挤占挪用专项经费43万元违纪违规问题,审计查补税款交地税执行32万元,责令被审计单位如数归垫被挤占挪用的专项资金。

审计调查 1991年,开展第2次审计对象基本情况调查,全面摸清186个被审计单位的情况。1992年,专项审计调查一次性削价处理商品。

1993年,开展粮食企业亏损情况和企业转换经营机制调查。1994—1995年,开展新旧会计制度对接、农资公司1994年1—9月亏损情况、建行消费基金增长原因和世界银行贷款利息偿还调查,具体分析新旧会计制度对接、贷款利息偿还中存在的问题,分析消费基金增长和企业经营亏损的原因。提出加强学习,转变观念,整顿市场,控制放贷,注入资金,降低费用等建议。1997年,开展计划生育超生费收支情况调查。

2000年,对贸易局和县属部分中小学收费情况进行调查,查出1999—2000年部分学校共收取学生杂费和代管费856万元,其中:超标准收费21万元,占用学生代管费96万元,招待费高达35.56万元。2001年,开展地税系统代扣手续费、普教经费筹集使用调查,从代扣手续费的列支以及普教经费筹集、管理、使用等方面提出审计调查建议。2003年6月,对县自来水公司第二水厂国债资金使用及建设情况的专项审计调查,调查金额398万元,调查发现存在欠缴税金12万元,多计工程造价50万元的违规问题。2004年7月,实地抽样调查退耕还林工程资金及效益情况,调查资金总额6538万元,调查发现县林业系统违规借用种苗结余支付设计费和检查验收费31.64万元,调查后促进政府拨补资金31.64万元。

二、内部审计监督

1991—1994年,县交通局、县农业局、县文教局、县卫生局、县农业银行等8个行政事业单位和国有企业的已建内部审计机构,按照《关于内部审计的暂行规定》开展所属单位的内部审计工作。1995年,县粮油总公司、外贸公司和建设银行等8个行政事业单位组建机构,配备内部审计人员。1996年,完成经济效益审计和其他审计项目8个,纠正违规金额230万元。

1999年,完成财务收支、经济效益、经济责任审计项目17个。查出损失浪费3万元,促进增收节支15万元,纠正违纪违规金额365万元。2002年,全县共建内部审计机构22个,配备内部审计人员31人,其中:专职人员5人,兼职人员26人。定期召开内部审计会议,开办内部审计人员培训班:由主管领导、业务人员宣讲以及进行业务指导17次,各单位内部审计人员争取领导支持,开展审计监督,履行内部审计职能。1991—2005年,全县内部审计机构完成财政财务收支审计、经济效益审计和基本建设预算审核50个,纠正各类违纪违规金额1073万元。

三、社会审计监督

1993年,凉山州审计事务所越西分所成立,负责接受委托承办国家审计任务之外的社会审计业务。1998年,依照《注册会计师法》和清理整顿有关文件精神,撤销凉山州审计事务所越西分所,县审计局会同凉山州精诚会计师事务所合作共同承办社会审计业务。2000 年,凉山州审计事务所越西分所的 5 ~ 6 个从业人员坚持客观公正和“谁委托对谁负责,谁委托为谁服务”的原则,接受委托开展农机局规费收支经济案件鉴定 1 个;开展普雄扶贫建材厂、普雄石油公司、物资公司、粮油加工厂、川西水泥厂劳动服务公司等财务收支审计 12 个;开展大瑞乡工业公司、县人大办公室综合服务公司、仁利股份合作公司、粮油议价公司等企业成立注册验资和年检 63 个。共查出违纪违规金额 349.58 万元,其中:少计收入 4.3 万元,少缴各项税费 270.21 万元,乱摊成本费用 26.01 万元,账面不符 0.98 万元,开支不规范 23.18 万元,其他违规金额 24.9 万元。1993—1999 年,审计事务所共接受社会委托项目 82 个,其中:注册资金验证 63 项,验证资金 3450 万元,咨询服务 4 项,咨询金额 120 万元,财务收支审计 12 项,审计金额 2800 万元,资产评估 2 项,评估金额 60 万元,经济案件鉴定 1 项,鉴定金额 75 万元。

第三节　审计管理

法制宣传　1994 年,召开审计法实施宣传座谈会,全县机关、企事业单位 147 人出席会议,印发宣传资料 300 份,宣传标语 150 份。

1996 年,建立健全《审计执法程序》、《审计执法责任制》、《执法奖惩制》、《执法过错追究制》等规章制度。同年在《审计法》实施 10 周年,出动车辆 17 辆次,人员 45 人,到机关、企事业单位进行法制宣传发放宣传资料 170 份。

审计计划　1991 年起,根据“依法审计、突出重点”的原则,对审计项目计划的管理,注重抓好重点项目、重点资金、重点领域的审计及审计调查,兼顾一般项目的财政财务收支审计;注重短期计划,更注重长期规划。每年在省州计划下达的基础上,结合实际自行确定计划外项目并纳入年度审计目标。1999 年起,为确保按时保质保量完成和实现审计政务公开,每年制定年度审计工作安排意见报请县政府批转执行。实行任务到股、责任到人的动态管理。

审计统计　1991 年起,根据省、州审计机关的要求,抓好审计统计的管理和人员配备等工作,对配备的审计统计人员,做到精通业务,相对稳定;对上报的审计统计数据,坚持实事求是,真实正确。2001 年,制定《越西县审计局审计统计管理办法及考核制度》。

审计信息　通过对被审计单位的微观审计,发现问题并给予查处纠正,进一步规范被审计单位的财政财务管理是审计监督的目的。为宣传和扩大审计影响,实现交流经验和成果共享,县审计局注重审计业务方面的简报、信息及审计调研文章的撰写和传递。1991 年,报送审计信息 20 条、审计调研文章 2 篇。1995 年,报送审计信息 30 条、审计调研文章 4 篇。1998 年,出台《岗位责任出勤考核及报送审计信息科研文章的有关规定》。2000 年,出台《越西县审计局审计信息管理办法及考核制度》,实现越西审计信息、审计调研文章报送及采纳在全州排名逐步上升的目标。是年,报送审计信息 50 条、审计调研文章 10 篇。到 2005 年,共报送审计信息 307 条、审计调研文章 62 篇。

审计业务质量　先后制定《越西县审计局审计质量责任制度》、《越西县审计局行政执法责任制度》、《越西县审计局行政执法过错责任追究制度》,同时,依据审计署 5、6 号令实行审计组员、审计组长、分管业务局长 3 级负责和审计组长、复核人员、法制股长、分管业务局长、局长 5 级把关,促使所开展和实施的审计业务基本上实现“程序合法、事实清楚、定性准确、处理适当”。1991—2005 年,未发生被审计单位提请行政复议或提交行政诉讼的现象。

审计培训和继续教育　1991—2005 年,加强审计人员的业务培训和继续教育,每年派人参加省、州审计机关举办的各种培训,鼓励在职审计人员通过自学、函授等形式提高学历和掌握现代审计技术,制定每提高一个学历档次奖励 2000 ~ 3500 元的制度和措施,调动广大审计人员的学习积极性。

第五章　统　计

第一节　统计机构

机构沿革　1991 年,县统计局内设:办公室、农村经济调查股、城市经济调查股,定编 11 人。1995 年,县统计局内设:办公室、农业调查股、综合调查股。2000 年 5 月,统计局成立统计执法队,执法队员 4 名。2001 年,统计局内设:办公室、农村经济调查股、综合调查股,核定编制 6 人;成立越西县普查中心,挂靠统计局,核定编制 4 人。在全县 40 个乡(镇)确定 40 名专兼职统计员。农口系统配专职统计员 5 名,实现城镇到农村完整的统计网络。2005 年,县统计局内设:办公室、农村经济调查股、综合调查股、普查中心,局长 1 名、副局长 1 名,编制 12 人。

表 13 - 13　　1991—2005 年统计局负责人名录

<table>
<tr><th>姓　名</th><th>性　别</th><th>民　族</th><th>职　务</th><th>任职时间</th></tr>
<tr><td>胡惠权</td><td>男</td><td>汉族</td><td>局　长</td><td>1991. 3—1995. 6</td></tr>
<tr><td>刘光超</td><td>男</td><td>汉族</td><td>副局长</td><td>1992. 2—1995. 12</td></tr>
<tr><td>吴仲海</td><td>男</td><td>汉族</td><td>副局长</td><td>1993. 6—1995. 9</td></tr>
<tr><td>蒋万阁</td><td>男</td><td>汉族</td><td>局　长</td><td>1995. 7—1998. 7</td></tr>
<tr><td>吴志良</td><td>男</td><td>汉族</td><td>局　长</td><td>1998. 8—2003. 4</td></tr>
<tr><td>刘宇贵</td><td>男</td><td>汉族</td><td>局　长</td><td>2003. 6—2004. 5</td></tr>
<tr><td>彭思雄</td><td>男</td><td>汉族</td><td>副局长</td><td>2003. 5—2005. 12</td></tr>
<tr><td rowspan="2">范月梅</td><td rowspan="2">女</td><td rowspan="2">汉族</td><td>副局长</td><td>1995. 12—2004. 4</td></tr>
<tr><td>副局长主持工作</td><td>2004. 5—2005. 4</td></tr>
<tr><td rowspan="2">罗立新</td><td rowspan="2">男</td><td rowspan="2">汉族</td><td>副局长</td><td>1995. 12—2003. 3</td></tr>
<tr><td>局　长</td><td>2005. 5—2005. 12</td></tr>
</table>

基层统计网络　1991 年,90% 以上的工业企业配备专业统计人员,规模以上企业建立相应的综合统计机构。1993 年,全县 49 个区、乡(镇)建立统计站,由各区、乡(镇)分管统计工作领导任站长,文书为第一副站长,并确定专(兼)职统计员。统计站受区、乡(镇)和统计局的双重领导,业务上受县统计局领导,人员、编制和经费由区、乡(镇)统一组织管理。2004 年,对全县农村抽样调查网点进行轮换,辅助调查员和记账户的补贴也作相应提高。2005 年 6 月,加强乡(镇)统计力量培训,全年共培训乡统计员和分管领导 98 人次。

统计建设　1991 年,建立统计台账,对统计数据实行全面、综合定量检查,初步形成统计数据质量检查监督制度。

1993 年,对工业、农业、农村住户、投资、物资、基本建设、劳动工资等专业统计数据进行检查,保证统计数据的及时和真实可靠。1998 年,加强统计资料汇编工作,及时提供和发布经济建设和社会发展信息。

2000 年,将"封闭式"统计逐步转化为"开放式"统计,运用电子计算机处理统计数据,加快统计信息现代化建设,建立统计信息内网,与州统计局联网,实现网络视频会议系统,网络传输上报报表。2002 年,组织统计员参加上岗培训,参加全国统一考试,3 名统计人员取得统计师专业技术资格证书,3 名取得助理统计师专业技术资格证书。2005 年底,全县取得统计从业资格证书 53 人。

第二节　专项统计调查

定期报表　1990 年,统计项目有:综合、农业、农村住户调查、工业、固定资产投资、物资、商业、劳动工资。1992 年,推行新的工业经济评价考核,考核重点以经济效益为核心。1996 年,开展企业景气调查季报表工作和物价指数调查。

1998 年,物资统计改为工业企业能源购进、消费统计。2000 年,统计的专业有:综合、核算、农业、农村经济、工业、工业经济评价考核、工业企业能源购进与消费、固定资产投资、建筑业、房地产业、贸易统计、城市住户调查、物价调查、劳动工资、企业景气调查 15 个专业。

农村住户调查　农村住户调查为随机抽样。1991 年,全县设调查点 10 个,调查户 100 户,内容主要有:农村住户基本情况,种植业、林业、畜牧业养殖生产情况,出售产品情况,粮食收支平衡情况,总收入和纯收入,总支出和现金支出,购买商品情况,主要实物消费量和耐用物品拥有量等。是年,州统计局在调查点 100 户调查户进行调查表调查,手工录入汇总上报州统计局农业科。根据调查点数据显示,全县农民 1991 年人均纯收入 361 元。

2000 年,调查点从 10 个增加到 13 个,调查户从 100 户增加到 130 户。是年,州统计局对西山乡、普雄镇、竹阿觉乡、依洛地坝乡、新乡乡、申普乡、大瑞乡、越城镇、瓦岩乡、书古乡 10 个乡 13 个村 130 户农户进行农村住户调查,采用两本账记录现金、实物收支变化情况,经调查员对调查户账户进行编码后将调查资料录入计算机汇总处理,报州统计局农业科。根据数据显示,当年调查户人均纯收入 1115 元。

2005 年,住户调查单位为农村常住户,每个调查乡(镇)村按照粮食产量、收入高低排队,采用对称等距抽样,确定调查户;10 户调查户中包括 3 户收入较高的,4 户中等收入的,3 户收入较差的。每个调查点都由乡(镇)安排专人担任调查员,调查员每人每年发放 200 元工作补贴,调查户每户每年发放调查补助 50 元,由统计业务费开支。对农户家庭收支账目能自己完成的自行记账,无能力的由调查员代记账。年终进行评比,对工作优秀调查户给予表扬,并适当奖励。根据调查点数据显示,当年调查户人均纯收入 2022 元。

第三产业普查　1993 年 10 月 16 日,全县进行第三产业普查,成立第三产业普查领导小组,由常务副县长担任组长,计委主任担任副组长,成员由相关单位领导组成,领导小组下设办公室,由统计局副局长担任办公室主任。普查范围包括 1991—1992 年全县从事第三产业的各种企业、事业、行政单位、社会团体和个体户,普查内容共 154 个行业小类、45 个行业大类、12 个行业门类。普查显示:全县固定资产净值 1991—1992 年分别是 1175 万元、1293 万元;从业人员(年平均职工人数)1991—1992 年分别是 8123 人、8171 人;个体经营户 1991—1992 年分别是 1866 户、1928 户。

基本单位普查　1996 年,第一次全国基本单位普查,成立普查领导小组,由常务副县长任组长,县统计局局长、县政府办公室副主任任副组长。普查全县法人单位和产业活动单位的基本情况。普查标准时间 1996 年 12 月 31 日,于 1997 年完成。普查结果为 538 个法人单位。

2000 年,进行第二次基本单位普查,普查标准时间是 2001 年 11 月 1 日。2003 年 4 月,形成普查资料。此次普查摸清全县各类单位的情况,查清基本单位各种经济成分的构成、组织形式、规模结构及生产要素的配置情况。

表 13－14　　1996 年、2000 年基本单位普查情况统计表　　单位:个

年度	全部法人单位							产业活动单位			个体工商户
	机关单位	事业单位	企　业	社会团体	村(居)委会	民办非企业单位	总　计	生产经营性产业活动单位	非生产经营性产业活动单位	总计	
1996	107	44	91	3	293	—	538	121	616	737	—
2000	150	70	67	20	290	19	616	128	845	973	2549

农业普查　1997 年,开展第一次全国农业普查,成立由副县长担任组长的领导小组,下设办公室,由统计局副局长担任办公室主任。普查 1996 年全县农业生产经营单位数量、规模、结构、劳动力素质等基本概况。普查内容 38 个项目。填报基础调查表 6 种,调查项目 38 个,调查指标 678 个。按州上统一安排,普查标准时间为 1996 年 12 月 1 日。

2005 年,成立越西县全国第二次农业普查领导小组及其办公室,领导小组组长由县委常委、县政府常务副县长担任,副组长由政府办公室主任、县委宣传部常务副部长、县统计局局长担任,相关涉农单位领导组成成员,办公室主任由统计局局长兼任。组织 3758 人参加普查工作,调查全县 41 个乡(镇)、289 个行政村、3.52 万个农业经营户、15 个非农村住户类农业生产经营单位和 35 个非农乡镇企业。普查内容共 38 个项目,填报基础调查表 6 种,调查项目 38 个,调查指标 678 个。

城镇住户调查　城镇住户调查,调查对象是在城镇和县城中部分非农业居民家庭及其成员,包括单身户,但不包括集体户口中的单身者。调查方法采取多阶段随机抽样的方法确定调查城镇(或县城)、街道、家庭户。2002 年,在越城镇抽选 60 户调查户,其中:30 户县样本,30 户州样本。调查采用样本户进行连续记账方式,由记账户对其家庭的各项支出逐笔记账,然后由调查员定期整理,按月汇总。根据规定,记账户一般连续被调查 3 年,每年轮换三分之一。

经济普查　第一次经济普查标准时间 2004 年 12 月 31 日。包括以往工业普查、第三产业普查和基本单位普查的所有行业,纳入建筑业,涉及国民经济行业分类中除农业以外的 19 个行业门类,90 个行业大类,37 个行业中类,815 个行业小类。按照国务院和省政府、州政府的统一部署,成立越西县第一次经济普查领导小组。由常务副县长担任领导小组组长,统计局副局长担任普查领导小组办公室主任,工作人员以县统计局普查中心为主,抽调部分乡(镇)工作人员。

2004 年 12 月,开展经济普查、宣传动员、落实经费、准备物资、地址编码等工作。2005 年上半年,进行现场登记、数据处理和资料开发应用。同年 9 月,向州统计局报送统计数据,经州统计局抽样核定,向社会公布相关数据,全县法人单位 597 个,其中:行政事业单位 264 个,企业法人 39 个,社会团体 3 个,其他法人 291 个;产业活动单位 301 个;个体工商业 3912 户。

表 13－15　　2004 年经济普查情况统计表

		普查单位个数	普查从业人数
法人单位	其中:企业法人	39	2530
	机关法人	140	1652
	事业法人	124	3812
	社团法人	3	12
	其他法人	291	882
	总计	597	8889
产业活动单位		301	—
个体经营户		3912	7518

第三节 统计管理

统计服务 1991年，撰写统计分析资料135篇，以统计数据为依据，从不同角度，及时提供经济信息。在统计年报结束时继续编制经济和社会发展主要统计指标的对比资料和编发当年统计公报，包括全方位数字性的统计年鉴。

1993年，开展对《中华人民共和国统计法》和《统计法实施细则》的贯彻情况进行检查，广泛宣传《统计法》，推进统计工作的制度化建设。2000年，开展各种专题调查和统计分析，通过搜集、整理、分析统计资料，编撰反映社会经济情况的统计资料，登载大量统计数据和统计图表，反映县情、县力，为领导决策提供重要依据。

2005年，编撰《越西县社会经济运行情况》(月报)、《越西县统计公报》(1991—2005)、《越西县统计信息》、《越西县统计局政务信息》、《越西县统计局工作动态》、《统计分析》、《统计简报》，出版统计年鉴和新闻报道等书面统计信息载体，统计资料达到形式多样化，统计信息既有进度分析，也有专题分析、预测分析。对媒体提供各种统计信息，并及时向州统计局内网提供各类统计信息、分析、工作动态。

统计信息 1991年，在统计信息内网全文发布《越西县国民经济和社会发展统计公报》，通过统计数据和统计分析的形式在越西刊第一版面刊登1991年度全县经济建设和社会发展各个方面的情况，为编制计划制定政策、指导工作提供依据。

1995年，每月编撰《越西县国民经济运行情况统计表》，每季度结束后撰写《越西县国民经济运行情况统计表情况说明》及国民经济运行情况季度分析资料，对越西县国民经济的运行情况进行比较分析和论述及评价。

2000年，统计年鉴包括12个重要统计资料；同时还对比反映越西县“九五”以来的强劲发展势头，产业结构调整情况，以及主要经济指标在全州、全省的排位情况。

2005年，《统计年鉴》成为全面反映越西经济和社会发展情况的资料性年刊，收录上年经济和社会各方面大量的统计数据。

执法机构 1991年，州统计局以凉统计发〔1990〕32号文件任命越西县统计局副局长为州统计局派驻县市统计局检查特派员。1993年，根据工作需要对统计执法人员进行调整充实，共配备4名统计执法检查员。

2000年5月，成立统计执法队，对统计局全体人员进行行政执法培训，并取得行政执法证。

统计执法 1991年，采取分组、分片、交叉的方法，开展《统计法》普及情况大检查。召开座谈会，上街咨询服务活动，发放宣传资料500份，张贴宣传标语、宣传横幅15幅，宣传统计法律法规。

1995年，第一次农业普查期间，张贴普查公告，在越西电视台、越西刊上宣传《统计法》及《四川省统计管理条例》。

1999年，检查单位35个，立案查处违法统计案件12件。

2002年，坚持普法宣传与统计执法相结合，开展统计数据质量大检查，由县人大组织牵头，县纪委监察、县统计局、县政府法制办联合检查《统计法》贯彻实施情况。

截至2005年，共查处各类违反《统计法》案件9件，给予责任单位通报批评。

第六章 工商行政管理

第一节 工商机构

1991年,越西县工商行政管理局内设:办公室、企业登记股、经济合同股、市场管理股、经济检查队、个体经济股;下辖城关工商所、中所工商所、中普雄工商所、乃托工商所、新民工商所。1993年,物价所、计量监督所并入工商局。

1998年12月,越西县工商行政管理局更名凉山州工商行政管理局越西分局,实行省垂直管理。物价所、计量监督所划入计划经济局。

2001年,越西县工商分局更名越西县工商行政管理局,内设:办公室、市场监督管理股、企业注册监督管理股、综合业务股、经济检查大队。下辖城关、中所、新民、普雄、乃托5个工商所。

2005年,越西县工商局在职职工49人,科级4人,副科级28人。设局长1人,副局长2人,纪检组长1人,党组成员1人。

表13-16 1991—2005年工商局负责人名录

姓 名	性 别	民 族	职 务	任职时间
袁运鹏	男	汉族	局 长	1988.7—1997.2
周德荣	男	彝族	副局长	1984.1—1995.7
余忠华	男	汉族	副局长	1992.10—1998.2
甲卡克牛	男	彝族	副局长	1992.6—2005.12
肖 云	男	彝族	副局长	1996.4—1997.8
			局 长	1997.8—2003.3
汪 斌	男	汉族	副局长	1996.4—2001.8
李志伟	男	汉族	副局长	2001.7—2003.7
王 俊	男	彝族	局 长	2003.5—2005.12
刘峥嵘	男	汉族	副局长	2005.10—2005.12
王 海	男	汉族	纪检组长	2005.10—2005.12

第二节 市场监督

市场建设 1992年,投资建成城关综合市场,占地5181.6平方米,建筑面积2709.11平方米,修建综合楼1幢,经营小百货大厅1个,固定门市48间,蔬菜、肉食经营大棚5列,粮食和食用油经营门市1幢。1993年,扩建普雄市场,总占地面积8889.5平方米,建筑占地面积3850平方米,拥有沿街门市37间,经营大棚4列,经营库房4幢。1996年,扩建城关综合市场,新建门市12间。1997年,建立保石牲畜市场。1998年,利用空置1500平方米打土粮站建梅花市场。2001年,扩建新民市场,总占地7200平方米。2002年,建成普雄牲畜市场,占地620.7平方米。

市场管理 1991年,按照"培育、组织、监督、调控"原则。查处违法违章行为31起,投机倒把案件5件,销毁假酒628瓶、药品21件、变质食品130公斤、各种饮料357瓶。

1995年,贯彻执行《消费者权益保护法》、《反不正当竞争法》。清理整顿农资、粮油、烟草、饮料、文化、医药、保健食品、化妆品等市场。开展4次市场专项治理,检查门市、摊点、各类生产企业563个(次),没收假冒伪劣商品103件(箱),变质过期食品138公斤,饮料23箱,取缔非法农资经销点1家。

1996年,生猪屠宰实行定点宰杀,集中检疫,统一纳税,分散经营,杜绝病死猪肉和注水猪肉上市。加碘食盐实行盐业公司专营,全县食用盐统一由县盐业公司购进批发给个体工商户,未取得《食盐经营许可证》和擅自从其它渠道购进的食盐一律作为私盐没收。

1998年,开展公平交易执法年活动,以"一反"、"二保护"、"三打击"、"四整顿"为中心,开展市场整顿,整顿市场35次,检查企业37户、个体376户,处理违法违章企业2户、个体17户,取缔无照商贩16户,收缴不合格量具173具、木杆秤37支、假酒430公斤、变质饮料及食品473公斤,查处违法违章经济案件14件。宣传粮食改革政策,设立举报电话、举报网络,建立奖励制度,清理整顿全县73户粮食经营加工单位和个体经营户,实行粮食报验制度。清查"三无企业",严把市场准入关,全县清理5户私营业主,查处"三无企业"1户。

2000年,整治涉及人民群众生命财产安全的食品、药品、生产生活资料、建材等行业,查处各类非法经营案件13件,没收劣质磷肥219袋,价值1.57万元;没收不合格钢材2.36吨,价值4367元;没收劣质枕芯59个,价值1320元。

2001年,改革监管方式,实行属地化监管,按照一户一档、一卡一表的方式,对辖区市场经营户全部录入经济户口。逐步建立个体户信用档案,对诚信守法户定期向社会公布,营造诚信氛围。是年,肉类市场推行"一证一卡"制度。全县推行市场预警制,对违法苗头提前警示,预防违法行为发生,维护市场经济秩序。出动汽车53辆次,执法人员235人次,检查门市、摊点467个,查处违规违法经营3起,没收假冒伪劣产品35件,价值2.1万元。

2005年,实行"查验制度"、"定点定期联系制度"。在企业和超市中实施"一项报表"、"两项制度"、"三个档案"管理,对农资市场实行"一书"、"两账"、"两票"管理。全县纳入"四制两查"349户,其中:粮食、农资经营户78户;药品经营户23户;家电、建材经营户19户;食品加工及饮料经营户229户。当年,整合"12315"市场巡查职能,以经济检查为龙头,加大农资市场及商品质量监管力度。查处凉山州普雄农资有限责任公司销售不合格过磷酸钙,没收该公司购进"金黄"牌不合格过磷酸钙60吨。全年查处违章违法行为19件,办理简易案件11件,案件总值9.3万元,1万元以上大案4件。

第三节 综合业务

经济合同管理 1991年,全县召开经济合同检查工作动员会,开展企业合同年检。对7个单位经济合同进行检查。全年签订经济合同1538份,鉴证经济合同63份,受理经济合同纠纷案件18件,其中:调解9件,裁决5件,确认无效合同4件,为企业避免和挽回经济损失12万元。

1995年,办理经济合同纠纷案件84件,清理三角债9.7万元,抽查有经济合同往来的企业,挽回经济损失12万元。在企业中推行全国制定的《经济合同示范文本》,全省统一经济合同专用章制度。1997年,工商行政管理部门由原来的经济合同仲裁转变为合同争议行政调解,按照《企业动产抵押物登记管理办法》办理动产抵押物登记30件，抵押金额14万元，主债权金额7万元。

2005年，实施农业合同帮扶工程，先后对3200份农副产品合同的签订、履行进行监督和帮扶服务，以维护农民的合法权益，保证“订单农业”发展。“四川省企业动产抵押物登记管理办法”纳入普法的重要内容，编印合同法规知识2500份，送到单位、企业、公司。组织单位职工和企业法人学习合同法规，累计达1100人次。举办《中华人民共和国经济合同法》知识培训班13期，印发合同法律法规资料1264份，开展合同法规咨询服务652人次。利用赶集天到中所、普雄、新民、乃托等地开展宣传，使合同法规知识深入农村、企业和人心，到各乡（镇）举办的培训班宣讲21次，培训企业和各乡（镇）合同管理员139人。

商标管理　1991年，指导企业建立健全商标印刷、保管、使用、标识报废等管理制度，增强商标战略意识，规范商标使用行为，保护商标注册权、商标专用权。全县注册商标3个。1993年，成立商标验证工作组，检查验证全县所有注册商标。是年，全县注册商标4个。1999年，建立商标代办点，完善代办制度，将商标代理、监督管理和服务有机结合，办理注册商标5件，查处假冒商标案7件。2000年，健全注册商标的验证工作，清理17个注册商标，合格有效注册商标16个，指导企业争创名优驰名商标。2002年，专项治理重点行业、重点商标，依法打击假冒侵权商标，维护公平竞争。查处非法买卖商标标识案件2件，收缴假冒侵权商标1147套。

2005年，建立健全商标信用体系，对全县使用商标的企业建立档案，监督、指导和规范企业商标使用行为。全县注册商标21件，有效注册商标21件，办理商标注册申请9件。加强商标监督力度，保护商标专用权，检查食品、药品、农资、电脑、专卖店483户，查处假冒商标标识案件3件。

广告管理　1991年，推行广告登记制度，服务收费方法及标准备案，纳入审查、登记、监督等制度。全年有广告张贴栏2处，12平方米，路牌广告7个，64平方米。1993年，城区内建路牌广告5个，灯箱广告6个，门市装饰广告37个。1999年，办理广告事前审查44件，广告备案16件，发展广告公司1户，查处非法广告10件。2001年，规范店堂广告行为，清理、登记全县店堂牌匾广告，办理店堂广告登记41户，专项整治药店、医疗点广告制作，检查药店17家，收缴印刷品广告1500份。2003年，加强广告市场管理，开展“反误导、打虚假”专项治理行动，清理非法印刷品广告及车身广告，内容涉及药品、食品、酒类、通信、各类艺术团的歌舞表演宣传等。2004年，清理整顿医疗、医药、保健食品、房地产、加工承揽广告，查处违法广告案件3件，罚款3000元，办理广告登记85件，并建立相关档案资料，维护广告市场秩序。2005年，重点监管医疗服务、药品、保健食品、种养殖业、房地产、招工、招生、招商、涉农物资广告等，开展“打虚假、树诚信”整治行动，出动执法人员526人次，检查广告153条，监测媒介广告50条，查处涉嫌虚假违法广告38条，查处违法案件3件。全库办理广告审查登记89件，广告备案登记30件，全县有广告经营单位5户。

第四节　个体私营

登记管理　1992年，实行“七公开、一监督”（公开政策、公开各项收费标准、公开办（验）照和办案程序要求、公开摊位管理、公开规章制度、公开机构设置和工作人员职责、公开办事结果，接受群众监督），传递反馈商品信息1573条。在农贸市场新增个体户46户。全县登记发照的个体工商户2100户，从业人员3951人。1993年，按相关政策，放宽个体、私营企业的登记范围、经营方式，并简化手续。建立健全行业自管小组，开展“三自”教育、业前培训，检查个体户、私营企业经营网点623户（次），查处无照经营户16户，违章违法行为27件，补办执照16户。全年有个体工商户3134户、从业人员3636人，私营企业2户、从业人员49人，注册资金21万元。

1997年，优化环境、简化手续、方便群众，推行“一站式”服务，74名待业人员从事个体经营，实现就业。1999 年,对国家提倡开办的致力于科技成果转让、应用、农村社会化服务等企业,放宽条件,取消限制,促进个体工商户、私营企业的成立和发展。

2003 年,开展“帮扶”活动,帮扶下岗职工 103 人从事个体、私营经济,注册登记公开、透明,减免各项费用 2.5 万元。全县发展个体工商户 67 户,私营企业 5 户,吸纳下岗职工 48 人。

2005 年,实行“互联审批”制和“一审一核”制,严把主体准入关,做好个体、私营企业注册登记,重点查处食品加工业、娱乐服务业、矿山和城乡结合部、学校周边的无照经营行为,集中抽查经营户 1380 户,其中:无照经营 31 户。完善企业年检制度,对 4 户年检中有虚假出资、抽逃出资等违法行为的企业,罚款 1.85 万元。开展“百日执法督查活动”,查无照、不亮照经营,超核准登记范围经营等 389 户,罚款 8.5 万元,督促办照 230 户,亮照经营率 98%。

表 13-17　部分年度个体工商户详细情况统计表

项目 \ 年份	1993			1995			2000			2005		
	户数(户)	从业人员(人)	注册资金(万元)	户数(户)	从业人员(人)	注册资金(万元)	户数(户)	从业人员(人)	注册资金(万元)	户数(户)	从业人员(人)	注册资金(万元)
合计	3134	3636	1567	3611	4292	1855	1843	1942	1853	2750	3192	1928
农林牧渔业	4	6	12	2	4	10	3	5	12	3	—	—
采掘业	5	92	32	7	98	121	5	73	131	4	68	165
制造业	141	15	14	138	319	73	118	111	93	129	233	177
印刷业	3	12	3	4	15	7	2	10	5	2	10	11
交通运输、仓储业	623	820	131	643	930	321	315	336	273	571	611	382
批发零售贸易业	1238	1248	619	1565	1116	129	793	800	1061	1029	1040	871
餐饮业	295	320	17	405	830	201	413	413	65	295	320	21
旅馆业	131	154	411	142	183	418	—	—	—	130	152	9
理发及美容化妆品业	230	238	18	320	348	320	57	57	92	189	228	28
娱乐服务业	118	148	100	132	148	173	79	79	93	125	145	18
日用品修理业	135	141	35	133	140	37	43	43	20	112	150	59
信息、咨询业	21	42	15	20	40	17	3	3	2	23	37	20
其它行业	200	200	160	100	121	28	12	12	6	138	198	167

个体协会发展　1994 年,建立城关个协分会、中所个协分会、新民个协分会、普雄个协分会、乃托个协分会。县以下成立私营企业自管小组进行自我教育、自我管理、自我服务。全县有“个协”会员 3874 人,其中:20 户私营企业加入州“私营企业协会”。

1999 年,参与和配合州个协、私协对企业社会负担调查行动,对个体户、私营企业实行社会负担跟踪调查,向有关部门发出取消对个体户、私营企业乱收费、乱摊派、乱罚款的呼吁,抵制一些部门向个体户乱收费、白条收费,维护个体私营户的合法权益。对个体私营经济的引导、发展任务由个协承担。

2000 年,召开越西县个体劳动者协会第五次代表大会暨私营企业协会成立大会。开展争做“光彩之星”活动,授予 37 户个体劳动者为“光彩之星”称号。

2003 年,在个体私营企业中开展“重操守、讲诚信、创辉煌”活动,举办普法讲座 17 期(次)。2005 年,县个协、私协指导分会建立维权机构,落实维权人员,明确维权责任,帮助 15 户会员解决生产经营中权益受到侵害的问题，为会员挽回经济损失 2.4 万元。组织会员外出进货 37 车（次），编印“会员明白册”、“下岗失业人员再就业服务指南”宣传资料 1856 份发给会员，接待会员来信来访 835 人次。

第五节　消费者权益保护

1994 年，成立越西县保护消费者权益协会，编制 3 人。1996 年，开展“3·15”国际消费者权益日纪念活动，历时 2 天，散发宣传资料 4359 份，接受咨询 598 人次，宣传贯彻《消费者保护法》、《保护消费者合法权益条例》。检查摊点门市 3620 个，查出假冒伪劣商品 217 件，处理消费者投诉案件 39 件。

1999 年，设“12315”投诉站，接受消费投诉，调解消费纠纷。全年受理投诉 42 件，为消费者挽回经济损失 3.1 万元。2000 年，开展“工商 100 天”、“天天 315”活动，在乃托镇、新民镇、越城镇、中所镇、普雄镇、大瑞乡等乡（镇）散发宣传资料 27746 份，接受消费者咨询 5348 次，受理消费者投诉 44 件。

2002 年，开展“讲诚信、反欺诈”、“安全、健康消费”主题活动，对各种商店进行检查，没收假冒伪劣、过期变质商品 75 种 143 件，价值 1.6 万元，全部公开展示、销毁。建立消费者申诉举报中心，全年接受并处理消费者申诉举报 51 件，挽回经济损失 2.1 万元。2004 年，受理消费者投诉 59 件，解决 58 件，挽回经济损失 1.4 万元。接待来访咨询人数 713 人（次）。经州消费者权益委员会考查、评选，县电信公司等 6 家单位获凉山州首届“重质量、守规则、讲诚信”称号。1994—2004 年，消费者权益协会受理消费者投诉 283 件，解决 280 件，解决率 98.6%，为消费者挽回经济损失 9.45 万元，接待来访咨询人数 2413 人次。

2005 年，县工商部门制订食品卫生安全专项整治方案，完善“一个中心、三级执法”维权机制，成立越西县保护消费者权益委员会城关分会、中所分会、普雄分会、新民分会，在各乡（镇）建“12315”投诉点 83 处，并对 83 处举报投诉点负责人进行培训，开展“健康、维权”活动，提供咨询服务 1376 次，全年受理消费者投诉 63 件、申诉举报 39 件，挽回经济损失 3.8 万元。

表 13－18　　1991—2005 年消费者投诉案件统计表　　单位：件

项目	合计	1991	1992	1993	1994	1995	1996	1997	1998	1999	2000	2001	2002	2003	2004	2005
消费者投诉案件	637	19	24	34	36	36	39	41	46	42	44	46	51	57	59	63

第七章　安全生产

第一节　安全管理机构

1991 年，县安全生产领导小组更名县安全生产委员会，办公室设在人事劳动局。1998 年，县级机关机构改革，县安办及其工作职能挂靠县劳动局。2001 年，县安办及其工作职能挂靠县计经局。2002 年，县安办及其工作职能挂靠县经贸局。2003 年，成立越西县安全生产监督局，属政府组成部门。2005 年，调整越西县安全生产监督局为政府管理部门，内设：安全监察股、法制宣传教育股和办公室；局长 1 名、副局长2名,行政编制4名,事业编制3名,行政工勤编制1名。

表13-19　　1991—2005年安办、安监局负责人名录

姓　名	性　别	民　族	职　务	任职时间
齐光辉	男	汉族	安办主任	1991.7—1992.9
罗边古哈	男	彝族	安办主任	1992.9—2001.11
杨清林	男	汉族	安办主任	2001.11—2002.12
莫色伍哈	男	彝族	安办主任	2002.12—2003.6
洛古红军	男	彝族	安监局局长	2003.6—2005.12
周庆平	男	汉族	安监局副局长	2003.6—2005.12
曾　伟	男	汉族	安监局副局长	2003.6—2004.8
毛树华	男	彝族	安监局副局长	2003.6—2005.12

第二节　监督管理

执法检查　1991年,开展节日安全综合大检查工作和工矿商贸企业安全检查工作,出动检查人员42人次,开展安全检查6次,检查单位863个次。1994年,严格按照"谁主管、谁负责、"、"谁发证、谁负责"、"谁审查、谁负责"和"管生产必须管安全"原则,推行属地管理。1996年,坚持"安全第一,预防为主"方针,采取行政管理和群众监督,建立安全生产规章制度,开展"安全月"宣传活动,在重点行业和生产单位开展安全大检查24次。1998年,整顿23个矿井、炸封非法矿井7个、暂行关闭矿井1个、停产整顿矿井2个、限期整改矿井13个,查出安全隐患12条。是年,投入37万元用于小煤矿安全改造。

2002年,重点检查煤矿"一通三防"、电气设备及制度落实情况,关闭不符合安全生产条件和对环境污染严重的小硫铁矿、小硫精砂厂6个,采石厂、石灰窑9个,全年检查出安全隐患16条,整改90%,投入53万元购置安全设备,改善安全生产条件。同年,重点开展节日安全综合大检查工作,工矿商贸企业及学校安全检查工作。出动检查人员126人次,开展安全检查9次,检查单位268个次,检查学校97所。

2005年,把安全措施落实到车头、机头、人头,使安全管理横向到边,纵向到底,不留死角,减少安全事故的发生。县安全生产监督管理局对监督管理范围中883.7公里道路,成昆铁路69.7公里,9个火车站,3个汽车站,各型车辆,非煤矿山企业,危险化学品经营企业,已取得《危险化学品经营许可证》企业,危险化学品生产企业,烟花爆竹及民爆物品批发企业,烟花爆竹零售单位,15座县境内运行电站,4座在建电站,427台变压器,10千伏6297千米电源线路,8197千米低压线路,42个重点防火单位,7万公顷森林防火区,36万平方米城镇住房,499万平方米农村住房,220所学校,41所医院,开展安全生产大检查11次,检查生产经营单位8972个次。

强化整治　1991年,采取日常检查与季节性拉网排查或交叉检查相结合的方式,深入工矿企业、重点单位、重点地段排查隐患,对查出的事故隐患按照属地管理原则全面整改。1996年,在责任单位和企业设立安全生产管理机构,配备专兼职干部。同年,开展安全生产专项治理4次。

1998年,实行企业负责、行业管理、政府监察、群众监督、劳动者遵章守纪的安全生产监督管理体制。并在次年初进行安全生产目标考核,提高安全等级管理工作成效。

2004年,县政府组织安监、公安、交通、经贸、农机、质监、环保、工商、电力、卫生等15个部门开展交通、煤矿、非煤矿山、消防、危险化学品、民爆等各项专项整治,排除隐患,减少事故发生。

截至2005年,县乡两级配备安全监管专、兼职干部106人,各责任单位和企业设立安全生产管理机

构,配备专职安全生产管理人员237人。关闭不符合安全生产条件煤矿21家,停业整顿有消防安全隐患娱乐场所5家,关停烟花爆竹生产行业。同时,开展安全生产评估评价工作。

劳动保护　1991年,调查各企业是否按规定标准购买、保管、发放、使用劳动保护用品,对从事有毒有害工种的劳动者是否按政策规定标准发放保健津贴。1996年,按照省政府关于基本建设项目尘毒治理、职业卫生、安全生产设施执行“三同时”(即与主体工程同时设计、同时施工、同时投产)实施办法,先后对15个项目进行“三同时”检查验收。2000年,县政府和行业主管部门督促企业配备改善安全防护设备,改善职工生产生活条件,针对企业生产特点,督促企业改善通风、采光、除尘、除湿措施,加强职工在生产环节中的健康保护。

到2005年,县交通部门在境内省道、县道陡坡、急弯处和学校、幼儿园、厂矿、单位人员进出频繁的道口安装安全标志牌;在悬崖险道处设置石栏、石柱、波形防护栏等安全防护装置25处。林业部门在森林入山口处设立护林137个防火牌45个。公安及消防部门督促油、气、电、炸药、雷管等生产、经营单位和储存重地及运输工具设置“严禁烟火”等标志,配备灭火器材及设施。机关、厂矿、学校、商场及文化娱乐场所均普遍配备消防安全设施,设置安全通道。

第三节　事故查处

1991年,县安办组织开展安全检查5次,检查121个(次)单位,查出安全隐患86个,当场纠正85个,限期改正1个。1995年,对发生的各类生产伤亡事故,严格按照程序和“四不放过”(事故原因未查清不放过、事故责任人未受到处理不放过、事故责任人和广大群众没有受到教育不放过,事故没有制订切实可行的整改措施不放过)的原则进行查处,依法追究有关人员的责任。2000年,组织人员对20处公共场所、加油站进行检查,查出隐患51处,要求限期整改,整改合格率99%,落实防范措施20条。

2004年,安全生产监督局组织开展各类安全检查16次,检查4000个(次)单位,查出安全隐患及安全生产违法行为2860个(次),当场纠正2845个(次),限期改正15个;查处安全生产伤亡事故3起,行政处罚8人。2005年10月17日凌晨5时30分,铁西电站引水隧洞5#支洞钻炮眼施工中,突发意外塌方事故,4名炮工被困洞内。县政府6时50分接报后,立即组织相关部门和人员赶赴现场开展救援工作。经过31小时10分钟施救,成功救出4名被困人员。同年,组织开展安全检查20次,检查6800个(次)单位,查出安全隐患及安全生产违法行为4686个(次),当场纠正4650个(次),限期改正36个;查处安全生产伤亡事故5起,行政处罚11人。

表13－20　　1991—2005年安全检查情况简表

项目＼年份	1991	1992	1993	1994	1995	1996	1997	1998	1999	2000	2001	2002	2003	2004	2005
检查次数	5	5	5	6	6	5	6	6	7	7	9	10	15	16	20
检查单位(个)	121	150	156	266	280	288	320	380	476	557	675	880	1500	4000	6800
查出隐患(个)	86	102	115	185	150	186	200	380	466	498	588	796	1206	2860	4686
当场纠正(个)	85	101	113	180	148	186	185	360	451	485	576	795	1184	2845	4650
限期改正(个)	1	1	2	5	2	1	15	20	15	13	4	1	22	15	36
查处事故(起)	1	3	1	2	1	1	2	1	1	2	3	3	2	3	5
行政处罚(人)	1	4	2	1	2	2	1	2	2	3	5	1	3	8	11

第八章 质量技术监督

第一节 质监机构沿革

1991 年,县技术监督所归工商局管理。1998 年,划入发展计划局。1999 年,成立四川凉山质量技术监督局越西分局,内设:综合股、业务股、监督监察股、稽查大队,实行省垂直管理。2002 年,四川省凉山质量技术监督局越西分局更名四川省凉山州越西质量技术监督局,工作人员 10 人。2005 年,质量技术监督局内设:综合股、业务股、监督监察股。

表 13-21　1999—2005 年质监局负责人名录

姓 名	性 别	民 族	职 务	任职时间
王忠兴	男	回族	局 长	1999. 10—2005. 12
阿里热机	男	彝族	副局长	1999. 10—2001. 2
毛志友	男	彝族	副局长	2002. 2—2005. 12
郑成洲	男	汉族	纪检组长	2003. 5—2005. 12

第二节 质量 计量监督

质量监督检验 1991 年,开展烧结普通砖、黏土瓦质量检验。1998 年,开展对建筑行业砂浆、灰土、混凝土、钢材、红砖及各加工、销售点罐头、冷饮、糖果、方便面、面条质量检验。建材质检总合格率 87%。

2001 年,检查钢筋、砂石、红砖建材市场,检查生产厂家 52 家,合格率 100%。检查钢筋销售点 20 家,检查中不合格的 12 个生产、销售、施工点进行处罚。查出价值 30158 元的不合格产品,对查出的假名酒、劣质葡萄酒、不合格钢材、劣质饮料、劣质棉花、过期变质食品公开展示后集中销毁。

2003 年,对汽油、柴油、建筑用预应力混凝土空心板进行质量检验。是年,检验汽油、柴油 20 批(次),合格率 99%。在全县清理整顿农资市场,检查农资销售点 163 家,没收不合格肥料(磷肥、尿素)126 吨,没收各类不合格农药 1864 瓶(盒)。对销售不合格产品的销售点根据有关法律、法规进行处罚。

2005 年,实施红砖烧制技改,严格红砖烧制程序,提高红砖质量。建材质检总合格率 96%。深入企业,帮助建立和完善质量体系完成标准备案 5 个,推出"宁远"牌水泥、"索玛"锌品等优质产品,协同川西水泥厂和有关部门,使"宁远"牌水泥顺利通过 ISO9000 认证。同时,每年在假日等购物高峰期对市场进行定期检查和监督,设立投诉点,向社会公布投诉电话,对消费者投诉及时进行查办,检查市场 69 次,没收销毁假冒伪劣商品货值 9 万元。

计量监督 1991 年,开展衡器、竹木直尺、天平砝码、测微量具、指示量具、小容量等标准计量器具检定工作。1998 年,设心、脑电图机和 B 超机检定项目。是年,对 3 家医院仪器进行检定。在全县开展定量包装商品计量检验工作。2000 年,越西县质量技术监督局(以下简称质监局)对全县各种衡器、电能表、压力表、血压计、售油器、天平、长度量具、车速里程表、B 超机、电话计费器、地称、水表等进行检测。2001 年，与电力公司、自来水公司合作，分别成立“凉山质监局越西分局电磁计量检定站”和“凉山质监局越西分局水表检定站”。对全县电表、水表进行计量检定。

2004 年，对集贸市场、个体户、商店进行检查，现场查处 2 件计量不合格案。2005 年，强制检定贸易结算、安全防护、医疗卫生、环境监测等方面有计量器具在县内建立电能表、电压表、压力表、血压计等社会计量检验项目。进行统一的市场计量检查 7 次，出动执法人员 12 人次，检查集贸市场 7 个，商品经营户近 85 家，没收不合格计量器具 34 台(杆)，检查定量包装商品 46 种，帮助 18 家企业抓好计量基础设施建设，检查 21 个企业的计量设备，帮助 11 家企业完善各项计量工作制度，评选推荐 8 家企业为州级“计量信得过单位”，对 15 家已获得州级“计量信得过单位”进行年审。

行政执法　2000 年，质监局成立案审委员会，对立案的案件必须经案审委员会把关、审理、严格执法，对罚没物资专人管理，有使用价值经特价评估后处理，其他物品按程序销毁。2004 年，开展“3·15”和“质量月”活动，宣传法律、法规以及各种产品基本识别知识。

2005 年，在元旦、春节期间，开展多次联合行动，重点查处 8 大类产品、8 个重点市场和大案、要案，摧毁和取缔一批危害性大，群众反映强烈的制售假窝点，对制假、贩假当事人给予行政处罚，是年，立案查处案件 24 件，现场处罚 35 件，罚没收入 7.6 万元，查处假冒产品货值近 50 万元，要求县人民法院强制执行 25 件，查处 2 个制假窝点，立案 13 起，结案 13 起，罚款 9.9 万元，没收货物 5 万，挽回损失 6 万。

表 13－22　2000—2005 年行政执法情况统计

年份＼项目	处罚案件名称	罚没产品、数量	罚没款	货值	性质
2000	销售劣质磷肥案	磷肥 203 袋	10360 元	13800 元	立案
	销售不合格钢材案	12 螺纹钢 1.57 吨	3300 元	3925 元	立案
2001	销售不合格高粱酒案	3000 公斤	10500 元	1500 元	立案
	销售不合格药酒案	神极酒 68 箱	10200 元	10200 元	立案
2002	销售无专卖标识香烟案	无专卖标识卷烟 55 条	300 元	6400 元	当场
	销售伪造进网许可证、电话机案	电话机 88 部	2890 元	3820 元	当场
	销售不合格电线案	电线 53 卷;皮线、胶线 54 卷	3139 元	3000 元	当场
2003	销售不合格磷肥案	磷肥 100 吨	3400 元	25000 元	立案
	销售不合格磷肥案		8000 元	6250 元	立案
	破坏计量检定案		2000 元	2000 元	立案
2004	销售不合格磷肥	磷肥 21 吨	9000 元	处理款 3780 元	立案
	普雄农贸公司销售不合格磷肥		13000 元		立案
	销售不合格磷肥案	磷肥 123 包	11000 元	处理款 630 元	立案
	销售不合格大米案		6200 元		立案
2005	使用酒精复制勾兑白酒案		5000 元	11000 元	立案
	销售不合格磷肥案	58.25 吨	31800 元	58000 元	立案
	销售不合格磷肥案		10000 元	30000 元	立案
	销售不合格磷肥案		13200 元	25000 元	立案

第三节　质量管理

标准化管理　1991 年始，全县实行标准化管理，建立产（商）品标准档案。指导帮助 3 个企业制定产品标准。1993 年，受理企业产品标准备案，采用国际标准进行工业标准登记。推行企事业单位统一代码标识制度和代码申报建档制。1995 年，编制《越西县工农业产品目录》。举办 ISO9000 标准培训班。

2001 年，做好企业产品标准备案工作，对已备案食品企业标准进行清理。对食品生产企业强制性标准进行 347 次监督检查，完成食品消灭无标生产率、标准实施监督检查率、备案企标清理率，3 个 100% 的目标任务。同时，帮助荞粉加工企业 2 家、萝卜干加工企业 1 家搜集标准 3 个，帮助企业起草修改标准 3 个，使企业尽快制定出技术指标合理、试验方法科学的企业标准。

2004 年，与烟草部门配合加大农业标准推广实施力度。瓦岩乡优质烤烟省级农业标准化示范区通过 3 年的建设制定地方标准 15 项，引用标准 13 项。2005 年，全县食品加工企业 75 家，其中：获证企业 12 家，工业生产加工企业 13 家。食品加工企业采用国家标准的白酒加工厂 40 家、食用油加工厂 1 家、纯净水加工厂 1 家、洋芋淀粉加工厂 4 家；采用行业标准的糖果加工厂 9 家、米粉加工厂 2 家、花椒加工厂 1 家；采用地方标准体系的面条加工厂 8 家、豆腐乳加工厂 6 家。备案企业产品标准 3 项，对 46 家生产企业强制性标准实施情况进行监督检查。

消灭无标生产工作　1998 年，开展消灭无标准生产活动，被列为全国消灭无标准生产试点县（市）。指导帮助 10 个企业制定产品标准。

2000 年 8 月，县政府下发《关于加强全县消灭无标生产工作的通知》，成立以县政府分管领导、工商、计经等 8 个相关部门组成的越西县消灭无标生产领导小组，负责全县“消无”工作的统一领导和协调，拟定“越西消灭无标生产工作实施计划”，明确该项工作各阶段的内容、进度、负责人及具体措施等。同时，县财政划拨 5000 元专款作为全县“消无”工作的经费及对“消无”工作先进企业的表彰奖励。

2003 年，川西水泥厂 GB175－99 标准顺利过渡，由于新标准与国际相关标准要标一致，因此质监部门帮助让其申报双采企业。2005 年，质监局向西山煤矿技术人员提供 GB5751－86 中国煤炭分类的国家标准文本，帮助企业查询各类标准 58 个，经过完善，西山煤矿通过国家的无标生产验收。

代码管理　1993 年，组织县级各部门开展全县行政机关、企事业单位统一代码标识工作。全年举办 14 期培训班。1999 年，建立“六位一体”税源户籍登记网络管理体系。在银行信贷登记咨询系统中实行组织机构代码。

2000 年，实行代码年检制度。全县启动组织机构代码工作。分党政、社团、企业、市场进行调查，有 247 个单位完成代码登记，建立统一代码标识制度，获得全国范围内唯一法定组织机构代码。

2005 年，狠抓代码登记的实际运用，完成全县各部门机关、社团、企事业单位组织机构代码登记。全年办理代码 632 个，其中：新办 30 个，变更 55 个，换证 46 个，废置 5 个，年检 496 个。完成条码系统成员续展 27 家，新增条码系统成员 25 家，实现两码工作的规范化、法制化管理。

特种设备安全管理　1991 年，开展县属企业锅炉及锅炉房达标工作。1995 年，开展 E 级锅炉检验工作，检验锅炉 3 台。2000 年，将由劳动部门承担的锅炉、压力容器、起重机械、压力管道、石油液化气钢瓶、氧气瓶 6 种特种设备的安全监察职能划入质量技术监督部门。当年，经检查合格，颁发锅炉使用证 2 个，查出事故隐患 1 起，对使用不合格设备单位发出整改通知书。办理特种设备操作员证 1 个。

2005 年，进行特种设备检查 33 次，查出特种设备使用单位违规使用操作 3 家，下发特种设备安全监察指令书 32 份，处罚 8 次，罚款 2.6 万元。

表 13－23　　2001—2005 年特种设备检查情况统计表

项目／年份	锅炉(台)	压力容器(台)	起重机械(台)	压力管道(米)	石油液化气钢瓶(支)	氧气瓶(支)
2001	4	11	4	276	286	194
2002	4	11	4	276	382	194
2003	5	11	4	276	382	218
2004	4	11	4	276	382	218
2005	7	33	7	276	200	218

第九章　国土资源

第一节　地籍管理

土地管理机构　1991 年,越西县国土局内设:人事秘书股、政策法规监察股、建设用土股、地籍管理股、规划股,行政编制 8 个,工作人员 8 人,机关后勤工作人员 1 人。1998 年,越西县国土局更名为越西县国土资源管理局。2001 年,越西县国土资源管理局更名越西县国土资源局,计划经济局矿产资源管理、水利电力局地质灾害防治职能划归国土资源管理局。

2005 年 6 月,国土资源管理体制属省垂直管理,实行行政主管部门管理与地方党委、政府管理相结合的管理体制。内设:办公室、政策法规监察股、土地利用地籍管理股;下属事业单位 3 个:矿产资源管理办公室、土地矿产储备整理交易中心、国土资源执法监察大队。

表 13－24　　1991—2005 年国土资源局负责人名录

姓　名	性　别	民　族	职　务	任职时间
阿欧所木	男	彝族	局　长	1991. 1—1998. 8
付方南	男	汉族	副局长	1991. 1—1994. 4
张志洪	男	汉族	副局长	1991. 8—1998. 8
苏定强	男	汉族	副局长	1995. 7—2000. 10
的日伍各	男	彝族	局　长	1998. 8—2005. 12
潘木呷	男	彝族	副局长	1999. 3—1999. 12
田阿木	男	彝族	副局长	2002. 3—2005. 12
李吉哈	男	彝族	副局长	2002. 3—2005. 12
廖凉萍	女	汉族	副局长	2002. 3—2003. 3
隆正驰	男	汉族	副局长	2003. 3—2005. 12

土地利用现状调查 1993年7月,开展县境内土地利用现状详查。历时2年零1个月,于1995年8月完成县辖区内41个乡(镇)、1个农场、1个园艺场的土地利用类型和权属调查,报省验收组验收合格,撰写《越西土地》,成果经省技术验收组验收合格。详查显示,全县土地利用现状分38个一级类,29个二级类,各类土地面积2256.47平方公里,其中:耕地占11.41%,园地占1.26%,林地占41.52%,牧草地占31.78%,城镇居民点及工矿用地占2.28%,交通用地占0.79%,未利用地占10.96%。

待开发土地 1993年,成立待开发土地资源调查领导小组,组织155人专业调查队伍,对全县待开发土地资源进行系统全面调查,查清境内荒地、农村废弃地、工矿废弃地、河滩地、荒水面5大类21小类资源情况。1994年,全县有宜农荒地306205亩,可开发成净耕地260274亩。

"四荒"、"四低"资源调查 1994年,全县开展四荒(荒山、荒地、荒滩、荒水面)、四低(低产耕地、低产园、低产水面、低产林)资源调查,历时4个月,完成《越西县农业区域综合开发报告》、《越西县"四低"资源调查综合报告》、《越西县中低产耕地改造规划报告》、《越西县低产园改造规划报告》、《越西县低产水面调查及改造规划报告》、《越西县低产林改造规划报告》、《越西县水果发展规划报告》及《越西县农业区域综合开发规划数据集》。根据县内资源丰富、开发面广的特点,按区域分阶段提出开发规划与整治措施。

1996年,为摸清境内农业名优特新品种的生长特性,揭示其适生区域和变化趋势,开展名优特产品种的种植区域及土壤情况调查。

坡耕地及耕地后备资源调查 2001年,对耕地后备资源和坡地进行调查评价,全县坡耕地17.26万亩,其中:坡度在15~25度内的坡地和梯田13.79万亩,坡度大于25度的坡地和梯田3.47万亩。全县宜耕坡耕地13.21万亩,其中:15~25度宜耕坡地7.85万亩,宜耕梯田4.49万亩,不宜耕坡地1.44万亩;大于25度的坡耕地中宜耕梯田0.8681万亩,不宜耕坡地2.41万亩,不宜耕梯田0.1996万亩。耕地后备资源0.6858万亩,其中:可开垦土地0.4509万亩,可复垦土地0.235万亩。同时,专题调查全县退耕还林情况,提出"依靠科学,夯实基础,加强服务,落实政策,规范管理,严格管护"建设性意见。

土地使用权属申报、登记、发证 1991年,凡在县行政区范围内使用城镇国有土地的单位或个人都必须在规定时间内向国土局申报登记。公房(房产管理部门和机关、团体、部队、事业等单位的公房)用地,由产权单位或直接使用土地单位申报登记;私房用地,由房屋产权人(使用人)申报登记;公路、铁路、部队、宗教团体等特殊用地,由使用单位直接向县国土局申报登记。

1992年2月,在完成土地申报登记工作的基础上开展全县(除越城镇)城镇国有土地权属调查和地籍测绘工作。报县政府批准,发放450宗《国有土地使用权证》。同年6—8月,集中全县国土员对越城镇建成区范围的土地权属开展调查,参加权属调查人员83人,之后,由成都地质勘查设计院对越城镇地籍进行测绘,测绘工作于1993年3月完成,实际测绘面积2.5平方公里,土地权属宗数3542宗。

变更土地登记 1991年,建立宗地档案、归户册、登记簿、领取证书签收簿,完成绘制街道分布示意图、地籍图等资料。

1994年,发放越城镇土地使用权证,全年共发423宗。2000年,发放312宗。至2005年,共发出土地使用权证2896宗。

土地定级估价 2003年,完成全县2256.47平方公里范围内农用地分等工作,建立县农用地分等信息系统。根据《农用地分等规程》规定,农用地分等工作对象是全县行政区内现有农用地和宜农用地,包括土地利用现状图中的耕地、宜农未利用地,土地利用规划图中的耕地。全县农用地分等面积为:5等地、6等地、7等地、8等地、9等地。对县城区、普雄镇建成区开展土地定级估价工作。5—9月,经过组织、技术准备、技术方案确定、资料收集、整理、测算、图件编制、报告撰写等工作,提交全部成果。本次县城区、普雄镇土地定级估价范围总面积3.52平方公里。

表 13－25　　城区各类用地基准地价表

土地级别	商业用地		住宅用地		工业用地	
	元/平方米	万元/亩	元/平方米	万元/亩	元/平方米	万元/亩
Ⅰ	274.48	18.3	221.89	14.8	156.8	10.5
Ⅱ	226.38	15.1	158.92	10.6	104.53	7
Ⅲ	191.9	12.8	121.44	8.1	80.41	5.4

表 13－26　　城区综合地价表

土地级别	综合用地	
	元/平方米	万元/亩
Ⅰ	248.88	16.6
Ⅱ	193.4	12.9
Ⅲ	157.42	10.5

表 13－27　　普雄镇综合地价表

土地级别	综合用地	
	元/平方米	万元/亩
Ⅰ	167.17	11.15
Ⅱ	132.69	8.85
Ⅲ	71.97	4.8

表 13－28　　普雄镇各类用地基准地价表

土地级别	商业用地		住宅用地		工业用地	
	元/平方米	万元/亩	元/平方米	万元/亩	元/平方米	万元/亩
Ⅰ	196.4	13.1	137.93	9.2	103.72	6.9
Ⅱ	167.92	11.2	97.45	6.5	71.53	4.8
Ⅲ	82.46	5.5	61.47	4.1	55.2	3.7

第二节　土地利用规划

总体规划　1997 年，成立越西县土地利用总体规划编制工作领导小组，下设办公室在国土资源管理局。1999 年底，完成《土地利用总体规划》的编制，并通过省、州验收合格。

规划期限　以 1996 年为基期年，2010 年为规划年，2030 年为规划展望年。

规划任务　按照上级控制的耕地占用指标调整土地利用结构，实现耕地总量动态平稳；按建设用地规模，优化非农业建设用地布局方案，控制城镇建设规模；划分土地利用区，制定分区土地利用管制规划。

编制规划的依据　国发〔1997〕11 号文件、川府发〔1997〕25 号文件以及县委、政府有关文件的要求；《土地管理法》、《城市规划法》等法律法规及有关规定；《县级土地利用总体规划编制规程(试行)》；越西县国民经济和社会发展"九五"计划和 2010 年远景目标规划；省、州下达全县的各类用地控制指标。

主要指标　1996 年，耕地为 25736.4 公顷。2010 年，实现耕地保有量 23809.4 公顷，减少 1927 公顷；

各类非农建设新占用土地不超过655公顷,其中:耕地100公顷。非农建设中,交通用地新增40公顷,其中:耕地15公顷;城镇、村及工矿用地新增181公顷,其中:耕地50公顷;水利建设新增用地29公顷,其中:耕地6公顷。能源建设新增用地322公顷,其中:耕地20公顷;基本农田保护区面积为20836公顷;土地开发1200公顷;整理土地173公顷;25度以上耕地退耕还林还牧2800公顷;灾毁耕地及时复耕,复耕率95%以上。

基本农田保护规划 1996年,根据《农业法》、《土地管理法》和《基本农田保护条例》,按照基本农田保护规划《规程》要求,在县级相关部门收集农业发展规划,人口发展、农田水利建设规划,交通建设规划,城镇建设规划及乡(镇)、村建设发展规划资料;做好行政区划图、土地利用现状图(详查)、土壤分布及评价资料和图件,对41个乡(镇)开展基本农田保护规划工作。

按照全县基本农田保护规划的原则、范围、级别,结合不同区域实际情况,以乡(镇)为单位,深入村组。逐户、逐片(块)进行基本农田保护区域的划定,逐户填发保护地块(片)面积责任通知书。全县划定一级、二级基本农田保护,涉及41个乡(镇)288个村933个组50131户农户,划定基本农田面积13376.47公顷,受保护基本农田14116.13公顷,保护面积占耕地面积的86.24%。在基本农田保护面积中:田2528.8公顷,占保护面积的18.9%;旱地面积10847.67公顷,占保护面积的81.10%;一级基本农田5402.4公顷,占保护面积的18.92%,二级基本农田7974.07公顷,占保护部面积的81.08%。

结合自然、社会、经济等条件,划定基本农田保护范围:确定的粮、油、烟和名、特、优、新等农牧业产品生产基地;有水利配套设施、高产稳产的优质田土;经过立项综合治理和正在改造的中低产田土,以及依法开垦的宜农耕地;山区的台地,河谷地带的梯田、梯地和基本口粮田土;越城镇、乃托镇和普雄镇附近的蔬菜基地以及科研教学实验和良种繁育基地。

第三节 用地管理

一、计划管理

1991年,县国土局参照历年国家,集体用地的具体情况,结合建设用地规划和近期国民经济水平。将建设用地管理和用地计划管理纳入法治轨道,建设用地实行总量控制,保证重点建设用地需求,做到耕地开垦动态平衡。1996年,对全县非农业建设用地统一管理,实行指令性计划,改变过去多头管理,乱批用地指标情况。1998年,通过典型调查,拟定年度建设用地计划,经县政府审查后,报上级主管部门批准。

2000年,县辖区内机关、单位、个人必须于年前按系统向国土局报送下年用地计划,县计委、县国土局根据上级下达的用地指标统一平衡,报经县政府批准,分配给各系统、部门控制使用。年前不报计划的,下年不批建设用地,指标只准节余,不准突破。当年指标有节余的,下年可继续使用。

2005年,全县国土计划管理按国土资源部修订的《土地利用年限计划管理办法》,严格土地利用年度计划,控制建设用地总量,保护耕地,以土地供求引导需求,合理利用土地。

二、用地审批及权限管理

1991年,严格执行《四川省〈中华人民共和国土地管理〉实施办法》规定,耕地3亩(含3亩)以下,其他土地10亩(含10亩)以下,用地审批权限由县级人民政府批准;省辖市、自治州人民政府和地区行政公署(受省人民政府委托)批准耕地3亩以上至10亩,其他土地10亩以上至30亩;省人民政府批准耕地1000亩以下,其他土地2000亩以下的土地。国土局统一办理用地手续,解决多年来用地审批权限多变,用地审批机关多头、审批手续混乱现象。农村村民或回乡落户干部、职工建房，应按各乡（镇）制定的乡（镇）建设规划实施。有旧宅基地的，利用旧宅基地建房，不再占土地。确实需要新征、拨土地的，经乡（镇）政府审查同意，县政府委托国土局审批。农村村民建房用地（不论耕地或非耕地），县政府委托国土局审批。离、退休干部、职工、居民、村民，征地建房后又转让、买卖住房的一律不再批给建房用地。骗取建房手续的批准手续无效，按违法占地论处。农村养殖专业户用地，由本人提出申请，组、村、乡（镇）及主管部门签署意见，县政府委托国土局，根据生产规模审批临时用地。临时用地使用期为1~3年。

1999年1月，实施新修定《中华人民共和国土地管理法》，土地的审批权全部上收到国务院和省政府，县政府无审批权。根据四川省人民政府《关于加强建设用地审批管理工作的通知》（川府发〔1991〕87号）和省国土局、计经委、建委联合下发《关于加强建设用地审查工作的通知》精神，任何单位和个人都无权与被征地单位（农户）签订征地合同，县国土局负责征用土地具体工作，并对非农业建设用地实行全程管理。做到批前服务，批中把关，批后跟踪，并将全程管理列入建设用地管理年终用地管理检查评比内容。2005年，全面实行土地用途管制，国家建设项目用地，由县国土局统一审查，按管理权限呈报有审批权限的上级政府审批；乡镇企业建设用地和小集镇建设用地指标分配到乡（镇），由国土局审核，报县政府统一审批；农（居）民建房用地指标，下达各乡（镇）安排使用，由县国土局统一审批。

三、建设用地管理

国家集体建设用地　1991年，贯彻省政府制定的《建设用地管理暂行办法》，落实保护耕地的国策，国家建设和集体用地指标，由县国土局直接掌握，统筹安排。1996年，贯彻执行国家计委、国家土地管理局印发《建设用地计划管理办法》。1999年，实行土地用途管制，严格限制农用地转为建设用地，控制建设用地总量，对耕地实行特殊保护，基本实现建设用地管理“五个转变”：即由多头批地、分散管理转变为集中统一管理；由单纯行政管理转变为使用行政手段、法律手段、经济手段的综合管理；由单一的用地管理转变为土地利用、土地开发、土地管理三管齐下；由单纯的土地资源管理转变为资源、资产并重管理；在土地利用方式上由粗放用地转变到节约用地的轨道上。2005年，国家建设项目用地，由县国土局统一审查，按管理权限，呈报省政府、州政府审批。

城市建设用地规划　1996年，城镇土地使用面积规划为231.1公顷。2000年，城镇土地使用面积为244.7公顷。2010年，城镇土地使用面积为279.8公顷。规划期内安排城镇建设用地180公顷，其中：耕地50公顷；独立工矿用地46公顷，其中：耕地9公顷；能源建设用地322公顷，其中：耕地20公顷；水利建设用地29公顷，其中：耕地6公顷；交通用地40公顷，其中：耕地15公顷。

表13-29　**重点建设项目指标明细表**　单位：公顷

用地部门	项目名称	建设性质	建设年限	建设规模	用地面积	其中		所在乡（镇）
						耕地	非耕地	
城建局	小城镇建设	新建、扩建	近期、远期	$1.93km^2$	40	20	20	普雄镇
	县城建设	新建、扩建	近期、远期	$3.4km^2$	30	16	14	越城镇
	县城自来水增容	改建、扩建	远期	10km	10	2	8	中所镇、丁山乡、越城镇
	县集镇建设	扩建	近期、远期	—	42	14	28	中所镇、新民镇、乃托镇
普雄工务段	铁　路	扩建	近期、远期	70km	11	4	7	成昆铁路沿线
农业局	农村道路	新建、扩建	近期、远期	150km	12		12	全　县
	沙木落堰	新建	近期、远期	1km	9	2	7	普雄镇
	供水站	新建	近期	日供1000吨水	—	—	—	普雄镇

续上表

用地部门	项目名称	建设性质	建设年限	建设规模	用地面积	其中		所在乡(镇)
						耕地	非耕地	
水电局	响水电站	新建	近期	2×1000kW	15	3	12	铁西乡
	三岔河电站	新建	近期	2×2500kW	15	3	12	梅花乡
	铁马三级电站	新建	远期	2×6000kW	17	2	15	白果乡
	铁马四级电站	新建	远期	2×7500kW	10	1	9	梅花乡
	东荣河电站	新建	远期	2×750kW	15	1	14	白果乡

地产市场管理 1995年,全县开始清理土地隐形市场。1996年,对各建制镇开展土地价格评估。对县城规划区内国有土地,按商业用地、工业用地、住宅用地3种类型,确定基准地价。2002年,根据县城地价变化情况,对区划内基准地价进行更新评价,为二、三级地产市场收费更趋合理、管理更加规范提供科学依据。加强对地产二、三级市场管理,抑制隐形交易,减少社会矛盾,增加财政收入。同年,成立土地储备委员会,下设土地储备中心,办公室设在国土局,进行土地使用制度改革,将土地作为国有资产管理,盘活存量土地,建立政府土地储备制度。县城区划内各类开发区管理的土地,统一纳入储备中心管理,其土地出让金由财政设专户储存。在全县国有企业和集体企业改制中,县土地储备中心参与地产出让全过程,在价格同等条件下,优先收购企业地产,对不予收购地产,储备中心参与县国有资产处置和企业向社会举办的公开拍卖会。

四、耕地占用管理

占用情况 1991—1999年12月,全县减少耕地145.73公顷,其中:非农建设用地37.84公顷,自然灾害107.89公顷。2000—2005年,非农业建设占用耕地41.12公顷,其中:国家建设占用耕地25.14公顷(省道S208线乌金公路越西段征地共2.9公顷,田1.58公顷、地1.3公顷、非耕地0.018公顷),集体建设占用耕地1公顷,农村居民建设占用耕地14.98公顷。

指标控制 1991年,全县非农业建设占用耕地实行计划指标管理和宏观调控。到2000年,非农业占用耕地160公顷,复耕地250公顷。2001—2005年,全县非农业建设占用耕地164.28公顷,开发利用耕地215.66公顷。

征占管理 1991年,规范农村居民建房申报程序,优先审批利用荒山荒坡地建房申请。引导集体建设尽量少占耕地。1992年,重点抓用地管理。对征用土地实行项目不好不批、超过用地指标不批、不到现场勘察不批、占用耕地不交耕地占用税不批的"四不批"制度。1993年,按节约土地、尽量少占或不占耕地原则,依法办理用地手续。1996年后,城镇用地和农村用地按照土地规划要求进行。同时,要求调整农业结构不得毁坏耕地,发展多种经营以利用"五荒"为主。2000年,全县建设用地实行统征,严格用地审批程序,确保合理使用土地。2003年,严格按照土地利用总体规划审批用地。控制住宅建设用地,推动新村建设,严格耕地占用补偿费收取。2005年,严格控制建设用地,全面实行耕地占补平衡工程,确保全县耕地动态总量平衡。

五、建设用地收费管理

土地管理费 按四川省物价局、国土局川价字非〔1991〕116号文件规定,对征(占)用土地收取管理费标准为:国家建设征用土地以征土地数量和征地补偿费、安置补助费、青苗补偿费之和的1~3%征收;农村村民按占用耕地(非耕地、折旧建新)面积计收,即每平方米1~0.3元的标准收取,2000年取消农村村民建房土地处管理费征收。收取的土地管理费由上级土地管理机构和财政、审计监督,用于:征地、搬迁、安置、工作的办公、会员费；借用人员工资、福利费、业务培训、宣传教育、经验交流；其他公务开支。

土地补偿费　按照川府发〔1981〕77号文件通知，建设单位征用集体土地根据土地数量、质量、位置，付给3～5倍补偿费。征用林地、牧地，每亩土地补偿费为该地平均年产值的2～4倍。征用无收益的土地，不付补偿费。

安置补偿费　1992年，规范安置补偿费征收，根据人平土地多少而定，人均占有土地多的，每亩土地安置补偿费为年产值的1～2倍；人均占有土地少的，每亩土地安置补偿费为年产值的3～4倍；人均占有土地较少的，每亩土地安置补偿费为年产值的5～6倍；人均占有土地极少的，每亩土地安置补偿费为年产值的8～10倍。用地单位支付的各项补偿费和安置费，除被征用土地上的附着物产权的确属个人的，其补偿费应当付给本人外，其余都应该由被征地单位用于发展生产和多余劳动力的就业与不能就业人员的生活补助，任何单位不得以任何借口占用。

地籍测绘费　1993—1995年，为明确宗地四至位置、界限，补充调查土地利用现状，对各单位宗地进行地籍测绘。对新征地的所有单位进行测绘，收取权属调查费。

权属用途变更费　1995年，为杜绝土地私下交易，遏制土地隐形市场造成国有资产流失，根据规定，凡改变土地用途、使用权的缴纳此项费用。

复垦保证金　1996年，把土地复垦所有涉及挖废、压占或损坏土地的建设项目，纳入总体设计，建设单位按设计规定向国土部门交纳复垦保证金，待项目复垦结束后，由建设单位提交申请验收，国土部门验收后符合用地要求的退回保证金，不符合的没收保证金。

农业重点开发建设基金　2000年，为保证农业重点基础设施和大中型工程建设，增强农业抗御自然灾害的能力，用地单位在非农建设新征用地时，必须缴纳农业开发建设基金。

有偿使用费　2001年，按照土地使用制度改革"有偿、有限期、有流动"的原则收取土地出让金，不同的地段和规划区按不同的标准收取。

第四节　土地监察

依法行政　1991年，成立国土资源系统推行依法行政领导小组，开展"三无"乡（镇）活动，即无违法批地、无违法管地、无违法用地。列入乡（镇）政府管理目标责任制。

1995年，按照合法、合理、公正、效率、责任原则依法行政程序，研究制定县国土资源系统全面推行依法行政的各项制度：即重大政策出台前的听证制度；对规范性文件的法律审核制度；办文、办事限时制度；用地报批、土地价格确认、土地资产处置、农用地开发立项、资金申请及减免等重大事项会审制度；职能公开、办事程序公开、办事审批所需报件材料公开、收费项目及标准公开、公开查询定期披露制度；国有土地（矿权）使用权租赁、招标、拍卖制度；行政责任考核、行政过错追究、重大违法案件听证，行政复议制度；行风评议、社会监督制度；考试、考核制度。

2003年，土地管理工作以保护耕地为中心，加大执法力度，控制总量，限制增量，盘活存量。2005年，国土、监察、城建等部门清查征用和划拨土地中越权情况，加强国土资源执法队伍培训教育，按照工作计划实施国土资源管理法律、法规宣传教育活动。"三无"乡（镇）达标数16个，占全县乡（镇）数40%。强化土地执法监察，对破坏耕地，不批就占，少批多占，非法交易，不按规划用途非法批地、不经批准擅自在耕地上发展林果业，挖塘养鱼等违法行为清查，严格土地用途管理。

非农业建设用地清查　1991年，开展对非农业建设用地全面清查工作。清查国家建设用地，包括乡（镇）、工矿、交通、能源、通讯、水利、娱乐、房地产开发、科技、文化、卫生、体育等建设项目用地；集体建设用地，包括乡镇企业、农田水利、农村道路等基础用地；农村居民点建房用地。

1995年，围绕具体项目、地块建设用地的定性、定位、定量是否符合规划；用地手续是否合法；查土地利用是否充分；查以谋利为目的、违反土地管理法规、非法出让转让、倒卖土地使用权行为。重点清查乡镇企业、房地产开发、村镇建设、农村居民宅基地、铁路、公路沿线两侧及城乡结合部批地、用地，土地出让、转让情况。

2005年，清查农业用地(耕地)转为非农建设用地的数量及利用地数量，现有存量土地数量以及分布情况，闲置、荒芜土地数量，出让、转让土地总量和非法出让、转让土地数量。

案件查处 1991年，按照《四川省政府关于查处国家工作人员修建私房安排》，对全县领导干部和职工建私房中违法和超标准占地行为进行全面清理，清理领导干部和职工建私房426宗，对超标使用土地和超过批准数使用土地行为人，按照省、州要求进行查处，收缴罚没款和超标土地使用费18万元；清理违法占地12件，处理率100%。到1999年，国家、集体、农村居民建设占地3619件，其中：违法占地178件，发案率4.9%，处理率98.87%。

2004年，整顿未批先用，少批多占用，征而不用，乱占滥用和随意改变土地用途，擅自扩大划拨土地范围等问题；整顿超计划、违反规划、越权批地等现象；清理检查耕地占补平衡数量、质量情况、有偿使用费及出让金征收、使用情况。

2005年，建立健全经常性的土地巡查制和目标责任制，全县拆除非法建筑9宗，土地违法案率控制在审批宗地数5%以内，土地违法案件立案率100%，结案率98%以上。

土地权属纠纷处理 1991年，对土地利用现状调查，暴露出土地所有权争议，依据《土地管理法》第十条规定土地所有权和使用权争议由县土地详查办与乡(镇)共同处理。当事人对处理不服的，自接到处理决定之日起30日内，向人民法院起诉，在土地所有权和使用权争议解决前，任何一方都不得改变土地利用状况。同年，在尊重历史，顾全大局，互让互谅，实事求是的基础上解决土地权属纠纷13起。

1994年，规范全县土地登记发证，调处土地权属矛盾。属个人与个人之间的土地使用权，由乡(镇)处理，全年调解123起；个人与单位之间、单位和单位的土地权属矛盾由县国土局牵头处理，全年调解28起，法院起诉2起。1996—2005年，县地籍调查办处理在土地调查中个人与单位、单位与单位之间土地使用权争议25起。

第五节 矿产资源管理

矿产开采准入条件 1992年，禁止开采会破坏生态环境的矿种；在耕地上开采烧砖瓦用黏土，影响河道防洪安全的河道、桥梁、河道外开采沙石等。严禁开采价值不高，对环境影响大及风景区内矿种。1995年，规范矿产开采准入条件，严格审查矿山开采资源、资质、规模、布局、利用率、环保、安全。监督矿山企业，完善对“三率”(采矿回采率、矿石贫化率、选矿回收率)的考核体系。按批准开发利用方案和设计进行采矿活动；结合实际采取有效的经济和法律手段，鼓励矿山提高选矿回收率和综合利用率，减少资源损失。

登记颁证 1991年，办理采矿登记，由矿山企业提出申请，由矿山所在地乡(镇)政府签字同意上报，经县矿管办实地踏勘无矿山纠纷，属于国家允许开采矿种，即准予登记办理。

1994年，按修改后《四川省乡(镇)集体矿山企业和个体采矿管理条例》办理采矿登记的矿山企业，必须具备矿山地质资料及其图件6方面材料，经县矿管办实地踏勘，审核符合条件才予办理。采矿许可证有效期年限：乡(镇)集体矿山企业不超过10年，个体采矿者不超过3年。采矿权人改变主要采矿种等5种情形的要办理采矿许可证变更。当年，办理集体矿山企业的采矿许可证5家，省办国营矿山企业采矿许可证2家。

1998年,根据修改后《矿产资源法》及省、州有关法规,县矿产办只办理砂石、黏土、页岩等矿种采矿许可证。2005年,全县有涉矿企业29户,其中:采矿权企业8户、探矿权企业4户、矿产品经营企业10户、矿产品加工企业7户。

市场化配置矿产资源　2001年,根据国家现行政策,开展矿权招拍挂前的各种资料准备工作,共完成矿权招拍挂地质资料39份(其中:探矿权30份,采矿权9份),探矿权中涉及硫铁矿9宗、铁矿4宗、煤矿13宗、磷矿1宗、铜矿2宗、铅锌矿1宗,采矿权主要为石灰石、页岩、花岗岩、大理石,成功出让采矿权2宗矿权价款322万元;出让探矿权4宗,获得探矿权价款2139万元。经县政府同意报省国土资源厅将预留的探矿权招拍挂出让区块7宗。坚持矿产资源市场化配置,严格探矿权、采矿权有偿取得制度。至2005年,成功招拍挂出让探矿权4宗,出让采矿权2宗,获探矿权价款2039万元。

矿产资源补偿费征收　1991年,矿产资源补偿费的征收严格按照国务院150号令《矿产资源补偿费征收管理规定》的规定,以实际开采销售量销售额的1~3%征收矿产资源补偿费,每年年底将征收的矿产资源补偿费全部上交州国土资源局。

2000年,矿产资源补偿费的计征费率:铁、铜、铅、锌、锡2%,金、银4%,稀土3%,水晶、滑石、萤石、石英岩、高岭土、砖瓦黏土、花岗岩、石灰岩2%。县矿管部门征收的矿产资源补偿费的60%留县,20%上交州,20%交省;县所得部分,20%交县财政统一管理使用,80%用于县矿产资源勘查、保护与开发的监督管理,存入县财政预算外资金专户管理。

矿业整顿工作　1991年,建立健全矿产管理规章制度、办公室会议制度、矿管例会制度、立案定案评议制度、统计报表制度、结案报告制度及工作职责。1994年,调查全县矿产资源状况和开发利用情况。年内,完成煤井、闭坑煤井储量情况调查。

1999年,签订矿业秩序整顿和维护目标责任书,明确目标责任人,层层抓落实,按照任务目标的完成情况兑现奖惩。2003年,成立以县委书记任组长,县长、常务副县长、县纪委书记、县委副书记、县委常委任副组长,发改、经济、公安、财政、监察、国土资源、人事、水利、林业、环保、税务、工商、安监、农机、法制等部门为成员单位的越西县整顿和规范矿产资源开发秩序工作领导小组,下设办公室于县国土资源局,负责日常工作,制定《越西县整顿和规范矿产资源开发秩序工作方案》,坚持做到党政"一把手"作为第一责任人,亲自抓,负总责,一级抓一级,层层抓落实。

2005年,进行矿业秩序整顿主要采取整顿采矿企业;查封无证开采户及其设备;整顿安全隐患,炸封私挖滥采及存在安全隐患的矿洞,强制关闭不符合安全生产规范的井下作业。

第十章　招商引资

第一节　招商政策

招商引资机构　1998年7月,县招商引资局划归越西县计划与经济局。2005年9月,县招商引资局移交县政务服务中心。

招商引资优惠政策　1992年,落实《越西县人民政府关于经济技术协作的优惠政策》。规定凡到越西兴办企业,属生产性投资部分,免征投调税,只缴基金和城市配套费。投产后能源、交通企业免征所得税 8—10 年,加工、矿山开采企业免征所得税 5—7 年,流通企业免征所得税 3—5 年。

1995 年,外来投资者在越西县兴办企业并担任正副经理(厂长)的,凡企业连续 2 年上交国家利润在 15 万元以上者,本人或家属是农业人口的安排农转非 1 人,是非农业人口的安排 1 人就业。

1997 年,科研单位、大专院校及其他单位和个人在越西从事技术咨询、技术服务、技术转让、技术承包等所获收入和专利技术、商标参股所分得的利润,免征个人收入调节税和单位所得税。对引进资金来越西办企业的单位和个人,由资金使用单位按引进到位金额的 1 ~ 3%,发给一次性服务费。引进技术、科研成果或实用技术在全县投入生产并取得经济效益的,由受益单位每年从实现利润中提取 5 ~ 10%,奖给技术转让单位或一次性付给技术转让费。对引进技术的有功人员,可一次性奖给不少于 2 年平均实现利润 1% 的奖金。凡提供重要经济信息或咨询服务并获得明显经济效益的,由受益单位按信息或服务带来的当年新增经济效益的 5 ~ 10%,给予一次性奖励。凡愿来越西长期(5 年以上)工作并有一技之长的科技人员、经营管理人员,除享受县同类干部的一切待遇外,再上浮 1 ~ 2 级工资,并优先安排住房和家属子女"农转非"、就学、就业;对短期来县帮助解决生产技术和经营管理难关的,除由聘请单位按月发给相当于本人基本工资 1 ~ 3 倍的生活补助费外,还可从当年新增经济效益中提取 5 ~ 10% 给予一次性奖励并免征个人收入调节税。1999 年,凡乃托、普雄两个经济技术开发实验区内独资、合资、合作兴办开发性企业,除享受上述优惠政策外,可从宽给予免征产品税、增值税 1 ~ 2 年的优惠照顾;实行国有土地优惠转让,50 ~ 100 年不变。国外友人和港澳台胞来县兴办企业,可享受国家有关"三资企业"的所有优惠政策和县上的优惠政策。

2000 年,编制《越西县招商投资指南》,出台《四川省越西县招商引资优惠政策》。招商引资优惠政策共计 14 条,重点鼓励投资农业综合开发及五荒开发项目,农副产品深加工项目,水能资源及电冶结合的高耗能项目,中药材开发项目,矿产资源开发及综合利用项目,高新技术的开发利用项目,企业兼并、租赁、合资、合作项目,基础设施及文化、教育、卫生、体育等社会事业。

2003 年,县政府制定《越西县人民政府关于招商引资的奖励办法》和《关于大力实施民营越西县的战略决定》,收集招商引资项目 36 个,编印《越西县投资指南》2000 册。规定凡到县投资的企业,企业所得税一律给予"免三减五"的优惠待遇。减免期满后,经企业申请,再由受益财政减半返还 5 年。经县人民政府确认为高技术、高附加值、产品市场广、经济带动作用大的开发项目,在地价、水价、电价、税费等方面实行"一事一议、一厂一策"的特殊优惠政策。凡到县收购、兼并亏损企业的,从盈利年度起,5 年内免征企业所得税,5 年期满后,可再次减半征收 3 年。2005 年,凡到县投资兴办独资、合资企业,可以申请使用扶贫贷款,由县人民政府和农行县支行择优扶持,实行贷款倾斜。

第二节 招商引资

招商工作 1993 年,全县招商引资实行经济合作、横向联系、经济技术联合与协作统筹,协调与服务相结合。1998 年,建立招商引资项目库,收集、包装、储备招商引资项目,着重推出泥炭土综合开发、旧城改造等房地产开发、水电开发、电站开发、农产品开发、千亩甜樱桃种植基地及加工开发、中所水镇旅游开发、生猪深加工等项目。

2000 年,通过党政网及时介绍全县资源优势项目、投资环境等,发布招商公告信息,加强信息交流和沟通,降低招商成本。全县收集招商引资项目 18 个。

2004 年 3 月,召开全县招商引资工作会议,安排工作任务,并与县级部门、乡(镇)党委签订《责任书》,表彰先进。是年,印发《关于越西县招商引资项目办理程序的通知》。对外来投资项目实行"一站式"服务,着力打造县域投资环境。

2005年,利用传统优势,培育龙头企业,集中地域发展,在"十一五"规划中的第一年,着力打造水泥产业、电冶产业、水电产业、农副产品深加工等项目,拓宽引资渠道,实施以情招商、以友招商、以商招商。

引资活动 1993年,开展火把节暨首届招商引资会,邀请外商、港澳台胞及国内部分企业参加,推出花岗石开发、矿产品开发、大花硫磺厂新建、畜产品开发(草粉、半细毛羊、引种小尾寒羊)、农副产品加工、花卉营养土开发、野李子猕猴桃等蜜饯加工、企口地板加工、商贸经营、水晶加工、物资经营、中药材经营、外贸经营(绵羊皮、山羊皮、大白芸豆、中白芸豆、紫红芸豆、奶花芸豆、小白芸豆、花椒、薇菜、苹果)、食品调料生产、酒类生产与开发、矿泉水开发、塑料编织袋生产、家具生产经营等项目供开发商选择洽谈。经过洽谈达成硫铁矿购销、无烟煤购销、外贸经营、企口地板购销、水晶加工等意向性项目6个。

1994年,组成越西县赴香港和华东地区招商引资代表团,到香港、华东地区招商引资,发展县域经济。乃托锌冶炼厂与香港永达机械贸易有限公司、享丰投资有限公司达成意向性协议,合资开发水泥纤维隔板。年生产25万张,投资90万美元,技术设备、工艺流程由港方提供,产品由港方包销。

1995年,乃托锌冶炼厂在江苏和上海分别与新意达集团公司、申鑫物资贸易公司签订长期供货合同。新意达集团公司总裁应县长邀请,到县就合作开发矿泉水、赤铁矿和中药材资源进行实地考察和磋商。2000年,修订《越西县招商引资优惠政策》、《越西县招商投资指南》,将漫滩河电站、马铃薯深加工、白酒深加工、泥炭土综合开发、畜产品开发、硫磺开发等6个项目报省政府参事室网络中心招商引资网站向外界发布。

2003年,参加"西博会"、重庆招商会等招商活动,推出农业产业化经营、工业、城市建设、旅游业、社会事业及特色经营5大类项目。有针对地请省内外客商到越西县实地考察,提升招商形象。2004年,参加成都"第五届西博会",深圳百江投资有限公司购买越西县天源燃气有限责任公司资产及经营权,签订投资协议。同时,依托水能资源,吸引外资,推进民间资金向民间资本转化,积极发展高耗能项目。主要引进项目有:旧城改造房地产开发、传波炉料、铁西电站、普雄一二级电站、越西生化厂等。

2005年,全县招商引资项目9个,实施的项目有永强磨料扩建、华昌钢铁、县电视网络中心。引进凉山索玛集团、眉山巨能集团、温州民扬电器集团、浙江宏阳水电开发等省内外大中型企业入驻投资。加强对外宣传、对外交流,前往成都、泸州、昆明等地进行考察。

第三节 经济效益

1991年,全县达成经济技术协作项目2个,其中:经济协作项目1个,引进解放军空军后勤部资金137万元,新建蓝剑大理石公司,系列开发越西大理石资源;技术协作项目1个,物资协作总额71.9万元。

1994年,越西县金帝木业有限公司在香港登记注册越西县金帝(香港)有限公司;同时,与香港又丰有限公司签订合资兴办越西县金帝木业股份有限公司合同,该公司在国内注册资本金750万元。同年,与香港星伟顾问有限公司达成意向性协议,由越西方担任该公司在大陆西南经销电脑、汽车业务的总代理。与香港冠丰参茸药业公司洽谈合作开发中药材项目。

1995年,香港又丰有限公司注入流动资金30万港币,用于越西县金帝木业有限公司生产经营中的购置原木和经营木材制品;同年,引进外资港币270万元,香港又丰有限公司、越西县金帝木业有限公司分别出资500万元和250万元用于木材精加工和粗加工机器设备的购进。金帝木业有限公司为现有资产折值,香港又丰有限公司资本逐年达到700万元。

1999年,州招商局给越西县下达引资500万元指标,全年协议引入资金1365万元,实际到位资金543万元。其中:成都炬星高科技产业发展(集团)有限公司投资480万元,新建80万立方米石油液化气站,四川省乐德经济货贸总公司投资600万元,开发越西泥炭资源。当年,组织县内部分产品参加"99四川省名优特新产品博览会”,其中:两种产品获得银奖,1 种产品获得优质产品称号。

2000 年,引进绿色碳化硅、页岩砖、朝阳食品、网眼编织袋、商品房开发等项目,全年协议引资 1130 万元,实际到位资金 1130 万元。超额完成州下达的任务。

2001 年,招商引资 300 万元,新建新乡二级电站并投入使用,引资 150 万元的越西金刚砂厂建成投产,引资 461 万元的越西合丰电冶厂进入设备安装阶段,普雄商贸街建设正式启动。全县招商引资实际到位资金 1000 万元。

2002 年,全县招商引资到位资金 6030 万元,招商引资瓦岩桃园电站进场施工,招商引资 3000 万元的县城旧城改造敦化路正式启动,教育局引资 390 万元,修建办工住宿综合楼达成引资协议。引资 2280 万元,开发越西县首个农业生态综合项目。2003 年,引资 1 亿元,修建铁西电站。全年招商引资到位资金 10330 万元。2004 年,引资 1.05 亿元,修建普雄一级电站;引资 1000 万元建传波炉料公司。

2005 年,招商引资实际到位资金 12050 万元。引进台资 5000 万元的普雄丰年洋芋淀粉厂和引资 3000 万元与当地农户合办的三民淀粉厂开工建设;引进成都仁泰实业有限责任公司投资 2728 万元“种植黄姜 6800 亩,在新民镇马敞河坝占地 62 亩新建皂素、双烯生产线”项目动工新建。引资 1 亿元,对乃托水泥厂进行破产重组;引资 3000 万元,建设茶园电站。截至 2005 年,引进投资开发项目 38 个,实际到位资金 43791.9 万元。

第十四篇

工 业

第一章　工业体制

第一节　工业结构

所有制结构　1991 年，通过清产核资、指标测算、指标答辩，公开、公平地选择租赁承包人。在乃托水泥厂试点，推行承包经营责任制。全县有国营工业企业 13 户（州属 3 户、县属 10 户）；集体所有制工业企业 22 户（二轻 10 户、乡镇企业 12 户）；城乡合作经营工业企业 368 户；城乡个体工业企业 487 户。工业总产值 8747 万元。

1993 年，县属国有企业和城镇集体企业推行企业承包经营责任制，即全县企业第一轮承包，承包合同期限为 3 年。

1996 年，遵照国家有关政策，结合实际，逐步进行工业体制改革，县内工业所有制结构发生变化，出现投资几万元乃至上百万元的私营企业，有农产品加工企业和水电站等，规模较大的企业多实行股份制。2000 年，随着国有企业和集体企业改制，个体和私营工业企业发展加快，一批国有企业和集体企业成为私营企业。

2005 年，全县工业总产值 71668 万元。其中：8 家规模以上工业企业中，国有控股企业 1 家，私营企业 7 家，工业实现增加值 13295 万元。

行业结构　1991 年，全县主要工业企业有乃托水泥厂、乃托磷肥厂，青龙、河东等乡（镇）砖厂。

2000 年，以壮大骨干优势企业和发展个体私营经济为重点，加快产业内部结构调整与优化，形成新的主导产业。

2003 年，工业企业充分利用资源优势，实施大集团、大公司战略，加大招商引资力度，组建凉山州乃托水泥有限责任公司；利用锌矿资源优势，组建越西县索玛（集团）有限责任公司。2005 年，全县有规模以上企业 8 个，职工 2816 人。

轻重工业结构　1991 年，全县县属工业总产值 8747 万元，其中：轻工业总产值 2277 万元，重工业总产值 6470 万元。1995 年，全县工业总产值 11233 万元，其中：轻工业总产值 3836 万元，重工业总产值 7397 万元。2005 年，全县工业企业销售收入 71668 万元，其中：国有工业企业 2 家，销售收入 3218 万元；非国有工业企业 17 家，销售收入 6969 万元。

第二节　企业体制改革

1991 年，按照“权、责、利”相结合原则，对国有和城镇集体企业实行“五定”（定产值、产量、质量、成本、安全）责任制目标管理，将“五定”指标层层分解落实，与职工个人的工资、奖金挂钩。初步形成以水泥、铅锌、化工、煤炭行业为支柱的工业产业体系。

1994 年，按照中央“配套、完善、深化、发展”方针，对企业承包合同进行规范和完善。同年，县政府决定在 13 个企业进行转换企业经营机制。

1996年,改革工业企业管理体制,由直接管理改为间接管理。在全县工业企业中推行"五自主",即:自主经营、自主定价、自主用工、自主分配、自主发展。工业企业逐步形成依靠新技术、新产品适应市场需要的动力机制,在木综、化工、食品等企业中开发一批新产品,提高企业市场竞争力。把自主权交给企业,使其成为拥有产供销、人财物管理权的独立经济实体,增强企业活力。实行以所有权与经营权分离为主要内容的各种承包经营责任制,3个县属企业的厂长与主管部门签订经济承包合同。

1998年,推进企业产权制度改革,实施转让、兼并、破产、重组、带资入股、解体等多种形式的产权制度改革,从根本上触动企业国有产权,转换国有企业职工身份。成立企业产权改革领导小组及其法规宣传组、清产核资组、工龄补偿组、破产清算组,对企业进行全面清产核资,资产评估、产权界定、置换国有职工身份,职工用资金购买企业产权,成为股东。

1999年,确立工业立县、工业强县发展思路,全县上下着力招商引资,建设经济园区,优化经济发展环境,加快工业发展。将企业投资决策权、人事用工权、工资分配权全部放给企业,企业拥有经营自主权。基本完成变卖固定资产、安置职工、解除劳动关系、企业解体或重组工作,实现所有制结构的调整。

2001年,以产权制度改革为核心,深化企业改革,通过出售、拍卖、股份合作制、合资、兼并、租赁等形式进行改制,调整优化结构。企业产权制度改革完成9户,累计完成企业产权制度改革34户,占应改企业的82.5%。电力公司改制为股份有限责任公司,拟定川西水泥厂、乃托化冶公司改制方案,分别实施协议破产和带资解体。其余国营和集体企业实行破产重组或变卖给个人经营。截至年底,私营工业产值占工业总产值的71.4%。

2005年,县属16户国有企业全面完成改制,触动产权面88.89%。改革中,坚持"两个置换",即:以产权转让置换企业的国有、集体身份,以安置费量化置换职工国有、集体身份。县属工业企业国有(集体)经济比重下降到3%,国有(集体)企业体制性障碍基本消除。全县工业基本形成以建材、水电、冶炼、矿业、农产品加工等行业为支柱的工业结构。

第三节　企业人事改革

1991年,扩大企业用工和人事管理权。厂长由上级直接任免,副厂长由厂长提名,报上级主管部门任免,其余干部由企业自行任免;符合条件的优秀工人可提拔为干部;企业对富余劳力,可自行安排其他行业、工种工作或停薪留职自谋职业;县内企业之间工人调动,由主管部门直接办理。

1993年,国有工业企业全面推行干部聘用制,打破身份界限,有能力、表现好的工人可以到管理岗位工作,原来具有干部身份的可根据需要到工人岗位工作,建立起企业干部能上能下、能干能工的人事管理机制。

1995年,下放企业人事管理权,县内、地区内企业之间干部调动,由企业双方商定、企业主管部门直接办理;企业内部机构设置、人员配备、大中专毕业生转正定级审批等由企业自主决定。按国务院和四川省人民政府的有关文件,对全县企业办公室主任、工作人员,参照国家机关工作人员工资制度改革后的工资执行标准,进行工资调整。

1997年,进一步向企业放权。改革人事制度,建立健全"贤者上,庸者下"用工制度,打破"铁饭碗",改革分配制度,破除"铁工资"。企业内部分配制度由固定工资制改为浮动工资制,固定工改为合同工。以劳动合同书形式确定企业与职工的劳动关系,规定双方的权利与义务。企业中干部、职工,统称企业职工。以企业自主为前提,贯穿公开、平等、竞争、择优原则,完善新的企业用工和人事管理制度。

1999年,企业劳动用工经劳动部门核定指标,在城镇待业青年中公开招收,择优录用并与被录用者签订劳动合同。

2000 年，出台鼓励下岗职工自谋职业，确保下岗职工再就业各项优惠政策得以落实。成立县属破产企业善后工作办公室，负责县属破产工业企业的管理和服务。2005 年，按照“谁管理、谁负责”原则，全县乡镇企业系统层层建立安全生产组织和安全生产责任制，并将安全生产列入经营承包合同并与奖金挂钩。对接触有毒工作的职工定期体检，建立职工健康档案。

第二章　企业管理

第一节　管理体制

管理机构　1991 年，工经系统所属企业实行计划管理。县工经办对所属企业实行“厂长负责，承包经营，利润递增，包干上交”目标责任制管理。1992 年，成立越西县计划经济委员会(简称计经委)，管理系统内工业企业。

1996 年，企业改制，所有制发生变化，经委对企业的管理变为指导、协调服务，不再下达指令性计划。同年，对工经企业实行“稳定基数，定额上交，超收全留，歉收自补，亏损自负”的承包经营管理。

2002 年，成立县经济贸易局主管全县工业经济，将计经委及乡镇企业局部分职能划转。2003 年，成立县经济局。县经济局主管全县工业经济，并协调服务各工业企业。

财务监管　1991 年，以《中华人民共和国会计法》为基础，根据不同企业特点，建立适合于本企业管理的财务制度。贯彻国家经委《企业管理现代化纲要》，以人为中心从严治厂，培育企业精神，推广“责任会计核算”、“量、本、利分析”、“全员达标法”加速资金周转，推广企业上等升级。

1993 年，举办财会人员学习班，学习贯彻国家按照国际惯例制定新企业财会制度，有关费用，转入递延资产，奖金计入成本费用，固定资产借款利息计入财务费用，提高固定资产折旧率和组织国营工业企业进行年终结算，严格检查企业财务制度执行情况。全县参加培训 220 人。

1995 年，在利改税基础上，各企业逐步实行目标责任制和承包经营责任制。实行递增目标管理和超利润分成目标管理。企业实行承包经营责任制后，必须保证完成承包的财政收入任务。开展财务管理年活动，重点帮助企业完善内部财务管理办法。

1998 年，对工业企业上缴利润实行“核定基数，定额上交”，超承包的利润全留给企业；完不成任务的，企业用自有资金补足。

2000 年，对全县 24 名企业的财务人员进行会计法、财务知识培训。2005 年，采用主管人员“一支笔”管理财务收支。每月或每季度向财务科做出财务分析。

第二节　管理措施

1991 年，开展质量、品种、效益年活动，举办技术学习、技术练兵和技术比武活动及技术培训班。鼓励职工自学、互帮互学，提高技术技能。同时，开展千条合理化建议大奖赛活动，围绕发展生产、增加效益提合理化建议，对前 100 名进行表彰奖励。

1993年,县党政领导挂靠重点工程,协助企业考察项目。在全县职工中开展社会主义市场经济教育、学历教育,举办市场营销、专业技术培训。

1995年,开展质量管理效益年活动。在企业中推行倒逼成本管理法。将生产、流通、管理全过程进行分解,制定目标成本,挖掘潜在效益,成本控制量化到每个员工和生产经营环节,与经济利益挂钩,激励全体员工不断降低成本。

1997年始,全县经济按照实现“两个转变”要求,坚持“三改一加强”,以提高经济效益为中心,在制度创新、结构优化、科学管理、开拓市场上抓突破、求实效。改制、改组、出售公有制,对资不抵债的县属企业实行一厂一策。

2001年,依据《中华人民共和国企业破产法(试行)》,通过评估认定,该破产的破产,能重组的重组,既保全部分国有资产,又使破产企业职工最大限度地得到安置,保障下岗职工最低生活需求。以提速、促销、增效为核心调整经营对策,克服枯水期、技改、扩建、停产、检修、运输不畅等因素制约,保证新增项目建设如期投产。

2005年,按照建立现代企业制度要求,规范和完善已改制企业,推出国有资本。全面推进商业系统国营、集体企业产权制度深化,完善改制企业产权制度。

第三节 经营管理

生产管理 1991年,随着社会主义市场经济体制的建立和完善,政府对企业计划管理由指令性转为指导性。年度工业计划依据当年度全县国民经济和社会发展计划及上年度工业计划完成情况编制。计划主要指标有:工业总产值(现价、不变价),不变价产值比增数,工业增加值及比增数,主要企业销售收入,实现利润和税收、产销率,主要工业经济效益综合指数等。1996年,建立工业生产调度会议制度。会议在调查了解、掌握工业生产动态的基础上,针对企业存在困难和问题,采取合理调度煤炭、电力、运输能力等措施,协调解决企业在生产经营过程中出现的“急、难、重”问题。2000年,工业生产调度会议更名为工业经济运行分析会,内涵逐步扩大,转为对宏观经济进行分析、监测和预测。2001年,加大企业改革力度,县主要领导分工联系企业解决生产经营面临的突出问题,保证电力供给,衔接好运力,注入流动资金和技改资金1260万元。2005年,除对工业企业生产进行协调外,还采取措施对工业经济运行进行调控。

销售管理 1991年,全县比较大宗的工业产品主要有水泥、原煤、白酒、木材等,其中:以重工业产品居多。水泥除县内销售外,主要销往西昌、甘洛地区,少部分销往云南省。原煤主要作为生产生活用煤供应县内。化肥主要产品碳铵,大部分供应县内农业生产用,约有1/3销往周边地区。其他产品均以省内销售为主,少量销往云南等毗邻地区。

1995年,工业产品营销以企业自主营销为主,部分企业成立销售公司,建立健全销售制度。省内外销售网络由企业自己组建。2000年,部分企业在主要销售地区设办事处,以总经销、代销等形式设置销售网点。2005年,提高产品知名度,展示县内名、优、特产品,县经委(经贸局)根据企业意愿,组织有关企业参加各地举办的工业产品展销会、博览会等,以产品推介为主、企业形象展示为辅,利用现场销售和签订合同相结合的方式构建企业管销网络。

成本管理 1991年,在工业企业中开展“转机制、练内功、抓管理、增效益”、“合理化建议和双增双节”活动,各企业强化现场管理,落实降本增利措施。1995年,开始在工业企业中推行“模拟市场核算,实行成本否决”的邯钢经验。提出企业管理以财务管理为中心,强化财务核算和各项基础工作,实行劳动定额、消耗定额规范化,加强产品全过程的成本监控。1998年,深化生产体制改革,做好“三定”(定岗、定员、定职),裁减人员,加强计量标准工作,实现减员增效。2002年,全县工业企业推广原辅材料比价采购管理经验，川西水泥厂等企业先后实行原辅材料采购竞价招标，从源头上堵塞成本漏洞，大幅度降低采购成本。2005年，推行物资比价招标采购制度，提出规范性操作办法，使全县工业企业原辅材料比价采购管理走上制度化、规范化轨道，促进企业扭亏、脱困、增收。

第三章　主要企业

第一节　川西水泥厂

四川川西水泥厂位于越西县乃托镇，成昆铁路旁，距越西火车站1公里（工厂有自备铁路），省道S208公路绕厂而过，交通运输便利。始建于1986年，1990年9月，建成投产，属凉山州州属企业，称乃托水泥厂，拥有固定资产0.9亿元，核定生产能力20万吨，职工650人，工厂资金来源主要以建设银行贷款为主，生产工艺为湿法回转窑，设备以七十年代至八十年代为主。占地550亩，固定资产8000万元，两条Φ3.1/2.582m湿法生产线，生料、水泥均采用先进的微机配料系统、空气搅拌均化系统以及检验实验设备和计量设备，县铁西电站专线供电。有品位含量高，开采储备量3500万吨自备矿山。企业先后被评为“管理示范企业”、“明星企业”、“凉山州标兵企业”，县级“质量、管理、效益年”先进单位，被省、市定为重点水泥生产企业。

表14－1　　1991—2005年川西水泥厂负责人名录

姓　名	性　别	民　族	职　务	任职时间
唐纪泽	男	汉族	厂　长	1986.7—1994.4
张　峰	男	汉族	副厂长	1990.10—1994.4
胡荣华	男	汉族	副厂长	1986.6—1994.4
邱长清	男	汉族	副厂长	1986.6—1994.4
张秀林	男	汉族	厂　长	1995.5—2003.1
周庆平	男	汉族	副厂长	1996.1—2003.4
朱　勇	男	汉族	副厂长	1996.6—2003.6
李国全	男	汉族	副厂长	1994.4—2005.12
李建清	男	汉族	副厂长	2005.3—2005.12

1991年，改称凉山州水泥厂，拥有水泥生产线2条，设计生产能力20吨，当年生产水泥3.5吨，主要产品为：普通425/425R，实现产值800万元。有职工680人，其中：具有高级职称1人，中级职称8人。内设：办公室、销售科、供应科、保卫科、机动科、财务科、人事劳资科、生产调度室、工会、党委办、团委，辖原料车间、烧成车间、制成车间、包装车间、机修车间、动力车间、化验室7个车间。

1992年，有职工653人，各类专业技术人员40人，高中以上文化职工占职工总数的37%。1993年，通过“一控双达标”。1994年11月，凉山州水泥厂划归越西县政府，更名川西水泥厂。1995年，厂领导班子着力打造“园林式工厂”,连续多年被评为环境保护先进单位。

1998 年,年产乃托牌系列普通硅盐水泥 12 万吨。产品 32.5R、42.5R 普通硅酸盐水泥荣获国家产品质量认证,企业成为中国质量认证企业。“宁远”牌水泥连年出厂合格率、包装合格率、富裕强度合格率 100%,水泥各项指标均达到同类产品先进水平,先后为国家大、中型基建工程所使用。1999 年,年产 14 万吨,实现产值 32966 万元,税金 426 万元。2003 年,其品牌 P·C32.5R 获省免检产品。

2004 年 10 月,川西水泥厂实行全员职工工龄补偿,破产重组改制。全厂有资产 12000 万元,水泥生产线 2 条,设计生产能力 20 吨,当年生产水泥 14 万吨,主要产品为:普通水泥、复合水泥,实现产值 3000 万元。有职工 560 人,其中:中级职称的 10 人。

2005 年,四川省川西水泥厂破产组建凉山州乃托水泥有限公司。公司有资产总额 3.2 亿元,注册资金 3600 万元,占地 452 亩,是凉山州 30 户重点工业企业之一。公司现有日产熟料 13.5 万吨、年产水泥 20 万吨生产线 2 条,主要产品有普通硅酸盐水泥、复合硅酸盐水泥、钢渣道路水泥、大坝水泥 4 大系列 10 多个品种。产品应用于电站、高速公路、城市基础设施和重点工程建设项目。

附属企业:1996 年,为扩大产能,在西昌经久乡新建西昌粉磨站,主要产品为复合水泥、普通水泥,产能 6 万吨。后因凉钢破产等原因,粉磨站于 2003 年关停。

第二节 电力有限责任公司

1958 年,越西县电力企业称越西水电厂。1989 年,成立越西县电力公司。1999 年,公司拥有资产 3190 万元,职工 300 人,自营电站 6 座,装机 6800 千瓦。当年销售收入 969 万元,实现利润 205 万元,上缴税金 130 万元。2001 年,改制为越西电力有限责任公司(简称电力公司)。2005 年,公司有职工 293 人,其中:大学 6 人,大专 63 人,中专 153 人;中级职称 12 人,初级职称 39 人,技师 2 人。

表 14-2 1991—2005 年电力有限责任公司负责人名录

姓 名	性 别	民 族	职 务	任职时间
陈志新	男	汉族	经 理	1990.4—1993.7
古华桃	女	汉族	经 理	1993.8—1998.7
海来池布	男	彝族	副经理	1993.8—1998.7
唐亚平	男	汉族	副经理	1993.8—1998.7
			经 理	1998.8—2005.12
谢邑林	男	汉族	副经理	1999.5—2005.12
罗清林	男	汉族	副经理	2001.12—2005.12
陈 勤	男	汉族	副经理	2001.12—2005.12

生产管理 1991 年,电力公司负责全县工农业生产的供电、国有控股电站、民营电站电力的入网管理和电费结算,安全生产指导、监督,县内电量的调节管理等。2002 年,发、供电量持续增长,全年累计完成发电量 4772 万千瓦时,供电量 8362 万千瓦时,售电量 7525 万千瓦时,总产值 1202 万元,总收入 1673 万元。2005 年,发电量 7320 万千瓦时,供电量 12411 万千瓦时,售电量 11380 万千瓦时,总收入 2540 万元。公司分别荣获全州 50 强企业、全省农网改造先进企业、全省优质服务“文明窗口”先进单位、全州卫生先进单位、全州计划生育先进单位,1 名职工荣获凉山州第二届劳动模范称号。

表 14－3　　1991—2005 年电力公司生产经营效益表

年份	发电量(万千瓦时)	售电量(万千瓦时)	产值(万元)	税金(万元)	利润(万元)
1991	3347	3253	351	20	167
1992	3790	3774	418	26	186
1993	3493	3438	597	35	243
1994	3356	3631	835	91	384
1995	2731	2644	638	49	106
1996	2757	2520	550	39	3
1997	3027	3033	624	58	10
1998	3635	4090	738	126	204
1999	3775	4712	767	133	160
2000	4850	6104	882	202	216
2001	4357	5599	1111	158	192
2002	4772	7525	1202	102	－59
2003	5495	6864	1410	117	26
2004	6362	7290	1615	139	36
2005	7320	11380	1666	421	382

第三节　自来水公司

1991 年，自来水厂有职工 15 人，占地面积 5374 平方米，水池容积 0.13 万立方米，年供水 48 万吨，主要供应县城机关单位及城镇居民生产生活用水，有 2.4 万人饮用，年销售收入 28.8 万元。当年，投资 118 万元安装 250 毫米优质铸铁管道 6268 米，将中所镇观音河水引进县城。

1992 年 1 月，竣工正式通水。中所水观音饮用水工程年供水 56 万立方米，销售收入 33.6 万元，主要供应越城镇、中所镇及周边群众生产生活用水。

1998 年 4 月，政府投资 30 万元，完成中所镇水观音饮用水源治理环境污染工程，修筑围墙 468 米、堡坎 460 米、排水沟 505 米。当年供水 60 万吨，实现销售收入 54.1 万元，利润 0.85 万元，日供水能力 3200 吨。2001 年 12 月，在县城东山新建第二水厂，总投资 300 万元，该工程采用无电耗高差压自流供水工艺，建成泉群取水口，沉沙池，铺设输水主管直径 310 毫米，5200 米无缝钢管，接入县城西山供水净化池。建成后年供水能力比上年增加 162 万吨，全年供水能力达到 270 万吨，实现销售收入 75.4 万元，利润 5.5 万元。

2005 年，公司现有职工 20 人，年人均工资 8400 元，比 2000 年增长 3000 元；供水能力 0.9 万吨，比 2000 年增长 2 倍；全年售水量 86.9 万吨，比 2000 年增长 20%；销售收入 78.2 万元，比 2000 年增长 13 万元，实现利润 6.75 万元，比 2000 年增长 4.6 万元，增长 2.3 倍。

表 14－4　　1991—2005 年自来水公司负责人名录

姓　名	性　别	民　族	职　务	任职时间
张太全	男	汉族	经　理	1988.3—1995.12

续上表

姓　名	性　别	民　族	职　务	任职时间
莫崇志	男	汉族	副经理	1988. 3—1995. 12
			经　理	1996. 1—2003. 7
王　勇	男	汉族	经　理	2003. 7—2004. 10
朱应忠	男	汉族	副经理	1998. 8—2004. 9
			经　理	2004. 10—2005. 12
马小三	男	汉族	副经理	2004. 10—2005. 12

表 14－5　　1991—2005 年自来水公司生产销售情况表

年份	公司职工(人)	供水量(万吨)	销售收入(万元)	利润(万元)	税金(万元)
1991	15	48	28. 8	0. 65	1. 73
1992	15	56	33. 6	0. 8	2. 02
1993	15	54	32. 4	0. 65	1. 94
1994	15	57	34. 2	0. 85	2. 05
1995	15	60	36. 1	0. 9	2. 16
1996	15	58	34. 8	0. 56	2. 08
1997	18	62	37. 2	1. 25	2. 23
1998	18	60	54. 1	0. 85	3. 24
1999	18	65	58. 5	1. 95	3. 51
2000	18	72. 4	65. 2	2. 15	3. 9
2001	18	75. 5	67. 9	1. 65	4. 1
2002	20	84	75. 4	5. 5	4. 52
2003	20	85. 2	76. 7	3. 5	4. 6
2004	20	85. 9	77. 3	4. 5	4. 64
2005	20	86. 9	78. 2	6. 75	4. 69

第四节　凉山索玛集团有限责任公司

1998 年,引资 1500 万元,盘活乃托化工冶炼有限责任公司电锌存量资产,实现锌冶,磷肥租赁经营,建立凉山索玛锌品厂。厂址距越西火车站 500 米。主要产品:电解 1#锌、0#锌。标准按照 GBT470—1997 执行。生产工艺采用锌精砂—焙砂—浸出—电积—熔铸—锌锭炼锌冶成。年产值逾 3 亿元人民币,是凉山州、越西县重点骨干企业。副产品:锌熔砂、磷肥、铜渣、海绵隔、锌浮渣、硫酸、氧化锌。年产 2 万吨电解锌,3 万吨硫酸,8 万吨磷肥。同年,投资 1280 万元兴建自备电站一座,装机容量 21600 千瓦。1999 年,年产电锌 2687. 82 吨,磷肥 11191 吨,实现产值 1643 万元。

2002 年,针对市场的不断发展适时调整产业结构,突出战略重点,发挥整体优势,坚持以市场为导向,以科技进步为企业的第一生产力,强化企业内部管理,实施正确的经营战略,正确处理好企业利润最大化的利润目标与理性化目标的关系,被凉山州人民政府授予“工业经济效益五十强”称号。

2003 年 8 月，自贡市洪大实业有限公司经凉山州政府招商引资与索玛集团合资成立越西县索玛塑业。公司位于越城镇外南街 212 号，占地 33 亩，注册资金 120 万元。生产聚丙烯塑料编装流水线，有职工 200 人，技术人员 20 人，党员 2 人，年总产值达 1000 万元，利税 200 万元，主销周边水泥厂。同年，凉山索玛集团有限责任公司被中国农业银行四川分行授予 AA 信用等级企业称号。

2004 年，凉山索玛集团有限责任公司在四川省越西县工商局注册。注册资金 4280 万元。公司拥有员工 1000 人。年销售额超过 5 亿元人民币。是凉山州人民政府确认的 20 户重点工业企业之一。在甘洛矿权拍卖会两度以 3000 万元的资金购得两宗矿权，成为凉山州有资质参与竞拍并两度竞拍成功的本土企业。2005 年，凉山州索玛集团由民营租赁企业发展为以电锌产业为龙头，涉足电站、化工、房地产、塑业等产业的集团公司，现有子公司 5 户，资产 6000 万元。年产“索玛”牌电解锌 1 万多吨、磷肥 3 万吨、氧化锌 0.25 万吨、硫酸 1.5 万吨、焙砂 1 万吨等系列产品，畅销沈阳、天津、太原、郑州、成都、温州等地。

第四章　工业园区

第一节　园区管理

一、基本情况

1991 年，现乃托工业集中区范围内州属企业有乃托水泥厂，乃托铅锌冶炼厂。1994 年，乃托水泥厂，乃托铅锌冶炼厂划归县属。1997 年，乃托锌冶炼厂磷肥、锌冶实现租赁经营，成立索玛锌冶炼厂。2001 年，越西县丰合电冶有限责任公司成立，建成一座容量 4200 千伏安的工业硅电炉，年可产工业硅 3000 吨，产值可创 2400 万元。2005 年，园区无独立的供电系统和独立供水系统。区内有川西水泥厂、凉山索玛集团有限责任公司、丰合电冶有限责任公司、永强磨料厂、越西县电力公司、铁马二级电站、碳化硅有限公司等主要企业，占地面积 85 亩，主要工业产品有水泥、电解锌及硅系列产品，区内主要企业完成工业增加值 16000 万元，销售收入 41000 万元，实现利税 4500 万元。

二、园区规划

2005 年，集中区位于乃托镇境内，省道（S208 线）以东，南起尼日河，北至瓦姑。工业集中区圈定规划范围 4.3 平方公里，规划内可建设总用地面积 379.582 公顷，规划工业用地面积 115.48 公顷（二类工业用地 29.14 公顷，三类工业用地 86.34 公顷），分轻工业发展点（农畜产品加工点）、水能资源储藏点（电站建设点）、重工业开发点。规划建设 1 座 35 千伏的变电站，负责园区主电网架设和企业供电；建设 1 座月供水能力达 30 万吨水厂，架设上水管网，解决区内的生产生活用水问题；修建 1 座污水处理厂，铺设下水管道网，主要负责净化区内排放的生产生活污水，使之达到标准排放。规划集聚发展的产业方向是发展电冶结合的高耗能黑色冶炼；规划集聚发展的主要产品为农副产品、水泥、电解锌及硅系列产品。

三、园区布局

轻工业发展点（农畜产品加工点）　沿普雄河普雄镇至拉白乡段。充分利用高二半山区洋芋、荞麦等农副产品种植及猪、牛羊畜牧业发展的有利条件,以市场为主导,发展农畜产品深加工等农业产业化项目。拟建年处理2万吨洋芋精加工项目,1.5万吨荞面精加工项目,5万头牛、羊、猪宰杀深加工项目。

水能资源储藏点(电站建设点) 拉白乡至梅花乡间的水系网,包括主流河域和支流河域。主流河—普雄河、漫滩河贯穿南北,支流众多,环山而行,河流落差较大,水能资源开发价值高,耕地及人口稀少,地形属狭窄的河谷地带,适宜搞水电开发建设项目。拟建装机6万千瓦的漫滩电站、普雄二级电站、装机0.64万千瓦的永兴电站、装机0.64万千瓦的尔普电站;在建电站有装机2万千瓦的铁西电站、普雄一级电站。

重工业开发点 以乃托镇为核心,辐射铁西乡河谷地带。区内铁、煤、泥炭土、石灰石等矿产资源丰富,成昆铁路及乌金公路交错,交通便利,远离城区,人口稀少,地域相对宽广平坦,随电站建设竣工投产,电能储备将不断扩大,适宜发展电冶结合的高耗能项目、水泥生产项目及矿产资源采选项目。拟建年产30万吨铁粉洗选厂、铁西乡老虎石煤炭开发项目。

第二节 园区发展

发展规划 2005年,聘请四川省英杰投资咨询公司规划设计《越西县工业集中区建设与发展规划(2005—2015)》。按照"功能分区、布局合理、资源节约、生态环保"原则,立足优势资源和优势产业,做深矿产品加工业,打造支柱产业,解决工业布局、产业定位、发展规模等方面的问题,发展高新技术产业,利用信息化提高企业管理水平,提高企业效益,增加企业创新和发展的能力。加强对企业的节能降耗准入和监管。严格执行对新增生产能力的能效准入机制,建立健全能耗统计、监测分析制度,改善工业集中区的城镇环境。

基础设施 2005年,成昆铁路、S208、县道中乃路贯穿乃托工业集中区,启动乃火路改造及行人过铁路地下通道建设。集中区基础设施工程建设预计总投资为22010万元。按照集中区内水、电、路、通讯等基础设施建设的详细规划,加快供排水管网、高低压供电线路、光缆、通讯的实施和乃托火车站至集中区内各企业的公路、110千伏输变电站的建设。

引资环境 2005年,凉山州委机构编制委员会办公室批准成立乃托工业集中区管理委员会。按照州委、州政府"拓展两线、打造两级、开发三带"战略设想,健全机构机制,提高服务水平。按照精干、高效、务实原则优化环境,制定统一规范入园项目建设流程、限时办结、规费收取、水电价格等方面的制度,扩大集中区管理机构服务领域,增强服务透明度,推行"一站式服务"和"全程代理服务",简化审批制度。营造良好的服务环境扩大招商引资。推进集中区产业化进程。健全外来投资者投诉调解机制和软环境监控系统,完善项目审批、建设、投产全过程追踪服务制度。

第三节 园区企业选介

四川丰田泥炭公司越西分公司 2002年6月,经四川省商务厅批准,成立四川丰田泥炭公司越西分公司。公司是世界"500强"企业日本丰田汽车公司全额出资的外资公司的分支机构,主要在县境从事泥炭的开采、粗加工以及采区的农田恢复。开采地址为保安乡耿家湾和新桥,开采总面积控制在0.5518平方公里范围内,计划开采年限为18年,计划开采量为1088155立方米。项目总投资400万美元,经营期30年,年生产能力为5~10万立方米。同年,越西县乃托加工厂开工建设。四川省水利厅以川水函〔2002〕748号批复四川省水利水电勘测设计院编制完成《日本丰田汽车有限公司泥炭开发项目水土保持方案报告书》。2003 年,越西县乃托加工厂建成并投入试生产,设计生产能力为第一年产泥炭 2000 立方米。以越西县保安乡耿家湾矿区为泥炭开采地,进行泥炭试开采,设计开采泥炭 2000 立方米,实际开采泥炭 6825 立方米。本着"信守取一方泥炭,恢复一片绿色土壤"承诺公司聘请四川省环境监测中心站承担项目竣工环境保护验收监测、调查。2005 年,新桥试开采区及耿家湾已开采完毕的单元进行回填复耕,复耕率为 100%。对回填的土壤进行改良,复耕后种植原有农作物,复耕后的土质通过越西县国土资源局的验收。验收结论:就土壤理化指标来看,除土壤 pH 值外,耿家湾泥炭采空区恢复农地具有极高的肥力水平,完全能满足农作物生长对土壤的要求。

越西县宏阳水电开发有限公司　2004 年,越西县人民政府招商引资开发总装机容量 8 万千瓦铁西和漫滩两个电站。浙江宏阳水电开发公司投资 1 亿多元成立越西县宏阳水电开发有限公司,兴建装机 2 ×10000 千瓦铁西电站。同时,开展预计总投资 4. 8 亿元,装机 3 ×20000 千瓦漫滩电站前期工作。2005 年,铁西电站建成发电。漫滩电站前期工作完成。两个电站发挥效益后,年发电量 4. 5 亿千瓦时,每年可创产值 1. 2 亿元,产生增值税 2000 万元以上。

越西县传波炉料有限公司　2004 年,县政府利用县境丰富的水能电力资源引资上海传波贸易有限公司兴建越西县传波炉料有限公司,建成 6300 千伏安多用途矿热炉 1 座、3000 千伏安精炼炉 1 座。结合国内外先进冶炼工艺,生产硅铬合金、低微碳铬铁;总投资 3000 万元,占地 40 余亩,年产量近 1 万吨,年销售额约 1. 2 亿元,年创利税上千万元。正式员工 189 人。产品是重型钢材的添加剂、不锈钢的原材料。

第五章　电力工业

第一节　电力管理

管理体制　1991 年,全县 31 个乡(镇)有供电站,各用电村聘用电工,业务上隶属县供电所管理,行政上隶属乡(镇)村管理。1994 年,制定《开展优质服务,端正行业作风工作目标计划》,坚持"六公开、一监督"制度,制止农村用电"三乱"现象。

1999 年,越西县"三电"办公室对计划用电、节约用电、安全用电实行归口管理,负责计划用电分配方案的制定、实施、监督以及节能措施、项目的实施和用电安全监督检查,平衡供需关系。2000 年,开展"送光明、献爱心"优质服务活动,公开社会承诺 19 条。

2003 年 1 月,优化电网结构,降低线路和变电损失,提高供电能力和供电质量,实现居民"一户一表"和县级电力公司直接管理到户的管理模式,满足县城地区经济发展和人民生活用电的需要。2005 年,加强农村供电所规范化管理。进行农电体制改革,整顿供电所,隶属县供电所。设立村电工组,全县设 100 个电工组;20 户配备 1 名农电工,重新招聘农电工 100 人,实现农电营销抄表、收费、管理、服务"四到户"管理,减轻农民负担。

工农业供电　1991 年,先后引进碳化硅厂、工业硅厂、传波电冶厂和永强磨料厂 4 家高耗能企业。为解决其电力问题,分别自铁马一级电站新建 1 回 10 千伏线路供给碳化硅厂用电;新建 1 回 35 千伏线路解决传波电冶厂用电;新建 1 回 35 千伏线路解决工业硅厂用电。1998 年,实施国家农村电网建设与改造、城市电网建设与改造工程,新建改造 10 千伏配电线路 34 条,509. 49 公里,配电变压器 724 台,容量

39435千伏安。农村电网供电可靠率98%,电压合格率99%。全县通电35个,乡(镇)通电率85%;通电村222个,通电率97%;通电户31350户,通电率94%。2003年,利用农网改造契机,分别对铁马一级电站至乃托水泥厂35千伏线路进行改造;新建1回10千伏线路解决磅礴矿业公司的矿山用电。2005年,更新改造全县10千伏配电线路29处,246公里。全县工业用电迅速增长,由1990年的1510万千瓦时增至2005年的9900万千瓦时,增长5.55倍。城乡居民生产生活用电大幅增长,用电量由1990年的280万千瓦时增至2005年的0.46亿千瓦时,增长15.43倍。

第二节 输变电工程

变电工程 1993年,改变县电力公司孤网运行状况,投资680万元建成城关110千伏变电站,装接容量10000千伏安,以110千伏电压等级与西昌电力公司并网运行。有两回35千伏出线1回,分别与铁马一级电站联网,有10千伏出线9回,分别供城关、新民、中所片区城乡居民生产生活用电。1998年,新增35千伏出线2回,与团结二级电站并网运行。2001年10月,投资268.8万元建成大瑞35千伏变电站,装接容量为4000千伏安,通过6公里35千伏线路与城关110千伏并网运行,有10千伏线路6回。2002年12月,投入运行新民35千伏变电站,设计装接容量为2000千伏安,工程建设总投资310万元,通过5公里35千伏线路接入团结二级,并入公司35千伏系统运行,有10千伏线路6回。解决新民片区仅用1条10千伏线路"长藤结瓜",装接大量公用变压器的不可靠运行方式。2003年,技改普雄35千伏变电站1座,装接容量4000千伏安,通过26公里35千伏线路接入团结二级,与公司35千伏系统并网运行,有10千伏出线6回。2005年,解决越西公司电网运行不稳的现状,对城关110千伏变电站技改扩建,新增容量10000千伏安,新增110千伏出线1回,架设3公里110千伏线路与国网越西220千伏变电站并网运行。

输配电工程 1991年,以35千伏线路为骨架,以城关35千伏变电站、普雄35千伏变电站10千伏线路辐射的配电网,形成自发、自供县级电网的雏形阶段。1994年,完善县域电网35千伏骨架,增加沟坝地区35千伏变电站点数,加大10千伏供电的覆盖面,提升供电质量,拓展农村电力销售市场。1993年,建成泸沽至越西110千伏输变电工程,实现大小网互济、丰枯互供供电良性循环,改变县电力公司孤网运行。2000年,全县输配电线路总长1214公里。其中:35千伏线路87公里,10千伏线路412公里,0.4千伏线路715公里。2005年,建成铁西水电站至国网220千伏变电站110千伏输电线路。规划设计大岩三级电站至乃托水泥有限责任公司35千伏输电线路、普雄一级电站至响水河二级电站35千伏送电线路、铁马一级电站至乃托水泥有限责任公司35千伏送电线路、五宏二级电站至城关110千伏变电站35千伏送电线路。

第三节 电网改造

管理机构 1998年,根据国务院办公厅转发《国家计委关于农村电网改革农电管理体制实现城乡同网同价的请示》。成立越西县农网建设改造领导小组,设组长1名,副组长1名,成员6名。下设办公室于县计划与经济局,负责工程项目的审批、报批和协调服务。设办公室主任1人,副主任4人。越西县电力公司成立越西县农村电网建设改造项目实施领导小组,设组长1名,副组长3名,成员5名,具体负责全县农网建设改造的具体工作。

农网改造工程 1991年,全县农网改造前,80%的变压器台区为高耗能变压器,农村线损35%左右,农民到户平均电价在0.65元/千瓦时,个别地区达到1.5元/千瓦时以上,电压极不稳定,无法满足照明和家用电器的需要。1998 年，结合农网改造相关政策，编制《越西县农村电网建设改造规划报告》，制定全县农网改造原则和“两改一同价”实施方案。

2000 年，启动农网改造二期工程，新建和改造 10 千伏输变电线路 100 公里，新建和改造 0.4 千伏输电线路 100 公里，安装到户电表 1386 只。累计完成投资 591 万元，占年计划的 106%；其中，国债资金补助 267.5 万元，申请银行专项贷款 267.5 万元，群众自筹 56 万元。改造后的农村电价为 0.35 元/千瓦时，平均下降 0.26 元/千瓦时。据电力公司改造后 1 个月的报表反映，当年，农村用电量比上年增加 17.5%，经测算降低电价每年可减轻农民负担 86 万元。同年，全县通电乡 41 个，乡通电率 100%；通电村 265 个，村通电率 92%；通电户 53664 户，户通电率 93.3%；电炊户 11439 户，户用电率 20%。2003 年 4 月，经凉山州物价局核定同价标准为 0.4 元/千瓦时。

城网改造　2003 年，经省计委批准，实施县城电网建设与改造工程。城网改造主要有：城关变电站，容量 10000 千伏安，投资 650 万元；新建城关变电站至国网越西变电站 110 千伏输电线路 13.85 公里，投资 485 万元；新建与改造县城电网 10 千伏输变电线路 30 公里，投资 700 万元，0.4 千伏输电线路 50 公里，投资 600 万元，变压器台区 20 台，容量 5000 千伏安，投资 490 万元；县城居民户表工程 20000 户。以上 6 项共投资 2925 万元，其中：国债资金补助 585 万元，申请银行专项贷款 2040 万元，群众自筹 300 万元。工程项目于 2004 年 12 月竣工并投入使用。

第四节　水电出让

电站挂牌出让　2004 年 10 月，县人民政府批准，由县水利局主持，对全县水电资源开发权进行首批公开挂牌出让，总计首批挂牌出让开发权水电站 10 座，装机 20 台，容量 49600 千瓦，获得出让金 361 万元，每千瓦最高竞卖价 107 元，平均竞卖价 72.78 元，创收 361 万元。2005 年 4 月，开展两批水电资源开发权挂牌出让，共挂牌成功出让水电站 6 座装机 12 台，容量 8640 千瓦，获得竞卖出让金 624.8 万元。

表 14－6　水能资源挂牌出让开发权电站情况统计表

电站名称	所在河流	建设地点	装机容量（台/kW）	起始价（元/kW）	出让价（元/kW）	出让金额（万元）	出让日期
尔普电站	普雄河	尔普村	2/6400	40	40	25.6	2004.10.18
永兴电站		呷托村	2/6400	50	107	68.48	2004.10.18
大庆电站	茶园河	大庆村	2/5000	50	98	49	2004.10.18
茶园一级电站		茶园村	2/5000	50	98	49	2004.10.18
茶园二级电站		茶园村	2/6400	50	98	62.72	2004.10.18
大花一级电站	大花河	瓦尔村	2/3200	40	55	17.6	2004.10.18
大花二级电站		大花村	2/3200	40	55	17.6	2004.10.18
大花三级电站		大花村	2/2000	40	55	11	2004.10.18
大岩一级电站	大岩河	大岩村	2/8000	50	50	40	2004.10.18
大岩二级电站		广河村	2/4000	50	50	20	2004.10.18
洛尔沟电站	洛尔沟	波洛村	2/800	40	118	9.44	2005.4.19
两岔河电站	三岔河	曙加村	2/640	40	40	2.56	2005.4.19
响水河一级电站	响水河	阿尼吾村	2/4000	100	1495	598	2005.9.27
新乡三级电站	越西河	觉巴村	2/1600	40	40	6.4	2005.9.27

续上表

电站名称	所在河流	建设地点	装机容量(台/kW)	起始价(元/kW)	出让价(元/kW)	出让金额(万元)	出让日期
依洛电站	依洛河	三莫洛村	2/800	40	65	5.2	2005.9.27
彩洛电站	洛木依达河	阿来吾村	2/800	40	40	3.2	2005.9.27

水能资源出让 2004年,新建越兴、响水河二级、德吉一级、德吉二级、德吉三级、巴姑三级、索玛小水电站8座,装机16台,容量14080千瓦,动工在建普雄一级、铁西电站等8座,装机17台,容量55300千瓦。2005年,对交通闭塞、上网线路长、开发难度大、装机容量小,采取协议有偿出让方式确认开发权及投资业主,先后开展了三批小水电资源开发权协议有偿出让,共协议成功出让水电站8座,装机15台,容量7200千瓦,获得协议出让金27.52万元。

表14-7　水能资源协议转让开发权电站情况统计表

序号	电站名称	所在河流	建设地点	装机容量(台/kW)	起始价(元/kW)	出让价(元/kW)	出让金额(万元)	出让日期
1	巴姑一、二级电站	巴姑河	巴姑村	2/1260 2/1600	40	40	11.44	2005.6.29
2	新乡一级电站	越西河	觉巴村	2/640	40	40	2.56	2005.6.29
3	东沟电站	五里河	东沟村	2/640	40	40	2.56	2005.6.29
4	车洪一级电站	响水河	如果洛村	2/500	35	35	1.75	2005.5.21
5	车洪二级电站	响水河	如果洛村	2/1260	35	35	4.41	2005.5.21
6	洛姆电站	响水河	如果洛村	2/800	35	35	2.8	2005.5.21
7	瓦岩三级电站	瓦岩河	新村	1/1000	40	40	2	2005.11.18
合计:6处8座　容量:15台/7200kW　出让金额:27.52万元。								

第六章　乡镇工业

第一节　乡镇工业管理

管理机构 1991年,全县乡镇企业由县乡镇企业局管理。为适应乡镇企业发展开发需要,设立越西县乡镇企业领导小组,由县委、县政府主要领导担任正、副组长。1995年,加强对乡镇企业工作领导,县政府在部分乡镇成立乡镇企业办公室,由乡(镇)党委书记、乡(镇)长担任办公室负责人。2003年,县经济贸易局设乡镇企业股,主要开展项目调研、储备、项目可行性分析和经济信息发布等业务。2005年,乡镇企业股更名中小企业股,行使乡镇企业管理职能。

产业结构 1991年,调整工业结构,实施重点项目建设,鼓励企业上速度、上规模、上效益,各行业确定调整工作重点,列出开发产品、限制产品,分解落实到企业,制定实施办法。在企业经营机制改革中,各企业引进新技术、新设备、新工艺,嫁接老企业,培育主导产业,重新调整产品结构和产业布局。初步形成以建材、机械、化工、纺织、冶金、煤炭行业为支柱的工业产业体系。1996年,产业结构调整成为全县经济工作的中心任务。各行业正确处理主导产业与支柱产业的关系，加快发展新兴主导产业，争创名牌产品、名牌企业。大力培植中药材加工、农产品深加工等支柱产业，培育新的经济增长点。

2000年，乡镇工业的比重发生重大变化，建材、化工、机械、轻纺的比重均有较大提高。同时，发展技术含量高、市场潜力大的产品，淘汰不符合国家产业政策的产品。

2001年，以壮大骨干优势企业和发展个体私营经济为重点，加快产业内部结构调整与优化，形成新的主导产业，经济步入良性发展的轨道。

2002年，全县强化宏观调控力度，加快“地下转地上”战略转移，关停、淘汰能耗高、效益低、污染重的企业。全县以建材、冶炼等传统主导产业和食品加工、饲料、烤烟产业相结合，形成结构合理、发展协调、主导产业突出、支柱产业发达的工业运行体制。

2005年，积极发展外向型经济，以产品结构调整为重点，优化资源配置，以调整促优化，以优化求发展，实现工业内部结构重大转变，保持工业持续、稳定、协调发展。乡镇企业转型为以民营企业为主体。

第二节　乡镇工业发展

乡镇企业改革　1991年，乡镇企业承包形式根据企业规模、管理水平、经营状况选定。1996年，重点对企业进行治理，在抓管理、抓培训、抓企业升级上下功夫，提高企业人员素质和管理水平。开展质量、管理、效益年活动，强化企业管理水平，促进企业上规模。开展改革经营体制、改革重组企业资产结构、改造企业技术、加强企业管理的“三改一加强”活动，促进乡镇企业转换机制。

1998年，出台《关于深化企业产权制度改革的意见》，要求在企业产权制度改革中公有股不得超过20%。2000年，按照《公司法》要求，以建立现代企业制度为重点，加快经济结构调整，放活小企业，做强大企业，培育优势企业。着力优化经济发展环境，加快个体私营经济发展和骨干企业规模扩张，打造工业强县。是年，县乡镇企业局举办乡镇企业设备管理培训班。

2001年，制定《关于进一步推进产权制度改革的指导意见》，鼓励村两委成员带头购买企业，参与产权制度改革，发展县域经济。

2005年，以优势企业和主导产品为龙头，以资本为纽带，通过联合、兼并、收购等方式组建企业集团。

乡镇企业发展　1991年，发展以市场为导向的矿产品、农产品、畜产品、林（药）产品四大主导产品，匹配优惠政策，通过乡办、村办、户办、联办及股份合作制和三资企业等形式发展乡镇企业。

1993年，全县乡镇企业发展到2270户，从业人员8642人，总产值7072万元。1995年，继续实施“241”工程，乡镇企业产值1.4亿元，村以下工业产值6000万元。发展农村股份合作经济，探索乡镇企业制度创新，发展农工商、科工贸一体化企业试点。新建越西县野生食品加工厂，该公司第一期总股本61万元，由3个股东合资；组建越西县光彩养殖有限公司，该厂由河东乡河东村、河东砖厂、河东养殖场共同创办，总股本200万元。鼓励发展外向型经济及发展建材优势产业，争创名牌产品。

1998年，通过内引外联，越西县肉类食品有限责任公司形成库容150吨、年生产加工45000头商品猪的规模，洋芋淀粉加工厂、硫铁矿洗选厂等相继投产。建成越西县光彩养殖有限公司，所生产的“光彩”牌饲料，销路好。附属猪场建成年出栏4000头商品猪。

2000年，注重提高经济运行质量，着力培植农产品深加工主导产业。2005年，建立起以普雄镇为中心的中药材、畜产品、农林产品批发市场；以乃托镇为中心的矿产品、建材批发市场，依托批发市场建立以冶炼、建材、农产品加工为主的乡镇企业；初步构建起食品加工、饲料、烤烟为龙头无污染的乡镇企业格局。

第三节　乡镇工业结构

煤炭业　1991—1998年,全县乡(镇)小煤窑主要分布在新民镇、南箐乡、西山乡、瓦岩乡等地。最多时全县小煤窑有230口,成为乡镇企业的支柱产业,煤炭总产量由1991年4.6万吨发展到1998年13万吨。总产值由1991年的322万元增加到1998年的2210万元。营业收入由1991年的320万元增加到1998年的2100万元。上交税金由1991年的16万元,上升到1998年的105万元。实现利润由1991年的64万元上升到1998年的420万元。

1999年,贯彻国务院国办发〔1998〕43号关于整顿煤炭生产经营秩序的通知和省、州有关整顿煤炭生产经营秩序"关井压产"的文件精神,整顿煤炭生产经营秩序14家。2003年,组织国土局、乡镇企业局、安办、矿管办、公安、农机、监察等部门对县境内的小煤窑,进行拉网式的检查登记,在摸清情况的基础上,依法关闭38家布局不合理、安全不达标、生产条件低劣、乱采滥挖的小煤窑。2005年,按照合理布局、安全达标、生产经营正常、年产量万吨级以上的基本条件,保留1口小煤窑。

表14-8　　1991—2005年乡镇小煤窑行业情况统计表

年度	企业数(个)	产量(万吨)	总产值(万元)	营业收入(万元)	利润(万元)	税金(万元)
1991	82	4.6	322	320	64	16
1992	95	5.3	397	382	76	14
1993	103	6.2	496	491	98	27
1994	105	7.1	603	594	119	30
1995	118	7	770	793	159	39
1996	123	7.5	975	971	194	48
1997	124	8	1640	1636	327	82
1998	130	13	2210	2100	420	105
1999	22	8	520	380	76	19
2000	1	1.2	312	310	62	16
2001	1	0.9	234	230	46	12
2002	1	1.1	286	285	57	14
2003	1	0.6	156	154	31	8
2004	1	1.3	338	335	67	17
2005	1	0.95	247	245	49	12

建筑建材业　1991年,全县建筑业由分散到集中,资质等级由低到高,建筑作业面由农村到城市,逐步发展。1994年,有建筑企业2户,

1996年,全县天然建材企业,在生产中不断自我完善,经营形式由分散到集中,自由到规范;生产规模由人工采掘到机械化生产。1998年,成立蓝剑大理石厂、越西县白云大理石厂等企业,后因经营不善,先后倒闭。2002年,全县修房造屋,重点工程建设,城镇开发所需条石、碎石、岩砂、河砂、砖、瓦、预制件等天然材料成倍增长,天然材料生产企业增加到58家。2003年,全县主要建筑建材业企业有河东乡砖厂、河东村砖厂、联新砖厂、新普砖厂、乐青砖厂和建筑企业1家。2005年,建筑建材业总产值由1991年的321.5万元增加到2005年的3450万元,增加3128.5万元,增长9.73倍。实现利润由1991年的32.5

万元增加到2005年的356万元,增加323.5万元,增长9.9倍。缴纳税金由1991年的15.8万元增加到2005年的172.5万元,增加156.7万元,增长9.9倍。

表14-9 1991—2005年建材行业情况统计表

年度	企业数(个)	总产值(万元)	营业收入(万元)	利润(万元)	税金(万元)
1991	14	321.5	305.4	32.5	15.8
1992	14	360.1	342.1	34.6	17.1
1993	15	396.3	376.5	37.5	18.8
1994	17	455.7	432.9	43.3	21.6
1995	25	510.4	484.5	45.6	24.1
1996	26	586.9	557.5	55.4	27.5
1997	30	704.3	668.7	65.8	32.4
1998	48	845.2	803	78.9	40.1
1999	51	1015	964.2	96.8	47.5
2000	58	1238.3	1176.6	117.5	58.2
2001	62	1486	1411.7	140.2	69.7
2002	64	2050.6	1948.1	189.7	95.8
2003	65	2419.7	2298.7	225.8	114.9
2004	60	2855.2	2712.4	271.2	135.6
2005	51	3450	3277.5	356	172.5

铁木用具 1991—1998年,全县铁木用具有刀剪、斧锤、犁耙、家具、锄头、钢锯架等,生产规模小,以3~5人作坊式生产为主,1999年后主要发展为家具、沙发等的生产。企业个数由1991年的14个增加到2005年的36个。总产值由1991年的26.5万元增加到2005年的540万元,增长19.4倍。营业收入由1991年的25万元增长到2005年的485万元,增长18.4倍。实现利润由1991年的2.3万元增长到2005年的58.2万元,增加24.3倍。缴纳税金由1991年的1.3万元增长到2005年的26.8万元,增长19.6倍。

表14-10 1991—2005年铁木用具行业情况统计表

年度	企业数(个)	总产值(万元)	营业收入(万元)	利润(万元)	税金(万元)
1991	14	26.5	25	2.3	1.3
1992	14	30.5	29	3.1	1.5
1993	15	34.4	32.7	3.3	1.6
1994	15	39.5	37.5	3.6	1.9
1995	15	43.2	41.1	4.2	2.0
1996	16	48.4	46.2	4.5	2.3
1997	18	58.1	55.2	5.4	2.8
1998	19	66.8	63.5	6.3	3.1
1999	21	80.1	76.1	7.3	3.8
2000	25	107.3	102.5	10.2	5.1

续上表

年度	企业数(个)	总产值(万元)	营业收入(万元)	利润(万元)	税金(万元)
2001	26	165. 8	157. 5	16. 3	7. 8
2002	30	281. 5	267. 4	27. 5	13. 4
2003	32	365. 9	347. 6	35. 7	17. 2
2004	33	445. 6	423. 3	41. 4	21. 3
2005	36	540	485	58. 2	26. 8

加工业 1991—2005 年,全县农副产品加工,由设点定点作坊式生产向两极发展,部分随着小型农用机具进入千家万户,粮油加工、饲料加工、竹材加工、木材加工、打米、磨面等。农副产品加工业已由1991 年的 120 个作坊式生产逐步被淘汰。主要生产大米、面粉、面条、粉丝、清油、豆腐、糖果、糕点、白酒、各类淀粉、家用具、畜禽饲料等 27 个品种。主要企业有朝阳食品厂、中所清泉酒厂、下普雄呷铁酒厂以及私营的面条厂、粉丝厂等。工业总产值由 1991 年的 142 万元发展到 2005 年的 550 万元,增长 2. 9 倍。产品营业收入由 1991 年的 135 万元增加到 2005 年的 525 万元,增长 2. 9 倍。入库税金由 1991 年的 2. 8 万元增加到 2005 年的 26. 3 万元,增长 8. 4 倍。

表 14 - 11　　1991—2005 年农副产品加工行业情况统计表

年度	企业数(个)	总产值(万元)	营业收入(万元)	利润(万元)	税金(万元)
1991	120	142	135	13. 5	2. 8
1992	120	149. 1	141. 6	14. 3	7. 5
1993	115	156. 5	148. 6	14. 9	7. 6
1994	118	164. 3	156	15. 1	7. 8
1995	111	170. 6	161. 3	16. 2	8. 1
1996	105	178. 3	164. 5	15. 9	8. 2
1997	93	185. 6	178. 2	16. 5	8. 9
1998	89	181. 3	174. 2	17. 3	8. 7
1999	92	190. 4	181. 5	18. 2	9. 2
2000	81	211. 8	201. 2	21. 3	10
2001	75	242. 1	223	23. 6	11. 2
2002	74	288. 4	274	29. 2	13. 7
2003	72	346. 2	328. 9	35. 5	16. 5
2004	65	445. 4	423. 1	48. 2	21. 1
2005	65	550	525	65	26. 3

第十五篇 农业

第一章 农村工作

第一节 农办机构设置

1991年，农业经济委员会（简称农委）管理、协调农业局、林业局、畜牧局、水利局、气象局、烟草局（烟草公司）；同年，成立越西县烤烟生产领导小组，下设办公室。1992年，成立越西县烟草开发服务公司。1993年，农业经济委员会管理、协调农业局、林业局、畜牧局、水利局、气象局、烟草局（公司）、农业机械化服务公司。2001年，农村经济委员会更名为越西县农村经济工作领导小组办公室。2003年，农村经济工作领导小组办公室更名为越西县农村工作领导小组办公室（简称农办）；撤并花药办、蔬菜办，组建越西县农业产业化经营办公室（简称农产办）；烟办划归县委直接领导；农办、农产办实行两块牌子，一套班子，下设办公室、农村经济股、产业经济发展股、体改劳务开发股。2004年，成立中药材生产办公室、无公害农产品办公室和越西县劳务办。

2005年，农办、农产办下设办公室、农村经济股、产业经济发展股、体改劳务开发股、中药材生产办公室、无公害农产品办公室和劳务办。

表15-1 1991—2005年农办（农委）、农产办负责人名录

姓　名	性　别	民　族	职　务	任职时间
吉木铁打	男	彝族	主　任	1990.5—1996.5
颜贤荣	男	汉族	副主任	1989.11—1991.5
罗木古	男	彝族	副主任	1990.6—1992.11
苏定全	男	汉族	副主任	1991.1—1992.12
沙马尔者	男	彝族	副主任	1994.5—2000.9
熊开康	男	汉族	副主任	1991.1—1996.8
			副主任（主持工作）	1996.8—1998.5
			主　任	1998.5—2003.1
严仕忠	男	汉族	副主任	1996.4—2003.5
薛顺序	男	汉族	副主任	1998.10—2003.5
阿欧所木	男	彝族	主　任	2003.2—2004.2
潘木呷	男	彝族	主　任	2004.5—2005.12
阿加作哈	男	彝族	副主任	2003.5—2005.12
说日伍各	男	彝族	副主任	2003.5—2005.12
陈仕钊	男	汉族	副主任	2003.5—2005.12

第二节　农业服务体系

一、农业科技推广

1991 年,推广杂交水稻、杂交玉米、地膜玉米种植,水稻地膜育秧等良种良法,以及疫病防治、畜禽品种改良繁育、饲草饲料开发加工、秸秆氨化。1993 年,建立由县、区、乡(镇)3 级农业科技推广服务体系,职业技术教育和培训系统,资金、物资投放储备系统和流通服务系统组成的社会化服务体系,利用扶贫贴息、贷款,推广种植地膜玉米 10310.8 亩,地膜育秧 1027 亩,两段育秧 2900 亩,水稻宽窄行 500 亩,水稻旱育稀植 32 亩,水稻开厢填心 3000 亩,玉米带状种植 87500 亩。

1996 年,实施“十、百、千、万”高产示范工程,即十亩科技攻关,百亩新品种展示,千亩中心片,万亩示范片。项目在中所、大瑞、马拖和五里箐等乡(镇)35 个村、95 个社 5864 户农户中实施。到 1999 年,实现感病品种由高产、抗病、耐寒新品种接替,万亩示范片地膜面积占 98%,在机肥 + 氮肥 + 氮磷肥的基础上添加钾肥和锌肥;平均亩密度增加 500 株;十亩科技攻关采用塑料软盘育苗,单株定向栽培,经省州专家验收,最高亩产 901.4 公斤。同年,全省玉米高产攻关现场会和全州大春田管现场会在越西县召开。

截至 2005 年,全县带状种植常年稳定在 9 ~ 10 万亩。推广杂交玉米 8.5 万亩,杂交水稻 3.9 万亩,水稻旱育秧 3.1 万亩。推广高标准双套双带状种植 10 万亩;推广初、中级配方施肥 26 万亩,其中:化肥深施 7 万亩;推广马铃薯脱毒薯 6.3 万亩;推广双免耕技术 500 亩,水稻抛秧 30 亩;推广双低杂交油菜 1.5 万亩,实施主要粮食作物高产示范 16 万亩,其中:水稻 2 万亩,玉米 5.5 万亩,马铃薯 4.5 万亩,小麦 0.4 万亩,荞麦 3 万亩,油菜 0.6 万亩。当年,突出灾害性天气的预测预报和人工防雹增雨;提出增粮措施 8 条,包括小春播面扩大 2000 亩,地膜玉米、水稻宽窄行、“两杂”播面、晚秋粮食各扩大 5000 亩,实施玉米“百千万”高产工程 5000 亩,新增洋芋微型脱毒薯播面 1000 亩,扩大立体农业、冬季农业开发 1000 亩,提出 11 个增收项目,全县累计可增收 1200 万元,农业人平 58 元。

二、农资、种子供应

1991 年,供应杂交玉米 40 万斤,汕杂 8 号 6.8 万斤,配套供应议价肥 500 吨。调回专用复合肥 190 吨,准备钾肥 70 吨,油枯 75 吨,地膜 20 吨,农药 3 吨,磷肥 100 吨,营养袋 1700 万个,温度计 2000 支。1995 年,调运杂交水稻 9.5 万斤、杂交玉米 45 万斤、地膜 40 吨,尿素 3000 吨、磷肥 4000 吨。对州安排下达的 540 吨计划尿素,分别安排在地膜玉米、水稻宽窄行、晚秋生产、救灾等项目上。2000 年,调进两杂良种 48.5 万斤,其中:玉米 38 万斤,水稻 10.5 万斤,通过乡农技服务站将种子送到农民手中。2001 年,农资市场放开后,加强对农资价格进行监控。

三、农村专业合作组织

2001 年,发展农村专业合作组织。2002 年,成立河东乡大白鹅协会。2004 年,成立县无公害蔬菜协会、县万寿菊种植协会。2005 年,全县有无公害蔬菜协会、古二乡马铃薯协会、大瑞乡瑞香村养猪协会、丁山乡丁塘村薇菜协会、申果庄区中药材协会、河东乡大白鹅协会、越城镇青龙村红砖协会、县万寿菊种植协会、瓦岩乡养羊、种梨协会、大屯乡果品协会、普雄镇嗄古村建筑协会、中所镇泸林村无公害蔬菜协会、板桥乡苗木协会、烤烟协会等各类专业合作组织 24 个,各类协会会员 2186 人,带动 2.5 万户、12 万人致富。

四、龙头企业

越西县朝阳食品厂 1998年,成立越西县朝阳食品厂,固定资产150万元,注册资金50万元。从业人员22人,占地面积3000亩,生产"阿露山"白萝卜干420吨,豆腐乳20吨,年产值320万元,利润12万元,税收45万元。2001年,从业人员50人,基地面积5000亩,收购加工销售生产白萝卜干600吨,豆腐乳25吨,年产值380万元,利润20万元,税收50万元。2005年,从业人员64人,萝卜种植面积1万亩,收购加工销售生产白萝卜干1000吨,豆腐乳50吨,年产值679万元,利润50万元,税收101万元。产品销往州外和江苏、广东、云南、重庆等省市。

越西县灵峰肉类食品有限责任公司 1999年,成立越西县灵峰肉类食品有限责任公司,从业人员20人,占地面积7万亩,常年生产加工畜产品70吨,年产值450万元,利润10万元,税收93万元。2001年,从业人员34人,加工畜产品95吨,年产值618万元,利润14万元,税收110万元。

越西县丰南色素有限责任公司 2000年,成立越西县丰南色素有限责任公司,固定资产200万元,注册资金100万元。2001年,从业人员34人,占地面积8250亩,生产干花颗粒800吨,年产值960万元,利润180万元,税收120万元。2002年,从业人员20人,发展万寿菊0.69万亩,生产干花颗粒669吨,产值800万元,利润150万元,税收100万元。2003年,从业人员41人,发展万寿菊1.2万亩,生产干花颗粒1164吨,产值1397万元,利润201万元,税收143万元。2004年,发展万寿菊0.67万亩,生产干花颗粒653吨,产值786万元,利润148万元,税收86万元。2005年,从业人员15人,发展万寿菊0.25万亩,生产干花颗粒242吨,产值290万元。产品销往成都新希望集团和广州新星开发公司。

第三节 农村改革

一、产业结构调整

1991年,实施农业"113"计划,即:稳定一个基础——粮食生产开发;强化一个体系——农村社会化服务体系建设;狠抓三个重点——水果、烤烟和蚕桑。全年种植经济作物8899亩,其中:油料6450亩(油菜籽6261亩,向日葵籽189亩);糖料374亩;烟叶1621.5亩(烤烟60.5亩,土烟1561亩);麻类371亩,药材(三七)82.5亩。种植其他农作物72994亩,其中:蔬菜30045亩,瓜10亩,青饲料1674亩,绿肥5515亩,元根萝卜35748亩,平菇2亩。同年,实施畜牧业"221计划",年末存栏猪172041头;存栏羊217012只,其中:山羊90796只,绵羊126216只,出栏肉羊46150只,产量826吨;大牲畜存栏45288头,其中:牛39603头,马5657头;出栏肉牛3298头,产量381吨。花椒产量73.9吨,核桃产量332吨,板栗产量5.7吨。

1996年,打造"三带"经济,即:高山越温带,以畜牧业为主;二半山温饱带,以发展马铃薯、玉米等特色农产品规模化种植、林果业和畜牧业为主;沟坝小康带,以发展烤烟、蔬菜及特色农产品加工业为主,整体推进县域经济发展。

2000年,加大科技投入,发展山地清香型烤烟,提高烟农种植、烘烤水平;以生猪、肉牛、肉羊养殖为重点,大力发展种草养殖,畜牧业产值占农业总产值的50%以上。

2005年,全县烤烟产值4200万元。全县肉类总产量2.99万吨,较2004年增产4429吨,增长17.4%,牛羊出栏55.33万头(只),生猪出栏28.61万头。家禽出栏44.91万只,禽蛋产量842吨,牛奶产量179吨。全县中药材种植0.45万亩,其中:大黄3026亩(大丰药业公司投入种子款80万元),半夏804亩,重楼11亩,黄姜429亩,丹参30亩,附子200亩。全年销售大黄70吨,实现农民收入24.5万元。

种植万寿菊5205亩,产值150万元。无公害蔬菜播种3.8万亩,产值3640万元,品种主要有海椒、大蒜、萝卜、白菜等。

表15-2　　1991—2005年粮食产量及人均纯收入统计表

项目 年份	户数(户)	总人口(人)	农业总收入(万元)	人均纯收入(元)	承包土地(亩)	耕地面积(亩)	人均耕地面积(亩)	粮食总产(吨)	人均有粮(公斤)	播种面积(亩)
1991	41223	193962	10396	344	232730	232519	1.19	86240	444	382760
1992	42545	197028	10670	350	232692	232590	1.18	84295	427	364545
1993	43243	198618	14522	383	232580	232681	1.17	82824	417	367080
1994	44103	200294	16687	430	233699	232650	1.16	86065	429	309300
1995	45539	201655	19137	506	231650	232890	1.15	90000	446	390645
1996	44854	203023	21272	582	223613	234645	1.15	90741	446	393585
1997	45837	205100	23505	670	216420	234240	1.14	91570	446	395415
1998	46685	207300	27053	793	227332	233415	1.12	95003	458	400635
1999	47311	210000	31823	925	226592	233414	1.11	97230	463	401955
2000	48718	217100	36212	1033	228599	233715	1.07	99025	456	456434
2001	50411	219500	41313	1163	225093	233565	1.06	100515	457	476732
2002	52230	222800	45578	1296	191514	231585	1.04	101423	455	483200
2003	53000	226500	51277	1436	180278	228030	1.01	101564	448	487510
2004	54030	236000	56784	1614	178406	226995	0.96	103517	438	497699
2005	56783	240000	63199	1841	186998	230595	0.96	104536	435	506592

二、承包合同管理

土地承包管理　1989年,宣传土地承包责任制不变,牲畜私有私养不变,责任山、自留山不变,允许一部分人先富起来的政策不变。1990年,坚持家庭联产承包制,深化农村改革调整向纵深发展。全县签订农业承包合同1.6万份,多种经营、副业合同23份,其中:规范合同1.2万份。年底完成兑现合同1.3万份,发生承包合同纠纷214件,由乡政府调解183件,村调解小组调解31件,避免经济损失5万元。1993年,制定《越西县关于1993年全县农村进一步完善双层经营体制的工作安排》。

1995年,第一轮土地承包到期。为做好延长土地承包期和稳定、完善家庭联产承包责任制工作,对全县40个乡(镇)、289个村、968个组、4.86万农户、23万亩承包地进行清查摸底,并对承包地颁发承包合同,逐步建立健全土地管理及土地流转档案管理。

1996年,坚持"大稳定,小调整"原则,展开第二轮土地承包工作。耕地承包期再延长30年不变;凡是原合同基本合理,多数群众满意的,可在原承包关系的基础上通过重新签订合同的方式直接延长承包期;因人口变化较大或国家占用等因素造成土地严重不均、群众意见较大的,经民主议定后,可作适当调整,再签订承包合同。建立越西县农业承包合同管理委员会,负责调解、仲裁县、村、社集体组织承包土地,农户之间、农户与集体、单位和个人之间承包土地纠纷,维护农民合法权益。1998年,乡(镇)在稳定完善土地承包关系、落实《四川省农业承包合同管理条例》中,对全县人、地矛盾突出的农户,调整承包土地863亩。2005年,开展农村土地承包经营权证书核(换)发。接待群众来信来访36起,调查调解、处理23件。

土地承包经营权流转　2005年底,全县有6.68万亩农村集体承包地实行流转,其中:转包3475亩

（主要是农户之间的转包），转让481亩；出租中外企业业主开发经营848亩，主要以私营企业经营为主。在种植业产业结构调整方面，农户将承包土地流转给种植大户或私营业主6.1996万亩，其中：种植烤烟3.3万亩，万寿菊0.5万亩，中药材0.45万亩，无公害蔬菜水果、萝卜1.85万亩。东方农业发展有限公司种植甜樱桃1000亩，每年全县农民人均可增加土地流转收入584元。土地流转促进农村劳动力外出就业，全年外出就业人数12854人，劳务收入1867万元，人均收入118元。

第四节　农村经营体制

一、农村经济

1991年，全县农作物播种382760亩。粮食播种300867亩，其中：小春粮食31072亩，大春241864亩，晚秋荞子27931亩。种植业产值4917万元，林业产值317万元，牧业产值5062万元，副业产值461万元，渔业产值124万元，农村经济收入13807万元。

1994年，全县小春粮食播种35157亩，总产1419万斤；大春播种23.4265万亩，总产14610万斤；晚春4.26万亩。蚕茧200担，中药材450亩，增收16万元，花椒40万斤，烤烟1万担。肉类总产1.18万吨。

2005年，以经济结构的战略性调整为主线，以财政增收、农民增收为核心，全县种植粮食作物34.75万亩，万寿菊5205亩，中药材0.45万亩，无公害蔬菜3.8万亩，产值3640万元；油菜1.6万亩，菜籽产量2870吨；肉类总产量2.99万吨，较2004年增产4429吨，增长17.4%；禽蛋产量842吨；牛奶产量179吨；牛羊出栏55.33万头（只），生猪出栏28.61万头，家禽出栏44.91万只。

二、财务监管

村级财务　1991年，清理整顿全县村集体财务，理顺财务关系，化解乡村不良债务，清查违纪金额7万元。1997年，根据"五规范一满意"（财务公开的内容、程序、时间、形式和管理规范，群众满意）标准，全县乡（镇）、村、社每年春冬两次定期公开财务收支预、决算账目，接受群众监督。2000年，全县265个村清理整顿农村集体经济，占总村数的73%，农村集体资金总额185万元，其中：固定资产总额64万元，应收回借款43万元，实际收回28万元，占应收回的70%。帮助村、组建立、健全账务，对农村财务人员进行培训。

2002年，对全县288个村会计财务人员进行新会计制度培训。2005年，执行新会计制度的乡（镇）占全县总乡（镇）的73%，执行新会计制度的村占全县总村数的62%。

基金会监管　1988年，在河东乡建立全州第一个农村股份式的合作经济组织试点（简称农村合作基金会），吸收会员72人，发放股金证85本，入股资金4.6万元，其中：会员股金3.4万元。1994年，建立县农村合作基金联会；在河东乡、大瑞乡、中所镇、丁山乡、普雄镇、大屯乡、新民镇、越城镇、乃托镇、南箐乡等乡（镇）建立农村合作基金会。

1999年，农村合作基金会从业人员38名，累计投放各种借款5894万元，其中：投入种植业3300.64万元，占总额56%，投放乡镇企业1258.2万元；其他服务组织1335.26万元。共筹集资金3249.58万元，其中：会员股金占87%。借款总额2922.1万元。

2003年6月，全县农村合作基金会共有资产698万元，比清理整顿前下降75.5%；借款户数由清理前的11542笔下降到483笔；现有股金总额172万元，比清理前下降93%，个人股金兑付率98%，股民户数由清理前的13303户下降至1900户，完成了省、州下达的年底前基本兑付完个人股的任务。

农民负担　1991年，向区乡（镇）干部和村组干部印发《农民负担管理文件汇编》2567册，《四川省农民负担管理条例》500 本。农民除依法缴纳税金外，对上交的集体提留和统筹费总额实行“定额限项”，提留统筹费总额以乡（镇）为单位计算，不得超过上农民年人均纯收入的 5%。是年，乡（镇）统筹、村提留 32 万元，人平 162 元，占一年农民人均纯收入的 0.47%。2002 年，贯彻农村税费改革政策，取消农村“三提五统”，改为转移支付由国家补偿，全县参加税费改革承包土地人口 14.82 万人，面积 17.6774 万亩，减少村提留、乡（镇）统筹、农业税等共 473.5 万元，设定的农业税率为 5.5%，按照计税常产单价 1.07 元/公斤计算，税改前人均负担 21.85 元、亩平负担 26.79 元/亩。税改后，实际农民人均负担 17.14 元，亩平负担 21 元/亩。进行税费改革后人均负担减少 4.72 元、亩平负担减少 5.78 元/亩。

2004 年 1 月，取消农业税、生猪屠宰税、农业特产税的征收，执行粮食直补、综合直补、生猪补贴。2005 年，取消“皇粮国税”的征收政策，减免农业税 1073.3 万元。落实重大惠农政策，补助农民 3286.8621 万元，其中：粮食每亩直补 9.15 元，总计 165.8621 万元，退耕还林补助 3060 万元，灾情减免救济 61 万元。通过各种专项治理减轻农民负担 134.5 万元。

表 15－3　　2005 年粮食直补汇总表

项目 乡镇	村	组	户	新增面积（亩）	总面积（亩）	补贴金额（元）
合　计	289	967	53669	5166.16	181270.07	1658621.2
竹阿觉乡	4	15	715	165.12	3931.51	35973.32
德吉乡	5	13	517	133.26	3256.10	29793.32
尔觉乡	6	17	1041	54.60	3670.60	33585.99
贡莫乡	7	20	1098	47.51	3445.37	31525.14
乐青地乡	7	18	1381	0.81	4100.92	37523.42
拉白乡	4	9	443	40.53	1439.99	13175.91
依洛地坝乡	8	33	1462	244.93	8077.44	73908.58
保石乡	5	16	701	458.19	7137.00	65303.55
尔赛乡	6	23	1126	22.60	6436.59	58894.80
拉吉乡	7	20	683	410.1	4021.98	36801.12
申果乡	7	17	540	4.00	4968.27	45459.67
申普乡	8	25	989	107.00	8088.36	74008.49
瓦里觉	6	16	676	78.43	4800.20	43921.83
瓦普莫乡	5	13	591	56.34	2252.96	20614.58
瓦曲觉乡	6	17	892	0.00	4803.25	43949.74
大花乡	6	22	1285	253.02	3883.23	35531.55
大屯乡	6	25	2254	909.70	5623.64	51456.31
河东乡	8	25	2030	180.22	4242.93	38822.80
西山乡	6	15	1039	266.31	2991.79	27374.88
越城镇	12	79	4630	35.80	6602.34	60411.41
新民乡	6	34	2023	50.20	6084.77	55675.65
板桥乡	7	25	1586	109.4	5024.35	45972.80
大瑞乡	13	51	3105	49.16	7203.69	65913.76

续上表

乡镇＼项目	村	组	户	新增面积(亩)	总面积(亩)	补贴金额(元)
丁山乡	6	21	1760	23.17	3595.37	32897.64
马拖乡	13	44	2210	36.28	4582.99	41934.36
南箐乡	12	38	1829	24.12	5369.75	49133.21
中所镇	12	37	2641	11.6	4452.88	40743.85
瓦岩乡	9	32	1343	174	4235.06	38750.80
普雄镇	12	28	2745	67.42	7975.76	72978.20
四甘普乡	8	25	1010	55.3	3787.69	34657.36
五里箐乡	9	27	1239	531.75	4148.75	37961.06
古二乡	3	5	798	113.1	3363.6	30776.94
书古乡	9	28	1327	0	7465.28	68307.31
新乡乡	9	22	521	12	2295	20999.25
白果乡	6	22	1084	21.4	3147.7	28801.46
梅花乡	5	18	722	10	2193.63	20071.71
保安乡	3	17	758	81.69	2429.43	22229.28
乃托镇	6	17	899	75.5	2082.74	19057.07
拉普乡	5	22	1042	173.2	5228.48	47840.59
铁西乡	7	16	934	78.41	2828.69	25882.51

第二章 烤 烟

第一节 烤烟管理

机构设置 1991年2月25日，成立烤烟生产领导小组，下设办公室，县农委副主任兼任主任，工作人员在农业局抽调，办公地点设在县农委。8月21日，越西县烤烟生产领导小组更名为越西县烟草生产领导小组，县委副书记、县长任组长，县人大常委会主任、副县长、县农委主任、县计委主任、县烟草局局长任副组长。下设办公室、技术顾问组，农委主任兼办公室主任，烟草局局长、烟草公司副经理任副主任，聘请西昌农专烟草专业教师为技术顾问。

2003年3月3日，组建中共越西县委烤烟生产领导小组办公室(挂靠县委办公室)。2005年，县烟办内设：行政财务股、烟叶生产技术股。

表 15-4　　1991—2005 年烟办负责人名录

姓　名	性　别	民　族	职　务	任职时间
颜贤荣	男	汉族	农委副主任兼主任	1991.2—1991.8
吉木铁打	男	彝族	农委主任兼主任	1991.8—1996.11
王元刚	男	汉族	副主任	1991.8—1996.11
沙马余者	男	彝族	副主任	1994.5—2000.9
熊开康	男	汉族	副主任(主持工作)	1996.11—1998.6
			主　任	1998.7—2003.5
薛顺序	男	汉族	副主任	1998.10—2005.12
阿余牛牛	女	彝族	副主任	2002.3—2003.5
严仕忠	男	汉族	主　任	2003.5—2005.12
沙马伍支莫	女	彝族	副主任	2003.5—2005.12
汪万斌	男	汉族	纪检组长	2003.5—2005.12

烟叶经营　1991 年,全县烟叶经营实行由县烟办管生产,县烟草公司管收购的管理模式,生产者、经营者的风险与利益相对分离。

1996 年,将烟叶生产、收购划归县烟办,由烟办对烟叶生产实行产、供、销"一条龙"管理。

2000 年,县烟草公司委托县烟办负责烟叶的生产、收购、经营。2004 年,按照《国家烟草专卖法》规定及国家烟草专卖局"一要规范、二要改革、三要创新"的要求,结合州委、州政府的有关文件规定,将越西县烤烟的产、供、销经营权按合法程序移交给凉山烟草行业。

2005 年,围绕打造"金攀西"品牌,实施"3515"优质烤烟可持续发展战略。

第二节　烤烟生产

烤烟生产资源　境内气候条件属西昌巴塘亚热带气候区,全年气候温和,冬无严寒,夏无酷暑,年较差小,日较差大,无霜期、积温、日均温、持续日数等气候要素优于全国烟草区划最适宜区指标。烤烟大田生长期多为日晴夜雨,光照充足,雨量丰沛。轮作烤烟土地富足,土壤特点明显,全县具有烤烟生长最佳适宜区为海拔 1750 米以下的越西河流域、漫滩河流域及普雄河谷地带。适宜种植烤烟的基本烟田 20.05 万亩,包括新民、城关、中所、书古、顺河、下普雄、中普雄、上普雄 8 个地区的瓦岩、新民、板桥、大屯、越城、河东、西山、中所、大瑞、丁山、大花、南箐、马拖、五里箐、梅花、保安、白果、乃托、尔觉、拉普、四甘普、铁西、拉白、普雄、乐青地、贡莫、依洛地坝 27 个乡(镇)、152 个村。2003 年,成立以乡(镇)党委书记为组长的乡(镇)烤烟生产领导小组。2005 年,通过层层落实责任,强化烤烟生产干部队伍建设。全县有能抓烟、善抓烟、抓好烟的县、乡(镇)、村干部和经验丰富、数量稳定的职业烟农以及技术过硬的烟技人员。

烤烟发展历程　1991 年,围绕发展优质烤烟,制定出台"烤烟生产的扶持政策"、"烟叶收购网点建设的资金投入政策"、"烟叶配套工程资金投入政策"等优惠政策,强化党政主要领导主抓烤烟生产、相关部门全力参与的领导决策体系,烟草职能部门具体负责的技术服务体系与后勤保障体系。全县试种烤烟 51.1 亩,烟农 39 户,收购烟叶 3062.5 公斤,其中:上等烟叶占 4.71%,中等烟叶占 26.96%,产值 4030.46 元,亩产烟叶 59.93 公斤,亩产值 78.86 元。

1995 年,受国家宏观调控、资金紧缺、市场激烈竞争和严重自然灾害等因素影响,烤烟生产经济效益下骨。全县种植烤烟518亩，分布于7个乡（镇），有烟农153户，收购烟叶912担，其中：上等烟占30.75%、中等烟占48.25%；总产值28.2179万元，亩产量88.03公斤，亩产值544.75元，均价6.19元/公斤。

2000年，按照主抓质量、科技兴烟要求，制定科技兴烟措施。全县移栽烤烟7370亩，分布于11个乡（镇），有烟农1254户，户均种烟5.88亩以上，收购烟叶19129.566担，其中：上等烟占15.53%、中等烟占40.71%，中上等烟占56.24%；烟农实现现金收入608.652万元，亩均收入825.85元；上缴财政税收220万元。

2002年，强化科技措施，加大基础投入，提高烟叶质量。全县移栽烤烟16827亩，分布于10个主产乡（镇），有烟农3051户，收购烟叶42069.654担，其中：上等烟占26.94%、中上等烟占86.88%。收购均价8.30元/公斤，烟农实现现金收入1460.035万元。

2005年，全县烟叶生产实现由产量增长型向质量效益型转变，由粗放型经营向工业化、精细化经营模式转变，由质量不高、价格低向优质、高产、高效型转变，由经营秩序混乱向规范、诚信经营转变。全县移栽烤烟29381.74亩，扣除灾害影响等因素，实际投烤面积27248.48亩，收购烟叶80383担，其中：上等烟叶占36.41%、中上等烟叶占74.7%、桔色烟叶占53.92%。收购均价8.66元/公斤，烟农实现现金收入4241万元。

表15-5　　1991—2005年烤烟生产情况

年份	生产乡镇（个）	面积（亩）	烟农（户）	户均面积（亩/户）	产量（担）	亩均产量（公斤/亩）	亩均产值（元/亩）	上等烟比例（%）	中上等烟比例（%）	收购均价（元/公斤）	烟农实现现金收入（万元）	户均收入（元）	财政收入（万元）
1991	3	51.1	39	1.31	61.25	59.93	78.86	4.71	31.67	1.31	0.403	103.33	0.141
1992	13	2517.6	2114	1.19	5091.1	101.1	396.50	32.4	72.57	3.92	99.824	472.20	26.7
1993	12	6541.04	3245	2.02	16738.9	127.95	644.08	15.28	76.17	5.03	421.3	1298.31	92.3
1994	12	5774	2126	2.72	10593.6	91.73	344.82	9.11	66	3.75	199.1	936.48	39
1995	7	518	153	3.39	912	88.03	544.74	30.75	79	6.19	28.2179	1844.3	8.4
1996	11	1026	306	3.35	1870	91.13	877.19	20	80	9.62	90	2941	40
1997	11	4839	1216	3.98	12108	125.1	1012.60	18	78	8.09	490	4029.6	210
1998	11	2655.7	565	4.7	5564.13	104.75	525.59	6.62	56.13	5.01	139.582	2470.47	100
1999	11	5000	1100	4.55	11546.19	115.46	755	15.12	65.59	6.53	377.5	3431.81	183.4
2000	11	7370	1254	5.88	19129.566	129.77	825.85	15.53	56.24	6.36	608.652	4853.46	220
2001	14	10358	1751	5.92	21288	102.76	651.67	11.04	62.12	6.6	675	3854.94	420
2002	10	16827	3051	5.52	42069.654	125	867.67	26.94	86.88	8.3	1460.035	4785.43	511
2003	10	34000	4093	8.31	93000	136.76	957.35	32.9	90	8.8	3255	7952.60	1781
2004	11	33198	4742	7	59587	87.74	826.55	13.35	83.95	8.74	2744	5786.59	960
2005	13	29381.74	2824	10.4	80383	136.79	1443.4	36.41	74.7	8.66	4241	15011.36	1484.35

第三节　烤烟技术规范

一、烤烟技术推广

推广实用技术　全县烤烟规范化栽培技术在各阶段推广不同的实用技术。1992—1994年，为发展初期,推广普通覆膜育苗、无膜垄作、增磷增钾、成熟采收、立式三条龙普通烤房建造。1995—1999 年,推广营养袋假植育苗、地膜覆盖栽培技术、双层施肥、化学除芽、病虫防治。2000—2003 年,推广大窝环状施肥、大田适时早栽、高埂栽培。2004 年后,推广筛选适宜品种、集约化育苗(漂浮式集中商品化育苗)、配方施肥、菌剂腐熟农家肥、揭膜上厢、密集式标准化烤房建设。

改革技术措施 1992 年来,全县烤烟生产从普通苗床育苗到营养袋假植育苗再到漂浮式集中商品化育苗;从分散种植到择优选地、统一规划、集中大户种植;改变滞后的移栽习惯为适时播种,4 月底全面结束大田移栽;改烟农自行施肥为按照配方施肥方案由烟草公司统一供肥;无膜垄作改为高厢地膜栽培;改大田施用普通农家肥为农家肥和磷肥、油枯一并由菌剂腐熟后施用;从地膜一盖到底改为旺长期之前揭膜上厢培土;改人工抹芽到化学除芽;从病虫害分散管理到病虫害统防统治;改普通烤房为密集式烤房,并进行智能化烘烤。

规范栽培技术 1991—2005 年,全县逐步建立基本烟田保护制度,突出“以烟为主”的轮作方式,形成良种合理布局;推广漂浮式集中商品化育苗,地膜栽培配合揭膜培土上厢栽培技术,测土配方大窝环状施肥;加强病虫害综合防治;适时打顶和化学除芽;成熟采收;使用密集式烤房进行智能化“三段五步式”烘烤工艺;种植光叶紫花苕等绿肥还田;有机肥和无机肥合理配合使用。

二、烤烟种植

烤烟品种筛选 通过引种进行品种对比试验,筛选出适合种植的烤烟品种,解决品种单一问题。2005 年,全县烤烟品种主要为云烟 85 和红花大金元。统一供种面积由 80% 上升到 100% 。

育苗技术推广 全县先后经历“普通苗床育苗”、“营养袋假植育苗”到“漂浮式集中商品化育苗”。2002 年,制定《越西县烤烟漂浮育苗基质生产技术规范》、《越西县烤烟漂浮技术规范》、《越西县烤烟漂浮育苗技术要点》等技术指导规范。2005 年,全县漂浮育苗率达到 100% 。

烤烟病虫防治 1991—2005 年,全县烟区烟草发生的侵染病害有花叶病、炭疽病、野火病、赤星病以及气候性斑点病。县烤烟领导小组结合实际,在未发病田块每隔 5 ~6 天喷施 1 次 1:1:200 倍的“波尔多液”预防,连续喷施 2 ~3 次,施后 4 小时内下雨补喷 1 次。对发生病毒性病害施用 20% 病毒清、3. 95% 病毒必克病毒药剂、20% 病毒特可湿性粉剂 400 倍、8% 混脂酸·铜水乳剂 800 ~1000 倍、20% 吗啉胍·乙铜可湿性粉剂 400 倍、22% 羟烯腺·铜·烯腺·锌可湿性粉剂毒消 400 倍、集体使用为栽前 5 ~7 天苗床喷施 1 次,栽后 10 天开始每隔 7 ~10 天喷 1 次,连喷 3 ~5 次。对斑点性病害,除加强预防外,使用“农用链霉素”(链霉素可任选 1 种)与“160 倍波尔多液”交替喷施进行防治。具体方法为:①“农用链霉素”200 单位针剂,1 喷雾器水加 1 支链霉素(病情严重的加 2 支)喷施。②“农用链霉素”可湿性粉剂(每袋 14 克装)1 ~1. 5 袋/亩。配制方法:每袋分成 5 等份,每喷雾器加 1 份喷施,1 亩喷 5 喷雾器。看天气情况保证喷施后 4 小时不下雨喷施有效,下雨则及时补喷。每隔 3 天喷 1 次,连喷 2 ~3 次才有效。③喷 1:1:160 倍波尔多液,即用 10 斤水溶化 0. 1 斤生石灰,另用 6 斤水溶化 0. 1 斤硫酸铜。以上两种分别溶化完全后,将两种溶液同时倒入第 3 个容器中即可。

施肥技术推广 1991—2005 年, 全县烟区推广控氮、稳磷、增钾、补微施肥技术,按照氮、磷、钾施用比例 $N:P_2O_5:K_2O = 1:1 \sim 1.5:3 \sim 3.5$,以有机、无机相配合,力求烟株栽后早生快发,使烟株氮素营养水平体现“少时富、老来贫,烟棵长成肥退尽”的需肥规律。推广烟草专用复合肥,增施硝态氮、油枯,有机、无机复合肥、细菌肥、微量元素肥。结合田烟、沙地烟确定:田烟亩施硝酸钾 30 斤,复合肥 35 斤,磷肥 50 斤,油枯 20 ~30 斤,农家肥 600 ~800 斤,微肥 1 袋,配方亩施纯氮 7 斤,配方比 $N:P:K = 7.2:9.15:28.8 = 1:1.27:3.166$;山地、梯田、贫瘠砂地亩施硝酸钾 40 斤,复合肥 60 斤,磷肥 65 斤,油枯 30 ~35 斤,农家肥 800 ~1000 斤,微肥 1 袋,配方亩施纯氮 11 ~12 斤,配方比 $N:P:K = 10.8:13.2:34 = 1:1.22:3.15$。在施肥方法上由双层施肥法改为大窝环状施肥法。

第四节　烟叶收购

烟叶收购标准　1991 年，按照“新国际”标准 GB2635—81 甲型 15 级制烤烟验级国家标准进行烟叶收购。1996—1999 年，调整烤烟收购标准，采用 GB2635—92 烤烟 40 级国家标准。2000 年，采用 42 级国家烤烟标准，中部 C 柠檬黄增加 C4L 等级，橘黄增加 C4F 等级，并规定这两个等级成熟度、叶片结构、身份、油分、色度、叶长、残伤等品质因素和控制因素。2005 年，全县烤烟收购执行 42 级烤烟标准。

烟叶价格　1991 年，执行 15 级烤烟收购价格，中黄一级每公斤 5. 60 元，中黄二级每公斤 4. 30 元，上黄一级每公斤 4. 10 元，中黄三级每公斤 3. 20 元，上黄二级每公斤 2. 90 元，中黄四级每公斤 2. 10 元，上黄三级每公斤 19. 0 元，青黄一级每公斤 1. 20 元，中黄五级每公斤 1. 30 元，上黄四级每公斤 1. 20 元，青黄二级每公斤 0. 50 元，中黄六级每公斤 0. 76 元，上黄五级每公斤 0. 50 元，青黄三级每公斤 0. 24 元，末级每公斤 0. 16 元。1996 年，执行 40 级烤烟收购价格。2000 年，按国家监标函〔2000〕51 号文通知，实行 42 级收购，执行烤烟 42 级收购价格。

表 15－6　部分年度烤烟收购表

项目 年度	收购总量（公斤）	上等烟比例（%）	中等烟比例（%）	上中等烟比例（%）	收购金额（元）
1991	3062. 50	4. 71	26. 96	31. 67	4657. 00
1992	256060. 50	31. 90	40. 43	72. 33	597861. 00
1993	820079	40. 43	40. 07	80. 5	1968189. 60
1994	529676	9. 11	56. 89	66. 00	1377157. 60
1995	45800	12. 40	60. 11	72. 51	105340. 00
2000	978587. 50	15. 5	40. 79	56. 29	7072840. 00
2001	1154650	11. 04	51. 08	62. 12	8345353. 91
2002	2858485	23. 47	52. 26	75. 73	20660000. 00
2003	4758150	38. 98	51. 84	90. 82	34390027. 79
2004	2969000	35. 10	40. 05	75. 15	20794560. 00
2005	4019150	36. 41	38. 35	74. 76	72182000. 00

第五节　烤烟基础设施

烤房建设　1992 年，新建烤房 613 间。1993 年，新建烤房 1634 间。1999 年，新建烤房 200 间。2000 年，新建烤房 300 间。2001 年，新建烤房 663 间；建造 1000 套螺旋火管用于旧烤房改造。2005 年，扶持螺旋火管配套热风循环烤房改造，新建烤房 500 间，改造旧烤房 1500 间，其中：每套螺旋火管县上补贴 100 元，烟农出资 60 元。推行密集式烤房试点工作，新建密集烤房 2 间获得成功。8 月 30 日，凉山州密集式烤房技术研讨会在越西县召开。

烟水烟路配套工程建设　2000 年，划拨水泥 600 吨用于烟水配套工程建设。2002 年，划拨水泥 1000 吨用于烟水配套工程建设和新修烤房的补助。2003 年，安排 1200 吨水泥用于烟水配套工程和 1000 套螺旋火管建造。2005 年，明确“因地制宜、完善规划，优化设计、综合配套，行业为主、部门联动、严格管理、突出质量、建管结合、保证实效”的工作思路,加强烟叶基础设施建设。投资408万元,在中所镇五里牌村项目区内,修建主干渠3条5645米,配套支渠43条12151米,配套烟路20条6029米,新建卫生坑60口;在新民镇马敞河坝项目区,整治马敞堰2268米,配套支渠8条3420米,新建卫生坑10口,整治改造新河堰2400米,配套支渠3条981米,配套烟路3条1140米;在大屯乡高桥村建管、池结合引水工程,建蓄水池41口,安装各类管道5080米,整治红旗堰5.7公里。投资20万元,购买水泥500吨,用于烟水、烟路配套建设,其中:烟路配套4400米,建蓄水池8个,蓄水160立方米,沟渠防渗补漏3400米。

防雹站点建设 2003年,全县烟区均设立防雹点,划拨14万元用于防雹技术培训和防雹点装备更新。2004年,划拨33万元,用于防雹技术培训和防雹点装备更新。2005年,投资35万元购买高炮6门,箭炮合一用于防雹工作。防雹点每年从4—8月,坚持每天24小时值班和报告制度。

标准化站点建设 1991年,租用城关商业库房、中所粮站、大瑞乡民房作为收购点,具体负责试种烤烟收购工作。1993年,因烟叶生产发展要求,新增新民、大河2个收购点。1994年,取消大河收购点,新设马拖、五里箐2个收购点,中转库2个。

2004年,新民烟叶收购站、五福烟叶收购站、大寨烟叶收购站、板桥烟叶收购站、上涌烟叶收购站、瓦岩烟叶收购站、大屯烟叶收购站、越城镇烟叶收购站、中所烟叶收购站、南箐烟叶收购站、大瑞烟叶收购站、大花烟叶收购站启用印章。2005年,在新民和中所新建标准化烟叶收购站点各1个。

第六节 烤烟扶持

烤烟补贴 1991年,上等烟每市斤补贴约147.5元,其中:价格补贴0.45元,化肥补贴0.0613元;中等烟每市斤补贴约380.78元,其中:价格补贴0.22元,化肥补贴0.0306元。

1993年,根据凉委发〔1991〕54号文件,在国家1993年新价的基础上每市斤中一再补贴0.7元,中二补0.55元,中三补0.5元,中四补0.3元,上一补0.75元,上二补0.5元,上三补0.3元,合计扶持补贴121万元。1998年,根据凉价农〔1998〕39号文件调整烤烟收购扶持费标准。

2001年,加大对烤烟生产的投入,对烤烟示范片进行规划并扶持,补贴烟农肥料款每亩40元,每间烤房奖励1台价格150元的风机和1套价值160元的火管;单产每亩上等烟达到40公斤,中等烟达到100公斤以上,烟叶收购等级合格率达到80%的,按收购1公斤上等烟奖励烟农1元,中等烟奖励0.5元。2005年,扶持补贴由州分公司统一组织安排,硝酸钾每吨扶持800元,油枯每吨800元,复合肥每吨600元,种子每包3.5元,菌剂每亩5元,漂浮育苗每亩42元,防雹扶持每担8元,微肥每亩9.5元,合计扶持补贴费用345万元。

扶持政策 1991年,烤烟市场供过于求,县政府调低烤烟扶持费补贴。交售上等烟中一、中二、上黄一级500克烟扶持费分别为0.15元、0.2元、0.24元;中等烟中黄三、中黄四、上黄二、上黄三级,分别为0.26元、0.29元、0.23元、0.24元;青黄一级为0.1元。1995年,扶持费改暗补为明补,在收购期间全县执行统一扶持兑现标准。调西昌烟厂的烟叶,扶持费的标准在执行省政府及省烟草公司规定标准的基础上,上中等烟每个等级增加10元的扶持费。

1997年,县扶持补贴为中桔一7.6元/公斤,中柠三6.6元/公斤,下柠二4.8元/公斤,中下杂一1.4元/公斤,上杂二0.2元/公斤。2003年,以“富民惠民、改善民生”为出发点,探索“政府扶持、行业反哺、产业发展、农民增收,构建和谐烟草”的发展路子。烟区各级政府加大对烟农的扶持力度,执行省政府烟叶税返还扶持烟农政策。烟叶税收返还给烟农补助5664982.17元。2004年,烟叶税收返还给烟农补助531万元。2005年,加大“反哺”力度,构建良好的生产技术服务体系和销售服务网络,提高对烟农的服务质量,降低烟农种植烟叶的自然风险,提高烟叶生产的比较效益,稳定烟农生产积极性,烟叶产业稳步发展。烟叶税收返还给烟农补助 8210075.21 元。

表 15－7　**1998 年烤烟 40 级扶持标准**　单位:元/担

等级	收购价	扶持价	等级	收购价	扶持价	等级	收购价	扶持价
中桔一	440	260	中桔二	375	245	中桔三	295	245
中柠一	410	240	中柠二	340	240	上桔一	360	240
上桔二	270	230	上柠一	230	250	上红一	210	210
完熟一	290	210	下桔一	255	235	中柠三	250	240
下桔二	1810	220	下桔三	140	160	下柠	225	205
下柠二	160	180	上桔三	170	210	上桔四	115	145
上柠二	165	195	上柠三	110	130	上红二	140	140
上红三	95	45	完熟二	230	200	下微青二	110	130
中微青三	180	200	上微青二	130	135	上微青三	100	80
光滑一	100	100	上柠四	60	40	下柠三	100	120
下柠四	60	50	下桔四	75	45	光滑二	60	40
中下杂一	80	40	中下杂二	50	25	上杂一	90	35
上杂二	60	20	青黄一	50	25	上杂三	40	10
青黄二	20	10	级外		20			

第三章　种植业

第一节　农业生产

农作物分布　全县耕地使用和农作物分布划分为沟坝地区面积 121745 亩,复种指数 154%;二半山地区面积 164080 亩,包括普雄河谷玉、薯、豆主产区、漫滩河农林牧结合区;高山地区面积 93085 亩,复种指数 100%,包括申果地区和书古农作物分布区。

越西河谷稻麦高产培肥区包括越城镇、河东、西山、中所、大瑞、五里箐、马拖、丁山、新民、大屯、板桥、瓦岩、西山、大花、南箐乡(镇)大部分地区,耕地面积 150982 亩,复种指数 154%,海拔 1600～2700 米,气候温暖湿润,雨量集中,光照充足,为全县粮食主产区,水田与旱地之比为 1:2.97,水田多以稻麦、稻油轮作,旱地一般为玉米(间黄豆)—洋芋(小麦)—秋菜、秋荞,坡地一般为玉米—洋芋。

普雄河谷玉、薯、豆主产区包括竹阿觉乡、古二乡、尔赛乡、依洛地坝乡、普雄镇、乐青地乡、贡莫乡、拉白乡、铁西乡、拉普乡、四甘普乡、尔觉乡,海拔 1600～2900 米,耕地 93793 亩,占全县耕地 24.25%,水田与旱地之比 1:3.093,稻田为中稻—冬水,旱地多为玉米(间黄豆)—马铃薯、玉米(间黄豆)—冬炕。

漫滩河农林牧结合区,海拔 1170～2700 米,耕地面积 93793 亩,占全县耕地总面积 24.25%,水田与旱地比 1:6.385,种植模式多为中稻—冬水,玉米(间马铃薯)—小麦(间马铃薯)、荞麦、燕麦等。

申果地区农作物分布区由申普乡、申果乡、瓦里觉乡、拉吉乡、保石乡、德吉乡构成,海拔2400～3900米,耕地82522亩,占全县耕地总面积21.78%,水田与旱地比1∶27.50,农作物以马铃薯、荞麦、燕麦、元根为主。

书古农作物分布区由书古乡、瓦普莫乡、新乡乡构成,海拔2200～2800米,耕地21791亩,占全县耕地5.75%,水田与旱地比1∶24.76,农作物以玉米—马铃薯、玉米—冬炕、荞麦、燕麦为主。

中低产田改造 1991年,实施国家以粮代赈工程,改造中低产田土1083亩,总投资11.44万元,其中:国家投资8.68万元,投劳折资2.76万元,挖填土石方0.46万立方米。1994年,在乐青地乡、普雄镇、瓦岩乡、梅花乡、乃托镇等乡(镇),实施中低产田土改造11525亩,总投资271.66万元,其中:国家投资64.54万元,群众投工投劳折资207.12万元,挖填土石方132.79万立方米。1996年,实施国家粮食自给工程和以工代赈、扶贫改土项目,改造中低产田土8450亩,其中:粮食自给工程2300亩,以工代赈项目3900亩,扶贫改土2250亩。

1997年,实施国家粮食自给工程,改造中低产田土8200亩,其中:大屯乡改造下湿田1000亩,书古乡改造下湿田3500亩,竹阿觉、依洛地坝、乐青地、五里箐等乡坡改梯2700亩。农户分散改土1000亩。1998年,改造下湿田1700亩。

2002年,项目规划坚持"一事一议,缺啥补啥"的原则,工程管理中严格执行"八"制,即:全面推行招投标制,工程监理制,公示制,合同制,审计制,效益评价制,业主制,责任追究制。争取到国家农业综合开发项目,完成大瑞乡、中所镇、乐青地乡中低产田土改造1.1万亩。总投资378.9万元,其中:国家投资297.9万元,群众投劳折资81万元,挖填土石方26595立方米。

2004年,完成河东乡、越城镇中低产田土改造1.3万亩。总投资729.4万元,其中:国家投资494.2万元,自筹资金25.2万元,投劳折资210万元。2005年,完成大瑞乡、马拖乡中低产田土改造1.3万亩,总投资366.3万元,挖填土石方2.4万立方米。

表15－8　　1991—2005年改造中低产田土情况表

项目 / 年份	改造面积(亩)	投工(万个)	挖填土石方(万立方米)	修排灌沟(米)	总投资(万元)	国家投资(万元)	农民投劳投资(万元)
1991	1083	5	0.46	3250	11.44	8.68	2.76
1992	11525	53.4	132.8	27240	271.7	244.5	27.2
1993	7054	—	2700	19668	—	—	—
1994	11525	—	132.79	—	271.66	64.54	207.12
1995	13500	68.5	176.7	25500	301.54	72	229.54
1996	8450	—	—	2500	—	—	—
1997	8200	4.51	6.678	750	—	—	—
1998	10695	43.492	96.095	15500	298.96	—	210.96
1999	7900	43.8	79.2	24430	415.22	140	275.22
2000	14245	81.8	122.76	50600	592.1	172	420.1
2002	11000	—	2.6	6.5	378.9	297.9	81
2003	10000	—	8.1	39	402	311	91
2004	13000	—	3.7	25.2	729.4	494.2	235.2
2005	13000	—	2.4	—	366.3	—	—

第二节　农业综合管理

农业管理机构　1991 年,县农业局下设:办公室、农技站、农经站、多经站、果树站、土肥站、植保站、科教站、种子站、良种场、畜牧园艺场。1993 年,多经站改为蚕桑站。1998 年,蚕桑站恢复为多经站。2001 年,种子站与县种子公司分开。

2002 年,增设执法大队。2003 年,全县 41 个乡(镇)设置乡(镇)农技站 32 个,县乡两级设置农业推广机构 33 个 117 人,其中:县农业技术推广中心 78 人,乡(镇)农技站 39 人。2003 年,将乡(镇)农技推广机构改为农业(农村综合)服务中心,全县设置乡(镇)服务中心 40 个。

2005 年,农业局内设:办公室、科技教育管理站、植保植检站、果树技术指导站、种子管理站、土壤肥料技术指导站、执法大队、多种经营管理站、农村经济管理站、农业技术推广站、农业广播电视学校、财会股、良种繁育场、畜牧园艺场。

表 15－9　　1991—2005 年农业局负责人名录

姓　名	性　别	民　族	职　务	任职时间
袁章勇	男	汉族	局　长	1991. 1—1992. 8
阿苏拉古	男	彝族	副局长	1991. 1—1992. 3
崔德铭	男	汉族	副局长	1991. 7—1992. 3
涂联科	男	苗族	副局长	1992. 3—1997. 6
江秉俊	男	汉族	副局长	1992. 5—1993. 10
			局　长	1993. 11—1998. 6
喻昭华	男	汉族	副局长	1993. 7—1997. 11
阿海赤哈	男	彝族	副局长	1992. 9—1997. 11
			局　长	1998. 6—2005. 3
马民德	男	回族	副局长	1998. 9—2005. 12
潘伍沙	男	彝族	副局长	1998. 12—2003. 7
张学才	男	汉族	副局长	1998. 11—2005. 12
蔡克品	男	汉族	副局长	1998. 11—2005. 12

农业培训　1983 年,成立越西县农广校。1988 年,经省教委评估确定为成人中等专业技术学校。1991 年,农广校设编 9 人,其中:农业 5 人,畜牧 4 人。1996 年,农广校被评为“全国百强校”,承担村社干部“双学”培训任务。先后在 24 个乡(镇)举办干部培训班,建立乡级教学班 27 个,培训村社干部 807 人,占全县村社干部的 60% 以上,招收村社干部中专学历班 1 个 57 人,取得中专文凭 52 人。1997 年,中华科教基金扶持、资助县农广校。

2001 年,职业培训面向农广校毕业、结业学生、下岗人员、待业人员、委培自费大中专学生、回乡农村青年,采取短、中、长和高、中、低相结合方式开展引导培训和职业技能培训,内容由单一工种发展到 5～6 个。先后向广州、深圳、中山、东莞、江门、内蒙古、成都、山东等 25 个地区输送 51 批 19 个工种 5497 人次。2004 年,县农民科技教育培训中心挂靠越西县农广校,挂“越西县农民科技教育培训中心”牌子。

2005 年,省劳动力转移培训阳光工程培训基地挂靠县农广校,挂“四川省劳动力转移培训阳光工程培训基地"牌子。开展县阳光工程培训项目,完成6个专业,20个教学班,1775人的培训任务,占全县阳光工程培训总人数44.38%,其中:餐饮852人,保安204人,家政122人,缝纫48人,建筑495人,计算机操作员54人。完成劳动力转移输出1481人,其中:县内输出641人,县外输出840人,培训转移率达到83.4%;完成越城镇和河东乡项目区4685人农业综合科技培训;采取进村办班形式,举办农业、畜牧、林业、水利、烟草等方面综合技术培训,组织农民实用技术培训4357人。

农业执法 1991年,农业执法由种子站、植保站、土肥站联合执法。1998年,加强农药管理力度,根据《农药管理条例》,清理整顿市场。2002年6月,成立执法大队。2003年,查获各类违规案件19起,其中:无证经营案件8起,没收农药16公斤,案值320元。查获无证经营种子500公斤,案值2595元。查获销售散装种子6起,没收种子15公斤,罚款600元。查获超范围经营2起,责令停止越区销售,并处罚金200元。收缴毒鼠强6.9公斤,由专车专人押送州环保局进行销毁。

2005年,全县确立有资格经营的50家植保服务中心和4家鼠药经营点,共查处种子违法案件10件,查获种子125公斤,案值637元。

第三节 农作物种植

一、栽培技术

1991年,越西沟坝地区两段育秧基本普及,引进推广"宽窄行"栽插技术,栽插0.115万亩;推广玉米初级配方施肥技术措施,采取N、P、K配方施肥;推广洋芋高厢垄作播种1.5万亩。1993年,全县推广玉米地膜覆盖栽培1.5055万亩,普雄地区推广地膜育秧和旱育秧。

1996年,"开厢填心"栽秧法和"散栽秧"逐步淘汰。2000年,通过科技三下乡、开现场会、广播、电视宣传、科技人员驻点、县政府配套技术物资等措施,玉米地膜覆盖栽培7.48万亩。

至2005年,普雄地区基本普及旱育秧。"宽窄行"发展到2.8万亩,比上年增加2.685万亩,增长2334.7%,年递增155.6%。油菜重点推广免耕栽培技术,推广水稻茬免耕直播油菜技术,每亩节省机耕费40~50元,油菜增产10%。推广洋芋高厢垄作播种6.3万亩,比1991年增加4.8万亩,增长320%,年递增21.33%。地膜玉米覆盖栽培7.5万亩,占玉米播种面积的88%,比1991年增加5.9945万亩,增长398%,年递增26.5%。

二、良种推广

水稻 1991年,推广水稻良种35381亩,占全县水稻种植面积的93.1%,其中:越西河谷地区汕窄8号21633亩,占全县水稻种植面积57%。合系品种2419亩,湘早糯1号3158亩。引进水稻新品种D优64。普雄地区主要种植水稻品种:合系5号、粳九、粳七、普雄大白谷、79—2、合系10号、294—3。当年,全县稻谷总产12106吨。

1995年,引进杂交水稻新品种D优439,经试验比对照汕窄8号亩增产30.94%,抗病性和抗逆性较好。荞农4号成为普雄地区主要品种,294—3、79—2、合系5号、粳九、粳七等水稻品种相继被淘汰。2002年,主要推广的水稻品种为:汕窄8号、D优439、D优162;水稻抽穗扬花的8月初低温阴雨,D优439抽穗晚、不成熟,全县平均亩产仅为283公斤,后被淘汰。

2005年,推广汕窄8号、D优162为主的水稻良种37404亩,占全县水稻种植面积的95.6%,其中:汕窄8号种植27387亩,占水稻面积的70%;D优162种植8998亩,占水稻面积的23%。全县水稻种植39125亩,产量15808吨。

玉米　1991年,推广杂交玉米76245亩,占玉米种植面积的83%,主要品种为连玉3号、复单2号、新品种掖单13号,玉米总产37576吨。

1999年,玉米主要品种有:复单2号、连玉3号、掖单13号、旅丰1号、17单交,完成玉米新品种川单15号引种试验,平均亩产685公斤,表现为高产、抗性好,青秆成熟,可替代复单2号。2000年,调整品种、品质结构,淘汰旅丰1号、掖单13号等老化品种,全县推广玉米新品种越引24、雅玉2号等4.5万亩,占玉米播种面积的53%;引进新品种雅玉10号、凉单4号,通过试验示范,产量为700公斤以上,抗性较好。

2003年,种子站退出种子经营,开展新品种的引进及试验示范。推广杂交玉米良种8.5万亩,以凉单4号、雅玉10号为主。2004年,引进新品种普玉9号,通过试验产量为732公斤,抗性较好。2005年,推广以凉单4号、连丰1号、普玉9号、雅玉10号为主的玉米良种78220亩,占全县玉米种植面积的98.5%。全县玉米种植79339亩,总产量33490吨。

小麦、马铃薯　1991年,全县种植马铃薯品种有:九比、阿里、米拉。小麦总产5025吨,马铃薯总产19963吨。1995年,引进新品种凉薯14亩产2100公斤、凉薯97亩产2000公斤、抗青9—1亩产1900公斤。推广小麦良种25300亩,占全县小麦种植面积的89.9%,其中:绵阳20号23500亩,平均亩产225公斤;绵阳11号1100亩,平均亩产215公斤。

1998年,主要推广的小麦良种为:绵阳20号、绵阳25号、绵阳26号。绵阳11号由于抗病性差,品种退化被淘汰。引进小麦良种川麦30号、绵阳28号、川麦26号,经试验抗性、丰产性较好,于2000年在全县推广。2004年,引进马铃薯新品种会—2亩产2600公斤。

2005年,全县推广小麦良种40507亩,占全县小麦种植面积的89%。主要品种有川麦20号、绵阳20号、川麦30号。实施马铃薯增粮增收"三百"工程3.27万亩。主要品种有:九比、阿里、凉薯14、凉薯97、会—2、抗青9—1、米拉。栽种马铃薯65046亩,总产27085吨。

油菜　1991年,种植0.15万亩优质油菜,占油菜种植面积的83%,平均亩产180公斤,全县主要品种是大桥油菜,平均亩产123公斤。全县总产油料976.73吨,其中:油菜籽869吨。1996年,完成油菜区域试验1个,参试品种6个,其中:绵阳92—330较对照绵阳20号增产,平均亩产221公斤。

2000年,示范推广"双低"油菜新品种"油研七号"等6.5亩,平均亩产253公斤,获得成功。2003年,全县产业结构大调整,油菜面积增大,小麦面积减少,共推广杂交油菜良种1.1万亩,主要品种为"绵油11号"、"油研七号"、"油研九号"等。

2005年,推广油菜良种16959亩,主要品种为绵油11号、德油5号等,占全县油菜种植面积的95.3%。种植绵油11号5476亩,平均亩产252公斤;种植德油5号5144亩,平均亩产232公斤;种植优质油菜1.1万亩,总产990吨。

三、其他粮油作物

1991年,全县种植其他作物48881亩,其中:荞麦29478亩,燕麦17640亩,杂豆1763亩。荞麦品种有甜荞和苦荞两种,以苦荞居多。占全县粮食作物面积10%,总产4000吨。燕麦主产于县内高寒山区,秋播,次年夏季收获。由于耕作粗放,产量低,亩产50公斤。大豆(品种有:大黄豆、小黄豆等)、芸豆(黄豆)、豌豆(素豆、四季豆)、胡豆主要种植在沟坝河谷地区,二半山地区有部分种植,以中所、书古、顺河、新民产量居多。当年,全县黄豆总产1377吨、荞子7567吨、燕麦1563吨。

1998年起,因农业结构调整,市场需求量大,全县豌豆、胡豆种植面积逐年扩大。2000年,燕麦作为绿色食品开发种植,随着新技术、新品种和市场需求增加,播种面积逐年扩大。

2005年,种植秋荞65378亩,产量9947吨;全县播种大豆3792亩,总产1225吨;播种燕麦16181亩,总产1904吨;芸豆总产2535吨;豌豆种植3080亩,总产鲜豌豆770吨;胡豆种植1021亩,产鲜胡豆255吨。

第四节　作物防治

主要病害防治　1991年,全县3.5万亩稻田发生稻飞虱害,稻谷比上年每亩减产9.3%。全县水稻减产1417.65吨;玉米发生3万亩小地老虎(土蚕)病害,造成缺苗率为5~8%,严重田块达35%,补种31吨;全年马铃薯癌肿病、早疫病和晚疫病及蛴螬、二十八星瓢虫等病虫害零星发现;小麦经过拌种处理预防腥黑穗病。

1993年,越城镇小麦田首次发现红蜘蛛病害。1997年,水稻发生4137亩稻螟虫害,4065亩叶鞘腐败病;玉米大斑病发生面积8965亩;小麦发生条锈病,严重发生田块减产38.2%,发生中等田块减产13.4%。

2002年后,推广高效低毒低残留农药,全面禁止使用甲胺磷、甲基对硫磷、对硫磷、久效磷、磷铵等高毒高残留农药。2004年,水稻暴发粘虫害,粮食减产5~10%。

截至2005年,水稻稻瘟病每年都有不同程度发生,常年预防面积11.7万亩;油菜主要病虫害蚜虫和白锈病。一般田块减产10~20%,重灾田块减产50%以上,采取“花期挑治、青荚期普治”防治措施,预防油菜蚜虫发生危害。是年,发生玉米锈病、纹枯病,未造成产量损失;部分田块发生稻曲病、恶苗病、纹枯病,面积较少,为害损失较小。小麦田发生麦蚜病害,减产10~20%,严重田块减产30%以上。

表15-10　1991—2005年农作物病害防治面积统计表　单位:万亩

项目＼年份		1991	1992	1993	1994	1995	1996	1997	1998	1999	2000	2001	2002	2003	2004	2005
条锈病	发生	0.01	0.015	0.02	0.01	0.02	0.01	1.1	0.8	0.3	1	2.8	2.8	2	2.3	1.5
	防治	0.01	0.015	0.02	0.01	0.02	0.01	1.1	0.8	0.3	1	2.8	2.8	2	2.3	1.5
麦蚜虫	发生	1.5	1.5	1.6	2.42	2.2	2.3	1.6	2.8	2.8	3.5	3.5	3.5	4	4	3
	防治	1.5	1.5	1.6	2.42	2.2	2.3	1.6	2.8	2.8	3.5	3.5	3.5	4	4	3
红蜘蛛	发生	0.31	0.28	0.53	1	0.6	0.58	0.5	2	2	2	0.8	0.8	0.5	0.8	0.4
	防治	0.31	0.28	0.53	1	0.6	0.58	0.5	2	2	2	0.8	0.8	0.5	0.8	0.4
白粉病	发生	1.4	0.98	1.6	2	1.9	1.8	0.921	1.2	1.5	2	1.3	1.3	0.5	0.5	0.5
	防治	1.4	0.98	1.6	2	1.9	1.8	0.921	1.2	1.5	2	1.3	1.3	0.5	0.5	0.5
水稻沾虫	发生	1.8	1.2	1.4	1.6	3	3.2	2.6	3.2	0.2	0.5	0.1	0.05	1.1	2.2	2.5
	防治	1.8	1.2	1.4	1.6	3	3.2	2.6	3.2	0.2	0.5	0.1	0.05	1.1	2.2	2.5
稻飞虱	发生	3.5	1.2	2.8	2.8	—	2.1	1	0.5	0.5	0.5	0.2	0.3	0.4	0.2	1.2
	防治	3.5	1.2	2.8	2.8	—	2.1	1	0.5	0.5	0.5	0.2	0.3	0.4	0.2	1.2
稻螟虫	发生	0.4	0.2	0.1	0.53	0.14	0.3	0.4	0.3	0.2	0.1	0.11	0.13	—	—	—
	防治	0.4	0.2	0.1	0.53	0.14	0.3	0.4	0.3	0.2	0.1	0.11	0.13	—	—	—
食根金花虫	发生	0.13	0.15	0.11	0.13	0.14	0.03	0.04	0.02	0.04	—	—	0.01	—	—	—
	防治	0.13	0.15	0.11	0.13	0.14	0.03	0.04	0.02	0.04	—	—	0.01	—	—	—
稻负泥虫	发生	0.1	0.1	0.1	0.3	0.2	0.2	0.1	—	0.1	—	—	—	—	—	—
	防治	0.1	0.1	0.1	0.3	0.2	0.2	0.1	—	0.1	—	—	—	—	—	—

续上表

项目 \ 年份		1991	1992	1993	1994	1995	1996	1997	1998	1999	2000	2001	2002	2003	2004	2005
稻瘟病	发生	0.032	0.002	0.04	0.06	0.1	0.13	0.98	0.67	0.131	0.0386	0.0072	0.005	0.003	0.04	0.12
	防治	0.17	0.67	2.1	3.3	3.4	3.4	3.5	3.09	7.5	8.8	9.3	9.3	11.7	11.7	11.7
稻曲病	发生	—	—	—	—	1.65	0.18	0.1	—	—	—	—	—	—	—	—
	防治	—	—	—	—	1.65	0.18	0.1	—	—	—	—	—	—	—	—
叶菜腐败病	发生	1.8	0.9	0.2	0.8	1.5	1	0.4	0.3	0.2	0.5	—	—	—	—	—
	防治	1.8	0.9	0.2	0.8	1.5	1	0.4	0.3	0.2	0.5	—	—	—	—	—
小麦腥黑穗病	发生	—	—	—	—	—	—	—	—	—	—	—	—	—	—	—
	防治	2.3	3	2.91	2.6	2.7	2.9	3.1	3.5	3.8	4	4	4	4	4	4
小地老虎	发生	2	3	3	2.2	3.2	3.8	4	4.5	5	5	5	5	5	5	5
	防治	2	3	3	2.2	3.2	3.8	4	4.5	5	5	5	5	5	5	5
玉米沾虫	发生	0.56	0.82	0.8	0.62	4	1.5	1.7	5.3	—	0.7	0.2	0.2	0.9	1.2	3
	防治	0.56	0.82	0.8	0.62	4	1.5	1.7	5.3	—	0.7	0.2	0.2	0.9	1.2	3
玉米大斑病	发生	—	—	—	1.5	—	—	0.9	—	—	—	—	—	—	—	—
	防治	—	—	—	1.5	—	—	0.9	—	—	—	—	—	—	—	—
玉米纹枯病	发生	—	—	—	—	0.32	—	0.25	—	—	—	—	—	—	—	—
	防治	—	—	—	—	0.32	—	0.25	—	—	—	—	—	—	—	—
马铃薯癌肿病	发生	16.4	10	5.1	8	—	—	—	—	—	—	—	—	—	—	—
	防治	4	4	4.5	4.5	4.5	4.5	4.5	4.5	4.5	4.5	4.5	4.5	4.5	4.5	4.5
油菜蚜虫	发生	0.5	0.44	0.55	0.55	0.6	0.52	0.36	0.7	0.75	0.75	0.8	1.2	1	1.4	1.5
	防治	0.48	0.44	0.54	0.49	0.6	0.52	0.36	0.7	0.75	0.75	0.8	1.2	1	1.4	1.5
斑潜蝇	发生	—	—	—	—	0.003	0.01	0.8	1.2	1	1.1	1.2	1.3	1	1.2	1
	防治	—	—	—	—	0.003	0.01	0.8	1.2	1	1.1	1.2	1.3	1	1.2	1

植保机械 1991年，全县植保机械分布根据各乡（镇）所处地理位置、病虫发生防治习惯分为越西河谷地区和高二半山地区。越西河谷地区居住农户为28162户，有喷雾器户数占70%，喷雾器社会保有量19758台；高二半山区，由于海拔高，温度相对较低，病虫发生少，拥有喷雾器户数10%，社会保有量2647台。2005年，县农业局先后购进推广PB－16型、WS－16型等背负式手动喷雾器318台。全县常年拥有22748台手动喷雾器。

农田鼠害防治 1991年，全县因鼠害，农田平均每公顷损失粮食320公斤；粮食储蓄期因老鼠盗粮和糟蹋粮食损失5%。

1995年，22个乡（镇），199个村，599个社，31750户开展春季农田灭鼠行动。灭鼠面积10.2万亩。2003年始，清理整顿鼠药市场，收缴毒鼠强类氟制剂鼠药，避免鼠药中毒事件发生，确定中所、城关、新民、中普雄4个片区安全毒饵销售点，毒饵由县农业部门配制。

试验示范 1991年，书古乡在巴足洛村示范马铃薯喷施“增产菌”502亩，亩比对照增产9.32%。1992年，小麦喷施“增产菌”示范5745亩，马铃薯喷施“增产菌”示范1.5万亩。小麦比对照亩增产10.4%，马铃薯比照亩增产10.67%，经过91、92两年的试验示范，由于增幅不大，未推广。

1994年，开展水稻除草剂“新得力”、“莎多伏”试验，除草效果80～100%，完成23162亩“农得时”和

24 亩“扫氟特”除草推广示范。

1996 年,示范“稻多福”防除稻田杂草试验 3723 亩,杂草防效 95.9 ~ 99.1%。1998 年,五里箐乡地膜玉米膜内“禾耐斯”化除试验,除草效果达 94.4 ~ 98.8%,增产效果达 36.4 ~ 48.9%。试验成功后,膜内除草普及到高二半山地膜玉米种植区。

1999 年,在越城镇玉米地实施“都尔”除草试验,除草效果 82.6 ~ 100%;中所镇玉米地膜内“禾耐斯”除草试验,除草效果达 98.7%,比同地未除草亩产增加 166.4 斤,增长 10.1%,同时,实施“农地乐”农药防治蚜虫试验,防蚜效果 100%。

2001 年,稻瘟病防治示范 20 亩,马铃薯现蕾期喷施多效唑示范 200 亩;小麦除草剂“高渗异丙隆”的实验,防除草效果达 97.2 ~ 100%,增产效果达 14.9%;小麦条锈病防治试验,中等发生的田块比处理田块减产 13.4%,发生严重的田块比处理田块减产 38.2%。

2003 年,实施阿米西达试验,据试验观察,25% 阿米西达防治番茄疫病效果优于 64% 杀毒矾和 70% 托布津。同年,大花乡马铃薯青枯病严重地块引进“抗青 9 - 1”进行防治,经试验观察,该品种抗青枯病优于当地品种,比照当地“阿里”增产 35.8%。2005 年,在古二乡对马铃薯喷施 PBO 试验。喷施后,植株矮化,叶片嫩绿,但是增产效果,增产幅度不高。

防治、检疫 1991 年,农产品检疫出境按 1983 年颁布的《植物检疫条例》严格执行。全年检疫农产品 162 批次。全县有历史记载的全国性检疫对象有马铃薯癌肿病、水稻细菌性条斑病、毒麦,四川省检疫对象小麦腥黑穗病。同年,销毁处理越城镇解放 8 组 4 亩小麦田内发现毒麦 532 窝,1329 株。对马铃薯癌肿病分布和危害情况进行普查,摸清发生范围和危害程度。

1992 年,集中销毁处理在上年原发地和东风村 3 亩小麦地 3305 窝,13143 株毒麦。1994 年,所有发生毒麦的小麦地改种油菜。历年普查未发现毒麦。2000 年,按照 1992 年国务院修订《植物检疫条例》规定,全县农产品出境须经专职检疫员严格按照程序进行检疫检验,合格后签发“检疫证”允许农产品出境的名称和数量。

到 2005 年,全县历年普查中,未发现历史记载的水稻细菌性条斑病、小麦腥黑穗病发生,其它检疫性有害生物烟草环斑病毒病、玉米弯孢菌叶斑病、大豆疫病、红火蚁等也未在县域内发现。

表 15－11　　1991—2005 年农产品检疫签证出境名单及数量　　单位：万株、吨

项目 年份	洋芋		药材		花椒苗		梨子		苹果		萝卜干		薇菜		核桃苗		烤烟		桑苗		桤木苗	
	批次	数量	批次	数量	批次	数量	批次	数量	批次	数量	批次	数量	批次	数量	批次	数量	批次	数量	批次	数量	批次	数量
1991	162	9700	1	8	1	15	2	7	3	37	1	2	1	3	1	5	—	—	1	35	1	23
1992	163	9160	3	11.6	1	18	1	5	4	44.1	2	5	1	4	1	6	—	—	2	49	2	48
1993	190	11400	4	15	2	29	3	13	6	45	1	3	2	7	2	23	—	—	1	38	2	56
1994	200	9737.5	2	42.5	1	20	2	9	4	21.5	4	12	2	9	1	7	20	524.5	—	—	3	95
1995	246	14760	3	14.5	1	18	4	20	5	48	3	9	3	13	2	25	4	60	—	—	1	40
1996	240	14356	4	36.2	1	19	5	23	15	81	1	3	1	4	3	28	—	389.3	—	—	4	75
1997	230	13790	7	102.3	1	30	4	21	12	120	4	15	1	5	1	8	78	75	5	147	3	66
1998	151	9108	20	1045	1	20	3	19	7	75	2	10	2	20	1	8	7	—	—	—	2	43
1999	151	2245	20	65.5	1	31	5	30	25	260.5	1	3	1	5	2	27	—	—	—	—	1	35
2000	300	1800	1	4	6	93	3	13	9	80.5	4	13	8	47	1	10	—	—	—	—	2	39
2001	250	1500	6	27	7	34.7	3	16	4	51	1	2	5	34	2	80	65	650	5	400	2	75
2002	160	2563	48	6300	5	150	3	17	6	68	2	11	2	5	3	95	10	100	6	219	7	413
2003	150	9000	4	2.7	2	70	5	32	3	17.5	1	4	5	20	2	64	—	—	2	100	8	556
2004	68	2040	2	2.7	2	90	4	24	2	14.7	3	16	1	2	3	86	—	—	2	80	4	80
2005	69	3990	2	10	2	92	3	21	3	19	4	18	1	3	2	55	—	—	—	—	3	67

第五节 水果蔬菜种植

一、蔬菜种植

全县蔬菜栽培分7大类、40个品种,主要种植品种有白菜、萝卜、辣椒、元根。

叶菜、葱蒜类 全县叶菜类蔬菜常年种植14149亩,产量12843吨,占全县蔬菜种植面积的33.4%,主要栽培芹菜、菠菜、大白菜、圆白菜、菜用油菜、莴笋、莲花白等;葱蒜类常年种植1545亩,产量1057吨,占全县蔬菜种植面积的3.64%,主要栽培大蒜、小葱、韭菜,其中:以产蒜薹、蒜头为主大蒜种植524亩,产量392吨,占全县葱蒜类种植面积的33.9%,重点分布在书古乡、乐青地乡,种植以本地紫皮大蒜为主。

白菜 1991年,农户"各自为政",种植分散,生产规模小,商品蔬菜较少,大部分作为青饲料,栽培方式以露地后茬种植为主。是年,白菜发生黑斑病、白锈病等病害0.7万亩。2000年,越西县被四川省确定为优质蔬菜生产基地,4种蔬菜被农业部认定为无公害农产品。翌年,丁山乡丁埝村首次发现白菜根肿病。2002年,在越城镇城东村再次发现白菜根肿病。同年,越西生产的大白菜被四川省农业厅认定为无公害农产品。

截至2005年,白菜常年栽培面积10565亩,产量9892吨,占全县叶菜类种植面积的74.7%,全县除高山地区申果庄和上普雄片区部分乡外均有分布,主要集中在中所、大瑞、丁山、新民等乡(镇)。发展大棚蔬菜30亩,无公害蔬菜3.5万亩,产值3600万元,蔬菜产品外销成都、乐山、宜宾、西昌和周边县。

茄果、瓜类 全县茄果类蔬菜常年种植2298亩,产量1812吨,占全县蔬菜生产面积5.4%,主要栽培番茄、辣椒、茄子。越西河谷地带、普雄河谷地带、漫滩河谷地带均有分布,种植方式以一家一户的庭院分散种植为主,规模小,主产区中所镇、新民镇、丁山乡、大瑞乡。

全县瓜类蔬菜常年种植1908亩,产量1634吨,占全县蔬菜种植面积的4.5%,主要栽培西葫芦、黄瓜、苦瓜、南瓜,其中:黄瓜常年种植465亩,产量336吨,占全县瓜类种植面积的24.4%,主要分布在越西河谷地带大瑞乡、中所镇、丁山乡、越城镇;南瓜在高二半山以下均有分布,以一家一户门前屋后、山坡、果园地种植占多数,面积1243亩,栽培本地长枕南瓜、金瓜为主;苦瓜主要在越城镇零星种植。

1997年,推广"西昌牛角椒",年种植370亩。2002年3月,越西生产的辣椒、黄瓜被四川省农业厅认定为无公害蔬菜农产品。2003年7月,被农业部认定为无公害蔬菜农产品,认定面积辣椒200公顷、黄瓜133公顷。引入"翠妃"、"高优好2号"苦瓜在越城镇、丁山乡蔬菜大棚内栽培,年产量1.2万斤。

2005年,辣椒在越西沟坝地区和乐青地乡、贡莫乡种植380亩,产量760吨。辣椒疫病发生0.13万亩,地老虎、蛴螬等虫害0.13万亩。全县1900亩栽培黄瓜出现斑潜蝇危害。引进和成功试种"种都二号"、"爱帝F1—B"等品种,种植230亩,产量460吨。西葫芦种植120亩,产量210吨。

块根、块茎类 1991—2005年,全县块根、块茎类蔬菜常年种植20807亩,产量19532吨,占全县蔬菜种植面积的49.1%,主要栽培萝卜、胡萝卜、元根。

萝卜种植分布较广,全县除高寒山区申果庄、上普雄片区个别乡外均有分布,主要栽培本地种、新黑田五寸,常年种植12674亩,产量1.3万吨。种植面积较大的有南箐、西山、大花、新民、板桥、保安、乐青地等乡(镇),栽培方式以玉米间作秋冬萝卜种植为主,有少部分种春萝卜。1995年前,萝卜主要用作青饲料。1996年后,逐步加工成萝卜干半成品,由本地经销商收购后销往成都、乐山等地萝卜干加工企业。2002年3月,越西生产的萝卜被四川省农业厅认定无公害蔬菜农产品。2003年7月,被农业部认定为无公害蔬菜农产品,认定面积1000公顷。

2005年,种植元根16975亩,产量16051吨,占全县块根、块茎类种植面积55.1%,主要分布在高二半山和高山地区。当年,城东村农户采用地膜覆盖成功种植春萝卜,销售萝卜干半成品500吨,产值150万元。

二、蔬菜品种引进

1991年,在中所、大瑞、丁山、新民等地推广种植“山东四号”、“山东五号”大白菜3000亩,最高亩产2000公斤,比本地品种亩增产850公斤,增幅73.9%。1992年,引进“西昌牛角椒”,在大花乡瑞元村试种成功,亩产1120公斤。

1993年,从西安引进“毛粉802”番茄。1994年,引进“西粉3号”,在丁山乡丁塘村试种成功,相继在丁山、中所推广,栽培56亩。同年,引进“北京小杂56”热白菜,在中所、新民镇试种取得成功,实现白菜的四季栽培。1995年,中所镇成功试种“眉州墨茄”品种,比本地品种产量提高50%,亩产2000公斤,逐步取代本地茄子品种。瑞香村、丁埝村推广“北京小杂56”热白菜31亩。1996年3月,引入“早青一代”西葫芦,首次栽培并取得成功。

1997年,引进“春秋王”、“日本春黄白”、“春夏帝王”,在中所、丁山等乡(镇)进行试种成功,“春秋王”平均亩产1500公斤,远高于“北京小杂56”。

1998年,相继引进香辣型辣椒品种2个,微辣型湘研系列青椒品种4个,在丁山、中所、新民等乡(镇)试种成功。1999年,引进天津“津杂二号”黄瓜在丁山乡试种,次年在中所、新民镇示范种植成功,取代本地黄瓜品种。2002年,引进和成功试种“新泰密刺”、“津春一号”。

2003年2月,引进“巨粉冠”番茄品种,在越城镇城东村大棚内进行试种,次年在丁山乡露地试种,亩产4538公斤,该品种各种性状都优于“毛粉802”,成为大棚和露地番茄栽培主栽品种。引入“翠妃”、“高优好2号”苦瓜品种在越城镇、丁山乡蔬菜大棚内栽培,年产量1.2万斤。2005年,引进和成功试种“种都二号”、“爱帝F1—B”等黄瓜品种,种植230亩,产量460吨。

三、大棚蔬菜

2000年11月,越城镇青龙村1户村民在自家承包地建成1.2亩全拱式钢架蔬菜大棚。2002年11月,在越城镇城东村建成5个半坡式日光温室。

2003年,进行以茄果和瓜类为主的示范种植,推动、引导全县大棚蔬菜生产。12月,大屯乡大同村建成8亩钢架式蔬菜大棚。2005年11月,丁山乡丁塘村村民建成20亩蔬菜大棚。

四、水果生产

县内果树包括耐寒温带果树山定子、树莓、草莓、山樱桃、山桃、野生猕猴桃和温带果树苹果、花红、梨、桃、樱桃、杏、柿、李、无花果、梅、葡萄、石榴、栗、核桃等。1991年,从辽宁中国果树研究所、山东省果树研究所、四川省果繁站、西南农业大学、盐源等地引进红津轻、红王将、红嘎拉苹果品种。全县果园面积21477亩,其中:苹果18585亩,梨子2431亩。水果产量5675吨,其中:苹果4000吨,梨子600吨。1998年,全县苹果、梨、桃、葡萄、柿、李、杏、樱桃(简称八大水果)面积4.31万亩,产量9532吨。

1999年,全县苹果主栽品种金冠和元帅系列,种植时间长,品种退化,经济效益低。到2002年,县八大水果种植面积2.69万亩,产量降到6372吨。

2003年,四川省东方农业发展有限公司在大花乡、丁山乡种植甜樱桃700亩,引入27个甜樱桃品种,栽植48株成年甜樱桃树。2005年,甜樱桃树开始试花结果,全县甜樱桃表现为:成熟早、含糖量高、无污染。当年,八大水果面积2.85万亩,产量7560吨。

表 15-12　　1991—2005 年八大水果面积、产量统计表

年份＼项目	面积(万亩)	产量(吨)	年份＼项目	面积(万亩)	产量(吨)
1991	2.67	5675	1999	4.3	10333
1992	3.15	6454	2000	3.26	7765
1993	3.4	7000	2001	2.98	6452
1994	3.64	7765	2002	2.69	6372
1995	4.13	8490	2003	2.77	5432
1996	4.22	8764	2004	2.82	6869
1997	4.26	9293	2005	2.85	7560
1998	4.31	9532			

第六节　国营农场

良种场　1991 年,县良种场属县农业局下属独立核算的差额事业单位,负责收集全县栽种水稻、小麦、玉米、洋芋等品种对比试验;引进优良作物品种,筛选适应县域栽种的优良农作物品种。

1993 年,完成州种子公司下达水稻新品种"中粳"区试 1 个,参试品种 6 个,通过试验分析,合系 22—2,产量高,亩产 500 公斤以上。选定为每年区试的对照品种,该品种现感稻瘟病。合系 22—2、合系 30 等品种在中所、大瑞乡(镇)推广 3268 亩。

1998 年,完成新品种生产试验 1 个,参试品种 2 个,95030、L29 在中所地区推广 987 亩。1999 年,完成新品种生产试验,参试品种 2 个。

2000 年,合系 41 号在中所、大瑞推广 2000 亩。完成州水稻新品种区域试验 1 个。2002 年 3 月,青龙村良种场所在地规划为越西县三中。完成凉山州水稻新品种"中粳组"区域试验 1 个。2005 年,良种场完成凉山州水稻新品种"中粳组"区域试验 1 个。

畜牧园艺场　是以苹果种植为主,养殖业为辅的国有农垦企业场,地处马拖乡东坪村和申果乡。1990 年,园艺场有职工 47 人,其中:在职职工 37 人,退休 8 人,聘用治安民警 2 人。全场土地 4300 亩,其中:果园面积 1100 亩,鱼塘 2 个 80 亩,耕地 850 亩,牧草地 200 亩,林地 230 亩,可垦荒地 500 亩,宜林地 300 亩,居民住房 82 亩,其它面积 958 亩,有养猪场 2 个,烤酒房 1 个,磨面加工房 1 个,商店 1 个。

1991 年,实行场长承包责任制,场内栽种金冠苹果,树体老化,资金短缺,投入不足,管理不善,病虫害严重,导致年年经营亏损。1994 年,实行承包责任制,在承包期内,经营效益仍没有改观。

1996 年,组团赴盐源县考察苹果生产情况,借鉴盐源发展模式,县财政局、县果树站、县土肥站在园艺场新建 3 个以红富士、红津轻等为主的果园示范基地 100 亩。由于苹果生产周期长,3 个单位相继退出,交由园艺场自行管理。

2000 年,园艺场 368 亩土地转包给申果庄区申果乡、昭觉县比尔区村民,承包期 30 年。2002 年,国家实施退耕还林,园艺场将 200 亩宜林地纳入退耕还林栽种树木。

2003—2004 年,场部和鱼塘每亩按 20～50 元不等的价格租给职工和附近的农户耕种。2005 年,全场有在职职工 12 人,退休职工 17 人。

第四章　农　机

第一节　农业机械

耕作机械　1991—1993年,从成都岷山机械厂引进川丰—195—1、2型,川丰—110型拖拉机。1994年,陆续引进1Ls—120型单铧双向犁、双铧单向犁、三铧单向犁。1995年,引进0.6米、1.0米、1.6米、1.8米、2米、2.3米等类型的旋耕机。

1998年,引进川龙—200型。2005年,全县有拖拉机775台,13252千瓦,其中:有大中型拖拉机425台、小型拖拉机350台、机引犁25部、旋耕机55部、耕整机46台,285千瓦。

插、播种机械　1995年,从云南大理引进烤烟肥团制钵机2台,在大瑞乡进行试验。1999年,引进绵阳—1号小麦浅旋条播机5台,分别在大瑞乡、中所镇、越城镇、河东乡、大屯乡进行试验,播种均匀,覆盖性能好,小麦出芽率高。

2000年,从云南购进3台烤烟肥团制钵机。2002年,从江苏购进10台烤烟肥固制钵机。截至2005年,全县有烤烟肥固制钵机23台,气流抛秧机10台,小麦浅旋条播机5台。

收获机械　1991年,从成都购回2部割禾器在丁山乡、中所镇进行推广,因推广经费困难,交由县农机供应公司组织进货、销售。同年,引进5TC－720型、5TC－420型人力脱粒机10台在普雄镇推广,由农机供应公司组织进货后销售给农民。县农机供应公司销售128台。

1998年,购进桂林－3型、浙江三联、福田4LZ－2A型、久保田PRD488型联合收割机。2001年,技术改造5TC－720型人力脱粒机实现柴油机带动。

2005年,县内有稻麦两用割禾器34部。机动脱粒机50台,376千瓦;人力脱粒机458台。脱粒机主要分布在上普雄、中普雄、下普雄、顺河等地区。联合收割机21台,482千瓦。

农副产品加工机械　1991年,陆续购进2号、3号、4号辊式碾米机、湖南ME－400型分离式碾米机、山东N80双风道碾米机、浙江龙谷碾米机、6N－100S铁辊双筛碾米机、6N－12型碾米机、6NF4.8－6F－20型家用微型碾米粉碎二组合机、新津产GMBD－1型齿盘式多用磨面机、EGl8－20型磨面机、工农－70型辊式多用磨面机、6FY－600型磨面机、WF－65型磨面机、DM－Z125型自分渣磨浆机,适合县内使用的有山东N80型双风道碾米机、6N－100S铁辊双筛碾米机2种GMBD－1型齿盘式多用磨面机。

2004年,利用微水电工程建设,安装饲料粉碎机1台解决竹阿觉两个村农副产品加工难问题。2005年,全县有各类碾米机382台,各型磨面机253台,各类粉碎机170台,螺旋榨油机57台。

运输机械　2005年,全县有农田基本建设机械23台。各型农用汽车103辆,7586千瓦。拖拉机牵引的运输工具有5吨、3吨、2.5吨、1吨4种类型拖车405辆,小型拖车350辆。时风三轮运输车、万虎三轮运输车、嘉陵电动三轮车687辆,载重量分别是3吨、1吨、0.1吨。人力车、畜力马拉车等7860辆。

农用柴油　1991—1995年,下拨农用柴油指标806吨,其中:平价柴油310吨,挂钩柴油104吨,救灾柴油72吨。分配机耕用油322吨,机灌用油104吨,机脱用油42吨,无电地区加工用油103吨,运输用油333吨。1995年,国家取消农用柴油补贴政策,柴油供应全部实行市场经济,自由调节。

农机服务体系　1991年,恢复新民、大屯、越城、丁山、中所5个农机服务站,管理原划走的拖拉机和维修,组建农机服务队、农机维修中心,开办农机零配件门市。

1994 年,恢复大瑞、河东、西山 3 个农机服务站。成立农机学会。2005 年,全县有农机服务站 8 个,农机学会 1 个,农机服务队 1 个,农机流动抗旱服务队 9 个,农机安全协会 8 个,农机机耕服务队 3 个,各种农机服务组织 30 个。

表 15－13　　1991—2005 年农机五大作业完成情况统计表

项目＼年份	1991	1992	1993	1994	1995	1996	1997	1998	1999	2000	2001	2002	2003	2004	2005
机耕作业（万亩）	1.65	1.8	1.43	1.45	1.45	1.54	1.58	1.875	1.96	2.3	2.8	3.85	3.2	5.1	6.2
机脱（万吨）	0.85	1.965	0.75	0.74	0.7	0.75	0.93	1	0.96	1	1.1	1.2	0.9	4.2	4.15
农副产品加工（万吨）	3.53	3.65	3.55	3.5	3.6	3.64	3.54	3.5	3.56	3.7	3.8	4.4	4	4.1	4.5
机灌（万亩次）	1.95	2.45	4.89	2.6	1.2	2.73	3.21	2.4	6.3	5.7	6.1	1.4	8.7	9	9.5
农业运输（万吨公里）	1249	1430	1510	1250	1510	1576	1600	1668	1724	1759	1798	1836	1650	1810	1850

第二节　农机管理

一、常规管理

1991 年,全县农机总动力 11564 千瓦。拖拉机拥有量 363 台,5645 千瓦;农用运输车 44 辆,2868 千瓦;柴油机 66 台,370 千瓦;电动机 438 台,2147 千瓦;各种机械化、半机械化农机具 3856 台(件)。农机经营户收入 416.8 万元,实现利润 142.1 万元。推广 S195 型柴油机节能改造 21 台,推广节能化学清洗剂 250 公斤。

1995 年,全县农机化事业走“因地制宜、分类指导、各有侧重、讲求实效”的发展道路,实行“机、马、牛”相结合的方针。全县有拖拉机 386 台,农用汽车 46 辆,柴油机 52 台,汽油机 10 台,电动机 492 台,农副产品加工机具 516 台。

1999 年 7 月,县委下发《关于加快发展农业机械化的决定》(越委发〔1999〕25 号),鼓励被淘汰报废的大中型拖拉机用户,购买农用运输车、小型拖拉机、耕整机、脱粒机和其余农机具。

2005 年,本着“立足农业,面向农村,服务农民”的精神,首次实施国家购置农业机械补贴项目,争取中央财政补贴资金 30 万元,带动农户自筹资金 98.73 万元,购买大中型拖拉机、旋耕机、稻麦联合收割机、耕整机等各类农机具 41 台(套)。全县动力机械、作业机械齐全,脱程机械、运输机械、加工机械、植保机械布局更加合理。全县农机总动力 36211 千瓦,农业机械总净值 1750 万元,实现农机化总收入 2179 万元,实现利润 464.2 万元。

表 15－14　　1991—2005 年农机拥有量统计表　　单位：台、千瓦

年份＼项目	拖拉机	农用汽车	柴油机	汽油机	电动机	农副产品加工机具	碾米机	磨面机	粉碎机	机动喷雾器	机动脱粒机	收割机	农田基本建设机械	农机总动力
1991	363	44	66	10	438	488	280	142	54	10	15	1	1	11564
1992	354	44	44	12	447	490	286	146	58	10	15	2	2	11385
1993	367	45	47	10	463	497	291	149	58	10	13	3	3	11673
1994	372	44	49	10	476	508	298	154	60	10	13	1	1	11126
1995	386	46	52	10	492	516	307	160	68	10	13	4	4	10580
1996	403	47	55	10	509	523	310	171	75	10	14	2	3	10645
1997	422	48	59	10	525	541	312	178	88	10	15	2	5	10713
1998	457	52	63	12	534	538	314	176	96	12	19	2	2	10819
1999	529	57	69	15	541	562	315	172	112	15	21	5	2	13441
2000	548	63	76	19	552	586	316	169	127	19	29	5	2	18541
2001	569	71	87	24	567	607	318	173	135	24	32	5	2	22174
2002	570	92	111	30	581	642	319	178	145	30	40	5	7	27805
2003	577	98	108	30	617	675	318	196	160	30	42	5	13	29473
2004	609	101	192	30	645	787	335	216	170	30	45	5	19	33520
2005	775	103	222	30	701	871	382	253	170	30	50	21	23	36211

二、企业经营

农机供销　县农机供应公司是国有农机销售企业，隶属越西县农机局。1991 年，完成购进 46 万元，销售 45 万元，实现毛利 3.8 万元，纯利 1.2 万元，占年计划 0.8 万元的 150%。1993 年，农机供应公司筹措资金 8 万元在西宁路修建 4 间门市，126 平方米；完成购进 33 万元，销售 38 万元，实现毛利 2.2 万元，纯利 0.54 万元，占年计划的 61.5%。

1999 年，农机供应公司带产解体。2000 年 6 月，县体改办下发《越西县经济体制改革办公室关于同意越西县农机供应公司带产解体改制报告的批复》（越经办[2000]6 号），同意用资产安置所有职工，即一次性补偿职工工龄值，公司随之解散。公司门市 4 间 126 平方米，库房 4 间 763.75 平方米，总资产折价 289400 元，总支出 289400.02 元，其中：支付职工工龄工资 162000 元，支付欠发职工工资 60713.1 元，支付养老保险基金 35691.92 元，支付房屋维修费 4500 元，支付改制工资及改制费用 26495 元。农机公司带产解体后职工在劳动部门办理解除劳动合同手续，国营企业职工变成社会自由职业者。

农机修理　1991 年，县农机修造厂是县内唯一一家从事农机修造的企业，有职工 129 人，固定资产 389.75 万元，各类机械加工设备 96 台（件）。有农机大修、塑料编织、水泥预制件 3 个车间，生产塑料编织袋、水泥预制板、水泥砖及进行农机修理业务。农机修造厂大修车间建筑面积 758 平方米，配备航车和葫芦起吊设备。先后 4 次派出 49 人到省农机大修厂、洛阳拖拉机厂、宜宾农机大修厂、凉山州农机大修厂进修。有曲轴磨床，万能电器试验台、车床、钻床、马力测功机、水压试验台、移动式和固定式镗缸机、油泵试验台、连杆校正器、充电机等专用大修设备。但由于乡（镇）农机修理网点不断增多，修理行业竞争激烈，县农机厂大修车间仅靠修理拖拉机等农业机械已不能正常维持生存。大修车间除承担全县拖拉机农用运输车大修任务外，还对外开展汽车修理业务。当年，修理修配收入 27.5 万元，实现利润 2.7 万元，上缴税金 0.87 万元。1994 年，拖拉机汽车修理修配收入 29 万元。2002 年，拖拉机汽车修理修配收入 35 万元，实现利润 3.5 万元，上缴税金 1.2 万元。2003 年，企业改制出售全部厂区，修理业务终止。

企业经营 1990年,县农机厂纸布复合袋投产,由于对纸布复合袋产品生产及市场占有率估计不足转产塑编袋,生产纸布复合袋的大部分设备闲置,闲置额41万元,占该厂投资总额的47%,闲置设备年需支付利息费3.74万元。1991年,实行车间承包,将任务落实到车间和个人,完成产值174万元,比上年同期增长54万元。

1993年春季,第二条圆织机塑料编织袋生产线按时建成。7月,县农机厂与云南元谋县水泥厂合办塑编厂,将本厂价值19万元的设备运往云南。9月初,塑编袋生产线正式投产,共产塑编袋67万条,完成产值57万元,实现税金1.69万元,提取大修福利费等1.6万元,实际亏损6万元。实现产值361.5万元,上缴税收18.8万元,支付贷款利息22万元,亏损16.7万元。

1995年,推行全员劳动合同制。与全厂93个职工签订劳动合同。12月,县农机厂完成清产核资工作,企业资产389.75万元,负债380.83万元,国有资产总额8.93万元,其中:国有资本金73.67万元,未分配利润-107.24万元,土地价42.5万元。是年,农机局结合实际拟出《越西县农机厂三改一加强方案》,划小核算单位,实行多法人经营。即撤销县农机厂,建立预制塑编厂和农机大修厂,两厂均属国有,分别主营水泥制品、塑编袋和汽车、拖拉机修理。实行自主经营,独立核算,自负盈亏,照章纳税。

2003年,鉴于企业负债累累的实际,决定选择"裂变"方法对企业进行改制。即出让现有厂区全部资产来安置全部职工,留下家属院抵债。7月,聘请凉山州精成会计师事务所对企业资产进行评估,单项资产评估价值为人民币1051054.8元,以120万元转让。

至2005年,县农机厂处置资产120万元,回收职工欠款1.83万元,缺口资金187.97万元由县政府解决。职工领取补偿金后与农机厂脱离关系,农机厂机构暂不撤销,由留守人员3人处理债权债务和遗留问题。

第三节 机电建设

管理机构 1991年,农业机械局更名为农机服务公司,内设办公室、农业管理站、农机监理站、科教股、计财股,下辖农机修造厂、农机供应公司两户国有企业。1993年8月4日,农机服务公司更名为农机服务总公司。1998年9月,撤销农机服务总公司,成立农机事业管理局,为县政府直属事业单位。

表15-15　　1991—2005年农机局负责人名录

姓　名	性　别	民　族	职　务	任职时间
潘克哈	男	彝族	农机服务公司经理、局长	1990.7—1993.5
蒙开福	男	汉族	农机服务公司经理、副局长	1986.6—1993.6
张秀林	男	汉族	农机服务总公司经理、局长	1993.5—1995.5
孙自清	男	彝族	农机服务总公司经理、局长	1995.5—1998.8
洛古红军	男	彝族	农机事业管理局局长	1998.8—2003.4
陈国清	男	汉族	农机事业管理局副局长	1998.8—2005.12
说日伍各	男	彝族	农机事业管理局副局长	1998.8—2003.3
曲木里支	男	彝族	农机事业管理局局长	2003.4—2005.12
邓思刚	男	汉族	农机事业管理局副局长	2002.8—2005.12

粮食自给工程 1996年,越西县被确定为1996—2000年度"粮食自给工程"项目县,每年省上投入资金300万元,项目受益区通过投劳折资的方式,由乡、村集体和农民自筹300万元,进行农业、水利、农

机综合配套建设。集中连片规划“越西河流域粮食自给工程项目区”、“普雄河流域西岸粮食自给工程项目区”、“普雄河流域东岸粮食自给工程项目区”。同年，粮食自给工程农机项目到位资金 32 万元，县财政实际拨付资金 28.5 万元。新建大屯乡苏呷提灌站，装机 55 千瓦，新增灌面 1500 亩，改善灌面 400 亩。更新改造大同、瑞龙、瑞香 3 座提灌站，共恢复和新增灌面 537 亩，改善灌面 364 亩。推广机械化肥深施器 3000 套，购置桂林 3 号联合收割机 1 台、耕整机 2 台、抛秧机 1 台。举办农机培训 6 期，培训联合收割机操作员、修理工、拖拉机驾驶员 138 人。

1997 年，粮食自给工程农机项目到位资金 36 万元，其中：自筹 4 万元。新建贡莫提灌站，装机 55 千瓦，确保贡莫乡布基洛、汉扎洛两村 1000 多亩“望天田”水稻按季节栽插；新增灌面 1200 亩，恢复灌面 650 亩。购置流动提灌设备 5 台（套），76 千瓦；可新增灌面 500 亩，改善灌面 300 亩。推广机械化肥深施器 3000 套，面积 12000 多亩。利用化肥深施器施肥每亩可节约化肥 4.5 公斤，增加粮食 96 斤，折算年均为农民节约成本 4.8 万元，增产粮食 54 万公斤。购置桂林 3 号联合收割机 1 台，秸秆还田机 1 台。召开“联合收割机机收现场会”、“机械化肥深施现场会”，举办各类农机新技术培训班 5 期，有 4859 名农民接受农机新技术培训。

1999 年，粮食自给工程农机项目到位资金 34.07 万元，其中：群众集资、投资折资 3 万元。购置流动提灌设备 15 台，228 千瓦，改善灌面 347 亩，新增灌面 1425 亩。更新改造东桥提灌站，装机容量 75 千瓦，新增灌面 500 亩，恢复灌面 650 亩。推广化肥深施器 11000 套，面积 4.2 万亩，购置桂林 3 号联合收割机 1 台，施耕机 1 台。培训拖拉机驾驶员、修理工 178 人。

农村微电站建设　1991 年，县属农村小水电 23 座。装机 720 千瓦。1996 年 8 月，引进 4 台 5 千瓦微型发电机，在依洛地坝乡、大花乡、瓦岩乡进行推广。2001 年，启动微水电工程建设。全县有微水电站 89 座，1392 瓦。但建设等级低，绝大部分微水电站达不到照明电压。

2002 年，新建、改造微水电站 4 座 27 千瓦，投资 16 万元，其中：以工代赈投资 12 万元，群众投资 3.5 万元，投工投劳折资 0.5 万元。

2005 年，全年新建微水电站 2 座 21 千瓦，投资 31.9 万元，其中：以工代赈资金 10 万元，县财政资金 15 万元，群众集资 4.6 万元，投劳折资 2.3 万元。至 2005 年，国家累计投入建设资金 77 万元，在县高寒贫困山区新建微水电站 10 座 86 千瓦，年新增发电量 206400 千瓦时，产值 103200 元；每年少砍伐林木 430 立方米，市值 215000 元，产生效益 31.82 万元。

表 15－16　　2000 年农村小水电站统计表

乡（镇）	电站名称	站址	水头（m）	流量（m^3/s）	装机（台/kW）	发电机型号	水轮机型号
梅花	白沙河电站	白沙河	29.5	3	3/570	TSW12－6×2 SFW250－6/740	HL－260－WJ－35×2 HL－260－WJ－42
书古	书古电站	五里村	97	0.04	2/285	TSW125＋160	CJ26－W－65/1×7.5
瓦普莫	瓦普莫电站	瓦普莫村	21.5	0.07	1/10	TSW10	SJ－W－20/18
	瓦普觉莫电站	瓦普莫村	15	0.015	1/10	TSW71－6	SJ－W－20/18
大花	大花电站	大花村	15	0.03	1/12	TSW71－6	SJ－W－20/18
新乡	作嘎电站	作嘎村	19.5	0.06	1/10	TSW71－6	SJ－W－20/18
马拖	西沟电站	西沟村	10	0.015	1/5.5	J○2－5.5	6BK－18
中所	龙泉电站	龙泉村	7	0.8	2/150	SF75－6－493	ZD560－LJ－40×2
丁山	东山电站	东山村	15	0.03	1/12	TSW71－4	SJ－W－20/18

续上表

乡(镇)	电站名称	站址	水头(m)	流量(m^3/s)	装机(台/kW)	发电机型号	水轮机型号
板桥	清泉电站	上游坝	11	0.2	1/28	TSW72-6	HL-260-WJ-25
	大岩电站	大岩村	18	0.03	1/14	TSW72-6	SJ-W-30/18
瓦岩	前进电站	前进村	14	0.12	1/14	TSW14	SJ-W-20/12
	秋林电站	秋林村	12.5	0.08	1/10	TSW10	SJ-W-20/18
	春景电站	春景村	7		1/0.6	JO2-0.6	XJ13-L
	茶园电站	茶园村	14	0.1	1/12	TSW12	6BK-18
尔觉	尔足电站	尔足村	4	1.3	1/75	TSW-75	ZD760-LM-60
拉普	阿牛吾电站	阿柳吾村	3.5	1	1/20	TSW20	川40型
	瓦洛电站	阿柳吾村	3.2	1	1/14	TSW14	川40型
	瓦洛一级电站	阿柳吾村	3.5	1	1/14	TSW14	川40型
四甘普	基登电站	四甘普村	18	0.02	1/10	TSW10	SJ-W-25/16J
	桥头电站	拉普村	3	1	1/14	TSW10	川40型
拉白	拉白小学电站	拉白村	8	0.05	1/1.5	JO2-1.5	XJ13-12
	达洛电站	达洛村	15	0.08	1/1.1	JO2-1.1	XJ13-12
	拉白电站	拉白村	13	0.05	1/6	TSW6	6BA-18
	普木觉电站	嘎祖库村	14	0.05	1/3	JO2-3	XJ13-L-3
德吉	瓦里电站	三合洛村	24	0.12	1/14	TSW14	SJ-W-20/18
乐青地	木足电站	罗波村	14	0.03	1/5.5	JO2-5.5	XJ13-L-3
尔赛	洪洛电站	洪洛村	18	0.03	1、6	TSW6	IS150-125-250
	花果电站	洪古村	22	0.09	1/10	TSW10	SJ-W-20/18
	洪洛电站	洪洛村	18	0.03	1/6	TSW6	IS150-125-250
	花果电站	洪古村	22	0.09	1/10	TSW10	SJ-W-20/18
	保珠电站	洛莫村	20	0.1	1/14	TSW71-6	SJ-W-20/18
	俄布电站	俄布村	18	0.1	2/32	TSW20+12	SJ-W-20/18 SJ-W-20/12
竹阿觉	汝波电站	如宝村	19	0.1	1/14	TSW14	SJ-W-20/18
依洛地坝	树且电站	树且村	3.5	1.1	1/75	TSW49.3-6	川60型
	沙木洛电站	沙木洛村	17	0.09	1/10	TSW12	SJ-W-20/18
申果	申果电站	申果村	16	0.06	1/12	TSW12	SJ-W-20/18
	觉莫电站	马斯觉村	23	0.36	1/55	TSW55	HL260-WJ-25
瓦里觉	瓦里觉电站	瓦里觉村	23.4	0.4	1/75	TSW75-6/493	HL-260-WJ-35
拉吉	波洛电站	拉吉村	16	0.14	1/20	TSW20	SJ-W-30/18
瓦岩	瓦岩电站	瓦岩村	23	0.09	1/20	TSW6	SJ-W-20/18

提灌机具检修　1991年,全县有8座机电提灌站,由于机具老化,带病作业现象严重。同年,全县春旱严重,8座电灌站经逐台检查、维修后和乡上10台流动提灌机具投入抗旱一线,全年机电提水540万

方，有效灌面1.95万亩次。1995年，争取救灾柴油30吨，拖拉机运送救灾物资8次，348吨/公里，帮助农田作业186亩。派出工程技术人员126人次，抗旱救灾巡回23个村，维修提灌机具26台557千瓦。当年机电提水305万方，机电灌溉面积1.2万亩次。2005年，完成机电提灌机具维修45台615千瓦，其中：修复机电提灌站3座，维修移动提灌设备42台套，维修沟渠1540米。新增提灌机具20台225千瓦；新增灌面2500亩，恢复灌面1000亩。当年实现提水650万立方米，机电灌溉面积9.5万亩次。年底，全县有电灌站10座489千瓦；移动式提灌机具60台616.8千瓦，微电泵240台322千瓦。

第四节 农机服务

一、技术推广

化肥深施器 1994年，引进化肥深施技术，推广化肥深施器300套。该技术将化肥按比例配制成水溶液，用308型喷雾器实行根部深施肥，减少揭膜、盖膜、松土、复土等工序，节省劳力，降低劳动强度。1996年，利用国家粮食自给工程专项资金，在越西河东岸粮食基地和普雄河东岸、西岸粮食基地建设中，将化肥深施技术作为粮食增产的主要技术措施，投入部分资金帮助农民购买深施器及配套的喷雾器。2000年，推广化肥深施器3200套，作业面积1万亩，全县累计拥有化肥深施器11000套，作业面积6.3万亩次，增产玉米近80万公斤，节能450吨，省工8.5万个。2005年，拥有化肥深施器18500套，作业面积6.3万亩次。

耕整机 1991年3月，自筹资金从西昌引进峨眉—7型耕整机1台，在大瑞乡瑞香村3组进行示范推广。由于留埂较多，耕地质量差，没有推广。2001年，引进合盛1Z—135型，顺意100型，杰力牌—6型，双龙51—81型，沭河81—1型、沭河81—2型耕整机，适应性好，推广较好。

洋芋淀粉加工机械 1995年，引进6FL—1500A型薯类磨碎分离机5台，分别在越城镇、大瑞乡、普雄镇、保石乡、大花乡等地推广。台均日加工洋芋5吨，当年销售21台，加工洋芋1.89万吨。是年，越西县被列为国家"八五"期间第四批马铃薯商品粮生产基地县。1997年，由省农业厅配套资金140万元，申请"科技兴农"项目资金32.5万元，县上自筹20.4万元。项目建成后每年可处理洋芋9600吨，生产优质淀粉1500吨，年销售收入459万元，可获利76.32万元，上交锐利33.75万元。2005年，台商丰年农业科技有限责任公司全机械全旋流淀粉加工成套设备自动化生产线落户普雄镇，该项目年产优质淀粉5000吨，年处理洋芋3.2万吨。是年，筹建新民镇三民、朝阳两条洋芋淀粉加工生产线，全县三条自动化淀粉生产线建成后，年处理洋芋9.7万吨。

二、农机安全监理

1991年，公安部门委托农机监理站，对拖拉机按机动车进行管理。1996年，农机监理站3位正副站长参加全省组织的监理员资格培训，其余人员参加州农机监理所组织的农机监理员资格培训。1998年，农机监理站人员编制7名。农机安全检验员和驾驶资格考试员全部依法持证上岗。2000年，成立农机安全工作领导小组，同各乡（镇）、农机安全联组、施工企业及拖拉机驾驶员层层签订安全目标责任书。

2005年，开展"安全生产月"、"安全生产年"、"黑车非驾"以及拖拉机、农用车违章载客搭人等各种农机安全生产专项整治活动。加强春节、五一节、火把节、国庆节、彝族年等重大节日的安全检查，做到重点时间、重点路段、重点检查，防控各类重特大农机事故的发生。全年出动监理车450台次，监理人员共上路1400人次，检查机车1300台次，查获违章车辆338起，对150台机车进行临时检验，查处黑车黑户3台，消除事故隐患15起，强制报废45台，强制检修50台次。

表 15－17　　1991—2005 年农机监理情况统计表

年份＼项目	路田检人次、查车台数、违章数			农机事故					
				事故次数(起)			事故损失		
	人次	台次	起	特大	重大	一般	死亡人数(人)	重伤人数(人)	经济损失(万元)
1991	150	490	174	—	1	6	1	1	0.4
1992	145	437	168	—	—	8	—	2	0.6
1993	157	470	135	—	—	14	—	2	1.2
1994	207	465	179	—	—	16	—	3	1.4
1995	750	700	120	—	—	20	—	2	3.8
1996	780	785	140	—	—	21	—	3	4.6
1997	810	840	170	—	—	24	—	2	4.6
1998	850	900	180	—	—	20	—	2	4.8
1999	920	950	192	—	—	26	—	3	5.2
2000	980	1000	202	—	—	27	—	2	6
2001	1030	1080	230	—	—	30	—	2	6.1
2002	1080	1100	280	—	—	32	—	2	6.5
2003	1350	800	200	—	1	33	1	3	8
2004	1280	1210	310	—	1	34	1	2	9.4
2005	1400	1300	338	—	1	38	1	4	10.3

第五章　林　业

第一节　林业资源

一、林地

林业用地　全县林分面积 48707.6 公顷，占林地面积 35.4%，县属 45281.5 公顷(不含凉北林业局所属)，占林分面积 92.8%。人均占有森林面积 0.18 公顷，为世界人均 0.6 公顷的 30.0%。疏林地面积 6560.3 公顷，占全县林业用地 4.8%；无林地 48578.1 公顷，占林地面积 35.2%；天然林 55335.5 公顷，分布在海拔 2500 米以上的越西河、普雄河、则普拉达河、保石河流域两侧和申果庄自然保护区。人工林 33791.2 公顷，分布海拔 3000 米以下地区；固定苗圃地 25.8 公顷，分布在越西骨干苗圃、越西林场、森林经营所及凉北营林处。2005 年，全县林业用地中，按林种分用材林 34679.2 公顷，占 25.2%；防护林 72303.0 公顷，占 52.5%；特用林 24143.7 公顷，占 17.5%；经济林 4132.6 公顷，占 3.0%；薪炭林 2472.1 公顷，占 1.8%。县属经济林面积 1000.5 公顷，占 0.7%；灌木林地面积 27950.8 公顷，占 20.3%；县属未成林造林地 4907.5 公顷，占 3.6%；县属苗圃地 8.4 公顷，占 32.6%；县属无林地 47648 公顷，占 98.1%。

森林覆盖率34.6%，比1998年28.9%增加5.7个百分点。其中：县属(除凉北施业区外)森林覆盖率33.6%。有林地覆盖率22.0%，较1998年17.0%增加4.9个百分点。

林地权属　全县国有林地面积92122.4公顷，占全县总面积40.8%，县属86874.5公顷，占94.3%；凉北林业局施工区5247.9公顷，占5.7%，其中：林业用地面积5234.5公顷，占99.7%；非林业用地面积13.4公顷，占0.3%。国有和集体个人分别占52.0%和48.0%，县集体林地面积133424.9公顷，占59.2%。针叶林占林分面积67.6%。天然林林分中国有林17464.9公顷，占80.62%；人工林林分集体与个人面积19203.3公顷，占71.01%。

二、活立木蓄积量

蓄积量　全县各类森林、林木活立木总蓄积3457973立方米，其中：县属活立木蓄积3111716立方米，占90%；凉北林业局活立木蓄积346257立方米，占10%。林分蓄积3119732立方米，人均占有林分蓄积12.83立方米，仅为世界人均占有72立方米的17.8%。1999年，全县活立木总蓄积3197515立方米。至2005年，按生长规律预测活立木总蓄积应为3339307立方米，经调查活立木总蓄积为3457973立方米，比预测增加118666立方米，净生长量653064立方米。

蓄积权属　国有活立木蓄积2352801立方米，占全县活立木总蓄积的68.0%，林分2119171立方米，占90.1%，其中：针叶树蓄积占62.8%；疏林地223032立方米，占9.5%；散生木10598立方米，占0.4%。县属国有活立木蓄积2006544立方米，占85.3%；凉北林业局346257立方米，占14.7%。集体及个人活立木蓄积1105172立方米，占全县活立木总蓄积的32.0%，其中：林分蓄积1000561立方米，占90.5%；疏林地41067立方米，占3.7%；散生木1673立方米，占0.2%；四旁树61871立方米，占5.6%。

三、林木分布

垂直分布　境内海拔1170～2400米为亚热带常绿针叶、常绿阔叶、落阔或常绿阔叶混交林，主要乔木树种有云南松、华山松、樟、楠、栎类、枫杨；主要灌木有箭竹、马桑、杜鹃等；主要草本有蕨类、毛茛科、天南星科等。海拔2400～2800米为常绿针叶林、针阔混交林，主要乔木树种有铁杉、油麦吊杉、华山松、冷杉、桦木等；灌木主要为竹类(箭竹)；草本有兰科、百合科及蕨类。海拔2800～3700米为暗针叶林，主要乔木树种有冷杉、铁杉等；灌木为杜鹃、箭竹；草本有绣线菌、火线草、西南委陵菜和蕨类等。零星分布云南红豆杉。海拔3700～4000米为高山灌丛，树种有高山柏、杜鹃。

疏林地林种分配　全县用材林15540.2公顷、蓄积944378立方米，占28.1%和27.9%；防护林26605.7公顷、蓄积1514834立方米，占48.1%和44.8%；特种用途林10818.2公顷、蓄积819926立方米，占19.6%和24.2%；薪炭林2303.8公顷、蓄积104693立方米，占4.2%和3.1%。

天然林分布　全县天然林主要树种为冷杉、云杉和栎类，天然林面积27384.7公顷、蓄积2139896立方米，占49.5%和63.2%。

林分面积21663.5公顷，占44.5%；天然林蓄积1883936立方米，占60.4%。近成过熟林面积13884.5公顷，蓄积1443527立方米，分别占64.09%和76.62%。县属天然林中灌木林地27359公顷，占总面积97.9%，分布于越西河、普雄河、漫滩河、则普拉达河、保石河两侧及各大小支河乔木林界线以下干热河谷地区，以及海拔3700米左右的乔木林界线以上亚高山、高山山地，少量灌木林镶嵌分布于海拔2500～3700米乔木林中。

人工林分布　全县人工林分主要树种有桤木、华山松、云南松和柳杉。面积27883.2公顷、蓄积1243935立方米，分别占50.5%和36.8%。中幼龄林面积15493.5公顷，占57.29%。

珍稀植物与古树名木　2005年，"凉山院"越西森林资源二类补充调查，全县海拔1170～2400米的地带零星分布有少量的香樟和楠木。在海拔2800～3700米的地带零星分布有少量的云南红豆杉。在天皇寺周围和南城小学有5株柏木树,树龄100年以上,树高20米以上,胸径30厘米;白果乡白果村有2株800多年的银杏古树,树高30米,胸径1.5米,长势良好,每年均开花结果。

四、森林资源二类调查

林地区划 2005年,凉山州林业调查规划设计院(简称凉山院)进行越西森林资源二类补充调查,所得数据为建立全州统一的GIS(地理信息)系统服务。调查范围内区划1个林场、1个森林经营所、1个自然保护区、271个林班,涉及40个乡(镇),289个行政村。

小班调查 调绘总面积220299.4公顷(凉北林业局5247.9公顷除外),区划小班8362个,其中:林业用地小班5816个,小班平均面积23.7公顷;有疏林地小班2768个,小班平均面积20.4公顷。

标准地实测调查 本次补充调查设置标准地36个,活立木检尺株数4291株,实测树高885株,生长量样木360株,地径样木885株。

资源统计及图件 2个国有林场、1个森林经营所、1个保护区、38个乡(镇)计42个统计单位的完成森林资源统计、林相图编绘以及全县森林分布图编绘工作。

调查显示,全县按土地类型分,有林地林分面积用材林15540.2公顷,占31.3%;防护林21639.1公顷,占43.5%;特种用途林9288.3公顷,占18.7%,其中:县属5862.2公顷,占63.1%;经济林1000.5公顷,占2.0%;薪炭林2240.0公顷,占4.5%。

五、林区经营

森林资源消长变化 1999年,全县林分总生长量80461立方米。2005年,全县林分总生长量99499立方米,平均生长率3.189%,扣除枯损率后年净生长率3.07%,年净生长量95763立方米。同年,按所有权划分,国有林年净生长量56086立方米;集体林年净生长量39677立方米。

幼龄林年净生长量4461立方米;中龄林年净生长量21541立方米;近熟林年净生长量36960立方米;成熟林年净生长量24903立方米;过熟林年净生长量7898立方米。按树种划分,林分主要优势树种:桦木年净生长量24426立方米,连年净生长率3.516%;华山松年净生长量15844立方米,连年净生长率4.565%;云南松年净生长量14676立方米,连年净生长率4.257%;桤木年净生长量14358立方米,连年净生长率3.328%。

经营区划 2005年,全县森林分类区划,按四川省林业可持续发展战略规划要求,以提高综合效益为中心,实行分类经营,分类管理,发挥各类森林主体效益为目的,划分为生态公益林区、商品材生材区和多功能经济区。

生态公益林区经营上继续以恢复森林资源为重点,在主要河流两岸、成昆铁路和主山脊两侧、工矿区周围、坡度36度以上的林业用地及"天保工程"划定的禁伐林,增加林地覆盖度,调整树种结构,增加林地蓄水保土能力,划为防护林面积72303.0公顷;特用林面积24143.7公顷,占林业用地70.0%。

商品材生产区以生产商品材为目的,改善林分的龄组结构,提高森林抚育强度和林木单位面积产量,其中:用材林34679.2公顷;薪炭林2472.1公顷,占林业用地27.0%。

多功能开发区以发展建设期短、见效快的经济林木,综合开发森林资源,提高林业经济效益,包括经济林4132.6公顷,占林业用地3.0%。

森林抚育 2005年,全县有需幼林抚育的未成林造林地4907.5公顷,森林抚育采取除草、松土、清除藤蔓和萌条、防治病虫害等措施。全年透光、生长抚育中幼林1809.4公顷,对其他中幼林、灌木林地进行封山育林。

第二节　植树造林

一、采种、育苗

1991 年,越西县被列为长江防护林体系建设工程辐射县,采取群众自发性采种育苗和县林业各场、所集中育苗的形式进行苗木的生产,全县林木种苗的生产、经营逐渐走向市场化。对持有《林木种子、种苗生产经营许可证》的苗木个体经营户进行监督、管理,允许其在经营许可范围内进行生产经营,从源头上规范林木种苗市场的经营秩序。

1992 年,调进华山松种子 3000 斤、黄柏 600 斤、杜仲 600 斤。1998 年,天然林资源保护工程启动后,平均每年调进华山松种子 5000 斤。1999—2005 年,群众自发性育苗以新民片区为主,年育桤木苗 150 亩,花椒 100 万株、核桃 15 万株;林业各场、所育苗面积 16 亩,年出苗 200 万株。

二、义务植树

1991 年,开展全民义务植树活动,先后确立示范绿化点 4 个,面积 120 公顷;建立义务植树基地 15 个,面积 500 公顷。

2005 年,全县募集绿化造林资金 221845 元,全民义务植树 5650 万株,应参加义务植树人数 349 万人次,实际参加义务植树人数 239 万人次,尽责率 68.5%。实际参加义务植树人数中,直接参加植树人数 206 万人次,占实际参加义务植树人数的 86.2%;以资代劳人数 6 万人次,占 2.5%;从事育苗和管护人数 16.5 万人次,占 6.9%;参加绿化环保宣传活动 10.5 万人次,占 4.4%。

三、林业建设

长江中上游防护林体系　1992 年,县长江防护林体系建设工程启动,成立领导小组。1993 年,颁布《越西县造林绿化实施办法》和《越西县造林施工管理办法》。

至 1998 年,长江防护林体系建设造林 63.2 万亩,其中:长防重点工程造林 15.7 万亩(植苗造林 11 万亩,点播造林 4.7 万亩),平均保存率 91.8%;长防造林 27.1 万亩(植苗造林 11.1 万亩,点播造林 16 万亩),平均保存率 90.6%;飞机播种造林设计面积 25 万亩,宜播造林 20.4 万亩。同时,完成封山育林 10.3 万亩(重点封育 4.8 万亩,一般封育 5.5 万亩),增加森林面积 39.5 万亩,减少水土流失面积 57 平方公里,减少土壤侵蚀量 118492 吨。

天然林资源保护　1998 年,启动天然林资源保护工程(简称天保工程)。计划纳入天保工程《实施方案》的林业用地面积 111755.2 公顷(1676328 亩),其中:有林地 29621.7 公顷(444325.5 亩),疏林地 8295.5 公顷(124432.5 亩),灌木林地 33407.9 公顷(501118.5 亩),未成林造林地 246.1 公顷(3691.5 亩),无林地 40184 公顷(602760 亩)。全县天然林资源保护工程计划建设公益林规模 16535 公顷,森林管护规模 63275.67 公顷。计划总投资 4755.2 万元,其中:基本建设投资 2336 万元(公益林建设 2286 万元、种苗建设 50 万元),财政专项资金投资 2419.2 万元。

1999 年,制定《越西县天然林资源保护工程转贷国债资金管理办法》。截至 2005 年,全县天保工程常年管护森林面积 63276 公顷;公益林建设累计完成 16696.63 公顷,其中:人工造林 3028.8 公顷;飞播造林 3532.06 公顷;封山育林 10135.77 公顷,投资基本建设 1859 万元(中央投资 1309 万元)。

表 15-18　　1998—2005 年天保工程公益林建设情况统计表

年份＼项目	人工造林(公顷)		封山育林(公顷)		飞播造林(公顷)		投资资金(万元)
	计划面积	实施面积	计划面积	实施面积	计划面积	实施面积	
1998	319.00	325.00	3883.00	3890.00	12333	12370	159.00
1999	495.00	495.00	2639.00	2642.00	—	—	426.00
2000	473.33	473.40	140.00	140.00	—	—	157.00
2001	333.33	334.00	333.33	346.00	666.67	423.10	185.00
2002	466.67	468.06	273.30	273.90	1300.00	694.16	266.00
2003	466.67	466.67	313.33	313.43	1300.00	1311.8	271.00
2004	466.67	466.67	266.67	1130.44	1066.67	1103.00	248.00
2005	—	—	1400.00	1400.00	—	—	147.00
合计	3020.67	3028.8	9248.63	10135.77	4333.34	3532.06	1859

退耕还林　1999 年,退耕还林工程建设启动。2003 年,制定《越西县林业局造林目标管理办法》(试行)、《越西县退耕还林工程管理办法》。2005 年,全县累计实施退耕还林 13 万亩,兑现退耕还林的粮食 9450 万斤,其中:大米原粮 6750 万斤(按 68% 出米率计算折大米 4590 万斤)、杂粮 2700 万斤,粮食补助 6120 万元,现金补助(医教补助)1140 万元。

表 15-19　　1999—2005 年退耕还林工程建设及国家各项补助统计表

年份＼项目	退耕面积(万亩)	配套面积(万亩)	封山育林(万亩)	补助粮食累计(万斤)	粮食补助(万元)	医教补助累计(万元)
1999—2000	3	0.8	—	900	—	60
2001	3	3	—	1800	—	120
2002	4	4	—	3000	—	200
2003	2.5	2.5	—	3750	—	250
2004	—	—	—	—	3000	250
2005	0.5	—	1	—	3120	260
合计	13	10.3	1	9450	6120	1140

第三节　综合管理

林业管理机构　1993 年,县公安局森林派出所更名为县公安局林业公安科。1998 年,成立县公安局林业公安分局,下设青龙林区派出所,普雄林区派出所;成立野生动植物保护站。1999 年,成立天然林资源保护站、越西县大熊猫保护站。2000 年,成立越西县大熊猫保护区。2002 年,经省林业厅批准设立四川省申果庄省级大熊猫自然保护区管理处。2003 年,成立林业科技推广站。2004 年,林政执法站、森林资源管理站合并为资源林政管理站。

2005 年,县林业局内设:办公室、林业中心财务所、林业绿化造林站、野生动植物保护站、天然林资源保护站、森林病虫害防治检疫站、林业科技推广站、林木种苗站、资源林政管理站、县护林防火指挥部办公室、四川省申果庄省级大熊猫自然保护区管理处、县森林公安分局。

表 15－20　　1991—2005 年林业局负责人名录

姓 名	性 别	民 族	职 务	任职时间
李 胜	男	彝族	副局长	1986.6—1991.2
			局 长	1991.2—1995.6
王文立	男	汉族	副局长	1991.5—1996.4
			局 长	1995.6—1998.7
陈佳宇	男	汉族	副局长	1996.4—1998.7
阿尔伍来	男	彝族	副局长	1996.4—1998.7
阿欧所木	男	彝族	局 长	1998.8—2003.2
张朝举	男	汉族	副局长	1998.7—2005.12
杨玉林	男	汉族	副局长	1998.7—2003.5
曲木里支	男	彝族	副局长	1999.3—2003.5
王用光	男	汉族	副局长	2000.8—2005.12
杨正亮	男	汉族	局 长	2003.5—2005.12
阿的尔木	男	彝族	副局长	2003.5—2005.12
余康森	男	汉族	纪检组长	2003.5—2005.12

林权证颁发　1991—1999 年，全县使用自行印制的林权证书，只有少数林地有林权证。2000 年，规范林权证的颁发管理，使用国家林业局规定的林权证书。2003 年 10—12 月和 2005 年 10—12 月，县林业系统和各区工委、各乡（镇）抽调人员，组成 413 人的颁证队伍，完成 2000—2003 年 30059 户、67956 个宗地的退耕还林颁证，涉及退耕还林 11.5 万亩，配套造林面积 85259.8 亩；调处林权纠纷数 37 个，暂缓申果庄片区退耕还林 1 万亩、配套造林 1 万亩的林权颁证，共计颁发林权证 64573 本。受理的林权证颁发申请占应发宗地数的 92%，颁证率 90.9%。

林地转让管理　1991 年，清理整顿民间私自转让林地的现象，逐步规范化管理林地。1998 年，贯彻新修订《森林法》，推动全县森林、林地使用权流转制度建设。2002 年，河东乡长杠子办理转让退耕还林林地林木 13.6 亩的手续，涉及农户 14 户。2004 年，在瓦岩乡前进村办理转让华山松林 200 亩的林地和林木转让手续。

林地出租　1998 年，将 3067 高地、2328 高地、洛吾八呷南侧、八拉阿莫西侧、依乌西侧、巴足洛东南侧、瓦普莫西侧、瓦依西侧、2641 高地沿与喜德县的县界至 3067 高地，地域 88 平方公里（约 13.2 万亩）的土地和地域附近的荒滩、荒坡、荒地及瓦普莫乡、书古乡和新乡乡的部分林地 102960 亩（其中：国有 47584.5 亩、集体 55375.5 亩），按水平投影面积计算，以每亩 5 元出租 30 年。

野生动植物保护　1991 年，抢救黑颈鹤 1 只。1992 年，抢救大熊猫 3 只，全部放归林区。1998 年，成立野生动植物保护站。1999 年，成立越西县大熊猫保护站。2000 年，成立越西县大熊猫保护区。保护区南北长 22.6 公里，东西宽 14 公里，面积 337 平方公里，毗邻美姑大风顶自然保护区。2002 年，设立四川省申果庄省级大熊猫自然保护区管理处。同年，经省林业调查规划设计院调查，县域有野生动物 21 科 48 种，其中：国家一类保护动物有大熊猫、云豹、金钱豹、金雕、灰腹角雉等；二类动物有小熊猫、苏门羚、短尾猴、金猫、毛冠鹿、斑羚、岩羊、水獭、黑熊、豺、穿山甲、猕猴、林麝、绿尾红雉、白腹锦鸡等。野生植物有 65 科 230 种，有国家一类保护植物红豆杉、银杏（俗名白果树），二类保护植物水杉等植物。

2004 年，完成申果庄《保护区建设项目一期工程可行性研究报告》的编制，发布《关于加强申果庄保护区动植物自然资源保护管理的通告》。2005 年，在保护区设定 12 条监测样线，开展每年 2 次固定线路野外巡护监测,并将 GIS(地理信息系统)运用到保护区监测巡护工作。

征占用林地管理 1991 年,严格执行 1984 年《森林法》不占或者少占林地原则,开展清理非法征占用地林专项检查,遏制非法征占用林地行为。1994 年,贯彻国办发[1994]64 号文件,严格林地占用审批,健全用林地前置审核制度。1998 年,批准成昆铁路电气化输变电工程征占用林地 2.146 公顷,收费 53 万元。2004 年,勘验报批三岔河电站、大花乡大花村铁矿、大花解放沟约火山硫铁矿厂、德吉一二级电站、宏阳电站索马电站、巴姑电站、顺发铅锌矿厂、越兴电站征占用林地 4.7991 公顷,收取森林植被恢复费和林地林木补偿费 423480.5 元。2002—2004 年,落实《森林植被恢复费征收使用管理暂行办法》(省财综[2002]73 号)文件,提高森林植被恢复费征收标准。共勘验报批征占用林地的矿山和电站项目 18 个,征占用林地面积 8.5404 公顷,收取森林植被恢复费和林地林木补偿费 110.5897 万元。

2005 年,勘验报批征占用林地项目 6 个,征占用林地面积 1.5953 公顷,收取森林植被恢复费和林地林木补偿费 152416.3 元。

森林防火 1991 年,全县组建县武警中队专业扑火队 1 支 25 人,越城镇、梅花乡、拉吉乡、普雄镇 4 支半专业扑火队 120 人,45 支义务扑火队(各乡(镇)、工委各 1 支)1150 人。同年,新民镇猫儿山森林火灾,火场 229.67 公顷,受害 23.333 公顷,参与扑救人员 2546 人,受伤 5 人,其中:2 人重伤。1992 年,修建沙枯尔基、瓦吉木梁子瞭望台各 1 座,购置短波电台 2 部、超短波电台 3 部、对讲机 20 台。1997 年,全县发生森林火警 4 起。1998 年,全县共发生火情 14 起,涉及 9 个乡、11 个村。2000 年,修建永久宣传碑 5 个。2001 年,修建固定宣传碑 10 个、林业局瞭望台 1 座,购置卫星电话 1 部、风力灭火机 20 台、发电机 6 台、水泵 1 套、砍刀 50 把、二号工具 40 把,购买防火物资储备库 1 套。2005 年,重新修建沙枯尔基瞭望台。同年,全县发生森林火警 2 起,火灾 1 起,过火 10.8 公顷,受害 4.2 公顷。

第四节 林业经营

一、封山育林

1997 年,将国有疏林地 23475 亩规划为 4 个封山育林区,6 个封育小区,8 个小班,其中:依洛封育区 2 小班 5725 亩;瓦曲来吾封育区 2 小班 6400 亩;瓦里觉封育区 3 小班 9215 亩;申果封育区 1 小班 2135 亩。1998 年,全县规划封山育林面积 21018 亩,分为 4 个封山育林区 5 个小班。2005 年,对每个封山育林区均订立封山育林公约制度,并确定专人管护,刷写封山育林标语 358 条、树立封山育林碑 4 块,发放封山育林宣传资料 4560 份。

二、林业产业

1991 年,发展花椒 1953 亩,11.6 万株,全县花椒总数 370.3 万株,年产量 79 吨。核桃 2.3 万株,产量 268 吨。零星栽植杜仲、黄柏 3 万株,年产值 18.5 万元。1992—1995 年,依托长防林建设工程发展花椒 9768 亩,全县花椒总面积 6.5 万亩,721.5 万株,年产量 250 吨,产值 750 万元。1996 年,花椒、新疆核桃、杜仲的发展列为"九五"期间越西县四大支柱产业之一,力求在"九五"期末形成具有规模的经济林基地。1997 年,依托长防林建设工程发展花椒 4180 亩,全县花椒面积 7.2 万亩,799.2 万株,年产量 537 吨,产值 1611 万元;核桃 19098 亩。1998 年,花椒生产列入越西县"七三三"工程项目。同年,相继实施天然林资源保护工程、退耕还林工程,将林业发展的重点转向林业生态建设。1999 年,依托长防林建设工程、以工代赈工程发展杜仲 38519 亩,620 万株;黄柏 4688 亩,140 万株。2000 年,花椒产业停滞不前,加之疏于病虫害防治和管理,花椒遭受虎天牛危害较严重,造成花椒树大量死亡,产量降低。2005 年,全县花椒面积3.25万亩，产量314吨，产值1256万元；核桃16.6万株，产量1800吨(干重)，年产值1080万元。

三、采伐经营

商品材采伐 1991年，全县采伐的森林主要是天然林。由县伐木场在拉尔和马斯足来国有天然林区进行，采取皆伐和择伐的方式进行，木材由县林产公司进行市场化销售，获得的利润用于解决县伐木场和县林产公司干部职工的工资、福利及采伐迹地的更新经费。是年，拉尔天然林国有林区采伐面积285亩，限额采伐蓄积3700立方米，出材量1850立方米。

1998年，马斯足来天然林国有林区采伐面积870亩，限额采伐蓄积5056立方米，出材量2022立方米。1999年，停止商品材采伐，对采伐迹地进行更新造林，并采取封山育林等管护措施。

表15-21 1991—1998年国有材商品材采伐情况统计表

项目＼年份	1991	1992	1993	1994	1995—1996	1997	1998	合 计
采伐面积(亩)	285	365	230	607.5	1860	1530	870	5747.5
限额采伐蓄积(立方米)	3700	4600	3000	7878	5954	2875	5056	33063
出材量(立方米)	1850	2300	1500	3500	2084	1150	2022	14406

自用材采伐 1997年，限额采伐自用材，限额采伐蓄积量2800立方米，出材量1400立方米，实际办证完成采伐出材量1030立方米。1999年，天然林停止采伐，每年下达自用材采伐限额指标，主要择伐集体和个人人工用材林。全县集体和个人的用材林多属幼龄林华山松、云南松和桤木，有的群众怕缴纳育林基金(按出材量计算62.5元/立方米)，再加上个别地方有乱砍滥伐现象，自用材采伐限额指标除1997—2000年基本完成外，其余各年均未完成自用材采伐限额指标。

2000年，限额采伐蓄积量2900立方米，出材量1450立方米，实际办证完成采伐出材量1194立方米，其中：瓦普莫乡合作吉村华山松因雪压受灾，出材量58立方米。2002年，限额采伐蓄积量486立方米，出材量243立方米，实际办证完成采伐出材量35立方米。2005年，限额采伐蓄积量2000立方米，出材量1000立方米，实际办证完成采伐出材量124立方米。

表15-22 1997—2005年自用材采伐情况统计表 单位：立方米

项目＼年份	1997	1998	1999	2000	2001	2002	2003	2004	2005	合计
采伐限额	2800	2000	812	2900	2000	486	414	2000	2000	15412
出材量	1400	1000	406	1450	1000	243	207	1000	1000	7706
办证出材量	1030	200	135	1194	500	35	65	342	124	3625

烧材限额消耗调查 2000年，烧材年限额采伐指标7324立方米，实际办证采伐烧材20立方米(即20吨)。2002年，拟定调查方案，完成全县农民自用材和烧材限额消耗情况的调查：自用材年消耗量1035立方米，烧材年消耗量128931吨(折128931立方米)，人均烧材年消耗量0.96吨(以全县农业人口的60%计算)，户均烧材年消耗量5吨，高山区人均烧材年消耗量1.22~1.49吨，低山及二半山区人均烧材年消耗量0.46~0.76吨。烧材来源于自留山、责任山及国有林、集体林，且70~80%以剃枝打丫获取。自用材用于修房、农具、棺材、火葬。烧材用于生活、取暖的基本生存燃料。

木材运输管理 1991年，凡需运输木材的单位和个人，必须向县林业局提出书面申请，并提供林木采伐许可证、木材经营加工许可证。全年共办理木材出县运输1285立方米。1994年，在县内运输木材的由县林业局发放“越西县木材运输证”，省内运输的发放四川省木材运输证，全年共办理2800立方米木材许可。1997 年,执行《四川省木材运输管理条例》,办理木材许可 1056 立方米。转办、代办木材许可 2450 立方米。截至 1999 年,全县共办理出县木材 11241 立方米,转办、代办木材运输许可 9794 立方米。

抚育间伐管理 1994 年,拉尔林区国有人工林中进行幼龄林抚育间伐 600 亩,实际实施抚育间伐 652 亩,各项抚育间伐指标均合格。

1998 年,幼龄林的抚育间伐任务集中安排落实在普雄施业区范围,规划华山松幼龄林抚育间伐面积 10004 亩,分布在 8 个乡 21 个小班。经检查验收,完成率 100%,抚育株数强度、郁闭度、保留株数均在设计规定范围内,间伐物等全部清除出林外,符合技术规程标准,达到合格要求。

四、森林病虫害防治

1991 年,经专业技术人员多年摸底调查,全县主要病虫种类有云南松梢小卷蛾、松叶蜂、松赤枯病、云南松褐顶毒蛾、松毛虫、花椒虎天牛、云南松黄缘阿扁叶蜂、柳杉鼠害、华山松木蠹象、桤木叶甲、华山松球蚜、华山松疱锈病、华山松松梢螟、云南松纵坑切梢小蠹虫等。1994 年,瓦吉木梁子至五里箐一带云南松林区发现大面积黄缘阿扁叶蜂危害,虫口高达每株 1000 多头。

1995 年,开展化学防治 7000 亩,防治效果 90%。2002 年,首次在普雄镇阳坡村长防林区内发现松梢螟蛀梢害虫,由于受资金、技术等原因的制约,其虫害没有得到有效的遏制,灾害面积 3.29 万亩,其中:退耕还林 1.82 万亩。2003 年,发现 2000 年退耕还林地块中有桤木叶甲、华山松球蚜、柳杉鼠害等虫害危害,经防治,虫害得到有效控制。2004 年,越西县被立为国家级纵坑切梢小蠹虫工程治理县。2005 年,全县共计防治 3.75 万亩次,其中:化学防治 2.3 万亩次,生防 1 万亩次,营林防治 0.45 万亩次。

表 15-23 1991—2005 年林业有害生物发生防治情况情况表

项目 年份	发生面积(亩次)	防治面积(亩次)	防治效率	主要害虫种类
1991—1998	336065	103891	90%	云南松梢小卷蛾、松叶蜂、松赤枯病、云南松褐顶毒蛾、油杉毒蛾
1999	11600	9100	91%	云南松褐顶毒蛾、云南松黄缘阿扁叶蜂、松针斑蛾、松毛虫、柳杉鼠害
2000	21000	18800	92%	云南松黄缘阿扁叶蜂、云南松褐顶毒蛾、华山松木蠹象
2001	16550	14650	94.7%	云南松褐顶毒蛾、华山松球蚜、华山松松疱锈病
2002	18800	16500	93%	云南松黄缘阿扁叶蜂、华山松球蚜、桤木叶甲
2003	21000	19000	93%	华山松松梢螟、桤木叶甲
2004	86500	37500	93.5%	华山松松梢螟、华山松球蚜、云南松纵坑切梢小蠹虫
2005	86500	37500	93.5%	桤木叶甲、华山松松梢螟、华山松球蚜、云南松纵坑切梢小蠹虫

五、预报检疫

1991 年,设立病虫害固定观测点 5 个,临时观测点 19 个,发布虫情预测预报 6 次。同年,办理调运检疫 151 起,其中:原木 1259.5 立方米、方木 346.7 立方米、板材 130.98 立方米、苗木 9 万株、根雕 43 件、其它 590 立方米。1998 年,设立病虫害观测点 4 个,发布虫情预测预报 15 次。调运检疫 150 起,造林用苗产地检疫 480 万株。2003 年,调运检疫 20 起,涉及苗木 101 万株、种子 10 吨、中草药材 13 吨;产地检疫苗圃 25 个,面积 170 亩、苗木 1600 万株。进行有害生物普查,重点对云南松、华山松、桤木、杨树和经济林核桃、花椒进行普查。普查面积 68.1 万亩,设踏查线路点 280 个,标准地 720 个,苗圃地 7 个,面积 100 亩,木材加工点 20 个。共查清有害生物 18 种,危害面积 17.1 万亩,其中:虫害 9 种,即云南松纵坑切梢小蠹、华山松松梢螟、华山松球蚜、桤木叶甲、华山松大蚜、松叶蜂、花椒虎天牛、杨树天牛、云南松梢小卷蛾;病害 3 种,即华山松疱锈病、松赤枯病、桤木叶锈病;检疫对象 2 种,即华山松疱锈病、云南松纵坑切梢小蠹;外来有害生物 1 种,即紫茎泽兰;林业有害植物 2 种,即车前草、狗尾巴草;苗圃虫害 3 种,即蝼蛄、蛴螬、地老虎，危害面积10亩。木材加工厂原木虫害1种，即杨树天牛，危害材积18立方米。采集标本210个，图片70幅。2005年，设固定观测点10个，临时观测点10个，发布虫情预测预报7次。检疫调运苗木78万株，种子9120公斤。

第六章　畜牧业

第一节　畜牧机构

1991年，县畜牧局内设办公室，下设畜牧站、兽医防疫检疫站、家畜改良站、饲草饲料站、科教站和良种鸡繁殖场。有职工71人，其中：行政人员5人，工勤人员3人，事业管理人员5人，事业干部39人，事业工人19人；有村级动物防疫员91人。

2000年5月，成立越西县饲料工业办。与饲草饲料站实行一套人马、两块牌子。2002年10月，成立草原监理站，与饲草饲料站、饲料工业办实行一套人马、三块牌子。全局编制76人，其中：行政5人，工勤1人，科教站3个，良种鸡繁殖场11个，兽医防疫检疫站25个，饲草饲料站9个，家畜改良站11个，畜牧站11个。2005年，县畜牧局内设办公室，下设科教站、良种鸡繁殖场，兽医防疫检疫站、饲草饲料站、饲料工业办、草原监理站、家畜改良站、畜牧站。全局编制76个，实有人员63人，其中：行政人员9人，工勤人员4人，事业管理人员5人，事业干部36人，事业工人9人。全县有畜牧兽医专业技术人员29人，村级动物防疫员108人。

表15－24　　**1991—2005年畜牧局负责人名录**

姓　名	性　别	民　族	职　务	任职时间
施立清	男	汉族	局　长	1991.1—1998.9
张树清	男	藏族	副局长	1991.1—2005.12
沙周明	男	彝族	副局长	1991.1—1993.8
海来石布	男	彝族	副局长	1994.7—2004.5
王德猛	男	汉族	副局长	1994.7—2005.12
潘吉布	男	彝族	局　长	1998.9—2005.12
黎宁娥	女	壮族	副局长	2004.5—2005.12

第二节　饲草　饲料

天然饲草　1991年，全县有天然草场209万亩，可利用172万亩，其中：良等草场占天然草场总面积的12.9%，中等草场占79.8%，低等草场7.25%。1998年，对全县天然草场进行调查测试，年亩产草量600～800公斤的占总面积的9.19%，年亩产草量300～600公斤的占总面积的74.32%，年亩产草量300公斤以下的占天然草场总面积的16.49%；天然草场植物共有79科，206属，297种。1998年，全县以牧为主的14个乡天然草场30.01万亩,承包到户或联户的25.96万亩,其中:近山草场3.82万亩,中山草场5.48万亩,远山草场7.84万亩,林间草地8.76万亩。

引进饲草 1991年,从达县市饲草站引进蕉藕、籽粒苋、串叶松香草。1995年,引进墨西哥鲁梅克斯草、墨西哥玉米。2000年,引进南美洲哥伦比亚皇竹草,进引澳大利亚紫花苜蓿,通过小区试验成功。但受地域气候条件制约,大面积推广效果不佳。2001年,引进黑麦草,亩产鲜草1万公斤,干物质含粗蛋白14.4%,猪、牛、羊、禽、鱼类均可食用。2005年,经过试种推广,黑麦草在全县各乡(镇)均有分布。

人工草场 1991年,在书古、申果庄等5个乡(镇)建立试验示范基地,大面积推广种植人工饲草。在申果庄、上普雄、书古等高二半山区以牧为主的乡(镇)推广种植多年生牧草;在沟坝地区推广种植饲料作物蕉藕和聚合草及紫花苜蓿。1995年,实施“草畜双百万工程”,即两年内全州优质豆科牧草光叶紫花苕的种植面积达到100万亩。1999年,在全县实行低产草场改造。2002年,实施“天草”项目,开展饲草饲料基地建设。2005年,实施“3550”工程,利用冬闲地(田),实行粮草(烟草)轮、套、间作,逐年扩大光叶紫花苕在轮作中的比例,把农业与牧业、养地(根瘤菌固氮,培肥地力)与用地有机地结合起来,生产优质豆科牧草,除自用外,还出售部分商品草到成都、乐山等地。

表15-25　　1991—2005年人工种植多年生牧草　　单位:亩

项目＼年份	1991	1992	1993	1994	1995	1996	1997	1998	1999	2000	2001	2002	2003	2004	2005
白三叶	271	293	321	334	367	428	754	1036	1231	1458	2564	3673	4582	6124	7814
多年生黑麦草	273	295	341	360	382	1231	1344	1398	1406	1456	2896	4507	5982	6751	7926
蕉藕	53	404	598	876	1167	1095	1095	1095	1085	1082	1082	965	965	986	986
聚合草	2464	2496	2513	2539	2568	2596	2619	2786	2806	2872	2899	2915	2927	2938	2946
紫花苜蓿	—	—	—	—	—	—	—	—	—	36	139	546	984	1568	2178
推广粮草轮作(亩)	87198	87564	88102	92146	102174	104211	106987	108654	109984	110128	111231	113246	114564	116175	117626
光叶紫花苕(亩)	10028	1895	23150	28631	30074	38165	46254	53862	67563	72896	74831	77656	79531	81174	82278
苕种基地(亩)	1108	1365	1723	2415	2987	3642	4515	6417	7563	8254	8254	8254	8013	8013	8013
生产草种(斤)	49860	56763	61582	73545	84500	12816	19432	25787	34568	458000	458000	458000	440715	440715	440715

草场建设 2002年,国家投入870万元国债资金,在申果庄区瓦里觉乡、拉吉乡,上普雄区的竹阿觉乡实施“天然草原恢复与建设”项目,建立长江上游生态屏障,提高单位面积产草量,增加载畜量。2005年,采取雨季划破草皮或翻耕后混播白三叶、多年生黑麦草,完成改良草地6.64万亩,其中:瓦里觉乡2.32万亩,拉吉乡2.31万亩,竹阿觉乡2.01万亩;建水泥桩刺铁丝围栏28万米,其中:瓦里觉12.6万米,拉吉乡7万米,竹阿觉乡8.4万米,平均亩产鲜草988公斤。

清除紫茎泽兰 1997年,紫茎泽兰侵入越西县。2002年3月,邀请省、州专家到越西实地勘察,发现紫茎泽兰在36个乡(镇)有不同程度的分布,面积10.8万亩,以乃托镇受危害最为严重。2003年,结合“天草”项目实施,安排专项经费在36个乡(镇)开展人工清除和化学药物(农达)喷雾清除紫茎泽兰。2005年底,紫茎泽兰基本被清除。

青绿饲料 1991年,境内青绿饲料包括元根和冬季蔬菜2大类,其中:冬季蔬菜以白菜、青菜、白萝卜为主。全年种植元根4.11万亩,平均亩产干元根780公斤;种植冬季蔬菜1.04万亩。1995年,全县元根种植4.26万亩，冬季蔬菜种植1.12万亩。2000年，元根种植4.94万亩，冬季蔬菜种植1.19万亩。2005年，组织各乡（镇）农户采取科学种植法，合理利用资源，种植元根5.79万亩，干元根总产量4.51吨；种植冬季蔬菜1.21万亩，平均亩产鲜蔬菜2142公斤，冬季蔬菜产量4.43万吨。

农副产物饲料　1991年，在河东、书古、普雄、大瑞、丁山、大花、西山等乡（镇）开展秸秆氨化、青贮、微贮。同年，畜牧局、县粮食局联合办县饲料厂，有两套机组，年生产1100吨饲料。1993年，县饲料厂改制解体。1994年，在河东乡兴建光彩饲料厂，实现年产配合饲料万吨，除供应县内销售外，外销西昌、甘洛、喜德等县市。1996年，因小麦种植面积缩减，油菜扩增，农副秸秆多用做垫圈、柴禾，氨化秸秆略有减少，达到560吨。1998年，青贮饲料820吨，微贮饲料420吨。2000年，县光彩饲料厂引进先进技术，提高产量，年产饲料2970吨。2005年，全县青贮、微贮秸秆1350吨。县光彩饲料厂年产量3940吨。

第三节　畜禽发展

一、畜禽品种

本地黄牛　分布于高二半山区，毛细，以黄色为主，皮薄，体躯中等、头较小，鬐甲较高，肉垂发达，蹄圆质坚，役力、抗病力强，耐粗饲。成年母牛均重242公斤，公牛均重288.8公斤，阉牛均重313.27公斤。

本地水牛　主要分布在水稻种植的农区，全身被毛多为铁青色，少数为灰白色，头方正，角圆宽大，角尖向内呈八字形，蹄圆大，役力持久。农季耕田，农闲集肥圈养，一般平均3户有1头，水牛出栏多数属于老、弱、病、残。

牦牛　分布在海拔3000米以上，常年敞放，任其繁衍，不挤奶，不剪毛，适时喂盐。

绵羊　分布在海拔2000米以上高寒山区，身躯丰满，头短，雄羊有螺旋状的大角，雌羊没有角或仅有细小的角，被毛绵密，分黑、白两色，毛纤维不同质，粗细不均，两型毛混生，毛纺工业利用率不高，牧民常用做披毡和擦尔瓦原材料。饲养绵羊是高寒山区牧民的主要经济收入来源。

山羊　属藏山羊系肉，体型中等，体躯低垂，全身肌肉丰满，细致疏松型表现明显，皮质好，肉量多，肉质好，利用率高，多分布在海拔2000米以下，二半山河谷地带。

本地生猪　是全县畜牧业经济支柱产业之一，占畜牧业产值的78%。毛多为黑色或花白色，体躯狭窄，体型中等，抗病力强，适应性广，耐粗饲，在境内呈自然分布。

马　境内马是广大农户的交通运输工具之一。马老、弱、病、残、死都作深埋处理。

鸡　本地鸡属原始肉蛋兼用型品种，毛色各异，腿长而结实，成年公鸡体重2.5～3公斤，母鸡1.5～2公斤，年产蛋150～180枚，肉鲜、味美，是生产鲜鸡精的最佳原料。"乌骨"鸡，躯小而短矮，头小颈短，紫冠绿耳，丛冠凤头，两颊生须，五爪毛脚，以乌皮、乌骨、乌肉和眼、喙、趾、内脏、脂肪均为乌黑色而得名，具有一定的药用价值，是地方的优良品种。

鸭　以四川麻鸭本地品种为主，属肉蛋兼用型品种，体质结实、羽毛紧密、颈曲长、头清秀、喙橘黄色、胫、蹼橘红色，放牧觅食能力强；成年鸭体重1.8公斤左右，年产蛋150枚，平均蛋重72克，主要分布在县内水稻产区，即河谷地带。

鹅　主要饲养四川白鹅、四川灰鹅。四川白鹅属中型鹅种，全身羽毛洁白紧密，喙橘黄色，胫、蹼橘红色，母鹅开产日龄200～240天，年产蛋量80～120枚，蛋重150克左右，蛋壳白色，成年鹅体重4～4.5公斤。四川灰鹅是中型鹅种，躯干、翅羽和腿部羽毛为棕灰色，并有白色镶边，形似铠甲，故又名铁甲鹅，喙乌黑色，胫、蹼橘红色，有黑色额包，母鹅180～200日龄开产，年平均产蛋40～50枚，平均蛋重170克左右，成年鹅体重4.5～5公斤。

二、畜禽生产

牛生产 1991年,黄牛存栏3.2361万头,出栏2833头,黄牛肉产量279.1吨;水牛存栏6930头,出栏420头;牦牛存栏313头,出栏45头。同年,全县有奶牛9头,饲养户3户,平均日产奶7~8公斤,全年产奶量12吨。1994年,四甘普乡从木里县引进牦牛50头,从螺髻山引进牦牛20头。

2000年,黄牛存栏4.08万头,出栏6921头,肉产量788吨;水牛存栏9577头,出栏610头。2001年,加快畜牧产业结构调整,发展节粮型草食牲畜,争取项目资金、农行贷款450万元,从汉源县、山东等地调进西杂高代种牛194头,在全县新建7个肉牛圈养科技示范园区和乡(镇)"无公害"肉牛生产基地,发展规模化养殖大户17户。2003年,经省、州有关专家评审认证合格,全县7个肉牛圈养科技示范园区获"无公害"肉牛基地认证书。2005年,黄牛存栏4.59万头,出栏1.43万头,肉产量1656吨;水牛存栏1.13万头,出栏630头;牦牛存栏717头;奶牛存栏78头,生产奶牛55头,年产奶量181.5吨。

表15-26　　1991—2005年牛生产存栏、出栏情况表　　单位:头、吨

项目＼年份	1991	1992	1993	1994	1995	1996	1997	1998	1999	2000	2001	2002	2003	2004	2005
存栏数	39603	42189	42867	42867	45036	45036	45657	46556	50269	50377	52481	53893	54925	56054	57995
出栏数	3298	3648	3773	4290	4988	5210	5651	6486	6461	7531	7511	8493	10135	12276	14930
肉产量	381.4	423.3	450.3	522.4	587.7	630.6	732.7	766	791	788	865	987	1259	1413	1656

羊生产 1991年,全县绵羊存栏13.6216万只,其中:改良绵羊存栏24265只,改良绵羊占存栏绵羊总数的19.2%,出栏22951只,毛产量123.2吨,其中:改良毛32.1吨;山羊存栏80796只,出栏23199只,肉产量826.4吨。1995年,绵羊存栏13.79万只,其中:改良绵羊存栏4.21万只,改良绵羊占存栏绵羊总数的30.5%;出栏2.42万只,毛产量158.3吨,其中:改良毛83.7吨。1997年,从州育种场引进半细毛羊种羊584只,其中:公羊334只,投放在全县绵改点。同年,石棉县从瓦里觉、拉吉乡调购半细毛种羊200只。1999年,引进优质"肉羊"南江黄羊与本地羊杂交改良。

2003年,从州育种场调入半细毛种羊262只,其中:公羊102只。同年,从南江、金堂、美姑、会理等地引进南江黄羊、波尔山羊、美姑巴普山羊、会理黑山羊等优质肉羊进行杂交改良,新建7个肉羊圈养科技示范小区,在全县发展肉羊圈养户1380户,年养羊40只以上规模户631户,在36个乡(镇)建立起"无公害"肉羊生产基地。2005年,峨边县从竹阿觉乡调购半细毛种羊100只。全县绵羊存栏15.35万只,其中:改良羊存栏12.01万只,占绵羊总存栏的78.2%;绵羊出栏8.16万只,毛产量339吨,其中:改良毛266吨;山羊存栏10.39万只,其中:改良山羊存栏2541只,山羊出栏5.74万只,肉产量2911吨。

表15-27　　1991—2005年羊生产存栏、出栏情况表　　单位:只、吨

项目＼年份	1991	1992	1993	1994	1995	1996	1997	1998	1999	2000	2001	2002	2003	2004	2005
存栏数	217012	223144	230718	230518	232190	236475	240993	246118	241331	244742	245977	247818	258137	258121	257369
出栏数	46150	47263	47327	50247	48753	52002	52776	56766	58317	62256	71236	82066	115138	125482	138955
肉产量	826.4	843.4	939	1030	980	1067.5	1205	1282	1400	1475	1533	1897	2157	2514	2911
毛产量	123.2	124.9	137.3	154.7	158.3	186.3	205.2	217.4	226.1	241	261	279	305	328	339

生猪生产 1991年,全县生猪存栏17.2万头,出栏10.81万头,能繁母猪2.56万头,杂交面75%,猪肉产量8226.6吨。1996年,越西县被列为凉山州生猪生产基地县,引进杜洛克、大约克等优质瘦肉型种猪,淘汰肥肉型种猪汉普夏、巴克夏。同时,母猪采用多种品种杂交,称之为:二杂母猪、三杂母猪,提高瘦

肉率。2000 年,据出境检疫统计:年平均外调商品仔猪 23 万头,商品肥猪 9 万头。同年,生猪存栏 21.61 万头,出栏 17.93 万头,能繁母猪 3.64 万头,杂交面 95% 以上,肉产量 1.38 万吨。2001 年,全县生猪推广外三杂商品仔猪,母本不含本地血缘,与其它外来品种作父本的种猪进行杂交,形成外二杂母本,生产外三杂商品仔猪。2003 年,建成 2 个饲养 100 头规模,3 个饲养 50 头规模的母猪养殖场,主要生产外二杂母猪和外三杂商品仔猪。2005 年,生猪存栏 23.89 万头,生猪出栏 28.61 万头,能繁母猪 4.26 万头,杂交面 98%,肉产量 2.27 万吨,外调商品仔猪 38 万头,商品肉猪 13.5 万头。

表 15－28　　1991—2005 年猪生产存栏、出栏情况表　　单位:头、吨

项目＼年份	1991	1992	1993	1994	1995	1996	1997	1998	1999	2000	2001	2002	2003	2004	2005
存栏数	172041	175637	180185	184066	187126	190626	193812	202889	206162	216134	213977	221287	234490	235280	238922
出栏数	108094	112454	114950	116287	123200	131991	140693	150118	167648	179306	188199	220312	234857	259128	286120
肉产量	8226.6	8431.8	8452.4	8884.7	9518	9771.3	10582	11382	12624	13788	14962	16831	17585	19432	22746

马生产　1991 年,全县马存栏 5657 匹。1996 年,河南、河北等外地客商到越西收购马肉。2000 年,马存栏 1.05 万匹,出栏 2895 匹。2003 年,在普雄、中所、越城镇新建 3 个屠宰马匹加工点,产品销往:河南、河北、陕西等地。2005 年,马存栏 1.27 万匹,出栏 5847 匹。

表 15－29　　1991—2005 年马生产存栏、出栏情况表　　单位:匹

项目＼年份	1991	1992	1993	1994	1995	1996	1997	1998	1999	2000	2001	2002	2003	2004	2005
存栏数	5657	6073	6347	6741	7039	7811	8671	9180	9752	10519	11193	11982	12037	12590	12671
出栏数	122	153	212	532	873	1032	1523	1989	2738	2895	3120	3581	4037	5109	5847

家禽生产　1991 年,全县家禽存栏 31.59 万只,出栏 22.03 万只,禽蛋产量 322 吨。1997 年,推广集约化圈式养鸡,发展年养蛋鸡 500～1000 只的农户 8 户,年养鸡 100～500 只农户 35 户,年养肉鸭 100～200 只农户 15 户。2000 年,新增加种禽育雏大户 8 户。2002 年,在全县推广农户饲养生态鸡,利用退耕还林地在树林内建起临时鸡舍,小鸡育雏后体重在 0.2～0.5 千克左右,放入树林里,以采食虫、草为主,定时补食,减少投入成本,提高鸡肉品质。2003 年,全县发展生态养鸡户 258 户。2005 年,家禽存栏 43.69 万只,家禽出栏 44.91 万只,禽蛋产量 842 吨,其中:出栏生态鸡 28.99 万只。

表 15－30　　1991—2005 年家禽生产存栏、出栏情况表　　单位:只、吨

年份＼项目	存栏	出栏	生态鸡存栏	生态鸡出栏	禽蛋产量
1991	315932	220238	221152	154806	332
1992	344003	227075	240802	168561	363.9
1993	346846	232292	242792	169954	364.5
1994	329124	270693	230386	161270	355.9
1995	336398	262627	235478	164835	398.4
1996	341038	275907	238726	174270	470.2
1997	336133	292438	242015	181511	484.9
1998	333919	296650	248381	185310	510.4
1999	344867	308704	249872	192382	589.2

续上表

项目 年份	存栏	出栏	生态鸡存栏	生态鸡出栏	禽蛋产量
2000	353084	317586	245884	215891	564
2001	350576	323146	245403	221987	519
2002	371848	341925	260293	245839	608
2003	409841	370840	286888	263987	698
2004	434898	398555	304428	281122	775
2005	436892	449111	305824	289870	842

三、畜禽改良

绵羊品种改良 1991年,从昭觉县引进280只半细毛种羊,投放在瓦里觉、拉吉、申果、书古、斯基、竹阿觉、保石、新乡等乡进行改良。开展人工辅助配种,筹建绵羊改良育种点7个。1998年,从布拖县农户家中引进山东小尾寒羊种羊22只,投放中普雄饲养。1999年,调入半细毛种羊450只,投放在县内各个改良育种点以更换老种羊;同年,将小尾寒羊种羊投放到五里箐、板桥、下普雄、竹阿觉与本地绵羊杂交。2000年,全县生产半细毛种羊765只,县内调节使用435只,外调汉源县330只,全年改良半细毛羊存栏8.39万只,毛产量241吨。2003年,调入半细毛种羊162只,主要投放到申果庄的移民新村。2005年,调入半细毛种羊180只,外调峨边县150只,全年改良半细毛羊存栏12.01万只,毛产量339吨。

山羊品种改良 1991—1998年,县内养殖户自行由外地购进山羊进行选种选配。1999年,争取到以工代赈肉羊生产项目资金100万元、农行贷款200万元,从南江、广元、会理、美姑等地引进南江黄羊公羊200只、母羊1790只,会理黑山羊公羊50只、母羊850只,美姑巴普山羊公羊20只、母羊56只,投放在县内的二半山河谷地带瓦岩、板桥、华阳、南箐、大瑞、丁山、大花、河东等乡(镇)与本地山羊杂交,改良本地山羊品种。当年,改良羊"南本F1"周岁改良羊体重达到23~28公斤,胎产羔率190.2%。2005年,县畜牧局协调资农资金从金堂调进波尔山羊公羊20只、母羊32只,投放到西山、板桥、天皇寺、普雄,与本地山羊杂交,改良羊六月龄波尔杂一代羊体重达22~30公斤,产羔率220%。

黄牛品种改良 2003年,从汉源县购进西门塔耳高杂公牛2头,投放在拉吉村二组与本地牛杂交。2004年5月,从山东省莱州市引进西门塔耳、夏洛来等杂交母牛50头,分别在普雄、河东新建养牛场;从山东嘉强县购进西门塔耳、夏洛来等杂交母牛50头。同年,分别在瓦里觉、普雄、书古、大花、城关、河东建立1个人工授精站,5个人工授精点。2005年,竹阿觉乡出资从汉源县购进西门塔耳杂交母牛42头,年底杂交牛存栏1500头。同年7月,从峨边县购进西门塔耳牛50头,在大花青山村建立圈养牛场,养殖规模达100头。

良种鸡推广 1991年,引进美国尼克松公司培育而成的高产蛋商品鸡尼克鸡,肉用型白洛克鸡,艾维因、白波罗、九斤黄肉鸡以及北京白鸡。2000年,引进、推广英国著名的肉、蛋兼用型鸡红羽鸡。同年10月,还引进推广罗斯鸡、星杂579鸡。2005年,引进推广蛋用型品种罗曼鸡、海兰白鸡、海兰灰鸡。

鸭品种改良 1996年,组织县内养殖大户从西昌引进建昌鸭与本地鸭杂交。建昌鸭是麻鸭属中型优良肉用型鸭种,成年鸭体重2.2公斤左右,年产蛋量150枚左右,平均蛋重72克,蛋壳青色为主。2001年,引进推广北京鸭。母鸭150~160日龄开产,产蛋量可达200枚以上,蛋重90~100克,成年鸭体重3.5公斤。北京鸭公鸭与本地麻鸭母鸭杂交,其仔代多为白色,产蛋量180~200枚,成年鸭体重3~3.2公斤。

鹅品种改良 2000年,组织县内养殖户从省外引进浙东白鹅。浙东白鹅主产于浙江东部,属中型鹅种,肉质较好,体躯长方形,颈细长,无咽袋,额上肉瘤高突,呈半球形覆盖于头顶,喙、蹼幼年时橘黄色,成年后橘红色,爪白色,眼睑金黄色,全身羽毛白色,成年鹅体重4.5~5公斤,开产期6月龄左右,年产蛋量35~45枚,平均蛋重140~150克。

四、饲养

生猪饲养 饲养种公猪,定时供给含蛋白质、维生素、适量矿物质以及能量饲料和新鲜清洁饮水。母猪配种后,为不影响受孕,当天配合饲料喂量减少,1~3天饲养稳定后,不饲喂高能、高蛋白饲料,防止流产,做产仔、泌乳准备。母猪产后第一天喂容易催乳发奶的温豆浆水、麸皮水或其他较稀的汤料,加少许食盐和抗菌素增强适口性和抗病力,后逐渐增加配合饲料量。

牛饲养 成年空怀母牛,正常发情、配种。母牛怀孕后前5个月胎儿生长发育缓慢,饲养空怀母牛以粗饲料为主,适量搭配少量精料。夏秋,青饲料重组,母牛完全饲喂青草,不用饲喂精料,农户多实行放牧。母牛怀孕后的第6—9个月,胎儿生长发育较快,为保证产犊后的泌乳充分,以青粗饲料为主,适当搭配精料,保持饮水清洁、新鲜。母牛分娩前15天和分娩后15天,饲养管理加强,临产前2~3天为其产仔时有足够能量,常将精料的喂量进行适当控制,增加麦麸的喂量,减少食盐喂量,粗料主要是青干草,同时准备接产用具和消毒药品等。母牛多顺产,个别出现阵缩、努责无力,采取人工助产。哺乳期,春夏秋季多实行放牧,冬季一般饲喂干草,适当补充精料。犊牛出生后抗病力和适应外界能力弱,主要喂母乳,两周左右可随母放牧。专业养殖户对犊牛的奶、料饲喂定时、定量、定质,圈舍、饲槽经常清扫、洗刷,牛体经常梳刮,为增加养牛效益,改自然随母8—10月断奶为人工早期补饲精料3—4月断奶。

羊饲养 种公羊在配种期,做好圈舍清洁及消毒,适当补喂混合精料,加强运动,合理配种。繁殖母羊在配种前1—1.5个月短期优饲,保证母羊有一个良好的体况,能正常发情、排卵和受孕。怀孕两个月后,补喂青干草、豆饼、胡萝卜、骨粉、食盐等含蛋白质、维生素、矿物质的饲料,保证胎儿生长的营养需要。临产前3天,做好接羔工作。哺乳期,习惯补喂豆浆等营养价值高、易消化的饲料,使母羊恢复健康和有充足的乳汁,并细心观察、护理。泌乳后期逐渐降低营养水平,控制混合饲料的用量。羔羊采用母乳饲喂,50日龄以后以青粗饲料为主,多为随母放牧,专业养殖户还适当补喂精饲料。一般到2月龄时进行断奶,既使母羊恢复体况,再进行配种繁殖,又可锻炼羔羊的独立生活能力。肉用山羊在育肥前进行去势、驱虫。采用分区轮牧,人不离羊,羊不离群,并定期进行药浴和补喂食盐。

鸡饲养 雏鸡 农户常将出壳5日内雏鸡进行室内饲喂,后随母散放。专业养殖户给1—4日龄雏鸡的饮水中加入多种维生素、微量元素和抗菌素,并保证足够饮水。习惯在雏鸡出壳23小时内、饮水后3小时开食。开食后的第1周龄日喂3~4次,第2周龄日喂6次,3~4周龄日喂5次,5周龄以后日喂4次。食量,以1—10日龄每天1克,10—20日龄每天2克计算。温度,周龄内舍温保持在34~35摄氏度,以后每周下降2摄氏度,直至降为18~20摄氏度。湿度,周龄内保持在60~70%,2~6周保持在55~65%,以后逐渐适应环境温度。光照,3日龄内每天保持在24小时左右,4—14日19小时左右,3~6周龄渐至8小时,人工光照强度多数以鸡能看见吃食为度。密度,4周龄内20~25只/平方米,5~18周龄10只/平方米。

产蛋鸡 散户饲养产蛋鸡采用有运动场的垫料地面舍饲或户外散养,专业饲养产蛋鸡多采用笼养,每笼1只,舍内温度一般控制在15~24摄氏度,注意通风与卫生,勤除粪、厚垫草、勤观察、防疾病。

种鸡 种鸡专业饲养多采用有运动场的垫料地面舍式饲养。饲养密度为3~4只/平方米。增加进入产蛋期种鸡的光照时间,并适当补充蛋白质和多维优质配合饲料。种公鸡的使用年限一般在2年内,在开产期2~3周放入母鸡群,公母比例1:10。

五、畜牧科技

猪 1993年,在全县推广“双推五改”配套技术,即推广生猪杂交改良,推广仔猪科学补饲,改单一饲料为配合饲料,改饲料熟喂为饲料生喂,改吊架子育肥为一根笋育肥,改喂大肥猪为适时出栏,改自然交配为人工授精。1995年,改现采现配为10毫升塑料软瓶贮精配种。用塑料软瓶低精量贮精,增加精液配种数量,减少公猪饲养数量、降低成本,提高经济效益。2002年,开展提高能繁母猪三率(提高母猪的受胎率、产仔率和仔猪断奶成活率)的技术研究。母猪的受胎率由85%提高到95%,产仔率提高4.1%,断奶成活率由90%提高到95.2%。2005年,新式育肥技术代替老式传统养猪方式,全县普遍采用杂交改良技术,商品猪均为优质杂交肉猪。

牛 1997年,县畜牧局推广母牛发情鉴定、细管冻精输精、诱导发情、母牛补饲催情等牛细管冻精配种综合配套技术和母牛生殖疾病防治和犊牛早期断奶技术。2003年,在全县推广圈养技术,并从圈养牛群中挑选6—12月龄、体重100~200公斤且健康的杂交牛20头,进行育肥补饲对比试验。2005年,在全县推广应用同期发情技术,利用牛细管冻精人工改良配种本地黄牛。

羊 2001年,在全县推广人工授精技术,利用巴普山羊细管冻精人工改良本地山羊。2003年,在全县推广羊圈养技术。

秸秆微贮养畜技术 1991年,全县推广秸秆微贮养畜技术,提高秸秆饲料的营养价值和动物的适口性、采食量,解决养牛大户冬季缺乏牧草的难题。2005年,全县有微贮池2300口,5400立方米。

第四节 畜禽疾病防治

一、基层防疫体系

1991年,全县有畜牧兽医站50个,基层兽医人员91人。1995年,撤区并乡,县畜牧局根据实际情况,保留乡(镇)畜牧兽医站40个,区畜牧兽医站9个,基层兽医人员96人。1997年,开展畜禽疾病防治专项宣传,基层兽医人员利用科技赶场、技术咨询会等形式宣传畜禽疾病防治知识,转发《动物疫病预防和防治》、《动物防疫法》资料2万份。2002年,乡(镇)事业单位改革,乡(镇)畜牧兽医站人、财、物管理权下放到乡(镇),负责畜牧科技的推广应用工作。2005年,全县有乡(镇)畜牧兽医站40个,区畜牧兽医站9个,基层兽医108人,其中:彝族87人,汉族20人,藏族1人。

二、畜禽传染病

猪瘟 1991年,实行动物疫病统一防疫,提高猪瘟免疫密度,没有大的流行。2003年,县畜牧兽医站加强猪瘟防治工作,将免疫密度提高到90%以上,猪瘟病得到有效控制,发病率、死亡率降至1%以下。

仔猪水肿病 1991年,由于饲料工业发展,仔猪全价饲料在县境内的推广、运用,农户利用仔猪全价饲料喂养的经验不足,过多、单一喂养全价饲料,造成仔猪水肿病在全县不时散发。1992年,组织基层畜牧兽医针对仔猪水肿病发病原因,深入各乡(镇)开展专题咨询会140次。

羊传染性胸膜肺炎 1999年,县畜牧局从南江等地引进南江黄羊1990只,发生传染性胸膜肺炎298只,死亡91只。同时,该病在瓦岩、板桥、书古等地区传染本地山羊。

牛多杀性巴氏杆菌病 1994年,瓦岩乡春景村发生牛出败,发病47头,死亡21头,由于多为夜间发病,且病程在2个小时内,来不及治疗。2003年,顺河区白果乡发病7头,死亡4头。2004年,书古乡发病7头,死亡2头。2005年,新乡乡发病18头,死亡7头。

鸡新城疫　鸡新城疫是由鸡新城疫病毒引起的急性、高度接触性传染病。以呼吸困难、下痢、神经症状、黏膜和浆膜出血为主要特征。1991—2005 年,县境内大部分乡(镇)均有发病,呈地方性流行,由于散养农户对禽病预防不重视,免疫不主动,每年病死鸡在 5000 只以上。专业养殖户坚持对所养殖的鸡长期实行补免疫,未见发病。

禽巴氏杆菌病　又称"禽霍乱"、"禽出血性败血症"。是禽类的接触性、急性败血性传染病。其主要特征为病程短,致死率高,呼吸困难,高热下痢,急性败血症。1991—2005 年,农村散养户均有禽发病死亡。

三、畜禽寄生虫病

猪　主要为猪蛔虫病,蛔虫寄生在猪的小肠内,可致猪体营养不良,增重减慢,影响经济效益。1991 年,猪蛔虫病感染率 46.6%。1992 年后,组织各养殖户学习科学饲养技术,各养殖户养殖水平不断提高,保持猪舍卫生,实施定期驱虫。2005 年,猪蛔虫病感染率降低到 2%。

牛　以牛硬蜱病为主,呈地方性流行。1991 年,通过使用螨净涂擦牛体达到驱虫的效果;在林地和放牧地等地域进行喷雾驱虫。至 2005 年,发病率为 3%。

羊　危害最大为羊疥癣。羊疥癣又称螨病,俗称"羊癞",是由疥癣虫寄生在羊的皮肤上引起,其主要特征是剧痒、脱毛、消瘦。发生在申果庄和上普雄。1991 年,采用螨净等驱虫药,羊疥癣得到很好的治疗。至 2005 年,未见发病。

鸡　最常见的是鸡球虫病,雏鸡的发病率和致死率均较高,病愈的雏鸡生长受阻,增重缓慢;成年鸡多为带虫者,但增重和产蛋能力降低。1991—2005 年,县境内无养殖经验的养殖户畜养禽均有发病。

四、畜禽疫病防治

免疫接种　1991 年,加强使用疫(菌)苗对境内畜禽进行免疫接种。1992 年后,坚持春、秋两季普免及常年补免疫,实行"五不漏"(县不漏乡,乡不漏村,村不漏社,社不漏户,户不漏畜)。至 2005 年,使用疫(菌)苗免疫过的动物疫病有猪瘟、猪肺疫、猪丹毒、猪链球菌病、仔猪水肿病、猪蓝耳病、牛出败、羊三疫、羊传染性胸膜肺炎、鸡新城疫、狂犬病等。免疫后按规定佩戴免疫标志,建立免疫档案。各规模养殖场建立"免疫、消毒、疫情监测、无害化处理、兽药使用"等记录。

消毒灭源　2000—2005 年,春、秋两季进行普防,对畜禽圈舍进行消毒,专业养殖场实行每月 2 次定期消毒,交替使用:复合酚、季铵盐、大碱、草木灰、生石灰水等消毒药品。

定期驱除畜禽体内外寄生虫　寄生虫感染严重影响畜牧业生产,养殖户对畜禽实行定期驱除体内外寄生虫。定期驱虫可以增强畜禽机体抵抗力,提高免疫成效。驱除寄生虫的药物:丙硫苯咪唑、左旋咪唑、球虫净、阿维菌素等。

检疫　1991 年,在中普雄、乃托火车站设牲畜及产品检疫站,在越城、中所、大瑞、新民、普雄等乡(镇)设检疫点,配备专职检疫人员。至 2005 年,各检疫站、检疫点认真履行责任,做好常规性动物产地检疫、市场检疫、运输检疫和肉食品检疫。

表 15－31　　**1991—2005 年动物及动物产品检疫情况统计表**

项目 年份	产地检疫					市场检疫				
	猪(头)	牛(头)	羊(只)	马(匹)	禽(只)	猪(头)	牛(头)	羊(只)	马(匹)	禽(只)
1991	137633	31682	173609	4525	285836	108094	3298	46150	2829	224634
1992	140509	32921	178515	4858	275202	112454	3648	47263	3036	227075

续上表

年份 \ 项目	产地检疫					市场检疫				
	猪(头)	牛(头)	羊(只)	马(匹)	禽(只)	猪(头)	牛(头)	羊(只)	马(匹)	禽(只)
1993	144148	33758	184574	5077	277476	114950	3773	47327	3173	232292
1994	147253	34293	184414	5472	263299	116287	4290	50247	3428	252693
1995	149700	36028	185752	5009	277787	123200	4750	48753	3125	264290
1996	152501	36029	189180	6248	272808	131991	5210	52002	3905	275907
1997	155049	36525	192794	6936	269626	140693	5651	52776	4335	292438
1998	162311	37244	196894	7344	267132	150118	6486	56766	4590	296650
1999	164929	40215	193064	7801	275893	167648	6461	58317	4680	308704
2000	172907	40825	195793	8415	282476	179306	6921	62256	4523	317586
2001	171181	41984	196781	8954	280460	188199	7511	71236	5148	323146
2002	177029	43876	198254	9327	302945	220312	8493	82066	5363	348282
2003	187592	44981	206509	9700	325433	234857	10135	115138	5456	373419
2004	188224	44843	206496	10072	347918	259128	12276	125482	5791	398555
2005	191137	45874	205895	10136	349513	286120	14343	138955	5828	449111

五、畜牧兽医

兽医卫生监督 1991年，严格动物防疫条件审核，对全县从事动物饲养、屠宰、经营、隔离、运输以及动物产品生产、经营、加工、储藏、运输等业主和场地进行不定期清查。1993年，加强盐酸克伦特罗(瘦肉精)等食品用动物禁用药品在动物产品中的残留监测。

2002年，推广使用瘦肉精快速检测卡，自检瘦肉精10份，送检10份。同时，按照《中华人民共和国动物防疫法》有关规定加强动物及动物产品的检疫监督，严格查验检疫合格证明，保证进入流通环节的动物及动物产品检疫合格。至2005年，共查处违法案件11起，处理无检疫合格证明的动物产品4.18吨，其中：牛肉(半成品)0.627吨，猪肉(半熟已变质)1.43吨，白条鸭肉0.277吨，鸡蛋1.846吨，处罚违法行为人18人次。

兽医药品监督 1991年，强化兽药经营许可审核，配合兽药市场整顿，加大对假劣兽药、违禁兽药，过期失效兽药，兽药GMP认证情况的督查力度，定期或不定期清查兽药经营门市及其库房的药品。1994年，随机抽取部分兽药送检。其中：针剂每种4盒，粉剂每种4盒，片剂每种4瓶，均检验合格。2000年，查处“三无”产品、违禁药品和过期失效药品案件19起，取缔违法经营户3户。2001年，由成都的经销商处引进的南江黄羊项目所用药物青链霉素送检均不合格，给南江黄羊推广饲养项目造成极大影响。

兽医科技推广项目 1993年，使用新药螨净、双甲醚驱治畜禽体内外寄生虫，获州局科技进步四等奖。1994年，防控布病取得成效，布病通过控制区标准验收，并获州局兽医科技进步四等奖。1998—2003年，马传贫防控取得成效，并分别通过稳定控制区标准、消灭标准验收。

表15-32　1991—2005年动物疫病监测情况统计表

年份 \ 项目	猪瘟(样品数)	猪布病(样品数)	牛布病(样品数)	羊布病(样品数)	猪病(样品数)	猪伪狂犬病(样品数)	马传贫(样品数)	禽流感(样品数)	鸡新城疫(样品数)
1991	65	200	100	400	30	15	1000	150	85
1992	65	200	100	400	30	15	800	150	85

续上表

年份＼项目	猪瘟（样品数）	猪布病（样品数）	牛布病（样品数）	羊布病（样品数）	猪病（样品数）	猪伪狂犬病（样品数）	马传贫（样品数）	禽流感（样品数）	鸡新城疫（样品数）
1993	70	200	100	400	25	15	800	150	70
1994	70	200	100	400	25	20	760	140	70
1995	45	200	100	400	34	20	1000	140	70
1996	45	200	100	400	34	20	1000	140	76
1997	80	200	100	400	40	20	1000	180	76
1998	80	200	100	400	40	20	1000	180	76
1999	100	300	100	800	50	30	1000	180	76
2000	100	300	100	800	50	30	1000	250	100
2001	100	300	100	600	50	30	150	250	100
2002	100	300	100	600	50	30	150	300	100
2003	100	300	100	600	50	30	150	300	50
2004	100	300	100	600	50	30	150	200	50
2005	100	300	300	800	50	30	150	200	50

第七章 水利水电

第一节 农田水利

一、蓄水工程

1991 年，全县有蓄水量 6.5 万立方米上涌山坪塘与蓄水量 9.6 万立方米幸福坝山坪塘两处蓄水工程，占全县各类水利工程数的 1.7%。1995 年，先后在越城镇、中所镇、新民镇、大瑞乡建蓄水池，投资 10 万元，其余由受益村自筹。投资 8.7 万元加固存在安全隐患水库。

2000 年，全县有集雨工程水窖 2200 口，设计供水能力 7 万立方米，现状供水能力 7 万立方米。2002 年，利用国家补助资金 100 万元，群众投劳在南箐乡与中所镇实施旱山村集雨灌溉工程 1 处，新建蓄水池 10 口，水窖 18 口，蓄水量 1.6 万立方米，安装 U 型槽渠 5.38 公里，受益 1667 亩旱地。

2003—2004 年，分两期对上涌山坪塘坝体进行防渗漏处理，完成土石方 2929 立方米，浆砌 287 立方米，混凝土 75 立方米，整治改造泄洪闸 1 座，南北干渠进水闸 1 座，在坝后进行固结充填灌浆 6 孔。

至 2005 年，全县有蓄水工程 3 处，有效灌溉 1.61 万亩，占全县耕地面积的 6.9%。旱山村集雨灌溉工程 1 处，微型水窖 3100 口。

二、引水灌溉

农田引水灌溉设施 2000 年,全县引水工程 129 处,引水规模 14 立方米/秒,设计供水能力 9230 万立方米,现状供水能力 8391 万立方米。2005 年,全县有引水渠堰 120 处(灌面 1000 亩以上工程 24 处,灌面 500 ~ 1000 亩工程 31 处,灌面 100 ~ 500 亩 65 处)。有效灌溉面积中引水工程灌面 7.53 万亩,占有效灌面的 97.2%。

灌溉面积 1000 亩以上的引水渠堰 2005 年,全县灌溉面积在 1000 亩以上的引水渠堰有 24 处,主要分布在越西河与普雄河两岸,有效灌溉面积 41445 亩,占全县总灌溉面积的 55%。

表 15 - 33　　**灌溉面积 1000 亩以上渠堰工程汇总表**

项目 乡镇名称	渠堰名称	水源	长度(km)	流量(m^3/s)	设计灌面(亩)	有效灌面(亩)
越城镇	东山堰	越西河	2	0.5	2000	1740
	城关堰		11.6	2	1870	1630
河东乡	大水沟堰	山水	4	0.2	1270	1100
	宝龙堰		5	0.1	1100	1010
中所镇	芦林堰	水观音	2.5	0.5	2086	1640
大瑞乡	塘城堰	越西河	3.7	1	2000	1740
大花乡	大花堰	大花沟	9.6	0.5	1000	1000
南箐乡	南海堰	南箐沟	12.5	0.1	3500	3050
	小哨堰	小山沟	11.6	1	3000	2620
丁山乡	丁山堰	水观音	5.2	0.2	1930	1680
	蚂蟥沟堰	蚂蟥沟	1.5	0.1	1400	1220
马拖乡	大河堰	越西河	2.5	0.1	1300	1135
	五里堰	足乌沟	3.5	0.1	1150	1000
新民镇	新河堰	上游坝	7	1.5	6500	5600
	铁锁堰	山水	4.4	0.1	1750	1500
	马厂堰	新河堰	2.4	0.1	1430	1240
板桥乡	南北干堰	上游坝	2.4	0.2	3200	2780
	广河堰	大岩沟	5	0.1	2000	1740
拉普乡	拉普堰	响水河	8.2	0.2	1600	1380
普雄镇	曲可地堰	德吉沟	4	0.2	1940	1680
	且拖堰	普雄河	3.1	0.4	1100	1000
依洛地坝乡	沙木洛堰	沙木洛沟	4	1	1700	1460
尔赛乡	尔赛堰	竹阿觉河	1.5	0.1	1000	1000
五里箐乡	大公堰	五里沟	3	0.2	1800	1500
全县合计	1000 亩以上		120.2		47626	41445

灌溉面积 500 ~ 1000 亩的引水渠堰 2005 年,全县灌溉面积在 500 ~ 1000 亩的引水渠堰共有 31 处,有效灌溉面积 19067 亩,占全县总灌溉面积的 25%。

表 15－34 **灌溉面积 500～1000 亩渠堰工程汇总表**

项目 乡镇名称	渠堰名称	水源	长度(km)	流量(m^3/s)	设计灌面(亩)	有效灌面(亩)
越城镇	灯塔堰	越西河	3.5	0.1	860	720
	土地堰	越西河	1.3	0.1	510	500
	中坝堰	越西河	1.5	0.1	500	500
西山乡	箐沟堰	箐沟	8	0.05	850	700
大瑞乡	黑包堰	越西河	3.6	0.5	680	560
	节加山堰		4.1	0.1	780	654
	林沟堰	林沟	2.4	0.05	560	520
丁山乡	星火堰	越西河	1.7	0.05	500	500
马拖乡	马拖堰		2.4	0.05	780	610
	阿木波各堰		1.6	0.05	640	557
	甘家堰		1.7	0.05	560	515
新民镇	干劲堰	山水	3.9	1	860	700
大屯乡	红旗堰	山水	7	0.2	980	787
	同心堰	越西河	3.6	1	780	679
	阿尔吾堰		1.6	0.1	780	679
	华阳堰	越西河	1.5	0.05	600	522
梅花乡	普顶堰		5.4	0.05	720	627
	打土堰		2.5	0.05	510	505
四甘普乡	保西堰	吉德沟	3.5	0.1	750	653
铁西乡	打支堰	山水	1.9	0.05	650	566
拉普乡	阿柳吾堰		1.8	0.05	600	522
贡莫乡	汉扎洛堰		1.7	0.05	970	844
	大桥堰	普雄河	2	0.1	900	783
	布基洛堰	普雄河	2	0.1	800	696
	尔莫普堰		1.1	0.05	740	644
	也司堰	普雄河	1.2	0.05	700	609
乐青地乡	翻身堰	斯基沟	4.2	0.2	700	609
普雄镇	呷拖堰	德吉沟	3	0.05	600	522
	阳坡堰	里足沟	1.5	0.05	600	522
依洛地坝乡	依洛堰	竹阿觉河	4	0.1	800	696
书古乡	巴觉尔堰	山水	2	0.05	650	566
全县合计	500～1000 亩		87.2		21910	19067

灌溉面积 100～500 亩的引水渠堰 2005 年,全县灌溉面积在 100～500 亩的引水渠堰共有 65 处,有效灌溉面积为 14788 亩,占全县总灌溉面积的 20%。

表 15－35　灌溉面积 100～500 亩渠堰工程汇总表

项目 / 乡镇名称	渠堰名称	水源	长度（km）	流量（m^3/s）	设计灌面（亩）	有效灌面（亩）
越城镇	白马堰	越西河	2.1	0.1	350	300
河东乡	金光堰		2	0.05	450	385
	瓦支乃吾堰		1.9	0.05	420	361
	新普堰		1.8	0.05	350	305
	嘎吉堰		1.7	0.05	320	270
	老碉堰		1.4	0.05	270	235
大花乡	深沟堰	深沟	7.2	0.1	450	380
丁山乡	土寨子堰		1.1	0.05	320	272
马拖乡	呷洛堰		1.8	0.05	400	340
新民镇	小碉堰	马敞河	1.2	0.02	320	274
板桥乡	河坎堰		3.5	0.05	310	265
	反修堰	广河堰	3.5	0.03	200	170
瓦岩乡	瓦岩堰	瓦岩沟	7	0.01	300	255
	春景堰	春景沟	3	0.01	280	240
	后山堰	茶园沟	5	0.01	270	235
乃托镇	觉林堰		3.5	0.05	410	355
	乃托堰		2.3	0.05	390	330
	莫洛堰		1.9	0.05	270	235
白果乡	塔拉堰		3	0.05	200	174
	白果堰		2.6	0.01	130	113
	曙光堰		2	0.01	130	113
	桥勒莫堰		5.1	0.01	110	102
梅花乡	车木堰		1.7	0.01	280	244
	梅花堰		8.7	0.01	160	139
保安乡	草塘堰		1.9	0.05	300	261
	平原堰		1	0.05	310	270
	梨花堰		2	0.01	150	131
	凤凰堰		0.7	0.01	130	113
四甘普乡	机德堰	响水河	5	0.1	400	348
	瓦支堰	箐水河	2	0.1	310	270
	保珠堰		0.78	0.05	240	209
	依坪堰		1.6	0.05	195	170
	机觉堰		3.2	0.02	180	157
	依莫洛堰		0.5	0.01	100	100

续上表

项目 乡镇名称	渠堰名称	水源	长度(km)	流量(m^3/s)	设计灌面(亩)	有效灌面(亩)
铁西乡	柳都堰		4	0.1	410	357
	白拉吾堰		2.4	0.05	270	235
	依火堰		1.7	0.02	230	200
	阿支吾堰		1.3	0.02	210	183
	如阿地堰		0.52	0.02	180	157
拉普乡	哈莫洛堰		1.5	0.02	220	191
	青莫堰		1.8	0.02	200	174
尔觉乡	阿木洛堰		3	0.1	425	370
	阿来吾堰		4.5	0.1	400	348
	四窝普堰		2.6	0.05	365	318
乐青地乡	渣普堰		1.3	0.05	250	218
	尔普堰		1.8	0.05	200	174
普雄镇	嘎古堰		1.3	0.05	440	383
	沙米堰		2.2	0.05	340	296
	什木地堰		0.98	0.05	200	174
	洛呷堰		5.1	0.05	240	209
	柳洛堰	柳洛沟	2	0.01	100	100
拉白乡	达洛堰	克加普	11	0.1	400	348
	尼洪洛堰		1.5	0.01	270	235
德吉乡	洛古堰		1.3	0.01	100	100
	瓦黑堰		1.5	0.01	100	100
依洛地坝	留洛堰		1.4	0.05	400	348
	树且堰		3.2	0.02	360	313
尔赛乡	斯则堰		1.1	0.01	110	100
	洪洛堰		0.9	0.01	100	100
古二乡	古二堰		2	0.01	200	174
	阿吾堰		1.7	0.01	110	105
五里箐乡	马扎洛堰	胖子沟	1.5	0.01	250	218
	足吾堰	足吾沟	1.2	0.01	200	174
	达支堰		0.97	0.01	158	137
瓦普莫乡	瓦依堰	山水	1.2	0.01	150	131
全县合计	100~500亩		162.5		16993	14788

三、提水工程

1991年,电灌站5处,机灌站2处,保灌994公顷。1996年,投资28.5万元,新建大屯乡提灌站装机

55 千瓦,新增灌面 1500 亩,改善灌面 400 亩。更新改造大同、瑞龙、瑞香 3 座提灌站,共恢复和新增灌面 543 亩,改善灌面 384 亩。

1997 年,新建贡莫提灌站,装机 55 千瓦,确保贡莫乡布基洛、汉扎洛两村 1368 亩望天田水稻按季节栽插。新增灌面 1200 亩,恢复灌面 650 亩。购置流动提灌设备 5 台(套),76 千瓦;新增灌面 500 亩,改善灌面 300 亩。

1999 年,购置流动提灌设备 15 台,228 千瓦,改善灌面 319 亩,新增灌面 1275 亩。更新改造东桥提灌站,装机容量 75 千瓦,新增灌面 500 亩,恢复灌面 650 亩。

2003 年,新建电力提灌站 1 座,装机 75 千瓦。至 2005 年,全县共有提水工程 8 处,固定电力提灌工程灌面 0.22 亩,占全县有效灌溉面积的 2.8%。

四、节水工程

2002 年,争取到国家农业综合开发土地治理项目,在越城镇、河东乡、大屯乡、新民镇、大瑞乡等 10 个乡(镇)实施农业综合开发项目。

截至 2005 年,全县共投资 2249.06 万元完成防渗渠道 123 公里,铺设 U 形槽 25.1 公里,新增灌溉面积 374 公顷,节水面积 668.7 公顷。当年,在中所镇、南箐乡、新民镇 3 个乡(镇)的 11 个村实施烟水配套渠系工程;在大屯乡高桥村实施烟水配套管池工程。新建防渗主干渠 6 条,12845.8 米,安装 PVC 管道 6557 米,工程完成总投资 566.3 万元,其中:烟草行业补贴 396.4 万元。

第二节　水利综合利用

一、水资源利用

2000 年底,全县已建成各类水利工程 134 处,至 2005 年,全县有农田水利灌溉工程 131 处,全县农田有效灌溉面积 7.75 万亩,占耕地总面积的 33.4%。

表 15-36　　2000 年各类水利工程供水量统计表　　单位:万立方米

水功能区	引水工程				提水工程		蓄水工程	
	生活	工业	农业	合计	农业	合计	农业	合计
金沙江石鼓以下	43	3	0	46				
尼日河越西甘洛保留区	57	300	1118	1475				
尼日河源头水保护区	224	40	2227	2491			2	2
大渡河	364	123	4075	4562	60	60	4	4

2000 年,国民经济各部门总用水量 8708 万立方米,其中:城镇生活用水量 181 万立方米,包括城镇居民用水 141 万立方米,城镇公共用水 37 万立方米,城镇环境用水 3 万立方米;农村生活用水量 646 万立方米,包括农村居民用水 345 万立方米,大牲畜饮水 81 万立方米,小牲畜饮水 220 万立方米;工业用水量 463 万立方米,包括城镇工业用水 310 万立方米,无火电用水 153 万立方米;农业用水量 7418 万立方米,包括水田用水 6292 万立方米,水浇地用水 473 万立方米,菜地用水 578 万立方米,鱼塘补水 75 万立方米。

表 15－37　　**2000 年国民经济各部门用水量统计表**　　单位:万立方米

水资源分区	国民经济各部门用水量															
	城镇生活				农村生活				工　业			农　业				
	城镇居民	城镇公共	城镇环境	小计	农村居民	大牲畜	小牲畜	小计	一般工业	其中:城镇	小计	水田	水浇地	菜地	鱼塘补水	小计
金沙江石鼓以下	0	0	0	0	22	9	33	64	23	0	23	0	0	0	0	0
大渡河	141	37	3	181	345	81	220	646	463	310	463	6292	473	578	75	7418

二、饮用水工程建设

农村饮水工程　1991 年,完成人畜饮水工程 3 处,铺设塑料管 9.1 公里,修建蓄水池 12 个,总投资 1.5 万元,其中:国家补助 0.7 万元,村组自筹 0.8 万元,解决 1150 人和 2250 头牲畜的饮水问题。1993 年,国家安排扶贫、国债资金 5.4 万元,村、组自筹 2.4 万元建成人畜饮用水工程 12 处,安装塑料管 18 公里,钢管 1.5 公里,建蓄水池 36 口,蓄水 1080 立方米,解决 25 个村组 1241 户 6412 人 17947 头牲畜的饮水。

1999 年,结合农村卫生"三项"(改水、改厕、改圈)建设,完成人畜饮水工程 43 处,铺设各类管道 494.1 公里,其中:主管道 181.1 公里,支管 313 公里,解决 18500 人,46200 头牲畜的饮水。2001 年,扶持大瑞、南箐、梅花、保安、板桥等乡(镇)46 个村,兴建人畜饮水工程 33 处,解决 18000 人,56300 头牲畜的饮水困难。2003 年,人畜饮水工程完成板桥乡河沿供水站与南箐乡供水站的建设,解决 2 个乡、3 个村,3000 人的饮水困难。

2004 年,在四甘普乡、南箐乡、大瑞乡、依洛地坝乡、瓦曲觉乡、铁西乡和五里箐乡,14 个村实施农村饮水解困工程,工程涉及到 1635 户。兴建自流引水工程 11 处,完成土石方 30498 立方米,浆砌方 791.72 立方米,混凝土方 453.58 立方米,水泥 311 吨,PVC 管材 82.03 公里,塑胶管 30.89 公里。完成总投资 127.65 万元(其中:国家补助 117 万元,群众自筹 10.65 万元)。

表 15－38　　**2004 年饮水工程投资情况表**

工程名	工程完成土石方 (m^3)	浆砌方 (m^3)	混凝土 (m^3)	PVC 管材 (km)	水泥 (吨)	完成工程投资 (万元)	国家补助 (万元)	解决饮水困难 (户)
木洛饮水工程	2200	25.2	9.1	2.2	30	9.40	9.40	160
高河坎供水站	2850	177.1	79.4	7.17	36	16.73	16.10	145
南山供水站	3304		64	4.28	16	10.75	10.75	261
苏呷饮水工程	2310	19.8	5.58	2.58	6	6.07	6.07	90
友谊供水站	3620	71	146.2	10.34	76	37.77	32.03	207
挖布饮水工程	7927	364.7	94.8	22.65	114	24.91	20.59	300
则期饮水工程	1890	40		2.51		5.57	5.57	111
瓦曲觉饮水工程	1414	44		2.72		4.12	4.12	66
白拉吾饮水工程	2373	24	6.0	22	13	6.19	6.19	122
仁洪饮水工程	1190	9.92	3.5	1.67		3.60	3.60	91
改古饮水工程	1420	16	45	3.91	20	4.54	4.54	82

城区饮水工程　1991 年,省、州、县投资 118 万元安装 250 毫米优质铸铁管道 6268 米,将位于中所镇金马山下的观音河水引进县城。1992 年 1 月 28 日,新建水厂竣工通水,城区供水能力为 2000 吨。1996

年,县自来水厂进行扩容改造。2000 年,年供水能力增加到 5000 吨。2002 年,筹建"新水厂工程",采用自流引水方式从东山大水沟引水建第二水厂,解决县城群众生产、生活用水问题。

2005 年,中所水厂和城关水厂,日供水规模 2082 立方米/天,受益人口 26017 人,覆盖 3 乡 2 镇 22 个村。

第三节　灾害防治

一、河防工程

1991 年,修复水毁工程河堤 30 处,长 6.13 公里,完成总工程 2.9 万立方米,投劳 4.96 万个工日,总投资 46.8 万元。治理越西河东门大桥上、下堤防,主堤为砂石堆筑,迎水面采用 150 号混凝土块(长 100 厘米,宽 100 厘米,厚 20 厘米)衬砌护面。部分段采用现浇混凝土衬砌护面。投资 10 万元,建设普雄河堤防,按险设防。至 1994 年,共计投资 30 万元,在普雄大桥上下段先后修建河堤 1813 米。保护沿河两岸 1357 亩农田和 1.2 万人的生命财产安全。2002 年,由国土部门立项,投资 150 万元,治理打虎沟山地泥石流,在山脚建沉砂池,连接池沟改为直沟,突起新大街后依地形改为缓弯,全长 1.1 公里,沟高、宽各 1.5 米,沟堤采用干砌卵石,厚 0.4 米,沟底铺筑 0.3 米厚的混凝土。吊桥沟右岸建堤 250 米,左岸 50 米。2004 年,累计投入资金 80 万元加固维修越西河堤防。2005 年,修复越西河城关段水毁堤防 410 米、普雄河且托段水毁堤防 70 米,机械疏通河道 200 米;投资 28 万元修复干河坝大瑞段水毁堤防 300 米,开挖土石方 785 立方米,浆砌石方 873 立方米,浇筑砼方 315 立方米。

表 15-39　境内主要河流堤防、效益情况表

河名	堤防长度(公里)			保护(效益)	
	合计	其中		人口(万人)	农田(万亩)
		左岸	右岸		
越西河	14.68	7.08	7.6	4.6	1.07
普雄河	4.5	1.1	3.4	2.8	0.62
马敞河	1.9	0.3	1.6	0.1	0.58
南箐干河坝	3.05	2.3	0.75	1.5	0.6
大花深沟河	2.09	1.89	0.2	0.36	0.18
合计	26.22	12.67	13.55	9.36	3.05

二、防汛抗旱

防汛　1991 年,设防汛指挥部,办公室挂靠县水利局,负责日常工作。负责对气象、水文的观测预报。1993 年,调整充实县江河管理指挥部,由县政府分管副县长担任指挥长,县人武部、县农委、县水电局负责人担任副指挥长,县级相关部门负责人为成员。1995 年,建立由行政首长、包库领导、管库责任人的带班、值班责任制,层层落实工程管护责任制。加强堤防建设,提高防洪能力,完善预警系统。2002 年,完善防汛预案,汛期实行昼夜 24 小时值班制度。收、发雨水情况,必须报出姓名,登记在册。遇中到大雨,须向值班指挥长汇报。筹备水泥 100 吨、铁丝 15 吨、编织袋 26000 根。2004 年,加强汛前检查,对各险工、险段落实专人负责,加快新建堤防建设进程,完成 31 处、1600 米水毁堤防修复,保护农田 1.2 万亩,保护人口 6584 人。2005 年,全县各部门、单位、各乡(镇)逐级建立抗洪抢险突击队,主要组成人员有

基干民兵、县武警中队、消防公安干警及武装部人员。配备救生衣150套,并开展抗洪抢险应急演练。

抗旱 1991年,采取“定片、定人、定岗”负责的办法,筹集抗旱经费7万元,全县抗旱高峰投入劳力8156人,劳动积累用工33.6万个工日。1996年,提前做好水库蓄水保灌工作,确保农田用水。是年,上级下拨抗旱经费12.5万元,渠道清淤500公里。1998年,总投入8万元,其中:县财政投入5万元修复渠道38条,长31公里。2000年,对全县各类干旱程度的等级作具体的规定。分为轻旱、中旱、重旱和特旱4个等级。2003年,对县气象局、乡(镇)防汛办、县水文站、县防汛办、县农业局、县水利局、县广播电视局、县政府办等单位在不同等级旱情中应采取的具体措施进行详细规定。2005年,配备抽水机110台套,制定人工增雨方案,进行人工增雨作业。投入提灌建设专项资金10万元,组建竹阿觉乡如宝村、依洛地坝乡沙木洛村流动抗旱服务队。

三、水土流失

现状及危害 因在矿山开采及公路建设中,部分业主为减少投资,删减水土保持开支,造成严重的水土流失,形成“光头山”。全县轻度级侵蚀模数1000吨/平方公里·年,年流失量9.03万吨;中度级侵蚀模数3500吨/平方公里·年,年流失量192.19万吨;强度级侵蚀模数6500吨/平方公里·年,年流失量67.28万吨;极强度级侵蚀模数10000吨/平方公里·年,年流失量238.54万吨;剧烈度级侵蚀模数18000吨/平方公里·年,年流失量20.23万吨。2001年,经中国科学院水利部门、四川省水土保持局、成都山地灾害与环境研究所遥感资料,全县水土流失面积达到992.74平方公里,占土地总面积的44%,其中:轻度流失面积90.35平方公里,占流失面积的9.1%;中度流失面积549.1平方公里,占流失面积的55.31%;强度流失面积103.5平方公里,占流失面积的10.43%;极强度流失面积238.54平方公里,占流失面积的24%;剧烈流失面积11.24平方公里,占流失面积1.1%。

治理措施与成效 1999年,县水利电力局经过野外实地调查,确定流域内农、林、牧各用地的比例和位置,提出水土流失综合治理、开发利用水土资源方案,预防保护与预防监督区的实施方案。建立水土保持预防监督责任制,全面清理未编报水土保持方案和损坏水土保持设施的厂矿、企业、已建、在建电站、生产建设单位,严格执行水土保持方案审批制度。2000年,编制完成打虎沟、吊桥沟、观音河、阳坡沟、小哨沟、南箐沟小流域可行性研究报告,完成全县水土保持“三区”的划分。至2005年,全县综合治理基本农田186.6公顷,水保林1000公顷,经济林139.6公顷,种草139.3公顷,封禁管育2100公顷,其它86.7公顷,群众投劳97.5万个工日,累计投资1537.4万元。

第四节 水利水电管理

一、水利机构

1991年,越西县水利电力局内设:行政办公室、财务股、水利股(同时下设抗旱服务队)、地电股、水利水电勘测设计队、水产站、渔政管理站、物资供应站。1992年,将水产技术服务站和水产股合并设水政水资源股。1997年,水利局内设:办公室、水利股、地电股、水产股、水政股。行政编制16名,工勤人员1名,局级领导3名。同年12月,成立水政监察大队。1999年,增设水土保持办公室,下设水土保持预防监督站。2001年,越西县水利电力局更名为越西县水利局。2003年,设置供水管理站。2005年,县水利局内设:办公室、财务股,下设:水利管理站、地方电力管理站、水利水电勘察设计队、水政监察大队、水利工程供水管理站、物资供应站、渔政管理站、水产站。

表 15 - 40　　1991—2005 年水利局负责人名录

姓　名	性　别	民　族	职　务	任职时间
孟仁义	男	汉族	水利电力局局长	1991. 1—1994. 2
陈绍安	男	藏族	水利电力局副局长	1991. 1—2003. 6
易华敏	男	回族	水利电力局副局长	1991. 1—1994. 9
凌　剑	男	汉族	水利电力局副局长	1993. 6—1996. 10
陈志新	男	汉族	水利电力局局长	1994. 3—2003. 6
毛国强	男	彝族	水利电力局副局长	1998. 12—2003. 5
吉余木果	男	彝族	水利电力局副局长	2002. 3—2005. 12
刘大荣	男	汉族	水利电力局副局长	2002. 8—2003. 6
陈志福	男	藏族	水利局局长	2003. 6—2005. 12
古华桃	女	汉族	水利局副局长	2003. 6—2005. 12
李洪江	男	汉族	水利局副局长	2003. 4—2005. 12

二、规划管理

水电农村电气化规划　1991 年，完成《四川省越西县水电农村电气化规划报告》的编制及上报工作。1996 年 3 月，经国务院、省委、省政府、州委、州政府批准越西县列入全国第三批农村初级电气化县建设。1999 年 9 月，通过省政府验收达标。2000 年，完成《四川省越西县水电农村电气化规划报告》的编制及上报工作。对全县电气化现状、电力、电量平衡及需求预测进行科学的分析，就电网分布、人才培养、资金筹措等都做出具体的落实方案。规划年限到 2015 年，以 1999 年为基准年，达标年为 2005 年，要求在达标年全县水电发电装机容量达 37980 千瓦，年发电量 23047 千瓦小时，发电设备年利用 6068 小时。110 千伏输电线路 5 公里；35 千伏输电线路 121 公里；10 千伏配电线路 477 公里；0. 4 千伏配电线路 804 公里。

漫滩河流域水电规划　漫滩河主流由越西河、普雄河汇流后，由南向北流经乃托、白果、梅花乡后，经甘洛县注入大渡河。支流有白沙河、敏子洛木河、洛尔河、梨花河、三岔河、巴姑河等。流域总面积 2064 平方公里，河出口多年平均流量 65. 5 立方米/秒，理论蕴藏量 25. 5485 万千瓦（主流 21. 381 万千瓦，支流 4. 1675 万千瓦），规划可开发量 13. 707 万千瓦（主流 10. 58 万千瓦，支流 3. 127 万千瓦），可开发系数 0. 54。截至 2005 年，已开发电站 7 座，装机 15 台，容量 2. 383 万千瓦（主流电站 2 座，装机 4 台，容量 1. 58 万千瓦；支流电站 5 座，装机 11 台，容量 0. 803 万千瓦），已开发量占可开发量的 17. 39%。支流在建电站 1 座，装机 2 台，容量 0. 32 万千瓦。规划待开发电站 7 座，装机 16 台，容量 8. 536 万千瓦，其中：主流 1 座，装机 3 台，容量 7. 5 万千瓦；支流 6 座，装机 13 台，容量 1. 036 万千瓦。

普雄河流域水电规划　普雄河主流发源于喜德县尼波区（境外流域面积 203. 045 平方公里，入境流量 4. 847 立方米/秒），由南向北流经上、中、下普雄等地，于裤裆沟口与越西河汇流后注入漫滩河。其主要支流有尔赛河、瓦普莫河、依洛河、斯基河、拉白河、德吉河、响水河。流域总面积 849 平方公里，河出口多年平均流量 21. 6 立方米/秒，理论蕴藏量 13. 9358 万千瓦（主流 8. 1515 万千瓦，支流 5. 7843 万千瓦），规划可开发量 11. 186 万千瓦（主流 6. 9975 万千瓦，支流 4. 1885 万千瓦），可开发系数 0. 803。至 2005 年，已开发电站 6 座，装机 10 台，容量 0. 6735 万千瓦（主流电站 1 座，装机 1 台，容量 0. 0075 万千瓦；支流电站 5 座，装机 9 台，容量 0. 666 万千瓦），占可开发量的 6. 02%。在建电站 2 座，装机 5 台，容量 3. 64 万千瓦（主流电站 2 座，装机 5 台，容量 3. 64 万千瓦）。规划待建电站 24 座，装机 56 台，容量 9. 563 万千瓦

（主流4座，装机10台，容量2.9万千瓦；支流20座，装机46台，容量6.663万千瓦）。

越西河流域水电规划　越西河主流发源于新乡小相岭，流域面积808平方公里，河出口多年平均流量30.87立方米/秒，水能理论蕴藏量23.6734万千瓦（主流5.0237万千瓦，支流18.6497万千瓦），规划可开发量13.9528万千瓦（主流3.635万千瓦，支流10.3178万千瓦），可开发系数0.59。到2005年，已开发电站7座，装机13台，容量0.5785万千瓦（主流电站5座，装机9台，容量0.535万千瓦；支流电站2座，装机4台，容量0.0435万千瓦），占可开发量的4.15%。在建电站4座，装机8台，容量1.786万千瓦（支流电站4座，装机8台，容量1.786万千瓦）。规划待建电站24座，装机56台，容量9.563千瓦（主流4座，装机10台，容量2.9万千瓦；支流20座，装机46台，容量6.663万千瓦）。

小流域水土保持规划（2000—2005）　2000年1月，编制《长江流域水上保持重点防治工程越西县水土保持总体规划（2000—2005年）》，涉及41个乡（镇）、60条小流域。在《总体规划》中选择越西河流域的打虎沟、吊桥沟、联新沟、二道沟、小哨沟5条小流域实施规划，涉及流域面积136.94平方公里，治理面积68.47平方公里，占流域面积的50%。治理措施规划：坡改梯61.8公顷，占治理面积的0.90%；水保林1058公顷，占治理面积的15.46%；经果林957公顷，占治理面积14%；种草1673公顷，占治理面积24.4%；封禁治理1937公顷，占治理面积28.3%；保土耕作1189公顷，占治理面积17.4%。综合治理总造价1025万元，规划实施后产生直接经济效益42667万元，生态效益预测新增蓄水量15723万立方米，保土257万吨。通过规划区流域的综合治理，提高项目区地面植被覆盖率，减轻水蚀，改善农业生产条件，促进农业产业结构调整，推动全县经济的发展。

农村饮水安全规划　2005年，调查与评估全县农村饮水现状，摸清县内农村饮水不安全人数及分布范围，饮水不安全问题类型及其成因和危害，进行科学论证，提出解决方案，为“十一五”农村饮水安全工程规划及农村饮水安全工程总体规划打好基础。本次调查人口254735人，农村人口237139人，到2004年底全县农村饮水安全人数为142139人，尚有95000人为饮水不安全人口，其中：饮水水质不达标的24022人，用水方便程度不达标的70978人。

按照调查评估的科学数据，对全县农村饮水不安全人口进行总体规划和“十一五”规划。总体规划总人口95000人，“十一五”规划解决32064人，“十二五”规划解决31000人，“十三五”规划解决31936人。在“十一五”规划中，结合全县农村饮水现状，规划新建30处集中供水工程，解决18个乡（镇）49个村6489户29203人的安全饮水，设计日供水规模为3227立方米/天；规划新建9处分散供水工程，解决7个乡（镇）11个村636户2861人的安全饮水，设计日供水规模为319立方米/天，工程估算总投资1103.21万元。

三、工程监督

勘测设计　1991年，开展小型水利水电工程勘测设计。1995年，制定水利规划、水利水电勘测设计、水土保持方案设计。1998—2000年，在梅花乡境内建成三岔河电站，装机容量1000千瓦。2003年，勘测设计德吉三级电站，设计流量2.2立方米/秒，设计工作水头94.37米，电站装机2×800千瓦，年设备利用小时5100小时。2004年，编制铁西水电站水保方案。2005年，开展城区、中所镇河道清障测量，勘测设计洛尔沟电站、清泉电站，全县烟水配套工程基础设施建设项目规划设计。

施工管理　1991年，按照《安全生产法》和《凉山州安全生产实施细则》的规定，落实全县电力安全生产目标责任制，明确一、二、三责任人，坚持与县电力公司和全县乡（镇）及民营电站层层签订安全生产目标管理责任书和用户变压器台区责任书。1996年，实施招投标制度。施工项目由中标单位与水利局签订合同，实行工程质量监理制，监理单位负责控制工程投资、质量、进度及合同信息管理，并做好业主与施工单位的协调工作。项目业主对整个工程的质量、安全、进度负责。2002年，对全县水利水电项目工程进行质量监督。严把工程建设招投标、工程工期、工程质量、施工安全、工程投资控制和进度款拨付、工程验收、工程廉政。2005年，在施工管理上严格实行工程项目法人负责制、施工单位质量保证制、建设单位质量检查制、监理单位工程监理制、政府及社会各界质量监督制。建立健全工程质量控制体系,按照规范办事,施工单位、监理单位、业主单位技术人员跟班作业,确保工地现场不脱岗,发现质量不符坚决给予返工。

工程管理 1991 年,水利工程管理分县、乡、村 3 级,各级根据不同情况成立相应的管理机构,兼有发电的水库、渠道由发电单位管理。1995 年,按照"谁受益、谁管理"的原则,落实工程管理责任人。2000 年后,采取"以水养水,以山养库"的办法,加强水利工程管理。水价按照《越西县水利工程供水价格管理办法》执行。农业用水每公顷收 150 ~ 187.5 公斤稻谷(或折价);工业用水 0.15 元/立方米;生活用水 0.2 元/立方米;发电用水 0.02 元/千瓦时。

四、水资源管理

1993 年 8 月,对取水许可的适用范围、主要原则、办理程序、管理权限、审批时限、法律责任等作出规定。1995 年,实施取水许可制度,对县境内发电、建材、冶金、自来水企业批准办理《取水许可证》32 套。2000 年,利用"世界水日"、"中国水周"等纪念日大力宣传水法。2002 年,根据修订后的《中华人民共和国水法》,强化水资源的统一管理,明确水资源管理的职责和内容以及监督检查的责任。2004 年,完成全县入河排污口普查登记、设置审查、实施排污总量控制,划分水功能区:尼日河源头水保护区、尼日河越西甘洛保留区。2005 年,划定东山大水沟 3.5 平方公里、水观音 138.6 平方公里为饮用水水源保护区。

第五节 电站概况

一、国营电站

铁马一级电站 位于越西县乃托镇莫洛村,在越西河与普雄河交汇处以下 0.2 公里处,漫滩河上游左岸,距越西县城 24 公里,是漫滩河上水能梯级开发第一级引水径流式电站。工程于 1985 年 11 月 6 日动工修建。按建筑物计算为 14 个项目:拦河坝、冲沙闸、进水闸、引水渠、压力前池、溢流道、压力管道、尾水渠、厂区防洪堤、升压站、生活和生产用房、进厂公路、35 千伏配套线路。电站主厂房 293.75 平方米,生活住房和生产用房 1971 平方米。1988 年 2 月 13 日,电站 1 号机组试车发电,投入并网运行;3 月 8 日,2 号机组试车发电;4 月 13 日投入并网运行,达到设计要求。

铁马二级电站 位于乃托镇白石村,漫滩河上游左岸,距越西县城 26 公里,是漫滩河上水能梯级开发第二级引水径流式电站。

由州水电勘测设计院等单位勘测设计,站址距铁马一级电站以下 3 公里处,1986 年,州政府下拨铁马二级电站工程前期工作经费 20 万元,1987 年 10 月完成上报《越西县铁马二级电站工程设计任务书的报告》,1988 年 11 月 10 日,四川省水利电力厅对设计任务书作了批复。1992 年,铁马二级电站工程动工修建。1997 年 6 月,由西昌电力股份公司承建。2000 年 3 月,铁马二级电站投产发电。

团结一级电站 位于铁西乡,越西河中下游左岸,距县城 13 公里。1970 年 3 月 6 日,动工修建,1974 年 12 月 30 日,竣工投入试运行。电站从越西河下游裤裆沟拦河引水。1985 年,电厂筹集资金 12 万元,主管局从"以电养电"资金中调拨 4 万元,从杭州发电设备厂购进两台水轮发电机组,完成技改任务。1985 年 10 月,经试机运行,丰水期满发,枯水期出力 700 千瓦。

团结二级电站 位于铁西乡,越西河下游右岸,距越西县城 27 公里。1976 年 1 月 5 日,电站采取国(国家)、社(集体)合营的形式兴建,国家投资 73 万元,工程分两期进行,第一期工程除拦河坝的全部水工建筑和一号机组建成投产,工期两年半。第二期工程是拦河坝和安装二号机组等 4 个项目,1981 年 5

月26日竣工。

三岔河电站　位于梅花乡打土村三岔河下游左岸，距县城38公里，是三岔河上水能梯级开发第二级引水径流式水电站，站址距规划的一级站两岔河电站2.4公里，是县电力公司利用国家扶持农村初级电气化县建设资金及自筹资金兴建的电源点项目，引水工程采用全暗渠布置。1998年，三岔河电站工程动工修建。2000年1月，工程竣工投产发电。

白沙河二级电站　位于梅花乡境内，白沙河下游左岸，距县城45公里，是县境内白沙河上水能梯级开发第二级引水径流式水电站，由州水利水电勘测设计研究院勘测设计，站址距白沙河电站以下2公里处，是县电力公司自筹资金兴建的电站项目，引水工程采用全隧洞布置。2000年，白沙河二级电站工程动工修建。2001年1月，工程竣工投产发电。

响水河二级电站　位于拉普乡阿柳吾村，响水河下游右岸，距县城26公里，是响水河上水能梯级开发第二级引水径流式水电站，由成都市水电勘测设计研究院勘测设计，站址距响水河一级电站以下2公里处，是县电力公司利用国家扶持的送电到乡资金及少量自筹资金兴建的电源点项目，引水工程采用全暗渠布置。2001年，响水河二级电站工程动工修建。2003年6月，工程竣工投产发电。

表15-41　　2005年国营电站情况统计表

电站名称	所在河流	引水渠道长度(km)	装机容量(kW)	年设备利用小时(h)	设计水头(m)	设计流量(m^3/s)	年发电量(万千瓦时)	投资(万元)	投产时间	电站性质
铁马一级电站	漫滩河		2×1600		19.5	20.5	1741	745	1988.2	国营
铁马二级电站	漫滩河	4.175	2×6300	6412	59	24	8500	7000	2000.1	西昌电力公司
团结一级电站	越西河	600	2×400		23	4	519	84.4	1974.12	国营
团结二级电站	越西河	1.42	2×1250	6600	46	7.62	1650	229	1981.5	国营
白沙河二级电站	白沙河	2	2×1000	5205	59	4.4	1041	1350	2001.12	国营
响水河二级电站	响水河	1.4	2×1250	6000	95	3.8	1500	1300	2003.6	国营
三岔河电站	三岔河	1.7	2×500	5500	267	0.7	550	450	2000.1	国营
合计	7座14台		24600				15501	11158.4		

二、乡镇电站

白沙河电站　位于梅花乡打土村，白沙河下游左岸，距县城40公里，引用流量3立方米/秒，设计利用水头29.5米，电站装机2×160+250千瓦，年设备利用小时5263小时，年发电量300万千瓦时，工程总投资60万元。白沙河电站引用越西和甘洛交界白沙河沟山溪水源，由梅花、白果乡联合修建，总投资31万元(其中：自筹4万元，国家补助8万元，银行贷款19万元)。1979年12月，竣工投产发电。

1989年5月，电站筹款29.9万元增高0.5米引水渠100米，渠道过流量提高到3.2立方米/秒，前池容积比扩建前增加58立方米，新增装机1台，容量250千瓦。1989年9月竣工，10月调试投入运行，千瓦造价为1200元，白沙河一级电站扩建后，装机容量570千瓦，解决梅花、白果、保安乡及乃托乡部分农村照明和农副产品加工用电，同时还有200多千瓦余电并入县电网。

苏姑电站　位于书古乡斯基村，在斯基河上游左岸取水，距县城21公里，年设备利用小时3930小时，年发电量112万千瓦时。该电站利用沟水落差兴建，是改造滥田坝工程和修建大公堰工程区配套工程。电站由县水电局负责勘测设计、施工安装、调试，为斯基、书古、五里箐3公社联合修建。电站引水渠道长1000米，设计流量0.37立方米/秒，设计工作水头95米，电站装机285千瓦(1×160+1×125千瓦)，尾水流入大公堰，总投资27万元，千瓦造价为877元。1979年，苏姑电站工程动工修建。1981年，工程竣工调试投产。1989 年,苏姑电站供应州冶炼厂工业、生活用电。

斯则洛电站 位于尔赛乡斯则村境内,尔赛河中游右岸,距县城 40 公里,是尔赛河上水能梯级开发第一级引水径流式水电站,由县水利局勘测设计及施工,站址距规划的二级站尔赛电站 4 公里,是尔赛乡政府为解决本乡机关单位及附近村民的照明及文化生活用电,利用越西县水利局补助的主机设备及乡村投工投劳和少量集资兴建的电源点项目。引水工程采用明渠布置,全长 0.7 公里,设计流量 0.4 立方米/秒,设计水头 20 米,电站装机 1×40 千瓦,年设备利用小时 5000 小时,年发电量 20 万千瓦时,工程总投资 10 万元。1995 年 11 月,斯则洛电站工程动工修建。1996 年 5 月,工程竣工投产发电。

拉吉电站 位于拉吉乡,宝珠拉达河上游左岸,距县城 77 公里,是宝珠拉达河左支流上水能梯级开发径流式水电站。2003 年,县电力公司利用国家扶持的送电到乡资金 50 万元,对该电站进行改造,引水工程采用明渠及暗渠布置,全长 1.2 公里,设计流量 0.4 立方米/秒,设计工作水头 84 米,年设备利用小时 3667 小时,年平均发电量 55 万千瓦时。2004 年 1 月,改造工程竣工投产发电。

觉莫电站 位于瓦曲觉乡,则普拉达河上游右岸,距越西县城 72 公里,是则普拉达河上水能梯级开发的第一级引水径流式水电站,由越西县水利局勘测设计及施工,站址距规划二级站火觉电站约 5 公里处,是县水利局为解决申果庄区委、瓦曲觉乡政府、申果乡乡政府及附近村民照明及文化生活等用电,利用"以工代赈"资金修建的电源点项目,电站采用 10 千伏电压等级及低压直馈供电,引水工程采用明渠及暗渠布置,全长 2.1 公里,设计流量 0.3 立方米/秒,设计工作水头 23.4 米,电站装机 1×55 千瓦,年设备利用小时 4545 小时,年平均发电量 25 万千瓦时,工程总投资 62 万元。1992 年,觉莫电站动工修建。1993 年 12 月工程竣工投产发电。

表 15-42 2005 年乡镇电站情况统计表

电站名称	所在河流	装机容量(kW)	设计水头(m)	设计流量(m^3/s)	年发电量(万千瓦时)	投资(万元)	投产时间
白沙河一级电站	白沙河	2×160+250	29.5	3	300	60	1980.1
苏姑电站	斯基河	160+125	95	0.37	112	27	1980.1
斯则洛电站	尔赛河	1×40	20	0.4	20	10	1996.5
拉吉电站	宝珠拉达河	2×75	84	0.4	55	50	1967.6—2004.1
觉莫电站	则普拉达河	1×55	23.4	0.3	25	62	1993.12
合计	5 座 9 台	1100			512	209	

三、股份及民营电站

越西电站 位于越城镇新村村,越西河中游左岸,距县城 2 公里,设计流量 2.52 立方米/秒,设计利用水头 15.2 米,电站装机 2×125 千瓦,年设备利用小时 3280 小时,年发电量 82 万千瓦时,工程总投资 51.5 万元。

1994 年 11 月,中所镇龙泉村村民及股东共同集资 72.4 万元,对该站进行技术改造。1995 年 6 月,电站改造完毕,与县电力公司合股经营,装机 2 台,容量 250 千瓦。

铁西股份电站 位于乃托镇境内,越西河下游左岸,距县城 14 公里,是越西河上水能梯级开发第五级引水径流式水电站。

由州水电勘测设计研究院勘测设计,站址距团结二级电站 3.1 公里处,是县电力公司组织职工集资兴建电源点项目,引水工程采用团结一级电站原有引水明渠及拦河坝改造加高、抬高坝前水位进水,增大渠水流速,确保发电流量、干渠末端与团结一级电站共同引水发电。引水渠全长 0.6 公里,设计流量 4 立方米/秒，设计工作水头25米，电站装机1×800千瓦。年设备利用小时6487.5小时，年发电量519万千瓦时，工程总投资300万元。1999年，铁西股份电站动工修建。2000年5月，工程竣工投产发电。

龙泉电站　位于中所镇龙泉村，水观音河上游左岸，距县城7公里，是水观音河上水能梯级开发的引水径流式水电站。

由县水电局勘测设计，中所镇村民集资和贷款兴建电源点项目。引水工程采用明渠布置，全长0.5公里，设计流量3立方米/秒，设计利用水头7米，电站装机2×75千瓦，年设备利用小时6846小时，年发电量89万千瓦时，工程总投资21.8万元。1988年11月，龙泉电站动工兴建。1989年12月，工程竣工投产发电，除供应龙泉村部分村民照明和农副产品加工用电外，其余电力全额上县电网。

尔觉电站　位于尔觉乡，普雄河中游左岸，距县城43公里，原铁道部为解决其自身用电，自行勘测设计及施工兴建的电源点项目，铁道部完成成昆铁路建设撤离后，将该站移交下普雄区工委管理使用。引水工程采用明渠布置，全长0.25公里，设计流量1.3立方米/秒，设计工作水头4米，电站装机1×75千瓦，年设备利用小时4667小时，年发电量35万千瓦时，工程总投资9万元。1967年，尔觉电站工程动工修建。1968年9月，工程竣工投产发电。

德吉一级电站　位于德吉乡三合洛村，德吉河上游左岸，距县城50公里，是德吉河上水能梯级开发第一级引水径流式水电站，由业主自行勘测设计及施工，招商引资兴建的电源点项目，站址距德吉二级电站以上1.8公里处，投资业主为越西县合丰电力有限责任公司，引水工程采用明渠及暗渠布置，全长2.1公里，设计流量1.01立方米/秒，设计工作水头158米，电站装机2×630千瓦，年设备利用小时4588小时，年发电量567万千瓦时，工程总投资630万元。2003年，德吉一级电站工程动工兴建。2005年11月，工程竣工投产发电。

德吉二级电站　位于德吉乡三合洛村，德吉河中游左岸，距县城48公里，是德吉河上水能梯级开发第二级引水径流式水电站。

由县水利局勘测设计，站址距一级电站以下1.8公里处，招商引资兴建的电源点项目，投资业主为越西县合丰电力有限责任公司，引水工程采用明渠及暗渠布置，全长2.16公里，设计流量1.2立方米/秒，设计工作水头138米，电站装机2×630千瓦，年设备利用小时6000小时，年发电量756万千瓦时，工程总投资451.5万元。2003年，德吉二级电站工程动工兴建。2004年9月，工程竣工投产发电。

德吉三级电站　位于德吉乡三合洛村，德吉河中下游左岸，距县城47公里，是德吉河上水能梯级开发第三级引水径流式水电站，由县水利局勘测设计，站址距二级电站以下1.4公里处，招商引资兴建的电源点项目，投资业主为越西县合丰电力有限责任公司，引水工程采用明渠及暗渠布置，全长1.4公里，设计流量2.2立方米/秒，设计工作水头94.37米，电站装机2×800千瓦，年设备利用小时5100小时，年发电量734万千瓦时，工程总投资703.98万元。2004年1月，德吉三级电站工程动工兴建。2005年9月，工程竣工投产发电。

索玛电站　位于乃托镇觉林村，漫滩河上游左岸，距县城22公里，是敏子洛木河上水能梯级开发第一级引水径流式水电站，由业主自行勘测设计及施工，是索玛锌品厂为解决本厂生产用电、投资兴建的电源点项目，引水工程采用明渠及暗渠布置，全长2.6公里，设计流量1.4立方米/秒，设计工作水头320米，电站装机2×1600千瓦，年设备利用小时4834小时，年平均发电量1300万千瓦时，工程总投资1280万元。2003年1月，索玛电站工程动工兴建。2004年12月，工程竣工投产发电。

越兴电站　位于新乡乡觉巴村，越西河上游左岸，距县城16公里，是越西河上水能梯级开发第二级引水径流式水电站，由越西县水电局勘测设计，站址距一级电站以下1.2公里处，是越西县电力供应极其紧缺情况下、招商引资兴建的电源点项目。引水工程采用明、暗渠布置，全长1.2公里，引用流量2.6立方米/秒，设计水头53米，电站装机2×500千瓦，年设备利用小时5500小时，年发电量550万千瓦时，工程总投资350万元。2001年，越兴电站动工修建。2003年3月，工程竣工投产发电，该站无供区，所发电力全额上县电网。2005 年,投资业主以 380 万元出让金将电站所有权出让。

巴姑三级电站 位于梅花乡巴姑村,巴姑河下游右岸,距县城 57 公里,是巴姑河上水能梯级开发第三级引水径流式水电站,由越西县水利局勘测设计,是越西县电力供应极其紧缺情况下,招商引资兴建的电源点项目,引水工程采用明渠及暗渠布置,全长 0.8 公里,引用流量 1.3 立方米/秒,设计利用水头 130 米,电站装机 2×630 千瓦,年设备利用小时 6000 小时,年发电量 756 万千瓦时,工程总投资 450 万元。2003 年,巴姑三级电站工程动工兴建。2004 年 11 月,工程竣工投产发电。

表 15-43　　2005 年股份及民营电站情况统计表

电站名称	所在河流	装机容量(kW)	设计水头(m)	设计流量(m^3/s)	年发电量(万千瓦时)	投资(万元)	投产时间	电站性质
越西电站	越西河	2×125	15.2	2.52	82	51.5	1985	股份
铁西股份电站	越西河	1×800	25	4	519	300	2000.5	股份
越兴电站	越西河	2×500	53	2.6	550	350	2002.3	股份
尔觉电站	普雄河	1×75	4	1.3	35	9	1968.9	民营
德吉一级电站	德吉河	2×630	158	1.01	567	630	2006.1	民营
德吉二级电站	德吉河	2×630	138	1.2	756	451.5	2004.6	民营
德吉三级电站	德吉河	2×800	94.37	2.2	734	703.98	2005.9	民营
索玛电站	敏子洛木河	2×1600	320	1.4	1300	1280	2004.12	民营
巴姑三级电站	巴姑河	2×630	130	1.3	756	450	2004.11	民营
龙泉电站	水观音河	2×75	7	3	89	21.8	1989.12	民营
合计	10 座 18 台	10855			5388	3897.78		

四、在建电站

铁西电站 位于乃托镇境内,普雄河与越西河交汇处,距越西县城 18 公里,是普雄河上水能梯级开发第七级引水径流式水电站。

该电站由州水利水电勘测设计研究院及中国水利水电第七工程局勘测设计院勘测设计,站址距普雄二级电站以下 8 公里处,投资业主为越西县宏阳水电开发有限责任公司,引水工程采用有压隧洞布置,全长 5.08 公里,取水于普雄河海拔 1630 米处,取水口以上流域面积 826 平方公里,多年平均径流深 938.1 毫米,多年平均流量 24.6 立方米/秒,引水渠(有压隧洞)长 5.08 公里,工程区地质条件较好,交通方便。设计水头 110 米,设计流量 34.1 立方米/秒,装机容量 3×10000 千瓦,设计年利用小时 4933 小时,年发电量 14800 万千瓦时,工程总投资 18000 万元。2003 年 1 月,工程动工兴建。预计 2007 年 4 月,竣工投产发电。

洛尔沟电站 位于白果乡过俄乃吉村,漫滩河右岸,距县城 18 公里,是洛尔沟上水能开发唯一引水径流式水电站。

该电站由县水利局勘测设计,站址距铁马二级电站 8 公里处,是越西县通过挂牌出让开发权兴建电源点项目,引水工程采用明渠及隧洞布置,全长 1.12 公里,取水于洛尔沟海拔 1614 米处,取水口以上流域面积 20 平方公里,多年平均径流深 780 毫米,多年平均流量 0.495 立方米/秒,设计水头 265.4 米,设计流量 0.82 立方米/秒,装机 2×800 千瓦,设计年利用小时 4588 小时,年发电量 734 万千瓦时,工程总投资 728.179 万元。2005 年,洛尔沟电站工程动工兴建。预计 2007 年 8 月竣工投产发电。

清泉电站　位于板桥乡上涌村境内，板桥河左岸，距县城14.5公里，是板桥河上水能开发唯一引水径流式水电站。

该电站由县水利局勘测设计，站址距板桥乡政府以上0.6公里处，引水工程利用上游坝开口全管道布置，无沉砂池、无引水渠、无溢流渠等建筑工程，压力管道总长142米，取水于上游坝库容，多年平均流量5.711立方米/秒。设计水头13.1米，设计流量11.842立方米/秒，装机2×630千瓦，设计年利用小时3660小时，年发电量461.2万千瓦时，工程总投资589.82万元。2005年，工程动工兴建。预计2007年7月竣工投产发电。

瓦岩二级电站　位于瓦岩乡瓦岩村境内，瓦岩河左岸，距县城14公里，是瓦岩河上水能梯级开发第二级引水径流式水电站。

该电站由县水利局勘测设计，站址距瓦岩一级电站以下2公里处，引水工程采用暗渠及隧洞布置，全长1.9公里，取水于瓦岩河海拔2000米处，取水口以上流域面积31.6平方公里，多年平均径流深982毫米，多年平均流量0.984立方米/秒。设计水头147.4米，设计流量1.61立方米/秒，装机2×1000千瓦，年设备利用小时4903小时，年平均发电量980.6万千瓦时，工程总投资1278.44万元。该站于2005年1月动工兴建。预计2007年8月竣工投产发电。

五宏二级电站　位于大花乡大花村境内，大花河左岸，距县城10公里，是大花河上水能梯级开发第二级引水径流式水电站。

该电站由国家电力公司成都勘测设计研究院勘测设计，站址距五宏一级电站以下2.4公里处，是全县通过挂牌出让开发权兴建的电源点项目，投资业主为越西县五宏水电有限公司，引水工程采用全管道布置，无引水明渠、暗渠、溢流渠等建筑工程。压力管道总长2.16公里，取水于大花河海拔2250米处，取水口以上流域面积28平方公里，多年平均径流深1060毫米，多年平均流量0.94立方米/秒，工程区内地质条件好，交通较方便。设计水头250米，设计流量1.2立方米/秒，装机2×1000千瓦，年设备利用小时4470小时，年平均发电量894万千瓦时，工程总投资1025万元。该站于2005年1月动工兴建。预计于2007年1月竣工投产发电。

普雄一级电站　位于四甘普乡宝珠村境内，普雄河右岸，距县城45.5公里，是普雄河上水能梯级开发第五级引水径流式水电站。

该电站由蒲江县水利水电勘测设计室勘测设计，利用招商引资兴建的电源点项目，投资业主为民扬电器集团越西水电开发投资有限公司，站址距永兴二级电站3.1公里处，引水工程采用暗渠及隧洞布置，全长2.95公里，压力管道采用混凝土全程浇筑，取水于普雄河海拔1700米处，取水口以上流域面积646.1平方公里，多年平均径流深901.3毫米，多年平均流量18.46立方米/秒，工程区内地质条件差。设计水头51米，设计流量15立方米/秒，装机2×3200千瓦，年设备利用小时6030小时，年平均发电量3859万千瓦时，工程总投资4800万元。2004年，工程动工兴建。预计2007年11月竣工投产发电。

大岩三级电站　位于板桥乡广洪村境内，大岩河右岸，距县城24公里，是大岩河上水能梯级开发第三级引水径流式水电站。

该电站由州水利水电勘测设计研究院勘测设计，站址距大岩二级电站以下3.8公里处，是全县通过挂牌出让开发权兴建的电源点项目，投资业主为越西县力源水电开发有限责任公司，引水工程采用暗渠及隧洞布置，全长3.62公里，取水于大岩河海拔2534米处，取水口以上流域面积37.6平方公里，多年平均径流深1392.7毫米，多年平均流量1.66立方米/秒，工程区内地质条件好，交通方便。设计水头525米，设计流量3.12立方米/秒，装机2×6300千瓦，年设备利用小时4700.8小时，年平均发电量4700.8万千瓦时，工程总投资5183万元。2005年1月，大岩三级电站工程动工兴建。预计2008年2月份竣工投产。

表 15 - 44　　2005 年在建电站情况统计表

电站名称	所在河流	装机容量(kW)	设计水头(m)	设计流量(m^3/s)	年发电量(万千瓦时)	投资(万元)
铁西电站	普雄河	3×10000	110	34.1	14800	18000
普雄一级电站	普雄河	2×3200	51	15	3859	4800
五宏二级电站	大花河	2×1000	250	1.2	894	1025
洛尔沟电站	洛尔沟河	2×800	265.4	0.82	734	728.179
清泉电站	板桥河	2×630	13.1	11.842	461.2	589.82
大岩三级电站	大岩河	2×6300	525	3.12	4700.8	5183
瓦岩二级电站	瓦岩河	2×1000	147.4	1.61	980.6	1278.44
合计	7 座 15 台	55860			26429.6	32834.44

第十六篇 扶贫开发

第一章　脱贫致富

第一节　贫困现状

1991 年，全县农业总产值 10775 万元，占 52.5%；农民人均纯收入 360 元，据“二六”指标调查摸底，全县 46 个乡（镇），建卡贫困农户 18240 户，占农村户数的 44.25%，建卡贫困农村人口 86274 人，占农村人口的 44.48%。“五保户”、特困户、残疾人未列入建卡，定为民政救济。同年，越西县列入州定州扶贫困县。依据调查摸底结果，全县划分为：高山特困区乡，申果乡、瓦曲觉乡、合觉乡、申普乡、瓦曲乃乌乡、瓦里觉乡、拉吉乡、依洛地坝乡、尔赛乡、古二乡、竹阿觉乡、依吉拉尼乡、保石乡；二半山贫困区乡，普雄镇、贡莫乡、乐青地乡、曲可地乡、拉白乡、德吉乡、拉普乡、铁西乡、尔觉乡、四甘普乡、乃托镇、保安乡、白果乡、梅花乡、五里乡、斯基乡、书古乡、瓦普莫乡；越西河谷插花贫困区乡，新乡乡、马拖乡、大瑞乡、南箐乡、中所镇、丁山乡、大花乡、越城镇、河东乡、城郊乡、西山乡、新民镇、大屯乡、板桥乡、瓦岩乡。1994 年，全县农业人口 43911 户、200019 人，年人均纯收入 400 元以下（90 价目），占有粮食 400 公斤以下的贫困户 13267 户、65454 人，分别为农业总人口的 30.7%、32.7%。年人均纯收入 400 元以下乡 13 个，占贫困乡（镇）36 个的 36.1%；特困村 105 个，占总村数的 36.45%。8 个乡插花 15 个特困村地处高寒山区，粮经收入极低，生态环境差、自然条件十分恶劣，灾害频繁，人口素质差、科学文化落后，交通闭塞，贫困面大、贫困人口多，人均有粮仅 280 公斤、人均纯收入仅 311 元。

表 16－1　　1991 年贫困户建卡情况表

指标 地区	总户数	建卡户数	建卡户占总户数（%）	总人口（人）	建卡人口（人）	建卡户人口占总人口（%）
全县合计	41223	18240	44.25	193962	86274	44.48
中所区	10167	2319	22.81	46683	10509	22.51
城关区	5556	1351	24.32	25453	6695	26.3
新民区	4753	1997	40.42	23677	8432	35.61
顺河区	2744	1529	55.72	14817	7806	52.68
下普雄区	3410	2114	62	16109	10796	67
中普雄区	4996	1969	39.41	23006	9300	40.42
上普雄区	3636	2603	71.59	17090	12481	73.03
书古区	2454	1094	44.58	10979	4758	43.33
申果庄区	3507	3284	93.64	16148	15497	95.97

第二节　脱贫规划

1991年,按照州委、州政府提出的"二六越温"(人均年纯收入200元,人均生产占有粮600斤)要求,县政府制定《越西县扶贫越温计划》和《"八五"(1992—1994年)扶贫攻坚规划》,力争在1994年实现"二六"越温目标。1994年,越西县被列入《国家八七扶贫攻坚计划》工作重点县,即从1994—2000年,集中人力、物力、财力,动员社会各界力量,力争用7年左右的时间,基本解决全国农村8000万人口的温饱问题。全县扶贫工作紧抓"三个基础"(交通、能源、教育),做强"四级经济"(县、乡、村、户)。

2001年,越西县列入国家新一轮扶贫开发工作重点县。全县扶贫工作紧紧围绕县域"1648"经济发展战略和构建"三带一走廊"的区域经济框架,理清新阶段扶贫开发"23434"工作思路。坚持"三个结合",狠抓移民扶贫工程、新村扶贫工程、教育扶贫工程、卫生扶贫工程。制定《越西县2001—2010年农村扶贫开发规划》,对90个重点贫困村进行全面规划。以申果庄为代表的高寒山区贫困户以解决温饱、巩固温饱为中心,做好林业、畜牧、中药材三大产业,实现林业兴区、牧业强区、药业富区;普雄河流域仍为扶贫开发中心地带,以稳定解决贫困人口温饱脱贫为重点,做好万寿菊、中药材"两篇文章";越西河流域的脱贫致富以奔小康为中心,建立烤烟、黄羊、无公害蔬菜基地。按照一个产业、一张订单、一片基地、一户龙头企业、一项增收门道、一条脱贫路子的格局,推进农业结构调整,做大、做强、做活"五篇文章"。巩固形象扶贫成果,完善内涵,配套基础设施建设,改变千年遗留陈规陋习,树立良好生活风俗。规划有序推进新村建设,达到村容、村貌的彻底改观,生产发展,思想进步,把种养业作为新村建设重点,解决村道建设、人畜饮水、农村电网改造、低产田土改造、通讯建设、天然林保护、退耕还林还草,实行"山、水、林、路"综合治理。

2005年,重点抓农村寄宿制教育,提高学龄儿童入学和巩固率,确保"九年义务教育",力争2007年实现"普九"达标。加强各学校基本教学设施建设,加强师资培训,提高教学质量。加大科技扶贫力度,选择成熟可靠,容易掌握,增产增收效果显著的实用技术加以推广,同时加大贫困农户实用技术培训,提高生产经营能力。积极发展农村医疗,逐步建立农村基本医疗保障制度,改善乡村医疗条件,配备必要的医疗卫生设施。努力做到通邮、通电话、通广播电视,改变贫困地区信息闭塞,文化落后的状况,搞好计划生育、控制贫困地区人口过快增长,减轻人口增长给脱贫带来的压力。

第三节　扶贫越温

一、"二六"越温

"二六"越温攻坚措施　1991年,发放贴息贷款200万元,其中:100万元由县农资公司组织调进议价尿素800吨,100万元用于烤烟生产发展。1992年,投入烤烟生产贴息贷款80万元,用于种烟农户农膜、肥料及部分烟房建设,投入65万元贴息贷款用于野生资源开发和矿产资源开发;投入30万元贴息贷款用于地膜贷款;投入18万元贴息贷款建立商品草基地,调进光叶紫花苕种31233斤,建设绵羊改良基地;扶持河东乡河东村综合养殖场8万元贴息贷款发展商品仔猪。

1993年,投入贴息贷款40万元,推广种植地膜玉米、两段育秧、水稻宽窄行、水稻旱育稀植等农业科技132269.8亩。投入烤烟肥料、种子、地膜139.3万元贴息贷款。投入蚕桑桑苗、养蚕房建设30万元贴息贷款,在马敞河坝、大花坝、干河坝、依莫荒荒新栽桑苗3765.5亩。投入中药材项目(黄柏、杜仲)20万元用于农户种苗贷款。投入苹果改良资金10万元,进行低产果园改造500亩,种植苹果20万株。投入贴息贷款60万元,其中:绵羊改良30万元,调进种公羊259只,适龄母羊448只,产仔15638只,经济杂交配种10000头;种草18万元,调进光叶紫花苕种60000斤,种植光叶紫花苕20100亩,围栏种植多年生牧草470亩,粮草轮作96350亩;商品仔猪12万元,调进种公猪17头,生产商品仔猪80000头。是年,州下达两资资金144万元,其中:开发基金137万元(有偿30万元,无偿107万元),发展资金7万元。大农业投入资金65万元,完成大小项目6个,其中:农作物病虫害防治和牲畜疫病防治4万元;稻瘟病防治10万元;烤烟生产22万元;低产果园改造8万元;水利设施建设17万元,整治普雄河堤3400米,保护耕地1.7万亩;人畜饮水投资4万元,解决5035人和1.3万头牲畜饮水困难。投入扶贫培训费7万元,培训4万人次。

1994年,地膜玉米、地膜育秧、蚕桑、苹果等项目投入贴息贷款90万元;中药材党参、黄柏、杜仲投入贴息贷款60万元;商品仔猪、种草、绵改畜牧业项目投入贴息贷款85万元;扶贫开发实体,乡村企业投入贴息贷款100万元;人畜饮水工程项目4个,投入资金110万元。

“二六”越温达标　1994年10月—11月25日,组织各贫困乡(镇)进行自查。自查16667户建卡户的人均纯收入和人均生产粮情况,调查率为96.31%,自查结果15782户建卡农户,76998建卡人口越过“二六”温饱线,分别占建卡总数和人口的91.2%和91.67%,完成与州委、州政府签订的1994年越过最低生存线的基本目标责任书。

12月21—26日,州委、州政府检查验收组采取分类整群、半距取点、等距抽样到乡(镇),随机抽样到村组的方法,对人均纯收入和粮食占有量两个经济指标进行验收,对“四个一”的建设和《扶贫开发项目责任书》的其它条款进行考核。由州越温验收组主持,县公证处的督导下抽中高山类的拉吉乡红卫村三组,书古乡斯基村二组;中山类的乃托镇白石村二组,拉普乡哈莫村三组;沟坝类的越城镇青龙村三组,中所镇下街村,共320户,1424人,其中:建卡户118户,贫困人口628人。经调查,抽查户1994年人均纯收入达到399元,人均生产粮429公斤。建卡户越过温饱线有117户、623人,占建卡贫困户总数的99.15%,农户数的36.6%。抽查户达到“四个一”条件:有0.5亩以上高产稳产田地97户,占81%;有一亩找钱地或人均20株经济林木的82户,占69.49%;饲养收入500元以上的88户,占74.58%;有一个劳动力外出务工3个月以上的57户占48.3%。建卡户达到“四个一”条件的44户,占37.29%。抽查结果表明,越西县机构健全、工作扎实、措施得力、成效显著,达到要求目标,验收合格。

二、“八七”扶贫攻坚战

“八七”扶贫攻坚措施　1994年,实施科技扶贫工程,推广优良农作物高产技术,水稻良种推广面积达85%以上,小麦良种推广面积达80%以上,水稻、小麦、玉米、洋芋等粮经作物病虫病防治和科技措施推广面积达95%以上。

1995年,全县“双增”富民工程立足县情,实施烤烟、水果、农副产品深加工等“733”项目。1996年,基础设施建设工程依托国家投入,引导贫困农户投工投劳,抓好人畜饮水、交通等基础设施建设。1997年,推广常规化技术,培养贫困农户1个明白人。农、林、牧、水、农机、科技、扶贫等部门,举办各级各类适用技术培养班(会)650期,126500人次。1998年,按照因地制宜,分类指导实施的原则,在高二半山地区发展草食牲畜,突出绵羊改良,配套草业生产,努力提高出栏畜和商品率。

1999年,高产技术面积90万亩,其中:地膜玉米185921亩,脱毒薯104485亩。实施治水改土兴林工程,改造中低产田土36681亩,其中:坡改梯24430亩,下湿田改造12250亩;恢复和改善灌面7.06万亩,新增灌面5000亩;人工造林16万亩。新栽苹果、雪梨2600亩,全县水果面积4.23万亩,年产量3000万斤;新栽新疆核桃2.3万亩,面积5万亩;新栽花椒2.5万亩,面积10万亩;杜仲、白果、黄柏等中药材种植5万亩。建立小型酿酒厂220个,白酒产量6053吨,小型农副产品加工房115个,各类砖瓦厂45个,年产值1064万元。实施移民扶贫搬迁283户、1187人,其中:集中移民安置106户,分散移民安置177户;安装人畜饮水管道574公里,修建畜水池246个、4920立方米,解决120个村、136处人畜饮水困难,解决249个村照明用电。扶贫越温与人口计划生育结合,贫困户计划生育率达到93%以上,建卡贫困户中计生“三结合”帮扶直接越温的达到2955户、14775人。资源与资产并重管理,节流与开源结合,利用“五荒”资源,开发与复垦耕地8700亩。

完成“八七”攻坚战 1999年10月,县扶贫办验收各乡(镇)建卡户:检查6984户,建卡贫困户年人均占有粮食443.6公斤,年人均纯收入510.7元,达到“五八”指标的6396户、29085人,分别占检查建卡贫困户的91.2%和90.2%,达到“五个一”条件的4547户,占检查建卡贫困户的65.1%,其中:5042户人均达到0.5亩以上稳产高产田地,占72.2%;4779户达到户均1亩找钱地或人均20株以上经济林木占68.4%;6788户户均养殖业商品收入500元以上占97.2%;4796户户均转移1个以上农村劳动力占70.1%;6234户1个以上明白人占89.3%。建卡贫困户年人均有粮443.6公斤,比1994年增加85.6公斤,增长23.9%;人均纯收入510.7元,比1994年增加111.7元,增长28%;返贫率由1994年的7.6%下降到5%以下。“形象扶贫”按到2000年规划任务已完成70%。

11月,四川省委、省政府、凉山州委、州政府扶贫越温确认检查组按照“半距起点、等距抽样”和随机抽样的办法,经越西县公证处现场公证,检查小组抽中保石乡、五里箐乡、大花乡3个贫困乡,并从中随机抽取6个贫困村,确定201户建卡贫困户914人作为抽查确认对象。检查确认小组深入每家每户,进行逐户调查登记,实际抽查207户,969人。抽查结果表明,所抽查207户建卡贫困户,人均纯收入达到516.7元(90价),人均粮食达到461.5公斤,与县自查39个贫困乡(镇)结果一致,完成“八七攻坚”。

第二章 扶贫管理

第一节 扶贫机构

1991年,成立扶贫开发领导小组,下设办公室。1992年,成立越西县扶贫实业开发总公司;财政局“两资办”与县扶贫开发办合并为越西县扶贫开发两项资金办公室(简称扶贫办)。1993年,全县9个地区工委、41个乡(镇)设立扶贫开发办公室。

1994年,设办公室、项目股、两资股、财务室。1995年,新增扶贫股,下设扶贫开发总公司。2001年,成立中药材生产领导小组,下设办公室在扶贫开发办。2002年,越西县确定为世行综合一体化扶贫,即世界银行第四期扶贫项目试点县,成立领导小组并下设办公室挂靠扶贫办。

2004年,成立基层政法建设解困工程协调领导小组,下设办公室在扶贫办。2005年,县世行混合贷款项目实施办公室设立内设机构,下设综合股、项目管理监测股、财务采购股。

表16-2 1991—2005年扶贫开发办公室负责人名录

姓 名	性 别	民 族	职 务	任职时间
陈志福	男	藏族	主 任	1991.10—1992.6

续上表

姓　名	性　别	民　族	职　务	任职时间
刘加棋	男	汉族	主　任	1992. 6—1998. 8
朱沛松	男	汉族	副主任	1992. 9—2005. 12
韩世忠	男	汉族	副主任	1992. 10—1996. 12
邱德明	男	彝族	副主任	1995. 4—2002. 2
梁晨曦	男	汉族	副主任	1995. 4—1996. 4
阿木布沙	男	彝族	主　任	1998. 9—2003. 2
刘学军	男	汉族	副主任	1998. 12—2005. 12
威色伍加	男	彝族	副主任	2002. 5—2005. 12
罗发明	男	彝族	主　任	2003. 5—2005. 12
杨玉林	男	汉族	副主任	2003. 5—2003. 9
唐文杰	男	汉族	纪检组长	2003. 5—2005. 12

第二节　扶贫机制

一、目标任务

1993年，明确提出“抓扶贫、建新村”的任务。1995年，县、乡（镇）分别成立农村扶贫工作领导小组，抽调骨干人员组成综合、监测、宣传、督查等4个组开展工作，制定“扶贫工程”实施方案。

1998年，采用广播影像和现场会、座谈会、抓示范、树典型等形式，开展“新村建设”、“形象扶贫”、“移民扶贫”等宣传教育活动。2005年，以解决温饱、摆脱贫困为目的，达到脱贫致富目标。

二、措施办法

目标责任制　1991年，组建驻乡（镇）扶贫工作队。1995年，建立扶贫现场办公制度，对全县扶贫后进村实行“一定三帮”制度（“一定”，即单位挂包进村一定几年不变，直到所挂村基本实现扶贫为止；“三帮”，即帮建好班子，帮实现扶贫，帮建好新村）。1997年，对照省定扶贫标准和州下达的责任目标，分解落实到乡、村、户，分解到有关责任单位和驻村工作队，并签订责任书。

2000年，对驻村工作队实行“队员当代表，部门作后盾，领导负总责”的工作责任制。县级领导干部每人包1个乡，联系1个村，帮1个组，包5户建卡户。

2005年，实行帮扶部门领导帮1个村，包5户建卡户；部门驻点人员、乡（镇）脱产干部，每人包5户建卡户。县级干部每人每年交100元责任金，科级干部交50元责任金，一般干部交20元责任金，每年检查验收考核，兑现奖惩。

分类指导　1991年，对全县10个乡（镇）92个行政村按社会经济基础和扶贫进程综合情况，分别提出1996年、1997年基本实现扶贫村、户的比例要求，对已基本实现扶贫的村，注意帮扶人均水平掩盖下的贫困户，采取结对帮扶，促其共同发展；对经济发展缓慢，扶贫综合得分不达标的村，帮助找准开发路子，选准增收项目；对人均纯收入低于1500元和人均村级财政少于50元的22个贫困村实行“四个一”帮扶。

第三节　扶贫项目

立项管理　1991 年,建立项目库。1994 年,对选择确定的项目,必须具有资质专业技术部门或组织专业技术力量进行可行性论证,写出论证报告,制定项目实施方案,报送项目主管部门,由扶贫办立项批准才能进入项目库。1998 年,制发《越西县扶贫项目管理暂行办法》。1999 年,项目选择坚持按全县扶贫开发总体规划,立足本地资源,以实现越温、脱贫为目标,以实施商品生产基地为载体,以种养为突破口,着力区域经济开发。项目安排按照以市场为导向,以资源为依托,以科技为先导,以效益为中心的思路,突出重点,相对集中。2005 年,抓科技示范,抓实用技术培训,提高劳动者的素质和技能。

实施管理　1991 年,实行项目管理"一条边"领导,从县到乡成立扶贫开发领导小组,县委、县政府主要领导任组长,相关部门负责人任成员,项目和资金投向由领导小组决定。1994 年,把好"立项审查、项目实施、资金到位"。1996 年,扶贫系统与投资部门对项目采取"五共同"管理:即:共同考察,共同申报,共同审批,共同管理、验收,共同清理、回收项目资金。1998 年,在项目实施中,实行"三跟踪",即:跟踪服务,深入到项目单位和现场,协助解决实际问题,搞好物资、技术、信息、协调等服务;跟踪监督,督促项目单位按规定用途使用资金,保证项目建设不走样,按期建成,投入使用;跟踪宣传,宣传政策、目标、要求,宣传好的典型,对资金使用不好、项目建设质量差的停止项目实施或纠正错误作法。

2000 年,坚持农户自愿参与、适度集中、一村一品或一乡一业、缺啥补啥,项目投资,以农户自筹为主、国家补助为辅的原则。2001 年,按照"统一规划,统筹安排,渠道不乱,用途不变,相对集中,捆绑使用,确保效益,各记其功"的原则,把扶贫、以工代赈、"两资"捆绑使用,搞好资金、物资的配套组织。2004 年,按照"国家扶一点,部门帮一点,自力更生筹一点"的政策,同部门、农户签订合同,各负其责,保证配套资金、物资到位。

资金管理　1991 年,严格按照《越西县扶贫项目管理暂行办法》规范管理各类扶贫资金,统筹安排、捆绑使用,集中投向、不撒胡椒面。实行"二专"即:专款专用、专户管理。1993 年,采取效益择优投放,把资金使用和项目管理结合起来,优化资金使用管理。1994 年,制定《越西县项目资金管理实施细则》。

1997 年,扶贫项目资金管理,实行工程式管理"五制",即:招标制、公示制、报账制、监理制、审计制。2000 年,实行项目论证有偿投放,在渠道不乱、用途不变的前提下,实行拼盘使用。突出扶智、扶本、扶优。2003 年,组织相关部门,到各乡(镇)清收逾期扶贫贷款。2005 年,接受县审计组审计 7 次,审计资金 13943.1 万元;接受上级单位审计 6 次,审计资金 1394.1 万元。

表 16-3　　1991—2005 年扶贫资金统计表　　单位:万元

<table>
<tr><th colspan="2">类别＼年份</th><th>1991</th><th>1992</th><th>1993</th><th>1994</th><th>1995</th><th>1996</th><th>1997</th><th>1998</th><th>1999</th><th>2000</th><th>2001</th><th>2002</th><th>2003</th><th>2004</th><th>2005</th><th>合计</th></tr>
<tr><td rowspan="2">两项资金</td><td>有偿</td><td>66</td><td>87</td><td>130</td><td>320</td><td>315</td><td>46</td><td>85</td><td></td><td></td><td></td><td></td><td></td><td></td><td></td><td></td><td>1049</td></tr>
<tr><td>无偿</td><td>99</td><td>125.7</td><td>128</td><td>101</td><td>121</td><td>172</td><td>92</td><td>156</td><td>280</td><td>109</td><td>109</td><td>180.8</td><td>328</td><td>319.9</td><td>245</td><td>2566.4</td></tr>
<tr><td colspan="2">财政扶贫资金</td><td></td><td></td><td></td><td></td><td></td><td></td><td></td><td></td><td></td><td>304</td><td>240</td><td>46</td><td>233</td><td>499</td><td>14</td><td>1336</td></tr>
<tr><td colspan="2">科技扶贫资金</td><td></td><td></td><td></td><td></td><td></td><td></td><td></td><td></td><td></td><td></td><td></td><td></td><td>100</td><td></td><td></td><td>100</td></tr>
<tr><td colspan="2">以工代赈资金</td><td></td><td></td><td></td><td></td><td></td><td></td><td></td><td></td><td></td><td></td><td>149</td><td></td><td>160</td><td>100</td><td></td><td>409</td></tr>
<tr><td colspan="2">末项专项资金</td><td></td><td></td><td></td><td></td><td></td><td></td><td></td><td></td><td></td><td></td><td></td><td></td><td>529.5</td><td>321</td><td>520</td><td>1370.5</td></tr>
<tr><td colspan="2">贴息贷款</td><td>200</td><td>200</td><td>200</td><td>280</td><td colspan="6">4173.1</td><td colspan="5">8890</td><td>13943.1</td></tr>
</table>

第三章　社会扶贫

第一节　中央、省级机关对口帮扶

1992 年，国家国内贸易部对口帮扶越西县，投资 1 万元给越西购买扶贫工作用车。1995 年，省邮电管理局对口帮扶越西；帮扶人员 3 人，在越西县分别担任县委副书记，扶贫办副主任、主任助理和县邮电局副局长。1996 年，国家国内贸易部无偿赠送“青蛙”牌农用车 3 辆，价值 4 万元；省邮电管理局投资 40 万元，修建越西县邮电贝尔小学（希望小学）。同年，成都市电信局为越西县电信局捐赠 5 套微机，价值 11 万元。

1997 年，省邮电管理局投资 100 万元，建设县邮电局“邮电生产大楼”。在喜德—越西—甘洛长途光纤传输重点工程建设，总投资 670 万元，省邮电管理局无偿补助越西邮电局 21 万元。

1998 年，省农业厅对口帮扶越西，由帮扶工作组组长任县政府副县长，在帮扶中调整农业结构、发展农业产业化、推广科技示范、农民增产增收、转移培训农村劳动力 523 人次、中央国债户用沼气建设项目建设沼气 80 个。

2000 年，国家国内贸易部无偿扶持大花乡人畜饮水项目 1 个，投入 12 万元。省供销社帮扶组深入越西厂矿、企业调查研究，帮助解决实际困难问题；深入乡、村基层调查研究，撰写扶贫调研文章《关于扶贫工作成本的调查报告》；积极宣传越西，向省供销社、省扶贫办及其他省级部门汇报，得到中华全国供销合作总社、省供销社的关注和支持；围绕越西建设项目，与县外企业联系，洽谈招商事宜。

第二节　州级机关对口帮扶

1995 年 11 月，凉山州委、州人民政府实施“百乡扶贫攻坚工程”，在州内 10 个贫困县的特困乡（镇）中选择 100 个乡，作为“八七”扶贫项目实施和扶贫资金倾斜的重点。定点单位工作组 3 ~ 5 人到联系乡挂职抓扶贫，一年一换。同年 12 月，帮扶工作组在部门领导的带领下，到联系乡驻扶。

1996 年，州委组织部、老干局组织五里箐乡村干部到西昌等地学习、参观先进生产技术、扶贫经验；组织协调资金 20 万元用于乡政府办公、职工宿舍建设；投资 5 万元，用于入五里箐乡公路建设和人畜饮水建设。州公路局投入扶贫资金 114 万元，帮助新乡乡政府搬迁、新建乡政府、乡中心校；入乡道路维修 9. 37 公里；建大型堡坎 120 米、过水路面 5 处、涵洞 40 个；资助中心校学生学习用品、校服等价值 3 万元。凉北森工局在自身单位较为困难的情况下，安排驻点人员进行帮扶，捐资捐物 1. 2 万元，用于保石济贫扶困。州卫生局投入水泥 57 吨，资金 2 万元，用于依洛地坝乡依洛村 2 个组形象扶贫建设；投资 3000 元，完成小型饮水工程建设；投资 5 万元，新建依吉村卫生所；并组织州级医院医生到乡村防疫、治病，培训越西县医务人员。西铁分局帮助拉白乡架设照明用电。

1998 年，州房管局投资 2. 5 万元，解决嘎祖库村人畜饮水困难，投资 1. 5 万元，维修乡中心小学校，投资 4000 元，解决乡政府办公用具。州林管局投资 4 万元，帮建申果乡达布村农副产品加工房，投资 2000

元，帮助达布村支部解决办公桌椅。州烟草企业帮扶申普乡、瓦里觉乡，投资26万元，建申普乡中心希望小学、瓦里觉中心希望小学、瓦里觉且门村希望小学3所。投资3万元，用于瓦里觉村和乡政府人畜饮水。

1999年，州级帮扶单位转入“百乡教育扶贫”阶段。新增州中西医结合医院帮扶贡莫乡，州发行、州史志办帮扶申果乡，州妇幼保健站帮扶古二乡，州公路局调整到拉吉乡，西昌卷烟厂对口帮扶保石乡，州卫生局调整到竹阿觉乡，州委老干局调整到大花乡，凉北森工局调整到乐青地乡，州发行调整到瓦曲觉乡，州房管局调整到铁西乡，州武警支队、铁路西昌物资供应站对县贫困乡(镇)采取机动、灵活帮扶。

2000年，对口帮扶的州级机关单位、企业对所帮扶乡(镇)制定规划，实施项目，资助资金、物资，实施“1+1”计划；深入学校、帮助学校制定发展规划，了解学校教育教学情况，寄宿制学生的生活学习情况，存在实际困难，积极为学校教育事业的发展出谋划策；根据规划，结合自己单位的实际，制定出切实可行的帮扶计划。

2001年，开展捐资助学活动。12家帮扶单位(武警支部、西铁供应站外)“动真情、动脑筋、动真格”、“量力而行、尽力而为”，通过内引外联、紧缩开支(单位内部)，多方筹集资金，每年捐款、捐物100万元以上，积极为学校办好事、办实事，改善办学条件，促进教学发展。全县12个受帮扶的乡(镇)学校在硬件建设和软件建设方面都有新的改善和提高。到2004年，州史志办投入资金11.5万元，用于购买水泥、砖瓦等建材，投入化肥5.3吨，协调良种2500斤，改善申果乡75户村民的生产生活条件。

2005年，帮扶单位帮扶学校教师215人次到西昌教学和管理好的学校观摩学习。州史志办在马拖乡投入扶贫资金6万元，用于乡中心校更新桌椅，购置电脑、一体机、复印机等教育用具。

第三节　县级扶贫

1992年，县级帮扶单位参与贫困户摸底建卡，帮助乡(镇)制定扶贫开发规划，实施温饱工程项目、“四个一”建设、基础设施建设、“二六”越温入户普查。1994年，县委、政府制发《关于开展帮乡扶贫工作的决定》(越委发〔1994〕23号)，确定县级36个部门定点帮扶36个乡(镇)，明确要求包乡部门专人负责，派2名以上同志长期驻点，与当地领导紧密配合，同心同德抓好扶贫工作，抓出成效。协助当地政府制定扶贫7年规划，并结合部门实际和业务制定出切实可行的帮扶措施，理顺各种关系，找准扶贫开发项目。要求在“八七”攻坚计划完成前不脱贫、不脱钩。对搞得好的单位和个人，给予表彰奖励，对不尽职尽责按时完成包乡扶贫任务的单位和个人一律采取不脱钩不调动、不晋级。

1995年，县恢复一部分乡，县委、政府以越委办发〔1995〕48号文安排恢复乡帮乡部门，调整部分乡帮乡部门，全县51个县级机关、企业帮扶40个乡(镇)。

“八七”扶贫攻坚期间，各帮扶单位在人力、物力、财力上给予对口乡大力支持，解决乡(镇)实际困难，帮助乡(镇)制定“八七”攻坚计划，根据自身单位财务情况投入资金、物力，出点子想办法；开展形象扶贫，各帮乡单位投工投劳1000人次，投入资金50万元，实现农户人畜分居、1路1坝1厕；投入35万元，开展新村建设，新建人畜饮水管道2万米、道路20公里；培训转移农村劳动力3000人次、培训实用农村生产技术5000人次。参与卫生扶贫中重点传染疾病的防治，发放价值5万元药品和2万元的医药器具。实施惠民送温暖活动，为贫困户捐衣物、肥料、水泥等物资，价值10万元。到2005年，51个县级帮扶单位为所帮乡(镇)捐资、捐物共计211万元。

表 16－4　　县级各部门帮乡名单

帮扶乡镇	县级帮扶单位	帮扶乡镇	县级帮扶单位	帮扶乡镇	县级帮扶单位
瓦曲来吾乡	民政局	普雄镇	工商局、外贸局	拉吉乡	林业局
乐青地乡	乡镇企业局	申普乡	国税局、经协办	贡莫乡	检察院、人事局
瓦里觉乡	畜牧局	拉白乡	法院	申果乡	扶贫办
尔觉乡	粮油总公司	保石乡	电力公司	铁西乡	农业局
尔赛乡	公安局	四甘普乡	计生委	竹阿觉乡	水电局
拉普乡	财政局	依洛地坝乡	卫生局	古二乡	审计局、文教局
书古乡	国土局、统计局	乃托镇	组织部、城建局	瓦普莫乡	邮电局、普雄公安分局
梅花乡	武装部	五里箐乡	纪委、监察局	白果乡	商业局、铅锌冶炼厂
新乡乡	交通局、县养路段	德吉乡	工业局、普雄工务段	越城镇	政府办
河东乡	县委办	西山乡	人大办	南箐乡	计经委
丁山乡	政协办	中所镇	科委、工商联	大瑞乡	农委
马拖乡	宣传部、团委	大花乡	司法局、妇联	新民镇	建行
大屯乡	地税局	板桥乡	农机局	瓦岩乡	劳动局

第四节　世行、残疾项目

2002 年，越西县被确定为世界银行第四期扶贫项目县，县政府在全县抽调 17 个单位业务骨干对全县社会经济情况、地形地貌、气候、资源、基础设施、教育、卫生等基本情况进行全面调查分析，确定 13 个乡（镇），65 个村为世行项目区。

2003 年，组建越西县世行混合贷款项目实施办公室（挂靠县扶贫办，简称县世行办），下设综合计划股、项目管理监测股、财务采购股，人员按编制设置为 6 人，领导职数 1 正 1 副。同年，项目区调整为 18 个乡（镇）67 个村，工作重点村 47 个，占总项目村的 70.2%。在 18 个项目乡（镇）各选 1 个村进行走村入户的参与式需求调查，形成《参与式村级规划》。确定该项目在越西总投资 5374 万元人民币，其中：世行贷款 3762 万元，占总投资的 70%；国内配套 1612 万元，占总投资的 30%。项目包括农业、基础设施、教育、卫生、能源建设、机构建设 6 个分项目，89 个子项目。覆盖全县 18 个乡（镇）67 个村，其中：扶贫重点村 47 个，有 16 个相关部门参与项目实施。项目实施充分尊重农户意愿，自下而上形成村级规划，与国内其它项目的主要区别是农户自己参与，参与式扶贫理念始终贯穿其中。项目实行垫支报账制，启动资金的筹措主要采取：国内配套财政扶贫资金和协调县信用联社贷款由财政贴息资金以及县级财政、农口部门自筹资金启动农业分项目。

2004 年，形成《越西县农业分项目可行性研究报告》、《越西县基础设施分项目可行性研究报告》、《越西县教育分项目可行性研究报告》、《越西县卫生分项目可行性研究报告》、《越西县能源建设分项目可行性研究报告》、《越西机构建设分项目可行性研究报告》，并通过世界银行/英国国际发展部最后准备团的正式评审，世行项目筹备工作结束。2005 年底，项目正式进入实施阶段。

表 16－5　　PRCDP 项目区覆盖表

项目覆盖乡镇	项目覆盖村	项目覆盖人口	备　注
新乡乡	1. 地达村	212	
	2. 觉巴村	278	
	3. 作呷村	196	重点村
马拖乡	1. 东林村	702	重点村
	2. 白联村	762	重点村
	3. 马拖村	1256	重点村
大花乡	1. 瑞元村	1103	重点村
	2. 斯觉村	815	重点村
丁山乡	1. 东山村	903	重点村
越城镇	1. 新村村	2289	重点村
五里箐乡	1. 五里村	827	重点村
	2. 斯拉村	539	
	3. 马扎村	540	重点村
	4. 古莫村	536	
	5. 足吾村	1117	
	6. 达子村	474	
书古乡	1. 巴足洛村	1123	重点村
	2. 勒品村	978	重点村
	3. 木苦库村	625	
	4. 斯基村	465	
	5. 新华村	790	重点村
	6. 红旗村	1065	重点村
普雄镇	1. 曲可地村	1855	重点村
	2. 尔格村	1068	重点村
	3. 瓦吉木村	858	重点村
	4. 嘎古村	904	重点村
	5. 且托村	1359	重点村
贡莫乡	1. 依史村	841	
	2. 地各村	591	重点村
	3. 布基洛村	1117	重点村
	4. 汉扎洛村	894	
	5. 贡莫村	704	重点村
	6. 尔莫普村	436	重点村
乐青地乡	1. 寒林村	447	
	2. 沙马地各村	1028	重点村
	3. 乐青地村	1251	重点村
	4. 瓦曲村	947	
	5. 尔库村	594	
	6. 渣普村	359	重点村
依洛地坝乡	1. 三莫洛村	1343	重点村
	2. 留洛村	438	
	3. 依洛村	1267	重点村
	4. 树旗村	488	
	5. 永胜村	1078	重点村
古二乡	1. 俄布村	1264	重点村
	2. 吉吾村	1007	重点村
	3. 洛木村	893	
竹阿觉乡	1. 布什觉村	920	重点村
	2. 如宝村	769	重点村
尔赛乡	1. 斯则村	751	重点村
	2. 阿尔嘎村	687	重点村
	3. 格依村	1345	重点村
德吉乡	1. 三合洛村	607	重点村
	2. 促基村	435	重点村
	3. 德吉村	379	
	4. 亩格觉莫	461	
四甘普乡	1. 波西村	520	
	2. 依莫洛村	774	重点村
	3. 勒库村	478	
	4. 瓦支村	711	重点村
	5. 吉德村	620	重点村
铁西乡	1. 牛都村	698	重点村
	2. 如阿底村	746	重点村
	3. 打支村	492	重点村
尔觉乡	1. 四窝普村	994	重点村
	2. 乃加村	770	重点村
	3. 阿来吾村	950	重点村

残疾人项目　2003 年,越西县被确定为贫困残疾人口救助活动试点县。对 18 个世行项目乡(镇)137 个村残疾人进行拉网式调查,编制《越西县世界银行贫困残疾人救助活动试点项目意向建议书》。初步摸清越西县贫困残疾人口的基本情况,了解他们目前面临的主要困难问题以及项目发展意愿等情况。英国国际发展部捐赠越西县残病人项目 800 万元人民币。2005 年底,正式启动残疾人项目,总投资 125.9 万元,覆盖全县 18 个乡(镇)137 个村,世行项目办负责新建 58 间残疾人住房、300 户农村贫困残疾人住房维修、262 户无障碍改造以及 18 所学校无障碍改造。

第四章　专项扶贫

第一节　新村“三房”建设

新村建设　1991 年，新村建设围绕以贫困农户参与为主体，以扶贫开发为手段，以项目实施为载体，以农村基层组织建设为保障，以富民强村为目的，建设一个好支部，确定一套好方法。1998 年，突出抓好基础设施建设，抓好种植业、养殖业支柱产业和特色农业的开发，搞好庭园经济或家庭养殖场配套建设，实现“山、水、田、林、路”的综合治理。

2000 年，采取统一审批用地、统一审批用材、统一建筑标准的方式，确定 6 个新村建设示范村：南箐乡广洛村、瓦岩乡渔洞村、五里箐乡五里村、白果乡白果村、竹阿觉乡如宝村、依洛地坝乡依洛村。2002 年，建设村有：新村、五里牌、打土、新建、西埝、布什觉、如阿底、高桥、瓦里觉、郑家湾、马扎、白果、上涌、渔洞、曲可地、渣普、依洛、马拖、新普、河坎、布基洛、广河、勒品。

2003 年，国家扶持扶贫资金 120 万元，在申果、入阿觉、石门、瓦里觉、红卫、团结 6 个村实施新村建设。形成“成片治理、整村推进、集中投入、捆绑使用、分线总结、成绩共享”的统筹型捆绑式工作新机制，修建 6 个村支部活动室及民风民俗文化活动场所；培训乡、村干部、农户实用技术 6171 人次。2004 年，实施嘎古村、永胜村、俄布村、吉吾村、洛渡村、沙木洛村、申则洛村、如宝村、格依村、阿尔嘎村建设。同年，凉山州委、州政府在越西召开全州扶贫开发大会，推广统筹型捆绑式扶贫开发新机制。2005 年，新村建设有：尔各、青地、且托、竹吉、三河、尔莫普、地各、贡莫 8 个村，投入资金 400 万元。截至 2005 年，新村建设达 53 个村，国家投入补助资金 2130 万元。

表 16－6　新村建设规划表

乡镇名	村名	乡镇名	村名	乡镇名	村名
越城镇	新村	河东乡	新普村	西山乡	大块村 西埝村
南箐乡	南山村 河坎村 新华村	大花乡	瑞元村 斯觉村	马拖乡	马托村 柏联村 东林村
新乡乡	作呷村	丁山乡	东山村	大瑞乡	郑家湾村
中所镇	五里牌村 和平村	新民镇	彩林村 新建村	大屯乡	高桥村 华阳村
板桥乡	上涌村 广河村	瓦岩乡	渔洞村 瓦岩村	五里箐乡	五里村 马扎村
书古乡	勒品村 巴足洛村 新华村 红旗村	竹阿觉乡	布什觉村 如宝村	依洛地坝乡	依洛村 永胜村 沙木洛村

续上表

乡镇名	村名	乡镇名	村名	乡镇名	村名
普雄镇	曲可地村 嘎古村 尔各村 瓦吉村 且托村	贡莫乡	布基洛村 尔莫普村 地各村 贡莫村	拉白乡	拉白村 牛洪洛村
铁西乡	如阿底村 打支村 牛都村	尔觉乡	阿来吾村 四窝普村 乃加村	拉普乡	拉普村 阿牛吾村
四甘普乡	瓦支村 吉德村 依木洛村	乃托镇	白石村 乃托村 莫洛村	白果乡	白果村 曙加村 青桃村
梅花乡	打土村 团结村 巴古村	保安乡	平原村 梨花村 保安村	瓦里觉乡	瓦里觉村 石门村
申果乡	申果村	申普乡	入阿觉村	拉吉乡	红卫村 团结村
保石乡	洛渡村 呷托村	古二乡	俄布村 吉吾村	尔赛乡	格依村 阿尔嘎村 申则洛村
德吉乡	竹吉村 三合村	瓦普莫乡	瓦普莫村 木牛角村	乐青地乡	渣普村 青地村 沙马地各村

"三房"改造 2003年,成立"三结合"(即瓦板房改造、移民扶贫与退耕还林还草及产业化建设结合)领导小组,负责全县"三房"(瓦板房、茅草房、石板房)改造的指导。全县有"三房"户5036户,占农村户数的9.8%;集中在申果庄地区、上普雄高山边远地区及高山特困乡、特困村地区。同年,实施瓦里觉乡石门村"人、林、牧"三结合移民110户,543人。

2004年,实施"三房"改造1309户,受益人口5694人,其中:以申果庄为重点改造"三房"350户,1750人;扶贫新村建设中进行"三房"改造659户,2746人;实施"人、林、牧"三结合改造"三房"300户,1198人。

2005年,实施拉吉村、则布村、布林村、瓦里觉村、依达村、叶祖村、竹林村"三房改造",受益贫困人口480户,1875人。2005年,改造"三房"505户,安装人畜饮水管道8处,52.5公里,村道改造、新修共56.2公里。至2005年,"三房"专项、"人、林、牧"三结合共改造"三房"户1899户,受益人口8109人。

第二节 移民扶贫

1991年,移民安置坚持"搬得出、稳得住、能发展、能致富"的原则。1996年,越西县成立易地移民扶贫开发小组,制定《越西县申果庄地区1996年—1999年移民扶贫规划》。

1997—1998年,瓦曲来吾乡140户606人实施整村搬迁,在西山乡新建马木果村集中安置来吾村49户、207人;五里箐乡马扎村集中安置竹西村39户、164人;其余52户、89人分散安置。移民经费实行国家补助和农户自筹相结合。移民户国家每人补助300元建房运输费,特困户(五保户)每人补助1000元,超计划生育人口无土地划分和补助费用;马扎村修建水泥砖房户18户,每户扶持2000元贷款。

分散安置 四甘普乡测俄村11户、66人安置到中所镇和平村。瓦曲来吾乡乃吉村17户、66人安置到五里箐乡达子村,22户80人搬迁至书古乡木苦库村3组,15户63人迁至普雄镇尔莫村2组;竹洛门村1组移民搬迁分散安置18户、78人。竹西村11户55人安置到南箐乡瓦西村,6户25人安置到书古乡巴足洛村,6户25人安置到普雄镇曲可地村。分散安置户按每人500元补助,由农户自选安置地,自建或购买居住房屋,自行调节农耕地。

2000年,瓦曲来乌乡竹洛门村2组25户100人移民至瓦岩乡渔洞村,集中安置21户81人,分散安置4户19人。国家补助和贷款除与1999年新建移民组同等外,每户增加补助钢门1道、钢窗2个,水泥2吨。梅花乡打土村车木组山体滑坡,移民搬迁36户167人,人平补助500元安置费,其中:31户149人集中安置;2户8人迁至保安乡;2户7人迁至甘洛县普昌乡;1户3人迁至越城镇。

2002年,实施安置205户960人,涉及迁出乡4个,安置乡3个。竹阿觉乡如宝村32户130人移民户住房(水泥砖房)主体工程全面完成,每户补助3000元,生活炉子1个200元,建房水泥50吨。板桥乡大岩村移民搬迁48户222人,每户补助搬迁安置费3000元,房屋筑脊户补助200元,维修边沟、厕所、院坝补助水泥80吨,道路维修2000元,架设输变电压2040米,低压800米,入户48户,安装人畜饮水管道8公里,水茬15个。拉吉乡红卫村32户、128人迁至大花乡斯觉村新建移民组;竹林村15户67人搬迁出申果庄地区,每户补助搬迁建房资金7000元,补助钢门窗200元,建厕所补助水泥1吨。

2004年,瓦曲觉乡尔口村实施"人、林、牧"三结合移民扶贫40户167人,户平补助4500元,现金4000元,物资500元自建土墙房。2005年,因山体滑坡实施保石乡嘎拖村移民16户66人,拉吉乡则布村16户64人;瓦曲觉尔口村实施"人、林、牧"三结合移民68户266人。

第三节　教育卫生扶贫

教育扶贫　1991年,加大科技扶贫力度,推广成熟可靠,容易掌握,增产增收的实用技术;加大对贫困农户实用技术的培训。1993年,文教卫生投入资金79万元,其中:28万元用于5所小学改扩建房屋1405平方米;少数民族学生重点寄宿制生活补助11万元,补助学生450人;40万元用于4个卫生院改建医疗用房950平方米,扩建宿舍350平方米。1994年,投入文教卫生项目资金79万元,其中:卫生项目2个40万元。"八七"攻坚期间,每年均投入部分扶贫资金用于卫生事业建设,累计投入资金400万元。1998年,投入北城小学(义务教育工程项目)16万元,改造校舍1025平方米。1999年,投入资金10万元用于邮电贝尔小学修建宿舍,20万元用于越西民族中学修建办公用房及学生宿舍。2000年,投入资金55万元,完成教育、卫生建设项目3个,建卫星地面接收站85座。2001年,修建越西民族中学教育用房1020平方米,学生生活用房720平方米,扶持资金55万元;修建乃托镇中心小学教学用房、学生宿舍964平方米,扶持资金30万元;修建依洛地坝乡中心校教学用房、宿舍1158平方米,扶持资金40万元;中所小学教学用房、宿舍2568平方米,扶持资金105万元。

2003年,投入重点寄宿制学生生活补助130万元;"民族地区教育发展十年行动计划",投入资金272万元,其中:板桥乡中心校教学楼50万元、新民镇中学教学楼80万元、中所镇中心小学80万元、五里箐乡中心小学教学楼30万元,竹阿觉乡中心小学教学楼20万元、新民镇中心校教学楼60万元、越西民族中学30万元、依洛地坝乡中心校30万元、乃托镇中心小学补缺22万元。投入乐青地乡卫生院、梅花乡卫生院、申普乡卫生院建设,各投入资金30万元,增补、卫生事业费7.5万元。

2004年,对重点寄宿制学生补助103万元(7270名学生),中所中心校教学楼危房改造1180平方米,投入资金20万元。"十年行动计划",投入资金186万元。其中:河东乡中心校教学楼1200平方米,投入资金60万元,依洛地坝乡中心校教师用房1200平方米,投入资金60万元,贝尔小学教学楼920平方米,投入资金56万元,中所中学教学实验场所,投入资金5万元,南箐小学教育实验场所建设,投入资金5万元。

2005 年,实施劳务扶贫工程,推送 40 人到南方就业。由分管扶贫工作副县长牵头,扶贫办和公安、计生、人事劳动等相关部门及有关乡(镇)协调落实。贫困家庭 17 ~ 35 周岁;初中以上文化程度;每户 1 次 1 人;自愿外出务工,身体健康,能吃苦耐劳,适应南方沿海地区生活人员,经县扶贫开发两资办审查,推荐到州扶贫办。经凉山农校培训后,分送南方沿海城市企业就业。州扶贫办及培训基地凉山农校规定:培训期间学费、住宿费全免,其中:床上用品一套 164 元(归个人所有),每人补助 80 元,自付 84 元;培训期间每月补助生活费 150 元,不足部分自付;职业资格鉴定、考试费每人补助 50 元,不足部分自筹;体检费每人补助 10 元;外出务工每人补助车费 200 元,不足部分自筹,路途食宿自理,从培训到工厂参加工作,补助均由国家劳动力转移扶贫专项资金扶持。同年顺河地区卫生院投入 25 万元,修建业务用房,普雄卫生院建设,投入资金 25 万元,瓦里觉乡卫生院、瓦普莫乡卫生院,各投入资金 10 万元,修建业务用房。学校重点寄宿制度投入资金 91 万元,拉白乡小学维修,投资 3 万元。投入资金 30 万元,建设越西二医院。年末,增加顺河卫生院建设资金 35 万元。

第四节　形象扶贫

形象扶贫状况　1994 年,全县未实现形象扶贫的 24565 户,其中:高山 13 个特困乡,90 个村,272 个组,9816 户,未实现形象扶贫初步要求的 7901 户,占该区域农户 80%;二半山区 12 个乡(镇),84 个村,242 个社,12638 户,未实现形象扶贫初步要求 8214 户,占 64%;沟坝 11 个乡(镇),114 个村,394 个社,21127 户,未实现形象扶贫户 8450 户,占该区域的 40%。

形象扶贫政策　全县形象扶贫围绕人畜分居,帮助建卡户整治环境卫生和改善破旧危房,搬走门前粪,修好路、坝、畜圈、厕所,以 1 路(背水路),1 坝(门前坝子硬化),1 厕(建立 1 户 1 个厕所),1 厨(农户有 1 个单厨房)的农户居室。房屋开窗通风透光,有床、有灶,整洁卫生。以经济承受力、适用性为前提,按地理分布,沟坝以水泥为主要建设材料;二半山,水泥和石灰材料各占 50% 为材料;高山地区 40% 的农户以水泥、石灰为主料,60% 的农户以土、石为主要材料,实施形象扶贫。在实施时间上,先在沟坝地区有一定经济实力和思想观念易接受的贫困彝汉杂居区实施,以公路沿线 500 米内的农户实施为重点,深入推进到特困边远区。搞好试点示范,带动推广,县上确定示范乡 6 个(高、中、低各 2 个),每乡按 1 ~ 2 个示范村,每个村搞 1 ~ 2 个示范户。统筹安排资金,将形象扶贫专项资金、两项资金、以工代赈资金、民政救济资金捆绑使用。补助建卡户水泥 10 包,亮瓦 8 匹、窗 2 个。完善农户形象扶贫、人畜饮水、村容、村道等社会福利设施。

制定奖扶措施,建卡户按形象扶贫要求新建房屋,减免耕地占用费;拆旧房建新房达到形象扶贫标准和要求,建筑面积适当放宽;新建或拆旧建新达到标准的,林业部门可在集体林、自留林中给予一定的采伐指标,并减免 60% 的育林费。凡不按形象扶贫要求修建房屋的,不批宅基地,现已建房屋未达到形象扶贫要求的,由乡政府适当征收占用补偿费,按收谁的用于谁的原则纳入形象扶贫资金统一使用,五保户、特困户,由县民政部门补助一定资金、物资,不足部分由乡(镇)、村、组负责落实。村容村貌、村道建设,按农户当年纯收入的 1% 统一提取。由各乡(镇)监督,村上掌握用于背水路或公共文化设施的建设投入。

形象扶贫实施　1992 年,依洛地坝乡依洛村二组试点 20 户。1993—1994 年,拉吉乡红卫村、书古乡勒品村、乃托镇白石村、白果乡曙加村示范形象扶贫、投入示范资金 20.2 万元,示范和带动 823 户 4166 人。1995 年,国家投入资金 18 万元,社会捐赠 4 万元(包乡单位)形象扶贫 60 户 2700 人。1996 年,州下达形象扶贫 800 户,全县在 12 个乡(镇)完成示范户 910 户,带动 2800 户。其中:南箐乡 50 户、马拖乡 50 户、五里箐乡 80 户、书古乡 50 户、乐青地乡 100 户、贡莫乡 100 户、普雄镇 150 户、依洛地坝乡 120 户、古二乡50户、竹阿觉乡60户、保石乡50户、瓦普莫乡50户。1997年，全县形象扶贫，实施乡（镇）40个，实施农户2849户，带动3050户，共完成5899户。投入以工代赈资金15万元，形象扶贫建设南箐乡广洛村102户499人，五里箐乡古莫村100户455人，书古乡巴足洛村100户451人，普雄镇瓦吉木村50户207人。

1998年，以工代赈投资250万元，地方筹集50万元，整村整组推进昭普公路和申果庄公路沿线的高寒山区形象扶贫。保石—普雄—书古一线11个乡（镇）实施形象扶贫达标户3202户；申果、瓦里觉等18个特困乡（村）全面突击2～3个村的形象扶贫，落实形象扶贫示范户2301户；以马拖、瓦岩、西山等13个沟坝乡（镇）的边远彝族贫困村为重点，以自力更生自筹资金为主，重点扶持插花贫困户的办法，落实形象扶贫1750户。全年完成形象扶贫7253户，超额完成州下达任务295户。改造特困户破旧危房811间，新建畜圈4682个，厕所5148个，新开窗7250个。同年，县扶贫开发领导小组安排水泥3000吨、经费10万元，实施形象扶贫，在物资、资金使用上，坚持“三统一”即统一研究分配方案，统一补助标准，统一使用原则。各乡（镇）联乡扶贫工作组长、党委书记或乡镇长、扶贫专干，共同负责资金、物资使用调动、运输分配到户，并将扶持的标准和数量花名册向村民公开，自觉接受群众监督。高寒边远山区建卡贫困户，国家每户补助水泥15包，亮瓦8匹，窗子2个，石灰50斤，沙石、技工费50元，户平人民币480元，120户危房改造户，每户补助购瓦经费1000元；二半山区，每户补助水泥10包，窗子1个，亮瓦8匹，石灰50斤，折合人民币280元，130户危房改造户每户补助1000元购置瓦；沟坝地区贫困村贫困户，每户补助水泥10包，窗子1个，亮瓦8匹，折合人民币240元；西山乡马木果移民村53户，五里箐乡移民村马扎村48户因贫困程度深，资金严重缺乏，除按沟坝标准外，另每户补助200元。普雄镇瓦吉木村300户的形象扶贫，以群众集资为主，解决地面接收站，全村安装闭路电视160户。五里箐乡五里村在州、县帮乡部门的帮助下，300户农户全部实现水、电、路配套，住房达到形象扶贫要求。10月，经自查验收统计，完成达到“五个一”目标（即一房、一圈、一路、一坝、一厕）人畜分居、开窗透光、搬走门前一堆粪的形象扶贫户6783户，占形象扶贫总农户的96.1%。县委、县政府对评选出来目标任务完成的3个地区工委24个乡（镇）和形象扶贫工作突出的20个乡（镇）予以表彰。

1999年，着重抓乃托镇、普雄镇、南箐乡3个较高标准的示范。投入形象扶贫资金347万元。发放水泥2850吨、窗子4472个、亮瓦46900匹、石灰32吨，改造进村路5条7500平方米，修背水路19条，危房改造150户，形象扶贫配套工程3处，筑脊1013户，新修畜圈1410个，新改造灶210个。完成达标户4300户，超州下达计划任务100户。2000年，实施形象扶贫4100户。年底，全县累计实施形象扶贫22453户，人畜分居21300户，建厕所（畜圈）16600户，改厨建灶（节能省柴灶）8400户。实施形象扶贫工程以来，国家累计投入形象扶贫资金1040万元，覆盖全县40个乡（镇）贫困农户。

表16－7　　1997年形象扶贫完成情况表　　单位：户

乡镇	完成户数	乡镇	完成户数	乡镇	完成户数	乡镇	完成户数
越城镇	80	瓦里觉乡	40	西山乡	70	拉吉乡	25
河东乡	30	瓦曲觉乡	30	中所镇	50	书古乡	203
大花乡	60	五里箐乡	245	南箐乡	135	瓦普莫乡	55
马拖乡	140	四甘普乡	57	丁山乡	15	尔觉乡	75
新乡乡	60	铁西乡	50	大瑞乡	25	拉普乡	50
新民镇	20	普雄镇	70	大屯乡	30	贡莫乡	100
板桥乡	50	乐青地乡	110	瓦岩乡	55	拉白乡	60
乃托镇	98	德吉乡	37	保安乡	50	保石乡	55

续上表

乡镇	完成户数(户)	乡镇	完成户数(户)	乡镇	完成户数(户)	乡镇	完成户数(户)
白果乡	63	竹阿觉乡	60	梅花乡	50	依洛地坝乡	100
申普乡	75	古二乡	85	申果乡	156	尔赛乡	30

第五节　扶贫成效

乡(镇)、工委建设　1998年,成立乡镇基层政权建设领导小组,领导小组办公室设在县扶贫办,主要负责文字材料、图片、录像等资料的收集、整理上报等工作。同年,投入资金44万元,完成南箐乡、保石乡、大屯乡和申果庄工委1340平方米政府危房改造。1999年,完成保安、尔觉、古二、拉白、德吉、瓦曲觉6个乡基层政权建设工作,每个乡投入建设资金20万元。

2000年,投入基层政权建设资金148万元,完成新民镇等9个乡(镇)政府办公室、宿舍维修。2001—2002年,下达6个乡(镇)基层政权建设计划资金144万元,完成乐青地乡、书古乡、普雄镇、西山乡、贡莫乡、尔赛乡等12个乡(镇)政府的建设维修工程,新建房屋5569平方米,维修改造4540平方米,新增乡(镇)干部办公室、住宿房屋200间。2003年,完成9个地区工委,6个乡(镇)的立项上报和基层派出所、法庭、司法建设的规划上报工作,完成基层建设投入资金227万元。2004年,实施上普雄地区工委、中普雄地区工委建设,项目资金40万元,新建办公用房、职工住房1幢,面积400平方米。

村支部建设　1991年以来,县扶贫开发两资办在新建移民村建立村支部活动室、民风民俗活动场所2个,新村建设53个。2003年,按照县委、政府安排对口帮助建设瓦岩乡桃园村等3个支部活动室。截至2005年,共建村支部活动室或民风民俗活动场所58个。

司法解困　2003年,州两项资金回收,在普雄派出所投入资金9万元,维修办公用房。在下普雄派出所、中普雄派出所、新民法庭各投入资金15万元,新建和维修办公及住宿用房,在基层司法所投入资金5万元,购置设备,在县检察院投入资金10万元,建设业务用房。2004年,"两资"投入扶持资金30万元,建县政法委办公用房485平方米;投入资金15万元新建中所镇人民法庭。2005年,基层司法解困,投入资金40万元;投入资金10万元,维修县司法局房屋1104平方米;投入资金10万元,维修县检察院房屋维修690平方米;投资20万元,维修县法院房屋2390平方米。

扶贫成果　1999年,新修改造公路24公里,新铺油路27公里,新修乡道32公里,新建桥梁3座,跨度总长169米。2001年,草畜"双百万"工程中,种植牧草70050亩,引进新疆半细毛羊和小尾寒羊870只,全县改良羊68711只,改良面积46%;生猪存栏202889头,出栏150118头,比1994年增加29.1%;秸秆氨化养牛存栏6300头,出栏580头,比1994年增加40%。2005年,投入信贷资金、以工代赈资金、财政扶贫资金13943.1万元,社会扶贫捐助资金、物资以及合作项目引进资金666.9万元。新增及改扩建公路300公里,新建入户路238公里。种植产业化扶贫烤烟2万亩、万寿菊2.4万亩、中药材12520亩、桑果(桑树和果树)52665亩,引进改良绵羊68711只、南江黄羊300只。生猪存栏202889头,出栏150118头。改扩建输电线路26公里。安装饮水管道574公里,完成人畜饮水136处,解决3.76万人、6.63万头牲畜的饮水困难;完成形象扶贫22453户,改造特困户破旧危房2667间,新建畜圈16600个,厕所16600个,新开窗15600个;新农村建设扶贫项目实施和生态扶贫村建设,引导农民开展"四改一建",全县1899户农房进行改建和新修。投入资金723万元,完成41个乡(镇)的基层建设,投入资金154万元,维修普雄派出所、新民法庭、司法局、县检察院县法院等11个政法房屋。同年,全县人均纯收入2022元,比1995年元增加2003元。

第十七篇

商 贸

第一章　经营体制

第一节　商业结构

国营商业　1991年,全县国营商业涉及11个系统,包括:商业、粮食、医药、烟草、盐业、农机、林产、物资、书店、邮电报刊、蚕丝、农资、土产、五金、蔬饮、食品、百货、糖酒、石油等行业,设管理机构11个,辖8个专业公司、2个厂、20个经营单位,从业人员656人,库房1.2万平方米,各种车辆6辆,固定资产价值224万元,流动资金154万元。主要商品销售:粮食253吨,食用植物油6.7吨,猪4500头,酒520吨,卷烟11508箱,棉布27840米,手表1620块,自行车1750辆,缝纫机980台,电视机3500台,洗衣机4200台,电冰箱570台,电风扇2350台,年购销总量325万元,商品销售总额1174万元,年工业产值75万元。

1995年,国有商业机构20个,网点178个,人员647人,商品销售总额981万元。县供销系统总资产额267万元,其中:固定资产原值235万元,职工647人。

1998年,全县商贸有16个企业的326名离退休职工与企业脱离交越西县社保局管理,分流安置富余人员427名。2000年,国有商业企业4个,商品销售总额320万元。2005年,商业系统有职工125人。县境内国有商业绝大多数已改为股份制有限公司或有限责任公司,成为民营企业或合作制企业。

个体、私营业　1993年,允许个体、私营业发展城乡居民生活必需的蔬菜、水果、木材等385个品种长短途、常年季节性贩运。全年个体私营户从业人员5340人,销售总额243万元。1995年,个体、私营经济实行"先发展,后规范;先放开,后完善;先扶持,后收益"原则,鼓励个体工商户和私营企业与国有、集体企业合股,合作经营,支持私营企业实行股份制;改善环境,吸引外来个体工商户。全县有个体工商户3611户、从业人员4292人;私营企业5户,从业人员56人,注册资金23万元。2000年,全县有个体工商户1843户,私营企业3户,从业人员54人,注册资金160万元。

2005年,全县有个体工商户2750户、从业人员3192人,私营企业6户,从业人员223人,注册资金773万元。

第二节　体制管理

管理机构　1991年,商业局下辖糖酒、百货、五金、食品、蔬饮、土产、石油、农资等8个商业公司和越西县食品厂、酒厂2个国营商业企业及越西县鼓楼饭店等饮食服务。医药、烟草、盐业、农机、林产、物资、书店、邮电报刊等8个国营商业的购销业务分别由县医药公司、烟草公司、盐业公司、农机局、林产公司、物资局、新华书店、邮电局统筹管理。

1998年,县商业局内设办公室、工业股、财会股、储运股等7个职能股室。2003年,县经济和商务局管理全县商贸。2005年,成立经济局。

表 17-1　　1991—2005 年经济局负责人名录

姓　名	性　别	民　族	职　务	任职时间
吴志良	男	汉族	商业局局长	1989.3—1993.2
易荣华	男	汉族	商业局副局长	1991.1—1992.10
甲卡克牛	男	彝族	商业局副局长	1991.12—1993.2
邓天虎	男	汉族	商业局副局长	1991.12—1993.2
			商业总公司总经理	1993.3—1998.2
			贸易局局长	1998.3—2002.5
刘光荣	男	汉族	商业总公司副经理	1993.3—1998.2
			商业局副局长	1998.3—2001.8
杨　剑	男	彝族	贸易局副局长	1998.3—2003.5
莫色加甲	男	彝族	经济贸易局局长	2002.5—2005.7
			经济局局长	2005.8—2005.12
蒋国强	男	彝族	经济贸易局副局长	2002.5—2005.7
			经济局副局长	2005.8—2005.12
朱　勇	男	汉族	经济贸易局副局长	2002.5—2005.7
			经济局副局长	2005.8—2005.12
莫色伍哈	男	彝族	经济贸易局副局长	2002.5—2005.7
			经济局副局长	2005.8—2005.12

体制改革　1991 年,针对全县各区乡商业企业经营范围、企业间的实际差异、盈亏不等的情况,调整所属部分公司的主要指标。是年,五交化公司、蔬菜公司在公司内部推行“四放开”工作。全县国营商业由行政管理职能向经营管理职能过渡。

1993 年,第二轮承包开始。食品公司、蔬饮公司、百货公司推行“国有民营”,将部分职工、摊点推向市场。企业给职工提供一定数量的资金、经营场地,由职工自主经营,承担经营风险。推行经理(厂长)负责制,完善百货公司、蔬饮公司、五交化公司、食品公司、土产公司“国有民营”的经营策略,实施“抓大放小、节能降耗”目标管理。

1995 年,对实行“国有民营”的百货公司门市、柜组采取“抽本经营”,完善巩固“计件工资”制,坚持“工效挂钩”。整顿生猪市场,建立生猪定点屠宰场(点),实行统一检疫,统收税费,定点屠宰,分散经营。

1999 年,县商业系统以“停薪留职”和“以销计酬”方式分流人员,减轻公司负担。全系统学习贯彻“产权明晰、权责明确、政企分开、科学管理”的现代企业制度,实施“以触动产权为核心”的改革,组建各公司改制领导小组,着手清理国有资产。

2001 年,进行清产核资,报送评估,将国有资产一部分向社会公开竞价出售;一部分转让给原企业职工组建股份制或民营企业;一部分用于偿还银行贷款。

2003 年,对已改制的 2 个国有流通公司全面进入破产程序,依法宣告五交化公司、物资公司、蔬饮公司、百货公司、食品公司破产还债。实行职工自资经营、抽本经营、买断经营、公有私营、国有民营等改革。职工自主经营,风险自担,盈亏自负,照章纳税,形成多渠道竞争格局。各部门组建公司,形成“小政府,大服务”管理体系,行使管理、服务双重职能。

2005 年,县改制企业用工制度继续实行定员、定岗,优化组合,点名上岗。部分企业实行岗位效益工资和含量(计件)工资制。推行全员劳动合同制,企业所有职工与企业签订劳动合同。下岗职工由企业代交纳养老保险和大病统筹费。

第三节 商企改革

1991年,商业系统中的百货、五金、糖酒、石油等公司,实行利润按比例上缴的办法,以企业承包或确定的目标为基数,除糖酒公司实行总挂分提外,其余企业均实行总挂总提。通过效益与工资挂钩,商业系统工资总额增长15万元。百货公司改革初期所辖15个门市和经营点的租赁管理按期上交,3年内共上交13万元。

1993年,落实企业自主权,使企业逐步做到“独立经营,自负盈亏”,国营商业全面推行“四开放”。县蔬菜公司和酒厂因长期亏损,企业实行合并,成为自负盈亏的生产经营企业。食品系统实行目标管理,考核目标是:实现利润、生猪收购80%、销售头数70%,完成上述3项指标的,人平发3个半月奖;差1项人平扣半月奖;差额完成利润的,分档次给奖。当年,食品系统购进生猪1860头,超计划16.7%;销售生猪1820头,完成计划96.4%。全系统实现利润0.5万元。

1995年,越西百货公司改制解体。县商业局向所属企业下发“政企分开,简政放权”的意见,将人、财、物、产、供、销、责、权、利9个方面的权力下放各企业,即:企业有权选择经营方式,有权安排产供销活动,有权拥有和支配自有资金,有权自行进行人事任免、自行聘用本单位的工作人员,有权决定用工办法和工资奖励方式,有权在国家允许的范围内确定本企业产品的价格等。同时,实行厂长(经理)责任制。

1997年,五交化公司经营萎缩,亏损10.2万元,年贷款利息4万元,公司从实际出发,转换经营机制,将公司门市租赁给职工,自筹资金启动经营。年底,百货公司第一轮租赁期满,及时修订完善第二轮租赁方案。同年,越西商贸系统进行产权制度改革,贸易局与所属企业签订《企业改革发展目标责任书》。五交化公司实行合伙租赁后,进行有限公司的改革。

1998年,全县落实第二步利改税的配套措施。在商业系统各个企业全面推行目标利润分级分权管理,试行联利计奖经营责任制。按分级分权管理原则,县商业局对各公司、企业,企业对车站、门市、车间班组,在全商业系统形成车间、门市、站、班、组保企业,企业保县商业局的目标利润管理体系。具体办法是:各公司、企业完成全年购销产值的企业领导人,超1奖10,差1惩5的奖惩办法;对全面完成各项经济指标的企业职工,除发给浮动工资外,人平每月发奖3元~12元;完不成计划的企业,按利润差数的30%~50%扣减应发奖金总额;对发生重大经济损失和重大人员伤亡的企业除追究责任外,停发当事人和企业主管领导1—6个月奖金;并实行紧俏商品采购、推销、滞销商品推销等单项经济目标奖。

2000年,商业系统各企业推行承包经营责任制,承包人拿出固定资产和流动资金的0.5~2%的现金或财产作风险抵押金,进行抵押承包。在企业内部实行层层承包,承包时间为3~4年,承包原则是:包现基数,确保上交,超收多留,歉收自补。是年,实行经营承包的县糖酒、五金、煤建及酿造厂等企业均完成或超额完成承包基数。百货、五交化、糖酒3个公司为“四开放”试点单位。2001年,结合小城镇建设推进中所酒厂等商贸企业改制。

2003年,国有商贸企业全部转向个体私营,将企业整体或部分租赁给职工,逐步推行“改、转、租、包、卖、破”。

2005年,按照中央“配套、完善、深化、发展”的方针,本着“稳定经济,完善合同,控制消费,有利发展”的原则,完善各企业承包经营责任制、规范合同文本等。对国营商业企业进行经营、价格、分配、用工“四开放”等深层次改革。

第二章　商贸营销

第一节　营销体系

发展横向经济　1991 年,商业企业先后与省内外 35 家厂、店、站建立业务联系,购进商品总值达 1154 万元。从外地购进计划外高价汽油、柴油 520 吨,缓和供求矛盾;糖酒公司与省内外 15 个厂家建立业务联系,购回曲酒 120 吨,糖果饼干、乳制品等副食品 751 吨。

1993 年,县百货公司与省内外厂家、二级站实行联营购销,签订联营协议 20 份,联营金额 822 万元。

1998 年,商业企业与省内 10 个厂、商单位联系,购进商品金额 200 万元;省外联系 67 个单位,购进金额 256 万元。2000 年,遵从"以商为主,综合开发"业务指导思想,县商业系统各企业通过改善设施条件,加强联合,开拓经营。分别召开"商品联营座谈会",签订联销合同。

2005 年,县商业主管部门,组织县商贸系统经营者先后与成都、重庆、上海等地生产建立购销关系,广辟进货渠道,减少中间费用,降低商品成本,繁荣城乡市场。

购销会　1991 年,县商业系统举办"迎春物资展销会","春节物资交流会"。1992 年,举办第二届"迎春物资展销订货会",邀请省内外商业单位、生产厂家、供销社及集体企业、个体工商户参加,购销金额 130.5 万元;百货、五金公司召开的供货会、展销会,购销金额 300 万元。

1998 年,商业系统再次召开"春节物资交流会"、"中秋物资交流会",并派人参加"全国糖酒春季交易会"、"四川省食品交易会"、"五省六方会"等,购销金额 311 万元。2001 年,县商业系统商品总购进 150 万元,商品总销售 155 万元。2003 年,彻底取消购销会。

工业品下乡　1991 年,商业系统狠抓工业品下乡工作。1994 年,五金公司送货下乡,销售黑白电视机 610 台、彩色电视机 125 台、电风扇 820 台、电冰箱 240 台;百货公司送货下乡,全年运货下乡 55 车次,运送工业品 20 吨,销售金额 95 万元。

2003 年,县糖酒、百货、五交化公司下乡召开供货会、贸易会、展销会,推销工业品,销售金额 100 万元。2005 年,全县销售工业品金额达 390 万元。随着公路建设加快,乡镇网点增设各种工业品均可随便购买。

零售网点建设　1991 年,商业公司新建门市 350 平方米,增加零售网点。新建 1 个加油站,扩展石油供应覆盖面;县百货、五金公司改造橱窗,增设门市,增加售货柜组。当年,各商业公司压缩行政人员,安排人员长期摆摊设点推销商品,销售商品金额 160 万元。

1996 年,各商业企业经过体制改革后,继续扩大销售网点,增设柜组,摆摊设点,送货上门。1998 年,国有商贸企业退出市场主导地位后,县商业主管部门引导私营个体商贸业逐步建立布局合理,服务城乡的流通网络。2000 年以后,全县商业网点基本实行"自主经营,自负盈亏,照章纳税,自我发展"的经营体制。2003 年,县内商业系统出现总经销、总代理等营销方式,厂家直接供货,减少流通渠道,降低生产成本。2005 年,对批发商品实行先货后款、送货到区乡等措施,服务城乡群众。当年,购物超市、连锁店、专卖店、特色店等新兴业态发展迅速。全县有购物超市 2 家,综合商场 1 家。

第二节 商贸服务业

餐旅业 1991年,国营、集体饮食、住宿、服务业从转机建制入手,转变经营方式,将企业全部推向市场,调整营销策略。全县有餐饮、服务业375个,其中:国营饮食业15个、合营饮食业5个,国营服务业12个、合营服务业5个。有招待所、旅社36家,从业者180人。1995年,随着经济发展和生活水平提高,早餐服务业逐步繁荣,早餐品种齐全,有稀饭、油条、豆浆、馒头、包子、水饺、面条等。全县餐饮、服务业多为个体私营企业。1998年,国有、集体饮食、服务行业长期经营亏损,实施体制改革,门市、店网、摊点实行联合兼并、自由重组、解体关闭、竞价拍卖、协议出售,县城开始出现快餐,以一次性压膜饭盒为餐具,方便群众临时就餐。2002年,茶楼逐渐兴起,以经营早点、茶水为主,兼营酒席、棋牌。旅馆由低档向中高档发展,内设空调、彩电、卫生间。美容美发、按摩、舞厅、桑拿浴等服务。2005年,城区有邮政宾馆、广电宾馆等。旅馆业网店有180个,从业者约540人。有餐饮业890户,从业人员2710人。

美发美容 1991年,全县有理发店40家,从业人员60人。1996年后,理发行业由单纯理发向美容美发延伸,增设洗脸、洗头、洗脚、保健按摩和染发、烫发、文眉、护肤、新婚化妆等服务。1998年后,县城逐步兴起松骨按摩,除美容美发及发廊实行美容按摩一条龙服务外,城区还有专业按摩。如:盲人推拿按摩等,每小时收费10~15元不等。乡镇及农村都有理发店或发廊。2002年,随着物质生活水平逐步丰富,经营保健品、化妆品、美容美发、保健按摩等行业的人员逐渐增多。2005年,理发、美容业发展到80家,从业人员200人。

烧烤渔庄 1994年,个体工商户租用中所镇食品加工厂场地,办起县内第一家渔庄。1996年后,随着城乡经济发展,烧烤摊和夜宵摊开始在城镇繁华路段出现。常围地设席,太阳伞遮盖,内置靠椅,食品有炒龙虾、炒田螺、炒洋芋、炒凉粉、烧烤等。烧烤主要是将猪肉、牛肉等切成细片,用竹棍穿成串,用火烤熟,加上各种配料。品种有仔猪肉、猪肉、牛肉、鸡腿、鸡脚、鸡翅以及各种蔬菜。1998年,县域渔庄主要集中在中所镇观音河两岸,主要提供棋牌、品茶、餐饮、观赏。2005年,全县城乡烧烤摊点发展到350家,从业人员1050人。

维修装修 1991年,县内无大型的维修单位和公司。国有性质的越西县五交化公司,内设家用电器维修部1个,有从业人员2人。民间走村串户的修理艺人时有所见。全县修理店20家,从业人员30人。修理业分生产用具修理和生活用品修理。生产用具修理主要是机具(车辆、农械)修理。车辆、农械修理主要分布在城区、集镇以及公路旁。修理厂(店)以家庭店、师徒店为多,也有的是合伙经营,经营方式为上门修理和进厂(店)修理。一般突发性的零星故障,随到随修。大修、二保、三保进厂修理。

2003年,城区的修理队伍,由原国有集体企业的下岗工人、农村青年组成,他们自筹资金,自办修理店(厂)。复员军人及外出打工者,利用学到的技术,回到家乡办店办厂。

2005年,修理业发展到45户,从业人员80人,其中:生产用具修理10户,从业人员25人;生活用品修理35户,从业人员55人。当年,县内无注册登记的装修户,私人个体装修业主以普通装修为主。乡(镇)零星小块的个体装修业主随处可见。业务范围:承接室内外设计、装饰、装修及地板砖装修,装修材料的零售业务等。

摄影画像 1991年,全县从事摄影、画像5家,从业人员10人,主要从事黑白照、证件照。1996年后,一些家庭办红白喜事,请人录像并制光盘以作纪念。2000年,摄影、画像设备更新,技术发展较快,从黑白到彩照、快照,已发展到电脑描图摄影、画像,特别是艺术照、新婚彩照等盛行。部分家庭备有照相机。乡(镇)设有照相馆,为顾客上门照相洗相片。2005年,发展到12家,从业人员26人。

家政服务 1995年,家政服务主要利用个人空闲时间为单位或个人疏通管道、搬家、打扫室内卫生、洗涤等服务,没有固定的场所和人员。2000年,开始出现家政公司。部分个体从业人员投入资金置办设备,开设门市,专业从事搬家、打扫室内卫生、洗涤、保姆等家政服务。年末,县城有2户从事家政服务的个体经营户,从业人员80人。2005年,县域家政服务主要从事家教、送煤气、送矿泉水、搬家、产品推销、保安、丧葬、家庭保姆及卫生钟点工。全县有家政公司5家,从业人员300人。

第三节　物　资

物资管理机构　1991年,物资局、物资综合供应公司合署办公,实行两块牌子、一套班子。下辖金属机电经营部和化工建材经营部。公司主营钢材、水泥、玻璃、汽车、油毡、炸药等物资。管理全县金属材料、化工、建材,机电设备的购进、供应。1992年,撤销物资综合供应公司,成立越西县物资总公司。属自收自支事业单位。下设金属机电公司、化工建材公司和物资综合服务公司。2000—2005年,越西县金属机电公司、化工公司、物资综合服务公司经营管理不善,入不敷出,人员流失,先后在工商部门注销。越西县物资总公司与县物资局实行两块牌子、一套班子。主营爆炸物品、烟花爆竹、废旧金属。

表17-2　1991—2005年物资局负责人名录

姓　名	性　别	民　族	职　务	任职时间
柳文玉	男	汉族	局　长	1991.2—2005.12

物资体制改革　1991年,县物资综合供应公司继续实行"经营调剂型"管理体制,推行市场经济为主、计划经济为辅的经营运行机制。1992年,县物资总公司下属各公司实行自主经营、独立核算、照章纳税、自负盈亏、独立承担民事责任管理体制。1994年,取消"双轨制",除国家规定的重要生产资料限控经营销售外,全县物资经营全部放开。1997年,完善承包经营管理责任制,采取"清欠堵漏增收节支、寻找机遇促进销售、深化改革加强管理、稳定企业渡过难关"等举措促进公司经营。1999年,县境物资价格逐步由国家定价、长期不变向运用价值规律调节市场供求转变;物资部门由政企不分、官商经营向政企分开、企业自主经营、自负盈亏转变。2000—2005年,按州统一要求,公司实施带资解体改革方案,调整经营策略,逐步取消各分公司经营,将经营放在民用爆炸物品。由职工自愿筹资重组物资民爆器材公司。

物资用工制度改革　1991年,根据《中华人民共和国全民所有制工业企业法》,建立适应全县经济由计划转轨为市场要求的用工制度。1993年,本着减少公司经营成本,管严企业经营费用。实行内部优化组合,择优上岗用工制度。1995年,推行"定编定岗,配以优化组合,没有被录用职工实行内部待岗"用工制度。1996年,按照《越西县物资总公司关于待岗人员的消化方案》(越物字[1995]第01号)文件,落实待岗职工内退、请长假、独立从事经营活动各项政策。每月给予请长假职工70元生活费,对独立经营活动的提供5000元流动资金,经公司同意内退职工享受原工资总额80%的退休生活费。2000年,按请长假政策执行的职工已占公司职工60%。根据精简人员、减少开支、降低成本要求继续推动公司内部人员用工制度改革。2005年,县物资公司初步建立起适应市场经济激励竞争大环境的用工制度。

物资供应　1991年,物资系统执行改革开放政策,逐步由工业生产资料计划分配调拨型转向经营服务型。县物资局管辖全县金属材料、机电化工、木材、燃料、废金属回收、物资服务等公司。当年物资购进256.03万元,销售320.1万元,实现利润23万元。1993年,全县物资系统继续抓住"双轨制",购进、销售、利税以年均递增10%。1994年,市场竞争加剧,物资企业滑坡,年购进1035万元,销售1154万元,亏损30万元。1997年,县物资局改制,组建越西县物资公司,全年购进总额为210万元,销售总额为240万元,亏损20万元。2002年,物资流通完全市场化,物资部门实行经营、价格、分配、用工"四放开",物资企业全面走向市场。物资流通体制发生根本性变革,物资销售渠道由封闭的、单一的、自上而下的分配调拨方式向开放式、多渠道、少环节的流通方式转变。2005 年,全县物经销资转为以市场调节为主,由个体私营企业或股份制民营企业根据市场需求进行经营运作物资购进总额约 0.2 亿元。

第四节　消费品经营

农业生产资料　1991 年,化肥、农药、农膜由国家专营逐步转向多家经营模式,个体经营,公私联营开始出现。销售化肥 8560 吨、农药 102 吨、农膜 2 吨、中小农具 2561 件。1996 年,取消地膜财政补贴和计划分配,烤烟生产用膜仍由烟草公司继续对烟农进行补贴。当年,销售化肥、农药、农膜 1857 吨,销售粮食挂钩肥 380 吨。

1998 年,改革农业生产资料流通体制,经营渠道全部放开,取消计划供应,逐步转向市场调节。是年,执行《农药管理条例》,农药经营实行许可证制度。规定个体、私人不得从事农药经营。2000 年,全县销售化肥 10512 吨、农膜 26 吨、农药 9 吨。2001—2005 年,销售化肥 15241 吨,其中:氮肥 10521 吨,磷肥 3256 吨,钾肥 1021 吨,复合肥 854 吨;销售地膜 234 吨、农药 361 吨。

日用杂品　1991 年,建立分级储备制度,落实储备资金。当年,城乡市场销售各种服装 14.1 万件、床单被褥 1.74 万条、皮鞋 1.35 万双、胶鞋 20.21 万双、洗衣粉 251 吨,未单独统计国合商业日用杂品销售品种及销售数。1993 年,在流通领域实行“国有民营”和股份制试点,销售人员由过去的坐商变为行商,竞争加剧,市场适应能力增强,商品销量增加。1994 年,实行批零“一条龙”、限价降库、联利计酬、促进销售。当年,日用杂品类销售总额 800 万元,其中:国合销售额 482 万元。1996 年,随着企业产权制度的改革,国合企业的销售额减少,个体私营的比重增加。1999 年,全县日用商品销售总额 462 万元,其中:国合商业销售额 86 万元。2000 年,全县日用商品销售总额 563 万元,其中:国合商业销售额 256 万元。2001 年后,日用商品的销售以个体私营商业为主。2005 年,全县日用商品销售额 566 万元。

副食　1991 年,执行生猪、蔬菜保护价,落实收购资金,保护农民养猪种菜的积极性。在主要副食品销售中,猪肉由国有企业县食品公司一家经营,其他副食经营以国合商业为主。1995 年后,商业系统各副食经销企业实行国有民营、盈亏自负;供销系统实行“集体所有,抵押承包”的经营机制,经销方式更加灵活。1997 年,全县食品、饮料、水产、干果、烟酒类等副食销售收入 7521 万元。其中:国合商业副食销售收入 2563 万元。2000 年,全县肉禽蛋类、水产品类、干果蔬菜、烟酒类等副食销售额 10235 万元,其中:国合商业副食销售收入 1562 万元。2005 年,肉禽蛋类、水产品类、干鲜果、烟酒类等副食销售额 12585 万元。

民用煤　1991 年,县煤建公司按政策对城镇居民、机关单位销售平价原煤 6.32 万吨。1993 年,政府放开民用煤经营范围,取消平价煤供应。1995 年,县煤建公司实现煤炭及其制品销售额 1852 万元。1997 年,民用煤及制品全部由煤炭生产企业直销,全年实现销售额 320 万元。2005 年,民用煤及制品销售额为 1520 万元,占全县原煤及制品销售额的 4%。

糖酒　1991 年,县糖酒公司转变经营方向,主攻名酒。白糖实行计划供应。根据货源按人定量供应食糖。1993 年,平价计划白糖量减少,加价计划白糖量增多。县糖酒公司的食糖年销售金额 25 万元。

1996 年,糖酒随行就市,由私人经营。糖酒公司实行租赁、承包。个体户年食糖销售额 13 万元,占境内总销量的 54%。1998 年,根据《四川省酒类管理条例》、《四川省酒类管理实施细则》,全面整顿酒类市场。当年,糖酒公司的白酒销售额 63 万元。2005 年,酒类供应品种繁多,酒类销售发展到以个体和民营企业为主。年底,酒类销售额 87 万元,食糖销售额 30 万元。

小家电　1991 年,全县工业品销售额为 321 万元。1995 年,全县工业销售额 2540 万元,其中:国营商业销售额 1201 万元,销售的主要品种有自行车、电视机、录音机、电风扇、洗衣机、电冰箱等消费品和部分机电设备。1996 年,商贸企业改制后,大多转为个体私营和民营企业,国营商业工业品销售额未再作统计。2000 年,全县工业品市场成交额达 2056 万元。2005 年,全县工业品成交额为 3521 万元,比 2000 年增加 1465 万元。

第五节　专营商品

一、食盐

食盐销售　1991 年,食盐的批发业务由各级盐业公司统一经营,零售业务由商业行政主管部门指定的商业企业、粮食企业和供销合作社零售单位负责,需要委托个体工商户代购代销食盐的,由县级商业行政主管部门批准。

1996 年,实行普供碘盐,销售由原来的袋、散盐混销改为全销小袋盐,严禁散盐进入市场。同时,启用新版碘盐小包装并加贴全国统一碘盐标记。审核食盐零售企业、个体工商户,发放《加碘食用盐零售许可证》。全县销售食盐 3004 吨。1999 年,成立越西盐业有限责任公司,受凉山州盐业分公司领导,盐业销售直接由盐业公司批发给个体食盐代理商经营。当年,县城以上市场复合膜袋装碘盐 500 克价格 1.00 元,1000 克为 1.90 元,全年完成调入 1080.39 吨,销售 1071.65 吨。2000 年,完成调入 1102.41 吨,销售 998.59 吨。2005 年,全县完成调入 1496.29 吨,销售 1335.99 吨。

盐政管理　1991 年,随着市场经济的发展,物价放开,盐贩子利用工业用盐,其他非食盐充斥市场。1994 年,实行食盐专营政策,对盐业批发企业实行食用盐专营批发许可证制度,对其委托的食盐代理批发点实行食用盐专营代理许可证制度。县盐业公司负责全县食盐、酿造、工业用盐的批发业务。

1997 年,成立"凉山州盐政市场稽查处越西稽查所",为县盐业行政主管机构及执法主体,行使对县域内的违章盐进行检查、封存和扣押的职能。2002 年,盐政稽征所配合地方公安刑警、工商等部门对走私嫌疑人员进行排队摸底协查,查处私盐 20 吨,并进行行政处罚。2005 年,对全县食盐代理商和零售户进行规范检查,对餐饮、学校食堂、食品加工用盐单位及居民食用盐进行抽查,未发现非食用盐、非碘盐和不合格碘盐进入食盐市场,碘盐的覆盖率和合格率均达 100%。

表 17-3　　**1999—2005 年食盐运销情况**　　单位:吨

年　度	调入	销售	年　度	调入	销售
1999	1080.39	1071.65	2003	1216.93	1446.38
2000	1102.41	998.59	2004	1063.83	1084.61
2001	938.34	830.61	2005	1496.29	1335.99
2002	1351.40	1051.63			

二、石油

1991 年,县石油总公司按照"压缩消费、节约用油、保重点"方针,对集体、个体专业户视货源情况适当安排,严格控制消费性用油、发电用油等。主营平价、中价、议价柴油、汽油等品种,销售额 184 万元。1992 年后,平价油减少,议价油增加;放开石油制品经营范围。当年,县境各加油站 90 号汽油每公升 2.73 元,柴油每公升 2.18 元。1994 年,根据国务院〔1994〕21 号文件精神,清理、整顿石油成品油流通体制,建立活而有序的石油成品油流通体制。1995 年,取消平价、中价油供应,石油制品经销范围的扩大和用量的增加,销售金额快速增长,年销售额 251 万元。1997 年,对各加油(点)及油料经营户进行登记检查。针对存在的设施简陋、没有消防器材等隐患采取整改,继续实行《成品油经营零售许可证》、《危险化学品经营许可证》。2000 年,全县石油制品类销售总额 1524 万元。2001—2004 年,每年石油制品类销售总额保持在 1524 万元左右。2005 年,随着工农业发展,油料需求增加,全县石油供应紧张。

第三章　粮食贸易

第一节　体制改革

1991 年,实行粮食定购统销和议购议销"双轨制",做到管好"死的一块",即计划购、销、调、存、加工;抓好"活的一块",即议价议销。粮食收购实行"三挂钩"政策,对完成粮食定购任务的农户奖励化肥、柴油并发给预定金。城镇粮油供应继续实行居民凭证,凭票限购当月口粮,对居民口粮、食用油实行限量供应。在保证完成国家定购任务的前提下,放开粮食经营,取消由粮食部门统一收购粮食,改革粮食购销体制,理顺粮食生产和流通中的各种经济关系。每年国家支付政策性补贴。是年,粮食企业员工分为国家干部、全民固定职工、集体职工、合同工、合同制工,多种用工制度并存。

1993 年,实行粮食体制改革,放开粮食购销价格,放开后只保留定购数量,取消统购统销,改为议价议销。退出部分粮食合同定购品种,只保留大米、玉米、小麦和油菜籽,改挂钩实物为平议价补贴。实行减购压销,确保总量平衡,减少定购任务、压缩行业用粮和非城镇居民定量口粮外的其他供应粮,议价粮转入平价粮库存,填补平价粮缺口。随着粮食价格和经营全面放开,取消实行 40 年的城镇居民粮食供应制度。

1995 年,实施粮改,成立领导小组,制定实施方案,具体为"统一领导、两线运行、明确职责,财务分账、分别核算、稳定市场、搞活经营",建立"两线"运行机制。

1998 年,调整粮食购销政策,实行"三项政策",按保护价敞开收购农民定购以外的余粮,粮食实行顺价销售,收购资金实行封闭运行。实行粮食批发准入制度,凡从事粮食批发的单位和个人必须具备以下条件:具有 50 万元以上运作资金和可靠的银行贷款资信;具备与经营相适应的经营设施,仓容 100 万公斤以上;具备必要的粮食检测仪器和手段。同年 6 月,县政府成立粮食流通体制改革领导小组,制发《关于进一步深化粮食流通体制改革的决定》(越府发[1998]28 号),县粮食系统实行政企分开,实行粮权分开,粮食工作行政首长负责制;完善粮食储备管理制度,实行储备和经营分开。

1999 年,对粮食系统原有粮站和粮油分站进行收缩调整,经县政府批准,组建城关、中所、大瑞、新民、普雄 5 个收储企业(辖 4 个粮管所),实现收储与经营分开,分开率达 100%。新组建的 5 个粮油收储企业,稳妥地进行人员分流。全县粮食系统收储企业人员 192 人,择优录用 96 名,下岗分流 96 名,分流比例 50%。

2004 年 5 月,国务院颁布《粮食流通管理条例》,粮食价格全面放开,统购统销全面结束。

2005 年,粮食企业 176 位退休人员全部移交社保,285 位在职人员全部下岗分流,分流职工每年工龄补偿费 800 元、安置费 400 元,合计 1200 元。分流后个人向社保机构交纳社保基金,到退休年龄享受同等退休职工待遇。企业改制后,新组建的县粮油购销有限公司代理原各粮站的经营业务和地方储备粮管理,参与粮食市场营销;县粮油收储有限公司负责中所粮站、大瑞粮站、上普雄粮站、下普雄粮站、新民粮站、粮油加工厂、粮贸公司遗留资产的管理。

第二节　粮油购销

一、粮油定购

1991年，粮食定购任务由各级政府层层下达，粮食部门配合基层政府将任务以合同形式签发到农户，按国家规定的价格收购。由粮食部门议价收购农户余粮，以充实库存，平衡总量。全年定购粮食614万斤。1993年2月，建立粮食收购保护价格制度，取消定购任务。对国家下达的定购任务和专项储备，采取经济合同的方法，按原定购粮食数量与农民签订购粮合同，在市场价低于保护价时按保护价格向农户敞开收购余粮，以稳定粮食生产，保护农民利益；在粮食市场价格上涨过多时，按较低价格出售，调节市场供给。随着粮食价格的全面放开，粮食收购由原来主要依靠农户主动交纳粮食定购任务，转变为市场议价收购。2005年，全县定购粮食500万斤，油菜籽500万斤。

二、粮油收购

1993年，全县粮食征购工作执行四川省政府确定的最低保护价敞开收购，年收购250万公斤。建立粮食收购保护价格制度，结束粮食购售价格倒挂的油料收购销售政策，逐渐退出油菜籽收购。

1995年，议价收购油菜籽40万斤。1997年，实行农业税征收粮食实物。全年议价收购粮食320万斤。1998年，取消"三挂钩"奖售政策，粮食部门全面执行按保护价敞开收购农民余粮的政策，不停收、不拒收、不限收。2000年，全县除正常的调减任务外，均完成国家计划收购任务，共收购粮油250万公斤。2005年，粮食企业本着"购得进、卖得出、不亏损"的原则，继续执行按保护价敞开收购农民余粮政策。

三、粮油价格

1991年，粮食收购价为每50公斤大米13.8元、玉米9.5元、菜油70元，销售价为每50公斤大米16.9元、玉米11.6元、菜油73元。1993年，放开粮食价格和经营后，保留粮食定购数量，价格随行就市。为防止粮价失去控制，实行收购最低保护价和销售最高限价。全县除军供粮油仍按原统销价格由国有粮食企业供应县内驻军部队外，其他粮油销售价格全部放开。1994年6月，贯彻国务院"5·26"和省政府"4·03"会议精神，保证粮食购销体制改革方案顺利出台，平稳过渡，全县对标二米、标准粉实行挂牌、限价销售，对非定量供应的标二米、标准粉一律议价供应。10月，粮食实行区域平衡，"凭证、限量、定点"供应，由原专储粮改为合同定购粮供应，不分远近，一律执行"一价到底"的供应政策。至2003年，全县粮食征购工作均执行省政府确定的保护价敞开收购。收购保护价为每50公斤中等品质稻谷74元、小麦68元、玉米72元。销售价格在省政府确定的销售最高限价内，实行顺价销售，销价略高于购价。1998年5月29日，国务院办公厅制定《关于进一步做好粮食购销和价格管理工作的补充通知》，要求国有粮食收储企业实行顺价销售。2004年，粮食价格主要由市场供求形成。

四、城镇粮油供应

城镇粮食供应　1991年，县城镇职工、区乡干部定量标准均为15公斤，对全县城镇居民供应人口，按年龄、工种核定定量标准。供应品种比例为大米60%、面粉（面条）40%。全县粮食销售639万公斤，占计划供应任务650万公斤的98.78%。

1993年2月，全县粮食在国家宏观调控下放开粮食价格和经营，保留粮食定购数量，实行收购最低保护价和销售最高限价，彻底结束自1953年开始的长达40年之久的粮食统购统销历史。实行粮油价格和经营全面放开,粮食销售步入市场销售,粮票与《购粮证》不再作为购粮凭证,国有粮食企业转变为参与市场竞争的粮食经营单位,全县粮食销售工作转向开展多种经营,保障企事业单位用粮及需粮的群众供应,在省政府确定的销售最高限价内,价格随行就市。至1997年,粮食年销售均在400万公斤左右。

1998年5月,全县粮食工作坚决贯彻按保护价敞开收购农民余粮,粮食收储企业实行顺价销售,按收得进、卖得出、不增亏的原则执行。至2005年,粮食年销售200~300万公斤。

食油销售 1991年,对城镇居民仍实行计划供应制度,每人月供应中价油0.25公斤;同时,实行议价敞开供应。1992年,全县油料销售5万公斤。1993年,取消对粮食统购统销、城镇居民计划供应制度,实行随行就市的市场价格供应。随着多种所有制市场主体从事食油业务逐步增多,全县粮食系统食用油销售量逐渐减少。

五、农村销售

1991年,全县安排农村救灾返销粮150万公斤,实销141.47万公斤。1993年,不再实行统购统销,粮食流通体制在宏观调控下放开价格和经营,价格随行就市,粮食市场交易的数量和规模不断扩大。

2000年,全县实施退耕还林工程,对退耕还林农户实行"以粮代赈"。当年,全县退耕还林任务为3万亩,每年每亩补助粮食300斤,比例为大米50%、玉米50%,供应的粮食为国家规定的中等质量标准。粮源的组织安排由县粮食局统一安排,一部分动用库存商品粮,一部分从外地调入。2002年,调整退耕还林粮食供应比例为稻谷80%、杂粮20%。2003年,全县退耕还林面积累计12.5万亩,供应粮食(原粮)1875万公斤。2004年8月,根据省政府办公厅《关于完善退耕还林、退牧还草补助办法的通知》规定,向退耕还林农户补助粮食实物改为现金补助。

表17-4 **2000—2003年退耕还林补助粮食统计表**

数量 年份	退耕还林 累计面积(亩)	粮食供应 数量(万公斤)	数量 年份	退耕还林 累计面积(亩)	粮食供应 数量(万公斤)
2000	30000	450	2002	100000	1500
2001	60000	900	2003	125000	1875

六、军粮供应

1991年,军队供粮由粮食部门遵照国务院、中央军委批准列入军队供应单位人员的粮、油标准以及在编牲畜的饲料品种和标准,一律凭《军粮油豆供应证》、《军粮供给粮票》、《军用价购粮票》按质量保证供应。1993年,粮油销售价格全面放开后,军供粮仍然由国有粮食企业供应,军粮"议转平"差价补贴,由中央财政和地方财政各分担总额的50%。为适应新形势下"双拥"工作,保证部队需要,进一步提升军供粮油的品质,严把质量关,做到随需随供,服务上门。遇有拉练、演习部队经过县境,专门组织力量,做好军需供应工作,确保向军队供应的粮油不出现质量问题。

1997年,按照川粮转〔1996〕75号转国粮电〔1996〕57号《关于军粮供应体制改革过渡期有关问题的紧急通知》,实行新的军粮供应体制,军粮供应后,由供粮单位向粮食局结算,县粮食局向上级业务部门结算,上级业务部门按规定标准将款项逐级拨付给供粮单位。2005年,建立健全各项规章制度,加强规范管理,增强质量意识,确保县境内驻军的粮油供应,全年供应军粮7万斤。

七、安排灾粮

1991年,根据省政府"钱随粮走"的精神,全县安排返销粮155万斤。同年6月,由于连日暴雨,造成部分村组受灾,按县政府部署,共安排救灾粮345万斤。1994年,安排救灾粮20万斤。1997年,由于自然灾害的发生,造成受灾农户粮食困难,安排救灾粮 110 万斤给因灾缺粮的农户。

表 17 - 5　　部分年度救灾粮统计表　　单位:万斤

项目＼年份	1991	1992	1994	1995	1996	1997
救济粮	345	217	20	10	70	110
返销粮	155	23		27	48	

第三节　经营管理

一、粮食机构

1991 年,县粮食局内设办公室、财会股、储运股、业务股、工业股、保卫股,局机关有干部职工 22 人,下辖城关、新民、中所、大瑞、书古、中普雄、上普雄、下普雄、顺河 9 个区粮站,打土、乃托、双河、瓦吉木 4 个粮油分站,1 个粮油加工厂和 1 个议购议销公司,县国有粮食企业有职工 328 人。1993 年,成立县粮油总公司,与县粮食局实行一套班子,两块牌子。1997 年 12 月,撤销县议购议销公司,组建成立县粮贸公司。

2002 年,先后对全县粮食系统 11 个企业进行改制,撤销城关粮站、中所粮站、大瑞粮站、中普雄粮站、上普雄粮站、下普雄粮站、普雄粮食转运站、新民粮站、书古粮站、申果庄粮站、粮油加工厂、粮贸公司、粮油总公司。

2005 年,粮食企业改制全面结束,新组建县粮油购销有限公司和县粮油收储公司,负责地方储备管理、各粮站遗留资产管理,参与粮食市场经营。同年,县粮食局下设办公室、业务仓储股、财会统计股、粮食执法大队、质检股 5 个职能股室,编制为 15 个,在职工作人员 11 人、借用人员 3 人、临时聘用人员 1 人。

表 17 - 6　　1991—2005 年粮食局负责人名录

姓　名	性　别	民　族	职　务	任职时间
田云生	男	汉族	局　长	1983.12—1994.2
吉木都哈	男	彝族	副局长	1983.12—1993.2
陈　环	女	汉族	副局长	1990.12—1992.11
阿加达尔木	男	彝族	局　长	1994.3—1998.9
陈忠祥	男	汉族	副局长	1994.3—1998.9
黄少峰	男	汉族	副局长	1994.3—1998.9
			副局长	1998.12—2003.4
赵　涛	男	汉族	局　长	1998.10—2003.4
蒋木呷	男	彝族	副局长	1998.12—2003.4
			局　长	2003.5—2005.12
木苦达尔莫	女	彝族	副局长	2003.5—2005.12
王平祥	男	汉族	副局长	2003.5—2005.12
刘国才	男	汉族	副局长	2003.5—2005.12

二、粮油加工

1991 年，县粮油加工厂购置 200 型榨油机、生产安装炒籽锅，开展季节性的热榨菜油业务，生产量以当年粮站油菜籽收购数量而定，出油率 32%；主要业务是代全县各粮站生产面粉、面条、榨菜油，并面向农村开展以面条换小麦，收取面粉、面条加工费的品种兑换，年兑换小麦量 80～90 万公斤。

1995 年，县粮油加工厂拥有四楼一底面粉加工车间，工艺为“四皮三心”，即初清—再清（平面振动筛）—去石—洗麦—润麦，清理间为机械输送，面粉间为人力输送的组合生产工序，生产特一粉、标准粉，特一粉出粉率 20%，标准粉出粉率 61%，日生产量 15 吨。

三、粮油多种经营

1991 年，延续对粮油集市的统一管理。除建立国家粮食市场外，允许粮油自由上市，粮食流通实行在国营粮食主导下的自由购销政策，供求双方都通过市场调剂余缺。粮食统购统销继续存在，但允许农民在完成国家征购任务后，将多余粮油上市交易。本地出产的马铃薯、玉米、荞麦、燕麦等大量外销，又从外地购回大米、面粉等。1992 年，将粮食统购改为合同定购，粮食流通实行计划购销与市场购销并存的“双轨制”，实现粮食购销同价。

1998 年 9 月，县政府制定《关于加强粮食市场管理的通知》（越府发［1998］46 号），严禁除国有粮食收储企业外的私商、企业单位收购粮食，违者从重处罚。成立粮食稽查队，清理检查管理粮食市场。

2004 年 5 月，根据国家《粮食流通管理条例》，鼓励多种所有制市场主体从事粮食经营活动，促进公平竞争，严禁以非法手段阻碍粮食自由流通。

2005 年，全县粮食交易全面市场化，以城镇为中心，覆盖乡村的粮油交易网点，粮食市场上多种经济成分并存。

四、资产管理及消化挂账

粮食资产管理　1991—2005 年，国家对国有粮食企业流动资金采取一系列优惠和扶持政策，包括优先供应粮油收购和调拨资金，对平价粮油贷款实行优惠利率等。

表 17－7　**1991—2005 年粮食系统资产统计表**　单位：万元

项目＼年份	1991	1992	1993	1994	1995	1996	1997	1998	1999	2000	2001	2002	2003	2004	2005
固定资产	186.89	180.51	230.67	256.01	870.48	852.52	865.82	878.26	898.64	844.1	822.79	787.00	783.94	778.31	746.32
流动资产	757.26	754.43	1082.37	1925.29	2143.41	3280.75	3832.413	2155.20	2051.10	2445.17	2023.83	3404.72	3008.40	1160.04	2394.22

国有粮食企业消化挂账　1991 年，由于国有粮食企业历年亏损，占用银行大量的资金，企业经营包袱沉重。为促进粮食企业转换经营机制，县粮食局加强对粮食收购、调销、储备等全过程的资金监管。1992 年，全面清理粮食企业新老财务挂账，落实具体消化方案。

1998 年，县粮食企业通过裁减冗员，改善管理，降低费用开支。在消化新老财务挂账中，实行银行停息，减少企业利息负担。

2005 年，县财政部门按预算及时足额到位粮食风险基金和其他各项政策性补贴，确保国有粮食企业正常经营。

表 17 - 8　　粮食企业财务挂账统计表　　单位:万元

年　度	清理挂账金额	已消化数	尚挂账
1992. 1—1998. 5	1117. 50	241. 50	876. 00
1998. 6—2004. 12	172. 26		172. 26
合　计	1289. 76	241. 50	1048. 26

第四节　粮油储运

粮仓粮站　1991 年前,全县粮食仓库大都属于简易仓。县粮食局多次对各粮站破旧仓库进行轮换维修使用。全县有粮仓 45 幢,其中:基建仓 29 幢、简易仓 15 幢、拱形仓 1 幢,总仓容 1671. 6 万公斤。储油罐 8 个,储油容量 10 万公斤。

1999 年,在大瑞粮站新建 50 万公斤基建仓 1 幢。2000 年,在城关粮站新建 50 万公斤基建仓 1 幢。2002 年,在新民粮站拆旧建新 50 万公斤基建仓 1 幢。

粮油保管与监测　1991 年,贯彻"以防为主,综合防治"的方针,将粮油管理工作纳入年度考核。1995 年,建立仓储管理目标责任制,落实到人,库存粮油做到有账有卡,账卡、账账、账实相符。卫生要求做到仓内面面光、仓外四不留、粮面平如镜、直如尺,"双低"、"低温"储粮比例达到 25% 以上。

2000 年,全县粮食库存量基本稳定在 500 ~ 600 万公斤,定期开展春秋两季粮油安全普查和质量大检查。加强对熏蒸药品的管理,建立管理制度。

2005 年,全县粮食无虫、无霉、无鼠雀、无事故的"四无"比例均达到 95% 。

粮油调运　1991 年,全县调拨商品粮油 935 万斤,其中:县外调进大米 190 万斤,小麦 490 万斤;调出商品粮 255 万斤;县内调出玉米 115 万斤,面粉 140 万斤。1992 年,全县调拨商品粮油 1800 万斤,其中,县外调进大米 450 万斤,小麦 950 万斤,县内调出面粉 385 万斤,菜油 15 万斤。

1996 年,随着农业产业结构的调整,县内只有玉米自给有余,大米、小麦等粮食品种消费仍然不足。

1998 年,全县调拨商品粮油 260 万斤。其中,县外调进大米 120 万斤,面粉 140 万斤。

2000 年,增加退耕还林补助粮的调运。全县调拨商品粮油 422 万斤,其中:县外调进大米 222 万斤,小麦 100 万斤;县内调出玉米 100 万斤。2003 年,全县调拨商品粮油 1884 万斤,其中:县外调进大米 1740 万斤,小麦 144 万斤。

2005 年,随着粮食市场的放开,县内粮食调运主要由个体工商户承担。

粮食储备　1990 年,根据国家规定建立粮食专项储备制度,储备粮食的品种、数量按照上级下达的任务指标储备。1994 年,中央和省两级建立粮食市场风险基金,逐步形成地方粮食储备体系。1996 年,实行第二轮家庭联产承包责任制后,农户储粮代替集体储备粮。

1998 年,上级逐年调整布局,安排调出、划出和就地救灾供应,越西专储粮油减少。全县有中央储备粮 200 万斤,其中:大米 50 万斤,小麦 150 万斤。

2000 年 8 月,国家计委、财政部、粮食部等 5 部委联合发出《关于陈化粮处理若干规定》,陈化粮由省级相关部门组织定向销售,实现推陈储新。2005 年,省、州粮食储备专项检查:越西专储正常,仓库维护管理好,无陈化粮。

表 17－9　　部分年度粮食储备统计表　　单位:万斤

项目 年份	粮食储备数量及性质				储备粮品种		
	合计	中央储备	省级储备	县级储备	大米	小麦	玉米
1990	312.5	250	34.5	28	34.5		28
1997	480	380	20	80	100		380
1998	200	200			50	150	
1999	200	200					200
2005	100			100	100		

第四章　卷烟专营

第一节　卷烟营销

卷烟销售管理机构　越西县越西县烟草专卖局、烟草公司成立于 1984 年 9 月,实行两块牌子一套班子的管理体制,专卖局长同时兼任公司经理。1996 年,成立烟草工作办公室,委托县烟草专卖局管理生产经营烟叶。2003 年,注销县级烟草公司法人资格,公司更名为烟草营销管理中心。2004 年,全州烟叶生产经营在州委、州政府的领导下由烟草部门统一规范生产经营。2005 年,烟草营销管理中心更名为烟草营销部。

表 17－10　　1991—2005 年烟草专卖局(公司)负责人名录

姓　名	性　别	民　族	职　务	任职时间
周国芳	女	汉族	烟草专卖局局长(经理)	1984.9—1994.1
刘庆玮	男	汉族	烟草专卖局副局长(副经理)	1984.9—1991.3
罗恩全	男	汉族	烟草专卖局副局长(副经理)	1993.8—1994.1
			烟草专卖局局长(经理)	1994.2—1997.12
李友军	男	汉族	烟草专卖局副局长(副经理)主持工作	1994.12—2002.12
			烟草营销管理中心局长(主任)	2003.1—2004.12
			烟草专卖局(营销部)局长(经理)	2005.1—2005.12
周清康	男	汉族	烟草营销管理中心副主任	2003.2—2004.12
			烟草专卖局(营销部)副经理	2005.1—2005.12
童万平	男	汉族	烟草营销管理中心副局长(副经理)	1998.1—2004.12
			烟草专卖局(营销部)副局长	2005.1—2005.12

卷烟销售财务管理　1991 年,县烟草专卖罚没收入统一上缴地方财政部门,财政部门返还的罚没收入上缴分公司作为补贴收入处理。所需专卖办案经费支出,应出具有关凭据或提报计划,经有关部门审核无误后拨付。1994 年,烤烟烟叶产品税纳入农林特产税,财政部颁布《增值税暂行条例实施细则》,于

当年开始征收增值税,按初烤烟叶调拨价的13%征收。同年,县烟草公司作为独立核算的企业开始纳税,税率33%。1998年,配备专职的网络财务管理人员,制定和规范财务制度,严格财经纪律。设立现金账和商品账,并安排专人负责记账,做到账账、账物相符。

2000年,狠抓卷烟营销部财务管理,规范报账制单位核算。按照"深化改革,推动重组,走向联合,共同发展"的要求,实现专业化管理,规范化核算,一体化运营的集团化财务管理模式。

2005年,加强现金管理,严禁赊销。继续向税务机关办理领用缴款书的手续,在规定纳税期限内,根据"纳税鉴定"的规定逐项自行计算应纳税款,核实无误后,填写缴款书,自行向金库缴纳税款。

表17-11 1991—2005年烟草专卖局(营销部)财务指标表 单位:万元

项目＼年份	1991	1992	1993	1994	1995	1996	1997	1998	1999	2000	2001	2002	2003	2004	2005
销售总额	501	540	943	556	398	1046	917	894	864	1687	2905	2561	12685	16855	12492
利润总额	6	16	-79	5	1	32	15	1	0.3	4	3	58	433	1282	3046
上缴税金	4	41	100	55	31	10	4	20	3	2	23	22	241	953	1237
资产总额	95	285	381	175	203	270	217	358	541	735	343	1365	1131	4524	5448
固定资产净值	30	29	48	54	58	54	49	42	40	45	44	61	73	122	363

第二节 卷烟购销

经营体制 1991年,卷烟销售仍然实行"专控、专管、专卖"营销体制,对卷烟货源紧缺问题,县烟草公司组织人员到州外组织货源予以解决,稳定市场供应。

1995年,卷烟销售按卷烟管理办法、制度等确定货源数量,将订货量提交州烟草专卖局,由州烟草专卖局统一组织货源,在货源到达县烟草专卖局(公司)后,由卷烟户和批发门市到县烟草专卖局(公司)领取卷烟。

1998年,实行统一分配货源、统一价格、统一送货的"三统一"管理和不准向无专卖许可证的经营户批发卷烟,不准向其他单位和个人进货,不准为其他单位或个人寄售、串换、存放卷烟,不准向任何人赊销卷烟,不准退换已出售烟的"五不准"规定。

2001年,加强网点的规范管理,制订货源、财务、专卖、岗位、费用、安全等管理制度。严格执行"划片、凭证、定点、限量"的供货原则,严禁无证供货、跨区供货和违规零售。建立卷烟零售网络,实行零售指导价,访销和配送分头运作,成为专门进行访销、配送和稽查管理的基层单位。

2002年,针对配送中心访销员、送货员不按公司规定,违反访销配送有关规定的访销员1人,做出开除处理的意见。当年,取消二级调拨环节,将三级批发改为全面配送,实现统一会计核算,统一货源调配,统一费用管理,统一解缴税费。

2005年,从重视商品交易向重视服务、重视顾客关系转变,以顾客为中心进行质量管理。搭建"以我为主、归我管理、由我调控"城乡卷烟销售网络体系,实行全面访销配送。在全县进行卷烟零售市场调查和卷烟零售户满意测评调查,初步建立起以客户关系为主线,以信息技术为管理手段的销售网络。

烟草购销 1991年,实行烟草专卖许可证制度。销售卷烟3236箱,其中:川烟2847箱。

1995年始,加强卷烟销售网络建设。在城乡设网点从事卷烟经营业务,对卷烟零售户实行送货服务,提高市场占有率。当年,完成卷烟销售896箱,比上年增长35.76%,其中:完成西昌烟515箱,卷烟销售额345.38万元。

2001 年，加大烟草专卖管理力度，销售区域严格限定在越西行政辖区内。全年销售卷烟 2860 箱，其中：西昌烟 2420 箱，成都烟、什邡烟 257 箱，实现利润 69 万元。

2005 年，县烟草专卖局召开越西县卷烟经营户合理布局听证会。全年销售卷烟 4210 箱，卷烟实现 100% 入网销售。

表 17－12　　1991—2005 年卷烟销售情况表

项目＼年份	1991	1992	1993	1994	1995	1996	1997	1998	1999	2000	2001	2002	2003	2004	2005
销售计划（箱）	2360	2200	2100	2000	2200	2400	2500	2150	2586	2727	2782	3200	3500	3800	4200
销售数量（箱）	3236	2203	2117	598	896	2029	1912	2436	2597	2386	2860	3226	3638	3950	4210
金额（万元）	500.8	340.93	327.62	230.51	345.38	745.56	482.14	895.11	860.30	790.40	2905.00	2531.00	12658	17000	18118.99

第三节　卷烟管理

信息网络　1991 年，全县设立城关、普雄、乃托 3 个信息点，信息点将信息反馈各烟厂及上级有关部门。至 2001 年累计反馈信息 112 条。当年，成立网建工作领导小组，开展信息收集、整理、反馈工作。

2002 年起，通过计算机网络信息中心，对卷烟销售进行计算机网络信息管理。出台《卷烟销售网络建设运行规范文件汇编》，明确工作职责和操作规范。

2004 年，根据凉山州烟草专卖局（分公司）《关于在全州推广应用卷烟销售网络信息系统的通知》，越西县于 8 月 1 日正式运行卷烟销售网络信息系统。

2005 年，成立城乡卷烟销售网络建设工作领导小组，加快城乡网络建设，提高网络运行质量。

证照管理　1991 年，烟草专卖许可证的管理、发放，按国家烟草专卖局〔1988〕国烟专字第 30 号文件《关于烟草专卖许可证暂行管理办法》执行，全年发放烟草专卖许可证 214 户，注销 8 户。

1995 年，严格按烟草专卖许可证审批程序，坚持许可证的监督管理，严禁办理"人情、关系证"，对办理、发放的烟草专卖许可证等各种证件的有关资料分门别类编号登记造册。建立分户档案，并设专柜专人保管，发放烟草专卖许可证 313 户，注销 11 户。

1998 年，做好年检工作。对停产或停业 1 年以上的卷烟零售户，视为歇业，办理注销，缴销许可证。2000 年，发放烟草专卖许可证 405 户，注销 13 户。

2005 年，发放烟草专卖许可证 576 户，注销 34 户。

户籍化管理　2001 年，传统的"重路查、重办案、重罚没款；轻市场、轻管理、轻服务"粗放式专卖管理已经不能适应市场的发展。县烟草专卖局借鉴其他地区户籍化管理经验，将县城 33 条街道划分为 A、B 两区，其中：A 区 18 条街 86 户，B 区 15 条街 82 户，建立户籍档案。实行集中检查与分片稽查的运行机制，建立专销结合联系制度，引入激励竞争机制。

2003 年，全县户籍化管理贯彻内管外打、属地管理、责任到人的基本原则，通过健全制度、明确职责、规范高效的运行机制，对卷烟市场实施经常性、精细化的专卖管理。

2005 年，户籍化管理工作的主要内容由 4 个工作职责、5 种表格和 1 个分片区域示意图组成，专卖管理人员掌握辖区内每个卷烟零售户的详细情况，运用信息技术，建立基础数据库，进行"量化分析，数字管理"。全县 576 户卷烟零售户全部建立档案。

烟草市场整顿　1991 年，召开全县性电话会议，成立 3 个检查组，查处乃托、普雄、城关地区的违法走私香烟,查处案件32件,价值1908.68元。举办违法违纪走私香烟人员学习班2期,127人次参加。

1995年3月,先后出动人力72人次,到火车站打击各地“回流烟”、“无证烟”。共收缴卷烟41件,查获烟叶831公斤,价值5.1万元。

1997年,根据“烟草专卖工作会议”要求,连续3次对越城、中所、大瑞、新民、乃托等主要市场进行清理整顿,采取打假行动21次,查获各种假冒烟166条,处罚违法经营33人次,罚没款3900元。检查大小摊(店)538家,查获收缴假“凉烟”68.6条。

1998年,以打击烟草贩私和制假活动为工作重点,加强查缉烟草专卖市场的违法行为,开展专卖打假83人次,整顿市场6次,查获各类违法贩运7人,没收销毁违法卷烟2100条。

1999年,查获案件36起,结案36起,出动车辆158辆次,查获违法卷烟8756.6条,价值186817.90元。

2001年,出动专卖人员440人次,查处违法案件7件,查获各类卷烟1750条。2003年,查处违法卷烟案件16起,结案16起,罚没收入2.3万元。

2004年,在新民镇马敞河坝桥头查获车辆号为川W10658的违法运输车辆,查获劣质烟叶8吨,价值9600元。全年累计出动执法人员590人次,查处卷烟违法案件34起,查获违法卷烟526条,查处违法收购、违法运输烟叶案件8起,没收违法贩运烟叶9238公斤,端掉收购劣质烟叶窝点1个,销毁烟贩自制打包工具1套,没收钩秤1把,收缴烟串串烟叶合同3份。

2005年4月15日,8619次列车到普雄站上,查获从眉山私自非法无证运输“金五牛”卷烟523条,价值约1.19万元。全年查办“两烟”案件53起,违法卷烟1551.9条,烟叶16.67吨,价值15.8万元,查处各类烟贩42人,其中:治安拘留2人。

第十八篇
交通

第一章　交通管理

第一节　交通行政机构

1991 年，县工交局内设：人秘股、工业股、交通股；辖运管所、养路队、汽车队、路政所、稽征所、白云石粉厂。1993 年 5 月，县工交局更名为越西县交通局，内设：人秘股、交通股、运输安全股，职工 12 人；辖运管所、养路队、汽车队、乃托汽车站。1998 年 10 月，成立越西县交通总支委员会。1999 年，县交通局内设：办公室、公路工程股、交通安全法规股，局机关行政编制 5 名，局长 1 名，副局长 2 名。2005 年，县交通局有干部职工 11 人，其中：公务员 6 人，工人 5 人；辖运管所、路政中队交通稽查征费所、西昌运输总公司越西分公司、凉山州公路局越西公路分局、养路队。

表 18－1　1991—2005 年交通局负责人名录

姓　名	性　别	民　族	职　务	任职时间
姚天康	男	汉族	局　长	1989.8—1991.4
张国华	男	汉族	副局长(主持工作)	1991.4—1993.5
			局　长	1993.5—2002.12
王大文	男	彝族	副局长	1989.9—1993.6
潘克哈	男	彝族	副局长	1993.5—2001.12
王　勇	男	汉族	副局长	1998.8—2003.3
柳建凉	男	汉族	副局长	1998.8—2002.6
田木呷	男	彝族	副局长	1993.5—2003.5
			局　长	2003.5—2005.12
李正川	男	汉族	副局长	2002.4—2005.12
石映红	男	汉族	副局长	2003.5—2005.12
曹建明	男	汉族	副局长	2003.5—2005.12

第二节　交通事业机构

县路政大队　1991 年，县养路分段成立路政办公室，下设路政所。1998 年 12 月，成立越西县交通局公路路政管理中队，编制 6 人，隶属凉山州交通局。

2005 年，越西县交通局公路路政管理中队更名为“越西县公路路政管理大队”，受凉山州公路路政管理支队和县交通局的双层领导，编制 8 人，内设：办公室、财务室。

表 18－2　1998—2005 年路政管理大队负责人名录

姓　名	性　别	民　族	职　务	任职时间
田木呷	男	彝族	中队长	1998. 12—2000. 12
谭　震	男	汉族	大队长	2000. 1—2005. 12

县运管所　1991 年，运管所隶属于越西县交通局，业务上受凉山州公路运输管理处指导，内设：运输股、稽查股、财统股、办公室。编制 10 人，实有 8 人。2005 年，县运管所内设：所长办公室、稽查股、运输股、财统室、办公室，有所长 1 人、副所长 1 人、职工 12 人。

表 18－3　1991—2005 年运管所负责人名录

姓　名	性　别	民　族	职　务	任职时间
吉余伍加	男	彝族	所长	1989. 9—2005. 12
袁继辉	男	汉族	副所长	2001. 4—2005. 12

越西公路分局　1991 年，凉山州公路养护管理总段越西分段内设：支部办、行政办、工程办、财务办、劳工办、宣教办、工会办、统计办，下辖中所、新民、乃托、白果、东风、书古、普雄、渣普、果尔、所洛、保石、74K、68K、51K、团结、喜德、冕山等 17 个道班；分段职工 179 人，有 485#柴油运输车 4 辆，解放牌运输车 1 辆。1993 年，凉山州公路养护管理总段重新划分分段辖区，越西分段划分为越西县公路养护管理段和喜德县公路养护管理段；越西县公路养护管理段养护公路 145 公里，人员 95 人，其中：管理人员 8 人；喜德县公路养护管理段养护公路 51 公里，同时从越西分段划 51 人给喜德分段(其中：管理人员 5 人)。1999 年，越西县公路养护管理段更名为凉山州公路管理局越西公路分局。2005 年，凉山州公路管理局越西公路分局内设支部办、行政办、工程办、财务办、技安办、宣教办、工会办、统计办，下辖中所、新民、白果、小山、书古、普雄、果尔 7 个道班，全局职工 123 人，临时养护员 132 人。

表 18－4　1991—2005 公路分局负责人名录

姓　名	性　别	民　族	职　务	任职时间
王正龙	男	汉族	段长	1991. 7—1992. 12
魏庆华	女	汉族	段长	1993. 1—1994. 10
蔡天俊	男	汉族	段长	1995. 1—1996. 12
柳建凉	男	汉族	局长	1997. 2—2001. 2
曹建明	男	汉族	局长	2002. 3—2005. 12

县交通稽查征费所　1991 年，县交通稽查征费所属省交通厅直属事业单位，受凉山州交通稽征处领导。1993 年，交通稽征机构属交通厅下属的专门负责公路交通规费“三费”的征收部门，实行以州级稽征主管部门和县级交通主管部门的领导“以条为主”，条块结合的双重领导方式，专门从事交通规费“三费”的征收和稽查工作，所收养路费、货附费、客附费全部用于凉山州的公路建设和客、货站场设施建设。

2005 年，县交通稽查征费所定编 3 人，设工作岗位 5 个，即所长、会计、出纳、征收、稽核。

表 18－5　1991—2005 年交通稽查征费所负责人名录

姓　名	性　别	民　族	职　务	任职时间
侯宗旭	女	汉族	所长	1987. 5—1991. 6
秦　刚	男	汉族	所长	1993. 11—1997. 9

续上表

姓　名	性　别	民　族	职　务	任职时间
勒尔支铁	男	彝族	所长	1998.6—1999.5
张　强	男	汉族	所长	1999.6—2000.6
宋志刚	男	汉族	所长	2002.1—2005.12

县养路队　1991年，县养路队内设：办公室、财务办公室、养护生产办公室、养护安全办公室，职工42人。下辖尔西道班、双河道班、拉白道班、下普雄道班、铁西道班、乃托道班；有养护机具路政车1辆，运料车3辆，装载机1台。2005年，县养路队内设：行政办公室、养护生产办公室、养护安全办公室、财务办公室，职工48人；下辖乃托道班、双河道班、尔西道班、下普雄道班、拉白道班、铁西道班。

第二章　公路管理

第一节　公路养护

1991年，GBM工程（对原公路的线型作局部的调整）启动。全县省道养护总里程179公里，其中：皇（木）越（西）线34公里，越（西）金（阳）线71公里，泸（沽）烂（书古）72公里，火普线2公里。县道里程225公里，其中：四级公路155公里，四级以下公路70公里；已铺装的路面32公里，未铺装的路面193公里。乡道197.43公里，村道195公里，技术等级都在四级以下，未铺装路面。农村公路62公里，养护里程62公里，其中：乃火路3公里，两裤路59公里；除乃火路3公里是沥青路外，其余均是泥结碎石路面。

1993年，贯彻修养并重，以养为主的方针，推广应用乳化沥青修补路面。制定《地方公路养护管理实施细则》、《地方公路养护质量考核办法》。1995年，按照统一领导，分级管理原则，县级公路由县交通局管理、养护；乡（镇）、村公路由乡（镇）政府、村委会管理、养护。1997年，接养冕（山）中（所）路26.4公里，实行县道省养。

1998年，贯彻执行《中华人民共和国公路法》，全县公路养护实行查岗考勤、按劳计酬、分段包干、奖惩兑现等办法。下达养护包干经费，实行包干使用，超支不补，节约留队，专项工程、大中修工程、特大水毁抢修补助费由州公路局另下计划。1999年，凉北养路段养护普洪路104公里砂石路，县养路队养护尔库公路、中乃公路等路段70公里，实行以专业道班为主，道群共养，经费包干，按质付款养护形式；乡、村道的管理为乡道乡管，村道村管，公路沿线实行季节性维护。

2000年，推行养护承包责任制，把公路养护全面承包给各班职工，由队部每月下达养护指标，每人管养3公里养护里程，经队部月底检查全面完成后发给全额工资的70%，所余留30%工资在州公路局年终检查后视完成情况给予补发或奖励。2002年，实行效益工资制，乡道公路的养护全部实行补助性养护。主要采用自修、自用、自养，国家给予一定的补助原则。根据州交通局拨款数额，结合全县实际情况分别采取重点补助和照顾一般的原则给予解决经费。每月由乡上对养护人员进行一次检查，每季由县交通局组织人员进行一次初检，年末进行一次评检，年终进行总评，根据各乡养护质量好坏进行一次性补助。

2003年，推行公路内部养护招投标制度，以班组为单位对公路养护进行招投标，并制定段考核制度及班组养护考核评定办法，定期对班组养护工作进行考核评定，核发班组养护经费。2004 年，投资 30 万元，清除水毁垮方泥石 7 万立方，整治烂路 21 公里。

2005 年，省汽车养路费补助资金 87.63 万元，其中：县道 81.26 万元，乡道 6.37 万元。用于新民大桥护栏 2.4 万元，乌金线 92K ~ 98K 安全防护栏 1.5 万元，普雄大桥护基 1.6 万元，乌金路 K141 +000m 处挡墙恢复 6.5 万元，新民大桥桥面铺装 1.5 万元，制作公里桩 1 万元，越西至乃托火车站水泥路施工 68 万元，段自检合格率 100%，工程优良率在 90% 以上，无质量责任事故。好路率 74.38%，其中：油路好路率 72.44%，砂石路好路率 54.23%，比州公路局下达的指标分别提高 13.78%、7.04%、1.43%。综合值 72.31，其中：油路综合值 71.73，砂石路综合值 66.27，比州公路局下达的年指标分别提高 3.91、1.93、0.07。水泥路好路率 96.04%，综合值 78.81。

第二节 路政管理

1991 年，县路政所所属 10 个分站及 4 个养护队配备兼职路政管理员各 1 名，实行巡路制度，形成路政管理网络。1993 年，建立健全路政管理档案及管理制度、检查与考核办法，修改完善各种职责、措施、各类报表、台账登记。清理违章摊点 70 家，完成全线标线任务；组织 10 次集中行动，对重点路段进行巡逻检查。

1995 年，开展路政人员业务培训和治理公路"三乱"工作。采取以人定岗、以岗定责、以责考核、奖罚兑现的办法，强化管理。对正常行驶无违章的车辆不拦、不查、不罚；对货物漏撒车辆以教育为主，处罚从宽；对损坏公路设施的车辆按规定收费。

1998 年，上路巡查 124 天，380 人次，清除公路路障 56 处，2200 平方米；处理滥伐及损坏公路行道树案件 5 起；查处挖掘公路、损坏公路附属设施 3 起；查处公路红线控制区内违章建房 28 处，收取公路路产补偿费 32200 元。

2000 年，开展《公路法》等交通法律、法规的宣传，利用闭路电视播放《公路法》专题片 10 小时，广播宣传 20 小时，邀请公路沿线乡（镇）举行《公路法》座谈会 2 次，上路巡查 124 天，546 人次，清除公路路障 208 处，2180 平方米；处理滥伐及损坏公路行道树案件 7 起；查处挖掘公路及损坏公路附属设施 30 起；查处公路红线控制区违章建房 34 处，收取公路路产补偿费 61800 元。2001 年，上路巡查 130 天，450 人次，清除公路路障 58 处，2400 平方米；处理滥伐及损坏公路行道树案件 7 起；查处挖掘公路、损坏公路附属设施 3 起；查处公路红线控制区内违章建房 38 处，收取公路路产补偿费 45770 元。

2002 年，支持通县油路工程建设，征用土地 136.7 亩，拆迁房屋及围墙 846.12 平方米，搬迁坟墓 31 座，林木 8485 株，补偿金额 109.45 万元。上路巡查 138 天，430 人次，清除路障 61 处，300 平方米；查处挖掘公路、损坏公路附属设施 5 起；查处公路红线控制区内违章建房 30 处。2003 年，在通县油路工程建设中，负责乌金路越西境内和昭觉境内部分路段、中冕公路越西境内公路的征地拆迁工作。按照《关于乌金线改造工程有关土地等问题赔偿费用标准的通知》（越府办〔2000〕67 号），通县油路 145.4 公里两侧征用土地 234.2 亩，拆迁房屋 2846.12 平方米，拆迁违规建筑 289 平方米，围墙 67 堵，迁坟 31 座，拆迁电杆 153 根，移栽林木 13700 株，其中：经济林 6070 株，其它 7630 株，连同青苗在内补偿人民币 34.68 万元。上路巡查 262 天，1310 人次，清除路障 187 处，约 1122 平方米；查处挖掘道路和损坏附属设施 12 起，查处违章建筑 15 处。

2004 年，制止公路"三乱"和治理车辆超限超载，每月上路巡查 8 ~ 13 天，发放宣传单 1 万张，出动宣传车 36 台次，人员 86 人次，制作宣传标语 30 条。上路巡查 120 天，480 人次，清除公路路障 109 处，6500 平方米；查处损坏公路行道树案件 1 起 13 株；查处公路红线控制区内建筑设施 30 处，5000 平方米，收取公路路产补偿费1000元。

2005年，治理整顿以路为市、打场晒粮现象。拆除沿公路边搭建各类棚盖30处，360平方米，蓄水池2处；清除公路路障150处；处理损坏公路附属设施9处；查处公路沿线控制区内违章设施58处。在超限运输治理工作中，按〔2005〕154号、川府发〔2005〕86号文件精神，坚持公平、公开、公正的原则，严格执法，从严、从重处罚，确保治理工作顺利开展。设立超限检测流动点，检测超限车辆3800台次，收取公路路产补偿费25万元。

第三节　规费征收

养路费　1991年，按照"以路养路、专款专用"的原则，汽车、摩托车、出租车、专用机械养路费由县稽征所负责征收解缴。拖拉机、人畜力车养路费由县运管所负责代征代缴。1994年5月，执行省财政厅、交通厅、物价局联合发文确定的公路养路费征收标准：小型客车250元/月·车，货车130元/月·车，中型客车400元/月·车，两轮摩托车8元/月·车，三轮摩托车10元/月·车。

1997年7月，执行四川省八届人大常委会第25次会议通过的《四川省公路养路费征收管理条例》和省财政厅、物价局、交通局联合发文，公路养路费征收调整为货车170元/月·车，小型客车410元/月·车，中型客车330元/月·车，两轮摩托车15元/月·车，三轮摩托车17元/月·车，拖拉机85元/月·车。至2005年，征收养路费4375.29万元。

车辆购置附加费（税）　1991年，执行省交通厅《关于将车购置附加费征收工作交由交通稽征单位办理的通知》精神，县稽征所负责征收车辆购置附加费。国产车辆按销售价的10%计征，进口车按组合价格（到岸价+关税+增值税）的15%计征。

1994年，执行国务院的通知规定，车辆购置附加费由原来的国产车10%、进口车15%统一改为10%。1997年，按照财政部颁发的《车辆购置附加费管理办法》要求，车辆购置附加费纳入政府性基金预算管理，实行专款专用。2001年，车辆购置附加费更名为车辆购置附加税。2004年，车辆购置附加税由县国税局征收。

公路客运附加费　1991年，由县运管所对在县境内从事公路客运的车辆征收公路客运附加费，用于公路建设，征收标准为20元/月·座。

1995年，执行省交通厅《四川省公路客运附加费征收管理规定》要求，由县稽征所负责征收。所有从事公路客运的单位和个人统一实行客座位月定额结算办法。1996年11月，调整为20座（含20座）以下客车65元/月·座，20座（不含20座）以上客车，不低于52元/月·座；单位自用车兼营客运的65元/月·座；非营业运输车免征客运附加费。稽征部门对征收范围内的车辆实行"养路费、货附费、客附费"同步同票征收。1997—2005年，征收公路客运附加费844.36万元。

货运附加费　货运附加费是对从事公路货物运输的交通专业车辆按每公里计征货运附加费，其他社会车辆按每月每吨25元计征，拖拉机减半计征。从事营业性运输的车辆，由车属单位向货主代征代交；非营业性运输的车辆由车主负担。货运汽车货运附加费由县交通稽查征费所负责征收解缴；拖拉机货运附加费由县公路运输管理所负责代征代交。

1992年，经省政府决定开征公路货运附加费，遵照省财政厅、交通厅联合确定的标准执行，即从事货物营运货车每吨公里2分，非营业性运输货车每月每吨25元，拖拉机按拖挂吨位减半计征。1992—2005年，征收货运附加费358.5万元。

公路运输管理费　1991年，客车按总收入的1%征收，货车40元/月·辆。1993年，调整后为客车7元/月·座，货车20元/月·吨。

1995 年 12 月,根据凉价综〔1995〕174 号文件调整为货车 20 元/月 · 吨,客车 7 元/月 · 座,出租车 50 元/月 · 车,机动三轮车(含摩托车)20 元/月 · 车,人力三轮车 10 元/月 · 车,拖拉机 16 元/月 · 吨。2001 年,根据凉价综〔2001〕254 号文件,调整运管费征收标准:货车 20 元/月 · 吨,客车 20 座以上(含 20 座)6 元/月 · 座,20 座以下 7 元/月 · 座。到 2005 年,征收公路运输管理费 259 万元。

表 18 - 6　　1991—2005 年交通规费征收任务完成情况表

年份 \ 项目	养路费实征额(万元)	货附费实征额(万元)	客附费实征额(万元)	年度“三费”计划任务额(万元)	年度“三费”实征完成额(万元)	完成任务(%)
1991	115.64			118	115.64	98
1992	111.42	9.8		111.8	121.22	108.43
1993	97.36	12.04		130	109.4	84.15
1994	121	13.3		126	134.3	106.6
1995	152.74	15.61		149	168.35	113
1996	146.78	13.35		174.4	160.13	91.82
1997	153.28	13.7	58.14	224.7	225.12	100.2
1998	175.32	15.9	64.31	237	255.53	107.82
1999	174.44	16.02	52.74	254	243.2	95.75
2000	168.61	13.46	64	255	246.07	96.5
2001	198.77	16.26	66.68	259	281.71	108.77
2002	270.77	17.61	69.18	283	357.56	126.35
2003	308.18	21.29	73.97	361	403.44	111.76
2004	332.64	23.28	76.35	421	432.27	102.68
2005	382.39	28.33	82.89	447	493.61	110.43
合　计	2909.34	299.95	608.26	3550.9	3747.55	105.9

第四节　车辆运输

车辆管理　1991 年,县交通运输管理所对从事公路客货运输的汽车、拖拉机、人畜力车,分别建档立卡进行登记,及时办理注册、转户、停驶、复驶、报废手续;提供增加、更新车辆和车型、品种的需求信息;配合石油部门做好燃油供应。

1994 年,对全县车辆实行“三快”(快检查、快处理、快放行)管理,杜绝“三乱”(乱设卡、乱收费、乱罚款)。全年检查车辆 4251 辆次,补交各种规费 15 万元;汽车营运证审验率 98%,拖拉机审检率 95%,补交车辆购置附加费 2.96 万元。

1995 年,对新增客货车辆实行额度计划控制。参加营运的客运车辆,按交通运输管理机关统一规定的式样配置标志灯、出租标志牌,收费标准、技术状况、车容都要符合规定要求。购置或更新货运车辆,须向交通运输管理所申报。

1998 年 6 月，对全部营运车辆进行年度审验。一审汽车合格率 95.2%、拖拉机 95.2%，二审合格率 100%。2000 年始，经汽车修理厂修理、维护的车辆由县机动车综合性能检测中心进行检测，以保证车辆状况完好及运输安全。同时，结合年度道路运输审验，评定车辆技术状况等级。

2003 年，对全县所有营运车辆进行技术定级和二级维护检测。

运输管理　1991 年，全面整顿全县道路运输市场秩序，召开安全整顿会议 26 次，出动宣传车 1 辆，设流动稽查组 1 个，查处无证营运 12 起，纠正违章 65 起。

1994 年，组织实施公路运输检查，纠正违章，保护合法，取缔非法营运。清理整顿城居民用无证三轮车、摩托车非法载客，扰乱运输市场，违反城市公共交通秩序。

2001 年，开展整顿道路运输市场秩序专项行动。规范管理短途客运车辆，对全县所有短途客运，车辆进行重新申请审批，统一车型、颜色，改变过去运输混乱无序的客运市场。打击非法营运行为，为合法经营者创造公开、公平、规范、有序的经营环境。出动执法车辆 146 台次，执法人员 637 人次，查扣非法营运车辆 39 辆，纠正违章 56 起，受理查处旅客投诉 7 起。

2004 年，加强客运车辆源头管理，落实安全目标责任制度。制作宣传横幅 8 幅，张贴宣传标语 80 幅，发放宣传资料 300 份，接待咨询 366 人次。

2005 年，成立安全生产领导小组，落实安全责任，清理整顿车辆运输市场，打击黑车、黑户，查处无证经营汽车维修配货部 5 家、无证经营汽车维修业户 2 户。查处非法营运车辆 28 辆，纠正违规违章 426 车次，严格落实"五不出站"和 GPS 动态监控制度，严查隐患，狠抓整改落实，实现"安全、优质、有序、畅通"春运工作目标，圆满完成春运以及"五一"、"十一"黄金周及"火把节"等节日旅客安全运输任务。

第五节　交通安全管理

车辆安全　坚持"安全第一、预防为主"的方针，将安全管理工作放在首位，坚持安全责任落实"三统一"，建立健全《越西县交通安全生产管理制度》、《安全股股长职责》、《安全员职责》、《安全生产领导责任制》、《安全生产操作规程》、《安全生产奖惩办法》、《安全生产目标管理责任制考核办法》、《安全生产岗位责任制》、《驾驶员管理》、《GPS 安全管理责任书》、《行车安全目标管理考核办法》、《安全公里考核办法》、《关于加强安全生产的规定》、《车站、油库管理制度》等规章制度、管理办法。签订安全责任书并层层分解安全责任，将安全责任落实到各所属单位、站、队，切实做到组织落实、人员落实、资金落实，做到安全有人管，隐患有人查，整改有人督办。

工作上做到"三抓一落实"，方法上做到"三勤一逗硬"，积极开展"五个三"活动（即做到三不：不翻车、不死人、不发生重大责任事故；要求三无：无火灾、无爆炸、无重大治安灾害事故；查禁三品：易燃品、易爆品、危险品；严禁三超：超载、超速、超时；治理三违：违章、违纪、违法）。在规范化、制度化的基础上，警钟长鸣，常抓不懈，狠抓违章，打击违法。2005 年，查处违章 200 起，查处违法车辆 100 辆。

道路安全　乌金公路越西境内和中冕公路越西境内高岩地段、冰雪路段多，部分路段存在路基缺口、边坡坍塌、路面水毁等安全隐患，易导致安全事故发生。

2005 年，多方筹措资金进行烂路整治，在路基缺口前后设立警告牌 25 对，在急弯、陡坡处设立标志、标牌 103 对，在乌金公路 K106 +000—K108 +000 路段安装波形护栏 1000 米，在 K93 +600—K98 +000 路段浇筑钢筋混凝土墙式护栏 1500 米，K74 +000—K75 +000、K106 +000—K109 +000 路段安示警桩 1200 米；在中冕公路 K29 +000—K30 +000 路段安装波形护栏 500 米，在 K26 +000—K32 +000 路段浇筑钢筋混凝土墙式护栏 850 米，K31 +000—K33 +000、K45 +000—K46 +000 路段安示警桩 800 米；在乃托支线安装波形护栏 536 米，完成大瑞桥、干河坝桥、丁山桥、炒米关桥、白泥湾桥和小哨桥共 600 米的桥栏杆恢复,在桥头引道安装150米的墙式护栏。

车辆年审 公安交警部门和县公路运输管理所继续对车辆实行年检、驾驶实行年审制。公安交警部门年审车辆驾驶证、行驶证;交通运管部门年审车辆营运证,以保障车辆完好,安全行驶。对年检不合格者,责成检修,不准上路行驶。

第三章 交通设施建设

第一节 公 路

一、省道建设

乌金公路(S208线) S208线境内长109公里,北起甘洛交接处白沙河,东至昭觉交接处拉色洛道班。1999年10月,越普公路大瑞至书古14.6公里的一期改建工程动工,2000年全面完工。

2001年,以工代赈投资173万元完成乌金路书古至普雄段、城关至大瑞段全长20公里的路基改造。挖土石方20.87万立方米,修砌路基垫层16.78万平方米,挡墙、路肩墙2.36万立方米,涵洞37道,截水沟440米,人行道0.36万米,总投资767万元。完成乌金公路越西至新民段11.7公里三级路的路基改建,挖土石方7.86万立方米,修砌挡墙、路肩墙1.2万立方米,涵洞10道,总投资468万元。

是年8月,根据省、州安排,通县油路建设里程145.4公里,分为3个项目,26个合同段,其中:越西至甘洛交接处白沙河39公里;中冕公路28公里;越西斯基至昭觉交接处拉色洛道班78.4公里。

2003年9月,全县通县油路工程竣工,路基工程按三级标准路改造63公里,其余82.4公里为山重四级整形路。水泥路面29公里,机拌机铺沥青路面96.9公里,表外19.5公里,总投资估算8360万元,新增变更设计1700万元。

二、县道建设

中乃公路 全长40公里,起于中普雄镇,经拉白乡、尔觉乡、四甘普乡、拉普乡、铁西乡后止于乃托镇。1992年,通过州交通局补助和民工(民工建勤)集资修建中乃公路乃托支线油路1.8公里,于当年竣工投入使用。1994年,重点安排改建中乃公路水毁一期工程5公里,投资81.9万元。

1995年,完成23公里中乃公路水毁二期工程,修建堡坎1120米,桥梁1座,涵洞28个。2005年,安排资金9.8万元,将乃托支线改建为水泥砼路面,工程于8月完工。

中冕公路 始建于1984年,在越西境内29.7公里,由中所镇向西南方向,经五里牌、白泥湾、小哨、瓦渣铺子后翻越小相岭的旧碉堡垭口,进入喜德境内。工程于1990年4月基本结束。

1995年,启动中冕公路改造工程。改建后全线总里程26.7公里,较原线缩短3公里。改造工程总投资755万元,其中:省以工代赈办675万元,州两资办80万元,修建桥梁4座111.3延米、涵洞99道792延米,修筑挡土墙51736.64立方米,挖土石方788500立方米,配建道班房2座3333平方米,绿化植树10.5公里,3.2万株。

1997年,经州交通局、州以工代赈办、州扶贫开发办等部门正式验收,各项指标均达到优良标准,综合评分92分,评定为全优工程。2001年,启动中冕公路28公里的油路建设工程。

2003年9月,全面竣工。2005年,加强公路绿化建设及管理,争取省、州公路管理的支持,加大公路绿化经费的投入;层层签订责任书,加强日常管理,将绿化工作任务落实到年度目标责任中,与各乡(镇)、村签订责任书,承包给属地。配合林业部门加大公路沿线的宣传和执法力度,加强巡查,加大盗伐公路行道树案件的查处力度,保护公路绿化。

三、乡道建设

1998年,投资35万元改造申果庄公路15公里,完成堡坎2680立方米,涵洞12道,过水路面3处36米,投入民工建勤工日4.5万个。

2002年,以工代赈投资5万元,改建新民镇至保安乡通乡公路5公里。2004年,修建全长18.4公里的新民至保安公路和拉白乡主干公路,路面宽4.5米,铺筑20厘米水泥稳定层,4厘米机拌机铺的沥青混合材料面层。修筑小桥涵18座,32延米。工程总投资335万元,其中:省、州补助261万元。

第二节　桥　涵

省、县道桥梁　1991年,全县省、县道桥梁45座,均为石拱桥和平板桥,其中:省道(S208XT)25座680延米;县道20座,两裤路13座284延米,比团路7座152延米。2005年,全县省、县道桥梁49座,总长9520延米。

乡道桥梁　1996年,开工建设四甘普大桥、双河桥,于1998年全部竣工,其中:四甘普大桥工程投资70万元,全长76米;双河桥工程投资20万元,全长28米。2005年,新建拉普大桥,工程总投资174.5万元,全长111.02米,为5孔单跨20米,预应力砼板桥,桥宽5米,于年底竣工。

村道桥梁　1999年,投资11.5万元,修建渣普吊桥,于年底竣工投入使用;投资2.1万元,维修尔赛桥,改善该乡公路不畅的状况。

2005年,投资71.2万元,新建乃托镇觉林村吊桥、马拖乡钢筋砼板桥、保安乡梨花村小桥3座;投资为4.8万元,修建瓦普莫乡道小桥两座及挡墙1处;投资18.2万元,修建竹阿觉乡如宝村小桥1座,过水路面1道,解决群众出行难的问题;投资8.1万元,修建古二乡古吾和俄布两村间连接小桥1座。

表18-7　**部分年份越西省、县道新建桥梁统计表**

时　间	建设地点	桥梁名称	主要参数
1998.9	中冕路(K43+250)	小哨桥	拱桥(1-15)
1998.9	中冕路(K48+300)	白泥湾桥	双拱桥(2-32)
1998.9	中冕路(K45+200)	高河坝桥	拱桥(1-8)
1998.9	中冕路(K49+060)	南箐河桥	拱桥(1-20)
2000.10	乌金路(K87+600)	哇古桥	平板桥(1-8)
2000.6	乌金路(K131+600)	五里桥	拱桥(1-16)
2002.8	乌金路(K87+987)	瓦古桥	拱桥(1-25)

第三节 铁 路

成昆铁路越西段北自甘洛县入境,南至尔赛河出境,全长69.606公里。是一条客货运输线,境内设白果、白石岩、乃托、铁西、下普雄、拉白、普雄(三等站)、上普雄、尔赛河9个站。有桥梁54座,隧道46座,涵洞109座。铁路沿线2.5公里范围内有14个乡(镇)57个村217个村民小组,居住着彝、汉、藏、回等民族4万余人。由于境内地质条件限制,是成昆线上险要路段。其中:白果车站与越西车站8公里距离海拔高度相差达196米,铁路设计采用迂回盘旋展线方案。以16‰加力坡转,线路展开长9公里,增设白石岩车站。展线有隧道8座共长8220米,大桥5座共长868米。形成上中下三层线路重叠,同过一个村庄;位于越西车站南漫滩河左岸一、二级阶地及坡积山麓地带的铁马特大桥是成昆线第三长桥。因原设计路基及跨谷桥经检查发现均处在不稳定山坡,有五处病害。受两端已开工工程的控制,为跨越滑坡前缘斜坡地段,避免线路隐患特设谷架桥跨越漫滩河河谷西岸铁马湾滑坡体,为单线预应力砼简支梁桥,全桥总长882.27米,墩身最高17号50.4米。桥式布置由北而南为9孔23.8米预应力梁、2孔44米结合梁、17孔31.7米预应力梁。

1971年,成昆铁路通车运营,境域线路属西昌车务段管辖。

1993年,国家"九五"重点建设项目成昆线电气化改造启动。境内改造主要技术标准:线路等级Ⅰ级,限制坡度维持既有现状不变;最小曲线半径维持既有现状不变;牵引种类电力牵引;机车类型近期SS3型,远期SS4型;牵引定数近期燕岗至西昌南上行4000吨,下行3250吨。最大区段客货流密度,燕岗至西昌段客车8对,货流密度上行1800万吨,下行800万吨。远期输送能力不小于客车12对、货运2100万吨。近期(2000年)最大区段客货流密度,燕岗至西昌段客车8对,货流密度上行1800万吨,下行800万吨。远期输送能力不小于客车12对、货运2100万吨。

1999年,由中铁五局电务处承建成昆线越西段铁道电气化改造工程完工,全线一次性送电成功,开通运营。改造完成成昆线越西段,总投资7765万元,改造桥梁54座、隧道46座、涵洞109座,牵引变电所2个、接触网工区2个。改造后的成昆铁路越西段,时速85公里,载重可达4000吨。工程严格按照ISO9002系列标准施工,在质量、工艺、外观上均达到国家优质样板工程标准。

2005年,普雄火车站可通过会让,进行部分列车的摘挂作业和取送车的调度。运营业务以客货两运,办理客货列车到发,中转更换车头,对部分列车进行解体和编组。越西火车站营运业务以客货两运,办理客货列车到发。

第四章 运 输

第一节 公路运输

县域交通 1991年,县域交通工具以微型小客车为主,共有95辆。1996年,投放运营电三轮50辆。同年,人力三轮车开始在县城营运。

2003年，规范电三轮市场，核定线路6条，核定车辆130辆；开通公交客车10辆，核定线路1条。2005年，全线有各类客车151辆，电三轮130辆，人力三轮车420辆；核定线路10条。

公路客运　1991年，全县有各类客车122辆，其中：越西汽车站26辆，客班车行驶线路4条，334公里；交通专业运输单位客运量27.1万人次，客运周转量515万人公里。1996年，县城有零散的小车出租和摩托车出租客运。

1997年，整顿客运站，清理班车、班次。车站收费由省、州、县物价部门核准，重新认定级别，做到车进站、人归点、站内外秩序井然。2001年，公路运输管理严格“五不出站”（超载不出站、安全列检不合格不出站、驾驶员资格不合格不出站、客车证件不齐不出站、车站登记表未经签字审核不出站）制度。

2002年，全县有各种客运车131辆，客运线路10条，其中：州内7条，县内3条。每日都有多班客车发往各乡（镇）。县城客运主要以人力三轮为主出租客运；乡（镇）之间多为个体车经营户以改装的农用小三轮、小四轮搞客运。

2003年，开通大瑞乡—县城—新民镇公交线路，有公共汽车10辆。对农村客运车辆实行“五统一”（统一车型、统一车身颜色和标志、统一运营手续，统一起讫站点、统一发班次序）管理，建立全县道路运输车辆GPS（全球定位系统）监控管理系统，在更新的中级以上车辆安装GPS系统。2005年，开展“安全优质服务明星驾驶员”竞赛活动，对参与的驾驶员制作标贴，张贴在挡风玻璃上，向社会公示，推行义务监察员制度，定期检查，有效杜绝了安全事故。全年有客车151辆、出租摩托车130辆。境内交通系统单位年客运量73.3584万人次，为1991年的57倍；客运周转量8.6亿人公里，为1991年的46倍。

表18－8　1991—1999年旅客综合运输基本情况表

年份		1991	1992	1993	1994	1995	1996	1997	1998	1999
全社会客运量（万人）	合计	27.1	16.6	16.8	5.7	24	23.6	29	52	50
	公路	27.1	16.6	16.8	5.7	24	23.6	29	52	50
全社会客运周转量（万人公里）	合计	515	351	392.2	113	438	614	833	1927	1816
	公路	515	351	399.2	113	438	614	833	1927	1816

公路货运　1991年，县内有大货车533辆，小四轮农用车及其他机动小货车219辆，大中型拖拉机102辆，手扶拖拉机1607辆。

1993年，全县交通专业运输部门完成货运量13.5万吨，货运周转量1277万吨公里。1998年，个体货运汽车发展到44辆，占全县专业运输车辆的80.7%，占货运总量的67.3%。2002年，全县有个体货运汽车557辆，小轮农用运输车275辆，各类拖拉机1184台，全年货运量83.7万吨，货运周转量4918.1万吨公里。

表18－9　1991—1999年货物综合运输基本情况表

年份		1991	1992	1993	1994	1995	1996	1997	1998	1999
全社会货运量（万吨）	合计	0.6	0.6	13.5	21	36	46	57	53	56
	公路	0.6	0.6	13.5	21	36	46	57	53	56
全社会货运周转量（万吨公里）	合计	37	32.9	1277	1154	1364	1527	1646	1958	1956
	公路	37	32.9	1277	1154	1364	1527	1646	1958	1956

人力客运　1996年，县城投放人力客运三轮车200辆。2003年，普雄镇投放人力客运三轮车38辆。2005年，全县运营区域投放人力客运三轮车420辆（其中：县城382辆）。人力客运三轮车营运收费标准严格遵守物价核定标准，县城运营东至县委党校，南至电力公司，西至县医院，北至县运管所收费每人每次1元，超出区域或夜间超过22:00适当上浮收费。普雄镇主要运营区域为镇中心至火车站收费1元，

超出区域或夜间超过22:00适当上浮收费。

三轮摩托车 1996年,县城投放运营客运三轮摩托车50辆。2001年,增至100辆。2003年,普雄镇投放运营客运三轮摩托车30辆。

截至2005年,全县投放运营客运三轮摩托车130辆,主要运营城关至中所、大屯、新民、大瑞,普雄至火车站,收费每人每次1元。

第二节 铁路运输

成昆铁路境内拉白、铁西、上普雄、尔赛河、白石岩、白果、下普雄7个站不办理货运。越西、普雄站是全县货运、客运的主要站,其中:普雄站按业务性质为客货运站;按技术性质为区段编组站;按铁路查定等级为三等站。

铁路旅客运输 1991年,车务段开展以"治理经济环境、整顿经济秩序"为中心内容的形势教育,整顿客运纪律,重点整治"以票以车谋私,接受贿赂、刁难旅客、乱涨价、乱收费"五大违纪行为。全年越西站发送旅客1万人,普雄站发送旅客5万人。

1993年,按照铁路统一要求,客运系统职工实行佩戴挂有本人照片、职务、编号的胸章上岗,并向旅客公布收费项目和标准,公布监督举报电话。

1995年,实行客运职工持证上岗制度。1998年,成昆线电气化扩能改造后,开展价外收费和延伸服务项目专项清理整顿活动。越西车站运能年发旅客2.5万人,普雄车站运能年发旅客32.6万人。2000年,开展全面推进"百点计划"、"六项承诺"和"双三十条"活动。

2002年,成立客运营销工作小组,制定窗口服务标准,推出"推广普通话"、"上门托运行李"等服务项目。2005年,开展"树标塑性"活动,从服务质量、票务管理、职工素质、治安秩序等方面全面提升站车综合管理水平。在春节、暑假及黄金周运输期间,成立相应的领导小组,对客运人员实行"定岗、定人、定责、定标准"管理;加强售票组织,延长预售时间,扩大售票覆盖面,做好增开临客和加挂列车等各项工作,保证旅客走得好、走得了。

铁路货物运输 1991年,铁路货物运输呈现运量增长快、增幅高。货运发送量大于到达量,越西站年发货运5000吨,普雄站年发货运4.8万吨。运输收入248万元。1995年,铁路货物运输出现货运量增长,货运发送量大于到达量,主要是越西、昭觉、布拖、美姑等地的洋芋、水泥、铁矿、泥炭土等,采取加强装卸组织,提高货车净载重、加速车辆周转、挖掘运输和货运设施潜力,改进货物装车方案等措施。

1998年,成昆线电气化扩能改造后,越西车站年发货物1万吨运输组织,实现年运输收入进款118万元。普雄车站年发货物60万吨运输组织,实现年运输收入进款4365万元。

2000年,国家实施西部大开发战略,人流、物流、信息流加速流动,铁路运输量大幅增加。车务段以"挖潜扩能,增运增收"为重点,整合运力资源,强化运输组织,根据货源变化及时调整运输方案,对重点货物坚持"四优先"政策。积极提高成组装车比重,优化作业方案,加速货物送达。

2005年,相继开展"树标塑形"活动,从服务质量、票务管理、职工素质、治安秩序等方面提升站车综合管理水平。在春运、暑运及黄金周运输期间,建立领导小组,对客运人员实行"定人、定岗、定责、定标准、定内容"管理,积极做好各项工作,保证货物运输。

第三节　运输单位

西昌运输公司越西分公司　1991年，四川省西昌汽车运输总公司越西公司为四川省汽车运输第58队。1992年，凉山州交通局、西运司总公司决定将汽车运输58队更名为西运司越西运输公司。1997年11月17日，在原58队院内新建越西汽车站。经营权属西昌汽车运输总公司。

2003年，县车队职工改制分流，由西运总公司安置在越西车站和越西公司，隶属四川省西昌汽车运输公司越西公司。

2005年，公司有职工139人，其中：在岗57人，离退休人员82人，拥有客运车50辆，客运量80万人次，旅客周转量985万人公里，是越西最大的公路运输企业，也是全县唯一一家从事二级车辆维护和材料供应的企业。公司为广大客户汽车修理提供保障，具有汽车二级维修资质，汽车修理厂房1500平方米，各种修理设施设备齐全，有高级技工6人，助理工程师1人。公司还设有加油站、停车场、洗车场。新建二级客运中心站和乃托汽车站，线路运行遍及全县各乡（镇）和州内各处，经营线路：越西至西昌、美姑、雷波、布拖、昭觉、甘洛及全县各乡（镇）。

表18－10　1991—2005年西运司越西公司客车营运统计表

年度	车辆（辆）	总座位（个）	客运量（人）	客运换算周转量（人公里）
1991	26	1068	629431	3758240
1992	27	1098	630421	3813450
1993	28	1128	631428	3891205
1994	20	847	678631	3279783
1995	21	682	456775	3004387
1996	28	770	367763	3069195
1997	29	746	332000	3494589
1998	26	583	256400	2725884
1999	25	555	420300	2610750
2000	36	720	610500	3360300
2001	31	718	535180	3489239
2002	30	721	493518	3850346
2003	35	841	633390	4329884
2004	43	1132	834965	5010287
2005	50	1184	733584	5674474

越西客运中心汽车站　1991年，县汽车站设在县58队。1997年，投入资金205万元，新建越西汽车站，建站房1650平方米（含厕所、售票大厅、候车室），发车场2500平方米。

2000年，竣工投入使用。县汽车站作为二级客运中心站，是县城各种客运车辆停靠、始发的中心场所。

乃托汽车站 1992 年 6 月 13 日,修建乃托汽车站,位于乃托镇越西火车站西侧,距火车站约 200 米,南可通普雄地区,北接甘洛县,西距县城 23 公里,是越西的北大门,主站房 1132 平方米,三楼一底框架结构建筑,内设:候车室、小卖部、餐厅、旅社等,职工简易住宅 217 平方米,厕所 55 平方米,停车场 1050 平方米,主站房单位造价每平方米 311 元。1993 年 4 月 6 日竣工投入使用。

普雄汽车站 位于中普路与昭普路交汇处,辐射昭觉、美姑、雷波、金阳、布拖、甘洛等 6 县。1991 年,普雄老汽车站继续使用。

2004 年,新建普雄汽车站,占地 9790 平方米(14.7 亩),车站总建筑面积 1210 平方米(含站房、车辆检修间、厕所、门卫室等),停车场 8000 平方米(含站前广场)。工程总造价 156.75 万元,主体工程造价 68.13 万元。年底,普雄汽车站整体搬迁。

第十九篇

邮政　电信

第一章　邮　政

第一节　邮政管理

邮政管理机构　1991年，邮电局由邮政、电信组成，在职人员107人，离退休人员74人。1998年10月，根据凉山州邮电局《关于越西县邮、电分营实施方案的批复》，将越西县邮电局分设为越西县邮政局、越西县电信局。1999年1月，成立越西县邮政局，内设：办公室、经营服务部、营业班组2个、投递班组1个，辖普雄邮政支局、上普雄邮政支局、下普雄邮政支局、申果邮政支局、书古邮政支局、中所邮政支局、新民邮政支局、乃托邮政支局，在职职工55人，离退休人员41人。

2003年9月，县邮政局内设：综合办、市场部、营业班组2个、投递班组1个，辖普雄邮政支局、新民邮政支局、乃托邮政支局、中所邮政支局。2005年，内设：办公室、经营服务部、营业班组2个、投递班组1个，辖普雄邮政支局、上普雄邮政支局、下普雄邮政支局、申果邮政支局、书古邮政支局、中所邮政支局、新民邮政支局、乃托邮政支局，在职职工41人。

表19－1　　1991—2005年邮政（邮电）局负责人名录

姓　名	性　别	民　族	职　务	任职时间
罗有才	男	汉族	邮电局局长	1984.1—1995.2
潘治彬	男	彝族	邮电局副局长	1984.1—1995.1
			邮电局局长	1995.2—1998.10
周昌志	男	汉族	邮电局副局长	1995.2—1998.10
苏洪才	男	彝族	邮电局副局长	1996.3—1997.11
宋创新	男	汉族	邮电局副局长	1995.1—1998.10
			邮政局局长	1998.10—2002.12
范月洪	男	汉族	邮政局副局长	1998.10—2005.12
李加祥	男	汉族	邮政局局长	2003.1—2005.7
陈劲松	男	汉族	邮政局局长	2005.7—2005.12

制度建设　1991年，实行全面质量管理，落实经济技术指标、精神文明建设、组织建设、思想建设、党员教育、监督检查等措施，培养职工队伍，领导分工责任到人，坚持月检查、半年总结、年终评比。

1994年，开展创建标准化班组、支局、标兵单位活动。1996年，成立生产调度室，变事后检查为事前控制，调度长、调度员负责全局生产指挥调度；稽核会计、汇兑会计、储蓄会计、发行会计，负责审核全局营收票款；汇兑检查员、储蓄事后监督员、质量监督员、业务档案管理员、发行业务检查员，对每日发生的邮政业务逐笔检查把关，发现差错及时通知相关人员更正；支局邮政检查员、储汇稽查员，负责对各支局的业务现场检查指导。

1998 年,开展创优质服务活动,改善服务,方便客户,树立良好的社会形象。越西邮电局在邮电营业环节中,开发应用综合业务微机处理系统,实现营业电算化。

2000 年,按规定频次对各班组进行业务检查,按月下发业务通报、送检查情况,奖罚兑现,保障邮政生产的正常运转。2002 年,科学设置工作岗位,打破干部、工人界限,按照定员标准,干部职工实行全员竞争上岗,优化劳动组织结构,形成干部能上能下、职工能进能出的用人机制。建立培训、考核、使用一体化制度,实行易岗易薪,职工有紧迫感,企业效益得到提高。充分发挥信息流、资金流和物流于一体的功能。

2004 年,设 8 个管控岗位,控制岗位按月写出检查质量报告书,管理岗位负责人按季写出检查情况报告书。是年,贯彻执行国家邮政总局和国家工商管理局联合制定的《集邮市场管理办法》,清查全县各邮票摊点。实行报刊投递网、普邮投递网、特快投递网“三网合一”,将投递频次管理改为投递效果管理。2005 年,实行规范化管理,对营业及投递人员进行规范化礼仪培训。制定奖罚细则,执行标准化管理规程。

第二节　邮政业务

函件　1991 年,开办中国邮政贺年卡(有奖明信片)业务。是年,国内函件出口 168 万件,进口 125 万件;国际函件出口 140 万件。

1995 年,开办中国邮政礼仪(邮资)信函业务。礼仪信函有生日、婚庆、敬师、邀请、致哀 5 个品种。是年,执行邮政新标准规定,交寄信函必须使用国家标准信封,对使用非标准信封、信函一律退回。

1997 年,机关、企业按挂号信函交寄的国内邮件可以附国内邮件回执,称附回执挂号信,回执作挂号交退。个人交寄的给据邮件不办理邮件回执业务。

2001 年 3 月 1 日,取消航空邮件、邮政快件、特种挂号信函,增加邮简及收件人总付邮费业务。各种书籍、报纸、期刊、教材、目录及各种印刷的图文资料按印刷品寄递;取消邮电公事,增加邮政公事。

2005 年,平常函件业务分为信函、明信片、邮简、印刷品、盲人读物、邮送广告、义务兵免费信件 7 种。当年,出口函件 4700 件。

包裹　1991 年,出口包件 2253 件,进口包件 4695 件。1993 年 2 月,放宽包裹的重量与尺寸限度,重量放宽到 28 千克,尺寸以能装入 3 号邮袋为限。1995 年 9 月,取消贵重药材作贵重包裹交寄的规定。贵重包裹价值限额从 300 元提高到 1000 元,保价金额每件最多 5 万元。

1996 年,适当提高包裹资费,取消商品流通包裹、纸质品包裹资费和大件包裹处理费。包裹以每 100 克为计费单位,按现行包裹资费例表上调 50%。同年,恢复大件包裹用户专用袋业务。使用专用袋交寄邮件,每袋重量不得超过 28 千克。取消纸制品包裹业务,改按印刷品收寄。

2001 年 8 月 1 日,开办国内快递包裹新业务,以快于普通包裹的速度,低于特快专递包裹的资费,为物品运递提供新的选择。自此,邮政包裹业务有普通包裹、快递包裹、特快专递包裹。2005 年,出口 2919 件,进口 5235 件。包裹以商品包裹为主,且逐年增加。

汇兑　1991 年,汇款业务出口汇票 23411 件,进口 7384 件。1993 年,根据《关于调整邮政地方建设附加费的通知》,普通汇款每笔收附加费 2 角;电报汇款无附言的省收 5 角,州加收 5 角合计 1 元;有附言的省收 7 角,州加收 6 角,合计 1 元 3 角。1996 年 6 月 1 日始,邮政汇票每笔最高限额由 5000 元调整为 1 万元。1998 年,出口 20051 件,进口汇票 9123 件。1999 年,随着邮政储蓄全国联网及银行通存通兑的开展,邮政汇兑出口开始逐年下降。

2001 年 7 月 1 日,推出邮政电子汇款业务,24 小时到达兑付。汇费按汇款金额的 1% 收取,每笔最高收取汇费50元。2003年7月,增加密码汇款业务,即实时汇款、2小时汇款、24小时汇款,收费和普通汇款一致(只加收手续费)。2005年,汇兑业务全部纳入电子汇兑系统运行,实行全省通汇通兑。年内出口汇票6220张,进口12233张。

机要通信　1986年,继续办理县团级以上党政军机关的机要函件的收递,机要通信业务量758件。1988年,机要文件每件以500克为限,每超重100克或其零数,加收附加费0.2元。1991年,加强机要通信业务管理,配备专职管理、业务人员,建立健全岗位职责和收寄、转运、投递等各个环节的监督检查制度。1995年,机要文件收寄范围扩大为县以上各民主党派及工商联、县人民医院。1996年,机要通信收费标准,改按挂号信函资费标准收取。机要文件,每件每重20克或其零数收0.50元,挂号费、机要保安费1元。2002年,机要通信业务量586件,未发生失密、泄密事件。

报刊发行　1991年,发行报纸1.304万份,杂志0.0109万份,实现流转额287.87万元。贯彻"订阅不足够,零售来补救"的方针,设立零售报刊亭(点)2个,完成销售额3.1418万元。1992年,邮发报刊除《参考消息》外公开征订。1995年,报刊价格连续翻番,幅度高达七八倍之多,给发行工作带来极大的困难。由于党政领导机关的重视及邮电职工的努力工作和热忱服务赢得订户,当年,发行报纸1.232万份,杂志0.0164万份,实现流转额50.4万元。1998年,投递人员划片包干,实行上门收订,电话订报,在生活区设立订报服务点。同年,《参考消息》报取消订阅限制范围,对社会公开发行。

1999年,公费订阅报刊减少,自费订阅成为报刊征订销售主要方式。2005年,扩大报刊零售市场,增强报刊零售业务的竞争力,提高邮政参与市场竞争意识,增大报刊零售业务的收入。组织人员深入到公安、消防、民政、工商、税务等部门推动专业报刊的发行。积极宣传收订报刊,当年发行报纸1.336万份,实现流转706万元。

快件与特快专递　1989年,县邮政局开办快件业务。年内,收寄邮政快件786件。

1992年10月,开办国内特快、国内保价特快专递业务,保价金额最高为1万元。

1996年12月1日,高考录取通知书使用省招生委员会办公室特制专用信封,按照给据邮件(快件或特快)办理。

1998年,取消邮政快件。年内,收寄邮政快件3857件。开办纳税申报特快专递业务。纳税人在法定的纳税申报期内,使用专用信封邮寄纳税申报表,邮政部门按照与税务机关约定的时限投递。

2000年,组建邮政快速网,开办省内邮政特快限时专递邮件,简称限时速递邮件。同城邮件3小时内投递。收寄局从收寄到发出2~3小时,投递局从接收到投递3~4小时。全年代办邮政特快专递业务1489件。

2002年,保价金额调为10万元。取消省内限时投递业务,保留部分次晨投递业务,要求次日上午10时前投递。2003年,严格按照川邮局〔2003〕183号精神,坚持将大中专录取通知书直投到收件人;对超出增值投递范围以及非特快开办局投递的录取通知书邮件,要视为特殊邮件,及时组织人员于当天将录取通知书投递到收件人手中,且不得收取延伸服务费。2005年,邮政特快专递达4760件。

第三节　邮政设施

一、邮政基础设施

办公用房　1998年,在新大街南9号(建筑面积78.5平方米)、新大街南段(原建行)办公楼(建筑面积658.24平方米)建立邮政基础设施。同时,购买新南大街59号(建筑面积46.50平方米)作邮政局营业厅。当年,投资200万元,在文化路修建邮政大楼。2000年12月18日,新建邮政大楼投入使用,建筑面积3728.28平方米,其中:办公建筑面积1957平方米,其它用于开办邮政宾馆与邮政超市。

邮政设备 1991年,邮政局有汽车1辆,计算机6台。营业、分拣使用的设备有日戳、印台和计重计费器。1999年,建成邮政综合计算机网,实现邮政业务综合处理、信息传输和决策管理的综合性网络化。邮区作业系统、邮政办公服务系统、邮政可视电话会议系统也相继建成投入使用。

2000年,邮政储蓄网点与全国联网,实现邮政储蓄绿卡全国通存通兑。2002年,邮政计算机办公服务系统与州内各县市联网,实现互联互通,收发文件、信息简报均通过办公网传递。

2005年,健全邮政通信设备的组织机构,配置专(兼)职邮政设备管理、维护人员,并制定相应的岗位责任制;健全邮政设备管理规章制度;提高邮政通信设备管理的经营意识,制定设备的使用、维护规程和检查记录,将设备操作、维护、修理责任到人,加强监测,建立严格交接班制度和重点设备在线监控、动态监测报警等手段,掌握设备运行状况,及时预知维修目的。

二、邮路

县内邮路 自办二级邮政汽车邮路1条40公里,投递频次为逐日;自办自行车邮路2条15公里,每周六班;委办步班邮路3条59.2公里,每周二班。

铁路邮路 普雄邮转站(普雄火车站),K113次接上行方向(成都发越西、越西发西昌)的进口轻件(含特快),其中:发成都方向的机要邮件发本次车由西昌经转;K114次接下行方向(西昌发越西、越西发成都)的进口机要邮件和轻件普邮(含特快,快包);8619/23次、8619次、8623次,接上行方向(成都发越西、越西发西昌)的进口重件普邮(含特快包);8624/20次、8624次;8620次,接下行方向(西昌发越西,越西至成都)的进口重件普邮和凉山报、刊。

乃托(越西火车站),8619次接乃托——普雄(越西)的各类出口邮件;8620次接普雄——乃托(越西)的各类进口邮件。

下普雄(下普雄火车站),8619次接下普雄——普雄(越西)的各类邮件;8620次接普雄——下普雄的各类进口邮件。

区乡间邮路 由县城区发班沿途经普雄邮转站、苏姑邮转站、中所邮转站交接邮件后返城。中所支局、新民支局由支局发班到县邮电局封发交出口邮件,次日由县邮电局发班回支局。上普雄支局、申果支局,设委托代办步班发班,从支局发班,到达普雄然后返回支局。

农村投递 1991年,农村投递路线26条,单程长度361公里,投递频次根据农村人口数量及路程远近分为:周六班、间日班、三日班、周班。其中:自选车投递为逐日频次,邮路14条,单程长度105公里;步班邮路12条,单程长度256公里。

1995年,按照《四川省乡邮排单管理办法》的规定考核投递员,排单填写合格率、准班率、考核点章,投递落实率均达到95%以上。

1998年,制定收寄、营业时间、投递时限频次作业计划。

2001年,开展向王顺友学习活动,发展马班邮路建设。全县设马班邮路2条(上普雄支局和申果支局)。2005年,全县有马班邮路投递里程59.8公里。

第四节 多种经营

集邮 1985年,开办集邮票品业务,成立集邮协会。销售已发行的和新发行的纪念邮票、特种邮票、空白邮票插册、邮票镊子及放大镜等集邮用品。随着集邮活动发展和集邮内容与范围的扩大,销售品种逐步增多。集邮范围有邮票、邮封、明信片、邮签、邮折、邮卡、小本票、邮政文件、集邮书刊。

1991年，集邮25649枚，集邮收入1.1万元。1993年，集邮票品开放价格管理，对发售期后集邮票品的定价采取随行就市的原则，但任何邮票均不得低于面值出售。营业部门出售的票品明码标价，不得议价销售，邮品定价权属邮电部。

1995年，组织集邮爱好者举办邮票展览、集邮座谈会、研讨会、邮票观赏交流等活动。集邮77154枚，集邮销售额2.8万元。1997年，发行香港回归纪念邮票、邮折、邮卡，深受集邮爱好者喜爱，集邮品年销售2.7万元。2001年，集邮69165枚，集邮销售3.4万元。2003年，集邮用品销售包括集藏用品、保护用品、研究用品及同集邮活动有关的各种纪念品、纪念章、纪念币等。2005年，集邮31241枚，集邮销售1万元。

邮政储蓄　1991年，邮政储蓄储种有：活期储蓄、整存整取定期储蓄、零存整取定期储蓄、存本取息定期储蓄、定活两便储蓄等。1993年，设立储蓄专室单独营业；普雄镇、中所镇、新民镇、乃托镇4个支局，营业室设立储蓄专柜，各配营业员2人，储蓄额247万元。1997年，邮政储蓄全国联网后，增加代发工资、代发养老金等业务。

2000年11月，邮储"绿卡"开通，绿卡除具备存款、取款、查询等基本功能外，还可以享受工资收入进账、缴纳费税及有关支付结算服务。全年吸储11000万元。2003年，县邮政储蓄计算机完成银联卡改造，实现绿卡跨行取款和消费。2004年，贯彻落实《邮政储蓄业务暂行办法》。县邮政储蓄纳入银行业管理，邮政储蓄统一版本正式切换上线。2005年1月5日，邮政代理保险业务系统正式上线。当年，邮政储蓄余额1054万元。

邮政超市　2001年12月17日，县邮政局投资16万元，开办邮政超市。占地约100平方米，主营：副食、烟(零售)、酒、五金、洗化、工艺、保健用品、文具、玩具；属全民所有制；经营方式为批发、零售。

邮政宾馆　2000年8月15日正式开业，现有单间3间，标间16间，可同时接纳35人入住，有360平方米的停车场。

第二章　电　信

第一节　电信管理

电信机构　1991年，电信属邮电局下设部门。1998年10月，根据凉山州邮电局《关于越西县邮、电分营实施方案的批复》(〔1998〕328号)文件，实施《越西邮电分营实施操作方案》，成立越西县电信局，下设综合办公室、市场经营部，有职工53人。

1999年，越西县电信与移动通信分营。

2000年10月，设立中国电信集团四川省电信公司越西分公司，由凉山州电信分公司主管。

2003年，成立中所镇、普雄镇、新民镇片区基层班组，充实城关南、北段社区各1人，充实农村客户部3人、管线维护班1人。

2005年，越西县电信分公司内设：总经理室、综合办公室、经营维护部，下设营业、线务、机务、测量电力、营销、中所片区、普雄片区、新民片区、乃托片区基层班组。公司有员工35人，其中：管理8人，技术业务人员27人。

表 19－2　　1998—2005 年电信局负责人名录

姓　名	性　别	民　族	职　务	任职时间
潘志彬	男	彝族	局　长	1998. 10—2005. 12
周昌志	男	汉族	副局长	1998. 10—1999. 10

电信制度建设　1994 年，实行局长任期目标责任制，核定各生产科室的年度通信质量、业务总量、业务收入、安全生产经济技术指标。制定精神文明、组织、思想建设、党员教育等目标责任书。

1995 年，成立企业管理办公室，制定工作目标，以部门、班组为单位成立 QC 小组，实行以计划、实施、检查、改进为主要内容的 PDCA 循环管理，使班组和职工形成横到边、竖到底、纵横连锁的责任网络。落实县电信局标准化班组验收细则。1996 年，开展质量、品种、效益年活动。

1997 年，开展邮电服务年活动，狠抓服务促质量，推行 ISO9002 服务质量标准，制定服务质量考核办法。落实抓建设上能力，抓市场增效益，抓教育保安全，抓管理争第一的工作方针。

2001 年，落实“薪酬激励机制”、“绩效考核机制”、“员工职业发展机制”、“竞争上岗机制”、“教育培训机制”，用工制度本着精简高效的原则，定员定岗，杜绝人浮于事现象。2002 年，深化改革，以提高经济效益为中心，实行片区责任化经济承包。

2003 年，实施效绩奖金考核实施办法、重点业务发展计划承包办法、片区经理责任划分承包办法、重点用户、商业客户划分承包办法，全面推进电信营销服务渠道建设，进行营销服务渠道建设竞聘工作。

2005 年，开展客户满意工程推选首问责任制。按质量标准，规范各岗位作业流程，使服务质量标准化、制度化。

第二节　电信设施

1991 年，整治电信农话杆线。对县城至普雄镇中继杆线逐杆逐档清焊接头、调整垂度、扶正电杆、清洗隔电子。同时，恢复下普雄 4 个乡、申果庄 3 个乡的通话。1993 年，越西市话实现人工改自动，1000 门 921 纵横制式开通使用，5 位制编号。

1995 年，投入通信建设资金 2000 万元，改扩建县城、普雄镇、中所镇、新民镇、乃托镇交换机，改扩建县城、中所镇、新民镇市话网调，新建 ADSL 宽带接入网及 DDN 数据传输网。同年，普雄镇程控改制，开通程控电话；邮电局 3000 门数字程控割接成功运行投产。1996 年，安装 3000 门 04RM 数字程控交换机，实装用户 1985 户。促成长途光缆泸越(泸沽—越西)和普雄镇光缆竣工投产，开通越西县无线寻呼。

1997 年，省邮电管理局与贝尔集团公司援建越西县“邮电贝尔”希望小学。1998 年，扩容市话 3000 门，普雄镇、中所镇、新民镇扩容 496 门；建成普雄镇大哥大转发站；开通大哥大 G 网基站 139 联网与分组交换、多媒体通讯网等现代通信平台。JPX14 市话配线架 4000 回线扩为 8000 回线；投资 175. 42 万元，架设下普雄 15. 378 公里 4 芯光缆，开通 240 路光环系统；申果庄架设 15. 837 公里，4. 0F 明线一对，开通一套 0＋8 系统；河东乡架设 5. 927 公里，HYA200×2×0. 4 电缆一条；梅花乡架设 15. 633 公里，4. 0F 明线一对，开通一套 0＋8 系统；保安乡架设 8. 78 公里，4. 0F 明线一对，开通一套 0＋8 系统；丁山乡架设 3. 047 公里，HYA100×2×0. 4 电缆一条；大花乡架设 5. 913 公里，HYA20×2×0. 4 电缆一条；南箐乡架设 5. 054 公里，HYA50×2×0. 4 电缆一条；五里箐乡架设 11. 34 公里，4. 0F 明线一对，开通一套 0＋8 系统；城郊村架设 3. 497 公里，HYA50×2×0. 4 电缆一条。

1999 年，完成数字程控扩容工程，普雄镇由 512 门扩容 1026 门，乃托镇由 128 门改为 256 门，电信局扩容6000门。2000年,中所老街机房搬迁至新大街邮电支局,扩容512线;电信局扩容ADSL360线端,容量720个端口,实占端口577个,其中:新扩容端口占用149个;中所镇新建ADSL端口24个,使用17个;普雄镇新建24个端口,使普雄镇容量达到96线端,使用64个端口;新民镇新建村王家巷线配线补点工程、南箐乡团河村补点网调工程竣工;县城管道建设,新大街段、文化路段、商业街段完工投入使用,在新大街缆线下地工程中,完成11个交接区、光缆回拆3.48皮长公里、10~1200对主配线电缆32.25皮长公里下地接续、穿管引上31处、缆线回拆36.6皮长公里。

2001年,县城"04"机改"2XJ10"6800线工程竣工,区乡接入网"ZXA10"改制工程完成,网调工程新增电缆29.474皮长公里;网络接通率93%。2002年,新建大瑞乡、马拖乡、南箐乡、河东乡、大屯乡、大寨村接入网点设备、网调及用户进行割接;建成中所镇、大屯乡、大寨村、马拖乡、河东乡新机房;新建中所镇、普雄镇管道;收购普雄镇机房。建成ADSL宽带接入设备安装调测及交换机的升级,改造远程监控。

2003年,新建瓦岩乡、大屯乡、板桥乡、彩林村、大寨村、五福村、南箐乡、瑞林村、瑞联村、马拖乡、普雄镇、瓦吉木村等地网调;新建网调41.82皮长公里,投资60万元左右,启动越西至中所光缆工程,县局960线及ADSL264线扩容。2004年,建成县城新大街、文化路、商业街管道及其配套工程;县局扩容ADSL360线端,有容量720个端口,实占端口577个。中所镇原邮电机房搬迁至商业街,扩容2000线。

2005年,建成国家二级干线西昌—喜德—越西—甘洛的光缆,9月,越西电信村通工程正式启动。截至2005年,有交换总容量17020门,其中:ADSL容量1980个端口,小灵通基站54个;主干电缆皮长78公里,主干电缆芯对17250公里,电信用户13927户,业务总量800万元。

表19-3 2003年电信各接入交换局情况

交换点名称	交换点位置	占地面积(平方米)	容量(门)	实装用户(户)
越西电信大楼	新大街南段9号	1608.64	7104	5226
普雄电信生产	普雄镇大街	127.8	1536	1264
中所电信生产	中所新商业街	200	1792	1718
大寨接入点	新民镇大寨村	97.44	512	279
大屯接入点	大屯乡政府	59.6	512	385
马拖接入点	马拖乡政府	56.16	256	72
大瑞接入点	大瑞乡政府	79.7	1024	583
南箐接入点	南箐中晃路旁	90	256	105
河东接入点	河东乡政府	50.65	512	247
新民接入点	新民邮政支局	31(属邮政)	1024	632
乃托接入点	乃托邮政支局	40(属邮政)	512	432

第三节 电信业务

电报 1991年,县内电报业务按传递速度和重要性分为:气象、特种、水情、军政、公益、新闻、公务、普通和汇款电报9种,多为机关企事业使用。当年,完成32995份,电报收入4.8万元。1992年,以电传、单边带终端系统集中收发全县电报,出租电报电路全部撤销。1993年,开办请柬、鲜花礼仪电报业务。

1997年,开办营业窗口立等即发电报业务。年底,出口电报5920份,进口电报1825份。2002年,随着电话业务的发展,电报业务逐步减弱。业务收入1.04万元。2003年,进出口总计只有935份。

长途电话 1991年,市话、农话挂长话通过长途台转接。当年,长途电话完成23791次,收入77984元。1995年,国内长途电话完成27386次,国际电话和港澳地区电话106次。2005年,长途电话通话量1012万次。

市内电话 1993年,市话自动化割接开通,市话改制共投资220万元,扩大自动化范围,取消农话交换台,城内自动化电话用户可直拨各支局、所再转所用户,加快传输速度。市话净增用户219户。1999年,狠抓市话放号,采取优惠、让利,扩大装机率。当年,净增长1312户,达4502户。2001年,市话新增1765户,达8240户。2002年,净增电话用户1610户。2003年,本地电话达到11322户。2004年,固定电话净增765户,本地固定电话达到12087户。2005年,固定电话新增1539户,拆机519户,净增1020户,达到13107户,其中市话8356户。

农村电话 1991年,农话收入7.6万元,支出1.9万元,收支差额5.7万元,其中:农话出租代理及其他收入1.8万元。1999年,农话放号613户,达到1492户。2001年,农话新增1167户,达3452户。2003年,农话用户3501户。2004年,幸福农家乐187户。2005年,发展村通电话660户,农话用户累计5571户。

程控电话 1993年,投入185万元,首先改造完成城区程控电话。1995年底,开通各个乡(镇)的程控电话。

无线寻呼 1996年6月,开办无线寻呼业务,人工台业务号码为126;自动寻呼台业务号码为127;业务有开户、过户、停机、租赁、确定服务区、漫游登记。本地寻呼功能有普通呼、优先呼、追踪呼、紧急呼、群呼、组呼、复台呼;漫游功能有漫游呼、跟踪呼、异地呼。年末,用户有569户。1997年,无线寻呼号码由5位升为7位,无线寻呼系统并入全省寻呼网络。至1998年,无线寻呼用户765户。当年,移动通讯发展迅速,寻呼市场萎缩。4月,无线寻呼剥离,划归联通公司。

公用电话 1995年,全县公用电话有45户。1998年,公用电话129户,公用电话点86处。2000年,公用电话部数173部,代办公用电话48部,开办公话超市16家,191部单机。有人值守电话180部,无人值守公话40部。2003年,新增公话35部,IC卡电话44部。2004年,设立公用电话代办点50个,开办公话超市13家,192部单机。有人值守电话196部,无人值守公话40部。安装IC卡电话22部,电话亭5个,满天星46户。2005年,开办公话超市14家,210部单机。有人值守电话204部,无人值守公话41部。发展IC卡电话23部。

数据通信 1998年,数据通信用户49户。2001年,完成数据用户92户。2004年,县电信局分组交换系统数字数据端口86个,实占57个,通达全县32个乡(镇)。互联网上网用户606户。

电话电视会议 2000年,建立电视会议室,为本县党政机关等提供服务。2001年,县电信局通信线路应用于电视、电话会议。2005年,电视会议更新为宽带高清晰会议系统,可用于行政会议、远程教学。

来电显示 1997年,发展来电显示业务。2003年,发展来电显示业务349户。2004年,净增来电显示180部,来电显示用户达到1412户。2005年,净增来电显示125部,累计达到1537部。

无线市话 1997年,开通县城与中普雄镇大哥大通信业务。1998年10月,A网手机大哥大达到146户。2003年,开通小灵通业务,发展358户。2004年,净增小灵通用户185户。2005年,小灵通用户达1603部。

宽带网 1997年,开通ISDN(一线通)业务。1998年,县内开通ADSL。2002年,新增ADSL用户12户。2003年,电信公司发展无线终端,抢占农村市场。年底共发展无线终端612部,每月收入达2.1万元。ADSL用户达到290户,数据业务用户15户。2004年,数据宽带用户59条(其中:虚拟拨号26条,专线24条),发展宽带用户395户,拆机79户,净增316户,宽带用户达到606户。2005年,数据宽带业务用户70条;宽带用户新增409户,拆机107户,净增302户,达到908户;发展局域网用户18户。

其他业务　2001 年,169 拨号用户 80 户。2003 年,PHS 用户 653 户,DDN 用户 2 户。2004 年,PHS 电话发展 1574 户,拆机 653 户,净增 921 户,PHS 电话用户达到 1574 户。2005 年,PHS 新增 267 户,离网 238 户,净增 29 户,达到 1603 户。电信局还开展以下业务:本地网营区内通话和营业区间通话、声讯服务、168 业务、160 业务、121 气象服务、181 大众投票业务、181666 心语心愿热线、一号通业务、96510 互易通充值卡业务、电话出租业务、预付费 96333“金融卡”业务、电话报税卡业务、17901 主叫直拨 IP 电话业务。开展 163 业务、ISDN 业务、DDN 数字数据网业务、分组交换业务、ATM 业务、电子数据交换业务(电子商务),10000 号客户服务中心、114 台、112 障碍台。

表 19－4　1991—2005 年通信发展情况

项目＼年份	1991	1992	1993	1994	1995	1996	1997	1998	1999	2000	2001	2002	2003	2004	2005
业务总量(万元)	20	23	63	82	105	124	236	291	376	432	501	590	604	672	800
交换机总容量(门)	500	500	1000	1256	3000	5120	5120	5560	7282	9584	10000	12048	15040	15040	17020
实装容量(门)	312	370	589	836	1549	1985	2315	3200	4502	6432	8240	9850	11322	12087	13107

第四节　电信资费

一、经济效益

1999 年,完成电信业务总量 509 万元,电信业务收入 376.22 万元。2001 年,越西电信公司业务收入实现 500.7 万元,电信业务总量 481.68 万元。

2002 年,电信通信业务收入 590 万元,其中:通话费收入 522 万元,数据通信收入 29 万元,声讯业务收入 4 万元,卡收入 35 万元。

2003 年,业务收入 604 万元,人均实现劳动生产率 15.89 万元。2004 年,财务收入 671.64 万元。2005 年,实现收入 750 万元。

二、电信资费

初装费　1993 年,市话单位每部 2200 元,住宅每部 2000 元;农话单位、住宅每部 2000 元。2005 年,市话、农话不分单位、住宅均为每部 158 元。

月租费　1991 年,市话单位、农话单位、住宅每部 30 元。1993 年,市话单位每部 20 元,住宅每部 15 元;农话单位每部 20 元,住宅每部 10 元。

2005 年,无线市话 10 元,宽带网单位每部 100 元,住户 70 元。

通话费　1991 年,营业区内通话费每分钟 0.1 元,营业区间每分钟 0.2 元。2001 年,营业区内通话费,首次 3 分钟(不足 3 分钟按 3 分钟计)为 1 次,以后每分钟为 1 次(不足 1 分钟按 1 分钟计),首次 0.22 元以后每分钟 0.11 元;营业区间,通话费每分钟为 1 次(不足 1 分钟按 1 分钟计),每分钟 0.5 元。

其他　1995 年,收取电话号码选号费 50 元。2002 年,停止收取电话号码选号费;同时,调整部分资费项目:固定本地电话过户手续费,每次每号 3 元;用户电话号码改号费(换号费),每次每号 50 元;装机工料费每线 150 元、移机工料费每线 150 元;装移机手续费仍按原资费标准执行。固定本地电话用户申请停机保号,其复机时除收取当月月租费外,不得另收其它费用;用户在申请办理停机保号业务时收取3个月停机保号费(每3个月为1个收费单位,收费标准15元);停机保号超过3个月,而用户未办理续停手续并交纳费用的按拆机处理;在5月1日前申请办理停机保号业务的用户,收费标准仍按原标准执行,5月1日起对其延长3个月,资费按新标准执行;3个月仍未办理续停手续并交纳费用的,则按拆机处理。

第三章 移动通信

第一节 通信机构

移动机构 1996年,成立电信移动科,属县邮电局的业务分支。1998年,邮政、电信分营后,移动通信属电信局管理。

1999年,移动通信从电信分离,成立四川移动有限责任公司越西分公司,归凉山州移动通信公司管理。成立四川移动有限责任公司越西营销部,设负责人1人,综合管理1人,网络维护1人,业务办理、营业人员2人。

2005年,四川移动有限责任公司越西营销部设办公室、集团客户组、营业厅、网络维护4个部门,在职员工11人。

表19-5 1999—2005年移动公司负责人名录

姓名	性别	民族	职务	任职时间
郑学英	女	汉族	经理	1999.9—2005.5

联通机构 1998年,成立中国联通凉山分公司越西县联通营业厅,由邮政局代管,职工4人,其中:营业员2人,专业管理人员2人。

2004年,将中国联通凉山分公司越西县联通营业厅更名中国联合通信有限公司凉山分公司越西业务部。实行省、州垂直管理,隶属凉山州联通公司,业务部设综合办公室、市场营销部、客户服务部、网络维护部,在职人员7人,其中:营业人员2人,管理人员2人,综合人员2人,业务部领导1人。

第二节 通信设施

移动通信设施 1996年,越西县电信局建成8+2模拟基站。网络覆盖县城主城区。1998年12月,建成县城基站、普雄基站2个数字移动通信基站并投入使用。

2001年,乃托基站建成开通。2002年,中所、新民、大古山、上普雄等基站投入使用,完成县城基站、普雄基站的扩容和优化工作。开通马拖乡、新乡乡、白果乡、乃托水泥厂4个转发站。2003年,全县建成基站8个,转发站4个,网络覆盖面达全县国土面积55%。

2005年,实施“村通工程”建设,工程总投资1248万元。其中:村通工程前已争取上级公司工程投资7214万元,建设光缆669.5公里,建设基站54座,安装微波传输设备4套,全县乡、镇、村通信覆盖率

95%以上。

联通通信设施　1999年9月，越西农行基站正式开通放号，在各重点乡镇建立服务网点，共设7个营业厅。2000年5月，开通第一期GSM基站越西新民及普雄基站，相继开通普雄、新民、县城3个CDMA基站。2001年2月，中所、书古基站开通。

2002年，乃托、下普雄、上普雄、瓦觉木梁子、南箐基站开通运行。2003年，小山、五里箐乡、小孤山、普雄火车站、县城老街、广电等基站开通运行。

到2005年，全县有G网基站12个，网络覆盖县内24个乡镇，网络覆盖率达到85%。

第三节　通信业务

移动通信业务　1997年，采用第一代模拟移动通信，有用户124户；数字移动电话295户。1999年，移动电话用户发展到562户。

2001年，第一代模拟移动系统关闭，停止服务，原模拟用户转入数字网络服务。移动网内通话计费由双向改为单向，即网内接听免费。开通手机炒股，开办IP记账卡，1259即时点播业务。年底，移动通信实现全数字化，形成全球通、神州行、亲情卡品牌。

2003年，先后开办企业信息发布系统、梦幻乐园、全球通亲密号码、小区式神州行、彩信业务及12586娱音在线业务。同时1258、1259升位调整为12580、12591。年底，全县有移动用户18564户，营业收入30万元。

2005年，开通全球通套餐、神州行家园卡等数十种产品，提供12项增值业务（包括短信息、彩铃、银信通、彩号、短彩俱乐部、全时通、集团短信通、手机上网、天气预报、手机报、手机邮箱、手机钱包）。截至2005年底，登记入户移动电话用户3万户，营业收入达512万元。

联通通信业务　1998年，凉山州联通公司越西业务部是集合移动通信（GSM和CDMA）、数据通信、互联网、长途电话、无线寻呼等全业务综合性服务窗口。

1999年，业务部主要经营长话、市话、电信增值业务，销售电子通信器材。受理缴费、充值、业务变更、入网、停开机，票据打印等综合业务，收入53万元，用户800户。

2005年，业务部收入158万元，用户4315户。数据、互联网和固定电话用户462户。公司提供以下增值业务：193注册业务、IP专线业务、互联网专线业务、宝视通业务、公话业务、无线寻呼业务、116114“电话导航”业务、天府农业信息网。公司还提供“如意通”、“新势力”（是基于“空间下载”技术，简称OTA）、“世界风”三大品牌套餐。

第四节　通信管理

移动通信管理　1999年，制定《企业管理办法》、《安全保卫检查办法》、《业务监督检查办法》、《财务管理制度细则》。2001年，实行干部无级别管理，与员工签订经济责任书。开展送电话下乡活动，宣传移动业务。开展欠费清缴工作。

2003年，营业台实行“五心”（专心、热心、细心、耐心、虚心）服务，加强营销中的知识含量，文化韵味，树立移动精品，赢得消费者的认同。定期对代理商和直销商进行业务指导，提出建议和意见，及时改进工作，争创一流服务。

2005年，推出互动式、免填单服务，营业员向标准化、高质化、知识化服务转变。营业人员与客户形成只有我为客户,才有客户为我服务关系,提出“三主动”(主动与客户打招呼、主动指导客户办理业务、主动为客户提供方便)及“双零”(零距离、零缺陷)服务。

联通通信管理 1999年,开展争创服务标兵和服务明星班组、营业厅活动。2001年,采取自办营业网点为主,代办代销营销渠道及合作营业厅等营销网点为辅的方式,初步建立越西联通通信营销体系。2004年,建章立制。树立以顾客为中心、服务第一、顾客至上的服务理念。

2005年,落实“首问责任制”,推进分级服务工作,强化全员服务意识。成立营销公司,制定经营策略,发展代理商3个,直销商4个。倾听客户建议和意见,及时改进工作,争创一流服务。

第二十篇 城乡建设与环境保护

第一章　县城规划建设

第一节　城建机构

1991年，城建局内设：人事秘书股、城市规划股、乡村规划股、建筑管理股、环境保护股、房屋设计室、工程质量监督站、房地产管理办公室，编制15个。1992年，地名管理办公室划归城建局。

1993年，城建环保局更名越西县城乡环境保护建设委员会，撤销人事秘书股设行政办公室，城市规划股、乡（镇）规划股合并为规划股。

1998年，越西县城乡环境保护建设委员会更名越西县建设环境保护局，内设：城乡规划股、建筑管理股、环境保护股、行政办公室、房地产管理办公室、设计室、工程质量监督站，地名管理办公室划归县民政局。2001年，撤销城关清管所，组建城市综合执法大队。

2002年，县建设环境保护局内设：规划股、建管股、环保股、行政办公室、房地产管理办公室、设计室、质量监督站，增设建设工程招标投标管理站。

2005年，建设环保职能分列，组建越西县城市规划建设局、越西县环境保护局。县城市规划建设局内设：规划股、建筑管理股、行政办公室、房地产管理办公室、设计室、质量监督站、招投标管理站。

表20－1　　1991—2005年城建局负责人名录

姓　名	性　别	民　族	职　务	任职时间
刘光炯	男	汉族	城建局局长	1987.5—1993.6
格坡尼古	男	彝族	城建局副局长	1987.8—1992.1
李　欣	男	汉族	城建局副局长	1991.2—1993.12
			城乡环境保护建设委员会副主任	1993.12—1996.4
王大文	男	汉族	城乡环境保护建设委员会主任	1993.6—1998.8
			建设环境保护局局长	1998.8—2003.2
汪永明	男	汉族	城乡环境保护建设委员会副主任	1993.6—1994.4
马海达尔	男	彝族	城乡环境保护建设委员会副主任	1995.9—1998.7
马依古	男	彝族	建设环境保护局副局长	1998.7—1999.12
钟　珂	男	汉族	建设环境保护局副局长	1999.12—2005.12
阿尔友真	男	彝族	建设环境保护局副局长	2002.3—2003.5
			建设环境保护局局长	2003.5—2005.12
代　明	男	汉族	建设环境保护局副局长	2002.4—2005.12
周　越	男	汉族	城市规划建设局副局长	2003.4—2005.8
王　勇	男	汉族	城市规划建设局副局长	2003.4—2005.3

第二节　县城规划

1991年，县城规划沿用1987年编制的《一九八七年至二〇〇〇年县城总体规划》。2000年，对县城总体规划进行第二轮修编，聘请四川省规划设计院作县城总体修编。2001年10月，经省建设厅、省规划设计院评审通过《越西县总体规划》。

一、规划原则和指导思想：在1987年总体规划基础上，坚持可持续发展战略，重点建立城镇整体性体系，提高城市基础设施水平，优化城市布局。强化“城市经营，土地经营”理念，将城市作为重要的国有资源进行开发利用。加强用地的兼容性规划，合理确定用地和开发强度，增强城市抗震防灾、消防和预防各种灾害的能力。提高城市环境质量和综合服务功能。通过规划，建立管理规划，理顺管理体系，指导城市建设。

二、规划时间：2001—2020年。

三、规划区面积：面积3.4平方公里（东以越西河为界，西至西山脚，南至“五一”桥，北至气象站）。

四、城市性质：规划县城（越城镇）是全县政治、经济、文化中心，建成以休闲、观光、服务、商贸为主的适宜居住的小城镇。

五、城市规模：至2020年县城人口4.5万人，县城用地3.4平方公里，人均用地76.2平方米，人均居住用地31平方米。

六、城市发展方向：以新大街、西宁路向东西方向发展，在规划区内的越西河滨河段建景观带，加以开发。

七、城市布局：以新大街行政中心、老城居民区、商业街区的东西方向为城市公共活动中心区域；以西山自然绿化带、越西河滨河绿化景观带为城市风貌特征；在规划区按相对集中成片原则，以主要道路为分隔，形成城中、城南、城北三个居住小区。

布局重点：强化以城市东西方向发展，突出城市空间变化特征，丰富城市景观，提升城市形象；保留老城区传统风貌格局，展现其特有的风格；着力打造越西河沿岸滨河绿化景观带，并结合景观组织的需要，沿滨河景观带西侧分别布置城市体育休闲区，城市传统商业街区等特色功能景观。

八、土地利用规划

行政办公用地　以县委、县政府所在地为行政中心，对中心周边环境进行整治、疏理、净化、发展。

商业用地　以新大街、东街、西街现状向东西方向延伸，在大桥路一带打造城市商务中心区。

文教用地　完善现有学校，并规划在西北角集中安排一块教育用地。

体育设施用地　规划在滨河路段两河口处的城市休闲区内，并结合滨河景观绿化带，形成城市文体休闲娱乐区。

居住用地　老城居住区保留现有格局，在城南、城北建集中居住小区，完善基础设施、规划区总居住4.5万人。

工业仓储用地　工业用地按越西战略发展规划要求，集中布置在乃托镇，城区不再安排工业用地。仓储用地，除维持现状仓储外，在城南沿公路规划用地。

广场用地　完善现有文化广场设施外，在滨河路景观带增设小型憩性广场。

九、对外交通及道路网络

对外交通　主要由过境公路（新大街、西宁路）和滨河路承担，保留现有客运站，在规划区南端安置一处长途客运站。

道路网络　以方格状路网为主，在规划区安排建成三纵七横干路网络结构道路，安置同时强化老城区周边道路维修，形成较为清晰的内环网路，以分流老城区人流、车流。

干路红线宽度16～20米，双向三至四车道。

支路红线宽度7～12米，一块板，双向二车道。

十、管线工程规划

给水工程　增大完善现有管网，扩大增容西山净化供水池，供水规模达20000立方米/天。消防给水采取生产——生活——消防共用一套给水系统，在道路上设置消火栓，间距不大于120米。并在主要道路及交叉口，文物保护单位设置消火栓。在规划区南侧安排一个消防站。

排水工程　在规划区设置三条主排洪沟，三条排洪沟将规划区分为四块，雨水按四个排水区域排放。污水排放：在规划区北面越西河西岸设施污水处理厂，其规模15000立方米/天，占地20000平方米，污水管网结合道路工程规划情况，干管沿越西河西岸布置，其它污水管沿道路边缘敷设，接入主管，经污水处理厂处理后排入越西河。

燃气工程　越西采用槽罐车运输天然气到本县储配站，以中压配气方式供应用户，储配站安排在规划区南侧，占地2000平方米，供气规模3万立方米/天，配气管网由配气站接出，构成环枝状管网供气。

电力工程　10千伏变电站供电。配电线沿规划道路电缆沟敷设，街区内部可采用LGJ架空线路，以环网和放射式相结合方式供电。

电信工程　预计装机21000部、市话配线40000对电缆管入地敷放，对景观要求不高地段可采用架空线路。

广播电视工程　预计规划区电视15500户，实现光纤到户、覆盖率达100%，实现全数字化传输，管缆入地。

城市管线综合规划　管线平行布置在人行道与非机动车道下，各地下工程管线如下道路西、南侧为电力、给水、雨水。道路东、北侧为电信（含有线电视）燃气、污水。

十一、防灾工程规划

抗震防灾规划　越西县城抗震防灾烈度为7度第二组，考虑地震加速度为0.15g，生命线工程系统（粮食、供水、供电、交通、通信、卫生、指挥）应按抗震防灾烈度8度设防。同时，加固危房、疏散通道、增设绿地广场，保证疏散抢险通道。对高压线、油库、变电站等易导致灾害的设施要加强防护措施。

在规划区南侧附近建一消防站。消防给水由给水管统一供给，室外消火栓按直线距离不大于120米设置，转弯处大型公共建筑入口处，增设消火栓设施。消防通道宽度不小于（等于）5米，间距小于（等于）160米，疏散道路与避难场所相结合起来，在越西河西岸设消防取水三处。

防洪防泥石流规划　越西河及三条排水沟以20年一遇洪水标准设防，修建沿河防洪堤，滨河路段单独设防洪堤。对泥石流易发段，采取建拦沙坝、挡土墙、抗滑桩支档等措施设防。加强西山等处封山育林、植树造林，严禁在山脚开山放炮取土，以保持山体整体稳定，密切监测等措施设防。

十二、生态环境保护规划

加强绿化，在坡度较大处不可作建设用地，水系冲沟，岸线等处大量进行绿化，保护自然环境，治理水土流失；生活污水通过污水管网收集，进入污水处理厂集中处理后，排入越西河；垃圾及时清运，分类收集，集中处理；规划区加强噪声监控，执行空气环境质量二级保护标准，规划区河流水质应达到Ⅲ类地面水质保护标准。

第三节　城区改造

老城区改造　1991年，旧城老街街面狭窄，青瓦木结构，住户集中，人口稠密，火灾时有发生。加上道路布局不尽合理，严重制约了县城经济的发展。2001 年 12 月，通过招商引资，引进重庆民生燃气有限公司实施旧城改造，新建步行商业街西起新大街、东至老城区南大街。新建步行商业街项目于 2002 年 3 月启动，拆旧住房 185 户，拆迁面积 15150 平方米，拆迁补偿总额 510 万元。拆迁回迁住户 47 户，其中：门市安置 21 户，住宅安置 26 户；易地安置 138 户，政府给予建房土地、水电安装优惠。新建门市及商品房 8 幢，面积 25107 平方米，其中：门市 140 间，面积 6503 平方米；住宅 152 套，面积 18604 平方米，项目总投资 2500 万元。新建步行商业街长 294 米，宽 14 米，花岗石路面、水电、闭路管线入地，设置有花台、椅子、地灯、景观台。2005 年底，仅余 2 幢楼房未完工。

新城区扩建　1991 年，新城区有新大街、西宁路、环城路、团结巷、西苑路、文化路、三岔口等道路。1998 年，坚持以大开放，促进大发展，走招商引资，开放发展路子，制定“以地招商、减免税费、即征即返、全额让利、共同发展”的房地产开发优惠政策。即单位无偿提供建设用地、开发商投资建房、底层门市归开发商拍卖，楼层按拆旧房面积返还单位，其余楼层归开发商拍卖，各引资建房均按此模式运作。

2000 年，为解决党政干部职工住房困难，投资 350 万元，职工集资 800 万元，修建县四大班子职工住房 17532 平方米。同年，引资 150 万元，修建县政府办公大楼 2720 平方米。2001 年 11 月，引资 480 万元，修建县委办公大楼，面积 7321 平方米。

2002 年 3 月，投资 756 万元，完成县人武部搬迁达标工程。同年，引资 220 万元，修建广播电视办公大楼，面积 4500 平方米。2004 年，新建越西县西城中学，搬迁越西县疾控中心。2005 年，县城新城区南至“五一桥”，北抵气象站，东衔老城区，西靠西山。

第四节　市政设施

城区交通　县城道路建设，以省道 208 线、南北大街为主骨架，以环城路、东西大街——大桥路为主干道。1991—1993 年，投资 53 万元，整修西山路（新大街北段三岔口至县医院门口）、西苑路、新建文化路（县委大门至县医院门口）长 962 米，敷设供水主管道 572 米，架设供电线路 520 米。1995 年，投资 2.5 万元，当地农户、住户投工投劳，整修老城区东南环城路长 370 米，宽 3 米混凝土路及排水沟；整修北大街口至牲畜市场长 200 米，宽 2.5 米混凝土路及排水沟。同年，投资 10 万元，修建县文化广场，面积 1950 平方米。

1997 年，投资 3 万元，当地住户、农户投工投劳，整修刘家巷，建成长 378 米，宽 4 米的混凝土路及排水沟。1999 年，投资 354.44 万元，实施新大街改造工程。主要拓宽新大街街道，铺筑人行道彩砖。10 月，实施街道改造一期工程。2000 年 1 月，完成一期工程，浇筑新大街南、北、西段（电力公司营业大门至三叉口）、西苑路、团结路、新大街西段（新区十字街口至县委大门）混凝土街面。3 月，实施街道改造二期工程，安装路牙石 1011 平方米，整修街两旁排水沟 3578 米，安装消防设施、新街灯。建成长 1800 米，宽 7～21 米，面积 18927.15 平方米的混凝土街道及设施。改造后的新大街初具城市街道风貌，经验收、审计均为合格工程。2001 年，投资水泥 267 吨，当地村组出资沙石、农户、住户投工投劳，整修外南街、大桥路、三倒拐路三条混凝土路，建成长 2280 米，宽 3.5～5 米混凝土路及排水沟。

2002 年，投资 18.5 万元，整修县城南环城路，建成长 340 米，宽 4.5 米，面积 1530 平方米混凝土路及排水沟。2003—2004 年，投资 130 万元整修改造新大街人行道工程，铺筑长 3200 米、面积 12750 平方米无障碍彩砖人行道。同时，投资 110 万元，实施通信、供电管线入地和安装果皮箱等工程。

广场设施　2004 年，投资 155 万元，改扩建县城文化广场，铺设广场彩砖 3500 平方米，绿化广场 2217 平方米，安置喷泉、音响、广告栏等设施，初具“四化”广场规模。

供水工程　1991 年，完成从中所乡水观音水库引水到县城的勘察、设计、制图、概算总投资。报经省、州建委审核批复，经省、州计经委立项后，成立越西县引水工程指挥部，下设施工组、土地协调组、财务组、办公室。1992年1月28日，正式通水。工程总投资118万元，安装长6268米、直径250毫米铸铁输水主管道，同步建成水观音库区围墙、抽水机房、值班房、畜水池等设施，日供水能力3000吨。1998年，配合县城新大街改造工程，投资65万元，自来水公司投工改造新大街街区破损的铸铁输水管，新敷设PVC塑料管、直径250～300毫米、长1120米输水主管及闸阀等设施。2001年6月，配合县政府整修西宁路，自来水公司贷款投入18万元，当地住户筹资4000元，更换破损铸铁输水管，敷设PVC塑料管、直径160毫米、长1475米输水主管，解决当地群众供水。2002年3月20日，县城第二水厂建成，修建30平方米取水池，敷设直径300毫米、长5200米螺旋钢制输水主管道，接入城关水厂蓄水净化池，净化后供水。2003年5月，为提高二水厂供水水质，投资46万元，其中：自来水公司投资26万元，在城关水厂蓄水池增设沉淀、消毒、过滤一体化的自动净水设施。

县城排水　1991年，县城新城区排水由暗沟汇集于果园路沟、打虎沟、大桥路沟、吊桥路沟后排入越西河；老城区排水由街路两侧暗沟构成纵横网状排泄。1993年，投资10万元，整修吊桥路、西山路、西苑路排水沟，建成长1618米混凝土排水沟。1998年，投资2万元，清淤整修吊桥路至城北原红旗电站排水沟。2000年，结合新大街改造工程，修筑新城区排水网沟。将排水沟纳入工程改造之内，理顺新修新大街东、南、西、北段，团结巷、文化路、西苑路、三叉口等路段的混凝土排水暗沟4000米，构成通畅的网沟排水。并在新大街增设街面泄水孔，使街面雨水经泄水孔拦渣后排入水沟。2001年，投入水泥267吨，当地住户投工投劳，整修外南街排水沟1600米，大桥路排水沟1960米，三倒拐排水沟980米，修筑混凝土排水沟长4540米。2002年，投资18.5万元，整修环城路，修筑混凝土排水沟400米。2005年，投入2万元整治县城街道排水沟5190米和打虎沟、汪家沟沉沙池1300立方米。

路灯装置　1991年，有老城区东、南、西、北4条主街，每50米安有水泥杆照明，继后发展到各小街巷。1992—1996年，政府投资10万元，完成县城全部街巷的路灯安装。2000年6月，新大街改造工程中，投资路灯专款44万元，铺设入地电缆3500米，安装高7.5米鸭嘴双挑灯66杆盏，改型玉兰灯8杆盏，新大街十字口安装高20米飞碟高杆灯1套，自动控制配电柜两组。2002年，投资20万元架设单挑路灯68杆盏，解决县电力公司至“五一桥”路灯照明。

园林绿化　1991年，已建绿化带2500米，面积2306平方米，单位内花园面积923平方米。2000年9月，投资6.3万元，与电信花卉公司签订绿化种植合同，在新大街南、北、西段、西苑路，种植香樟树和紫薇树。2002年，投资4万元，在电力公司营业部至“五一桥”种植绿化树。至2005年，县城已种植绿化树3550米，县城绿化面积5133平方米，其中：文化广场绿化2217平方米。

环境卫生　1991年，城关清管所负责老县城4条主街、新大街、西苑路、文化路、团结巷、环城路等地段清洁卫生。1997年，聘请临时人员24人，人均每天清扫1657平方米，清扫面积39764平方米；清运马车4部，每辆马车每天清运3.8吨垃圾，全年清运垃圾5500吨，堆放在小孤山西侧14.6亩荒地处。1998年，因土地权属问题，垃圾堆放场归还大花乡。同年6月，经政府批准，在“五一”桥下河坝旁废弃凹荒地处，租用农户地6亩建立临时垃圾堆放场，租用0.8亩修建长95米宽5米运输垃圾通道。1999年，投资2.6万元，修建52平方米清管所办公室；投资2万元，购买简易垃圾车。同时，投资3万元，组建清运公司，将原聘用的清洁工按工龄每年补助50元的标准，一次性付给全部辞退。2000年7月，新大街改造竣工后，清扫人员全天分段负责对县城环境卫生清扫、清运，督促管理“门前三包”。2001年6月，县政府组建越西县城市综合执法大队，负责县城环卫，整治县城脏、乱、差和城市综合执法工作。2002—2004年，县政府投资8.5万元，在新大街区及文化广场增设果皮箱。

城市管理　1992年，县城市综合执法大队配备垃圾车1辆，负责县城垃圾运输。1997年，集中整治“脏、乱、差”与社会宣传相结合，整治乱搭乱建、乱停乱放、乱倒垃圾。对城区主、次干道违反城市规划和城市管理法规，有碍市容观瞻的脏乱现象进行查处，取缔乱搭乱建46户、占道摆摊设点73户，清理垃圾

258车。2003年,以专项治理为重点,解决店外经营、流动摊点、马路堆放、乱设广告标牌等问题。实行门前“三包”,取缔流动摊点,拆除未经批准设置的户外广告牌。2005年,按照《越西县市容和环境卫生管理办法》,制发通告1458份,下达限期改正通知书45份,拆除乱挂条幅68条,清理广告纸358份,清理建筑垃圾237立方米,治理店外经营196处,店外制作78处,流动摊点345个。

第二章　乡镇规划建设

第一节　普雄镇规划

1996年3月,普雄镇经四川省人民政府批准列为省第三批小城镇试点建设镇。9月,省村镇规划设计院编制普雄镇总体规划。1998年11月,州、县人民政府批准《普雄镇总体规划》。

一、普雄镇总体规划指导思想:充分利用镇区独特的区位优势、交通优势和物资集散地的优势,完善镇区基础设施,增强镇区综合服务功能,改善投资环境、提升镇区形象,将普雄镇建设成为物资集散、商贸、综合服务、农产品加工交易、交通便捷,独具民族风情的中心镇。以其快速的经济增长带动和辐射周边乡村经济,促进县城经济发展。

二、规划时限:1996—2010年。

三、规划区面积:规划面积1.93平方公里。东以普雄河西岸为界,西以申普公路为界,南以原普雄石油公司为界,北以越普公路大桥沿河西岸向北600米处为界。

四、规划区性质:以物资集散、商贸、交通、农畜产品交易、综合服务、民族风情为主的中心镇。

五、规划区规模:至2010年镇区人口达1.88万人,建设用地136公顷,特殊用地8.9公顷,人均用地88.3平方米。

六、规划区发展方向:镇区向东、北方向发展,重点向东沿河西岸滨河路发展。

七、规划区布局

工业及乡镇企业　工业、铁路机修、凉北林木综合加工厂布置在规划区西面、呷立桥以西;乡镇企业农产品加工布置在规划区东南面。

仓库　布置在规划区西面火车货站,南面处。

生活居住　布置在瓦吉木大街与滨河路之间。

交通　镇区新建二纵二横道路,以瓦吉木大街平行向南修二条纵路,一条纵路沿河西岸新建1000米长滨河路(大桥处汽车站至呷立大桥),另一条纵路沿铁路护坡建450米长半边街路(呷立大桥与昭普路连通已建成)。横路:一条以瓦吉木大街向东与滨河路连接修一条约200米长街横路,另一条以呷立大桥路与瓦吉木大街向东与滨河路连接修一条横街路。道路均宽16—20米,含人行道、绿化、管线布置建设。

车站　在规划区普雄大桥口西岸处建一新汽车站(已建成),搬迁原汽车站,以满足昭普、越普、申普、乃普四条公路出入客货运输管理。

供水、排水　供水采用打深井取水,布置在西面凉北营林处西上方;排水采取沿街两侧排放、汇集排水沟进入南面污水处理后,排入普雄河。污水处理厂安排在规划区南端河西岸。

公共建筑　以镇政府为中心安排火把广场、医院、市场、学校、文化设施安排在滨河路。

第二节　乡镇建设

普雄镇建设　1999年9月，按照《普雄镇总体规划》，县政府投资57万元，新建长442米、宽11米设施齐备商贸半边街。通过户籍农转非、招商引资，筹集资金698万元，建成1550平方米营业房及住房。2002年10月，县委、县政府以越府发〔2002〕4号文发布《越西县普雄镇小城镇建设招商引资优惠政策》，全方位敞开普雄大门，扩大对外开放。

2003年2月，按照多元开发、建管并重原则，成立越西县普雄镇开发建设指挥部，下设办公室，拟定16项实施建设项目，分管县长任指挥长，县城建局长任副指挥长，重点抓好普雄镇17个项目，重点建设投资2642.94万元，其中：政府投资1292.94万元，凉北森工局投资250万元，招商引资1100万元。

表20-2　　2002—2005年普雄镇重点建设项目情况

序号	项　目　名　称	工程面积	投资(万元)
1	整修镇区主街混凝土路	2400平方米	175
2	敷设主街人行道彩砖、修排水沟	2400米×4米	105.26
3	新建新华路	189米×20米	72.38
4	新建滨河路二期工程	987米×16米	106.1
5	新建火把广场	20000平方米	200
6	新建普镇畜牧市场大棚、地坪、围墙、道路、围栏	—	194
7	新建普雄医院(县二医院)	2150平方米	130
8	新建畜牧检疫站	900平方米	40
9	新建普雄汽车站及停车场	—	135
10	新建两座民族特色牌坊	—	7.5
11	整治、绿化铁路护坡	—	110
12	种植主街绿化树	—	7.7
13	民族特色装饰	—	10
14	给水及管道设施	—	250
15	普雄彝族风情一条街商店、商住房	120米×12米	350
16	普雄宾馆	6000平方米	450
17	粮食转运站	6300平方米	300

乡镇基础设施建设　1991年4月，州建委补助4000元，保安乡自筹资金2万元，县城建局派出技术人员，建成保安乡长616米、宽5米混凝土街及排水沟。1992年，县政府投资、供水企业出资、住户村民筹资22万元，敷设中所供水站至大瑞乡政府长3200米，直径150毫米铸铁输水主管道。1995年8月，投资10万元，村民投工投劳，整修大瑞乡政府混凝土街，建成长1440米、宽8米混凝土街道及排水沟、路灯。1996年4月，自来水公司投资21万元，新建沉降机房，增设抽水设施。1998年，自来水公司投资1万元，村民集资9万元，自来水公司投工敷设中所五里牌村、城关青龙村直径110毫米PVC塑料管输水主管道，约4200米，解决两村人畜饮水困难。2003年5月，结合新建保安乡至新民镇县道公路建设，投资100万

元,整修新民镇街道长360米,宽6~8米混凝土街路及排水沟、街灯。2005年10月,投资110万元,改造、整修乃托镇区街道,建成长400米、宽12米(含人行道)混凝土街道及排水沟、街灯。

农贸市场建设 1992年1月,开展集贸市场建设,重点抓好人口相对集中的五镇市场建设。同年,新建县城综合贸易市场5882平方米,其中:建房4548平方米;投资147.5万元,新建牲畜市场620平方米,其中:建房198.2平方米。1995年,新建普雄镇综合市场,市场占地8889平方米,其中:建房3850平方米,县政府投资87万元。2003年,合资新建新民镇市场,市场占地1817平方米,其中:建房227平方米,县政府投资13.2万元。2004年,县政府投资42万元,个人投资37.4万元,新建中所镇集贸市场(原中所酒厂处),新建市场道路长150米、宽6米,混凝土街及排水沟,场内建房990平方米、大棚500平方米。

第三章 房地产业

第一节 房屋建设

全额、集资建房 1991年,按照"国家、集体、(单位)个人共同合理负担"原则,多渠道、多形式筹集建房资金,加快住房建设,深化房改制度。1993年,根据《关于越西县集资建房管理暂行办法》(越府发〔1993〕78号),国家、集体(单位)出资70%~80%,个人出资20%~30%集资建房,规定已购房改房职工不能参与集资,按集资建房原则运作的建房,纳入1997年全产权售房,个人集资房款冲抵房改购房款。

1998年12月3日,全县停止实物分房。按照《关于合作集资建房有关政策规定的通知》(凉委办[1998]80号)规定:经批准由单位组织实施,并在已取得土地使用权的自有单位空地上,职工个人自愿全额集资建房(原购有公有住房必须退出交原产权单位后,才能参与,并规定建房不超标准),享受政策优惠的合资建房(单位无偿供给土地,职工全额集资或集资每套住房造价的70%以上,政府免征固定资产投资方向调节税,行政收费减半)。审批合作集资建房21个单位,1016户,面积48000平方米,投资240万元。

至2005年,新建房屋203项,建筑面积301311平方米,投资15858万元,其中:乡(镇)中小学建房34项,国家投资1963万元,面积37381平方米;招商引资建房43项,引资6495万元,面积109412平方米;国家投资办公房及单位自筹职工集资126项,投资7400万元,面积154518平方米。

乡镇办公住房建设 2000年,投资215万元,完成12个乡(镇)政府办公房、住房建设(面积3700平方米)及大门、旗台、水泥地坪、排水管等设施。2001年,投资228万元,完成13个乡(镇)政府办公房、住房建设(面积3427平方米)及附属设施。2002年,投资233万元,完成13个乡(镇)政府办公房,住房建设(面积3631平方米)。

农房建设 1991年,加大农村道路、供电、供水、通讯等基础设施投入,免征农民自建住房基础设施配套费,引导农村住房建设。在经济相对发达的"五镇一乡"(越城镇、中所镇、普雄镇、乃托镇、新民镇、大瑞乡)开始改造或新建砖木结构住房,多数朝前庭后院发展,正堂前面为院坝,正堂后面或两侧配厨房、畜圈、厕所、普遍开窗安亮瓦,层次由平房到一楼一底,有少数农户将土木结构改为砖混结构。

1995年,在越城镇和沿乌金公路,部分农户开始修建3层以上砖混结构7度抗震设防新型现代建筑住房。1997年,以新村建设专项扶贫工程为契机,投入48万元,实施新村建设工程20个,改造瓦板房、茅草房、土坯房 67 户。

2001 年,结合“五镇一乡”市场建设,农村住房逐步由砖木结构改为砖混结构、框架结构。农民自建房屋多为 3 层以上砖混、框架结构住房和经营门市。大花乡、丁山乡部分农民在公路两边兴建 3 层以上框架结构的住房。

表 20－3　　1991—2005 年新建房屋情况统计

项目＼年份	1991	1992	1993	1994	1995	1996	1997	1998	1999	2000	2001	2002	2003	2004	2005	合计
新建房数（项）	12	12	9	11	29	12	8	8	12	15	15	20	11	15	14	203
新建面积（m^2）	9200	10060	7608	12651	33578	11475	7910	21795	20468	34887	26530	38148	20859	25762	20380	301311
投资（万元）	240	322	410	606	1478	521	455	1336	1150	1968	1407	2098	1211	1535	1121	15858

第二节　房地产管理

一、房屋管理

1990 年 4 月,成立县房地产管理办公室,划归建设环保局领导,设主任 1 人,工作人员 3 人。同年,根据国务院《关于城市房屋管理的规定》和《四川省房地产产权产籍管理办法》,制定《越西县房地产产权产籍管理实施细则》(越府发〔1990〕52 号),在全县开展房屋普查、登记发证。到 2005 年,共办理 7998 件房产档案。

表 20－4　　1991—2005 年房产办证情况统计　　单位:件

项目＼年份	1991	1992	1993	1994	1995	1996	1997	1998	1999	2000	2001	2002	2003	2004	2005	合计
审办房屋产权证	44	48	1014	128	1240	210	65	1681	85	171	617	901	703	551	512	7970
审办共有权证	2	4	3	2	4	4	5	8	7	9	9	10	5	7	5	84
审办他项权证	5	7	219	6	251	16	8	246	7	85	173	202	240	153	210	1828
调解房产纠纷	7	6	22	5	7	17	28	10	12	9	77	11	3	15	12	241

二、住房改革

1991 年,成立越西县公有住房改革领导小组办公室,下设于城建局房管办,对县城公有住房摸底统计。1992 年 12 月,颁发《越西县出售公有住房实施办法》(越府发〔1992〕67 号),召开全县房改售房大会,传达省、州房改精神,开展售房业务培训。1993年,启动首批售房工作,出售部分产权。全县计划售房93个单位,实际售房57个单位,占计划61.29%;计划出售1014户,实际出售976户,占计划96.25%;计划出售房屋65219平方米,实际出售60765平方米,占计划93.17%;售房金额180万元,冲抵建房费26万元,纳入县财政专户存储154万元。1997年4—12月,在全县实施公有住房全产权出售工作,将1993年出售部分产权的60765平方米房屋补差转购为全产权。售房金额457万元,存入房改售房专户、专款专用。全县完成二次公有住房改革售房,共计售房75个单位,售房1681户,168幢,其中:砖混结构108幢,砖木结构60幢,售房面积96000平方米,超标准面积1714平方米,按要求补交超标款,收取售房金额611万元。1998年,核发房屋产权证1681户。

三、房产评估

房产交易评估 1991年,根据城市房地产管理法,房产管理人员查档交易房屋的权属是否真实合法、无纠纷,实地查看房屋结构、面积、造价、建造年代,按房地产评估作价。到2005年,累计房产交易评估13.06万平方米。

房产抵押评估 1991年,根据城市房地产管理法和担保法,对抵押贷款的房产作价评估。由房管办对房产审查是否真实合法,并评估作价,办理房屋他项权证。贷款人持他项权证和同一房产的土地使用证向银行或信用社贷款,贷款偿还后,凭他项权证换回抵押的房产证。截至2005年,办理房产抵押贷款评估45.59万平方米。

四、住房公积金

1999年3月7日,国务院发布《住房公积金管理条例》第262号令,房管办对县财政拨款行政事业单位进行摸底调查,上报80个单位。

2005年3月,成立越西县住房公积金管理部,核编3人,划归建环局。房改售房款转入公积金,由县财政代管。住房公积金的收取按职工个人交纳工资5%~20%,财政等额配套补助,建立个人专户,用于职工购买、建造、翻建、大修自住房、专款专用,退休一并发给个人。

第四章 建筑业

第一节 建筑规划设计

建筑规划 1991年,规划管理中,严格控制建筑红线,临街新建房屋和改建旧房必须退足5米间距、才予办理单位“二证一书”、私人规划建设许可证,并参与开工定点放线。对不服从规划管理单位和个人的建房给予拆除。

1994年,依据《城市规划条例》进行管理,办理建设工程许可证36件,处理违章工程7件。1998年,依据《城市规划法》,实行“一书两证”(即《建设工程选址意见书》和《建设用地规划许可证》和《建设工程规划许可证》)规划审批管理,年内办理“一书两证”48件,查处违法工程12件。

2001年,实行规划公示制度,在全县公布新编制城市规划成果。2003年,实行建设项目综合验收及城区建设工程统一坐标放线制度。2005 年,实行建设工程竣工规划验收合格证,对城区道路实施“绿线管理”,实行“绿色图章”制度。

表 20－5　1994—2005 年办理单位建房“二证一书”规划建设许可证统计

项目＼年份	1994	1995	1996	1997	1998	1999	2000	2001	2002	2003	2004	2005	合计
办证数（件）	11	19	48	34	48	28	—	35	20	11	26	14	294
面积（平方米）	16471	33210	—	11751	21548	13843	—	22016	30259	13550	47842	25625	236115

建筑设计　1991 年以来,全县单位的房屋设计,除个别高层建筑由州设计部门设计外,其余均由设计室设计。有 3 名设计工程师、1 名助理工程师,承担 5 层楼砖混结构房屋、15 米跨度厂房和简单市政工程建设设计。设计收费按设计工程造价计收,由初期 0.9% 发展至今按 1.5% 计收。各设计人员严格按设计规范标准进行设计,并且将四楼五楼房屋设计图送交州建设局总工复审。房屋设计从未发生过因设计失误而造成建筑事故事件。设计室工作由局长统一安排分配,严禁私自揽活,严禁越级设计,严禁无证设计,所收设计费交城建局财务室统一管理。设计人员报酬为设计费 20%,设计工作所需设施、材料、晒图机、描图晒图纸等一概由设计室提供,设计工作不仅要完成设计图,还要参与图纸答疑、开工后地基验槽、主体工程竣工验收,并随时解决有关设计方面问题,承担建筑设计终身责任制。

表 20－6　部分年度设计工作情况

项目＼年份	1991	1992	1993	1997	1998	2000	2001	2002	2003	2004	2005	合计
设计项目（房屋建筑）	19	21	8	8	7	14	14	12	10	17	12	142
面积（平方米）	10885	16900	7829	7910	17690	33357	25133	21668	15922	25222	13943	196459
投资（万元）	240	442	298	455	922	1874	1333	1205.5	890	1414	—	9073.5

第二节　建筑企业

1991 年,有越城镇、中所镇、新民镇 3 支农村建筑队伍。1998 年,国家、省、州清理整顿建筑队伍(企业),取缔四、五级资质建筑队伍,经省、州审核批准,全县仅有越西县明月建筑工程公司、越西县富达建筑工程公司资质评定为三级企业。富达建筑公司因其经营不善濒临倒闭。

越西县城乡综合开发公司　1991 年 5 月,根据越委函〔1991〕34 号批复成立。1996 年 11 月,因经营不善与县农机厂建筑建材公司合并,组建越西县城乡建筑开发公司。1998 年,因其经营不善,资质审批未批准。

越西县明月建筑工程公司　1994 年 6 月成立,四级资质,私人企业。1998 年,经省、州对建筑企业资质审批、审核批准为个体三级资质企业,公司住址越西县西宁路 365 号。公司现有注册资本 600 万元,固定资产 250 万元。公司有项目经理 12 人,五大员 16 人,建筑工程师 2 人,助理工程师 6 人,技术员 18 人。机械设备运载汽车 2 辆、塔吊 2 台、搅拌机 4 台、电焊设施 2 套、震动器具 11 件、水平仪、经纬仪等设备,承建县内五层以下砖混结构房建工程。2005 年,累计修建房屋 90973 平方米,完成投资 4510 万元,均为合格工程。

建筑队伍管理　坚持“质证上岗,压证管理”。所有工程队都属三级以上企业施工队伍,具有合格资质,严格做到项目经理、施工员、材料员、安全员、质检员都持证上岗。1998 年,贯彻执行国家、省、州建设文件要求,开展清理偿还工程款和民工工资工作。2000 年,开始征收散装水泥基金。至 2005 年,征收散装水泥基金 27000 元。征收清理偿还工程款 1681 万元,民工工资 471 万元。执行对施工队伍的清出、准入制度管理,维护建筑活动双方合法利益。

表 20－7　　1991—2005 年办理施工许可证统计表

项目＼年份	1991	1992	1993	1994	1995	1996	1997	1998	1999	2000	2001	2002	2003	2004	2005	合计
办证项目(件)	12	12	9	11	14	—	8	8	12	15	15	20	11	15	14	176
面积(平方米)	9200	10060	7608	12651	33578	11475	7910	21795	20468	34887	26530	38148	20859	25762	20380	301311
投资(万元)	240	322	410	606	753	740	455	1336	1452	1968	1407	2098	1211	1535	1121	15654

第三节　建筑管理

建筑工程招标投标　1997 年,成立越西县建设工程招标投标领导小组,下设办公室,根据国家、省、州对招投标工作的要求,开展房屋建筑招投标工作。1999 年,房建招标投标 12 项,面积 25100 平方米,投资 1305 万元。

2000 年,施行《中华人民共和国招标投标法》,招投标工作实行公开、公平、公正操作。邀请省内外、州内外建筑企业参与投标,采取省、州规定的招投标范本一模式或范本二模式当场公开招标运作,确定中标企业后,办理建设手续和廉政合同。

2002 年,为加强房屋建筑和市政工程的招标管理工作,成立招投标管理站,对县境内单位建房和市政工程,按招标投标法规定,凡投资额达到规定必须进入招投标运作,凡是国家投资的资金项目一律进入投标。同时,也代理建设业主进行工程招投标。

表 20－8　　1997—2005 年房屋建筑市政工程招投标统计

年度	房建招投标(项)	面积(平方米)	投资(万元)	市政工程招投标	个数	投资(万元)
1997	5	6163	320	—	—	—
1998	8	21795	1089	—	—	—
1999	12	25100	1305	—	—	—
2000	6	12100	—	—	—	—
2001	7	8082	415	—	—	—
2002	9	10281	569	新建二水厂、环城路整修	2	318.5
2003	5	7533	390	新民街道市场、管线入地	3	473
2004	13	17270	964	文化广场、新大街人行道、中所市场	3	327
2005	4	8168	40	乃托街道、火把广场	2	310
合　计	69	116492	5092	—	10	1428.5

房屋质量管理　1991 年，越西县建设工程质量安全监督站受县政府委托，根据国家《建设工程质量监督条例》，监督执行工程技术强制性标准和竣工备案制度，达到国家有关建筑工程安全标准要求，保证工程的安全性能。1994 年，对各施工队的资质、在岗“五大”员、特种作业人员、各种建设手续的办理、大型设备使用、安全生产等情况进行全面检查、摸排，对不完善者要求限期完善，对违反法定建设程序办事、未办理施工许可证即开工、设计无地勘资料、施工图纸未经设计审查、应实行监督的工程未办理监督手续等行为，要求限期完善。

1996 年，对州外进入县内从事建筑的企业进行验证、备案；对县外房地产开发企业进入县内开发的企业进行验证备案；对州外进入县内从事监理业务的企业进行备案。1998 年，对建筑企业进行资格年检，建立企业信用档案。要求企业积极送培“施工”九大员，使其余业务技术达到规定要求。2000 年，林业局办公楼工地，因未架设防护栏，1 民工未按操作规程施工，从楼上倾倒垃圾，当场砸死 1 名过路小孩。2005 年，质量安全监督管理机构有 2 名工作人员，均为质监工程师，承担县内房屋建筑工程、市政工程的质量安全监督，并对进场建筑材料进行监督管理，严格执行建筑材料的准入和清出制度，杜绝不合格产品进入施工现场。对施工企业安全生产许可证年检，对在建工程质量安全全面跟踪检查，参与竣工工程验收评定和监督执行质量保修制度。尤其对在建工程全面跟踪检查、监督方面，严格执行强制性技术标准。发现问题查找原因，及时返工整改，消除隐患。

表 20－9　　1991—2005 年建设工程安全质量管理情况统计

项目＼年份	1991	1992	1993	1994	1995	1996	1997	1998	1999	2000	2001	2002	2003	2004	2005	合计
质监项目（项）	12	12	9	11	14	7	8	9	12	15	15	20	11	30	14	199
面积（平方米）	9200	10060	7608	12651	33578	11475	7910	21795	25100	34987	26530	38148	20859	54550	20380	334831
投资（万元）	—	—	10340	6039	39513	11828	5426	6921	9456	—	19079	28972	11220	20517	22610	191921

第五章　环境保护

第一节　环境质量

环保机构　1985 年 4 月，设越西县环境保护办公室，为越西县城乡建设环境保护局内设机构。2000 年，增设越西县环境监察大队，与“环保办”合署办公。2005 年 8 月，“县环保办”从越西县城乡建设环境保护局中划出，成立“越西县环境保护局”。根据职能的划分，环保局内设办公室、污控股、建管股及环境监察大队。有职工 6 人，其中：行政人员 1 人，工勤人员 1 人，工程师 2 人，行政执法人员 2 名。

表 20-10　　2003—2005 年环保局负责人名录

姓　名	性　别	民　族	职　务	任职时间
周　越	男	汉族	局　长	2003.2—2005.12

污染源调查　1991 年,对全县 3 个行业的 296 个工业企业开展污染调查,其中:建材业 23 个,化学工业 1 个,酿酒业 127 个,食品制造业 1 个,其他工业 144 个。1996 年,对全县 4 个行业 41 个乡(镇)工业污染源进行调查,主要有淀粉业 69 个,酿酒业 136 个,造纸业 1 个,砖瓦、陶瓷业 32 个,其他工业 34 个。从调查情况看,全县工业废水年排放量 226 万吨,其主要污染物排放量是:悬浮物(SS)45 吨,生化需氧量(BOD)5.7 吨,化学需氧量(COD)20.5 吨,氨氮(NH-N)1.8 吨。2000 年,41 个乡(镇)工业企业年排放工业废水 230 万吨,其中:主要污染物排放量为化学需氧量 22.3 吨,悬浮物 46 吨。工业废气年排放废气 182563 万标准立方米。其主要排污设施有工业锅炉 3 台,各种窑、炉、灶 36 座,主要污染物排放量是:烟尘 376.6 吨,粉尘 874 吨,二氧化硫 834 吨,氮氧化物 430 吨,氟化物 4.3 吨。全县年生活用煤量在 6~8 万吨,大约产生废气 7 万标准立方米,其中:烟尘约 1100 吨,二氧化硫约 896 吨。2005 年,全县废水排放量在 200 万吨左右,废水中有害物以有机物为主,主要来自马铃薯淀粉加工、酿酒等行业及生活废水的排放。全县大气污染来自煤烟污染,主要来源于工业生产及居民生活燃煤;其次是粉尘污染,来源于水泥生产和冶炼行业。

环境现状调查　1991 年,全县污染源主要为工业污染。1995 年,对全县农业污染源进行摸底。1998 年,生活污染源、农业污染源已成为全县新的污染源。2000 年,在国土、农业、林业、畜牧等部门的配合下完成全县生态环境现状调查。

2001 年,配合凉山州环境监测站开展越西县水环境功能区划工作。通过实地调查和踏勘,全县 4 条主要支流的水环境功能类别均为《地表水环境质量标准》(GB3838-2002)中的Ⅲ类水域。

第二节　污染治理

环保宣传　1991 年,结合"二五"普法,宣传环境保护的法律法规。1996 年,乡镇企业必须订阅《中国环境报》,增强环境保护知识,提高环境保护意识。1998 年,利用州、县人大环境热潮检查机会,深入"五镇一乡"宣传环保法规和环保知识,宣传面 70%,宣传 28 天。2000 年,汇同科协深入中小学宣传科普及环保知识 7 次。2003 年,与教育部门建立"绿色学校领导小组",通过课程进行环境教育渗透,举办环境保护专栏,与团县委组成青年自愿活动,在县城闹市区开展环境警示教育,参观人数 5000 人次。2005 年,以"地球日"、"世界环境保护宣传日"为契机,制作环保知识传单上街散发,贴标语、广播电视宣传,开展知识讲座,散发传单 8215 份,广播电视宣传 5 次。

控制污染源　1991 年,对不符合国家产业政策的高能耗、高污染项目,一律不予审批。1993 年,审批项目严格按国家分类管理分级审批规定进行,加强建设项目环境管理,基本从源头控制环境污染。1995 年,按照国务院办公厅《关于进一步加强餐饮娱乐行业环境管理》要求,加大餐饮娱乐行业环境管理,并开始对全县范围内的餐饮娱乐服务行业开征排污费。

1996 年,按照州环保局要求,依法向环境排放污染物的排污单位发放排污许可证 286 份,其中:普雄镇发放 152 份。审批大瑞乡两家硫铁矿采选厂硫铁矿开采项目。

1999 年,成立越西县工业污染源达标排放工作领导小组,县政府批准实施工业污染源限期治理,确定 7 个限期治理单位。审批乃托碳化硅厂碳化硅生产项目。2000 年,有 3 个工业企业治理达标,4 个限期治理企业被关闭,达标率 100%。审批茂源合丰电冶公司工业硅生产项目,审批中所水观音净水厂净水生产项目。

2001年，协助省环保局审批四川丰田泥炭开发公司越西分厂泥炭土开发项目。2002年，审批越西再生纸厂再生纸生产项目。2003年，审批瓦克西硫铁矿开采，德吉乡一、二、三级电站开发项目。协助州环保局审批传波炉料公司工业硅生产项目。2004年，审批铁西电站、普雄一级电站、梅花巴姑电站等项目。2005年，审批浩宇生物化工生产项目，大花村硫铁矿开采、拉尔铁矿开采，洛尔沟电站、大花五宏一、二、三级电站，瓦岩一、二级电站等水电开发项目。

污染源治理　1990年，投资40万元，对县医院住院部排放污水进行治理，采取液氯发生器除去污水中的各种细菌，经处理达标后的污水排入吊桥沟。

1991年，对普雄凉北木材综合加工厂生产中产生的废水进行治理，采用过滤、沉淀，除去悬浮物和COD后循环使用。1997年，大瑞硫铁矿采选厂投资15万元，建成4个洗砂池，采用沉降方式处理污水。

1999年6月，县政府批复《越西县2000年环境保护"一控双达标"工作方案》，成立工作领导小组对县域工业企业进行调查，采取不同治理方式进行治理，关闭8家企业。是年，厂方投资20万元，职工集资20万元，采用静电收尘技术对煤磨、水泥磨产生的粉尘进行回收治理。2000年，坚持经济发展与环境保护并重，不断加大环境污染防治力度，在全县全面推行环境影响评价制度和建设项目环境保护"三同时"制度（污染治理设施与项目同时开工、同时建设、同时验收），不断加大污染治理力度。投入资金600万元，对31家排污企业进行污染治理。2001年12月，经省、州环保部门检查验收，越西县"一控双达标"工作基本合格。2004年，重点对茂源合丰电冶厂矿热炉烟气进行治理（烟气含粉尘、二氧化硫），厂方投资30万元，采用水膜除尘技术，降低烟气中烟尘，有效地解决烟尘超标排放。

2005年，川西水泥厂投资400万元对包装车间粉尘和窑尾粉尘进行污染治理，采用布袋收尘、静电收尘等技术，治理粉尘。

环境执法　1991年，淘汰工艺落后、设备陈旧、产品目录中规定污染严重，治理无望的"十五小"和"新五小"企业。1996年，治理整顿关停苏姑冶炼厂、乃托铅冶炼厂、乃托硫磺厂、大瑞乡硫铁矿厂、乃托白云石粉厂、浮法玻璃厂6家企业。1998年，高考、中考期间禁止噪音工作，严禁夜间施工、限定OK厅营业时间，为考生创建安宁的复习考试环境。1999年，检查县内各医院、乡（镇）卫生所、个体医疗所医疗废弃物，提出整改，完善整改措施。检查毒鼠强等危险废物销售网点，收缴毒鼠强1公斤。2005年，对执行"三同时"制度的生产企业开展巡查，主要对川西水泥厂、索玛锌品厂、合丰冶炼厂进行不定期现场监察，监察污染物是否超标排放及污染治理设施运行情况。落实各项环境管理制度，对排污较重的企业实施排污月报制度。加强县域污染源环境管理，配合不定期现场巡察，及时了解企业生产情况、排污环节、污染物达标情况，有效地控制污染，提高环境质量。做好限期治理企业的监察达标、验收工作，对停产限期治理的企业加强管理，认真审查治理方案，实行污染治理月报制，合理安排污染治理进度，实行倒排工时，确保污染治理项目能按时、保质、保量完工，对治理企业实行合格一个、验收一个，对于经治理不能实现达标的，严禁投入生产。

生态保护　1991年，做好小水电开发的环境保护工作，恢复植被，加强护坡植树，修筑堡坎。配合矿管部门作好采矿矿山的水土保护、生态保护。2000年，在申果庄省级大熊猫保护区，开展生态环境监察。2003年，做好退耕还林，严禁各种毁林行为。保持农业生态，开展无公害蔬菜，果树种植。

第三节　水源保护

地表水质　全县主要河流水质良好，大部分河流水质属于地表水Ⅰ类、Ⅱ类、Ⅲ类。县境内越西河、普雄河pH值为6.7～8.1，化学需氧量0.26～2.36毫克/升，氨氮<0.02毫克/升，总硬度31.7～80毫

克/升,酚、氰<0.002毫克/升,砷<0.02毫克/升,汞<0.001毫克/升,六价铬<0.004毫克/升。河流天然水质属重碳酸盐钙组型软水,矿化度较低,pH值适中。近年来工业废水、城镇生活污水排放量大,农药、化肥不合理施用,水质污染呈上升趋势。据化验分析,县境内地表水水质符合饮用、灌溉及工业用水标准,越西河、普雄河属二级水质。其它小支流源头水质多数属一级水质。

地下水质 县境内浅层地下水以重碳酸钙组型水为主,矿化度一般小于2克/升,pH值在6.8~8.1之间,总硬度较高。

水质 1991年,对越西河水质进行检测化验,部分断面测出有轻度污染,仍符合地表水GB3838—2002标准,评定为Ⅱ级;农村自来水及家庭手压提水,基本符合国家饮用水标准。1994年后,随着工农业生产的发展和人口增长,化肥、农药的大量使用,生活污水、工业废水排放量日益增大,县城区饮用水主河流越西河的水质问题日趋严重。1998年,县工业废水排放量195万吨,生活废水65万吨,其绝大部分未经处理直接排入河流严重地污染水源。2000年,县有关部门在越西河、普雄河、水观音河分5个断面对24项污染指标进行全面的采样分析。分析结果表明,只有河东大桥桥断面存在轻污染,其余水质状况良好,属地表Ⅰ类和地表Ⅱ类水。

饮用水源保护 1998年,建设环保局申报《中所水观音饮用水源保护方案》,划定饮用水源一、二级保护区,将方案上报。1999年,投资30万元,修筑库区围墙468米,墙外排污沟495米,堡坎460米,划定水观音饮用水源保护区,严禁人畜进入库区;追加投资45万元,在库区内修筑长85米,宽3米,高3米蓄水拦堤,清淤出水溶洞,在拦堤内深度抽水,解决冬春枯水期抽水不足和春季与农田争水的矛盾。2000年,根据相关文件,确定中所水观音饮用水源一、二级保护区,先后投资45万元取缔一级保护区内的排污口,完善库区周边地表径流导流设施,设立一、二级保护碑桩,边界设立饮用水源保护公告,严禁在保护区内新建、扩建各类建筑物。2001年,县政府组织公安局、中所镇、建环局联合执法,撤除在水观音饮用水源一级保护区修建的庙宇。严禁向水体排放污染物、严禁采矿开挖,大力植树造林,防止水土流失,增强水源涵养、保护水体,确保饮用水源水质清洁卫生,不受污染。2005年,对县域39个乡(镇)划定饮用水源保护区。

第二十一篇

财政　税务

第一章　财　政

第一节　财政机构沿革

财政体制　1992年，撤区并乡后，对乡财政实行“划分收支范围、预算单列、分级负责、自主财政、自求平衡”的管理体制，进一步健全原有乡（镇）财政所，建立两类不同实体财政管理体制。

1993年，对县级行政机关实行“预算支出基数包干、超支不补、节余留用”的包干体制；对县级各事业单位实行“全额补助单位分期向差额补助过渡，差额补助单位分期实现自收自支”的财政管理体制。

1996年，选择有条件的2～3个事业单位先行试点，推行“核定收支、差额补贴、超收全留、短收不补”的管理体制。

1997年，按照“两线运行，统一管理，账务单列，目标考核”的要求，由县级财政直接对各预算单位算账。

2001年，结合农村税费改革，调整乡（镇）财政的管理体制。

2004年，按照财权与事权相结合的原则和分税制的总体要求，县政府派出工作组对各乡（镇）存在的困难、问题、收支范围、基数、税种等内容进行全面摸底，清理锁定乡（镇）债务，建立偿债机制和县对乡（镇）的激励约束机制。

2005年，根据凉山州委组织部、州人事局、州编办、州财政局凉财人〔2004〕27号文件《关于我州区乡镇财政管理体制问题的通知》精神，县财政局统一管理区、乡（镇）财政所人员计划、调配、劳动工资等人事管理工作，实行县财政局与区、乡（镇）双重领导，以县财政局垂直管理为主，全面启动“乡财县管乡用”的财政管理新体制。

财政机构设置　1991年，财政局设人事秘书股、预算会计股、企业财务股、农业财务股、行政财务股、综合计划管理股、乡镇企业管理股、农业税征收管理股、监察股、社会集团购买办公室，人员35人。

1993年6月，组建越西县国有资产管理局。

1998年10月，越西县国资局合并到县财政局。

2001年，进行机构改革，按照“精简、统一、效能”的原则，内设办公室、综合股、预算股（挂基建股、乡财政股、税政股、国库股牌子）、经济发展建设股（挂财法股、工业股、经济评价股牌子）、农业股（挂农发办牌子）、行财股（挂社会保障股、监察股牌子）。

2002年，撤销越西县国资局建制，人员由财政局分流到各股工作。

2005年1月，按照“一级政府，一级财政”的要求，全县共设立23个财政所，其中：有8个工委设立中心财政所，1个工委和14个乡（镇）建立实体财政所。

2月，成立越西县国有资产监督管理局。9月，农发办、国库股、财监股成独立股的建制，政府采购中心移交政务中心。12月，设立采监股。将越西县会计收付核算管理中心，更名为越西县国库集中支付中心。

表 21－1　　1991—2005 年财政局负责人名录

姓　名	性　别	民　族	职　务	任职时间
田兆富	男	汉族	局　长	1991. 1—1993. 12
洛古日洛	男	彝族	副局长	1991. 1—2005. 12
李志忠	男	汉族	副局长	1991. 1—2003. 7
廖雄宁	男	汉族	副局长	1993. 6—1994. 1
			局　长	1994. 1—1998. 8
代富强	男	汉族	副局长(主持工作)	1998. 8—1999. 12
			局　长	1999. 12—2005. 12
高　扬	男	汉族	副局长	2000. 3—2005. 12
木苦果加	男	彝族	副局长	2002. 3—2003. 7
依达拉沙	男	彝族	副局长	2003. 7—2005. 12
王玉平	男	汉族	副局长	2003. 7—2005. 12

第二节　财政收入

一般预算收入　1991 年,一般预算收入 1912. 9 万元,上级补助 1610. 7 万元。1995 年,财政收入 3087. 7 万元,上级补助 3047. 2 万元,财政赤字 1148. 9 万元。

1996 年,开征行政事业管理费。同年为实现消赤保平,县财政成立政府采购中心,对大宗的办公设备实行政府采购,节约开支,压缩预算。

1997 年,全县一般预算收入 1634 万元,省补助收入 4406 万元,调入其他资金,全年结余 312 万元。

1999 年,结合贯彻《四川省预算外资金管理条例》,在全县范围内实行"银行代收制",对行政事业单位的收费(包括基金及附加)、罚没收入实行"单位开票、银行代收、财政统管、政府调控、网络运行"的管理办法。

2002 年,按照"减轻、规范、稳定"的基本要求,遵循"三个取消,一个逐步取消,两个调整和一项改革"的实施方案,取消乡(镇)统筹费,取消农村教育集资等专门面向农民征收的行政事业性收费和政府性基金、集资,取消屠宰税;逐步取消统一规定的劳动积累工和义务工;调整农业税政策,调整农业特产税政策;改革村提留征收使用办法;采用新的农业税附加或农业特产税附加方式统一征收村提留;村内兴办其他集体生产和公益事业所需资金,不再固定向农民收取村提留。

2003 年,取消农业特产税附加。2004 年,"农业税"、"农业特产税"不再征收。

2005 年,经济体制和财税体制逐步完善,工业也得到发展。先后建起电力、采矿、冶炼、建材、食品等多个工业企业,促进县财政收入。全县财政一般预算收入 5011 万元,省补助收入 25126 万元。

预算外收入　1991 年,全县预算外收入有行政性收费、政府性基金、地方财政部门收入等。1996 年,增加乡(镇)自筹,统筹资金,社会保障资金。

表 21－2

1991—1997 年财政收入决算表

单位:万元

年份 \ 收入项目	工商税类	农牧业和耕地占用税类	国营企业、企业所得税类	国营企业上缴利润类	国营企业计划亏损补贴	专款收入类	其他收入类	国家预算调节基金类	国营企业承包收入退库类	罚没收入行政性收费收入类	收入合计	上级补助收入	社会保险基金收入类	调入其他资金	上年结余收入	收入总计	上划中央两税收入		
																	增值税	消费税	合计
1991	380.4	49.6	25.4	21.8	－119	5.6	75.7	6.4	－0.5		445.4	1610.7	91.6		－234.8	1912.9			
1992	458.2	69	32.6	28.8	－139.9	7.1	56.1	12			523.9	1986.9	107.4		－275.2	2343			
1993	836.1	46.2	39.1	24.8	－9.6	9.9	108	7.7	－0.5		1061.7	2270.8			－329.8	3002.7			
1994	323.3	188	31.8	164.4	－12.9	10.6	101.5	0.3			807	2792.8	177.9		－412.7	3365	417.9	6.7	424.6
1995	431.4	162.8	35.9	171.6	－18.5	16		0.3		153.6	953.1	3047.2	236.3		－1148.9	3087.7	315	17	332
1996	515.8	189.4	76.2	165.9	－18.6	10.4	99.1			132.8	1171	3416.9	358.4		－908.4	4037	334.8	15.4	350.2
1997	572	290	39	118	－17		220			130	1352	3980	297	14	－433	5210	495.46	21.15	21.15

表 21－3

1998—2005 年财政收入决算表

单位:万元

年份 \ 收入项目	增值税	营业税	企业所得税类	个人所得税	资源税	固定资产投资方向调节税	城市维护建设税	房产税	印花税	城镇土地使用税	土地增值税	车船使用税	屠宰税	农业税	农业特产税	耕地占用税	契税	国有资源经营收益	行政性收费收入	罚没收入	专项收入	其他收入	收入合计	省补助收入	国债转贷收入	国债转贷资金上年结余	上年结余收入	调入其他资金	总计	上划中央两税收入		
																														增值税	消费税	合计
1998	141	322	111	39	70	10	14	60	16	1		4	54	76	162		3	333	88	118	12		1634	4406			312	51	6403	566	9	575
1999	171	485	172	62	60	7	24	62	2	2		3	31	59	164	6	2	264	126	208	15	7	1932	5015	117		913		7977	525	14	539
2000	250	326	228	60	57	4	25	55	1	55	1	3	115	47	149	4	23	242	149	133	21	77	2003	6672		54	790		9519	750	9	759
2001	325	408	251	53	83		47	51		11		3	59	22	186		9	502		140	26	52	2228	9899			883		13010	975	12	987
2002	475	352	120	27	111		66	27	1	2		3	3	251	304	3	15	452	60	233	59	23	2587	13183	994			11	16775	1425	12	1437
2003	600	412	96	25	110		48	36	2	11	1	4		171	500	2	11	664	111	279	34	4	3121	12158	60		1009		16348	1800	11	1811
2004	826	372	96	29	34		235	17	3	7		3			530	4	8	998	540	230	65	31	4028	20078			858		24964	2478	9	2487
2005	875	679	97	46	27		152	30	11	11		1			684	11	20	1463	359	276	93	176	5011	25126			682		30819	2626	6	2632

第三节　财政支出

预算内支出　1991 年,县财政编制预算类支出科目 19 个,完成总支出 2215. 8 万元,财政赤字 313. 8 万元。1993 年,县财政整合 189. 7 万元,用于支援农村生产建设,发展烤烟、蚕桑、畜牧等项目。1995 年,在州政府按照"一保吃饭、二保建设"、"调整结构、保证重点、压缩一般、加强管理"的方针,强化预算刚性,严格预算支出管理;从预算编制到决算,坚持"党委领导、人大监督、政府当家、财政管理"的原则,制定"一保工资、二保救灾、三保专款"的支出管理目标,县财政严格实行"四定"(定岗、定编、定员、定经费)。本应打入预算的项目,如公务费、业务费、会议费、小车燃修费、修缮费、职工福利费、工会经费等,均未打入预算。1997 年,归口列支行政事业单位离退休经费,包括行政单位,公检法司机关、教育、科学、农业等事业单位,县财政采取严控支出保平衡,在保证人员经费、确保离退休人员生活和下岗职工基本生活的同时,以教育事业和支农支出为重点。1998 年,县财政结余 312 万元,自 1987 年后首次实现收支平衡和滚存结余。

2000 年,基本建设支出用于城市基本建设,维修改造城区道路,上解支出主要有城市维护建设税的 20%、税务手续费、契税征收手续费。

2002 年,停止征收"三提五统"及其他行政收费,服务性收费按政策执行。原来由"三提"解决的村干部及乡(镇)部分人员的补助和工资由县财政争取中央和省两级转移支付解决。在国家实行退耕还林和工业反哺农业,政策向农村倾斜的背景下,中央财政加大对"三农"工作的扶持,实行粮食直补和退耕还林补助等。加快文教卫生事业发展,中小学以及乡村卫生院基础设施建设投入不断加大。推进乡(镇)村道路、通信建设不断发展,特别是加大农业综合开发项目的实施和投入。

2004 年,县财政列支教育支出 3637 万元,用于"十年行动计划"和村级小学校舍标准化建设等。全县行政费支出在确定人员和公用经费使用定额的基础上,实行收支统一管理,定额定项拨款。

2000—2005 年,县财政支出退耕还林款 6655. 3 万元,农业基础设施建设资金 1112. 74 万元,文教卫生事业发展资金 1764. 83 万元。2005 年,全县财政收支坚持"量力而行、统筹兼顾、合理安排、保证重点、兼顾一般、综合平衡"的原则,全年教育支出类 5232 万元,社会保障支出类 1611 万元。

预算外开支　预算外支出项目,包括地方财政部门支出、行政事业费支出、基本建设和其他项目支出。

1996 年,根据《预算外资金实施管理办法》和《四川省预算外资金管理条例》(凉府发〔1998〕72 号),县财政坚持"一支笔"审批制度,严格"收支两条线管理",强化预算外资金入库,对预算外资金实行统一安排使用。

2003 年,根据"体系完整、反映全面、分类明细、口径可比、便于操作"的具体改革目标,对财政收支进行"多维"定位,清清楚楚地说明政府资金的由来以及用途。

表 21－4

1991—1997 年财政支出决算表

单位：万元

年份 \ 支出项目	基本建设支出类	企业挖潜改造资金类	科技三项费用类	支援农村生产支出	农林水气事业费类	工业交通事业费	商业部门事业费	城市维护费类	城镇青年就业费类	文教卫生事业费类	科学事业费类	其他部门事业费类	抚恤和社会福利救济费类	国防支出类	行政管理费类	公检法支出	价格补贴支出(政策性补贴支出)	支援不发达地区支出类	其他支出类	专款支出类	行政事业离退休经费类	社会保险基金支出	农业综合开发支出类	支出合计	上解支出	社会保险基金结余	年终滚存结余	支出总计
1991	45	–	2.1	55.3	170.6	2.9	–	18	0.6	862.3	7	69.8	36.8	1.4	519.8	137.9	42.2	98.2	48.7	5.6	–	91.6	–	2215.8	10.9		-313.8	1912.9
1992	10	1.2	1.7	202.6	167.9	4.5	–	23.5	0.6	1062.2	9.2	79.2	53.1	–	584.7	172.2	54.6	125.7	86	7.1	–	107.4	–	2753.4	13.5		-423.9	2343
1993	15	196.3	1.9	189.7	208.5	1	–	17.3	0.6	1226.7	10.6	96.7	52.7	3.1	877.3	170.4	207.5	128	215.6	9.9	–	–	–	3628.8	11.4		-637.5	3002.7
1994	18	113.5	2.5	217.6	297.5	3.5	0.8	21.8	–	1856.3	11.6	122.6	66.6	–	1143.6	297	104.1	101.7	-43.5	10.6	–	177.9	–	4523.7	14.1		-1172.8	3365
1995	8	–	1.5	127.5	300.2	4.1	–	5.3	–	1894.9	1.2	102.2	88.1	–	1027.3	213.3	25	121	52	16	–	221	7.7	4216.3	5	15.3	-1148.9	3087.7
1996	107	40	1.7	204.7	320.9	3.5	1.4	25.5	–	2019.5	3.1	97.2	93.4	13.5	1020.2	344	1.2	172	73.8	10.4	5.1	296	16.8	4574.9	9.3	90	-932.3	4037.9
1997	12	20	2	267	339	19	–	25	–	2153	1	183	182	17	1128	325	33	372	148		58	274	26	5310	16	23	-413	5210

表 21－5

1998—2005 年财政支出决算表

单位：万元

年份 \ 支出项目	基本建设支出类	企业挖潜改造资金类	农业综合开发支出类	科技三项费用类	支援农村生产支出	农业林业支出类	水利和气象支出	农林水气事业费类	工业交通事业费	城市维护费类	税务统计财政审计等部门事业费	文体广播教育卫生科学事业费	社会保障支出	抚恤和社会福利救济费类	行政事业离退休经费类	国防支出类(武装警察部队支出)	行政管理费类	公检法司支出	政策性补贴支出	支援不发达地区支出类	其他支出类	专款支出类	支出合计	上解支出	国债转贷收入安排支出	国债转贷收入结余	年终滚存结余	支出总计
1998	10	60	23	2	242	–	–	350	23	28	108	2786	12	100	59	5	1246	417	47	417	148	10	6093	39	–	–	271	6430
1999	17	55	1	8	195	–	–	365	15	28	124	2741	142	134	69	10	1488	571	13	882	177	20	7055	46	63	54	759	7977
2000	88	205	–	3	212	–	–	430	7	46	92	3073	243	139	76	17	1728	534	657	679	376	21	8627	43	54	–	795	9519
2001	348	284	–	7	149	–	–	1819	10	43	223	4505	464	283	93	4	2397	683	32	275	523	18	12160	52	–	–	798	13010
2002	1437	393	30	6	173	–	–	2767	7	149	–	4913	597	407	105	43	2893	850	102	275	475	17	15854	67	–	–	854	16775
2003	863	152	–	8	–	896	115	–	7	79	–	5167	1041	762	118	4	3270	870	68	352	1502	17	15668	65	–	–	555	16348
2004	745	323	–	13	–	6267	143	–	7	365	–	4961	1006	723	2472	9	2992	1021	86	237	2438	17	24376	103	–	–	485	24964
2005	3419	67	–	21	–	4107	176	–	9	1039	–	6931	1611	922	2694	86	3131	1406	95	358	3127	108	30214	89	–	–	516	30819

第四节 财政管理

财政监督 1991年,开展预算外资金、"小金库"、会计信息质量、预算收入征管质量检查。查出违纪单位2个,违纪金额95742元,罚没款3526元。1994年,制定统一的对外监督检查计划,逐一组织实施,避免重复检查。是年,组织会计信息质量、支农资金检查。

1997年,财政监督主要采取"财务大检查、日常检查、专项检查"3种形式。县财政通过对预算收入解缴、征管、入库、退库等整个过程的监督和对预算支出的申报、拨付、使用的事前、事中和事后全过程跟踪监督,及时发现财政收支运行过程中存在的问题。1998年,全县"三大检查"查出违纪金额253735元,罚没款23576元。1999年,成立越西县预算外资金管理中心。根据"单位开票、银行代收、财政统管、政府调控、网络运行"的管理办法,查出违纪金额391755元,并分别给予相应的处罚,罚款金额36226元。

2000年,县政府启动财政数据中心建设,通过数据中心的统一数据管理与数据集中,有力地推动上下级部门之间、同级部门之间的管理协调,搭建一个有效实施财政监督的平台。2003年,对税收部门的征管情况进行检查,规范税收。开展会计信息质量核查工作。2005年,开展"三大检查"。查出违纪金额357248元,罚没款47645元。

财源建设 1991年,按照"农业抓特色,工业抓产业,全局抓项目"的财源建设思路,制订"七三三"财源建设战略发展规划,狠抓生猪、烤烟、淀粉、水泥、水电、电冶、三产等1~2年见效的产业,发展酿酒业、林果业、中药材3个3~5年见效的项目。1995年,引导非公有制经济上规范、上水平、上效益,努力实现从业户数量、从业人员、注册资本、经营收入和上缴税金"五个翻番"的目标,重点狠抓"两厂一司"(水泥厂、锌品厂和电力公司),按照"盘活存量、启动生产、优化管理、争创品牌、开拓市场、抓好骨干、壮大支柱、增加效益"的思路,从整体上搞活重点,促进工业财源建设。

1998年,"两厂一司"上缴税利686.5万元,比1995年增长2.75倍,年均递增40.2%,占当年县财政收入总量的33.5%,全县私营、个体工商业户发展到5008户,增长84.7%;从业人员5842人,增长38.7%;注册资本1678万元,增长57.8%;经营收入3430万元,增长69.7%;上缴税金172万元,增长48.2%。

2001年,坚持因地制宜、分类指导、突出特色、重点推进。种好找钱地,把稳定发展烤烟作为"双增"的突破口来抓。2005年,坚持"合理布局、计划种植、主攻质量、增加单产、合同收购、以优质取胜"的指导方针,稳定发展烤烟生产;栽好摇钱树,继续发挥传统产业的优势,加快苹果、花椒等更新改造,实现优质良种最大化,提高商品率和税收贡献率;努力推进越西河谷有条件的乡(镇)全面推进小康社会建设,二半山区抓好脱贫致富,高寒山区稳定解决好温饱问题,逐步形成"三带一走廊"的发展格局。

国库集中支付 2000年,以"金财工程"为依托,建立财政管理信息系统和现代化银行支付系统,建立财政国库支付执行机构,将原"越西县会计收付核算管理中心"报经县委、县政府批准,更名为"越西县财政国库支付中心",实施集中支付;建立健全监督机制,加强对预算单位和用款单位的监督、对财政内部的监督、外部审计和人行国库部门对代理支付业务的商业银行的资信、资金清算业务的监督。认真清理县级机关银行账户,取消各预算单位在银行的账户143个,财政国库账户吸纳销户资金余额11496849.18元。

会计管理 根据财政部、人事部联合印发的《会计专业技术资格考试暂行规定》和《实施办法》,县财政分批举办会计业务培训班。按《会计法》和《四川省会计管理条例》、《凉山州会计管理办法》有关规定,财会人员必须"三证"(会计证、会计电算化合格证、岗前培训合格证)齐全才能取得会计从业资格证书,从事会计工作。2000年,县政府对全县财务人员分批举办会计业务培训班,加强对会计人员的"四职"

(即:职业道德、职业修养、职业纪律、职业技能)教育培训。2001—2005年,在全县开展综合财务大检查,对违反财务法律法规的人和事给予应有的处罚,确保会计信息的真实性。

社会集团购买力控制 1988年,越西县专项控制商品有29种,包括彩色电视机,国产13种名牌卷烟和进口烟,国产17种名牌酒和进口酒。1992年,开展社会集团摩托车专项清查工作,查出违控轻骑1部,两轮摩托17部,违控金额5.65万元。1993年,停止审批非生产性专控商品。1995年,控购重点放在清理违控购买小汽车,同时将移动电话纳入财政专控商品。1998年,对公款购买的移动电话实行有偿转让,共清理移动电话148部,其中:公款购买107部,收取转让费14900元。2000年,控购重点放在机动车辆(小汽车、大轿车、摩托车),对于录像设备、空调器、无线寻呼机、各种音响设备、单位购置500元以上照相器材等5项放开不再审批。2002年后,取消涉及社会集团购买力控制的专控审批8项,实行政府采购制度。2005年,控制审批购买小车8部。

政府采购监管 1999年,国家财政部制定的《政府采购管理暂行办法》开始实施,确立以财政部门为主导,业务主管部门为支持的政府采购管理体制。同年9月,正式在全县实行政府采购管理制度,政府采购范围涉及汽车、自动化办公设备、空调、各种专用设备、服务类、工程类6大类,出台《越西县政府采购管理暂行规定》。2000年7月,公布《越西县政府采购目录》。当年采购资金125万元,节约资金16万元。2001年3月,县政府制定《采购资金拨付和账务处理暂行规定》。当年采购资金168.4万元,节约资金20.3万元。2002年,采购资金318万元,节约资金39万元,节约率10.92%。2003年,采购资金387万元,节约资金52万元,节约率13.14%。2005年,采购资金497万元,节约资金97万元,节约率11.88%。

票据管理 1997年,县政府专门成立票据管理中心,配备专职管理人员加强预算外资金管理。按照《国务院关于加强预算外资金管理的决定》精神,县政府实行"专人负责领发、保管、核销、储存、票据准购"制度,按收费许可证中批准的收费项目,限量供应票据,交旧领新,票款同行的管理办法,确保票据的安全。1998年,财政部门会同物价等部门全面清查全县各收费部门、单位收费项目,并坚持实行《收费许可证》制度,加强对收费票据的管理,报经县政府批准,负责票据的领、发、收回、核销、保管工作。凡依法收取行政事业性收费、政府性基金,应使用省以上财政部门统一印制的行政事业性收费、政府性基金专用票据。1999年,通过检查,查出违纪金额391755元,并分别给予相应的处罚,罚款金额36226元。

国有资产管理 2005年底,全县国有企业、行政事业单位固定资产总值2797万元,在建工程总计5206万元,待处理固定资产净损失18.7万元,占地面积509万平方米。通过清理,全县有独立核算的行政、事业单位88户,企业单位6户。行政事业单位清理资产户数82户,经过逐户清理核实汇总,行政事业单位固定资产总数原账面值6509万元,清查值1.3亿元,清理出账外资产总数6863万元,增值率是原账面资产总数的105.44%。全县各行政事业单位占地面积497万平方米,办公用房屋、建筑物原账面面积28万平方米,账面金额9220万元。清查后面积增加20.38%,金额增加17.28%。

在建工程账面值5012万元,清查值5012万元,由于这些工程尚未完工,只是根据工程项目预算报价清查时估价入账。其他资产清查值373万元。县烟办在种烟乡修建库房价值11.3万元。

企业单位6户,固定资产原值为1.9亿元,累计折旧4264万元,固定资产净值1.4亿元,在建工程194万元,待处理固定资产净损失18.7万元。

粮食局下属的7个粮站合并为粮油收储公司,其房屋建筑总面积1.9万平方米,土地面积7.7万平方米;另3个粮站合并为粮油购销公司,其房屋建筑面积1.1万平方米,土地面积3.5万平方米。

另外,越西县食品加工厂、矿业公司、农机厂3家企业改制,托经济局管理,其中:越西县食品加工厂土地面积5907平方米,房屋建筑面积2704平方米,原值180万元,净值125万元;矿业公司土地面积1143平方米,房屋面积1143平方米,价值35万元;农机厂土地面积2871平方米,建筑物面积798平方米。

清产核资结果,全县国有企业、行政事业单位固定资产总值2797万元,在建工程总计5206万元,待处理固定资产净损失 18.7 万元,占地面积 509 万平方米。

第二章　国　税

第一节　国税机构

1991 年,县税务局内设:办公室、人事教育股、税政一股、税政二股、征收管理股、稽查队、检查室、计会股、城关、中所、新民、顺河、上普雄、中普雄、下普雄、书古、申果庄税务所。

1993 年 2 月,上普雄、下普雄、申果庄、书古 4 个税务所,按照机构不撤,人员和税收业务就近的原则合并到中所、中普雄、乃托 3 个税务所。4 月,撤销税政一股成立税政股,撤销税政二股成立国营集体企业税务所,撤销顺河税务所成立乃托税务所。撤销越西县税务局稽查队成立税务检查所。8 月,恢复上普雄、下普雄、申果庄、书古 4 个税务所,人员机构设置不变。9 月,成立县税务局咨询事务所,业务范围、组织管理、财务管理等由县税务局管理。

1994 年 9 月,撤销越西县税务局,成立四川省越西县国家税务局,负责征收中央税,代征地方税。1995 年 4 月,按"分税制"的要求,县国家税务局分设为四川省越西县国家税务局和凉山州越西县地方税务局。申果庄税务所、上普雄税务所、书古税务所、下普雄税务所移交给县地方税务局。机构分设后县国家税务局内设:办公室,人事股,税政股,征收管理股,计会股,检查所,咨询所,国有集体企业、城关、中所、新民、顺河、中普雄国税所。

1996 年,国税局内设为:办公室,人事教育股,税政管理股,计划财务股,稽查分局,直属分局、城关、中所、新民、乃托、普雄国税所。

2001 年,成立越西县国家税务局稽查局直属县国税局。2003 年 7 月,县国家税务局机构重组,内设办公室、征收管理科,保留越西县国家税务局稽查局 1 个派出机构。2004 年 1 月,成立越西县国家税务局车辆购置税征收管理所。

2005 年,撤销越西县国家税务局车辆购置税征收管理所,工作人员并入计划征收科。5 月,为适应推行税收征管软件调整内设机构为:办公室、政工科、综合业务科、计划征收科、税源管理科,另设派出机构越西县国家税务局稽查局、越西县国家税务局信息中心。

表 21-6　　1991—2005 年国税系统负责人名录

姓　名	性　别	民　族	职　务	任职时间
李明银	男	汉族	税务局局长	1991.1—1993.12
沈　英	女	彝族	税务局副局长	1983.12—1993.8
李建忠	男	汉族	税务局副局长	1993.11—1994.10
			国税局局长	2000.5—2005.12
张　曦	男	汉族	税务局局长	1993.12—1994.10
			国税局局长	1994.10—1995.6

续上表

姓 名	性 别	民 族	职 务	任职时间
张亚平	男	汉族	国税局局长	1995.6—1998.6
李若杨	男	汉族	国税局副局长(主持工作)	1998.6—2000.5
吉克铁古	男	彝族	国税局副局长	2000.5—2005.12
杨 崆	男	汉族	国税局副局长	2002.3—2005.12
陈 波	男	汉族	国税局副局长	2004.10—2005.12
阿加木加	男	彝族	纪检组长	2000.5—2005.12

第二节 税制改革

1991年,执行《中华人民共和国税收征收管理条例》,严格纳税申报程序。1992年,贯彻执行省纳税规程,实行征、管、查分离。1994年,实行分税制,划分税收归属及征收管理权限,税种由32个减少为18个,实施税收优惠政策,部分企业、税目减免税收。在税收工作中,坚持依法治税,加强队伍建设,科学管理,建成全县第一个办税服务厅,缴税工作趋于规范化。1996年始,将代扣、代收、代征手续纳入预算管理制度,加大监督力度,完善税收体制;逐步开展信息化建设,完善信息网络建设,税务登记、纳税申报、会统核算逐步应用计算机管理。国税全面运用税收管理信息系统,对税收征收管理全方位监管。1997年,税收征收管理实施专业化分工,对纳税户先后实行动态管理、分类分级管理、信誉等级挂牌管理,培植税源,杜绝漏征漏管。2002年,实现税收信息征管现代化。

分税制 1994年,由地方财政包干体制改为分税制财政管理体制。在税收管理体制上取消产品税,建立以增值税为主体的流转税体系,统一企业所得税,对税收收入归属、征收管理权限进行划分,将维护国家权益、宏观调控所需的税种划为中央税;将同经济发展直接相关的主要税种划为共享税,充实地方税。开征消费税,取消按经济成分设置的所得税,将外资企业所得税、国营企业所得税、集体企业所得税合并为企业所得税。机构分设后国家税务局征收管理消费税、关税、铁道系统及人民银行和保险总公司缴纳的营业税、海关代征进口商品的消费税和增值税、中央企业所得税、增值税、海洋石油企业所得税、资源税、外商投资企业所得税、企业所得税由地方税务局、国家税务局共同征收和管理。个人所得税目中的银行贷款利息收入由国税部门征收。是年,税制改革,将增值税划为共享税,中央75%,地方25%,并核定两税(增值税、消费税)基数,增收部分中央按1:0.3返还地方。2002年,新办企业所得税归国税局管理。同时,所得税定为共享税,中央与地方各分享50%。

流转税类 1991年,对个体酒厂缴纳税费实行合同管理。完善税收征收管理制度,加强税务登记证管理、纳税鉴定管理、纳税申报管理、征收管理、账务和票证管理、违章处理管理、白酒管理、交通运输管理。

1992年,对黏土砖瓦执行增值税“定期定率”的税收征收管理方法,免征生产销售挂面的营业税。对农民个人从事第二职业取得收入免征营业税。10月,停止批发扣税,废止有关批发扣税的文件、规定。按相关文件要求,为保证国家财政收入不受影响,对以前已代扣入库的税款不得退库,已代扣而未入库的税款如数入库。农民贩运粮食应纳的临时经营营业税按5%征收。未经工商行政管理部门批准从事运输、建筑安装按营业收入5%~8%征收交纳临时经营营业税。经营商品零售的起征点为月销售收入200元,经营其它业务的起征点为月营业收入120元,从事临时经营业务的起征点为(日)营业收入15元,凡纳税人的收入额超过起征点的,按其收入金额和适用税率计算纳税。

1993年,按“国家所有、集体经营”,“国家所有、集体或个人租赁经营”的要求,支持个体、私营经济的发展,积极培植税源,加强对个体、私营经济和个人应税收入的税收征管,按“国有民营”进行税收管理。对采用出售、分期出售、融资租赁办法,将国有资产的所有权有偿转让给集体或个体的不属于“国有民营”的范畴,原则上应申请办理税务登记证,独立承担民事责任。

1994年,加强个体酿酒户外销白酒税收管理,规定外销的酒须凭“外出经营税收管理酒类证明单”方可出境。同年,实行矿产品出境外销证的税收征管制度,在乃托、中普雄成立由矿管办、税务、工商组成的联合检查站,负责矿产品出境检查。1996年,建立以计算机网络为依托的自行申报,集中申报,重点稽查,优质服务的新的征管模式。对打米磨面、蜂窝煤加工行业的税收管理,采取定额征收增值税的办法,按每一台机器核定增值税,打米磨面月定额不少于24元,蜂窝煤加工月定额不得少于48元。对属于小规模纳税人的校办企业,按6%的征收率返还已征增值税税款。规定纳税户停业、歇业申报审批的呈报办法。11月,对从事工业生产年应税销售额在100万元以下的,从事商业经营年应税销售额在180万元以下的增值税一般纳税人审验结论改按省国税局规定执行。取消“审验不合格,限期整改”,均作为“审验不合格,取消一般纳税人资格”处理;并对未按规定办理年审手续的一般纳税人,处以1000元以下罚款。12月,根据《增值税一般纳税人申请办法》,按照企业的实际应税销售额或当年的预计应税销售额,完成一般纳税人认定工作。同年,注销“越西县塑化公司、越西县联营公司饲料厂、凉山州书古冶炼厂、越西县酒厂、越西县大瑞工业公司、越西县建洪矿业品经营部、越西县轻工经济技术开发公司、越西县曾家山硫铁矿、越西县伐木场、越西县邮电局、越西县顺河营业部、越西县白云石粉厂、越西县食品公司、凉山州商业局普雄转运站、凉山州乃托冶炼厂”等企业的一般纳税人资格。

所得税类 1991年,对办在城市和县城以外的乡镇企业和农村信用社恢复征收所得税。对当年亏损次年盈利的农村信用社,可先弥补亏损之后再就其余额征收所得税,1年弥补不完的来年继续弥补,但弥补期限不得超过3年。

1993年,依照《股份制试点企业试点办法》,对经批准并在工商机关注册登记的股份制试点企业的产品税、增值税、营业税按现行规定照章征收。按33%的比例税率就地征收企业所得税。同年,对专门从事回收、加工利用再生资源的集体企业取得的纯收入,按税收管理权限规定从1992年,给予最长不得超过3年的减征所得税照顾,对中央和地方国营煤矿所属其它集体企业纳税确有困难的,经审定,报凉山州税务局批准执行,在1995年底以前给予减免所得税照顾。年计税所得额在3万元以下(含3万元)的企业,税率为15%;年计税所得额在3万元以上的企业,税率为33%。对城关家具厂、中普雄工务段劳务服务公司等集体企业所得税进行税制改革试点。

1997年,执行四川省国家税务局制定《企业所得税减免税管理办法》,进行清产核资时发生的固定资产评估净增值,不计入应纳税所得额,明确7项减免税办法:报批范围、申请、审批要求、审批权限、审批程序、监督管理、统计上报。

2000年,国家税务总局规定:在各级工商行政管理部门办理设立(开业)登记的企业,其企业所得税由国家税务局负责征收管理。自2002年1月1日起,在工商行政管理部门新登记注册、领取许可证的事业单位、社会团体、律师事务所、医院、学校等缴纳企业所得税的其他组织,其企业所得税由国家税务局负责征收管理。

表21-7 **县增值税“定期定率”产品征收率表**

单位名称	产品名称	征收率(%)
印刷厂	印制品	5
塑料编织厂	编织袋产品	5

续上表

单位名称	产品名称	征收率(%)
农具厂	家具品	6
食品厂	糖果糕点其他食品	5
水泥制品厂	水泥制品	5
白云石厂	白云石产品	8
大理石厂	大理石产品	6
硫铁矿	硫铁矿产品	6
皮革产品	皮革制品	5
罐头厂	罐头食品	3
铅产品	冶炼铅	3
砖瓦厂	砖瓦产品	9
	粘土砖瓦	3.91
其他矿产资源类	硫金沙	5
	铜矿石产品	5
	石灰石粉、石灰产品	5
	花岗石产品	6
其他建筑材料	其他建筑材料	5
其他工业产品	其他工业产品	5

第三节　国税征收

税种管理　1991年，征收管理的税种有：产品税、增值税、营业税、消费税、国营企业所得税、集体企业所得税、集体企业奖金税、城乡个体工商业户所得税、国营企业奖金税、国营企业工资调节税、建筑税、城市维护建设税、资源税、房产税、城镇土地使用税、印花税、车船使用税、屠宰税、个人收入调节税、集贸税、牲畜交易税、投资方向调节税、能源交通重点建设基金、国家预算调节基金、四川省粮食补贴基金、教育费附加等税（费、基金）种类。同年，驻越西县的州级企业乃托水泥厂从投产之日起至1992年前应纳的产品税、增值税给予减征七成的照顾，共享受减免税589676元。

1993年，按凉山州税务局"关于清理减免税的传真电报"精神，成立减免税审批领导委员会，组织专人对当年度出台的减免税种进行清理。政策性减免：对越西县商业民贸企业的11个营业部全额免征营业税和所得税至1995年底，每年免征税额5.5万元。对全县5户残疾人，4户纳税特别困难，给予免税期限为1年（从1993年2月—1994年2月）的照顾，免税金额2000元。对县级民贸企业减免税1年审批1次，分别给予30%到50%的减免照顾，共减免所得税、营业税22万元。对乃托锌冶炼厂生产的磷肥，免征产品税、增值税15万元。以越税审〔1993〕23号，报告凉山州税务局，要求在年度内继续对州级企业乃托水泥厂应征的增值税给予减征五成的处理报告。越西县委、县政府决定，对乃托水泥厂生产销售的水泥10万吨以内按70%征收，减30%；超过10万吨的部分减征50%税额。8月，经凉山州税务局凉税审〔1993〕016号文件批准，支持企业加快商业网点设施建设，同意县民贸企业中的糖酒公司，从1993年6月—1995年12月，其应纳的营业税、所得税给予免征3年的照顾，每年免征税额45000元。越税审

〔1993〕01 号对 8 户集体企业给予减免部分营业税、所得税 1 年的照顾,减免税额 6500 元。1995 年,县国家税务局负责征收管理的税种有:增值税(为共享税,中央享受 75%,地方享受 25%),消费税(酒类产品),中央税的滞补罚收入,企业所得税,存款利息个人所得税。2000 年 1 月,校办企业增值税退税政策停止执行。2002 年 1 月,在各级工商行政管理部门新登记注册、领取许可证办理设立(开业)登记的企业所得税,由国家税务局负责征收管理。对从事成品油销售的加油站,无论其年应税销售额是否超过 180 万元,均按增值税一般纳税人征税。

表 21-8　　1991—1994 年县税务局税收收入统计表　　单位:元

项　目	1991 年	1992 年	1993 年	1994 年
一、工商税收合计	4193704.5	4694259.36	8659447.68	8372496.08
产品税	1300992.33	1837382.49	2837302.29	
增值税	442373.26	518104.13	2683031.37	5571712.67
营业税	1940431.68	1739603.53	2435706.23	1510068.24
消费税	—	—	—	67522.77
集体企业所得税	10000	1860	42767.7	23725.79
城乡个体工商业户所得税	53667.61	43843.46	56018.79	—
个人所得税	—	—	—	64466.16
个人收入调节税	1617.2	—	592.29	—
城市维护建设税	126292.01	161831.09	228773.6	164765.54
车船使用税	42803.16	14413.89	29894.47	22742.34
房产税	63187.58	116017.11	170684.84	152574.99
土地使用税	61418.14	64553.25	69087.04	80984.63
屠宰税	36392.05	32027.9	42033.6	31580.81
牲畜交易税	365	—	—	—
资源税	483.91	302.65	—	31751.89
国营企业奖金税	—	25728.61	23976.52	—
集体企业奖金税	45780.75	—	—	—
印花税	8838.34	11747.47	18840.88	14031.42
投资方向调节税	52500	123356.42	42215.16	195969.56
税款滞纳金补税罚款收入	2758.17	3487.36	14522.9	7601.09
二、国营企业所得税	267460.36	325532.07	390882.03	300505.97
三、国家能源交通重点建设基金	100847.92	103309.85	129077.5	1488.341
四、国家预算调节基金	329100.03	262700.26	171960.12	11384.17
五、其它收入	56235	70726.24	99204.5	106224.63
教育费附加	56235	70726.24	99204.5	106224.63

税率与信息化　1992 年 7 月 1 日,土地使用权转让及出售建筑物营业税恢复按 5% 税率征收营业税。1993 年,“商品零售”营业税的税率,由 3% 提高到 5%。1994 年 5 月,增值税一般纳税人农业产品增值税税率由 17% 调为 13%。1998 年 7 月,将增值税一般纳税人购进或销售应税货物支付的运输费用的扣除率由 10% 降低为 7%。1999 年,专管员“管户”制度向专业化管事制度转变。

2002 年 1 月，增值税一般纳税人购进农业生产销售的免税农业产品的进项税额扣除率由 10% 提高到 13%。同年 2 月，首先为纳税人提供电话申报纳税、网点申报纳税两种方式。10 月，正式统推“STIMS5.0”征管信息远程查询软件。2005 年，将越西县电力公司增值税征收率调为 6%。越西县国税局在全州网络及时应用软件运行情况通报中因故障上报及时、记录较为详实，获全州国税系统表扬。

管理体制　1991 年，成立促产增收领导小组。对全县境内享受困难减免税政策的全民、集体、个体，从所提取的减免税金总额中提取 5% ~10% 作为促产增收基金（在减免产品税、增值税、营业税、所得税 4 个税种的税额中提取 10%、其他减免税按税额提取 5%、全年减免税税额核算单位在 500 元以下的免予提取），于季度末 7 日内向征管税务机关申报交纳。并规定基金管理、投放对象、使用办法、处罚办法、交纳后财务处理、收取的票据管理等办法。

1992 年，恢复按 5% 税率征收土地使用权转让及出售建筑物营业税。同年，加强发货票保证金管理。主管税务机关批准国营企业自印和领取甲种发票、集体企业自印和领取乙种发票、个体工商户领取丙种发票，分别收取 500 元、300 元、100 元 ~200 元的发票保证金，统一存入县建设银行，由县税务局征管股专户管理。原收取的发票保证金各所逐户造册登记后于 6 月 25 日一并交越西县税务局征管股保存，从 7 月 1 日起收据统一在征管股领取，并健全领、用、存结报手册，新收的发票保证金在 10 天内存入银行。统一使用发票保证金利息，发票保证金利息专用于奖励年度中发票管理好的单位和个人。对于不按规定交纳发票保证金的单位和个人，一律不得批准自印发票和购买发票，需用发票时只能到主管税务机关代开。同年，凉山州税务局下达全县个体税收任务 90 万元。为加强个体税收征管工作，调整征管改革领导小组。将任务分配到所（股），落实到人。

1993 年，为完善增值税“定期定率”征收办法，制定越西县增值税“定期定率”产品征收办法，确定每年粮食企业免税基数。9 月，取消营业税临时经营税目。10 月，对未经工商行政管理部门批准，从事商业零售的营业税按 5%，所得税按 1% 征收。从事工业性加工、旅店经营的营业税率按 5%，所得税率 2% 征收。从事修理修配的、营业税税率按 3%，所得税税率 2% 征收。从事台球、卡拉 OK 电子游戏、音乐茶座、营业税税率按 10%，所得税税率按 2% 征收。从事汽车运输的，营业税税率按 3%，所得税税率按 1% 征收。劳务收入按 3% 征收营业税，所得税税率按 2% 征收。

1994 年，确定税收起征点：货车运输，每吨每月营业额 1333 元；客货汽车，15 座以下（含 15 座）每座每月营业额 333 元，15 座以上每座每月营业额 267 元；三轮客运摩托车，每月每座营业额 267 元；农用柴油运输车，每吨每月营业额 1000 元；拖拉机运输，每吨每月营业额 833 元。

1995 年，取消集贸税收分成，终止协税人员的工资渠道。经凉山州国家税务局同意，不再使用协税人员。根据劳动部文件精神、按协税时间发给补助费用。

2001 年，贯彻执行新《中华人民共和国税收征收管理法》。6 月，全省国税系统进行全员考试，县国税局参考人员平均成绩 95 分。9 月，在凉山州国家税务局，举行全州国税系统抽查考试，县国家税务局抽考 3 人，平均成绩 85 分，获凉山州国家税务局表扬。11 月，印发《越西县国家税务局金税工程管理部门岗位设置及职责（试行）》，明确税务登记岗位、增值税一般纳税人认定岗位、发票发售岗位、报税管理岗位、认证管理岗位、数据采集等岗位的职责。

征收方式　1991 年，县税务局沿用纳税人按地域、行业、经济性质、税种、税额大小的税务专管员固定管户制度，即“一员到户，各税统管”。1993 年，加强对个体工商业户、私营企业大户税收征管。1994 年，实施《工商税制改革方案》，推行新的纳税制度，针对纳税企业申报不实和不及时问题，对国有企业、集体企业、私营个体企业进行纳税申报专项检查。对重点税源业户进行分户核查，对其欠缴入库进行全程跟踪。1995 年，实行“征、管、查”分离，纳税人上门申报纳税的征管制度。专管员包揽着纳税人从税务登记、纳税鉴定、辅导、核税等大量的事务性工作。1996 年，建立“以纳税申报和优化服务为基础，以计算机网络为依托，集中征收，重点稽查”的新征管模式，基本确立征、管、查分离的税收征收管理运行格局。

1998年,调整生猪增值税税额,从每头12元提高到18元。加强企业改制和税收政策调整过程的税收征管;做好个体私营经济的日常税收征管工作;加强个体私营税收单列计划考核;建立和完善护税组织。2001年5月,按照省、州、县文件规定,调整酒类产品消费税政策,对农村酒厂征收管理按日耗粮300斤、出酒率40%计算。2003年,完善监控机制,加强户籍管理,强化对纳税人的动态管理,实行税收精细化管理,开展"零距离"贴近式纳税服务。2005年,为加强税源管理,优化纳税服务,解决"淡化责任,疏于管理"问题,县国税局按"管户籍、摸情况,控税源"的要求,在全县推行税务管理员制度,实行"一窗式"管理,票表稽核。同年,调整个体户双定评定领导小组,规范"定期定额"管理,加大定额调整力度。

表21-9　　1995—2005年税收收入执行情况表　　单位:万元

年份	收入总额	占州计划(%)	占县政府计划(%)	上年同比(%)	为计划数(%)	两税收入总额	其中		两税上年同比(%)	两税为计划数(%)
							增值税	消费税		
1995	546.96	83.8	66	—	—	437.04	—	—	—	—
1996	467.38	—	—	88.5	—	—	—	—	—	—
1997	622.82	—	—	—	—	499.28	—	—	—	—
1998	593.80	—	—	—	—	580.20	—	—	—	—
1999	713	—	—	20	109	704	—	—	21.4	110
2000	1024	—	—	43.6	106.7	1014	1005	9	44	106.7
2001	1327	—	—	29.6	105.3	1318	1306	12	30	105.4
2002	2023	—	—	—	—	1950	—	—	—	—
2003	2616	—	—	—	106.05	2419.59	1050	26	—	102.96
2004	3518	—	—	34.51	119.25	3323	—	—	37.35	118.68
2005	3781	—	—	—	102.19	3514	3514	—	101.76	100.40

第四节　税收稽查

税收宣传　1991年1月,成立越西县全民税收宣传教育领导小组。结合税收业务,开展文体、书法、税法知识演讲等活动。1992年,围绕全国第一个税收宣传月"税收与发展"主题,开展"重点宣传日"、"街头活动日"宣传活动,组织人员参加全州国税系统"人民税收"演讲竞赛。

1995年,以"抓管理、带队伍、保收入、促发展"为宣传重点,在县城开展税收宣传日活动,开展依法纳税先进典型的宣传,表彰模范纳税户11户。利用新闻媒体向社会曝光涉税违法犯罪案件,震慑涉税违法犯罪分子,营造依法纳税光荣、偷税犯罪、漏税可耻的良好社会氛围。

1997年,紧扣"税收与文明",由国税、地税、武警、各有关单位抽调368人组成宣传队伍,在县城闹市区设立宣传点,开展税法咨询,散发宣传资料;举办2期税法培训班,企业法人代表、财会人员和个体工商户42人参加培训,重点学习深化税收征管改革对纳税人的要求,增值税专用发票的管理、填开、保管以及税款计算,纳税人的权利和义务等。

2002年,印发《越西县国家税务局系统依法治税五年规划实施方案》(越国税发〔2002〕18号),成立依法治税五年规划领导小组。围绕"诚信纳税、利国利民"主题,立足"三个着眼于",即着眼于增强公民的依法纳税观念,着眼于优化税收纳税环境,着眼于树立良好的税务形象;搞好"三个面向";即面向各级党政领导,面向广大纳税人,面向社会各界;做到"三个坚持",即坚持宣传对象的层次,宣传内容的针对性,宣传形式的多样性;做到有计划、有组织、有目的;开展"六个一"活动,即一个税字、一个税收词、一组税收运算题、一篇税收短文、一次税收社会实践、一堂税法讲座课；实现税收宣传月活动的“三落实一加强”，即人员落实、经费落实、项目落实，加强国税局、地税局之间的团结协作，并强调要加大税收宣传力度，促进税收管理上新台阶。

2005年，围绕“依法诚信纳税，共建小康社会”主题，贯彻落实“为国聚财，执法为民”。3月，县国税局组织开展全国第14个税收宣传月咨询日活动。以“弘扬长征精神，共建和谐越西”为税收宣传主题。

国税稽查　1991年，在运用检查分析标准筛选一定比例纳税户的综合审计中，把专项常规审计等稽查工作放在首位。县税务局着重对税务登记户、发票使用中偷税、逃税、骗税、避税等违法案件进行调查、处理。

1992年，开展税收财务、物价大检查。把无证户、漏管户和名为国营、集体企业实为个体的“四假”企业以及个人承包租赁挂靠经营户的偷漏税结合起来，开展个人收入调节税的检查；结合清理“三角债”，对现有欠税进行认真清理检查，对无故拖欠税款的，严格执行加收滞纳金制度。同年，加强农村酒类产品的产供销管理和矿产品经营的税、费征收管理工作的检查。

1993年9月，对县境内党政机关团体，行政事业各单位，国有、集体企业、私营和个体工商户的偷税、漏税和越权减免税，乱挤成本、费用、虚报亏损、虚增盈利、截留应上缴利润和能源交通建设基金，不按规定用途支用各项财政专项资金，采取非法手段将预算内资金转为预算外资金，将国家资产转为集体和个人所有，未经批准随意购买控购商品等进行检查。重点检查1993年发生的各种违反财经法纪的问题、1992年以及以前年度未检查，未纠正的违法违纪行为。检查继续贯彻“自查从宽，被查从严”原则。对自查出来的问题，初查初犯的和发生在税收征管法及新的财务制度执行以前的问题从宽处理；重点检查出来的问题，屡查屡犯的和发生在税收征管法及新的财务制度后的问题从严处理。并以越税发〔1993〕04号文件明确税收大检查规定：资金利息，按不低于银行1年期存款利息的标准掌握，本次检查资金利息按所需流动资金（根据存货、规模、经营情况等有关资料确定）11%测算年息。

1994年，开展新税制执法检查，采取自查与重点检查相结合的方式对违反统一税法、适用税率、计税依据，乱开、虚开、代开、少开、多开专用发票的行为进行检查。10月，从全县国税系统抽调37名国税干部组成5个工作组，分片区对全县30%以上的纳税户进行增值税、消费税、营业税、企业所得税、个人所得税、资源税、固定资产投资方向调节税、土地使用税、房产税、车船使用税、城市维护建设税、印花税、屠宰税等税种的重点检查，检查面分别为国有企业和集体企业41%、个体私营企业33.45%，检查面达到凉山州国税局的要求，共查补入库各税39.49万元。有1440户纳税户进行自查，自查面100%，自查补税3.45万元。

1997年，选派稽查局业务人员参加省、州组织的《税务稽查工作规程》和《税务稽查管理信息系统》培训，并在三季度内完成稽查人员的培训任务。8月，配备计算机和配套设备，应用《税务稽查工作规程》和《税务稽查管理信息系统》软件进行有关税务稽查管理信息的收集、处理、分析和上报电子数据工作。

2000年，实行文明办税八公开制度：公开纳税人的权利与义务，公开税收政策法规，公开管理服务规范，公开稽查工作规程，公开税务违法违纪处罚标准，公开税务干部廉洁自律的规定，公开受理纳税人投诉部门和监督举报电话，公开违反规定的责任追究办法。建立稽查局两级管理的税务稽查体系。稽查局负责计划管理工作，于季度前十日内将季度稽查户数计划、初步确定的被查对象名单报越西县国家税务局，越西县国家税务局再对上报计划、名单进行分析、调整后批准实施。

2002年，新成立的企业（个人独资合伙企业以外的企业所得税）均属于国税稽查的范围。12月，根据《中华人民共和国税收征收管理法》及《中华人民共和国税收征收管理法实施细则》，严格执行国家税务总局（国税发226号）发布的稽查工作规程。2005年，开展创建精品稽查局活动，从提高稽查干部队伍综合素质着眼，加强政治理论培训，业务知识培训、法律知识培训。

第三章　地　税

第一节　地方税务

地税管理机构　1995年3月17日,成立越西县地方税务局。租用县文化馆空置房作为临时办公地点。编制控制数暂定55人。内设:办公室、税政一股、税政二股、计会股、政工股,各股配股长和副股长1名。下辖城关所、中所所、新民所、顺河所、书古所、上普雄所、中普雄所、下普雄所、申果庄所。所管业户870户,其中:国有企业15户,集体企业15户,有限责任公司23户,股份制企业6户,涉外企业1户,个体工商业户810户。1995年7月,办公地点搬迁至县文化路。1998年,申果庄、上普雄两个所并入中普雄地税所,书古地税所并入中所地税所。内设:办公室、征管股、计财股、人事股、农税股。1997年,成立稽查局。2003年,内设:综合股、计财股、农税股、办公室、人事监察室。2004年,增设法规股。

表21－10　　1995—2005年地税局负责人名录

姓　名	性　别	民　族	职　务	任职时间
廖雄宁	男	汉族	局　长	1995.5—1998.8
黄世部	男	藏族	副局长	1995.3—2005.12
邓长生	男	彝族	副局长	1995.3—1997.7
			纪检组长	2000.11—2005.12
欧明忠	男	汉族	副局长	1995.3—1998.7
郭文华	男	汉族	副局长	1999.4—2005.12
罗卫东	男	彝族	副局长	1998.8—2001.11
			局　长	2001.11—2005.12
沙马合机	男	彝族	局　长	1998.8—2001.3
李国华	男	彝族	纪检组长	1999.9—2000.11
			副局长	2000.11—2005.12

税源分布　全县的税源点多线长,零星分散,主要分布在越城镇、中普雄、中所、顺河4个片区,4个片区的税源占整个税收收入的98%以上,其他几个片区的税源所占比例还不到整个税收的2%。近几年征收情况表明,烤烟特产税及建筑安装营业税所占的比重较大。

税源建设　1995年,开征16个税种,全县地方税收收入567万元,其中:农业税收212万元,占当年整个地税收入的37.86%。2000年1月1日,停征固定资产投资方向调节税。2002年4月1日,停征屠宰税。2003年6月1日,停征农业特产税(除烤烟特产税外)。2004年1月1日,免征农业税及附加。由于国家对税收政策的调整以及落实下岗失业人员再就业税收优惠政策,使全县本来就比较贫乏的税源再度减少,每年因政策性因素减少的税收在300万元左右。为大力培植税源,增加地方收入,确保财政收支平衡,地税局通过招商引资,开发城镇建设,发展水利资源优势等,增加建筑安装业税收,发展特色产品,大力种植烤烟,使地税收入大幅度增长。2005年,仅烤烟特产税及附加,就增收821万元。建筑安装营业税、烤烟特产税这两项税收收入每年1200万元。

第二节　地税收入

农业税　1995年,全县评定常年粮食产量2548万公斤,依率计征税额107.5万公斤,减免52.3万公斤,全县平均税率4.22%。

2002年,实行农村税费改革,改革后农业税征收实行比例税制,全县评定常年粮食产量5105万公斤,依率计征税额255.2万公斤,减免20.42万公斤,全县平均税率为5%。农业税附加按征税的20%征收。2004年1月,免征农业税及附加。1995—2003年,共征农业税811.9万元。

农业特产税　坚持"据实征收"的原则,征收的税目及税率是:烟叶税率31%,苹果税率12%,原木税率8%,花椒税率5%,核桃税率10%。烟叶特产税的税率于1999年调整为20%,2000年调整为21%,2002年农村税费改革后调整为20%,农业特产税附加按正税的20%征收。

2003年6月,川办函〔2003〕56号文件规定,除烟叶特产税外,停征从事农业特产生产和经营的单位和个人的特产税及附加。1995—2003年5月,共征农业特产税3117.2万元。

耕地占用税　耕地占用税的征收标准:越城镇5元/平方米,普雄镇、乃托镇4.4元/平方米,城关片区(除越城镇)3.8元/平方米,新民、中所片区(除新乡)3.8元/平方米,其余各乡2.6元/平方米。农民在规定用地标准以内占用耕地新建住宅的,按规定税额减半征收。1995—2005年,共征收耕地占用税45万元。

契税　1995—1997年9月,契税税率为:买卖、赠与6%;典当3%;交换价值不相等者,就其超过部分按买卖税率计征。1997年10月,按照《中华人民共和国契税暂行条例》规定,全县国有土地使用权出让,土地使用权转让(包括出售、赠与和交换),房屋买卖、赠与、交换的税率为3%。个人购买自用普通住宅,暂减半征收契税。1995—2005年,共征收契税94.6万元。

营业税　1994年,税制改革后,营业税有9个税目,税率3~20%,其中:凉山州娱乐业税率是5~10%的弹性税率。按期纳税的起征点为月营业额400元,按次纳税的起征点为每次(日)50元,不到起征点的不征税。

2001年,夜总会、歌厅、射击、狩猎、跑马、游戏、高尔夫球、保龄球、台球等娱乐行为的营业税统一按20%税率执行。金融保险业营业税税率7%。2002年,金融保险业营业税税率6%。2003年,金融保险业营业税税率5%。按期纳税的营业税起征点由现行的月营业额400元调整为1500元,按次(日)纳税的营业税起征点由现行的50元调整为100元。2004年,娱乐业的台球、保龄球减按5%的税率征收营业税。1995—2005年,共征营业税4221万元。

企业所得税　1993年,内资企业所得税实行统一的比例税率,具体包括基本税率和优惠税率。基本税率为33%。优惠税率的规定是:对年应纳税所得额在3万元以下企业(含3万元)减按18%的税率征收所得税;年应纳税所得额在10万元(含10万元)以下至3万元的企业,减按27%的税率征收所得税;年应纳税所得额在10万元以上的企业统一执行33%的比例税率。1995—2005年,共征企业所得税4220.63万元。

个人所得税　1991年,工资、薪金所得,适用5~45%超额累进税率;个体工商户生产、经营所得和对企事业单位的承包、承租经营所得,适用5~35%的超额累进税率;稿酬所得,劳务报酬所得,特许权使用费所得,利息、股息、红利所得,财产租赁所得,财产转让所得,偶然所得和其它所得采用20%的比例税率。1995—2005 年,共征个人所得税 768 万元。

城市维护建设税 城市维护建设税是以消费税、增值税和营业税为计税依据,随"三税"同时征收。越城镇、中所镇、新民镇、乃托镇、普雄镇和工矿区税率 5%,其余为 1%。1995—2005 年,共征城市维护建设税 729 万元。

城镇土地使用税 1995—1999 年,税额为越城镇的街道区域、住宅(含空地)、门市(含库房),每平方米分别按 0.95 元、0.75 元、0.55 元、0.35 元、0.15 元 5 个等级征收,普雄镇分别按 0.75 元、0.55 元、0.35 元、0.15 元 4 个等级征收,中所镇和新民镇按 0.60 元、0.20 元 2 个等级征收,乃托镇按 0.65 元、0.25 元 2 个等级征收。2000 年,将县内城镇土地使用税调整为 3 个等级征收,即:越城镇范围为一等,0.90 元/平方米;普雄镇范围为二等,0.80 元/平方米;中所、新民、乃托 3 镇范围为三等,0.60 元/平方米。1995—2005 年,共征城镇土地使用税 12.9 万元。

印花税 印花税的税率有比例税率和定额税率两种,采用比例税率的有 11 个税目,税率共分为 5 档,分别为 1‰、0.5‰、0.3‰、0.05‰、0.03‰;定额税率有 0.1 元、0.2 元、0.5 元、1 元、2 元、5 元、10 元、50 元、100 元 9 种。1995—2005 年,共征印花税 48.33 万元。

资源税 1994 年,开征资源税。煤炭:国营、集体 0.30 元/吨,私营、个体 0.60 元/吨;普通黏土 1 元/吨;白云石、石灰石、耐火黏土 3 元/吨;石灰石、石膏 2 元/吨;硫铁矿 1 元/吨,其他铁矿 2.8 元/吨;铜矿石 1.4 元/吨;铅锌矿石 2.5 元/吨;沙石 1 元/吨;人造土 2 元/吨。2005 年,石灰石、石膏调为 1 元/吨。1995—2005 年,共征资源税 611.46 万元。

固定资产投资方向调节税 固定资产投资方向调节税实行差别比例税率,基本建设项目有 0%、5%、15%、30% 4 档,更新改造项目有 0%、10% 两档。凡建设项目适用税率为 5%、10%、15% 和 30%,从 1999 年 7 月起实行减半征收。2000 年,停征固定资产投资方向调节税。1995—1999 年,共征固定资产投资方向调节税 47.26 万元。

土地增值税 1997 年,开征土地增值税。经县地税局调查测算,转让房地产收入的税负定为 6%。至 2004 年,共征土地增值税 5.01 万元。

房产税 房产税的税率有两种:一种是依照房产原值一次减除 10% ~30% 后的余值计算征税,税率为 1.2%;二是以房屋租金收入为计算依据,税率 12%。1995—2005 年,共征房产税 452.6 万元。

车船使用税 采用定额税率,按年计征,分期纳税。即:15 座以下每年每辆征税 100 元,15 ~35 座每年每辆 150 元,36 座以上每年每辆 200 元,货车每吨 30 元,二轮摩托车每辆 30 元,三轮摩托车每辆 50 元,畜力驾驶车每辆 10 元,人力驾驶车每辆 5 元,自行车每辆 2 元。1995—2005 年,共征车船使用税 32.34 万元。

屠宰税 1991 年,实施新税制后,全县对自养、自食的猪、牛实行定额征税:猪每头 3 元,牛每头 4 元,经营生猪、菜牛、菜羊,在收购环节依 3% 的税率计征屠宰税。1995 年 10 月起,市场销售的生猪每头按 18 元征收。1998 年 11 月起,市场销售生猪的每头改按 16.54 元征收。2002 年 4 月 1 日,取消屠宰税。1995—2002 年 3 月,共征屠宰税 326.76 万元。

表 21-11 **1995—2005 年地方税务局收入统计表** 单位:百元

收入情况/单位名称/年份	直属征收所	农税股	中普雄地税所	中所地税所	顺河地税所	新民地税所	稽查局	征收管理股	年度总收入
1995	2758.72	21210.00	1875.96	697.38	198.77	287.39	—	29223.78	56252.00
1996	3618.76	20230.00	2184.76	776.01	266.50	305.21	815.42	43347.34	71544.00
1997	4683.25	30760.00	2257.18	810.83	316.77	417.99	629.66	41130.32	81006.00

续上表

年份＼收入情况＼单位名称	直属征收所	农税股	中普雄地税所	中所地税所	顺河地税所	新民地税所	稽查局	征收管理股	年度总收入
1998	4776.85	27760.00	2984.94	950.32	362.93	489.68	134.29	59831.00	97290.01
1999	82394.14	25620.00	3215.90	1152.98	342.15	512.84	4950.00	—	118188.01
2000	76143.88	33000.00	3287.00	1241.36	613.99	531.78	2088.00	—	116906.01
2001	95913.56	26490.00	2754.29	1355.84	653.89	534.81	1126.62	—	128829.01
2002	89949.31	57445.61	2979.81	956.13	599.45	586.49	3776.17	—	156292.97
2003	89792.75	74276.56	2392.11	1157.88	650.29	506.87	5437.78	—	174214.24
2004	86438.60	67928.84	3745.98	1542.19	597.50	523.42	14556.93	—	175333.46
2005	125060.81	85875.99	3049.28	1102.13	497.27	—	11317.74	—	226903.22
总合计	661530.63	470597.00	30727.21	11743.05	5099.51	4696.48	44832.61	173532.44	1402758.93

基金费　1995 年，教育费附加按 3% 的附加率随增值税、营业税、消费税征收。1998 年，按 3% 的征收率计征文化事业费。2002 年 8 月，停征交通建设费附加。

2004 年 7 月，开征地方教育费，以各单位和个人实际缴纳的增值税、营业税、消费税的税额为计征依据，按 1% 的征收率随增值税、营业税、消费税征收。至 2005 年，共征地方教育费 39.9 万元，教育附加费 333.78 万元，文化事业费 4.52 万元，交通建设费附加 79.5 万元。

第三节　地税管理

个税税负　1996 年，通过分行业，对成本、费用、营业额、毛利率等指标进行调查、测算，并报经州地税局备案认可，确定全县个体户所得税税负。2004 年，重新调整个体户税负。全县个体户所得税税负是：从事商业、工业（含酒厂）、建筑业、维修、矿产品生产的个体户按营业额的 1% 计征；从事饮食、装卸的个体户按营业额的 2% 计征；从事运输的个体户 2004 年 5 月以前按 2% 征收，2004 年 6 月按营业额的 3.3% 计征；从事加工、理发、其他服务的个体户按营业额的 4% 计征；从事旅店、娱乐、茶楼的个体户按营业额的 5% 计征；从事网吧的个体户按营业额的 7.5% 计征所得税。

征管资料　2000 年，按照《征管法》规定，全县实行税务管理员管户制，建立健全纳税户档案，一户一档，输入微机管理。纳税户档案包括税务登记表、变更登记表、分税种税款核定通知书（双定户）、纳税方式认定书（查账征收企业）、纳税申报表、会计报表（资产负债表、损益表、利润表）、停歇业申请审批表、歇业期间检查管理记录、延期纳税申请审批表、复业登记、各税及附加征收登记、减免税申请表、审批表、限改通知书、限缴、催缴税通知书、税务文书送达回证、处罚事项告知书、税务行政处罚决定通知、退税文书、各类减免税审批资料、纳税人基本情况调查表（包括电话、从业人数、床位、餐桌、经营场地面积等）。

稽查管理　1998 年，建立重点税源，重点企业联系制度，加强重点税源、重点企业管理。在所得税征收管理中确立“抓重点，促一般，培植后续税源”的管理思路，对重点税源实行“建立纳税档案，专人负责，落实责任，重点跟踪管理”的工作措施。

1999 年，开展税收征管质量年活动，加强对重点税源税收征管，对纳税人按纳税、守法情况等实行分类管理，提高主动申报率和近期入库率。2000 年，对邮政、电信、交通、房地产开发、建筑、安装、房屋出租等行业进行清查，摸清税源变化情况，挖掘新的税收增长点，以缓解税源不足的矛盾。同时，对账务不健全的纳税人实行核定征收，不断改进发票管理，完善“以票控税”措施。

2003 年,对重点企业及纳税大户进行全方位监控,掌握其生产经营及资金运行情况,掌握管户生产经营情况,掌握税源变化情况、财务状况、纳税情况、纳税态度。狠抓零散税收,做到抓大不放小,以小补大。优化业务流程,加强办税服务厅“一站式”服务,把管理与监督融在服务中,使税收服务更贴近纳税人。

2005 年,地税征管户 870 户,其中:国有企业 15 户,集体企业 15 户,涉外企业 1 户,有限责任公司 23 户,股份制企业 6 户,个体工商户 810 户。采取以票管税的方法规范发票管理,要求业户必须向消费者提供发票;同时跟踪核查。

地税稽查 1991 年,开展日常稽查、专项稽查和专案稽查,加强对稽查干部的职业道德教育,规范执法行为,打击税收违法犯罪,维护税法的尊严,达到以查促收,以查促管的目的,营造良好的税收法制环境。1996 年,实行重点稽查与调账检查相结合的方式,检查金融业,查补税款 2. 2 万元;检查工商个体户 103 户,查补税款入库 3. 18 万元;打击偷逃税户 5 户,查补税款 2. 33 万元。

1998 年 3 月,与干部职工分别签订《党风廉政建设目标责任书》,全面落实党风廉政建设责任制。对行政事业单位固定资产投资情况进行检查,入库固定资产投资方向调节税 7. 1 万元。1999 年,对副科级干部任职期间的税收、财务、资产管理、内部制度等实行离任审计,稽查入库税款 9. 32 万元。2000 年,开展党风廉政思想教育月活动及万家企业评行风活动,企业补缴税款 8. 56 万元。

2001 年,县地税局规定税务干部不准接受纳税户宴请或参加纳税户邀请的各种庆典及外出考察、参观等活动;不准找纳税户报销各种费用;不准利用职权向纳税户压价购买商品或赊欠货款;不准经商办企业或利用职务之便向纳税户推销商品等。是年,稽查纳税户 157 户,查补入库税款 8. 21 万元。

2002 年,召开社会特邀监察员座谈会,听取意见和建议。组织观看廉政教育片《法不容情》,查补税款 10. 68 万元。

2005 年,查补实税款 11. 32 万元。至 2005 年,开展税收专项检查,以查促收,以查促管,累计查补税款及罚款 4483260 元,入库 4483260 元,入库率 100%。

第二十二篇 金融

第一章　农业银行

第一节　货　币

人民币发行　1987年4月，发行第四套人民币。1992年8月，发行改版后的1990年版50元和100元，增加金属线防伪标识。1996年3月1日，对1987年以前发行的各年版人民币纸币所有券别只收不付。1998年6月1日—12月31日，兑换第二套人民币(纸、硬分币除外)，次年1月1日起停止流通。1999年10月，发行第五套人民币，共11种，其中:1角、5角、1元、5元、10元、20元、50元、100元纸币各1种;1角、5角、1元硬币各1种。第五套人民币根据市场流通需要，增加20元面额，取消2元面额，使面额结构更加合理;采用具有世界先进水平的防伪技术，主要有固定人像水印、红蓝彩色纤维、磁性微文字安全线、手工雕刻头像、隐形面额数字、光变面额数字、阴阳互补对印图案、雕刻凹版印刷、横竖双号码和胶印缩印文字10个方面。2001年1月1日—6月30日，兑换回收第三套人民币，7月1日起停止流通。2002年，县内各金融机构对库存第五套人民币10元券回笼完整券全部进行拆把挑剔，对回笼券中已发现安全线拱起、脱落票币，全部作残损人民币处理上缴发行库。2005年8月31日，发行流通2005年版第五套人民币，有5元、10元、20元、50元、100元和1角硬币6个券种，保持1999年版第五套人民币主图案、主色调、规格不变。1991—2005年，陆续发行流通纪念币57套64种。

反假币工作　1993年开始，金融部门陆续使用人民币防伪鉴别器，并利用各种形式向社会宣传反假币知识。2000年，建立大额现金支付按季分析制度，确定专人负责现金管理工作，加大现金支付监管力度。开展反假币大型宣传活动，发放宣传资料5124份。2003年，获得人民币收缴授权后，县农行成立反假币工作领导小组，制定相关制度规范人民币收缴、鉴定行为，保护货币持有人合法权益。2005年，加强现金管理和每季度的现场检查制度，规范现金收支活动，扩大反假币宣传面，出动宣传人员23人次，宣传车2台，悬挂过街横幅7条，散发宣传资料6475份，张贴反假币宣传画318张。

反洗钱工作　2003年，根据省分行《金融机构反洗钱规定》，制定《人民币大额现金可疑支付和外汇可疑交易支付报告管理办法》、《外汇资金交易反洗钱工作岗位制度暂行办法》，具体落实反洗钱岗位职责，规范反洗钱报告程序，建立统一的反洗钱工作体系，强化对基层反洗钱政策和业务操作的辅导。按照反洗钱工作要求，组织外汇资金交易反洗钱管理规章制度专项培训，明确外汇交易报告60条标准和具体指标释义，开展反洗钱学习教育42人次。将反洗钱工作列入检查内容，开展两次大额和可疑外汇资金非现场核查。

2004年，邀请人民银行专家以银行业与反洗钱、社会治安与反洗钱、大额可疑外汇资金交易报告管理等方面为主要内容进行业务培训。根据人民银行和农总行的安排部署成立反洗钱工作领导小组，对照检查内容，逐条逐项进行检查，对发现的问题及时进行整改。

2005年，组织工作人员参加反洗钱信息管理系统及大额可疑交易报告系统的学习培训;建立反洗钱信息系统及人民银行可疑交易报告系统，规范大额可疑交易报告。

第二节　农行存款

存款管理　1991 年,成立集体所有制的储蓄劳动服务公司,加强储蓄代办所和代办员管理。开展储蓄内部整顿工作,查处和整改各类违章行为。1993 年,开展创"百佳行社"活动,重基层、抓基础、练内功,全面恢复储蓄事后监督,落实基本规章制度,提高管理工作质量。

1995 年,把基础工作管理作为规范管理的重点,按照《储蓄所等级管理办法》的要求,开展以提高工作质量为主要内容的储蓄会计、出纳达标活动,建立、健全会计核算、账务、资金、微机、重要空白凭证、档案管理等基本制度,加强存款工作日常检查督促,规范操作行为。

1996 年,成立以行长为组长、分管行长负责、有关部门参加的存款管理小组,负责全行存款组织、管理和资金计划协调、平衡工作;实行纵向到行、所,横向到各专业的双向考核办法,完善指标考核体系,把储蓄存款、对公存款、信用卡业务纳入综合考核范围,加大存款总量、低成本资金、市场占有率指标的考核力度,制定《存款奖励办法》,实行存款奖励向组织低成本存款倾斜,优化结构,增加效益。1999 年,代办所全部撤并后,储蓄劳动服务部随之撤销,储蓄代办员交由人事部门管理。

储蓄存款　1991 年,实施"三包一定"责任制奖惩。全年储蓄存款余额 2824 万元,较年初净增 550 万元,增长 24.2%。1993 年,针对股票热、集资热、储源和资金分流、同业竞争加剧导致储蓄存款增幅减缓的情况,加强存款工作领导,层层落实存款净增任务;制定奖惩办法。1994 年,转变单纯由存款部门抓存款的观念,开展全员揽储活动,实行行长负责制,把完成存款任务情况与行领导的经济利益和政绩考核挂钩;落实部门包片责任制,将所包片区的存款增长与有关股、所(处)经济利益挂钩,实行一级包一级;推行多种形式的储蓄人员工效挂钩责任制;逐步推广使用计算机、计息机等现代化机具和设施,提高业务处理效率和服务水平。

1995 年,抓住私营企业和个体经济快速发展的时机,推行存贷挂钩,开办存单小额抵押贷款业务,以贷引存。开展以"存款上台阶,服务创一流,管理上质量"为主要内容的管理活动、评选"青年文明号"活动、储蓄所揽存明星活动,增强储蓄网点的吸储力。1997 年,抓住元旦、春节等外出务工收入资金大量回流的时机,运用电子汇兑、信用卡、储蓄存款托收等多种结算方式,组织吸存。年末,越西支行储蓄存款余额 7506 万元,较年初净增 638 万元,增长 9.3%。1998 年,推行资产负债比例管理,针对信贷超负荷运行逐年加重,存贷比例达 105.8% 的状况,确立"存款立行、效益兴行"的战略方针,加快电子化建设和营业网点基础设施建设,立足抓行业、抓系统、抓大户,对重点业务进行攻关。开办代收代付、教育储蓄等业务来寻求新的储蓄增长点。

1999 年,提出"巩固城市,拓展农村"的存款发展战略,立足自身优势,巩固城市阵地,抓好农村业务的拓展。按经济类别划分为县区行和乡(镇)营业机构两大类,提升综合服务能力,逐步向多元化方向发展。2000 年,制定和完善各项规章制度,实行全面管理和重点管理相结合,对易发案件和多发案件重点监控,使储蓄内部管理工作向事前预防、事中控制和事后监督全程发展。强化"以客户为中心"的理念,针对不同客户,提供"差异化"服务,推出网上银行、电话银行等新服务项目。2001 年,实行储蓄存款实名制,限制公款私存。改进存款增长方式,加快业务处理手段现代化建设,开办金穗借记卡业务。

2002 年,建立以储蓄、个人消费信贷、个人综合理财、银行卡等业务为主的个人金融业务体系,开辟个人金融业务新的效益增长点。开展"世纪之星"教育储蓄竞赛活动,派出专职公关队伍到中、小学开展教育储蓄宣传,排出符合教育储蓄的对象,上门营销。2003 年,开展延时服务、上门服务、跟踪服务和引导服务,强化风险控制和市场营销,加快业务整合创新和结构调整,优化网点结构。

2004 年,建立和完善个人金融业务营销体系,实行综合绩效考核,强化员工竞争意识,狠抓旺季营销。抓住民工“元旦”、春节返乡时机，为返乡民工电视点歌、在城乡主要街道挂宣传横幅、设置金融业务宣传台等形式组织劳务收入吸储。

2005 年，以“加大宣传力度，强化优质服务，提升农行形象，扩大市场份额”为主题，推介农行金融产品，扩大代理保险、证券、基金、国债、个人理财、银证通、代收代付等中间业务范围。从结算、现金供应、个人理财、小额贷款等方面给予个体工商户方便，培植储源，增加存款。加大对地方财政的系统营销力度，争取财政直发工资代理权。实行存款与效益工资挂钩。以“用心服务、春到万家”为主题，深化内涵，突出教育储蓄、通知存款、金穗信用卡以及组织外出务工人员汇兑转储等重点业务品种，进行重点宣传营销。全年储蓄存款余额 20139 万元，较年初净增 2647 万元，增长 15.1%。

表 22-1　**1991—2005 年储蓄存款年末余额表**　单位:万元

年　度	储蓄存款余额	占存款总额（%）	活期储蓄存款		定期储蓄存款	
			余额	占储蓄存款总额（%）	余额	占储蓄存款总额（%）
1991	2824	81	241	9	2583	91
1992	3466	77	283	8	3183	92
1993	4114	81	391	10	3723	90
1994	4859	78	778	16	4081	84
1995	5818	68	573	10	5244	90
1996	6868	82	615	9	6253	91
1997	7506	81	842	11	6661	89
1998	8759	73	961	11	7798	89
1999	10781	74	1402	13	9379	87
2000	12502	76	2938	24	9564	76
2001	14662	72	4081	28	10581	72
2002	16299	74	4985	31	11314	69
2003	17702	74	6271	35	11431	65
2004	17492	62	7817	45	9675	55
2005	20139	50	6287	31	13852	69

对公存款　1991 年，按照存款性质，划分范围，明确信贷、计划、会计、存款等部门的职责，分解落实存款任务和目标，发挥各自的优势，形成组织企事业单位存款的合力。制定《存款归口管理办法》和《组织低成本资金的考核奖励办法》，加大存款管理、考核力度，逐步完善考核指标体系。顺应企事业单位需求，先后开办单位定期、大额可转让存单、预约存款等品种，开辟证券、信托、房地产信贷业务、信用卡业务和代理业务为主的中间业务，逐渐形成企事业单位存款、储蓄存款、中间业务相互促进的局面。

1994 年，建立健全存款大户台账，加强企业资金营运规律的分析，聘任重点企业的领导或财会人员担任信息员，及时反馈企业资金运行信息，掌握资金动向，跟踪服务。以铁路、邮电、交通、电力、集团企业等大行业、大企业为重点，强化公关，组织营销。通过登门访问、召开联谊会、银企合作座谈会等活动。

1995 年，参加农业银行系统电子汇兑 24 小时联网，使客户资金划拨 24 小时到账。通过以存定贷、专用资金管理、柜台监督以及现金管理等措施，促进企业合理使用资金，加快资金周转，销货款及时入账，增加企业存款。

1999 年，按照农业银行总行的统一部署，分别与县财政、社保、保险等系统建立全面合作关系，签署代收代付协议，代收财政预算外资金、社会养老金、保险费、交警罚款、财政直发行政事业单位工资等新代收代付项目，拉动对公存款额的增长。

2005 年，完善领导机制，统一步调，协调行动、建立重点行业吸存网络，培植稳定存款基地，发挥科技优势，拓展以代收代付为主要内容的代理业务和中间业务，扩大增存渠道。

表 22－2　　1991—2005 年企事业单位存款年末余额表　　单位：万元

年　度	企事业存款余额	占存款总额（%）	年　度	企事业存款余额	占存款总额（%）
1991	661	19	1992	1018	23
1993	979	19	1994	1339	22
1995	1110	13	1996	1437	17
1997	1463	16	1998	2837	23
1999	3848	26	2000	3911	24
2001	5726	28	2002	5628	26
2003	6348	26	2004	10800	38
2005	19784	50			

同业存款　1991 年，确立“客户资源共享、金融产品互联、业务相互交叉、综合利益均沾”的理念，加强与国家政策性银行、证券业和城乡信用社联系，完善代理办法，增加新业务项目，构建长期合作平台。

1996 年，利用与农村信用社长期合作关系和业务互补优势，加强现金代理业务、约期存款业务、票据业务和相互代收代付等方面合作，避免行、社之间的非理性竞争。

表 22－3　　1998—2005 年同业存款年末余额表　　单位：万元

年　度	存款余额	年　度	存款余额
1998	434	1999	9679
2000	7782	2001	3472
2002	1855	2003	878
2004	2843	2005	905

存款利率　活期存款：1993 年 3 月 1 日以后存入存款，按结息日挂牌公告的活期利率执行，遇利率调整不分段，未到结息日清户的，按清户日挂牌公告的活期存款利率执行。定期存款：1993 年 3 月 1 日以后的存款，按存入日挂牌公告的定期利率执行，遇利率调整不分段。提前支取的部分，按支取日挂牌公告的活期利率执行，未提前支取部分，仍按原存单利率执行，逾期未取期间，按支取日挂牌公告的活期利率计息。定活两便存款：1993 年 3 月 1 日以后存入的定活两便存款，按支取日挂牌公告的 1 年期以内（含 1 年）相应档次的定期整存整取存款利率执行，打折后低于活期存款利率的，按活期存款利率执行。公积金存款：当年归集的按结息日挂牌公告的活期存款利率执行，结息后转入上年结转户。养老保险金存款：1998 年 1 月 1 日起，按 3 个月整存整取定期存款利率执行。2004 年，1 年期存款利率由 1993 年的 9.15% 下调至 1.875%。

利息结息规定：活期存款每季末 20 日为结息日；定期存款支取日结付利息，利随本清，不计复利；短期贷款按月结息，每月末 20 日为结息日，对不能按期支付的利息计收复利，贷款逾期后改按罚息计收复利。

第三节　农行贷款

审贷分离制度　1991 年，实行行长负责制，由各级行行长在贷款审批权限内审查审批信贷事项。

1995 年，实施商业化改革后，建立信贷管理体系，完善信贷管理法规制度。建立审贷部门分离体制和主责任人制度，将信贷业务操作流程划分为贷款调查、贷款审查、贷款决策、贷款检查等多个既相互联系、又相对独立的部门。建立分级管理、授权经营的体制，实行分级审批制度和信贷管理责任制。

1996 年，成立审贷会，在贷款审批权限内，集体研究讨论，投票表决，杜绝“一人说了算”和逆程序操作。

1997 年，对部分信贷资产质量差、经营效益低的经营行暂停贷款审核权；省分行取消县农行对中长期贷款的审批权，以防范信贷决策的行政干扰和失误，减少信贷资金损失。

2001 年，规范组织形式、议事程序、审贷原则、工作职责和操作程序，建立审贷部门分离体制和主责任人制度，将信贷业务操作流程划分为贷款调查、贷款审查、贷款决策、贷款检查等多个相互联系、相对独立的岗位，由经营行行长、客户部门与信贷管理部门负责人、有权审批行行长相应承担信贷业务经营、调查、审查和审批的主要责任，相互制约，相互牵制，避免个人行为造成信贷风险。

2003 年，贯彻执行《贷款审查委员会和办公室工作规程》，坚持个人审查与集体审查相结合、客户审查与行业审查相结合、专项审查和综合审查相结合的审查机制。建立项目审查责任制，实行谁审查、谁负责，确保责任落实到位。

2005 年，严格限时办贷制和首问责任制，突出对大客户的合理需求，特事特办，对信贷事项随时受理审查上会；对能源、电信、矿产资源开发等行业的信贷业务、AAA 级以上优良客户的信贷业务，优先审查，优先上贷审会审议。

资产风险管理　2001 年，成立资产风险管理部，主要负责不良资产（次级贷款、可疑贷款、损失贷款）的清收、管理、处置工作。全年清收盘活不良贷款本息 813 万元，其中：呆滞贷款 594 万元，利息 202 万元，呆账贷款 6 万元，利息 11 万元。2002 年，把降低不良资产占比作为工作重点，由县委、政府牵头成立越西县扶贫贷款回收工作领导小组，制定《到逾期扶贫资金回收工作实施细则》，在全县扶贫工作会议上与各乡（镇）领导签订《扶贫资金回收目标责任书》，在各村张贴《越西县人民政府关于清收扶贫贷款公告》300 余张，发放并回收《扶贫贷款清理核实催收确认情况表》5000 余份，涉及乡（镇）农户 4 万余户，核实、确认扶贫资金 4119 万元，清收扶贫贷款 236 万元，其中：本金 149 万元，利息 87 万元。到年末清收不良贷款本息 1258 万元，其中：本金 1174 万元，利息 84 万元；保全 779 万元。

2004 年，实行保证金制度并与人员、效益挂钩，实行“包片区、包点”清收。全年清收不良贷款本息 262 万元，其中：本金 198 万元，利息 64 万元。

2005 年，在不良贷款清收、盘活、保全工作中，落实责任，把任务分解落实到行长、中层干部及信贷人员身上，实行保证金制度，专门制定清收奖惩办法，激发大家的清收积极性。年末不良贷款余额 6761 万元，较年初下降 230 万元，降低 3.29%，清收不良贷款本息 305 万元，其中：本金 230 万元，利息 75 万元。

工业贷款　按照“区别对待、择优扶持”的原则，在调查研究的基础上，明确支持、限制、压缩及收回不再贷款企业的具体目标，有进有退，分类施策，向有市场、有效益、有信誉、无贷款拖欠的“三有一无”企业和重点骨干企业开办中期流动资金贷款，严格实行报批，授信管理，贷款结构日趋合理。2003—2005 年，发放贷款 11985 万元，占各项贷款的 43.5%，增加就业人数 470 人。

农业产业化贷款　1991 年，贯彻执行“治理经济环境，整顿金融秩序，全面深化改革”的方针，搞好信贷调解，提高信贷效益，贷款余额增长速度趋于平缓。全年发放收购贷款 1142 万元，农资贷款 434 万元。1993 年，以支持农业发展为重点，选择高起点、高科技、规模经营好的综合开发性项目和加工项目，筹集资金，发放贷款；对农户用于种养殖业等生产资金进行优先支持。全年发放农业贷款 2020.7 万元，其中：国营农业贷款 257 万元，集体农业贷款 26.4 万元，承包户农业生产贷款 1146.7 万元。1995 年，筹措资金，调整信贷结构，适时发放贷款，支持涉农行业发展。县农行重点支持层次较好，有一定经营规模的农业贷款项目；信用社以解决农业生产费用为主，支持春耕生产、“菜篮子工程”。2000 年，严格执行《贷款风险管理操作规程》和《贷款通则》，实施贷款收放责任制，依法信贷。配合国家退耕还林还草政策的实施,发放退耕还林粮食调运资金141万元。2005年,对种植、养殖、加工"一条龙"、贸工农一体化的农业企业和"公司+农户"、"基地+农户"的农业产业化经营新模式,提供贷款6384万元,增幅225.3%。

扶贫贷款 1991年,重点支持多种经营、资源开发,建设区域性支柱产业;支持农田基本建设,增加粮食产量。实行"温饱工程"与"两高一优"农业并重,直接扶贫与间接扶贫相结合,富县与富民相结合,扶贫与开展帮"万家致富"活动相结合,扶贫与支持农村妇女"双学双赛"相结合,整体推进信贷扶贫工作。发放扶贫贷款2300万元,其中落实帮扶企业5个,帮扶对象400户,发放资金200万元,帮扶对象实现总收入318万元。1993年,为解决越温脱贫,提前达到温饱线的目标,向全县41个乡(镇)186个行政村提供扶贫贷款。

2000年,对未越温饱线的贫困地区仍以到户贷款为主,继续支持直接带动贫困户解决温饱的种养业、林果业项目;对已越温饱线的地区,扶贫贷款,适度向区域经济倾斜,重点支持农业产业化项目和基础设施建设,改善地区生态环境和生产生活条件,巩固越温成果。对全县8.23万户发放扶贫贷款4600万元。

2001年,坚持"开发式、产业化、商业化"的扶贫方针,以开发性扶贫为主线,调整信贷结构,将贷款投向重点由帮助农村贫困人口解决温饱问题转向使贫困人口增加收入,稳定脱贫,为实现小康创造条件。全年放出扶贫贷款0.062亿元。2003年,通过培育开发扶贫龙头企业,提升农民进入市场的商品化程度和农业综合效益,实现信贷扶贫从单一生产、养殖向工厂一体化综合经营、从产品向产业的增值、从贷款直贷到户向贷款到农业产业化经营、从支持千家万户的分散经营向支持专业化生产的龙头企业的"四个转变",形成扶持一个龙头、激活一个产业、振兴一方经济、致富一方农民的"四个一"农业产业化扶贫格局。为推动越西农业产业化的发展,向万寿菊产业提供贷款,全年放出扶贫贷款1200万元。

2004年,针对扶贫贷款出现的新情况、新问题,集中在优化项目、增加投入、强化管理、讲求实效方面下功夫。注重扶贫贷款区域、重点、对象的政策合规性,深化信贷扶贫到户新形式。初步形成到户贷款助扶贫、农业产业化带动扶贫、基础设施辐射扶贫和教育、科技及卫生支撑扶贫等多种形式并存的格局。截至2004年,县农行提供各类扶贫贷款和扶贫资金用于扶贫开发,投入资金总量0.72亿元,其中:扶贫贴息贷款0.32亿元,投向种植业1200万元、林业2500万元、电力设施3500万元。解决了11万人的温饱问题,贫困农民年人均纯收入增加145.48元。2005年,在扶贫贴息贷款计划大幅减少、银行经济资本回报率约束的双重压力情况下,实行内强贷款质量、外重扶贫效果的策略,从加大扶贫贷款投放、信贷扶贫造血功能、扶贫载体选择机制、信贷扶贫理念4方面深化信贷扶贫。全年发放贷款9743万元。

农村电力贷款 2003—2005年,县农行将开发利用能源,加快水电建设作为信贷工作的重点,水电贷款余额6500万元,占各项贷款的23%,电站装机3万千瓦,年发电量1.5167亿千瓦时。

中间业务 2003—2005年,县农行本着巩固传统业务,拓展新兴市场的经营思路,代理政策性银行业务、保险业务、基金销售等,成为业务和效益的又一项新的增长点。代理农业发展银行发放粮油贷款3319万元,清理收回贷款本息5492万元。代理保险业务,参保车辆158辆,车辆险金额36.3万元,财产险45.2万元,人身险21万元。

个人贷款 1991年,农行禁止发放个人消费性贷款,对已发放贷款进行清理。农村信用社由村担保只发放个人购买农业生产资料贷款。全年发放的636万元贷款中,80%用于农业和养殖业。1993年,随着机关单位住房制度改革,启动个人住房贷款业务,按照安全性、流动性和效益性相统一的原则,坚持贷前调查、贷时审查、贷后检查。1994年,借款期限在一年以内的,实行到期还本付息,利随本清;贷款期限在一年以上的,按月归还贷款本息;贷款逾期后,改按逾期贷款利率计收罚息,利息不能按期支付的按合同利率计收复利。

2000年始,加强个人消费类贷款中个人住房贷款、个人自用汽车贷款、一般消费贷款、助学贷款;个人经营类贷款中个人生产经营贷款、个人商业用房贷款、个人商用车贷款、下岗失业人员小额担保贷款等项目的贷款力度,拉动个人消费的增长,刺激个体经济发展。截至2005年,共发放个人一般消费贷款

2803 笔 0.3 亿元。

贷款利率　短期贷款:按贷款合同签订日相应档次的法定贷款利率执行,贷款合同期内,遇利率调整不分段执行。中长期贷款:利率实行一年一定,贷款包括贷款合同生效日起一年内应分笔拨付的所有年金,根据贷款合同确定的期限,按贷款合同生效日相应档次的法定贷款利率执行,每满一年后(分笔拨付的以第一笔贷款的发放日为准),再按当时相应档次的法定贷款利率确定下一年度利率。个人住房公积金贷款:贷款期限在一年以内的,按合同利率执行,遇利率调整不分段,贷款期限在一年以上的,遇法定利率调整于下年初开始,按相应利率档次执行新的利率。个人商业性住房贷款:贷款期限在一年以内的,按合同利率执行,贷款期限在一年以上的利率实行一年一定。逾期贷款或挤占挪用贷款:逾期贷款或挤占挪用贷款从逾期或挤占挪用之日起,按罚息利率计收罚息,直到清偿本息为止,遇罚息利率调整分段计息;对贷款逾期或挪用期间不能按期支付的利息按罚息利率按季(短期贷款也可按月)计收复利;如同笔贷款既逾期又挤占挪用,应择其重,不能并处。2004 年 1 月 1 日起,人民币各项贷款(不含个人住房贷款)的计息和结息方式,由借贷双方协商确定,人民币中、长期贷款利率由原来一年一定,改为由借贷双方按商业原则确定,可在同期间,按月、按季、按年调整,也可采用固定利率的确定方式。

第四节　结算业务

结算方式　1991 年,执行全国和四川省通用的结算方式,有银行汇票、商业汇票、银行本票、汇兑和委托收款、异地托收承付结算。1997 年,根据人民银行总行制定的《票据管理实施办法》和《支付结算办法》,支付结算分票据、信用卡和结算方式 3 类。票据分为银行汇票、商业汇票、银行本票和支票,结算方式分为汇兑、托收承付和委托收款,加上信用卡共 8 种。2005 年,新型的电子联行业务系统有网内往来(办理系统内的资金往来)、银行本票、漫游汇款、大额支付(办理 2 万元以上跨系统资金汇划业务)、小额支付系统(办理 2 万元以下的跨系统资金汇划业务)。

结算管理　1991 年,加强商业汇票的管理,严格审查企业经济活动。在暂停办理银行承兑、贴现业务期间,加强对企业承兑委托收款的监督,严格承兑汇票的保管、领取和使用。

1996 年,对同业往来、行社往来、同城票据交换、储蓄所往来、县辖往来等内部往来的专用章、凭证、往来范围、账务核对、检查制度等各个环节进行清理。

1997 年,启用汇票专用章,使用新的省辖银行汇票,执行全国联行往来使用的转账、现金银行汇票编押金额起点降为 10 万元的规定,推行计算机签发银行汇票,组织人员对重要空白凭证的保管、出入库、领用、签发、核算以及注销与销毁进行全面检查。1999 年,按人民银行的统一规定,重新更换票据凭证。建立典型结算案例和纠纷的报告制度,以防范支付风险。

2000 年,按照农总行有关结算代理业务的基本要求,以人民银行《支付结算业务代理办法》为基本规范,严格执行《支付结算业务代理办法》和会计核算手续,加强对结算代理业务的统一管理,控制代理业务结算风险。组织开展"通汇宝"等以实时汇兑为主的支付结算产品营销宣传活动,增强会计人员的营销意识,扩大农行结算产品的社会知名度。

2003 年,严格规定单位结算的账户使用。支行对外营业网点开办漫游汇款兑付业务。同年 4 月,大额支付系统上线,实现跨行间资金直接汇划。

2005 年,县农行辖内两个营业网点对外开办漫游汇款兑付业务,大额支付系统上线,实现跨行间资金直接汇划。按照人民银行的安排,指导上线网点熟悉掌握大额支付系统的柜面操作流程和资金清算办法,对大额支付系统的运行情况实时监控,按季上报。为保证"账户管理系统"上线,开展人员培训、系统模拟运行、客户宣传解释、开户资料收集、整理、客户机构代码逐个核对确认等工作,对审查、报送和审核工作进行周密安排,完成结算账户梳理。

票据承兑与贴现业务 1991 年,建立商业汇票承兑贴现审批制度,按照信贷管理通则和有关信贷、结算管理办法,对企业承兑贴现申请进行审查;办理承兑和贴现,纳入信贷计划管理;签发汇票以合法的商品交易为基础,严禁签发无商品交易的汇票和融资性汇票;对资信差、经营不善的企业,不签发银行承兑汇票;严禁承兑空白银行承兑汇票。

1995 年,随着票据承兑业务的发展,贴现中存在问题的暴露,县农行增强风险意识,加大银行承兑汇票的监管力度,建立约束防范措施:实行风险防范责任制,从临柜人员、职能部门、负责人到审批人,分别落实相关责任,规范操作程序,严格审查把关,确保票据的最终收回;严格审批条件和汇票账务处理,制止账外经营,建立监测台账制度和空白凭证管理制度;建立检查制度和分析报告制度,抓好事前控制和事中控制,提高银行承兑汇票签发的质量。

2003 年,拓展银行汇票贴现业务,严格执行有关票据贴现制度规定,严把查询审查关,保证票据的真实有效,全年办理票据贴现 14 笔,金额 5600 万元,再贴现 4 笔,金额 4000 万元。

2005 年,利用信息沟通渠道体系,定期通报承兑银行资信状况、贴现价格、市场风险预警等重要信息,严格把握贴现业务准入条件、利率定价、风险识别等环节,防范业务风险。凡发生新垫付资金,必须逐级向上级行说明原因。按照《商业汇票承兑人及交易对象信用风险控制方案》,对承兑银行及交易对象实施信用风险总体控制。对越西县华昌钢铁公司等 3 户企业办理票据贴现,实现授信 551 万元。

联行往来和清算 1991 年,改革联行汇差清算制度,建立人行清算中心,电子联行代替手工联行,专业银行汇划款项全部通过清算中心汇划清算,汇差由人行控制。

1993 年,全国联行往来对账由过去“发报行编制往来账报告表,农总行电子计算机中心打印对账表寄收报行逐笔对账”改为“往来账分别编制报告表,寄省分行录入计算机,再将录入数据传输给农总行逐笔用计算机对账”。组织相关人员学习联行往来对账制度。

1995 年,根据《电子汇兑系统管理暂行办法》、《电子汇兑系统业务处理程序(暂行)》、《电子汇兑汇差资金管理暂行办法》、《电子汇兑业务会计核算手续(暂行)》,组织各经营行实施。

1997 年,实施《电子汇兑手工联行并行期间汇差资金清算账务处理办法》。采取“保留一批,降格一批,撤销一批”的措施,结束手工操作。制定严禁混岗、严格交接、严格密码管理、完善工作职责、建立查询查复、检查辅导和复核制度,保证电子汇兑的安全、高效运行。

2002 年,开展联行大检查,对辖内联行机构进行自查,自查面 100%;通过检查,维护结算秩序,促进会计联行的安全管理。

2005 年,联行业务被电子联行所代替,资金汇划当日或次日即可达账。单位、企业、个人间的资金清算均通过电子业务进行,清算中心当日就进行资金交割。

第五节 农行管理

一、农行机构

1991 年,县农业银行内设:办公室、人事教育股、存款股、会计股、出纳股、工商信贷股、农业信贷股、计划股、信用合作股、保卫股、稽核股、监察室。对外营业机构有:支行营业部 1 个、营业所 9 个、储蓄所 3 个、储蓄代办所 1 个。1993 年,内设:人秘股、存款股、会计出纳股、信贷计划股、农业信贷股、信用合作股、保卫股、监察稽核股。对外营业机构设置为:营业部 1 个、营业所 7 个、储蓄所 4 个。1994 年,增加房地产信贷部、稽核股、纪检监察室。对外营业机构:营业部 1 个、营业所 8 个、储蓄所 3 个。1995 年,内设机构整合为7个股室，增加1个营业所。1996年，撤销申果庄营业所、上普雄营业所和下普雄营业所，第一储蓄所更名支行储蓄所，第二储蓄所更名新街储蓄所，书古驻中普雄铁路火车站营业所更名为中普雄瓦吉木火车站分理处。同年，信用社与农行脱钩。1997年，成立工会委员会。对外营业机构设支行营业部1个、营业所5个、分理处1个、储蓄所3个。1998年，经州农行党委批准成立中国农业银行越西县支行委员会；同年，机构整合成立：人秘股、资金组织股、财会股、资金计划电脑信息股、信贷股、中间业务股、保卫稽核监察股、工会委员会。1999年，内设：办公室、人事教育科、资金组织科、会计出纳科、计划信息科、信贷科、专贷科、监察保卫科、工会委员会。2001年，内部规范设置办公室、客户经理部、信贷管理部、计划财会部、监察保卫部、资产经营部、工会委员会。2002年，对外营业机构设置支行营业部1个、营业所2个、储蓄所2个。2003年，增加个人业务部。对外营业机构设置支行营业部1个、营业所2个、分理处1个、储蓄所1个、分理处2个。2005年，新设风险资产管理部。对外营业机构设置：支行营业部1个、对外营业机构设置支行营业室1个、分理处1个。

表22-4　　1991—2005年农业银行越西县支行负责人名录

姓　名	性　别	民　族	职　务	任职时间
邹大庆	男	彝族	行长	1986.4—1992.07
汪树荣	男	彝族	副行长	1987.09—1991.06
叶　伟	男	汉族	副行长	1991.06—1997.05
杨越生	男	白族	副行长	1991.06—2005.12
莫洛阿拉	男	彝族	行长	1992.07—1997.05
曹德华	男	汉族	副行长	1992.02—1993.09
巫期打沙	男	彝族	副行长	1994.08—1997.05
熊德安	男	彝族	行长	1997.05—2000.11
左惠珠	女	汉族	副行长	1997.05—1998.11
杨秀山	男	汉族	副行长	1997.05—2000.11
			行长	2000.11—2005.12
阿的说尔	男	彝族	副行长	2000.11—2005.12
罗　俊	男	彝族	副行长	2002.11—2004.10

二、财会监管

会计管理　1991年，经上级银行验收，会计股、营业部、中所、普雄、新民、顺河6个机构均被确定为达标单位。

1995年，贯彻落实"整顿会计工作秩序的约法三章"，组织各级行对照"约法三章"要求，进行自查自纠，加强会计基础工作建设，提高规范化管理水平。

1996年，以执行国家财政、税务、财务、会计等法规为重点，全面整顿会计工作秩序。组织会计、稽核等部门对县支行执行国家财政、税务、财务情况进行全面检查和清理，进一步规范支行制度执行。

1999年，创建会计工作铁账、铁款和铁的规章"三铁"单位活动，制定具体规划和实施措施，开展检查考核验收。通过开展会计基础工作规范化管理和创"三铁"活动，进一步提高会计基础工作和管理水平。全行9个营业网点和支行会计股全部达到三级单位。2003年，制定《会计基础工作规范化管理实施细则》和《考核计分表》，坚持创建与检查、查处与整改相结合，提升会计基础工作质量。

2005年，对会计基础工作规范化管理和基础管理工程进行考核验收和复查，县农行被确认为会计规范化管理二级单位。

监督与核算 1996年,县农行提出杜绝账外账、两套账、两张表发生、未经批准不得上基建项目、不得截留收入和挤占成本、不得违反规定通过核销贷款挪用资金、不得乱列应收款、严格规章制度等6个方面的要求,通过培训、试点、考核,落实农总行下发的会计、出纳、结算、联行、电子汇兑等5个业务岗位的操作规程。

1998年,建立和完善有价单证和重要凭证管理制度,将储蓄类凭证和各种信用卡收归会计部门统一管理,会计核算办法由会计部门统一审定管理;实行新上网点及人员须经上一级财会部门审批制度。执行重要岗位轮岗和强行休假制度,安排财会人员强行休假和轮岗。所有营业机构必须配备坐班主任、财会监管员1人,按季或分月逐级上报书面监管工作报告。加大财会工作违章违纪处罚力度,强化业务部门第一道防线的监管。

2000年,随着储蓄通存通兑业务、信用卡业务的不断扩大和全国金穗借记卡的开通,异地间资金往来日益频繁,往来资金清算工作难度增加。为防止资金清算差错,提高资金使用效益,采取"自上而下,分级负责,按日清算,相互记账"的方式集中清算往来资金,以保证系统内资金清算的及时和准确,防止异地间资金清算的差错。制定《营业单位坐班主任制度实施细则》,在辖区营业单位全面推行坐班主任派驻制,明确坐班主任的权、责、利,由坐班主任专司对临柜会计出纳业务的事前、事中风险防范和规范管理。

2002年,贯彻营业网点运行管理、坐班主任、柜员制管理、财会监管、会计基础工作规范化管理、重要空白凭证管理等9个会计管理办法,会计、出纳、储蓄、贷款、银行卡、结算等6个操作规程,规范业务操作和业务管理。结合推广综合应用系统,检查建立柜员情况,加强密码管理和主管授权管理。

2005年,制定《中心金库管理办法》,规范金库的管理职责和监督,细化金库管理人员的工作职责。强化系统内往来账户自动核对功能,引入总分核对、双向核对机制,结合系统内分层核算会计科目的使用,控制系统内往来业务风险。

现金、工资及基金管理 1991年,根据《现金管理暂行条例》,核定开户单位库存现金余额,对开户单位支取现金审核用途。1997年,严禁公款私存,控制不合理现金支出,规范信用卡管理,减少信用卡提现,核定单位库存现金限额,加强对开户单位库存现金管理等措施。8月,根据人民银行总行《关于大额现金支付管理的通知》,规定一日一次性从储蓄账户提取现金5万元以上的,取款人应提供有效身份证件,并经储蓄机构负责人核实后予以支付。2001年,配合人事劳动局、统计局、财政局对全县国营单位工资基金审查,核定单位职工人数、年度工资总额、拨发工资基金,代发各单位职工工资。2002年,按照《中国人民银行成都分行大额现金管理实施细则》管理开户单位和个人大额现金存取业务,规定单位和个人支取20万以上现金必须提前预约,并经银行审批。2005年,全县代发工资总额1700万元。

第六节 农行电子信息

电子化系统建设 1991年,按照"加快发展速度,强化整体功能,全面加强管理,提高经济效益"的基本方针,完善、扩大信息系统建设规模。1992年,县农行信息系统向数据库和专业系统发展,初步实现信贷、现金项目电报、会计业务报表等用计算机远程上报。

1995年,信贷综合管理运用系统与人民银行、省分行信贷管理系统实现网络互联;安装MOT新一代通讯软件,改变报表手工操作的做法,从一般信息收集、传播、发布向信息咨询业务方向发展,实现信贷、现金、会计、业务、劳动工资等项目统计报表的即时传递。1996年,开通全国联行电子汇兑业务,实现客户资金24小时到账,确保银行和客户资金安全。1999年,实现跨地区通存通兑,推广信贷管理软件,提高县支行信贷业务的自动化水平;应用综合业务统计信息系统软件,实现统计业务计算机网络化。

2003年,制定《联行系统正式切换方案》,提出并实行科技工作"安全、创新、发展、改革"八字方针,创建科技型银行，满足业务发展需求，实现从单一处理信贷业务与ABIS业务处理系统完整结合，提高贷款发放的效率，加强管理水平和防范风险的能力。2004年，开通商户POS联机消费和ATM取款业务，结束汇兑、联行业务手工处理。

信息系统管理 1991年，针对计算机管理制度不严格等问题，印发《关于贯彻农总行计算机及附属设备管理办法的实施细则》，并建立健全各项规章制度。1994年，加强对计算机及附属设备的管理，对单价在2000元以上、使用年限在1年以上的通讯设备、电子计算机及附属设备进行重点管理，建立领用、登记、建账、发放和报损制度。1997年，根据业务发展需要，设立信息电脑股，负责全行电子化建设工作。

2002年，推进信贷二期工程，采用IBMS85（美国国际商业机器公司的一种高端服务器）作为数据库服务器，应用农总行开发的"集中式信贷业务管理系统"，建立信贷数据库，提升信贷业务管理运营水平。

2003年，以信息化建设带动经营管理现代化建设，推动经营管理信息系统建设，实现ABIS和CMS（中国农业银行集中式信贷管理系统）的对接，提高工作效率和信贷管理系统数据的准确性和权威性。利用信贷数据省域集中、资源共享优势，提高数据挖掘能力，实现贷款五级分类和汇总统计的自动化，增强信贷分析、风险管理功能。

2005年，推广运用优秀人才期酬管理系统、网点效益测评系统、远程会议培训系统，实现管理过程的优化、效率的提高、信息资源的有效利用。完成ABIS、CMS、中间业务等30多个较大型数据处理系统的日常操作、监控工作。

第二章 建设银行越西县支行

第一节 建行机构

1991年，建设银行越西县支行开办业务，管理基本建设预算支出和财务，办理国家固定资产拨款和贷款，并进行财政监督。设3股，辖县房地产综合开发公司、房地产信贷部、乃托办事处、西街储蓄所。有职工10人。1992年，设立普雄办事处等储蓄网点。

1994年1月，建设银行越西县支行由管理国家固定资产投资为主的专业银行转变为国有商业银行，按"自主经营、自担风险、自求平衡、自我发展"经营方针和新的管理体制、新的运作方式向商业银行过渡，原政策性贷款和代理财政业务从建设银行分离。1998年8月，推进建设银行体制改革，撤销越西县支行，原经营业务移交其他金融机构办理，干部、员工收回州分行另行安排。

表22－5　　1991—1998年建行越西县分行负责人名录

姓　名	性　别	民　族	职　务	任职时间
王永孝	男	汉族	行长	1991.1—1998.8
俞忠明	男	汉族	副行长	1991.1—1998.8
李建蓉	女	彝族	总稽核	1993.1—1998.8

第二节 建行业务

存款 1991 年,建设银行越西县支行以增强资金实力为重点,狠抓企业存款和城镇居民储蓄,形成既面向国家机关、企业、事业单位筹资延伸到面向全社会筹资,又依靠政策、法令筹资发展到运用市场竞争机制筹资的新局面。1992 年,对公存款业务主要有:单位活期存款、单位定期存款、工业企业存款等;储蓄存款业务主要有:活期存款、定期存款、定活两便存款等。1993 年,巩固政策性筹资业务,拓宽企业存款新领域。1994 年,严格《储蓄员岗位责任制》、《储蓄业务奖惩办法》等规章制度,确保服务质量。1995 年,上门服务,方便客户,增加储源。1997 年,县支行一般性存款余额 2817 万元,比 1991 年增加 2251 万元,其中:企业存款 537 万元,储蓄存款余额 2280 万元。

表 22-6　　1991—1998 年建行越西县支行存款余额表　　单位:万元

年度	1991	1992	1993	1994	1995	1996	1997	1998
企事业存款余额	280	638	502	381	499	646	537	330
个人存款余额	286	453	768	1075	1530	2230	2280	1483

贷款 1991 年,严格按照国家贷款发放条件、对象、种类,对工业企业、建安企业、房地产开发企业、基建物资供销企业、建筑建材企业和其他企业发放固定资产、流动资金贷款。支持地方工业企业成长,帮助企业解决了经营中的资金困难。1992 年,坚持“审贷分离、先评后贷”原则,对贷款项目评估论证,优化资产结构,防范风险,为上级行提供决策的依据。1994 年,逐步调整信贷结构,加大信贷力度,支持重点建设。至 1998 年,先后对川西水泥厂等企业新建项目、技改项目进行前期和后期的评估论证,累计发放各类贷款 2.8 亿元。

表 22-7　　1991—1998 年建行越西县支行贷款余额表　　单位:万元

年度	1991	1992	1993	1994	1995	1996	1997	1998
企事业贷款余额	2353	2489	2652	2840	2838	2898	311	2826
个人贷款余额	3.1	0	0	3.5	4.6	7.12	2.17	2.17

房改金融业务 1991 年,根据房地产信贷部制定的一系列金融服务的制度、办法和措施,建立账务和报表系统;提出“房改到哪里,建行服务就到哪里”的服务宗旨,派人到县房改办协助工作。1992 年,全面开展房改工作。业务主要有:筹集、管理和监督使用地方、单位和个人的三级住房基金;办理房改公积金存款、集资建房单位和住房合作社存款;经人民银行批准,负责住房建设债券的发行和代理发行及兑付;办理城镇居民购、建房抵押款,集资建房单位和住房合作社贷款,以及房改单位的房改贷款;代理产权单位收缴出售公有住房的资金和租金及住房租赁保证金;办理代购代销房地产业务和参与住房开发投资;办理有关房地产信贷、委托存款业务;办理政府委托的其他地产金融业务。至 1998 年,归集资建房款、售房款、住房公积金 1.57 亿元,吸收各类存款 4056 万元,发放贷款 1280 万元。

代理业务 以代理国家债券和代理政策性金融业务为主。

信用卡业务 1995 年,依托网络优势,开办储蓄卡和信用卡业务。1998 年,正式开通储蓄卡通存通兑业务,为客户提供快捷、方便的金融服务。

第三节 财会管理

会计管理 1993 年,实行会计核算制度重大改革,改收付实现制为权责发生制;改收付记账法为借贷记账法;改资金平衡表为资产负债表。1994 年,按照新的会计核算制度,转换经营机制,强化资产负债管理,加速建行商业化进程。

结算管理　1991 年,按规定配备结算专管员,对经办的每笔业务进行复核。1994 年,制定《建设银行越西县运行结算工作"三公开一监督"的办法》,从根本上解决多年来拨款监督、拒付不合理开支与维护结算纪律的矛盾。1998 年,按照《票据法》、《支付结算办法》和人民银行规定的结算纪律办理每笔业务。

联行管理　提高结算时间、划款安全系数,扩大联行业务。

监督与核算　1991 年,加强对财会人员的法规培训,推行财会人员持证上岗制度。1993 年,坚持"两先两后两复核"、"日清日借两坚持"及行长每月不定期参加一次查库的制度。1995 年,加强事后监督,提高管理水平。1998 年,严格管理重要空白凭证、有价单证、各种印章。

财务管理　1991 年,实行交接班记录和《稽核日志》制度。1992 年,设置会计事后稽核人员。1994 年,实现储蓄事后监督电算化,加快前台业务电算化步伐。1995 年,开始运用计算机处理前台业务。1998 年,建设银行越西县支行撤销后,川西水泥厂逾期贷款收回建设银行凉山州分行经营。

财务效益　1991 年,建设银行越西县支行财务效益良好,年账面利润 100 万元。1993 年,川西水泥厂贷款 1768 万元,本金逾期,利息无法收回。1995 年,川西水泥厂欠息 964 万元,建设银行越西县支行亏损 355 万元。1996 年,川西水泥厂欠息 1492 万元,建设银行越西县支行亏损 475 万元。

达标升级　1991 年,按照《中国人民建设银行财会工作达标考核标准(试行)》要求。组织人事、工会、财会部门成立考评小组,开展支行财会管理工作达标、升级考核。制定考核标准,拟定具体实施细则和自查评分办法,差错、事故划分,差错率计算,按照总行(84)建总会字第 974 号文制发会计业务量及差错统计考核暂行办法掌握。

1993 年,确定 1 名懂财会业务行领导主管财会工作,定期研究本行财会工作,检查了解财会工作情况。建立岗位责任制,坚持收、付款处理程序,要求记账凭证上会计分录完整,各项签章齐全,即签盖有记账及复核人员名章,现金收付凭证,盖有出纳人名章及现金收、付讫章,转账凭证签盖转讫章;冲正错账凭证,有会计主管人签章。

1995 年,在达标的基础上,加强会计核算管理,会计核算质量,制定核算质量考核制度、内部稽核检查制度、费用开支审批制度以及业务学习制度。初步实现财会工作的规范化、科学化、标准化。

1997 年,根据《中国人民建设银行财会工作三、二级考核标准(试行)》、《中国人民建设银行财会工作达标升级考评办法(试行)》。加强对财会工作的管理,对照相应的标准逐项进行自查,建立考评档案。

第三章　农村信用社

第一节　组织与设施

一、农村信用社机构

1991 年,全县有农村信用社 46 个、县联社 1 个,各乡(镇)均设有农村信用社机构,形成 1 乡(镇)1 社的金融服务体系和金融管理体系,其业务划归农业银行越西县支行领导,行政属双重领导。1993 年,县联社营业部成立。1996 年,县联社设立存款股、信贷股、会计股、稽核股、保卫股、人事股、办公室,有管理人员12人,农村信用社与农业银行脱离行政隶属关系。县联社开始独立办公,行使对全县农村信用社的领导和管理权。11月,在县城南街设立储蓄所1个。2000年5月,在县城西街设立储蓄所1个。2001年,县联社在县城南街设立分社1个。同年8月,中所信用社在县城西宁路和丁山乡设立分社2个。9月,新民信用社在大屯乡设立分社1个。2003年,根据撤区并乡和移民搬迁后的实际需要,农村信用社实行机构拆并,全县有39个分社。到2005年底,全县有县联社1个、联社营业部1个、农村信用社10个、分社2个,职工94人。

表22-8　1991—2005年农村信用社负责人名录

姓　名	性　别	民　族	职　务	任职时间
邹大庆	男	彝族	主任(兼)	1991.1—1993.2
巫期打沙	男	彝族	总稽核	1991.1—1992.4
木洛阿拉	男	彝族	主任(兼)	1993.2—1996.10
李建华	男	彝族	常务副主任	1994.1—1996.10
曲木莫格	男	彝族	常务副主任	1994.2—1996.10
			主任	1996.10—2001.5
马　荣	男	彝族	副主任	1994.3—1996.10
			总稽核	1996.11—2003.2
黄　俭	男	汉族	总稽核	1995.3—1996.10
			副主任	1997.1—2000.8
龙依达	男	彝族	副主任(主持工作)	2001.6—2003.5
罗志德	男	彝族	副主任	1999.5—2001.3
孙　林	男	彝族	副主任	1999.2—2001.4
			副主任(主持工作)	2003.5—2005.10
吉克体哈	男	彝族	副主任	2003.5—2005.10
杨　勇	男	彝族	总稽核	2003.3—2005.10

二、办公设备建设

电子化建设　1991年,全县农村信用社会计结算、计息主要使用算盘、计算器。1998年,县联社出资2万元购买复印机1台、座式电脑2台,并配备电脑操作人员1名。2000年,县联社购买座式电脑4台,城关信用社购买座式电脑1台。2002年,县联社购买座式电脑2台,中所信用社、大瑞信用社、新民信用社各购买座式电脑1台。2004年,县联社购买座式电脑3台,笔记本电脑2台,普雄信用社、城关信用社购买座式电脑各1台。2005年,城关信用社购买座式电脑2台,普雄信用社购买座式电脑1台,大瑞信用社、新民信用社购买座式电脑各1台。至此,全县农村信用社共有电脑24台,其中:笔记本电脑2台,有复印机1台。

基础设施建设　1991—2000年,全县农村信用社采取一次性投入,逐年摊销的办法,先后投资267万元,在普雄、新民、尔足、县联社、依洛地坝、书古、乃托、中所等地修、购营业、办公用房9幢。2002年,全县农村信用社装修办公楼、营业室,更换办公设施。

第二节　农村信用社管理

信贷、金融管理　1990 年，省分行下发《关于综合治理整顿和深化改革农村信用社的意见》，综合治理整顿信用社。落实信用社职工管理制度、财务管理制度和信贷管理三大制度，理顺农行管理、县联社联合管理、社员民主管理关系，完善承包经营责任制。

1991 年，农村信用社的信贷管理主要是计划管理。1993 年 12 月，国务院作出《关于农村金融体制改革的决定》，要求农村信用社与中国农业银行脱离行政隶属关系，其业务管理和金融监管分别由农村信用联社和中国人民银行承担。1994 年，建设银行四川省分行对农村信用社和县联社的财产按有关规定界定产权，办理产权界定手续、划分财产。行、社资金划转，采取自下而上划账，由农业银行自上而下注入资金。

1996 年，建设银行四川省分行和人民银行四川省分行、省财办联合制定农村信用社与农业银行脱钩方案，按规定配备各县联社正、副主任，完善县联社内部职能部门，充实调配业务骨干。决定全省统一"脱钩"时间为 1996 年 10 月 31 日，并以此作为财务交接、资金划转的时点。11 月 5 日，经双方认可，划转越西县农村信用社缴存农行存款准备金 131 万元，一般存款 143 万元。农村信用社的信贷管理采取存款任务承包和按比例放收贷款。

1999 年，农村信用社两度因自主经营性和自我管理性差，金融管理陷入紊乱，信贷投向投量失控，造成该期间发放的大量贷款不能按期收回而形成逾期、呆滞。2000 年后，制定一系列管理办法措施，农村信用社逐步依法依规开展业务经营，各项业务逐步步入合规合法的轨道。

内部控制与制度建设　1991 年，全县农村信用社统一采取双人临柜、双人管库、双人进出库、双人守库、双人押运和钱、账分管、印证分管、有价单证及重要空白凭证入库保管等措施，进行内部控制，避免经济事故和经济案件的发生。在具体的业务操作中，坚持每天做到认真审查凭证，准确验明客户身份、账单、账折见面、记账计息，做到"日清月结"。1996 年，全县农村信用社改"日清月结"为"日清日结"，建立重要空白凭证领用登记制度，设立表外科目，将重要空白凭证领用纳入表外科目核算。2000 年，制定《越西县农村信用社内部控制办法》和《越西县农村信用社违章违制责任追究办法》，对全县农村信用社内部控制进行统一和完善，对违章违制事件加大责任追究力度和经济处罚力度。2003 年，"双人临柜"制为柜员负责制，发生违规违制事件由柜员自行承担责任。到 2005 年底，未发生内部失控而造成经济损失的案件。

稽核检查　1991 年，全县农村信用社的稽核检查工作由农业银行越西县支行指定并派驻各区营业所的稽核员承担。1997 年，全县农村信用社的稽核监督工作由县联社稽核部门承担。2001 年，对全县农村信用社审批发放贷款、费用开支等群众关心的热点项目进行专项稽核，对稽核检查发现的问题进行整改和处理。到 2005 年，未发生违规违章案件和贪污、挪用等经济案件。

安全保卫　1991 年，全县农村信用社的安全保卫工作在农业银行越西县支行保卫部门的监督指导下由各农村信用社自行承担，主要采取双人接送现金、双人守库、在库房和营业室放置石灰、木棍、棒等方法实施安全防卫。1997 年，县联社保卫部门分年、逐步整改全县农村信用社营业室、库房、围墙等安全设施。1998 年，对上普雄、书古、尔觉、铁西、中普雄等 5 个信用社的库房、围墙进行维修、加固。1999 年，对城关、中所、新民、联社营业部、乃托、大瑞等 6 个信用社的营业室进行维修加固，加高柜台和防护栏杆。同时，不断改进和加强安全保卫工作。2000 年，全县农村信用社的现金接送由各信用社自行接送改为，由县联社用运钞车统一接送。2001 年，由县联社经警大队 12 人负责。2003 年，县联社撤销各信用社的金库，将全县农村信用社的库款全部收归到县联社库房保管和防卫。此外，县联社稽核部门坚持每年对信用社开展 6 次以上安全检查，发现安全隐患及时整改。到 2005 年底，全县农村信用社未发生被抢、被盗等安全案件。

第三节 信用社存款

单位存款 1991年,成立存款攻关队伍,到企业调查研究,了解企业生产经营中的资金困难,加大资金扶持力度,努力培植存款来源。1997年,结合自身实际,以文明服务、礼貌待客、延长服务时间、保证随叫随办等方式吸引和组织存款。2005年,采取存款承包、制定存款奖惩办法、按季考核存款任务完成情况、实行存款任务完成好坏与年终员工业绩考核挂钩等措施,增加存款,农村信用社各项存款余额12976.38万元。

表22-9 1991—2005年信用社单位存款余额表 单位:万元

年度	存款余额	年度	存款余额	年度	存款余额
1991	1306.91	1996	5287.87	2001	8496.14
1992	1666.94	1997	6222.96	2002	10102.53
1993	2369.71	1998	6699.29	2003	10343.74
1994	3303.41	1999	6930.42	2004	12394.05
1995	4252.46	2000	7484.36	2005	12976.38

其他存款 其他存款由县联社办理,主要有外地商人存款和待清算的过路资金存款两种。2000年后,外地商人到越西投资存入县联社的资金不断增多,待清算的过路资金也不断发生,包括暂存县联社待付的烟叶收购款、退耕还林款、粮食直补款、城镇居民低保款等。受理此业务后,县联社采取延长服务时间、保证随到随办、帮助接送大额现金等措施,尽量满足外地客户的服务需求,做到代付业务准确无误,暂存县联社的代付资金不断增多。到2005年,县联社其他存款余额85.7万元。

个人储蓄 1991年,全县农村信用社采取设立储蓄专柜、延长服务时间等措施吸收个人储蓄存款,各项存款余额1198.74万元。1995年,组织人员背包下乡,服务上门,到田间、地角和农户家中坚持常年性吸储收储。2003年,实行储蓄存款承包制和储蓄存款目标责任制,每个职工与县联社签订储蓄存款承包合同,并缴纳300元储蓄存款保证金,年终逗硬考核和奖惩,吸收储蓄,各项存款余额8893.86万元。2005年,采取上门服务、跟踪服务等措施,吸收个人手中闲散资金,各项存款余额12338.58万元。

表22-10 1991—2005年信用社储蓄余额表 单位:万元

年度	储蓄余额	年度	储蓄余额	年度	储蓄余额
1991	1198.74	1996	5097.21	2001	7671.67
1992	1520.35	1997	6109.97	2002	9161.17
1993	2186.40	1998	6518.33	2003	8893.86
1994	3145.91	1999	6627.56	2004	11467.68
1995	4102.88	2000	7028.37	2005	12338.58

利率 1991年4月21日,年利率调整为活期1.80%、定期三个月3.24%、定期半年5.40%、定期一年7.56%、定期二年7.29%、定期三年8.28%、定期五年9.00%(零存整期按定期存款同档次利率执行)。1996年5月1日,调整为活期2.97%、定期三个月4.86%、定期半年7.20%、定期一年9.18%、定期二年9.90%、定期三年10.80%、定期五年12.06%(零存整取按定期存款同档次利率执行)。8月23日,调整为活期1.98%、定期三个月3.33%、定期半年5.40%、定期一年7.47%、定期二年7.92%、定期

三年 8.28%、定期五年 9.00%（零存整取按定期存款同档次利率执行）。2004 年 10 月 29 日，调整为活期 0.72%、定期三个月 1.71%、定期半年 2.07%、定期一年 2.25%、定期二年 2.70%、定期三年 3.24%、定期五年 3.60%（零存整取按定期存款同档次利率执行）。

第四节　信用社贷款结算

一、个人贷款

县联社　1993 年，成立营业部，办理个人贷款业务。1995 年，发放个人贷款 220.65 万元，收回 146.31 万元，余额 74.34 万元。1997 年，增办机关干部、企、事业单位职工等个人贷款，解决其子女入学、生活等方面的资金困难。2000 年，调整信贷结构，将资金投向农村，解决其生产经营中的资金和生活困难。2003 年，增放外出务工人员、流动商贩贷款，解决其车、船费和周转资金困难。截至 2005 年，县联社共发放个人贷款 1083.53 万元，收回 631.74 万元，余额 451.79 万元。

信用社　1991 年，发放农村居民粮食生产中所需种子、化肥、农药、地膜、农机具、耕牛等生产资料贷款和牛、马、羊、猪等牲畜养殖贷款，农村居民生活困难贷款 7627.49 万元，收回 7201.27 万元。年平均发放个人贷款 1525.50 万元，收回 1440.25 万元。1995 年，个人贷款余额 426.22 万元。1997 年，农村信用社开始实行自主经营，有权选择效益好、还款有保障的贷款项目，增办了村民建房、经商等贷款。2000 年，将信贷资金投向烟叶生产等重点项目，支持农村种、养殖业大户和个体工商户的发展。2005 年，全县农村信用社共有贷款余额 8325.95 万元。

信用分社　2001 年，个人贷款业务办理包括机关干部、企、事业单位职工、城镇居民、农村村民等贷款。将大量信贷资金投向烟叶生产等重点农业项目。至 2005 年，共发放个人贷款 9080.09 万元，收回 5049.72 万元，余额 4030.37 万元。

二、农户小额贷款

2003 年，开始办理农户小额贷款业务，当年发放小额农贷 1300.37 万元，其中：县联社发放 303.8 万元，农村信用社发放 835.16 万元，信用分社发放 161.41 万元。2004 年，农村信用社对还款信用差的客户，停办小额农贷。至 2005 年，全县农村信用社发放农户小额贷款 2814.72 万元，收回 2178.5 万元。其中：县联社发放 385.41 万元，收回 305.47 万元，农村信用社发放 1754.16 万元，收回 1249.64 万元，信用分社发放 675.15 万元，收回 623.39 万元。有农户小额贷款余额 636.22 万元，其中：县联社 79.94 万元，农村信用社 504.52 万元，信用分社 51.76 万元。

三、农村工商业贷款

县联社　1993 年，县联社营业部向铁马电站、乃托磷肥厂、乃托白云石厂、乃托铁厂、肉类食品有限公司、农行银星公司等企业跨业发放贷款 397.94 万元（最多的 1 笔达 80 万元）。1996 年，有农村工商业贷款余额 541.78 万元。1997 年，向县电力公司、合丰电力投资公司、林业开发有限公司、县粮油公司等企业发放贷款 1029.35 万元（单个企业贷款余额最多达 245 万元）。2000 年，县联社营业部农村工商业不良贷款余额 842.3 万元，其中：逾期贷款 80.73 万元，呆滞贷款 761.57 万元。2001 年，将农村工商业贷款重点投向农村个体工商户。2005 年，县联社营业部农村工商业贷款余额 301.3 万元，其中：正常贷款余额 150.65 万元，逾期贷款余额 116 万元，呆滞贷款余额 34.65 万元。截至 2005 年，共发放个体工商户贷款 497.42 万元，收回 340.94 万元，收回率 69%。

信用社　1991 年，农村信用社对县农具厂、喜德花岗石厂跨业发放贷款 15 万元、30 万元。1993 年，向青龙砖厂等乡镇企业发放贷款4.45万元。到1995年,共发放农村工商业贷款68.27万元,收回19.11万元,余额49.16万元。1997年,向河东砖厂、河东光彩养殖有限公司、乃托铁厂等企业投放信贷资金246.24万元。1999年,收缩乡镇企业贷款规模,对乡镇企业贷款实行严格的抵押担保制度。2003年,实行农村工商业贷款包放包收制和责任追究制,确保农村工商业贷款按期、足额收回。2005年,全县农村信用社共发放农村工商业贷款746.14万元,收回511.42万元。有农村工商业贷款余额234.72万元,其中:正常贷款额153.94万元,逾期贷款余额44.62万元,呆滞贷款余额36.16万元。

信用分社 2001年,对乡镇企业贷款和农村个体工商户贷款实行抵押担保制度,对无力提供抵押担保或不守信用的企业和农村个体工商户不予办理贷款。2005年,发放农村工商业贷款17.19万元,收回8.91万元。有农村工商业贷款余额8.28万元,其中:正常贷款余额7.54万元,逾期贷款余额0.41万元,呆滞贷款余额0.33万元。

表22-11　　1991—2005年信用社各项贷款放出、收回情况表　　单位:万元

年度	放出数	收回数	年末余额	年度	放出数	收回数	年末余额
1991	635.66	614.13	600.75	1999	4823.13	5012.20	3369.21
1992	847.33	863.49	584.58	2000	4189.21	4478.70	3079.72
1993	1146.79	678.87	751.97	2001	4079.93	3926.32	3233.33
1994	2393.24	1965.60	1179.61	2002	7916.96	6598.56	4551.72
1995	3293.73	1841.04	1986.56	2003	7751.77	7124.81	5178.68
1996	5480.86	4722.93	2744.49	2004	8373.06	7445.00	6106.73
1997	5708.67	5511.67	2941.49	2005	11385.98	9166.76	8325.95
1998	5205.91	4589.12	3558.28				

四、贷款管理

使用管理 1991年,全县农村信用社的贷款使用管理工作由各个信用社自行承担。1996年,县联社内部股室设立后,农村信用社的贷款使用管理采用各个信用社自行管理与县联社信贷管理部门检查监督相结合的办法进行。2003年,县联社制定贷款放管责任追究制,明确规定对违规办理贷款和放松贷款使用管理的责任人处理办法,进一步加强贷款使用管理。到2005年底,全县农村信用社共查出改变用途的贷款174笔,金额12.48万元;挪用贷款89笔,金额6.45万元;提前收回改变用途贷款174笔,金额12.48万元,挪用贷款89笔,金额6.45万元;加罚息219笔,金额0.973万元。

风险管理 1991年,全县农村信用社的贷款风险管理主要采取“三查”办法。1995年,除继续实行“三查”办法管理贷款风险外,采取每季调整一次信贷占用形态的办法管理贷款风险。1998年,县联社将季调整贷款占用形态改为按月调整信贷占用形态,对各类贷款进行严格监测和风险防范。同时,制定《越西县农村信用社贷款风险管理办法》和《越西县农村信用社不良贷款清收办法》,明确规定贷款风险防范和化解的办法、措施。2001年,全县农村信用社对千元以上的大额贷款实行抵、质押担保的办法管理贷款风险。2003年,采取收回贷款抵押物变卖归还贷款、依法起诉“赖账户”、“钉子户”等办法和利用行政手段、经济手段大力清收不良贷款工作。到2005年,不良贷款占比由2000年底28%下降到2005年的13%。

贷款清理 1991年,全县农村信用社成立贷款清理工作组,历时8个月对1990年底账面有余额的全部贷款进行核对、清理。此后,全县信用社每5年进行一次贷款核对、清理。2005年,清产核资,经凉山州银监分局审核确认,全县农村信用社有各项贷款余额8325.95万元,其中:正常贷款余额6710.9万元,

逾期贷款余额 1540.49 万元,呆滞贷款余额 74.56 万元。

五、结算

结算管理与结算方式　2001 年,县联社营业部承办全县农村信用社的结算业务。督促经办人员严格做到不准以任何理由压票,任意退票,截留挪用客户和他行资金;对空白重要结算凭证实行专人管理,做到"证账分管、证印、证押(或压数机)"分管。到 2005 年,全县农村信用社未出现泄密、空白重要结算凭证和印章丢失等事件。

联行清算与异地业务　2001 年,县联社营业部按照有关法律、行政法规和支付结算办法的规定,准确、及时、安全办理结算业务 4500 笔,金额 5000 万元。2002 年,办理省辖联行业务 4800 笔,金额 5200 万元,办理全国特约电子汇兑业务 70 笔,金额 840 万元。2005 年,办理省辖联行业务 8200 笔,金额 7800 万元,办理全国特约电子汇总业务 137 笔,金额 1520 万元。

第四章　保　险

第一节　经营管理

一、内部管理

1991 年,健全和完善公司保险业务规范化管理,制定各险种规程及考核标准。1995 年,对上岗人员采取岗前培训,选送优秀职工到省、州进行专业培训。1998 年,开展多种形式的优质服务活动。在防灾防损理赔工作上,认真执行各项规章制度。2000 年,开展内部稽核审计,不断完善管理制度,配合州公司的现场直接审计和函调审计。改革人事、分配制度,实行职工聘用制、职工个人岗位责任制、干部聘任制、经理任期目标责任制,以岗定责、定人,严格考核,实行有差别的分配制度。2003 年,重点开展业务整顿,认真贯彻执行保险实务处理规程、财产险管理规程和企业、机动车辆等几大产险业务的管理细则,狠抓内部管理,从加强基础工作入手,将各险种业务管理质量考核指标具体分解落实到人头,定期开展检查。2005 年,按照"稳主题、强服务、拓新险、添后劲"的要求,结合县情,在经营管理上采取灵活措施,发扬保险业的"四快"作风,提高职工的职业责任感、增强为参保业主提供优质服务的意识。

二、寿险机构与营销

寿险机构　1996 年,中国人寿保险有限公司凉山州分公司在越西县设代理处,有经理 1 名。1997 年,投资 100 万元,在县城新大街南段购置办公综合大楼。1998 年,中保人寿保险公司越西县代理处更名为中国人寿保险公司越西县营销服务部。2000 年,内设客户服务部、营销部。2003 年,中国人寿保险公司越西县营销服务部更名为中国人寿保险股份有限公司越西县营销服务部,经理 1 名。2005 年,内设机构有:经理室、营销部、客户服务岗、团体险拓展销售岗、兼业代理拓展岗,经理 1 名,聘用员工 5 人、保险代理人员 45 人。固定资产 214 万元。

表 22-12　　1997—2005 年人寿保险公司越西营销服务部负责人名录

姓　名	性　别	民　族	职　务	任职时间
余茂萍	女	汉族	经　理	1997. 1—2001. 12
杨　荣	男	汉族	经　理	2002. 1—2003. 12
沙金贵	男	汉族	经　理	2003. 1—2005. 12

寿险营销　1996 年,寿险和财险分营,县代理处组织员工在县城十字路口设咨询点,开展咨询业务发放保险宣传单 4570 份,接受群众咨询 2712 次。1999 年,重点对县城行政单位、企事业单位、学校、个体工商户进行宣传,普及保险知识、提高群众参保险意识。全年发放宣传资料 6210 份,接受群众咨询 4926 次。2001 年,以学生平安保险为切入口,深入千家万户,向群众宣传如何用保险来规避风险,提高保险意识接受保险理念。全年发放宣传资料 8860 份,接受群众咨询 6214 次。2003 年,在群众中宣传各种切合群众需求的保险险种,通过及时理赔兑付,树立公司品牌形象,让群众感到保险是看得见、摸得着的特殊商品。全年发放宣传资料 5740 份,接受群众咨询 4234 次。2005 年,以大瑞、中所、城关、新民烤烟乡镇为重点,深入村、组、农户,针对群众的实际需求和经济能力,主要宣传"康宁终身"、"康宁定期"、全家福、天府吉祥卡等险种组合,发放宣传资料 7500 份,接受群众咨询 5318 次。全年保费收入 500 万元,拥有长期寿险保险客户 4631 人,短期保险客户 2137 人,全县中小学生 25680 人参加国寿学生平安保险,累计承担保险金额 2. 7 亿元,累计给付 708 万元。

第二节　保险业务

一、财产保险

家财险　1991 年,开办带有储蓄性质的家庭财产还本两全保险业务,保险期满保险储金全额退还被保险人。全年投保 32 户,保费收入 4800 元。1993 年,坚持保险业务小步走、不停步、适度发展经营方针,拓宽保险业务,新开家庭财产还本长效保险、家庭财产抢劫盗窃还本长效保险、家庭房屋还本长效保险等险种。全年承保家庭财产保险 41 户,保费收入 6150 元。1997 年,县保险公司修改家庭财险和附加盗窃条款,扩大责任范围,增加突发性滑坡责任。农房保险按银行年利率 13. 14%,每年 1000 元保额,1 年交储金 26 元,3 年期交 24 元,5 年期交 23 元。全年承保家庭财产保险 74 户,保费收入 1. 3 万元。2000 年,农房保险改为还本长效保险,每单固定家财保险保额 1000 元,交储金 20 元。盗窃保险保额 1000 元交储金 25 元。全年承保家庭财产保险 92 户,保费收入 1. 5 万元。2003 年,采取扩保面、增保额、延保期、上附加等措施,拓展家庭财产保险业务,优化业务结构。开办"吉祥贺卡"家庭财产保险贺卡业务,在全县销售 HP(保额 1000 元,保费 3. 5 元)、DHP1(保额 1250 元,保费 50 元)、DHP2(保费 2500 元,保费 100 元)三种贺卡。全年承保家庭财产保险 106 户,保费收入 1. 6 万元。2005 年,开办组合式"金锁"家庭财产综合保险产品,分为安、顺、康、泰四型险种,根据不同保险金额,每年每份交费分别为 20、50、100、280 元。全年承保家庭财产保险 134 户,保费 2. 1 万元。

机动车保险　1992 年,根据《机动车保险条款》,提高费率,根据赔付率高低上下浮动 20%。全年办理机动车承保车辆 310 台(辆),保费 124 万元。1996 年,实行保险机动车辆专业化管理,坚持按标的、成色承保和验车承保,对机械性能状况差车辆实行先保养再保险,调整私有机动车辆费率,进口车按费率表基数增收 50%。全年办理机动车承保车辆 380 台(辆),保费 152 万元。2002 年,县保险公司将主险条款中保险盗窃损失单独列为附加盗抢险条款,车险费率分为 13 个车种档次和国产进口两个类别,将车辆性质分为非营业用车和营业用车。全年办理机动车承保车辆 350 台(辆),保费 140 万元。2005 年,根据市场变化和差异化需求，主险条款从1个增加到7个，包括《家庭用汽车保险损失条款》、《非营业用汽车损失保险条款》、《营业用汽车损失保险条款》、《机动车第三者责任保险条款》、《摩托车保险条款》、《拖拉机保险条款》、《特种车保险条款》，推出农用运输型拖拉机保险，执行机动车辆保险附加车上责任、无过失责任等保险条款规定，新购车辆和专业公司的四类车必须投保车损险、三者责任险和车上人员责任险，附加险条款增加到17个，各种保险条款根据使用性质不同，保险责任和费率各不相同。全年承保车辆455台(辆)，保费182万元。

企业财产保险(简称企财险) 1991年，把企财险作为保险业务开展重点，企业财产按账面原值加成数或按重置重建价值投保，流动资产按近期账面余额或12个月平均余额投保，对不具备条件标的不予承保。全年承保财产保险企业6户，收入保费2.3万元。1997年，企财险主险增加企业财产基本险、企业财产一切险和企业财产综合险，附加条款10个，增加附加涉外保险和附加地震扩展责任保险。全年承保财产保险企业17户，收入保费9.3万元。2000年，协助配合交通、监理、银行、公安等部门，开展企财险、机动车辆险、货运险增保附加险业务。全年承保财产保险企业13户，收入保费7.9万元。2003年，增加洪水、泥石流、冰雪、突发性滑坡、雹灾、机器设备损坏、盗窃等附加保险内容。全年承保财产保险企业19户，收入保费10.6万元。2005年，根据企业经营状况，帮助企业设计保险建议书，扩大小财产保险业务。提高企业财产保险深度，扩大附加险种，增加保额和扩大同一标的风险责任保险。全年承保财产保险企业29户，收入保费16.4万元。

人身保险业务 1991—1994年，推出人身保险、个体养老金保险和团体人寿保险、私营企业和个体工商户从业人员人身意外伤害保险、定期定额还本人身两全保险、独生子女父母养老保险和独生子女两全保险。4年中办理人身保险业务1890人次，累计收入保费17.3万元。1995年，在办理人身保险业务时。坚持以强化管理，提高服务水平为重点，做到高起点、高标准、严把初审关，规范承保程序，严格执行业务管理制度。办理人身保险业务895人次，累计收入保费8.2万元。1996年，产、寿保险分营，人寿保险业务划转中国人身保险公司。

二、寿险业务

1996年，开办公路、水路、住宿旅游、乡镇企业、井下矿山、外出人员、机动车辆驾乘人员等人身意外保险和人力三轮车人身意外综合保险。开展简易人身保险、少儿两全、学生平安和意外伤害保险等业务，主要业务集中在城镇机关、学校和企事业单位。

1997年，推出鸿寿养老金保险、子女教育金保险、一生平安保险、美好明天保险、简易人身保险、重大疾病终身保险。

1998年，推出养老金还本保险、子女教育婚嫁备用金保险、简易人身保险(利差返还型)、少儿独子两全保险、独子两全保险、重大疾病定期保险、66鸿运A型保险、66鸿运B型保险。1999年，推出个人养老金A型保险、国寿个人养老金保险、国寿养老还本保险、国寿如意两全保险、国寿英才少儿保险、国寿简易人身保险、祥和定期保险、祥云定期保险、国寿社瑞两全保险、国寿福馨两全保险、祥瑞终身保险、祥瑞还本终身保险。停止办理超过2.5%利率的寿险保单业务，推出康宁终身保险、人身意外伤害保险等70余个险种。

2001年，落实“在发展中调整业务结构，取消泡沫业务，提高经济效益”经营管理方针。全年保费收入260万元，承保人数2.3万人；办理理赔案件150件，给(赔)付金额80万元，简单赔付率30.76%。

2003年，县保险公司恢复经营短期意外伤害保险，以团体意外伤害保险、学生险、组合式意外伤害保险为主，开办交通意外伤害保险、驾驶人员意外伤害保险、“与您同乐、百年好合、欢乐成长”意外伤害组合保险等。

2005年，由传统型险种向分红型险种转变，增加国寿鸿鑫两全分红保险、国寿红瑞两全分红保险、国寿鸿宇两全分红保险、国寿重大疾病终身分红保险、国寿重大疾病定期分红保险、国寿千禧理财两全保险、国寿红瑞两全保险等服务功能的寿险产品。

表 22－13　　1996—2005 年人寿保险业务参保情况统计表

项目＼年份	1996	1997	1998	1999	2000	2001	2002	2003	2004	2005
参保合同数(份)	8000	11500	13500	18400	21500	23000	24000	25000	31000	32700
参保人数(人)	8000	11500	13500	18400	21500	23000	24000	25000	31000	32700
保金收入(万元)	40	66	151	130	180	260	300	400	480	530

第三节　保险理赔

产险理赔　1991 年,坚持"忠诚服务、笃定信誉、重合同、讲信用"原则,快速定损理赔,处理各种赔案 93 件,支付赔款 32.6 万元。1996 年,设立对外公开理赔电话,实行专人接案、双人勘察、交叉定损、立卷处理,严把定损、核定、理赔关,推行保护索赔卡和现场定损、理赔分离制度。处理受损理赔案 102 件,赔款 35.7 万元。2001 年,建立 24 小时电话报案和现场勘察受理制度,公开理赔标准和时间,执行小案 1 个工作日、大案 10 日内结案理赔承诺制,开通保险报案专线电话,对重大疑难理赔案件实行跟踪查办。全年处理理赔案件 142 件,赔款 49.7 万元。2005 年,增强防范经营风险意识,加大案件查处力度,建立健全内控机制,严格执行《报案办理办法实施细则》、《重大疑难理赔案件管理办法》、《理赔调查人员行为规范》。全年处理理赔案件 197 件,赔款 68.9 万元。

寿险理赔　1996 年,办理理赔案件 38 件,给(赔)付金额 8 万元,简单赔付率 20%。1997 年,保险业务从城镇推向乡村,险种增多,业务量增大,理赔量亦加大。理赔业务严格按照报告、申请、查勘、审核、计算、报批、兑现等程序办理。全年办理理赔案件 52 件,给(赔)付金额 22 万元,简单赔付率 33.3%。2005 年,公司开展"车险快捷——理赔无忧"主题理赔质量年活动,3000 元以下赔款,立等赔付,3000 元～1.5 万元的赔款,3 个工作日内赔付。全年办理理赔案件 330 件,给(赔)付金额 150 万元,简单赔付率 31.2%。

表 22－14　　1996—2005 年人寿保险理赔情况统计表

项目＼年份	1996	1997	1998	1999	2000	2001	2002	2003	2004	2005
理赔合同数(份)	38	52	90	130	112	150	180	220	320	330
赔付金额(万元)	8	22	55	40	50	80	88	95	120	150
赔付率(%)	20	33.3	36.4	30.8	27.8	30.76	29.3	26.4	30	31.2

第二十三篇

教　育

第一章　基础教育

第一节　幼儿教育

幼儿教育　1991年，县幼儿教育沿袭国家教育部制定的三年学制，按年龄段依次设置小班、中班、大班，入园幼儿年龄定为4～6岁，使用全国统一教材。全县有幼儿园3所，30个班，在园幼儿1093人，幼儿专职教师32人。1999年10月，按照国家教育部《幼儿园教育指导纲要》规定，全县各公办、私营幼儿园开设语言、常识、计算、音乐、美术、体育、游戏等课程，内容涉及健康、社会、科学、语言、艺术5个方面，实施幼儿德、智、体、美、劳“五育并举”教育。教学过程中不进行识字教学、测验考试，用游戏、观察及手工劳动等方式开发幼儿智力，培养幼儿能力和个性，为幼儿的发展奠定良好的素质基础。2001年，幼儿教育改革，幼儿教育内容界定在“健康、语言、社会、科学、艺术”五大领域内施教。2005年，贯彻凉山州《幼儿教育改革与发展指导意见》，逐步形成以公办幼儿园为示范，农村小学附设学前班和民办幼儿园为主体，公办与民办、正规与非正规幼儿教育相结合的幼儿教育服务网络。全县有幼儿园26所(其中：私立幼儿园25所)，77个班，在园幼儿2859人，专任教师99人。

幼教管理　1991—1992年，全县幼儿教育行政和业务由县教育局教育股负责管理。1993年，幼儿园办学打破国家包办格局，倡导并鼓励社会力量办学(园)。县教育局教育股参照中小学教师标准管理幼儿园教师。2005年，私立幼儿园作为社会力量办学，由成人教育办公室负责，主要审查其办学资历、办学条件，给予认证，适时检查指导。

表23－1　　1991—2005年幼儿教育情况表

项目＼年份	1991	1992	1993	1994	1995	1996	1997	1998	1999	2000	2001	2002	2003	2004	2005
幼儿园(所)	3	2	4	13	15	8	9	10	10	12	14	14	14	14	26
其中：私立幼儿园(所)			2	11	14	7	7	8	9	9	13	13	13	13	25
班级(个)	30	26	30	51	53	47	44	46	48	67	67	63	67	66	77
在园幼儿(人)	1093	1035	1350	1881	2010	1900	1849	1801	1845	1922	2408	2516	2707	2777	2859
专职教师(人)	32	42	48	60	61	50	57	49	49	61	82	84	86	85	99

学前班　1991年，城关、中所、新民片区中心小学开设学前班，各校在班学生30～45人，学前班统一使用省教育厅审编的语文、语音、数学、语言、美术、健康、科学等教材。1992年，根据凉山州教委规定，在尚未实现普及初等教育的地区，办学条件不够的小学不得挤占教室和教师开办学前班。符合要求开办的小学学前班，须遵照执行《幼儿园管理条例》和《幼儿教育工作规程》，使用相应的幼儿教育教材，禁止施行小学一年级的教学内容，不得按小学一年级教学要求进行考试等教学评价，防止“小学化倾向”。县文教局规划在34所有条件的农村完全小学(简称“完小”)及以上学校开设学前班，动员学龄前儿童(即6周岁年龄段的儿童)入班学习。1995年，学前班在班学生1680人。2005年，所有村完小及以上的36所小学开设学前班，另有私

立学前教育学校26个,全县有学前教育班62个,学生2483名,学前受教育面49.6%。

第二节 九年义务教育

一、小学教育

小学学校概况 1991年,全县有小学172所,其中:乡(镇)中心完小46所,村完小16所,非完小109个。1992年,撤区并乡,46所乡(镇)中心完小撤并为36所,撤并乡所在地的原乡中心完小改为村完小。1996年,恢复4个乡(镇),乡(镇)中心完小增加为40个。同年,根据普及义务教育规划,在边远少数民族地区先后兴办村基点小学,由1名代课老师从事1~2年级教学。

1998年,全县普及初等教育,小学增加到224所。2001年,根据四川省布局调整规划要求,调整小学布局,撤并村小(教学点)37个,撤并后村小学生并入邻近学校就读。2005年,全县有小学170所(其中:乡(镇)中心完小以上小学45所,村完小18所,村点校107所)。

小学课程设置 1991年,全县小学课程计划由省教育厅制定,学科课程必修课为:语文、数学、思想品德、历史、地理、自然、体育、音乐、美术、劳动技术。

1993年,根据国家教委课程计划在,全县小学实施第一次课程改革,改革后使用的教材在重视知识传授的同时兼顾对学生学习技能的培养,突出以德育为首,德、智、体、美、劳全面发展教育方针。按省、州九年义务教育全日制小学、初级中学课程计划修订《试行》的通知,删去"历史、地理"课程,增设"社会"课程,并于当年小学起始年级开始施行。新课程计划一年级每周30课时,二年级每周31课时,三年级每周32课时,四年级以上每周33课时。

1994年,国家教委调整小学教学大纲,省教委相应调整学科课程。当年秋季,开始实行每周5天课程,一、二年级周教学时数分别为27、28节,三年级以上为30节。1997年,国家教委修订新课程计划。实行新工时制后,教学工时由每周6天改为5天半,低年级每周29课时,中年级每周31课时,高年级每周32课时,课时为40分钟。2005年,推动全县新课程改革教学,使用2005年修订的课程计划。学科课程有思想品德、语文、数学、音乐、美术、自然、社会等。

小学招生与考试 1991年,县文教局按各地适龄儿童数下达招生数,实行城镇6周岁、农村7周岁以上儿童免试就近入学。1998年,全县普及初等教育后学校将当年应入学、复学儿童名册送所在乡(镇)政府,由乡(镇)政府向适龄儿童家长或监护人发放《限期入学通知书》,责令其按期送子女入学;对个别生源不足学校实行隔年招生或办复式教学班。

1999年7月,改革考试制度,全县小学取消单元测验,由学科教师根据教学进度适时随堂检测,不再统一组织半期考试,学年上期末考试由学校统一时间,不统一命题,试卷由各学科教师或年级印制;学年末,小学1~5年级考试由全州统一命题制卷,学校组织统考,片区或学校统一阅卷。

表23-2 1991—2005年小学设置情况表

年份	全县小学数	完小以上学校数	非完小数	班级数	学生数	招生数	毕业生数	入学率(%)
1991	172	63	109	633	17455	4434	1655	61.2
1992	173	63	110	641	18019	4485	1606	62.1
1993	177	63	114	645	16600	4325	1691	61.1
1994	190	63	127	699	18333	5341	1628	65.5

续上表

年份	全县小学数	完小以上学校数	非完小数	班级数	学生数	招生数	毕业生数	入学率(%)
1995	194	63	131	733	19716	4665	1630	70.8
1996	193	63	130	765	20391	4409	1718	76.9
1997	200	63	137	780	21650	4944	1701	82.2
1998	224	63	161	874	27102	7692	1708	95.5
1999	207	63	144	920	28656	4175	1800	95.6
2000	207	63	144	910	27456	3779	2187	92.9
2001	207	63	144	807	24611	6306	2193	84.7
2002	190	63	127	823	26345	7080	2177	87
2003	180	63	117	822	28274	7147	2180	93.2
2004	175	63	112	820	29365	7172	2622	93.5
2005	170	63	107	824	32920	9060	2614	94.1

二、初中教育

初中概况　1991年,全县有初级中学12所,职业初中1所(与普雄中学一套班子、两块牌子)。1999年,撤并生源不足的下普雄中学、申果庄中学、书古中学。2001年4月,普雄铁路子弟学校与普雄中学合并,划归地方管辖,更名普雄民族学校,迁址原普雄子弟校校址。当年招收小学1~6年级学生各2个班,初中面向普雄河流域各片区及申果庄片区招收小学毕业生,成为全县第一所九年一贯制学校。2004年,越西中学初中部停止招生,城区小学毕业生统一升入越西二中就读。同年,西部地区"两基"攻坚计划实施,根据《西部地区"两基"攻坚农村寄宿制学校建设规划》,新建越西县西城中学。2005年,全县有中学9所,其中:高完中1所,九年一贯制学校2所,县民族学校、普雄民族学校。普雄民族学校同时兼设职业初中,单设初中6所。

初中课程设置　1991年,全县初级中学执行国家教委1986年5月提出《教学计划》(试行草案),适当地调整语文、数学、外语等学科课时在总课时中的比例,学科周课时占周课程总量的58.93%。

1992年,根据国家统一要求,教学计划改称课程计划。全县初级中学周总课时为:初一32节,初二33节,初三32节,设政治、语文、数学、英语、物理、化学、历史、地理、生物、生理卫生、体育、音乐、美术、劳动技术等课程,每周上课5天半。

1994年,全县初中实施课程改革,执行国家教委下发的《中学课程(教学)计划》,使用的新教材在重视知识传授的同时注重对学生学习技能培养,突出以德育为首,德、智、体、美、劳五育并举全面发展的教育方针。全县初中课程开设思想政治、语文、数学、外语、历史、地理、物理、化学、生物、体育、音乐、美术、劳动技术等13科,结合学校所在地实际,由学校自主设置短期职业指导课。1997年,国家实行新工时制,中学每周上课5天,周学科总课时分别改为:初一29节,初二29节,初三25节。增加初中历史、地理的课时。2005年,全县初中完成新课程改革,各年级均使用新课改教材教学。

初中招生与考试　1991—2005年,初中招生由县统一制卷考试。考场分设各片区中学、县直属中学,全县抽教师统一阅卷。录取工作由县教育局统一安排,针对面向全县招生的县直属中学,招生录取顺序依次是越西中学(为培养高中优质生源,初中部每年在全县小学毕业生中择优招收2个班)、县民族学校初中部(针对少数民族学生)、越西二中。中所中学、新民中学等片区中学招收所在片区小学毕业生。

表 23－3　　1991—2005 年初中班、学生数情况表

年度	学校数	班级数	学生数	入学率(%)	巩固率(%)	毕业率(%)
1991	14	98	4147	33.2	92.2	94.7
1992	14	98	4107	30.8	93.1	97.6
1993	14	95	3419	28.1	82.9	99.8
1994	14	91	3439	25.3	89.2	98.2
1995	14	87	3426	24.4	89.2	99.7
1996	14	89	3398	27.2	85.3	99.2
1997	14	91	3258	27.6	86.8	99.4
1998	14	90	3069	24.3	83.8	99.3
1999	14	87	3281	26.7	98.6	100
2000	12	87	3419	28	92	99.4
2001	10	85	3684	25.2	91.01	100
2002	10	83	4160	28.3	95.4	100
2003	9	92	4564	32.8	92.7	100
2004	9	99	5009	37.6	91.1	100
2005	9	100	5323	40.6	89	100

三、中小学德育教育

1991 年 6 月，县委、县政府颁发《关于进一步加强中小学德育工作的通知》，成立德育工作领导小组，形成由少工委负责，越西中学、越西二中、南小、北小等学校共同参与的学校德育工作教育体系。1994 年，制定《师生思想品德考核基本要求》，各中小学开展“两史一情”（中国现代史、中国近代史、中国国情）教育活动，把日常行为规范教育与“五爱”、“五讲四美”、“遵纪守法”教育结合在一起。1995 年，开展创“十佳少先队员”、“十佳少先队辅导员”、“手拉手情系小伙伴”、“读书交友”等系列活动。1997 年，开展“颂祖国，迎回归”主题队会、主题班会、知识竞赛、演讲比赛、诗歌朗诵比赛、歌咏比赛等活动，对学生进行德育教育。1998 年，根据县法制建设领导小组关于在“三五”、“四五”普法宣传教育工作中，加强对青少年法律知识普及教育的总体部署，县上成立依法治校领导小组，下设办公室在教育局，负责管理指导全县依法治校日常工作，制定依法治校实施规划，分步推进依法治校工作。各学校相继建立并完善《教育教学管理制度》、《教师联系家长制度》、《校园治安管理责任制》、《中小学生行为准则》等规章制度。县社会治安综合治理委员会和县教育局分别与各乡镇政府、中小学校签订依法治校责任书，各乡镇与各村委会、中心校与村小、学校与教师签订责任书，落实依法治校职责和任务，将依法治校纳入对县教育局、各乡镇和各中小学校的目标考核内容。

1999 年，贯彻《中小学德育工作规程》，开展政治理论学习，围绕“新中国成立 50 周年”、“五四”运动八十周年、少先队建队五十周年、澳门回归，组织开展“升国旗仪式”、“征文和知识竞赛”等系列活动。

2000 年，县教育局发出《关于认真做好家庭教育工作的通知》，各中心小学以上学校陆续建立“家长委员会”或家长学校。开展“让学生成才、让家长放心、让社会满意、树文明校风”活动。强调学校领导作风要“团结、进取、勤政、廉洁”，教师作风要“爱生、敬业、勤学、自律”，学生学风要“立志、勤学、文明、守纪”。2002 年，转发国家教委《关于学校法制教育的意见》，提出中小学德育工作的基本任务是培养学生

成为热爱社会主义祖国,具有社会公德文明行为习惯,遵纪守法的公民。全县各完小以上学校陆续聘任法制副校长,定期对学生进行法制教育。2005年,举办"弘扬红军精神,争做时代新人"征文比赛活动,组织学生读红军史书、查红军资料、采访老红军、参观红军遗址。加强对未成年学生进行爱国主义、革命传统和民族团结教育,树立正确的世界观、人生观、价值观,不断提高社会主义思想觉悟和公民道德准则。

第三节 高中教育

高中概况 1991年,全县有2所高中:越西中学、越西二中。1993年,越西二中高中部并入越西中学,越西二中成为一所初级中学,但每年学年统计作表,越西二中仍作为高完中上报。2004年,越西中学高、初中分设。

高中课程设置 1991年,全县高中课程执行国家教委颁发的《高中课程(教学)计划》,每周总课时为:高一年级31节,高二年级32节,高三年级33节,高中课程设思想政治、语文、数学、英语、物理、化学、历史、地理、体育、劳动技术。1994年,国家教委调整课程(教学)计划,高中开设政治、语文、数学、英语、物理、化学、生物、历史、地理、体育、艺术、社会实践等学科,教材使用国家教委出版的新版高中实验课本。英语新版教材增加大量阅读和单词量,对学生的对话要求较多,听读能力要求较强;语文新教材增设了经典、古典篇目,注重提高学生的文学素质。学科每周总课时分别改为:高一年级29节,高二年级28节,高三年级29节。2003年,根据国家教育部制定的《面向21世纪教育振兴行动计划》、《普通高中课程方案》(试行)、语文等15个学科课程标准(实验)以及《中小学环境教育实施指南》(试行)等相关文件在全县中小学实施第二次课程改革,同时按照"先培训后上岗,不培训不上岗"的要求,对各学科教师进行岗前培训。2005年,国家教委实施课程改革,全县高中实行新的课程计划。

高中招生与考试 1991年,全县实行初中毕业、中师、中专预选和高中招生"三合一"考试,由四川省教育厅统一命题,实行初中毕业会考,会考成绩既作为初中毕业成绩,也作为高中招生录取成绩。县教育局按当年招生计划数划定录取分数线,同时允许学校有10~15%的计划外招生名额(称议价生),学校可自主降线录取。1995年,县教育局审查批准越西中学《关于初高中新生工作报告》,决定给予越西中学在招生中有一定比例的自主权,试行一年半。2000年,县教育局取消所有年级统时统卷的半期考试;初三年级只组织一次毕业考试,考试成绩作为高中升学、中师中专录取的依据。

表23-4 1991—2005年高中班、学生数情况表

项目\年份	1991	1992	1993	1994	1995	1996	1997	1998	1999	2000	2001	2002	2003	2004	2005
班级(个)	17	16	11	12	12	13	12	12	12	11	14	18	22	25	28
学生(人)	736	622	486	490	582	841	515	515	519	527	709	951	1107	1293	1406

第四节 大中专考录

中师中专考录 1991年,全县中师中专招生考试(简称中考)实行预选考试,与初中毕业、高中招生考试合并进行,预选后再举行中考。1993年,取消预选,统招计划只招收应届初中毕业生,委培计划招收往届生的数量不超过40%。在校高中、职业高中、职业中专学生不得报考。考试科目为政治、语文、数学、理化、外语5科。实行分卷考试,卷一为选择题,由计算机阅卷;卷二为笔答题。1994年,由县计经

委、县人事局、县教育局等部门与委培生和定向生(自费)考生签订毕业去向合同。1996 年,国家统招计划和委托培养计划均分配到县。是年,实行计算机随机编排考号、考场。1998 年,实行招生计划并轨和收费制度改革,取消原来的三种招生计划形式(国家统招、委托培养、自费生),统一划定分数线择优录取。1999 年 7 月,考试制度改革:初中不再进行单元测验,不再统一组织半期考试,学科教师根据教学进度适时随堂检测;学年上期末考试由学校统一时间,不统一命题,试卷由各学科教师或年级印制;学年末,初中 1 ~2 年级考试由全州统一命题制卷,学校组织统考、片区或学校统一阅卷。2000 年,中师中专招生不再实行严格的统考统录。

高校招生考录 1991 年,往届高中毕业生参加高考不再实行预选。师范院校单独招生、单独填报志愿、提前录取,保证生源质量。应届毕业生实行预选,预选上线的考生可参加高考。1992 年,高考预选取消,应往届高中毕业生和同等学历者均可报名直接参加高考,全县大、中专录取 126 人。1994 年,普通高校招生改“双轨制”(国家任务招生计划和调节性计划分别划定两条分数线录取招生)为“单轨制”(总的招生计划录取线),在同一地区实行同一录取标准。高考考试科目为 5 科,文科考语文、数学、政治、英语、历史;理科考语文、数学、物理、化学、外语。1995 年,招生计划不再分配到县,实行全省统一划线录取。师范、农业院校的本科招生计划按人口比例分配到县,单独填报志愿,定向招生,定向分配。1997 年,高考在州内排名升到第 7 位,高考成绩公布后再填报志愿,取消保送生和“三好”学生加分照顾。1999 年,取消标准分制度,使用原始分数(卷面得分)。同时,实行先考试后体检的方法。2001 年,实行电子档案管理,为远程网上录取做准备。2002 年,实行“3 + X”高考科目设置方案。“3”指语文、数学(文理科分卷)、外语 3 科,各科满分为 150 分;“X”指文科综合或理科综合。是年,全部实行远程网上录取。当年高考在州内排名上升到第 4 位。2003 年,高考时间由 7 月 7 日—9 日改为 6 月 7 日—8 日。

表 23 - 5　　1991—2005 年高中、中专考录情况表　　单位:人

项目＼年份	1991	1992	1993	1994	1995	1996	1997	1998	1999	2000	2001	2002	2003	2004	2005	合计
高考生数	118	134	142	171	138	176	154	198	150	146	139	172	190	295	351	2674
高考录取数	37	101	125	103	91	42	69	55	77	123	91	153	163	272	246	1748
中专录取数	123	137	158	207	201	237	241	301	334	441	291	361	306	281	263	2882

第五节　学校选介

越西中学 1991 年,越西中学校址越城镇新大街南段。学校管理实行党支部领导下的校长负责制。内设教务处、总务处、政治处、行政办公室。辖越西中学综合厂。总务室下设理化生实验室、生物陈列室、电教室、微机室、语音室、图书室、医务室、体育保管室、打字油印室。总务处下设财务组、庶务组、伙食团。有专业技术人员 95 人。以“遵循四有,严守纪律,拼命学习,努力成材”作为办学指导思想和学生的奋斗目标。学校向灯塔村征地 10.56 亩,修建运动场。全校占地面积 38686 平方米。1994 年,越西二中高中部并入越西中学。学校高中部每个年级 4 个班,初中部每个年级 3 个班。学校每年保持高中 12 个班、初中 6 ~9 个班,共 18 ~21 个班的规模。同年,越西中学综合厂破产,人员回校任教。

1996 年,实行“年级承包责任制”。理化生实验大楼(探秘楼)破土动工,建筑建筑面积 1860 平方米。学校划分为:教学区、艺体活动区、学生生活区、教工生活区。1997 年,省教厅重新确定四川省越西中学

为省重点中学。

1999年，制订《越西中学关于加强职工常规工作考核，考核结果与活工资挂钩的决定》和《教研组长工作职责及考核细则》，将教职工德能勤绩考核的结果与经济利益挂钩。对教师业务进修、教学业绩、教研成绩考核奖励作出规定。同时规定教研组长职责权利8条，考核量化细则4条。学校升学率85%，各类本科人数40%。2000年，学校以"探索求实、团结奉献、严谨守纪、拼搏成才"为校训；以"重视基础、放眼全面、照顾多元、立体推进"为师训；以"强身健体、厚德崇善、尚思勤学、成行精力"为学训。当年高考，1名彝族学生生以总分652的成绩夺得凉山州理科状元，被清华大学录取。2001年，争取上级拨款150万新建教学大楼（宏志楼）。宜宾学院对口支教学校，派出教师到校援教。援建多媒体教室1个。

2002年，越西中学通过"四川省示范性普通高中"评估，被省教厅批准为"四川省示范性普通高中"，全校在职教职工124人，专、兼职教师89人，其中：特级教师2人，高级教师14人，中级教师57人。校园网总控室投入使用。落实《四川省越西中学关于对教师素质的要求》实行教师素质量化考核。对教师素质提出：优德、博识、强能、塑心、健体、树形、有技的要求。采取引资方式修建学生公寓（志远楼）。2003年，以"报国报家精忠倾心力，行教行学灿烂写人生"为校训；以"施德导德合德德行便人心齐，惜才用才聚才才张则事业成"作为行政座右铭。当年，高2002级毕业4个班，174人，高考硬上省本科线39人，总上省线人数达90人。

2004年，全校布局分生活区、体育运动区，教学区。运动区有足球场1个，350米环形跑道6条，篮排球场5个（其中：灯光球场一个）；通过自筹和教师借资方式，修建教师办公大楼（垂范楼）。

2005年，坚持"以诚信办学校、以质量求发展"的办学理念，提出"以人为本、树德立志、探究创新、与时俱进"的办学指导思想，把"教师出力，出绩，出名；学生成人，成才，成功"作为办学目标。完善学校的管理制度，汇编《越西中学教育教学研究的若干规定》《越西中学条规文件汇集》。争取"四川省民族地区教育10年行动计划"资金174万，动工修建腾跃楼，建筑面积2356平方米，有20间教室，10间教师办公室。学校建筑面积40000平方米。全校有计算机126台，多媒体教室1间，语言实验室1间，远程教学网络1套、馆藏图书30000册。

表23-6　　1991—2005年越西中学负责人名录

姓　名	性　别	民　族	职　务	任职时间
陆　坚	男	汉	校长	1984.3—1991.4
王本刚	男	汉	副校长	1984.2—1991.5
			校　长	1991.5—1993.5
吴纯明	男	汉	副校长	1991.4—1993.11
罗洪亮	男	汉	副校长	1991.5—1993.5
			校　长	1993.5—1996.1
古宪福	男	汉	副校长	1994.8—2005.12
罗本文	男	彝	副校长	1993.6—1997.9
姚兴福	男	汉	副校长	1994.4—1998.5
张智明	男	彝	校　长	1996.1—2005.12
丁　彦	男	汉	校长助理	1994.8—1996.2
			副校长	1996.2—2005.12
彭思强	男	汉	副校长	2002.3—2005.12

越西县第二中学　1974年9月，越西县第二中学由城关公社创办，时称越西县城关中学，属民办公

助学校，又称“城关民中”。学校暂借县城西北角西市街县委会旧房上课，时年招收小毕生88名，设初一两个班，教职工7名。1976年2月，在县城东南征地41335.4平方米，修建500平方米砖混平房教室8间和教师宿舍6间。次年有12个教学班，学生600名。1978年9月，修建600平方米一楼一底教学楼1幢。1979年，经县委决定学校收归县办，命名“越西县第二中学” 。设教导处，分文理科，成立语文教研组和数学教研组。1981年，修建建筑面积666平方米实验楼。1983年秋，开办高中，学校升格为高完中。招收新生69名，设高一两个班。全校有政史地、语文、数学、理化、外语、音体美6个教研组，教学班17个，在校生800名。1986年，教研组调整为语文组、数学组、外语组、政治组、史地组、物理组、化学组、生物组、音体美组。1992年，设政教处。1994年8月，高中部并入越西中学。1998年，修建面积1540平方米教师宿舍3幢。2000年，硬化500米校园内主要道路，修缮学校大门，修建3个花台，面积110平方米，更换校园内虫害严重白杨树。当年有教学班13个，学生541名。2002年，随着普及九年义务教育工作推进，投入“十年行动计划”项目资金105万元，修建三楼一底教学楼1幢，面积1836平方米；同年，对学校运动场进行改造，修建标准足球场、400米环形跑道和4个篮球场，在教学区修建10个400平方米花台，种植常绿树200棵。学校加强教学常规管理和教育科研工作，制定《越西二中师德师风建设问题整改措施》、《越西二中师德师风建设制度》、《越西二中师德师风建设提高规划》。2003年，申报州级教研课题“积极寻找学困生转化的突破口”，做好转化学困生工作。2004年，增设信息技术教研组，音体美教研组调整为艺体组。投入17万元改建环形运动场、篮球场，添置体育设施，加固加高校园围墙，装饰250米艺术墙，绿化校园面积600余平方米。投入150万元修建综合楼1幢，面积2720平方米。2005年，成立教科室，建立《越西二中“一岗二责”制度》和《越西二中思想政治工作奖励和失职追究制度》，加强学生和班级管理。有29个教学班，学生1800名，教职工122名。配备多媒体教室、光碟播放室、无盘计算机室、卫星信号接收室、理化生标准实验室，配备标准的实验仪器、药品，有艺体室、图书室，藏书2万余册。

表23－7　　1991—2005年越西二中负责人名录

姓　名	性　别	民　族	职　务	任职时间
余农森	男	汉族	校长	1984.3—1992.1
朱志雄	男	汉族	副校长	1991.2—1992.2
胡在行	男	汉族	校长	1992.3—1993.8
张　鹰	男	汉族	校长	1993.8—1995.3
杨源富	男	汉族	校长	1995.3—1997.3
罗祥贵	男	汉族	校长	1997.3—2002.8
张健康	男	汉族	校长	2002.8—2005.12
阿说红军	男	彝族	副校长	1992.3—2005.12
王束璇	男	汉族	副校长	1992.2—2005.12
罗明英	女	汉族	副校长	1995.3—2005.12

越西县民族学校　地处越城镇新村，前身是1951年创办的县民族小学。1984年，恢复办学，面向全县招收少数民族学生和部分汉族学生。学校占地面积20340平方米。新建教学楼1幢，教室9间，教师宿舍12间，学生宿舍20间。当年招生67人，设初一两个班，教师12人。次年起面向全县小学考录四年级少数民族生50人。1989年，面向申果庄、上普雄、中普雄片区的一类体制学校每年招收初一彝文班1个，学生40名。1990年，投入14万元建三用礼堂1座，女生宿舍楼1幢。1991年，开办小学4～6年级3

个班，学生140名；一类体制班3个，学生近100名；普通初中班6个，学生350名。1992年，停招小学班，改称县民族中学。当年新征土地7860平方米，建教师宿舍楼1幢，教学区、生活区、活动区布局相对独立。1997年，复称县民族学校。2001年，停办一类体制班，开办重点寄宿制。为确保学校生源和教学质量，复办小学4～6年级半寄宿制班3个，学生152人。2002年，"十年行动计划"项目投资80万元新建1080平方米的教学楼1幢，投资240万元新建学生公寓2幢，建筑面积2180平方米，学生食堂680平方米，可同时容纳400人进餐。2005年，学校占地总面积34500平方米，校舍面积9580平方米，国家投资1000万元。有教学班18个，教职工76人。学生838名，其中：4～6年级小学生386人，7～9年级学生452人。教学设备齐全，配备先进的现代化教学仪器，有标准实验室11个，微机室2间，电脑58台，多媒体教室1间，开通远程教育网。有图书室、阅览室各1间，藏书1.3万册。

学校坚持"团结、务实、创新、高效"的校风，以"打造民族寄宿制标准化管理示范学校"和"创特色、创一流、创名校"为办学目标，确立"育人为本、管理立校、质量强校、科研兴校"的办学思路，立足于办好重点民族寄宿制学校，以教学为中心，管理为手段，质量为目标，建立健全各项规章制度，全面推进素质教育，培养了大批民族人才。学校先后被评为州民族团结先进集体、州社会治安综合治理模范学校、民族寄宿制示范学校。

表23-8　　1991—2005年越西县民族学校负责人名录

姓　名	性　别	民　族	职　务	任职时间
甲卡莫格	男	彝族	校长	1991.1—1993.1
毛克期	男	彝族	校长	1993.1—1995.1
杜德文	男	彝族	副校长	1991.1—1997.1
林　华	男	彝族	校长	1995.1—1997.1
毛　杰	男	彝族	副校长	1995.1—1997.1
谢　彬	男	彝族	校长	1997.1—2004.3
王志坚	男	彝族	校长	2004.3—2005.12
罗小明	男	汉族	副校长	1997.1—2005.12

越西县邮电贝尔小学　1996年，县委、政府决定在越城镇文化路新建西城小学。10月，动工修建，四川省邮电管理局（上海贝尔电话公司）捐赠40万元，其余资金由县财政投入。1997年8月，学校初步建成，占地10667.2平方米，有综合教学楼1幢，能容纳12个教学班及教师办公室，定名为越西邮电贝尔小学。9月，招收一年级新生100人，设两个教学班。从县内各小学考调教师10名。征用县医药公司库房及农田2666.7平方米，建寄宿制学生公寓、教学楼及配套设施。学校秉承"崇德、乐学、励志、创优"的校训，发扬"奉献、求真、开拓、创新"的精神，坚持"以人为本、科学管理、求实创新、追求卓越"的办学理念，争创一流的新型示范学校。2001年9月，招收学生150人，开办四年级重点寄宿制班2个。结合开办民族重点寄宿制特点，实施精细化管理，建立健全各项规章制度。2003年7月，首届小学生毕业。自当年起，该校毕业班学生参加毕业统考成绩均列居全县第一。民族重点寄宿制学生学年考试成绩居全州前列。2005年9月，学校已形成学前班及小学1～6年级21个教学班的规模，在校学生1235人，其中：重点寄宿制班6个（4～6年级），学生380人，教职工65人。学校占地总面积13593平方米，总投资298万元（不含土地征用费），教学区、运动区、生活区相对独立。教学设施设备齐全，具有先进的现代化教学仪器和标准的实验室、网络教室、图书室、远程卫星收视室、多媒体教室。学校先后被命名为州卫生先进单位、州级文明单位、州教师职业技能示范学校、州民族寄宿制示范学校、州校风示范学校。

表 23-9　1997—2005 邮电贝尔小学负责人名录

姓　名	性　别	民　族	职　务	任职时间
毛克期	男	彝族	副校长(主持工作)	1997.8—1999.12
			校长	1999.12—2005.12
张拉卡	男	彝族	副校长	2002.7—2005.12
朱真龙	男	汉族	副校长	2002.7—2005.12

越西县南城小学　1991 年,全校有砖混结构教学楼 2 幢,土木结构、砖木结构用房各 1 幢,木质结构(文庙大堂)1 间。1995 年,本着"依法治校、以德治教、科研兴校,让每一个孩子都有欢乐的童年"的办学思想,立足"实验性、创新性、示范性"和"最佳的管理水平、最佳的设施设备、最佳的育人环境、最佳的教育质量,争创省州名校"的办学目标,从"环境育人化、管理科学化、教风严谨化、学风活跃化、活动系列化、考核规范化"入手,以课题研究为载体,着力于校本研训,形成浓郁的科研氛围,学生综合素质全面提升。2002 年,"十年行动计划"项目投入 50 万元,学校自筹 10 万元建综合楼 1 幢,面积 1118 平方米。随后学校自筹资金 10 万元改造操场 18000 平方米。2005 年,学校拥有多媒体演播室、远程教育卫星收视室、光盘播放室、微机室、音乐舞蹈室、自然实验室、图书室。班班有投影仪、录放机,生生有玻钢升降桌椅,初步建成校园网,实现网络化教学、办公。校内建有知识橱窗、艺术墙、舞台等设施,文化氛围浓厚。有 24 个教学班,学生 1518 人。

表 23-10　1991—2005 年南城小学负责人名录

姓　名	性　别	民　族	职　务	任职时间
郭启德	男	汉族	校长	1991.1—1994.10
李策贵	男	汉族	副校长	1991.1—1993.7
冯学安	男	汉族	副校长	1993.8—1994.11
			校长	1994.11—2005.12
王素波	女	汉族	副校长	1993.8—2005.12
毛克期	男	彝族	副校长	1995.8—1997.7
罗克祥	男	汉族	副校长	1997.1—2005.12

越西县北城小学　1991 年,北城小学为越城镇中心校。1993 年,改为县直属小学。学校推行"人才立校、质量兴校、科研强校"和"人文化"与"制度化"相结合的现代教育管理制度。全面实行"工作责任化、行动落实化、发展协调化、评估依据化、奖惩公开化"的常规管理模式。制定《北城小学管理手册》,加强学校内部管理,做好家、校合作,关爱差生,关注优生,注重学生整体素质的提高,教育教学质量名列县内前茅。1997 年 6 月,将原校门两侧土木结构危房改建为 1089 平方米的教学楼 1 幢。当年"普九",城关教办迁离,国家投入 105.69 万元,改建综合楼 1 幢,面积 1726 平方米,另投资 15.89 万元,将原厕所改建为水冲式厕所。

2005 年,学校有教室 24 间,23 个教学班,学生 1278 人。办公楼 1 幢,教师宿舍 2 幢,总建筑 5261 平方米,有 2300 平方米的水泥活动场地 1 个。有实验室、音乐室、美术室、远程教育室、图书室、微机室等。教育教学设施设备较为齐全。学校先后被评为省德育先进单位、省第二届中小学艺术先进学校、省教师职业技能示范学校、凉山州校风示范学校、四川省五四红旗大队。

表 23－11 1991—2005 年北城小学负责人名录

姓 名	性 别	民 族	职 务	任职时间
张开锐	男	汉族	校长	1990. 7—1993. 8
姜崇仁	男	汉族	副校长	1984. 7—1992. 8
叶福仙	女	汉族	副校长	1991. 7—1993. 8
杜桂清	男	汉族	校长	1993. 7—1996. 8
侯永顺	男	汉族	副校长	1993. 7—1996. 8
钟蕙英	女	汉族	副校长	1994. 7—1997. 1
			校长	1997. 2—2000. 7
唐建林	男	汉族	副校长	1997. 2—2005. 12
毛树芳	女	彝族	副校长	1997. 2—2000. 7
			代校长	2000. 7—2002. 1
			校长	2002. 1—2005. 12
余洪波	男	汉族	副校长	2002. 7—2005. 12

越西县幼儿园 越西县幼儿园创办于 1947 年，园址文昌宫前院，占地总面积 1340. 69 平方米，活动场地 468 平方米，“以宏幼稚教育”为教育宗旨。1950 年，越西县幼稚园划归越西县城厢镇小学（现越西县南城小学）幼儿分部。1953 年，幼儿分部脱离与城厢镇小学的隶属关系，成立越西县城关幼儿园，入园幼儿多系县机关干部和教师子女。1991 年，县幼儿园有幼儿食堂，配备 5 名生活老师，可提供 300 多个儿童的午饭；有儿童床 160 张；玩具、活动器具等基本齐全。同年，添置室外大型荡船 1 套。开办有大、中、小 5 个班，教职工 17 人。1992 年，增加到 7 个班，教职工 21 人。1995 年，新修水泥路面、活动场地，栽种银杏、雪松、各种花卉。1999 年，配套资金 2 万元，添置室外大型蹦蹦床、旋转地球仪。有小班 5 个，大、中班各两个，幼儿 400 多人，教师 32 人。2001 年，争取上级资金 1 万元，购买 50 套幼儿用床，60 套幼儿课桌椅。新办花儿朵朵双语教学班，招生 420 人。2003 年，县教育局组织 24 名私立幼儿园教师到县幼儿园进行教学交流。2005 年，加强幼儿园硬件建设，配置 7 台电子琴和 10 台风琴。争取资金 6 万元，购买 2 台电脑、1 台打印机、1 台塑封机、1 部摄像机、1 台钢琴，添置 400 套幼儿不锈钢饭碗。全院有大、中、小 9 个班，教职工 37 人。加强幼儿园管理，先后制定《越西县幼儿园晨间制度》、《越西县幼儿园晨间卫生消毒及隔离制度》、《越西县幼儿园安全制度》、《越西县幼儿园门卫制度》。幼儿园的教学活动形式多样，内容丰富，教育质量逐年提高。在教学活动中，教师根据幼儿特点，自编剧本，教幼儿排练，丰富教育内容。他们自编表演剧《爸爸妈妈》，木偶剧《猴王》，参加县级比赛，荣获二等奖。

表 23－12 1991—2005 县幼儿园负责人名录

姓 名	性 别	民 族	职 务	任职时间
黄咏碧	女	汉族	园 长	1991. 1—1994. 3
李跃慧	女	汉族	副园长	1994. 3—1996. 3
刘桂花	女	汉族	园 长	1994. 3—1996. 3
罗明英	女	汉族	园 长	1996. 3—1997. 3
刘宇兰	女	汉族	园 长	1997. 3—2005. 12
刘小燕	女	汉族	副园长	2001. 3—2005. 3
杨阿依	女	彝族	副园长	2001. 3—2005. 3

越西县普雄民族学校 位于越西县中普雄镇，成昆铁路横贯南北。是所九年一贯制学校，前身是越西县中普雄中学，校址在贡莫。1991 年 9 月，双河职业初级中学并入该校，实行“一套班子，两块牌子”。1993—1991 年，随着招生就业体制的改革，生源减少，学校规模萎缩。2000 年，全校 3 个年级 3 个班，仅有学生 39 名。

2001 年，中普雄中学及职业初级中学由贡莫迁到成都铁路分局普雄铁路子弟学校，命名为“越西县普雄民族学校”。2002 年，“十年行动计划”的实施，学校规模逐步扩大。在校学生由上年的 39 名增加到 704 名，教学班由 3 个增至 14 个。学校服务范围辐射中普雄以外的申果庄、上普雄、下普雄、苏姑等周边山区。2003 年，“两基”攻坚时，国家投入 300 万元，新征土地 13 亩，新建教学楼 1 幢、学生宿舍楼 1 幢、学生食堂 1 幢、综合楼 1 幢。学校获越西县素质教育综合评估二等奖。2004 年，高中阶段招生考试升学率达 60. 3%，居全县第一。教育科研课题“彝族学生汉语能力的培养”获州级一等奖，被授予教育科研先进单位。

2005 年，有远程教育卫星收视教室 8 间，其中：多媒体教室 2 间，计算机网络教室 2 间，卫星教学收视室 2 间，DVD 光盘播放室 2 间，物理、化学、生物、自然等实验室各 1 间，图书室 1 间，藏书 1. 8 万册。在校班级增至 25 个班，学生 1350 人，其中：少数民族学生 1109 人，重点寄宿制学生 325 人。学校管理及办学理念更加完善：以“求真务实、改革发展、质量立校、科研兴校”为办学思路，把培养“合格加特长的人才”作为育人目标，确立“五个一流”（建设一流的教师队伍，创设一流的育人环境，实施一流的科学管理，达到一流的教育质量，培养名流的优秀学生）的办学目标。

表 23 - 13　　1991—2005 年普雄民族学校负责人名录

姓　名	性　别	民　族	职　务	任职时间
郑成忠	男	汉族	副校长（主持工作）	1987. 8—1991. 7
			副校长	1991. 7—1992. 7
邓明安	男	汉族	教导主任（主持工作）	1991. 8—1992 7
巴莫伍沙	男	彝族	副校长	1987. 8—1991. 7
			副校长（主持工作）	1992. 8—1995. 4
刘宇贵	男	汉族	副校长	1991. 9—1995. 3
			校长	1995. 4—2005. 12
阿来伍且	男	彝族	副校长	2002. 4—2005. 12
巴莫拉龙	男	彝族	副校长	1995. 7—2005. 12
熊　东	男	汉族	副校长	2002. 4—2005. 12

越西县中所中学 学校坐落于文昌帝君出生地中所镇金马山下水观音南岸，距县城约 8 公里。1956 年建校（凉山民师校曾在该校设速师班），占地面积 5333. 6 平方米，有校舍 5 间，约 200 平方米，均为土木结构。1958 年，定为越西第二中学，设初中班 2 个，学生 80 名。1961 年，划为越西中所分部。1965 年，改为中所农中，招生 25 名。1969 年，定名中所中学，设初中 1 ~ 3 年级。1977—1987 年，招收 2 年制高中班 2 个，3 年制高中班 1 个。1978 年，修建教学楼 1 幢。1980 年，建教师宿舍 1000 平方米。1995 年，对所有土木结构的校舍及危房进行改造，新建教室 972 平方米。2001 年，“十年行动计划”项目投入 180 万元，新建教学楼 1 幢，学生公寓 1 幢。2002 年，被评为县常规管理合格学校。2004 年，学校自筹资金 22 万元，县教育局下拨 10 万元，新建办公楼 1 幢。2005 年，学校总建筑面积 35335. 1 平方米，有教学班 21 个，

教职工102人,学生1227人,其中:寄宿制学生300人。有微机室、多媒体教室等教学设备,开通远程教育网络。有理化生实验实及仪器设备,同时进行各科目的演示实验。有音乐室、图书室各1间,藏书2万册。

学校以“树德立业、自强不息”为校训;以“守纪、博学、尚美、崇德、求实、创新”为办学理念;以“严谨、求实、创新”为校风;以培养学生“学会做人、学会学习、人格健全、和谐发展”为办学宗旨,以“科研兴校”为办学目标,建立健全各种规章制度,注重常规管理,推行素质教育,提高教学质量,教学成绩历年名列全县前茅。

表23－14　　1991—2005年中所中学负责人名录

姓　名	性　别	民　族	职　务	任职时间
王学明	男	汉族	校长	1984.3—1992.3
罗本文	男	彝族	副校长	1987.8—1992.3
叶文达	男	汉族	副校长	1986.3—1992.3
			校长	1992.3—1993.3
王束璇	男	汉族	副校长	1992.3—1993.8
林　华	男	彝族	副校长	1992.3—1994.12
张健康	男	汉族	校长	1994.12—2002.7
陈启全	男	汉族	副校长	1994.12—2005.12
袁学明	男	汉族	副校长	2001.7—2002.7
			校长	2002.7—2005.12
杨加子	男	彝族	副校长	2002.7—2005.12

越西县新民中学　学校位于县城北9公里的新民镇,建于1969年9月,面向新民片区招生。建校初教学班暂设新民小学。1971年,新校区建成,占地面积46135.6平方米,有土木结构教室4幢。随后将新民民办中学、大屯、瓦岩的戴帽初中并入,当年有学生400人,教师40人。此后,国家对学校投入逐步增加,设施设备不断改善,规模逐渐扩大。1997年,学校定为凉山州“53125”工程学校(指凉山州首先办好的50所小学、30所初中、12所高完中和5所职业高中的农村窗口示范学校)。学校先后自筹资金50万元,改建教师办公室及宿舍1000平方米。

2002年,被评为县级文明单位,同年获素质教育评估三等奖。2003年,“十年行动计划”启动,国家投入100万元新建教学楼1幢,投入200万元新建综合楼、学生宿舍楼各1幢,学校被评为常规管理学校。2005年,学校建筑面积8840平方米,有教室32间,学生780名,其中:重点寄宿制200名,普通寄宿制260名。教职工75人。有多功能教室4间,开展多媒体和远程教学。有实验室4间,可同步进行理、化、生等实验教学。学生活动场地14000平方米,绿化面积3800平方米。学校被评为教育科研先进学校,获教学综合考核三等奖。

学校以“求真务实、树人育才、开拓创新”为校训,开展“志存高远、爱岗敬业、为人师表、教书育人、严谨笃学、与时俱进”的师德教育,注重学生良好行为的培养。推行以学生为主体、课堂教学为中心教学方法,提高学生的学习和创新能力。在对农村中学学困生转变的教育教学方法上取得有益的经验,教育教学成绩被社会认可。

表 23 - 15　　1991—2005 年新民中学负责人名录

姓　名	性　别	民　族	职　务	任职时间
唐文金	男	汉族	校长	1991. 3—1995. 8
马　锦	男	回族	副校长	1991. 3—1993. 12
阿里木机	男	彝族	副校长	1993. 12—1997. 3
张亚杰	男	汉族	副校长	1993. 7—1995. 8
			校　长	1995. 8—1998. 7
莫色达尔	男	彝族	副校长	1995. 8—1998. 6
			副校长(主持工作)	1998. 7—2002. 2
			校长	2002. 3—2005. 12
刘光宁	男	汉族	副校长	2002. 3—2005. 12
潘里布	男	彝族	副校长	2002. 3—2005. 12
刘　红	男	汉族	副校长	2002. 3—2005. 12

越西县大营盘小学　位于越西县大屯乡大营盘康复村,是专门解决麻风病人子女入学的特殊学校。1986 年,由国家投资 8000 元,建简易教室 1 间,招收该村 5 个村民小组 7 ~ 16 岁麻风病人子女入学,当年招生 42 名,此后每年招生 30 ~ 40 人,设小学一、二年级两个复式教学班,由 1 名代课教师任教。

2000 年,台湾中华希望之翼服务协会出于对特殊人群关爱,关注学校,多次奔走协调,筹集资金。2002 年,捐资 30 万元,县政府投入 19 万元,修建 6 间教室及学生用房。2004 年,协会捐资 30 万元,政府投入 15 万元修建 450 平方米学生宿舍 1 幢。2005 年,捐资 59 万元修建教学楼 1 幢,面积 1038. 2 平方米,厕所 1 间,200 平方米。政府投入 50 万元修建学生食堂 4 间,380 平方米。教师本着个人自愿、县教育局批准,先后有 9 名公办教师到大营盘小学任教。

2005 年,将任教多年的代课教师转为公办教师。该校就读学生除县内麻风病人子女外,有少数外县麻风病人子女。是年,有学生 178 人,设 1 ~ 6 年级 6 个教学班,学生享受学校设立不同等次的"乐生奖学金",52 名住校生均享有国家重点寄宿制生活补贴。学校结合自身特点,建立并完善各项规章制度,加强素质教育,不断提高教学质量。当年 14 名首届学生毕业,有 12 人升入中学学习(两名毕业生因年满 18 周岁自愿放弃升学)。同年,中央电视台《新闻调查》、《东方之子》栏目以及《人民日报》、《四川日报》、《华西都市报》、《凉山日报》等数家新闻媒体先后到该校采访并报道。

第二章　成人教育

第一节　普初　扫盲

普及初等义务教育　1991 年,根据《凉山州义务教育实施办法》,县委、县政府提出"从实际出发,因地制宜,分类指导,分阶段、有步骤的进行"普及初等义务教育工作。成立初等普及义务教育领导小组。

1992年，贯彻《中华人民共和国义务教育法》，按先城区后山区、先汉区后少数民族聚居区、先基础条件较好的乡（镇）后贫困乡（镇），推进板桥乡、瓦岩乡、铁路子弟校普初工作。全县普初乡镇人口数12000人。覆盖率34.8%。

1995年，以“人民教育人民办，办好教育为人民”的办学导向，在教育经费紧缺的情况下，采取征收教育费附加、群众投工投劳等方式筹集教育资金办学。实现“一无四有”（校校无危房、班班有教室、人人有课桌、校校有厕所、校校有办公室）目标。全县普初乡镇人口数45600人，覆盖率54.8%。

1997年，全县小学在校生152330人，其中：少数民族在校生131420人，入学率95.3%、巩固率93.3%、毕业率90.9%，达到“三会”（会认规定数量的常用字，会写简单的便条，会进行简单的四则混合运算）的结业生10.3%。

1998年，对乡（镇）实施“普初”进行第二次规划和落实；10月，经省、州人民政府基本普及初等教育、基本扫除青壮年文盲评估验收团评估验收合格，全县基本普及初等义务教育和基本扫除青壮年文盲。全县普初乡镇人口数228429人。覆盖率100%。

表23－16　**部分年度部分乡镇普及初等义务教育情况表**

年度	当年普初乡镇人口数	实现普初乡镇、学校名称	全县普初人口覆盖率（%）
1992	12000	板桥乡、瓦岩乡、铁路子弟校	34.8
1995	45600	越城镇、西山乡、马拖乡、五里箐乡、普雄镇、乃托镇、保安乡	54.8
1996	41085	南箐乡、大花乡、古二乡、依洛地坝乡、乐青地乡、普雄镇、梅花乡、白果乡、铁西乡	72.8
1997	37064	拉普乡、尔觉乡、书古乡、瓦普莫乡、拉白乡、贡莫乡、保石乡、竹阿觉乡	89
1998	228429	申果乡、拉吉乡、瓦曲觉乡、申普乡、新乡乡、德吉乡、瓦里觉乡、四甘普乡、尔赛乡	100

扫盲教育　1990年，人口普查统计，全县15周岁以上人口中，非文盲率占总人口的90%，有近10%的青壮年文盲。1991年，坚持按“一堵二扫三提高”（普及初等教育，堵住新文盲产生，扫除剩余青壮年文盲，做好脱盲后的巩固提高工作）方针开展工作。全县40个乡（镇）共配备专职扫盲教师54人，兼职扫盲教师289人。

1995年，贯彻落实《扫除文盲工作条例》，坚持扫盲工作“八到村”，即组织领导到村、宣传发动到村、计划任务到村、扫盲对象落实到村、乡规民约到村、检查督促到村、建档立卡到村、考核验收到村。1998年，顺利通过省、州人民政府高标准扫除青壮年文盲评估验收，全县非文盲率96.5%。

1998年，针对县内剩余文盲“三多一散”（女性文盲多、壮年文盲多、偏僻山区文盲多和文盲分散）的特点，在少数民族聚居村集中办扫盲班，开展彝文扫盲；在文盲较少的汉族聚居村开办实用技术培训班、初中文化补习班；购买2万多套《扫盲识字课本》分发到全县各村供复盲者巩固学习，并定期检查、组织考试。

2000年，根据省、州人民政府普及九年义务教育规划的要求，对全县半文盲及脱盲、复盲人员情况进行摸底调查登记，对15～24周岁有学习能力的青壮年文盲，坚持“产生一个扫除一个”的原则，最大限度地杜绝新文盲的产生。1998年以来，对居住分散的文盲多次采取签订脱盲合同书、分散设点办学、送字上门包教学等特殊手段进行扫盲。2005年，全县15～50周岁青壮年人口共125392人，非文盲人口122735人，非文盲率达97.88%。

第二节 普九 两基

组织机构 1999年,各乡(镇)成立"普九"领导小组,由乡(镇)党委书记、乡(镇)长负责,具体规划、实施本乡(镇)的"普九"工作。2000年,中所镇、新民镇率先实现基本普及九年义务教育要求,接受县人民政府组织的评估组验收。当年,越城镇、大瑞乡、大屯乡、丁山乡达到"普六"要求。

2003年,实施《西部地区"两基"攻坚计划(2004—2007)》。2005年,调整和充实义务教育领导小组,县委书记任组长,副书记任常务副组长,部分县委常委及分管县长任副组长,各相关部、委、办、局主要领导为成员。领导小组在教育局设办公室,办公室分设业务组、基建组、宣传信息组、资金监管组、督查组5个工作组。各乡(镇)成立由党委、政府一把手分别任正副组长的"两基"攻坚领导小组,加强对"两基"攻坚工作的组织领导。在组织领导和责任制度上保障了"两基"攻坚工作的顺利实施。

宣传动员 2003年,成立"普九"宣传组。宣传组把握舆论导向,采取大小会议、有线电视、宣传车、横幅、永久性标语、手机短信、乡(镇)集市设宣传点等形式进行"普九"宣传。

2005年,县委、县政府及各乡(镇)、村组、学校召开"两基"动员会219场次。"普九"宣传组印发"两基"宣传单26000份;编发《教育简报》、《"两基"攻坚简报》218期;制播"两基"电视专题报道120次;出动宣传车140台次;发送手机短信8万条次;办"两基"专栏、墙报15期。

措施 2003年,县人民政府与各乡(镇)党委、政府签订"两基"攻坚目标责任书,分解并落实"两基"攻坚的责任,建立县级领导包乡(镇),乡(镇)领导包村,村级领导包户,县级单位联系乡、村的责任制度;落实县长、局长、乡(镇)长、村长、校长"五长"负责制。健全县委决策,政府实施,人大督查,政协视察,县级四大班子齐抓共管机制;建立县四大班子领导分片包干、督促指导片区及乡(镇)"两基"攻坚工作责任制;建立县级机关48名正副职领导进驻40个乡(镇)及学校,形成县级部门、单位包乡、包校支教,乡(镇)领导包村、联校的包点联校机制;实行对口帮扶、捆绑考核,做到任务明确,层层签订目标责任书;加大指导检查力度,按照"两基"攻坚工作日程安排对照目标任务分阶段检查、指导,发现问题,及时整改;建立督查督办制度,把"两基"工作的绩效与干部的调整、任用挂钩,与年终考核和评优晋升挂钩。

经费 2001年,国务院颁布《关于基础教育改革与发展的决定》,县人民政府的办学职能转变为"人民教育政府办,办好教育为人民"。确立义务教育"以县为主"的管理体制,县政府负担起义务教育经费的主体投入责任。县委、县政府抓住"十年行动计划"、"义教工程"、"危房改造工程"、"两基攻坚工程"和"世行贷款"等机遇,争取国家、省、州的项目资金支持,将农村税费改革后转移支付资金、教育公用经费全部足额投入到农村教育。2002—2005年,全县各部门、企事业单位干部职工、人民群众为"两基"工作捐资264万元。

学校建设 2000—2005年,全县各中小学校新建楼房94幢,新建、改扩建校舍11万多平方米,新修厕所36个,围墙8810米,旗台31座,校园内部基本实现绿化、美化。规模较大的学校实现教学、生活、活动三区分明。

表23-17 **2000—2005年部分乡镇普及九年义务教育情况表**

年度	当年普九乡(镇)人口数(人)	实现普九乡(镇)名称	当年全县达普九人口覆盖率(%)
2000	18300	中所镇、新民镇	7.5
2001	56000	越城镇、大瑞乡、丁山乡、大屯乡	30
2002	44280	河东乡、西山乡、南箐乡、板桥乡、普雄镇	47.4

续上表

年度	当年普九乡（镇）人口数（人）	实现普九乡（镇）名称	当年全县达"普九"人口覆盖率（%）
2003	24310	乃托镇、马拖乡、大花乡	57.2
2004	34960	瓦岩乡、保安乡、梅花乡、白果乡、贡莫乡、依洛地坝乡、尔觉乡	71.14
2005	40510	拉白乡、竹阿觉乡、古二乡、拉普乡、铁西乡、新乡乡、乐青地乡、保石乡、书古乡、五里箐乡	87.3

第三节　教育十年行动计划

基建项目工程　2000 年，根据省委、省政府出台的《四川省民族地区教育发展十年行动计划》和州政府《关于进一步加强民族教育工作的决定》，县委、县政府提出加快越西民族教育的改革和发展，即从 2001—2010 年分三类推进普及教育进程，加强师资队伍建设，增加寄宿制经费投入，扩大寄宿制办学规模，改革和完善双语教学体制等。对全县中小学基本情况进行调查并制定"越西县'十年行动计划，教育发展规划"、"第二期'国家贫困地区义务教育工程，项目规划"及"中小学危房改造工程规划"。

2001 年，全县启动"十年行动计划"，成立《十年行动计划》协调领导小组，办公室设在县教育局，负责《十年行动计划》的组织、协调、实施。在县纪委、建环局等单位的参与监督下，县教育局进行"十年行动计划"、"中小学危房改造工程规划"、"国家贫困地区义务教育工程"3 项工程的公开招投标。采取"人背马驮"、特事特办等措施，按时、保质、保量地完成项目学校基础设施建设，基本形成具有民族地区特点，以基础教育为龙头，幼儿教育、职业教育、成人教育协调发展的民族教育体系。县政府被四川省《十年行动计划》协调领导小组评为实施民族地区教育《十年行动计划》工作先进县。

表 23－18　　2001—2005 年教育基建项目实施情况表

年度	学校	基建项目工程				
		资金来源	投资金额（万元）	上级拨款（万元）	自筹资金（万元）	建筑面积（平方米）
2001	中所中学	行动计划	180	180		2616
	县民族学校	行动计划	100	100		1397
	乃托乡中心校	行动计划	60	60		967
	依洛地坝乡中心校	行动计划	60	60		854
	贡莫乡中心校	以工代赈	45.85	45	0.85	723
	拉吉乡中心校	危改	20	20		259
2002	越西二中	行动计划	116	116		1753
	邮电贝尔小学	行动计划	80	80		920
2002	大瑞乡中心校	行动计划	60	60		910
	白果乡中心校	义教	60	60		791
	尔赛乡中心校	义教	60	60		584
	拉普乡中心校	行动计划	30	30		295
	越西中学	国债	150	150		2181
	大花乡中心校	捐资	75.6	20	55.6	1054

续上表

年度	学校	基建项目工程				
		资金来源	投资金额(万元)	上级拨款(万元)	自筹资金(万元)	建筑面积(平方米)
2003	南城小学	行动计划	50	50		1180
	板桥乡中心校	行动计划	50	50		812
	五里箐乡中心校	行动计划	30	30		470
	新民中学	行动计划	84	84		1503
	新民镇中心校	行动计划	60.94	60	0.94	1089
	古二乡中心校	义教	30	30		470
	竹阿觉乡中心校	义教危改	50	50		568
	中所镇中心校	危改	60	20	40	1133
2004	邮电贝尔小学	行动计划	69.83	56	13.83	1186
	河东乡中心校	行动计划	74.85	60	14.85	1168
	依洛地坝乡中心校	行动计划	60	60		1046
	蚂蟥沟小学	危改	60	60		792
2005	南箐乡中心校	行动计划投入	116.36	60	56.36	1670
	越西中学	行动计划投入	175.7	120	55.7	2358
	拉吉乡中心校	行动计划投入	60	60		861
	马拖乡中心校	危改政府投入	86.9	20	66.9	1462
合　计			8801.12	5040	3761.12	11834

民族寄宿制教育　2001年,发展民族寄宿制教育是"十年行动计划"的主要内容之一,在县城和乡(镇)中心学校举办寄宿制学校,形成以越西中学、县民族学校、普雄民族学校、中所中学、新民中学、邮电贝尔小学等中小学为龙头的寄宿制教育体系,重点寄宿制学生享受国家每月50元寄宿制生活补贴。9月,制发《发展民族寄宿制教育的实施意见》及《关于进一步规范学生生活补助费管理、使用有关事宜的通知》。2002年,全县40个乡(镇)相继开设普通寄宿制(又称半寄宿制),普通寄宿制学生均享受国家每月30元寄宿制生活补贴。2003年,县政府制定下发《越西县民族寄宿制中小学校管理实施细则》(越西县人民政府第4号令),各寄宿制中小学严格按《细则》加强管理。

2004年,全县民族寄宿制寝室管理向标准化迈进,形成一套培养民族学生养成教育的完整体系,围绕学生的"衣、食、住、行、学"5个环节,摸索出"一训、两要、两无、三查、四洗"(一天洗脸洗脚,一周一洗澡,一周一洗衣,一月一洗被)、"五化"(训练军事化、宿舍管理专人化、生活配备统一化、日常行为规范化、清洁卫生经常化)、"六个一条线"(物品摆放要做到口盅牙刷一条线、碗筷一条线、面盆一条线、毛巾一条线、鞋子一条线、杂物一条线)、"六心"(教师和管理人员对学生要有爱心、关心、谈心、耐心、细心和尽心)的管理经验,培养学生健康、文明的行为习惯,营造融洽和谐、积极向上的育人环境。2005年,全县52所民族寄宿制中小学参加凉山州民族寄宿制教学质量统一检测,有8所学校分别名列全州各年级前10名,其中:邮电贝尔小学和县民族学校被凉山州教育局授予"凉山州民族寄宿制示范学校"称号。

第四节　成人教育

一、成人高等教育

学历培训　1991 年,根据《纲要》和《教师法》的规定,全县凡未达到相应学历的教师通过各种渠道的学习、进修全部达到相应的学历。1993 年 3 月,四川教育学院在县教师进修校设立教学点开办专科教育自学考试班,即“三沟通”班(业大、函大与高教自考),解决中学教师学历不达标问题。当年招收学员 150 人,设政治和思想品德教育、汉语言文学、英语、生物、历史 6 个专业。

1996 年,140 名教师获得专科学历。1997 年,县教师进修校开办小学教育中文专科班,招收学员 42 名;理科班,招收学员 31 名。1998 年,县教师进修校与凉山教育学院、西昌师专联办,招收学员 50 名,开设 2 个教育管理专科班。2004 年,县教师进修校与省教院、中央电大、凉山电大、西昌学院联合开办中文本科班、教育管理本科和中文专科各 1 个班,招收学员 160 人。

2005 年,全县中小学教职员工 2040 人均达到相应的合格学历,其中:具有全日制本科学历 88 人,本科学历 151 人,专科学历 1199 人,中师中专(含高中)学历 602 人。

自学考试　1991 年,全县有普通成人大、中专招生和高等、中专教育自学考试委员会(简称“县自考委”)。县自考委下设办公室(简称“县自考办”)隶属于县教育局,具体管理自学考试。核定自考办编制 1 名,与县大学中专招生委员会合署办公。当年,省自考委在县外南小学设置专科考点,后来改设北城小学。1999 年,有 812 人次参加 7 个专业考试。2005 年,开考汉语言文学、法律、英语、数学等 80 个专业。全年自学考试报考科次 789 人次,毕业 28 人。

表 23－19　　1991—2005 年成人自考情况统计表

年份	报考科次	结业科次	毕业人数	年份	报考科次	结业科次	毕业人数
1991	1012	398	23	1999	1468	496	36
1992	1123	403	27	2000	1437	495	43
1993	1386	478	40	2001	1250	417	35
1994	1523	526	45	2002	1061	378	33
1995	1996	537	41	2003	963	361	30
1996	1417	506	37	2004	816	326	24
1997	1456	487	34	2005	789	331	28
1998	1379	469	40				

成人高考　1991 年,在越城镇外南小学设专科考试点,专科考生在本县参加专科升本科的考生仍前往西昌参加成人高考。成人高考业务由县招生委员会办公室负责。考生主要是县内在职人员。报考专科的考生应具备高中学历或同等学历;专升本的考生,应具备大专学历;报考函授学习的,其工作年限不限,报考脱产进修学习的,应具备 3 年以上工龄;报考专科第二学历的,须是获得大学专科以上毕业文凭的在职人员,其工龄和年龄不限。专科、本科分文科、理科两类。理科科目有政治、语文、数学、物理、化学;文科科目有政治、语文、数学、历史、地理。年均有 240 名考生参加考试。截至 2005 年,全县有 5168 人参加成人高考。

电大教育　四川广播电视大学越西工作站建站于 1996 年,由成人教育办公室负责,行政隶属于县教育局。教学业务由凉山电大分校、四川电大和中央电大指导和管理。办学场所设在县教育教师进修校。聘请进修校、越西中学等具有本科以上学历或高级职称的教师担任教学,部分学科由凉山电大分校派专任教师教学。先后开设大专学历汉语言文学、法律、行政管理、注册视听生、小教师资等专业。在学历教育教学上,按中央电大规定,实行"五个统一"(统一教学大纲、统一教材、统一课程设置、统一考试、统一评分标准);在教学管理上,严格把好入学、考试、毕业三关。开设课程分必修课程、选修课程。实行累计学分制,学分达到毕业规定的学分即可毕业。学员以自学为主,平时通过电视收看中央电大、省电大播放的相关课程讲授,学习中的疑难问题可通过电话等形式求助于辅导教师。每学期参加2—3次不定期集中面授辅导。

2002年,越西电大工作站停止招生。2004年,最后一届学生毕业。电大工作站先后有86名学员获得中专文凭,204名学员获得大学专科以上文凭。

二、成人职业教育

1991年,全县有职业初中1所,和普雄中学实行一套班子,两块牌子,每年计划招收职业初中班学生50人;有教师进修校职业中专1所,开展中小学教师的继续教育培训和在职教师的学历提高培训。1997年,根据凉山州教委《关于进一步发展初等职业技术教育的意见》,初等职业教育采取职业初中在校生完成普通初中学习的同时,开设专业基础课和职业技能课,实现双重目标;采取"三加一"模式即初中毕业加授农业实用技术课;采取"二加一"模式,即学生学完初中二年级,初三分流一部分学生接受初等职业技术培训。

2002年,促进职业教育改革与发展,中所中学开设酒店服务与管理班。2003年,中所中学、越西二中、大瑞中学、县民族学校、新民中学等与泸州市江阳区职业高中联合办学,以办长、短班相结合的办法,开设机电、酒店管理、电子商务等专业,招生500人。2005年,贯彻落实全国职业教育会议提出的大力发展职业教育的设想,拟建职业教育培训中心。扩大招生规模,拓宽职业生就业渠道,从政策、经费等方面给予扶持,大瑞中学开设计算机应用班,新民中学开设电子商务班。

第三章 教 师

第一节 教师队伍

一、师资力量

公办教师 1991年,全县师资补充主要来自大中专统招统分师范院校毕业生直接分配进入教师队伍。至1999年12月,全县增加教师761人,其中:县外调进教师25人。2001年,大中专招生并轨和就业制度的改革,县委、县政府出台《关于改革全县大中专毕业生就业体制的决定》,从当年起大中专毕业生不再包分配,改"统招统分"为"双向选择、竞争上岗",按照实际需要,采取公开考试、择优录用的办法考录教师。2002年,根据全县"普九"工作的需要,在2001、2002、2003年师范院校毕业生中考录教师110名。2005年,全县在职公办教师2040人,其中:少数民族教师666人,占总数的32%;女教师789人,占总数的38%。

民办教师 1991年,全县有民办教师23名,属1984年统一办理民办教师转公办教师中因故未办理"民办教师证"或未参加民转公教师培训的未转人员。1993年,按照"四公开"的原则,以工作成绩、政治表现、工作能力、学生考试成绩等为依据,采取量化打分、择优录用的办法转录4名民办教师为公办教师。1995年,根据省、州相关文件规定,将符合文件规定的13名民办教师转录为公办教师。1996年,民办教师转公办教师停止,所余民办教师按相关规定自然分流。

代课教师 1993年,按上级主管部门的规定,逐步取消代课教师。2005年,事业机构改革明确规定取消代课教师。当年,全县有代课教师198名。

临聘教师 2005年12月,根据全县教师紧缺的现状,县委、县政府决定在2003、2004年的中师以上毕业生中考录临聘教师150名,其中:初中50名、小学100名。

二、师德教育

1991年,把师德师风建设摆在教师队伍建设的首位。1997年,全县推广"让学生成长,让家长放心,让人民满意,树文明新风"活动,加强教师职业形象、职业责任、职业纪律、职业道德和法制教育,提高教师队伍思想政治和职业道德水平。

2000年,以教师职业道德行为准则规范教师的教书育人活动,把师德教育纳入学校经常性的重要工作,列为学习的重要内容,广泛开展师德师风大讨论。同时,要求全县各类学校认真贯彻执行《四川省中小学教师职业道德考核测评标准》,并将该"测评标准"纳入对教职工、专业技术人员年度考核的内容之一。2001年,按照州委《关于认真学习宣传贯彻〈公民道德建设实施纲要〉的通知》,重点开展"爱国守法、明礼诚信、团结友善、勤俭自强、敬业奉献"的20字基本道德规范和爱祖国、爱人民、爱劳动、爱科学、爱社会主义的师德师风教育活动。积极开展《教师职业道德行为准则》和《凉山州教师职业道德行为准则》的宣传活动。

2002年,根据州教育局《关于认真学习宣传贯彻〈公民道德建设实施纲要〉的通知》,进一步规范教师的教学活动。同年,认真学习州教育《局关于加强教师队伍师德师风建设及教师职业道德行为处理意见》,对全县中小学教师的政治思想、爱岗敬业、热爱学生、廉洁从教、为人师表、奉公守法等提出明确要求,对违纪违法行为提出处理意见。2003年,全县推行《四川省教育职业道德"八不准"》,并在全县教育系统开展教师师德师风建设工作检查考核,按《凉山州教师师德师风建设工作检查考核评分标准(试行)意见》量化打分,以推动教师职业道德建设的深入开展。2004年,全县中小学开展干部作风、教师师德师风和教育乱收费"三项整治"工作。同年,全面检查全县师德师风建设,表彰先进,通报批评后进。同时,着力健全师德师风长效机制,把师德师风建设作为考核干部、评优选模、评职晋级的重要内容,建立"一票否决"制度和层层负责制,明确责任目标,把师德师风建设与内部体制改革结合起来,不断加强教师的德育工作建设,不断提高师德形象,增强教师的光荣感、责任感和使命感。

三、教师培训

1992年,致力于中、小学教师的学历过渡、达标培训。1997年,全县小学教师继续教育工作首先在县邮电贝尔小学开展,利用暑期对14名教师进行为期半个月的电脑培训。

1998年,全县有460位中学教师接受了50学时的继续教育培训;对全县新教师进行40学时的岗前培训,培训内容主要是师德师风、教师基本技能。2000年7月,对中小学教师进行规范性培训,进行"三笔字"、"普通话"、"简笔画"、"教具制作"、"组织教育活动"等"五项基本功"培训,并实行小学教师继续教育登记制度。同年10月,各片区及直属学校231人分别被派往省、州进行规范性培训,教师经培训后回到原单位分别承担起对其他教师的培训任务。

2001 年,民族教育发展实施“十年行动计划”,全县中小学教师先后参加国家、省、州举办的中小学校长、学科带头人、中青年骨干教师以及信息技术等专项培训,其中:参加国家级培训的 34 人次,参加省级培训的 1942 人次,参加州级培训的 400 人次;县进修校培训中小学校长 118 名。同年,举办英特尔未来教育教师培训 2 期,参加培训 60 人次。

2002 年,推行新课程改革,根据“先培训、先上岗,不培训不上岗”的要求,由教研室、教师进修校启动中小学教师适应新课改的岗前培训。2003 年,全县小学教师均达到继续教育规定的标准;中学教师参加“三笔字”、“普通话”、“简笔画”三项基础技能的检测 1150 人次,均达到合格标准。

2004 年,按照《中共凉山州委、凉山州人民政府关于加强教师队伍建设的决定》要求,开展教师队伍“四个三”工程建设,并成立考核领导小组对合格教师工程工作进行考核。全县共有中小学教师 1768 人参加培训考核,考试平均分 86.67 分,列全州第四位,合格率 99%。启动实施师资队伍“三个二”工程,即 2000 名合格教师,200 名优秀教师,20 名专家型教师。2005 年,全县 2180 名中小学教师已参加电脑培训。

第二节　教职工管理

1991 年,结合《中国教育改革和发展纲要》、《教育法》、《教师法》、《九年义务教育法》等法律法规,制定教师管理措施和办法。各中小学校引入竞争激励机制,根据每学年的县统考、州检测、省会考,全方位检查教学质量,完善教育教学质量评定奖励办法、评优评先晋级量化评分细则等具体措施,对教师所教学科进行评价,并予以奖惩;要求教师积极参加各类优质课、公开课竞赛活动、撰写教育教学论文;对中小学教职工实行年度考核,进行动态管理;对新分配教师进行岗前培训;注重工作实绩的考核,对学校中层以上干部进行客观、公正、实事求是的综合评价,并予以相应的表扬、奖励、批评、撤换。

1992 年,鼓励教师脱产学习,在教师富余的前提下,允许学校部分教师可从事第二职业或勤工俭学,由于管理办法未作及时调整,导致管理失控,给部分人员以可乘之机,借外出学习、勤工俭学之名,长期流动在外,形成在职不在岗,领取工资不上班“吃空饷”的现象。全县各级各类学校逐步推行以校长负责制、教师聘任制、结构工资制、定编定员和工资总额包干制、考核奖惩制为主要内容的“五制”改革。

1994 年,针对在边远山区学校工作多年的老教师调动和新教师分配两大热点,改革、拟发教师跨区调整及调入县城的实施意见和《关于改革大中专毕业生分配工作的意见》,规定教师调整和新教师分配的原则,采取量化考评、综合考核的程序调整、分配教师;县民族学校等几所学校率先建立教师教育教学业务档案。1995 年,建立健全学校工会、教代会制度、教职工民主评议领导干部制度,加强学校的民主管理,完善教职工请、销假制度。出台《小学教师进县城考试择优录用(试用)办法》,按照公开、公平、公正、竞争的原则实行“凡进必考”,全县实行教职工全员聘任制。同年 10 月,县文教局制定《中小学教师综合考核评估的暂行规定》,把竞争机制引入教师管理。

1998 年,调整任命村完小以上正副校长 192 名;同年 10 月,教育系统机构改革,教育局正副局长、进修校正副校长、招办正副主任、成教办主任、语委办主任由县委组织部考察,局长由县人大常委会任命,其余由县人民政府任免。纪检组长、直属学校正副校长以及教育局人事股长由县委组织部考察考核后任命。教育局各正副股室长、初级中学中层以上干部及片区教办主任(两基办主任)由县委宣传部考核任免。乡(镇)中心校、村完小中层以上干部由教育局考核任免。同年,制定《关于加强中小学教师教学常规管理全面规范实施教学“六认真”意见》,即:认真备课、认真上课、认真布置和批改作业、认真辅导、认真考查、认真开展课外活动。同年,下发《对中小教师进行综合考核评估的暂行办法》、《推行中小学量化管理的试行意见》,从职业道德、履行职责、工作实绩、工作纪律等 4 个方面 29 项内容,对教职员工每学期进行一次综合考核和评估。

2000 年，中专毕业生不再分配就业。2001 年，制定出台《中小学教学能手选拔管理暂行办法》和《中小学学科带头人选拔管理暂行办法》，开展首届县级学科带头人、教学能手评选活动。2002 年，通过"一推双考"面向全县党政群机关事业单位，公开选拔教育系统领导干部；是年，调整任命中层以上干部 175 名。2004 年，出台《关于深化教育人事制度改革的实施意见》，全县各级学校全面启动人事制度改革，会同县劳动人事局、县财政局对不在岗人员进行专项清理，清回人员 11 名。2005 年，省人事局、教育局拟订《教师招聘工作实施意见》，人事制度从计划分配、双向选择过渡到招聘考试，师范类大中专毕业生取消包分配制，实行教师编内补缺，"凡进必考"，择优选聘上岗任教，实行特岗教师制度；在部分学校逐步推行以校长负责制、教职工聘任制、结构工资制为内容的学校内部管埋体制改革，建立全县乡镇中心校以上学校教师教育教学业务档案。

第三节　教师职称

教师资格认定　1995 年，国务院发布《教师资格条例》。1996 年，全县实行教师资格认定。1999 年，认真贯彻州教委《关于实施教师资格认定制度的意见》，有计划有组织地实施全县教师资格制度。2004 年，成立越西县中小学教师资格认定评审委员会。5 月，成立越西县中小学教师资格认定领导小组。全年认定教师 1768 名。

2005 年，教师资格认定面向全社会，每年开展两次教师资格认定，县教育局负责小学、幼儿园和初级中学认定，高中教师由州教育局组织审查认定工作。

教师职称　1991 年，对县内申报评审教师系列的专业技术人员进行考核、评议和推荐，并送州综评办，每年评审 1 次。1992 年，根据国务院和省、州关于职改工作的有关规定，职称评定工作转为经常化、制度化的定岗补缺评聘。县职改办根据全县教师职称缺额数下达补缺评聘指标，教育主管部门制定具体的评聘办法，并将指标分解到各校，经各校量化考核考评后，报州县职改领导小组批准、聘任。

1993 年，专业技术职务评聘工作经常化后，出台《关于职称晋升推荐工作实施意见》，对教育系统晋升专业技术职务人员的推荐工作作出规定。2000 年，制定《关于专业技术职务竞争聘任工作的实施意见》，全面实行专业技术人员职务竞争聘任，健全和完善竞争激励机制。2001 年始，教师申报或续聘专业技术职务，需提交《普通话水平测试等级证书》。

2005 年，全县有高级职称教师 35 名，其中：中学高级教师 6 名，占中学专任教师总额的 6.2%；中级职称教师 557 名，占全县教职工总额的 27%；初级职称教师 1304 名，占全县教职工总额的 63%；未参加考评 72 名，占全县教职工总额的 3.5%；高级技工 24 名，中级技工 13 名，初级技工 5 名，主治医师 3 名，医师护士 11 名，事业管理人员 3 名。

表 23-20　1991—2005 年职称补缺评聘表　单位：人

项目＼年份		1991	1992	1993	1994	1995	1996	1997	1998	1999	2000	2001	2002	2003	2004	2005	合计
小学	二级	—	2	1	—	—	—	—	—	—	—	—	—	5	4	89	101
	一级	67	70	5	33	35	46	78	35	11	89	77	60	13	48	97	764
	高级	30	20	17	54	12	29	8	16	58	48	46	35	36	33	29	471

续上表

项目 \ 年份		1991	1992	1993	1994	1995	1996	1997	1998	1999	2000	2001	2002	2003	2004	2005	合计
中学	二级	13	10		10	8	17	9	20	1	34	8	16	5	15	2	168
	一级	12	19	2	8	1	15	2	6	16	10	20	11	10	13	9	154
	高级		1	1	2	2	9	4	2	2	1		4	5	3	6	42

第四章　教育管理

第一节　教育管理机构

1991年,县文教局内设政工股、教育股、计财股、文化股、勤工俭学管理股,辖招生办公室、教学研究室、教师进修学校、电大站、4所县属中小学、幼儿园。1992年,成立教育督导室,设主任1人,副主任2人,办公室设教育股内,实行一套班子两块牌子。

1993年,区教育办公室改称片区教育工作办公室(简称教办),为教育局下级协调机构。1998年,文化教育局改为教育局,设局长1名,副局长3名,并将管理文化事业的职能划归县广播电视文化体育局,原文教局文化股的工作人员随机构归并或分流。语言文字委员会挂靠教育局。教育局内设办公室、政工人事股(挂监察室牌子)、教育股(挂教育督导室的牌子)、计财股、教研室、成人教育办公室、勤工俭学服务公司、县语言文字工作委员会、教师进修校、招生办公室。2004年,成立越西县教育局党组,由局长任党组书记,副局长和纪检组长为党组成员。

表23-21　　1991—2005年教育局负责人名录

姓　名	性　别	民　族	职　务	任职时间
蹇如新	男	汉族	文教局局长	1991.1—1992.1
余农森	男	汉族	文教局副局长(主持工作)	1992.2—1993.7
			文教局局长	1993.8—1995.9
甲卡莫格	男	彝族	文教局副局长	1992.2—1995.9
			文教局局长	1995.9—1998.2
姜崇仁	男	汉族	文教局副局长	1992.2—1994.4
蒋立先	男	汉族	文教局副局长	1996.11—1998.7
			教育局局长	1998.8—2003.5
朱沛伦	男	汉族	文教局副局长	1996.10—1999.4

续上表

姓　名	性　别	民　族	职　务	任职时间
刘　萍	女	汉族	文教局副局长	1996.8—1998.12
王瑞清	男	汉族	教育局副局长	1998.6—2005.12
张亚杰	男	汉族	教育局副局长	1999.12—2003.5
罗德霖	男	汉族	教育局局长	2003.5—2005.12
沙日木前	男	彝族	教育局副局长	2003.5—2005.12
谢　彬	男	彝族	教育局副局长	2003.5—2005.12
陈秋鲆	女	汉族	教育局副局长	2003.5—2005.12
郭绍强	男	汉族	教育局纪检组长	2003.5—2005.12

第二节　日常管理

学校常规管理　1994年，县文教局印发《关于认真学习、宣传、实施〈中国教育改革和发展纲要〉的通知》，下发《关于加强中小学常规管理的通知》和《关于推行中小学量化管理试行意见》，从指导思想、职业道德、履行职责、工作实绩、考评办法等方面对学校管理工作进行综合评估。1997年，贯彻《四川省普通中小学校风示范学校基本要求》以及《校风示范学校的评估细则》。

1998年，转发《四川省中小学常规管理基本要求（试行）》，完善并推行《中小学量化管理试行意见》，制发学校各内设机构的工作职责和工作制度。按照规定的职责、权限及分工开展工作，做到责任到人。2005年，对各中小学推行《目标管理与考核办法》，形成学校管理的长效机制。

学籍管理　1991年，对全县中学生建立个人档案卡片和学生名册。注重学生入学、注册、转学、休学、退学、辍学、复学、升学、留级、结业、毕业和学习成绩、成长记录、奖惩等学籍材料的全面记载。1997年，针对全县学生在转学、休学、借读管理中存在的普遍问题，下发《中、小学学籍管理试行意见的通知》，进一步明确学籍管理的权限和职责：实行统一编号，学校建档，教育局管理制度。

1999年，贯彻《中小学学籍管理办法》，全县小学校学生由县教育局统一制表，检查验收，编排学号，集中管理；中学执行《中学生学籍和成绩管理办法》，学生在校表现、学业成绩按学期记入学籍册。2005年，建立学籍跟踪审查制度，严格教学程序。

学校安全管理　1991年，将学校安全工作列入议事日程，制定安全管理措施，开展学校安全检查。1995年，开展“关爱生命、远离毒品”禁毒宣传教育。1997年，本着自愿的原则，在全县中、小学及幼儿园学生中，开展以“校园里的绿色生命工程”为主题的人身保险，设有4种投保方式，当年有5937名学生参保，投保率26%。

2002年，下发《学校安全工作管理办法（试行）》。各校成立学校安全领导小组，由1名副校长任组长，开展学校周边环境治理，开设安全教育课，编制学校安全应急预案。乡镇中心校以上学校聘请校外法制副校长，每学期对师生进行学校安全及相关法律法规教育。2005年，以“校园里的绿色生命工程”为主题的人身保险参保率98%以上。

校务公开　2001年，各中小学开始推行校务公开制度。2002年，县教育局印发《关于推行校务公开工作的意见》，各中小学校利用黑板报、橱窗、公示栏等将学校的决策、财务收支、评优晋级等情况公布于众,征求意见,接受监督。

2003年,实行教育收费公示制度,统一制作收费公示牌发放到各中小学校,将收费项目和金额公布社会,接受主管局、县物价局、纪委监察的监督。9月,将享受国家"两免一补"政策的学生名单进行公示,接受广大群众的监督。2005年,全县各中小学校继续推行校务公开。

教育行风整顿 2001年,各中小学开展教育行风评议活动。2003年10月,依据四川省教育厅出台的教师职业行为"八不准"、教育职业行为"八不准"(合称为"双八规"),结合校务公开、行风评议和师德师风建设活动,采取民主评议、设立举报箱(电话)、发放问卷调查等形式对社会反应突出的教育热点问题进行调查,将"双八规"摘录成"五条禁令"并缩印成便携式卡片人手1册发放到每位教职工,要求严格遵守。2003—2005年,纪检监察室加强监督检查,受理来信来访58件,其中:涉及学校22件、教师个人35件、其他1件。对学校违规收费及违反财务管理制度的15件进行查处;对教师工作时间在校打麻将、体罚学生、酗酒后殴打民警和校长、违反考试纪律等行为给予处理。

第三节 教育督导

教育督导 1991年,成立县人民政府教育督导室,代表县人民政府履行督政督学双重职责,视察并指导县内教育事宜,对各乡镇人民政府履行教育职责情况进行督导评估,对各中小学办学情况进行考核评估。1993年,以"基本普及初等教育、基本扫除青壮年文盲、加强学校管理"为中心开展工作。

1994年,深入到乡(镇)清查农村教育费附加的征、管、用情况。1997年,启动"县级校风示范学校"评选工作,从6个大项40个小项具体量化打分考核评选。

1998年始,组织学科教研员到各中小学听课、评课,采取"一听二看三查四访五议"的方式对各学校予以视导和量化评估。指出存在问题,要求学校制定整改措施。建立一年一度的校风示范学校评选制度。在各学校开展创建活动的基础上,层层评选县级校风示范学校,从中择优推荐到州级评选、州推荐到省级评选,省上再组织专家评选省级校风示范学校。

2000年,对全县完小以上的学校教育教学质量和办学水平进行综合督导考核评估;学年中定时或不定时地对学校的开学时间、教师到岗、学生返校、计划制订、学校收费、管理、教师的备课、上课情况进行督导。制定《中小学教育教学质量评估办法》,对全县村完小以上学校教育教学质量及办学水平进行综合督导和评估。评估办法采取平时督导与年终考评相结合,重点对全县参加高中阶段考试的10所初中、60所完小以上学校从巩固、毕业考试、学校管理3个大项11个子项进行考核认定,按学校不同类别评出中小学教育教学综合考核奖,并在下年教育行政工作例会上进行通报。

2001年,实施中小学常规管理合格学校评选活动,推进学校管理工作的规范化。当年有越西中学、县民族学校、中所中学、普雄民族学校、南城小学、北城小学、邮电贝尔小学、中所小学、大瑞小学、新民小学、大屯小学11所常规管理合格学校。

2002年,有越西二中、新民中学、大瑞中学、河东中学、依洛地坝乡中心校、南箐小学、丁山小学、河东小学、板桥小学、逸夫小学10所常规管理合格学校。2003年始,初级中学按《凉山州教育考核评估细则》考核。

2004年,修订下发《越西县教育局关于中小学常规管理实施意见的通知》,从办学指导思想、队伍建设、学校管理、办学效益、办学条件等5个方面规范中小学的常规管理。当年,大花乡武警春蕾希望小学、土城小学、西山小学、乃托镇中心校、马拖乡中心校、贡莫乡中心校6所常规管理合格学校。

2005年,县教师进修校按《四川省考核评估方案》考核。年度教育督导考核评估后,按县内乡镇及学校类别排出名次,予以奖惩。督学与督政相结合,依法推进"两基"工程,促进"两基"成果的巩固和提高,将政府的各项工作与教育事业的改革发展联系起来考察。全县累计评选出县级常规管理合格学校27所,授予“越西县中小学常规管理合格学校”奖牌。越西中学被评选为省级校风示范学校,县民族学校、北城小学、邮电贝尔小学、南城小学4所被评选为州级校风示范学校,评选越西二中、中所中学、新民中学、大瑞中学、新民小学、大屯小学、大瑞小学、土城小学、城郊小学9所为县级校风示范学校。

表23－22　学校综合督导评估获奖学校名单

学年度	获奖学校名单		
	一等奖	二等奖	三等奖
2001—2002	越西中学、北城小学、大瑞小学	越西二中、中所中学、南城小学、中所小学、新民小学	新民中学、县民族学校、丁山小学、板桥小学、大屯小学、逸夫小学、普雄民族学校
2002—2003	大瑞中学、大瑞小学、邮电贝尔小学	越西中学、中所中学、大花小学、中所小学、马拖小学	河东中学、普雄民族学校、北城小学、南城小学、板桥小学、大屯小学、丁山小学
2004—2005	大瑞中学、大瑞小学、北城小学、邮电贝尔小学	越西中学、越西二中、中所小学、南城小学、丁山小学、大屯小学、板桥小学、西山小学、普雄民族学校、县民族学校	中所中学、新民中学、华阳小学、新民小学、书古小学、外南小学、青龙小学、新普小学、斯基小学、大花小学、乃托小学、申果小学、依洛地坝乡中心校、尔觉乡中心校、五里小学、保安小学

教育科研　1993年,开展“反馈教学法”教育科研课题研讨。指导全县各中小学开展教育教学研究、实施教改、教学情况检测、教研立项与评估等活动。1995年,实施县、片区、校三级共管教育科研课题“中小学生学习方法研究”、“幼儿园教育过程优化研究”。

1997年,下发《关于学校成立教育科学研究室暨教育科研课题立项的通知》,越西中学、南城小学等30所中小学成立学校教育科学研究室。2002年,组织“走进新课改”学术报告会。2005年,参加州举办的普通高中骨干教师学科专业提高培训,培训采用集中短期培训与平时课堂教学实践研究结合,包含理论学习、专家指导、课堂实践、外出考察等方面。坚持开展多层次的示范课观摩、体质课评选、县内外专家型教师讲课、讲学,同时组织研讨、交流,引导教师更新教育观念,学习和借鉴先进的教学方法。同年,先后确立上报“怎样调动农村孩子学习积极性”、“积极寻找学困生转化的突破口”、“爱心、细心、耐心——寄宿制留守子女教育策略”3个州级研究课题。

第五章　教育经费

第一节　经费来源

财政拨款　1991年,全县教育经费实行财政拨款为主、其他多种渠道筹措资金为辅的体制。财政拨款以基建费、教育事业费的形式下拨。基建费由教育扶贫、两项资金组成,均由中央和省、州财政直接划拨。教育事业费由事业费、民族地区补助费、寄宿制学生专项经费组成。

1994年,随着“普初”工作的推进,省、州财政加大对教育的投入,全年教育经费投入1352万元,其中:县财政拨款1199万元。

2000年,全县教育经费投入2334.1万元。2001年,随着普及九年义务教育、省"十年教育行动计划"的实施,教育经费投入3014.1万元。2005年,全县教育经费投入6344.5万元。

表23-23　　1991—2005年教育经费投入表　　单位:万元

项目＼年份	1991	1992	1993	1994	1995	1996	1997	1998	1999	2000	2001	2002	2003	2004	2005
收　入	523	644	881	1352	1443	1642	1499.7	2172.8	1985	2334.1	3014.5	4354.2	4151.8	4864.4	6344.5
财政拨款	523	644	760	1199	1223	1415	1499.7	2172.8	1985	2334.1	3014.5	4354.2	4151.8	4864.4	6344.5

学杂费　1991—1992年,全县各中小学学杂费收取标准执行省政府(1988)82号规定。1993年9月,县文教局调整学杂费收取标准:县城小学每名学生每学期8元,农村小学6元,县城初中每名学生每学期11元,农村初中9元;省重点高中(越西中学)每名学生每学期收杂费20~25元,学费80~1000元。1995年10月,调整学杂费收费标准,城镇小学调整为每名学生每学期14元,初中调整为20元,高中调整为25~40元;农村小学调整为每名学生每学期10元,农村初中调整为15元。

2005年9月,县教育、财政、物价三部门联合制定义务教育阶段"一费制"收费办法,按行政区域将全县中小学校分为县城学校和农村"一费制"学校两类。县城小学每名学生每学期收取180元,中学285元;"一费制"农村小学每生每期收取90元,初中115元,不再收取其它费用。

教育费附加　1993年9月,按照省州规定,征收农村和城市教育费附加。农村教育费附加由乡(镇)财政所按农业人口人均纯收入1.5%的比例计划征收;城市教育费附加(含在职人员、离退休人员)按职工基础工资、职务工资、工龄工资之和的1%计划征收,并上缴县财政。当年收取城市教育费附加9.9万元,农村教育费附加12.4万元。

1997年,附加征收全县农村教育费103万元;城市教育费附加征收10.4万元,并由县财政全额拨付教育部门,用于教育。2002年,国家实行费改税后,教育费附加停止征收。

"两免一补"经费　2001年,执行中央、国务院决定,对义务教育阶段学生实行"一免一补",全县免除农村义务教育经费和补助寄宿制学生经费。2005年,按照国务院颁布的《关于深化农村义务教育经费保障机制改革》与《关于深化农村义务教育经费保障的实施意见》,加强"两免一补",全力提高农村中小学公用经费水平,建立义务教育阶段校舍维修改建长效机制,完善和巩固农村中小学教师工资保障机制,着力建设"责任明确、经费共担、保障有力、管理有序"的农村义务教育经费保障机制。

第二节　经费支出

一、基建费

1991年,财政拨款48.1万元,扩建顺河中学、板桥小学、大屯小学等10所学校,改造危房1707平方米。1992年,全县中、小学校舍面积100932平方米,其中:危房面积2467平方米。1993年,全县实施"普初",新建、改造后的校舍均为砖混结构。

1996—1999年,全县基建投入271万元,用于13所中小学的校舍改造。2005年,4所中、小学新建校舍6501.69平方米。全县校舍总面积141486平方米,学生平均校舍面积3.79平方米。基建费累计投入1865万元。

表 23－24　　2001—2005 年基建投资表

项目 年份	投入(万元)	学校数(所)	建筑面积(平方米)
2001	450	6	7017.01
2002	555	7	8187.72
2003	344	7	6092
2004	276	5	3207.33
2005	240	4	6501.69
合计	1865	29	31005.75

二、寄宿制经费

2001 年,启动“十年行动计划”,国家对教育的投入力度加大。全县 43 所学校开办普通寄宿制,4 所学校开办重点寄宿制。省教育厅划拨寄宿制专项经费对重点寄宿制学校每生每月给予 50 元生活补助,对普通寄宿制学生每生每月给予 30 元生活补助,每年按 10 个月计划拨款。当年,划拨寄宿制经费 226 万元。2003 年,划拨寄宿制专项经费 269.13 万元。2005 年,划拨寄宿制专项经费 193.8 万元。

三、教学设施投入

场地　1993 年,随着“普初”的开展,全县各中小学校办学条件得到改善。在做好整体规划的同时,整修、新建学校活动场地。

2000 年,全县各中小学有活动场地 40 万平方米。2001 年,越西中学、越西二中、县民族学校等 5 所中学和 23 所小学的体育场地及设施较规范,其余的中小学均有一定学生活动场地,但缺乏必要的体育设施。2005 年,全县各中小学校均有设施较完备的体育场地。其中:200 米或 300 米以上的环形运动场地 9 个,标准篮球场 32 个,达到国家对中小学生体育锻炼标准的要求。

仪器设备　1991—1995 年,上级教育主管部门配发教学仪器设备,由县教研室负责分发到全县各中小学校。

1996 年,教学仪器及设备由各中小学自行购置。越西中学、邮电贝尔小学、南城小学等 3 所学校设专职仪器管理员。2000 年,县直属学校和部分有条件的乡(镇)中小学购置了电化教学设备。当年,全县各中小学有微机 300 台。

2001 年,教学仪器设备、实验室建设与“普九”同步推进,教学仪器设备及设施逐步完善、齐备。越西中学、南城小学、邮电贝尔小学新建多媒体教室,开展远程教育。

2005 年 2 月,县教育局设立教学仪器装备站,负责装备各中小学的教学仪器及设备。各中小学校配备专(兼)职管理员,确定校长、教导主任、教师、实验管理员工作职责;教学仪器全部上柜分类存放,经常保养,及时维护,仪器完好率在 99% 以上;建立健全 36 种制度,8 种登记册。

课桌凳　1991 年,全县教育经费不足,课桌凳补给困难。1993 年,全县有中小学生 22505 人,课桌凳有 10140 套,缺 1113 套。1998 年,实现“普初”,全县有中小学生近 3 万人,课桌凳 14829 套,基本达到中小学生“人人有课桌凳”的普初要求。2001 年,“普九”及“十年行动计划”启动,国家每年拨款添置课桌凳。2005 年,课桌凳购置投入经费 11.5 万元。

图书　1991 年,全县各中小学校有图书 18000 册。1995 年,部分学校的图书利用富余学杂费购置图书,学校藏书量有所增加。1998 年,全县各中小学校有图书 40100 册。2001 年,“普九”及“十年行动计划”启动,图书购置列入学校建设规划,国家拨专款统一购置图书。

2005年,上级财政共投入图书购置费31万元,全县中小学有图书室60个,图书24.27万册;中学生人均图书16册,小学生人均图书10.8册。

第三节 社会助教

捐资助教 1992年,社会捐款及群众投工、投料折合资金9.13万元。1993年7月,省下派越西县挂职的县委副书记从省有关部门筹资,购置70个胶篮球赠送给申果庄片区各学校。1995年12月,香港知名人士捐资40万元港币,在普雄镇建逸夫小学。

1996年8月,州烟草集团捐资20万元,用于瓦里觉中心校、申普中心校校舍建设。2001年12月6日,县教育局联合相关部门在越城镇新大街十字路口举行捐资助学活动,收到捐款2万元,衣物棉被200件(套)。

2002年,全国妇联和武警总部的干部战士捐资20万元,在大花乡建“武警春蕾学校”。泸州市江阳区为越西教育捐款122800元,修建越西中学艺体楼。2003—2005年,台湾中华希望之翼服务协会资助110万元,重建专供麻风病人子女就读的大营盘小学。

对口支教 2001年,“十年教育行动计划”启动,绵竹市对口支教越西县教育,投资10万元建南箐希望小学。同年,州人民政府开展“百乡教育扶贫工程”,州委组织部(老干局)、州卫生局、州公路局、州农发行(史志办)、凉北林业局、西昌卷烟厂、州烟草专卖局和州中西医结合医院等单位分别对口五里箐、依洛地坝、新乡、申果、保石、拉白、申普、瓦里觉、贡莫等9个乡中心校教育进行对口支教扶贫,收到捐款、捐物(折资)计30.9万元(其中:个人捐款12.1万元)。

2002年,宜宾学院对口支教越西中学,捐资15万元,装备多媒体教室1个。

勤工俭学 1991年,县文教局设立勤工俭学管理股,管理全县中小学勤工俭学工作。1992年5月,将文教局校办厂,更名为越西县中小学勤工俭学服务公司,实行“一套机构,两块牌子”,既是全县勤工俭学的管理机构,又是营销机构。是年,县文教局投资10万元,创办新兴印刷厂和校办综合厂2个企业,乡镇中心小学开展以小种植业为主的勤工俭学,全县勤工俭学纯收入9.03万元。

1997年,全县有151所中小学开展勤工俭学,占全县学校总数的70%,实现勤工俭学总产值49.63万元,纯收入33.96万元。

2000年,实现勤工俭学总产值47万元,纯收入36.5万元,学生人平纯收入12元。2002年,全县勤工俭学总产值62万元,纯收入38万元,学生人平纯收入13元。2005年,召开勤工俭学会议,对全县勤工俭学人员进行清理,并对勤工俭学人员进行岗位培训。

第二十四篇
科技 气象

第一章 科技管理

第一节 科技机构

1991 年,设科学技术委员会、科学技术协会、地震局。科学技术委员会定编 6 人,实有工作人员 6 人;科学技术协会定编 4 人,实有工作人员 3 人;地震局定编 3 人,实有工作人员 2 人。

1993 年,科学技术协会并入科学技术委员会,实行一套班子两块牌子;同年,撤销地震局,成立地震办。科学技术委员会,定编 10 人,实有工作人员 10 人。

1998 年,科学技术委员会更名科学技术局(科协),定编 10 人,实有工作人员 6 人。2001 年,科学技术局内设综合股、地震办。2002 年,科学技术局新增科技股。2004 年,成立生产力促进中心,挂靠科学技术局,为副科级事业单位。

2005 年,科学技术局内设办公室、科技股;下设生产力促进中心、地震办。编制 10 人,实有工作人员 10 人。

表 24-1 1991—2005 年科技局(科协)负责人名录

姓　名	性　别	民　族	职　务	任职时间
涂联科	男	苗族	县科学技术协会主任	1991.1—1992.3
杨世柱	男	汉族	县科学技术协会主席	1991.1—1993.6
程智新	女	汉族	县科学技术协会副主席	1991.1—1993.6
			县科学技术委员会副主任	1993.7—1998.2
			县科学技术局副局长	1998.3—2001.8
阿苏拉古	男	彝族	县科学技术委员会主任	1992.3—1993.6
崔德铭	男	汉族	县科学技术委员会副主任	1992.3—1998.2
			县科学技术局副局长	1998.12—1999.10
刘合阿木	男	彝族	县科学技术委员会主任	1993.6—1998.8
刘加棋	男	汉族	县科学技术局局长	1998.8—2005.12
杜　凯	男	彝族	县科学技术局副局长	1998.12—2003.8
范　平	男	汉族	县科学技术局副局长	2002.8—2005.12
侯西才	男	彝族	县科学技术局副局长	2003.5—2005.12

第二节 科技建设

科技推广服务机构 1990 年,县属各部门先后建立各类技术推广服务机构。农业系统有县农业、林业、畜牧、水利、农机、气象等技术推广中心、开发中心、服务中心或专业技术服务站;乡(镇)有农技、农经、林业、畜牧、水保等技术服务站;村、社有科技示范户。医疗卫生系统有卫生防疫、妇幼保健、计划生育指导及优生优育等医疗技术服务机构。工业系统各厂矿设科技管理股(室),负责技术项目的引进、推广,组织技术改造和新产品开发。宣传文化教育系统利用学校阵地及广播电视开展实用技术培训、宣传、推广科学技术。截至2005年,全县有各类科技推广服务机构121个,科技示范户263户。

专业技术人员 1991年,深化职称改革,首次实施岗位设置,进行岗位指标管理。对21个单位的岗位设置方案进行审批,设高级指标39个,中级指标552个,初级指标1693个。实行评聘分离,首次续聘工作,续聘高级20人,中级328人,初级1502人。

2002年,实施结构比例管理和社会化评审工作。截至2005年,共有819人参加全国统一考核,合格高级1人、中级124人、初级51人。

学术技术带头人 1993年,经过个人申报、单位推荐、组织考察、评审领导小组评审,授予8位同志越西县知识分子"拔尖人才"称号。

2000年,推荐学术技术带头人3名、后备人才10名,并确定学术技术带头人1名、后备人才3名。

2005年,推荐学术技术带头人4名、后备人才9名,确定学术技术带头人1名、后备人才4名。

科普志愿者队伍 2004年,根据越府办〔2004〕65号文件,全县整合各行业科技人才资源,组建越西县第一支68人科普志愿者队伍,将科普志愿者队伍建设纳入一把手抓第一生产力责任目标考核内容。

2005年,全县行政企事业单位人员4976人。本科及其以上学历425人,专科学历1301人,中专以下学历3250人,具有专业技术职务2989人,其中:高级46人,中级890人,初级2032人。

第三节 农村专合组织

1991年,发展专业合作组织13个,其中:县级学会、协会、研究会6个,乡(镇)科协2个,乡级专业技术协会5个。1992年,发展农村专业合作组织13个,其中:县级学会、协会、研究会7个,乡(镇)科协1个,乡级专业技术协会5个。1993年,全县发展农村专业合作组织13个,其中:县级学会、协会、研究会6个,乡(镇)科协2个,乡级专业技术协会5个。

1993—2001年,因全县机构改革,没有成立新的专业协会。各专业技术学会、协会、研究会工作处于停滞状态。2002年,农村专业协会实行"民办、民营、民受益"新机制,农村经济组织再次得到较快发展。2005年,全县新增8个专业技术协会,农村专业合作组织增加到47个。

表24-2 1991—2005年农村经济合作组织统计表 单位:人

专业合作组织名称	会员	专业合作组织名称	会员	专业合作组织名称	会员	专业合作组织名称	会员
农学会	73	中所乡养猪协会	58	农经会	92	中所乡果品协会	54
林学会	27	马拖乡果品协会	24	野保学会	16	大瑞乡果品协会	26
畜牧兽医协会	97	丁山乡粮食协会	64	医学会	117	丁山乡果品协会	67
农村卫生协会	204	河东乡稻麦协会	30	教育学会	224	河东乡果品协会	20
越中青年协会	85	大屯乡三七协会	47	家教协会	21	大屯乡果品协会	81
财政学会	285	瓦岩乡果品协会	68	会计学会	396	板桥乡花椒协会	60
珠算学会	416	板桥乡蚕桑协会	15	新闻学会	671	城北林果品协会	204
粮食经济学会	68	乐青地乡果品协会	48	计划生育协会	1470	中所乡科协	64

续上表

专业合作组织名称	会员	专业合作组织名称	会员	专业合作组织名称	会员	专业合作组织名称	会员
三七协会	67	丁山乡科协	65	养兔协会	8	河东乡科协	87
果品协会	81	大屯乡科协	68	板桥乡科协	75	越西县大白鹅养殖协会	300
越西县万寿菊协会	1150	越西县无公害蔬菜水果萝卜协会	128	越西县中药材协会	400	越西县红砖生产管理协会	21
大瑞乡瑞香村养猪协会	25	越西县种子化肥农药行业协会	400	烤烟协会(以种烟乡镇行政村为单位,38个)	893		

第二章　科技活动

第一节　科技管理

科技规划　1991年,县政府制订“八五”科技工作任务和目标:建立健全符合越西实际的科学技术研究、开发、推广、应用、培训、服务及管理体系;实施“星火计划”,落实科技兴农措施,推广农业科技新项目;狠抓工业企业技术进步和新产品开发,重点突破能源、建材、食品等行业的技术改造,推广应用科技项目215项。

1996年,编制《越西县1996—2000年“九五”科学技术发展规划》:全县各类专业技术人才2968人,其中:高、中级人才936人,占31.5%;完成开发性项目15项,推广应用新技术316项;实施科技兴川千亿工程(全省依靠科技进步每年新增产值1000亿元),项目产值5190万元。

2001年,制定《越西县2001—2005年“十五”科学技术发展规划》:全县各类专业技术人才2715人,其中:高、中级人才1073人,占39.5%;完成开发性项目11项,推广应用新技术610项。

2005年,出台《越西县国民经济和社会发展第十一个五年规划纲要》。全方位规划、考证全县建县以来的社会形态、发育机制、人文环境、地理资源、自然气候、发展规划等,并结合现代发展趋势,确定越西发展目标。将“科教兴县”作为越西“十一五”期间国民经济和社会发展的四大战略之一。

科普宣传　1993年,组织全县干部职工认真学习《中华人民共和国科技进步法》,改革和完善科学技术体制,鼓励机关、企业事业组织、社会团体、公民积极参与科学技术进步活动。1997年,根据凉府办发〔1996〕10号《关于成立凉山州“科技之春”科普月活动领导小组的通知》,成立领导小组,在全县范围开展“三月”科普活动。1998年3月,科普活动领导小组组织各部门科技人员,在各乡(镇)开展“科技、文化、卫生”三下乡活动,围绕“崇尚科学,反对邪教、加强科普、提高素质”普及科技知识,倡导科学文明的生活方式,展示科技发展的新成就。同时,举办培训班4期,培训人员286人。2000年,学习《中华人民共和国科学技术普及法》、《四川省科学技术普及条例》、《四川省民营科技企业条例》,结合实际,因地制宜,采取多种形势普及科学技术知识,围绕科学生产、文明生活、学习、健康娱乐开展科普活动。出动宣传车35次,向群众赠送科技资料26500份,科技书籍13000册,展出挂图40幅、展板40块、图片253幅、科技成果67种,演出3场,观看群众2800人。接受群众咨询3260次,解决疑难问题45个,义诊6700人次。

2001年5月,首届“科技活动周”,组织科技工作人员参加宣传科技知识,开展“科技在你身边”活动。

2002 年,开展第二届科技活动周活动,主题是“科技创造未来”,出示展板 26 块,挂图、图片 80 幅,展出实物 10 件,播放科技录像节目 2 部,为群众解决疑难问题 8 个,赠送科技图书、资料 22310 册。

2004 年,贯彻实施《科学技术普及法》,开展以“会跳舞的充气人”为主题的科普宣传活动。

2005 年,在第十一届科普宣传月和第五届科技活动周,开展以“树立科学发展观,依靠科技奔小康”为主题科普宣传活动,会同相关单位 35 名科技人员和专业人员参加“科普之春”宣传月和科技活动周宣传,出动宣传车 30 辆,向群众赠送科技资料 21800 份,科技书籍 11000 册,展出挂图 36 幅、展板 28 块、图片 86 幅、科技成果 47 种,接受群众咨询 2850 次,解决疑难问题 8 个,义诊 5300 人次。

科技橱窗 1991 年,举办的科技橱窗和科技展览,以宣传新技术、新产品和综合科技开发、科技示范为主。1995 年,展出 21 期科技橱窗。截至 2005 年,举办科技橱窗 33 期,科技展览 5 场。

表 24 - 3 1997—2005 年科普宣传统计表

项目 年份	出动车辆(台次)	发放资料(份)	演出(场)	展板(个)	免费义诊(人次)	发放药品价值(元)	参加人员(人)
1997	33	26410	1	28	5210	2100	31
1998	36	27540	1	35	5800	2800	35
1999	32	23430	3	42	6800	3500	46
2000	35	26500	3	40	6700	3400	48
2001	28	21150	4	37	5200	2800	37
2002	32	22310	2	26	4850	2900	39
2003	29	20340	2	39	6300	3100	37
2004	31	19430	5	35	4600	2400	32
2005	30	21800	4	28	5300	2600	35
合计	286	208910	21	310	50760	25600	340

第二节 科技帮扶

一、科技培训

1991 年,编印“科技信息”18 期,提供各类科技信息 35 条。组织科技副乡(镇)长、科技管理干部 24 人到州科技培训中心学习培训,培训后发给结业证。1995 年,组织县级机关、乡(镇)科技干部到州科技培训中心培训,参训 6 人,毕业 6 人。1998 年,采取以短期培训为主,长、中、短结合的方式,培训种植业 9856 人次,养殖业 5486 人次,加工业 969 次。2005 年,增设多种技能培训,完成 6 个专业、20 个教学班 1775 人的培训任务。实施“阳光工程”培训,举办 5 期,培训农民技术骨干 800 人次。同年,县科技局编印“科技信息”25 期 86 份,收集整理科技资料期刊 8 期,提供科技情报资料 160 份。提供实用科技信息 13 条,其中:新产品、新技术信息 9 条,市场信息 2 条,其他 2 条。

二、科技交流

中加可持续发展项目 2004 年 4 月份,四川省正式启动“中加可持续农业发展项目”(中国政府与加拿大政府间合作项目)。越西县作为项目实施县,积极组织项目实施,有 48 人参加辅导员培训,其中:核心辅导员7人，辅导员41人（妇女22人，占26%；少数民族8人，占17%）。同年，推广油菜免耕种植技术、马铃薯栽培、甜樱桃特色水果生产；推广保护性栽培措施，实施少耕、免耕、节水、覆盖等，开展多项新品种新技术试验，主要有："九〇二"处理打破马铃薯休眠的浓度试验；马铃薯晚疫病防治试验；苹果、甜樱桃品种观察试验；杂交水稻、玉米、马铃薯、油菜、辣椒新品种对比试验等。新技术推广项目11项，涉及面积190000亩。

申果庄大熊猫自然保护区　申果庄保护区属全球生物多样性核心区之一的喜马拉雅——横断山区，幅员面积505500亩，区内大熊猫种群是四川省大熊猫种群发源的重要组成部分。2003年7月，《保护区总体规划》通过专家评审，10月完成编制。2005年1月，与保护国际合作，开展利用彝族传统习俗，探索"保护区+协会"的社区共管模式，成立"山鹰之家"野生动植物保护协会，协会吸收会员48人，其中：女会员11人；4月，与保护国际合作开展"保护区一区一法编制"项目。同年，保护区开始进行每年4次固定线路野外巡护监测，并建立起保护区GIS（地理信息）系统。

三、科技帮扶

科技帮乡　1991—2001年，开展定点帮乡活动，制定《科技帮扶工作安排意见》，确定科技帮扶对象，帮助筛选、论证、实施项目。组织有关单位科技人员对中所乡进行第一轮科技综合开发试点乡的帮乡活动。2002年，为帮扶乡完善科技服务网络，建立村科技图书室，送科技信息、科技图书资料及化肥、饲料添加剂，帮助培训乡、村农业实用技术人员，推广粮油作物高产栽培技术，引进试验、示范优质稻、水果、蔬菜新品种，发展苹果等经济林果。

科技扶贫　1991年，投入扶贫资金1500元，为河东乡31户贫困户送去良种鸭，传授养鸭技术。2000年，在大瑞乡确定25户贫困户为帮扶对象，帮助每户农民学习1～2项农村实用技术。落实帮扶资金2500元，为农民办实事3件。2001年，为乐青地乡村干部和科技示范户讲授农业科技课4次，培训乡村干部和科技示范户346人。无偿提供种子和技术，培育新品种试验、示范基地，引进新品种、新技术项目4个，折合帮扶资金2000元。

2003年，到白果乡为农民讲授种植、养殖、加工业等实用技术。帮助全乡农民推进科技进村入户活动，为计划生育帮扶的独生子女户送化肥14袋和"科技致富指南"等图书。2004年，为古二乡俄布村捐赠洋芋种2吨，优良种子1000公斤，培育科技项目1个。2005年，村计划生育"三结合"，帮扶俄布村20家独生子女户，分别赠送"城乡科技致富指南"1份，捐助现金4000元。

第三节　乡（镇）科技

1992年，中所乡被州科委列为全州5家首批科技示范乡（镇）之一，为提高单位面积产量，对4485亩玉米实行规范化种植，抓好4016亩玉米的高产示范片工作；全乡1150亩水稻全部实现良种杂交化，全面采用两段育秧新技术；落实水稻高产示范片350亩，推广耕面肥一道清和开厢填心栽插，保证规格，做到合理密植。

1993年，在中所镇、乃托镇、河东乡、新民镇、大瑞乡、依洛地坝乡设置乡（镇）科委。经科技局（科委）牵头，农委、农业局组成验收组验收合格。县人民政府决定授予中所镇等四镇一乡为科技达标乡镇称号（越府发〔1993〕51号），分别授予锦旗一面，奖励人民币500元。

1994年，为进一步提高全县乡镇科技工作水平，按照县政府〔1994〕20号文件精神，在河东乡、马拖乡、依洛地坝乡、乃托镇等"三乡一镇"开展科技达标活动工作。

1995年，在中所镇落实苹果高产示范园120亩；在泸围村、五里牌村、上街村开展50亩高产蚕桑生产示范;有 4 户农户试种烤烟 5.6 亩。

2000 年,抓好州级星火计划"商品仔猪成套技术推广应用"项目的组织实施,中所镇发展商品仔猪 315 头,总收入 13 万元,获利 5 万元。项目内容:母猪建卡工作,实行良种公猪杂交组配,进一步发挥杂交优势;推广人工授精技术,提高母猪产仔数;抓好仔猪补饲。

2005 年,建立"四站四会"、"一院一校",即乡农技站、乡农经站、乡农机站、乡兽医站和乡科协、乡养猪协会、乡果品协会、乡合作基金会;农民技术学校、乡庄稼医院。建立电脑农业专家系统,对 3555 亩农田实施电脑农业专家系统工程,通过系统指导,平均每亩增收 60.5 元,增幅 12%,总增收 21.5 万元。2001 年,第三轮科技示范乡镇工作结束。

第三章　科技推广

第一节　农业科技

一、农业

水稻旱育稀植　1991 年,普雄地区 16 个乡(镇)推广水稻旱育稀植试验,提高水稻产量。1993 年,推广水稻旱育稀植 2030 亩,对照亩增产 29.3 公斤,亩增产值 26.4 元,增产水稻 144.9 万公斤,新增产值 136.3 万元,总计投资收益率为 1:6.5,推广投资效益率为 1:7。

杂交稻汕窄 8 号　1991 年,根据山地气候效应性得出杂交水稻生物学冷害指标新结论,试验得出本地区适宜播期,制定预防低温冷害,趋利避害的措施,推广杂交水稻 21300 亩,占水稻播种面积的 61%,解决水稻因冷害而引起产量大起大落问题。

抗病脱毒种薯　1991 年,洋芋癌肿病主要发生在海拔 2300 米以上高寒山区,给全县 15 个乡的洋芋生产造成严重损失。1992 年,在全县推广以抗病脱毒种薯为主的综合防治措施。至 2005 年,推广抗病良种 260 万斤,防治面积 74400 亩,新增产量 791.2 万斤,新增产值 395.6 万元。

苹果套袋　全县降水集中、降雨量偏多,苹果果面水锈、果锈、果皮粗糙病、苦痘病等,严重影响果实外观,商品果的质量难以提高,失去市场优势。1991 年,苹果树形改造采用"落头开心"对多年生枝进行缩剪,收到一定效果,但给苹果树进行以花定果、果实套袋、夏季修剪等管理工作带来不便。1996 年,引入盐源管理经验,在全县推广草帽形树形:基部 3 大主枝或 4 大主枝,中心干不配置主枝只配置中小型结果枝组,每主枝 2 ~4 个侧枝,树高控制在 2.5 米左右,利于各项管理,提高果实品质。

1997 年,经过引进不同果实袋进行试验,以花定果疏花疏果试验,套袋时间和拆袋时间的观察和摘叶、转果,果袋两次利用的研究,初步总结出适宜越西县气候条件的苹果果实套袋栽培技术,解决苹果水锈、果锈等果实病虫危害严重的问题。

截至 2000 年,在大瑞乡、中所镇、丁山乡、大屯乡 30 多个家庭果园,对 8 ~20 年生金冠等老品种苹果树进行高接换头试验。中所镇、大瑞乡 20 多个果园,由于晚熟红富士苹果品种比例过大、嫁接不当、高接换头后的管理技术差等原因没有成效。丁山乡、大屯乡选用藤牧 1 号、红津轻、红王浆等早中熟优质苹果品种,配套草帽型丰产树形,以花定果,果实套袋等技术,取得较好的经济效益,进入丰产期的苹果高接换头果园平均每亩效益，是高接换头前的3～5倍。2001—2005年，大屯乡进行苹果高接换头1500亩左右。

农业综合开发　2001年10月26日，四川省农发办和农业厅的专家、领导组成的评审小组正式批复越西县农业综合开发项目国家立项。2002年，实施国家农业综合开发项目，涉及2镇1乡，完成中低产田土改造11000亩，改良土壤11000亩，进行农业新技术培训6600人次，推广科技示范12项。

2003年，农业综合开发项目涉及1镇1乡，完成中低产田土改造10000亩。2004年，农业综合开发项目涉及1镇1乡12个村，完成中低田土改造13000亩，营造水土保持1200亩。

2005年，农业综合项目涉及2个乡，完成中低产田土改造13000亩，改良土壤14500亩，推广优良品种0.5万公斤。

二、畜牧科技

畜禽品种改良　1995年，开展DLY三元杂交推广应用，有二杂母猪8598头，纯外种母猪56头。2000年，引进南江黄羊、波尔山羊、建昌黑山羊等优良品种对本地山羊进行改良。山羊良种存栏数3568只，半细毛羊存栏数3.2万只，改良面87.5%。

2002年，实施畜牧扶贫优质肉羊生产，建立竹阿觉乡如宝村养羊科技示范园区、书姑乡姆姑库村养羊示范园区、书古乡巴觉洛村养羊科技示范园区。引进优质种牛及肉牛冷冻精液，开展直配及人工授精改良本地黄牛，建立竹阿觉乡如宝村养牛科技示范园区、书古乡红旗村养牛科技示范园区、大花乡青山村养牛科技示范园区、瓦里觉乡石门村养牛科技示范园区，5个人工授精站点，配种改良本地牛837头；引进良种公牛14头，对本地母牛进行改良配种。2004年，全县36个乡（镇）获得省畜牧食品局无公害肉牛、肉羊生产基地认证。

2005年，全县能繁母猪存栏3.7965万头，其中：二杂母猪2.9867万头，改良面78.6%；纯外种母猪存栏112头，外二杂母猪398头。出栏肉猪33.7312万头，其中：三杂肉猪10.78万头，外三杂肉猪0.643万头。全县优良种公猪杜洛克、长白、约克存栏356头。

三、林业

花椒病虫害防治　为了解决花椒生产中出现的问题，县林业局以“花椒虎天牛发生规律及防治”研究成果试验成功“二次敲击法”防治花椒虎天牛。林业局印发150套技术向有关科研机构、教学和生产单位以及农业区乡、专业大户推荐，在越西、喜德、冕宁、汉源等县举行技术推广现场会，向花椒协会和种植户进行技术示范。2005年，全省推广应用后，产生直接经济效益986万元。

中药材栽培　1994年，结合农村扶贫，实施中药材栽培项目，规划种植杜仲75000亩2000万株，黄柏20000亩1000万株，总投资额1100万元。全程分三个阶段完成，第一阶段为1994—1996年，种植杜仲30000亩800万株，黄柏8000亩400万株。1995年，种植杜仲15275亩450.1万株，黄柏7411亩134.8万株，累计投资额240.72万元。是年，杜仲、黄柏等中药材栽培被列为凉山州重点科技项目。第二、三阶段因见效缓慢，未再实施。

四、水利资源开发

虹鳟鱼养殖　1993年，在县扶贫办、水利局水产站的协助下，县科委从都江堰虹鳟鱼养殖试验场购得0.25万尾虹鳟鱼苗，在龙泉村修建虹鳟鱼养殖池4口，面积500平方米。当年，试验养殖成功。1997年，水利局水产站引进发眼卵5.5万尾，孵化苗近4万尾；同时，进行本地虹鳟鱼人工繁殖孵化试验，获得成功，完成人工繁殖工作。2005年，全县自繁虹鳟鱼苗10万尾，引进发眼卵50万尾，孵化40万尾，总量50万尾，出售商品鱼50吨。

微型水能发电　全县水利资源丰富，引进微型水能发电机，为边远山区农户解决照明问题。截至

2005 年,全县推广微型水电机 365 台。

五、工业能源技术

白云石粉厂技改工程 1995 年,白云石粉厂组织实施技改工程。截至 1996 年,投入资金 50 万元,实现产品销售 11000 吨,工业总产值现价 120 万元,实现销售收入 120 万元,创利税 20 万元。

农村沼气 2000 年 10 月,成立县生态能源办公室,负责全县农村可再生能源的推广、实施。2003 年 10 月,在丁山乡丁塘村修造的 10 口沼气推广示范池取得成功。2004 年 3 月初,聘请州能源办的专家到越西培训农村沼气施工人员,全县有 64 人受训。2005 年底,农村能源工作职能移交县农业局。

农村省柴灶 2004 年 6 月,结合世行"农村贫困社区发展项目"实施省柴灶项目,在丁山乡丁塘村进行第一台省柴灶试点,达到省能源办制定的"三个十"验收标准(十两柴十分钟烧开十斤水)。

2005 年,省柴灶项目辐射区主要在高二半山区,连续实施 5 年 265 户,总投资 216 万元,其中:竹阿觉乡如宝村 30 户,尔赛乡格依村 35 户,古二乡俄希村 40 户,依洛地坝乡依洛村 40 户,普雄镇瓦吉木村 40 户,贡莫乡贡莫村 40 户,乐青地乡青地村 40 户。

第二节 "双十亿"工程

1991 年,根据中共中央、国务院《关于加强科学技术进步的决定》,坚持以科技兴农为基础,抓"双十亿"工程、"科技兴农"。推广应用科技成果,主抓科技成果推广工作。全县进入凉山州"双十亿"工程的项目有 9 个,其中:畜牧产品综合加工,20 万吨高标号水泥生产技改项目因资金未到位没有组织实施。至 2000 年,完成投资 12116 万元,其中:政府拨款 130 万元,贷款 1520 万元,自筹 10466 万元,新增产值 51490 万元;创利税 14389 万元。

表 24 - 4　　1991—2000 年 9 个"双十亿"工程项目

序号	项目名称
商品仔猪生产基地	越西县畜牧局
万头养猪场配套万吨饲料厂建设	越西县光彩饲料公司
中药材栽培	越西县科技局、县扶贫办、县林业局
白云石粉厂技改工程	越西县浮法玻璃有限公司
核桃、板栗栽培	越西县林业局
虹鳟鱼养殖开发	越西县水电局
粮食高产技术综合开发	越西县科技局、越西县农业局
畜牧产品综合加工	越西县畜牧局
20 万吨高标号水泥生产技改	川西水泥厂

2001 年,根据《四川省促进科技成果转化条例》,制定颁发《越西县科技成果转化项目指南》,指导全县科技成果的转化实施工作。2002 年,组织推广应用技术成果 125 项。2005 年,组织推广 234 项,对重点科技成果转化情况进行追踪、总结。

第四章 科技成果

第一节 科技成果管理

科技成果范围和种类 科技成果是指为解决某一科学技术问题而取得具有一定新颖性(创造性)、先进性(技术水平或学术水平)和实用价值(社会价值和经济价值)的应用技术成果,含新技术、新材料、新生物品种、矿物新品种、新设计、新方法等。科技成果分为重大工程建设,重大设备研究,资源开发利用,传统工艺复兴和企业技术改造,创造性地应用新技术、新工艺、新材料的成果。消化吸收引进国外新技术、做出创造性贡献的成果,科技成果应用推广过程中取得新的科技成果,在资源普查、综合考察试验研究中做出创造性贡献、有重大发明、发现。具有学术价值和应用指导价值的成果,为科技、经济、社会协调发展的战略规划、政策法规、科技体制改革、技术经济分析、重大项目的可行性研究、环境污染调查、标准计量、科技情况等软科学成果。

科技成果鉴定与上报 按照1994年国家科委修改颁布的《科学技术成果鉴定办法》和《科技成果鉴定规程》进行。在科技成果鉴定中,实行同行专家评议,坚持实事求是、科学民主、注重质量、讲求实效的原则,保证科技成果鉴定工作的严肃性和科学性,并实行归口管理。修改后的《鉴定办法》明确规定申请鉴定的科学技术研究成果范围和应具备的材料,鉴定委员会(小组)的组成及成员条件。鉴定委员会审查被鉴定科学技术成果的材料是否详实齐全,评价其技术的合理性、成果的学术价值、新颖程度、技术水平或学术水平、技术成熟性和实用价值、经济价值、效益等并作出书面鉴定意见,在鉴定意见中,不明确写上该成果存在的问题和改进意见视为无效鉴定。鉴定结束后,由组织鉴定单位颁发鉴定证书。鉴定方式有:会议鉴定、通讯鉴定、函审鉴定、检测鉴定。鉴定前,必须在省级查新机构查新。鉴定后的科技成果必须进行成果登记。《科学技术成果鉴定办法》对不予鉴定的科技成果也进行了明确规定。同时明确规定新药、农业新品种等,必须按照国家有关规定,由专门机构进行审定。州科技局归口管理本地区科技成果鉴定工作,可以推荐具有省级水平的科技成果。

科技成果档案 是科技成果管理的重要组成部分,是科学技术研究过程中形成的,具有保存价值的文字、图表、数据、声像等各种形式载体的材料,是科学技术研究活动的原始记录,是技术储备的一种形式,是重要的信息资源,是国家的宝贵财富。

科技成果保密 1991—2000年,多次参加州保密局和州志办联合举办的"成果密级评价方法"培训班。2005年,认真学习贯彻州科技局《凉山州科学技术保密的管理办法》,科技成果的保密工作全面步入规范化、制度化和科学化轨道,逐步形成从科技决策、规划到成果管理转化的全过程分层管理,分级负责的保密管理机制。

科技成果推广应用 认真学习贯彻《凉山州科技成果推广应用项目指南》,加大科技成果推广应用力度,加速科技成果转化,密切科技与经济的结合,产生较好的经济效益和社会效益,促进全县经济建设的发展。

第二节　科技奖与专利申报

科技奖　1991年,县政府颁布的《越西县科学技术奖实施细则》分6个方面20条,对科技奖励的范围、申报条件、申报评审程序、评奖标准及奖励办法作详细、明确的规定。当年,获省、州政府,业务系统表彰奖励主要成果有9项。县委、县政府2年进行一次科技成果的奖励表彰工作。1993年,对《越西县科学技术奖实施细则》作了修订,使科技成果的管理制度化、规范化。2003年,根据科技成果管理发展需要,重新制定完善科技成果奖励办法,出台县长令《越西县科学技术奖、优秀论文论著奖奖励办法》,使全县科技进步奖励工作更加完备,更加制度化和规范化。按照《越西县科学技术进步奖实施细则》的规定,县级各局对申报请奖的项目要进行鉴定审查,对科技成果完成者,提出奖励意见报县学科技术局(科委)进行初评;科学技术局(科委)召集专业技术人员组成评审委员会进行复评,最终确定表彰奖励等次。坚持荣誉奖励与物质奖励相结合,以荣誉奖励为主的原则。2003年,全县组织四次科技进步奖评审奖励活动,表彰奖励34项成果,其中:一等奖8项,二等奖17项,三等奖9项。

表24-5　部分年度科技进步奖获奖情况

项目 年份	科研项目	完成单位	等次
1990—1991	县森林害虫综合防治工程	县林业局	一等奖
	县杂交稻汕窄8号气候适应性及低温冷害适用对策技术研究	县气象局课题组	一等奖
	洋芋新品种“凉薯九七”推广	县农业局植保站	一等奖
	“绵阳20号”小麦推广应用	县农业局种子站	二等奖
	高山区苦荞综合增产技术应用	县农业局农技站	二等奖
	大面积使用螨净防治羊螨病	县畜牧兽医站	二等奖
	县猪囊虫病的首次调查	县畜牧兽医站	二等奖
	瘦肉型猪最佳杂交组合试验	县畜牧兽医站	二等奖
1992—1993	水稻旱育稀植技术推广	县科委、县农业局	一等奖
	马铃薯高产栽培丰收计划	县植保站	一等奖
	越城镇抗震防灾规划	县城乡环境保护建设委员会	一等奖
	铁马一级电站技术供水技改工程	县电力公司	二等奖
	十三年来粘虫预测预报及防治工作成效分析	县植保站	二等奖
	县烤烟生产大田配方施肥技术	县烟办	二等奖
	越西县长防重点工程造林	县林业局	二等奖
	掖单13高产攻关栽培试验	县科委、县种子站	二等奖
	县烤烟生产最佳播期选择及适应种植密度分析	县气象局	二等奖
1994—1998	抗癌脱毒薯的推广应用	县植保站	一等奖
	地膜覆盖在玉米生产上的应用	县中所镇农技站	二等奖
2000—2003	烤烟漂浮育苗	县烟草公司、县烟办	一等奖
	靠科技组装配套攻玉米实现高产	中所镇农技站	二等奖
	四川省畜牧扶贫项目优质肉羊生产	县畜牧局	二等奖
	苹果果实套袋技术研究	县农业局果树站	二等奖

专利申报　1991年,国家专利法正式施行,专利工作进入规范化、法制化轨道,科技局负责专利申报的日常管理工作,承担专利申报的咨询。

1993 年,县城建局研制的两项密码技术,被国家专利局授予专利。

1995 年,西山卫生院研制跌打损伤外用药申报发明专利。2000 年,国家知识产权局授予发明专利。专利号:ZL9511303.6。

2005 年,县粮食局申报的有机高分子化合物使用水分散应用技术获得国家知识产权局授予的发明专利。专利号:200510085678.5。

第五章 气象地震

第一节 气象机构

1991 年,气象局内设:地面测报股、预报股和气象服务股。1998 年,新建地面测报股、预报服务股、科技服务中心和办公室。2000 年,成立越西县人工降雨防雹办公室、越西县农业气象服务中心、越西县防雷中心,归口越西县气象局管理。2003 年,设立四川省农村经济综合信息网越西县分中心,内设办公室、地面测报股、预报服务股、防雷中心、人降办、农经网中心。2005 年,气象局内设:办公室、测报股、防雷中心、科技服务中心、人影办、农经网中心,有在职职工 12 人。

表 24-6　1991—2005 年气象局(站)负责人名录

姓　名	性　别	民　族	职　务	任职时间
张锡永	男	汉族	局　长	1990.10—1993.11
李锦伟	男	汉族	副局长	1990.11—1993.11
			局　长	1993.12—2005.12
邓帮藻	男	汉族	副局长	1993.12—2005.12

第二节 气象观测

1991 年,气象观测项目包括气温、地温、空气湿度、风向、风速、云量、云状、能见度、天气现象、气压、日照、降水量、蒸发量、积雪及最高、最低平均值等。观测记录按北京时间,每日 2、8、14、20 时进行定时观测和 5、11、17、23 时进行补绘报观测,编写日报、月报、年报,上报业务主管部门和本单位保存备用,并在规定时间向军事部门发报。1997 年,开展天气、气候、生态和农业气象、人工影响天气、防雷减灾和气象有关的突发事件的处理。

2002 年 10 月,安装自动站仪器。2003 年,实行人工仪器观测和自动观测双轨运行。2005 年,进入以自动站观测为主,人工仪器作备份的单轨运行阶段。

表 24－7　　降水等级划分表　　单位:毫米

降水量＼时段 等级	12 小时	24 小时
小雨	0.1～4.9	0.1～9.9
小—中雨	3.0～9.9	5.0～16.9
中雨	5.0～14.9	10.0～24.9
中—大雨	10.0～22.9	17.0～37.9
大雨	15.0～29.9	25.0～49.9
大—暴雨	23.0～49.9	38.0～49.9
小雪	0.1～0.9	0.1～2.4
小—中雪	0.5～1.9	1.3～3.7
中雪	1.0～2.9	2.5～4.9
中—大雪	2.0～4.4	3.8～7.4

第三节　天气预报

资料传输　1991—1997 年,利用高频电话对上行气象资料进行收集上传,下行气象资料是通过无线接收。1998 年,建立无线数据传输系统后,气象资料上传以无线数据采集传输方式运行,同时传输到省、州气象局,再通过卫星传输到国家气象局,下行气象资料通过卫星接收并处理。

预报方法　1984 年前,采取听、看、谚、地、资、商、用、管八字措施和单站补充,制作中、长期天气预报,供有关部门和区、乡参考。1991 年,天气预报采取人工绘图方式填绘天气图,根据天气、动力和统计学原理,使用微机计算物理量,进行物理量诊断分析,求解预报方程和数理统计预报方法,建立天气预报的"实时预报业务系统"和"专家系统",据此制作长、中、短期天气预报。用无线传真接收中央气象台传真天气图,结合省气象局天气广播和县气象局的天气实况特点制作天气预报。1998 年 10 月,建立 9210 气象资源接收平台,从网上调用上级部门已处理好的各类气象预报资料。2000 年 11 月,建立地面卫星单收站系统,气象预报资料直接通过气象卫星接收,提高预报的时效性和准确率,特别是提高了灾害性天气预报的准确率。

预报种类　分为:区域预报指气象局按所属天气责任区或行政管辖区所作出的天气预报;本地预报指所预报的天气仅指气象局所在地的县(市)区域;短期预报指 24 小时至 48 小时以内的天气预报;中期预报指 3 天至 10 天以内的天气预报;长期预报指 10 天以上的天气预报。天气标准分重要天气标准和一般天气标准。

天气标准　分为重要天气标准:指春播低温、春旱、夏旱、伏旱、暴雨、大暴雨、秋绵雨、强降温、寒潮、大雪;一般天气标准:指每天发布的未来 24 小时内的晴、阴、多云、雨、雪和最高、最低气温及风向、风力(速)的天气预报。

天气预报流程及发布　检查所需各种实时资料、数值预报产品和指导预报产品收集情况,分析天气图表,制作小图等各种天气预报图表;了解气候背景,天气形势及主要天气系统和其演变特征;进一步分析天气系统结构特征及未来发展趋势;数值模式要素预报产品应用;分析本地区气象资料及地方性天气特点;预报模式、方法套用;按照天气预报会商程序进行天气预报会商,综合决策预报结论;将预报结论生产各要素预报文字、图形、图像及其加工产品进行分发,通过电话、电视台、电台、报纸、手机短信、专业专项服务等方式传送，并向各乡镇分发。

第四节　气象服务

人工防雹　1991年，使用纸火管、火箭或塑料火箭进行土法防雹。1995年，购进7副“JFJ—1”火箭发射架，架设于瓦岩乡、西山乡、大花乡、乐青地乡、马拖乡、申果乡、县气象局，开展人工防雹作业工作。2004年，“JFJ—1”火箭发射架20副，覆盖全县粮食作物主产区。2005年，在全县推行“3618”烤烟生产发展战略，购置6门“65式”双管高射炮，在烟叶主产区新民镇、中所镇、板桥乡、瓦岩乡、西山乡、大花乡建立6个高炮防雹作业点。

人工增雨　1995年3月，成立越西县人工防雹增雨指挥部。4月，县气象局、西山乡2个火箭作业点开展人工增雨作业，作业区降雨量24.4毫米。1996年4月，县气象局、西山乡2个火箭作业点开展人工增雨作业，作业区降雨量25.5毫米。2004年8月，县人工防雹增雨办公室更名为县人工影响天气办公室。2005年，成立民兵防雹分队，在新民镇、中所镇、板桥乡、瓦岩乡、西山乡、大花乡设立6个民兵高炮作业点。开展数十次增雨作业，缓解冬夏季旱情。

农业气象　1991年，研究专业、专题预报方法，在农事重要季节，组织科技人员深入农村，开展技术咨询活动，帮助农民用好气象预报资料，发放农业生产适用技术书籍700册。2000年1月，成立越西县农业气象服务中心，负责全县农业、重大项目建设气候开发论证，气候资源开发与利用等工作。2002—2005年，开展烤烟品种气候适应性试验和论证。

防雷减灾　2000年1月，成立越西县防雷中心，负责全县高层建筑避雷装置（避雷带、避雷针、避雷网、避雷器）的年度常规检测；新、改、扩建房屋图纸的前期评估、审核和竣工后的避雷装置验收；防雷工程的设计和施工，雷电灾害的调查和评估等工作。

农村经济信息网　2001年，成立越西县农经网县级服务中心，建立中所镇、新民镇、大屯乡、普雄牲畜市场、河东乡5个农经网信息分中心，为全县名、优、特、新农产品的促销拓展提供平台。

依法行政　1994年前，以行政文件的形式对气象部门的职能、职权、行业管理进行管理。2000年，《中华人民共和国气象法》和《四川省〈中华人民共和国气象法〉实施办法》颁布实施后，气象工作开始步入法制化轨道。2004年，成立气象执法大队，开展气象行政执法和对防雷装置设计审核和竣工验收项目进行行政审批。查处越西三中、丽苑小区、越城镇城北村村民住房建设影响气象探测环境事件。

第五节　地震工作

一、抗震防灾规划

1991年3月，成立越西县抗震防灾领导小组和抗震防灾规划办公室，下设震情监测组、抗震救灾组、邮电通信组、抢险救灾组、民政救灾组、水电救灾组、消防救灾组、医疗救灾组、物资供应组、治安保卫组、交通运输组、生活保障组、宣传教育组、灾情调查统计组。同年7月，各生命线工程单位，开始编制本系统规划。1993年3月，编制完成《抗震防灾规划》、《越西县越城镇生命线工程系统抗震防灾专业规划》、《震害预测报告》、《越西县地震概况》等基础资料。11月11日—13日，县政府组织召开《规划》评审会，参会代表47人，由省内抗震专家9人组成评审委员会，评审认为《规划》达到省内“丙类模式”规划的先进水平，可作为省内同类县城编制抗震防灾规划的借鉴。

二、震情监测

县境内及邻近区域地震有所变化,地震活动有所增强,小震频繁、宏观、微观异常时有发生。县地震局健全值班制度和震情会商制度,坚持24小时值班和领导带班制度,确保通信联络畅通,核实宏观现象,上报不过夜,监测定岗定职,责任到人,严格操作程序,准时读数,按时上报数据,绘图分析。出现宏观微观异常,及时组织现场调查核实和会商,及时将会商意见上报县领导和省州地震局,为上级领导当好参谋。

监测方法 越西地震观测资料采集分为自动记录人工量算读数和自动记录网络通讯、数字数据自动收集及完全人工记录读数收集三部分,其中:二氧化碳、地倾斜、地应力、磁偏角前兆手段和测震由仪器自动记录,观测人员进行定点、定时取纸观测收集,采用纸质及电台、电话方式传递数据,强震台、GPS则通过网络、数字数据自动记录监测及传输收集,而水温、水位、水质等前兆数据则通过人员定点、定时观测读取。

监测业务 按照地震观测技术规范,在规定时次内进行地震活动与地震前兆的信息检测、信息传递,信息的分析与处理,对可能发生地震的地点、时间和震级三要素进行预测。每天进行24小时的自动记录观测和19、21时的2次定时观测。1993年,上报观测数据报告55次,采集各种数据上万次,上报宏观情况报告19次,绘图分析1次,与周边县市交换数据报表110次,电台上报数字52组计万个。

地震监测台点 1994年,因原地震办公室撤迁,在中普雄、越城镇设立2个水温、二氧化碳观测站。2004年,在中所镇、新民镇修建两个强震观测点,并投入使用,确定专人负责日常管理,进行地震监测、震后预测、灾害评估。

三、地震应急预案

1991年,编写《越西县地震危险性分析及震害预测》、《越西县地震救灾指挥部工作职责》、《越西县地震救灾对策部门实施预案提纲和分工》。

1992年7月,完成基本烈度7度的震害预测工作。11月,完成烈度8度的震害预测工作。1993年3月,完成规划文本,并通过省级评审委员会评审通过。规划符合建设部关于“丙类模式”抗震防灾规划的编制要求,达到省内“丙类模式”规划的水平。

2000年,成立县防震减灾领导小组,修改完善《越西县破坏性地震应急预案》(越府发〔2003〕29号)。

2005年,为全面提高全县综合防震减灾的能力和水平,搞好群防群测工作,在全县40个乡(镇)建立防震减灾工作领导小组,配备各乡(镇)防震减灾助理员。同年,再次修订完善《越西县破坏性地震应急预案》(越府发〔2005〕78号),并充实调整越西县防震减灾领导小组成员,办公室设在县科技局地震办公室,具体负责防震减灾工作日常管理。

第二十五篇

医药　卫生

第一章 医疗卫生管理

第一节 卫生管理

卫生机构 1991年,越西县卫生局内设办公室、业务股、计财股、人事股、爱国卫生运动委员会办公室(简称爱卫办)、地方病防治办公室(简称地办)、药检所,在编13人;设县级医疗机构4个,中心卫生院8所,乡(镇)卫生院32所;恢复发展乡村医疗站点30个,组织卫生医疗组,分赴农村巡回医疗。1994年,书古乡卫生院与斯基乡卫生院合并为书古卫生院,城郊乡卫生院并入越城镇卫生院。县地方病防治办公室、县爱国卫生运动委员会办公室、县公费医疗委员会办公室并入越西县卫生局,县红十字会办公室按内设机构管理挂靠卫生局。1995年,全局在编16人,局长1名、副局长3名,内设:办公室、业务股、计财股、人事股、爱卫办、地办。

1997年,全县医疗卫生单位发展到45个,县级医院2个,区卫生院9个,乡卫生院31个,设县防疫站、县妇幼保健站、县皮防站各1所。2003年,机构改革,越西县卫生局定编18人,设办公室、业务股、计财股、人事股、爱卫办。2005年,内设:办公室、业务股、计财股、人事股、爱卫办、地办,在编16人。当年,县卫校并入越西县第一人民医院。

表25-1 1991—2005年卫生局负责人名录

姓　名	性　别	民　族	职　务	任职时间
的日伍各	男	彝族	局　长	1990.3—1998.8
刘祖模	男	汉族	副局长	1987.4—1996.7
刘越和	女	汉族	副局长	1993.7—2005.10
葛朝云	男	汉族	局　长	1998.8—2005.12
木可依布	男	彝族	副局长	1998.11—2001.12
张燕斌	男	彝族	副局长	2002.7—2005.12
蔡寅宗	男	回族	副局长	2003.4—2005.12

公费医疗 1991年,设立公费医疗管理办公室,归口县卫生局,负责管理全县机关、企事业单位工作人员及三等以上伤残军人的公费医疗。1992年,全县公费医疗支出71万元。1993年始,县公医办以在职职工年人均80元按月拨付到单位管理使用;离休干部、老红军、癌症患者实报实销;在乡镇的二级以上残废军人,凭医疗单位有关凭据到公医办审核结算。1994年,享受公费医疗人员的门诊、住院费实行"双处方制度",个人担负部分治疗用药和自费药品不得列入公费医疗报销。1995年,实行定点和逐级转院制度,住院费按比例报销,退休人员报销比例为60%,离休干部实报实销,超支由各单位负责。1998年,定点医院(县医院、县保健站、各中心卫生院和乡镇卫生院)承担相应的公费医疗任务。2000年7月,实行公费医疗改革,成立越西县城镇职工基本医疗保险服务中心,公费医疗改为医疗保险,县公费医疗管理办公室机构撤销,享受公费医疗所有人员,统一由县城镇职工基本医疗保险服务中心管理。

第二节　医疗管理

越西县第一人民医院　位于越城镇文化路,属于集体所有制事业单位,建筑面积19151.6平方米。1991年,设内科、外科、妇产科、儿科、传染科、门诊等20个科室,职工191人,其中:卫生技术人员142人;有病床150张,开放100张;年门诊53283人次,住院病人4405人次,收入156万元。医疗设备有200毫安X光机、呼吸机、B超、心电图机等20余台(件),显微镜3台,氧气瓶40个;有500毫安X光机、胎儿监护仪、纤维胃镜、脑电图机、麻醉机、呼吸机、心腹两用B超、胃肠X线机、动态心电图。

1993年,推行目标管理与绩效管理相结合的目标管理责任制。1998年,被批准为国家"二级乙等"医院。1999年,越西县"120"急救中心成立。全院设置科室22个,业务总收入290万元。2000年7月,为职工医疗保险、人寿保险等定点单位。2001年,越西县第一人民医院被确定为贫困项目建设单位,国家投资100万元对住院大楼、门诊大楼、医技楼等进行改、扩建7481.72平方米,全院占地30733平方米,房屋面积13409平方米,达到"一无四有"要求。

2005年,县卫校并入越西县第一人民医院后,全院有正式职工135人,卫生技术人员111人,其中:副主任医师7人,主治医师18人,医师及医士42人,其他初级卫生技术人员44人。设科(室)22个。医疗设备有500毫安X光机、麦迪逊彩超、黑白B超机、专科综合治疗台、心电图机、显微镜、呼吸机、救护车等40台(件)。县人民医院购置彩色B超、胎儿监护系统、血凝仪、呼吸机、心脏监护除颤仪、血氧饱和度监护仪、心电监护仪、超声乳化仪、全自动免疫分析仪全自动生化分析仪、血凝仪、手术显微镜、裂隙灯、动态心电图、全自动洗片机、牙科治疗机、除颤起搏仪、多功能监护仪、微波治疗仪。年底,全县有万元以上医疗设备32台(件),其中:20万元以上医疗设备3台(件),2万元以上医疗设备29台(件),另有医疗救护用车5辆。定编病床100张,开放100张;年门诊21038人次,住院病人1675人次,收入481万元。

表25-2　　1991—2005年第一人民医院负责人名录

姓　名	性　别	民　族	职　务	任职时间
熊世祥	男	汉族	院　长	1991.1—1993.8
张明全	男	汉族	副院长	1991.2—1992.8
李　洪	男	汉族	副院长	1991.1—1993.8
			院　长	1993.8—2001.8
邓祖伟	男	汉族	副院长	1993.8—2000.2
王建安	男	汉族	副院长	1999.12—2005.12
邓思秀	女	汉族	院　长	2001.10—2005.12
薛舜荣	男	汉族	副院长	2001.8—2005.9
李定芳	女	汉族	副院长	2003.5—2005.12

表25-3　　1991—2005年第一人民医院情况统计表

项目 年份	病床数(张)	职工总数		门诊人数(人)	住院人数(人)	业务收入(万元)	建筑面积(平方米)
		小计(人)	其中:卫生技术人员数(人)				
1991	150	191	142	53283	4405	156	19151.6
1992	150	184	138	49186	3655	173	19151.6

续上表

年份＼项目	病床数(张)	职工总数		门诊人数(人)	住院人数(人)	业务收入(万元)	建筑面积(平方米)
		小计(人)	其中:卫生技术人员数(人)				
1993	150	186	140	35284	3238	166	19151.6
1994	150	176	141	32906	2932	216	19151.6
1995	150	170	153	34610	2724	227	19151.6
1996	150	173	154	33866	3011	243	19151.6
1997	150	167	142	36018	2167	278	19151.6
1998	100	167	142	23785	1601	289	19151.6
1999	100	158	138	26689	1221	290	19151.6
2000	100	150	126	24818	1222	354	19151.6
2001	100	148	128	24480	1265	328	19151.6
2002	100	150	128	22895	1603	345	19151.6
2003	100	144	124	23863	1842	397	19151.6
2004	100	132	114	20148	1371	361	19151.6
2005	100	135	111	21038	1675	481	19151.6

越西县第二人民医院　1991年,医院占地面积5441平方米,建筑面积3320.96平方米。有职工71人,其中:卫生技术人员67人,开放床位40张,年门诊量8783人次,住院病人1112人次,业务收入50.102万元。1994年,医院工作重点从临床医疗向防疫保健转移,承担起普雄地区4乡1镇的预防保健任务,完成各类计划免疫工作,接种率85%,其中:骨髓灰质炎疫苗适龄儿童接种率99%。

2000年,强化业务技术建设,先后选派7名医务人员到上级医院进修专科业务,初步建成能够解决本地常见病、多发病、疑难病、危难病救治的学科体系。

2003年,开展外科:阑尾炎、剖腹探查、腹股沟疝、睾丸鞘膜积液、肝胆结石伴胆囊炎、脾破裂、肠破裂等普外手术;妇产科:剖腹产,妇科、产科的常见病、多发病救治;儿科:诊断小儿咳喘、肺炎及各种原因的腹泻、脑炎等。

2005年,县第二医院有职工75人,其中:中级职称卫生技术人员12人,初级职称卫生技术人员56人;开放床位40张,年门诊量3998人次,住院病人821人次,业务收入39万元。设职能科室12个,包括内(儿)科、传染科、外科、妇产科、中医科、五官科、财务科、预防保健科、总务后勤、院办公室、护理部、手术室。拥有中小型万元以下设备5台,包括500毫安X光机、B超机、心电图机、半自动生化分析仪、洗胃机、吸氧机等。

表25-4　　1991—2005年第二人民医院负责人名录

姓　名	性　别	民　族	职　务	任职时间
沙　微	女	彝族	院　长	1991.1—1992.2
张　俊	男	汉族	副院长	1991.8—1993.11
王文丽	女	汉族	院　长	1992.3—1993.5
沙马伟哈	男	彝族	院　长	1993.6—1999.11
毛建国	男	彝族	院　长	1999.12—2005.12

表 25－5　　1991—2005 年第二人民医院情况统计表

年份＼项目	病床数(张)	职工总数		门诊人数(人)	住院人数(人)	业务收入(万元)	建筑面积(平方米)
		小计(人)	其中:卫生技术人员数(人)				
1991	40	71	67	8783	1112	50.102	3320.96
1992	40	71	67	8939	1139	57.032	3320.96
1993	40	71	67	8901	1048	56.32	3320.96
1994	40	67	62	8200	997	54.256	3320.96
1995	40	69	64	8310	963	51.5455	3320.96
1996	40	69	64	8433	982	52.0437	3320.96
1997	40	64	60	7982	950	50	3320.96
1998	40	73	69	7095	901	49	3320.96
1999	40	73	69	7312	872	49	3320.96
2000	40	73	69	6103	854	47	3320.96
2001	40	73	69	5213	831	49	3320.96
2002	40	75	70	4939	828	42	3320.96
2003	40	75	70	4323	858	41	3320.96
2004	40	75	70	4103	897	40	3320.96
2005	40	75	70	3998	821	39	3320.96

县妇幼保健院　1991 年,有职工 14 人,其中:医师以上职称 9 人,开设妇幼保健、儿童保健、计划生育咨询门诊、手术室、妇检室。1999 年,正式挂牌爱婴医院。主要设备有显微镜 1 台、冰箱 1 台、721 分光度计 1 台、分析天平 1 台、产床 1 台、5 孔无影灯 1 台。2002 年 9 月,改建五层 1239 平方米楼房 1 幢,设妇保组、儿保组、计划生育科、总务科、检验室、药房、门诊部等科室。2005 年,有正式职工 18 人,卫生技术人员 16 人,其中:主治医师 5 人,医师及医士 11 人,其他初级卫生技术人员 2 人。

表 25－6　　1991—2005 年妇幼保健院负责人名录

姓　名	性　别	民　族	职　务	任职时间
肖淑辉	女	汉族	站长	1991.3—1993.7
李东琼	女	汉族	副站长	1991.3—2001.7
吉皮伍加木	女	彝族	副站长	1991.3—1993.7
			站长	1993.8—2005.9
蒋清慧	女	汉族	副站长	1993.8—2005.9

县疾控中心　1991 年,皮肤病防治站设慢病科、检验科、门诊部、办公室,负责全县麻风病线索调查,查治麻风病人及性病、艾滋病防治等工作。2004 年 12 月,县卫生防疫站和县皮防站合并,组建越西县疾病预防控制中心(CDC),下设流病科、卫生科、血防科、慢病科、检验科、行政办公室,负责全县卫生防疫、公共卫生监督、食品卫生监督、地方病慢性病防治、性病艾滋病防治等工作,办公地点设在原防疫站办公楼。同时成立县卫生执法监督所,下设许可审查股、监督股、办公室,负责全县食品卫生等项目的执法监督。2005 年,有医技人员 8 人,其中:中级职称 2 人、初级职称 6 人,未设病床。

表 25－7　　1991—2005 年疾病预防控制中心负责人名录

姓　名	性　别	民　族	职　务	任职时间
冯顺安	男	汉族	副站长(主持工作)	1991.3—1993.4
莫色热曲	男	彝族	站长	1994.5—1996.8
达洛莫	女	彝族	站长	1996.9—2004.11
赵友珍	女	汉族	副站长	1996.9—2004.11
薛顺荣	男	汉族	主　任	2004.12—2005.12
唐文春	男	彝族	副主任	2004.12—2005.12
王東理	女	汉族	副主任	2004.12—2005.12
陈国芳	女	汉族	副主任	2004.12—2005.12

第三节　医疗网点

基层卫生院(中心、乡)　1991 年,全县有中心卫生院 8 所,门诊量 72464 人次,收治住院病人 5432 人次。1997 年,各院累计建房 33776 平方米,其中:业务用房 13456 平方米。2003 年,投入乐青地乡卫生院、梅花乡卫生院、申普乡卫生院建设 30 万元。2005 年,基层卫生院有职工 256 人,其中:卫生技术人员 218 人,设内科、外科、妇产科、中医科、五官科、骨伤科、B 超室、急诊室,有病床 71 张,门诊量为 21456 人次;收治住院病人 3732 人次,业务收入 65 万元。新建、扩建业务用房 3660 平方米。

表 25－8　　1991—2005 年基层卫生院情况统计表

项目 年份	病床数(张)	职工总数		门诊人数(人)	住院人数(人)	业务收入(万元)	建筑面积(平方米)
		小计(人)	其中:卫生技术人员(人)				
1991	101	226	188	72464	5432	58	31936
1992	101	216	178	85256	5032	62	32642
1993	101	212	174	46581	4919	34	32642
1994	101	205	167	43743	4368	38	33776
1995	101	209	171	45782	4132	34	33776
1996	101	214	176	45216	3245	49	33776
1997	101	229	191	47659	4225	52	33776
1998	101	270	232	45142	4932	55	33776
1999	71	277	239	51852	3349	79	33776
2000	71	283	245	46553	3769	65	37531
2001	71	265	227	51361	3732	94	37531
2002	71	260	222	40184	3886	100	37531
2003	71	279	241	28906	3243	76	37531
2004	71	273	235	20791	3879	64	37531
2005	71	256	218	21456	3732	65	41191

医务室　1991 年,全县有医务室 3 个,卫生技术人员 5 人。1994 年后,增设县幼儿园、大瑞中学、越

西中学、中所中学、新民中学5个医务室。2004年,新审批企业医务室2个,学校医务室1个。2005年,有医务室8个,卫生技术人员15人,其中:中级职称3人,各室备有血压计、听诊仪、体温表、注射器等,能诊治一般小伤小病、常见病、多发病。

村级医疗站 1999年,乡村卫生人员56人参加中专水平考核,14人参加中医中专函授学习取得毕业证书。翌年,县卫生进修学校举办乡村医生培训班,参学人员168人;防疫站、妇幼保健所以会代训培训乡村医生、接生员262人。2005年,1个村设立1个医疗站,举办乡村医生、接生员培训班2期,培训350人,核发乡村医生证书189个。全县定编303人,其中:男性205人,女性98人。截至年底,全县有村卫生站289个,卫生人员303人,村配备医疗设备有出诊箱、听诊器、血压计、体温表、产包、各型注射器、观察床等。

企业医疗机构 1991年,全县有企业单位医疗机构4个;职工52人,其中:卫生技术人员27人;有病床18张;门诊3152人次,收治住院病人1121人次;业务收入40万元。1996年,全县有企业单位医疗机构5个;在职职工64人,其中:卫生技术人员36人;有病床26张;门诊4512人次,收治住院病人2564人次;业务收入48万元。2005年,全县有企业单位医疗机构6个;在职职工125人,其中:卫生技术人员43人;有病床25张;门诊5241人次,收治住院病人4521人次;业务收入70万元。

麻风病康复医院 有职工1人,专业技术人员1人;行管人员经费和病人生活费用由民政局承担,医务人员及病人医疗费由卫生局承担。采用"联合化疗"方法治疗麻风病患者。1991—2005年,收治县内外麻风病患者386人,其中:住院治疗116人,家庭治疗270人;共治愈126人。

第四节 社会医疗

县红十字会 1991年,贯彻《中华人民共和国红十字会法》,以法兴会,坚持巩固城市、发展农村、延伸行业、注重质量的方针,发展组织与开展活动同步进行。1993年,成立红十字会越西县分会,有会员80人,设正副会长各1人,会址在越西县卫生局。

1995年始,根据《红十字会法》,宣传、发动群众参加无偿献血活动。1998年,长江流域发生特大洪灾,县红十字会及时组织义诊募捐活动,共募捐1.4万元,全部交上级红十字会支援灾区。

2001年,开展爱心献功臣活动,为全县"三老"重点优抚对象17人进行健康查体,赠送价值0.3万元的药品。2002年,红十字会越西分会改称越西县红十字会,由县政府分管卫生副县长担任会长,卫生局副局长担任副会长,设两名专职人员,有会员121名。2003年,围绕易受灾害群众开展群众性救护工作,组织80名红十字会会员参加止血、包扎、固定、搬运4项技术和心肺复苏,水上救护及一般卫生知识的培训,增强救护力量。2005年,全县接受上级红十字会支援灾区的棉衣、棉被、大米、药品等物资价值21.3万元。

义务献血 1993年前,医疗用血来源于社会上有偿供血,血液质量欠佳,存在潜在的医源性疾病传播隐患。1995年,县红十字会发出"越西县公民无偿献血"倡议书,成立义务献血预备队,1600人报名参加。

1997年,有偿献血开始转向无偿献血。1999年,实施《中华人民共和国献血法》,成立越西县公民无偿献血领导小组,下设办公室,负责日常工作,规范全县献血、采血、供血渠道,明确县医院为全县唯一定点血库,并将每年献血计划(人数)分解到县级各部门,由部门下达到所属单位,单位落实到个人,县献血办组织实施。2004年,全县公民无偿献血210人,采血66300毫升。

爱国卫生 1991年,爱国卫生工作坚持"政府组织、地方负责、部门协调、群众动手、科学治理、社会监督"方针,承担除害灭病、健康教育和农村"两管五改"(管水、管粪、改水、改厕、改灶、改圈、改善环境)

职责。同年,全县灭鼠采用Ⅱ氏诱鼠剂,经试验效果很好。从仁寿县购入1万包,按“五统一、四不漏”的原则进行投放。投放前,用粉迹法测得平均鼠密度为7.1%,投放后测得平均鼠密度为0.9%,投放房间10733间,覆盖人口42932人。

1993年,坚持“门前三包(包卫生、包绿化、包治安)、门内达标”责任制,党政机关、企事业单位实行每天上班前打扫“三包”责任地段和办公区域内的卫生制度。对公共地段实行专门人员和城区居民打扫房前屋后卫生相结合,平常性卫生保洁与重大节日突击打扫相结合治理环境卫生。各乡镇街道因地制宜,落实卫生责任地段,坚持打扫环境卫生。

1995年,通过办墙报、板报、橱窗和利用广播、有线电视及巡回医疗等,开展健康知识宣传教育,提高人民群众自我保健和防病治病意识。1997年始,统一开展除害防病活动,即春季集中开展灭鼠工作,保护春耕生产,控制鼠害发生;秋夏两季组织消杀服务,控制蚊子、苍蝇、蟑螂密度,防止传染病发生和流行。

1999年,通过广播、图片展板宣传《食品卫生法》、《传染病防治法》、《母婴保健法》、《药品管理法》等法律、法规,开展防治霍乱、消灭脊髓灰质炎强化免疫日宣传活动,出动宣传车3辆,培训人员679名,发放宣传资料2315份,张贴宣传画310张,大幅标语14幅,图片宣传展板12块,黑板报5期,有线电视专题宣传6期。同时,开展爱国卫生检查评比活动,实施奖惩。

2002年,全县改造人畜引水受益1045人,占受益人口的22.33%;累计打手压机井100口。2003年,开展以创造优良秩序、优美环境为目标的创卫活动。及时清除垃圾污物,加强公厕和饮用水的卫生管理,预防和控制环境污染对人体健康的危害。2005年,全县建成省级爱国卫生先进到单位5个,州级25个,县级30个,建成卫生村15个,其中:省级4个,州级6个,县级15个。

第二章 医疗卫生服务

第一节 医护技术

西医 县内各医疗卫生单位相继开设综合医疗门诊或专科门诊,方便患者就医。一般常见病、多发病患者多在各医疗门诊、个体诊所或合作医疗站治疗,享受公费医疗的患者均在定点县医院和区中心卫生院、乡(镇)卫生院就诊治疗。

内科 1991年,内科多以常见病、多发病诊治为主。1993年,开展心包穿刺术,成功抢救乌头碱中毒致心脏骤停、钩体病等危急重症。2000年,引进首台彩色B超,用于心脏、肝、胆、脾、胰、肾、宫腔疾病的检查诊断。2001年后,购进多功能监护仪、呼吸机,对急性心肌梗塞等危重病实施监护治疗,开展电护律术,抢救感染性休克、急慢性呼吸衰竭、急慢性心功能不全、严重心律失常、心包填塞、上消化道大出血、重症胰腺炎、颅内感染、急性脑血管病等危急重症的抢救;传染科成功治疗肺结核并大咯血、重症肝炎、中毒性菌痢等重危病人。

外科 1991年,县医院开展第一例经胸腹联合切口肝破裂修补手术。1992年,开展第一例胆总管空场ROUX~Y吻合手术、肾切除术、急性坏死性胰腺炎行坏死组织清除、冲洗引流术、尿道会师术。1994年,攫小儿肠套叠行结肠大部分切除术。1995年,开展肝、胆、泌尿、下腹部、骨科、妇产等难度较大的手术,行胃癌根治术。1998年,行结肠造瘘二期结肠吻合术。1999年,行结肠癌根治术。2000年,与州医院联合开展电视腹腔镜胆囊切除术及股骨骨折带锁髓针内固术。2001年,开展经合阴尿道切开取石术及中西医结合治疗胰腺炎。2002年,完成乳腺癌改良根治术。2004年,第一例急性心填塞行穿刺抽血抢救成功。

妇产科 1991年,取消外科医师协助,实施难度大的剖宫产术和剖腹探查术。1993年后,开始独立实施子宫和附件切除术、宫外孕手术、卵巢肿块切除术、子宫破裂修补术、经阴道切除子宫黏膜大肌瘤、子宫内翻还纳术等手术。1998年,成立全县产科急救中心。2003年,开展新生儿气管插管及新生儿新法复苏技术,成功抢救重度新生儿窒息。2004年,开展腹部美容切口技术及镇静剂加小剂量的缩宫素用于产程活跃期,同时引进微波治疗仪用于治疗宫颈糜烂和巴氏腺肿切开引流,成功抢救产科出血、羊水栓塞、子痫等危重病人。

儿科 1991—2005年,逐步开展抢救新生儿硬肿症、新生儿缺血缺氧性脑病、晚发型维生素K缺乏症、小儿难治型肾病综合症、重症肺炎并发心衰呼衰、重症溶血性贫血、急性有机磷农药中毒、克山病心衰、新生儿破伤风等疾病的抢救治疗。

耳鼻喉科 1991—1998年,县医院施行扁桃体摘除术。1998年,施行鼻内窥镜功能性鼻窦切除术、鼻息肉摘除术、扁桃体摘除术、上颌窦根治术、筛窦及额窦肿瘤切除术、气管切开术。2003年,口腔科施行下颌骨切开复位固定术成功,开展口腔矫正整形和烤瓷牙修。2005年,施行泪束鼻腔吻合术、悬雍垂咽腭成形术。

眼科 1993年,县医院施行视网膜脱离复位术,眼外伤角膜缝合术。2002年,县人民医院引进裂隙灯手术显微镜,施行全县首例人工晶体植入术6例。

放射科 1991年,县医院运用500毫安X光机开展胃肠道吞钡检查"TV"型管造影检查,肾输尿管造影检查、"TV"下骨折复位、异物定位取异物。2000年,采用自动虑线器提高X光片对比度和清晰度。

检验科 1991年,开展尿液8项检测。1995年,开展血糖、血脂、谷丙转氨酶、尿素氮检测。1998年,运用血球分析仪开展血液细胞分析。2001年,开展酶标法检测乙型肝炎二对半(乙肝五项)。2003年,运用钾钠氯分析仪开展血液电解质分析;运用血凝仪开展凝血酶原时间、凝血酶时间、纤维蛋白等项目检测;运用全自动生化分析仪开展肝功、肾功、血脂等21项检测。截至2005年,运用全自动尿液分析仪开展尿液分析。各乡(镇)卫生院先后购置尿分析仪、半自动生化分析仪等设备,开展尿液分析和肾功、肝功等检测项目。开展甲、乙、丙型肝炎、肝功能、肾功能、电解质、血脂、心肌酶、血钾、血糖、血淀粉酶、血凝、胆碱酯酶、尿素氮、肌酐及血液血球分析等检测。拥有全自动免疫分析仪、全自动生化分析仪、血凝仪、全自动血液细胞分析仪、全自动洗片机等设备。

中医 1991年,在彝族集居区推广急性腰扭伤、腰腿痛、腰肌劳损、椎间盘突出症、偏瘫、面瘫等中医外伤科治疗技术,全县各级医院有中医科室7个,中医药师35名,其中:彝族8人。1993年,在上普雄地区开展治疗胆囊炎、胆石症、急性黄疸型肝炎、慢性肝炎、泌尿系结石、肝内胆管结石等中医技术。成立越西县中药材研究所。1996年,中医妇产科在治疗月经不调、闭经、功能性子宫出血、霉菌性阴道炎、滴虫性阴道炎、白带增多症、缺乳、乳腺增生症等方面取得重要疗效。2名受过高等教育的中医药人才充实到各级医疗机构。县医院成为全县中医的科研、教学、临床中心。

2002年,中医针灸、推拿治疗中风后遗症、椎间盘突出症、急性腰扭伤、慢性腰腿痛、慢性关节炎等治疗技术逐步在全县彝族集居区推开。全县有中医病床25张,其中:县医院15张,县二医院5张,乡镇卫生院5张。有中医主治医师5人、中医师8人、中医士1人,其中:少数民族6人。2005年,全县中医医务人员在国家、省级刊物上发表中医学术论文4篇,出席国家、省级专业学术交流会1人次。

护理技术 1991年,开展责任制护理,逐步从以疾病护理为中心转向以病人护理为中心。要求各科护理人员写出护理病历,对病人身心进行有计划的整体护理。对危重、特级护理的病人按动态观察病人的病情变化和对症治疗反应,并写出护理记录,护理专业被动执行医嘱转为主动参与病人病情护理。全县有主管护师43名，护士94名。各中心卫生院分别配备专职护士长。

1992年，开展护理技术操作竞赛，共有44名医护人员参加。1993年10月，按卫生行政主管部门规定的标准，建设标准病房，配备呼吸机、超声雾化器、心电监护仪等现代护理设备。

2000年，开展整体护理工作，树立以病人健康为中心，“以人为本”理念，实行病人从入院到出院进行生理、心理全方位护理。护理部要求各临床科室推行整体护理工作方法，针对病人生理、心理、社会等健康问题，提出护理诊断，拟订护理计划。同时，对疑难、危重病人组织护理查房。

2002年，在门诊、急诊注射使用一次性注射器，以后逐步普及到各临床和医技科室，并要求使用前检查是否破损，使用后消毒、毁形、销毁。2005年，全县有主管护师36名，护士95名。护理人员在省级以上刊物发表护理论文43篇。

急诊救护　1995年，县医院建立急症室，坚持首诊负责制，做到人员、技术、设备“三配套”，思想、组织、物资、技术“四落实”，保证常规医疗急症救护。

1997年，加强“120”建设，设立急诊抢救室、治疗室、清创室、注射室、观察室、医生、护士值班室和办公室，配备心电图机、心电监护仪、除颤器、洗胃机、呼吸机等抢救设备，专门安装专线“120”电话，实行24小时应诊，承诺在接到呼救电话后，救护车白天在5分钟、夜晚在8分钟内出诊。并实行挂号、划价、收费一条龙服务，开辟生命绿色通道。

1998年，成立全县产科急救中心。加强急症救护正规化管理，搞好急症科建设，增加设备、扩编人员，并作为独立的门诊重要科室。2000年，县医院成立“110”联动“120”协调小组，制定严格的工作制度，急诊科值班医生、护士和救护车驾驶员密切配合“110”联动体系。

2003年，县卫生局制定《医院急诊科（室）工作制度》，规范医院急诊工作。全县有6辆“120”急救专车，全年共出动“120”急救专车126次，救助急症病人143名。截至2005年，“120”急救车增加2辆，各中心卫生院设立8个急救点。急症救护从技术水平和设备条件已达到县级一流水平。

第二节　医政管理

医疗卫生单位　1991年，全县初步建成县、乡、村三级医疗网络，有县级医院2家，中心卫生院8家、乡医院39家。医政工作的重点是技术培训、器械装备及医疗卫生中心工作的部署、实施和检查。1994年，重新考核有证开业的个体医生和药店，对考试合格者实行“分片控制，择优颁证、定点管理”，鼓励个体业户到缺医少药的边远地区开业办医办药。

1998年，实施《医疗机构管理法》、《执业医师法》等卫生法规，医政工作逐步走上法制化、规范化轨道。创建等级医院，越西县第一人民医院被评为二级乙等医院。1999年，改革乡（镇）卫生院的管理体制，按“独立核算、自负盈亏、按劳分配、民主管理”的原则，采取多种形式恢复建立村级卫生室，建立健全预防保健组织。中心卫生院设立卫生防保组，负责本区域内防疫、妇幼保健、医政、计划生育技术指导和个体医生的管理工作。2000年，结合《医疗机构管理条例》颁布实施，对医疗机构重新审核、注册发证，全县有全民医疗机构38个，个体7个。2002年，县级卫生机构实行系列改革措施。实行岗位责任制，各单位内部可选择浮动工资、计划工资、劳务提成、科（组）或个人承包等办法；落实责、权、利相结合的按劳分配原则，对全民和乡镇以上集体所有制卫生单位，实行院、站、校、所长负责制；各医疗卫生单位可试行科（组）室自由组合。2004年，实行门诊住院病人一日清单制，清理取缔医疗卫生单位个人承包门诊9个。责令停业企业医务室1所。截至2005年，陆续批准发展个体医疗机构56家。

医疗卫生队伍　1991年，实施岗位设置，进行岗位指标管理。全县医疗卫生单位有325人参与职称改革，取得资格，其中：中级96人，初级183人，有46人按政策规定未予任命。1992年，卫生系统纳入资格考试制度范畴。截至2002年,全县卫生专业技师人员累计晋升副高级7人,中级126人,初级(师、助理)298人。2004年,全县有医务人员565人,其中:专业技术人员517人,事业管理人员2人,工勤人员46人;副高级职称8人,中级职称147人,初级职称308人。2005年,共有1136人次参加全国统一考试,合格中级94人,初级38人。全县卫生系统有各级各类专业技术人员540人,其中:副主任医师7人,主治(主管)医(药、护、技)师147人,初级313人,后勤人员37人,未聘人员36人。

乡村医生 1995年,随着农村经济体制的变革,乡村医生的待遇多是从村卫生室药品利润和诊疗费中解决,收入不固定,多收多得,少收少得;部分经济条件差的村,乡村医生因待遇得不到保证,或弃医务农,或弃医从商,呈逐年减少的趋势。1997年,根据国务院《医疗机构管理条例》,整顿乡村医生队伍,乡村医生精减至263人。1998年,根据《中华人民共和国执业医师法》,对乡村医生进行审核,有162名乡村医生具备执业医师或执业助理医师资格。1999年,对全县453份乡村医生档案资料录入微机,实行科学化、规范化管理。2001年8月,县卫生局对乡村医生队伍建设调查情况显示,加入社区服务站的乡医5名。2005年,对乡村医生队伍建设调查情况显示,全县乡村医生303名,其中:已取得《四川省村级卫生技术人员执业证书》的189人。乡村医生能诊治一般常见、多发病和小伤小病,能使用中草药40个品种以上,担负村级医疗、预防保健和计划生育指导工作。

个体医生 1992年,全县有个体医生56人,其中:西医47人,中医9人。2004年,取缔牙医、草医、游医等13起。2005年,开展医疗服务市场综合整治,取缔不符合资质人员49家,保留符合资质7家,其中:西医3人,中医4人。

执法监督 1991年,根据《医疗机构管理条例》,定期或不定期地对全县医疗市场进行检查、监管。根据《食品卫生法》对从事饮食行业人员定期进行健康检查,对加工生产、贮藏保管和销售场地进行卫生监督。在全面普查的基础上,进行突击检查和重点抽查,特别加大对无生产厂家、无生产日期及批准文号的"三无"食品和变质、劣质食品的查处力度。根据《劳动卫生与职业病防治法》,督促从业人员定期体检,对生产场地放射物、环境、设备及其操作流程进行监控,对不合法律规定的生产厂家发出整改通知书。1999年,配合《母婴保健法》的执行,全县提倡住院分娩。加强对传染病的管理,特别是对生物制品、计划免疫、传染病疫情报告进行执法监督检查,全县传染病疫情上报及时,疫区处理得力。2005年,取缔游医、药贩无证照医疗行为35起,没收医疗器械15件,销毁假药、劣药40箱,烧毁"三无"食品和变质、劣质食品0.52吨,查处非法接生3起,收缴各类罚款3万元。

第三节 医疗教育

医德教育 1991年,卫生系统医德医风建设紧密联系工作实际,针对部分村庄偏僻、村民就诊看病难、为儿童打预防针不方便的问题,有12个乡镇卫生院在偏远村庄设立6个卫生所。各医疗单位抽调医务人员组成巡回医疗队下村为儿童、村民健康查体、普查普治妇女病等1290人次。1992年,县医院进行病历评展及"假如我是病人"医德医风大讨论,共有37名医护人员参加,展出病历125幅。

1994年,卫生系统以"为百万人民提供优质服务,把百万人民的健康放在心上"为主题,找差距、定措施,提高服务质量,改善服务态度。全年为病人做好事458件,收到表扬信153封。1997年,认真贯彻国家卫生部《中华人民共和国医务人员医德规范及实施办法》,开展学雷锋、白求恩和先模人物,创优质服务、优良秩序、优美环境的"三学"、"三创"活动。各医疗单位把医德医风建设纳入目标管理,建立职工医德医风考核档案,将职工每月考核结果记入《医德医风建设考核手册》,作为职工应聘晋升、奖励评优的首要条件;建立单位、职工和社会群众相结合的监督体系,设立意见箱、监督台,实行挂牌服务;对药价、医疗收费标准、上岗人员、医德规范、奖励制度实行"五公开"。

1998年，全系统聘请社会监督员65名，设监督电话6部，监督台7个，意见箱10个，发放《征求病人意见卡》8260份。1999年，为病人办好事、实事214件，开展卫生咨询1357次，建立家庭病床62张，义务诊治病人976人次，收到表扬信54件。2001年，开展"为人民健康服务，树行业新风，创文明行业"活动，着重抓医疗服务、行风、医院环境专项治理。美化、绿化投资186270元；为病人垫付医药费35次，14258元；拒收"红包"28次，8720元；收到表扬信、匾、锦旗324件。通过问卷调查，群众对医院医疗质量信任率达87%，社会总体满意率86%。

2003年，卫生系统医德教育的主题是"以病人为中心，以质量为核心"。组织医疗队下乡义诊40次，义诊病人3000人次。2005年，在卫生系统实施"医德医风一票否决制"、医疗收费"阳光操作法"、住院费"一日清单制"。全县共寄发随访信件40余封，入户随访170人次，落实反馈意见50条；免费查体1万人，为病人做好事30件，收到感谢信、锦旗、匾20封（件）。

医疗技术培训　1991年，采取请进来、派出去的办法，通过讲课、病例分析、会诊、集中培训、函授、选送到大专院校进修等形式培训医务人员。1994年，对县、区、乡（镇）医疗卫生单位在职的初级卫生人员、乡村医生进行西医、护理、防疫、妇幼保健等专业培训。全年培训乡（镇）在职卫生人员和乡村医生48人，培养中专学历毕业生92人。

1996年，医疗卫生单位选送5名专业技术人员到成都、泸州、西昌、重庆等医院或卫生院校脱产进修学习，提高理论知识和技术水平。

1999年，根据卫生部及省、州卫生行政主管部门的安排部署，开展执业医师资格认定、考试和执业注册工作，对184名具有医士以上专业技术职称的医技人员，办理执业医师资格认定上报。2000年，县级医疗卫生单位医务人员大专以上学历的占48%，乡（镇）卫生技术人员87%达中专以上水平。

截至2005年，举办乡村医生、乡（镇）卫生防疫、妇幼人员等各类培训班42期，培训人员210人次，每期培训时间3～5天，通过培训考试合格的乡村医生，县卫生局颁发乡村医生合格证书；除集中培训外，每年还组织县级医疗卫生单位专业技术骨干到部分乡（镇）辅导培训乡村卫生人员，培训形式多为以会代培。其间，召开学术会议18次、交流学术论文30篇，参加国家级学术会议15人次、交流学术论文20篇。

各医疗卫生单位鼓励在职卫生技术人员积极参加卫生函授、电大学习和继续医学教育学习考试，提高卫生专业技术人员专业知识和业务水平。参加函授、电大学习的职工获大专以上学历的72人次，参加继续医学教育学习考试的职工282人次、考试合格率62%，继续医学教育工作覆盖面90%以上。

第三章　卫生防疫

第一节　公共卫生

学校卫生　1991年，对200名初中生和200名小学生，进行氟斑牙调查，在河东乡中心校查出不同程度的氟斑牙患者89名，其中：初中生48名，小学生41名，未发现氟骨症。1993年，按照卫生部、国家教委《全国学生常见病综合防治方案》的要求，对全县学生进行蛔虫病普查，城镇学生蛔虫感染率56.76%，农村学生80.19%。对全县所有学校进行建档，开展经常性的卫生监督监测和学生健康检查。

1996年，全县中小学进行乙肝防治宣传教育活动，乙肝普查2.4万人次。1999年，重点开展学生视力监测、蛔虫病防治和生长发育调查。2001 年普查,全县城镇学生蛔虫感染率下降到 20.36%,农村学生感染率下降到 40.13%。2005 年,按年初计划对学校进行重点疾病教育,定时到学校为适龄儿童进行接种。

劳动卫生 1991 年,全县接触职业性危害因素的工人日益增多。全县国有厂矿企业主要的职业危害因素有生产性粉尘、高温、铅及苯毒物等。全县尘毒危害的国有厂矿 7 家,接触尘毒工人 248 人。1995 年,全县尘毒危害的国有厂矿 5 家,接触尘毒工人 186 人。乡镇企业有尘毒危害的企业 26 家,接触尘毒工人 148 人。

2005 年,全县有生产性粉尘危害的厂矿企业 12 家,接触粉尘工人 285 人。对于接触粉尘致矽肺病人,由厂方负责治疗。对粉尘浓度超标的作业点,由厂方采取防范措施,如安装吸尘设备,降低生产环境的粉尘浓度等。

医疗消毒 1991 年,贯彻实施国家卫生部[87]卫防字第 49 号通知,加强各医疗单位的消毒隔离工作,完善各种隔离消毒规章制度,并加强消毒人员的培训和消毒知识的宣传,使医疗机构的隔离消毒工作走向规范化、制度化、责任化。

1994 年,举办为期 2 天的医疗机构消毒人员培训班,学习《消毒管理办法》。对全县医疗及托、幼机构消毒效果进行卫生监督监测和病媒生物的消杀工作。1995 年,检查第二人民医院和 6 处中心卫生院的消毒隔离工作,对发现存在的问题进行整治。1998 年,抽查县级医院病例 154 份,发现院内感染 2 例;乡(镇)卫生院调查病例 421 份,发现院内感染 5 例。

2000 年,对 20 个乡(镇)300 名乡村医生进行消毒隔离知识培训。2003 年,医疗机构实行《消毒卫生合格证》制度,经检测合格率达 80% 以上的医疗机构方可办理《消毒卫生合格证》,无《消毒卫生合格证》的单位和个人不得从事医疗工作。当年发放《消毒卫生合格证》的医疗机构 131 家。2005 年,监督监测县、乡(镇)医疗机构 32 家,村卫生室 205 家,发放《消毒卫生合格证》303 个。

第二节 传染病防治

狂犬病 1993 年,全县注射狂犬疫苗 73 人次。1997 年,全县注射狂犬疫苗 89 人,死亡 1 例。2000 年,启动《越西县突发公共卫生事件应急预案》,投放接种疫苗 3.97 万头/份,犬只存栏数 3.35 万只,捕杀犬只 4587 只,犬只免疫接种数 2.61 万只,城镇免疫率 95% 以上,农村免疫率 85% 以上。2003 年,县卫生局印发《狂犬病防治知识》宣传资料 5000 份。4 月,举办乡镇狂犬病防治及疫苗注射技术培训班,有 72 名兽防人员和卫生院人员参加,培训时间 2 天。当年,加强犬只检疫消毒管理,年初订购狂犬疫苗 2000 头份,犬免疫率 76%。犬只免疫后填写免疫证,要求城乡养犬一律实行拴(圈)养。2005 年,贯彻《四川省预防控制狂犬病条例》,调整充实领导力量,加强狂犬病的预防和控制。制订《越西县高致病性禽流感防治应急预案》,成立领导机构,防止高致病性禽流感疫情在县内的发生和蔓延。

结核病防治 2002 年,培训县、乡(镇)村防痨医生 25 人。开展电视讲座一次。截至 2005 年,通过 X 光、痰检,结合临床诊断结核病人 208 例。

非典型性肺炎 2003 年 4 月 22 日,县政府下发《关于加强传染性非典型肺炎预防工作的紧急通知》(越府发〔2003〕21 号文件)。县委、县政府联合下发越委办发〔2003〕13 号及有关防治“非典”文件,成立越西县防治非典型肺炎工作领导小组,安排部署全县“非典”防治工作;先后召开县四大班子领导、各乡(镇)党委、政府一把手、县级各部门、企事业单位负责人参加的全县农村“非典”防治工作专题会议。4 月 26 日,全县建立“非典”疫情报告制度,实行日报告和零报告制度。32 个乡(镇)卫生院相应设立“非典”隔离室,统一配备消毒器械、药品、防护用品,并按时对乡(镇)集贸市场、学校、医院等重点场所进行消毒。5月,县卫生局成立非典型肺炎防治专家组(越卫发〔2003〕15号);县防病指挥部在县第一人民医院设立“非典”隔离定点医院,按8个床位标准做好应急准备,并接纳182名外地流动隔离人员;县医院及各中心卫生院设立“发热门诊”、“非典”病人隔离室,配备医务人员116人。对全县个体医疗医务人员进行“非典”防治知识专题培训,派出督导组于5月10日前完成中心医院对乡(镇)、村两级义务人员的培训。全县登记在册的外出务工人员4947人,外出返乡及流动人员2979人,对所有返乡人员进行医学隔离观察和家庭居住医学观察,对重点疫区返乡人员逐一跟踪排查,做到一个不漏登、一个不漏查。7月1日,县“非典”办在县境内9个火车站、1个汽车站和交通要道设立隔离室、交通检疫站3个,累计出动消毒车辆41台次,检查进出人员2979人次,登记进出人员2979人次,消毒车辆面积8.5万平方米,进行医学观察427人次。2003年7月2日,按州“非典”办通知,撤除交通要道检疫站,全县无“非典”病例和疑似“非典”病例。

禽流感 2005年,为预防控制人感染高致病性禽流感和人感染猪链球菌病,县疾控中心组织各级医疗保健单位主要负责人及公卫人员进行系统培训,现场演练,对可疑病人进行流行病学调查,严密监控,全县无病例发生。

计划防疫 1991年,组建地方病防治领导机构,卫生医疗单位标准化管理验收合格。全县完成麻疹疫苗(麻疹、百白破、卡介苗、脊灰糖丸)接种4769人次,发放小儿麻痹症糖丸14119人次。百白破三联接种13208人次。百白破二联接种4317人次,乙脑疫苗接种326人次。全县各乡(镇)设接种门诊,每月接种一次,实行县、乡、村三级运转,形成全民动员、社会参与、部门配合的局面。

1993年,调整领导机构,强化农村卫生防疫保健项目管理,狠抓“三项建设”。10月17日,成立越西县霍乱防治指挥部,封闭通往昭觉县的交通道路,禁止一切机动、畜力、人力车辆行驶,禁止昭觉县方向人员入境,县内公民及过境人员,不得取道去昭觉从事经济和社会交往活动,严格实行疫情申报制度和24小时值班制度。1994年,县卫生局联合7家单位起草《关于在县级机关开展对新婚育龄妇女、孕妇、婴幼儿补用碘油工作的安排意见》,全力预防智力残疾的发生。完成4种疫苗接种37261人次。1996年,进行计划免疫补偿制试点,推行多种形式的城乡医疗保障制,形成初级卫生防疫、保健网络。1997年,在全县开展消灭脊髓灰质炎强化免疫工作。1999年,为降低人口因缺碘造成的智力损害,对辖区0~40岁的人员安排服用碘丸。2002年,乙肝疫苗纳入儿童计划免疫管理。2005年,全县儿童计划免疫类接种38697人次,骨髓灰质炎强化免疫28976人次。

第三节 地方病防治

麻风病防治 1991年3月,制定《越西县麻风病“七五”防治规划》。县内186例现症麻风病主要分布在麻风病康复医院和全县9个区的44个乡(镇),卫生局对现症病人实行隔离治疗。同年,地方病防治领导小组对1985—1991年有2例现症病人以上的4个村民小组进行普查,实查934人,占应查人数比例的95.3%,普查结果未发现可疑和新发病例。1994年3月,地方病防治领导小组制定《越西县地方病防治规划》,开展麻风病疫点调查,实查2498人,调查率92%,查出结核型病人2例,收入麻风医院治疗。1995年,现症病人122例,其中:多菌型118例,少菌型4例,经过联合化疗,基本治愈。地方病防治领导小组对境内14个疫点调查,实查4115人,调查率95%。

霍乱病 1998年8月21日,全县发现首例传入性霍乱病例。县政府制发《传入性霍乱病防治指挥部的通知》(越府办〔1998〕43号)和《传入性霍乱病防治领导小组的通知》(越府办〔1998〕44号),并组成9个医疗救治小分队,奔赴10个医疗点,负责各疫点的消杀、抢救病人等工作。此次疫情波及3镇16乡56个村73个村民组,全县发病175例、死亡2例,病原确诊106例;使用消毒漂白粉30吨,DDV146瓶,

TC101 灭菌片 12000 片,人群预防性服药(氟哌酸)27000 板,采样 3293 份,发布疫情通告 2 份,报送疫情简报 5 期,发放宣传资料 3000 份。经全县医务工作者的努力,传入性霍乱病例得到有效控制。1999 年,全县发现 9 例霍乱病例。2002 年,按照越府办〔1998〕43 号和越府办〔1998〕44 号文件精神,层层签订责任书,制定"死亡报告制度"、"聚餐申报许可制度"、"群体性聚餐管理制度"。2005 年,建立健全各级医疗单位腹泻门诊。做到"逢疑必报,逢泻必检",全县传入性霍乱病例连续 3 年零报告。

性病防治 1991 年,县卫生局组织县防疫站医务人员在"世界艾滋病日"上街宣传性病、艾滋病防治知识,印发防治艾滋病卫生小报 1000 份,发放宣传单 600 张。1993 年,对重点单位的相关人员采集血清进行检验,加强对预防和控制性病的健康教育。严格实行使用一次性注射器和输液器,预防交叉感染。2000 年,预防控制艾滋病,实施有效干预,发放安全套 500 只,自愿咨询 27 人,其中:21 人作 HIV 检测,4 人阳性;监测服用美沙酮人员 72 人,其中:19 人阳性,感染率 26.39%,清洁针具交换 300 具,回收 280 具,随访 HIV 感染者 560 人,全年累计发现报告艾滋病感染者及病人 896 例。2004 年 11 月,县卫生局组建越西县防治艾滋病工作委员会和越西县防治艾滋病工作委员会办公室,重点加强对饮食服务业、理发美容业、宾馆、旅社等有关企业的监督、监测和管理,在全县乡(镇)、社区全面普及性健康教育等知识宣传。同年,制订《越西县人民政府关于进一步加强艾滋病防治工作的实施意见》,健全和完善多部门合作参与的工作机制,落实"四免一关怀"政策,开展以预防为主的综合防治措施,加强疫情监测,规范疫情报告,加大经费投入,强化资金保障,遏止流行态势。当年,从全县吸毒人员中查出数十名艾滋病感染者,成为全州艾滋病毒感染流行的地区之一。2005 年,全县共报告性病病例 69 例,其中:梅毒 44 例、淋病 25 例。

第四节 妇幼保健

一、妇女保健

1991 年,县妇幼保健站设妇女保健科,有妇产科医生 7 人。全县 288 个村有接生员,全年孕妇系统管理 7.2%,新法接生 1896 人,住院分娩 10.64%。1993 年,调查中所、新民、河东、乃托、贡莫、乐青地、越城镇、尔觉、普雄镇 9 个乡(镇)11 万人,检查已婚妇女 1035 人,查出妇女病患者 489 人,治疗 412 人。1995 年,根据《母婴保健法》,开展婴幼儿和孕产妇系统保健,实行出生保健卡和出生医学证明制度。1996 年,县保健站在普雄镇开展妇女围产期保健工作试点,试行孕妇产前检查 523 次,产后访视 168 次,产后 42~56 天保健体检 165 次。

1997 年,新民、中所等 12 个乡(镇)推行孕妇系统管理和预收新婚夫妇母子保健费。全县孕产妇 3582 人,系统管理 1253 人,比上年提高 5%;产前检查 1974 次,完成 55.1%;系统管理 1293 人,比上年提高 3%;住院分娩 644 人,占产妇的 18%;产后访视 1642 次,占 45.8%;孕产妇死亡率下降到 128/10 万。

1998 年,贯彻执行《中华人民共和国母婴保健法》,宣传母乳喂养及产妇知识,推行母乳喂养。1999 年,确定县医院、保健站和中所、新民等 5 个中心卫生院为婚前检查机构,孕产妇系统管理 1968 人,产前检查 2251 人次,产后访视 2059 人次,产妇死亡 4 人,死亡率 105/10 万。

2000 年,普查县级单位已婚妇女 682 人,查出宫颈糜烂 153 人,老年性阴道炎 19 人,乳腺小叶增生 5 人,子宫肌瘤、乳房包块各 4 人。截至 2002 年,县保健站与县防疫站合并,调查 35 个村,检查已婚妇女 3498 人,查出各类妇女病患者 1628 人,发病率 46.5%。2004 年,举办"孕妇学校",对 8450 名育龄妇女进行孕产妇保健,安全分娩等知识的宣传。2005 年,建立孕妇档案,开展妇科病普查普治工作。

二、儿童保健

儿童健康检查　1991年,县妇幼保健站设儿童保健科。开展儿童系统保健,对儿童进行生长发育监测,对贫血患儿、佝偻病、营养不良的儿童实行专案管理。1993年,实行3岁以下儿童生长发育监测。1996年,对全县6岁以下儿童进行健康检查,参检儿童305人,全部建立健康检查卡。1999年,对全县儿童进行统计管理,共处理数据1.1万个,绘图12张,制表8张。2002年,儿童检查1524人,占儿童总数的10%。2005年,开设儿保门诊,完成儿保999人,儿童体检1732人,开展儿童生长发育监测521人。

儿童生长发育调查　1991年,对全县15个乡(镇)6岁以下儿童开展调查,共有0~6岁儿童1241人,实际调查854人。调查项目有分年、分龄段的体重、身高、胸围、头围、身长体重指数、身长百分位数、体重百分位数等10个项目。经调查与省内3个城市进行比较,本县儿童的头围和胸围比全省农村儿童发育偏晚;调查发现,儿童的生长发育与该地区的社会和经济条件、文化水平有关。

儿童生长发育监测　1994—1996年,越西县被列为省儿童监测县,成立中所、新民、大屯、普雄镇、书古监测点,进行儿童系统管理3561人,建卡体检2142人,体弱儿童管理541人,婴儿死亡31人。

1998年,儿童系统管理5213人,建卡体检982人,体弱儿童管理124人,婴儿死亡18人。2000年10月,卫生部检查大屯、中所等4个乡(镇)5岁以下儿童死亡监测工作。

2002年底,3岁以下儿童11496人中,体弱儿童320人,婴儿死亡14人;5岁以下儿童死亡65人;7岁以下儿童系统管理6758人,建卡体检1025人。

三、"降消"项目

2000年,越西县被列入全国实施孕产妇死亡率和消除新生儿破伤风项目("降消"项目),全县正式启动"降消"项目,成立县"降消"项目领导小组,负责"降消"项目工作,领导小组下设项目技术指导小组,由县妇幼保健站、县医院妇产科、儿科骨干医生组成,负责全县各级人员培训和技术指导;督导小组,由县卫生局、妇幼保健站、中心卫生院负责人组成,负责项目督导工作。

2001年,严格执行《凉山州降低孕产妇死亡率和消除新生儿破伤风项目实施方案》,制定《越西县降低孕产妇死亡率和消除新生儿破伤风项目实施方案》、《健康教育方案》、《贫困孕产妇住院分娩救助资金运转方案》、《越西县降消督导方案》,加强领导,健全机构,狠抓项目实施,强化监督管理。

2002年,根据《中国儿童发展规划纲要》和《中国妇女发展纲要》,采取会议、广播电视、开辟专栏、悬挂标语、发放宣传等多种方式开展健康教育。当年,发放宣传资料8000份,出专栏21期,举办专题讲座12期。2003年,开展健康教育"孕产妇抢救中心"及各级转诊转院绿色通道,不断提高住院分娩率。

2004年,全县孕产妇系统应管理2926人,实际管理984人,管理率33.5%,其中:高危孕产妇47人、高危管理34人,管理率7.2%;高危住院分娩30人,管理率63.8%;7岁以下儿童应管理29329人,实际管理2951人;3岁以下儿童应管理11969人,实际管理795人。妇女病应普查15742人,实查4060人,普查率25.8%,查出各种疾病414人,占10.2%。全县产妇2926人,活产数2934人。住院分娩444人,住院分娩率15.1%。断脐消毒接生1966人,断脐消毒接生率79.2%。新法接生2410人,新法接生率82.3%。孕产妇死亡3人,死亡率102.2/10万,其中:产科出血死亡3人。5岁以下儿童死亡96人,死亡率26.9‰,其中:婴儿死亡37人,死亡率12.6‰。全县无新生儿破伤风病例发生。

第四章　食品药品监督

第一节　食品药品机构

1991 年,全县食品、药品管理销售由县卫生局、县医药公司等部门负责。2001 年,成立越西县药品监督管理局,实行省垂直管理。同年,更名为四川省凉山州越西县药品监督管理局,属州药品监督管理局派出机构。2005 年 8 月,越西县药品监督管理局更名越西县食品药品监督管理局(以下简称药监局),成立越西县食品安全协调委员会。药品监督管理局内设:综合股、稽查大队、食品安全协调监察股,人员编制 10 人。

表 25 - 9　　2001—2005 年食品药品监督管理局负责人名录

姓　名	性　别	民　族	职　务	任职时间
刘光超	男	汉族	局　长	2001. 12—2003. 5
木可衣布	男	彝族	局　长	2003. 5—2005. 12
李东琼	女	汉族	副局长	2003. 5—2005. 12
蒋康林	男	汉族	纪检组长	2003. 5—2005. 8
			副局长	2005. 9—2005. 12
沙马拉铁	男	彝族	纪检组长	2005. 9—2005. 12

第二节　药品管理

药品监管　1991 年,举办全县药品、医疗器械经营业主和从业人员培训班,学习《药品管理法》、《医疗器械监督管理条例》和《中西药基本知识》,提高其医药法规意识。同时,开展大规模的“关爱健康、拒绝虚假药品、医疗器械和保健食品”宣传咨询活动,向广大市民普及医药管理的法律法规和相关知识;开展整顿医药市场、清理和打击假冒伪劣药品及医疗器械的活动。

1994 年,全面整顿医药市场,取缔无证办医办药,没收其医疗器械和药品。1998 年,县政府成立越西县加强药品管理领导小组,并提出实施意见。对县内药品业主及从业人员健康体检 300 人,培训上岗 80 人。

2001 年,采用“点、面”结合方式,整顿药品市场,规范行业,对全县药品经营单位和个体药店进行验证,全年验证 17 个,新发证 5 个。2002 年,配合林业、公安、卫生等部门,按照《野生动物资源保护法》,对全县药品经营单位库存的虎骨、犀牛角等进行清理封存,并做好禁贸工作。对药品经营单位和个体药店进行资格认证,全年突击检查 5 次,未发现无照经营户。

2003 年,协同卫生部门对输液、医疗机构使用药品及医疗器械情况、药品购销记录、特殊药品管理、村卫生站用药情况等进行专项检查,出动执法人员 200 人次。检查整顿医药摊点 7 次,取缔违法、非法药材批发点2个。对辖区内药品供应网络进行规划、布局,设置乡级药店26个,村级药店25个。2004年,对全县药品经营人员进行技能培训,举办培训班2期,120人参训,经考试合格后发给上岗证和技能合格证书。加强药品管理的建章立制,建立各种规章制度16项240条,规范药品管理工作。截至2005年,全县农村"两网"(农村药品监督网和农村药品供应网)药店开办22家,乡级药品供应覆盖面80%以上。

质量管理　1991年,开展医院制剂室检查。规范操作流程,严格制剂药品使用。对1家制剂操作不规范医院提出整改意见。

2001年,加强药品质量监督管理。对县内药店、医疗机构使用的药品进行快检,全年抽查药品300种,快检80批次,抽样送检7个,查处不合格药品3种。2003年,出动执法检查人员130人次,检查医疗单位、计生服务室、个体诊所、零售药店80个次。2004年,全面推进医药商品质量规范(GSP)达标认证工作,药品管理走上法制化轨道,全县1家批发企业和44家零售药店全部通过GSP认证。2005年,强化医疗机构和药店,监测药品不良反应,向省药品不良反应监测中心提供报告23份。开展打击非法回收药品、非法添加化学药品等9次专项行动,全年快检120批次、抽样送检13个批次,查处不合格药品5个批次。

药品市场监管　1991年,医药、卫生、工商、税务、物价等部门抽调干部组成检查组,到基层对国有医药批发、委托代理批发的集体单位进药渠道、药品质量、价格执行情况进行检查。

1994年,为落实国务院《关于加强药品管理工作的紧急通知》,县政府组织医药、卫生、工商、物价等部门的人员,分宣传动员、清理整顿、检查验收三个阶段对药品市场进行清查整顿,共清理15个乡(镇)19个药品经营单位。

1998年,对零售药店实行"三定"(定购进渠道、购药计划、销售地点)管理,要求零售药店悬挂"绿十字"标志,县内各级医疗机构在当地国有主渠道购进药品不得低于药量的70%。

2001年,按照药品监督供应网络建设的要求,全县40个乡(镇)建立药品安全协管站,聘请药品协管员,并分批培训上岗;在288个自然村聘请药品义务信息员,明确协管站、协管员、信息员的工作职责,初步构建起符合全县实际的县、乡(镇)、村三级药品监管网络体系。2002年,审核药品管理经营合格证,建立档案制度,将药品经营管理纳入规范化轨道,全县无证、三证不全的药品经营单位和个人基本消除。2003年,对全县药品经营单位和药品零售店进行清查。开展整顿药品市场的专项行动12次,出动执法人员386人次,执法车辆50台次,检查药品经营、使用单位523家次,立案查处39起,结案39起,没收药品价值13.5万元,责令整改3家,取缔无证经营户2户。

2005年,成立医疗用品监督检查小组,加强进药渠道管理,杜绝药品经营单位和药品零售店从业证照不全的企业购进药品、医疗器械等医疗用品管理,对医药市场进行不定期的抽查,出动执法人员485人次,执法车辆112台次,开展各类专项整治21次,检查药品经营、使用单位736家次,立案查处89起,结案89起,结案率为100%,没收价值15.3万元的药品,销毁价值13.5万元假冒伪劣药品,没收违法所得789元,责令整改7家,取缔无证经营户4户,接受群众举报2家,处理2家。

第三节　食品卫生监管

1991年,县卫生防疫站设食品科,对全县各类食品生产单位建立食品卫生档案,开展经常性的食品卫生监督监测工作。同年,县卫生部门在质监、工商部门的配合下,广泛深入地宣传《食品卫生法》、《产品质量》和《消费者权益保护法》等法律法规。

1994年,全面整治城乡环境卫生,完善卫生设施,健全卫生制度,继续抓好饮食、食品卫生,全面检查食品生产、储存、运输、销售等环节。1996年,县配备专职食品卫生监督员5名,对2家食品生产单位进行卫生监督,建立卫生管理档案,发放卫生许可证2个;监测抽样5件,合格4件,合格率80%。1995年,出动12次宣传车深入全县食品经营单位巡回宣传,并在电视台开辟专栏,宣传食品卫生法和卫生知识。县卫生防疫部门对县内从事食品生产经营的人员进行健康检查和卫生知识培训,先后体检、培训3000人次。

1998年,清理整顿县农贸市场、烟酒食品商店、超市及餐饮业,排查查处各种假冒伪劣及变质食品、烟酒、饮料,加强对从事食品、餐饮行业人员健康状况的监管,预防各种有毒有害食品和病毒的传染、泛滥。

2001年,参加政府组织的科技、文化、卫生"三下乡"活动,发放食品卫生宣传资料5700份,接受咨询3500人次。培训食品行业业主763人。2003年,审查发放城镇食品卫生许可证,持证率在98%,办理从业人员健康证,持证率97%以上。组织培训食品从业人员731人(次),培训面点食品从业人员90%以上,对食品从业人员体检762人(次),查处传染病患者和带菌者87人。

2005年,对全县4600家食品生产经营单位进行监督检查,抽样检验505件,合格率90%;违反《食品卫生法》的208家,处理、销毁腐烂变质食品2500公斤,罚款2万元。配备食品卫生监督员7名,开展食品卫生监督管理。组织16家县食品安全委员会成员单位出动执法人员1602人次,执法车辆53台次,发放食品安全宣传资料2193份。监督检查餐饮户423家,粮油经营店17家,食品生产企业31家,食品批发企业40户,集贸市场9个,养鱼场7户,牲畜屠宰点17处,处罚违反规定165起,销毁违禁食品2635千克,罚款18572元;对城区127家、乡(镇)470家食品生产经营企业监测,对不合格的130家限期整改,销毁过期变质食品764千克。重点加强对农家乐、学校食堂的食品卫生整治,没收销毁过期变质、霉烂及"三无"食品20种,200千克,价值5000元,限期整改21家,责令停业整顿12户。举行食品安全讲座培训1次,培训人员749人。

第二十六篇

广播电视电影　文化体育　旅游

第一章　广播电视电影

第一节　广播电视电影管理

机构设置　1993 年,越西县电影公司由文教局划到广播电视局,越西县广播电视局更名越西县广播电影电视局。1998 年,文教局文化股、体育协会、文化馆文管所划归越西县广播电影电视局,组成越西县广播电视文化体育局。

2001 年,广播电视文化体育局由政府直属事业管理局转变为政府组成局。2003 年,成立越西新闻出版局,挂靠越西县广播电视文化体育局。2004 年,越西县体育协会更名越西县体育运动管理中心。2005 年,撤销越西县电影公司,成立越西县农村电影放映"2131"工程管理中心,属越西县广播电视文化体育局。

表 26－1　　1991—2005 年广电局负责人名录

姓　名	性　别	民　族	职　务	任职时间
唐启端	男	汉族	局　长	1990.4—1993.4
钟文学	男	汉族	副局长	1991.12—1994.8
毛小华	男	彝族	局　长	1993.5—1998.7
杨寿康	男	汉族	副局长	1993.4—1998.7
何明昌	男	汉族	副局长	1996.4—2005.12
王龙川	男	汉族	局　长	1998.8—2003.4
陈　霖	男	汉族	副局长	1998.8—2005.12
李文勇	男	彝族	副局长	1998.8—2005.12
马尼古	男	彝族	局　长	2003.5—2005.12
蔡克祥	男	汉族	纪检组长	2003.5—2005.12

制度建立　1991 年,制定《岗位责任制》、《办公室工作职责》、《有线电视安装维护守则》,明确各部门任务、职责,进行制度化管理。

1995 年,开展行风教育活动,对职工进行"三比"(比思想、比作风、比贡献)、"三爱"(爱国、爱局、爱岗)教育活动,整顿广电行业中的违法乱纪现象。

2002 年,制定《越西县广播电视安全播出应急预案》,便于指挥人员对专业技术人员、监测人员、值班人员等的调度。

2004 年,健全完善《安全播出应急预案》、《机车管理规定》、《档案管理实施意见》、《安全生产管理规定》等规章制度。

2005 年,投入资金 142 万元,改造内部设施,增强播出的安全性。

第二节 广 播

一、广播事业

有线广播 1985 年,开辟普通话播音。1991 年,加强农村广播网的维护,保证区乡广播信号传输质量,会同乡政府组织干部到各村进行网络改造,投劳 2793 个,换广播线路杆 986 根,换铁线 1700 千克,增挂喇叭 1342 只。1992 年,全县新通广播村 13 个,新通组 62 个,增挂喇叭 2563 只。1993 年,各区、乡(镇)政府新建村广播站 7 个,更新设备 3 个站,机房改造 5 个,广播通村 10 个,增挂喇叭 488 只。1994—1995 年,全县筹资 19.5 万元,以提高农村广播通村通组入户率为重点,抓技术改造,更新设备 12 台,改造机房 5 个,建村广播室 20 个,通村 72 个,通组 486 个,整理网络 1122 公里,换广播线路杆 3448 根,增挂喇叭 2935 只。

调频广播 1995 年,开通调频广播,县广播站节目信号开始由无线传送到乡镇广播站。用户可安装调频喇叭收听广播。1997 年,全县各广播站安装调频喇叭 720 只。1999 年,实施"广播电视村村通"工程,扩大广播节目覆盖范围,解决各乡(镇)不能收听凉山台广播节目的问题。全年安装调频喇叭 1050 只。2001 年,全县安装调频喇叭 1750 只。2003 年,县广电局投资 10 万元,建立县城调频广播差转站,实施县城调频广播覆盖。开通广播电台节目 3 套:中央一套、四川一套、凉山一套。2005 年,随着调频广播的普及,有线广播逐步淘汰。

二、广播宣传

转播 1991—2003 年,县有线广播站规定每天开播 3 次,分别为:早上 7:00,中午 12:00,下午5:30,每次 2 小时。主要转播中央人民广播电台《新闻报纸摘要》、四川人民广播电台《四川新闻和报纸摘要》以及县广播电台的自办节目。

自办节目 1991 年,县有线广播站,有专职编采、播音员 7 人。全年组稿 275 件,用稿 179 件,其中:自采稿件 124 件,开办《越西汉语新闻》、《越西彝语新闻》、《科技知识》、《娱乐节目》、《计划生育》、《农村政策谈》、《越西天气预报》等专题节目,节目讲求适用性和新闻价值,注重地方性。1995 年,开办计划生育专题节目 24 期,学法律 48 期。开办《民族团结》广播讲座,宣传全县民族团结工作中做出成绩的单位和典型人物,寓教育于事实之中。1997 年,重点围绕香港回归、中国共产党第十五次全国代表大会精神和市场经济、扶贫攻坚、科技致富、企业改革等进行报道,开办《时政要闻》、《对农节目》、《法制节目》等专题节目,报道群众关注的"热点"、"难点"问题,增强节目的思想性、贴近性。1998 年,努力办好广播自办节目,创新广播节目的采、编、录、播。2000 年,着重宣传中国共产党十五届第三次会议精神、改革开放成就、澳门回归、"三讲教育"、党风廉政建设等内容,开设《学习"三个代表"》、《理论讲座》等栏目。2003 年,有线广播停播,改为调频广播,向州广播电台报送 98 条新闻稿。2005 年,向州广播电台报送新闻稿件 120 条。

第三节 电 视

一、电视事业

卫星地面差转台 1991 年,在申果庄、拉吉坝、贡莫、瓦吉木、书古、乃托地区建立电视差转台 6 座,在天皇岗、中普雄、保安、下普雄、上普雄地区建立卫星地面接收站5座。1992—1995年,先后建立9个地面卫星接收站。

微波站　1991年,猫儿山微波中继站(608台)传送四川电视节目1~2套,通过差转台,传送入户。

广播电视"千乡"工程　1996年,实施竹阿觉乡、依洛地坝乡、马拖乡、梅花乡、瓦普莫乡、五里箐乡、"千乡"工程。1997年,"千乡"工程项目增加书古乡、乃托镇、古二乡、拉白乡、拉吉乡、瓦里觉乡、尔赛乡、乐青地乡、瓦岩乡。1998年,德吉乡、瓦普莫乡、下普雄工委列入"千乡"工程项目,并建设完工。

广播电视"村村通"　1998年,中央实施"村村通"工程,拉吉坝、瓦吉莫、书古等地区10个电视差转台逐步淘汰。截至2005年,全县实施广播电视"村村通"工程403个点。主要有两种模式:一部分是以20户为单位的自然村实行天线模式,解决高山—半山有电村组的村民收听收看中央和省级广播电视节目难的问题;另一部分是村民自行解决收看收听广播电视节目。

小型地面卫星接收器　2002年,小型地面卫星接收器在市场销售,因价格不高,安装简便,在境内发展迅速。2005年,发展到2584个。是年,边远偏僻山区,分散居住农户基本建有小型地面接收站,全县小型地面卫星接收器发展到24769个,电视覆盖率提高到86%。

有线电视　1991年,成立越西有线电视台,在职人员9人,设综合演播室1间,有采访车1辆、摄像机6台、采编播设备7台。开办越西新闻、请您欣赏、倾注三农、致富事迹、广告、点歌等栏目。是年,安装闭路电视1000户。1994年,县广电局投资10万元,更新设备,拆换城区线路5000米,新安装电视用户5700户。先后在中所、丁山、大花、大瑞、南箐、马拖、河东、大屯、新民、板桥、保安、乃托、普雄等14个乡(镇)建立有线电视网站,入网4965户。设有线电视网络管理员20人。1997年,在城区维护改造线路8条,主干线联网364户,安装2157户。1998年,县广电局坚持组织落实、计划落实、资金落实、技术落实、人员落实,投资15万元,用于各乡(镇)有线电视网站设备更新、线路改造,提高用户的收视质量。全县增加有线电视用户8736户。2000年,开通有线电视节目15个以上的乡镇有中所镇、大瑞乡、新民镇、河东乡、大屯乡、普雄镇,用户总计5500户。2001—2003年,投资30万元,在县城实施有线电视网IC卡改造。

机顶盒　2004年,县城有线电视网部分经营权转让拍卖成功。为确保网络安全,防止非法信号传入,县广电局加强有线电视管理,控制少数用户私拉乱接,实施机顶盒管理模式。同时,在十字路口设点,向用户开展宣传工作,发放宣传资料3750份,接收咨询2579人次。全年在县城安装机顶盒3426个。截至2005年,开通节目33套,安装机顶盒8694个,用户收视费收缴率由70%上升到96.7%。

光纤电视　2005年,实施网络整合体制,整改城区网络,发展光纤电视。投资84万元,改造广播电视中心机房和城区主线路光纤,改造里程36公里,发展光纤电视用户9000户。

表26-2　　2005年"村村通"实施情况表

乡(镇)	20户以上自然村数	户数	投资估算(万元)	乡(镇)	20户以上自然村数	户数	投资估算(万元)
越城镇	13	20	6	申普乡	12	539	24
西山乡	20	122	10	瓦里觉乡	8	398	16
河东乡	8	80	6	瓦曲觉乡	8	438	18
中所镇	11	665	22	保石乡	9	215	18
大瑞乡	10	589	40	尔赛乡	10	374	18
丁山乡	3	181	14	古二乡	5	127	10
马拖乡	11	406	36	依洛地坝乡	14	515	28
南箐乡	11	455	34	竹阿觉乡	7	477	14
新乡乡	5	528	24	普雄镇	19	416	28

续上表

乡(镇)	20户以上自然村数	户数	投资估算(万元)	乡(镇)	20户以上自然村数	户数	投资估算(万元)
大花乡	23	304	18	乐青地乡	11	329	22
新民镇	7	171	16	拉白乡	5	213	12
瓦岩乡	11	273	24	贡莫乡	3	260	22
大屯乡	8	245	12	德吉乡	8	346	16
板桥乡	16	237	22	尔觉乡	12	282	16
乃托镇	8	259	24	拉普乡	8	388	18
梅花乡	8	159	16	四甘普乡	16	330	16
保安乡	9	221	18	铁西乡	10	194	16
白果乡	11	364	24	书古乡	11	282	22
拉吉乡	12	418	24	瓦普莫乡	6	402	16
申果乡	8	534	18	五里箐乡	8	205	18

表26－3　2005年自行解决收听收看广播电视节目情况表

乡(镇)	户数	乡(镇)	户数	乡(镇)	户数	乡(镇)	户数
西山乡	601	四甘普乡	97	保石乡	117	白果乡	255
大瑞乡	966	拉普乡	227	古二乡	176	瓦普莫乡	172
马拖乡	101	铁西乡	159	大屯乡	195	五里箐乡	506
南箐乡	995	申普乡	19	新民镇	610	书古乡	507
越城镇	828	拉吉乡	159	瓦岩乡	482	丁山乡	896
普雄镇	705	瓦曲觉乡	77	板桥乡	318	大花乡	560
贡莫乡	392	瓦里觉乡	139	河东乡	462	中所镇	897
拉白乡	76	申果乡	85	乃托镇	595	新乡乡	380
乐青地乡	532	竹阿觉乡	115	梅花乡	191	尔觉乡	243
德吉乡	30	依洛地坝乡	200	保安乡	344	尔赛乡	257

二、电视宣传

自办节目　1992年，利用有线闭路电视网络宣传全县经济建设成就和社会事业的发展。1995年，添置25万元的摄录编播设备。每天播出《越西新闻》2次，开设《请您欣赏》等节目。1997年，广电局与科协、地税局等13个单位联办节目21组。1998年，在新闻和专题节目的内容上，电视宣传坚持正确的舆论引导，做到内容真实、及时编播、短小精悍、形式多样。不断提高宣传质量，增强宣传效果。1999年，配合“八七”扶贫攻坚战，制作电视新闻、专题片。2001年，对政治、经济、基础设施、科技教育、文化卫生、社会事业、人文景观等方面的发展情况作系列报道。2003年，以中国共产党十六届全国代表大会精神和十六届三中全会精神为指导，围绕县委、县政府“强工、重农、活商、建城、兴农”的十字方针，开设“两会”报道、抗“非典”等栏目。

上送节目　1992年，播出的自制电视节目被州电视台采用6条。1994年，自制节目在凉山电视台播出5条，专题片1组。1998年，上送科技专题节目《推广旱改制效果显著》获凉山州广播电台一等奖。2000年，县广电局加大对外宣传力度，上送州有线电视台电视节目18个。2001年，专题节目《重量》获全州优秀电视一等奖。2004—2005 年，上送州电视台电视节目 21 个。

表 26－4　　1993—2005 年参加省、州广播、电视节目获奖名单

年份	节目名称	评审单位	获奖等次	备注
1993	《新闻组合》(彝语)	凉山州广播电台	一等奖	
1994	《新闻组合》(彝语)	凉山州广播电台	一等奖	
	《新闻组合》(彝语)	第三届民族语言广播节目	一等奖	
	《新闻组合》(彝语)(阿呷打工)		三等奖	
	对农节目《风展红旗如画》	凉山州广播电台	一等奖	
1995	连续报道《这个承包费该不该交》	凉山州广播电台 四川省广播电台(桃园杯)	一等奖 三等奖	
1996	听众信箱节目《这类老账不能再记》	凉山州广播电台	二等奖 三等奖	
	对农节目《苹果生产不能丢》	凉山州广播电台 四川省广播电台(北碚广电杯)	一等奖	
1998	经济专题节目《挖潜改革促发展》	凉山州广播电台	一等奖	
	科技专题节目《推广旱改制效果显著》	凉山州广播电台	一等奖	广播电视
2000	对农节目《山鸡也能变凤凰》	凉山州广播电台 凉山电视台	三等奖	广播
	对农节目《小小萝卜干带动城乡上万户农民增收》	凉山州广播电台	二等奖	
2001	专题节目《重量》	全州优秀电视	一等奖	电视
	专题《同心合力奔小康》	获州“七一”专题节目	二等奖	
	广播新闻专题《父子同桌学技术》	凉山州广播电台	二等奖	广播
2002	公众性科技节目	凉山州广播电台 凉山州电视台	二等奖	广播电视
	对农节目《金色的希望》	凉山州广播电台	三等奖	广播
2003	评论《有感于一个贫困户杀小猪待客》	凉山州广播电台	二等奖	广播电视
2004	电视短消息《吉则达果喜收大黄》	凉山州广播电台 凉山州电视台	二等奖	
2005	广播新闻专题《爱心放飞希望》	四川省广播电台 凉山州电视台	新闻奖	

电视接收管理　1991 年，制定《越西县关于加强广播电视设施管理规定》。1995 年，整顿全县各接收站、有线电视转播站，组织 3 次执法检查。1997 年，县广电局组织宣传车到各乡(镇)宣传国务院颁发的《卫星电视广播地面接收设施管理规定》(国务院令 129 号)和广播电视音像管理法律法规，清理登记卫星接收站、差转站、单收站、有线电视站，严格审查把关，不定期对播出节目进行检查。1999 年，县广电局、公安局、工商局联合执法，开展家用电器经销户大检查，查出非法销售广播电视卫星接收设施 4 家，扣留天线等电视器材 76 件。2002 年，收缴非法安装的电视单收站器材 286 套，自动拆除单收站 374 套。2005 年，联合公安部门严厉打击“三电”破坏活动，共破获案件 3 起。会同工商部门收缴非法销售、安装、使用地面卫星接收设施 217 套(件)。

第四节　电　影

新民电影院　1983 年建成，面积 330 平方米，木板座位 206 座；1991 年 4 月 12 日，拍卖。

中所电影院 1984 年建成，面积 1206 平方米，设钢架翻板单座 864 座；1999 年 10 月 26 日，拍卖。

贡莫(中普雄)电影院 1959 年建成，木条座 596 座；1991 年，拆除。

乃托电影院 1985 年建成，面积 300 平方米，木条座 215 座；1991 年，拆除。

越西电影院 1991 年建成，面积 1853 平方米，设钢架翻板单座 1184 座。当年，放映 378 部，收入 7.9 万元。1992 年，香港武打、枪战影片进入市场，县电影院收入增加到 8.2 万元。1998 年，贯彻全国农村电影“三个一”(一村一月放映一场电影)和农村电影放映“2131”的目标，成立 3 个电影放映队，组织战斗片、故事片、禁毒片和农业、林业、畜牧业、计生、卫生等专题片 576 部，在全县 289 个行政村放映 3528 场。2001 年，开展科教电影千片进村活动，放映 242 场。把科学技术带到乡村，送进农户。2005 年，在全县中、小学生中开展爱国主义教育，播放爱国主义题材影片 56 部 124 场。开展百部爱国主义影片进村活动，在全县各村播放《孔繁森》、《七七事变》、《周恩来》等近百部爱国主义题材电影 1440 场次，观看人数 19.515 万人次，农村女子放映队被凉山电视台《彝乡风》节目报道。

乡镇放映 1991 年，在城关、中所、新民、顺河、中普雄、下普雄、上普雄、书古、申果庄 9 个片区放映影片 1400 场。1992—1993 年，在全县 9 个片区放映各类映片 19589 场。1994—2005 年各片区影片放映逐年减少。

表 26－5　　1991—2005 年放映影片情况

年　份	1991	1992	1993	1994	1995	1996	1997	1998	1999	2000	2001	2002	2003	2004	2005
故事战争片(场)	176	150	50	20	13	15	20	40	200	200	200	200	200	200	200
纪录片(场)	2	3	4	2	1	2	3	10	4	2	7	3	10	5	4
录像影碟片(场)	200	300	550	670	700	560	600	500	300	180	56	—	—	—	—
经营收入(万元)	7.9	8.2	4.9	6.4	5.8	4.4	3.7	4.7	5.7	6.3	5.6	6.5	5.8	5.2	5.1

第二章　文　化

第一节　文艺创作

小说 1991 年，创办《零关文学》刊物。1992 年，出版《吉帕瓦西的故事》等 3 本民间故事集、《天国没落之谜》等 8 部长篇小说，其中：《吉帕瓦西的故事》获第二届巴蜀文艺二等奖，小说《迷人的白褶裙》在《零关文学》上发表并获凉山“山鹰奖”。2001 年，小说《谁是英雄》获四川省文联首届小说评选提名奖。2004 年，《越西的传说》获凉山州政府优秀科研成果二等奖。2005 年，小说《瘸子的故事》获江西省文联优秀奖，《文昌故里水镇中所》获州政府科研成果三等奖、县政府一等奖。截至 2005 年，在《凉山日报》、《凉山文学》发表小说 100 篇，散文 150 篇，文学评论 50 篇，部分作品入选中小学乡土教材。

诗歌 1993 年，诗歌《空间》在中国新诗发表并获三等奖，诗作《雪花》获第二届“黄河杯”诗歌大赛特等奖。1994 年，诗歌《蝶》在《南方诗雨》发表并获三等奖，诗集《留在雪地上的歌谣》(又名《我已不再是雨季》），诗作《昆明湖畔》获四川省作家协会“民族团结杯”诗歌大赛奖。1995年，诗歌《怀恋顾城》在湖北《赤壁》上发表并获三等奖。2005年，四川民族出版社出版发行诗集《阿苏越尔诗选》第三部，并获第五届四川文学奖提名、第三届四川省少数民族文学创作奖。《听一位老人谈雪》等诗歌作品被翻译到美国。截至2005年，在《凉山日报》、《凉山文学》发表诗歌近200首。

美术　1991年，《彝族卓毕》获四川省美术作品二等奖、四川省少数民族文艺基金奖。1994年，美术作品《彝族卓毕》获凉山州“教师节”绘画大赛优秀奖、越西县“第十个教师节书画展”二等奖。2002年，《无题》获凉山州首届艺术节美术“铜索玛”奖。2004年，获第七届《曙光杯》全国少年儿童绘画大赛集体优秀奖。《九月故乡》、《金色彝寨》、《无题》参加四川省“新中国成立五十五周年美术作品展”，《茂林》获全国群文系统美术作品铜奖。2005年，选送美术、书法作品24件参加凉山州美术、书法展，其中：8件美术作品被编入《四川美术》、《凉山美术家》。各种参赛作品分别获得《双龙杯》全国少年儿童书法绘画大赛《优秀园丁》奖、《紫金花杯》全国少年儿童书法绘画大赛优秀组织奖、凉山州“火把节”美术、书法、摄影展优秀作品奖。国画《彝家山寨》获凉山州“火把节”美术、书法、摄影展优秀作品奖。

书法　1996年，《凉山彝海结盟书法展作品集》参加第三届全国“红军杯”书法展并被永久收藏。2003年，选送作品20件参加四川省第二届国际少儿艺术大赛，参赛作品获书法一等奖2名、优秀奖18名。2004年，硬笔书法作品参加邓小平诞辰100周年巴蜀硬笔联展，获第二届“新世纪杯”全国教师三笔书法大赛小学教师作品一等奖。2005年，书法作品获全国政协美术书法作品展一等奖、四川省书法家协会书法临帖作品提名奖、八一南昌起义书法大赛一等奖、获2005年《中华魂——纪念抗日战争胜利60周年翰墨典藏》金奖。参加凉山州美术、书法展，书法作品编入《纪念红军长征七十周年暨彝海结盟美术书法作品集》，参加第三届全国“红军杯”书法展并被永久收藏，书法作品被刻入灵山寺碑林和泸山碑林。

音乐　1991—2005年，面向社会征集《想念父亲》、《亲爱的妈妈》、《十三岁的伤心》、《想离开这个地方》、《接客》、《自从离开了家》、《骄傲》、《我走以后》、《外面的光》、《那天才能忘》、《人生不一样》、《有一种》等原创优秀歌曲30首。发展原声态彝语自创民歌，引导多个组合创作发展，协助大弓部落组合创作《春耕》等优秀音乐作品；协助乐青地乡创作《思念姐姐》、《离家的孩子》、《戒毒歌》、《浪子的心》、《阿爸阿妈》、《亲爱的妈妈》、《远方来的朋友》、《人生难》等歌曲，并制作成歌碟。

舞蹈　1992年，组织参加凉山州建州四十年大庆，舞蹈《山鼓》获最佳节目奖。1998年，组织参加中国成都服装博览会，舞蹈《欢乐颂》获表演奖。1999年，舞蹈《推、拉、扭诺苏马马灯》、《朵加与俄多》、《欢乐的牧民》、《弓刀舞》、《三雄夺魁》、《盛开的索玛》分别获第六届少数民族传统体育运动会拉萨赛区表演一、二、三等奖。2000年，开办各种舞蹈培训班，培训4期326人次。2002年，组织参加建州五十周年庆典活动，舞蹈获“金索玛”奖。

第二节　民间文艺

一、民族文学

传统文学　越西保留的传统文学有：《勒俄特依》，讲述彝族先民对天地的形成，物种起源的认识，记录彝族社会由母系制进入父系制、民族迁徙、征战等社会发展演变的过程，反映彝族先民朴素的唯物主义世界观和大无畏的英雄气概。

《玛木特依》叙述一个彝族贵族男子从出生到死亡的人生过程，以每轮12年为一时间段，从一轮1至12岁直到九轮进行论述，体现彝族行为准则和道德规范，反映彝族人民富有哲理的认识态度和认识水平，从生理和社会的角度，客观地分析人的本质和能力，表现不盲目崇拜任何人的唯物主义观点，对研究彝族社会传统的思想、道德、文化有很高的价值。

《阿嫫尼惹》原是口头流传的民歌,在清末形成比较系统的彝文长诗。它深刻地揭露奴隶制的买卖婚姻制度,是奴隶制度下的广大彝族妇女的控诉书,是彝族民间文学的优秀作品之一。

神话、传说故事、寓言和笑话 神话、传说在全县各族人民中代代相传,并在流传中不断创新发展。汉族中的传说有《珍珠填海》、《黄龙借道》、《龟城传说》、《神泉》、《洋人盗金蟾》、《孙锵义判》、《红军洞》、《清河班戏耍官太太》、《童养媳逃婚当兵》等30多个。彝族中以歌颂为人类谋幸福、用智慧战胜邪恶的英雄为主,代表作《支格阿鲁的传说》、《色者斯惹和婆伙斯惹》、《阿呷选亲》、《洪水朝天》、《阿衣曲披与阿丝木呷》、《阿溜足惹》、《火把节的传说》、《吉潘瓦西的传说》、《达布洛魔鬼谷的传说》等。神话如《支格阿龙射日》等。

格言、谚语 彝族称"尔比尔吉"。用形象的比喻方式揭示所要说明的问题,使用率高,流传面广,应用于社会生活的各个方面。包含睿智的哲学思想和辩证的世界观等。

民谣 民谣是群众抒情言志的口头诗歌,县内流传民谣形式多样,内容丰富,生活气息浓郁,显示不同时代的特征,有劳动、时政、仪式、生活、历史、情歌等歌谣。歌谣既有对美的歌颂,也有对丑的抨击,内涵深邃,耐人寻味。现存多为揭露旧社会的罪恶、地方奴隶主与官府的专横、描绘自然景观和1950年后的幸福生活等。

二、民间艺术

民歌有山歌、哭嫁歌、劳动号子等,是民间世代相传的即兴之作。歌唱形式有独唱、对唱、合唱,没有严格的格律。彝族民歌分山歌、风俗歌、情歌数种。民歌与诗歌有密切的联系,在民间广为流传的抒情诗《阿嫫尼惹》、《阿惹妞》、《阿依阿支》等都用民歌形式传唱,调式、风格因地区不同而异。

山歌 大多在野外砍柴、放牧、田间劳动时歌唱,是青年男女抒发感情、赞美生活的一种方式。歌词不固定,代表作《阿呷儿机惹》可作山歌唱,也可作叙事歌唱,歌词大意是诉说儿女在家中的快乐生活和出嫁后对家中哥嫂的思念之情。《阿期敏底》意为"有名的姑娘",歌词诙谐、幽默,是小伙子用歌唱来表示对美貌姑娘的赞美。《阿母妞牛》是彝族妇女的自娱性歌曲。

风俗歌 彝族在丧葬、作帛或姑娘出嫁时由歌唱者根据当时情况即兴演唱,1人主唱众人合。中年以上的人去世或作帛时才能唱《阿古格》。

嫁女歌 主要有《阿母莫过热达》、《阿西西才觉》、《阿美阿尼》等。

情歌 青年男女相互倾诉爱慕之情对唱,《阿惹妞》、《俄乃木阶》均是男女青年用来表达爱慕之情和赞美对方人品才干的代表作。

龙灯舞 多在每年的春节举办,俗称"耍龙灯"。龙灯由龙头、龙身、龙尾3部分组成,分5爪金龙、7节彩龙、9节黄龙、11节老龙,每节竹篾编扎,穿绑竹(木)柄,糊皮纸、着色彩,以麻布连接重力篾笼,扎制精巧。舞时,舞者持柄舞动,前面1人执红珠,龙随红球前进,以打击乐伴奏。龙象征吉祥,舞时翻腾盘旋,气势磅礴,格外热烈,故为群众所喜爱。

狮子舞 每年的新春和传统节日时举办,俗称"耍狮子",有高跷狮与地狮之分。狮子头以竹扎成,糊以纸,狮皮以布为料,上着狮皮之色。表演时舞者穿缀狮皮之裤和狮爪之鞋,1人戴狮头,另1人钻进狮皮,随锣鼓声模仿狮子翘首、回头、匍匐、舔毛、翻滚、跳跃等动作,技高者腾、挪、跃、跳,无不惟妙惟肖。狮子威武勇猛、坚强刚毅,被表演得酣畅淋漓。高难度动作有翻五台山、天鹅抱蛋、孙悟空偷桃等。由笑头和尚执拂尘在前引导,用不同舞姿引逗狮子,作各种舞蹈动作。高跷狮舞需有熟练的技巧方能表演。

踩高跷 表演者脚踩两根约有2米高有蹬踏的木棒(绑在小腿上),化装成传说中的人物,以锣鼓伴奏而舞。

车车灯 表演时女子居轿(一般为船形)中,以绸带和前后轿梁挎肩,手扶左右船舷,船随舞步摇荡,扮艄翁者于船后操舵或划桨，边舞边唱。舞唱时多有连箫队伍打连箫（钱棍）在前引路或居后压阵，1人领唱，众人帮腔，颇有韵味。船车中女子多为男扮。浓施朱粉于面，着艳丽服装，或有戴墨镜者，亦有夹耳环者，踏丁字步舞，风趣幽默。

马马灯舞　是由不定数量的女青少年扮演，除常规化装、身着彩衣外，可根据现实生活编唱新词。

彝族舞蹈多沿袭风俗习惯，凡舞必歌或念白，词中多联系着道德规范、生活习俗等。舞蹈有固定的程式和即兴因素，民间舞蹈与"苏尼"跳的皮鼓舞在动作上有明显的区别。在县内广为流传的舞蹈，分婚礼舞、丧葬舞、祭祀舞、自娱舞和劳动舞。

婚礼舞　以"披毡舞"、"阿笃笃者角"、"虎呷色吉果"等为最佳。"披毡舞"是嫁女时的女子双人舞，动作简单，具有群众性。"阿笃笃者角"是迎亲必跳的舞蹈，迎亲的小伙子被手拉手的姑娘围在圈内，边跳边唱，每一段唱词的后半部由姑娘们接着反复重唱。

丧葬舞　有"瓦子嗨"，是在死者穿戴停放完毕，亲友哭丧后由主客各1人在灵堂内跳的男子双人舞，也可4人共舞，舞者手执匕首或长刀并排或相对站立，在严肃的气氛中由其中1人以有节奏的说白领诵，舞者跟诵，边说边舞。诵词以悼念死者，安慰亲属为主，也可歌颂本民族的历史英雄人物。《阿古格》是彝族传统作帛或中年以上的人死后的丧葬颂歌和指路经词。

劳动舞　以"荞子舞"和"插秧舞"流传较广。这些舞蹈是通过模拟劳动程序而发展的青年群舞，跳时配上自编歌词的民歌，以鼓励人们积极劳动。

达体舞　彝族传统群舞。2005年组织培训"达体舞"，县举办培训班2期68人。后逐步在群众中推广、普及，共培训5975人。2次举行县级机关职工达体舞比赛。之后，各区、乡（镇）亦组织比赛。当年，全县有85%的乡（镇）、村普及达体舞。

藏族舞蹈有锅庄舞、丰收舞、打猎舞。兴趣所至，随处可跳。舞时伴以独唱、男女对唱，歌舞时气氛热烈欢快，必尽欢而散。

三、民间工艺

雕刻　雕刻分民间业余根雕和传承雕刻，传承雕刻包括石刻、铁器雕刻、木刻3种。石刻是在石器上雕刻各种图案和艺术品加工等，代表性的有汉族墓碑石刻、石狮等石器艺术品雕刻，彝族在锅庄石上刻浮雕和建筑柱底座石刻；传统木刻是在建筑物、家具、酒器等木制品上雕刻，图案独特，刻有人物、鸟兽、牛角、羊角、虎头、牛脚、花草等图纹；铁器雕刻是在长刀柄、宝剑、小刀上雕刻各种花纹。业余根雕，是根雕爱好者们利用业余时间进行的雕刻，按其造型特点，可分为人物型、动物型、鸟禽型、鱼虫型、花木型、器物型、审美型及其他自然形态。截至1998年，创作作品68件，年底举办"迎春根雕、盆景、奇石展"，为期5天，参观人数36957人次。2002年，选送根艺奇石作品20件，参加凉山州火把节奇石、根艺作品展。

漆器　民间漆器工艺，主要体现在毕摩法具、彝族酒具、餐具、乐器、马鞍和建筑物上。色彩以红、黄、黑为主，红色代表勇敢、热情；黄色代表美丽、光明；黑色代表尊严、庄重。纹饰源于自然，取自生活，主要有圆日、月牙、水浪、山形、鱼纹、鸟翔、牛羊的弯角、爬动的昆虫等图案。漆器纹饰一般用黑色做底，绘制的图案花纹清晰、对比强烈、色彩鲜明，富有浓郁的生活气息。

银器　彝族以戴金佩银为贵，常用银器做衣饰、马具、兵器、餐具等。彝族青年女子喜佩金银的领牌、领饰、领扣、头饰、耳环；中老年妇女佩带手镯、戒指、头饰。马具有金银镶嵌的马鞍、辔头、足蹬。兵器多在刀、剑的柄、鞘、箭壶及后期的火器枪托上镶嵌银饰。餐具则用银胎打造，有酒杯、酒壶、碗、勺等数10种。

民间乐器　县域民间乐器有马布、布惹、散纳、土二胡、月琴、口弦、笛子、吹树叶等。马布是彝族乐器中一种特殊的乐器，其管身长约20厘米，口径0.6厘米左右的细竹管，上面开有7个音孔，末端装有牛角制成的喇叭，顶端插入1个长约3厘米如筷子粗细的竹管制成的发音体。

银饰加工 以乐青地乡银饰加工为代表,主要加工头饰、项饰、手饰以及酒器等精美银饰。酒器中最具特色的是彝语“约木特尔”(汉语“和平鸽”酒壶)、“撒拉波”银饰酒壶,这两种酒器是彝族独有的。头饰、手饰中独具特色的是彝语“革合”(汉语“银项牌”),以太阳、月亮、双斗等图案为主。

第三节 文化活动

1991 年,举办 10 期书法、美术、舞蹈、电子琴、英语、健身健美操培训班,共培训人员 368 人次;开展机关、企事业单位棋牌对抗赛,共有 1200 人参赛。

1995 年,举办“游园”活动、“灯展”比赛,参加活动 396 人。1998 年,承办越西县迎春美术、书法展,为期 5 天,作品 368 件,参观人数 2462 人次。成立棋牌协会,开展业余训练。1999 年,组织 163 名歌手参加迎新春“卡拉 OK”大家唱比赛,观众 5274 人。

2000 年,成立越西县彝学会,会员 70 人,选举会长 1 人,副会长 8 人。主要从事彝族历史文化、天文、地理、气候、种植、养禽、医学、探寻资源、彝、汉、英语音对照、学术论文、调查报告,先后写出稿件 64 篇,其中:凉山越西彝族风俗习惯 42 篇。用双语文字出版民族学术论文刊物 7 期 165 篇,155 万字;收集整理出版越西民间经诗、格言、谚语 1 书 1000 册,被县外采用 15 篇。

2002 年,参加首届凉山州少数民族艺术节和建州五十周年文艺表演赛,获选美铜索玛奖、集体组织奖;获民歌优秀奖、表演奖;获民乐优秀奖、表演奖;克则表演奖;《彝寨春情》综合文艺节目获金索玛奖;马布队获组织奖、优秀表演奖。是年,参加“三下乡”活动,演出 4 场,观众 35745 人次。同年 7 月,举办全县“移动杯”中小学生电视“卡拉 OK”大奖赛,设周冠军、月冠军等奖项。组织越西县“零关风”书法、美术作品参加凉山州首届彝族国际火把节活动,为期 1 周,作品 86 件,参观人数 1753 人次。

2003 年,组织 29 支队伍,参加庆“十一”彝族达体舞比赛,参加人员 1520 人,观众 5860 人次。当年,成立越西县美术家协会、书法家协会,两个协会 1 个班子,有会员 26 名。在春节、火把节、国庆节、建党节等重大节日举办美术、书法作品展,参加文化“三下乡”活动,为广大群众义务书写春联等;同时,协会开展下乡采风、看稿、讲评作品等学术活动。会员的作品参加全国、省、州美术、书法作品展并获奖。承办越西县庆祝建国 54 周年书法、美术作品展,为期 1 周,作品 120 件,参观人数 1697 人次。同年 11 月,成立越西县金秋艺术团。艺术团有团长 1 名,副团长 2 名,成员 30 人。12 月 26 日,专场组织“纪念毛主席诞辰 110 周年”文艺演出。2004 年,成立越西县作家协会,有主席 1 人,副主席 5 人,秘书长 1 人,会员 36 人。

2005 年 1 月,金秋艺术团与花蕾艺术团联合举办“元旦文艺晚会”。1 年召开 3 次例会,进行散文、诗词、小说等文学知识和新闻知识讲座。同年,5 月 1 日,金秋艺术团参加县总工会组织的庆“五一”职工歌咏比赛。是年,信鸽协会会员发展到 75 人,坚持开展信鸽调养、短训、气候总结等工作。春季举行德阳 330 空距竞翔比赛,秋季举行云南马头山 336 空距竞翔比赛。参加“凉山州国际火把节”获得民歌、民乐组织奖 1 个,民歌、民乐表演奖两个,优秀奖两个。12 月,举办全县“达体舞,阿诗且”比赛,参加队伍 18 支,参赛队员 1020 人,观众 18478 人次。全年在春、夏、秋、冬举行 4 次民间文艺汇演,组织城关、中所、新民等地 23 支队伍参加,表演马马灯、采莲船、相声、小品、快板、健美操、龙灯、舞狮等节目,每次队员 1200 人,观众 8523 人次。

第四节 图 书

图书服务 1991 年,县图书馆每星期开放 7 天,免费接待、解答读者查询资料、咨询相关问题,年接待读者5368人。1995年，通过收集读者意见，购进各类读者喜爱的读物。全年购进期刊36种，图书7类，748册。

2002年，迎接“普九”验收，县图书馆安排业务骨干到学校指导学校建立图书室。2005年，县图书馆以爱国主义为主题，购进图书1230册，接待读者6845人。

图书销售　1991年，县新华书店组织职工采取上街宣传、上门征订等方式，销售再版《毛泽东选集》1~4卷2638册。全年销售各类图书526091册。

1995年，采取送货上门、派人下乡和分片区包干等方式，组织职工销售《邓小平文选》第三卷3275册。全年销售各类图书414376册。

1999年，推行开架售书，扩大品种834个，采取预约登记、邮购售书等方式扩大发行量。全年销售各类图书437999册。全县相继成立个体书店两家，购进图书7200册，销售图书6983册。

2005年，配合“三下乡”活动，把科学知识书籍送到农民手中，赠送科学种植、养殖图书1352册。全年新华书店销售各类图书856396册。全县有卓越、鸿志、阶梯、阳关、嘉诚5家个体书店，购进各类图书20150册。销售图书19990册，销售金额435700元。

表26-6　　1991—2005年新华书店图书进销存统计表

项目 年份	购进		销售		年末库存	
	册数	金额(元)	册数	金额(元)	册数	金额(元)
1991	480383	563257	526091	553727	65223	103581
1992	501002	701016	492459	624663	69341	159803
1993	423918	771483	412088	710117	64611	185082
1994	388261	910925	348619	805505	54835	181086
1995	424910	1222442	414376	1204593	61205	179471
1996	644554	1729535	636178	1686171	59785	176250
1997	483034	1750938	487985	1713521	51798	201370
1998	453773	1854588	436127	1778400	59202	225090
1999	430807	1671132	437999	1723379	44323	140560
2000	446777	1959813	450817	1982045	37022	103654
2001	531322	2513697	539607	2501880	28459	83532
2002	549678	2780482	543087	2732163	15310	48697
2003	678956	3347184	678056	3258888	10456	35553
2004	705439	3404037	706789	3346253	4096	23771
2005	880635	4373104	856396	4281983	22320	93186

影像制品销售　1991年，县新华书店销售各种音像制品，年销售额1.3万元。1996年，以销售歌曲、英语磁带为主，兼销售少量录像带、光盘，年销售额2.7万元。

2000 年,开设音像专柜品种增至 157 种,年销售额 2.9 万元。2005 年,流行歌曲、少儿故事、舞蹈、VCD、儿童动画等成为热销门类,年销售额 4.3 万元。

表 26－7　2005 年音像、影碟零售、出租统计表

户名	销售		出租	
	购进(张)	销售(张)	购进(部)	出租(部次)
碟中碟	1950	1940	290	9350
影碟出租Ⅰ	1250	1250	320	8950
越中第一门市	3150	3050	295	9950
瑞林音像	1100	1100	127	4560
完美影像	2290	2195	187	6380
正洪音像	3500	3490	150	7560
诚美音像	3000	2990	190	8000
环宇音像	1500	1500	147	6300
鸿运音像	1700	1690	156	5890
新潮音像	2250	2105	195	6980
旭日音像	2300	2108	215	7985
新兴音像	2200	2100	210	8200
四海音像	2800	2780	280	9100
影碟出租Ⅱ	1800	1560	310	9700

第五节　文化市场管理

1991 年,坚持“一手抓繁荣、一手抓管理”方针,正确引导、适度发展、严格管理,加大执法力度。全县有台球室 67 家,电子游戏室 10 家,租书店 3 家,个体书摊 1 户,录像放映室 25 个。

1993 年,专项检查娱乐场所 131 次,处罚 87 次,罚款 0.7 万元,取缔非法游戏机 30 家 197 台。1996 年,广电文体、公安、工商等部门联合对文化市场检查 429 次,收缴违禁书 14576 册、录像带 850 盒,查封违禁书刊 3246 册,盗版教育辅导资料 1250 册、录像带 1352 盒。

1997 年,对全县 41 户录像茶园、21 户卡拉 OK 厅、14 户出租音像店进行清理验收。捣毁传播、贩卖淫秽录像、光碟的窝点 8 家,收缴淫秽录像带 4 盘、淫秽光碟 35 盘、电视机 3 台、录像机 2 台、VCD 影碟机 2 台、功放器 1 台、音箱 2 只,治安处罚 14 人。1999 年,相关部门和稽查大队出动 486 人次,检查经营户 346 家次,限期整改 13 家,警告 26 家次,停业整顿 14 家,依法收缴违法经营器材 9 台,处罚 7 人。

2000 年,贯彻国务院《娱乐场所管理条例》,加强娱乐服务场所管理,打击卖淫嫖娼、赌博、吸毒贩毒等社会丑恶现象。全县有录像放映室 58 个、茶楼 3 个、网吧 4 个、歌舞厅 47 个、桑拿洗浴 1 个、棋牌室 55 个、跳舞机室 5 个、音像制品经营出租 48 个。关闭取缔违法违规的录像放映室 15 个、歌舞厅 27 个、音像

制品经营出租5个，没收游戏机8台，影碟3597张，其中：淫秽影碟24张、黄色影碟57张、非法出版影碟3516张。与业主签订治安责任书，明确业主的治安管理责任，张贴警示牌、告知牌，公布监督举报电话；落实公安部关于《关于派出所实行公共娱乐服务场所治安管理责任暂行规定》。

2001年2月，清理整顿网吧，查扣3家网吧涉黄的3台主机和显示器，分别对3个业主给予500元罚款。清理整顿中小学校周边环境，取缔越城镇、中所镇电子游戏室5个，没收游戏机21台并予以销毁，处理非法营业人员5人。6月，在文化广场公开销毁没收的淫秽色情影碟274张、盗版影碟215张、伪气功类出版物39册、伪科学迷信书籍49册、电脑板5块、色情挂画49张。

2005年，全县有15家网吧，分布在中所、越城、乃托、新民镇，营业电脑679台，上网人次352400人。当年依法取缔无证经营的个体游戏户12个，查处违规经营网吧47家，吊销文化经营许可证2家，罚款5万元，收缴非法经营工具、电视机2台，游戏机5台，盗版书籍、上教辅资料累计1763册。是年，配合公安机关在五一桥河坝公开销毁没收的淫秽、色情、盗版影碟145张。

第六节　报　刊

2003年10月1日，成立越西报社，下设：编辑部、通联部、财务室、办公室，人员7人，其中：主编1人，副主编2人。创刊《越西报》作为县级刊物出版刊号为1年1批，每年1号。

表26-8　2003—2005年刊社负责人名录

姓　名	性　别	民　族	职　务	任职时间
杨寿康	男	汉族	总　编	2003.10—2005.12
木战清	男	彝族	副总编	2005.1—2005.12

2004年1月，中央整顿县级报刊，要求县级报纸一律转为刊物，《越西报》由此转为《越西刊》，每周出版专刊单页1张，月底4期单页合成合订本出版，在县内发行。

队伍建设　要求每个班子成员认真贯彻执行民主集中制原则，坚持集体领导和分工负责相结合。定期召开民主生活会，狠抓党风廉政建设和思想政治工作，严格执行廉洁自律各项规定。面对每周1期的《越西刊》和每月1期的合订本，在做好采访、编辑、划版、排版、校对等工作的同时，做好刊物的印刷、发行、稿费的统计和发放等工作。根据全县社会经济形势的变化，刊社采取个别辅导的方法培训通讯员。2005年，全县通讯员有52人，68%的来稿为通讯员撰写。

报刊版面　创刊时越西报为四开四版报纸，报面设置为第一版要闻版，主要内容是全县发生的重大政治、经济新闻；第二版经济版，内容是全县经济新闻；第三版文教、卫生等社会事业新闻和文学副刊，刊发时间是每月两版，刊发全县文学爱好者的文学作品，培养文学新人；第四版法制版，内容是全县政法维稳工作、社会治安的时政新闻。开设"和谐越西"、"环境整治大家谈"、"干部作风整治专栏"、"富民惠民，改善民生"等栏目，系统报道本县各条战线的辉煌成就。

办刊宗旨　服务于中国共产党的路线、方针、政策，围绕县委、县政府的工作大局，反映民意，上传下达；加大经济建设的宣传；狠抓学习实践"三个代表"重要思想、干部作风整治、富民惠民建设和新农村建设的宣传报道；加强明礼诚信教育、精神文明建设、党风廉政建设、社会治安综合治理的宣传。扩大宣传力度，挖掘报道深度，增强新闻宣传的指导性和前瞻性。

报刊发行　2003年，《越西报》自发行以来都是免费赠阅，由刊社发行到省、州属驻县企事业、县级机关、各部门、各乡（镇）、村组和工商个体户，每期2000份。

2004年，刊物主要提供给各级领导和乡镇主要领导参阅，每期400本，其中：刊社的言论、诗歌、小说、散文、书法等作品,被凉山文学、凉山日报、彝族文学报等报纸杂志选用;新闻作品被凉山日报、凉山电视台选用1800篇;特约编辑的新闻、言论被四川日报、四川经济日报、四川农村日报、人民日报等省级、国家级报刊选用近35篇;小说连载后集结成长篇小说在中国影视出版社、作家出版社、四川人民出版社等出版社出版。

第三章 文 物

第一节 文物管理

文物设施 1992年,成立越西县文物管理所,人员编制4个。1997年,县文物管理所获州文化局颁发的文物安全一等奖。2003年,县文化大楼建成,文物管理所分配到300平方米办公用房。2004年,落实文物保护"五纳入",即纳入经济和社会发展计划、纳入城乡建设规划、纳入财政预算、纳入体制改革、纳入各级领导责任制。2005年,四川省文物局下拨文物库房建设专款,制作文物展柜,购置文物铁柜,安装防盗门、防盗窗和电视监控,自动报警系统,达到国家"三铁一器"要求。

文物调查 1998年,县文物管理所对南箐乡红军洞进行调查,并申报红军洞为县级文物保护单位和爱国主义教育基地。1999年,调查中所金马山文昌祠,收集、整理文昌文化的诞生和发展资料,提出《开发文昌文化资源和恢复文昌庙古迹的建议》。2002年,考察越城镇白塔山白塔遗址2次,根据收集的资料,绘制白塔复原图。2004年,调查全县土碉楼,查明尚存完整土碉楼28幢。

馆藏文物 1987年4月,发掘出明永乐年间礼部制发的铜质篆体阳文"越西卫军民指挥使司左千户印",明嘉靖四年(1525年)"重修越西城记"石碑等。1995—2005年,文物管理所征集出土文物包括:明清钱币219枚,出土石刻石雕10件,出土汉代青铜残剑、饰品、玛瑙管、陶罐等20件。征集民间流散文物:越西城北城门石匾"迎恩"、彝族漆皮碗、战刀、箭筒等30件。征集传世文物:"抗美援朝纪念章"、"革命军人证明书"、"彝文经书、法器"等20件,其中:"抗美援朝纪念章"、"革命军人证明书"经省文物专家鉴定为国家三级文物。接收县公安局收缴移交文物:青花方瓶、铜佛像等36件。经省州文管部门鉴定,县馆藏文物中,二级文物有:战国至西汉时期的大耳罐;三级文物有:战国至西汉时期的青铜斧、青铜剑、青铜镯、清代丝质男女肖像画,藏文经书等;待定级的有:战国至西汉时期的铜鍪、铜柄剑,清代的铜鼎熏炉、化石等。截至2005年,越西县文物管理所馆藏文物1068件,其中:国家二级文物3件,三级文物16套(126件),一般文物939件。

表26-9 **1992—2005年馆藏文物统计表** 单位:件

年 份	1992	1993	1994	1995	1996	1997	1998	1999	2000	2001	2002	2003	2004	2005
国家二级文物	2	2	2	2	2	2	2	2	3	3	3	3	3	3
国家三级文物	24	24	24	87	87	87	87	87	126	126	126	126	126	126
一般文物	71	71	71	162	162	162	162	195	301	301	364	364	910	939
文物总数	97	97	97	251	251	251	251	284	430	430	493	493	1039	1068

第二节　地面文物

新民古城遗址　位于新民镇新市村，呈长方形，南北长约600米，东西宽约500米，东起马敞河坝坎，南抵新民镇中心小学，西至新民中学，北达新河堰沟。古城内有大小内城，大内城位于东南方向，小内城位于西北角。古城内出土过汉砖、汉陶罐、铜剑等文物。2005年，报省人民政府批准为省级文物保护单位，树立省级文物保护标志牌。

丁山桥和零关石刻题记　位于丁山乡丁堰村，现保存完好。2005年，报州人民政府批准为州级文物保护单位，树立州级文物保护标志牌。

树衔碑　位于板桥乡窑村。1999年，县政府公布为自然奇观保护点，树立县级文物保护标志牌。2002年，被人为破坏，现仅存三分之二被树衔着。

红军洞　位于南箐乡广乐村。1935年5月，中国工农红军长征经过越西时，有一位身负重伤红军战士留在南箐乡广乐村老乡家养伤。5月29日，红军离开越西后，白泥湾大恶霸地主廖春波把这位红军战士推拉上山，砍断手指脚趾后推入一个深十米的山洞，并堵死洞口。1970年2月，南箐乡干部群众将这位红军战士遗骨安葬，山洞取名"红军洞"。1999年10月1日，将"红军洞"列为县爱国主义教育基地、县级文物保护单位。

城西城墙　位于越城镇城西村，现残存47米，属明代石城墙。2005年，定为文物点，树立县级文物保护标志牌。

保安城门　位于保安乡保安村，清代所建，后经加固维修。2005年，县广电文体局公布为文物保护点，树立县级文物保护标志牌。

白果崖记　位于白果乡塔拉村山腰上，为明代所刻，记载万历刘挺奉旨征剿番倮事件。2005年，县广电文体局公布为文物点，树立县级文物保护标志牌。

小山古道遗址　位于南箐乡小山村，现残存古道1公里。2005年，县广电文体局公布为文物保护点，树立文物保护标志牌。

土碉楼　分布在中所镇、南箐乡、河东乡等地。2005年，县广电文体局公布为文物保护点，树立文物保护标志牌。

禹王宫　清代古建筑，位于越城镇半边街与刘家巷交汇处。

第四章　体　育

第一节　体育管理

体育设施　1991年，全县有体育场地54个，其中：灯光球场2个，小运动场2个，篮球场28个，非标准体育场地22个。1998年，全县有体育场地85个，其中：灯光球场2个，田径场2个，小运动场3个，篮球场40个，非标准体育场地38个。截至2005年，全县有各种类型的体育场地125个，其中：灯光球场1

个，健身房 1 个，田径场 2 个，小运动场 4 个，篮球场 60 个，非标准体育场地 57 个。在全国第五次体育场地普查中，获凉山州一等奖。

表 26 – 10　　1991—2005 年全县体育场地统计表　　单位：个

项目＼年份	1991	1992	1993	1994	1995	1996	1997	1998	1999	2000	2001	2002	2003	2004	2005
灯光球场	2	2	2	2	2	2	2	2	2	2	2	2	1	1	1
健身房	—	—	—	—	—	—	—	—	—	—	—	1	1	1	1
田径场	—	—	1	1	1	2	2	2	2	2	2	2	2	2	2
小运动场	2	2	2	2	2	2	3	3	3	3	3	4	4	4	4
篮球场	28	29	29	30	37	37	40	40	45	45	48	50	53	54	60
非标准体育场地	22	22	28	28	30	35	38	38	41	47	47	48	53	56	57
总计	54	55	62	63	72	78	85	85	93	99	102	107	114	118	125

业余体校　1991 年，越西县业余体校，有专职教练 3 人，开展篮球、田径、足球、摔跤、武术等训练，坚持学训并重的理念，主要利用学生课余时间进行训练，杜绝"以训代学、重训轻学"的做法。

1998 年后，每年定期组织业余体校的教练到各中小学挑选体育苗子，并组织入选的学生在假期试训。通过训练、筛选，推荐有潜质的体育苗子到省、州体校，接受高层次训练。同各所学校联办体育传统项目，越西中学列为省级篮球项目学校，越西民族中学列为县级摔跤项目学校，南城小学列为县级田径项目学校。截至 2005 年，培养出田径国家二级运动员 1 人，国家三级运动员 20 人；培养出足球国家三级运动员 38 人；输送篮球国家三级运动员 12 人。为各类大专院校输送艺体类考试 99 人，其中：本科 42 人，专科 57 人。

表 26 – 11　　1991—2005 年业余体校训练统计表　　单位：人

项目＼年份	1991	1992	1993	1994	1995	1996	1997	1998	1999	2000	2001	2002	2003	2004	2005
足球	18	18	18	20	20	20	25	18	20	20	24	24	28	28	20
篮球	24	24	24	24	24	20	28	18	20	20	20	24	24	28	28
摔跤	11	11	11	10	15	14	14	14	15	15	15	18	20	20	20
武术	15	15	20	10	9	9	9	10	—	—	—	—	—	—	—
田径	30	30	35	35	35	40	40	35	35	30	30	30	28	28	28

省级运动会　2000 年，在四川省第二届青年运动会中，1 名队员获个人 47 公斤级自由式第二名。2005 年，选送 11 名摔跤运动员参加全省民族运动会选拔赛，有 7 名运动员入选凉山州代表队，参加第十二届四川省少数民族运动会，有 6 名队员分别获摔跤比赛两项第一名、珍珠球比赛第二名、高脚竞速 2 × 200 米和 4 × 100 米比赛第三名、押加 62 公斤级第三名。

州级运动会　1992 年，参加凉山州第二届运动会，在田径项目中获团体总分第八名；彝族式摔跤团体第六名、彝族式赛马小跑第六名；男子足球第四名；围棋团体第六名；国际式摔跤古典式团体第七名；武术方面或团体总分第五名；凉山州业余体校篮球赛第三名。在个人赛中，有 7 名队员分别获男子跳高第一名、女子短跑 200 米第二名、国际自由式摔跤 57 公斤级第二名、国际自由式摔跤 68 公斤级第二名、国际自由式摔跤 98 公斤级第三名、国际古典式摔跤 48 公斤级第三名、武术男子枪术第三名。

第二节　学校体育

课外体育活动　1991年，各中小学每天上午第二节课后的休息时间，组织学生集体做广播体操和眼保健操。利用课余时间组织学生开展课余运动训练，部分学校每学年组织全校性的广播体操比赛。1998年，推广第八套广播体操，课间操时间由过去的20分钟延长到30分钟。2005年，课余体育训练小学一、二年级以游戏为主，三至六年级以及初、高中生以田径、球类为主。各项活动均在体育教师或班主任指导下以班级为单位进行，每个学生都须参加1～2项课外体育活动，每天1小时。

体育达标　1991年，贯彻实施《国家体育锻炼标准》，测试项目以田径的跑、跳、投为主。全县各学校的适龄学生参加"达标"锻炼，达标率95%。1992年，全县各中、小学校进行优质体育课评比活动，达标率100%。2003年，全州中小学实施《国家体育锻炼标准》，越西县在达标评比中获得第一名。

体育场地建设　1991年，全县所有中小学均有体育运动场或操场，设有篮球场、乒乓球台、高低杠、跑道、沙坑等。当年，越西中学征地建成足球场1个。1996年，全县中小学体育运动场地设施完整，体育器材齐全。体育器材达标率高完中、职中为100%，初级中学为90%，中心校、完小为70%。1998年，越西邮电贝尔小学建成，一次性建成完善的体育场地及相关配套实施。2001年，中所中学组织学生开展建校劳动，建成长280米环形跑道。2005年，通过国家投资，全县中小学校组织学生开展建校劳动，基本实现学校操场的硬化。各中小学均设有篮球场和乒乓球台。

体育竞赛　1993年，组织学生参加凉山州中学生体育运动会，其中：田径赛，获第一名2个、第二名4个、第三名7个；篮球赛，男子获第二名，女子获第三名。1994年，参加凉山州中学生运动会，分别获田径赛第一名5个、第二名4个、第三名5个。1995年，参加凉山州中学生篮球运动会，获女子第一名。2000年，参加凉山州中学生足球运动会，获第二名。2002年，参加凉山州中学生足球运动会，获第三名。2005年，参加全州学校之间开展的"校园杯"足球、篮球赛共19次，参加队数160个。

第三节　群众体育

职工体育　1991年，职工体育以业余为主，开展的体育项目有：篮球、足球、乒乓球、羽毛球、跑步、登山、跳绳、拔河、信鸽、棋类等10多项。因达体舞、广播体操、健美操、羽毛球、长跑、登山等活动不受工种、年龄、性别、身体条件的限制，健身效果好作为职工中主要项目开展。1993年10月，参加凉山州第二届西昌"山城啤酒杯"体育舞蹈锦标赛，获团体拉丁舞一等奖和精神文明奖。1995年，在全民健身周活动中，动员全县各单位间开展体育竞赛活动，县委、县政府、县公安局、县国税局、县财政局、县国土局等县级部门组织职工参加各种竞赛项目，全县有4685名职工参加各类比赛项目。1998年，以区、乡（镇）、企事业机关、单位职工为中心，开展篮球、足球、乒乓球、象棋、围棋、拔河等体育竞赛活动。2000年始，每天18点至20点干部群众自发地到县文化广场跳"达体舞"做"健身操"。2002年，举办篮球、乒乓球、象棋比赛，有195人参赛。2004年，为庆祝第二十个教师节，由各乡（镇）自发组织教师篮球赛，县教育局组织教育系统篮球男女代表队参加"凉山州教育系统首届职工篮球赛"。2005年，在县级机关、单位开展第八套广播体操集中培训，恢复工间操。开展全县职工篮球赛2次，有15个队150人参赛。

农村体育　1991年，全县40%的乡（镇）有体育场地及体育器材。农村居民体育活动由乡（镇）文化站、体育协会、分会负责组织开展。1995年，坚持业余、自愿、小型、多样，因人、因时、因地制宜农村体育方针。部分乡（镇）利用节假日，开展篮球、乒乓球、象棋、拔河、赛马、摔跤、斗牛、斗羊等小型的体育竞赛活动。1998 年,实施“农民体育健身工程”,发展民族传统体育,开展丰富多彩的体育活动。1999 年,在县城各村之间开展象棋、围棋、篮球、乒乓球、拔河等体育竞赛活动。2004 年,启动“体育三下乡”活动,以“新农村、新体育、新生活”为主题零距离组织农民开展健身活动,向中所镇赠送价值 1 万元的体育器材,体育科普知识、农民健身指导手册 2750 册。

老年体育 1991 年,县级各机关退休干部职工充分利用春节、中秋节、九九重阳节、国庆节等节假日开展老年人体育竞赛和表演。开展的体育项目有登山、中长跑、气功、武术等。1994 年,组织、参加凉山州老年人象棋赛,获第三名。同年 5 月,在会理“七县一矿”、“五一”保险杯围棋大赛中获第一名。2000 年,随着县城和各区乡文化配套设施的完善,县城及周边乡(镇)开始出现自发组织的老年人文体比赛。2005 年,经济较好“五镇一乡”建立老年协会。各区、乡(镇)文化协会多以老年人参与为主。普遍开展的体育项目有:篮球、乒乓球、登山、中长跑、气功、武术、太极拳、象棋、围棋、健身操舞、钓鱼等。

民族体育 1991 年,组织民族传统体育摔跤、赛马、斗牛、斗羊、斗鸡、射弩等项目体育表演和比赛。1998 年起,彝族乡(镇)农民体育活动集中在火把节、彝族年以及县内举办的大型庆典活动。2005 年,利用传统“火把节”,开展摔跤、斗牛、斗羊、赛马、斗鸡等传统彝族体育活动,丰富彝族群众的业余文化生活。

表 26-12 部分年度火把节民族传统体育参赛情况统计表

项目\年份	1991	1992	1995	1998	2000	2001	2002	2003	2004	2005
摔跤(人)	29	24	18	26	30	26	18	22	14	20
斗牛(头)	13	6	7	14	20	16	24	8	—	6
斗羊(只)	8	14	24	16	18	22	18	12	—	12
赛马(匹)	18	20	16	11	20	8	14	10	26	8

第五章 旅 游

第一节 旅游资源

一、文化资源

文昌文化 “北有孔子,南有文昌”,据史书记载,文昌帝君姓张,名亚子,晋武帝太康八年(287 年)二月初三生于越西县中所镇芦林沟,后徙居梓潼,在七曲山修道劝善数十年,最终羽化成仙。历史上,儒、释、道三家都十分崇拜张亚子,还借文昌帝君之名,书写大量著述,据不完全统计多达百余种,这些经语中许多是劝善勉学的诗章。文昌文化影响广泛,全国及东南亚地区所建的文昌宫、殿、庙、塔、阁楼数以千计。

红色文化 1935 年 5 月,红军长征进入大小凉山欲渡过大渡河北上抗日。为掩护红军主力抢渡大渡河,红军参谋长左权率部于 5 月 21 日下午从泸沽出发,翻越小相岭直插越西。红军长征过越西时,越西有700多人参加红军，到达陕北的越西籍彝族红军战士就有6位。

二、景点资源

坐佛 位于南箐乡河坎村，中冕公路旁高约50米的峭壁半山腰凹处，其属何宗何年代，如何安放上去尚待考究。

南箐崖画 在南箐乡发现崖画有两处。其一在该乡西南部南山村村南约200米处山腰的独岩上。画距地面1米，画宽1.5米，长3米。画面有人头、驴、马、鸡、狗、骑马人射虎和呈建筑形等图案，最突出的是1个居画中心约占画面1/3的半身人头像，用赭色颜料画成，画面较为完好。其二在乡东北部苏呷村村北约100米处的崖壁上。画距地面约4米，宽4米，长8米，画面有器皿形、几何形、雪花形等图案，也为赭色，保存较为完好。

白果崖记 在白果乡塔拉村东面的山崖上，题记“明左都督刘廷同男文昭奉旨征剿番猓，岁之，万历癸丑季冬，师抵此地，全捷”。此刻在约9平方米的崖壁上，题记为楷书，从右至左，竖写，距地面60厘米，每字长10厘米，宽10厘米。

古墓 境内古墓葬有城北青龙村聊家山的汉墓群，河东乡、西山乡、大花乡的明墓葬。大花乡的明墓中有“昭勇将军刘瑄墓”，碑记为明景泰年间立。西山乡八角磡的明墓中有单棺、双棺墓。河东乡东山村的明墓，葬于明万历年间，墓砖两边厚薄不一，据专家推测其年代为元代。

树衔碑 位于板桥乡，因一座古墓背上长出的糖梨古树把墓碑拉悬于半空中而得名。

要冲城 《方舆记要》载，为唐剑南节度使韦皋建于唐德宗贞元初年(785年)。废址存于今南箐乡炒米关。

柏香营城 在大瑞乡瑞香村，建于清雍正六年(1728年)，现存19米城墙一段，为卵石浆砌，墙高3.6米，宽1.8米，南北城门用条石砌成。

保安城 于清道光二十年(1840年)筑，建城周长875米，同知王者政募修南北门，现北门尚存。在今保安藏族乡的保安村。

兵营、哨所 境内有保安兵营、梅子营兵营、大古兵营、白泥湾营堡等，并有营盘山、鱼洞、天星关、小哨等哨所。

土碉楼 南箐乡白泥村有两座土木结构的碉楼，高10米、墙体厚1米、由石条砌成1.5米高的基脚。墙体外分别装饰白色、蓝色墙灰，喻“左青龙、右白虎”。

奴诺城 据《越西厅志》载，于治北王家屯场外，《寰宇记》称“奴诺城”，以奴诺川为名。系武侯南征时所筑，为憩军之所。元系邛部州治地，明社长官司住此。

越西石城 明洪武二十七年(1394年)初筑土城。清乾隆五十三年(1788年)重修时，城墙用条石砌成并重建四门，石城便由此得名。

金马山 位于中所镇西。相传，文昌帝君于晋太康八年(287年)降生于此，“七十一化”后，乘金马而去，金马山便由此得名。后人曾修“文昌祠”(又名梓潼)，以志圣迹。

据《越西厅志》载，文昌祠左有象石，右有龙泉。象石又称“上马石”。帝君常憩于此，留题“金阙化身”字样。明万历年间本卫指挥在象石上镌“文昌胜迹”四大字。龙泉者，山脚岩缝间多股清泉涌出，泉口处水面宽阔，水深丈余，成一小湖，泉水潆洄曲折，蜿蜒注入嶲水，形如游龙，故曰龙泉；又因鱼随泉出，亦称“金马鱼洞”。在龙泉口建“观音阁”(俗称水观音)，悬“泉涌明月”四字。在观音阁凭栏俯视，泉水清可见底，洁可数鱼，冬暖夏凉，恍然有气，天久阴将晴，则轩然有声，夏秋涨发，无浊浪横波。岩端泉源处立一碑，上镌“胜景清绝”四字。观音阁傍一婆娑古树，树叶年年春红秋碧，状如桃花，掩映清流出石岩畔，宛如画意。昔日游人甚多，是越西十景之一。

在金马山绝顶处有“紫府飞霞洞”。系宋代乾德三年(965年)“玉斧划河”后，置越西于善服外，帝君之灵遂无所托，土人苟洙父子所辟，以为行化之所。洞口祥云端日，和霭缤纷，似有圣人其中。亦为越西十景之一。

民国19年(1930年)陈之典主持培修文昌古庙。时任县长罗应文题联以贺，其一曰:“山出涌泉，四时清洁;帝留胜迹，百世烝尝。”

长海 坐落在阳糯雪山上，海拔3020米，水域面积147亩，最深处16米。

阳糯雪山 位于越西的西部与冕宁交界处，又名嶲山或阿露山，彝族语言称“俄落则俄”，山脉呈南北走向，绵延120公里，主峰铧头尖彝语称“俄落拉克惹”，海拔4791米，属大凉山北部的最高峰。山中从南到北分布着十个大小不等的湖泊，面积约1875亩，众多珍奇动植物遍布期间，自然风光旖旎。

小相岭风光 位于南箐乡，属小相岭山系，海拔1800～4500米，融“险、峻、雄”于一炉，集“奇、雅、秀”为一体。《越西厅志》载为越西十景。山间岩石裸露，山脊若锯齿，最高峰俄洛者俄。地形地貌千奇百怪，危岩峭石如斧削刀琢。森林茂密，草甸成片。有12个颜色大小各异的冰川湖。湖泊间飞流直泻，云蒸霞蔚。分布有万亩冷杉林和2200公顷杜鹃林。气候多变一日可逢四季忽晴忽雾、忽雨忽雪。景象万千。

天皇岗 位于越城镇北，系“活龙山首”。临越西河，源于城西的白塔山，锦亘起伏10余里，山势形似“活龙奔江”。岗顶建天皇庙，前殿门外楹联:“庙居龙头，左阑县，右越城，携水回环，元气浑然高北斗;脉联凤尾，前碧鸡，后金马，雪山拱照，灵光朗若映南天”。天皇庙于清同治三年(1864年)被抢劫时放火焚毁。同治五年(1866年)，在越西报恩寺落发的白海源和尚主持重修，更名“天皇寺”。从同治八年到光绪十六年(1869—1890年)的21年间，先后建成“接引殿”、“玉皇殿”、“大雄殿”、“观音殿”、“万佛楼”、“地藏殿”等。民国13年(1924年)，复遭抢劫烧毁万佛楼。昔日游人沿石径拾级而上，寺外古木参天，寺内松竹交辉。由山门眺望，“龟城”及万家灯火尽收眼底，为越西一大名胜。80年代后期，县广播电视局在岗上建卫星地面接收站1座，为天皇岗新添一现代化景观。

石洞琼钟 亦称仙人洞，在城北20公里大岩沟。相传，唐龟壶仙人曾修炼于此。洞外，群岩滴翠，野村枫林。洞口常有祥云绕护，洞内宽敞、幽深，各种钟乳石吊挂上壁与洞顶。清道光十五年(1835年)正月初九，洞内露出石床、石桌、石几、石灶，南北岩壁旁有石板，叩之铿然如钟响，观之甚夥，故称石洞琼钟。洞中有洞相连，深不可测，云气迷漫，宛如扑朔迷离的神仙洞府。民国20年(1931年)正月初四，时县长宋钰与僚友同游石洞琼钟，曾题诗赞美。诗云:“欲录仙洞出山行，借便东风马蹄轻;稚子前驱凭指点，夷娃高唱争欢迎;坐依石礅万绿净，敲罢琼钟百鸟鸣;如此奇观谁斧凿?飞霞紫府自齐名”。因无保护措施，洞中钟乳石及石桌、床等已破坏殆尽。

南箐水帘洞 长1368米，洞中有四小洞，主洞宽15米，洞高6米。各洞内钟乳石甚多，奇形怪状，千姿百态，如“五彩石”、“碧雪千仞”、“千年之吻”、“母乳育婴”等景点惟妙惟肖，溶洞周围山势秀美，丛林茂盛，被当地百姓认为是神仙居住的地方有“菩萨溶洞”之名。

大熊猫自然保护区 申果庄大熊猫自然保护区，地处越西县申果庄区，平均海拔3500米，属高寒山区，保留着丰富的动植物资源，有国家一级保护动物大熊猫。

彝族鬼谷 彝语称达布洛魔。“达布洛魔”汉语称作碧鸡山，位于县境和甘洛县交界处，中心点在北纬28度44分825秒，东经102度42分168秒，最高峰海拔3992米，是凉山彝族传说中魔鬼居住之地，所有驱鬼除魔的仪式都会把鬼赶往那里。

拉尔林区 距越西县城60公里，海拔1980～3100米，山顶终年积雪，有红松、云杉、冷杉、香樟林、黑熊、羚羊、黄鹿、红腹锦鸡等珍贵动植物和雪莲花，川贝母、虫草等中药材。

花果山 距越西县城47公里，属高山深谷地貌，景区长10公里，海拔1100米，终年无积雪。山内有温泉溶洞，瀑布等景观。

第二节　旅游开发

水镇中所　水镇中所位于县城以南7公里，观音湖引水渠穿镇而过，有突出水乡特色，北与城关区相毗邻，南望小相岭，西靠金马山，东与成昆铁路普雄火车站相距30公里，地理位置处于东经102°20′～102°54′，北纬28°18′～28°53′之间，年平均气温13.3摄氏度，温润凉爽，雨量充沛，是南丝绸之路隘口之一。乌金、中冕公路相接于镇南。镇中街道功能复合多用，是集交通运输、商业活动、社会生活、邻里交往、家庭生活起居为一体的复合空间环境。古镇依道建镇，南丝绸古道穿镇而过，这段古老驿道又称“零关古道”，已有千年历史，现在还有“丁山桥”、摩崖石刻“零关”等遗迹。发源于镇西金马山下观音河的水是地下水，河水由西向东穿镇而过，在街区内形成“小桥、流水、人家”的独特景观。中所的碉楼成群，镇里镇外沟边河旁都是高高矮矮错落有致的碉楼，一座座带着历史烙印的碉楼，是镇内一道风景。古镇中所的民居继承明清遗风，大院连小院，天井挨天井，房窗的雕花，门楣上的镂空，精致而雅趣。

水镇规划　范围总面积为316.2公顷，由规划建设用地、生产防护绿地、农林种植用地、新镇发展储备用地4部分构成，其中：规划建设用地主要包括水镇传统街区、观音河湿地公园、文昌宫及观音庙、和平村等4大部分，规划用地面积113.6公顷；生产防护绿地主要包括以金马山为主的防护林带，规划用地面积92.2公顷；农林种植用地主要包括水镇周边以生产为目的的农田菜地，规划用地面积80.9公顷；新镇发展储备用地主要指新大街以东用于古镇居民搬迁安置及新镇发展所需用地，规划新镇1期建设用地面积38.6公顷。规划功能结构可概括为“一环、三轴、六区、七点”，“一环”指围绕古镇的环行车行道，将车行交通在古镇外围解决，古镇内部实行完全的步行化，规划环道道路周长约为2.0公里；“三轴”是指古镇内部重点打造3条商业步行街，分别是新大街（旅游景观道）、东西街、南北街（丝绸古道），3条商业街的长度分别约为870米、790米、960米；“六区”是指6个功能区，即古镇传统街区、文昌宫及观音庙片区、观音河生态湿地公园、和平村彝族村寨、新镇发展建设区、生态田园观光区，其中：新镇发展建设区及生态田园观光区只做范围控制，不涉及修建性详细规划内容；“七点”是指规划于古镇内的水镇入口广场、商业街入口广场、商业街中心水景广场、双桥广场、观音河水源地、文昌宫及庙前广场、彝族风情村火把广场7个旅游点。

第三节　社会风气

1991年来，随着改革开放的推进，社会风气有很大变化，其中有积极的变化，也有消极的变化。人们对领袖人物的个人崇拜淡化，能够独立地、实事求是地思考和认识问题，不再迷信盲从。人际关系逐渐宽松，人整人的现象不再普遍，互相之间交往增多，人们敢讲真话，也敢发牢骚了。“发财”、“享受”不再被视为“剥削阶级思想”，“穷光荣”变成“富光荣”。人们努力追求富裕和高质量的生活，多数人衣食丰足，请客聚餐常到宾馆、餐厅、“农家乐”。住房装修，出门坐车，闲时上茶楼、歌舞厅或外出旅游的人亦非少数。知识和知识分子由“臭”变“香”，学历为人们所看重，家长们热切地望子成“龙”、望女成“凤”。爱美的天性不再被压抑，人们讲究穿着打扮，服饰尤其是女装丰富多彩，美容整容业也应运而生。年轻人追求时尚，生活中多了一些“洋气”，语言和商品、店铺名称中多了一些“舶来品”，一度时期洋品牌走俏；一些青年人喜欢过“圣诞节”、“情人节”，吃西餐；恋人之间言行更开放，婚礼也有些采用“西式”。

有些人一切“向钱看”，见利忘义，“整钱”不择手段，不讲道德良心，甚至制假售假，坑蒙拐骗。如制售伪劣烟酒、化肥、水泥，销售过期、变质、有害食品，畜禽肉注水，瓜果加“催红素”等。有些人既不信“马列”，也不信宗教，只信私利。损人利己，损公肥私，无诚无信，见义不为，见危不扶，甚至见死不救，见歹徒恣意抢劫行凶也不敢吭声。有些人花天酒地，挥金如土，奢靡摆阔，一些并不富裕的人也“打肿脸充胖子”，大吃大喝，铺张浪费。还有些人婚丧寿庆大操大办，广发请柬，大收礼金，被人们称为收“罚款单”、吃“高价饭”。有些人钱权交易，以权谋私，吃拿卡要，贪污浪费，乱花公款。有些人对工作不尽心，对群众不关心，办事讲“关系”、看“来头”，无“礼”不理，“礼”足事成，群众有事往往得找“关系”、搞“勾兑”、送“人情”。有些人言行粗野低劣，不讲社会公德，不懂文明礼貌，不顾公共卫生。有极少数人嫖娼纳妾、贩毒吸毒、坑蒙拐骗、设局聚赌。盗窃发案率增加，故农村普遍养狗防盗，城镇楼房则多设有防盗钢栏。“打麻将”遍及城乡，人们戏称为“麻风”，其中绝大多数人是为娱乐，输赢金额不大。一些青少年盲目追捧影视歌“明星”，如痴如狂；还有些学生沉溺于网吧、电子游戏，严重影响学习和身心健康。

为促进社会风气向积极方向转变，全县推进社会民主法制建设与党风廉政建设，不断加强社会主义精神文明建设，加强思想道德宣传教育，开展学雷锋做好事活动，评选文明单位，表彰和宣传先进典型和见义勇为行为，开展军民、警民共建文明街道、文明社区活动，倡导和动员干部及社会各方面助学助残、扶贫济困，提倡先富帮后富，春节前后领导登门看望慰问贫困户、劳模及坚守工作岗位的一线职工等。

第二十七篇 社会风俗

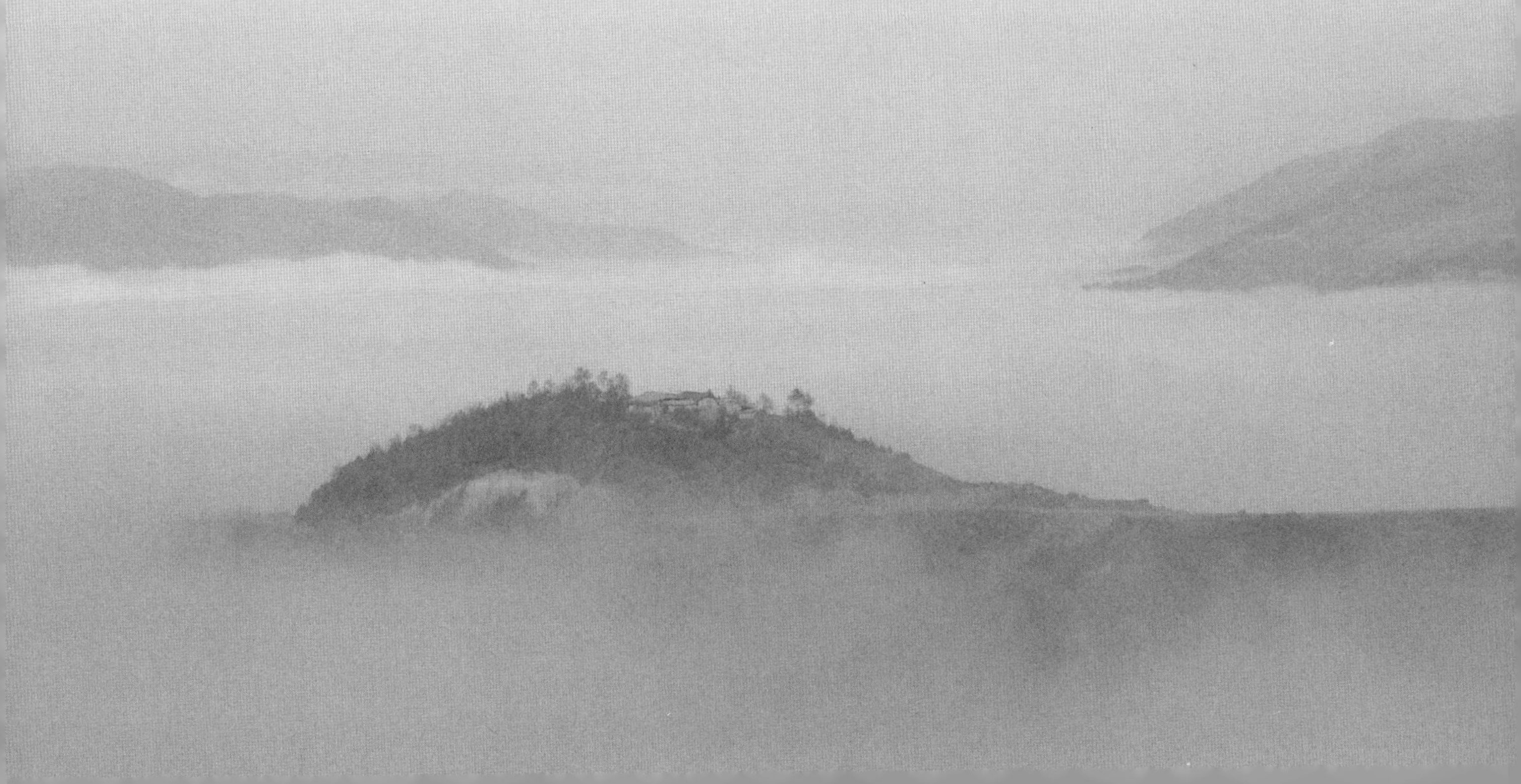

第一章 汉族风俗

第一节 汉族节日

一、农历节日

春节 冬至后,开始备办年货:杀年猪、腌制腊肉、火腿、制作香肠;腌咸菜、豆腐乳、磨汤圆粉;做各式糖果、点心;炒花生、瓜子。打扫“烟尘”,清洗家具,买门神、灶神、春联、鞭炮。

农历腊月初八为“腊八”,腊八日用米面、豆浆、蔬菜、肉类混煮成粥,合家吃“腊八粥”。腊月二十四为“送灶”,俗称灶王爷上天报善恶,每家均祭以香帛酒礼,献以糖果,希望灶神上天奏善隐恶。

除夕前,出门在外者,要尽量赶回家与家人团年。除夕,家家必煮足三天的饭食,打扫庭院,门上贴对联、门神。堂屋内用煮好的猪头、整鸡敬神、祭祖。全家人围坐在桌前,晚辈给长辈敬酒,大家品尝美味佳肴,家宴中必备的是鱼,取其“年年有余”之意。饭前放鞭炮,傍晚,灯火通明,家家团聚,晚辈给长辈拜年,长辈给晚辈发“压岁钱”。全家和乐彻夜不眠,叫“守岁”。子时,放鞭炮,送旧迎新。

正月初一,俗称大年初一。早上家中长者提前起床,把火生旺,以示“红火”。大门由老年人或童子去开,谓之“开财门”。全家穿新衣,着新服。早上吃汤圆,表示招财进宝,长命百岁。年轻人喜欢上街游玩,逛庙会,看热闹,炸鞭炮,买玩具,观县容,街上熙熙攘攘,鞭炮声声,此起彼伏。各单位给烈、军属拜年,慰问离、退休干部,举行棋、牌、乒乓球等比赛活动,有的农民组织进城舞龙灯、狮子、踩高跷、旱船、花灯等。

年初二,开始走亲戚、互相拜年、请春酒等社交活动。传统的拜年必备挂面,蕴含着丰富的文化内容,数百根面条组成一把挂面,白白直直的面条是吉利的象征;一把把挂面又暗喻了“百事亨通”、“千事称心”、“万事如意”的祝福。拜年的挂面定为四把,重量在六至八斤。既不显得少,又寄寓“好事成双”、“四季发财”等美好愿望。正月初五以后,春节活动渐渐淡下来。商店开张营业,开张时鞭炮齐鸣,表示新年开张大吉。

正月十五,叫“上元节”,又叫“元宵节”,入夜男女老幼观灯、赏月、偷青、煮汤圆闹元宵。

清明节 既是节气又是节日,是祭祖和扫墓的日子。扫墓俗称上坟,全家携带香烛纸帛、糕点酒菜到祖先墓茔,烧香奠酒,追悼先人。机关单位职工和学校师生,到烈士陵园敬献花圈,开展爱国主义教育,缅怀烈士丰功伟绩。清明节还在大门的门方插上杨柳,同时人们聚亲约友,扶老携幼,到郊外游玩、野餐,抵暮而归。

端午节 五月初五为端午节,俗称“端阳”。越西习俗,吃药膳、粽子、盐蛋、皮蛋、大蒜,饮雄黄酒,挖野草洗药浴和“游百病”。每户门侧挂菖蒲、陈艾,意为陈艾香气可避邪,菖蒲叶似利剑可驱鬼魅;饮雄黄酒,可消毒除虫,大人还将雄黄涂抹在小孩的额头、耳门、肚脐等处,意为百虫不咬。晚饭后,扶老携幼,漫游郊外,叫“游百病”,认为端午郊游可消除百病。

中元节 七月十五日,俗称“七月半”。旧传七月十日开鬼门,放鬼回家与家人团聚,故七月初十至十三日,屋内陈设香案,摆献供果,准备丰盛饭菜供奉祖先亡灵。初十晚,门前插香化纸,叩迎家灵回家。

七月十二至十三日(新亡人在十一日)晚上将写有姓名的袱纸摆在户外烧香焚化,表示“送祖”。边烧边呼亡人的称谓,意为领钱之意。

中秋节 八月十五为“中秋节”,是仅次于春节的第二大传统节日,家家户户相聚在一起赏月,食月饼,谈天说地,骨肉亲情,期盼团圆美满,合家安康。

重阳节 单数为阳,九为最大,九月初九又叫“重阳”,也叫“福寿日”,意为长寿安康,1988 年定为“老年节”。每逢重阳佳节,许多单位开展丰富多彩的敬老活动,慰问离退休人员,倡导尊老敬老社会新风尚。

二、外来节日

情人节 2 月 14 日原为西方国家情人节。20 世纪 90 年代,此节逐渐被年轻人接受,县内一些青年人在这天到花店买一束玫瑰鲜花送给自己心爱的人;有的情侣在家或到酒店共进烛光晚餐,共叙浪漫情怀;年轻恋人相约幽会共度良辰吉日;恋人们赠送象征爱情的玫瑰花,用语言、文字和礼物表达爱情。

母亲节 5 月第二个星期日为母亲节。在这一节日里,在外务工人员或外出工作人员打电话向在家的母亲致以节日问候;在本地城镇工作的子女到商场购买一些滋补药品和一束康乃馨鲜花,回娘家向母亲祝福、和母亲谈家常,表达对母亲养育之恩感激。

父亲节 6 月第三个星期日为父亲节。在这一节日里,做子女的买些滋补药品或药酒、名酒等物品孝敬父亲,在外地工作和打工的则寄钱回家或打电话向父亲表达养育之恩。

圣诞节 12 月 25 日为圣诞节,原为天主教徒、基督教徒的节日。近几年来,除基督教、天主教信奉者外,不少非教徒年轻人也过圣诞节。“平安夜”和“圣诞日”,宾馆及酒吧设置圣诞老人像、圣诞树、小雪屋等装饰,一些青年男女和信徒即前往欢聚、祈祷、品尝西餐饮料。县内不少商家也在自己的店门口摆设圣诞树,服务员戴圣诞帽,墙上挂圣诞老人头像,开展商品促销活动。

三、喜庆

庆典 单位或地方举行的成立、开业、纪念、竣工等庆祝典礼活动,由单位、地方负责人、领导、知名人士到场讲话、剪彩,往往伴有文艺表演、燃放花炮及焰火等活动。

生诞 人口出生,亲戚朋友致贺祝喜。孩子出生后第三日要“洗三”;满月要做“满月酒”、“吃红蛋”;1 周年要“庆岁”。60 岁称“满花甲”,亦称“下寿”,祝寿叫做“大生”;70 岁为“古稀”,做生叫祝“中寿”;80 岁为“耄耋”,做生叫祝“上寿”;90 岁为“长寿庆”,100 岁为“大寿庆”。庆生祝寿都举行“寿宴”,亲友致贺祝福,有的赠送礼物或礼金。寿宴时唱生日歌、笑吹蜡烛、喜吃寿桃、蛋糕、寿面等。有些人家还摄影录像,燃放花炮,气氛喜庆热闹。

建房 农村建房在奠基前要先看“风水”,选择吉日良辰动土。建房中,上梁封尖要逮雄鸡登梁,挂红鸣炮,敬神拜天地,撒硬币。房主要办“九大碗”招待前来祝贺的客人。机关单位乔迁新居请客,亲朋好友送礼物或钱,主人用“九大碗”款待。

其他喜事 子女考上大学、参军入伍等,家长要设宴庆贺,亲友送上祝贺礼金。就业、升职、加薪、获奖等,有些人要设宴,但亲友致贺不送礼。

第二节 汉族婚俗

订婚 男女双方经媒人、介绍人介绍相识或自由恋爱,经过交往,双方家长和本人满意,男方请媒人或亲朋携带礼金、酒、肉、烟、糖、衣服等到女方家正式订婚。青年男女互相按对方的称呼来称对方父母及家人。随着交往的深入,如果双方都没有意见,由男方请媒人或亲朋好友带上礼金和礼品到女方家商谈婚事,俗称“拿八字”。开始准备结婚用品,女方为床上用品,男方为住房、家具。结婚日期由男方以农历计算,大都不离初八、十八、二十八。现在部分青年选择国庆节、元旦等节日结婚。

结婚　分为过礼、正酒、回门。过礼在正酒头三天,男方备半边猪、酒、黄豆、彩礼等送到女方家。

正酒前一天男方家张灯结彩,由“请客师”组织8人或16人迎亲队伍去迎亲,女方家烧香敬神,新娘拜别父母,长兄或表兄弟背扶出门,迎亲者手持火把、马灯,新娘在“伴娘”的簇拥下,由新郎抱上迎亲彩车,迎亲车辆均披红挂彩,车头车尾贴吉祥金字。女方送亲人数在8人以上,以32人最佳,同时女方家将陪嫁电视、洗衣机、家具、彩礼等,交由迎亲队伍带回男方家。陪奁物品收到后,就要铺“喜床”,铺喜床要请儿孙满堂的夫妻铺垫,意为给新郎、新娘带来福气。床上的物品以红色为主。被盖四角装进核桃等物,意为早生贵子。铺床完毕,铺床人要说:“八个圆圆,八个枣,八个儿子满床跑”。床铺定,忌他人上坐。新娘新郎服饰通常为旗袍、西服等。

新娘接进屋,在“请客师”主持仪式下,新郎新娘要拜天地、拜父母、拜宾客、夫妻对拜等,拜堂时由“请客师”或新郎的其他“老表”说唱四言八句。拜完堂送入洞房,“请客师”要说“不要慌,不要忙,夫妻双双进洞房”。新娘的兄弟或侄子(年龄在十几岁以下)为新房订门帘,边订边说:“一订金鸡凤凰,二订对对鸳鸯,三订荣华富贵,四订金银满堂”。洞房内,无论春夏秋冬均要点亮马灯,烧旺一盆炭火,以求“红火”。

正酒正午要将新郎家的亲戚送的“红”挂在新郎身上,并说唱“一道红绫丈二红,我今拿来拴新郎,恭喜新郎,贺喜新郎,荣华富贵,金银满堂”。招待客人酒宴是“九大碗”,农村一般在自己家院坝,单位在专门承办宴席地方举行,“请客师”在婚宴上代表新娘新郎感谢客人的大礼,新娘新郎给客人敬酒。夜晚“闹洞房”基本上是青年人参加,嬉笑打闹,雅俗共赏。

正酒第二天为回门。新婚夫妇到女家拜望女方父母,女方家备办回门酒,以求庆贺。去时女前男后,回时男前女后,不得回头望娘家。

第三节　汉族丧葬

农村丧葬习俗　老人临终,外出子女必须赶回“送终”。子女齐聚老人床前,日夜守护,并面聆老人遗嘱直至“落气”,俗称“接气”。老人落气在床,立即在屋外烧“落气钱”,边烧边哭,并为死者沐浴更衣,老衣只能穿奇数,不能穿偶数。要卸除蚊帐,意不让老人困在“网丝城”(枉死城)中。大门上贴十字黄纸或白纸,放鞭炮,门外烧“落气草”。入棺前,用纸钱或白布掩其面,麻线并拴两脚,手中放馍馍或糕点,叫“打狗粑”。不让猫鼠从死者身上爬越,避免“惊尸”。死亡当日,按“阴阳先生”所测方位挖掘墓坑。坟坑称“金井”,深挖2尺,宽3尺,长6尺。入殓前,将松香熬化倒入棺内凝固,有的在棺内先铺上一层木屑,再垫上棉垫,然后将死者用麻抬入棺内,盖好“寿被”,死者口中放金属,称“含口钱”,甩去麦粑。盖上棺盖,设灵堂,直系亲人腰拴抬过死者麻绳,头包白帕,著孝鞋,守灵。讣告亲友,停放3天或7天。3日内亲人集齐(有些地方父死须等叔伯到场,母亡须候舅到场)进行大殓,开棺给死者洗脸,取出口含物,再合棺掩殓。最后一次睹容封盖叫“掩钉”,请道士功“引路课”(诵经)。棺前、棺后点灯,昼夜不熄。

在灵柩前用白布作幔,上挂死者遗像和“奠”字,前面摆方桌作香案,案上设灵牌,有孝“故显考某公老大人之灵位”或“故显妣某母老孺人之灵位”。案上摆香炉、烛台、祭品。直系亲人头包孝帕,腰系麻带,守灵。一般母死舅家主祭,父死伯叔主祭,致死者生前德之祭文,亲友携祭幛、香烛、纸钱前来祭奠,孝子叩头谢礼,女眷在幔内边哭边诉,谓之“哭丧”。停棺守灵为3~7天。其间要请先生做法事念经,为死者超度亡灵;放哀乐。孝子睡草窝,不吃酒荤,外来悼唁者,孝子跪接行礼。祭奠完毕,即进行出殡。

出殡日天明,先请道士“开路”,道士敲打念唱一番后起灵,起丧时孝子前导,长子捧灵,无长子,长孙代之。中是棺木,后随送葬亲友,沿途撒纸钱,五谷,俗叫“买路钱”,放哀乐。过河过桥,孝子要跪接,亲友持祭幛。至墓地,扫除墓坑中生人足迹,洒雄黄酒,烧钱纸,火尽下棺,孝子背对墓穴,手持衣角,接由后面撒下谷子、包谷等物。然后培土立碑成墓。葬后,孝子持遗像原路而回。灵柩出门后,将所设灵堂诸物撤除焚烧。葬事完毕,设宴款待送葬者。

出殡当日下午要送“火烟包”到墓前,第二天下午送到半路,第三天下午送出门。下葬第3日,去坟台圆坟,称“复山”。直系亲属摆祭品,跪拜于墓前,请道士念经为死者超度。下葬7日,在死者生前居室遍室撒灰,举家回避,称为“回煞”。出殡后第7天(头七)、二七、三七、四七、五七、六七、七七、百日、周年晚上为死者烧袱纸。

城镇丧葬习俗 城镇的机关干部职工去世后有单位发讣告,以追悼会形式追悼死者。亲属戴黑纱,友人、同事送花圈、挽幛、吊丧,向死者致哀、瞻仰遗容,向遗体告别。

第四节 汉族生活

一、服饰

衣饰 1991年,随着生活水平的提高,人民群众衣着变化较大,对襟服、解放服之类取代长衫服;布、胶、皮鞋取代草鞋,军便帽、鸭舌帽取代布帕子和瓜皮帽;灯芯绒、咔叽布之类衣料也逐渐增多。衣服用料由棉布、灯芯绒改为涤纶、涤凉、毛线、呢绒、皮革等,衣服款式更是多种多样。1995年后,青年男女赶时髦,追求时代潮流,着装随意多样,休闲装逐渐成为主流,样式年年翻新,色彩斑斓,一年一个流行色。男士以纯羊毛、棉的夹克衫、T恤衫、牛仔裤、直筒裤、休闲裤等为主,女士以连衣裙、旗袍、吊带裙、紧身长短裤等为时尚。老年女性提倡“老来俏”,也穿浅色新颖艳丽服装。2005年,人们服装多样化、个性化、高档化,穿着讲究,西服、皮衣、保暖衣、羊绒衫、夹克衫、牛仔裤、T恤衫成为日常服装。女青年穿戴更加入时,夏天流行各色各样的衫裙、休闲装、筒袜,冬天有毛衣、羽绒服、各式大衣等。

头饰 青年女子多为双辫、留短发、烫卷发,男子多为“学生头”、“平头”,“光头”较少,有部分青年留长发、烫卷发。在农村,女子多保留挽发为髻的习惯。帽:戴各式帽子居多,包帕子的较少,多见于边远山区老年妇女。首饰:戴镯者少,戴耳环、戒指居多,其次为项链。

二、饮食

县内居民主食大米,其次是小麦、玉米。大米多为平坝地区食用,二半山水稻、玉米兼作,两者兼食。食用玉米多与大米拌和,蒸熟成饭,颜色黄白相间,俗称“金银饭”。城镇居民多为一日三餐,农村多为一日两餐,随着经济的发展,农村部分居民改为一日三餐。早餐多为馒头、包子、稀饭、面条、米线等;中餐及晚餐则以米饭为主,菜肴相对丰富。红白喜事超越了传统的五荤四素的“九大碗”,鱼禽海味,丰盛精美。2000年后,县内居民的主食中开始添加豆类、薯类和杂粮等。

菜肴以白菜、青菜、萝卜为基本菜,食用的时间最多、最长;其次是菠菜、韭菜、茄子、豇豆、四季豆、青椒、南瓜、冬瓜、黄瓜、番茄、花菜。肉食以猪、鸡肉为主;其次是牛、羊、鸭、鹅、鱼。猪肉除鲜吃外,到冬季多腌制腊肉或制作坛子油肉。随着生活水平提高,人们的副食消费量比主食更大,对优质无公害食品的要求更迫切。农村自产自吃的主、副食品,一般都比较“绿色”。

饮料主要是白酒、米酒、茶三种。白酒以自产的玉米酒为主,兼饮瓶装曲酒。各种非酒类的饮料水中,茶仍然占主要地位,其次是豆奶、果汁、可乐等。

特色菜有老九大碗、脆皮乳猪、年轮肚圈、虹鳟鱼片、鸡鸭同煮、鲜肉薇菜、爽口牛肉、飘香鸡等。老九大碗由九个大碗分别盛装红烧墩子、碗面子、咸烧白、粉蒸肉、糯米饭等九个菜组成。年轮肚圈是用猪肚加上各种配料捆绑扎紧后自然风干而成，由于切出来后其形状像树木的年轮，故名年轮肚圈。名小吃有石磨豆花、米浆油茶、干糕、黄糕馍馍、香酥玉米、白糖大饼、炒凉粉、印斗糕、老城汤圆、福乐荞饼等。

三、住宅

1991 年，汉族住宅以石块砌脚，用泥土筑土墙，部分乡镇出现砖木结构房屋，房顶盖瓦。多为 1 楼 1 底或 2 楼 1 底，窗户较小，室内光线较暗。布局为一字横排式，两侧或前后配厨房、牲畜圈。城镇民宅出现砖木结构，一般 1 丈 5 开间，进深不一。每家都有一个四方形的烧煤地炉，作全家煮饭、取暖之用。1996 年，城镇参照城市单元配套住房建钢筋混凝土民宅，采光面大，空气流通，结构严谨，节约土地，成为自建房屋的基本模式。县内顺公路乡镇新建住宅多为连 3 至连 5 铺面，设铺面、楼梯间、卧室、厨房、厕所等。1999 年，房屋格式与结构发生重大变化，砖块、碎石、沙、水泥、钢材、玻璃成为主要的建筑材料。机关企事业单位宿舍楼多盖 3 ~ 6 层楼房，民宅多盖 2 ~ 4 层楼房，房屋造型、居室摆设和装修越来越趋合理、人性化。地面多为水泥、水磨石、瓷砖、釉花砖、木地板、大理石等材料铺设，墙壁粉刷有石灰、涂料，贴有墙纸壁布、瓷砖，有的为追求美观新颖，扶梯改为不锈钢，门窗改为铝合金，房门装饰采用木质条纹纤维板，有的家庭购置压缩成型、雕刻花纹的整型门板，房屋结构越来越现代化，窗帘多样、美观。

第五节　汉族礼节与禁忌

礼节　汉族礼节分家礼、世礼两类。家礼，对父母要孝顺，问寒问暖，就餐时敬父母上座。远道姑、舅、姨、叔、伯来家，殷勤接待，走时送车旅费，赠土特产品。有肴有酒或宰年猪，必邀近亲共食。亲友患病或住院，必临床探视，送营养品。对长辈要祝寿，端午送粽，中秋送饼，春节拜年。客人来家热情接待，敬烟敬茶。客走送至门外寒暄告别。世礼，参加宴会让长者、尊者先入室、入座，殷勤敬酒肴。见长者侧立让路让座，遇友人婚、丧等红白喜事要祝贺、吊唁、洗尘或饯别。

禁忌　对老年男性，忌称呼“老大爷”，“老”意为干儿子。称大爷即为尊称。

对青年妇女，忌呼“大姑娘”、“姑娘”或“小姐”，称“大姐”即为尊称。

出嫁女忌在娘家团年。

新婚拜堂，忌寡妇、孕妇、经期妇、二婚嫂在场。

请到“八”字，忌在路上与人说话。

迎娶避开出殡。

忌在“家神”面前梳、洗、浴。

忌坐大门槛。

年初一忌妇女串户、烧红锅、扫地倒垃圾及泼水出门。

忌产妇串户。

早晨忌说“梦”、“鬼”字眼。

正月十六日忌出工，怕得“忙病”。

建房忌修六间，意为“落空”。

房门忌安八道，谐为“霸道”。

忌用十碗菜肴待客。十与石谐音，意为猪吃石槽。

给死者掩殓，安葬入土时，忌属相。

开张日忌损坏器皿。

忌第一个雇主赊欠。

外出经商,忌说翻、跌、溺、垮、绝、失、病等字眼。

忌邻居猪入家宅。

忌在家中夜间吹哨。

忌头包白孝布进他人屋。

第二章　彝族风俗

第一节　彝族节日

库史(彝历新年)　越西彝族每年农历十月收完庄稼,按一定的区域择吉日过年,节期为3天。由于气候差异较大,高山地区过年时间早于平坝河谷地区,现有逐步统一的趋势。过年前,准备好过年用的食物、杆杆酒和柴垛。男主人磨好宰猪的刀具,编制一张用于宰肉的竹席,女主人把屋内屋外打扫干净。

第一天早上,女主人烙荞饼、煮鸡蛋、做饭,男主人则与左邻右舍组成帮扶队伍按长幼辈分顺序“宰年猪”。宰猪前,男主人用青蒿沾着清水洒向房屋四周,在正门前烧一小堆火,意为用浓烟向祖先传递信号,敬请祖先回来牵年猪。过后,主人用“逮猪酒”或“宰猪酒”敬帮忙杀猪的邻居。大伙将猪按倒,用绳捆结实后,抬到临时搭建好的宰猪场所。猪死后,头向正屋俯卧,舀一瓢水,放进烧红的驱邪石,绕猪转一圈,随即倒掉,以示去除污秽。

传统的过年猪猪毛是用火烧而不是用开水烫。近年来,不少地方采取折中的办法,先象征性的烧一下,然后再用开水烫掉猪毛,或先用开水烫后再用火烧。剖猪时,主人最关心的是猪胆和猪胰,认为胆汁多、胰形条规则为最吉祥,否则视为不吉利。剖猪的顺序和规律,按照代代相传的规矩割下特殊部位的肉在火塘里烧熟后,端到火塘上方的神位祭祖后,大家才能享用过年猪肉。

第二天,是“库史朵博”。清晨,家里年岁最小的孩子背着父母煮熟的猪膀、荞饼等食物,赶到事先约好的地方和全村儿童举行野炊活动。一些孩子捡柴和烧火,一些孩子负责切肉,并将烙饼用手掰成小块合在肉里炒。整个活动都没有大人参与。

第三天,叫“阿普波吉”。鸡叫头遍,男女主人唤醒所有的家人,把供品重新热一遍,再炒一盘豆腐、一盘肚条,在祖灵离开之前清点人数,以保家人平安。老人趁天亮之前把供品拿到门外或室内行祭,恭送祖灵并祈求来年风调雨顺、吉祥如意。

“揪古”(拜年)。孩子们将煮好的鸡蛋放在炒面里,带上特意制作的冻肉、三个手掌宽的前胛肉和酒到舅舅家或其它亲戚家拜年。初婚男女带酒、半边猪头和数量不等的猪肉到丈母娘和娘舅家去拜年。

堵则(火把节)　一般日期为农历六月二十四日。俗话说:“火把节是眼睛的节日,也是姑娘、小伙们的节日。”火把节前,要准备鸡、牛、火把。牛通常由一个村落或一个家族平均分配食用,条件差的地方多用猪来代替。火把节的主要活动是“堵格、堵嘀”(耍火把、唱歌),火把通常选用干枯的蒿枝和年久的竹片。夜幕降临,各村寨火把竞相争燃,人们举起燃烧的火把绕山间、游田野,以示除灾灭害、祈祷丰收。最后,游行归来的队伍从四面八方汇聚在一起,零星的火把堆放在一起变成冲天的篝火,人们边唱边跳,尽兴才归。

第二天，开展文体活动。大家集聚在广场里摔跤、赛马、斗牛、斗羊、斗鸡、选美，未婚的姑娘、小伙以节为媒，寻找意中人，互诉爱慕之意。

第三天，"则沙"，意为送祖，祈祷来年牛羊满坡、猪马满圈。傍晚，孩子们带上自家的"瓦西瓦都"（鸡爪、鸡翅），点起火把走向山上，用火把烧掉鸡爪、鸡翅，结束一年一度的火把节。

第二节　彝族婚俗

彝族开亲（几夫）的原则是同族内婚、等级内婚、家支外婚、姨表不婚、姑舅表优先婚。随着时代的发展，人们思想观念逐步改变。婚龄看女方，虚岁17、19、21、23岁等单数出嫁为宜，男方对结婚的年龄没有特别要求。

婚姻一般由媒人说媒，分为订婚、结婚两个阶段。男女双方父母同意后，选定时间和地点，由双方兄弟姐妹和亲朋好友陪伴着见面，如果双方满意，由媒人向双方父母谈论彩礼，数目多少视情况而定。说好彩礼后，就择日订婚（吾惹木）。由伯父、兄弟及媒人带上第一批彩礼钱去女方家订婚，称"滇布撕顶"（杀牲）。在媒人的主持下，择吉日商定结婚（席西）时间。

结婚当天，女方宰杀肥猪招待接亲的客人。新娘穿上新衣裙，佩戴头帕首饰，盖上新婚头布，由伙伴们陪伴着在内屋等候男方接亲的队伍。开席时，先把半边熟猪头、饭菜之类端进内屋给新娘及同伴和"席勒"（伴郎）享用，伴郎通常由新娘的表兄或表弟担任。新娘尝过以后，接亲的人开始就餐，等客人吃完，主人才能用餐。

男方接亲的队伍通常为5～9人，由新郎的弟弟、朋友、表兄弟等组成，事先指定一名有修养、有知识的人作为"线木博"（意为在接亲过程中扮演主要的角色）。傍晚，大伙背上美酒和余下的彩礼钱向新娘家出发。一到女方家，女方的姑娘们用事先准备的水泼向接亲队伍，并用拌着锅烟的猪油抹在他们的脸上，双方嬉闹成一团。如果水仗无法停下来时，男方拿出两斤酒交给女方算是认输。

第二天凌晨4点左右，鸡叫头遍，新娘来到堂屋，选一名相生的童女或童男给她梳头。头发梳理完毕，女伴及众亲友围着新娘，由一人领唱《阿嫫尼惹》（妈妈的女儿），其余的跟着唱。过去，送亲都是男子，现在部分地方有1～2名女童伴送。新娘离开娘家前，女伴们围成一圈尽力阻拦接亲者背走新娘，直到接亲方有一人冲进圈内摸到新娘的衣服，新娘的众亲友和女伴才让新娘出门。

新娘快到男方家时，男方家抬着酒，端着油炒饭在离家不远的一棵果树下等候新娘。新娘一到，男方家向送亲的人敬酒，然后将新娘接进一间临时搭建的小房内，主客双方各派出一人对段"克哲"（说唱）。对完后，主人家再次向客人敬酒，随即让一名属相相生的女童给新娘梳头，等头发梳成双辫交叉盘在头上后，送亲的小伙子和男方的女青年争抢事先准备好的半边熟猪头，谁抢到大半的猪头就算取得胜利。款待客人的场地设在自家院子里或门外的空地上，饭菜以砣砣肉为主。或加上羊肉、鸡肉，个别家庭还宰牛款待客人的。正宴结束后，男方家还要举行一次小宴。客人就餐后，主客双方开始对歌，胜者会得到一笔礼金。当天，男方家要派5至9或11人背猪胛缝肉、酒和大米送新娘返回娘家去。至此，结婚仪式告一段落，新娘断断续续到婆家生活。

近年来，彝族青年自由恋爱婚姻逐渐增多，主要是机关干部子女和外出打工的男女青年，他们打破很多旧观念，但是必须严格遵循同一家支（次伟）内部严禁通婚和姨表不婚的规矩。

第三节　彝族丧葬

彝族传统的丧葬习俗是火葬。特殊情况下会有土葬和崖葬。如,未满月的婴儿夭折,就用新布和毯子裹好后装殓在木匣或简易的尸架上,带到野外人畜罕至的偏僻处,选择一棵野果树下挖坑埋掉,上面垒几个石头作为标记,人们就知道此树下面埋过婴儿尸体不宜摘果吃,也不砍此树当柴烧。

火葬在越西彝族中传袭历史甚久,葬礼的规模视死者的年龄或经济条件等而定。丧葬的礼仪大体分为停尸、集中奔丧、守灵、出殡、办丧宴等5个程序。

撮莫达(停尸)　人死后,一般停尸3~5天。不管是男女,无论名望高低贵贱,人死,村子里的亲戚和邻居闻讯,都要停下所有的农活前来哭丧。主人家给死者穿上黑白蓝配套的寿衣,合唇,瞑眼,蜷腿,将两手交叉于胸前,手指扣拢成拳。男人死,反时针给他缠戴青帕,缠扎"祖提玛咪"(英雄结),方向必须对准鼻子,英雄结朝天,意为上天之路无阻挡;女性头帕扎成草帽形,四周朝下戴于头上。穿戴完后,在家里搭一个高架作为灵床,将遗体侧放在灵床上,盖上披毡。男的朝左侧卧,意为腾出右手拿剑防身;女的朝右侧卧,意为便于用右手捻羊毛线。

正常死亡的遗体放在家里悼念,非正常死亡的遗体只能在门外搭上竹笆棚放在院子里。村里的人到齐后,丧家请一位德高望重的人当治丧总管,由他组织村上的年轻人帮忙办丧事。长辈们按照死者的生辰年月择吉日定下准确的出殡日期,然后分头通知亲友前来奔丧。

吾惹热(集中奔丧)　是丧期中最热闹的一天。参加奔丧的人都在这天到齐,祭品也是在这天送来。奔丧者以家族为单位穿着盛装,牵牛羊,提着酒,放着火炮,前来吊唁。如果是死者的女儿家来奔丧,到达家门口时会将事先准备好的糖果和烟、熟鸡蛋甚至零钞撒向人群让大家捡,以此表达他们对长辈恩情的感谢,同时寄托哀思。主人家组织妇女和儿童穿着盛装在半路上迎接前来吊唁的客人,客人有秩序地哀哭着进屋,然后坐于死者的两侧,劝主人家节哀,主人家要敬酒致谢,并简要介绍死者的死因及生平事迹。客人边饮酒,边述说死者生前的美德以及对他(她)的怀念之情。总管安排村里的小伙们用砣砣肉招待远道而来的客人。

撮莫曲(守灵)　入夜,各路奔丧的人都回到遗体边,举行各种悼念活动。灵前有悲戚的哭声,有主客互相答辩的"克格"(辩论)、"妞妞嗬"(唱挽歌)等。鸡鸣之后,祭唱师组织多人排成队,以领唱的形式为死者指路送魂,称"阿古荷"。

央次(出殡)　拂晓,焚尸师在丧家院坝里做简易担架,称"央",用两根长2.5米左右的粗木棒,中间用长两尺的木板横搭,男9块、女7块,用白布和麻线捆扎好后将尸体侧身放卧在担架上。

毕摩(祭师)　念《送魂经》(指路经),从死者的住居处为起点,以日行距离为一段,一程一程地将死者灵魂送到祖先居住地后,又把死者活着的家人灵魂返送回家,称"依库"。

火葬地以村落或家族为单位,选在离住房不远的山坡上。出殡前焚尸师在死者家人的指点下选下土层厚的焚地,然后挖掘一浅坑,坑上堆放着事先准备好的木柴,男9层、每层9根,女7层、每层7根。送葬人员用两把火把引路,由4~8人轮流抬着灵担架跟其后,其他送葬者跟随在灵架后边。儿女子孙、亲朋好友泣不成声。灵架抬到柴堆上,安放就绪,待送葬的亲属离开,焚尸师迅速将死者交叉在胸前的一只手扳向背后,让死者俯卧于柴堆,称"撮莫献"。尸体火化完后,焚尸师请死者家属查看遗体是否烧干净,如果家属满意,火坑就盖上泥土,男人的坟上垒9个石头,女的垒7个石头做标记,不修造坟墓。

果舍切(丧宴)　把死者送上山后,人们分成主客两大片区,坐在开阔地上,丧方组织人员分发砣砣牛肉、猪肉、米饭或荞饼给宾朋,先客人后主人,不论大小,凡是在场的人每人给一份。

第四节 彝族生活

一、彝族服饰

县内服饰主要有：申果庄一带依诺服饰、普雄河流域及越西河流域的圣乍服饰、漫滩河以西的依五圣乍服饰。彝族服饰突出表现在刺花上，花做在衣领、衣襟、袖臂、项背、下摆、裤筒、头帕、挂包等处，纹样有日、月、星辰、云彩、彩虹、鸡冠、连环等几十种。

彝族服装分为男装、女装、老年装、童装、披毡和擦尔瓦等。

惹吾衣底(男上装) 用深蓝色毛呢制作而成，常用的主体饰纹有循环形方窗纹、盘花、直线纹和波浪纹，附加齿纹、南瓜籽纹等。用浅蓝、草绿等细纹平布剪成长形窄条或小方块，围绕衣肩、衣襟、衣袖、衣摆有序排列，缝绣成各种图案纹样。

惹吾诺拉(男下装) 俗称“大裤脚”，用浅蓝或蔚蓝色平布缝制，需要8~10米布料，裤脚下端外沿加一层约宽40公分青布，饰纹线条采用缝绣两细一宽直线纹，年轻人穿的加有3条并列波浪纹。

俄帖(男头帕) 有深蓝色棉布、青色绸缎和红色(分为红布和丝绸两种，一般是少年儿童戴)3种。头帕宽约1尺，长5丈左右，使用自然纹路，不需要加饰纹。年轻人、中年人和老年人缠头帕要打“祖提”(英雄结)，打法有所区别，年轻人的，用头帕的一角裹成前端尖后边略粗的锥形；中年人、老年人的前后一样粗，约有拇指粗，戴在头上朝左朝右亦可。

色里衣底、体莫(女子长袖衣和褂褂) 女子长袖衣要套上外褂穿。外褂用深蓝色毛呢，其饰纹与男上衣大致相似，衣裙不加饰纹，有的在袖口和衣裙边沿加一道剪窄的白兔皮或白羊羔皮镶边作为装饰。做中年妇女长袖衣服用浅蓝、浅灰、蔚蓝等布料，少女上衣用浅蓝、草绿、粉红、金黄、紫红等色彩鲜艳的布料制作。通常，中老年妇女或少女衣服饰纹都在露于褂外的衣肩和衣摆上缝绣直线纹间波浪纹或盘花，袖臂上缝绣直线纹、方窗纹或盘花、波浪纹，还缝贴两元连续对称花草回形波浪状等纹样。

波(裙子) 裙子用3~5种不同颜色的布纵向连接缝制。传统用棉布做成的百褶裙遇到雨水浸湿或者洗涤时不易晒干，穿着有些笨重，现在改用棉纤混纺或丝绸布。做一件百褶裙需要布料20米左右，少女百褶裙选用红、黄、绿、紫、粉等彩色布料，中老年妇女则用浅蓝、蔚蓝、灰白等色调淡雅的布制作，裙子中间为主体颜色，根据裙子的主体颜色分为黄、红、蓝、绿百褶裙。

俄尔、俄发(妇女头帕) 女子头帕分为两种，已婚育妇女头帕称为“俄尔”，未婚育女子头帕叫“俄发”或“帕自”。“俄尔”用深蓝色棉布或毛呢折叠成圆形，戴时裹成前圆后平状，用发辫系压在头顶上。“俄发”或“帕自”用青布或深蓝色布折叠成宽约25公分多层重叠的长方形，前后边缘用红、绿、紫、粉等彩线绣上齿纹，顶层面上绣制成竖向对称树叶花瓣及其他花草纹样。头帕既是女性重要的服饰，也是婚育与否的标志。

阿依伟呷(童装) 童装式样与成人装大体相似，饰纹较简单，男童裤脚外沿用红布或紫色布镶边，女童衣裙用红、黄、紫、青、粉及浅蓝色等布缝制，色彩鲜艳醒目。

什都、瓦拉(披毡和擦尔瓦) 披毡分为单层和双层，单层的选用纯白羊毛制成，套在擦尔瓦里披，双层披毡则用灰、黑、棕等杂色羊毛混合制作，做成后染成深蓝或青色，一般单独披。少数地方还有1种百褶披毡。

擦尔瓦大致有4种样式，常见的是做成后染成深蓝色或黑色，下端缨须上面加一层宽约25公分的青布，上面缝两细一宽的直线纹或3条细线并列的波浪纹作装饰，上端用青色窄布收口为领。第2种是不加染，保持原有的灰白色。第3种用混纺羊毛做成无掉须的灰白色擦尔瓦，下沿加一层约宽30公分的青布,上面缝着两细一宽的直线纹。第4种选用柔软纯白羊毛织有竖向人字纹的白色擦尔瓦,不加其他饰纹,单披,这种擦尔瓦原产于甘洛,后逐渐在越西流行。披毡和擦尔瓦能起到保温、防潮、防雨等作用,冬天,中老年人披擦尔瓦和披毡御寒的较多。

莫苏伟呷(老年人服装) 采用深蓝、浅蓝、蔚蓝、灰白等色泽较素雅的布料制作,衣体和衣袖比年轻人的宽些,饰纹也较简单。男女寿衣所用布料、饰纹及制作方式与上述老年装相似,只是衣宽和袖长都要适当放宽尺寸。

随着生活条件、方式的改变,穿百褶裙和大裤脚较少,但婚丧嫁娶、逢年过节、送灵等场合穿彝族服装。男子套件白衬衣或其他颜色的衬衣在上衣里面,头帕上饰英雄结,左耳佩戴黄红相间的耳珠,肩挂"尔合都它"(英雄带)。女子迎接宾客时要穿着各色衣裙。出嫁的姑娘要穿长袖衣、褂褂和百褶裙,由一位儿女满堂的中年妇女梳妆打扮,头帕换为男式深蓝色长头帕,绕头缠好后,把金帽花缠在额头上方头帕上,双耳佩戴金银耳花或玛瑙珍珠,颈脖戴银饰领花,双手戴金银手镯、戒指,然后披深蓝色双层百褶披毡。

现在,除了农村里的老人穿着全套彝族服装,其余多数为彝装和外来流行服装混穿。如,妇女上身穿彝族衣服和褂褂,头戴"俄尔"或"俄发"(帕自),下着单裤。学生和儿童几乎都穿现代流行服装。

二、彝族饮食

彝族饮食 彝族主食分为三类:高寒山区以荞麦、马铃薯、燕麦为主食;二半山区以荞麦、玉米、马铃薯为主食;河谷地区以稻米和玉米为主食。蔬菜以圆根、青菜、白菜、瓜豆等为主,多产于夏秋两季。境内山区冬春两季很少产鲜菜,在秋末制作酸菜作为冬春两季食用菜肴。肉食主要有牛肉、猪肉、羊肉、鸡肉等。彝族饮食调配采用粮食与肉食相搭配,即荞粑与羊肉,米饭与猪肉,青稞饭与辣子鸡汤,燕麦面与鸡蛋,玉米饭与酸菜、马铃薯汤,圆根与马铃薯。

特色菜有舍觉(砣砣肉)、舍地(冻肉)、瓦者则依(辣子鸡)、俄黑腊如(香肚)、俄拖夫(烤乳猪)、约土(全羊汤)、洋芋几革依(洋芋酸菜汤)、几波(圆根酸菜)、堵查(连渣菜)、木杂(豆渣饼)、堵付兰尔(石磨豆花)、格堵付(荞凉粉)。

越西彝族喜欢饮酒,逢年过节、操办红白喜事、调解纠纷等都离不开酒,主要有杆杆酒、涝渣酒、包谷酒等。

在民族杂居地区彝族家庭除保留本民族的饮食文化外,吸收了其他民族饮食文化,构成"多元一体"的饮食文化。

三、彝族住宅

彝族多选择依山傍水、林木环绕的向阳处建盖村寨,村寨以某一父系血统家支为基础,纳入有姻亲关系的人户,形成高山地区10来户,二半山区40~50户,矮山平坝地区上100户不等的村落,一家一院。房屋建筑类型随着经济文化的发展而发展,历经"瓦居"或"瓦依"(岩洞),过渡到树枝房、竹枝房、竹笆房、瓦板房等。树枝房是用一些木材支撑屋架,四壁栽上高低不等的木桩,用藤或竹片系一根木杆在同一条边的木桩上,周围用树枝或杂草封闭起来,盖上茅草,即成简陋房屋。

瓦板房是彝族长期以来盛行的传统民居,因屋面用木制瓦板盖上而得名。有木板与篱笆搭成的墙和土墙两种,上置栋梁,构成房架,双斜面人字形屋顶,盖上木瓦板,分上下两层即雌雄两层。木瓦板长2米左右。下层铺拢,上层则两板之间处置一板。上层彝语叫"平补"(公板)下层叫"平姆"(母板),盖好后横放一柴白板条,横搭瓦板上,置较重而稳的石块压在其上。每年雨季前翻一次(盖)木瓦板。木瓦板用专门的剖瓦刀剖开,木板上的自然纹路,可以让雨水顺此而流。现只有高寒山区的极少数彝族群众居住瓦板房。

坝区彝族基本上都建土木结构的房屋,多为单家独院。住房通常都是长方形人字房,高度约3.5米左右,门高1.8米左右。以过门墙为基础,堂屋横装几根木杆,再用木板铺垫其上,构成第2层楼,可用来放细粮或住人。正屋通常列为3间,居中厅堂比较大,视其家庭经济情况,大者可容纳上百人,小者只能容纳10来人。所列3间的隔墙一般使用柱子或木板或竹编板等材料。正厅中间无楼,设有火塘。

火塘周边鼎立3块条型或经匠人加工成弯型的石头,上面刻有各种图案,俗称"三锅庄石",用来支撑铁锅炒菜和煮饭。饮食、取暖、会客、议事以火塘为中心对坐进行。火塘上方用一块比较窄的篾萝笆顺墙壁至火塘边1尺远处隔开,形成主客分明的界限。火塘两边主客席上各铺两张硬竹篾席子,按长幼辈分和男女性别等依次而坐。火塘上空1.3~1.7米高处安装一副用木条穿斗好的长方形木架,其上横放一块篾席,用来烘干辣椒、花椒、烟叶、肉类等。有的房屋四周筑上篱笆或土墙,形成长方形或正方形院坝,或堆放柴火,或挖适当的坑来积肥造肥。进入21世纪,彝族的居住条件得到改善,篱笆房和草房比较少见,瓦房取代了瓦板房,有的地区出现砖木结构的瓦房和平顶水泥房。条件好的人家室内安地板砖,正门也改成铁门。有的房屋,梁柱、椽子都用多层结构和隔板、小花格窗等装饰。

第五节　彝族宗教信仰

彝族宗教具有浓厚的原始宗教色彩,崇奉多神,主要是万物有灵的自然崇拜和祖先崇拜为核心的图腾崇拜。自然崇拜中,对精灵和鬼魂异常信仰,经常围绕这些信仰开展杀牲祭鬼、祈福消灾、招魂送魂以及占卜问卦等活动。

玛都(竹灵牌)　崇拜是信仰中的核心内容,是祖先崇拜的具体表现。围绕"玛都"崇拜展开的系列宗教活动,分为安灵和送灵两大仪式。

彝族自然崇拜还表现在对天、地、日、月、星、山、石、水、火等的崇拜,崇拜的形式主要是思想上,并通过祭祀活动来体现。图腾崇拜中,最崇拜的是鹰,也有崇拜虎的。彝族有"吉尔"(神灵)崇拜,"吉尔"可以说是偶像崇拜或灵物崇拜,他们认定某一种东西能帮助自己发家致富并在冤家械斗中能战胜对手,因此把这种东西看作是自己的保护神,可以是金银等贵重物品,也可以是一束丝、一块布,甚至瞎眼母马、旧犁头等废旧物品。

彝族的原始信仰,还可用于调解纠纷,如事情的真相是非不明无法断定时,就要进行"神灵裁决",祭师念过咒语后,让双方当事人端烧红的铧口、捞油锅、嚼生米、打鸡诅咒等,失败者视为是非的承担者,要接受一定的惩罚。

毕摩(祭师)　是古代彝族社会中的一个等级,有严格的世袭制度,历史上除女毕摩拉则石新(阿苏拉则之女)外,都由男子充任。毕摩的传承以世袭为主,也有拜师授业的,传授的方式基本上是在具体的念诵经文等祭祀仪式中跟读、模仿和学习,通常跟随师傅3~5年或8~9年就可以出师。毕摩必备的东西是经书和法具。经书的内容涉及天文、历法、气象、地理、历史、医药以及语言文字和谱系等。毕摩的法具有法扇、法铃、法筒、法帽等。毕摩所从事的一切活动都是在诵经中进行的,法具的使用根据诵经过程的特定内容而定。

苏尼(巫师)　男女都可充当,没有师承,多数都是突然大病一场或无故染病缠绵数日不愈后,据占卜掐算,可能有"瓦撒"(神力)附体,于是请毕摩用一只白公鸡到山林中祭献,然后砍回杉树枝作鼓柄,请毕摩祭"阿散"神,授以羊皮鼓,便可作苏尼。苏尼作巫术活动时无经书可据,边跳边唱声嘶力竭地不断击鼓,全身战栗发抖驱鬼除邪。除举行规模较大、仪式复杂的祭祀活动时请毕摩或苏尼神职人员而外,简单的、日常的家庭内祭祀活动均由家庭户主或请左邻右舍的老人来协助进行。节日或与农事密切相关的祭祀活动多数户主或成年家庭成员都会。其它占卜如鸡舌卜、鸡头卜、鸡腿骨卜、胆卜、脾卜和简单的事象占、命运占等类情况成年人都知道。木刻卜和星宿占以及鸡蛋卜、胛骨卜、活鸡卜则由毕摩或小有名气的老人来做。

第六节 彝族礼节与禁忌

一、彝族礼节

彝区以酒为尊，在彝家，有倒酒敬客之俗。饮酒时不分生人熟人，席地而坐，围成一个圆圈，传递酒杯，依次饮用，称"转转酒"，饮酒时以小口抿用为雅，无干杯之说。

二、彝族禁忌

时日忌 彝族根据宗教信仰和天文历法形成一种某日某时不能作某种事的禁忌，称为时日忌。如鼠日不能送灵，若送，灵位就要被老鼠拖走；牛日不能娶亲，若娶，子孙不会兴旺；虎日不能破土，否则房屋要倒塌；兔日作事均不顺利；龙日不能播种，不能丢失东西，若丢了就找不回来；蛇日不能作巫术，若做，会遭遇横祸；马日建房会生病；羊日治病不能痊愈；猴日缝衣将成孝服；鸡日剃头要丧命；狗日男子忌出门；猪日女子忌出门。初一不能向东走，初二不能向东南走，初三不能向南走，忌出远门后在第七天归家等。

食物忌 忌食狗肉，彝族传说，狗用尾巴从天上给人们带来谷种，并教会人们种植，有恩于人类，所以，秋收时要将新产的米饭先给狗吃，意在感恩。同时忌食猫、猴、熊、马等肉，彝族人的祖先认为这些动物与人同源，同属一类。蛙肉、蛇肉不能吃，认为这两类动物肉很脏，吃了以后，灵魂就不能归祖。

行为忌 生活中的行为忌很多，尤其是和妇女有关的忌讳比较多，如忌女人跨过男子的衣物、身子、头部，妇女不能上房顶，女客人不能上楼，妇女不能摸男子的头发等。

婚姻忌 根据属相、命宫来确定，其忌讳有：兔子与鸡有仇不能相配；猪与蛇相恨不能配；属牛属猪者命宫在南方的不能配；属猪属蛇者命宫在北方的不可配；属虎属兔者命宫在东方的不能配；属鸡和属猴的命宫在西方的不能配；属龙者命宫在东南的，属狗者命宫在西北的，属牛者命宫在东北，属羊者命宫在西南的，均不能配。

语言避讳 祝福婴儿时避讳说"胖"、"重"、"漂亮"之类的赞美之词，而要说贬义性的丑话。如：说"小丑"、"小尿尿"等。彝族有一套严密的亲属称谓，避讳语在亲属称谓中表现尤为突出。即使人们之间无直系血缘关系，也要按照长幼关系运用亲属称谓，忌讳毫无礼貌的称呼。同一辈分的人以尊名相称，辈分关系不是看年龄的大小，而是依据家谱确定的家支辈分和亲戚关系。避讳翁媳、兄和弟媳、岳母与女婿之间开玩笑。避讳与舅舅开玩笑。避讳与同姓的异性开玩笑。妇女避讳与公公的名字同音或谐音的名称(包括人名、地名和动植物名等)，遇到与公公名字同音或谐音的事物时要改用他称。

公公对儿媳也一般不能直呼其名，而要称为"惹莫"(儿媳妇)或将儿子名字后面加上"惹莫"二字，称"某某惹莫"，哥哥在称呼弟媳时亦可这样。对有麻风病史的人家避讳说"这家有恶鬼"；对有狐臭病史的家庭避讳称"这家有鼻子"。夫妻避讳互称姓名；夫妻避讳相互帮腔与人吵架。避讳吵架中说怪话、缺德话。

彝族还禁忌"苏非"，凡遇到"苏非"就必须及时驱邪除恶，否则会给人带来灾难。如，遇到蛇吞蛙类、有鸟屎从空中落在身上、母鸡食其蛋、母猪食其仔、乌鸦站立在屋顶上、鼠溺死在水桶中、狗尾缠在门槛上、牛尾缠在树上等。

第三章　藏族风俗

第一节　藏族节日

藏历年　在农历腊月中旬，藏族过年。过年时每家房顶挂印有经文的白、黄布幡，意为驱鬼辟邪，保全家平安，过完年(15天)取下。每年腊月二十八日户户宰猪，三十团年。太阳未落之前，用酒、猪头敬太阳神、山神、地神等，"苏宛"、"煞巴"连续3昼夜击鼓念经。正月初一不出远门，但要带猎犬上山打猎。初七日，邻近人家各凑肉、食物、酒一起野餐。过年期间，有相互宴请之俗。

第二节　藏族婚俗

县内藏族婚姻为一夫一妻制，有婚姻包办，由父母、长辈作主，媒人说合，也有指腹联姻和自由恋爱等现象。禁止同姓开亲。

藏族婚嫁要经过说婚、纳彩、迎娶等过程。说婚：先探女方属相，请"煞巴"或"苏宛"占卜男女属相相合后，请同族人探女方之意。若有意，前往的族人斟酒祭祖，双方各1人念经祝愿成亲。然后宰猪、羊(忌用山羊)请族人作订婚仪式，藏语叫"海扎峨"。适时请1~2名长辈去女家协商婚期，若女方父母同意，则请"煞巴"或"苏宛"卜卦，择迎亲嫁女良辰吉日。婚期确定，双方作婚嫁准备。

纳彩：婚期前，男方择吉日，备黄牛1头、银3锭、布3匹、酒1坛等彩礼送女方家(现改为人民币)。女方用此彩礼请"儿女满堂"的妇女制婚服，并为嫁女作一切筹备。

迎娶：男方请3~5人(其中1人应与新娘属相相合)，备5~10斤白酒、耳环1副、银或玉石手镯1对、青(黑)帕1张、披毡1件，按"煞巴"或"苏宛"指定路线晚饭前到女方家门。迎亲男子被女方的年轻姑娘们泼水、抹锅烟阻拦后进入女方家。男女方各1人念经祝福后，杀猪宰羊，欢畅饮酒。次日晨，请"煞巴"或"苏宛"作"留呷达"(意抬财神留屋)，择一福命的妇女背新娘到门前一树下梳妆打扮，穿戴男方所送的彩物，着婚服披毡，盖头面，扶新娘上马。

女方返送一定数量酒肉给男方敬神。起程时全村欢送。沿途女友服侍，途经藏族村寨时，亲族赠送食品给送、迎亲者，名"楂惹"。太阳未落山前到男方家的村外，择一果树旁扶新娘下马，主人向送亲者端茶、敬烟、酒。然后主客两人讲"吉办刷"(祝福语)，让一属相同新娘相合的妇女背新娘进屋或迎亲棚。送饭、肉、汤各1盆，木勺3支，待新娘尝后，方许新娘露面(谓露面仪式)。此后，主客开怀畅饮，尽情欢唱。半夜时，备2组汤肉，1组敬舅舅，其中：有一猪肘，取之者须边吃、边唱、边舞，名"取肘起舞"；另1组一半猪头、一腿精肉敬哥弟。然后用油炒饭、煎豆腐各1碗送新娘。新娘品尝后，脱1件衣服挂于男家上方，次日背1桶水在水缸里，示已为男家的人。

第三节　藏族丧葬

藏族丧葬以火葬为主,兼有土葬,土葬主要是对少数长者、麻风患者、夭折者。麻风死者用牛皮装殓,夭折者用布衣裹之。藏族人死后,立即吹海螺,给死者净面、梳发、换衣后,身盖披毡,面盖白布,双脚弯曲侧卧,一般停放于屋角,按男9道女7道挂经文幡杆。吹大铜喇嘛号,并用米饭、糌粑、熟鸡作祭。一般停放一至数日、请“煞巴”或“苏宛”卜卦择定葬日、时辰、火葬方向及地点,念经做道场,超度灵魂同祖宗相聚,送回“尼玛拉萨”。安葬时,用两根长短粗细适宜的木棍,中用小木棒按男9道女7道交叉,用草绳拴牢,做成简易担架,将尸体送至本家族坟山火葬。2人各持一火把引路,其一子捧祭品行于死者前,同族人、姻亲、同村人随后哭吊。焚尸按男9层女7层堆架柴楼,2人将柴点燃,从上点到下。焚毕垒石为坟,长者垒大坟,年轻者垒小坟,非正常死亡者不垒坟。垒坟家人和曾触尸者,用炒苦荞、大索玛叶泡的清水,在“煞巴”或“苏宛”指导下念经洗手,示留下的人清白无罪,延年益寿。

第四节　藏族生活

藏族服饰　《越嶲厅全志》载:“……西番,其长大猛勇,好居山顶。男子纽发成条,不栉,面腻不涤,兵刃不离身,妇人辫发悬珊瑚、翠石为饰,衣短衣覆以羊皮。”县内藏族服饰,男(老年)装与汉族长衫略同。头包黑帕,年轻男子多包白帕,留一条下垂于左耳后至肩部。左耳戴一束红珠,上系于头帕,穿胸前。袖前段绣有彩色几何纹图的短衣。现年轻男性多已著汉装。女装为头包白帕(年老者为黑帕),叠成宽约3寸,环绕数圈缠于头部。额佩饰7~9颗银泡,并用黑色作衬底,两侧悬饰银花片。白、红、黄、绿等色的彩珠穿插于头帕中。戴银耳环,银、玉、翠手镯。穿白、黄、绿等色的上衣,外罩黑色坎肩。穿白布镶彩色几何纹图花边围裙,著有桃花图案的筒脚裤。

藏族饮食　藏族饮食昔者多以茶、酥油、糌粑为主,现多以玉米、荞子、马铃薯、大米、糌粑为主。日食3餐,早餐(“渣车”)称喝,午餐(“仲柯子”)简便,晚餐(“正子惹”)才正规地坐下来进餐。喜猪、羊、牛肉带骨炖食。食具原喜铜器,后受彝、汉族影响,使用木盘、木勺、饭桌、碗筷等。

藏族住宅　藏族的住宅,原多为乱石砌成的碉房或平房,屋顶盖瓦板或茅草,后逐步建为土墙瓦房。室内上下各有一层竹编楼,上层设神位,供白石神、宗教士放法器经书,狩猎者放猎物。下屋做宿舍及放杂物。

第五节　藏族礼节与禁忌

藏族礼节　境内藏族好客,宾客到家中,都要让座,敬烟、酒、茶,并杀猪、羊款待,并将猪头或羊胛、少量肝片盛于盆中敬客。族人途中同行,不论认识与否,每人携带的食品,共同食用。年轻人都要主动关心照顾年长者或长辈。老年人与年轻人途中相遇,年轻人要主动让路,骑马者必须主动下马。

藏族禁忌

忌翁与媳、舅父与侄女对坐。

忌念经时生人出现。

火葬时忌死尸突然坐起。

忌反手,单手接送物件。

忌敬酒不饮。

忌乌鸦在房顶叫。

忌母猪只产一二仔或自食猪仔。

忌鸡在猴日下蛋,母鸡啼鸣。

忌狗含兽肉入室或嚎叫。

忌癞蛤蟆、蛇入室。

忌牛羊怪胎、狗产独仔。

忌外出途中遇两蛇盘缠。

第四章　回族风俗

第一节　回族节日

开斋节　每年伊斯兰教历9月,回民要作1个月的斋,月初为封斋或闭斋。只要身体状况允许,成年穆斯林每天只能在天亮前和天黑后进餐,两头不见天光,中间不进食。阿訇带领念诵《古兰经》,每天在清真寺做5次礼拜。封斋28~29天后,每天日落后,到户外向西"望月",只要望见月牙,便互传喜讯,并派人向清真寺报月,翌日便是开斋节。开斋节前,要做好节日准备,打扫卫生,做完"大净",准备食物,出门在外的要及时回家。节日一早,所有穆斯林换洁净衣服,端油香,带钱粮,全家列队,沿途口念"太真必来"(节日赞词),汇集清真寺,参加"开斋"大典。在大典上,驻寺阿訇宣讲《俄尔兹》,举行宗教仪式后,大家互相祝贺,分吃油香。小孩蜂拥争抢,气氛热烈。接着便是"走坟"(扫墓)。各自到祖先坟前请阿訇诵《古兰经》为亡人祈祷。

古尔邦节　又称"献牲节"、"忠孝节"。即伊斯兰教历12月10日。节日仪式与"开斋节"相同。节日除礼拜之外,还要宰牲献祭,表示对安拉的顺从。有条件的回族在节日这一天,可亲手宰1只羊,或7人合宰1头牛,然后将肉分为3份,1份留作自用,1份送给亲友,1份分送贫困的人,意为叫人牺牲,牺牲私欲,履行正道。

圣祭节　圣祭节又称圣纪节,即伊斯兰教历6月8日,为穆罕默德诞辰和归真日。这天,穆斯林无论是男女老幼,皆沐浴盛装,聚集于清真寺内做礼拜,捐"公德",听阿訇讲经赞圣。仪式完毕,有条件的清真寺宰牛羊,请回民聚餐。之后,祭奠无后代的回族亡人。

第二节　回族婚俗

回族实行族内婚,少数与其它民族通婚,原则上要求对方随回族习俗生活,信仰伊斯兰教。传统的婚姻程序大都要经过"求婚"、"走内红"、"拿瓦尔德"、"送《期单》"、"婚礼"几步程序。男方请媒人向女方求婚,女方家满意就给男方"口唤"(允诺)。男家便请两位"多子多福"的妇女当"女红"将聘礼送至女家,并将女方信物带转男方。若女方对男方考察无异议,男方则请德高望重的“男红”(俗称“红叶大人”)2 人,带上板鸭、盐、茶、喜果,装上 16 ~ 18 盘,送至女家,投上《礼帖》,举行“拿瓦尔德”仪式,齐做《读阿》。女家设宴。此仪式说明婚事已为女方家族认可,不得反悔。当男女双方协定婚事后,男方请阿訇择定结婚日期,用中文写一《期单》,请 2 名男性长者送女家通知婚期。

迎亲 男方请 1 名男性长者作“陪亲”,2 名男童打灯笼,1 人挑送给新娘的礼物。女家在门外摆 1 大桌,上铺红毡,系桌围。桌上摆用青葱、红瓜子拼成图案的细瓷碟子 4 个,2 位善于辞令男性长者“接路”,2 名男童端糖茶立候桌旁。迎亲者至,双方相对数步站立,男童献茶,迎亲者象征性地喝一口,还杯。迎亲者前,接路者后,升堂入室。陪亲者及新郎上桌,女方亲族侧坐。上完 3 道茶(2 苦 1 甜,先苦后甜),陪亲者摆上礼物,肃立致敬。女家收礼,设宴。同时给新娘穿戴男方送来的衣服、首饰。饭毕,新娘由兄长或表兄弟背入迎亲的车中。新郎则由陪亲人带领向岳父投《团书》,请岳丈在“回门”时到男家。礼毕,返回。女方送亲者将新娘送至男家,入新房,摆设箱柜,铺床挂帐。挂好门帘,然后由 1 名男送亲者将新娘背入洞房。

念喜经 当新娘接到男家后,要请 3 ~ 4 名阿訇来念“以渣布”喜经(证婚词)。阿訇上坐,新郎席地而跪,静听阿訇恭诵庆婚词。阿訇念喜经时,并问新郎是否愿意娶新娘为妻。新郎则答:“格波来概勒丹”(我同意娶她)。问新娘时,由其送亲者代答:“打丹”(我愿意)。新郎当面送新娘一份“聘金”。念毕,将喜果(染红的花生、核桃、大枣、糖)撒给新娘、新郎,围观者无论男女老少,蜂拥而上,以抢得多者为荣,俗称“撒喜果”。

回门 回门日期有的是在当天下午(称“连门转”),有的在次日或数日后,新郎带上“三色礼”(茶、糖、鸭或鹅),邀约几位亲友,携新娘回娘家。娘家设宴,先招待吃糍粑(象征亲密、团结)。饭后,对未到场长辈,由女方家专人抱着红毡带新郎登门叩拜。礼毕返男家,新娘带上一篮糍粑,分送男方亲族。几日后,女家再专人到男家接新娘“回娘屋”,俗称“走破日子”。去娘家住的天数,临时请婆婆许定。

结婚后的第一个春节,新婚夫妇都要到女方及各亲友家拜新年,婚后生育的第一个孩子,要请阿訇到家中为婴儿取经名后,才能开始喂奶。男孩多取名“尔沙”、“伍沙”、“伊斯哈格”等,女孩则为“尔里舍”、“海底则”等。也可用出生时间取名,如生于伊历 7 月,取名“勒则普”,生于星期五,取名“主麻尔”等。其次,女方家要邀约亲友到男家送坐月礼,礼物以小孩衣物、鸡蛋为主。男家必须设宴留客。

第三节 回族丧葬

回族丧葬实行土葬、速葬、薄葬。在回族看来,世上万物皆真主造化,真主掌握,人来源于真主,死后亦归于真主,故将死视为“归真”或“归回”,意即归顺真主,回到原处之意。在将亡之人弥留之际,请阿訇忏悔,即作“讨白”,家中的人内外肃静。在家守候的亲人或家属以低沉的声音提醒将亡之人记主、记圣,使其能心领其意即可。这时,切勿哭喊乱跳,以免影响将亡之人记主记圣之念。当其气绝时,请人去清真寺借来“停床”、“孝幔”,将“买依提”(死者)头北足南仰卧,面向西,放在停床上,阿訇念《古兰经》。前面挂上孝幔,亲人在旁守候。“孝幔”由布做成,中间为白色,两边为绿色,上边写有经文。住房狭小或机关职工,死后则停放于清真寺的“殡仪室”。之后,由专人向亲友报丧。亲友闻讯后,做“大净”,奔丧家慰问,至遗体前做“读阿”为死者祈祷。在整个丧葬过程中,不设灵堂,不化纸钱,不办丧席,不戴纸花、青纱,3 天内不动烟火。埋不择日,不看地脉,出殡不放鞭炮。早晨死的下午埋,晚上死的次日埋,尸体不能在家中久停。由 3 人给死者做“大净”,1 人“着手”、1 人“挽扶”、1 人“打水”。洗净后,抬放在铺好的 3 层白棉布“克范”(裹尸布)上包裹,放入“塌补”(俗称“讨白匣子”,抬尸用具),举行告别仪式,抬上墓地。此时,回族青壮年全部出动,并以能争得多抬一肩为荣。到了“麦则儿”(坟墓),取去塌补,再用 1 块白布

（叫大卧单）兜住尸体，放入墓穴，头朝南，面向西，然后用石板盖好，四周用石条砌成坟墓，坟头呈椭圆形。葬事毕，塌补抬回清真寺继续使用。

在安葬死者后的第7天（称头七），丧家将送葬的亲朋好友请到家中，设宴款待。此外，还有“二七”、“四十”、“百天”、“周年”、“生期”、“末祭”等，都必须上坟山祭亡人，请阿訇念经，炸油香分送给各亲友，数量1～2份。

第四节　回族生活

饮食　主食以大米、面食、蔬菜为主。肉食以牛、羊、鸡、鸭、鹅为主。在节假日，家人团聚，必备牛、羊肉干为上品，并配牛、羊鲜肉和蔬菜。若是丧事，则每人增加1份油香，8人1桌，男女分席，尊长、外客坐上方。席间不敬酒、不敬烟。回族宰牲须请阿訇或能念经的人面对西方，默念《宰牲词》，念毕即下刀，要将血流尽。宰羊只捆3只脚，拉1只耳朵蒙住眼睛（据回族典故）。开剖鸡、鸭、鹅先用刀将腹部开一口子，取出内脏后用针线缝合，浸滚水拔毛，免其肠胃粪便气体受热后渗进肉里降低肉味，去掉下嘴壳，烹调多为清炖、凉拌或炒。

回族喜欢饮茶，客至，先泡茶以示尊敬和欢迎。喜欢饮传统的“烧罐茶”，也饮用盖碗茶。回族宴客，以腊鹅、板鸭及牛羊肉干巴为主。在喜庆的宴会上喜欢先吃干果，后吃其它菜。

服饰　回族日常服饰与当地汉族相同，讲究卫生，参加民族节日或宗教活动时，衣着干净，忌穿短袖上衣、短裤，头要包白帕或戴白帽（女性多戴白色盖头），无帽者，须用块布巾遮住头发。阿訇上殿主持礼拜着长衫，包白帕。老人好蓄胡须，有的留巴胡，有的留全脸胡。喜穿开襟服，即在开襟服外套1件青布领褂，挽白手袖，干净整洁。

居住　回族住房建筑形式、室内陈设基本上与汉族相同。随着经济收入的增多，回民修建砖木结构房屋，屋内陈设有了讲究。大门两边贴阿拉伯对联。中堂上方中间贴有阿拉伯文条幅，条幅两边贴有阿拉伯文的对联。左边贴有伊斯兰教历和家庭中的照片，右边是一些飞禽走兽、山水画。靠大壁方桌上供《古兰经》、香炉、花瓶、茶具、电视机。中堂（俗称“堂屋”）多用来接待客人、家庭议事、请阿訇念经、休息、用餐，屋内摆设沙发、桌、椅等。当家中要诵经时，必须把飞禽走兽画、山水画、相框用白纸蒙上。

第五节　回族信仰

“六大信条”　即信仰“安拉”是宇宙“独一无二”的神，穆罕默德是安拉的使者；信自然和社会的一切事物，皆是安拉的“前定”；信《古兰经》是安拉“天启”的经文；信人死后“灵魂复活”；信“末日审判”；信诸“天使”。

“五大功课”　“念”，时常念诵“除了安拉再无其他神”，穆罕默德是安拉的使者这段“清真言”。“礼”即礼拜，成年穆斯林，每天要向麦加礼拜五次（称礼“五番”），每周星期五一次“聚礼”（称“主麻”），每年分别在开斋节、古尔邦节举行两次“会礼”。“斋”即斋戒，每年伊斯兰教历的九月，穆斯林要斋戒一个月。斋戒期中每日拂晓至傍晚不饮食，不能吵嘴斗殴。“课”即“天课”，凡有一定财产者，每年须按比例完纳，作为宗教活动经费和周济贫困。“朝”即“朝觐”，穆斯林有条件者，一生要前往圣地麦加朝觐一次，回来获“哈吉”称号。

县内穆斯林不同程度的履行“六大信条”、“五大功课”，按期举行礼拜，按教规定宗教节日，诵读《古兰经》，捐资清真寺。除“六大信条”、“五大功课”外，诵读《古兰经》也是穆斯林义不容辞的义务。按《古兰经》教义生活，形成回族特有的礼仪、节日、生活习俗、规范道德等。

第六节　回族礼节与禁忌

礼节　回族热情好客，凡穆斯林见面或分别时，都要相互以“色略母”问好。回族远行外地，都要带一套小型炊具和油、盐、干菜。当走到无清真饭馆的地方，便自炊饮食。现今在回族集中的地方都开办有清真食堂、饭馆、回民餐厅。回族出远门哪怕身无半文盘费也可行万里，只要找到清真寺、阿訇或教民，即受到热情接待，并凑给盘缠，故回族没有讨饭的乞丐。

禁忌　回族只信真主，不信其他一切神灵，禁止拜任何偶像，家里忌摆各种人物和动物塑像，墙上只挂山水风景画。

严禁玩赌，玩赌是“哈拉姆”，所赚之钱不劳而获，是不义之财。禁止用食物开玩笑，禁止妇女袒胸露臂，忌汉民到回民家里带餐具。禁止男子戴金饰，不许过度装饰。杜绝污秽、肮脏、贪婪、懒散、愚蠢等。

禁忌说猪，不养猪，不吃猪肉，对猪比较反感，称其为“恨子尔”。回族对奇形怪状、污秽不洁、爪利牙锐和性情凶恶的飞禽、猛兽及鱼类都禁食，对禽类来说吃谷的、有胃的、似鸡嘴的可以吃，如鸡、鸭、鹅、鹌鹑、鸽等，而似鹰嘴、食肉的则不能吃，如老鹰、枭、鸷、秃鹫、乌鸦等；凡兽类是吃草的、反刍的、有四蹄的性情驯善的可以吃，如牛、羊、骆驼、鹿、兔等，反之则不可以，如虎、豹、狼、狮、鼠、蛇、马、骡、狗、猴、熊、象；海中之鱼可以吃的是腹下有翅膀，身上有鳞，脊上有刺，有头尾的，如鲤鱼、鲢鱼、鲫鱼、黄花鱼等，不能食用的有鲸鱼、鲨鱼、乌龟、海豹、海狮等。禁食用火器击毙的“可食类”畜禽。除鱼类之外的动物须要诵安拉之名宰后才可食用。对牛羊身上的内外生殖器、血液、鼻须、耳朵、胰子等也不可食用。忌食一切动物血和病死、跌死等自死的动物。病、伤禽畜下刀后流血并身动方可以食用，否则亦视作死物不可食用。

忌厕所便槽西向。宰牲忌说杀。清真寺及丧家禁吸烟、喝酒。未做“乌里斯”（大净）、“阿布代斯”（小净）禁止翻《古兰经》，不准进大殿。禁止奸淫窃盗，仗势凌人。禁止损人利己和高利盘剥。危急时只喊“主”禁呼“天”。忌穿奇装异服。

第五章　宗教信仰

第一节　佛　教

封建时代，汉族普遍崇敬神灵，深信佛教“因果报应”说教。因而，自发捐助，普建神庙，就近朝拜。明清期间，仅有万人的城区，建有寺、庙、庵等，以天皇古寺为隆盛。

清同治五年(1866年)，遂宁海源和尚应邀来县主持整修天皇古寺。此后，以天皇古寺为主开展“我佛慈悲”等教义活动。有方丈（当家和尚）、知客、行者、沙弥、杂役火工等创立僧众10余人，从属成都昭觉寺。历代主持均须去成都文殊院学习，照华和尚曾带回《宇宙万物，因缘和合，波罗密多大般心经》经典120卷。教派禅宗，按“智、慧、清、静、道、极、照、普、通、兴”行谱。每年正月初二至初九日，香火最旺，前往进香朝佛的人络绎不绝。1950年，传至通字辈。现存周普元，还俗从医；普乐后受聘于冕宁县，主持灵山寺。

有的妇女受封建节烈观影响，遁迹空门削发为尼，以黄卷青灯缁衣念珠终老林下。境内大小尼庵10处，也按天皇寺规禅宗行谱。玄通寺、千手观音殿女尼较多，她们除龛经念佛外，还习武功，以防地痞恶少侵扰。鼎盛时，全县有僧、尼百余人。

县内藏族信仰喇嘛教，即藏传佛教的本波派，神职人员俗称“苏宛”。还信仰本地原始宗教，从职人员俗称“煞巴”。无论是婚丧嫁娶，出门远行、播种收割等，都要请“苏宛”、“煞巴”念经卜吉凶祸福。宗教意识感情渗透于民之中，同民族习俗交织融合。

“苏宛”掌握部分经书，常闭门诵经，替人念经做法事，“煞巴”没有经书，凭借有关天象、历法、医药等方面的原始宗教力画文（煞巴文）替人做请神、敬神、驱鬼除病等法事。生活与普通人无异，无特殊社会地位和政治特权，是藏族中的知识分子，受藏民尊敬。

“苏宛”、“煞巴”常以鸟卜、骨卜、鼓卜、鸡蛋卜、帖卜等方式，根据占卜工具上显示的兆文、信号等判断吉凶祸福，替人卜凶吉。鸟卜以乌鸦叫声的方位，判断吉凶祸福。鼓卜以击鼓请神灵在“苏宛”、“煞巴”身上或在鼓面上显示兆象，从而得到神灵指点。骨卜以羊胛骨烧裂的纹理或裂声断定吉凶。

藏族崇拜自然、鬼魂、祖先、白色等。

第二节　伊斯兰教

回族信仰伊斯兰教，伊斯兰是“伊斯两母”的译音，意为“和平”、“顺服”。

伊斯兰教分两个教派，即逊尼派和什叶派。而逊尼派中又分若干支派，该派中主要有“格氏模”、“伊合瓦里”、“虎夫耶”、“古德泠耶”、“哲赫林耶”等。在县境内系逊尼派中的“格底模”派为主，意为“遵古”或“古老”的正统派，习惯上称“老教”。“格底模”以清真寺为一坊，互不隶属，独立地开展教务活动。宗教节日只限在本坊寺内进行。不参与跨地区的大型节日活动，不向外串联，墨守成规，守旧观念较强。清朝末年，从甘肃经云南到达越西的穆斯林中亦有少数哲赫林耶派，境内俗称“新教”或“新派”，该教派实行门宦制度，其本派清真寺，只能听从“老人家”即教主“放口唤”委派阿訇赴任或调遣。

伊斯兰教统一而最基本的经典是《古兰经》，在云南、四川又称“宝命真经”或“天经”，共30卷1144章6666节，境内清真寺拥有“宝命真经”一至二部单行本作为公用，穆斯林个人也有相当一部分人拥有，他们认为它是“安拉”的语言及穆罕默德封圣的最大“奇迹”，也是每个信徒的行为准则。对“天经”非常尊重，在没有做过大、小净，是不能翻阅和诵读的。历史上保存的“宝命真经”都是阿拉伯原文版本，一般是宗教界人士才具有阅读和讲解能力，现在寺内有中国伊协赠送中阿文对照译本“古兰经”。境内伊斯兰教还拥有论述穆罕默德在接受“天启”传播伊斯兰教23年进程中的言论、行动以及教务中一些重大疑难问题的解答积累，穆斯林称之为“圣训”，主要是阿拉伯原文，也有汉文译本，均由宗教界人士个人拥有，境内普遍流行“圣训”有《穆斯林圣训录》、《穆罕默德实录》等记载着穆罕默德的12000条言论集，还有“对训珠讥”印成本，基本上是解释《古兰经》读本。

伊斯兰教法规定，每个信徒在思想意识和行动上，必须保持六大信教，履行五大功课。提倡天道、人道、父道、子道、夫道、妇道；孝顺父母，履行诺言；重沐浴，重清洁；禁赌博、偷盗、秽行；怜悯孤寡老弱残，勤劳致富，劝善禁恶，排忧解难；团结向上，爱国爱教。

清真寺又称礼拜寺，它是穆斯林宗教、社会、文化中心，也是回民举行婚丧嫁娶的地方。县内第一个清真寺在元末明初建于保安。为便于南北居住的回民朝拜，清乾隆五十三年，越西石城竣工，将保安清真寺迁至城内敦化巷拐角处建新寺。同治十三年（1874年），守备杨同先令将清真寺搬迁至南门右侧三倒拐建寺。“文化大革命”中，清真寺被拆除，经典被查抄，寺基被人侵占。党的十一届三中全会后，州、县政府拨款2.4万元,回民捐筹1.8万元,于1988年在原址重新修建清真寺。清真寺的管理历来由各坊穆斯林推举办事公正、热心教务的“诰姆”(即信徒)3~5人组成管委会,管理寺产、经费收支、聘请阿訇、举办教育、维修寺院和筹办节日等事宜。任期3年,连选连任,无酬服务。

主持教务的是“阿訇”,阿訇系波斯语的音译,即学者、宗师之意,是伊斯兰教的高级宗教职业者。阿訇资格的取得须学习6~9年的宗教典籍及阿拉伯文后,经考试合格,给予“穿衣”,才能为社会承认,受聘驻寺。驻寺阿訇知识较多,品德高尚、谙熟经典、不谋私利,忠于真主,能体恤教民疾苦,处处为穆斯林服务,是一个进行教坊的宗教领袖和“经堂教育”的执教者,有资格设账招收学生。教务中的疑难问题都由阿訇根据经典作出判断和解决。民国12年(1923年)前担任过阿訇的已不可考,民国13年到1961年,曾担任过阿訇的有马凤山、纳万品等11人。1962—1990年,县内无阿訇。1988年,从回族青年中选送2人到西昌经学班学习阿訇,为期3年。1992年,这两名回族青年毕业后回越西当阿訇。2005年,有阿訇3人,清真寺管理委员会有主任1人,副主任2人,成员6人。

第二十八篇

人物

第一章　人物传记

陈福生

陈福生，男，汉族，越西县中所镇人，生于1912年6月。1935年5月，中国工农红军长征路过越西，在南箐、中所开展群众工作，宣传共产党领导穷人闹革命的主张，陈福生带头欢迎红军，替红军带路，抬伤病员，运送给养，串联贫苦农民参加打富济贫活动。地主恶霸们逃的逃，躲的躲，越西成穷人的天下。在红军的帮助下，南箐、中所建立南乡武装游击队。陈福生被任命为武装游击队副队长。他带领游击队员们走村串巷，宣传红军是穷人的队伍，只有跟着红军才有好日子过，很多躲在山上的贫苦农民都纷纷回家，打土豪、分田地，没收地主土豪劣绅的粮食和财物。为保护群众，陈福生白天带领武装队员四处巡逻，监视没逃走的土豪劣绅，晚上协助红军站岗放哨。红军要离开越西时，陈福生带领一些自愿参加红军的队员跟红军北上，编入红一方面军2师5团2营4连3班当战士。在长征途中参加黑水寺战役，因作战勇敢提升为班长。1936年，加入中国共产党。

1937年，任八路军总部特务团2营3连副排长，参加平型关伏击战。1938年，在延安党校工作，被评为生产模范。1940年，调黄河支队1营任副营长。1945年，调到中央党校二部学习，任临时支部委员。1947年，调归化司令部警卫团任副团长。1948年，调任东北军区警卫团副政委。1949年，随解放军进军西南，参加西南地区的解放和剿匪斗争。1954年，转业到吉林省双阳县双阳镇任党委书记，经常深入到群众中去，为贫困户排忧解难，带领全镇人民抓经济建设，大力发展种植业和养殖业。1961年，调山河镇任公社党委书记，在全国掀起大炼铁热潮中，他带头将家里所有的废铁都捐献出来。1965年，调双阳县邮政局任局长。1971年，调农安县革命委员会任副主任，为恢复生产，促进全县经济发展，他奔波于田间地头，各厂矿企事业单位，要求大家做好本职工作。1977年，因病在北京休养。休养期间，他时刻牵挂着农安县的发展，时常到农安县考察调研，为县委、县政府建言献策。

陈福生为新中国的诞生出生入死，浴血奋战，建立不可磨灭的功绩，在社会主义革命和建设事业中，他坚定地贯彻执行党的民族政策和统战政策，以极大的热情全身心地投入到工作中，始终保持劳动人民的光荣传统，光明磊落，为人厚道。

2003年3月，在北京去世，终年91岁。

蒋　君

蒋君，原名蒋立武，汉族，生于1918年7月，越西县保安乡宜鸡站人。蒋君幼时家贫，过着穷苦的生活。10岁时，其父去世，其母无法维持全家人的生活，被迫改嫁远走他乡。年幼的蒋君流落街头靠帮人做工谋生，后寄住于其三叔家。1935年5月，中国工农红军长征过越西，蒋君参加红军，在红一方面军2师5团任战士。腊子口战斗中因作战勇敢，提任班长。直罗镇战斗后，升为副排长。1936年，红军东渡黄河，蒋君主动报名参加先遣突击队，战斗中他和战友们英勇顽强，浴血奋战，消灭阻敌，使大部队顺利渡过黄河。集体荣获“二十四勇士”称号,上级给予通令嘉奖和物质鼓励。

抗日战争爆发后,蒋君任八路军115师供给部警卫排长。1937年9月2日,率部参加平型关伏击战后,升任副连长、连长。1938年9月,调抗大一分校学习,任队长。在延安抗大学习期间,蒋君响应党中央号召,积极参加大生产运动,开荒种地,织布纺棉,从不叫苦叫累。1946年4月,回部队参加解放战争,任东北热辽赤峰军区警备4团供给处主任,四野48军144师432团后勤主任,144师供给部军需科长。1955年,调解放军后勤学院学习;10月,任预备八师22团后勤主任。1958年2月,转地方工作,任辽宁省盘锦农场基建处科长。10月,调第二重型机器厂,任材料处科长,副处长等职。初到二重,国家正处于非常困难时期,蒋君和工人群众一道艰苦奋斗、自力更生,认真完成各项生产任务。1978年,蒋君离职休养。

蒋君一生转战南北,多次负伤,参加过腊子口、直罗镇、曲子镇、黄河东征、平型关、鲁西梁山等战斗,当过指挥员,领兵作过战,但更多的时间是做平凡的后勤供给保障服务工作。不论是革命战争年代还是和平时期,他遵守纪律、服从安排、哪里需要就到哪里去,对工作兢兢业业、认真负责、任劳任怨。1983年1月,患胃癌,在德阳逝世。

孔建康

孔建康,又名孔富贵,男,汉族,生于1919年4月,越西县新民镇人。自幼丧失父母,靠给地主放牛、放羊维持生活。1935年5月,红军长征过新民,孔建康参加红军,编入红一方面军2师5团3营2连。在长征中他吃苦耐劳,主动争挑重担,听从领导的指挥,到达陕北后,被编入一军团4师10团3连,任班长。同年10月,在陕西对宁夏军阀马鸿达部作战中,表现英勇顽强,被提升为副排长。1936年2月,加入中国共产党。

1937年,到中央党校学习。1939年,任中央党校所在班党支部组织委员。1948年,编入华北军区第一兵团第12纵队,参加晋中战役和太原战役,在解放交城的战斗中,孔建康不怕牺牲,英勇杀敌,俘虏敌军2人,缴获轻机枪1挺,步枪3支,子弹20多发,受到部队首长的表扬奖励。在太原战斗中他机智勇敢,出色完成任务,连续荣立两个大功。战斗结束后,他所在部队编为18兵团62军,他在551团2连任连长。1949年5月下旬,18兵团向西北、西南进军,60、61两军向西北进军。11月,62军向四川进军,551团进入四川省江油县,在同国民党部队作战中,孔建康率部一边开展军事打击,一边进行政治宣传,策反国民党官兵50余名起义。1950年11月,孔建康任志愿军20军60师后勤处副处长,首批入朝参战,参加黄草岭、黑水岭的战斗,因工作认真负责,战斗勇敢,获朝鲜民主主义共和国奖章1枚,荣立二等功1次,三等功2次。

1955年回国后,8月转业到地方工作,在上海市金山县任财政局副局长,党组副书记。1964年,调上海市崇明县委工作,历任崇明县委办公室主任、财贸办主任、党组书记、经济委员会主任等职。在工作中,孔建康从不居功自傲,始终保持共产党员艰苦奋斗的光荣传统,生活俭朴,关心人民群众疾苦,深受当地群众尊敬和爱戴。

2002年8月13日,病逝于上海,享年83岁。

马祝鑫

马祝鑫,男,回族,又名尔沙,越西县城关人,生于1919年5月,家庭较为富裕,父母以经商为主,自幼拜师学文习武，好武术，重义气，结江湖，常常替他人打抱不平，深受人们的敬重。

1935年5月，红军长征路过越西，马祝鑫看见红军释放“质彝”、焚毁田赋粮簿、分浮财、镇压官僚恶霸。就背着家里，参加红军，在红4师11团2营6连当战士。在攻打海棠、佯攻大树堡、松潘战斗中，马祝鑫凭着一身武术，冲锋在前，英勇顽强，被提任为副班长。1936年8月，加入中国共产党。

到达陕北后，被派到中央党校学习军事，在学习中，他刻苦钻研，勤奋学习。1937年，调到八路军115师3旅686团1营3连5班任班长。他参加平型关伏击战，在战斗中机智、果断、勇敢，表现出指挥才能，被提任为副排长。1940年，调黄河支队4营任副营长，战斗在鲁西营州一带。1943年3月，任鲁中军区第2团4营营长。1945年，被组织安排到鲁中军区党校学习，并担任中队长。1946年，任中国人民解放军第四野战军第40军120师358团副团长。率部参加本溪保卫战，四保临江，攻克四平，奇袭西丰、义家台，歼灭新军5军，辽沈战役中首攻义县、夺取锦州，还参加辽西大会战、平津战役等。1949年，任第四野战军第40军120师358团团长，奉命南下，率部参加收复驻马店、石角山、明港、解放信阳、武汉、长沙等战斗。1950年，参加海南岛战役。1952年，赴朝鲜参加攻克老秃山战斗，在战斗中负伤。伤愈后回国，安排在沈阳军区工程兵处任处长。

1955年，荣获自由勋章、独立勋章和解放勋章。和平建设时期，他积极投身社会主义建设，为提高部队战斗力，保卫人民生命财产安全作出卓越贡献，对部队的战备训练和各项事业建设，兢兢业业，呕心沥血；经常深入基层调查研究，为部队革命化、现代化、正规化建设做大量工作，受到军区首长们的高度赞扬；唐山大地震，他亲自率部首批进驻灾区，营救受灾群众。

1986年9月，离职休养后，他仍然关注国家和部队的发展建设，积极参加干休所的政治学习和集体活动，被军区评为“健康老人”、“先进离休干部”。他重视对年轻人的思想信念教育，先后被多所中小学校聘为校外辅导员，对新一代进行爱党爱国教育，充分体现一位老党员、老红军的崇高思想境界和政治本色。

2000年3月，在沈阳逝世，终年81岁。

谭发贵

谭发贵，男，汉族，越西县河东乡人，生于1923年9月。自幼家庭贫寒，父母靠租种奴隶主土地谋生，2个哥哥给奴隶主当长工，1个弟弟被奴隶主拉去抵债，后被奴隶主毒死。为糊口，谭发贵不满10岁就去给奴隶主家放牛，多次遭到奴隶主的毒打。1935年5月，中国工农红军长征到越西，他听说红军是为穷人办事，给穷人打天下的，便不顾自己年幼体单，毅然参加中国工农红军，编入红一方面军11团2营卫生连，成为红军队伍中的一名“红小鬼”。在长征中经历抢夺泸定桥、爬雪山、过草地、毛儿盖等战斗。历尽千辛万苦到达陕北；10月，加入中国共产主义青年团。

抗日战争时期，谭发贵编入115师，东渡黄河，参加平型关战役、百团大战、反扫荡战役及应县、五台、牛道岑等战斗。在历次战斗中，他机智灵活、勇敢作战。1939年5月，担任晋冀军二分区19卫生队卫生班长。在自己腿部受伤的情况下，带领全班坚壁清野，掩埋药品，保证药品不落入敌人的手中，受到上级的奖励，被晋察冀二分区评为模范班长。1940年4月，加入中国共产党；5月，转为中国共产党正式党员。1945年3月，在晋冀军卫生部医训部学习；8月，担任四纵队卫生部野战医院手术护士长。1946年6月，解放大同战役中，为给伤员治疗，他七天七夜不休息，连续抢救伤员。1947年，被部队保送第一期中国人民解放军华北医科大学学习深造，以优异成绩毕业。

1949年，天津解放后，谭发贵同志担任天津警备直属医院军医，工作兢兢业业，任劳任怨，呕心沥血，鞠躬尽瘁。1955年，被授予大尉军衔和解放奖章，多次带领医疗队深入农村和部队，为人民群众送医送药,为战士解除伤痛。1956年,荣获独立自由勋章。1957年6月,荣获三级八一勋章。1972年3月,担任106野战医院门诊部主任。1978年3月,担任106野战医院副院长。1983年1月,离职休养,仍刻苦钻研针灸学,不断在医学科学领域攀登。他主持的针灸治疗癫痫病,取得较好的社会效果,为癫痫病患者解除痛苦。1988年,被授予中国人民解放军二级红星功勋荣誉章。

1997年8月4日,因突发心脏病,在天津逝世。

王作义

王作义,又名曲木阿者惹,男,彝族,生于1918年12月,越西县大瑞乡人。1935年5月,中国工农红军二万五千里长征路过越西时自愿入伍,并加入共产主义青年团;6月,过草地时加入中国共产党;9月,转为正式党员。历任中国工农红军红一方面军4师11团战士、通讯员、班长,四师特务团通讯员、班长,中央警卫团分队长,延安中央党校学员,陕北军分区政治部除奸干事兼参谋,湖北云阳县双河区副区长,房县城关区副区长,西南服务团二支队参谋。1950年后,历任重庆第一区接管工作队队长,西昌民干校民干班指导员,凉山工作团竹核区队长,昭觉县竹核区区长,昭觉县人民政府委员,美姑县工作团团长,凉山州人民委员会委员,州政府民政科副科长,州农协会副主任,金阳县委组织部部长,甘洛县人民政府县长,中共凉山州委委员,凉山州检察院检察长,州政法党组副书记,凉山州五七共大党委副书记、副校长,州革委常委,州委统战部部长。1981年,凉山州四届人大一次会议上被选为州人大常委会副主任,参加省人代会又被选为四川省人大民委副主任。1986年,离职休养。

王作义早年投身革命,参加举世闻名的红军二万五千里长征,爬雪山、过草地,历经艰难险阻。到达陕北后,又毅然奔赴抗日前线奋勇杀敌,在潼关战斗中被评为战斗英雄,荣获毛泽东颁发的奖状。1943年10月,在延安大生产运动中,由于生产积极,吃苦耐劳,成绩显著,被评为边区劳动模范。1944年,在保卫延安的战斗中,他作战勇敢顽强,又被评为保卫模范。他为中华民族的解放、为新中国的诞生一往无前,出生入死,转战南北,英勇顽强,无私奉献,建立不可磨灭的功绩。全国解放后,为开辟凉山民族地区工作,他随军南下。在工作中,他始终坚持原则,顾全大局,维护团结,坚定不移地贯彻执行党的民族政策,深入农村,深入民族聚居地区、访贫问苦,为党和人民忘我工作,全心全意为劳苦大众服务。为民族地区经济繁荣和社会进步,为党的统战工作,为民族地区的民主和法制建设贡献毕生的精力。1986年,离职休养后,仍然关心民族贫困地区脱贫致富和经济发展,被凉山州委、州政府授予"老有所为精英"先进个人称号。

王作义同志因病于1998年12月23日8时45分在凉山州第一人民医院逝世。

王元金

王元金,又名李元福,汉族,生于1918年8月,越西县大瑞乡人。1935年5月,红军长征经过越西时,他自愿参加中国工农红军,曾任一方面军2师5团战士、通讯员、警卫员。1936年,红军过草地时任4师通讯排班长;6月,加入中国共产党。1937年,抗日战争爆发后,任八路军115师686团通讯排排长。1938年,任686团特务连副指导员。1939年,任686团特务连指导员;11月,调任鲁西军区二分区特务营八连连长。1940年,任二分区侦察参谋。1942年,任二分区训练队大队长。1944年后,历任二分区独立营营长,二分区5团2营营长。1947年,任冀鲁豫军区独立旅营长;同年,升任二野5兵团51师153团副团长。1949年5月,任华东革大南京分校大队长;12月,任西南服务团5支队行政处长。1950年4月,转业到地方，任西南工业部财政贸易部仓库主任；11月，调任西南工业部传销公司科长。1951年，任西南工业部驻京办事处代表主任。1955年，任中建部直属公司材料公司副总经理。1963年，任西南建管局疗养院院长。1965年，任四川省建筑工程学校副校长。1968年，任省建工校革委会主任。1973年，任省建工校党委副书记。1978年11月，任省建工校校长。1979年5月，调省建工局任顾问。1983年1月，离职休养。

王元金经历二万五千里长征、抗日战争和解放战争，转战南北，出生入死，参加大小战斗数十次，5次身负重伤，左眼受伤失明。转入地方工作后，他积极参加社会主义革命和建设，艰苦朴素，以身作则，认真做好物资供应，为国家的重点建设工程做出贡献。到省建工校后，认真抓教育，培养各类建设人才，为四川建筑的发展做出积极贡献。

1993年2月18日，因病医治无效，在成都逝世。

王东放

王东放，原名岳声高，又名李文喜，汉族，生于1916年9月，四川省越西县大屯乡人。王东放自幼家贫，7岁时就给地主放牛、做长工，过着饥寒交迫的生活。1935年5月，中国工农红军路过越西时，王东放参加红军，在一方面军4师12团任战士、通讯员。1936年，任红军总部特务团供给处通讯员。1938年，任八路军炮兵团3营司号员。1940年11月，加入中国共产党。1942年，任八路军386旅2团班长。1943年3月，任386旅8连2排排长；8月，选调到延安抗大7分校学习。1945年10月，任八路军24旅72团1营1连指导员，72团供给处指导员。1947年6月，任解放军141师供给部总务股副股长、卫生股股长。1950年5月，转业到湖南省永顺专署任粮食科股长。1953年，调湖南省保靖县任粮食科股长、县监委会副主任。1956年9月，任保靖县公安局副局长。1960年1月，任保靖县法院院长。1963年10月，任保靖县监委会副书记。1965年10月，离职休养回越西。1995年，经四川省委批准，享受副地厅级待遇。

在红军队伍里，王东放刻苦学习革命理论，懂得革命的道理，树立革命的信念。长征路上，他不怕苦、不怕累，英勇顽强，不怕牺牲。红军胜利会师后，他刻苦钻研军事技术，在中央红军总部举办的射击比赛中取得优秀成绩，受到上级奖励。在抗日战争时期，王东放经过血与火的锤炼，思想更加成熟，革命信念更加坚定，战争经验更加丰富。解放战争中，他深入群众，克服重重困难，想方设法完成任务，保证部队的供给，为部队取得胜利做出贡献。奉命转业地方工作后，在清匪反霸斗争中，他深入斗争第一线，勇敢果断，不怕牺牲，再立新功，为社会主义革命和建设作出贡献。离职休养后，他始终保持着老红军优良传统，艰苦朴素，勤俭节约，密切联系群众，热情助人，严于律己，坚持原则，保持着革命的本色。关心家乡的社会主义建设、关心下一代的成长，无数次不辞辛劳地向家乡的中、小学生、干部职工们作革命传统教育的报告，他讲的红军故事、红军传统，教育家乡一代又一代新人。

1996年12月24日上午10时25分，在越西县医院病逝。

杨志成

杨志成，男，汉族，越西县城关镇人，生于1916年12月。幼时丧父，家贫如洗，兄弟姊妹4人靠母亲1人抚养，2个哥哥刚成年便入赘上门；他幼年就给人当长工，背背子、做泥工、耕田种地。

1935年5月，中国工农红军过越西，杨志成参加红军，编入红一方面军2师5团4连，在爬雪山、过草地中，杨志成多次背伤病战士，先后当挑夫、马夫，后编入电话班，任班长。1936年4月，加入中国共产党。抗日战争时期,先后在晋察冀军区东区冀北县11团、九纵30团,参加平型关、百团大战。抗日战争胜利后,冀东军区八路军开赴东北,编为东北民主联军,后改为东北野战军,杨志成参加四平、辽沈等战役。在10多年的戎马生涯中,他不畏艰难困苦,不怕流血牺牲,作战勇敢,职务由班长、排长、连长、营长升到团长,为中国人民的解放事业作出贡献。1956年,被授予三级八一勋章,三级自由勋章,三级解放勋章。

中华人民共和国成立后,杨志成先后任第四野战军后勤部、后勤科科长、第五通信团团长。1957年,转业,任河北省南皮县兵役局局长。他为推进人武部工作,加强民兵建设,开展国防教育活动,呕心沥血。1959年,调苍州市东城区任副区长。在职期间,他从不利用职权为亲属安排工作,一家三代人挤在40平方米的平房里,从没为自己谋过私利,一生光明磊落,时刻保持艰苦奋斗的传统,常穿草鞋、旧军服,粗茶淡饭,就连下乡调查研究也是骑自行车或轻装步行,不带秘书,不要小车,处处关心群众疾苦,经常把省吃俭用节省下来的钱拿出一部分接济贫困户或受灾人家。在三年困难时期,主动减少自己的工资,带头以米糠、麦麸充饥,还率领干部职工开荒种粮,共度"粮食关"。

杨志成秉性刚直,对弄虚作假、欺上压下、吹吹拍拍的人极为厌恶,不留情面,甚至对个别领导的错误做法也敢于抵制批评,始终保持劳动人民本色、革命军人品质,坚持共产党员标准,受到广大人民群众的爱戴。

1965年5月27日,杨志成同志因病辞世。

张华锋

张华锋,男,汉族,越西县大瑞乡瑞塘村人,生于1918年1月。自幼家庭贫困,终年辛劳,不得温饱。他生性耿介,对世事多感不平,对豪绅富户异常憎恨。1935年5月,红军长征过越西,他参加红军,编入红一军团2师5团3营7连,参加了飞夺泸定桥、攻克天全、夜袭芦山等战役。9月,加入中国共产党。爬雪山、过草地,历尽艰辛,胜利到达陕北。

1937年8月,中国工农红军改编为八路军开赴山西抗日前线。张华锋被编入115师343旅,开赴晋东南。1942年,调太行第四军分区。1944年,调太行第八军分区。解放战争开始后,张华锋任华东野战军20军58师172团作战参谋。参加宿北、孟良崮、莱芜、鲁南、豫东、淮海、渡江、上海诸战役,荣立二等功2次,三等功4次。

1950年,调中国人民解放军西南独立团任团参谋长,在参加资中的剿匪斗争中,他指挥灵活、部署得当,圆满地完成剿匪任务。1952年,调16军48师143团任团长。1955年,中国人民解放军总干部授予解放勋章1枚。

1956年11月,转业到地方,先后在西康省交通局、西康省粮食局、西康省政府招待所等处工作。1959年,"大跃进"时期,张华锋对办公共食堂、大炼钢铁、大放"卫星"持不同意见,认为这不是跃进,是倒退;不是发展生产,而是破坏生产;国家困难,经济下降,是官僚主义泛滥所致。这些言论被视为攻击"三面红旗"、反对"大跃进"、对社会主义不满。因此被调离西康省粮食局,到青神县民政局工作。1966年,"文化大革命"开始,张华锋对停产闹革命、派性武斗、跳忠字舞提出个人的看法,被视为对现实不满,反对无产阶级"文化大革命",内定为反党、反社会主义、反"文化大革命"的现行反革命分子,遭受批斗,并株连到亲属,身心受到严重摧残。十一届三中全会后,他得到彻底平反,政治上又获得新生。1984年,离休,居于成都,喜欢诗词歌赋,潜心书法研究。

1995年10月23日,在成都逝世,终年77岁。

张志成

张志成，男，汉族，生于1919年4月，越西县越城镇城北村人。自幼家中无田无地，靠租种田地过活。12岁时到西山炭洞当童工，给炭老板挖煤拖船子，早出晚归，舍命劳累，过着半饥半饱的生活。1935年5月，中国工农红军长征路过越西，张志成正在山上挖炭，听说城里来红军，便把炭船子一扔，跑下山来同北城门附近的几个穷孩子一起参加红军，编入红一方军团2师5团3营10连任战士。在海棠战斗中，他作战灵活勇敢，升任班长。参加抢渡大渡河的战斗后，翻雪山、过草地，历尽千辛万苦到达陕北，在直罗镇战斗中负伤。

抗日战争爆发后，其所在部队编入八路军115师，任343旅685团3营11连副排长，参加平型关战斗。1938年，转战山东，驻防梁山水泊一带，任排长。1942年，其所在团被日伪军包围，敌众我寡，在突围中腿部受伤，被送往后方医院。由于伤势严重，从此脱离战斗部队，到山西黎城县农村养伤，养伤期间在此安家。

全国解放后，山西省民政厅于1964年10月签署颁发“晋红优”第001034号《在乡退伍老红军优待证》，后安排在山西省黎城县食品厂任党委书记。在工作中，他勤勤恳恳、恪尽职守、办事公道，受到广大职工爱戴。在国家困难时期，他不计个人得失，主动申请到农村从事农业生产。1978年，张志成思乡心切，从山西迁回越西，享受在乡退伍老红军待遇。为越西的经济建设献策献计，他经常到各中小学校给学生讲故事，宣讲革命优秀传统，教育学生树立爱国主义思想。

2007年12月，因病逝世，享年89岁。

周耀武

周耀武，男，汉族，生于1918年1月，越西县蚂蟥沟人。自幼家贫，早年丧父，从14岁起就给人当长工，过着饥寒交迫的生活。1935年5月，参加中国工农红军红三军团军独立营任战士，后编入九军团30军280团1营2连任副班长。1936年8月，加入中国共产党。

抗日战争爆发后，编入八路军120师359旅718团。1937年12月，调入陕北警备8团任班长。1943年9月，调关中分区警备8团任班长。解放战争时期，任第四野战军热河军区30旅47团2营6连指导员。1947年9月，调任热河军区16旅28团2营副教导员。1948年4月调任广西军区23师47团1营教导员。

1952年2月，调入东北空军18师政治部任科长。1954年6月，调水溪场站政治处任主任。1955年9月，授予少校军衔。1956年6月，调广州空军458医院任政委。

1958年6月，转地方，任河南省开封市人民医院党支书记，10月调任开封制药厂党委书记。1982年8月，离休，享受地专级待遇。

周耀武同志一生的革命生涯中，爬雪山、过草地，参加过红军二万五千里长征、抗日战争、解放战争和抗美援朝战争，为祖国的解放事业屡次立功受奖，曾被荣获一等功1次。1956年，授予三级八一勋章、独立自由奖章、解放勋章各1枚。转业到地方后，坚持认真贯彻党的各项方针政策，以身作则、廉洁奉公、团结同志、公道正派、光明磊落、关心职工生活，深受干部职工的尊敬和爱戴。离休后，仍然十分关心国家大事，关心当地经济发展，积极支持改革开放事业。

第二章　人物简介

阿木布沙

阿木布沙，男，彝族，生于1966年8月，四川省越西县人，本科学历。1984年7月，加入中国共产党。

1985年7月，在越西县农业局土肥站工作；1989年4月，任越西县国土局办公室主任；1993年6月，任越西县人民政府办公室副主任；1998年9月，任越西县扶贫办主任；2003年2月，任越西县人民政府副县长；2004年10月，调任布拖县人民政府副县长。

陈继元

陈继元，男，汉族，生于1955年8月，大学文化，中共党员。

1972年2月，在叙永县天池镇当知青；1974年12月—1989年3月，在步兵第48师服役，先后任班长、排长、连长、参谋；1989年3月—1998年4月，任泸州军分区政治部干事、科长；1998年4月—2000年9月，任江阳区人武部政委、党委书记、区委常委；2001年10月—2003年1月，选派到越西县任中共越西县委副书记；2003年1月，任江阳区委常委、纪委书记、总工会主席。

陈正康

陈正康，男，汉族，生于1934年11月，四川省甘洛县人，初中文化。1953年11月，加入中国共产党。

1951年4月，参加工作，历任越西县委、县人民政府通讯员、服务员；1952年9月，任中共越西县委内外收发员；1954年6月，任中共越西县委组织部主办干事；1960年1月，在越西县顺河公社党委、区工所工作任副书记、区长；1962年10月，任越西县团委副书记、团州委委员；1966年6月，任越西县新民区委副书记；1970年1月，任越西县农场支部书记、场长；1974年4月，任越西县中所区委副书记、书记；1978年8月，任越西县中普雄区委书记、县委委员；1981年8月，任越西县农办主任，县委委员；1983年9月，任中共越西县委常委、县纪委书记；1984年11月，任越西县人民政府党组书记、常务副县长、县委常委；1987年4月，任越西县人大常委会党组副书记、副主任；1993年3月，任越西县人大常委会正县级调研员；1995年2月，退休。

陈远强

陈远强，男，汉族，生于1957年1月，四川省西昌市人，本科学历。1984年8月，加入中国共产党。

1974年8月—1975年11月，在昭觉县城北公社当知青；1975年11月—1977年7月，任州委驻昭觉县苏八乡、雷波县克角乡、越西县丁山乡基本路线教育工作队队员；1977年11月，任越西县下普雄区团委书记；1978年11月，在共青团越西县委任团委干事；1982年1月，在越西县人口普查办公室工作；1983年12月，任越西县城关区副区长；1984年7月—1986年9月，在四川电大党政管理专修科凉山民干校学习；1987年5月，任越西县城关区委副书记（主持工作）；1989年7月，任越西县计委主任、政府党组成员；1990年12月，任越西县人民政府副县长、县政府党组成员；1991年1月，任越西县政府副县长、县政府党组成员兼县计委主任；1993年3月，任中共越西县委常委、县政府常务副县长、县政府党组副书记；1997年1月，调任中共喜德县县委副书记。

迟　谦

迟谦，男，汉族，四川省绵阳市人。1983年7月，加入中国共产党。

1974年3月，在江油县大康公社十一大队当知青；1977年5月，在四川泸州化工学校学习；1979—1983年，在凉山州乃托磷肥厂工作，先后任技术员、助理工程师、硫酸车间主任、生产科长；1983—1998年，任凉山州乃托磷肥厂厂长（后改名为凉山州乃托化工冶金有限公司，任董事长），其间：1995—1998年，任越西县人民政府副县长；1998年，任越西县人民政府“两厂一司”办副主任，当年停薪留职；2003年，提前内退；2005年，办理退休手续。

邓廷楷

邓廷楷，男，汉族，生于1939年11月，四川省江安县人，中专学历。1960年6月，加入中国共产党。

1958年，参加工作，先后在洪溪县、美姑县医院当医生；1962—1970年，任中共美姑县委办公室秘书；1970—1983年，任美姑县人保组副组长、公安局副局长；1983—1987年，任中共美姑县委常委、政法委书记；1987—1990年，任美姑县委副书记；1990—1992年，任中共普格县委副书记；1992—1996年，任中共越西县委书记（其间：1995年3月—1996年8月，兼任越西县人大常委会主任）。历任越西县第九届人大代表和凉山州第七届人大代表。

邓显祥

邓显祥，男，汉族，生于1954年9月，四川省冕宁县人。1976年6月，加入中国共产党。

1972年9月，参加工作，先后在冕宁县团结公社任民办教师，在西昌师范学校学习，在冕宁县城关一小任教、大桥小学任教，任代理校长、党支部书记，在冕宁县委办公室、县委组织部、县人事局工作；1983年，任共青团冕宁县委副书记、书记；1985—1997年11月，先后任中共冕宁县委组织部副部长，中共冕宁县委组织部副部长兼人劳社保局局长，中共冕宁县委常委、组织部长，中共冕宁县委副书记；1997年11月，任中共越西县委书记兼人民武装部党委第一书记；2000年5月，调凉山州人民检察院，历任党组副书记、副检察长、凉山州人民检察院党组书记、检察长。

邓　激

邓激,男,汉族,生于1958年10月,四川省仪陇县人,学士学位,讲师。1991年10月,加入中国共产党。

1976年7月—1978年10月,在西昌大桥区开源公社当知青;1978年10月—1982年7月,在重庆西南农学院植保系学习;1982年7月—1993年8月,在凉山农校任教,先后任农学专业副主任、主任(其间:1991年1月—1993年8月,任越西县烤烟技术推广组副组长);1993年8月,任越西县人民政府副县长;1997年12月,调冕宁县,任中共冕宁县委副书记兼县政府常务副县长。

邓祖伟

邓祖伟,男,汉族,生于1946年12月,四川省乐至县人,大专学历。

1968年8月,参加工作,在越西县申果庄医院任医师;1979年,任越西县第一人民医院主治医师;1993年8月,任越西县第一人民医院副院长;1998年2月,任第十届越西县政协副主席;2000年2月,退休。

丁学诗

丁学诗,男,生于1937年1月,汉族,四川省合江县人,中专文化。1980年4月,加入中国共产党。

1956年12月,参加工作;1957年1月—1960年2月,任越西县农水科新民区农技站副站长;1960年3月—1963年10月,任越西县农水科办事员;1963年11月—1966年11月,任越西县农林局种子站负责人;1966年12月—1970年10月,在越西县农业局果药站工作;1970年11月—1980年3月,任越西县农业局果药站站长;1980年4月—1981年2月,任越西县农业局副局长;1981年3月—1983年8月,任越西县农业局局长;1983年8月—1993年3月,任越西县人民政府副县长;1993年3月—1997年7月,任越西县人大常委会党组书记、副主任;1997年7月,退休。历任越西县第四届、第六届、第七届、第九届人大代表。

杜忠阳

杜忠阳,男,彝族,生于1941年12月,四川省雷波县人,中专学历。1971年5月,加入中国共产党。

1958年8月,参加工作,在普格县小学任教师;1959年9月—1960年9月,在西南民族学院学习;1960年9月—1966年1月,任布拖县衣某区小学教导主任;1966年2月—1972年1月,任布拖县衣某区学区负责人;1972年2月,任布拖县衣某区联布农业中学副校长,8月,任布拖县衣某区中心学校负责人;1973年3月—1974年9月,任布拖县衣某区文教组组长;1974年10月—1980年4月,任布拖县文教局副局长;1980年5月—1981年2月,任布拖县革命委员会办公室副主任;1981年2月—1985年12月,任布拖县人民政府办公室副主任、主任;1985年12月—1990年2月,任金阳县人民政府副县长;1990年

3月—1993年2月，任越西县人民政府副县长；1993年3月—1998年2月，任越西县人大常委会副主任；1998年2月—2003年2月，任越西县人大常委会主任、党组书记。历任越西县第九届、第十届、第十一届人大代表，中共越西县第九届党代表，凉山州第七届人大代表。

杜庆云

杜庆云，女，汉族，生于1965年2月，四川省越西县人，本科学历。

1984年，在越西县上普雄卫生院工作；1989年，在越西县卫校任教，同时在县卫生局业务股工作；1995年，任越西县卫生局局长助理；1999年，任越西县爱国卫生运动委员会办公室副主任；2003年，任越西县爱国卫生运动委员会办公室主任，同年2月，任第十一届越西县政协副主席。

果基木金

果基木金，男，彝族，生于1920年11月，四川省越西县人，民族上层人士。

1956年1月，参加工作；1960年6月—1967年1月，任第三届、第四届越西县政协副主席；“文化大革命”期间，被下放劳动；1981年3月—2003年3月，历任越西县政协第五届、第六届、第七届、第八届、第九届、第十届副主席。

古宪福

古宪福，男，汉族，生于1945年11月，重庆市铜梁县人，本科学历，中学语文高级教师、中学特级教师。

1968年9月，参加工作，在甘洛县国营农场劳动锻炼；1970年，在越西县文化馆工作；1972—1989年，在越西中学任教，先后任教研组组长、教务处副主任、主任；1989年，任越西县文教局局长；1990年，在越西中学任教；1993年，任越西中学副校长；2000年2月，任第十届越西县政协副主席；2003年2月，任第十一届越西县政协副主席。

高　扬

高扬，男，汉族，生于1959年3月，四川省越西县人，大专学历。

1976年7月，参加工作。在越西县园艺场当知青；1978年8月—1980年8月，在凉山财贸学校学习；1980年8月，在越西县财政局工作；2000年3月，任越西县财政局副局长；2003年2月，任第十一届越西县政协副主席。

胡　坤

胡坤,男,汉族,生于1957年11月,四川省甘洛县人,研究生学历。

1978年10月,加入中国共产党。1974年7月,在甘洛县海棠乡当知青;1975年11月,被吸收为干部,在越西县、雷波县从事社教工作;1977年9月—1984年12月,先后任中共越西县委办公室秘书(其间:1982年9月—1984年7月,在川师大政教系学习);1984年12月,任越西县政府办公室秘书;1986年5月,任越西县政府办公室副主任;1988年2月—1993年3月,兼任越西县地方志办主任;1990年9月,任越西县政府办公室主任;1993年9月,任越西县政府县长助理兼县政府办主任;1995年12月—1996年4月,任中共越西县委常委、县政府县长助理、政府办主任;1996年4月,任中共越西县委常委、县政府副县长;1997年1月,任中共越西县委常委、县政府常务副县长;1998年3月,任中共越西县委副书记、常务副县长;2000年11月,主持中共越西县委工作;2001年3月,任中共越西县委书记、县人武部党委第一书记;2003年1月,任中共越西县委书记、县人大常委会主任、县人武部党委第一书记。历任越西县第九届、十届、十一届人大代表,凉山州第八届人大代表。

胡绍定

胡绍定,男,生于1953年11月,重庆市巫溪县人。

1972年11月,参加中国人民解放军于凉山军分区;1978年,转业安排于越西县民政局任办事员;1978年8月—1984年3月,任越西县委组织部干事;1984年4月,任县委组织部副部长;1987年,兼任县直机关党委书记;1988年,任县委组织部部长;1990年4月,任县委常委兼组织部长;1995年7月,调任凉山州供销社副主任。其间:1990年,任凉山州第二届党代表;1987—1993年,兼任县人大常委会委员。

蒋若枫

蒋若枫,男,彝族,生于1959年4月,四川省越西县人,大学学历,经济学学士。1984年11月,加入中国共产党。

1982年7月,参加工作,任越西县委宣传部理论教员;1984年4月,任越西县人民政府办公室秘书,11月,任越西县普雄区瓦吉木乡副乡长;1986年3月,任越西县政府办公室副主任;1990年7月,任中共越西县委常委、县纪委书记;1993年8月,任中共越西县委副书记;1996年5月,在山东省潍坊市高密市政府任市长助理(挂职锻炼)。1999年9月,调喜德县任县委副书记、县长。

甲卡莫格

甲卡莫格,男,彝族,生于1958年10月,四川省越西县人,大学本科学历。1981年12月,加入中国共产党。

1982年2月,参加工作,在越西县新民中学任教;1984年,任越西县新民中学副校长;1985年9月,在越西县民族中学任副校长(主持工作);1992 年 2 月,任越西县文教局副局长;1995 年 9 月,任越西县文教局局长;1998 年 2 月,任越西县人民政府副县长;2003 年 2 月,任中共越西县委副书记。

吉尼呷呷

吉尼呷呷,男,彝族,生于 1936 年 1 月,四川省喜德县人,初中文化。1956 年 11 月,加入中国共产党。

1954 年 11 月,参加工作;1954 年 12 月—1955 年 10 月,在西康省贸易干部学校学习;1955 年 10 月—1956 年 1 月,在西南民族学院学习;1956 年 2 月—1957 年,在普雄县滥田坝区民改工作团任区团委书记;1958—1959 年 2 月,在重庆四川团校学习;1959 年 3 月,在越西县苏姑区任区团委书记兼五里乡乡长;1962 年,任越西县顺河乡乡长;1965 年,任中共越西县委党校教员;1969 年,在越西县革委政工组、宣传组工作;1972 年,任越西县电影管理站文化系统党总支书记兼电影管理站站长;1978 年,在越西县语委工作(主持语委工作);1980 年 1 月,任越西县文教局副局长、中共越西县委宣传部副部长;1981 年 6 月,任越西县政府办公室副主任;1983 年 11 月,任越西县人民政府副县长;1987 年 4 月,任越西县人大常委会副主任;1994 年 3 月,任越西县人大常委会主任。历任越西县第二届、第六届、第七届、第八届人大代表。

吉差吉哈

吉差吉哈,男,彝族,生于 1949 年 12 月,四川省越西县人,中专学历。1968 年 12 月,加入中国共产党。

1968 年 2 月,加入中国人民解放军 0080 部队 53 分队,曾任副班长、班长;1971 年,转业到布拖县,任布拖县武警中队指导员;1976 年,任布拖县人武部军事科副科长、科长;1986 年,任越西县人武部部长;1993—2003 年,先后任中共越西县委常委、政法委副书记、书记;2003 年 2 月,任第十届越西县政协党组副书记、副主席。

吉差阿木

吉差阿木,男,彝族,生于 1963 年 11 月,四川省越西县人,本科学历。1982 年 5 月,加入中国共产党。

1979 年 11 月—1985 年 1 月,在云南思茅 35117 部队服役,任班长、代理排长,在老山、者阴山对越自卫还击战中荣立二次三等功;1985 年 1 月,任甘洛县古海乡企业办临聘会计;1986 年 9 月,任越西县普雄镇副镇长;1988 年 9 月,任越西县普雄镇镇长;1992 年 5 月,任越西县中普雄区武装部长;12 月,任越西县乐青地乡党委书记;1995 年 12 月,任越西县计划生育委员会副主任;1996 年 5 月—1998 年 3 月,任越西县计划生育委员会主任;1998 年 3 月—2003 年 2 月,任越西县计划生育局局长(其间:1999 年 9 月—2002 年 7 月,在省委党校学习);2003 年 2 月,任越西县人民政府副县长。

吉拖哈史

吉拖哈史,男,彝族,生于 1965 年 1 月,四川省布拖县人,本科学历。1985 年 8 月,加入中国共产党。

1983 年 3 月,参加工作,历任布拖县地洛乡文书、西溪河区公所财经助理、文书、区委秘书;1987 年 8 月—1991 年 8 月,任布拖县西溪河区委委员、纪检员、组织员;1991 年 8 月,任布拖县拖觉区委副书记兼任区委党校校长;1992 年 12 月,任布拖县拖觉镇党委书记、镇人大主席;1994 年 10 月—1997 年 4 月,任布拖县拖觉区委书记(其间:1994 年 4 月—1994 年 12 月,在广汉市任市委常委(挂职锻炼);1996 年 9—1997 年 1 月,在州委党校第 11 期中青班学习);1997 年 4 月,任布拖县扶贫开发两资办主任;1998 年 3 月—2004 年 10 月,任布拖县人民政府副县长(其间:2003 年 9 月—2005 年 12 月,在省委党校函授法律本科班学习);2004 年 10 月,任越西县人民政府副县长。

江秉俊

江秉俊,男,汉族,四川省德阳市人,本科学历。1985 年 7 月,加入中国共产党。

1981 年 7 月,参加工作,在越西县农业局,先后任副局长、高级农艺师,局长、农业推广研究员;1998 年 6 月—1999 年 6 月,任越西县人民政府县长助理;1999 年 6 月,任越西县人民政府副县长;2003 年 1 月,调凉山州农科所任副所长、农业推广研究员。

靳冀昆

靳冀昆,男,汉族,生于 1954 年 4 月,河北省人,本科学历,工程师。1971 年 5 月,加入中国共产党。

1969 年 2 月,在中国人民解放军 54 军服役,先后任战士、班长;1974 年 1 月,在凉山州农机大修厂工作;1975 年 9 月,在四川工业学院机械制造专业学习;1978 年 10 月,任凉山州农机大修厂技术员、车间主任、生产科长;1983 年 7 月,任凉山农机大修厂副厂长、副书记;1985 年 12 月,任凉山工业局冶金机械科副科长;1986 年 9 月,任凉山工业局生产科副科长;1992 年 8 月,任凉山州工业局办公室主任、局机关党支部书记;1994 年 2 月,任凉山州经委工业处党委委员、纪委书记、局机关党支部书记;1996 年 6 月,任越西县人民政府副县长,凉山州经委工业处党委委员、纪委书记;1997 年 7 月,任越西县人民政府副县长,凉山州经委工业处党委委员、副处长;1999 年 12 月,调凉山州经委任副主任、党组成员。

孔健康

孔健康,男,生于 1963 年 6 月,四川省大邑县人,本科学历,学士学位,中共党员。

1984 年 7 月,作为选调生,由省委组织部选派到泸州市纳溪县江宁区公所工作;1985 年 3 月—1987 年 3 月,任区公所副区长;1986 年 3 月—5 月,在四川省委二党校青干班学习;1987 年 3 月,任泸州市纳溪县农牧局副局长;1988 年 2 月,任共青团纳溪县委书记;1990 年 9 月—2001 年 11 月,任泸州市对外贸易经济合作委员会计划处处长、外资处处长、办公室主任;1992 年 3 月,兼任泸州市外商投资服务中心经理;2001 年 3 月,在泸州市委党校中青班学习;2001 年 11 月,任越西县人民政府副县长(省委选派援助三州)、泸州市招商引资局副局长、党组成员。

克七政达

克七政达，男，彝族，生于1949年7月，四川省越西县人，中专学历。1972年5月，加入中国共产党。

1967年1月，参加工作，在瓦吉木公社当炊事员；1969年，在凉山州谷堆林场当工人；1970年12月—1975年11月，在四川省军区独立师第九营三连服役，任副班长；1975年3月，在瓦吉木公社当广播员，11月，任上普雄区依洛乡州委路线教育工作团工作组组长；1976年11月，在雷波县瓦岗区咪姑乡州委路线教育工作团工作；1977年9月，任中共越西县委组织部组织干事；1983年3月—1992年2月，在越西县中普雄区公所工作，先后任区武装部长、副区长、区长、区委书记；1992年2月—1998年3月，任越西县县委组织部副部长兼任人事局局长；1998年3月—2005年12月，任越西县第十届人大常委会副主任、党组成员，第十一届人大常委会副主任、党组副书记。历任越西县第八届、第十届、第十一届人民代表大会代表，中共越西县第八次党代会代表、县委委员，凉山州第八届人民代表大会代表。

刘　斌

刘斌，男，彝族，生于1964年11月，四川省甘洛县人，大学学历，农学学士。1986年3月，加入中国共产党。

1985年7月，参加工作，任喜德县政府农贸办公室秘书；1987年9月，任喜德县两河口区副区长；1989年6月，任喜德县经济委员会副主任；1990年5月，任喜德县农村经济委员会主任；1992年9月—1993年1月，在凉山州委党校中青班学习，2月，任喜德县人民政府副县长；1994年5月，挂职任崇州市政府市长助理；1996年1月—2000年11月，任越西县委副书记、县长（其间：2000年5月—2000年11月，主持县委工作）；2000年11月，调离越西。

刘明书

刘明书，男，汉族，生于1962年10月，四川省会理县人，本科学历。1985年1月，加入中国共产党。

1979年9月，参加工作，历任会理县绿水乡统计员、会计；1983年12月—1988年9月，先后任会理县绿水乡副乡长、党委副书记、乡长；1988年9月—1995年8月，先后任会理县关河乡党委书记、黎西区委副书记兼关河乡党委书记；1995年8月，任会理县益门区委书记；1998年2月，任会理县人大常委会副主任兼益门区委书记；1999年11月，任中共越西县委副书记；2001年2月，任中共越西县委副书记、县政府常务副县长；2002年12月，调任中共德昌县委副书记、县政府代理县长。

刘　华

刘华，男，彝族，生于1961年7月，四川省会理县人，本科学历。1985年6月，加入中国共产党。

1978年9月—1982年8月，在西南民族学院中文系汉语言学专业学习；1982年8月—1992年6月，在凉山州民干校任教，历任校团委副书记、教务科副科长；1992年6月—1994年8月，任凉山州纪委、监察局干部室正科级副主任;1994年8月,任中共越西县委常委;1995年7月,任中共越西县委常委,组织部部长;1998年5月,调凉山州贸易局任副局长。

罗本文

罗本文,男,彝族,生于1949年11月,1985年7月,加入中共党员。

1969年8月,毕业于凉山民师校,在越西县新乡小学任教;1970年4月,在越西县大瑞中学任教;1973年,在越西县大花小学任教;1975年,在大瑞中学任教;1979年10月,在越西县书古中学任教;1982年3月,任越西县中所中学党支部书记、校长;1991年11月,任越西县中普雄区委副书记;1992年12月,任越西县乃托镇镇长;1994年3月,在越西中学任副校长、党支部书记;1998年1月,任中共越西县委常委、县纪委书记、县委副书记、凉山州第九届纪委委员;2003年2月,任中共越西县委调研员。历任越西县第八届、第九届人民代表,中共越西县第九届、第十届党代表。

罗占清

罗占清,男,彝族,生于1942年1月,四川省冕宁县人,初中学历。1963年7月,加入中国共产党。

1961年4月,在越西县武警中队服役;1963年2月,任越西县武警中队副班长;1964年7月,任越西县武警中队班长、党支部委员;1968年4月,在越西县第二人民医院从事行政工作;1969年,在越西县公安局工作;1975年,任越西县公安局党委委员;1978年,任越西县公安局副教导员;1982—1983年,任越西县公安局副局长;1983—1989年,任越西县公安局局长、党组书记、政法委书记、县委常委;1989年,任中共越西县委常委、政法委书记;1990年,任越西县人大常委会副主任、政法委书记;1998年,任中共越西县委调研员;2002年,退休。历任越西县第六届、第七届、第八届、第九届、第十届人大代表,中共越西县第五届、第六届、第七届、第八届、第九届党代表,凉山州第五届人大代表。

罗木古

罗木古,男,彝族,生于1950年3月,四川省越西县人,初中文化。1973年9月,加入中国共产党。

1970年5月—1972年9月,任越西县护路民兵连班长;1973年8月,参加工作,12月,任越西县河东公社党委副书记;1974年1月—1978年12月,任越西县城郊公社党委副书记、革委会主任;1979年1月—1979年12月,任越西县城关区委副书记;1980年1月—1983年12月,任下普雄区委书记;1983年12月—1990年5月,任越西县政府办公室主任;1990年6月—1992年11月,任越西县农委副主任;1992年12月—1995年11月,任川西水泥厂党委副书记;1995年12月—1998年2月,任越西县总工会主席;1998年2月—2005年12月,任越西县第十届、第十一届人大常委会副主任、党组成员(其间:1998年2月—1998年7月,任第八届越西县政协副主席)。历任中共越西县第五届、第六届委员会委员,越西县第六届、第七届、第十届、第十一届人民代表大会代表,凉山州第九届人民代表大会代表。

罗洪亮

罗洪亮，男，汉族，生于1942年7月，四川省宜宾市人，大专学历，中学数学高级教师。

1962年8月，在越西中学任教；1970年9月，在越西县河东中学任教；1971年10月，在越西县文工队工作，曾任副队长；1981年，在越西中学任教；1991年7月，任越西中学副校长；1993年3月，任第九届越西县政协副主席；1993年11月，任越西中学校长；1995年12月，病退。

罗素君

罗素君，女，汉族，生于1946年2月，四川省泸州市人，中专学历，统计师。1965年4月，参加工作，历任越西县商业局统计股股长、越西县监察局副局长；1992年3月，任越西县县长助理；1994年3月，任第九届越西县政协副主席；1998年11月，退休。

勒尔红极

勒尔红极，男，彝族，生于1954年1月，四川昭觉县人，大专文化。1973年3月，加入中国共产党。

1971年4月—1982年10月，在陆军37师警卫连服役，先后任战士、副班长、排长、连长；1982年12月—1986年1月，任四川省昭觉县人武部军事参谋；1986年2月—1992年7月，任雷波县人武部副部长；1992年7月—1999年5月，任越西县人武部政治委员；2001年5月，调任昭觉县副县长。

李约波

李约波，男，彝族，生于1947年6月，四川省雷波县人，本科学历。1969年7月，加入中国共产党。

1965年，参加工作；1965—1974年，在凉山文工团工作，任话剧演员、秘书；1975—1978年，在四川大学哲学系读书；1979年，在凉山州委宣传部工作，任理论科副科长；1982年，任命为凉山州委宣传部副部长；1982年12月，任命为越西县委副书记，代理县长；1983年，任越西县委副书记、越西县县长；1984—1987年，在中央党校干部培训班学习；1989年，任越西县委书记；1992年，调任凉山教育学院书记。

李光富

李光富，男，汉族，生于1938年9月，四川省西昌市人，中专学历。1956年6月，加入中国共产党。

1955年7月，参加工作，先后在越西县审干办、肃反队工作；1958年，任中共越西县委办公室干事；1960年，任越西县南箐乡南箐大队党支书；1961年，任越西县中所区委书记；1964年，任中共越西县委办公室秘书；1971年，任越西县革委组织组副组长；1974年5月，任中共越西县委组织部副部长；1977年7月，任中共越西县委组织部部长；1982年，任中共越西县委副书记；1984年，兼任中共越西县委党校校长；

1987年4月—1993年3月,任第七届、第八届越西县政协党组书记、主席;1993年3月,任中共越西县委调研员;1998年,退休。

李宏伟

李宏伟,男,汉族,生于1962年12月,大学本科学历。1985年12月,加入中国共产党。

1984年7月,参加工作,在西昌市第一中学任教;1985年8月—1993年5月,在越西县宣传部工作,先后任干事、副科级理论教员、副部长;1993年5月,任中共越西县委办公室主任;1996年4月,任中共越西县委常委;1998年3月,任中共越西县委常委、组织部长;1999年12月—2002年10月,任中共越西县委副书记、党校校长;2002年11月,调任木里县县委书记。

李　胜

李胜,男,彝族,生于1959年12月,四川省越西县人,大学专科学历。1986年7月,加入中国共产党。

1981年2月,在越西县林业局工作;1983年5月,任越西县林场场长、林业技术员;1986年6月,任越西县林业局副局长、林业助理工程师;1991年2月,任越西县林业局局长、林业工程师;1993年7月,任越西县人民政府县长助理兼林业局长;1994年6月,在成都邛崃市政府挂职,任市长助理;1995年6月,任越西县人民政府副县长;2002年4月,调凉山州天然林资源保护暨退耕还林工程领导小组办公室工作。

李　刚

李刚,男,汉族,生于1964年5月,四川省什邡市人,研究生学历。1986年5月,加入中国共产党。

1986年7月,在四川省农业厅先后任检疫站副站长、植保站副站长;2004年8月—2005年12月,挂职任越西县人民政府副县长。

李　洪

李洪,男,彝族,生于1952年12月,四川省九龙县人,大学本科学历,主任医师。1990年,加入中国共产党。

1977年1月,参加工作,在越西县第一人民医院工作;1987年,任越西县第一人民医院外科主任;1991年,任越西县第一人民医院副院长;1993年,任越西县卫生局副局长、越西县第一人民医院院长;2000年2月,任第十届越西县政协副主席;2001年9月,调凉山州中西医结合医院任院长、总支副书记。越西县九届党代表,第十届县人民代表,第七届、第八届、第九届县政协委员,第六届凉山州政协委员。

陆　坚

陆坚，男，汉族，生于1943年9月，大学文化。1965年9月，参加工作。1990—1993年，任越西县人大常委会副主任，越西县第八届人大代表。

雷世龙

雷世龙，男，汉族，生于1960年8月，云南省永胜县人，本科学历，中共党员。1993年5月，任越西县人民政府县长助理；1995年6月—2000年1月，任越西县人民政府副县长；2000年1月病故。

廖雄宁

廖雄宁，男，汉族，生于1960年11月。1981年9月，加入中国共产党。

1977年7月，在越西县新民公社青年队任知青队长、团支书；1978年12月，在解放军51055部队服役，曾任班长；1981年12月，在越西县伐木场车队工作；1983年10月，在越西县财政局工作；1992年1月，任越西县医药局副局长、医药公司副经理（主持工作）；1993年6月—1998年8月，在越西县财政局任副局长、局长兼地税局局长；1998年2月，任中共越西县委常委、县委办主任。2003年1月，调州检察院。

毛精训

毛精训，男，彝族，生于1936年10月，四川省越西县人，初中文化。1957年7月，加入中国共产党。

1953年，参加工作，在越西县丁山乡任半脱产林业员；1955年，任越西县丁山乡武装中队队长；1956年，在凉山州委农工部工作；1959—1963年，先后任昭觉县龙恩乡、沙洛乡、城白乡党委书记；1964—1972年，任中共昭觉县委组织部组织员；1973年，任昭觉县古里区委书记；1976年，任越西县下普雄区委副书记、区长；1980年1月，任越西县农业局副局长；1980年12月至1981年3月，任越西县粮食局局长；1981年3月—1987年3月，任越西县人民政府副县长；1987年3月—1993年3月，任越西县人大常委会主任；1993年3月—1998年，任越西县人大常委会正县级调研员；1998年4月，退休。历任越西县第六、第七届、第八届人大代表，中共越西县第六届、第七届、第八届、第十届党代表，凉山州第五届、第六届人大代表。

毛正富

毛正富，男，汉族，生于1950年9月，四川省越西县人，大学专科学历。1973年4月，加入中国共产党。

1968年7月，参加工作，在金阳县德溪乡中心校、红峰乡小学、波洛小学、天台区教育组等单位任教和担任学校负责人、区教育组长;1979 年 9 月—1981 年 7 月,任越西县顺河区教育组组长;1981 年 8 月—1989 年 8 月,历任越西县文教局秘书、副局长、局长;1989 年 9 月—1990 年 9 月,任中共越西县委统战部副部长;1990 年 10 月—1993 年 5 月,任越西县人民政府办公室副主任;1993 年 6 月—2002 年 12 月,任中共越西县委常委、县委宣传部部长;2003 年 2 月—2005 年 12 月,任越西县人大常委会副主任、党组书记。历任越西县第七届、第十一届人大代表,中共越西县第八届、第九届、第十届党代会代表,越西县第八届政协委员,凉山州第九届人民代表大会代表。

木出吉哈

木出吉哈,男,彝族,生于 1951 年 7 月,四川省越西县人,中专学历。1975 年 4 月,加入中国共产党。

1973 年 9 月,参加工作,分配在越西县新民公社五福村开展整社运动;1974 年 7 月—1980 年 8 月,先后任越西县古二公社革委会副主任、主任,古二公社党委副书记;1980 年 8 月—1986 年 12 月,任古二乡党委书记;1986 年 12 月—1990 年 7 月,任越西县依洛地坝乡党委书记;1990 年 7 月,任越西县上普雄区委宣传委员;1992 年,任越西县尔赛乡党委书记;1995 年,任越西县古二乡党委书记;1998 年,任越西县上普雄工委书记、主任;2003 年 2 月,任十一届越西县政协副主席、党组成员。

马国银

马国银,男,彝族,生于 1946 年 12 月,四川省越西县人,初中文化。1966 年 2 月,加入中国共产党。

1964 年 8 月,在四川省委党校读书班学习, 11 月,参加工作,在喜德县向荣区则莫乡搞社教;1965—1973 年 3 月,先后任越西县上普雄区竹阿觉公社总支副书记、公社革委会主任、尔喜公社革委会主任、党委书记、区委委员;1973 年 3 月—1975 年 11 月,任共青团越西县委书记;1975 年 11 月—1978 年 10 月,任越西县申果庄区委书记、革委会主任、区公所主任;1978—1979 年,在中共越西县委办公室工作;1979—1982 年,在越西县农业局种子站工作;1982—1987 年,任越西县林场党支部书记、越西县林业局局长;1987—1998 年,先后任越西县城关区副区长、工作组组长、区委副书记、区委书记、地区工委主任;1998 年,任第十届越西县政协副主席、县委统战部部长;2003 年,任越西县政协调研员。历任第八届、第十届、第十一届人大代表,第十届、第十一届政协委员,凉山州第九届政协委员,中共第七届、第八届、第九届、第十届党代表。

马童玉

马童玉,男,彝族,生于 1934 年,四川省越西县人。1952 年 7 月,加入中国共产党。

1952 年 1 月,参加工作,历任共青团越西县县委副书记、人民银行越西支行副行长、越西县科学技术委员会副主任;1987 年 3 月—1991 年 6 月,任第七届、第八届越西县政协党组副书记、副主席(其间:1990 年 3 月,兼任越西县政协秘书长); 1991 年 6 月,调甘洛县。

马海来格

马海来格，男，彝族，生于1939年11月，四川省越西县人，高小文化。1957年10月，加入中国共产党。

1956年11月，参加工作，在普雄县尔赛乡武装中队；1960年3月—1962年2月，任越西县尔赛大队党支部副书记、团支部书记；1962年3月—1964年8月，任越西县尔赛乡党委副书记、副乡长；1964年9月—1972年1月，任越西县依吉乡党委书记；1972年2月—1978年2月，任越西县上普雄区委副书记兼保石乡党委书记；1978年3月，先后任越西县申果庄区委副书记、区委书记；上普雄区委书记；1992年3月—1998年2月，任第八届、第九届越西县政协副主席；1998年2月—1999年12月，任越西县政协调研员；1999年12月退休。

彭　勇

彭勇，男，彝族，生于1946年5月，四川省甘洛县人，中专学历。1973年1月，加入中国共产党。

1968年12月，参加工作，在甘洛县农场；1970年8月，任甘洛县坪坝乡文书；1974年4月，任共青团甘洛县委书记；1979年5月，任中共甘洛县委办公室副主任；1983年12月，任中共甘洛县委常委、组织部部长；1986年2月，任中共甘洛县委副书记、组织部部长；1987年7月，任中共越西县委副书记；1990年3月，任中共越西县委副书记、县政府县长；1993年3月，任中共越西县委副书记；1994年2月，调甘洛县任中共甘洛县委副书记。

潘玉清

潘玉清，男，彝族，生于1940年8月，四川省越西县人。1978年10月，加入中国共产党。

1963年6月，参加工作，在凉山州人事处工作；1965年10月，在越西县农办工作；1970年7月，在越西县档案局工作；1979年5月，任越西县纪委专职委员；1983年10月，任中共越西县委组织部副部长；1993年6月—1998年1月，任越西县政协副主席、县委统战部部长；1998年6月，任越西县政协调研员；2000年5月，退休。

邱德明

邱德明，男，彝族，生于1953年12月，四川省石棉县人，大学专科文化。1973年，加入中国共产党。

1971年1月，在中国人民解放军四川省军区步兵第一团四连任班长；1975年12月，在越西县基本路线教育工作队工作；1976年5月，在越西县五里箐乡基本路线工作队工作；1977年6月，任越西县拉吉乡武装部长、兼革委会副主任；1981年12月，任越西县护路民兵连指导员；1984年4月—1995年4月，先后任越西县顺河区团委书记、越西县保安藏族乡党委书记、越西县顺河区武装部长、越西县乃托镇武装部长、越西县白果乡党委书记；1995年4月，任越西县扶贫开发办副主任、党支部书记；1998年8月，任越西县民委主任兼县扶贫开发办两资办副主任、党支部书记;2002 年 2 月,任越西县检察院党组副书记、副检察长;2003 年 2 月,任越西县人大常委会副主任。历任中共越西县第九次代表大会党代表,越西县第十届、第十一届人大代表,中国人民政协会议越西县第十届委员会委员。

曲木克古

曲木克古,男,彝族,生于 1963 年 12 月,四川省越西县人,本科学历。1986 年 7 月,加入中国共产党。

1984 年 7 月,参加工作,任越西县人民政府办公室秘书;1985 年 12 月,任越西县乃托镇团委书记、文书;1987 年 3 月,任越西县体改办副主任;1989 年 8 月,任越西县顺河区委副书记、区长;1990 年 12 月,任越西县委宣传部部长、总支书记;1993 年 3 月,任越西县人民政府副县长、党组成员;1997 年 12 月,调任喜德县人民政府副县长、党组成员。

沈桂方

沈桂方,男,汉族,生于 1935 年,四川省盐边县人,中专文化,水电工程师。1960 年 2 月,加入中国共产党。

1950 年 7 月,参加工作。在盐边县惠民乡工作队工作。1951 年 5 月,调西康省水利局工作,并在西康省水干校中级班半工半读。1956 年 2 月,任四川省水利局西昌水利队越西工作组组长。1957 年 2 月,任越西县建设科副科长。1959 年,任越西县农林水利局副局长。1960 年 9 月,四川省委第二党校学习并参加省委工作团荥经县分团团员。1961 年 8 月,抽调到县委组织部甄别办公室、党员整训办公室、社教等办公室工作。1964 年初,任越西县农业办公室任副主任、主任。1970 年 2 月,越西县五七干校学习,同年 7 月,调任越西团结一、二级电站任工程指挥长。1976 年,任越西县水电局局长。1979 年,任越西县农工部副部长兼县水电局长。1980 年,越西县委组织部副部长。1984 年,任越西县委常委、组织部部长,兼铁马一级电站工程指挥长。1987 年,任越西县委副书记、常务副书记、兼任铁马二级电站指挥长。1993 年 7 月,县委正处级调研员兼任铁马二级电站指挥长。1998 年 7 月 1 日退休。

沈　英

沈英,女,彝族,生于 1957 年 12 月,四川省越西县人,大学专科学历。1984 年 10 月,加入中国共产党。

1976 年 9 月,参加工作,在越西县税务局工作(其间:1976 年 9 月—1978 年 2 月,在越西县城郊公社当知青,1978 年 3 月—1980 年 3 月,在四川省财校学习);1983 年 12 月,任越西县税务局副局长;1991 年 9 月—1993 年 12 月,在四川省委党校学习;1993 年 8 月,任越西县委常委、县纪委书记;1998 年 2 月—2001 年 7 月,任中共越西县委副书记兼政法委书记;2001 年 8 月,调凉山州监狱管理局任局长。

沈正才

沈正才,男,彝族,生于1936年,四川省德昌县人,中共党员。

1954年6月,参加工作。在越西县申果庄区挖曲来吾乡;1958年10月—1980年10月,历任越西县挖曲来吾乡支部书记、乐谷公社总支副书记、挖里觉乡支部书记、申果庄区委书记、胜果公社革委会主任;1980年11月—1987年4月,任越西县工交部副部长、越西县经济委员会副主任;1987年5月,任越西县统战部部长;1990年,任第八届越西县政协副主席;1993年3月,任越西县政协调研员;1994年3月,退休。

苏正中

苏正中,男,彝族,生于1970年11月,四川省喜德县人,本科学历。1992年6月,加入中国共产党。

1992年7月,参加工作,任普格县德育乡文书;1993年7月,任凉山州委组织部干事;1994年7月,任越西县中所镇党委副书记(挂职锻炼);1995年7月,任凉山州委组织部干事;1996年9月,任凉山州委组织部副主任干事;1997年6月,任州委组织部组织科副科长;1999年1月,下派到越西县五里箐乡任党委副书记;2000年8月,任凉山州委组织部青干科副科长;2002年6月,任州委组织部干部二科副科长;2003年2月,任越西县人民政府副县长。

巫 勇

巫勇,男,彝族,生于1966年12月,四川省马边县人,大学学历。1995年4月,加入中国共产党。

1988年8月,参加工作,在中共喜德县委宣传部;1990年1月,任喜德县法制办公室主办干事,7月,任喜德县阿洛乡科技副乡长;1992年7月,在喜德县政府办公室工作;1993年4月,在凉山州民委办公室工作;1995年3月,任凉山州民委宣传科副科长;1997年6月—1999年12月,任凉山州民宗委宗教科副科长(其间:1999年1月—1999年12月,在木里县屋脚乡扶贫);1999年12月,任凉山州民宗委政策法规科科长;2002年1月,任凉山州民宗委宗教科科长;2002年11月—2005年12月,任中共越西县委常委(其间:2003年1月,任中共越西县委组织部部长)。

巫阿琼

巫阿琼,女,彝族,生于1972年2月,四川省马边县人,四川省委党校研究生。1994年8月,加入中国共产党。

1990年12月,参加工作,历任喜德县尼波乡、且拖乡文书;1993年7月—1995年1月,任喜德县尼波镇镇长助理;1995年1月—1998年3月,任中共喜德县委组织部干事、副主任干事;1998年3月—2002年10月,历任喜德县妇联副主席、主席;2002年10月—2003年2月,任越西县人民政府副县长;2003年2月—2005年12月,任中共越西县委常委、县总工会主席。

王德智

王德智,男,彝族,生于1948年3月,四川省越西县人,中专学历。1966年3月,加入中国共产党。

1973年8月参加工作;1974年6月,任越西县中所区委副书记;1976年5月,任越西县中普雄区委书记;1978年3月,任越西县书古区委书记;1983年12月,任中共越西县委常委;1986年3月,任越西县人民政府副县长;1988年,任中共昭觉县委常务副书记、县人民政府县长;1993年3月—2003年2月,任第九届、第十届越西县政协主席、党组书记;2003年2月,任中共越西县委调研员。

王　蛟

王蛟,男,汉族,生于1962年11月,四川省西充县人,本科学历。1986年7月,加入中国共产党。

1981年7月,参加工作,历任甘洛县农业局技术员、副站长、县委办秘书、县委政研室副主任;1992年3月—2001年7月,先后任凉山州人民政府办公室秘书、副科长、科长、副县级秘书;2001年7月—2005年12月,先后任中共越西县委常委、县委组织部部长、县政府副县长。

王晓清

王晓清,彝族,生于1959年10月,本科学历。1990年10月,加入中国共产党。

1982年7月,在喜德县两河中学任教;1987年7月,任昭觉县人武部政工科正连职干事;1992年9月,任昭觉县人武部办公室主任;1996年4月,任雷波县人武部副部长;1998年3月,任美姑县人武部副部长;1999年9月—2004年4月,任越西县人武部政治委员、中共越西县委常委。

王光荣

王光荣,男,汉族,生于1955年8月,四川省越西县人,大学专科学历。1975年10月,加入中国共产党。

1974年10月—1978年4月,在步兵第十三军109团1炮连服役;1978年4月—1978年10月,在越西县民政局搞扶贫调查工作;1978年10月—1978年12月,在凉山州新干部班学习;1978年12月—1982年3月,任中共越西县委党校干事;1982年3月—1983年5月,在凉山州委党校青年理论班学习;1983年5月—1985年9月,任中共越西县委办公室干事;1985年9月—1987年7月,在凉山州委党校大专班学习;1987年7月—1988年8月,任中共越西县委办公室干事;1988年8月—2005年12月,在越西县人大常委会工作,任办公室副主任、主任、人大常委会副主任、党组成员、党组副书记。历任越西县第九届、第十届、第十一届人大代表,凉山州第七届、第八届人大代表。

王大文

王大文，男，彝族，生于1955年7月，四川省越西县人，大学专科文化。1986年2月，加入中国共产党。

1973年3月，参加工作，分配在越西县国营畜牧园艺场；1978年3月—1980年12月，在凉山农校农机专业班带薪学习；1984年3月—1989年9月，任越西县农机局农机监理站站长（其间：1985年9月至1987年7月，在四川工业学院干部管理专业带薪学习）；1989年9月—1993年6月，任越西县工交局副局长；1993年6月—1998年8月，任越西县城建委主任；1998年8月—2003年2月，任越西县建设环保局局长；2003年2月—2005年12月，任越西县人大常委会副主任、党组成员。历任中共越西县第九次代表大会党代表，越西县第十届、第十一届人大代表，越西县第七届、第八届、第九届政协委员。

王建安

王建安，男，汉族，生于1958年9月，四川省越西县人，大学专科学历。

1978年3月，参加工作，在越西县第二中学任民办教师；1978年9月—1980年10月，在凉山卫校学习；1980年10月—1986年3月，在越西县中所医院工作；1987年10月—1990年6月，在泸州医学院医学专业学习；1992年3月，任越西县第一人民医院外科主任；1999年12月，任越西县第一人民医院副院长；2003年2月，任越西县人大常委会副主任。历任凉山州第八届政协委员，越西县第十一届人大代表。

吴仲海

吴仲海，男，汉族，生于1963年4月，四川省越西县人，研究生学历。1986年3月，加入中国共产党。

1981年8月，参加工作，分配在越西县统计局；1982年3月—12月，下派到越西县板桥乡锻炼；1983年1月—1990年10月，在越西县统计局工作，任主办科员；1990年10月—1993年5月，在中共越西县委组织部工作，任副主任干事；1993年6月—1995年9月，任越西县统计局副局长；1995年9月—1998年7月，任越西县计经委副主任；1998年7月—2002年3月，任越西县计经局局长；2002年3月—2002年12月，任越西县发展计划局局长；2003年1月—2005年12月，任中共越西县委常委、政法委书记。历任凉山州第八届人大代表，中共越西县第十届党代表，越西县第十一届人大代表。

薛启华

薛启华，男，藏族，生于1950年12月，四川省喜德县人，四川省委党校本科学历。1979年11月，加入中国共产党。

1977年7月，参加工作，任喜德县农机局技术员；1981年12月—1983年10月，任喜德县桃源乡党委副书记；1983年11月—1984年4月，任中共喜德县委常委；1984年5月—1987年2月，任中共喜德县委常委、纪委书记；1987年3月—1992年2月，任中共喜德县委副书记；1992年3月—1996年5月，任中共越西县委副书记;1996年5月—1997年12月,任中共越西县委书记、越西县人民武装部党委第一书记;1998年3月,调凉山州科协任党组书记、主席。

谢宇光

谢宇光,男,彝族,生于1961年3月,四川省冕宁县人,本科学历。1994年1月,加入中国共产党。

1981年7月,参加工作,在螺髻山学校任教;1985年1月—1997年6月,在凉山州经协办工作(其间:1994年11月,任州经协办行管处副处长;1995年10月—1996年9月,在盐源县沃底乡扶贫,任乡党委副书记);1997年6月—1998年6月,任凉山州招商办外资科科长;1998年6月—2002年4月,任凉山州招商局外资科科长;2002年4月—2002年12月,在凉山州外经贸局任外资科科长;2002年12月—2005年1月,任中共越西县任县委常委、宣传部长。

熊开康

熊开康,男,汉族,生于1958年2月,大学文化,中共党员。

1975年6月,在越西县城郊公社当知青;1978年2月—1982年2月,就读于西南民族学院畜牧兽医系畜牧专业;1982年3月,任越西县畜牧局技术员;1984年6月,任越西县农贸办公室科员;1986年8月,任越西县农委科员;1991年1月,任越西县农委副主任;1996年8月,主持农委工作;1998年5月,任越西县农办主任兼县烟办主任;2003年1月,任中共越西县委常委、办公室主任。

杨光富

杨光富,男,彝族,生于1959年2月,四川省雷波县人,大学文化。1985年,加入中国共产党。

1976年9月,参加工作,在凉山州雷波园艺场当工人;1978年3月—1982年1月,在西南民族学院就读;1982年2月—1984年2月,在凉山州乌科半细毛羊育种场任技术干部;1984年3月—1986年11月,任凉山州乌科丰细毛羊育种场场长;1986年12月—1988年11月,任凉山州畜牧局人事科教科副科长;1988年12月—1994年2月,任凉山州畜牧局局长助理兼副站长;1992年10月—1993年9月,任广汉市人民政府市长助理(挂职锻炼);1994年3月—2000年11月,任凉山州畜牧局副局长;2000年12月—2001年2月,任中共越西县委副书记、越西县人民政府副县长(主持工作);2001年2月,任中共越西县委副书记、县人民政府县长、县武委会主任;2005年11月,任中共越西县委书记、县人民政府县长、县人武部党委第一书记、县武委会主任。历任越西县第十届、第十一届人大代表,凉山州第八届、第九届人民代表大会代表,四川省第九次党代会党代表。

杨立安

杨立安,男,彝族,生于1943年9月,曾用名阿勒约火,四川省喜德县人,大学文化。1965年12月,加入中国共产党。

1969年8月参加工作;1970年8月—1971年8月,在重庆市大足县13军0011部队军垦农场大学生连劳动锻炼;1971年8月,分配在凉山州公安局布托监狱工作任一中队管教干事;1972年7月,调布拖县公安局工作先后任治安股股长、县公安局副局长。1983年12月,任中共布拖县委常委、县委政治委员会书记兼县公安局长;1989年4月,调越西县任中共越西县委常委、县公安局局长;1993年1月,调凉山州人民警察学校工作。

袁运鹏

袁运鹏,男,汉族,生于1944年3月,四川省越西县人,初中学历。1973年4月,加入中国共产党。

1960年7月—1968年3月,在越西县武警中队和中国人民解放军7839部队73分队服役;1968年4月,在越西县市管会工作;1969年11月,任县财税局人事秘书股股长;1981年7月,任越西县新民区副区长、区委委员;1983年12月,任越西县顺河区委书记;1987年5月,任越西县城关区委书记;1988年7月—1997年2月,任越西县工商局局长、党支部书记,兼越西县个体劳动者协会会长、保护消费者权益委员会主任、工商联合会副主任;1997年2月,任越西县人大常委会副主任、党组副书记;2003年2月,任县人大常委会调研员;2005年6月,退休。历任中共越西县委第四届、第五届、第六届、第七届、第八届、第十届党代表,第六届候补委员、第八届县委委员,越西县第七届、第九届、第十届、第十一届人大代表。

袁海良

袁海良,男,汉族,生于1965年2月,四川省崇州市人,本科学历。1992年6月,加入中国共产党。

1986年7月,参加工作,在四川省地震局成都地震中心站工作,10月,在四川省地震局松潘地震台工作;1987年8月,任四川省地震局松潘地震台助理工程师;1987年11月,任四川省地震局成都地震中心站助理工程师;1992年12月—1998年8月,在四川省地震局成都地震基准台工作,先后任副台长(主持工作)、台长;1996年10月,任越西县人民政府副县长(挂职锻炼);1998年10月,任成都市地震局震灾防御处副处长。

张支铁

张支铁(阿扎支铁),男,彝族,生于1955年2月,四川省甘洛县人,大学学历。1985年6月,加入中国共产党。

1974年8月—1975年8月,在昭觉县竹核区当知青;1975年8月—1977年8月,在凉山共大畜牧班学习;1977年8月—1990年3月,在凉山农校工作,先后任教师、讲师、校党委委员、副校长(其间:1978年3月—1982年1月,在西南民族学院畜牧系畜牧专业学习);1990年3月,任越西县人民政府副县长;1993年3月,任中共越西县委副书记、县人民政府县长;1995年12月,被中共凉山州第四次代表大会选为中共凉山州委委员、常委,任州政法委书记。

张连忠

张连忠,男,汉族。1973 年 1 月,在省军区独五团炮连任文书;1976 年 10 月,在省军区独五团政治处任书记;1977 年 8 月,在省军区独五团四连任排长;1979 年 1 月,任凉山军分区政治部副连职干事;1982 年 1 月,任德昌县人武部正连职干事;1984 年 4 月,任凉山州林业局局长助理;1996 年 7 月—1999 年 10 月,任中共越西县委副书记。

张国清

张国清,男,彝族,生于 1958 年 10 月,四川省盐源县人。1978 年,加入中国共产党。

1976—1980 年,在中国人民解放军 51035 部队服役;1981—1982 年,在盐源县任通讯员;1982—1986 年 5 月,任中共盐源县委行政办秘书;1986 年 5 月—1998 年 2 月,先后任盐源县交通局副局长、局长、党总支书记;1998 年 2 月—2002 年 11 月,任盐源县人民政府副县长;2002 年 12 月—2005 年 12 月,任中共越西县委副书记、纪委书记。

张　熙

张熙,男,汉族,生于 1963 年 3 月,大学文化。中共党员。

1984 年 7 月,参加工作,在省农业厅科教处工作;1985 年,在日本研修农业技术;1988 年,任四川省农业厅科教处副处长;2001 年 10 月—2002 年 10 月,选派到中共越西县委任副书记。

张秀林

张秀林,男,汉族,生于 1964 年 10 月,四川省仁寿县人,工程师,研究生学历。1985 年 9 月,加入中国共产党。

1984 年 7 月,参加工作,任越西县大瑞乡文书;1987 年 3 月,任越西县大瑞乡党委书记;1988 年 8 月,任越西县轻工业局副局长;1990 年 4 月,任越西县轻工业局局长;1993 年 5 月,任越西县农机局局长;1995 年 5 月—2001 年 7 月,任川西水泥厂厂长;2001 年 7 月—2003 年 1 月,任中共越西县委常委、川西水泥厂厂长;2003 年 1 月,任中共越西县委常委、县人民政府常务副县长。历任越西县第十届、第十一届人大代表,中共越西县第六次、八次、九次、十次党代表,凉山州第八届人大代表。

张天俊

张天俊,汉族,生于 1962 年 8 月,大学本科文化, 1986 年 5 月,加入中国共产党。

1980 年 11 月—1984 年 2 月,在湖南长沙工程兵学院管理科任战士;1984 年 2 月—1985 年 1 月,任总参机关文化学校学员；1985 年 1 月—1988 年 3 月，任湖南长沙工程兵学院教保科正排职参谋；1988 年 3 月—1990 年 5 月，任湖南长沙工程兵学院教保科连职参谋；1990 年 5 月—1993 年 6 月，任湖南长沙工程兵学院警通连指导员；1993 年 6 月—1995 年 10 月，任湖南长沙工程兵学院教保处副营职参谋；1995 年 10 月—1999 年 4 月，任四川省军区成都新蓉干休所副科级干事；1999 年 4 月—2001 年 4 月，任四川省崇州市人武部政工科科长；2001 年 4 月—2004 年 4 月，任越西县人武部副部长；2004 年 4 月—2005 年 12 月，任越西县人武部政治委员、中共越西县委常委。

张智明

张智明，男，彝族，大学专科文化。

1971 年 6 月—1972 年 11 月，在北塔山小学任教；1972 年 11 月—1972 年 12 月，在凉山民师校中师短训班学习；1973 年 1 月—1974 年 10 月，在下普雄拉普小学任教；1974 年 11 月—1977 年 10 月，在西南民院中文系汉语专业班学习；1977 年 10 月—1980 年 12 月，任上普雄中学教导处副主任；1981 年 1 月—1982 年 8 月，在凉山报社从事彝文版编辑工作；1982 年 9 月—1983 年 10 月，在越西县教育局教研室民族教育组工作；1983 年 11 月—1986 年 5 月，任中共越西县委宣传部副部长；1986 年 5 月—1990 年 6 月，任中共越西县委常委、越西县纪委书记；1990 年 7 月—1992 年 5 月，任中共越西县委副书记；1992 年 6 月—1993 年 8 月，调甘洛县任中共甘洛县委副书记；1993 年 9 月—1995 年 1 月，任越西中学支部书记兼办公室主任；1996 年 1 月—2005 年 12 月，任越西中学校长。

赵　杰

赵杰，男，汉族，生于 1962 年 6 月，吉林省长春市安县人，大学学历，中共党员。

1981 年 9 月，参加工作，在越西县护路连；1982 年 6 月，在凉山州新华书店工作；1990 年 7 月，在凉山州委政研室工作；1995 年 1 月，任木里县纸浆厂党委副书记（挂职锻炼）；1997 年，在凉山州政策研究室工作；1999 年 6 月，任越西县人民政府县长助理；2000 年 9 月，任越西县人民政府副县长；2003 年 1 月，任中共越西县委副书记、县委党校校长。

邹向志

邹向志，男，汉族，生于 1955 年 10 月，四川省越西县人，大专学历。1980 年 9 月，加入中国共产党。

1975 年 10 月，参加工作，任越西县护路民兵连代理文书。1976 年 12 月，任越西县申果庄区瓦里党乡文书。1983 年 3 月—1993 年 2 月，在越西县中普雄区委工作，先后任秘书、宣传委员、副区长、区长、区委书记、区工委书记（其间：1986 年 9 月—1988 年 7 月，在凉山州委党校政治大专班学习）；1993 年 3 月—2003 年 2 月，任越西县人民政府副县长。2003 年 2 月，任第十一届越西县政协党组书记、主席。

第三章　人物名录

表 28－1　　越西县高级技术人员名单

评聘时间	姓　名	性别	籍　贯	出生年月	单　位	职　称	备　注
一九八七年至一九八八年首批评聘	古宪福	男	铜梁	1945.11	越西中学	中学高级教师	
	魏大和	男	开江	1933.5	越西中学	中学高级教师	退休
	吴纯明	男	越西	1937.7	越西中学	中学高级教师	退休
	唐兴煜	男	合川	1933.8	越西中学	中学高级教师	退休
	王学君	男	达县	1932.7	越西中学	中学高级教师	退休
	朱大道	男	开江	1941.3	越西中学	中学高级教师	退休
	王本刚	男	营山	1938.8	越西中学	中学高级教师	退休
	申澄学	男	泸州	1936.11	越西中学	中学高级教师	退休
	吴启奋	男	茂汶	1935.10	越西中学	中学高级教师	退休
	唐孝维	男	荣昌	1939.3	越西中学	中学高级教师	退休
	李文正	男	渠县	1931.5	越西中学	中学高级教师	退休
	罗洪亮	男	宜宾	1942.7	越西中学	中学高级教师	退休
	马文元	男	成都	1937.10	越西中学	中学高级教师	回族、退休
	许国华	男	犍为	1931.7	越西中学	中学高级教师	退休
	王铁汉	男	大竹	1934.5	越西中学	中学高级教师	退休
	杨　藻	男	西昌	1929.5	越西中学	中学高级教师	退休
	陆　坚	男	自贡	1943.9	越西中学	中学高级教师	调自贡
	肖家茂	男	成都	1940.2	越西中学	中学高级教师	调成都
	李　杜	男	江油	1942.4	越西中学	中学高级教师	调江油
	李培灿	男	资阳	1934.10	越西中学	中学高级教师	已故
	刘德光	男	江油	1938.9	越西中学	中学高级教师	已故
	王成良	男	越西	1932.3	越西中学	中学高级教师	已故
	刘家忠	女	涪陵	1938.12	越西中学	中学高级教师	退休
	朱志雄	男	越西	1937.5	越西二中	中学高级教师	退休

续上表

评聘时间	姓　名	性别	籍　贯	出生年月	单　位	职　称	备　注
一九九〇年以后陆续补缺评聘	冯亚雄	男	三台	1938.11	越西二中	中学高级教师	退休
	刘启定	男	越西	1943.10	越西二中	中学高级教师	退休
	管禹言	男	永川	1932.4	越西二中	中学高级教师	已故
	张钟方	男	夹江	1938.6	新民中学	中学高级教师	退休
	徐四维	男	隆昌	1939.12	教研室	中学高级教师	退休
	熊世祥	男	成都	1936.5	县医院	副主任医师	退休
	李渭清	男	贵阳	1934.9	县医院	副主任医师	退休
	陈永平	男	资中	1934.9	县医院	副主任医师	退休
	任玉华	男	广汉	1941.7	县医院	副主任医师	退休
	熊成伟	男	渠县	1937.12	县医院	副主任医师	退休
	陈明清	男	合江	1938.4	县二医院	副主任医师	退休
	袁章勇	男	开县	1945.9	农业局	高级农艺师	调西昌
	谭承国	男	梁平	1936	农业局	高级农艺师	退休
	王永淦	男	盐亭	1929.11	农业局	高级农艺师	退休
	吴治星	男	越西	1936.8	农业局	高级农艺师	退休
	牛越栋	男	陕西	1929.4	畜牧局	高级畜牧师	退休
	梁上元	男	三台	1942.9	农机局	高级工程师	退休
	张海涛	男	万县	1941.6	越西中学	中学语文高级教师	退休
	刘厚发	男	万县	1938.12	越西中学	中学语文高级教师	退休
	周安蓉	女	铜梁	1945.12	越西中学	中学语文高级教师	已故
	黄焕一	男	酉阳	1935.10	越西中学	中学历史高级教师	退休
	邓天洪	男	越西	1942.12	越西中学	中学化学高级教师	退休
	邓志玲	女	屏山	1954.4	越西中学	中学政治高级教师	退休
	熊昌进	男	开江	1964.9	越西中学	中学数学高级教师	调西昌
	王砚田	男	越西	1948.10	越西中学	中学物理高级教师	调西昌
	张纪平	女	西昌	1957.12	越西中学	中学语文高级教师	离岗待退
	郑开业	男	越西	1949.3	越西中学	中学语文高级教师	离岗待退
	石继尧	男	越西	1949.12	越西中学	中学物理高级教师	离岗待退
	耿道德	男	越西	1936.10	越西中学	中学体育高级教师	退休

续上表

评聘时间	姓　名	性别	籍　贯	出生年月	单　位	职　称	备　注
一九九〇年以后陆续补缺评聘	李洪刚	男	越西	1964.5	越西中学	中学语文高级教师	
	吴纯国	男	越西	1952.2	越西中学	中学语文高级教师	
	魏　敏	女	璧山	1961.7	越西中学	中学政治高级教师	
	杨泽秀	女	越西	1959.11	越西中学	中学数学高级教师	
	谭　红	女	石雨	1962.4	越西中学	中学数学高级教师	
	谢邑辉	男	越西	1959.10	越西中学	中学数学高级教师	
	孟先祥	男	越西	1962.4	越西中学	中学数学高级教师	
	邓明祥	男	越西	1954.10	越西中学	中学数学高级教师	
	马进卿	男	越西	1960.4	越西中学	中学数学高级教师	回族
	彭　元	男	宜宾	1963.1	越西中学	中学数学高级教师	
	苏代文	男	越西	1955.5	越西中学	中学数学高级教师	
	许正德	女	越西	1956.5	越西中学	中学物理高级教师	
	刘　静	女	资中	1962.8	越西中学	中学物理高级教师	
	熊　蓉	女	成都	1963.2	越西中学	中学物理高级教师	
	王　晖	男	越西	1958.12	越西中学	中学物理高级教师	彝族
	杨代和	男	越西	1969.3	越西中学	中学化学高级教师	辞职
	丁　彦	男	重庆	1963.6	越西中学	中学化学高级教师	
	马　钤	男	越西	1948.7	越西中学	中学化学高级教师	回族
	付本英	女	越西	1965.10	越西中学	中学英语高级教师	
	游树全	男	仁寿	1962.11	越西中学	中学地理高级教师	
	冯茂禄	男	西昌	1967.12	越西中学	中学生物高级教师	
	王学芬	女	越西	1949.6	越西二中	中学历史高级教师	退休
	陈逢春	男	越西	1937.5	越西二中	中学数学高级教师	退休
	唐光林	男	越西	1949.11	越西二中	中学数学高级教师	
	王光东	男	遂宁	1962.12	越西二中	中学数学高级教师	
	罗明英	女	越西	1954.12	越西二中	中学语文高级教师	
	余泽生	男	越西	1952.1	越西二中	中学语文高级教师	
	郑永刚	男	越西	1949.10	越西二中	中学语文高级教师	
	何世金	男	越西	1951.11	中所中学	中学语文高级教师	离岗待退
	袁学明	男	越西	1967.7	中所中学	中学语文高级教师	
	毛达尔	男	越西	1957.11	新民中学	中学语文高级教师	彝族

续上表

评聘时间	姓 名	性别	籍 贯	出生年月	单 位	职 称	备 注
一九九〇年以后陆续补缺评聘	黄文芳	男	越西	1958	新民中学	中学数学高级教师	
	巴莫拉龙	男	越西	1954.3	普雄中学	中学语文高级教师	彝族
	刘宇贵	男	大邑	1963.2	普雄中学	中学语文高级教师	
	罗小明	男	隆昌	1964.10	越西民族中学	中学数学高级教师	
	陈桂芳	女	越西	1959.5	越西民族中学	中学历史高级教师	
	王志坚	男	越西	1964.12	越西民族中学	中学彝语高级教师	彝族
	沙马木里	男	越西	1958.3	越西民族中学	中学彝语高级教师	彝族
	郭联松	男	越西	1948.8	河东中学	中学语文高级教师	
	郭德良	男	越西	1967.3	大瑞中学	中学语文高级教师	
	韩喜金	男	越西	1954.11	进修校	中学语文高级教师	
	罗祥贵	男	西昌	1965.10	进修校	中学历史高级教师	
	张 鹰	男	越西	1945.2	进修校	中学政治高级教师	
	韩树尧	男	越西	1950.6	教研室	中学语文高级教师	离岗待退
	李宗培	男	越西	1945.11	教研室	中学数学高级教师	退休
	李 洪	男	越西	1950.12	县医院	副主任医师	彝族,调西昌
	杨朝元	男	泸县	1941.8	县医院	副主任医师	退休
	熊尚恒	男	涪陵	1939.12	县医院	副主任医师	退休
	陈继承	男	简阳	1946.11	县医院	副主任医师	退休
	邓祖伟	男	乐至	1946.12	县医院	副主任医师	退休
	曹敬芳	女	自贡	1940.10	县医院	副主任医师	退休
	冯学英	女	越西	1955.8	县医院	副主任医师	
	李定芳	女	越西	1960.3	县医院	副主任医师	
	殷德翠	女	越西	1955.1	县医院	副主任医师	
	毛学芳	女	越西	1955.9	县医院	副主任医师	
	李清芳	女	越西	1955.10	县医院	副主任医师	
	冯亚莉	女	成都	1958.10	县医院	副主任医师	调西昌
	王建安	男	越西	1958.9	县医院	副主任医师	
	陈树根	男	越西	1957.10	县医院	副主任医师	
	沙 薇	女	普格	1948.3	县二医院	副主任医师	彝族、退休
	曲木木果	男	越西	1947.12	计生指导站	副主任医师	彝族
	田光耀	男	越西	1944.11	中所医院	副主任医师	退休

续上表

评聘时间	姓　名	性别	籍　贯	出生年月	单　位	职　称	备　注
一九九〇年以后陆续补缺评聘	吕根荣	男	简阳	1946.6	卫生进修校	副主任医师	退休
	陈启勇	男	越西	1946.2	卫生进修校	副主任医师	退休
	江秉俊	男	德阳	1960	农业局	高级农艺师	调西昌
	张淑群	女	合川	1942	农业局	高级农艺师	退休
	阿海赤哈	男	越西	1957	农业局	高级农艺师	彝族
	张学才	男	越西	1963.10	农业局	高级农艺师	
	蔡克品	男	越西	1962.7	农业局	高级农艺师	
	阿说说布	男	越西	1964	农业局	高级农艺师	彝族
	杨荣生	男	西昌	1954	农业局	高级农艺师	
	郭金伟	男	越西	1963.6	农业局	高级农艺师	
	马明德	男	越西	1967.6	农业局	高级农艺师	回族
	徐秀荫	女	越西	1963.10	农业局	高级农艺师	
	周兴浩	男	合川	1942.10	畜牧局	高级畜牧师	退休
	王德猛	男	越西	1960	畜牧局	高级畜牧师	

附 录

中共越西县委办公室　越西县人民政府办公室
关于全面开展越西县第二轮修志工作的通知

各工委，各乡（镇）党委、政府，县级机关各部门，省州属驻县及县属各企事业单位：

地方志是传承中华文明的重要载体和社会主义精神文明建设的重要组成部分，是地方政府的一项基础性工作，也是一项“功在当代、利在千秋”的社会事业。按照国家对修志工作的统一部署，根据《四川省地方志工作条例》和省委、省政府《关于全面开展四川省第二轮修志工作的通知》（川委厅〔2005〕47 号）及《越西县“十一五”期间史志工作规划的通知》，县委，县政府决定，从 2006 年 1 月起，全面开展越西县第二轮修志工作。现将有关事项通知如下：

一、指导思想

编修地方志必须以马克思列宁主义、毛泽东思想和邓小平理论及“三个代表”重要思想为指导，全面贯彻党的路线、方针、政策，坚持实事求是的原则，坚持辩证唯物主义和历史唯物主义，运用现代科学理论和方法，全面真实地反映本地区、本部门自然、人文、社会发展情况，注重体现时代特色和地方特色，做到思想性、科学性和资料性的有机统一，为我县的改革开放和社会主义经济建设、政治建设、文化建设、社会建设服务。

二、工作任务

全面、客观地记述改革开放以来我县经济、政治、文化、社会等方面发生的深刻变化，反映越西人民在党和政府领导下所取得的辉煌成就。志书上限为 1991 年，下限为 2005 年。在续修方志的同时，各地、各部门对第一届志书进行补遗、纠错。2006 年底完成续修（新修）乡（镇）、部门志。2008 年完成续修《越西县志》。新修志书的时间上限，一般为部门设立或分离年份，时间下限截至 2005 年。

《越西县志》各分卷由县地方志编纂委员会具体组织县级各部门，各工委，乡（镇），县级机关各部门，省、州、县属各企事业单位分别承编。

三、组织保障

各地、各部门要坚持“党委领导、政府主持、部门配合、专人修志”的工作体制，把第二轮修志工作纳入各地经济社会发展规划和各级政府的议事日程，要明确一位领导分管，成立编纂领导小组，并于 2 月 20 日前将领导小组名单报县政府办。形成领导有力、机构完善、人员到位、任务明确、责任落实的工作格局，把修志工作经费列入部门预算，加强组织协调，及时解决工作中出现的新情况和新问题，确保修志任务圆满完成。县史志办要加强指导督查，会同相关部门把好续修（新修）志书的质量关，真正把志书写成“经世致用”之作。

四、审查验收

各地、各部门志稿送交初审前，要召开由有关领导和知情人士参加的志稿评议会，听取意见修改完善后，加盖部门公章，签署负责人姓名，报县史志办。由县志审查小组会同承编单位进行复审，合格后交地方编纂委员会,方可出版。

第二轮修志工作结束后,县委、县政府将对修志工作先进集体和先进个人予以表彰。

中共越西县委办公室
越西县人民政府办公室
2006 年 2 月 10 日

主题词:编纂工作　第二轮　修志　通知

抄送:州史志办;县人大办,县政协办,县纪委办,县人武部政工科,县法院办,县检察院办。

越西县人民政府办公室　2006 年 2 月 10 日印

中共越西县委　越西县人民政府关于加大扶贫攻坚力度、尽快解决全县农村贫困人口温饱问题的决定

越委发〔1997〕9号

各地区党委、工委，各乡镇党委、政府，县级机关各单位：

为贯彻落实好中央、省、州各级党委、政府关于加大扶贫攻坚力度，尽快解决农村贫困人口温饱问题的精神，打好我县"九五扶贫攻坚战"，如期完成稳定解决全县农村贫困人口温饱问题的目标，各级党委、政府，全县各族人民，必须统一思想，下定决心，充分认识实现这一目标的重要性、艰巨性和紧迫性，采取有力的措施，如期完成这一历史性重任。

一、必须坚定不移地完成我县的扶贫攻坚任务

到一九九九年全面解决现有农村贫困户11823户，占农村户数的24.14%；贫困人口57377人，占农村总人口的26.23%。这是实施国家"八七扶贫攻坚计划"、省"七一一八扶贫攻坚计划"和州"7210扶贫攻坚计划"的重要组成部分，是能否与中央保持一致的重大原则问题，是讲政治的具体体现。我县有计划地开展扶贫工作以来，在上级党委政府的正确领导下，从实际出发，解放思想转变观念，坚持以开发扶贫为中心，立足资源优势，实行分类指导、分段推进、分片实施的工作思路，扶贫工作取得了重要进展。全县建卡贫困户由17305户减少到11823户，减少了46.38%；贫困人口由83694人减少到57337人，减少了45.97%，有5582户贫困户，26357人稳定解决了温饱，达到了"五八"越温目标，扶贫开发有力地促进了全县的经济发展和社会稳定。但是我们必须清醒地看到，今后我们面临扶贫攻坚的难度。一是全县特困村的人均粮食产量只有385公斤，人均纯收入435元，低于全县平均水平的三分之一以上，贫困人口主要集中在海拔2500米以上以申果庄、上普雄为主的生态环境恶劣、基础设施极为落后的高寒山区；二是这些地区群众文化素质差，75%是文盲半文盲，生产生活水平低，科技教育普及落后，适宜开发的项目不多，加上自然灾害的频繁侵袭，返贫率高，离"5851"的目标差距太大；三是苦干不足，存在"温饱即安"甚至"不饱也安"的思想，对自力更生、艰苦奋斗、立志改变贫困面貌信心不足；四是扶贫攻坚力度不够，主要表现为宣传力度小，责任制尚未完全落实，对扶贫是每个公民应尽的职责和义务认识理解不深，一些干部表现为"事不关己、高高挂起"，存在着"穷在山中无人问"的情况；五是时间紧、任务重，我县要在一九九九年完成越温任务，只有三年的时间，要求每年有近4000户的建卡贫困户达到"5851"的扶贫目标，年均脱贫速度在35%以上。

尽管时间紧、任务重、困难大，但我们也看到许多有利条件：一是有党和政府的高度重视和正确领导，有全县干部和贫困群众脱贫致富的强烈愿望；二是中央、省、州加大了对贫困地区，尤其是对贫困村、贫困户的综合扶持力度；三是有一批搞项目、懂管理、关心群众疾苦，把群众冷暖挂在心上的干部群众；四是强化了领导，各级都由党政一把手抓扶贫工作，增强了州县的帮扶力度，进一步明确逗硬了目标管理责任制；五是积累了分类指导、分段推进、分片实施的项目覆盖到建卡户的开发扶贫的经验。

经过几年的扶贫开发，社会经济条件有所改善，具备了一定的自我发展能力，探索走出了一些行之有效的路子。只要我们下定决心，利用有利条件，发扬干部苦抓、部门苦帮、群众苦干的精神，扶贫攻坚目标是能够实现的。

二、扶贫攻坚的指导思想、任务目标和要求

坚持以小平同志的特色理论和党的基本路线为指导，坚持以开发扶贫总揽全局，自力更生，艰苦奋斗，动员全党、全社会的力量，紧紧围绕解决温饱到户，开发利用本地资源，发展商品生产，实现富民强县。

（一）扶贫开发的目标：通过三年的努力，使现有建卡贫困户11823户，57337人，90%以上达到“5851”目标。

验收标准是：人平粮食400公斤，人平纯收入达到500元（1990不变价）；

——人均有一亩稳产高产田（地）；

——户均有一亩找钱地或20株经济林木；

——户均有一项收入稳定的养殖业，加工业和多种经营项目（纯收入500元以上）；

——户均有一个小学生或一技之长的“明白人”；

——90%以上的贫困户实施了形象扶贫工程，完成形象扶贫的各项指标；

——返贫率10%以下。

验收时对以下指标进行考核：

——90%以上的乡村镇通公路；

——90%的乡通邮；

——80%的村通电；

——50%以上的村能收看电视。

（二）把解决农村贫困户温饱问题作为全县的中心任务来抓，要把“让老百姓吃饱穿暖”作为当前最大的政治任务摆在各级党委、政府的议事日程，正确处理好发展县域经济和解决贫困户温饱的关系，富县富民的关系，切实落实好“千条万条，解决温饱是第一条”的指示精神，把力量重点摆到贫困乡、贫困村、建卡户。坚持四个重点：即帮扶重点是特困村建卡户，坚持一村一村地帮，一户一户地扶；扶持项目重点是种植业、养殖业和林果业；工作的重点是“五八标准”、“五个一”建设和形象扶贫；要求重点是坚持自力更生为主，国家扶持为辅，大兴改土、治水、种草植树、人畜饮水和造房修路。

（三）牢固树立开发扶贫要以发展农业来推动的思想，把农业作为直接解决贫困户温饱的重点产业，因地制宜地突出抓好牧、果、林、烟四大支柱产业的建设，按打基础、立支柱、建基地的总要求，发展商品生产，有效地增加贫困户的经济收入，增强贫困村、贫困户的发展后劲。

（四）依靠科教扶贫，坚持计划生育。要把依靠科技进步、推广科教扶贫落到实处，加大科教扶贫的力度，把治穷和治愚结合起来，积极推行普及初等教育，扫除青壮年文盲工作；要牢固树立人均观念，提高人口意识，努力摆脱越生越穷、越穷越生的恶性循环。

（五）坚持扶贫开发与基层组织建设结合，建立一支过硬的基层扶贫攻坚队伍。扶贫开发的一条好的经验是：“给钱给物，更要有一个好支部。”因此要把好干部配备到特困乡村，要把乡、村级基层政权的建设作为扶贫开发的重要工作保障抓紧抓好。

（六）要把发扬自力更生、艰苦奋斗与动员社会力量扶贫结合起来。扶贫济困是社会的共同责任，全县党政机关、企事业单位、群众团体、公安干警、民兵都应尽力所能及的义务为全县的扶贫开发作出贡献。贫困乡村的干部群众要把各级的支持帮助与自身的忘我工作、苦干实干结合起来，克服“等、靠、怨”的思想，克服消极畏难情绪，振奋精神，团结拼搏，努力实现攻坚目标。

三、落实扶贫攻坚的措施

（一）加强宣传，进一步搞好思想发动。开发扶贫是一件治国安邦的大事，我们必须从战略的高度，充分认识打好这场扶贫攻坚战的政治、经济和社会意义。因此，各级党委、政府首先要把中央、省州扶贫开发的方针、政策、规划、措施全面贯彻到广大干部群众中去，激发干部和群众的主人翁责任感和紧迫感，明确攻坚的方向和重点，明确奋斗目标，鼓舞干部群众斗志。要让干部群众了解我县贫困现状，开发扶贫工作的形势和有利条件。要大力宣传我县开发扶贫工作中的好经验、好典型、好路子，以利于消除陈规陋习，增强全县干部群众对开发扶贫工作的信心和决心。宣传发动工作中要解决好几个问题：一是认识问题，要按江泽民总书记讲的“在贫困地区最大的政治就是要让老百姓吃饱穿暖”来统一我们的认识。二是要解决指导思想问题，下决心纠正“穷有理、慢应该”、“重普遍扶、轻重点帮”和“扶富不扶穷，贫富一起扶”及怕苦怕累的消极畏难情绪；三是解决立志苦干不愿苦熬的干劲问题，摆正国家扶持与自力更生的关系；激发自力更生、立志苦干。四是解决好帮扶单位，领导干部与被帮扶群众是否“扶真贫、真扶贫”的感情问题。

（二）强化目标管理，明确责任，要在三年内完成我县的越温脱贫任务，时间紧、任务重，因此必须强化目标管理，明确责任。各工委、乡镇负责人每年都要与县委和政府签订限期越温目标管理责任书。县级机关帮乡单位和下派人员也要纳入目标管理，定目标、定任务、定奖惩；全县党员、干部、共青团员、科技工作者、经济实体负责人、农村能工巧匠、致富能手都要结合自己的实际，包5～10户贫困户的越温脱贫工作。县级机关各部门、各地区、乡（镇）党委、政府都要成立以党政一把手负责的扶贫开发领导小组，落实好工作人员，主要领导亲自抓、具体抓。帮乡单位领导要作为责任人，每年由县组成工作组进行年终检查评比，对验收情况进行排队公布，对当年完成任务的给予奖励，未完成任务的给予黄牌警告。对延期一年仍完不成任务的就地免职，对乡、村、县级机关负责人，未完成当年扶贫任务的，取消一切先进的评奖资格，不得提级提薪，实行“一票否决”。

县委、县政府决定对如期完成扶贫攻坚任务的每年由县委、县政府从财政扶贫资金中统一提取3～5%，奖励有功人员，对率先越温的乡，到二〇〇〇年实行贷款规模不减，扶持政策不变，帮扶单位不调整。

（三）围绕扶贫开发搞好“四个结合”。一是扶贫开发与基层组织建设结合，重点在建好一个基层班子，树好几个致富典型，选好一条可行路子。二是计划生育与开发扶贫结合，把计划生育与扶贫开发同规划、同部署、同检查考核，切实做到计生工作与开发脱贫两种生产一起抓。三是科教与扶贫结合，“农民要增收、科教不能丢”。要坚持“四个突破”：选派科技副乡长、村长的工作要有突破；让科技人员、机关事业单位人员到农村去组织公司＋农户的公司，组织起产前、产中、产后服务要有突破；加强农村基础教育，加强教育费附加的征管工作，多方面增加教育经费投入，改善办学条件，提高办学水平上有所突破；加大科技培训力度，搞好农村成人教育，努力扫除青壮年文盲，培养有一技之长的“明白人”上有所突破。农村社会治安与扶贫结合，坚持两手抓、两手都要硬的方针，搞好法制宣传、强化农村干部群众的法制意识，要积极开展反家族家支干政、反封建迷信，开展打击赌、毒、黄等专项斗争。净化社会空气，促进社会稳定，保障扶贫攻坚工作的顺利实施。

（四）加大资金的投入，强化资金的管理。扶贫资金、以工代赈资金、两项资金按中央、省、州的要求均重点用于有助于解决贫困户温饱的项目和产业。从一九九七年起，各项扶贫资金主要用于贫困村、建卡户；85%必须用于与解决贫困户温饱有关的种植业、养殖业和林果业项目，每个贫困村从今年起扶贫信贷资金不得少于2万元；二是按项目组织资金发放，县的扶贫项目由县扶贫领导小组审批，乡的扶贫项目由乡扶贫领导小组审定上报，县扶贫领导小组审批。任何单位和个人不得在此以外擅自审批项目发放资金。回收再贷资金仍按此执行，继续用于扶贫。三是1000元以下用于种养业的扶贫信贷资金免去担保；1～3万元用于种养业直接由贫困户受益的扶贫信贷资金可由乡财政或帮乡单位担保；一万元以上用于非种养业的项目投资，等额抵押担保。四是县、乡、村都应建立扶贫资金的账、册、卡，有使用单位的合同和到户的花名册，强化资金的管理，回收率在90%以上；监察、审计、财政、扶贫办，要加强扶贫资金的监督管理，每年进行一次审计，严禁贪污、挪用，违者必究。

（五）重点落实好“五到村”、“五到户”。全县要以138个贫困村作为攻坚重点，把工作的主战场摆到这些村，资金的扶持落实到建卡户。切实做到领导联系到村，计划分解到村，帮扶措施到村，资金安排到村，工作深入到村；扶持对象到户，领导联系到户，措施落实到户，项目覆盖到户，资金安排到户。包村的干部必须要按“五到村”、“五到户”的要求,手把手的帮助群众找路子,选项目,添措施,每人帮一个村包8户建卡户,每月到村工作时间不得少于8天,实行不脱贫不脱钩。

(六)重点实施好几项脱贫致富的工程。一是改土治水工程,每年重点安排5000~7000亩,带动面上改土5000~10000亩,每户贫困户一年需完成一亩的中低产田土改造任务,确保贫困户人平有1亩高产稳产田土的基本目标。二是绿化兴林工程,要大兴林业恢复生态,实行成片造林与零星植树相结合,速丰生产林与经济林相结合,植树与种草相结合,造林与封山育林相结合,逐步形成林草交错的生态屏障。减少自然灾害侵袭,降低返贫率,为奔小康奠定基础。三是草畜双百万工程,种草养畜是多山贫困群众解决温饱的主要项目,我们要按州委、州政府提出的要求,力争到本世纪末种植牧草10万亩,改良羊达到10万只,达到建卡户人平2只羊,出栏2头畜,户平增收1000元使牧业成为脱贫致富的重点产业。四是支柱产业建设工程,按牧、林、果、药、菜的支柱产业建设方案,帮助贫困乡、村选好“双增”项目,把扶贫到户和发展区域商品基地结合起来,逐步形成“一乡一业、一村一品”的支柱产业建设格局。五是全面实施形象扶贫工程,要本着先易后难,成片改造,整村推进,重点解决人畜分居,一路一坝,房屋开窗透光,人畜饮水配套,破旧危房改造,力争到九九年全县90%以上的贫困户达到形象扶贫的初步要求。

扶贫开发既是经济工作,又是政治任务,我们要以高度的政治责任感和紧迫感,抓住机遇,在中央、省、州的扶持帮助下,下定决心,组织攻坚队伍,找准攻坚对象,明确攻坚目标,精心组织狠抓落实,为完成扶贫攻坚这一伟大的历史任务而努力奋斗。

中共越西县委
越西县人民政府
一九九七年三月二十日

主题词:解决　贫困人口温饱　决定

报送:州委、州政府、州扶贫领导小组

抄送:县人大、县政协、县人武部、县法院、县检察院、州委组织部、州扶贫办

打字:雷　　校对:刘　　(共印150份)

中共越西县委　越西县人民政府
关于进一步加快改革开放步伐的若干政策

越委发〔1992〕14 号

为贯彻落实中共中央〔1992〕2 号文件精神，进一步用好省委、省政府赋予我县综合改革试点的权益，县委、县政府决定从越西实际出发，进一步解放思想，更新观念，把握时机，对长期制约我县经济发展的政府管理体制、企业经营机制、投资环境等方面进行大胆改革，以加快改革开放步伐，促进越西经济发展。

一、转变政府职能，逐步实现小政府大服务。强化间接调控和服务功能，减少行政干预。政府职能部门要大力培育市场，建立健全社会保障制度，落实企业经营自主权，对企业主要管经营者的选拔配备，上交税利与职工收入之间的增长比例关系，承包合同的签订和奖惩兑现，执行法律法规的检查监督。

二、按照管事与管人相结合的原则，将县级机关延伸到区、乡的"几大员"下放给区、乡管理，并做到定岗定责，发挥其作用，业务指导仍由县级主管部门负责。

三、对行政、事业单位实行"四定"(定编制、定人员、定职责、定经费)，增人不增经费，减人不减经费。允许机关单位在确保履行好部门职责的前提下，组织部分工作人员兴办各种咨询服务性和生产经营性的经济实体，收入或利润由单位安排，并按规定照章纳税、自主经营、独立核算、自负盈亏。有条件的经济主管部门和事业单位要逐步转为经济实体，逐步与财政脱钩。

四、鼓励党政机关干部职工和科技人员到基层去领办、创办、承包、租赁企业，原单位保留编制、住房和基本工资，在企业工作期间所获报酬不得进行干预。同时不影响调资、晋升和退休待遇。

允许机关干部职工停薪留职经商办企业；

党政机关干部职工和科技人员愿意调入企业工作的，予以支持；

允许党政机关干部职工和科技人员在完成本职工作的前提下从事兼职活动，收入归己；

离、退休人员经商办企业或被聘用后所得收入归己，原单位保留其工资、福利待遇不变。

五、大力推进企业劳动、人事、分配三大制度改革，破除"铁饭碗、铁交椅、铁工资、大锅饭"，在企业内部建立起职工能进能出、干部能上能下、个人收入能升能降的竞争和激励机制。鼓励职工自立于"以厂(企业)为家"的精神境界，大力开展技改革新、创造发明及合理化建议活动，凡为企业作出特殊贡献(获得丰厚利润)者，终身享有所在企业职工的权利待遇，并优先安排其子女在企业就业。全面贯彻《企业法》，打破国营企业干部和工人的界限，彻底改变现行的用工制度和分配制度。坚决赋予企业经营管理、价格制定、劳动用工、技术改造、内部分配及机构设置等方面的自主权利。充分发挥劳动服务公司的作用，建立和培育劳务市场。

全面推行全员劳动合同制，建立起在岗、试岗、待岗制度。企业在确保职工收入增长幅度低于上交税利增长幅度的前提下，国家不再控制工资总额，由企业自主决定内部工资分配形式和办法。

六、加快流通企业转换经营机制步伐，在县以上国营商贸企业全面推行"四放开"(经营、价格、分配、用工放开)。逐步走上企业集团公司的道路。

七、对经营管理不善，经营性亏损严重的企业，要限期扭亏。在规定期限内不能扭亏的企业经营者，要降低其工资 1 ~ 2 级，直至就地免职，并不得易地作官。对资不抵债、扭亏无望的企业按破产处理。

允许国营企业、乡镇企业、集体企业、私营企业相互兼并。长期亏损而又无法搞活的国营企业，实行拍卖。购买者可以是国家、集体，也可以是个人。

八、开展企业股份制试点,通过发行股票,理顺企业产权关系,筹集资金,实现投资主体转换,建立起新型的企业经营机制。允许机关干部的家属子女入股分红。

九、新办企业只要有明确的法人代表和固定的场所,在注册登记时适当放宽自有资金限制。企业可自由选择开户银行,有条件的企业,可设立内部银行。

十、县内各种企业,凡连续两年上交国家利润(所得税)在15万元以上的,经理(厂长)或家属是农业人口的安排农转非1名,是非农业人口的安排其1名家属子女就业。

十一、欢迎国内外厂家来越西投资办厂,开发地上地下资源。除投资开矿按规定交纳有关资源税、管理费外,开办加工企业的,在立项审批、征地建设等方面给予方便,免征所得税5—10年,有计划地建设普雄、乃托两个经济技术开发实验区,实行国有土地优惠有偿转让。欢迎各方投资开发。

十二、凡引进资金来我县兴办企业的单位或个人,由资金使用单位按引进到位金额的1~3%发给一次性服务费。

十三、主动与大专院校、科研单位挂钩联系,引进技术。科研成果或实用技术在我县投入生产并取得经济效益的,可每年从实现利润中提取5~10%奖给技术转让单位。对引进技术的有功人员,视情况给予适当奖励。

欢迎有一技之长的科技人员、经营管理人员来我县工作,具体方式可以聘用、落户和项目承包等,其待遇从优,并保证来去自由。

十四、鼓励和支持我县企业和个人异地开发,积极组建跨地区、跨行业的联营企业,发展扩大周边贸易和对外贸易。

十五、纪律、监察、经济监督部门、经济杠杆部门和政法部门要为改革开放保驾护航,创造一个宽松、和谐、良好的环境。支持改革者,帮助失误者,鼓励探索者,查处违纪者,打击犯罪者。确保我县社会主义现代化建设顺利进行。

责成分管部门根据此件精神从速提出配套实施办法报县委、县政府批准后执行。

中共越西县委
越西县人民政府
一九九二年五月六日

主题词:改革　若干政策

报送:中共凉山州委、凉山州人民政府

抄送:州体改委、州委办公室、州政府办公室

发送:各区、乡、镇党委,各区公所、乡、镇政府,县级机关各总支、支部,各企、事业单位

中共越西县委办公室　　一九九二年五月六日

(共印450份)

中共越西县委　越西县人民政府关于大力发展民营经济的决定

越委发〔1998〕12 号

改革开放以来,我县的民营经济得到了较快发展。在发展社会生产力,优化经济结构,繁荣市场,增加有效供给,改善城乡人民生活,增加财政收入,扩大就业,维护社会稳定等方面发挥了积极作用。但是,在构建社会主义市场经济体制的新形势下,我县的民营经济无论从数量、规模,还是质量、效益等方面来讲,都还不适应形势发展的需要。为了深入贯彻十五大精神,培育新的经济增长点,县委、县政府决定坚持"大力倡导、积极扶持、突出重点、加快发展"的方针,放心、放胆、放手发展我县民营经济。

一、认真贯彻十五大精神,充分认识发展民营经济的重要性

江泽民同志在党的十五大报告指出:公有制为主体,多种所有制经济共同发展是我国社会主义初级阶段的一项基本经济制度。公有制的实现形式可以而且应当多样化,非公有制经济是我国社会主义市场经济的重要组成部分。各级党委、政府和有关部门必须进一步解放思想、转变观念,深刻认识大力发展民营经济对于建立社会主义市场经济体制的必要性和重要性,认识发展民营经济是我县经济新的增长点和突破口,从而把发展民营经济作为脱贫致富奔小康的战备措施,纳入重要议事日程,统筹安排、精心指导、因地制宜、逐步实施。

二、实行"四不限"原则,放宽开业办证手续

在法律法规允许和产业政策的指导下对发展民营经济实行"四不限",即不限发展比例、不限发展速度、不限经营方式、不限经营规模,尤其要采取有力措施扶持开发型(包括农业开发和市场开发)、外向型、生产型民营企业。在各方面的政策上,个体工商户和私营企业,应受到与国有、集体企业同等的对待,放宽开业办证手续,减少登记环节。

1. 凡国家法律法规允许经营的行业,应按照"先放开、后规范"的原则,积极扶持,放手发展。

2. 除国家法律、法规有规定的行业及特种行业外,申请人凭身份证即可向工商行政管理机关申请办理开业登记,不受户籍限制。其他部门制定的许可证和专项审批、项目,不作为工商登记的前置条件。申请者可以先办照后补证,任何部门不得按非法经营进行查处。对申请从事国家既未明令禁止、又未明确允许的经营活动的,工商行政管理机关可视其具体情况核发临时营业执照。对外地来我县经营一年以上的个体工商户,有固定店铺或摊位的,可由经营地的工商行政管理机关换发正式营业执照。

3. 凡申请从事生产型、科技型、外向型和为农业生产服务的有限责任公司,注册资金达到规定标准的50%以上,提交合法的验资证明,即可审核登记。私营独资企业、合伙企业、合作企业,只要具备一定的条件,也可依法取得法人资格。

4. 国有企业下岗职工、停产半停产和亏损严重的国有、集体企业经批准分流出来的职工,申办个体经营、私营企业,工商和有关部门要尽量简化办证办照手续,并在注册资本金、经营场地、从业人员等规定上,尽可能放宽尺度。

5. 除特种行业许可证外,行政机关核发许可证,实行办证不收费的原则。

三、调整所有制结构,采取多种方式实行民营

欢迎县外个体工商户、私营企业来越西经营或投资兴办企业。配合国有企业的改革,鼓励有能力的民营企业通过资产控股、技术入股、兼并、租赁、购买、承包、领办等多种形式,利用国有企业的闲置资产扩充自己的经济实力,并享有国有企业在盘活存量资产中的优惠政策,一些经营状况差的中小国有企业或集体企业,经有关部门批准后,在保证公有资产保值增值的前提下,可以通过租赁、承包、委托经营等方式改为国有民营企业;可以在坚持公有资产有偿转让、保证不流失的前提下,采取拍卖、作价入股、整体出让等办法实行民有民营。

四、进一步放宽、落实政策,鼓励民营经济快速、健康发展

1. 国有企业的下岗职工从事个体、私营经济或到民营企业中就业,可在一定时期内保留其原身份,其工资和其他待遇等由本人与企业协商确定。在原单位和本人继续按规定缴纳养老、失业等社会保险费后,工龄及缴费年限连续计算。对已参加社会统筹的企业的分流人员不再保留原单位关系和身份的个人继续按当地统筹比例交纳养老保险金的,投保年限可连续计算,达到退休条件时,可享受退休金待遇。

转业干部、城镇复退军人从事个体、私营经济或到民营企业中就业,其关系在一段时间内保留在负责安置的政府相关部门。

大中专毕业生从事个体经营或到民营企业工作的按经营场地和企业所在地,由政府人事部门的人才交流中心管理其档案,视同安置工作,公安部门办理户籍手续。

2. 在坚持统一税法,保证应缴纳税金入库和培植税源的前提下,不断改进和完善税收征管方式。对个体经营户和私营企业,有条件的可实行查账征收;暂不具备条件的,经县级主管税务机关批准,可实行定额征收,对实行定额计征的个体工商户和私营企业,税务部门可会同乡镇企业主管部门和工商联、个协联合正确评估、核实其销售收入和营业收入,逐步形成规范化程序。

3. 企业所得税,不再划分经济性质。私营企业实行统一税率,有利公平竞争。对个体工商户的所得税,要合理核定纳税所得额,依法计征。对个体、私营企业为教育事业和其他公益事业的捐款,经税务部门核实后,可税前列支。

4. 民营企业安置或吸纳特困企业下岗人员和国有企业减员分流人员超过从业人员总数的50%的,经主管税务机关审查批准,可免征企业所得税3年。凡安置“四残”人员达到生产人员总数35%以上(含35%),取得社会福利企业证书的民营工业企业,经民政和财政部门审查批准,可享受增值税减让的优惠照顾。

5. 民营企业托管或租赁、承包现有严重亏损国有企业3年以上,在经营期限内,全部返还企业所得税2年,减半返还所得税1年,返还的税款只能用于发展生产或抵减原国有企业的负债。

6. 建立民营经济发展基金,从本年所收取的个体、私营新增税收中安排一定比例,实行有偿使用,专项扶持民营经济的发展。

五、切实减轻民营企业不合理负担,加强对民营企业经营者的教育管理

依法保持民营经济的投资者权益。各级财政、物价、监察、审计等有关部门,要根据《中华人民共和国行政处罚法》及《四川省价格管理条例》等有关法规,严格执行向民营企业的收费项目和标准。凡不符合国务院、省政府规定,未经批准收费的项目和标准,一律取消,禁止“搭车收费”。民营企业有权拒绝乱收费、乱集资、乱摊派。收费部门要规范收费行为,实行收支两条线,使用由财政部门统一制订的专用票据。任何部门、社会团体不得随意去民营企业进行检查或要求企业参加评比、竞赛、联谊、学会等活动。

各级党委、政府和有关部门要做好民营企业从业人员的思想政治工作，按照“团结、帮助、引导、教育”的方针，加强教育和管理，提高他们“爱国、敬业、守法”的自觉性，提高民营企业的竞争能力，使他们在发展我县经济中作出积极贡献。

中共越西县委
越西县人民政府
一九九八年三月二十五日

主题词：发展　民营经济　决定

发：各乡镇党委、政府，各地委、工委，县级各部门，企事业各单位

抄送：县人大、县政协、县纪委、县人武部、县法院、县检察院

（共印150份）

1991—2005 年获得全国、省、州表彰单位情况表

单　位	获奖内容	颁奖单位	颁奖时间
中所乡政府	被授予“科技示范乡”称号	州政府	1991 年
县计划生育技术服务站	计划生育先进单位	州委、州政府	1991 年
县人武部	征兵工作先进单位	州委、州政府、州军分区	1991 年
板桥乡板桥村党支部	评为全省计划生育工作先进集体	省委、省政府	1991 年
西山乡	获“人民调解先进集体”称号	州政府	1991 年
县农业局	以工代赈农田基本建设获州政府优秀工程二等奖	州政府	1991 年
农行越西县支行	省社会治安综合治理先进单位	省政府	1992 年
县人武部	征兵工作先进单位	州委、州政府、州军分区	1992 年
县人武部	国防教育先进单位	州委、州政府、州军分区	1992 年
县运输管理所	1991 年度道路运输管理先进单位	省交通厅	1992 年
团县委	青年民族团结进步先进集体	团省委	1992 年
县纪委	先进集体	省纪委	1992 年
县护林防火指挥部	森林防火先进单位	省护林防火指挥部	1992 年
普雄镇	授予“拥军优属拥政爱民模范镇”称号	州委、州政府、凉山州军分区	1992 年
县农业局	以工代赈农田基本建设获州政府优秀工程二等奖	州政府	1992 年
县法院	综治工作先进集体	州委、州政府	1992 年
县纪委	民族团结先进集体	州委、州政府	1992 年
农行越西县支行	省级卫生先进单位	省爱卫会	1993 年
县武警中队	先进中队	四川省总队	1993 年
县农业局	实施《优质水果高产高效综合配套技术》获省丰收一等奖	省农业厅	1993 年
县农业局	以工代赈农田建设获省政府优秀工程二等奖	省政府	1993 年
县农业局	以工代赈农田建设获州政府优秀工程一等奖	州政府	1993 年
县稽征所	获得“州级文明单位”称号	州委、州政府	1993 年
县林业局	“凉山州科学技术进步奖三等奖”	州政府	1993 年
普雄分局	先进集体	省整铁办	1993 年
农行越西县支行	四川省省级文明单位	省政府	1994 年
县法院执行庭	全省法院系统先进集体	省高院	1994 年

续上表

单位	获奖内容	颁奖单位	颁奖时间
县以工代赈办	被评为1985—1994年度全州以工代赈先进集体	州政府	1994年
县地方志办公室	获凉山州地方志工作先进单位	州委、州政府	1994年
普雄分局	整顿铁路治安先进单位	省综治委	1995年
农行越西县支行	会计工作三级达标单位	农行省分行	1995年
县人武部	武器装备安全管理先进单位	成都军区司令部	1995年
县人武部	评为"双力杯"竞赛活动先进单位	州委、州政府、州军分区	1995年
县人大	四川省卫生先进单位	省爱国卫生运动委员会	1995年
竹阿觉乡	凉山州九五期间计划生育先进集体	州委、州政府	1995年
中所镇顺利村	凉山州九五期间计划生育先进集体	州委、州政府	1995年
团县委	1995年度四川省达标创优先进县	团省委	1995年
县计划生育局	凉山州九五期间计划生育先进集体	州委、州政府	1995年
县护林防火指挥部	四川省森林防火先进单位	省林业厅、省护林防火指挥部	1995年
县公安局	授予先进公安局称号	省公安厅	1995年
县财政局	凉山州首次第三产业普查先进集体	州政府	1995年
拉普乡拉普村党支部	"农村基层党建工作先进单位"称号	州委	1995年
县计划生育技术服务站	计划生育先进单位	州委、州政府	1995年
县公安局	全省先进公安局	省公安厅	1996年
县统计局	第三产业普查先进集体	省统计局、省第三产业普查领导小组	1996年
县气象局	四川省1995年人工防雹降雨先进集体	省气象局	1996年
中所镇	授予"第一次全国农业普查先进单位"	国务院	1996年
县司法局	法制宣传教育工作先进集体	省委、省政府	1996年
县农业局	实施《优质水果高产高效综合配套技术》获省丰收二等奖	省农业厅	1996年
县工商局	廉政建设先进单位	省工商局	1996年
城关法庭	全省法院系统先进人民法庭	省高院	1996年
县国税局	档案省一级标准	省档案局	1997年
县人武部	评为扶贫工作先进单位	省军区	1997年
县武警中队	先进单位标兵	州委、州政府	1997年

续上表

单　位	获奖内容	颁奖单位	颁奖时间
县统计局	第一次全国农业普查先进集体	省统计局、省第一次全国农业普查领导小组	1997 年
县财政局	计划生育合格单位	州政府	1997 年
普雄分局	先进集体	省护路联防领导小组	1997 年
县公安局禁毒队	1996 年度禁毒工作成绩显著	州委、州政府	1997 年
普雄分局	社会治安治理模范单位	州委、州政府	1998 年
农行越西县支行	保卫工作先进集体	农行省分行	1998 年
县人武部	凉山彝族自治州民族团结进步先进集体	州委、州政府	1998 年
县人大	州文明单位	州委、州政府	1998 年
越城镇拖拉机安全联组	安全生产先进集体	省农机局	1998 年
县农业局	实施《优质水果丰产栽培技术》获二等奖	省农业厅	1998 年
县农业局	实施《优质抗病高产凉薯 30 号等品种选育与应用》项目获科技进步二等奖	省农业厅	1998 年
县扶贫办	1998 年度全省扶贫开发系统先进单位	省扶贫开发办公室党组,省扶贫开发办公室	1998 年
普雄镇	授予“民族团结进步”先进集体	州委、州政府	1998 年
普雄镇	获第六届“三优一学”创文明城镇竞赛达标奖	州委、州政府	1998 年
县气象局	四川省气象系统先进集体	省气象局	1998 年
县气象局	四川省 1997 年度短期重要天气预报优质单位	省气象局	1998 年
县财政局	先进集体	省财政厅、人事厅	1998 年
县农业局	获凉山州委州政府计划生育合格单位	州委、州政府	1998 年
县汽车站	州级“文明单位”	州委、州政府	1998 年
县财政局	1997 年税收财务物价大检查先进集体	州政府	1998 年
拉普乡拉普村党支部	“五个好”村党支部	州委	1998 年
农行越西县支行	保卫工作先进集体	农行省分行	1999 年
县检察院	被确认为“五好”检察院	省人民检察院	1999 年
越西公路分局	精神文明先进集体	州委、州政府	1999 年
越城镇	全州民政工作先进镇	州政府	1999 年
县农业局	实施《优质水果高产综合配套技术》获省丰收一等奖	省农业厅	1999 年

续上表

单　位	获奖内容	颁奖单位	颁奖时间
县扶贫办	1999 年度全省扶贫开发系统先进单位	省扶贫开发办公室党组、省扶贫开发办公室	1999 年
县财政局	社会治安综合治理模范单位	州委、州政府	1999 年
县财政局	拥军优属先进单位	州政府	1999 年
县财政局	精神文明单位	州委、州政府	1999 年
县气象局	州级文明单位	州委、州政府	1999 年
县交警大队	道路交通管理先进单位	省交通厅	1999 年
普雄分局	文明单位	州委、州政府	1999 年
县看守所	安全无事故看守所	省公安厅	1999 年
县禁毒队	1998 年度禁毒工作先进单位	州委、州政府	1999 年
县公安局	铁路重点整治工作先进集体	省综治委	1999 年
中所镇	被授予“科技示范镇”称号	州政府	1999 年
越西中学	实施《国家体育锻炼标准》先进学校	省教育厅、省体育局	2000 年
县计划生育技术服务站	计划生育先进单位	州委、州政府	2000 年
县气象局	州综合治理模范单位	州委、州政府	2000 年
县法院执行庭	全省法院执行工作先进集体	省高院	2000 年
新民镇	荣获“凉山州烤烟先进集体”	州委、州政府	2000 年
县民政局	评为全国“爱心献功臣”行动先进县	全国“双拥”工作领导小组	2000 年
县民政局	评为省级双拥先进县	省“双拥”工作领导小组	2000 年
县扶贫办	扶贫攻坚成绩显著	省扶贫开发办公室	2000 年
尔觉乡	境内铁路创安受表彰	州委、州政府	2000 年
县公安局法制科	1999 年度队伍正规化建设先进单位	省公安厅	2000 年
县看守所	1999 年三级看守所	省公安厅	2000 年
县消防大队	贯彻军队基本建设纲要先进单位	武警四川总队	2000 年
普雄分局	省青年文明单位	省公安厅、共青团省委	2000 年
县扶贫办	计划生育先进单位	州委、州政府	2000 年
县扶贫办	社会治安综合治理	州委、州政府	2000 年

续上表

单　位	获奖内容	颁奖单位	颁奖时间
县政府	2000 年度凉山州农村电网建设与改造先进县	州政府	2001 年
县人武部机关党支部	先进党支部	省军区	2001 年
县武警中队	先进中队	省总队	2001 年
县人大	州计划生育合格单位	州委、州政府	2001 年
县人大	州社会治安综合治理模范单位	州委、州政府	2001 年
县人大	1996—2000 年全州法制宣传教育先进单位	州委、州政府	2001 年
中所镇	授予“第五次人口普查先进单位”	国务院	2001 年
新民镇	荣获“凉山州烤烟先进集体”	州委、州政府	2001 年
县邮政局	1999—2000 年四川省邮政部门先进集体	省邮政局	2001 年
县稽征所	档案管理三级证书	省档案局	2001 年
县护林防火指挥部	1998—2000 年森林防火先进单位	省林业厅、省护林防火指挥部	2001 年
县果树站	评为“九五”全省果树生产先进单位	省农业厅	2001 年
县扶贫办	完成《四川省七一一八扶贫攻坚计划》成绩显著	省委、省政府	2001 年
五里箐乡	评为“凉山州先进基层党组织”	州委	2001 年
普雄镇	授予“八七扶贫攻坚先进集体”称号	州委、州政府	2001 年
县气象局	九五期间全州人工降雨防雹工作先进单位	州政府	2001 年
普雄分局	青年文明号单位	省公安厅、共青团省委	2001 年
县消防大队党支部	实践“三个代表”示范	省消防总队党委	2001 年
普雄分局	政治战线先进集体	州委、州政府	2001 年
县审计局	2001 年计生合格单位	州政府	2001 年
县烟办	凉山州 2001 年烤烟生产先进集体	州委、州政府	2001 年
县交通局	社会治安综合治理模范单位	州委、州政府	2001 年
县气象局	2002 年度短期重要天气预报优质单位	省气象局	2002 年
县地税局	计划生育合格单位	州委、州政府	2002 年
县国税局	州级计划生育合格单位	州政府	2002 年
县人武部	先进人武部	省军区	2002 年
县武警中队	先进中队	省总队	2002 年

续上表

单　位	获奖内容	颁奖单位	颁奖时间
中所镇	授予"农村'三个代表'重要思想学习教育活动先进单位"	省委	2002 年
中所镇	授予"农村基层组织建设'三级创联'活动先进单位"	省委	2002 年
越城镇	全州民政工作先进镇	州政府	2002 年
新民镇	荣获"凉山州烤烟先进集体"	州委、州政府	2002 年
县运输管理所	授予"2001 年度道路运输管理先进集体"	省交通厅	2002 年
县邮政局营业组	四川省邮政部门安全生产劳动竞赛优胜集体	省邮政局	2002 年
县民政局	授予"双拥"先进县	省政府	2002 年
县工商局	全省宣传思想工作先进单位	省个体劳动者协会、私营企业协会	2002 年
县工会	新建企业工会组建工作先进单位	州委、州政府	2002 年
县法院	人民满意的好法院	省高院	2002 年
县报刊发行组	四川省邮政专业劳动竞赛优胜集体	省邮政局	2002 年
普雄法庭	全省法院系统先进人民法庭	省高院	2002 年
县统计局	第五次全国人口普查先进集体、第五次全国人口普查宣传工作先进集体	省统计局、省第五次全国人口普查领导小组	2002 年
县审计局	2002 年计生合格单位	州政府	2002 年
县计划与经济局	凉山州计划生育先进单位	州委、州政府	2002 年
县检察院	被评为综治模范单位	州委、州政府	2002 年
县公安局	铁路治安整治工作先进单位	州委、州政府	2002 年
普雄分局	铁路治安综合治理模范单位	州委、州政府	2002 年
普雄分局	铁路治安整治工作先进单位	州委、成都铁路局	2002 年
公安局巡警队	全省优秀公安基层单位	省公安厅	2002 年
县财政局	荣获 2002 年凉山烤烟生产工作先进单位	州委、州政府	2002 年
县农业局	农村"三个代表"重要思想学习教育活动先进单位	州委	2002 年
县农业局	农业综合开发获州政府优秀工程三等奖	州政府	2002 年
县公路运输管理所	"州级文明单位"	州委、州政府	2002 年
越西公路分局	社会治安综合治理模范单位	州委、州政府	2002 年
县国税局	四川省卫生先进单位	省爱卫会	2003 年
县审计局	2002 年投资审计先进单位	省审计厅	2003 年

续上表

单　位	获奖内容	颁奖单位	颁奖时间
县人武部	落实县(市、区)人民武装部和民兵预备役部队三年建设规划先进单位	省委、省政府、省军区	2003 年
县人武部	人民武装部营房设施建设先进单位	州委、州政府、凉山州军分区	2003 年
越城镇	全州民政工作先进集体	州政府	2003 年
越城镇	全州民族团结进步先进乡镇	州政府	2003 年
越城镇	评为四川省第五批省级“文化之乡”、“民间艺术之乡”	省政府	2003 年
新民镇	荣获“凉山州烤烟先进集体”	州委、州政府	2003 年
县人事劳动与社会保障局	评为 1998—2002 年全省人事系统先进集体	省人事厅	2003 年
县民政局	授予民政工作先进县	州委、州政府	2003 年
县稽征所	荣获 2002 年度先进集体	省交通厅	2003 年
普雄法庭	全省法院系统“六好”人民法庭	省高院	2003 年
县气象局	2002 年度预报优质单位	省气象局	2003 年
县政法委	被评为全国整治铁路治安先进单位	公安部、铁道部、中央综治委	2003 年
县统计局	第二次全国基本单位普查先进集体	国家统计局、国务院第二次全国基本单位普查领导小组办公室	2003 年
县农业局	农业综合开发获优秀工程二等奖	州政府	2003 年
县农业局	荣获凉山州农村科普工作先进集体	州政府	2003 年
梅花乡	“基层武装按纲要建设先进单位”	州委、州政府、州军分区	2003 年
县司法局	获颁发“宪法宣传工作”组织奖	州委、州政府	2003 年
县安监局	安全生产一等奖	州政府	2003 年
县公安局	铁路治安整治工作先进集体	州政府、成都铁路局党委	2003 年
普雄分局	全国铁路护路联防工作先进集体	中央社会治安综合治理委员会、铁道部、公安部、解放军总参动员部	2003 年
县公安局	信访工作达标单位	州政府	2003 年
县地税局	评为“文明单位”	州委、州政府	2003 年
县史志办	获凉山州地方志工作先进单位	州委、州政府	2003 年
县史志办	2003 年度全省地方志系统先进单位	省政府	2003 年

续上表

单 位	获奖内容	颁奖单位	颁奖时间
县民政局	民政工作先进县	州委、州政府	2003 年
县政法委	凉山州社会治安综合治理模范县	州委、州政府	2003 年
县国税局	凉山州社会治安综合治理模范单位	州委、州政府	2004 年
县审计局	"三个代表"重要思想示范党组织	省委组织部	2004 年
县人武部	"三州"人民武装部营房设施建设先进单位	省政府、省军区	2004 年
县人武部	2003 年度征兵工作先进单位	省征兵领导小组	2004 年
县人武部	"双拥"工作先进单位	省委、省政府	2004 年
县粮食局	先进单位	省粮食局	2004 年
越城镇	全州民族团结进步先进集体	州政府	2004 年
新民镇	荣获"凉山州烤烟先进集体"	州委、州政府	2004 年
新民镇	荣获"凉山州优质烤烟生产万担乡(镇)称号"	州委、州政府	2004 年
县护林防火指挥部	2001—2003 年全省森林防火先进单位	省林业厅、省护林防火指挥部	2004 年
县公安局	四川省公安系统"五长"比武竞赛荣获第四名	省公安厅	2004 年
瓦岩乡团委	四川省五四红旗团委	团省委	2004 年
保石乡	评为"社会综合治安模范乡"	州委、州政府	2004 年
县法院	州级卫生先进单位	州委、州政府	2004 年
县审计局	2004 年计生合格单位	州政府	2004 年
县史志办	获凉山州地方志工作先进单位	州委、州政府	2004 年
县史志办	获四川地方志工作先进单位	省地方志编纂委员会	2004 年
县地税局	评为社会治安综合治理"模范单位"	州委、州政府	2004 年
县气象局	州级文明	州政府	2004 年
县国税局	州级文明单位	州委、州政府	2004 年
消防大队	2003 年度执勤岗位练兵先进集体	武警四川消防总队	2004 年
县农业局	被评为凉山州第二届劳模大会先进单位	州政府	2004 年
县农业局	农业综合开发获州政府优秀工程一等奖	州政府	2004 年
瓦岩乡	授予第 31 个万担乡(镇)称号	州委、州政府	2004 年
板桥乡	荣获优质烤烟生产万担乡(镇)	州委、州政府	2004 年

续上表

单　位	获奖内容	颁奖单位	颁奖时间
县计划生育技术服务站	计划生育合格单位、计划生育先进单位	州政府 州委、州政府	2004 年
县交通局	授予"州级文明单位标兵"的光荣称号	州委、州政府	2004 年
县气象局	四川省重要天气预报优质奖	省气象局	2005 年
县地税局	卫生先进单位	省爱卫会	2005 年
县检察院	荣获四川省卫生先进单位	省卫生厅	2005 年
越城镇	授予"基层人武部《纲要》建设先进单位"	州委、州政府、凉山州军分区	2005 年
新民镇	荣获"凉山州优质烤烟生产万担乡(镇)称号"	州委、州政府	2005 年
县信访局	荣获 2002—2004 年度凉山州党政信访工作先进集体	州委、州政府	2005 年
县司法局	普法依法治理先进集体	省委、省政府	2005 年
县农业局	农业综合综合开发获州政府优秀工程二等奖	州政府	2005 年
县民政局	荣获"四川省双拥先进县"称号	省政府	2005 年
县纪委、监察局	2003—2004 年度党风廉政建设责任制工作先进集体	州委、州政府	2005 年
县纪委、监察局	2003—2004 年度全州纪检系统办案工作先进集体	州委、州政府	2005 年
县纪委、监察局	全州精神文明单位	州委、州政府	2005 年
县公安局	全省"五长"比武竞赛集体三等功	省公安厅	2005 年
县工商联	荣获"对外经济联络先进单位"奖	省工商联	2005 年
县工会	厂务公开一等奖	州委、州政府	2005 年
普雄法庭	2004 年度全省法院先进人民法庭	省高院	2005 年
板桥乡妇联	红旗妇联称号	省妇联	2005 年
县统计局	2005 年 1% 人口抽样调查先进集体	省统计局、省 1% 人口抽样调查领导小组	2005 年
县统计局	第一次全国经济普查先进集体	省政府	2005 年
消防大队	先进基层党组织	省消防总队党委	2005 年
普雄分局	社会治安综合治理模范单位	州委、州政府	2005 年
县公安局	2004 年度全省优秀公安局、2004 年度全省大练兵先进单位、2004 年度争创三个一流先进单位	省公安厅	2005 年
县法院	先进基层党组织	州委	2005 年
县法院	文明单位	州委、州政府	2005 年

续上表

单　位	获奖内容	颁奖单位	颁奖时间
县地税局	评为思想政治工作先进集体	州委	2005 年
县信访局	荣获 2002—2004 年度凉山州党政信访工作先进集体	州委、州政府	2005 年
县地税局	评为"文明单位标兵"	州委、州政府	2005 年
县种子管理站	农业综合开发获优秀工程二等奖	州政府	2005 年
梅花乡	社会治安综合治理模范乡	州委、州政府	2005 年
中所镇	被授予"基层人武部《纲要》建设先进单位"	州委、州政府、州军分区	2005 年
中所镇	被授予"文明示范镇"称号	州委	2005 年
县计划生育技术服务站	计划生育先进单位	州委、州政府	2005 年
县安监局	安全生产一等奖	州政府	2005 年
县史志办	获凉山州地方志工作先进单位	州委、州政府	2005 年
县史志办	省地方志系统先进单位	省地方志编纂委员会	2005 年
县史志办	省党史工作先进单位	省委党史办	2005 年

2000—2005 年省、州劳动模范名录

姓名	性别	出生年月	文化程度	政治面貌	单位及职务	何时获何种荣誉称号
吉呷布达	男	1955.3	初中	中共党员	河东乡新普村支部书记	2000 年获四川省劳模称号
罗运华	男		初中	中共党员	川西水泥厂	2000 年获凉山州劳模称号
刘国其	男	1967.04	高中	非党	丰南色素公司董事长	2005 年获四川省劳模称号
杨雷芬	女	1962	大专		大瑞小学教师	2000 年获凉山州劳模称号
刘国其	男	1967.04	高中	非党	丰南色素公司董事长	2004 年获凉山州劳模称号
莫色加甲	男	1964.12	本科	党员	经济贸易局局长	2004 年获凉山州劳模称号
杨代和	男	1969.03	本科	党员	越中化学高级教师	2004 年获凉山州劳模称号
朱　勇	男	1965.03	大专	党员	川西水泥厂副厂长	2004 年获凉山州劳模称号
王国才	男	1967.10	中专	党员	团结一组电站站长	2004 年获凉山州劳模称号
阿加伍哈	男	1958.08	初中	党员	普雄镇阳坡村	2004 年获凉山州劳模称号
徐登明	男	1948.02	初中	党员	新民镇五福村村主任	2004 年获凉山州劳模称号
毛建国	男	1964.03	专科	党员	县二医院院长	2004 年获凉山州劳模称号

1991—2005 年获得全国、省、州表彰个人情况表

姓　名	单　位	获奖内容	颁奖单位	颁奖时间
王大伦	县民族学校	全国优秀教师	国家教育部	1991 年
李　胜　刘　烨 赵文德　江　林	县林业局(合作)	云南松主要虫害综合控制研究获省科技进步二等奖	省政府	1991 年
李　斌	县林业局	消防知识竞赛县级二等奖	省安委会	1991 年
田进康	县审计局	"两资"审计先进个人	省经济开发办、省审计厅	1991 年
代子恩	县人口计生局	全省计划生育工作先进个人	省委、省政府	1991 年
张正濛	县汽车队	"新春杯"百日安全优质文明服务优质服务员	省交通厅	1991 年
马民德	县农业局	《有机肥料品质与结构调查》获省政府一等奖	省政府	1991 年
刁大才	新民镇	凉山州纪委"党规党纪学习"先进个人	州委	1991 年
洪国英	县审计局	三大检查先进个人	州政府	1991 年
潘华达	县公安局	1991 年护路治安先进工作者	省整顿铁路领导小组	1991 年
宋志刚	县稽征所	1991 年度先进工作者	省稽征局	1992 年
江秉俊	县农业局(合作)	地膜玉米栽培技术推广应用二等奖	省农牧厅	1992 年
赵文德	县林业局	森林病虫综防先进个人	省林业厅	1992 年
安国生	县纪委	道路交通安全行驶 50 万公里	省安全生产委员会	1992 年
张祖超	县公安局	人口普查先进工作者	公安部	1992 年
袁忠海	县公安局	通讯系统先进个人	省公安厅	1992 年
阿牛比柳牛	县公安局	整顿铁路治安先进个人	省整顿铁路领导小组	1992 年
熊开敏	县民政局	授予拥军优属先进个人	州委、州政府	1992 年
苦建华	县公安局	保护通信线路先进个人	省政府、省军区交通战备领导小组	1993 年
蔡克品	县农业局	实施《苦荞麦综合增产技术》丰收奖二等奖	农业部	1993 年
杨泽秀	越西中学	全国优秀教师	国家级	1993 年
阿加达尔木	县审计局	审计系统先进个人	省审计厅、州审计局	1993 年
耿德刚	县林业局	花椒虎天牛研究二等奖	省政府	1993 年
刘光华	县林业局	花椒虎天牛研究二等奖	省政府	1993 年
薛顺序	大瑞乡	优秀党务工作者	州委	1993 年
杨荣生、蒋加勤、张学才、张　伟、毛池弟、邹建伟、张华亮	县农业局	实施《优质高产苹果综合配套技术》项目获四川省农业丰收奖二等奖	省农业厅	1993 年

续上表

姓　名	单　位	获奖内容	颁奖单位	颁奖时间
龚明才	县审计局	1992年"三大"检查先进个人	州政府	1993年
吴治星、郭金伟、潘文亮、阿苏拉古、尔祖阿拉	县农业局种子站	杂交水稻汕窄8号的推广应用三等奖	州政府	1993年
涂联科、张锡林、张国发、吴元秋	县科技局	商品仔猪成套技术推广三等奖	州政府	1993年
李　胜、刘光华、耿德刚、邓祥遂、熊光灿	县林业局、四川省林业科学院	花椒虎天牛发生规律及其防治三等奖	州政府	1993年
耿德刚	县林业局	花椒虎天牛研究二等奖	州政府	1993年
郭金伟	县农业局	实施《杂交稻汕窄8号的推广与应用》获三等奖	州政府	1993年
石发贵	县史志办	四川省地方志工作先进个人	省政府	1993年
苦建华	县公安局	优秀党务工作者	州委	1994年
肖洪志	县公安局	护路联防先进工作者	省综治委整铁办	1994年
方建英	县公安局	护路联防先进工作者	省综治委整铁办	1994年
古宪福	越西中学	全国特级教师	国家级	1994年
阿说所布	县农业局	《高产优质抗病高产马铃薯良种"凉薯14"选育及配套栽培技术推广》获科技进步二等奖	省农业厅	1994年
阿说所布	县农业局	《推广马铃薯癌肿病良种丰产栽培》获丰级二等奖	国家农业部	1994年
蔡克品	县农业局	实施《十万亩玉米高产高效综合栽培技术应用》获三等奖	州政府	1994年
蔡克品	县农业局	实施《苦荞麦高产新技术示范》获丰收奖一等奖	省农业厅	1994年
马阿衣	县司法局	人民调解工作先进工作者	省省委、省政府	1994年
蒋学楠	县税务局	税法宣传先进个人	省国税局	1994年
依达拉沙	县财政局	农牧科技进步奖	省农牧厅	1994年
彭思雄	县发展计划局	四川省第三产业普查先进工作者	省人事厅、省统计局、省人民政府经济普查领导小组办公室	1994年
陈国清	县农机局	省级第三产业普查先进工作者	全国第三产业普查	1994年
辜义萍	县气象局	1993年1个百班无错	省气象局	1994年
孙崇德	县林业局	省国营林场先进工作者	省林业厅	1994年
邹云秀	县审计局	粮食亏损审计先进工作者	省粮挂领导小组	1994年
罗立新	县经济发展局	十年"以工代赈"先进个人	州政府	1994年

续上表

姓　名	单　位	获奖内容	颁奖单位	颁奖时间
刘国才	县广播电文体局	凉山州广播电视工作先进个人	州委、州政府	1994 年
王德猛	县畜牧局	“扶贫越温”工作先进个人	州委、州政府	1994 年
田进康	县审计局	“三大”检查先进个人	州政府	1994 年
马民德	县农业局	十年“以工代赈”先进个人	州政府	1994 年
刘光华	县林业局	花椒虎天牛研究二等奖	州政府	1994 年
熊昌进	越西中学	全国优秀教师	国家级	1995 年
辜义萍	县气象局	质量优秀测报员	国家气象局	1995 年
张华美	板桥乡	先进工作者	省农牧厅	1995 年
苦建华	县公安局	全国优秀人民警察	公安部	1995 年
冯道良	越西二中	四川省优秀教师	省级	1995 年
彭思强	越西中学	四川省中青年骨干教师	省级	1995 年
刘成明	县司法局	人民调解工作先进工作者	省委、省政府	1995 年
王德猛、张树清、刘怡	县畜牧局	越西县商品草基地建设推广应用三等奖	省畜牧食品局	1995 年
黄　健	县养路队	青年操作能手	共青团省委	1995 年
秦　刚	县稽征所	1994 年度先进工作者	省稽征局	1995 年
邹云秀	县审计局	三大检查先进个人	州政府	1995 年
潘吉布	县审计局	粮食亏损审计先进工作者	州政府	1995 年
罗占清	县政法委	全省社会治安综合治理工作先进个人	省政法委	1995 年
刘宇国	县审计局	粮食亏损审计先进工作者	州政府	1995 年
洪国英	县审计局	粮食亏损审计先进工作者	州政府	1995 年
刘国才	县财政局	“三大”检查先进个人	州政府	1995 年
李志忠	县财政局	“三大”检查先进个人	州政府	1995 年
董晓萍	县国税局	一九九四年度“三大”检查先进个人	州政府	1995 年
马锡瑛	县国税局	一九九四年度“三大”检查先进个人	州政府	1996 年
马民德	县农业局	科技进步三等奖	省政府	1996 年
卢忠华	县司法局	全省法制宣传教育工作先进个人	省司法厅	1996 年
罗本文	越西中学	全国优秀教师	国家教育部	1996 年

续上表

姓　名	单　位	获奖内容	颁奖单位	颁奖时间
辜义萍	县气象局	1994—1995 年 2 个百班无错	省气象局	1996 年
谷成奎	县气象局	1993—1995 年 2 个百班无错	省气象局	1996 年
王正华	县气象局	1993—1995 年 2 个百班无错	省气象局	1996 年
龚明才	县审计局	教育经费审计先进个人	省教育经费领导小组	1996 年
张学才、张伟、蒋加勤、毛池弟、邹建伟、张华亮	县农业局	实施《优质水果高产高效综合配套技术》项目获丰收二等奖	省农业厅	1996 年
王　勇	县检察院	荣获三等功	省检察院	1996 年
阿说所布	县农业局	《稻田新型化学除草剂的开发与应用》获科技进步奖	省农业厅	1996 年
叶玉春	县农机局	省级农机科技推广先进工作者	省农机局	1996 年
潘木呷	县公安局	政法战线先进干警	省委、省政府	1996 年
潘华达	县公安局	计划生育先进个人	州委、州政府	1996 年
邹云秀	县审计局	教育经费审计先进个人	州政府	1996 年
洪国英	县审计局	教育经费审计先进个人	州政府	1996 年
刘宇国	县审计局	教育经费审计先进个人	州政府	1996 年
郭汉忠	县审计局	教育经费审计先进个人	州政府	1996 年
布尔衣哈莫	县审计局	“三大”检查先进个人	州政府	1996 年
吴厚琼	县财政局	“三大”检查先进个人	州政府	1996 年
程建华	县人口计生局	凉山州“八五”期间计生工作先进个人	州委、州政府	1996 年
程建华	县人口计生局	凉山州第二届计生协会工作先进个人	州委、州政府	1996 年
董晓萍	县国税局	一九九六年度税收、财务、物价检查先进个人	州政府	1997 年
罗立新	县统计局	第一次全国农业普查先进个人	国务院第一次全国农业普查领导小组办公室、国家统计局、省统计局	1997 年
毛学全	县林业局	森林防火荣誉证书	省政府	1997 年
张学才、张伟、蒋加勤、毛池弟、左静	县农业局	优质水果高产综合配套技术推广二等奖	省农业厅	1997 年
吉克铁古	县国税局	四川省国税系统先进工作者	省人事厅、省国税局	1997 年
洪国英	县审计局	“三大”检查先进个人	州政府	1997 年

续上表

姓　名	单　位	获奖内容	颁奖单位	颁奖时间
邓长生	县地税局	财政、税务、物价三大检查“先进个人”	州政府	1997 年
王德猛	县畜牧局	凉山州科技突出贡献者	州委、州政府	1997 年
魏　刚	县公安局	政法系统先进个人	州委、州政府	1997 年
李打搏	县公安局	优秀侦查员	省禁毒委员会	1997 年
罗立新	县统计局	第一次全国基本单位普查先进个人	四川省第一次全国基本单位普领导小组	1998 年
王加红	县林业局	飞播先进个人	省林业厅	1998 年
王德猛	县畜牧局(合作)	厅级牧业科技进步一等奖	省畜牧食品局	1998 年
阿说阿依莫	县妇联	“巾帼建功活动”先进个人	省妇联	1998 年
吴厚琼	县财政局	财务挂账先进工作者	省财政厅	1998 年
杨显武	县农机局	农机安全生产先进个人	省农机局	1998 年
张学才、张　伟、蒋加勤、毛池弟、邹建伟、徐贵芝、左　静、张华亮	县农业局	实施《优质果丰产栽培技术》项目获丰收奖二等奖	省农业厅	1998 年
张国华	县交通局	四川省交通系统先进工作者	省交通厅	1998 年
勒尔支铁	县稽征所	文明优质服务标兵	省稽征局	1998 年
孟先平	县组织部	1995—1997 年度全州农村基层组织建设和整顿工作先进工作者	州委	1998 年
石绍煊	县公安局	禁毒工作先进个人	省禁毒委员会	1998 年
李打搏	县公安局	建设凉山十大杰出青年	州政府	1999 年
苏万生	县公安局	安全生产工作者	州委、州政府	1999 年
李打搏	县公安局	先进青年	州委	1999 年
辜义萍	县气象局	质量优秀测报员称号	国家气象局	1999 年
李学红	县广电局	第六届全国民族运动会舞蹈奖	国家第六届全国少数民族运动会组委会	1999 年
张　伟、蒋加勤、毛池弟、邹建伟、徐贵芝、左　静、张华亮	县农业局	实施《优质水果高产综合配套技术》项目获丰收奖一等奖	省农业厅	1999 年
叶玉春	县农机局	在 1998 年度农机维修行业管理工作中成绩显著被评为省级先进个人	省农机局	1999 年
刘宇国	县审计局	粮挂审计先进个人	省审计厅	1999 年
辜义萍	县气象局	1995—1998 年连续 5 个百班无错	省气象局	1999 年

续上表

姓　名	单　位	获奖内容	颁奖单位	颁奖时间
王正华	县气象局	1996—1998 年百班无错 2 个	省气象局	1999 年
霍淑霞	县气象局	1996—1997 年百班无错 2 个	省气象局	1999 年
谷成奎	县气象局	1995—1998 年百班无错 2 个	省气象局	1999 年
廖凉萍	团县委	省级优秀团委书记标号	团省委	1999 年
陶万荣	县财政局	三人检查先进个人	州政府	1999 年
蔡克品、潘伍沙	县农业局	实施《玉米抗逆高产综合配套技术》获丰收二等奖	省农业厅	2000 年
邓帮藻	县气象局	1999 年度优秀值班预报员	省气象局	2000 年
吴华金	北城小学	四川省模范班主任	省级	2000 年
代福强	县财政局	凉山州首届青年“杰出卫士”	州政府	2000 年
阿说所布	县农业局	有突出贡献的科技拔尖人才、有突出贡献的科技工作者称号	州政府	2000 年
马进卿	越西中学	凉山州学术技术带头人	州政府	2000 年
王德猛	县畜牧局	年度先进个人	州委、州政府	2000 年
马民德	县农业局	凉山州科学和技术带头人后备人选	州政府	2000 年
刘国才	广播电视电影文化体育局	在四川省村村通广播电视工程建设中成绩显著，被评为先进个人	省发展计划委员会、省广播电影电视局	2000 年
莫色伍呷	县计划生育技术服务站	计划生育工作满 15 年做出贡献表彰奖	国家计生委	2001 年
王绍慧	县计划生育技术服务站	计划生育工作满 16 年做出贡献表彰奖	国家计生委	2001 年
邓宇琼	县计划生育技术服务站	计划生育工作满 17 年做出贡献表彰奖	国家计生委	2001 年
阿支红军	县计划生育技术服务站	计划生育工作满 18 年做出贡献表彰奖	国家计生委	2001 年
饶开宗	县教育局	两基攻坚工作先进个人	省级	2001 年
曾阿木	县公安局	政法战线先进干警	州委、州政府	2001 年
蒋顶才	县公安局	政治工作先进个人	省公安厅	2001 年
李打搏	县公安局	全国优秀人民警察	公安部	2001 年
陶万荣	县财政局	社会保障知识竞赛个人二等奖	省财政厅	2001 年
贾普先	县农机局	授予农机贡献奖	省农机局	2001 年
邓思刚	县农机局	在 1999—2000 年度农机行业质量监督管理工作中成绩显著，被评为省级先进个人	省农机局	2001 年
李文勇	县广电局	获四川省民族体育工作先进个人	省体育局、省民委	2001 年

续上表

姓　名	单　位	获奖内容	颁奖单位	颁奖时间
莫色伍呷	县计划生育技术服务站	“九五”期间计划生育先进个人	州委、州政府	2001 年
李锦伟	县气象局	“九五”期间全州人工降雨防雹先进个人	州政府	2001 年
胡　坤	县委	四川省国防后备力量建设十大杰出人物	省委、省政府、省军区	2001 年
马民德	县农业局	农田基本建设先进个人	州政府	2001 年
罗　伦	县公安局	铁路治安整治先进	州委、州政府	2002 年
郑成新	县公安局	铁路治安整治先进	州委、州政府	2002 年
徐　君	县消防队	消防工作先进个人	省消防总队	2002 年
龙朝凤	县消防队	实践三个代表先进个人	省消防总队	2002 年
杨开明	县公安局	农村三个代表学教活动先进个人	州委	2002 年
张秀林	县政府	全国第一次农业普查国家级先进个人	国务院第一次全国农业普查领导小组办公室	2002 年
陈启秀	板桥乡上涌村	“双学双比”女能手	国家妇联	2002 年
陈启秀	板桥乡上涌村	“巾帼科技致富工程”先进女能手	国家妇联	2002 年
谢　彬	县民族学校	全国师德标兵	国家教育部	2002 年
马进臣	县地方志办	四川省修志工作先进个人	省政府	2002 年
周士先	县稽征所	2001 年度先进工作者	州稽征所	2002 年
罗本文	县纪委	四川省纪检先进工作者	省组织部、省纪委、省人事厅	2002 年
胡　坤	县委	学管武装先进个人	省委、省政府、省军区	2002 年
邓思刚	县农机局	被评为 2001 年度农机行业职业技能鉴定省级先进个人	省农机局	2002 年
朱德勇	县林业局	省天保先进个人	省林业厅	2002 年
沙马阿西	普雄镇	妇联组织建设先进个人	省妇联	2002 年
马锡瑛	县国税局	民族地区先进工作者	省国税局	2002 年
刘宇国	县审计局	乡村债权债务清理先进个人	省人事厅省审计厅	2002 年
许翠武	拉普乡	第五次人口普查工作“先进个人”	省第五次人口普查领导小组、省统计局	2002 年
孟先平	县组织部	农村“三个代表”重要思想学习教育活动先进个人	州委	2002 年
罗卫东	县地税局	首届“凉山州优秀青年卫士”称号	州委、州政府	2002 年

续上表

姓　名	单　位	获奖内容	颁奖单位	颁奖时间
李　创	县政法委	凉山州首届优秀青年卫士	州委、州政府	2002 年
罗立新	县统计局	第二次全国基本单位普查先进个人	国务院第一次全国基本单位普查领导小组	2003 年
阿苏古哈	县公安局	铁路治安整治先进	州委、州政府	2003 年
吉木阿比	县公安局	铁路治安整治先进	州委、州政府	2003 年
罗　忠	县公安局	铁路治安整治先进	州委、成都铁路局	2003 年
马进臣	县史志办	凉山州地方志工作先进个人	州委、州政府	2003 年
张述平	县人事劳动与社会保障局	2002 年度四川省人事系统先进工作者	省人事厅	2003 年
罗卫东	县地税局	全省地税系统“先进工作者”	省地税局	2003 年
付爱武	县地税局	“十年地税先进工作者”	省地税局	2003 年
罗卫东	县地税局	“自学成才”先进个人	共青团四川省委	2003 年
袁　平	县法院	学术论文优秀奖	省高院	2003 年
邓帮藻	县气象局	2002 年度优秀值班预报员	省气象局	2003 年
周士先	县稽征所	2002 年度四川省交通厅稽征系统先进工作者	省交通厅	2003 年
马进臣	县史志办	四川省地方志工作先进个人	省政府	2003 年
郭　琼	县法院	凉山州政法战线先进干警	州委、州政府	2003 年
代福强	县财政局	尊师重教先进个人	州政府	2003 年
马进卿	越西中学	凉山州优秀教师	州政府	2003 年
刁大才	新民镇	2003 年凉山州烤烟生产工作先进工作者	州委、州政府	2003 年
熊开敏	县民政局	凉山州民政系统先进工作者	州委、州政府	2003 年
杨福尧	县民政局	凉山州民政系统先进工作者	州委、州政府	2003 年
潘木呷	县畜牧局	1999—2003 年度全州动物重大疫病防治工作先进个人	州政府	2003 年
甲布子	县畜牧局	1999—2003 年度全州动物重大疫病防治工作先进个人	州政府	2003 年
孙自清	县民政局	低保工作先进个人	州政府	2003 年
莫色伍呷	县计划生育技术服务站	计划生育先进个人	州政府	2003 年
辜义萍	县气象局	质量优秀测报员称号	国家气象局	2004 年
李定芳	县第一人民医院	急性有机磷农药中毒 104 例分析一等奖	中国现代医药卫生办公室	2004 年

续上表

姓　名	单　位	获奖内容	颁奖单位	颁奖时间
宋志刚	县稽征所	2003 年度四川省交通厅稽征系统先进工作者	省交通厅	2004 年
甲布子	县畜牧局	凉山州消灭马传染性贫血病研究二等奖	州政府	2004 年
马进臣	县史志办	四川省修志工作先进个人	省地方志编纂委员会	2004 年
辜义萍	县气象局	1997—2002 年连续 5 个百班无错	省气象局	2004 年
谷成奎	县气象局	1997—2002 年连续 5 个百班无错	省气象局	2004 年
杨　洪	县公安局	执法理论活动优秀奖	省法院、公安厅、检察院、司法局	2004 年
徐　君	消防队	执法为民先进个人	省消防总队	2004 年
李定安	县公安局	全省青年文明号活动优秀组织奖	省创建青年文明活动组委会	2004 年
王正华	县气象局	1997—2002 年连续 5 个百班无错	省气象局	2004 年
陈自平	县气象局	2002 年 1 个百班无错	省气象局	2004 年
李德冬	县气象局	1998—2002 年连续 3 个百班无错	省气象局	2004 年
霍淑霞	县气象局	1997—2002 年连续 5 个百班无错	省气象局	2004 年
毛学全	县林业局	森林防火先进个人	省护林防火指挥部省林业厅	2004 年
阿的尔木	县林业局	林业法治制工作先进个人	省林业厅	2004 年
李志美	邮电贝尔小学	四川省优秀教师	省级	2004 年
李文勇	县广电局	第五次全国体育场地普查先进个人	省第五次全国体育场地普查办公室	2004 年
杨正蓉	县烟办	凉山州烤烟生产先进个人	州委、州政府	2004 年
吉差伍来	县司法局	凉山州十大杰出青年卫士	州政府	2004 年
罗卫东	县地税局	第二届“凉山优秀青年卫士”	州委、州政府	2004 年
唐　伟	县地税局	第二届“凉山州优秀青年卫士”	州委、州政府	2004 年
李　康	县法院	州九次科研成果优秀奖	州政府	2004 年
李建忠	县国税局	凉山州第九次哲学社会科学优秀科研成果三等奖	州政府	2004 年
阿说所布	县农业局	《越西县毒麦的发生与防除技术研究》获自然科学论文三等奖	州委、州政府	2004 年
罗立新	县统计局	2005 年 1% 人口抽样调查先进个人	国务院全国 1% 人口抽样调查领导小组办公室	2005 年
马进臣	县史志办	四川省地方志工作先进个人	省地方志编纂委员会	2005 年
		四川省党史工作先进个人	省党史办	

续上表

姓　名	单　位	获奖内容	颁奖单位	颁奖时间
毛树芳	北城小学	四川省优秀校长	省级	2005 年
唐　伟	县地税局	“全省地税系统先进个人”、记二等功一次	省人事厅、省地税局	2005 年
郭　琼	县法院	全省法院“办案能手”	省高院	2005 年
潘阿衣	越城镇	优秀妇女工作者	省妇联	2005 年
苏定蓉	马抱乡	优秀妇女工作者	省妇联	2005 年
马进卿	越西中学	四川省优秀教师	省政府	2005 年
周士先	县稽征所	全省交通系统行风建设先进工作者	省交通厅党组	2005 年
黄　武	县检察院	反贪工作先进个人	省检察院反贪局	2005 年
阿衣子扎	县委办公室	优秀妇女工作者	省妇联	2005 年
张红英	县妇联	优秀妇女工作者	省妇联	2005 年
陈国清	县农机局	全省微水电站建设先进个人	省农机局	2005 年
谢宇光	县宣传部	四川省委宣传工作先进个人	省宣传部	2005 年
何远明	县统计局	2005 年 1% 人口抽样调查先进个人	省统计局、省 1% 人口抽样调查领导小组	2005 年
徐先林	团县委	优秀团委书记称号	团省委	2005 年
吉差伍来	县司法局	民族团结进步奖	省委、省政府	2005 年
木色加甲	县经济局	民族工作先进个人	省政府	2005 年
李文勇	县广电局	获四川省民族体育工作先进个人	省体育局、省民委	2005 年
薛顺序	县烟办	凉山州烤烟生产先进个人	州委、州政府	2005 年
吴仕阳	新民镇大寨村	评为“凉山州烤烟生产”先进烟农	州委、州政府	2005 年
冯志凌	县财政局	农发工作先进个人	州政府	2005 年
杜德春	县财政局	农发工作先进个人	州政府	2005 年
吴厚琼	县财政局	粮食直补先进个人	州政府	2005 年
张　丽	县财政局	粮食直补先进个人	州政府	2005 年
马民德	县农业局	农业综合开发第四期	州政府	2005 年
曾言彬	县公安局	2004 年度大练兵标兵	省公安厅	2005 年
徐　君	县公安局	优秀党务工作者	省消防总队	2005 年

前志勘误

页码	行数	错误	正确
3	27	其次是草烟、大麻、海椒、向日葵、西瓜、地瓜、花生等。	其次是草烟、大麻、海椒、向日葵等。
9	18	越嶲卫始置于清王朝	越嶲卫始置于明洪武二十五年
12	4	凤文薯院	凤文书院
16	6	康泽的“别动队”的 1 个小分队进驻越嶲	康泽“别动队”的 1 个小分队进驻越嶲
21	25	在田赋中每元加征自卫特捐	在田赋中每亩加征自卫特捐
58	16	建瓦阿普莫、耳洗、阿布格则 3 乡	建瓦阿普莫、尔喜、阿布格则 3 乡
70	9	东养姑县、南昭觉县	东美姑县、南昭觉县
74	21	位于越西河谷东面,	车洛梁子位于越西河谷东面,
74	17	马厂河等越西河支沟,	马厂河等越西河支流,
93	12	西有安宁河地震带相协	西有安宁河地震带相胁
98	19	1990 年人口密度最大的是越城镇,达 122030 人/平方公里,比 1982 年增加 54016 人。	1990 年人口密度最大的是越城镇,达 12030 人/平方公里,比 1982 年增加 5416 人。
227	10	桥高 2 米,宽 2 米,长约 23 米,由 7 洞组成,每洞由两根宽 1 米、厚 0.43 石梁	桥高 2.5 米,宽 2 米,长约 30 米,由 7 洞组成,每洞由两根宽 1 米、厚 0.7 米石梁
239	16	1953 年份设军邮与机要交通两组。	1953 年分设军邮与机要交通两组。
252	31	形成一个虚假繁荣的闹镇	形成一个繁荣的闹镇
255	28	最低海拔 1080 米	最低海拔 1180 米
345	14	创建于民国 27 年(1948 年),	创建于民国 27 年(1938 年),
351	7	占地 5.4 平方米(含附小)	占地 5.4 万平方米(含附小)
359	27	沙马木里(彝放)	沙马木里(彝族)
421	9	成送审校	成送审稿
512	4	保伍	倮伍
516	22	跟击逃敌	跟踪追击逃敌
566	10	抽调 300 余人	598 人
606	19	浙江省奉化县(今奉北市)	浙江省奉化县(今奉化市)
611	1	张马成	张成马
611	2	张马成	张成马
619	4	在张家口及内蒙先后担任汽车队长,军工厂长,畜牧场长。	在张家口及内蒙先后担任汽车队长、军工厂长、畜牧场长。

续上表

页码	行数	错误	正确
626	7	冯江早逝父母	冯江父母早逝
631	6	西南军政长官暑	西南军政长官公署
633	7	次日即支去大河	次日即去大河
635	36	勿助格达等交出反动军	勿雷格达等交出反动军
636	8	阿候几几被选为普越县彝族上层代表，来越西参加“普雄彝汉联欢会”	阿候几几被选为普雄县彝族上层代表，来越西参加“普雄彝汉联欢会”
643	13	光绪八年（1879 年）	光绪八年（1882 年）
645	2	钱到后手	钱到手后
648	1	任边军 13 旅差遣	任川边军 13 旅差遣
653	27	昭觉县竹枝区公所干部	昭觉县竹核区公所干部
662	17	1957 年 10 月 4 日在反曲觉平判中牺牲	1957 年 10 月 4 日在瓦曲觉平叛中牺牲
666	12	陈终会烈士	陈终会不予追认为烈士

索　引

《越西县志》(1991—2005)索引有目与子目(目录未列入部分)索引、人名索引、地名索引、表索引四部分。目与子目索引、人名索引、地名索引按汉语拼音字母顺序排列,表索引按先后顺序排列。

目与子目索引

A

B

C

D

E

F

G

H

J

M

N

P

Q

R

S

T

W

X

Y

Z

人名索引

地名索引

表索引

编　后　记

《越西县志》(1991—2005)编纂始于2006年,历时五载,数易其稿,2011年定稿付梓。修志过程大体分为三个阶段:

筹备发动阶段　根据国务院《地方志工作条例》、《四川省地方志工作条例》和省委、省政府《关于全面开展四川省第二轮修志工作的通知》(川委厅〔2005〕47号),县委、县政府决定于2006年3月起,开展越西县第二轮修志工作。组建以县委书记、县人大常委会主任杨光富,县委副书记、县政府县长贾巴尔土为顾问,县委常委、县政府常务副县长张秀林为主任,各相关单位领导为成员的越西县地方志编纂委员会,任命总编张秀林、副总编马进臣,确定责任编辑。落实"一纳入,五到位",聘用、考调、抽调修志人员。制订《越西县"十一五"期间史志工作规划》、《〈越西县志〉编纂方案》、《〈越西县志〉凡例》、《〈越西县志〉编纂行文通则》、《〈越西县志〉编纂质量标准》、《〈越西县志〉分志审查验收细则》、《〈越西县志〉总编室岗位责任制》,草拟《〈越西县志〉纲目》。确定县志续修时限为1991年1月至2005年12月,明确续志指导思想、构架和实施步骤。3月18日,召开全县修志工作动员大会,县委、县人大、县政府、县政协等领导到会作重要讲话。县委常委、县政府常务副县长、编委会主任、县志总编张秀林向县级各部门、各乡(镇)党委、政府部署《越西县志》编修工作,同各部门签订《越西县志》分志编纂工作目标责任书。全县234个承编单位按县委、县政府要求成立续志编纂领导小组,落实486名专职撰稿、统稿人。4月4日,召开为期3天867人参加的县志工作暨业务培训会,聘请省上修志专家讲课,组织修志人员外出实地考察学习。县总编室从实际出发,继承前志编纂的有益经验,确立"精心谋划、锐意创新、积极稳妥、扎实推进、又好又快、追求卓越"的编纂思路。针对1991—2005年,全县社会主义市场经济逐步建立和农村经济体制、企业管理体制、社会保障制度、人事劳动制度、粮食流通体制、国土城建管理、教育卫生、精神文明建设等取得的成就。要求各承编单位在编纂中着重反映时代特色和地方风貌。

编纂志稿阶段　2006年5月,县志编辑室10位责任编辑各司其职,到部门指导业务工作。将已六易其稿的《〈越西县志〉纲目》分门别类反馈到各分志承编单位,征求意见,修订完善,最后经总编室反复推敲,科学分类,综合平衡,规范调整,削减多余,熔裁标题,形成《〈越西县志〉纲目》第七稿。此稿力求打破部门界限,增强记述内容的整体性,体现续和修的统一,处理好前志未完内容和时限的延续,创造性地继承前志的述、记、传、图、表、录等体裁,在记述内容上不断创新,续志篇目采用中篇并列结构,章节体设篇、章、节、目四个层次。为体现续志的独立性、完整性、系统性、实用性,对建置沿革、自然地理、藏族风俗等篇章依然保留前志内容。以遵循特色、增新扩容、丰富体裁的原则,把握地情特点,突出时代特征,浓墨人文特色,记述发展变化。6月28日,县志总编室根据工作实际,召开《越西县志》分志主编培训会,198名分志主编参加培训。县史志办主任、编委会副主任、县志副总编马进臣就如何当好分志主编,如何整理、鉴别、运用资料,如何撰写分志初稿等问题进行专业讲座,就图片、大事记、内文、人物、文存等资料提出志稿要言之有据、实事求是,在搜集资料过程中须填写资料卡,在此基础上才能编写初稿。11月,一些部门开始分志初稿的撰写。2007年6月,全部分志稿成型。县志总编、副总编深入各修志部门,采取召开座谈会、专题会、特别会等,解决分志编纂中存在的难题,随时通报部门修志进展情况。9月,各承编单位按自审修改形成分志稿后,由县志评审领导小组按照审稿程序分别对部门志进行审阅,及时反馈修改意见,督促承编单位反复修改,直至基本符合志稿要求,再由单位主要领导签字、盖章后,将志稿、电子文档、资料卡及相关照片报县史志办公室。2008年2月,总编室决定编纂工作进入分纂阶段,再次对续志纲目反复斟酌,补充完善。责任编辑按分工负责的门类对各单位初稿按续志篇目进行审查、修改、补充、编纂后,副总编又对全部分志稿去粗存精,去伪存真。力求志稿把握重点,贯穿主线,既整体把握续志的时空断限,又灵活掌握具体问题。对各种事物的发展水平、演变情况、形成条件、规律总结和取得的成就均作了记述,力求尊重事实,功过并载,用真、善、美激励人们的爱国敬业之情。同时也记载过失和不足,引以为戒,力求具有启迪和借鉴作用。8月,由县统计局安排专人核实全志数据,10月18日,县委、县政府决定调整编纂委员会成员,由县委书记、县人大常委会主任龙伟,县委副书记、县长贾巴尔土任顾问,县委常委、常务副县长张秀林为主任,各单位负责人为成员。12月,分纂结束,电脑输入,志稿装订成册,总计280万字。2009年1月,《越西县志》进入总纂,再次调整纲目,处理重复,权衡详略分寸,增补遗漏缺失。副总编负责全志数据核实、纠正、平衡、换算,解决数据"硬伤",查漏补缺,弥补资料,锤炼文字,解决内容"软伤",由总编一支笔总纂,通改,统一体例、统一篇目、统一文风,理顺逻辑关系,调整详略,裁削重复,总编室成员采取互审、轮审、抽审等层层修改把关。于10月底完成总纂,形成《越西县志》,总计210万字。

评审出版阶段 2009年11月,将《越西县志》送呈县人民政府。县政府决定将《越西县志》挂上政府门户网,以越府发〔2009〕12号《关于征求〈越西县志〉修订意见的通知》在全县征求意见,要求各乡(镇)、县级各部门必须上网审读,并将书面修改意见分别上报政府办和县志总编室。12月,县志总编室收到意见和建议98条,多为史实方面。县总编室将意见和建议进行梳理、消化吸收,形成《越西县志》送审稿。2010年1月,县志总编室将《越西县志》送审稿报县政府评审。3月30日,经县政府评审领导小组评审通过,同意上报州政府评审。4月3日《越西县志》(送审稿)报送凉山州政府评审,9月18日,经凉山州政府县志评审领导小组在西昌评审,《越西县志》(送审稿)一审通过验收,审查小组一致认为《越西县志》(送审稿)观点正确、体例严谨、行文规范、重点突出、表述准确、无宣传色彩、有多处创新,做到了思想性、科学性、地方性和资料性的有机统一,以凉府办函〔2010〕306号文件同意公开出版发行。翌后,总编室将评审会上收到的136条意见和建议梳理成辫子择善采纳修正,再次组织力量,核实把关,对《越西县志》通改、定稿,全志共28篇132章486节计140万字。

看似寻常最奇崛,成书容易却艰辛。面对洋洋100多万字的《越西县志》,我们思绪万千,感触良多。回顾一千多个日日夜夜编纂过程,刻骨铭心,难以忘怀,过去每一个日子都仿佛如昨,记忆犹新。此时此刻,不敢说这部书多么的好,但我们可以无愧地说,我们尽心尽力!编纂中,我们有很多的想法、做法:试图锐意创新,突出地方特色,彰显志书亮点,将其编纂成精品佳志……究竟怎样,留待专家和读者评说。但《越西县志》的编纂出版,凝聚了许多人的心血和汗水。一是领导重视。全县修志工作始终坚持党委领导、政府主持、史志办具体负责的工作格局。作为主修《越西县志》的县人民政府,高度重视地方志工作,特别是县委书记、县人大常委会主任龙伟,县委副书记、县长贾巴尔土十分关心修志工作,多次莅临总编室视察,给予人文关怀和经费保障。二是社会各界鼎力支持。第二轮修志工作启动伊始,全县各乡(镇)、县级各部门,迅速组建机构,选调人员,为又好又快地编纂县志打下坚实基础。三是广大修志人员艰苦努力。编纂《越西县志》是一项浩繁的系统文化工程,非少数人能为之,必须发挥众人聪明智慧,众手才能成志。特别是县志编辑室的各位同仁,以“宁将铁砚磨穿底,不让浮云上笔端”的治学精神,清虚淡泊,心存史镜,秉笔直书,不辱使命! 五载修志艰辛事,一朝成书白飞头,真是可钦可佩可敬可爱。诚如中共越西县委书记龙伟所说:“总编殚心竭思,编纂人员夜以继日,迅速成稿,毕其功于兹,充分展现编纂人员求实、创新、协作、奉献的修志精神。”

由于志稿卷帙浩繁,资料来源出多门,个别部门档案遗失,无法查找相关内容,加之年代机构更迭,事业纷繁,以及我们专业知识浅薄,水平有限,书中疏漏错讹或不当之处在所难免,敬请读者指正,以便在续修县志时纠谬补遗。

值此《越西县志》出版问世之际,谨向所有关心、帮助、支持我们工作的各级领导、专家、同道和社会各界朋友表示衷心的感谢。

越西县地方志编纂委员会

2011年9月8日